Heribert Meffert / Manfred Bruhn

Dienstleistungsmarketing

Heribert Meffert / Manfred Bruhn

Dienstleistungs-marketing

Grundlagen – Konzepte – Methoden

Mit Fallstudien

4., vollständig überarbeitete und erweiterte Auflage

GABLER

Bibliografische Information Der Deutschen Bibliothek
Die Deutsche Bibliothek verzeichnet diese Publikation in der Deutschen Nationalbibliografie;
detaillierte bibliografische Daten sind im Internet über <http://dnb.ddb.de> abrufbar.

Prof. Dr. Dr. h.c. mult. Heribert Meffert ist em. Direktor des Instituts für Marketing im Marketing Centrum Münster (MCM) der Westfälischen Wilhelms-Universität Münster. Er ist Vorsitzender des Präsidiums und des Kuratoriums der Bertelsmann Stiftung Gütersloh.

MCM, Am Stadtgraben 13 – 15, 48143 Münster
Fax: +49(0)251-83-23010   Internet: www.marketing-centrum.de

Prof. Dr. Manfred Bruhn ist Professor für Allgemeine Betriebswirtschaftslehre, insbesondere Marketing und Unternehmensführung, am Wirtschaftswissenschaftlichen Zentrum der Universität Basel.

Petersgraben 51, CH-4003 Basel
Tel.: +41(0)61 267 32 22   E-Mail: manfred.bruhn@unibas.ch
Fax: +41(0)61 267 28 38   Internet: www.wwz.unibas.ch/marketing

Dozierende an Universitäten, Fachhochschulen, Akademien u. a. können die in diesem Buch enthaltenen Abbildungen als Folienset per Internet beziehen.

1. Auflage Januar 1995
2. Auflage Dezember 1996
3. Auflage September 2000
4. Auflage Januar 2003

Lektorat: Barbara Roscher / Ute Grünberg

Der Gabler Verlag ist ein Unternehmen der Fachverlagsgruppe BertelsmannSpringer.
www.gabler.de

Umschlaggestaltung: Regine Zimmer, Dipl.-Designerin, Wiesbaden
Satz: FROMM MediaDesign GmbH, Selters/Ts.
Druck und buchbinderische Verarbeitung: LegoPrint, Lavis (Italien)
Gedruckt auf säurefreiem und chlorfrei gebleichtem Papier
Printed in Italy

ISBN 3-409-43688-X

Vorwort

Themen rund um das Dienstleistungsmarketing werden in Wissenschaft und Praxis nach wie vor intensiv diskutiert. Dafür gibt es zahlreiche Belege: Die Zahl an Publikationen zu diesem Thema nimmt international fast explosionsartig zu, an zahlreichen Universitäten werden Vorlesungen zum Dienstleistungsmarketing angeboten und neue, dienstleistungsspezifische Lehrstühle eingerichtet, die Zahl an praxisorientierten Kongressen zu diesem Themengebiet steigt kontinuierlich an, immer mehr Unternehmen bemühen sich um ein professionelles Dienstleistungsmarketing, und selbst in der Politik ist die Position Deutschlands und der Schweiz im Kreis der erfolgreichen Dienstleistungsländer ein Gegenstand intensiver, aber auch kontroverser Diskussionen.

Die Bedeutung und Notwendigkeit eines professionellen Dienstleistungsmarketing ist unbestritten. Die hohe Wettbewerbsintensität im nationalen und internationalen Kontext zwingt sowohl Dienstleistungsunternehmen als auch Sachgüterunternehmen, die zusätzliche Serviceleistungen anbieten, sich durch eine systematische und konsequente Kundenorientierung zu profilieren. Die Entwicklungen der letzten Jahre zeigen, dass auf der einen Seite klassische Fragestellungen des Dienstleistungsmarketing, wie die Implikationen aus den Besonderheiten von Dienstleistungen oder die Messung und Steuerung der Dienstleistungsqualität, immer noch von hoher Relevanz sind. Auf der anderen Seite werden permanent neue Fragestellungen (zum Beispiel die Internationalisierung von Dienstleistungskonzepten, Dienstleistungsnetzwerke, Dienstleistungscontrolling u. a. m.) – entweder durch die Wissenschaft oder die Praxis – aufgegriffen und diskutiert.

Die Aktualität des Dienstleistungsmarketing lässt sich auch an der Entwicklung der dritten Auflage dieses Lehrbuches ablesen, die vom Markt wiederum gut aufgenommen worden ist und sehr schnell vergriffen war, sodass bereits nach kurzer Zeit eine vierte Auflage erforderlich wurde.

Dabei konnte die grundlegende Struktur des Lehrbuches beibehalten werden. Die vorliegende Neuauflage wurde vor allem in zweierlei Hinsicht überarbeitet. Zum einen im Hinblick auf die Aktualisierung der bereits in der dritten Auflage bestehenden Kapitel, damit sie auch weiterhin den „State of the Art" zu dem jeweiligen Themenfeld widerspiegeln. Darüber hinaus sind einige Fragestellungen inhaltlich erweitert worden, so beispielsweise im operativen Dienstleistungsmarketing (Kapitel 6) bei den personalpolitischen und technologischen Entscheidungstatbeständen. Weiterhin finden sich im gesamten Buch zahlreiche neue Beispiele in Form von Kurzfallstudien und aktuellen Pressetexten, die den Ausführungen einen stärkeren Praxisbezug verleihen sollen. Zum anderen ist dem

Thema Dienstleistungscontrolling (Kapitel 8) ein eigenes Kapitel gewidmet worden, um seiner wachsenden Bedeutung für das Dienstleistungsmarketing gerecht zu werden. Dabei wurden sowohl Erkenntnisse aus der wissenschaftlichen Literatur als auch Erfahrungen der Praxis eingearbeitet.

Das Buch richtet sich an Studierende der Betriebswirtschaftslehre und des Marketing, die sich während ihres Studiums mit Fragestellungen des Dienstleistungsbereichs auseinander setzen. Gleichermaßen sind Praktiker angesprochen, die sich in ihren Unternehmen systematisch mit der Planung und Umsetzung des Dienstleistungsmarketing beschäftigen. Darüber hinaus findet das Buch auch einen Einsatz im Weiterbildungsbereich, in dem Führungskräfte auf neue Aufgaben zum Management von Dienstleistungen vorbereitet werden sollen.

Die vierte Auflage wurde wiederum parallel an den Universitäten in Münster und Basel erarbeitet. Deshalb geht ein Dank an die verschiedenen Mitarbeiter der Lehrstühle, die in unterschiedlichen Phasen an der Überarbeitung beteiligt waren. Dabei ist es uns ein besonderes Anliegen, den Herren Dipl.-Kfm. Jörg Nießing, Dipl.-Kfm. Bastian Grunberg und Dipl.-Kfm. Christian Ebert vom Institut für Marketing der Universität Münster sowie den Herren Dipl.-Ing. Karsten Hadwich, Dipl.-Kfm. Mark Richter und lic. rer. pol. Dirk Steffen vom Lehrstuhl für Marketing und Unternehmensführung der Universität Basel ganz herzlich für ihr aktives Engagement bei der Fertigstellung dieser Auflage zu danken.

Durch die Überarbeitungen und Ergänzungen orientiert sich die vierte Auflage unseres Buches nicht nur an der aktuellen Forschung und praktischen Anwendung, sondern zeigt die Richtung für die weitere Entwicklung des Dienstleistungsmarketing auf. Unser Ziel bleibt es, mit diesem Buch die Vermittlung von Kenntnissen zum Dienstleistungsmarketing in der Lehre und die Gestaltung eines systematischen Dienstleistungsmarketing sowohl im klassischen Dienstleistungsbereich als auch im Servicebereich von Sachgüteranbietern zu unterstützen. Wir wünschen uns eine intensive Diskussion über die zukünftigen Herausforderungen in der Dienstleistungsgesellschaft und sind für Anregungen jeder Art dankbar.

Münster und Basel,	HERIBERT MEFFERT
im Januar 2003	MANFRED BRUHN

Inhaltsverzeichnis

Vorwort   **V**

Kapitel 1: Gegenstand und Besonderheiten des Dienstleistungsmarketing   **1**

1.	Bedeutung und Entwicklung des Dienstleistungsmarketing	3
1.1	Bedeutung des Dienstleistungsmarketing in Wissenschaft und Praxis	3
1.2	Volkswirtschaftliche Betrachtung des Dienstleistungssektors	9
1.3	Betriebswirtschaftliche Betrachtung des Dienstleistungssektors	19
1.4	Entwicklungsphasen des Dienstleistungsmarketing	21
2.	Begriff und Systematisierung von Dienstleistungen	27
2.1	Begriffliche Definitionsansätze von Dienstleistungen	27
2.2	Leistungstypologische Einordnung von Dienstleistungen	32
2.3	Systematisierung von Dienstleistungen	39
3.	Besonderheiten der Produktion von Dienstleistungen	50
3.1	Faktoren der Dienstleistungsproduktion	50
3.2	Prozess der Dienstleistungsproduktion	56
4.	Besonderheiten beim Absatz von Dienstleistungen	60
4.1	Notwendigkeit der Leistungsfähigkeit des Dienstleistungsanbieters	61
4.2	Integration des externen Faktors in den Dienstleistungserstellungsprozess	62
4.3	Immaterialität von Dienstleistungen	64

Kapitel 2: Theoretische Grundlagen des Dienstleistungsmarketing   **67**

1.	Bedeutung theoretischer Konzepte zur Erklärung und Gestaltung des Dienstleistungsmarketing	69
2.	Erklärungsansätze nach dem neoinstitutionellen Paradigma	77
2.1	Neue Institutionenökonomik als theoretischer Ansatz	77
2.2	Ansätze der Informationsökonomik	80
2.21	Informationsökonomische Einordnung von Dienstleistungen	80
2.22	Informationsverhalten der Transaktionspartner	82
2.3	Ansätze der Transaktionskostentheorie	86
2.4	Ansätze der Principal-Agent-Theorie	88
3.	Erklärungsansätze nach dem neobehavioristischen Paradigma	92
3.1	Psychologische Erklärungsansätze	92
3.2	Sozialpsychologische Erklärungsansätze	96
4.	Zusammenfassung	101

Kapitel 3: Informationsgrundlagen des Dienstleistungsmarketing 103

1.	Besonderheiten des Käuferverhaltens bei der Inanspruchnahme von Dienstleistungen	105
1.1	Gegenstand der Kaufverhaltensanalyse im Dienstleistungsbereich	105
1.2	Kaufentscheidungskriterien und Bewertungsprozess	106
1.3	Determinanten des Käuferverhaltens	116
1.31	Intrapersonale Variablen	117
1.311	Aktivierende Determinanten	117
1.312	Kognitive Determinanten	120
1.313	Persönlichkeitsdeterminanten	122
1.32	Interpersonale Variablen	123
2.	Besonderheiten der Marktforschung im Dienstleistungsbereich	126
2.1	Aufgaben der Marktforschung im Dienstleistungsbereich	126
2.2	Methoden der Marktforschung im Dienstleistungsbereich	131
3.	Besonderheiten der Marktsegmentierung im Dienstleistungsbereich	140
3.1	Anforderungen an Marktsegmentierungskriterien	140
3.2	Segmentierung von Dienstleistungsmärkten	142
3.21	Demographische Segmentierungskriterien	143
3.22	Sozioökonomische Segmentierungskriterien	144
3.23	Psychologische Segmentierungskriterien	146
3.24	Verhaltenskriterien	147
4.	Besonderheiten der Positionierung im Dienstleistungsbereich	151

Kapitel 4: Strategisches Dienstleistungsmarketing 155

1.	Strategische Unternehmens- und Marketingplanung im Dienstleistungsbereich	157
2.	Strategische Analyse- und Planungskonzepte im Dienstleistungsmarketing	160
2.1	Chancen-Risiken-Analyse	160
2.2	Ressourcenanalyse	166
2.3	Positionierungsanalyse	168
2.4	Lebenszyklusanalyse	170
2.5	Portfolioanalyse	174
2.6	Wertkettenanalyse	178
3.	Ziele im Dienstleistungsmarketing	186
3.1	Zielarten im Dienstleistungsbereich	186
3.2	Formulierung von Marketingzielen im Dienstleistungsbereich	188
4.	Festlegung von Strategien im Dienstleistungsbereich	209
4.1	Geschäftsfeldstrategien	211
4.11	Abgrenzung strategischer Geschäftsfelder	211
4.12	Marktfeldstrategie	219
4.13	Wettbewerbsvorteilsstrategie	227

4.14	Marktabdeckungsstrategie	236
4.15	Timingstrategie	238
4.2	Marktteilnehmerstrategien	241
4.21	Marktbearbeitungsstrategie	241
4.22	Kundenstrategien	244
4.23	Abnehmergerichtete Verhaltensstrategie	251
4.24	Wettbewerbsgerichtete Verhaltensstrategie	252
4.25	Absatzmittlergerichtete Verhaltensstrategie	260
4.3	Marketinginstrumentestrategien	261

Kapitel 5: Qualitätsmanagement im Dienstleistungsbereich   265

1.	Bedeutung des Qualitätsmanagements	267
2.	Grundlagen des Qualitätsmanagements für Dienstleistungen	270
2.1	Begriff der Dienstleistungsqualität	270
2.2	Dimensionen der Dienstleistungsqualität	273
2.3	Konzeptionelle Grundlagen eines Qualitätsmanagements für Dienstleistungen	274
2.31	Total Quality Management	274
2.32	Begriff und Bausteine des Qualitätsmanagements	276
3.	Analyse der Dienstleistungsqualität	278
3.1	Modelle der Dienstleistungsqualität	278
3.11	GAP-Modell	278
3.12	Dynamisches Prozessmodell von Boulding et al.	282
3.13	Beziehungsqualitätsmodell von Liljander/Strandvik	284
3.14	Qualitatives Zufriedenheitsmodell von Stauss/Neuhaus	287
3.2	Ansätze zur Messung der Dienstleistungsqualität	288
3.21	Nachfragerbezogene Messung der Dienstleistungsqualität	291
3.211	Messung nach objektiven Kriterien	291
3.212	Messung nach subjektiven Kriterien	292
3.2121	Merkmalsorientierte Messverfahren	294
3.2122	Ereignisorientierte Messverfahren	308
3.2123	Problemorientierte Messverfahren	316
3.22	Anbieterbezogene Messung der Dienstleistungsqualität	319
3.221	Managementorientierte Messansätze	319
3.222	Mitarbeiterorientierte Messansätze	324
4.	Planung des Qualitätsmanagements für Dienstleistungen	327
5.	Umsetzung des Qualitätsmanagements für Dienstleistungen	332
5.1	Regelkreis des Qualitätsmanagements	332
5.2	Instrumente der Qualitätsplanung	332
5.3	Instrumente der Qualitätslenkung	333
5.4	Instrumente der Qualitätsprüfung	335
5.5	Instrumente der Qualitätsmanagementdarlegung	336

6.	Steuerung des Qualitätsmanagements für Dienstleistungen	338
6.1	Qualitätspreise für Dienstleistungsunternehmen	338
6.2	Zertifizierung von Dienstleistungsunternehmen	340
6.3	Nationale Kundenbarometer als Informationsgrundlage für Qualitätsmanagementsysteme	341
7.	Wirtschaftlichkeit des Qualitätsmanagements	344
7.1	Kosten des Qualitätsmanagements	344
7.2	Nutzenwirkungen des Qualitätsmanagements	348
7.3	Ansatzpunkte für einen Kosten-Nutzen-Vergleich	350

Kapitel 6: Operatives Dienstleistungsmarketing353

1.	Leistungspolitik	358
1.1	Grundlagen der Leistungspolitik	358
1.11	Besonderheiten der Leistungspolitik von Dienstleistungsunternehmen	358
1.12	Festlegung des Leistungsprogramms	360
1.13	Planungsprozess der Leistungspolitik	362
1.14	Ziele der Leistungspolitik	363
1.2	Instrumente der Leistungspolitik	364
1.21	Leistungsprogrammpolitik	365
1.211	Variation von Dienstleistungsprogrammen	366
1.212	Innovationen im Dienstleistungsbereich	382
1.213	Eliminierung von Dienstleistungen	392
1.22	Markenpolitik	394
1.221	Begriff und Wesen der Dienstleistungsmarke	394
1.222	Dienstleistungsspezifische Markierungsprobleme	399
1.223	Markenstrategische Optionen im Dienstleistungsmarketing	403
1.224	Markenführung im Internet	409
1.23	Beschwerdepolitik	414
1.24	E-Services	416
2.	Kommunikationspolitik	423
2.1	Grundlagen der Kommunikationspolitik	423
2.11	Besonderheiten der Kommunikationspolitik von Dienstleistungsunternehmen	423
2.12	Begriff und Bedeutung der Dienstleistungskommunikation	427
2.13	Integrierte Kommunikation als Ausgangspunkt	431
2.14	Planungsprozesse der Kommunikation	433
2.15	Ziele und Strategien der Dienstleistungskommunikation	439
2.2	Einsatz der Kommunikationsinstrumente	449
2.21	Mediawerbung	451
2.22	Verkaufsförderung (Promotions)	463
2.23	Persönliche Kommunikation	468
2.24	Direktkommunikation (Direct Marketing)	472
2.25	Öffentlichkeitsarbeit (Public Relations)	476
2.26	Messen und Ausstellungen	479

2.27	Sponsoring	483
2.28	Event Marketing	488
2.3	Multimediakommunikation	492
2.31	Grundlagen der Multimediakommunikation	492
2.32	Planungsprozess der Multimediakommunikation	496
2.33	Offline-Kommunikation	497
2.34	Online-Kommunikation (Internet)	499
2.341	Besonderheiten und Bedeutung des Internet	499
2.342	Ziele und Strategien des Interneteinsatzes	502
2.343	Kommunikation (Internetwerbung)	505
2.344	Vertrieb (Internetvertrieb)	508
2.345	Preispolitik (Internet Pricing)	515
2.346	Kontrolle	516
3.	Preispolitik	517
3.1	Grundlagen der Preispolitik	517
3.11	Besonderheiten der Preispolitik von Dienstleistungsunternehmen	517
3.12	Planungsprozess der Preisfestlegung	519
3.13	Ziele der Preispolitik	522
3.14	Ansatzpunkte der Preisfestlegung	523
3.15	Methoden der Preisfestlegung	524
3.2	Preispolitische Strategien	529
3.21	Preisbezogene Strategien	529
3.211	Preisdifferenzierung	529
3.212	Preisbündelung und Preisbaukästen	539
3.213	Preispolitik im Relationship Marketing	546
3.22	Konditionenbezogene Strategien	548
4.	Distributionspolitik	550
4.1	Grundlagen der Distributionspolitik	550
4.11	Besonderheiten der Distributionspolitik von Dienstleistungsunternehmen	550
4.12	Planungsprozess der Distributionspolitik	553
4.13	Ziele der Distributionspolitik	553
4.2	Einsatz distributionspolitischer Instrumente	555
4.21	Gestaltung von Absatzkanalsystemen für Dienstleistungen	555
4.22	Gestaltung des logistischen Systems	571
5.	Personalpolitik	577
5.1	Grundlagen der Personalpolitik	577
5.11	Internes Marketing als Ausgangspunkt	577
5.12	Besonderheiten der Personalpolitik von Dienstleistungsunternehmen	580
5.13	Ziele der Personalpolitik	584
5.2	Instrumente eines Personalmanagementsystems	586
5.21	Personalplanung	587
5.211	Bestimmung des Personalbestands und -bedarfs	588
5.212	Festlegung der Anforderungen an die interne Dienstleistungsqualität	594
5.22	Instrumente der Personalpolitik in der Durchführungsphase	594
5.221	Personaleinsatz	595
5.222	Personalveränderung	599
5.2221	Personalbeschaffung	599

5.2222 Personalentwicklung 603
5.2223 Personalfreistellung 607
5.223 Mitarbeiterkommunikation 608
5.23 Personalprüfung 611
5.3 Implementierung eines Personalmanagementsystems 615
5.31 Barrieren der Implementierung 615
5.32 Ansatzpunkte der Implementierung 616

Kapitel 7: Implementierung des Dienstleistungsmarketing 619

1. Grundlagen der Strategieimplementierung 621
1.1 Begriff und Inhalt der Strategieimplementierung 621
1.2 Besonderheiten bei der Implementierung des Dienstleistungsmarketing 624
1.3 Implementierungsbarrieren des Dienstleistungsmarketing 626
2. Betrachtungsebenen bei der Implementierung
des Dienstleistungsmarketing 629
2.1 Gestaltung der Struktur des Dienstleistungsunternehmens 629
2.2 Anpassung der Informations- und Kontrollsysteme
von Dienstleistungsunternehmen 632
2.3 Anpassung der Unternehmenskultur 634

Kapitel 8: Controlling im Dienstleistungsmarketing 645

1. Grundlagen des Dienstleistungscontrolling 647
1.1 Begriff des Dienstleistungscontrolling 647
1.2 Aufgaben des Dienstleistungscontrolling 648
1.3 Organisatorische Stellung des Dienstleistungscontrolling 650
2. Controllingsystem im Dienstleistungsmarketing 651
2.1 Controlling als Subsystem des Dienstleistungsmanagements 651
2.2 Relevante Subsysteme 651
3. Instrumente des Controlling in Dienstleistungsunternehmen 657
3.1 Erfolgskette als Ausgangspunkt des Controlling 657
3.2 Controlling von vorökonomischen Indikatoren 658
3.3 Controlling von ökonomischen Indikatoren 659
3.31 Einperiodige Kontrolle von Kundenbeziehungen 659
3.32 Mehrperiodige Kontrolle von Kundenbeziehungen 662
3.4 Controlling mit integrierten Kontrollsystemen 669
3.41 Ansätze integrierter Kontrollsysteme 669
3.42 Kundenbarometer 670
3.43 Balanced Scorecard 672
3.44 EFQM-Modell 676
3.45 Kosten-Nutzen-Analyse 677

Kapitel 9: Internationales Dienstleistungsmarketing   681

1.	Grundlagen des internationalen Dienstleistungsmarketing	683
1.1	Bedeutung internationaler Dienstleistungen	683
1.2	Ursachen und Motive für eine Internationalisierung von Dienstleistungsanbietern	686
1.3	Begriff des internationalen Dienstleistungsmarketing	688
1.4	Typologisierung internationaler Dienstleistungen	689
2.	Informationsgrundlagen des internationalen Dienstleistungsmarketing	697
2.1	Internationales Käuferverhalten im Dienstleistungsbereich	697
2.2	Internationale Marktforschung im Dienstleistungsbereich	699
3.	Strategisches internationales Dienstleistungsmarketing	704
3.1	Strategischer Planungsprozess des internationalen Dienstleistungsmarketing	704
3.2	Internationale Situationsanalyse	704
3.3	Internationale Marktwahlstrategie	707
3.4	Internationale Markteintrittsstrategie	711
3.5	Internationale Marktbearbeitungsstrategie	717
4.	Operatives internationales Dienstleistungsmarketing	722
4.1	Implikationen aus der Notwendigkeit der Leistungsfähigkeit	722
4.2	Implikationen aus der Integration des externen Faktors	725
4.3	Implikationen aus der Immaterialität	727

Kapitel 10: Entwicklungstendenzen des Dienstleistungsmarketing   735

Fallstudien zum Dienstleistungsmarketing   745

1.	Vorbemerkungen	747
2.	Fallstudie BUCHCLUB LESERATTE AG	748
3.	Fallstudie CITYDRIVE	757
4.	Fallstudie CRANE AIR	764
5.	Fallstudie TALKNET AG	770
6.	Fallstudie TRAFFIC AG	778

Literaturverzeichnis   787

Stichwortverzeichnis   831

Deutschland: Dienstleistungswüste ...

Mit freundlicher Genehmigung aus dem Nach-druck des im Deutscher Fachverlag GmbH Frankfurt am Main erscheinenden Wirtschafts-magazins „Der Handel", Heft 10, 1997

... oder Dienstleistungsoase

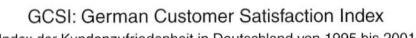

GCSI: German Customer Satisfaction Index
Index der Kundenzufriedenheit in Deutschland von 1995 bis 2001

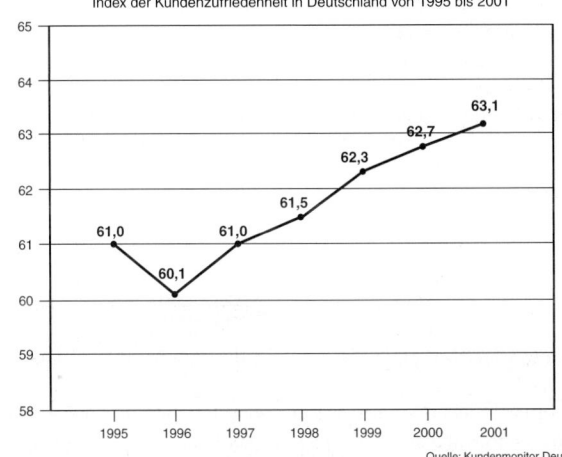

Quelle: Kundenmonitor Deutschland 2001

Kundenzufriedenheit in Deutschland von 1992 bis 2001
Jährliche Veränderungen in Basispunkten

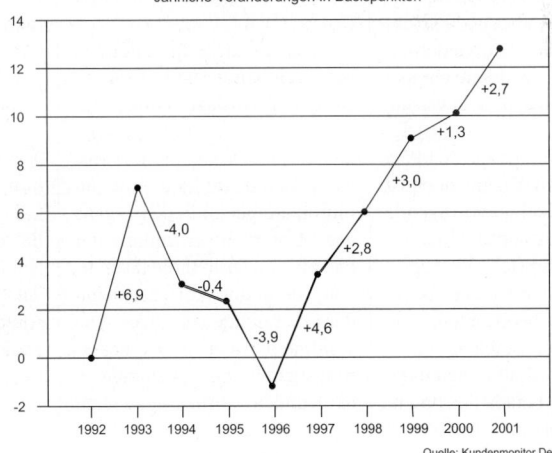

Quelle: Kundenmonitor Deutschland 2001

Dienstleistungswüste Deutschland?

Kürzlich hat der Japaner Minoru Tominaga das harte Wort gesagt, Deutschland sei eine Dienstleistungswüste, schlimmer als alle anderen Länder der Welt. (...) Nun ist kaum anzunehmen, daß sich die Dienstleistungsqualität hierzulande gerade in der jüngeren Zeit verschlechtert hätte. Aber die Kunden verfügen über mehr internationale Vergleichsbeispiele als früher. (...) Wer sich dereinst mehr oder weniger murrend mit einem unzulänglichen Service abfand, weil er es kaum besser kannte, artikuliert heute viel deutlicher seine Unzufriedenheit. (...)

Deutschland ist in der Vergangenheit mit weniger als 60 % der Beschäftigten im tertiären Sektor – verglichen etwa mit den USA, aber auch Großbritannien oder den Niederlanden – keine ausgeprägte Dienstleistungsgesellschaft gewesen, sondern vor allem ein Industrieland mit Erzeugnissen „made in Germany". Auch heute noch ist der Glaube, daß hervorragende Sachdienstleistungsqualität hinreichend für sich selbst spreche, tief verankert. (...) Es ist interessant zu beobachten, wie sehr in einer solchen Sachdienstleistungskultur die Dinge und nicht die Person des potentiellen Käufers im Vordergrund stehen. Wer hat nicht schon in einem Supermarkt die Situation erlebt, daß lange Warteschlangen entstehen, weil nicht alle Kassen besetzt sind, während sich einige (sonst auch kassierende) Mitglieder des Personals liebevoll dem Einräumen von Regalen oder dem Wegräumen von Verpackungen widmen. (...)

Derartige Zeichen der Zeit hat man natürlich erkannt, und es wird an der Verbesserung Servicefähigkeit gearbeitet. Vordergründig schlägt sich dies zunächst einmal in „magischen Wörtern" nieder. Noch nie ist so viel über Kundenorientierung, Kundenzufriedenheitsmessung, Beschwerdemanagement, Total Quality Management oder Benchmarking geschrieben und geredet worden. (...)

Aber all diese in Anleitung beschreibbaren und formalisierbaren Ansätze nützen für die aus Kundensicht empfundene Servicequalität kaum etwas, wenn sich damit nicht eine unmittelbare persönliche Eingabe der Unternehmensmitarbeiter und eine im Direktkontakt spürbare Freundlichkeit der Kundenbehandlung verbindet. Die wohlmeinensten Verbesserungsbemühungen kommen in der Kundenwahrnehmung nicht an, wenn sie sich zu wenig in der Qualität der Kontaktsituation (im sog. „Moment der Wahrheit") niederschlagen. Diese von Personen getragene Dienstleistungsmentalität und -kultur kann nicht durch interne Normvorschriften nach DIN oder ISO (wie beim Qualitätsmanagement) ersetzt werden. Insofern ist die Schaffung eines den Kundenwünschen entsprechendem Serviceniveaus vor allem ein Führungsproblem, erst in zweiter Linie eine Frage von Analyse- und Ablaufmethoden. Dienstleistungsbereitschaft wird am ehesten zu einer personalen Werthaltung, wenn sie von den Führungskräften vorgelebt wird. (...)

Die Klagen über Servicemängel scheinen sich vor allem auf jene Dienstleistungsmerkmale zu richten, die den „Moment der Wahrheit" im unmittelbaren persönlichen Kontakt betreffen. Hier liegt eine Aufgabe der Führung durch Beispielgabe, Motivation, Schulung und Übertragung von Eigenverantwortlichkeit auf die Mitarbeiter. Nein eine Dienstleistungswüste ist Deutschland nicht. Aber gewisse Versteppungsgebiete müssen aufgeforstet werden.

Richard Köhler

1 Gegenstand und Besonderheiten des Dienstleistungsmarketing

1.	**Bedeutung und Entwicklung des Dienstleistungsmarketing**	**3**
1.1	Bedeutung des Dienstleistungsmarketing in Wissenschaft und Praxis	3
1.2	Volkswirtschaftliche Betrachtung des Dienstleistungssektors	9
1.3	Betriebswirtschaftliche Betrachtung des Dienstleistungssektors	19
1.4	Entwicklungsphasen des Dienstleistungsmarketing	21
2.	**Begriff und Systematisierung von Dienstleistungen**	**27**
2.1	Begriffliche Definitionsansätze von Dienstleistungen	27
2.2	Leistungstypologische Einordnung von Dienstleistungen	32
2.3	Systematisierung von Dienstleistungen	39
3.	**Besonderheiten der Produktion von Dienstleistungen**	**50**
3.1	Faktoren der Dienstleistungsproduktion	50
3.2	Prozess der Dienstleistungsproduktion	56
4.	**Besonderheiten beim Absatz von Dienstleistungen**	**60**
4.1	Notwendigkeit der Leistungsfähigkeit des Dienstleistungsanbieters	61
4.2	Integration des externen Faktors in den Dienstleistungserstellungsprozess	62
4.3	Immaterialität von Dienstleistungen	64

1.   Bedeutung und Entwicklung des Dienstleistungsmarketing

1.1   Bedeutung des Dienstleistungsmarketing in Wissenschaft und Praxis

Die marktorientierte Unternehmensführung steht seit geraumer Zeit vor großen Herausforderungen. Dabei hinterlässt vor allem der viel zitierte **„Marsch in die Dienstleistungsgesellschaft"** (Fourastié 1954) vielfältige Spuren. Diskussionen über „Service-Wüste" und „Service-Oase" zeigen schlagwortartig auf, dass viele Unternehmen einen Nachholbedarf im professionellen Dienstleistungsmarketing haben. Dies gilt nicht nur für jene Unternehmen, die in regulierten Märkten vom Wettbewerbsschutz profitiert haben (zum Beispiel Versicherungen, Telekommunikation, Energieversorgung). Vielmehr haben sich in nahezu allen Branchen infolge der Globalisierung, Technisierung und Polarisierung der Märkte die Bedingungen und Spielregeln des Wettbewerbs verändert. Dienstleistungsunternehmen stehen dabei vor einer Vielzahl komplexer Entscheidungsprobleme. Auf der Grundlage der charakteristischen Besonderheiten des jeweiligen Dienstleistungsangebotes muss über die Gewinnung der relevanten Marktinformationen, die Marktbearbeitungsstrategien, das Qualitätsmanagement, den Einsatz von Marketinginstrumenten, die Überwindung von Implementierungsbarrieren u. a. entschieden werden. Dies verlangt ein hohes Maß an konzeptioneller und kreativer Arbeit, um den Markterfolg sicherzustellen.

Die aktuelle Situation der Dienstleistungsmärkte stellt hohe Anforderungen an das **Management von Dienstleistungsunternehmen**. Dabei muss das Dienstleistungsmarketing in der Lage sein, eine eng am Markt orientierte Analyse, Planung, Durchführung und Kontrolle sämtlicher Marktaktivitäten vorzunehmen. Die intensive Interaktion zwischen dem Dienstleistungsanbieter und -nachfrager bei der Leistungserstellung erfordert ein hohes Maß an **Kundenorientierung**. Erfahrungen auf vielen Dienstleistungsmärkten haben gezeigt, dass letztlich nur durch eine konsequente Kundenorientierung Chancen zur Erlangung von Wettbewerbsvorteilen bestehen.

Bei einem Vergleich von Problemstellungen in der Praxis mit den Schwerpunkten wissenschaftlicher Forschung und Lehre finden sich häufig Themenbereiche, für die eine Diskrepanz zwischen Praxisbedeutung und dem Ausmaß der theoretischen Durchdringung zu konstatieren ist. Eine derartige Diskrepanz existierte lange Zeit im Dienstleistungsbereich, der in der Betriebswirtschaftslehre und insbesondere im Marketing zunächst vergleichsweise vernachlässigt wurde.

Vor allem seit den 80er-Jahren wird dem Dienstleistungsmarketing – ausgehend von diesen Entwicklungen in der amerikanischen, aber auch in der deutschen Marketingwissenschaft – eine größere Bedeutung beigemessen. Dies zeigt sich insbesondere in der zunehmenden Anzahl an **eigenständigen Publikationen zum Thema Dienstleistungen und
Dienstleistungsmarketing** (Falk 1980a, b; Berekoven 1983; Kotler/Bloom 1984;
Heskett 1986; Grönroos 1990, 2000; Lovelock 1992, 1996, 2001; Swartz/Bowen/Brown
1992, 1993, 1994, 1995; Meyer 1994, 1998; Rust/Oliver 1994; Kleinaltenkamp 1995;
Reckenfelderbäumer 1995; Meyer 1998; Bruhn/Stauss 2000; Zeithaml/Bitner 2000;
Bruhn/Meffert 2001; Corsten 2001; Haller 2001; Scheuch 2002). Dabei ist allerdings
festzustellen, dass die grundlegende Diskussion, worin die **Charakteristika von Dienstleistungen** liegen und welche Bereiche zum Dienstleistungssektor zu zählen sind, noch
immer nicht abgeschlossen ist (Engelhardt/Kleinaltenkamp/Reckenfelderbäumer 1992;
Woratschek 2001a). Auffallend sind auch die Dominanz der branchenspezifischen Untersuchungen zum Dienstleistungsmarketing und die geringen Bemühungen, allgemein
gültige Aussagen über den Dienstleistungsbereich im Sinne einer geschlossenen **„Theorie des Dienstleistungsmarketing"** zu entwickeln. Der Grund hierfür liegt analog zu anderen Forschungsfeldern darin, dass für theoretische Aussagen immer ein gewisser Grad
an Allgemeingültigkeit angestrebt wird, der aber angesichts der Dienstleistungsvielfalt
schwer erreichbar ist.

Der Sektor Dienstleistungen stellt sich schon auf den ersten Blick als außergewöhnlich
heterogen dar (Banken, Touristik, freie Berufe, kulturelle Leistungen, öffentliche Dienste, Ausbildungswesen usw.). Daraus ergeben sich in der Praxis wie in der Theorie Zweifel
an der **Übertragbarkeit** allgemeiner Aussagen auf die unterschiedlichen Branchen und
Anwendungssituationen. So stellen Dienstleistungen heute in nahezu allen Bereichen
des produzierenden Sektors einen nicht unerheblichen Bestandteil der angebotenen
Problemlösungen dar. Es gibt zwar einige wenige Absatzleistungen, die ausschließlich
aus Dienstleistungen bestehen (zum Beispiel ärztliche Beratung); es gibt aber keine
Sachleistung, die ohne einen bestimmten, wenn auch mitunter geringen, Dienstleistungs-
anteil abgesetzt werden kann (zum Beispiel erklärungsbedürftige Gebrauchsgüter)
(Hilke 1989b, S. 8).

Damit wird offenkundig, dass Konsumgüter-, Industriegüter- und Dienstleistungsmarketing in Bezug auf Untersuchungsgegenstand und Anwendungsspektrum erhebliche
Schnittmengen aufweisen (vgl. Abbildung 1-1).

Trotz der mangelnden Überschneidungsfreiheit von Sachgüter- und Dienstleistungsmarketing ist aufgrund der starken Konsumgutorientierung des traditionellen Marketing auf
der einen Seite und der Besonderheiten von Dienstleistungen auf der anderen Seite die
Auseinandersetzung mit dem Dienstleistungsmarketing unumgänglich. Diese Argumentation wird aus einer nachfragerorientierten Perspektive vor allem durch die **steigende
Dienstleistungsnachfrage** der Haushalte unterstützt. Die Zunahme der Dienstleistungsnachfrage hat vielfältige Ursachen, die in Abbildung 1-2 im Überblick dargestellt sind.

Abbildung 1-1   **Theoriezyklen des sektoralen Marketing**

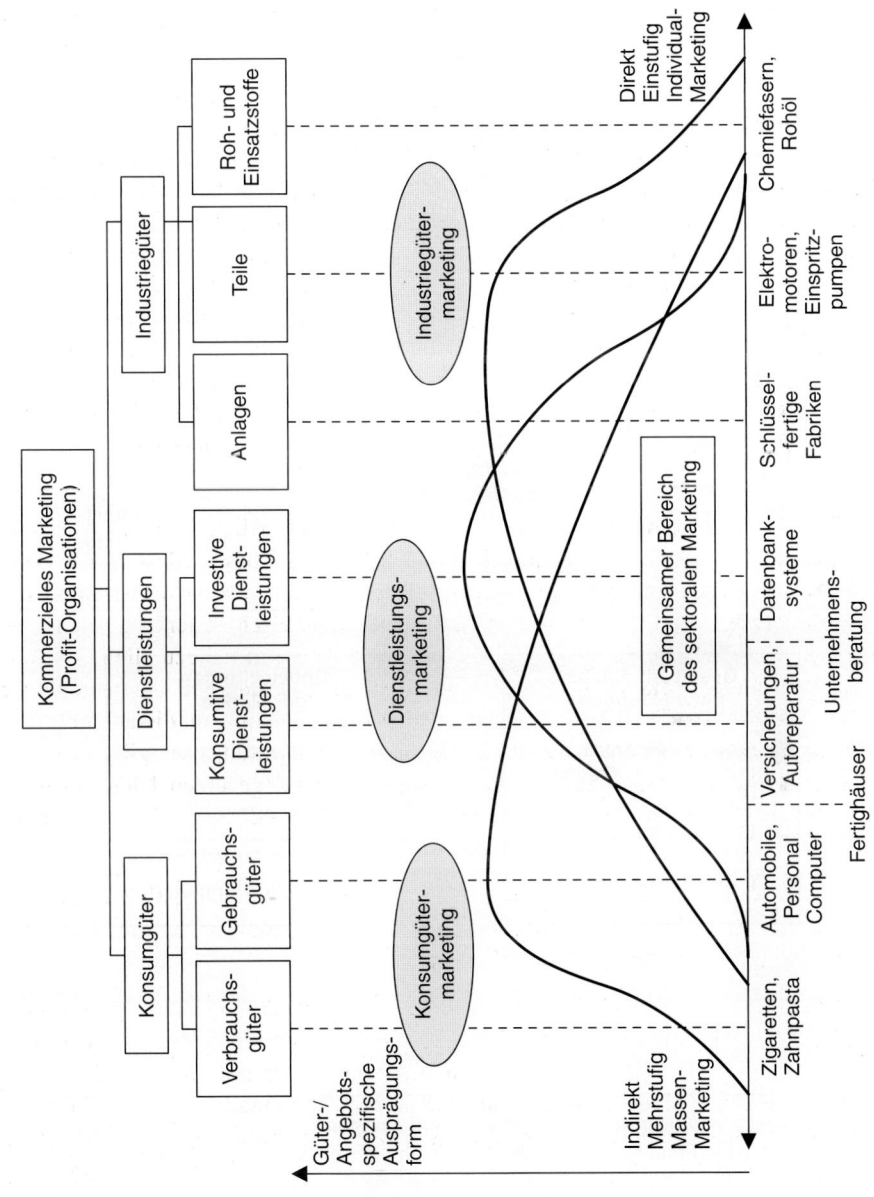

Quelle: Meffert 1986, S. 46

Abbildung 1-2   Ursachen der zunehmenden Nachfrage nach Dienstleistungen

GABLER
GRAFIK

Zunächst sind generelle **gesellschaftliche Veränderungen** zu verzeichnen. Der gestiegene Anteil erwerbstätiger Frauen hat zu einer Verlagerung der bisher im Haushalt selbst erbrachten Dienstleistungen auf kommerzielle Dienstleister, wie die Gastronomie, geführt. Die zunehmende Verkürzung der Arbeitszeit bewirkt zudem eine Steigerung des Angebotes der Freizeitindustrie; und auch der erkennbare Trend zur „Entlokalisierung" beziehungsweise Internationalisierung von geschäftlichen und privaten Kontakten zieht das Angebot zahlreicher Dienstleistungen aus dem Reisebereich, aber auch der elektronischen Datenübermittlung nach sich.

Zu den **Änderungen im Konsumentenverhalten** zählt unter anderem der Trend zu mehr Komfort und Bequemlichkeit (Convenience), der durch das Angebot zahlreicher Dienstleistungen unterstützt wird. Die positiven Erfahrungen, die Konsumenten mit qualitätsorientierten Angeboten erfolgreicher Dienstleistungsunternehmen verschiedener Branchen, wie zum Beispiel einzelner Luftfahrtgesellschaften, machen, führen zu steigenden Ansprüchen und somit auch zu neuen Bewertungsmaßstäben für andere Dienstleistungen, wie zum Beispiel Fahrten mit der Deutschen Bahn. Die steigenden Erwartungen (Anspruchsinflation) und Faktoren wie die erhöhte Transparenz von Märkten, die unter anderem durch neue Möglichkeiten der Kommunikation zwischen Konsumenten (Consumer-to-Consumer), wie zum Beispiel Kundenforen im Internet, ermöglicht wird, führen schließlich zu einer sinkenden Kundenloyalität, der von der Unternehmensseite durch das Angebot zusätzlicher Value Added Services begegnet werden muss.

Bei den **demographischen Veränderungen** ist insbesondere die Entwicklung der Altersstruktur in Deutschland mit einem relativ hohen Anteil älterer Menschen bei einer insgesamt steigenden Lebenserwartung zu nennen, die dazu führen, dass immer mehr Menschen immer länger Dienstleistungen nachfragen werden. Aufgrund der hohen Kaufkraft der älteren Bevölkerung ist die Bereitschaft, die Zeit nach dem Berufsleben angenehm zu gestalten, besonders ausgeprägt. Ob aus der Motivation heraus, durch Reisen und andere Freizeitaktivitäten sich selbst für das Arbeitsleben zu belohnen oder einfach den gewohnten Lebensstandard im Alter halten zu wollen, in jedem Falle zeigt das „goldene Segment" die Bereitschaft, hochwertige Dienstleistungen in Tourismus, Fitness usw. nachzufragen und auch entsprechend zu bezahlen. In diesem Zusammenhang darf beispielsweise auch die wachsende Nachfrage nach Pflegeleistungen nicht übersehen werden, die schon heute beträchtliche Wachstumsraten aufweisen.

Steigerungen der Dienstleistungsnachfrage werden vielfach allerdings auch erst durch **technologische Entwicklungen** ermöglicht, die es erlauben, die zur Bereitstellung der Dienste erforderliche Hardware in einem entsprechenden Umfang und zu angemessenen Preisen breiteren Kreisen zur Verfügung zu stellen. Beispiele einer solchen angebotsinduzierten Dienstleistungsnachfrage sind Leistungen im Bereich der Mobilkommunikation (Funknetze, Handys usw.). Darüber hinaus bedingt die zunehmende Komplexität von Sachgütern eine wiederum steigende Nachfrage nach Dienstleistungen. Viele Produkte überfordern ihre (potenziellen) Nutzer, sodass eine sinnvolle Nutzung vieler moderner Sachleistungen begleitende Dienstleistungen vor, während oder nach des Ge-/Verbrauchs notwendig macht (zum Beispiel Beratung vor dem PC-Kauf, Installation der Hardware und Einweisung, Entsorgung). Des Weiteren erfolgte die Verbreitung elektronischer Medien – insbesondere des Internet – in den vergangenen Jahren in einem rasanten Tempo. Anfang des Jahres 2001 nutzten rund 46 Prozent aller Deutschen das Internet (GfK-Online Monitor, 7. Welle). Die Nutzung elektronischer Medien, wie das Internet, ist für den Anbieter und für den Nachfrager mit ganz spezifischen Vorteilen verbunden, zum Beispiel sind geschäftliche Transaktionen über Internet nicht an Öffnungszeiten und auch nicht an eine Geschäftsstätte gebunden. Gefördert durch die dynamische Verbreitung der neuen Informations- und Kommunikationstechnologien, die derzeit unter dem Aspekt des „Customer Relationship Management" (CRM) stark diskutiert werden, entstand ein Boom des so genannten E-Business beziehungsweise der E-Business-Anwendungen: Heute wird eine Vielzahl von Produkten und Dienstleistungen über das Internet vertrieben (E-Commerce) und Dienstleistungen werden zunehmend selbst elektronisch erstellt (E-Services). Nennenswerte wirtschaftliche Transaktionen im Internet finden heute – neben der Werbung – vor allem in den Bereichen Verkauf von Büchern, CDs und DVDs sowie dem Buchen von Reisen und dem Online Banking statt (Albers 2000; Herrmanns/Sauter 2000, S. 894f.).

Vom Produzenten zum produzierenden Dienstleister

Dienstleistungsstrategien können zu neuen Geschäftsmodellen führen / Schwierige Abschätzung der Kosten

nr. NEUSS, 29. April. „Der Kunde möchte eigentlich keine Bohrer, sondern Löcher in der Wand!" Anders formuliert bedeutet dieses geläufige Bonmot, daß Unternehmen im Industriegüterbereich, was ihr Dienstleistungsangebot angeht, radikal umdenken müssen. Bisher sehen sich diese Unternehmen überwiegend als dienstleistende Produzenten, die das Angebot eines Produkts in den Vordergrund stellen und dies um Dienstleistungen wie Garantien, Recy-

FÜR DIE LETZTE MEILE HABEN WIR EINE DRAHTLOSE LÖSUNG GEWÄHLT!

cling oder Wartung und Inspektion lediglich ergänzen. Um das Potential von Dienstleistungen als Basis von Wettbewerbsvorteilen ausschöpfen zu können, müßten sich die Anbieter stattdessen als produzierende Dienstleister begreifen, forderte Professor Klaus Backhaus von der Universität Münster auf der Schmalenbach-Tagung.

Der Schlüssel zum Erfolg liegt nach Auffassung von Backhaus in den verschiedenen Formen des sogenannten „Performance Contracting". Angeboten wird hierbei

nicht primär ein Produkt, sondern eine Leistung beziehungsweise ein Leistungsergebnis. Statt also das Produkt „Gabelstapler" zu verkaufen, bietet das Unternehmen die von diesen Fahrzeugen erbrachte Logistikleistung an, der Anbieter wird zum produzierenden Dienstleister.

Eine Form des Performance Contracting stellt der sogenannte Leistungsverkauf dar. Hierbei vermietet der Anbieter das eigentliche Produkt plus Servicepaket für einen bestimmten Zeitraum zu einem Festpreis an seine Kunden. Die Nutzung der Leistung erfolgt vom Kunden, der auch das zur Nutzung notwendige Personal selbst bereitstellt. Alle anderen Leistungen übernimmt der Anbieter. Beispiele für Leistungsverkauf sind die Anbieter von Gabelstaplern, Jungheinrich und Linde. Für eine feste monatliche Rate erhält der Kunde die Fahrzeuge nebst Wartung, Ersatzteilbeschaffung und Reparaturen. Ein ähnliches Konzept verfolgt Mercedes-Benz mit der „Charter

Way"-Langzeitmiete in seiner Nutzfahrzeugsparte. Der wesentliche Vorteil des Leistungsverkaufs für den Kunden liegt auf der Hand: Die Höhe der monatlichen Kosten für die Leistung stehen für ihn exakt fest.

Noch weiter geht das Angebot beim „Leistungsergebnisverkauf". Hierbei tritt der Hersteller gleichzeitig als Betreiber auf, er verkauft also ein festes Leistungsergebnis und ist auch für die Bereitstellung des Bedienungspersonals zuständig. „Wenn also Jungheinrich oder Linde auch noch die Fahrer und den Treibstoff für die Gabelstapler bereitstellen würde, wäre das Unternehmen ein Verkäufer von Leistungsergebnissen", erläutert Backhaus. Auch die Betreibermodelle im Bereich Energieerzeugung gehörten in diese Kategorie.

Die Formen des Performance Contracting setzen die Formulierung einer Dienstleistungsstrategie voraus. Dazu zählt zunächst die Entscheidung darüber, welche Leistungen überhaupt erbracht werden sollen, sowie, ob die jeweilige Leistung obligatorisch oder nur wahlweise angeboten wird. Aus Anbietersicht kommt es weiterhin entscheidend darauf an, die Kosten des Dienstleistungspakets zu ermitteln. Dies dürfte sich in vielen Unternehmen recht schwierig gestalten: „Die meisten Controlling-Systeme sind hierauf in der Regel nicht eingestellt", hat Backhaus beobachtet.

Eine weitere Schwierigkeit besteht darin, die Zahlungsbereitschaft der Kunden für die Dienstleistungen zu prüfen. Hier sei besonders viel Überzeugungsarbeit bei den Kunden zu leisten, die schlicht nicht gewöhnt seien, für zusätzlich zum Produkt angebotene Dienstleistungen und Services überhaupt etwas zu zahlen. Ein besonderes Problem dürfte aus Anbietersicht aus der Übernahme der zusätzlichen Risiken entstehen. Die mit dem Performance Contracting verbundenen zusätzlichen Auszahlungen für die Dienstleistungen sind ungewiß und daher nur schwer abzuschätzen.

@ Weitere Informationen erhalten Sie unter backhaus@wiwi.uni-muenster.de

Darüber hinaus sind die **Entwicklungen der Märkte** anzuführen. Das insbesondere auch durch die Internationalisierung der Märkte gestiegene Angebot von Produkten und Dienstleistungen selbst führt dazu, dass viele Konsumenten nicht mehr in der Lage sind oder nicht über ausreichend Zeit verfügen, um einen Vergleich der am Markt angebotenen Leistungen durchzuführen. Hier sind Dienstleister, wie zum Beispiel Versicherungsbroker oder Computer Consultants, gefordert, die das breite Angebotsspektrum sichten, Empfehlungen hinsichtlich der am Markt angebotenen Leistungen geben und diese gegebenenfalls für den Kunden einkaufen. Weiterhin ist die wachsende Homogenität der von der Industrie angebotenen Produkte ein Grund für das steigende Angebot von so genannten „Value Added Services". Hersteller sehen gerade in produktbegleitenden Dienstleistungen die größte Chance für eine langfristig wirksame Wettbewerbsdifferenzierung, sodass davon ausgegangen werden kann, dass der Dienstleistungsanteil an „Problemlösungspaketen" auch weiter kontinuierlich ansteigen wird (Simon 1993, S. 5ff.).

Diese Entwicklungstendenzen finden in der Entwicklung volkswirtschaftlicher Kennziffern ihren Niederschlag, die auf der volkswirtschaftlichen Betrachtung des Dienstleistungssektors aufbauen.

1.2   Volkswirtschaftliche Betrachtung des Dienstleistungssektors

In Volkswirtschaften entwickelt sich gemäß der so genannten **Drei-Sektoren-Theorie** im Allgemeinen zunächst der primäre Sektor, die Urproduktion, zu dem die Land- und Forstwirtschaft sowie Viehzucht und Fischerei gezählt werden. Im Zeitablauf kommt dann der industriellen Produktion eine steigende Bedeutung bei der Erwirtschaftung des Bruttosozialproduktes zu. Schließlich nimmt der **tertiäre Sektor**, der vielfach vereinfachend als **Dienstleistungssektor** bezeichnet wird, eine dominante Stellung ein.

Eine substanzielle **volkswirtschaftliche Analyse** von Dienstleistungen wurde zuerst durch die klassische Nationalökonomie vorgenommen. Während Adam Smith in seinem Werk „Wohlfahrt der Nationen" den Dienstleistungen noch ihren produktiven Wert absprach, wurde ihnen diese Eigenschaft von Malthus bereits zugebilligt (Smith 1789; Malthus 1836). Allerdings ermöglicht erst eine nutzenorientierte Betrachtungsweise von Gütern, wie sie Say vornahm, verbunden mit der Unterteilung in materielle und immaterielle Produktion, eine intensive Auseinandersetzung mit dem Themenkreis Dienstleistungen (Say 1830).

Ebenfalls auf der Ebene des Nutzens für den Konsumenten argumentiert Mischler 1898 im Wörterbuch der Volkswirtschaft: „Unter persönlichen Dienstleistungen versteht man solche Arbeitsleistungen, welche, für sich allein betrachtet, Bedürfnisse zu befriedigen vermögen; sie unterscheiden sich von den übrigen Arbeitsleistungen dadurch, dass die letzteren die Herstellung eines Sachgutes bezwecken, welches erst die Bedürfnisbefriedigung ermöglicht … Es kann mitunter ganz dasselbe Bedürfnis durch ein Sachgut oder durch eine Dienstleistung befriedigt werden, wie zum Beispiel durch ein Buch beziehungsweise einen Vortrag" (Mischler 1898, S. 548).

Die auf der Unterteilung der Volkswirtschaft in drei Sektoren aufbauende Beschreibung des Dienstleistungssektors rechnet mittels **Negativabgrenzung** sämtliche Leistungen, die nicht in den Bereich der Urproduktion oder der Weiterverarbeitung fallen, dem Dienstleistungssektor zu (Corsten 1985a, S. 230ff.; Berekoven 1997, S. 6f.). Diese Abgrenzung von Dienstleistungen hat sich sowohl national als auch international durchgesetzt, bietet jedoch wenig marketingpolitische Ansatzpunkte.

Nach der **Systematisierung des Statistischen Bundesamtes** werden insgesamt folgende 16 Wirtschaftsbereiche unterschieden (WZ 93; Statistisches Bundesamt 2001):

Primärer Sektor	A	Land- und Forstwirtschaft
	B	Fischerei und Fischzucht
Sekundärer Sektor	C	Bergbau und Gewinnung von Steinen und Erden
	D	Verarbeitendes Gewerbe
	E	Energie- und Wasserversorgung
	F	Baugewerbe
Tertiärer Sektor	G	Handel; Reparatur von Kfz und Gebrauchsgütern
	H	Gastgewerbe
	I	Verkehr und Nachrichtenübermittlung
	J	Kredit- und Versicherungsgewerbe
	K	Grundstückswesen, Vermietung, Unternehmensdienstleister
	L	Öffentliche Verwaltung, Verteidigung, Sozialversicherung
	M	Erziehung und Unterricht
	N	Gesundheits-, Veterinär- und Sozialwesen
	O	Erbringung von sonstigen öffentlichen und persönlichen Dienstleistungen
	P	Private Haushalte

Die Entwicklung beziehungsweise Veränderung des Dienstleistungsmarktes seit 1950 lässt sich durch die **Verlagerung der Beschäftigtenstruktur** sowie die **Investitionsentwicklung** in den drei Sektoren dokumentieren. Die von Fourastié prognostizierte Situation, dass bis zum Ende dieses Jahrhunderts für hoch entwickelte Volkswirtschaften ein Beschäftigungsanteil von 80 Prozent für den tertiären Sektor gegenüber jeweils zehn Prozent für den primären und sekundären Sektor erreicht würde (Fourastié 1954, S. 268ff.), konnte zwar nicht realisiert werden, dennoch nahm der Anteil der Erwerbstätigen im tertiären Sektor in Deutschland stetig bis auf 64,2 Prozent in 2000 zu (Statistisches Bundesamt 2001). Diese Entwicklung ging vorrangig zu Lasten der Landwirtschaft, während der sekundäre Sektor hiervon vergleichsweise wenig betroffen war.

Abbildung 1-3   **Veränderung der Bruttowertschöpfung im dienstleistenden und produzierenden Sektor**

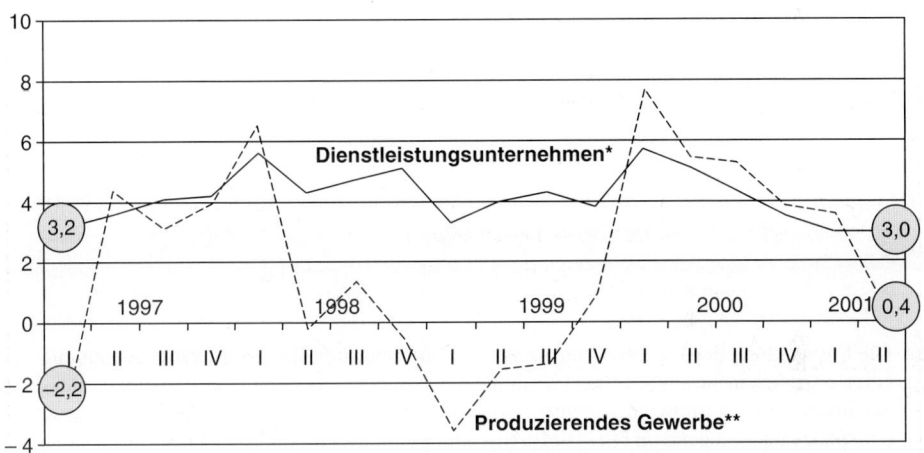

* Finanzierung, Vermietung und Unternehmensdienstleister   ** ohne Baugewerbe

GABLER
GRAFIK

Quelle: Statistisches Bundesamt 2001

Eine Untersuchung der Wachstumsraten der Bruttowertschöpfung von Dienstleistungsunternehmen gegenüber produzierenden Unternehmen (vgl. Abbildung 1-3) zeigt außerdem, dass das produzierende Gewerbe starken Schwankungen unterliegt. Dienstleister hingegen profitieren von einem stetigen Wachstum, das nur sehr geringer Volatilität unterworfen ist. Abbildung 1-4 zeigt die Anteile der Dienstleistungsbranchen an der Bruttowertschöpfung des tertiären Sektors.

Abbildung 1-4   **Anteile der Dienstleistungsbranchen an der Bruttowertschöpfung des tertiären Sektors (1999, in Prozent)**

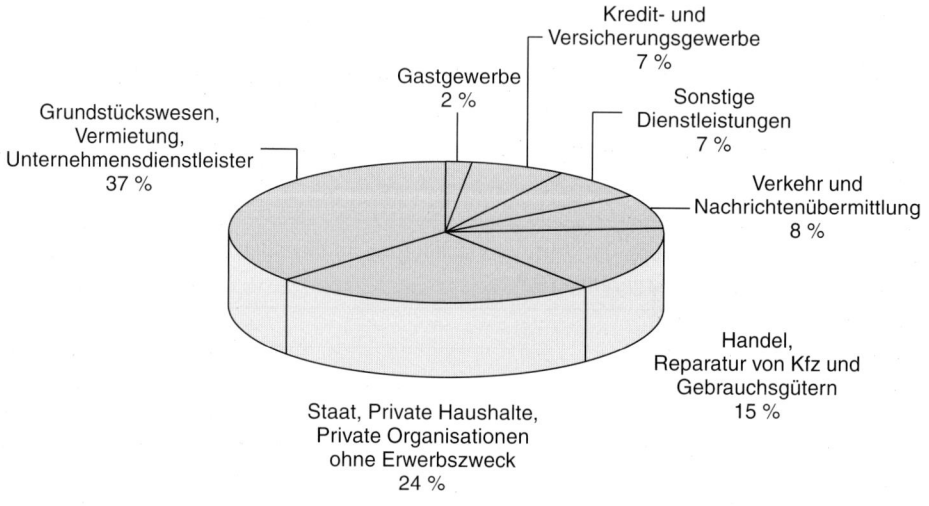

Kredit- und
Versicherungsgewerbe
7 %

Gastgewerbe
2 %

Sonstige
Dienstleistungen
7 %

Grundstückswesen,
Vermietung,
Unternehmensdienstleister
37 %

Verkehr und
Nachrichtenübermittlung
8 %

Handel,
Reparatur von Kfz und
Gebrauchsgütern
15 %

Staat, Private Haushalte,
Private Organisationen
ohne Erwerbszweck
24 %

GABLER
GRAFIK

Quelle: Statistisches Bundesamt 2001, eigene Berechnungen

Die Entwicklung des Dienstleistungssektors im **internationalen Vergleich** in Abbildung 1-5 zeigt, dass sich insbesondere die USA durch einen hohen Anteil des Dienstleistungssektors an der Bruttowertschöpfung auszeichnen. Von 1973 bis 1987 wurden mehr als 25 Mio. neue Arbeitsplätze überwiegend im Dienstleistungssektor geschaffen, obwohl die USA seit 1973 mehrere tiefe Konjunktureinbrüche erlebt haben (Lehmann 1995, S. 3ff.).

Abbildung 1-5   **Entwicklung des Dienstleistungssektors an der Bruttowertschöpfung im internationalen Vergleich**

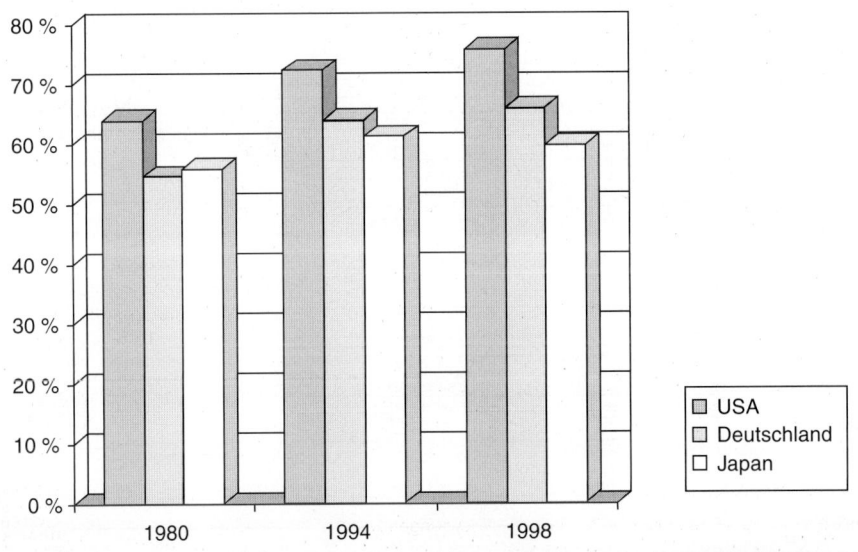

Anteil des tertiären Sektors
an der Bruttowertschöpfung

Quelle: Institut der deutschen Wirtschaft 2001

GABLER
GRAFIK

Inzwischen arbeiten in den meisten westlichen Industrienationen mehr als zwei Drittel aller Erwerbstätigen im tertiären Sektor (vgl. Abbildung 1-6). Während Deutschland vor wenigen Jahren unter den Schlusslichtern zu finden war, konnte dieser Rückstand in den letzten Jahren sukzessive aufgeholt werden. Dennoch zeigen die hohen Werte der nordamerikanischen Länder weiterhin erhebliche Spielräume für den zukünftigen Weg in die Dienstleistungsgesellschaft.

| Abbildung 1-6 | Anteile der im Dienstleistungsbereich Beschäftigten an der Gesamtzahl der Erwerbstätigen im Zeitablauf |

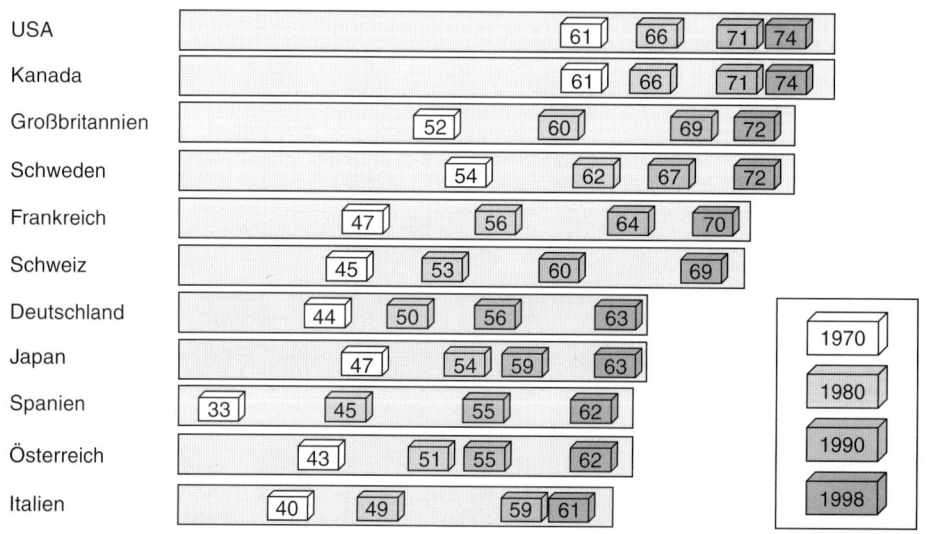

Quelle: Statistisches Bundesamt 1995, 1998a

GABLER GRAFIK

In der Literatur, die sich kritisch mit diesen Statistiken auseinander setzt, ist eine **kontroverse Diskussion** im Hinblick auf den tatsächlichen Bedeutungsanstieg von Dienstleistungen anzutreffen. So wird der „Marsch in die Dienstleistungsgesellschaft" vielfach als ein größtenteils statistischer Effekt bezeichnet. Diese (Gegen-)These wird mit dem Argument begründet, dass der in den amtlichen Statistiken ausgewiesene Effekt der Zunahme des tertiären Sektors lediglich auf einem Verlagerungseffekt zwischen Unternehmen der drei Sektoren beruht (Albach 1989, S. 397ff.). Dieser Erklärungsansatz wird als **„Theorie der industriellen Dienstleistung"** bezeichnet. Den Ausgangspunkt der Entwicklung bildet der hohe Wettbewerbsdruck, mit dem sich die meisten Industrieunternehmen konfrontiert sehen. Daraus leitet sich für die Unternehmen unter anderem die Notwendigkeit ab, ihre Sachleistungen zur Förderung des Absatzes mit attraktiven Dienstleistungen anzureichern. Darüber hinaus müssen sich die Unternehmen auf ihre Kernkompetenzen beschränken und bestimmte Prozesse auslagern, die von externen Unternehmen kostengünstiger als im eigenen Hause erbracht werden können. Zum einen betrifft dieses **„Outsourcing"** die Erstellung von Sachleistungen, zum anderen auch zahlreiche Dienstleistungen wie Marktforschungs-, Forschungs- & Entwicklungs- sowie Beratungsleistungen. Damit wird deren statistische Erfassung in den tertiären Sektor verlagert (vgl. Insert 1-2).

Um die **Vergleichbarkeit der Daten** der einzelnen Mitgliedsstaaten sicherzustellen, sind seit längerem Bestrebungen in der Europäischen Union im Gange, die auf eine Harmonisierung der Erhebungsmethoden und -klassifikationen in den einzelnen Ländern abzielen. Durch das Voranschreiten des europäischen Einigungsprozesses erhalten diese Harmonisierungsbemühungen eine besondere Dringlichkeit, da zur Beobachtung des Binnenmarktes und für die Gestaltung einer gemeinsamen Wirtschaftspolitik in der Wirtschafts- und Währungsunion zuverlässige und vergleichbare Informationen über die wirtschaftliche Entwicklung in den Mitgliedsstaaten dringlicher denn je sind. Zu Beginn der 90er-Jahre wurden daher von der EU eine Reihe von Verordnungen erlassen beziehungsweise vorbereitet, die das System der wirtschaftsstatistischen Erhebungen berühren. Dazu gehören neben Regelungen, die auf eine Harmonisierung der Klassifikationen abzielen (Katalog von statistischen Einheiten, PRODCOM-Liste, NACE Rev. 1, CPA) vor allem die Entwürfe zu regelmäßigen Erhebungen für die Erfassung von Konjunkturindikatoren sowie für eine strukturelle Unternehmensstatistik. Was die Vorschläge zu einer Verbesserung der Informationslage über Dienstleistungen anbelangt, so sind diese in unterschiedlichem Umfang verwirklicht. Von den angedachten Vorstellungen über eine wünschenswerte Informationsbasis im Dienstleistungsbereich ist man jedenfalls noch weit entfernt.

Die bisherige institutionelle Ausrichtung der amtlichen Statistik führte insgesamt zu einer **Unterschätzung des Dienstleistungssektors** (Corsten 1985a, S. 242f.). In diesem Zusammenhang ist zu berücksichtigen, dass bei einer Differenzierung nach den Dienstleistungsträgern **funktionelle**, das heißt von Sachleistungsbetrieben, und **institutionelle**, das heißt von (reinen) Dienstleistungsunternehmen/-institutionen, angebotene Dienste differenziert werden können (Meyer 1994; vgl. Abbildung 1-7). Somit können über den amtlich bestimmten tertiären Sektor hinaus Dienstleistungen auch im primären und sekundären Sektor nachgewiesen werden (zum Beispiel die Hauslieferung in der Landwirtschaft oder der Kundendienst eines Produktionsbetriebes) (Meyer 1994).

In ähnlicher Weise kann die **Existenz einer deutschen „Dienstleistungslücke"** gegenüber den USA diskutiert werden. Dies wird beim Vergleich der Untersuchungen des Instituts der deutschen Wirtschaft (IW) auf der einen Seite und des Deutschen Instituts für Wirtschaftsforschung (DIW) auf der anderen Seite deutlich. So weist das IW für die USA einen Beschäftigtenanteil im Dienstleistungsbereich von 34,5 Prozent gegenüber 26,1 Prozent in Deutschland aus, während diese Größe nach der Analyse des DIW in beiden Wirtschaftsräumen bei circa 75 Prozent liegt. Für diese Differenz sind zwei Gründe verantwortlich. Erstens werden von den beiden Institutionen unterschiedliche Berechnungsgrundlagen herangezogen. Bei der IW-Statistik werden die Einwohner eines Landes, bei der DIW-Untersuchung die in der Wirtschaft Beschäftigten als Berechnungsgrundlage herangezogen. Zweitens basiert die Analyse des IW auf Arbeitsmarktstatistiken gemäß der Drei-Sektoren-Einteilung, während das DIW Ergebnisse des Sozio-ökonomischen Panels (SOEP) einbezieht, bei dem seit 1984 Beschäftigte nach den Tätigkeiten befragt werden, denen sie tatsächlich nachgehen. Auf diese Weise werden Beschäftigte, die in Industriebetrieben Dienstleistungen verrichten, zu den Dienstleistungsbeschäftigten gezählt (o.V. 1998a).

INSERT 1-2   **Frankfurter Allgemeine Zeitung, 25.10.2001, S. 29**

Immer mehr Unternehmen geben ganze

Das Outsourcing entwickelt sich zur strategischen Aufgabe /
Die Zahl der „Big Deals" nimmt zu

DÜSSELDORF, 24. Oktober. Für IBM Global Services, die Dienstleistungssparte des amerikanischen Computerkonzerns, ist es bisher der größte Auftrag in Europa: Im Frühsommer des Jahres verkündete der italienische Autobauer Fiat, daß er in den nächsten sieben Jahren die Betreuung seiner Informationstechnik – vom Auftragswesen bis zur Lohnbuchhaltung – an die IBM auslagern werde. Außerdem sollen insgesamt 2600 Mitarbeiter im Rahmen des Projekts E-Business-Anwendungen solche für den Fahrzeughersteller entwickeln. Der geschätzte Wert des Auftrags beträgt bis zu sechs Milliarden Dollar.

Ob Burger King, Thomson Multimedia, Aventis CropScience, Tenovis, Ericsson, Union Investment oder SKF – zahlreiche Großunternehmen haben in den vergangenen Monaten den Betrieb ihrer kompletten Informationstechnik (IT) an einen externe Dienstleister vergeben. Bereits im vergangenen Jahr verzeichnete das Marktforschungs- und Beratungsunternehmen IDC weltweit 17 „Big Deals" mit einem Volumen von mehr als einer Milliarde Dollar. 1998 und 1999 waren es erst jeweils 12 derartige Verträge.

Nach der Beobachtung der Analysten des Marktforschungsinstituts Frost & Sullivan hat sich das IT-Outsourcing in den vergangenen Jahren auf breiter Front durchgesetzt und dabei als wirksames Mittel zur Kostensenkung erwiesen. „Die strategischen Vorteile für Unternehmen bestehen vor allem in der Möglichkeit, periphere IT-Aktivitäten von professionellen Dienstleistern effizient durchführen zu lassen, um sich im eigenen Unternehmen auf den Kernbereich zu konzentrieren", sagt Judith Brown, Analystin bei Frost & Sullivan.

Wichtige Gründe für eine Ausweitung des Outsourcing-Markts sehen die Marktforscher unter anderem in dem anhaltenden Mangel an qualifizierten Fachkräften; nicht gering veranschlagen sie auch den unternehmensinternen Druck zur Kostensenkung in den IT-Abteilungen. Der Umsatz auf dem europäischen Outsourcing-Markt soll sich laut einer Frost & Sullivan-Prognose von 40 Milliarden US-Dollar (1999) auf 174,6 Milliarden US-Dollar bis zum Jahre 2006 mehr als vervierfachen. Als Marktführer beim IT-Outsourcing in Europa sieht die Studie IBM Global Services, gefolgt von EDS, CSC, Unisys und Siemens Business Services. „Die Tendenz zum Outsourcing ist insbesondere durch den Einsatz elektronischer Medien in den Unternehmen und Märkten gewachsen und betrifft inzwischen die unterschiedlichsten Branchen", erläutert Christian Oecking, Leiter Outsourcing Deutschland bei Siemens Business Services (SBS) in München. Neben den klassischen Formen entwickelten sich zunehmend neue Arten dieser Dienstleistung, wie beispielsweise das sogenannte Application Service Providing (ASP), Webhosting, E-Business-Application-Outsourcing, Telekommunikations-Outsourcing und Business Process Outsourcing. Dabei stehe nicht mehr der reine Kostensenkungsaspekt im Vordergrund, sondern zunehmend spielten auch Kriterien wie Marktanteil, Kundenzufriedenheit und Umsatzwachstum eine wichtige Rolle bei einer Outsourcing-Entscheidung.

Ein Beispiel für eine erfolgreiche Auslagerung von Bereichen, die nicht zur Kernkompetenz eines Unternehmens gehören, ist die Telekommunikationssparte der RAG Aktiengesellschaft in Essen. 1969 unter dem Namen Ruhrkohle AG als reines Bergbauunternehmen gegründet, ist die RAG heute ein international tätiger Bergbau- und Technologiekonzern mit rund 93 000 Mitarbeitern und etwa 15 Milliarden Euro Umsatz. Aus Sicherheitsgründen verfügte der Konzern schon zu Zeiten des Telekommunikationsmonopols in Deutschland über ein eigenes Telefonnetz. Mit der Liberalisierung des Markts befand sich die RAG in einer schwierigen Situation.

„Unsere Telekommunikationsbetriebe konnten die entsprechenden Leistungen

INSERT 1-2   Frankfurter Allgemeine Zeitung, 25.10.2001, S. 29 (Fortsetzung)

Geschäftsprozesse an Dienstleister ab

Den Kopf frei für das Kerngeschäft / Outsourcing senkt die Kosten / Von Yvonne Giebels

intern und extern nicht mehr zu wettbewerbsfähigen Preisen anbieten", erinnert sich Michael Koppitz, Leiter IT-Strategie bei der RAG. Zudem erforderte das hohe Investitionstempo gerade in diesem Bereich permanent massive Investitionen in die Infrastruktur sowie in die Qualifikation der entsprechenden Mitarbeiter. Mit dem Entschluß zur Auslagerung war dieser Druck vom Unternehmen genommen. Nach nunmehr über zwei Jahren praktischer Erfahrung mit dem Dienstleister SBS ist man im RAG-Konzern davon überzeugt, daß das angestrebte Ziel des Outsourcing-Prozesses – die langfristige Verbesserung des Preis-Leistungs-Verhältnisses des Telekommunikationsbereichs – tatsächlich erreicht werden kann.

IT-Outsourcing kennt inzwischen viele Facetten. Das Spektrum reicht von einer Minimalvariante im Umfeld des Outtasking, bei der die Werte beim auslagernden Unternehmen verbleiben und lediglich einzelne Aufgaben wie der Betrieb von Servern vor Ort beim Kunden vom Dienstleister geregelt werden, bis hin zur Auslagerung ganzer Rechenzentren. Unternehmen die sich für die Durchführung eines solchen Projekts entscheiden, müssen deshalb als erstes klären, wieviel von ihrer Kommunikations- und Informationsstruktur sie in die Hand eines externen Dienstleisters geben wollen. Die derzeit heißdiskutierten ASP-Modelle provozieren beispielsweise für viele Unternehmen die Frage, ob komplexe und teure Softwarelösungen überhaupt noch selbst betrieben und betreut werden sollen oder nicht.

Denn permanente Erneuerung der Software, Updates und neue Produkte erfordern eine ständige und kostenintensive Aus- und Weiterbildung des knappen Personals. Von den hohen Lizenzkosten, die bei vielen Applikationen anfallen, einmal ganz abgesehen. Neben dem Betrieb – das bedeutet dem Hosting der Anwendungen – bieten viele Service-Provider inzwischen auch deren ständige Weiterentwicklung, die Bereitstellung eines Help-Desk sowie die Netzanbindung mit einer garantierten Bandbreite an. Dadurch können Unternehmen nicht nur den Betrieb einer bestimmten Anwendung nach außen geben, sondern es stehen ihnen auch alle Vorteile eines modernen Rechenzentrums mit höchster Verfügbarkeit, Rund-um-die-Uhr-Unterstützung und maximaler Sicherheit zur Verfügung.

Die Londoner Barclays Bank geht noch einen Schritt weiter und lagert im Rahmen von Business Process Outsourcing (BPO) komplette Geschäftsprozesse aus. Das viertgrößte Kreditinstitut Großbritanniens mit rund 16 Millionen Kunden in über 60 Ländern will damit nicht nur die Leistungen für seine Kunden verbessern, sondern auch eine höhere Effizienz erreichen. „Nun, da ein vertrauenswürdiger Partner unsere Back-Office-Prozesse übernimmt, können wir uns ganz auf unsere Kernkompetenzen konzentrieren", kommentiert Peter Turner, Leiter der Sourced Service Delivery Business Operations bei Barclays, den auf mehrere Jahre angelegten Vertrag mit Siemens Business Services. Der externe Dienstleister verwaltet mittlerweile Kundendaten und Konten, versendet Kreditkarten, Geheimnummern und Scheckhefte, stellt Steuerbescheide aus, sorgt für die Bereitstellung von Tarifinformationen und übernimmt den Schriftverkehr mit den Kunden.

„Das Geschäftsmodell Outsourcing hat heute eine neue Perspektive", ist Christian Oecking von SBS überzeugt. Durch die enge Partnerschaft lasse sich die Gesamtwirtschaftlichkeit eines Unternehmens deutlich erhöhen. Outsourcing dürfe aber nicht bedeuten, die gesamte Verantwortung aus der Hand zu geben. Themen der grundsätzlichen Strategie – sowohl auf die Applikationen als auch auf das Controlling der Leistungen bezogen – sollten auf jeden Fall in der Verantwortung des Unternehmens verbleiben.

Abbildung 1-7   **Funktionelles und institutionelles Dienstleistungsmarketing**

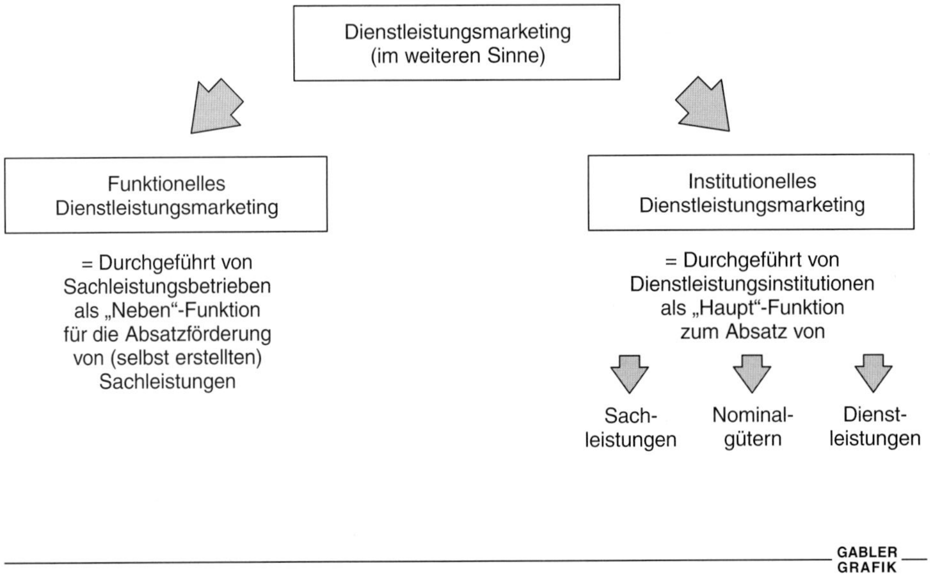

Die **Strukturverschiebungen** finden jedoch nicht nur zwischen den drei Sektoren statt. Vielmehr sind auch **innerhalb des Dienstleistungsbereiches** deutliche Verschiebungen erkennbar. Unternehmen, die vormals eindeutig einer Branche zuzuordnen waren, befinden sich mittlerweile im Schnittpunkt zweier oder mehrerer Bereiche. Banken und Versicherungen verändern sich zu umfassenden Finanzdienstleistungskonzernen, aber auch die Tourismusindustrie, das Transportwesen und andere Bereiche sind deutliche Beispiele dafür, dass die Grenzen der Dienstleistungsbranchen weiter verschwimmen.

> Der Stromanbieter Yello Strom bietet so zum Beispiel neben dem klassischen Angebot von Strom auch mit Internet-by-Call- und Prepaid-Telefonkarten Telekommunikationsdienstleistungen, mit der privaten Altersvorsorge MONEYmore Finanzdienstleistungen und mit der Yello Sofortreparatur einen Service an, über den Handwerker vermittelt werden. Durch eine Allianz mit Bauknecht hat das Unternehmen sein Leistungsangebot außerdem um den Vertrieb von Haushaltsgroßgeräten erweitert.

Neben der volkswirtschaftlichen Betrachtung stellt die betriebswirtschaftliche Betrachtung einen Ausgangspunkt bei der Auseinandersetzung mit dem Dienstleistungsmarketing dar.

1.3 Betriebswirtschaftliche Betrachtung des Dienstleistungssektors

Der seit Anbeginn der statistischen Erfassung festzustellende Bedeutungsanstieg des Dienstleistungssektors in Deutschland fand über Jahrzehnte hinweg keine entsprechende Berücksichtigung durch die **betriebswirtschaftliche Forschung**.

So schrieb beispielsweise Nicklisch im Jahre 1922 „Die Betriebswirtschaft kennt nur Sachgüter" (Nicklisch 1922, S. 8) und verengte damit erkennbar den Horizont der betriebswirtschaftlichen Betrachtung von Absatzobjekten.

Gutenberg unterteilte dann bereits Güter in solche materieller und in solche immaterieller Art, die er mit den Begriffen Dienste beziehungsweise Dienstleistungen belegte (Gutenberg 1979). Dabei beschränkte er sich aber im Wesentlichen auf institutionelle Dienstleister, wie zum Beispiel Banken und Versicherungen, und beschäftigte sich hierbei hauptsächlich mit den Fragestellungen, die wieder mit dem Absatz von Sachgütern in Zusammenhang stehen.

Eine intensive Auseinandersetzung mit dem Begriff Dienstleistung erfolgte erstmals durch Berekoven, der bereits auf den prozessualen Charakter und den synchronen Kontakt zwischen Dienstleistungsanbieter und -nachfrager eingeht (Berekoven 1966, S. 314ff.). Zahlreiche Marketingwissenschaftler haben bis dato versucht, eine **allgemein gültige Definition des Dienstleistungsbegriffes** aufzustellen, ohne dabei jedoch zu einem Konsens zu gelangen.

Obwohl Versuche unternommen werden, eine **Betriebswirtschaftslehre für Dienstleistungsunternehmen** zu formulieren (Corsten 1988), bleibt die Allgemeine Betriebswirtschaftslehre vornehmlich eine Industriebetriebslehre, die schwerpunktmäßig auf Sachgüter bezogen ist und sich lediglich am Rande mit den Besonderheiten der Erstellung und des Absatzes von Dienstleistungen beschäftigt.

Die Bedeutung des Dienstleistungssektors und die Verknüpfung mit der betriebswirtschaftlichen Betrachtungsebene ist inzwischen beispielsweise daran zu erkennen, dass sich die Gesetzgebung intensiv mit den **rechtlichen Aspekten der Dienstleistungsproblematik** beschäftigt (vgl. hier zum Beispiel Rheinbay/Günther 2000). Der Erstellung einer Dienstleistung im eigentlichen Sinne liegt oft ein so genannter **Dienstvertrag** (§ 611 BGB) zugrunde, der meist zeitbestimmt ist, und den der Verpflichtete im Zweifel in Person zu leisten hat. Der Anspruch auf die Dienste ist in der Regel nicht mehr übertragbar (§ 613 BGB). Ist die Leistung mehr ergebnisbetont, so kann sie durch einen **Werkvertrag** abgesichert werden, der sowohl die Herstellung oder Veränderung einer Sache als auch einen anderen durch Arbeit oder Dienstleistung herbeizuführenden Erfolg zum Gegenstand haben kann (§ 631 II BGB).

Der so genannte **Geschäftsbesorgungsvertrag** (§ 622 BGB) umfasst demgegenüber das Tätigwerden im Auftrage des Nachfragers zum Zwecke der Erledigung eines übertragenen Geschäftes. Der **Werklieferungsvertrag** (§ 651 BGB) enthält dann bereits Elemente des Kaufs und der Neuerstellung, da das Werk aus einem vom Anbieter zu beschaffenden Stoff herzustellen ist. Er kann sowohl autonome Auftragsproduktion als auch Installation und Montage an Objekten des Kunden beinhalten.

Hiervon abzugrenzen ist der **Mietvertrag**, der eine Gebrauchsüberlassung und bestimmte Nebenpflichten (Instandhaltung usw.) umfasst (§ 535 BGB). Der **Verwahrungsvertrag** beinhaltet die reine Aufbewahrung von Sachen einschließlich bestimmter Sorgfaltspflichten (§ 688 BGB), und dem **Pachtvertrag** liegt schließlich die Gebrauchsüberlassung einschließlich der Nutzung der Erträge des Objektes zugrunde (§ 581 BGB).

In Bezug auf die **betriebswirtschaftliche Betrachtung des Dienstleistungsbegriffs** kann die vom Deutschen Patentamt anlässlich des Inkrafttretens des **Gesetzes über die Eintragung von Dienstleistungsmarken** zum 01.04.1979 vorgenommene Einteilung der Dienstleistungen in acht Klassen herangezogen werden:

Klasse 35	Werbung und Geschäftswesen
Klasse 36	Versicherungs- und Finanzwesen
Klasse 37	Bau- und Reparaturwesen
Klasse 38	Telekommunikation
Klasse 39	Transport- und Lagerwesen
Klasse 40	Materialbearbeitung
Klasse 41	Erziehung und Unterhaltung
Klasse 42	Verschiedenes

Eine eigene Dienstleistungsdefinition liegt allerdings weder der nationalen noch der internationalen Einteilung zugrunde. Vielmehr wird versucht, das Problem durch eine dezidierte Auflistung von Dienstleistungsbezeichnungen zu umgehen (Meyer 1994, S. 9).

Zu einer genauen Begriffsbestimmung der Dienstleistung oder gar zu einer Systematisierung der Dienstleistungsarten kann somit auch die Gesetzgebung kaum einen Beitrag liefern. Der Versuch einer Abgrenzung bleibt unscharf und teilweise willkürlich, da die Vertragsarten mehr über das Leistungsergebnis aussagen als über die Art und den Prozess der Leistungserstellung. Das bloße Vorliegen einer bestimmten Vertragsform berechtigt daher nicht, auf eine Dienstleistung zu schließen.

1.4　Entwicklungsphasen des Dienstleistungsmarketing

Ausgehend von der klassischen Auffassung des Begriffes Marketing (Meffert/Burmann 2002, S. 4f.) kann auch das Dienstleistungsmarketing als **marktorientiertes, duales Führungskonzept** verstanden werden. So kann Dienstleistungsmarketing zum einen als **Leitkonzept des Managements** im Sinne eines gelebten Unternehmenswertes („Shared Values") und zum anderen als gleichberechtigte **Unternehmensfunktion** interpretiert werden (vgl. Abbildung 1-8).

Abbildung 1-8　　　Entwicklungsrichtungen des Dienstleistungsmarketing

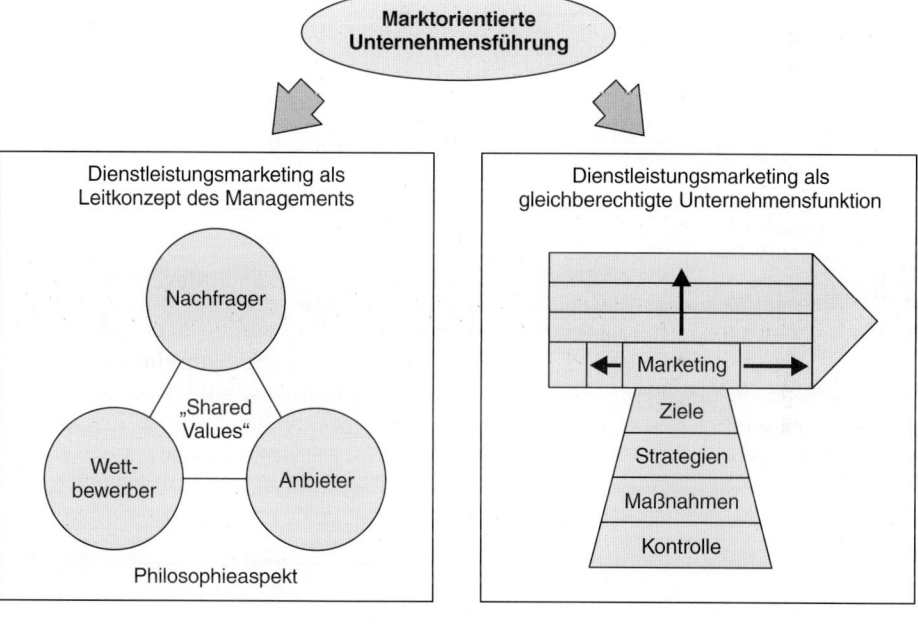

GABLER
GRAFIK

Neben Versuchen in der Volks- und Betriebswirtschaftslehre, den Begriff der Dienstleistung genauer zu spezifizieren, können im Hinblick auf die wissenschaftliche Auseinandersetzung mit dem Dienstleistungsmarketing in der Marketingwissenschaft verschiedene **Entwicklungsphasen des Dienstleistungsmarketing** unterschieden werden (vgl. Abbildung 1-9).

Abbildung 1-9   **Entwicklungstendenzen des Dienstleistungsmarketing**

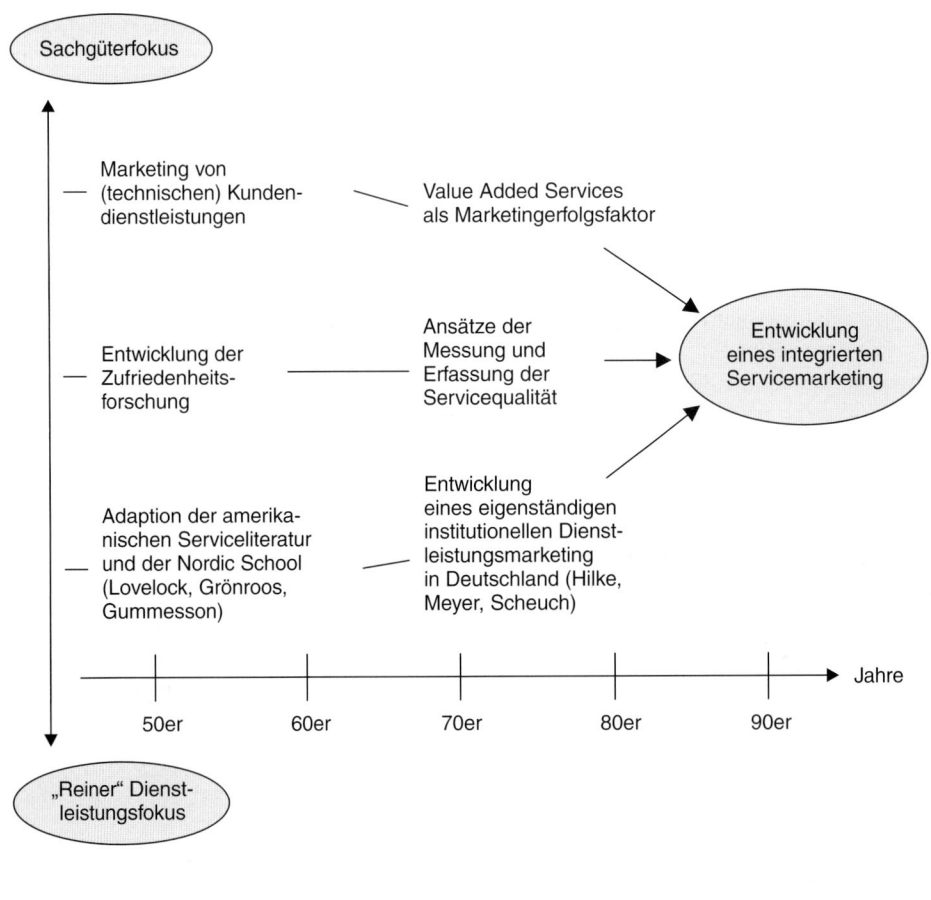

GABLER
GRAFIK

In den Vereinigten Staaten haben sich Marketingwissenschaftler bereits seit Beginn der 60er-Jahre mit den Besonderheiten von Dienstleistungen und ihrer Erstellung auseinandergesetzt. Ausgangspunkt dieser ersten Untersuchungen war die Überlegung, über die Herausstellung der **Besonderheiten von Dienstleistungen** Ansätze für ein eigenes Dienstleistungsmarketing abzuleiten (Lovelock 2001).

Im deutschen Sprachraum wurde Dienstleistungsmarketing lange Zeit mit dem Marketing von technischen Kundendienstleistungen gleichgesetzt (Meffert 1987, S. 93). Mit dem Bedeutungszuwachs, den derartige produktbegleitende Leistungen, so genannte **„Value Added Services"**, im Rahmen der Wettbewerbsprofilierung von Unternehmen erfahren haben, wurde die Forschung auf diesem Gebiet intensiviert. Hier stehen insbesondere die Funktionen von Value Added Services als Marketingerfolgsfaktoren im Vordergrund (Laakmann 1995).

Als die Marketingwissenschaft begann, sich auch mit Fragestellungen des Social Marketing, das heißt mit Fragen nichtkommerzieller Aufgaben und Institutionen zu befassen (Kotler/Roberto 1991), intensivierten insbesondere Vertreter der so genannten „**Nordic School**", wie zum Beispiel Grönroos und Gummesson, ihre dienstleistungsspezifischen Forschungen, nicht zuletzt wegen der Bedeutung des staatlichen Sektors in den skandinavischen Ländern. Wissenschaftler aus dem deutschsprachigen Raum haben Ansätze der „Nordic School" und der amerikanischen Forschung aufgegriffen und seit Mitte der 70er-Jahre zu einem eigenständigen, **institutionellen Dienstleistungsmarketing** weiterentwickelt (Hilke 1989b; Meyer 1994; Scheuch 2002).

Auch im Rahmen der **Zufriedenheitsforschung** wurden seit den 50er-Jahren immer wieder Problemstellungen aufgegriffen, die den Dienstleistungsbereich betrafen. Insbesondere seit Anfang der 80er-Jahre konnten im Rahmen der Zufriedenheitsforschung spezifische Ansätze zur Messung und Erfassung der **Dienstleistungsqualität** abgeleitet werden (Bruhn 1982; Parasuraman/Zeithaml/Berry 1985, 1988; Büker 1991; Burmann 1991; Hentschel 1992, 2000; Bruhn 1998a, 2001b; Bruhn/Stauss 2000).

Das offensichtliche Zusammenwachsen einzelner dienstleistungsbezogener Forschungsgebiete führte in den 90er-Jahren zu einem **integrierten Dienstleistungsmarketing**, das sowohl Zusatz-/Sekundärdienstleistungen als auch institutionelle Dienstleistungen umfasst (Müller 1993). Allerdings ist zu beachten, dass mit einer steigenden Zahl an unterschiedlichen Untersuchungsobjekten, für die die zu ermittelnden Zusammenhänge Gültigkeit besitzen sollen, die Aussagekraft der entstehenden Theorie zwangsläufig abnimmt.

Bei einer Bestandsaufnahme von **Forschungsfeldern im Dienstleistungsmarketing** ist festzustellen, dass die deutschsprachige und die internationale Dienstleistungsforschung der letzten 20 Jahre durch eine Vielfalt verschiedener themenbezogener Aspekte geprägt ist, die sich zu sechs zentralen Themengebieten der Dienstleistungsforschung zusammenfassen lassen (Swartz/Bowen/Brown 1992; Fisk/Brown/Bitner 1995; Iacobucci 1998; Faßnacht/Homburg 2001) (vgl. Abbildung 1-10). Die amerikanische Dienstleistungsforschung hat bei vielen dieser Themen eine **Vorreiterrolle** eingenommen. Bei einem Vergleich der deutschsprachigen und amerikanischen Dienstleistungsforschung können teilweise sehr unterschiedliche Gewichtungen der zentralen Themengebiete der Dienstleistungsforschung festgestellt werden (Faßnacht/Homburg 2001, S. 285).

▌**Abbildung 1-10**   **Gewichtung zentraler Themengebiete der Dienstleistungsforschung im Zeitraum von 1980 bis 2000**

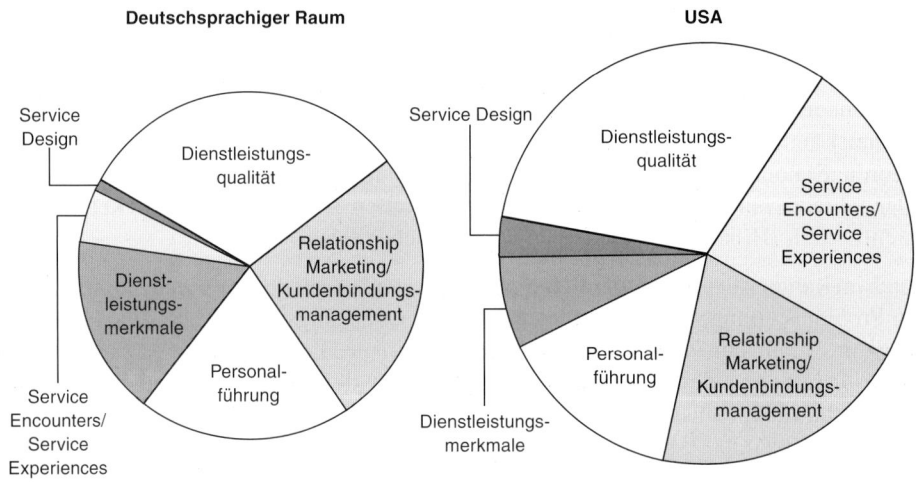

GABLER
GRAFIK

Quelle: Faßnacht/Homburg 2001, S. 285

Während sich die **Gewichtung** der Themengebiete Dienstleistungsqualität, Personalführung und Relationship Marketing/Kundenbindungsmanagement in den USA und im deutschsprachigen Raum kaum unterscheiden, haben die Themengebiete Dienstleistungsmerkmale, Service Encounters und Service Design eine sehr unterschiedliche Bedeutung. Die Ursachen dafür sind darin zu sehen, dass sich die deutschsprachige Marketingforschung generell in höherem Ausmaß als die amerikanische Marketingforschung mit begrifflichen Grundlagen beschäftigt und das Themenfeld des Konsumentenverhaltens in der Marketingforschung in den USA eine erheblich höhere Bedeutung als im deutschsprachigen Raum aufweist, sodass die Themengebiete Service Encounters/Service Experiences und Service Design, die sich mit dem Verhalten von Kunden beschäftigen, in den USA entsprechend stärker gewichtet werden.

Zusammenfassend ist heute in der Dienstleistungsforschung eine **starke Konzentration** auf Teilbereiche und eine bereits **weitgehende Spezialisierung** zu konstatieren. So erfreut sich das Forschungsfeld zu Kundenzufriedenheit, Qualitätsmanagement und Kundenbindung nach wie vor hoher Aufmerksamkeit, was zu einer differenzierten Auseinandersetzung und beachtlichem Erkenntnisfortschritt geführt hat. Daneben entstehen Bereiche mit noch höherem Spezialisierungsgrad, wie beispielsweise das Finanzdienstleistungsmarketing oder das Tourismusmarketing. Gleichzeitig ist aber festzustellen, dass es bis heute nicht gelungen ist, allgemein gültige Aussagen über den Dienstleistungsbereich im Sinne einer geschlossenen **„Theorie des Dienstleistungsmarketing"** zu entwickeln, die ihrer **Erklärungs-** und **Gestaltungsaufgabe** nachkommt. Gemäß ihrer Erklärungsaufgabe sollen theoretische Überlegungen zeigen, unter welchen Voraussetzungen dauerhaft Transaktionen zustande kommen (explikative Ausgestaltung). Demgegenüber soll diese Theorie aufgrund ihrer Gestaltungsaufgabe dazu führen, Handlungsempfehlungen im Rahmen eines bestehenden Zielsystems abgeben zu können (normative Ausrichtung).

So bleibt die zukünftige Weiterentwicklung des Dienstleistungsmarketing offen. Neben der umfassenden Betrachtung des Marketing von Dienstleistungsunternehmen wird zum anderen die Vertiefung dienstleistungsspezifischer Besonderheiten aufbauend auf dem Fundament einer generellen Marketingtheorie diskutiert.

Nach dem heutigen Verständnis kann das Dienstleistungsmarketing in eine marktgerichtete und eine unternehmensgerichtete Dimension unterteilt werden (vgl. Abbildung 1-11). Im Rahmen der **marktgerichteten Dimension** wird unterschieden, ob der Abnehmer der Dienstleistung ein Endverbraucher (konsumtive Dienstleistung) oder ein gewerbliches Unternehmen (investive Dienstleistung) ist. Die **unternehmensgerichtete Dimension** gibt Auskunft darüber, ob die betrachtete Dienstleistung die Kernleistung des Unternehmens oder eine Zusatzleistung beziehungsweise Sekundärdienstleistung darstellt.

1. Das Marketing für **konsumtive Kerndienstleistungen**, bei denen die Leistungen zwingend durch einen institutionellen Dienstleister (zum Beispiel Autovermieter) erbracht werden, stellt das am intensivsten erforschte Feld des Dienstleistungsmarketing dar (Heskett 1986; Normann 1987; Meyer 1994; Grönroos 2000).

2. Beim Marketing für **konsumtive Sekundärdienstleistungen** kann es sich demgegenüber beim Anbieter sowohl um einen institutionellen Dienstleister (zum Beispiel Autovermieter, der zusätzlich Versicherungen anbietet) als auch um ein warenproduzierendes Unternehmen (zum Beispiel Autohersteller, der Versicherungen anbietet) handeln. Hier sind deutliche Schnittstellen zum Konsumgütermarketing erkennbar. Während sich die Forschung in diesem Feld zunächst auf Kundendienstleistungen beschränkte (Meffert 1987), werden derartige Services gegenwärtig im Rahmen eines breiter angelegten Spektrums unter Value-Added-Gesichtspunkten, häufig mit einem speziellen Branchenfokus, diskutiert (Rosada 1990; Dyckhoff 1993; Rennert 1993).

3. Das Marketing für **investive Kerndienstleistungen** findet in der Marketingforschung bisher keine ähnlich intensive Behandlung wie der Bereich konsumtiver Dienstleistungen (Kotler/Bloom 1984).

4. Im Bereich des Marketing für **investive Sekundärdienstleistungen** ist wiederum zu bedenken, dass es sich beim dienstleistenden Unternehmen sowohl um einen Dienstleister als auch um einen Hersteller von Sachgütern handeln kann. Hier sind gegenwärtig diverse Forschungsbemühungen zu verzeichnen (Simon 1993, S. 1ff.; einen Überblick über empirische Untersuchungen zu diesem Gebiet geben Homburg/Garbe 1996).

▌Abbildung 1-11   Matrix des Dienstleistungsmarketing

		Marktgerichtete Dimension	
	Abnehmer Art der Dienstleistung	Endverbraucher	Gewerbliches Unternehmen
Unternehmensgerichtete Dimension	Kerndienstleistung des Unternehmens	Marketing für konsumtive Kerndienstleistungen	Marketing für investive Kerndienstleistungen
	Zusatzleistung des Unternehmens	Marketing für konsumtive Sekundärdienstleistungen	Marketing für investive Sekundärdienstleistungen

GABLER
GRAFIK

Angesichts der Heterogenität der sich aus den verschiedenen Bereichen ableitenden Fragestellungen können nur für bestimmte Fragen übergreifende Lösungen erarbeitet werden. Um dennoch alle Fragenkomplexe des Dienstleistungsmarketing erschöpfend behandeln zu können, konzentriert sich dieses Buch primär auf das **Marketing für konsumtive Kerndienstleistungen**. Aufgrund des Zusammenwachsens von Güter- und Dienstleistungsmärkten wird aber darüber hinaus eine Übertragbarkeit der dargestellten Aussagen auf den Sekundärdienstleistungsbereich angestrebt. Investive Gesichtspunkte werden nur insoweit behandelt, als Schnittmengen mit dem konsumtiven Bereich bestehen.

2. Begriff und Systematisierung von Dienstleistungen

2.1 Begriffliche Definitionsansätze von Dienstleistungen

Die in der Literatur zum Dienstleistungsmarketing vorgenommenen **Definitionsansätze** zum Dienstleistungsbegriff lassen sich in drei Gruppen aufteilen (Corsten 1985b, S. 173):

- Erfassung des Dienstleistungsbegriffes durch die Aufzählung von **Beispielen** (enumerative Definitionen) (Langeard 1981),

- Abgrenzung des Dienstleistungsbegriffes über eine **Negativdefinition** zu Sachgütern (Altenburger 1981),

- Explizite Definition des Dienstleistungsbegriffes durch **konstitutive Merkmale** (Schüller 1967; Berekoven 1974; Kulhavy 1974; Corsten 1985b; Hilke 1989a; Rosada 1990; Mudie/Cottam 1993; Meyer 1994; Scheuch 2002).

Zur Ableitung von Marketingimplikationen ist lediglich die zuletzt genannte Gruppe von Definitionsansätzen sinnvoll heranzuziehen. Hierbei lassen sich vier unterschiedliche **Definitionsansätze auf Basis konstitutiver Merkmale** unterscheiden:

1. Tätigkeitsorientierte Definition
2. Prozessorientierte Definition
3. Ergebnisorientierte Definition
4. Potenzialorientierte Definition

1. Eine sehr weite und umfassende Definition legt Schüller vor: „Jede **menschliche Tätigkeit** ist im eigentlichen und ursprünglichen Sinne eine ‚Dienstleistung‘, das heißt eine Leistung im Dienste eigener und/oder anderer Interessen. Man kann auch sagen: Das, was der Mensch tut, um seine physische und psychische Arbeitskraft mit oder ohne Verbindung zur materiellen Güterwelt in den Zweckbereich der menschlichen Bedürfnisbefriedigung zu bringen, ist eine Dienstleistung" (Schüller 1967, S. 19). Er weist damit darauf hin, dass Dienstleistungen direkt am Menschen oder an materiellen Gütern erbracht werden können. Diese Definition ist allerdings mit erheblichen Schwierigkeiten verbunden, da die abstrakte, nicht unbedingt praxisnahe, anwendungsbezogene Ebene der Abgrenzung wenig Möglichkeiten bietet, dienstleistungsmarketingspezifische Besonderheiten abzuleiten.

2. In den Ausführungen von Berekoven wird dagegen der **Prozesscharakter** der Dienstleistung in den Vordergrund gestellt: „Dienstleistungen im weitesten Sinne sind der Bedarfsdeckung Dritter dienende Prozesse mit materiellen und/oder immateriellen Wirkungen, deren Vollzug und deren Inanspruchnahme einen synchronen Kontakt zwischen Leistungsgeber und Leistungsnehmer beziehungsweise deren Objekten von der Bedarfsdeckung her erfordert" (Berekoven 1983, S. 23). Daher wird der synchrone Kontakt der Marktpartner beziehungsweise von deren Objekten als entscheidendes Merkmal von Dienstleistungen herausgestellt. Diese Definition ist eine Weiterentwicklung seiner Dienstleistungsdefinition von 1974, als er unter „synchron" noch einen zeitlich und räumlich synchronen Kontakt verstand (Berekoven 1974, S. 29). Meyer kritisierte diese Notwendigkeit der räumlich synchronen Dienstleistungserstellung und bemängelte weiter, dass Berekoven auch in seiner modifizierten Abgrenzung von 1983 sämtliche Arbeitsleistungen dem Dienstleistungsbegriff subsumiert (Meyer 1994, S. 12).

3. Eine **ergebnisorientierte Betrachtung** liegt der Definition von Maleri zugrunde: „Demnach kann … Leistung nicht als ein Prozess, sondern nur als Ergebnis des Prozesses angesehen werden, denn nur dieses ist am Markt vertretbar" (Maleri 1997). Darauf aufbauend definiert er Dienstleistungen „als für den Absatz produzierte immaterielle Wirtschaftsgüter". Der Umkehrschluss gelingt allerdings nicht, wie Maleri selbst zugesteht: „Zwar sind alle Dienstleistungen zu den immateriellen Gütern zu rechnen, nicht jedoch sind umgekehrt alle immateriellen Güter Dienstleistungen" (Maleri 1997). Trotz der Kritik von Meyer, dass einige Dienstleistungen, wie zum Beispiel die Sprengung einer Fabrik, durchaus materielle Ergebnisse zur Folge haben können (Meyer 1994), haben zahlreiche Autoren die Definition von Maleri aufgegriffen und weiterentwickelt (vgl. dazu etwa Entgelter 1979, S. 116).

4. Die **potenzialorientierte Dienstleistungsdefinition** beinhaltet die Auffassung, dass Dienstleistungen als die durch Menschen oder Maschinen geschaffenen Potenziale beziehungsweise Fähigkeiten eines Dienstleistungsanbieters angesehen werden können, spezifische Leistungen beim Dienstleistungsnachfrager zu erbringen, wie zum Beispiel das Hotelgebäude (vgl. Meyer/Mattmüller 1987, S. 187f.; Hentschel 1992, S. 19f.).

Zur kombinierten Betrachtung der konstitutiven Merkmale von Dienstleistungen kann eine **phasenbezogene Integration** der prozess-, ergebnis- und potenzialorientierten Interpretation der Dienstleistung vorgenommen werden (Hilke 1984, S. 17ff., 1989b, S. 10f.). Demnach ist der Charakter einer Dienstleistung nur zu erfassen, wenn alle drei Phasen durch jeweils ein gesondertes Merkmal in die Dienstleistungsdefinition eingehen (vgl. Abbildung 1-12). Erst aus den spezifischen Fähigkeiten und der Bereitschaft des Dienstleistungsanbieters zur Erbringung einer Dienstleistung (Potenzialorientierung) und der Einbringung des externen Faktors durch den Dienstleistungsnachfrager als prozessauslösendes und -begleitendes Element (Prozessorientierung) resultiert ein Dienstleistungsergebnis (Ergebnisorientierung).

Abbildung 1-12 Phasenbezogener Zusammenhang zwischen
den drei konstitutiven Merkmalen von Dienstleistungen

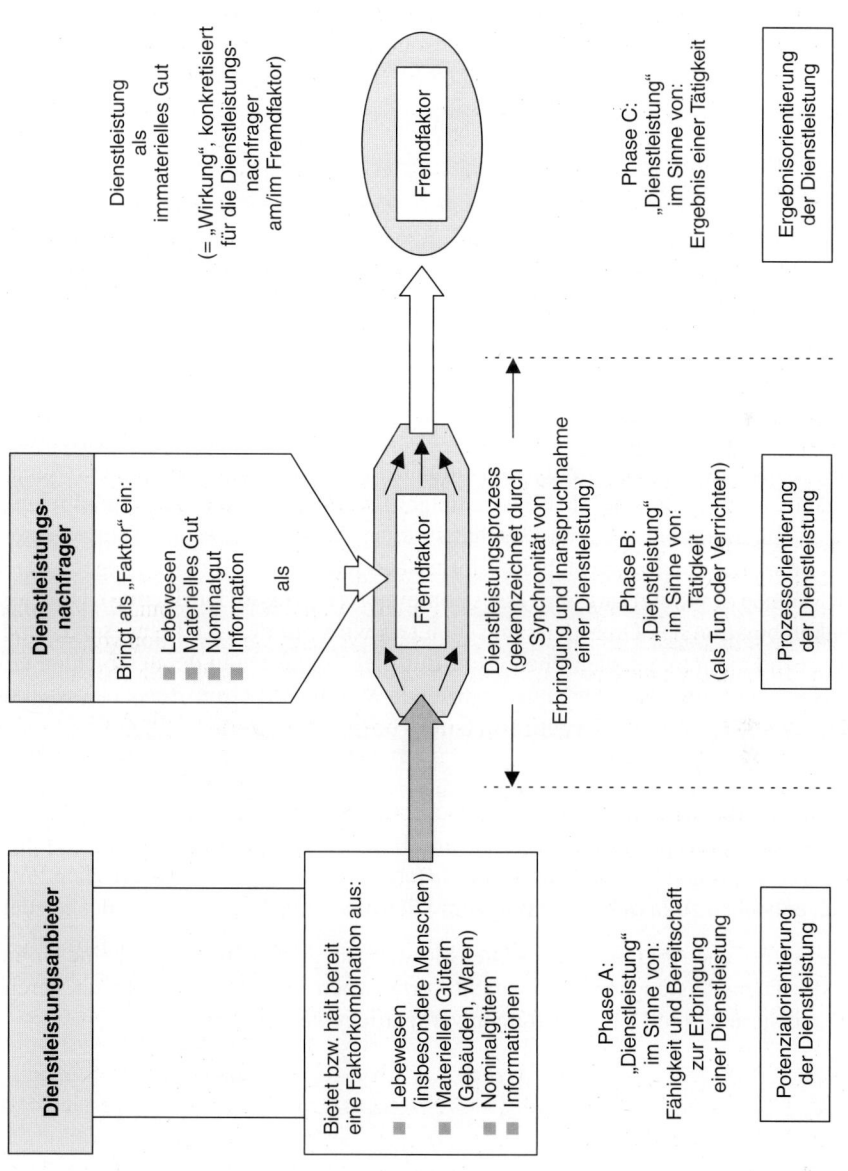

GABLER
GRAFIK

Im Hinblick auf diesen integrierten Definitionsansatz bestehen in der Literatur Differenzen bezüglich der **relativen Bedeutung der drei Phasen**. Zu entsprechenden Argumentationen gehören die folgenden beiden Thesen:

■ Lediglich der Dienstleistungsprozess und die hieraus folgende Integration des externen Faktors stellen eine konkrete Besonderheit von Dienstleistungen gegenüber Sachleistungen dar (vgl. Engelhardt 1990, S. 278ff.; Rosada 1990, S. 20ff.).

■ Das Ergebnis einer Dienstleistung kann materieller Art sein, wie zum Beispiel bei Dienstleistungen eines Malers, einer Autoreparaturwerkstatt oder eines Friseurs (vgl. Meyer 1994, S. 12).

Trotz dieser Differenzen hat sich die Drei-Phasen-Auffassung von Dienstleistungen als geeignet erwiesen, zentrale Besonderheiten von Dienstleistungen herauszuarbeiten und im Rahmen des Dienstleistungsmarketing zu berücksichtigen. Somit kann der **Begriff Dienstleistung** folgendermaßen definiert werden:

> Dienstleistungen sind selbständige, marktfähige Leistungen, die mit der Bereitstellung (zum Beispiel Versicherungsleistungen) und/oder dem Einsatz von Leistungsfähigkeiten (zum Beispiel Friseurleistungen) verbunden sind **(Potenzialorientierung)**. Interne (zum Beispiel Geschäftsräume, Personal, Ausstattung) und externe Faktoren (also solche, die nicht im Einflussbereich des Dienstleisters liegen) werden im Rahmen des Erstellungsprozesses kombiniert **(Prozessorientierung)**. Die Faktorenkombination des Dienstleistungsanbieters wird mit dem Ziel eingesetzt, an den externen Faktoren, an Menschen (zum Beispiel Kunden) und deren Objekten (zum Beispiel Auto des Kunden) nutzenstiftende Wirkungen (zum Beispiel Inspektion beim Auto) zu erzielen **(Ergebnisorientierung)**.

Obwohl der **Begriff „Services"** im deutschsprachigen Raum vielfach lediglich für Zusatzdienstleistungen von Konsumgüter- und Industriegüterherstellern Verwendung findet, soll er im Folgenden, auch um keine Differenzen zum angloamerikanischen Wortgebrauch entstehen zu lassen, synonym zum Dienstleistungsbegriff verwendet werden.

Die definitorische Abgrenzung des Dienstleistungsbegriffs kann und soll eine Homogenität des Dienstleistungsbereiches nicht vortäuschen, dessen Heterogenität durch die Systematisierung von Dienstleistungen verdeutlicht werden kann.

Beispiel: Unternehmensberatung

In einer Betrachtung von Unternehmensberatungsleistungen offenbaren sich verschiedene Merkmale, die sich den einzelnen Phasen zuordnen lassen. So verfügen Unternehmensberater über Mitarbeiter, Know-how und technische Ausstattungen, die sich den Potenzialmerkmalen zurechnen lassen. Die Potenziale bilden somit die Voraussetzung für die Erstellung der Dienstleistung. Innerhalb der Prozessmerkmale lassen sich beispielsweise die Dauer der Beratung, der Kontaktstil und der Beratungsverlauf nennen. Insbesondere die Prozessmerkmale sind durch die aufgrund der Immaterialität von Leistungen notwendige Interaktion zwischen Anbieter und Nachfrager gekennzeichnet. Das Ergebnis der Unternehmensberatung bildet zumeist eine Ergebnispräsentation im Hause des beratenen Unternehmens beziehungsweise ein Abschlussbericht. Daneben ist die Qualität der Beratungsleistung auch erheblich davon abhängig, ob und mit welchem Erfolg sich die Beratungsergebnisse in die Unternehmensstrategie implementieren lassen.

Potenzial-merkmale	Prozess-merkmale	Ergebnis-merkmale
■ Image/Kompetenz ■ Methoden/Tools ■ Modernität von Hard-warekomponenten	■ Projektdauer ■ Kontaktstil ■ Beratungs-verlauf	■ Präsentation/Dokumentation ■ Implementie-rungserfolg

2.2   Leistungstypologische Einordnung von Dienstleistungen

Die Heterogenität von Dienstleistungen wird besonders deutlich, wenn versucht wird, eine leistungstypologische Einordnung von Dienstleistungen vorzunehmen. Auch wenn das Abgrenzungsproblem von Dienstleistungen gegenüber anderen Wirtschaftsgütern nicht immer eindeutig gelöst werden kann, lassen sich durch leistungsorientierte Abgrenzungen nähere Einsichten über verschiedene Typen von Dienstleistungen gewinnen.

Dienstleistungen sind dem Realgüterbereich zuzuordnen und stellen im Gegensatz zu materiellen Gütern (zum Beispiel Auto, Fernseher, Wohnzimmereinrichtung) – wie bereits erwähnt – überwiegend **immaterielle Leistungen** dar. Dienstleistungen und Arbeitsleistungen unterscheiden sich gegenüber den anderen immateriellen Gütern, das heißt den **Rechten** (zum Beispiel Lizenzen, Patente) und **Informationen** (zum Beispiel Marktinformationen, Aktienberichte) durch ihren Verrichtungscharakter (Scheuch 2002, S. 16). So stellen Dienstleistungen und Arbeitsleistungen so genannte Verrichtungen dar, das heißt, hier nimmt eine Person oder ein Automat eine Handlung an einem Objekt vor. Dabei erfährt allerdings die Abgrenzung von **Dienstleistungen und Informationen** in der Literatur eine kontroverse Diskussion (vgl. Corsten 1985b, S. 171), da Informationen das Resultat (Output) einer Dienstleistung (zum Beispiel Unternehmensberatung), aber auch den Gegenstand (Input) der Dienstleistung (zum Beispiel Marktinformationen als Input für eine Marktanalyse eines Unternehmensberaters) darstellen können. Die Information selbst stellt jedoch niemals eine Verrichtung dar.

Unterschiedlich wird auch die Abgrenzung von **Dienstleistungen und Arbeitsleistungen** vorgenommen. Zur Unterscheidung führt Entgelter (1979, S. 89f.) an, dass Arbeitsleistungen produktionsorientiert eher einen kausalen, Dienstleistungen dagegen einen finalen Charakter aufweisen. Corsten bemerkt hierzu jedoch treffend, dass Dienstleistungen sowohl kausalen Charakter als auch finalen Charakter haben können. Als Beispiel sind hier zum einen investive Dienste, wie der Hardware Service, und zum anderen konsumtive Dienstleistungen, wie das Haareschneiden, anzuführen. Somit ist eine trennscharfe Abgrenzung zu den Arbeitsleistungen nicht möglich.

Eine präzisere Abgrenzung ist vielmehr darin zu sehen, dass Arbeitsleistungen als Input **originäre Faktoren** sind, während Dienstleistungen als **derivative Faktoren** beziehungsweise als Ergebnis eines vorangegangenen Kombinationsprozesses aufzufassen sind. Wenn beispielsweise ein Arbeitnehmer seine Arbeitsleistung einer Reparaturwerkstatt zur Verfügung stellt, dann handelt es sich um einen originären Faktor, und durch die Kombination von Ausstattung, Personal usw. entsteht das Angebot einer Dienstleistung. Weiterhin ist zur Unterscheidung anzuführen, dass Arbeitsleistungen die von Menschen an einen Arbeitgeber vermieteten Leistungsfähigkeiten darstellen, die an – dem Arbeitgeber gehörenden – internen Faktoren (Anlagen, Maschinen, Werkstoffe usw.) erbracht werden. Dienstleistungen werden demgegenüber direkt an Nachfragern oder an von Nachfragern zur Verfügung gestellten Objekten erbracht, in beiden Fällen also an externen Faktoren.

Neben dieser Einordnung von Leistungen gemäß ihres Gutcharakters können Leistungen anhand von so genannten **Leistungstypologien** abgegrenzt werden. Generelles Ziel einer Leistungstypologie im Bereich des Marketing ist die Identifikation von spezifischen Leistungstypen, die typenübergreifend differenzierte, aber innerhalb eines Typs einheitliche Implikationen für das Marketing aufweisen. Der zentrale Vorteil einer Typologie gegenüber rein definitorischen Ansätzen ist darin zu sehen, dass die als relevant erachteten Merkmale eines Begriffs nicht eineindeutig bestimmt werden müssen, sondern als Kontinuum zwischen ihren Extremausprägungen dargestellt werden können. Typologien vermögen das Problem von Unschärfebereichen zwischen den „Reinformen" bestimmter Absatzobjekte abzubilden, ohne gleichzeitig zu dessen Lösung – im Sinne einer eindeutigen Zuordnungsvorschrift – beitragen zu müssen.

So nehmen etwa Knoblich/Oppermann eine **Typologisierung auf Basis der drei konstitutiven Merkmale von Dienstleistungen** (Dienstleistungspotenzial, -prozess und -ergebnis) vor und unterscheiden neben dem Typ Dienstleistung vier weitere Produkttypen (Typ I bis IV), die sich aus den unterschiedlichen und empirisch relevanten Kombinationen der drei Merkmale ergeben (vgl. Abbildung 1-13).

Abbildung 1-13   Dienstleistung als Produkttyp

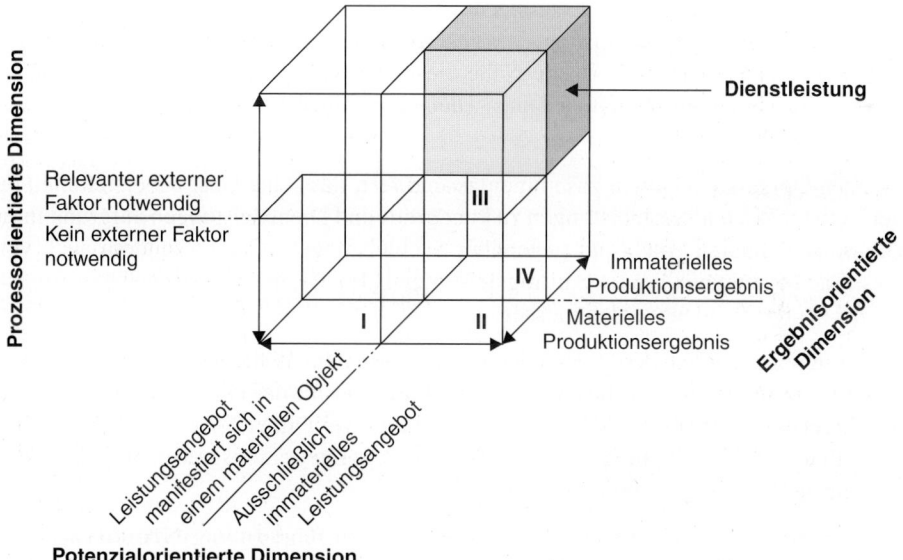

Quelle: Knoblich/Oppermann 1996, S. 17

Produkttyp I ist durch ein körperliches Objekt in der Angebotsphase, keine Einsatzfaktoren der Nachfrager und ein materielles Ergebnis der Faktorkombination gekennzeichnet (zum Beispiel Bier, Fahrräder). Aufgrund des hohen Materialitätsgrades dieses Produkttypen können die darunter zu fassenden Produkte als Sachleistungen bezeichnet werden.

Die Charakteristika von **Produkttyp II** sind kennzeichnend für standardisierte Produkte, die erst nach der Kaufentscheidung des Konsumenten, dann aber ohne eine weitere Integration des Konsumenten produziert werden können (zum Beispiel Hochzeitstorte). Diese Produkte können als Quasi-Sachleistungen bezeichnet werden, da im Unterschied zu reinen Sachleistungen die Materialität des Leistungsangebotes fehlt.

Zu **Produkttyp III** sind all jene Leistungen zu zählen, die in einer auftragsorientierten Produktion nach den individuellen Anforderungen des jeweiligen Konsumenten produziert werden und deren Ergebnis einen materiellen Charakter aufweisen (zum Beispiel Anlagen, Schiffe). In diesem Sinne kann von Auftragsleistungen gesprochen werden.

Schließlich sind dem **Produkttyp IV** Leistungen zuzurechnen, die lediglich als (unkörperliche) Leistungsversprechen angeboten werden, ohne dass ein Fremdfaktor bei der Produktion benötigt wird. Das Ergebnis des Leistungserstellungsprozesses ist immaterieller Natur (zum Beispiel Leistungen von Nachrichtenagenturen). Trotz der fehlenden Integration des Fremdfaktors ist die Nähe dieses Typs zum Typ Dienstleistung unverkennbar, sodass die Bezeichnung Quasi-Dienstleistungen für Leistungen dieses Typs sinnvoll erscheint.

Knoblich/Oppermann stellen zusammenfassend fest, dass eine Gegenüberstellung von Dienstleistungen und Sachleistungen zu kurz greift und Dienstleistungen aufgrund ihrer „Dreidimensionalität" nicht nur gegenüber Sachleistungen (Typ I), sondern auch von Quasi-Sachleistungen (Typ II), Auftragsleistungen (Typ III) und Quasi-Dienstleistungen (Typ IV) unterschieden werden müssen.

Eine weitere im Bereich des Dienstleistungsmarketing viel diskutierte Leistungstypologie stellt die **Leistungstypologie nach Engelhardt et al.** dar (Engelhardt/Kleinaltenkamp/Reckenfelderbäumer 1992, S. 34ff.), die auf zwei Dimensionen beruht: dem Immaterialitätsgrad des Leistungsergebnisses sowie dem Integrationsgrad der betrieblichen Leistungsprozesse (vgl. Abbildung 1-14).

Die Kombination der jeweiligen Extremausprägungen führt zu vier **Grundtypen von Leistungen**, für die konkrete Marketingimplikationen abgeleitet werden können.

1. Der erste Leistungstyp ist durch ein immaterielles Leistungsergebnis und eine starke Integration des externen Faktors in den Prozess der Leistungserstellung gekennzeichnet. Typisches Beispiel sind hier die Leistungen klassischer Unternehmensberatungen, die Problemlösungen im engen Kontakt mit ihren Kunden erarbeiten.

2. Demgegenüber weist der zweite Leistungstyp bei ebenfalls hohem Integrationsgrad ein materielles Leistungsergebnis auf, zum Beispiel eine im Kundenauftrag individuell angefertigte Sondermaschine.

3. Beim dritten Leistungstyp handelt es sich um typische, industriell gefertigte Massen-produkte. Sie sind durch ein materielles Leistungsergebnis bei gleichzeitig autonom gestalteten Leistungserstellungsprozessen gekennzeichnet. Hier sind die klassi-schen Produkte der Konsumgüterhersteller von Automobilen bis zu Lebensmittel-produkten einzuordnen.

4. Autonome Prozesse bei der Leistungserstellung sind auch für den vierten Leistungs-typ charakteristisch, wobei das Leistungsergebnis hier jedoch immaterieller Natur ist. Datenbankdienste etwa zeichnen sich durch eine derartige Ausprägung der Leis-tungs- und Prozessmerkmale aus.

Abbildung 1-14   Leistungstypologie nach Engelhardt et al.

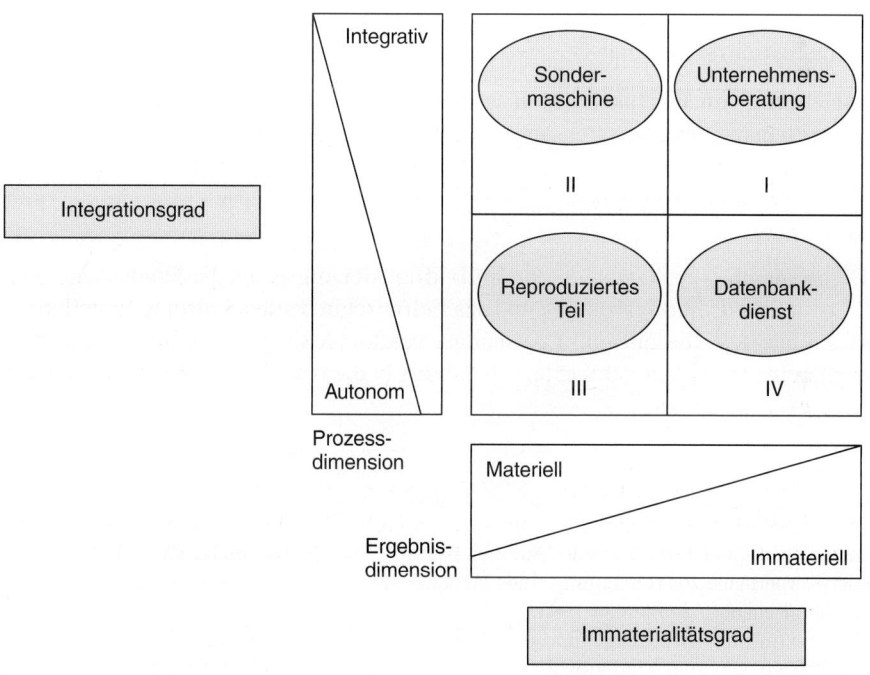

Quelle: Engelhardt/Kleinaltenkamp/Reckenfelderbäumer 1992, S. 35

Zur weiteren Spezifizierung dieser Typologie mit dem Ziel der Ableitung von Ansatz-punkten für das Dienstleistungsmarketing kann eine **Zerlegung der Integrations-dimension** in den **Interaktions- und Individualisierungsgrad** vorgenommen werden (vgl. auch Wohlgemuth 1989, S. 339f.; Corsten 2001; vgl. für andere Erweiterungen der Grundtypologie Maister/Lovelock 1988; Woratschek 1996a):

▍ Der **Interaktionsgrad** führt zu einer Differenzierung zwischen quasi-industriellem und interaktionsorientiertem Management.

▍ Der **Individualisierungsgrad** spannt ein Kontinuum zwischen der Standardisierung von Leistungen und der individuellen Kundenorientierung im Sinne einer „Customization" auf.

Die Unterteilung in diese beiden Teildimensionen ermöglicht eine eindeutige und hin-sichtlich der Ableitung von Implikationen für die marktorientierte Unternehmensfüh-rung wertvolle Trennung in:

▍ **Integration des externen Faktors in den Leistungserstellungsprozess** im Sinne des Interaktionsgrades und

▍ **Ausrichtung von Wertaktivitäten** auf die Kundenbedürfnisse im Sinne des Indivi-dualisierungsgrades.

Der **Interaktionsgrad** bezieht sich damit auf jegliche Form einer Einbindung des exter-nen Faktors in den Leistungserstellungsprozess. Dabei können dem externen Faktor Un-terstützungs-, aber auch Vollzugsfunktionen im Rahmen der Leistungserstellung zukom-men. Demgegenüber kennzeichnet der **Individualisierungsgrad** die kundenbezogene Spezifität der Bereitstellungsleistung und des sich anschließenden Leistungserstellungs-prozesses, ohne dass hiermit – mit Ausnahme von kundenbezogenen Informationen – gleichzeitig eine Einbindung des externen Faktors in die betriebliche Wertkette verbun-den ist.

An dieser Stelle kann die **fehlende Unabhängigkeit** beider Teildimensionen kritisiert werden. Es stellt sich die Frage, ob nicht jede Individualisierung von Leistungen zumindest mit einer in-formationsbedingten Integration des externen Faktors, also zum Beispiel der Mitteilung indivi-dueller Körpermaße zur Herstellung eines Maßanzuges, verbunden ist (vgl. Engelhardt/Klein-altenkamp/Reckenfelderbäumer 1995, S. 675f.).

Diesem Einwand ist zu entgegnen, dass es zum einen in **längerfristigen Kundenbeziehun-gen** auch bei einem hohen Individualisierungsgrad der Leistung nicht mit jedem Kaufakt einer erneuten informationsbedingten Integration bedarf. In diesem Fall ist also eine individuelle Leistungserstellung nicht gleichzeitig auch an eine Integration des externen Faktors im Sinne seiner Einbindung in den Leistungserstellungsprozess geknüpft.

Zum anderen ist es sinnvoll, an dieser Stelle neben dem bislang in der Literatur dominieren-den objektiven einen **subjektiven Integrationsbegriff** einzuführen. Inwieweit ein Konsument sich in den Leistungserstellungsprozess eingebunden fühlt, hängt nicht direkt mit der Individu-alität der Leistung zusammen. Insbesondere neue Kommunikationstechnologien ermöglichen kundenindividuelle Leistungen bei einer seitens der Nachfrager nur als gering empfundenen In-tegration in den Leistungserstellungsprozess.

Abbildung 1-15 **Typologie der Absatzobjekte nach Engelhardt et al. und deren Erweiterung**

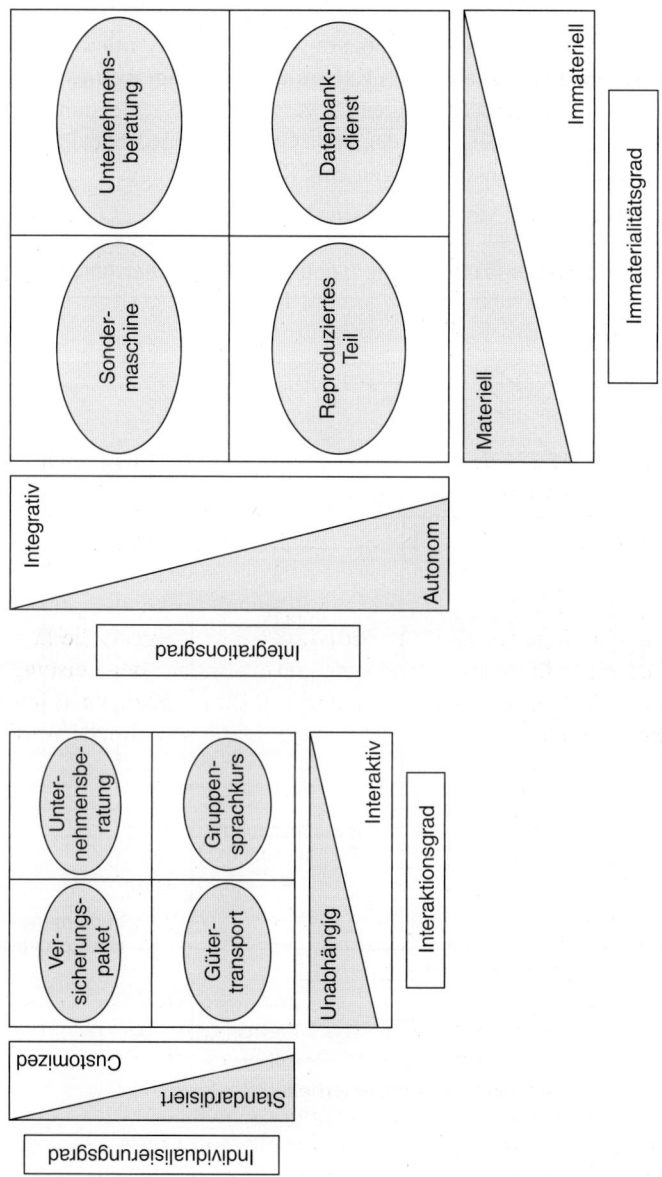

Quelle: Meffert 1993a, S.12

Durch die Aufteilung der Integrationsdimension entsteht eine **dreidimensionale Leis-tungstypologie** mit den Dimensionen Immaterialitätsgrad, Interaktionsgrad und Indivi-dualisierungsgrad (vgl. Abbildung 1-15; Meffert 1994, S. 524f.).

Innerhalb dieser Typologie ist eine eindeutige **Abgrenzung zwischen Dienst- und Sach-leistungen** für die überwiegende Mehrzahl von Absatzobjekten allerdings nicht möglich. Vielmehr können beide Begriffe eher als **Extremausprägungen eines Kontinuums** auf-gefasst werden, bei dem Dienstleistungen im Vergleich zu Sachleistungen eher immate-riell und eher integrativ sind. Diese tendenzielle Grundaussage findet in den begrifflichen Definitionsansätzen von Dienstleistungen eine Konkretisierung.

▮ Abbildung 1-16   Informationsökonomische Typologie von Dienstleistungen

---

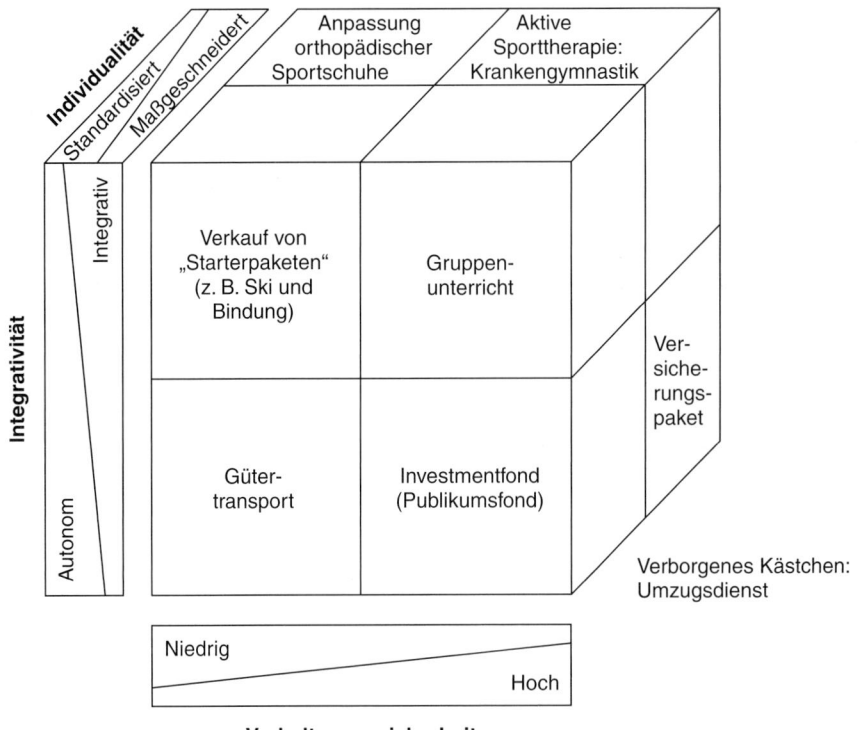

Quelle: Woratschek 2001a, S. 265

Woratschek schlägt vor, die Typologie von Engelhardt/Kleinaltenkamp/Reckenfelder-bäumer geringfügig zu modifizieren und den Grad der Immaterialität durch den **Grad der Verhaltensunsicherheit** zu ersetzen (Woratschek 1998, S. 23ff.; 1996a, S. 64ff.). Er begründet dies damit, dass alle Konsequenzen der Immaterialität mit **Bewertungsunsicherheiten** beider Marktseiten zusammenhängen, die letztendlich auf unterschiedliche Informationsstände der einzelnen Marktseiten zurückführbar sind. Die Immaterialität führt beim Nachfrager zu mangelnder Wahrnehmbarkeit der Qualität einer Absatzleistung und in der Folge davon zu einer höheren **Beschaffungsunsicherheit** und zu mangelnder Vergleichbarkeit. Damit sind seines Erachtens die wesentlichen ökonomisch relevanten Konsequenzen aus Nachfragersicht genannt. Alle anderen der von Engelhardt/ Kleinaltenkamp/Reckenfelderbäumer (1993) der Immaterialität zugesprochenen Konsequenzen gehen auf die Integrativität von Absatzleistungen zurück.

Bewertungsunsicherheiten können nicht nur durch die Immaterialität, sondern zum Beispiel auch durch die Komplexität eines Absatzobjektes, durch den Informationsstand der Kunden, durch die Wahrnehmungsfähigkeiten der Kunden, durch die Anzahl der beteiligten Partnerunternehmen des Dienstleisters, durch die Anzahl der beteiligten Personen in einer Dienstleistungsunternehmung, durch die Komplexität der Marktstruktur, durch die Dauer der Leistungserstellung usw. entstehen. Die daraus resultierende Typologie von Dienstleistungen ist in Abbildung 1-16 gezeigt (Woratschek 2001a, S. 265).

Auch innerhalb dieser Typologie können Sachgüter nicht eindeutig von Dienstleistungen abgegrenzt werden. Jedoch werden die Bereiche der Dienstleistungen so weit eingeschränkt, dass die Besonderheiten eines Marketing für hoch integrative, maßgeschneiderte und mit hoher Verhaltensunsicherheit behaftete Leistungen aufgezeigt werden können.

2.3 Systematisierung von Dienstleistungen

Durch eine Systematisierung von Dienstleistungen in Form von **Dienstleistungstypologien** können verschiedene Dienstleistungstypen identifiziert werden, die aus Sicht des Marketing einer differenzierten beziehungsweise innerhalb eines Dienstleistungstyps einer einheitlichen Behandlung bedürfen. Daher sollen sich die für eine derartige Typologie zu verwendenden Merkmale dadurch auszeichnen, dass sie einen **Marketingbezug** aufweisen, das heißt, das Erfordernis differenzierter Vorgehensweisen im Rahmen des Dienstleistungsmarketing erkennen lassen. Dienstleistungstypologien lassen sich in drei Gruppen einteilen:

1. Eindimensionale Dienstleistungstypologien,

2. Zweidimensionale Dienstleistungstypologien,

3. Mehrdimensionale Dienstleistungstypologien.

1. Eindimensionale Dienstleistungstypologien

Im Rahmen von **eindimensionalen Dienstleistungstypologien** werden verschiedene Dienstleistungstypen anhand der Ausprägungen eines Unterscheidungsmerkmals differenziert.

Zunächst lassen sich Dienstleistungen anhand des **Erstellers der Dienstleistung** in persönliche und automatisierte Dienstleistungen differenzieren (vgl. Abbildung 1-17). Bei **persönlichen Dienstleistungen** dominiert die menschliche Leistung im Erstellungsprozess (zum Beispiel Unternehmensberater, Rechtsanwalt, Arzt). Persönliche Dienstleistungen können aber über Zeichen-, Ton- und Bildspeicher haltbar und wiederholbar gemacht werden. Werden sie dann industriell vervielfältigt, kann nicht mehr von einer persönlichen Dienstleistung gesprochen werden, da sie in ein Sachgut, wie zum Beispiel Musikkassetten, Schallplatten, CDs, Bücher, übergehen. Wird eine persönliche Dienstleistung auf diese Art an ein Trägermedium gebunden, wird vielmehr von einer **veredelten Dienstleistung** gesprochen (Meyer 1994, S. 119ff.). Im Gegensatz zu ihrer Bezeichnung handelt es sich bei diesen Dienstleistungen aufgrund ihres Sachgutcharakters um Produkte.

Angesichts der zunehmenden Bedeutung von „Neuen Technologien" im Dienstleistungsbereich (zum Beispiel Datenbanksysteme, Selbstbedienungsautomaten, Internet) kommt den von Automaten erstellten Dienstleistungen, die als **automatisierte Dienstleistungen** bezeichnet werden, eine steigende Bedeutung zu. Insbesondere durch den Boom des so genannten E-Business beziehungsweise der E-Business-Anwendungen werden Dienstleistungen zunehmend elektronisch erstellt (E-Services; vgl. Kapitel 6).

Weiterhin lassen sich Dienstleistungen gemäß des **Gegenstands der Leistungserstellung** dahingehend unterscheiden (vgl. Abbildung 1-17), ob sich die nutzenstiftende Verrichtung einer Dienstleistung auf die **Veränderung an einem Objekt** (zum Beispiel Inspektion beim Auto) oder **an einem Menschen** (zum Beispiel ärztliche Untersuchung) bezieht. Die Unterscheidung von objekt- und personengerichteten Dienstleistungen beinhaltet wesentliche Implikationen für die Organisation des Dienstleistungsprozesses.

Ferner kann anhand der **Phasenorientierung der Dienstleistung** zwischen **ergebnis-** und **prozessorientierten Dienstleistungen** differenziert werden (vgl. Abbildung 1-17). Dieser Unterscheidung liegt die Fragestellung zugrunde, ob der Dienstleistungsnachfrager am Ergebnis (zum Beispiel Reparatur eines Autos) oder aber am Erstellungsprozess (zum Beispiel Theateraufführung) einer Dienstleistung interessiert ist.

Unterschiedliche Intentionen einer einzigen Dienstleistung lassen sich an folgendem **Beispiel** verdeutlichen: Die Benutzung des öffentlichen Personennahverkehrs stellt für einen Stadtbewohner die Inanspruchnahme einer ergebnisorientierten Dienstleistung mit der Funktion der Raumüberbrückung dar. Die Inanspruchnahme desselben Autobusses ist für den Besucher einer Stadt bei einer Stadtbesichtigung demgegenüber eine prozessorientierte Dienstleistung.

Zur eindimensionalen Systematisierung von Dienstleistungen können zahlreiche weitere Unterscheidungsmerkmale herangezogen werden. Eine ausführliche Auswahl dieser Kriterien ist in den Abbildungen 1-18 und 1-19 dargestellt.

Abbildung 1-17   **Systematik der Wirtschaftgüter (mit Beispielen)**

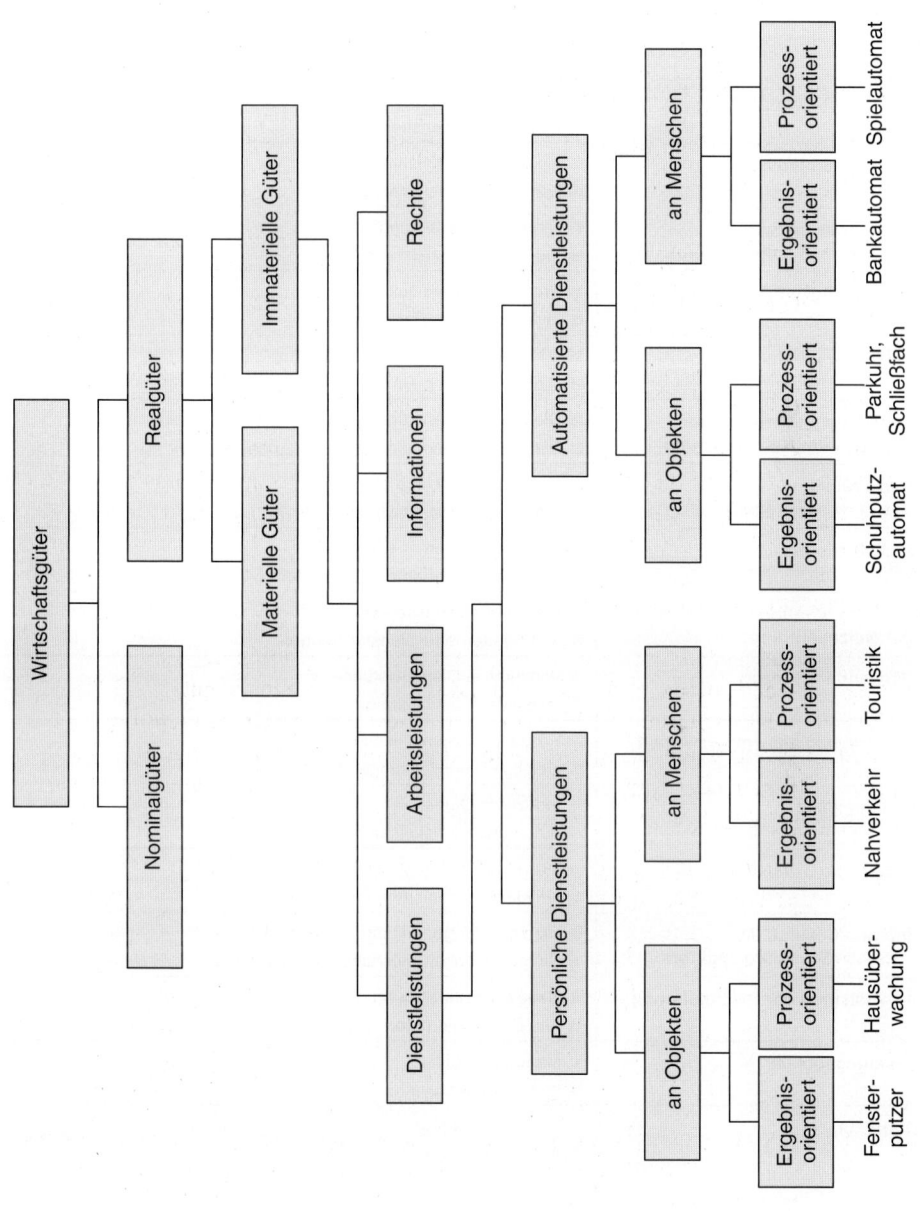

Abbildung 1-18　　　Überblick eindimensionaler Systematisierungsansätze
　　　　　　　　　　　　von Dienstleistungen (1)

Merkmal	Erscheinungsform
Produktbeziehung	▪ Komplementäre Dienstleistungen ▪ Substitutive Dienstleistungen
Produktverbindung	▪ Isolierte Dienstleistungen ▪ Kombinierte Dienstleistungen
Leistungsverwertung (Mittelbarkeit zum Konsum)	▪ Direkte Dienstleistungen ▪ Indirekte Dienstleistungen
Dauerhaftigkeit der Auswirkung	▪ Produktionsdienstleistungen ▪ Investitionsdienstleistungen
Leistungssubstanz	▪ Dienstleistungen als Hauptleistung ▪ Dienstleistungen als Nebenleistung
Verwendungsbereich (aus der Sicht der Unternehmung)	▪ Dienstleistungen zur unternehmensinternen Verwendung ▪ Dienstleistungen, die zum Absatz bestimmt sind
Rechtsstellung des Leistungsträgers	▪ Private Dienstleistungen ▪ Öffentliche Dienstleistungen
Zeiterfordernis	▪ Dienstleistungen, die Zeit sparen ▪ Dienstleistungen, die Zeit erfordern
Zeitliche Wirkung der Nutzenstiftung	▪ Dauerhafte Dienstleistungen ▪ Nicht dauerhafte Dienstleistungen
Verwendungsbezug	▪ Konsumtive Dienstleistungen ▪ Investive Dienstleistungen
Ausprägung des Faktors Arbeit	▪ Körperliche Dienstleistungen ▪ Geistige Dienstleistungen
Abhängigkeit des Dienstleistungswachstums	▪ Induzierte Dienstleistungen ▪ Autonome Dienstleistungen
Physische Exklusion	▪ Individualdienstleistungen ▪ Kollektivdienstleistungen
Integrationsgrad des externen Produktionsfaktors	▪ Dienstleistungen mit direkter Abhängigkeit ▪ Dienstleistungen mit indirekter Abhängigkeit
Novitätsgrad der Dienstleistung	▪ Neue Dienstleistungen ▪ Alte Dienstleistungen
Leistungsobjekt	▪ Materielle Objekte ▪ Immaterielle Objekte
Kaufphasen	▪ Pre Sales Services ▪ After Sales Services

GABLER
GRAFIK

Quelle: Corsten 1988, S. 24

Abbildung 1-19   **Überblick eindimensionaler Systematisierungsansätze von Dienstleistungen (2)**

Merkmal	Erscheinungsform
Ökonomische Funktion	▦ Servicefunktion (bei Absatzbeziehungen mit Verbrauchern) ▦ Managementfunktion (Leistungen werden an andere Unternehmungen oder an Subsysteme der Unternehmung abgegeben)
Elastizität – der Nachfrage – des Einkommens	▦ Dienstleistungen mit preiselastischer Nachfrage ▦ Dienstleistungen mit preisunelastischer Nachfrage ▦ Notwendige Dienstleistungen ▦ Luxuriöse Dienstleistungen
Einsatzfaktoren (Faktordominanz)	▦ Dispositive Dienstleistungen ▦ Objektbezogene Dienstleistungen ▦ Sachbezogene Dienstleistungen ▦ Personenbezogene Dienstleistungen
Betriebswirtschaftliche Funktionsbereiche	▦ Dienstleistungen der Beschaffung ▦ Dienstleistungen der Produktion ▦ Dienstleistungen des Absatzes ▦ Dienstleistungen der Finanzierung oder kaufmännischen Verwaltung
Teilmärkte	▦ Dienstleistungen am Beschaffungsmarkt ▦ Dienstleistungen am Absatzmarkt ▦ Dienstleistungen am Geldmarkt ▦ Dienstleistungen am Arbeitsmarkt
Betriebswirtschaftliche Phasenbereiche	▦ Dienstleistungen der Planung ▦ Dienstleistungen der Realisation ▦ Dienstleistungen der Kontrolle
Art der Nutzenstiftung	▦ Vermittlung des Nutzens von Produkten ▦ Wert- und Funktionssteigerung oder Erhaltung von Produkten ▦ Beseitigung von Nutzenbeeinträchtigungen an Produkten ▦ Information, ästhetischer Genuss und Erbauung ▦ Produktion immateriellen Kapitals ▦ Dienstleistungen als Produktionsfaktor
Haupteinsatzfaktor	▦ Personalintensiv erbrachte Dienstleistungen ▦ Maschinenintensiv erbrachte Dienstleistungen
Art des Vertragsverhältnisses	▦ Einzelvertraglich erbrachte Dienstleistungen ▦ Dauervertraglich erbrachte Dienstleistungen
Räumliche Identität von Anbieter und Nachfrager	▦ Mittelbare Dienstleistungen ▦ Unmittelbare Dienstleistungen
Individualität	▦ Individuelle Dienstleistungen ▦ Standardisierte Dienstleistungen

GABLER
GRAFIK

Quelle: Corsten 1988, S. 25

2. Zweidimensionale Dienstleistungstypologien

Zur Bildung **zweidimensionaler Dienstleistungstypologien** werden jeweils zwei Unterscheidungsmerkmale herangezogen, aus deren Gegenüberstellung eine – gemäß dem Primat der Ableitbarkeit von Marketingimplikationen – sinnvolle Differenzierung von Dienstleistungstypen resultiert.

Unter Berücksichtigung der besonderen Bedeutung des Denkens in Kundenbeziehungen im Dienstleistungsbereich können **Leistungstransaktionen und Kundenbeziehungen** differenziert werden. Auf dieser Basis können eine transaktionsbezogene und eine beziehungsbezogene Dienstleistungstypologisierung unterschieden werden (vgl. für weitere zweidimensionale Typologisierungen Lovelock 2001, S. 26ff.).

Im Rahmen einer **transaktionsbezogenen Typologisierung** kann unter Bezugnahme auf die Unterscheidung von personen- und objektbezogenen Dienstleistungen zwischen **berührbaren** und **unberührbaren Prozessen** (Tangible und Intangible Actions) auf der einen Seite sowie **Mensch-** beziehungsweise **Objektbezug** auf der anderen Seite differenziert werden (Lovelock 2001; vgl. Abbildung 1-20).

Diese Klassifikation kann Antwort auf folgende Fragen liefern (Lovelock 2001):

▌ Muss der Kunde **physisch präsent** sein:
  – während der Dienstleistungserstellung (zum Beispiel ärztliche Behandlung)?
  – um einen Dienstleistungsprozess zu initiieren oder zu beenden (zum Beispiel Auto zur Reparatur bringen und anschließend wieder abholen)?
  – überhaupt nicht (zum Beispiel Kommunikation zwischen Dienstleister und Kunde am Telefon)?

▌ Muss der Kunde während des Dienstleistungsprozesses **geistig präsent** sein und kann die geistige Präsenz mit Hilfe von Kommunikationstechnologien trotz einer räumlichen Distanz aufrechterhalten werden?

Abbildung 1-20   Charakter des Dienstleistungsprozesses

Welchen Charakter hat der Dienstleistungsprozess?	Wer oder was ist der direkte Empfänger der Dienstleistung?	
	Mensch	**Objekt**
Berührbar (Tangible)	▦ Dienste, die auf den menschlichen Körper gerichtet sind: – Gesundheitswesen – Schönheitssalons – Restaurants – Friseursalons ⬇ ▦ Physische Präsenz des Kunden erforderlich	▦ Dienste, die auf Güter oder andere physische Besitztümer gerichtet sind: – Fracht-/Transportwesen – Reparatur- oder Unterhaltungsservice – Reinigungsunternehmen – Müllverbrennungsunternehmen ⬇ ▦ Physische Präsenz des Kunden nicht erforderlich
Unberührbar (Intangible)	▦ Dienste, die auf den Intellekt des Menschen gerichtet sind: – Ausbildung – Rundfunk und TV – Informationsdienste – Theater ⬇ ▦ Geistige Präsenz des Kunden erforderlich	▦ Dienste, die auf unberührbare Vermögenswerte gerichtet sind: – Bankwesen – Steuerberater – Versicherungswesen – Rechtsberatung ⬇ ▦ Geistige Präsenz des Kunden nur zeitweise erforderlich

GABLER
GRAFIK

Quelle: nach Lovelock 2001, S. 38

Für eine **beziehungsbezogene Typologisierung** können die Art der Beziehung zwischen Dienstleister und Kunde sowie die Art der Leistungserstellung herangezogen werden (vgl. Abbildung 1-21). Bezüglich der **Art der Beziehung** können Dienstleistungen, bei denen zwischen Kunde sowie Dienstleister eine so genannte mitgliedschaftsähnliche Beziehung besteht, und Dienstleistungen, bei denen keine formale Beziehung zwischen Anbieter und Kunde besteht, unterschieden werden. Der Vorteil einer Dienstleistungsorganisation mit mitgliedschaftsähnlichen Kundenbeziehungen ist, dass sie einen ständigen Überblick über das aktuelle Kundenkontingent hat und in der Regel feststellen kann, inwieweit ihr Dienstleistungsangebot von den Kunden in Anspruch genommen wird. Das kann vorteilhaft sein für eine Marktsegmentierung, für den gezielten Einsatz bestimmter Marketinginstrumente, wie Direct Mail, Telefonverkauf usw., sowie für Aktivitäten im

Rahmen des Kundenbindungsmanagements. Im Hinblick auf die **Art der Leistungser-stellung** kann zwischen kontinuierlicher und diskreter Leistungserstellung unterschie-den werden. Bei diskreter Leistungserstellung wird eine Leistung vom Konsumenten in der Regel nur zu bestimmten Zeitpunkten beansprucht, während bei kontinuierlicher Leistungserstellung die Leistung durchgehend genutzt wird beziehungsweise zumindest die Leistungspotenziale permanent bereit sein müssen.

Abbildung 1-21	Beziehungen zwischen Dienstleister und Konsument

Art der Dienstleistungs-erstellung	Art der Beziehung zwischen Dienstleister und Konsument	
	Mitgliedschaftsähnliche Beziehung	Keine formale Beziehung
Kontinuierliche Erstellung	– Versicherung – Telefonanschluss – Kontoführung (Bank) – Autoclub	– Polizei – Autobahnmeisterei – Feuerwehr – Öffentlicher Nahverkehr
Diskrete Erstellung	– Theaterabonnement – Finanzamt – Lesezirkel – Vorlesung	– Autoverleih – Post-Zustellwesen – Münzfernsprecher – Taxiunternehmen

GABLER
GRAFIK

Quelle: nach Lovelock 2001, S. 149

3. Mehrdimensionale Dienstleistungstypologien

Bei **mehrdimensionalen Dienstleistungstypologien** werden mindestens drei Merkmale zur Typenbildung herangezogen. Hierbei lassen sich induktive und deduktive Typologien differenzieren (Benkenstein/Güthoff 1996).

Eine **induktive Typologie** wird durch das Heranziehen mehrerer der bei den eindimen-sionalen Typologien erwähnten Kriterien entwickelt. Hieraus resultieren **Eigenschafts-profile,** die zur Beschreibung und zum Vergleich von Dienstleistungen herangezogen werden können. Abbildung 1-22 zeigt beispielhaft einen Vergleich von Reinigungen, des Gaststättengewerbes und des Geld-/Kreditgewerbes anhand eines Eigenschaftsprofils.

Abbildung 1-22 Eigenschaftsprofile von Dienstleistungen

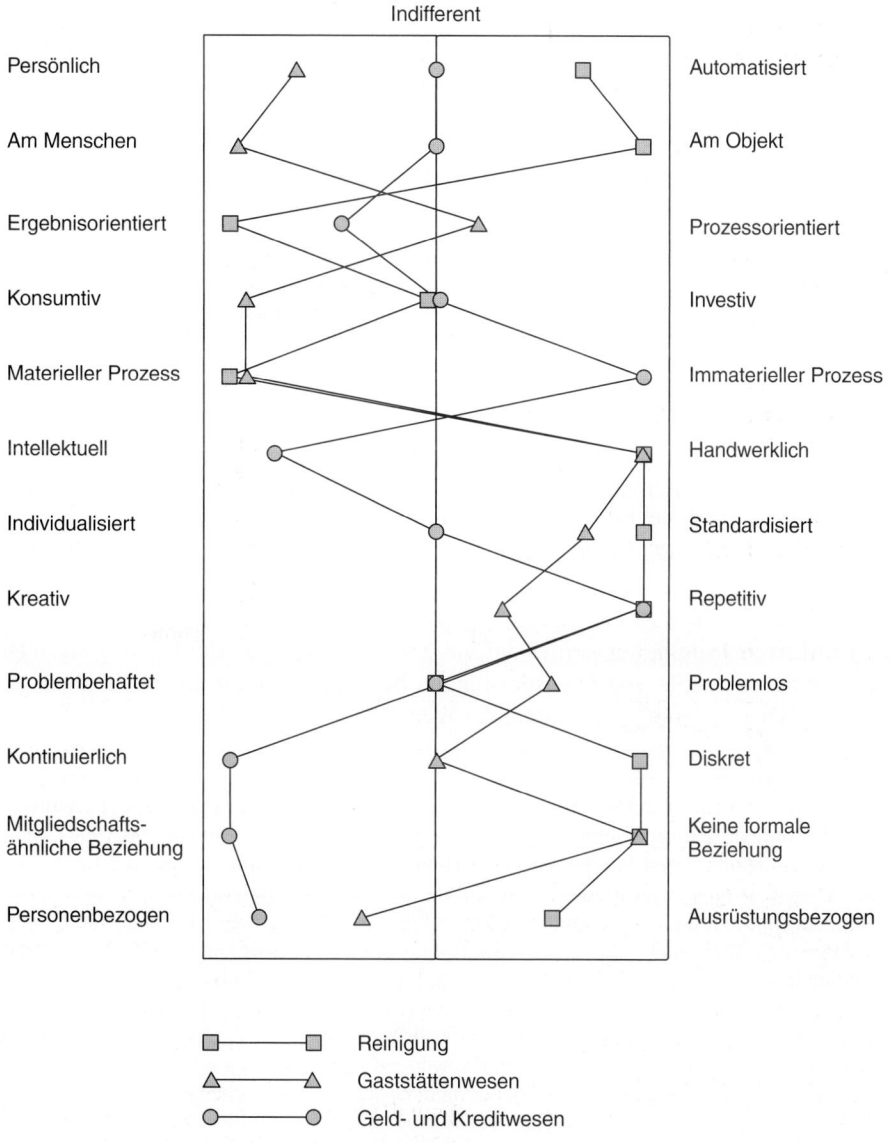

Indifferent

Persönlich	Automatisiert
Am Menschen	Am Objekt
Ergebnisorientiert	Prozessorientiert
Konsumtiv	Investiv
Materieller Prozess	Immaterieller Prozess
Intellektuell	Handwerklich
Individualisiert	Standardisiert
Kreativ	Repetitiv
Problembehaftet	Problemlos
Kontinuierlich	Diskret
Mitgliedschafts-ähnliche Beziehung	Keine formale Beziehung
Personenbezogen	Ausrüstungsbezogen

◻——◻ Reinigung
△——△ Gaststättenwesen
◯——◯ Geld- und Kreditwesen

GABLER
GRAFIK

Das **Gaststättengewerbe** beispielsweise ist ohne Zweifel derzeit noch eine vorwiegend persönliche Dienstleistung. Sie wird am Menschen erbracht und kann sowohl als ergebnisorientiert (Hunger stillen) als auch als prozessorientiert (Aufenthalt in angenehmer, gemütlicher Atmosphäre) betrachtet werden. Es handelt sich dabei um einen materiellen und konsumtiven Prozess. Wenngleich intellektuelle Fähigkeiten unter Umständen nützlich sein können, so handelt es sich doch um eine vorwiegend handwerkliche Tätigkeit, deren Ergebnis allgemein weder eindeutig individualisiert noch eindeutig standardisiert ist. Erst bei der Betrachtung von einzelnen Betrieben wäre hier eine genaue Unterscheidung möglich (zum Beispiel ein Spezialitätenrestaurant im Gegensatz zu einer Fast-Food-Kette). Die zu verrichtenden Tätigkeiten dürften eher repetitiv und problemlos sein. Die Öffnungszeiten einer Gaststätte weisen auf ein kontinuierliches Dienstleistungsangebot hin, wohingegen Mahlzeiten nur auf Wunsch erstellt werden, sodass sich bei dem angesprochenen Merkmal keine eindeutige Ausprägung festlegen lässt. Zum Konsumenten bestehen in der Regel keine formalen Beziehungen, und die Qualität der Dienstleistung dürfte sowohl von personalen Faktoren, wie Freundlichkeit der Bedienung, als auch von ausrüstungsbezogenen Faktoren, wie Einrichtung, Aufmachung und Standort, abhängen.

Als zweites Beispiel soll eine **Kleiderreinigung** herangezogen werden. Während diese Leistung weder als persönlich (zum Beispiel Annahme und Auslösung der Kleider) noch als automatisiert (zum Beispiel Reinigungsprozess) bezeichnet werden kann, ist sie eindeutig objektorientiert. Darüber hinaus kann sie als ergebnisorientiert bezeichnet werden. Die Reinigung kann sowohl konsumtiven als auch investiven Charakter haben. Der materielle Prozess ist als handwerklich, standardisiert und repetitiv zu bezeichnen. Der diskrete Ablauf kann mit Problemen behaftet sein. In der Regel existiert keine formale Beziehung zwischen Leistungsanbieter und Leistungsnachfrager. In entsprechender Weise lässt sich das **Geld- und Kreditgewerbe** interpretieren.

Bei **deduktiven Typologien** werden auf Basis theoretisch fundierter Überlegungen Differenzierungsmerkmale von Dienstleistungen bestimmt und zur Unterscheidung verschiedener Dienstleistungstypen herangezogen.

Ein Beispiel für eine deduktive Typologie ist die **Dienstleistungstypologie auf der Grundlage von Komplexitätsdimensionen** (vgl. auch im Folgenden Benkenstein/Güthoff 1996). Bei einer systemtheoretischen Interpretation der Dienstleistungserstellung kommt der Komplexität von Dienstleistungen eine besondere Bedeutung zu. Zur Typologisierung von Dienstleistungen vor dem Hintergrund ihrer Komplexität können fünf Komplexitätsdimensionen herangezogen werden (vgl. Abbildung 1-23): Anzahl der Teilleistungen, Multipersonalität, Heterogenität der Teilleistungen, Länge der Leistungserstellung, Individualität der Leistung.

Anhand dieser fünf Kriterien können beispielsweise die Dienstleistungen Geldausgabeautomat, Rechtsberatung und Herztransplantation differenziert werden. **Geldausgabeautomaten** werden von Bankkunden als wenig komplex wahrgenommen, weil es sich hierbei um eine hoch standardisierte Leistung handelt, bei der es nicht zu einem persönlichen Kontakt zwischen Anbieter und Nachfrager kommt. Bei der **Rechtsberatung** ist eine höhere Komplexität anzutreffen, vor allem weil sie eine hohe Individualität und eine lange Erstellungsepisode aufweist. Schließlich kann eine **Herztransplantation** als äußerst komplex bezeichnet werden. Sämtliche Komplexitätsdimensionen weisen eine hohe Ausprägung auf.

Abbildung 1-23   **Dienstleistungstypologie auf der Grundlage von Komplexitätsdimensionen**

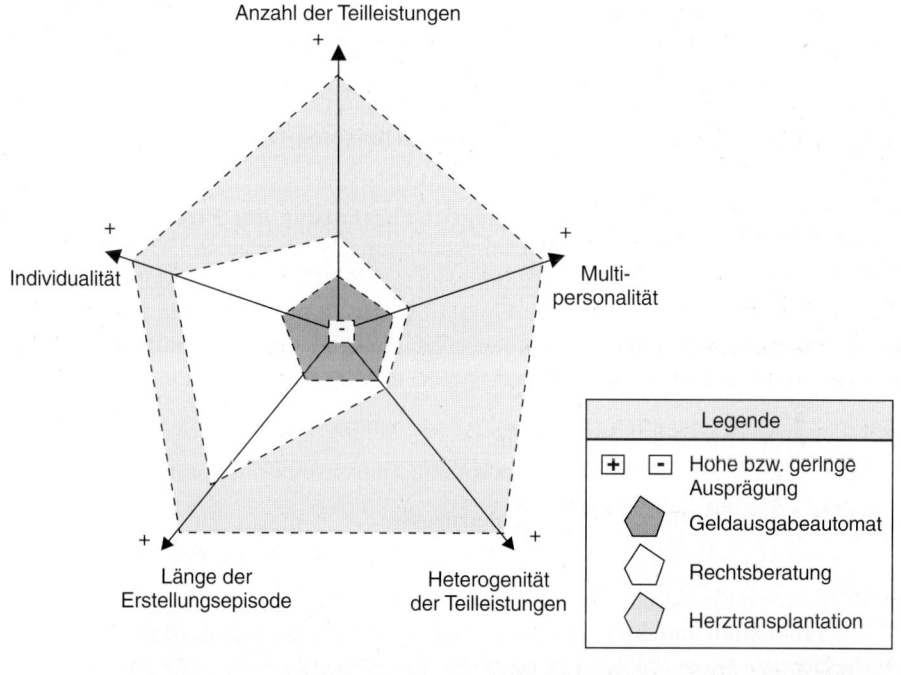

GABLER ___
GRAFIK

Quelle: Benkenstein/Güthoff 1996, S. 1502

Trotz der – anhand der Systematisierungen erkennbaren – hohen Heterogenität von Dienstleistungen können bezüglich ihrer Produktion Besonderheiten herausgearbeitet werden, die auf einen Großteil von Dienstleistungen zutreffen.

Ziel der Typologiebildung ist es letztlich, durch eine – zumeist zweidimensionale – Beschreibung von Erscheinungsformen die spezifische Problemstruktur zu erkennen. Darauf aufbauend muss in einem weiteren Schritt der Kaufentscheidungsprozess der Dienstleistung zum Beispiel hinsichtlich der Bedarfsrelevanz, Kaufunsicherheiten, Kaufentscheidungskriterien und -barrieren analysiert werden, um schließlich – aufbauend auf den Eigenschaften der Dienstleistung und den Spezifika des Kaufentscheidungsprozesses – Schlussfolgerungen für den Einsatz von Marketinginstrumenten für die Dienstleistungen abzuleiten.

3.   Besonderheiten der Produktion von Dienstleistungen

Während in der Allgemeinen Betriebswirtschaftslehre die Theorie über die Produktion von Gütern eine lange Tradition aufweist (Gutenberg 1979) und auch noch heute wesentlicher Bestandteil der Ausbildung von Wirtschaftswissenschaftlern ist, wurden diese Ansätze erst seit Anfang der 70er-Jahre für Dienstleistungen spezifiziert (Altenburger 1981; Corsten 1985b; Gerhardt 1987; Maleri 1997).

Bei einer Betrachtung der generellen **Begriffsabgrenzung der Produktion** erscheint eine Übertragbarkeit auf die Dienstleistungserstellung gegeben zu sein. Die Produktionstheorie will den mengenmäßigen Zusammenhang zwischen dem Produktionsergebnis (Output) und den dafür notwendigen Einsatzfaktoren (Input) aufzeigen (Heinen 1991). Diesem Ziel der Produktionstheorie können verschiedene **Begriffsinhalte** der Produktion zugeordnet werden:

- **Produktion im technischen Sinne**
  Hier wird die Produktion als Faktorkombinationsprozess interpretiert.

- **Produktion als Phase des Betriebsprozesses**
  Dabei wird die Produktion als Phase zwischen Beschaffung und Absatz beschrieben.

- **Produktion im ökonomischen Sinne**
  Die Produktion umfasst hier jegliche wertschaffende Erzeugung, das heißt letztlich die Bereitstellung von Wirtschaftsgütern zum Zwecke des Verbrauchs.

Ausgehend von diesen Produktionsbegriffen lässt sich für den Dienstleistungsbereich die Forderung ableiten, dass die Simultanität von Produktion und Verbrauch bei Dienstleistungen sowohl bei der Analyse der Produktionsfaktoren als auch im Hinblick auf den Produktionsprozess zu berücksichtigen ist.

3.1   Faktoren der Dienstleistungsproduktion

Im Hinblick auf **Werkstoffe** (Material), die bei der Produktion von Sachgütern als Grundstoffe oder Hilfsstoffe unmittelbar in die Erzeugnisse eingehen, ist die Existenz von „Werkstoffen" am ehesten für den Bankbereich in Form von Zentralbankgeld, Formularen, Banknoten und Münzen vorstellbar. Jedoch ist die Bedeutung von Werkstoffen im System der Dienstleistungsproduktionsfaktoren insgesamt als gering einzustufen (Corsten 2001).

Eine wesentlich größere Bedeutung haben in diesem Zusammenhang **externe Faktoren,** bei denen folgende **Grundkonfigurationen** unterschieden werden können (Maleri 1997):

1. Materielle oder immaterielle Güter, die **von außen** (von Seiten des Dienstleistungs-abnehmers) in den Produktionsprozess **eingebracht** werden.

2. Der Abnehmer der Leistung beteiligt sich **passiv** an der Produktion der Dienstleistung.

3. Der Abnehmer beteiligt sich **aktiv** an der Dienstleistungserstellung.

Die **Erscheinungsformen des externen Faktors** reichen dabei von Menschen oder Tieren bis zu materiellen Objekten (zum Beispiel Auto) und immateriellen Objekten (Nominalgüter, Rechte, Informationen). Da erst durch die Einbeziehung des externen (Produktions-)Faktors der Dienstleistungserstellungsprozess vollzogen werden kann, stellt sich analog zur Güterproduktion die Frage nach seinem **Leistungsverzehr**.

Für die Dauer des Produktionsprozesses wird im Fall der Einbringung von Objekten dem Nachfrager in den meisten Fällen die **Verfügungsgewalt über den externen Faktor** entzogen. Dies geht einher mit einem zeitlichen Nutzungsausfall, der als Leistungsverzehr zu interpretieren ist. Der Leistungsverzehr wird folglich als ein Verbrauch von Nutzungsmöglichkeiten während des Einsatzes dieses externen Faktors im Produktionsprozess aufgefasst (Maleri 1997).

Liegt eine **passive Beteiligung des Dienstleistungsnachfragers** vor (zum Beispiel Haareschneiden, Krankenhausaufenthalt), ergibt sich der Leistungsverzehr aus der durch den Nachfrager aufzuwendenden Zeit. Fraglich ist allerdings, ob jeder Abnehmer einer Dienstleistung in der aufgewendeten Zeit einen Opportunitätsverlust sieht (zum Beispiel wahrgenommener Zeitverlust bei Krankenhausaufenthalt versus Kinobesuch). Dabei ist die individuelle Bewertung abhängig von den mit der Verfügbarkeit von Zeit verbundenen Nutzenvorstellungen. Wichtig für die Bewertung des Leistungsverzehrs ist also nicht die absolut verbrauchte Zeit, sondern die für die Dauer des Produktionsprozesses verlorengegangenen Handlungsalternativen.

Die **aktive Beteiligung des Nachfragers** ist zumeist dadurch gekennzeichnet, dass dieser im Rahmen der Dienstleistungsproduktion objektbezogene, menschliche Arbeitsleistungen erbringt, die ihm durch den Leistungsgeber im Zuge einer **Externalisierung** übertragen werden (zum Beispiel Sprachkurs, Unternehmensberatung). In diesen Fällen können die aktive Beteiligung des Nachfragers ebenso wie die unternehmensintern erbrachten objektbezogenen, menschlichen Arbeitsleistungen als Produktionsfaktoren betrachtet werden. Es ist jedoch auch in diesem Fall fraglich, inwiefern der Abnehmer seine Arbeitsleistung als ein knappes Gut ansieht und entsprechend seine Handlungsalternativen bewertet (zum Beispiel Verhör versus Unternehmensberatung).

Der **externe Faktor** ist damit für die Dienstleistungsproduktion eine **unabdingbare Voraussetzung**. Handelt es sich beim externen Faktor um Personen und ihre Objekte, dann ergeben sich für den Anbieter Möglichkeiten für eine Externalisierung von Aktivitäten auf den Nachfrager bei gleichzeitiger Reduzierung seiner eigenen Aktivitäten. Vor diesem Hintergrund kann nun ein **Aktivitätsgrad des Nachfragers** (AG_N) ermittelt werden, der sich wie folgt ergibt (Maleri 1997; Corsten 2000):

$$AG_N = \frac{\text{Vom Nachfrager zu erbringende Aktivitäten}}{\text{Gesamtheit der zu erbringenden Aktivitäten}}$$

$AG_A = 1 - AG_N$ = Aktivitätsgrad des Anbieters

Es kann davon ausgegangen werden, dass die **Aktivitätsgrade von Nachfrager und Anbieter** zumindest in Teilbereichen in einer **substitutionalen Beziehung** zueinander stehen (vgl. Abbildung 1-24).

Der Anbieter muss eine gewisse Mindestaktivität einbringen, da eine vollständige Verlagerung auf den Nachfrager bedeuten würde, dass dieser die Dienstleistung in Eigenarbeit erstellt (Corsten 2000).

Abbildung 1-24   **Isoleistungslinie**

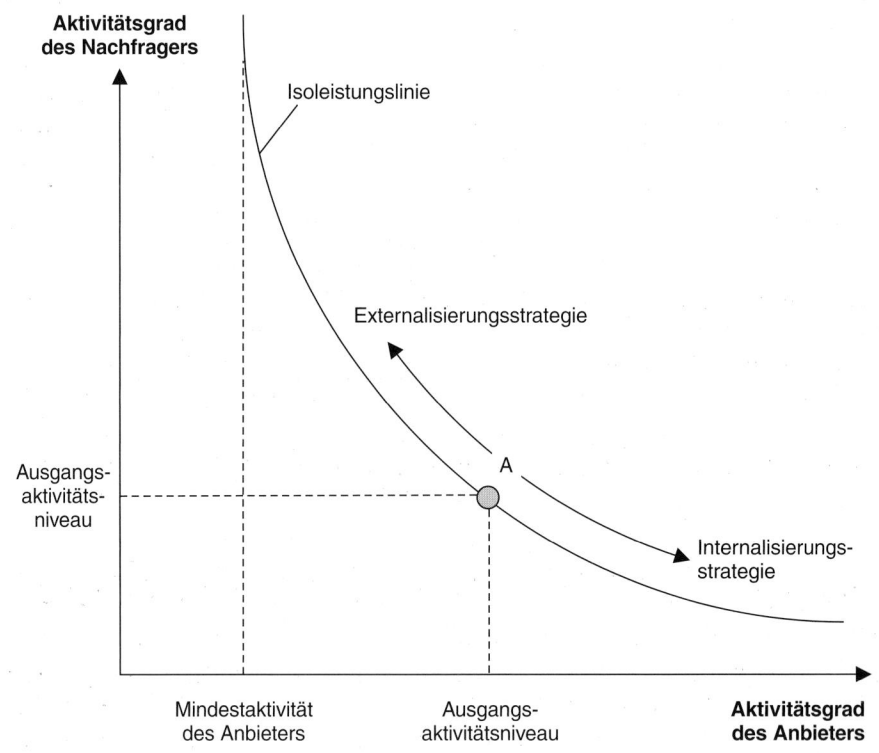

Quelle: Corsten 2000, S. 151

Abbildung 1-25   Beispielhafte Einordnung von Restaurantanbietern auf der Isoleistungslinie

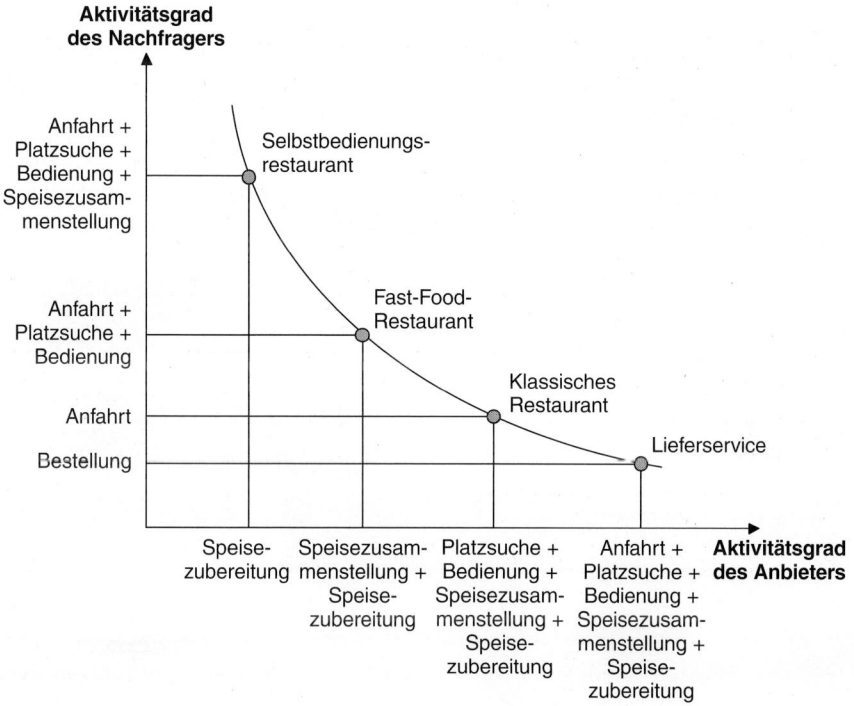

GABLER
GRAFIK

Abbildung 1-25 zeigt mögliche Bewegungen auf der Isoleistungslinie durch Externalisierung beziehungsweise Internalisierung beispielhaft anhand von verschiedenen **Restaurantanbietern** (Selbstbedienungsrestaurant, Fast-Food-Restaurant, klassisches Restaurant, Lieferservice) auf. Während im Selbstbedienungsrestaurant die Leistungen Anfahrt, Platzsuche, Bedienung und Speisezusammenstellung vom Kunden übernommen werden (Externalisierung), werden diese Prozesse und die Speisezubereitung beim Lieferservice durch den Anbieter ausgeführt (Internalisierung) (vgl. auch Insert 1-4).

INSERT 1-4   **Internalisierung und Externalisierung im Finanzdienstleistungsbereich:**
                     Das Beispiel HypoVereinsbank und DAB Bank

Kurzfallstudie: HypoVereinsbank

Aus der Fusion von Bayerischer Vereinsbank und Hypo-Bank entstand im Herbst 1998 mit der Hypo-
Vereinsbank die zweitgrößte Privatkundenbank Deutschlands. Mit über 8 Mio. Kunden ist das Unternehmen gegenwärtig Marktführer im Heimatmarkt Süddeutschland sowie in Österreich und den auf-
strebenden Wachstumsregionen Zentral- und Osteuropas. Gemäß dem Slogan „Leben Sie. Wir kümmern uns um die Details" ist die Kundenstrategie der HypoVereinsbank durch ein maximales Service-
niveau in Verbindung mit einem hohen Aktivitätsgrad des Anbieters geprägt (Internalisierung). Nach
der sukzessiven Ausweitung des eigenen Serviceangebots führte das Unternehmen im Jahr 2000
durch die Einrichtung „multioptionaler Distributionswege" auch den aktiven Vertrieb fremder Fonds-
angebote ein. Das innovative Konzept bietet den Kunden ganzheitliche Betreuung bei gleichzeitig hoher Flexibilität hinsichtlich der Wahl der Vertriebsform.

Im Zuge der Optimierung des eigenen Serviceniveaus gründete die HypoVereinsbank im Jahre
1994 mit der DAB (früher: Direkt Anlage Bank) Deutschlands ersten Discount Broker, der hinsichtlich der Kundenintegration eine andere Strategie verfolgt: Entsprechend dem Leitprinzip „Die Bank
sind Sie" verfolgt das Unternehmen das Ziel, seine Kunden in die Lage zu versetzen, selbständige An-
lageentscheidungen zu treffen (Externalisierung). So umfasst das Angebot der DAB keine Beratung
beim Kauf und Verkauf von Wertpapieren, stattdessen umfangreiche Informationen und Entschei-
dungshilfen auf der Unternehmens-Homepage. Die Zielgruppe des Unternehmens besteht aus selbständig entscheidenden Privatanlegern (B2C) und Vermögensverwaltern, Anlageberatern, Fondsver-
mittlern sowie Banken und Sparkassen (B2B), denen die DAB eine breite Palette kostengünstiger, innovativer und hochautomatisierter Services anbietet.

Die hier aufgezeigten Besonderheiten der Produktionsfaktoren im Dienstleistungserstellungsprozess haben zur Entwicklung von **Produktionsfaktorensystemen** für verschiedene Dienstleistungsbranchen geführt (vgl. für Banken zum Beispiel Haak 1982 und für Versicherungen zum Beispiel Farny 1969; Albrecht/Zemke 1987). Zur relativ allgemeinen Betrachtung von Dienstleistungsproduktionsfaktoren kann ein **branchenunabhängiges Produktionsfaktorensystem für Dienstleistungen** angewandt werden. Beispielhaft lassen sich hierbei folgende Dienstleistungsproduktionsfaktoren unterscheiden (Maleri 1997, S. 164):

Interne Produktionsfaktoren
I. Reale immaterielle Produktionsfaktoren
    1. Menschliche Arbeit
    2. Dienstleistungen
    3. Informationen
    4. Ökonomische Potenzen
    5. Rechte auf materielle und immaterielle Güter
II. Tiere
III. Reale materielle Produktionsfaktoren
    1. Betriebsmittel
    2. Werkstoffe (ohne Rohstoffe)
IV. Nominale Produktionsfaktoren
    1. Darlehens- und Beteiligungswerte
    2. Geld
Externe Produktionsfaktoren
I. Materielle Güter des Abnehmers
    1. Immobile Sachgüter
    2. Mobile Sachgüter
II. Tiere des Abnehmers
III. Immaterielle Güter des Abnehmers
    1. Abnehmerseitige Arbeitsleistungen
    2. Nominalgüter
    3. Informationen
    4. Gefahren, Risiken, Probleme
    5. Rechtsgüter
IV. Aktive Mitwirkung und/oder passive Beteiligung des Abnehmers
    1. Physische und psychische Energie
    2. Zeit

Herauszustellen ist zusätzlich die **Bedeutung interner Produktionsfaktoren als Potenzialfaktoren**. Entgegen der Produktion von Sachgütern bedeutet die Nichtlagerfähigkeit der Dienstleistung, dass sämtliche (internen) Produktionsfaktoren in ausreichender Quantität und Qualität zur Verfügung stehen müssen, um eine ständige Leistungsbereitschaft für den Faktorkombinationsprozess zu gewährleisten.

$3._2$ Prozess der Dienstleistungsproduktion

Die Faktorkombination stellt die Verbindung zwischen Input und Output her und ist somit Grundlage für den **Dienstleistungserstellungsprozess**. Mit Hilfe eines geeigneten Verfahrens werden die Inputfaktoren so kombiniert, dass sie in die angestrebten Outputgüter transformiert werden können (vgl. Abbildung 1-26).

Die **Produktion von Dienstleistungen** verläuft üblicherweise in **zwei Phasen:** Vorkombination und Endkombination (Corsten 2001).

Im Rahmen der **Vorkombination** werden die notwendigen Leistungspotenziale aufgebaut. Dabei wird das generelle Leistungspotenzial als Kapazität bezeichnet; wichtiger jedoch ist das sofort verfügbare Leistungspotenzial, das die Leistungsbereitschaft determiniert. Die **Leistungsbereitschaft** stellt somit das Ergebnis der Vorkombination dar. Als Beispiel lässt sich hier das Hotelwesen mit den jeweiligen Bettenkapazitäten, Personal, Kücheneinrichtungen, Empfangshalle usw. nennen. Die besondere Bedeutung der Leistungsbereitschaft wird zum einen anhand der entstehenden fixen Kosten deutlich, die in Zeiten geringer Nachfrage zu Leerkosten führen. Zum anderen darf die absatzpolitische Bedeutung der Leistungsbereitschaft zur Bildung von Präferenzen nicht übersehen werden (Gerhardt 1987).

Die Nutzenstiftung der Leistungsbereitschaft lässt sich in die Komponenten Beanspruchungsnutzen und Bereitstellungsnutzen aufteilen. Während der **Beanspruchungsnutzen** über die Nutzung der abgegebenen Leistung entsteht und damit für den Abnehmer „greifbar" ist, stellt der **Bereitstellungsnutzen** ein Konstrukt der latenten Wahrnehmung dar. Der Bereitstellungsnutzen wird dem Abnehmer häufig erst dann bewusst, wenn durch negative Erfahrung eine Leistung nicht im entsprechenden Umfang in Anspruch genommen werden kann.

Im Rahmen der **Endkombination** gilt es schließlich, durch das Zusammenspiel von Leistungsbereitschaft und weiterer interner Produktionsfaktoren sowie die Integration des externen Faktors Absatzleistungen zu erstellen.

Das **Zusammentreffen der internen Produktionsfaktoren mit dem externen Faktor** kann anhand der **Integrationswirkung** (positiv, neutral, negativ), der **Integrationsintensität** (stark, mittel, schwach) und der **Integrationsform** (physisch, intellektuell, emotional) charakterisiert werden (Meyer 1994). Mit Hilfe dieser drei Größen kann dann die Integration des externen Faktors exemplarisch beschrieben werden. Betrachtet man beispielsweise die Skigymnastik als Dienstleistung, so ist die physische Integrationswirkung aufgrund der notwendigen, körperlichen Betätigung als sehr positiv einzustufen, wohingegen die intellektuelle und emotionale Integrationswirkung eher neutral bis positiv einzustufen ist. Demgegenüber ist eine Zahnbehandlung von Kindern durch äußerst negative emotionale und physische Integrationswirkungen gekennzeichnet, während die intellektuelle Integration als neutral bezeichnet werden kann. Grundsätzlich ist festzuhalten, dass die Ausprägung der Variablen maßgeblich von der Gestaltung und Steuerung des Produktionsprozesses durch den Dienstleistungsanbieter und von den Erwartungen und Verhaltensweisen des Nachfragers selbst abhängig ist (Meyer 1994, S. 85ff.).

Auf ähnliche Weise kann auch die Wirkung der **Interaktivität der Nachfrager** auf die Dienstleistungserstellung beschrieben werden. Diese Unterscheidung stellt auf die **Interaktionen zwischen den Nachfragern** und nicht auf die Interaktionen zwischen Nachfrager und Anbieter ab. So kann von rivalisierenden Fußballfans während eines Fußballspiels eine äußerst negative physische und emotionale Interaktivitätswirkung ausgehen, während die intellektuelle Interaktivität eher nicht gegeben ist. Im Falle von studentischen Fallstudienlösungsgruppen ist die physische Interaktivitätswirkung neutral, wohingegen die intellektuellen und emotionalen Interaktivitätswirkungen in der Regel positiv sind.

Die Notwendigkeit der Einbeziehung des externen Faktors bedeutet für die Endkombination eine **Unsicherheitskomponente,** weil die sachliche Eignung dieser Faktoren und die räumlich-zeitliche Zuordnung nicht ausschließlich dem Dispositionsspielraum der Unternehmung überlassen sind. Damit besitzt die Produktion von Dienstleistungen im Gegensatz zur Sachgüterproduktion eine wesentlich **geringere produktionswirtschaftliche Elastizität,** die sich in dem Problem einer gleichbleibenden Auslastung niederschlägt. Demgegenüber ist das Absatzrisiko aufgrund der Zeitgleichheit von Produktion und Absatz geringer **(höhere Absatzelastizität).** Das Problem der geringen produktionswirtschaftlichen Elastizität von Dienstleistungen wird noch verstärkt durch die Ausrichtung der Leistungsbereitschaft an dem zu erwartenden **Spitzenbedarf**.

| **Abbildung 1-26** | **Grundmodell zur Erfassung der Dienstleistungsproduktion** |

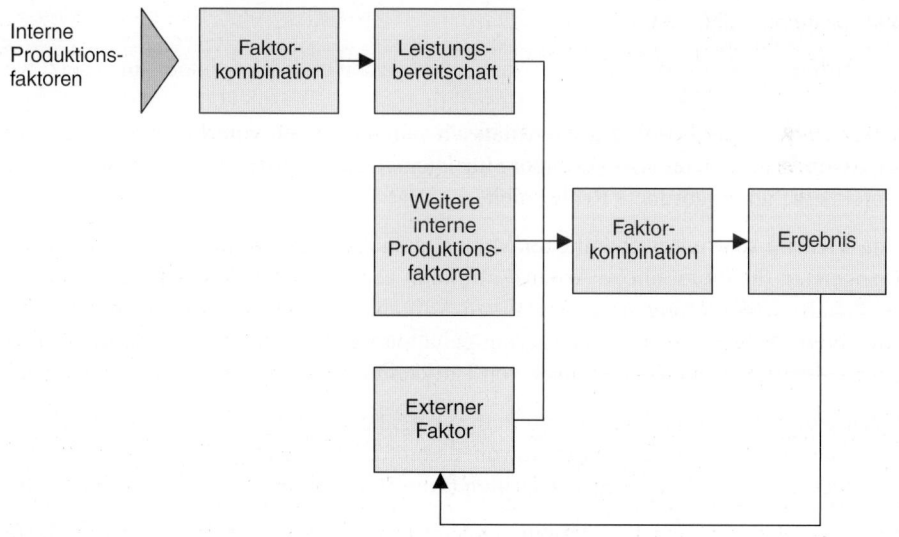

GABLER
GRAFIK

Quelle: Corsten 1988, S. 105

Zur Steuerung der Leistungsbereitschaft können folgende **Dimensionen der Leistungsbereitschaft** herangezogen werden (Corsten 2001):

∎ Quantitative Dimension,

∎ Intensitätsmäßige Dimension,

∎ Zeitliche Dimension,

∎ Qualitative Dimension,

∎ Räumliche Dimension.

Da der Bestand an Potenzialfaktoren in der Regel eine gewisse Teilbarkeit aufweist, erscheint eine **quantitative Anpassung** grundsätzlich möglich. Dies trifft im Besonderen
auf den Faktor menschliche Arbeitskraft zu. Hier ist an eine Umschichtung des Personals
innerhalb der Unternehmung zu denken oder aber an Freisetzung beziehungsweise Neu-
einstellung.

Eine **intensitätsmäßige Anpassung** hätte eine Variation der Arbeitsgeschwindigkeit zur
Folge (zum Beispiel Reduzierung der Durchlaufzeiten im Krankenhaus). Zur kurzfristigen Behebung von Spitzenbelastungen ist diese Maßnahme in ausgewählten Fällen viel-
leicht noch sinnvoll. Die Grenzen liegen aber zum einen in der intensitätsmäßigen Anpassung der Potenzialfaktoren (Krankenbett), zum anderen in den negativen Ausstrahlungseffekten auf den Kunden, insbesondere für verrichtungsorientierte Dienstleistungen
unter Einbeziehung externer Faktoren (Rechtsanwalt, Unternehmensberatung oder gar
eine Theateraufführung).

Die **zeitliche Anpassung** kann in Form von Kurzarbeit und Überstunden umgesetzt werden. Dabei sind zum einen rechtliche Restriktionen (zum Beispiel Öffnungszeiten) zu beachten, zum anderen auch die Intensitätsschwankungen der Mitarbeiterleistung. Diese
Anpassungsform bietet sich besonders für Dienstleistungen an, bei denen der Kundenkontakt eine untergeordnete Rolle spielt.

Eine Vielzahl sehr unterschiedlicher Maßnahmen eröffnet die **qualitative Dimension**.
Bezogen auf die menschliche Arbeitskraft kann versucht werden, das Qualifikationsniveau an die Anforderungen der jeweiligen Aufgaben anzupassen. Die Anzahl hochspe-
zialisierter Fachleute sollte dabei gering gehalten werden, um demgegenüber im Sinne
einer Rollenflexibilität Bündelungen von Tätigkeiten zu ermöglichen (Multispezialist).

Außerdem ist zu überprüfen, inwiefern die Aufgabenerfüllung durch **Externalisierung**
verbessert werden kann. Hier wäre sowohl an eine Übertragung auf den externen Faktor,
aber auch an die Einschaltung von Dritten (zum Beispiel Subunternehmen) zu denken.

Eine weitere Maßnahme der qualitativen Anpassung stellt die **Automation** und **Mecha-
nisierung** dar (zum Beispiel Schuhputzautomat, Expertensystem, Fahrkartenautomat).

Im Rahmen der **räumlichen Dimension** ist zwischen dem Standort und dem Produktionsort zu differenzieren. Eine zwar nicht allgemein, jedoch häufig zu beobachtende Eigenart von Dienstleistungen ist, dass diese am Ort ihrer Verwertung produziert werden müssen. Im Falle immobiler Leistungspotenziale des Anbieters und einer Mobilität des externen Faktors werden Standort und Produktionsort in jedem Fall identisch sein (zum Beispiel Hotels, Krankenhäuser usw.). Die (bedingte) Standortgebundenheit der Dienstleistungsproduktion bedeutet aber nicht, dass auch der Absatz von Dienstleistungen standortgebunden ist (Maleri 1997, S. 113ff.).

Unter Berücksichtigung der Besonderheiten der Dienstleistungsproduktion wurden verschiedene branchenbezogene **Produktionsfunktionen für Dienstleistungen** abgeleitet, beispielsweise für Banken (Haak 1982), Versicherungen (Farny 1969), Informationen (Müller-Merbach 1985) und Hochschulen (Stieger 1980).

4. Besonderheiten beim Absatz von Dienstleistungen

Ausgehend von den konstitutiven Merkmalen von Dienstleistungen können generelle **Besonderheiten des Dienstleistungsmarketing** abgeleitet werden, die auf die Notwendigkeit der Leistungsfähigkeit zur Erstellung von Dienstleistungen, die Integration des externen Faktors sowie die Immaterialität von Dienstleistungen zurückgeführt werden können und auf Basis derer Schlussfolgerungen für das Dienstleistungsmarketing abgeleitet werden können (Uhl/Upah 1979; Levitt 1981; Lovelock 1996 und speziell zur Markierungsproblematik vgl. Stauss 1994a) (vgl. Abbildung 1-27).

Abbildung 1-27   Besonderheiten von Dienstleistungen und Implikationen für das Dienstleistungsmarketing

Besonderheiten von Dienstleistungen	Implikationen für das Dienstleistungsmarketing
Leistungsfähigkeit des Dienstleistungsanbieters	■ Dokumentation von Kompetenz ■ Abstimmung der Leistungspotenziale ■ Materialisierung der Fähigkeitspotenziale
Integration des externen Faktors	■ Transport und Unterbringung des externen Faktors ■ Standardisierungsprobleme bei bestimmten Dienstleistungen ■ Marketingorientierung im Erstellungsprozess ■ Reduzierung asymmetrischer Informationsverteilung ■ Ausschluss unerwünschter Kunden
Immaterialität des Leistungsergebnisses ■ Nichtlagerfähigkeit ■ Nichttransportfähigkeit	■ Materialisierung von Dienstleistungen ■ Koordination von Kapazität und Nachfrage ■ Flexible Anpassung der Kapazität ■ Kurzfristige Nachfragesteuerung ■ Breite Distribution bei Dienstleistungen des periodischen Bedarfs ■ Selektive Distribution bei Dienstleistungen des aperiodischen Bedarfs

GABLER
GRAFIK

4.1 Notwendigkeit der Leistungsfähigkeit des Dienstleistungsanbieters

Die **Notwendigkeit der Leistungsfähigkeit des Dienstleistungsanbieters** ergibt sich insbesondere aus der Potenzialorientierung von Dienstleistungen. Keine Dienstleistung kann ohne spezifische Leistungsfähigkeiten (zum Beispiel Know-how, körperliche Fähigkeiten) erstellt werden. Dabei ist es unwesentlich, ob es sich bei den Potenzialen des Dienstleistungsanbieters um einen Menschen oder einen Automaten handelt. Grundsätzlich können die **menschlichen Fähigkeiten** nach unterschiedlichen Gesichtspunkten weiter differenziert werden (Meyer 1994, S. 19). Eine mögliche Differenzierung kann nach muskulären, sensorischen und geistigen Leistungsfähigkeiten erfolgen. Diese Differenzierung hat den Vorteil, dass sie zum einen darüber Aufschluss gibt, welche besonderen menschlichen Fähigkeiten für bestimmte Dienstleistungen erforderlich sind. Zum anderen wird durch sie die mögliche und erwünschte Intensität der Integration des externen Faktors beziehungsweise die Art der möglichen Übernahme bestimmter Teilprozesse durch den Nachfrager während der Dienstleistungserstellung teilweise vorprogrammiert. Ähnlich der menschlichen Leistungsfähigkeit kann auch die **automatisierte Leistungsfähigkeit** in energetische, sensorische und kommunikative Komponenten differenziert werden.

Aus der Notwendigkeit der Leistungsfähigkeit des Dienstleistungserstellers resultieren folgende **Implikationen für das Dienstleistungsmarketing** (vgl. Abbildung 1-27):

■ **Dokumentation von Kompetenzen**
Bei fähigkeits- oder ausstattungsintensiven Dienstleistungsunternehmen sind die Leistungsfähigkeiten besonders herauszustellen, wenn sie einzigartige, herausragende Vorteile bieten (zum Beispiel Softwareanbieter, Unternehmensberatung, Werbeagentur). Das gute Zusammenwirken von Personal und Ausstattung ist hervorzuheben, wenn die Ausstattung nicht mehr einzigartig, aber noch nicht allgemein verfügbar ist (zum Beispiel Fluggesellschaften, Computer-Hardwarehäuser). Wenn die Ausstattung allgemein üblich ist, sind das Personal, das Unternehmen an sich oder bestimmte profilierende Leistungselemente in den Vordergrund zu stellen (zum Beispiel Banken, Restaurants, Reinigungsunternehmen).

■ **Abstimmung der Leistungspotenziale**
Dienstleistungsunternehmen stehen verschiedene Herstellungskomponenten zur Verfügung, um Problemlösungspakete für den Endabnehmer zusammenzustellen. Dazu zählen Fähigkeiten und Ausstattung, Personal, das Methodeninstrumentarium und eine allgemeine Organisationskapazität. Dabei sind derartige Leistungspotenziale zu einem branchen-, anbieter- und kundensegmentspezifischen Gesamtpotenzial zu verbinden. Dienste, wie etwa Datenverarbeitung, Fluglinien oder Autoverleih, werden zu einem großen Teil von der physischen Ausstattung bestimmt. Andere Dienste, wie ärztliche Behandlung, werden in der Regel von Personen dominiert.

Wiederum andersartige Dienstleister, wie Banken oder Versicherungen, orientieren sich am Methodeninstrumentarium und der allgemeinen Organisationskapazität. Dazu gehören Faktoren wie finanzielle Stabilität, Sachkenntnisse und hinreichende Reserven.

■ **Materialisierung der Fähigkeitspotenziale**
Bei potenzialintensiven Dienstleistungen gilt es in besonderer Weise, über die Materialisierung dieser Potenziale eine Wettbewerbsprofilierung anzustreben, insbesondere wenn es sich um Humanpotenzial handelt. Gerade der Bereich der Kommunikationspolitik ist gefordert, derartige Leistungsbeweise nach außen zu tragen. Aber auch das Erscheinungsbild von Personal, Räumlichkeiten und Ausstattung des Dienstleisters kann im Rahmen dieser Zielsetzung optimiert werden.

4.2 Integration des externen Faktors in den Dienstleistungserstellungsprozess

Bei der Systematisierung der Dienstleistungen wurde bereits angesprochen, dass ein entscheidendes Kriterium zur Differenzierung von Dienstleistungen und Arbeits- beziehungsweise Erstellungsleistungen die Tatsache ist, dass das Objekt oder der Mensch, an dem sich die Leistungsfähigkeit konkretisiert, stets ein externer, also **außerhalb des Verfügungsbereichs des Dienstleistungsanbieters** befindlicher Faktor ist.

In dem auf Veränderungen an bestehenden Objekten oder Menschen abzielenden Prozess der Dienstleistungserstellung ist die **Integration (Einbringung) eines externen Faktors**, das heißt die Einbeziehung des Dienstleistungskonsumenten oder eines ihm gehörenden Objektes, zwingend notwendig. Jeder Prozess der Erstellung einer Dienstleistung wird damit durch die Einwirkung eines Fremdfaktors mitbestimmt. So hängt auch gleichzeitig jedes Ergebnis eines solchen Prozesses von dem betreffenden Fremdfaktor ab.

Der externe Faktor grenzt sich von den anderen Faktoren im Erstellungsprozess dadurch ab, dass er für den Dienstleistungsersteller **nicht frei am Markt disponierbar** ist. Weiterhin bleibt er vor, während und nach dem Erstellungsprozess zum Teil in der **Verfügungsgewalt des Abnehmers der Dienstleistung**. Schließlich gilt, dass auf diesen externen Faktor während der Leistungserstellung **eingewirkt** wird. Da aber in umgekehrter Richtung auch der Abnehmer von Dienstleistungen während der Leistungserstellung (oder bei objektgerichteten Dienstleistungen zumindest bei der Abgabe seiner Objekte zur Leistungserstellung) auf den Prozess der Erstellung der Dienstleistung einwirkt, kann von einer **zweiseitigen (gegenseitigen) Einwirkung** beziehungsweise Beeinflussung von Dienstleister und Abnehmer der Dienstleistung gesprochen werden.

Aus der Integration des externen Faktors lassen sich folgende **Implikationen für das Dienstleistungsmarketing** anführen (vgl. Abbildung 1-27):

▮ **Transport und Unterbringung des externen Faktors**

Ein Problem, das aus der Einbeziehung des externen Faktors erwächst, ist dessen Transport und eventuelle Unterbringung (Ausprägung „Objekt": beispielsweise Lagerung von noch zu reparierenden Fernsehgeräten; Ausprägung „Mensch": Unterbringung von Kranken vor der Operation oder Warten von Patienten im Wartezimmer). Diese Problematik ist kennzeichnend für zahlreiche Dienstleistungen und muss im Rahmen des Marketing hinreichende Berücksichtigung erfahren (zum Beispiel Abholdienst für Reparatur- oder Dienstleistungsobjekte wie Auto oder Fernseher; ansprechende Gestaltung von Warteräumen oder die Einführung von Reservierungssystemen).

▮ **Standardisierungsprobleme bei bestimmten Dienstleistungen**

Aus der Integration des externen Faktors in die Dienstleistungserstellung resultiert der individualistische, personalintensive, schwer standardisierbare Charakter vieler Dienstleistungen. Dienstleistungen des täglichen Bedarfs können jedoch als Massenprodukt vermarktet werden, indem Potenziale, Prozesse und/oder Ergebnisse zumindest teilweise standardisiert werden (vgl. Kapitel 4, Abschnitt 4.21).

▮ **Marketingorientierung im Erstellungsprozess**

Im Gegensatz zur Herstellung von Sachgütern ist der Dienstleistungsnachfrager, sofern er selbst als externer Faktor auftritt, während des Erstellungsprozesses präsent. Dies impliziert für den Dienstleistungsanbieter eine marketingorientierte Ausrichtung des Dienstleistungsprozesses. Zum einen sind die Bedürfnisse des Dienstleistungsnachfragers während der Erbringung der Dienstleistung zu berücksichtigen (zum Beispiel angenehme Raumgestaltung, Gespräche mit dem Kunden beim Friseur, Hintergrundmusik). Zum anderen erlangt die sorgfältige Ausführung der Dienstleistungserstellung bei direktem Kontakt mit dem Nachfrager besondere Bedeutung. Diese ist im Rahmen des Qualitätsmanagements für Dienstleistungen sicherzustellen (vgl. hierzu Kapitel 5).

▮ **Reduzierung asymmetrischer Informationsverteilung**

Bei der Dienstleistungsinteraktion bestehen sowohl für den Kunden als auch für den Dienstleistungsanbieter Handlungsspielräume, die zum eigenen Vorteil genutzt werden können. Aufgrund der Tatsache, dass dem Kunden (Dienstleistungsanbieter) bedeutende Eigenschaften des Dienstleistungsanbieters (Kunden) unbekannt, nicht beobachtbar oder nicht beurteilbar sind, liegt der Dienstleistungsinteraktion in der Regel eine asymmetrische Informationsverteilung zwischen den am Interaktionsprozess Beteiligten zugrunde (Lehmann 1998, S. 63ff.). Im Rahmen des Dienstleistungsmarketing muss die hieraus resultierende Unsicherheit und das damit einhergehende wahrgenommene Kaufrisiko durch Maßnahmen im Rahmen der Vertragsgestaltung sowie durch Nutzung weiterer Instrumente des Marketingmix reduziert werden.

■ **Ausschluss unerwünschter Kunden**
Die Integration des externen Faktors bewirkt, dass der Dienstleistungserstellungsprozess oft unter Anwesenheit weiterer Dienstleistungsnachfrager erfolgt (zum Beispiel Kneipenbesuch, Urlaub, Sprachkurs). Die Wahrnehmung der Prozessdimension der Dienstleistung durch den Kunden wird in diesem Fall auch entscheidend durch
die Eigenschaften und das Verhalten der anderen Dienstleistungsnachfrager beeinflusst. Entsprechend muss der Dienstleistungsanbieter dafür sorgen, dass nicht der
Zielgruppe angehörende Nachfrager von der Inanspruchnahme der Dienstleistung
abgehalten werden (Demarketing). Hierfür kann der Dienstleister auf verschiedene
Instrumente des Marketingmix zurückgreifen. So kann zum Beispiel im Rahmen der
Kontrahierungspolitik eine Ausweisleistung zum Leistungszugang eingeführt werden (zum Beispiel „Clubkarte" für Diskothekenbesucher) (Rößl 1991).

4.3   Immaterialität von Dienstleistungen

Dienstleistungen wird das Merkmal der **Immaterialität** zugeschrieben. In der wissenschaftlichen Literatur wird vor allem die Frage der Immaterialität des Dienstleistungsergebnisses stark diskutiert. So stellt Maleri (1997, S. 83f.) fest, dass bei der Dienstleistungsproduktion keine Rohstoffe in Form körperlicher Substanzen eingesetzt werden,
und somit das Ergebnis des Faktorkombinationsprozesses auch nicht in einem materiellen Objekt bestehen kann. Knoblich/Oppermann (1996, S. 16) argumentieren in ähnlicher Weise und konstatieren, dass ein Dienstleistungsproduzent nicht auf die Herstellung
eines physischen Objektes abzielt, sondern lediglich an einem gegebenenfalls materiellen externen Faktor eine dienstleistende Verrichtung ausführt. Dabei kann durchaus eine
physische Veränderung des Fremdfaktors stattfinden; es wird aber kein körperlicher,
greifbarer Gegenstand generiert. Beispielsweise zielt der Betreiber einer Autowaschanlage nicht darauf ab, saubere Kraftfahrzeuge als Solche zu produzieren. Vielmehr besteht
seine Zielsetzung darin, die bereits existenten Fahrzeuge seiner Kunden durch eine
dienstleistende Handlung (waschen) in einen anderen (sauberen) Zustand zu versetzen.
Das charakteristische Kennzeichen des Dienstleistungsergebnisses ist somit dessen Immaterialität.

Aus der Immaterialität der Dienstleistung resultieren zwei weitere Abgrenzungskrite-
rien, so genannte **akzessorische Merkmale**, die Nichtlagerfähigkeit und die Nichttransportfähigkeit.

Die **Nichtlagerfähigkeit** impliziert, dass der Konsument einer Dienstleistung diese nur
in dem Moment in Anspruch nehmen kann, in dem sie produziert wird, das heißt, dass das
Leistungsergebnis nicht vorproduziert werden kann. Ein Friseur kann Haarschnitte (Leistungsergebnis) erst erstellen, wenn der Kunde in den Dienstleistungsprozess (Haareschneiden) integriert wird. Ebenso ist ein Hotelier zwar im Besitz von Übernachtungspo-
tenzialen. Die Übernachtung eines Gastes als Ergebnis der Hotelleistung ist aber erst

möglich, wenn der Gast sein Hotelzimmer bezieht. Die dafür notwendigen Potenziale stehen zu einem bestimmten Zeitpunkt zur Verfügung und verfallen, wenn sie nicht genutzt werden. Leere Hotelzimmer, unbesetzte Plätze eines Linienfluges oder einer Theateraufführung, ungenutzte Stunden eines Beratungsdienstes können nicht gelagert werden, um sie in Momenten der Spitzenbelastung abzugeben.

Ferner impliziert die Immaterialität von Dienstleistungen ihre **Nichttransportfähigkeit**. Die internen und externen Produktionsfaktoren müssen im Rahmen der Dienstleistungsproduktion aufeinandertreffen (Uno-Actu-Prinzip). Haarschnitte oder medizinische Untersuchungen können nicht erstellt und dann räumlich transferiert werden, um sie an anderer Stelle zu erstellen. Wenn ein Friseur oder ein Arzt einen Hausbesuch vornimmt, geht zwar der Dienstleistungsersteller zum Abnehmer, die Gesamtdienstleistung wird jedoch nicht transportfähig. Die Notwendigkeit der Präsenz und der Simultaneität beschränkt sich jedoch auf die Dienstleistungsproduktion. Die Produktion und der Absatz beziehungsweise Konsum müssen dagegen weder zeit- noch raumgleich erfolgen (zum Beispiel Hotelbuchung im Reisebüro) (vgl. Frietzsche 2001, S. 131ff.).

Die genannte Einschränkung deutet bereits an, dass es Ausnahmen gibt, und dass die Allgemeingültigkeit der Nichttransportfähigkeit eine Einschränkung erfahren muss. Verschiedene technologische Innovationen erlauben die Produktion von Information oder Unterhaltung und ihren simultanen Konsum an Orten, die weit vom Ursprung ihrer Erbringung entfernt sind. Als Beispiel ist die Übertragung einer Theateraufführung durch das Fernsehen oder ein telefonischer Beratungsdienst anzuführen.

Aus der **Immaterialität** als Besonderheit von Dienstleistungen lässt sich eine zentrale Schlussfolgerung für das Dienstleistungsmarketing ziehen (vgl. Abbildung 1-27):

■ **Materialisierung von Dienstleistungen**
Bestimmte materielle Produkte müssen „immaterialisiert" werden, um zum Beispiel bestimmte Imageeffekte zu erzielen (Beispiel Autos: Sicherheit; Beispiel Zigaretten: Abenteuer). Im Gegensatz dazu werden bestimmte immaterielle Dienste materialisiert (zum Beispiel in Cellophan eingeschweißtes Besteck im Flugzeug zur Demonstration von Hygiene, Papierbezug auf Toilettenbrillen im Hotel). Auch materielle Herstellungskomponenten sind im Dienstleistungsmarketing von besonderer Bedeutung, wenn es gilt, die Aufmerksamkeit des Kunden zu wecken und auf die Art und Qualität der Dienstleistung hinzuweisen.

Aus der **fehlenden Lagerfähigkeit** resultieren folgende Implikationen für das Dienstleistungsmarketing (vgl. Abbildung 1-27):

■ **Koordination von Kapazität und Nachfrage**
Ein professionelles Dienstleistungsmarketing muss eine enge Koordination von Produktionskapazität und Nachfrage gewährleisten, um die Probleme der fehlenden Lagerfähigkeit des Dienstleistungsergebnisses zu bewältigen. In vielen Branchen stellt daher das Kapazitätsmanagement (zum Beispiel durch Maßnahmen des Yield Managements) einen zentralen Bereich des Dienstleistungsmarketing dar.

■ Flexible Anpassung der Kapazität
Die Handhabung der kurzfristigen Produktionskapazität für Dienstleistungen ist hauptsächlich eine Funktion der Durchflussrate (beispielsweise „fließen" zu vermittelnde Dienstleistungen schneller durch das Unternehmen als solche, die im Unternehmen erbracht werden), der Möglichkeit, Dienstleistungen zurückzustellen (zum Beispiel Änderungsschneiderei, ärztliche Hilfe), des Potenzialausbaus (zum Beispiel zusätzliche Teilzeitkräfte) und der Aufteilung der Kapazitäten (zum Beispiel Reservierung).

■ Kurzfristige Nachfragesteuerung
Das Management der kurzfristigen Nachfrage nach Dienstleistungen geschieht hauptsächlich über preispolitische Maßnahmen, kommunikative Aktivitäten sowie das Angebot alternativer Dienstleistungsoptionen im Hause (zum Beispiel besteht bei einem Kino mit mehreren Vorführräumen eine Ausweichmöglichkeit auf andere Filme).

Die **mangelnde Transportfähigkeit** führt zu folgenden Implikationen für das Dienstleistungsmarketing (vgl. Abbildung 1-27):

■ Breite Distributionsdichte bei Dienstleistungen des täglichen Bedarfs
Dienstleistungen des täglichen Bedarfs müssen zur Aufrechterhaltung der Konkurrenzfähigkeit eine hohe Distributionsdichte aufweisen, da die Erreichbarkeit des Dienstleistungsanbieters ein zentrales Auswahlkriterium der Nachfrager darstellt (zum Beispiel Fast-Food-Ketten, Schlüsseldienste).

■ Selektive Distribution bei Dienstleistungen des aperiodischen Bedarfs
Dienstleistungen, die nicht zu denjenigen des täglichen Bedarfs zählen (zum Beispiel Angebote von Marktforschungsinstituten, Unternehmensberatern), können in räumlicher Distanz zum Kunden angeboten werden, da:
– der Verkauf durch Agenturen, per Telefon oder per Korrespondenz erfolgen kann,
– die Kunden zur Suche von Vorinformationen bereit sind,
– die Kunden bereit sind, Wege in Kauf zu nehmen, oder
– die Dienstleistung zum Kunden gebracht werden kann.

Für das Dienstleistungsmarketing ergeben sich aus der Notwendigkeit der Leistungsfähigkeit, der Integration des externen Faktors sowie der Immaterialität von Dienstleistungen zahlreiche Implikationen. Diese werden in den Kapiteln 3 bis 8 näher spezifiziert, nachdem im Folgenden Ansatzpunkte einer theoretischen Fundierung des Dienstleistungsmarketing aufgezeigt wurden.

2 Theoretische Grundlagen des Dienstleistungsmarketing

1.	**Bedeutung theoretischer Konzepte zur Erklärung und Gestaltung des Dienstleistungsmarketing**	**69**
2.	**Erklärungsansätze nach dem neoinstitutionellen Paradigma**	**77**
2.1	Neue Institutionenökonomik als theoretischer Ansatz	77
2.2	Ansätze der Informationsökonomik	80
2.21	Informationsökonomische Einordnung von Dienstleistungen	80
2.22	Informationsverhalten der Transaktionspartner	82
2.3	Ansätze der Transaktionskostentheorie	86
2.4	Ansätze der Principal-Agent-Theorie	88
3.	**Erklärungsansätze nach dem neobehavioristischen Paradigma**	**92**
3.1	Psychologische Erklärungsansätze	92
3.2	Sozialpsychologische Erklärungsansätze	96
4.	**Zusammenfassung**	**101**

1. Bedeutung theoretischer Konzepte zur Erklärung und Gestaltung des Dienstleistungsmarketing

Die Aufgaben, die der theoretischen Fundierung einer Forschungsrichtung innerhalb der Betriebswirtschaftslehre zukommen, lassen sich unterteilen in die **Erklärungs-** und die **Gestaltungsaufgabe**. Gemäß ihrer Erklärungsaufgabe sollen theoretische Überlegungen zeigen, unter welchen Voraussetzungen dauerhaft Transaktionen zustande kommen (explikative Ausgestaltung). Demgegenüber soll eine Theorie aufgrund ihrer Gestaltungsaufgabe dazu führen, Handlungsempfehlungen im Rahmen eines bestehenden Zielsystems abgeben zu können (normative Ausrichtung).

Vor dem Hintergrund der im vorangegangenen Kapitel aufgezeigten **Besonderheiten des Dienstleistungsmarketing** kommt einer tragfähigen theoretischen Basis eine hohe Bedeutung zu. Bisher vorhandene Ansätze der Marketingtheorie sind für das Dienstleistungsmarketing neu zu bewerten, da ihre Relevanz aufgrund der aufgezeigten Besonderheiten für das Dienstleistungsmarketing lediglich in eingeschränkter Form gegeben ist. Ansätze wie die Systemtheorie oder der entscheidungsorientierte Ansatz liefern nur wenige Erkenntnisse, die über Anwendungsfelder im allgemeinen Marketing hinausgehen und berücksichtigen die Besonderheiten des Dienstleistungsmarketing nicht ausreichend. Demgegenüber bietet die Neue Institutionenökonomik mit ihren Teilbereichen einen recht hohen Erklärungsbeitrag, der sich vor allem auf die bestehenden Informationsasymmetrien im Dienstleistungsmarketing zurückführen lässt. Weitere hilfreiche Theoriekonzepte sind insbesondere im Hinblick auf das Verhalten der Marktteilnehmer traditionelle verhaltenswissenschaftliche Ansätze. Die Theorieansätze lassen sich generell drei **Paradigmen der Marketingforschung** zuordnen (Kaas 2000):

1. Neoklassisches Paradigma,

2. Neoinstitutionelles Paradigma,

3. Neobehavioristisches Paradigma.

Die beiden erst genannten Paradigmen haben ihren Ursprung in der mikroökonomischen Theorie der Volkswirtschaftslehre und unterscheiden sich vor allem im Hinblick auf die gestellten Annahmen.

Das **neoklassische Paradigma** (Nutzen-, Gewinntheorie) geht von stark vereinfachenden Annahmen (zum Beispiel vollständige Information, vollkommene Rationalität) aus. Insgesamt weisen die neoklassischen Theorien den Vorteil auf, theoretisch stringent und mathematisch überprüfbar zu sein. Allerdings sind sie auch mit dem Nachteil verbunden, sehr abstrakt und empirisch kaum überprüfbar zu sein. Der neoklassischen Theorie kommt somit eine wesentlich geringere Bedeutung bei der Erklärung von Fragestellungen des Dienstleistungsmarketing zu als den neoinstitutionellen und neobehavioristischen Paradigmen. Auf eine nähere Erläuterung soll deshalb verzichtet werden.

Die Annahmen des **neoinstitutionellen Paradigmas** (zum Beispiel Informationsasymmetrie, begrenzte Rationalität) sind wesentlich realitätsnäher (Kaas 2000). Es handelt sich hier um eine Theorie des unvollkommenen Marktes, die die Folgen von exogener Unsicherheit über die Welt in Verbindung mit Informationsasymmetrie auf dem Markt auf die Entscheidungen der Marktteilnehmer und auf das Funktionieren von Märkten analysiert (Richter1994; Richter/Furubotn 1996). Neoinstitutionelle Ansätze können nicht alle, aber einige wichtige konstitutive Elemente von Dienstleistungsmärkten erklären und damit eine theoretische Grundlage für das Dienstleistungsmarketing abgeben (Kaas 2000). Sie bieten zudem die Chance, die Theorie des Dienstleistungsmarketing mit anderen, institutionenökonomisch geprägten Teilen der Betriebswirtschaftslehre, wie der Organisationstheorie, der Finanzierungstheorie und dem Rechnungswesen, zu verbinden (Kaas 2001).

Das **neobehavioristische Paradigma** ist interdisziplinär, empirisch-positivistisch und anwendungsbezogen. Der interdisziplinäre Charakter bedeutet, dass Theorien aus unterschiedlichen Bereichen, wie der Psychologie, Soziologie oder Sozialpsychologie, zur Erklärung marketingrelevanter Sachverhalte herangezogen werden. Die Eigenschaft des empirischen Positivismus bringt das Prüfen von Hypothesen zum Ausdruck. Im Hinblick auf den Anwendungsbezug dienen schließlich die entsprechenden Forschungen dem Ableiten von Handlungsempfehlungen für das Management von Unternehmen (Kroeber-Riel/Weinberg 1999; Kaas 2000).

Abbildung 2-1   **Anspruchsgruppen des Marketing**

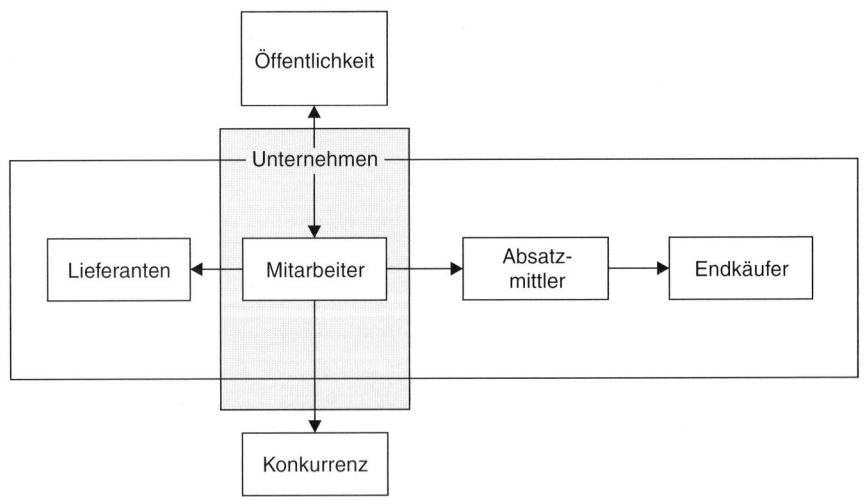

GABLER
GRAFIK

Quelle: in Anlehnung an Kotler 1997; Meffert 2000, S. 27

Die verschiedenen Theorien, die im Folgenden näher erläutert werden, beleuchten das Dienstleistungsmarketing aus unterschiedlichen Perspektiven. Die Problemstellungen des Dienstleistungsmarketing, für die die Theorien einen Erklärungsbeitrag liefern sollen, lassen sich in zwei grundsätzliche Bereiche untergliedern. Zum einen muss eine eher **statisch** orientierte Darstellung der Problembereiche vorgenommen werden, die den Zustand einer einmaligen oder erstmaligen Dienstleistungstransaktion kennzeichnet. Folgen auf eine einzelne Transaktion weitere Transaktionen zwischen denselben Marktteilnehmern, führt diese Abfolge an Transaktionen dazu, dass letztlich eine Beziehung zwischen den Transaktionspartnern entsteht. Die Entwicklung einer solchen Beziehung hat gerade aus der informationsökonomischen Perspektive eine Vielzahl von Implikationen für das weitere Verhalten dieser Marktteilnehmer. Diese **dynamisch** orientierte Darstellung der Problembereiche ist Gegenstand des **Relationship Marketing,** das mit seinem Fokus auf die Steuerung von Kundenbeziehungen zu neuen Konzepten in der Marketingwissenschaft und der Unternehmenspraxis geführt hat.

Unter Berücksichtigung der Auffassungen in der Literatur, dass sich das Relationship Marketing mit der Steuerung von Kundenbeziehungen befasst, wird folgende **Definition** zugrunde gelegt:

> **Relationship Marketing** umfasst sämtliche Maßnahmen der Analyse, Planung, Durchführung und Kontrolle, die der Initiierung, Stabilisierung, Intensivierung und Wiederaufnahme von Geschäftsbeziehungen zu den Anspruchsgruppen – insbesondere zu den Kunden – des Unternehmens mit dem Ziel des gegenseitigen Nutzens dienen (Bruhn 2001e, S. 9).

Aus dieser Definition lassen sich folgende relevanten **Merkmale des Relationship Marketing** ableiten (vgl. Bruhn 2001e, S. 10ff.):

■ Anspruchsgruppenorientierung,

■ Entscheidungsorientierung,

■ Zeitraumorientierung,

■ Nutzenorientierung.

Dem Konzept des Relationship Marketing liegt eine **Anspruchsgruppenorientierung** zugrunde, sein Gegenstand sind die Beziehungen eines Unternehmens zu seinen Anspruchsgruppen. Auch wenn sich Marketingaktivitäten auf unterschiedliche Anspruchsgruppen beziehen können (vgl. Abbildung 2-1), stellen die Kunden die zentrale Anspruchsgruppe dar. Demnach lassen sich zwei **Ausgestaltungsformen des Relationship Marketing** differenzieren:

■ Das **Relationship Marketing im engeren Sinne** betrifft ausschließlich Kundenbeziehungen.

■ Das **Relationship Marketing im weiteren Sinne** betrifft die Beziehungen des Unternehmens zu sämtlichen Anspruchsgruppen.

Für den Erfolg eines Unternehmens sind letztendlich die Kundenbeziehungen entscheidend, deren Qualität wiederum von den Beziehungen des Unternehmens zu den übrigen Anspruchsgruppen abhängt. Daher stehen die Kundenbeziehungen im Mittelpunkt der Ausführungen dieses Buches. Auf die Beziehungen zu den übrigen Anspruchsgruppen wird bei Bedarf im Einzelfall eingegangen.

Weiterhin wird unter Relationship Marketing ein Managementansatz verstanden, der durch eine **Entscheidungsorientierung** Maßnahmen der Analyse, Planung, Durchführung und Kontrolle umsetzt. Damit stellt das Relationship Marketing einen integrierten Ansatz dar, unter dessen Dach sämtliche Marketingmaßnahmen eines Unternehmens gefasst werden können. Außerdem ist auf diese Weise mit dem Konzept eine Handlungsorientierung verbunden. Es sollen Maßnahmen festgelegt werden, die einer Steuerung von Beziehungen dienen.

Relationship Marketing beschäftigt sich nicht nur mit der Initiierung von Beziehungen (**Kundenakquisition**), sondern darüber hinaus mit ihrer Stabilisierung, Intensivierung (**Kundenbindung**) und – im Falle einer Aufkündigung der Beziehung durch den Kunden – Wiederaufnahme (**Kundenrückgewinnung**). Damit wird durch eine **Zeitraumorientierung** dem dynamischen Charakter von Kundenbeziehungen, vor allem durch das Konzept des Kundenbeziehungslebenszyklus, Rechnung getragen.

Abbildung 2-2	**Vergleich zwischen dem Transaktionsmarketing und Relationship Marketing**

Unterscheidungskriterien	Transaktionsmarketing	Relationship Marketing
Betrachtungsfristigkeit	Kurzfristigkeit	Langfristigkeit
Marketingobjekt	Leistung	Leistung und Kunde
Marketingziel	Kundenakquisition	Kundenakquisition, Kundenbindung, Kundenrückgewinnung
Marketingstrategie	Leistungsdarstellung	Dialog
Ökonomische Erfolgs- und Steuerungsgrößen	Gewinn, Deckungsspanne, Umsatz, Kosten	zusätzlich: Kundendeckungsbeitrag, Kundenwert

GABLER
GRAFIK

Quelle: Bruhn 1999c, S. 32

Schließlich verfolgt das Relationship Marketing eine **Nutzenorientierung**, indem der Nutzen für die Beziehungspartner im Vordergrund steht. Bezogen auf Kundenbeziehungen liegt der Nutzen für den Kunden in der Erfüllung seiner Bedürfnisse durch das Unternehmen, während der Nutzen für das Unternehmen in der Profitabilität beziehungsweise Wertschöpfung durch seine Kundenbeziehungen zu sehen ist.

Die Entwicklung zum Relationship Marketing wird teilweise als ein Paradigmenwechsel bezeichnet (Brodie et al. 1997). Aufgrund der Konstituierung einer Beziehung aus Einzeltransaktionen ist Relationship Marketing jedoch nicht als eine Neudefinition des Marketinggedankens, sondern vielmehr als eine **Weiterentwicklung des traditionellen Marketing** aufzufassen (Gummesson 1994; Baker/Buttery/Richter-Buttery 1998). Diese Sichtweise wird durch eine Gegenüberstellung der **Unterscheidungsmerkmale** von Transaktionsmarketing auf der einen Seite und Relationship Marketing auf der anderen Seite deutlich (Bruhn 1999b; vgl. Abbildung 2-2):

▌ Im Hinblick auf die **Betrachtungsfristigkeit** hat das Transaktionsmarketing einen eher kurzfristigen, das Relationship Marketing einen eher langfristigen Charakter. Während sich das Transaktionsmarketing auf die kurzfristige Initiierung von Leistungsverkäufen bezieht, steht beim Relationship Marketing die langfristige Gestaltung von Kundenbeziehungen im Vordergrund.

▌ Bezüglich des **Objektes der Marketingaktivitäten** steht die Leistung des Anbieters im Mittelpunkt von Maßnahmen des Transaktionsmarketing, während sich Relationship-Marketing-Maßnahmen sowohl auf die Leistung als auch auf die Kunden beziehen.

▌ Hinsichtlich der **Marketingziele** sind Maßnahmen des Transaktionsmarketing auf die Gewinnung neuer Kunden ausgerichtet. Dahingegen konzentriert sich das Relationship Marketing nicht nur auf die Kundenakquisition, sondern darüber hinaus auf die Kundenbindung und Kundenrückgewinnung.

▌ Die **Marketingstrategie** vor dem Hintergrund eines Transaktionsmarketing bezieht sich auf die Leistungsdarstellung. Beim Relationship Marketing wird ein Dialog mit dem Kunden angestrebt, um die Leistungen des Anbieters an den individuellen Kundenbedürfnissen auszurichten.

▌ Schließlich treten beim Relationship Marketing neben die klassischen ökonomischen **Erfolgs- und Steuerungsgrößen** kundenindividuelle Kennziffern wie der Kundendeckungsbeitrag oder Kundenwert.

Bei der **Konzeptionierung des Relationship Marketing** sind einige grundlegende Ansätze zu berücksichtigen, die die Basis einer Gestaltung des Relationship Marketing darstellen.

Dazu zählt der so genannte **Kundenbeziehungslebenszyklus,** der in den letzten Jahren im Rahmen vieler Veröffentlichungen Beachtung gefunden hat. Der an den Produktlebenszyklus angelehnte Kundenbeziehungslebenszyklus beschreibt hierbei die Stärke beziehungsweise Intensität einer Kundenbeziehung in Abhängigkeit der Beziehungsdauer.

Im Rahmen dieses Konzeptes werden grundsätzlich drei Phasen unterschieden, in denen unterschiedliche Aspekte der Kundenbindung in den Vordergrund der Betrachtung rücken. Während in der Phase der Neukundenakquisition das Fundament für die Beziehung zwischen Anbieter und Nachfrager begründet liegt, gewinnt in der zweiten Phase der Aspekt der Kundenbindung an Bedeutung. Zum Ende des Kundenbeziehungszyklus kann sich für den Nachfrager die Frage einer Beendigung der Kundenbeziehung stellen, sodass sich die Unternehmen auch mit der Rückgewinnung abwanderungsgefährdeter beziehungsweise abgewanderter Kunden auseinander zu setzen haben. Abbildung 2-3 zeigt hierbei die Stärke beziehungsweise Intensität einer Kundenbeziehung in Abhängigkeit der jeweiligen Phasen des Kundenbeziehungslebenszyklus.

▌ **Abbildung 2-3   Phasen des Kundenbeziehungslebenszyklus**

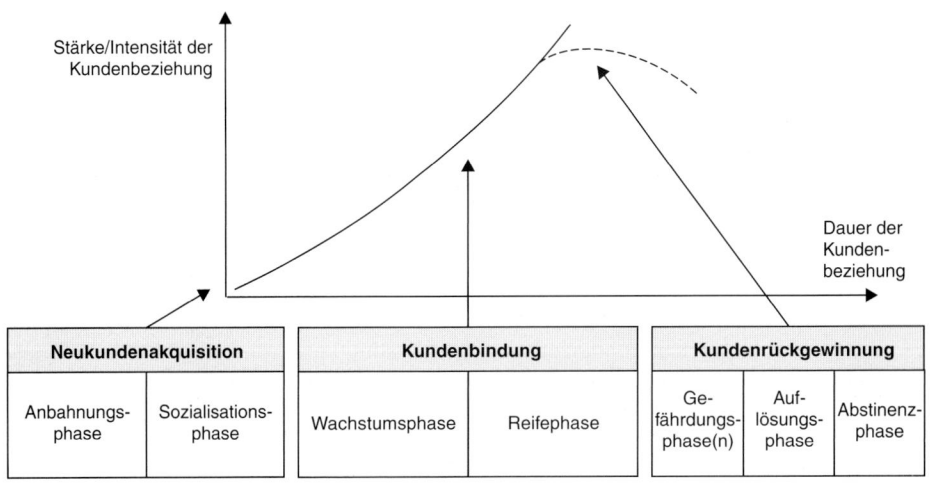

Quelle: Stauss 2000c, S. 16; Bruhn 2001e, S. 48

Die Beziehungsintensität zwischen Anbieter und Kunde steigt im Verlauf der Kundenbeziehung bis zu dem Zeitpunkt an, ab welchem der Kunde seinen Austritt aus der Geschäftsbeziehung beschlossen hat. Grundsätzlich wird diese durch eine Vielzahl von Faktoren beeinflusst. Die Messung der Beziehungsintensität bereitet in der Praxis erhebliche Operationalisierungsprobleme, sodass häufig psychologische, verhaltensbezogene und ökonomische Indikatoren zur Beschreibung dieses Konstruktes herangezogen werden. Während die **psychologischen Indikatoren** unter anderem die Konstrukte der Kundenzufriedenheit, Beziehungsqualität, Vertrauen und Commitment umfassen, zählen zu den **verhaltensbezogenen Indikatoren** in erster Linie solche, die sich positiv oder negativ auf die Kundenbindung auswirken. Hierbei sind vor allem Informationen über das Kauf-, Informations-, Integrations- und Kommunikationsverhalten des Konsumenten von Interesse. Die **ökonomischen Indikatoren** lassen sich im Rahmen so genannter Kundendeckungsbeitrags- oder durch Customer-Lifetime-Value-Berechnungen operationalisieren.

Neben den stark phasenspezifischen Handlungsempfehlungen zur Gestaltung der Kundenbeziehung in Abhängigkeit der unterschiedlichen Zyklusphasen ist als theoretisches Konzept weiterhin die so genannte **Erfolgskette** von zentraler Bedeutung (vgl. Abbildung 2-4). Hiernach ist der Kunde bei anhaltender Zufriedenheit mit den Unternehmensleistungen im Verlauf der Geschäftsbeziehung zunehmend bereit, sich an das Unternehmen zu binden. Auf einer zweiten Stufe spiegelt sich die so erreichte Kundenbindung auch im ökonomischen Erfolg des Unternehmens wider, da der Kunde im Verlauf der Beziehung beispielsweise zunehmend bereit ist, zusätzliche Umsätze mit dem Unternehmen zu tätigen und sich seine Preisbereitschaft erhöht.

| **Abbildung 2-4** | **Erfolgskette des Relationship Markteing** |

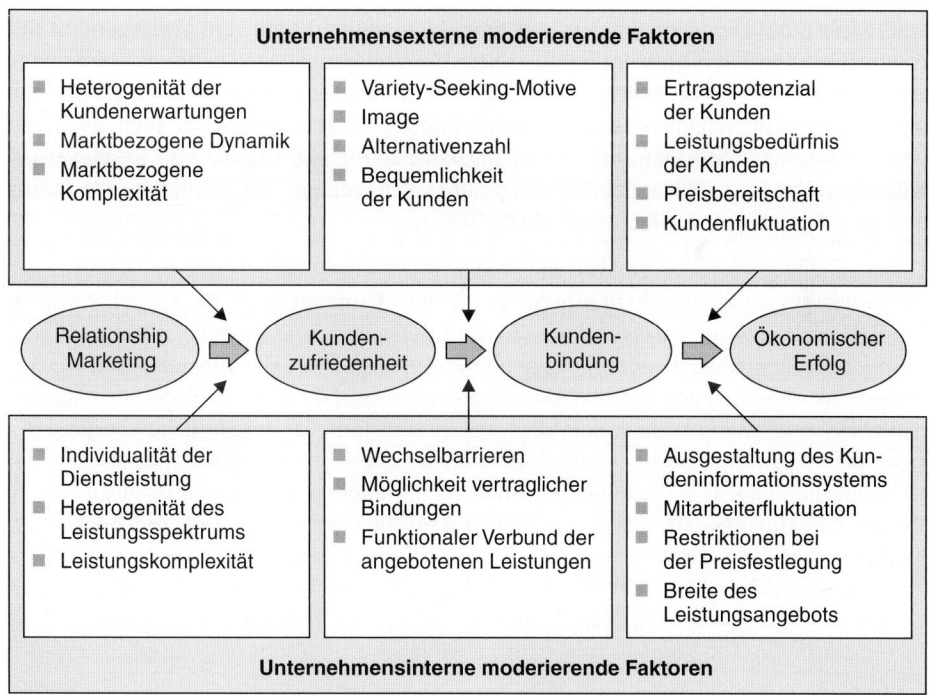

Quelle: Bruhn 2001e, S. 58

Dieser auf Basis der Erfolgskette erhobene Wirkungszusammenhang wird durch eine Vielzahl von unternehmensexternen und -internen Faktoren beeinflusst. Eine aktive Gestaltung der Kundenbeziehung unter Berücksichtigung nahezu sämtlicher Einflussfaktoren stellt daher für viele Unternehmen eine große Herausforderungen dar.

Auf Seiten der **unternehmensexternen Faktoren** führt die Heterogenität der Kundenerwartungen, verbunden mit einer umweltbezogenen Dynamik und Komplexität der Märkte zu erheblichen Problemen bei der Schaffung und Erhaltung von Kundenzufriedenheit. Die Einführung eines Relationship Marketing kann dabei jedoch nicht garantieren, dass aus einer gesteigerten Kundenzufriedenheit zwangsläufig eine erhöhte Kundenbindung resultiert. So wirken beispielsweise die Bequemlichkeit des Kunden sowie mögliche Variety-Seeking-Motive einer Erhöhung der Beziehungsintensität und damit einer gesteigerten Kundenbindung entgegen. Letztendlich wird der ökonomische Erfolg eines Unternehmens auch davon beeinflusst, über welches Ertragspotenzial und welche Preisbereitschaft die einzelnen Kunden verfügen und wie hoch die Kundenfluktuation generell ist. Auf Seiten der **unternehmensinternen Faktoren** können beispielsweise die Individualität der Dienstleistung oder die Heterogenität des Leistungsspektrums eines Unternehmens grundlegende Hemmnisse bei der Schaffung von Kundenzufriedenheit darstellen.

Der Erfolg eines Dienstleistungsunternehmens hängt damit auch vom **Management der moderierenden Variablen** der Erfolgskette ab. Exzellente Dienstleistungsunternehmen zeichnen sich durch das Denken in der Erfolgskette aus, in dessen Zentrum ein professionelles Qualitätsmanagement steht. Darüber hinaus gelingt es ihnen aber auch, die externen und internen „Störfaktoren" der Erfolgskette durch den Einsatz von Beschwerde-, Kundenbindungs- und Kundenrückgewinnungsmanagement sowie Internes Marketing und Integrierte Kommunikation zu kontrollieren.

Dabei ist jedoch zu beachten, dass die in diesem Abschnitt dargestellte Erfolgskette des Dienstleistungsmarketing **kein allgemein gültiges Konzept** darstellt. Sie soll vielmehr exemplarisch aufzeigen, dass es Aufgabe von Unternehmen ist, die relevanten vorökonomischen Größen zu analysieren, das heißt den Input in Form des Einsatzes von Marketingmixinstrumenten und deren Wirkung beim Kunden. Die in der Erfolgskette enthaltenen (Erfolgs-)Größen können in Abhängigkeit zum Beispiel der Branche variieren. So spielt gerade auch in der Dienstleistungsbranche das Image eine bedeutende Rolle in der Kaufentscheidung. Die Beziehungsqualität ist ein anderer Faktor, der insbesondere in Business-to-Business-Branchen entscheidend für die Gestaltung von Kundenbeziehungen ist.

2. Erklärungsansätze nach dem neoinstitutionellen Paradigma

2.1 Neue Institutionenökonomik als theoretischer Ansatz

Die Informationsprobleme im Dienstleistungsmarketing lassen sich grundsätzlich in zwei Bereiche unterteilen, die zum einen durch die Besonderheiten Immaterialität der Leistung, zum anderen durch die Integration des externen Faktors und die Bereitstellung eines Leistungspotenzials durch den Anbieter bestimmt werden (vgl. Abbildung 2-5).

Die Immaterialität der Leistung führt zu einem **leistungsbezogenen Informationsproblem,** das im Rahmen des informationsökonomischen Dreiecks weiter zu systematisieren und in bestehende Gütertypologien zu integrieren ist (Woratschek 2001a; vgl. auch Abschnitt 2.2 in Kapitel 1).

Abbildung 2-5   Informationsprobleme zwischen Dienstleistungsanbieter und -nachfrager

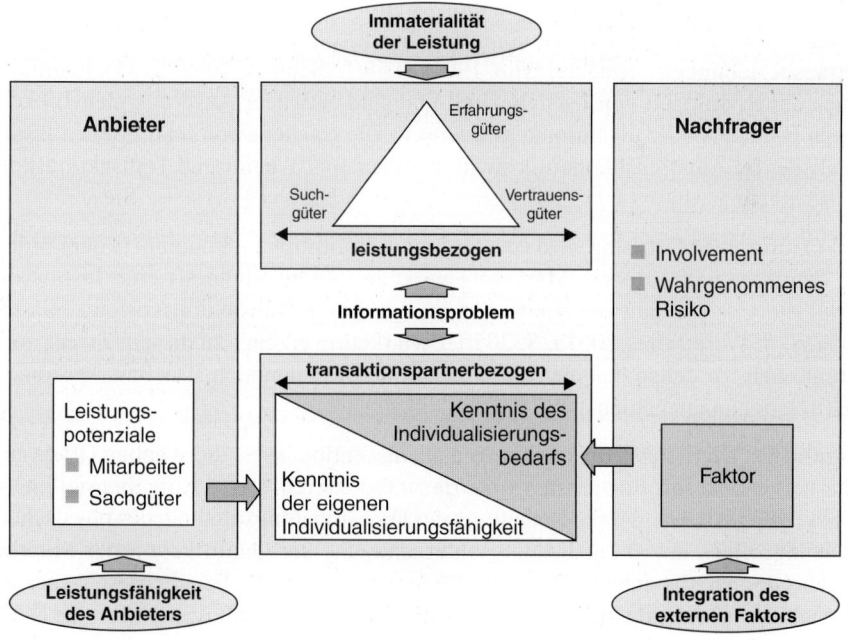

Demgegenüber lässt sich das **transaktionspartnerbezogene Informationsproblem** auf spezifisches Wissen zurückführen, das zwischen den Transaktionspartnern unterschiedlich verteilt ist. Der Nachfrager einer Dienstleistung verfügt in der Regel über Informationen bezüglich des in die Dienstleistungserstellung einzubringenden externen Faktors, der sich in seinem Verfügungsbereich befindet. Er kennt die Ausgestaltung und damit auch den Individualisierungsbedarf, der durch seine Person oder seine Verfügungsobjekte bedingt ist. Der Anbieter auf der anderen Seite besitzt gegenüber dem Nachfrager einen Informationsvorsprung hinsichtlich seiner für die Dienstleistungserstellung einsetzbaren Potenzialfaktoren, wobei es sich dabei um Mitarbeiter oder Sachressourcen handeln kann. Untersuchungen zeigen, dass das Verhalten der Mitarbeiter in der Interaktionssituation von den Kunden als wesentlicher Bestandteil, bei komplexen Leistungen unter Umständen sogar als Surrogat der gesamten Dienstleistung, angesehen wird.

Zu den beschriebenen Problembereichen finden sich eine Vielzahl von Ansatzpunkten im Gedankengerüst der **Neuen Institutionenökonomik,** die sich als Theorie aus der mikroökonomischen Tradition entwickelt hat. Dabei versuchen die theoretischen Ansätze der Neuen Institutionenökonomik die restriktiven Prämissen der mikroökonomischen Theorie teilweise aufzulösen. Während diese von einem vollkommenen Markt mit den Annahmen rationalen Handelns, vollständiger Information und Sicherheit der Handlungsergebnisse ausgeht, lösen die einzelnen Forschungsbereiche der Neuen Institutionenökonomik diese Voraussetzungen partiell auf. Ausgehend von der Annahme der Unvollkommenheit der Märkte befasst sich der Bereich der Informationsökonomik mit den auf unvollkommenen Märkten vorliegenden Informationsasymmetrien und Möglichkeiten ihrer Handhabung. Darüber hinaus werden opportunistisches Verhalten und langfristig angelegte Vertragsbeziehungen betrachtet (Hax 1991, S. 55ff.; Schmitz 1997, S. 35). Institutionen dienen der **Reduktion von Unsicherheit** und sind entweder Ausdruck planvoll koordinierten Handelns oder evolutionär gewachsen. Die Existenz von Institutionen lässt sich mittels der Informationsökonomik sowie der Principal-Agent- und Transaktionskostentheorie ableiten.

Die Funktion des Marketing wird von der Neuen Institutionenökonomik in der Förderung von Transaktionen gesehen. Marketing wirkt in diesem Sinne als eine Institution im Markt, die Unsicherheit reduziert, Anreize setzt und Transaktionskosten senkt (Kaas 1995a, S. 5; Woratschek 2001a, S. 265ff.). Marketing erzeugt zu diesem Zweck weitere Institutionen, zu denen beispielsweise bekannte Firmennamen (Dachmarken) und Geschäftsbeziehungen zählen.

Aufgabe des Dienstleistungsmarketing als Institution ist es, diese hohen Grade an Unsicherheit und an Informationsasymmetrie zu reduzieren. Diese Aufgabenstellung trägt zur Erklärung der besonderen Bedeutung der Dienstleistungsqualität, des physischen Erscheinungsbildes des Dienstleistungsunternehmens, der Qualifikation der Mitarbeiter und der Geschäftsbeziehungen im Dienstleistungsmarketing bei, da diese Aspekte alle unsicherheitsmindernd wirken. Gerade zu diesen Problemstellungen liefert die Neue Institutionenökonomik Lösungen sowohl auf explikativer als auch auf normativer Ebene (vgl. Abbildung 2-6).

Abbildung 2-6   **Grundsätzliche Eignung der Neuen Institutionenökonomik zur theoretischen Fundierung des Dienstleistungsmarketing**

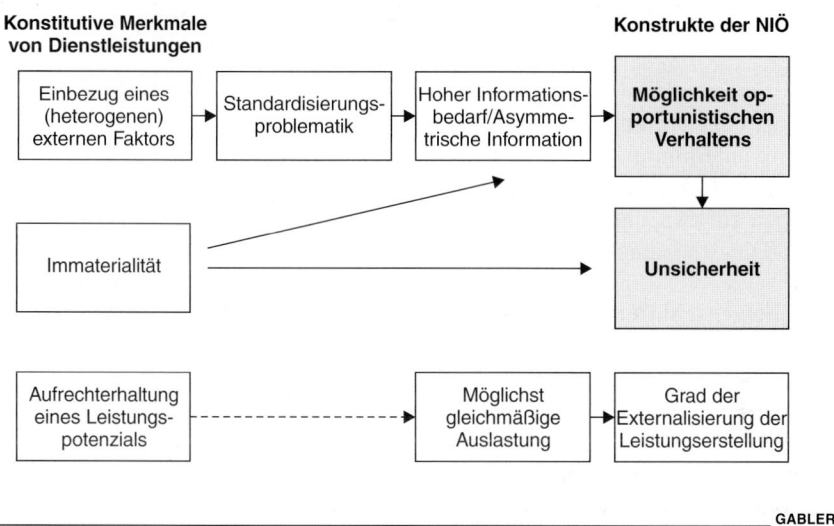

GABLER
GRAFIK

Die **Informationsökonomik** setzt sich mit Fragestellungen der Überwindung von Informationsasymmetrien und dem Unsicherheitsphänomen bei der Informationssuche auseinander (Adler 1994, S. 34; Kaas 1995a, S. 4) und wird daher zunächst im Mittelpunkt der Diskussion über die Informationsprobleme stehen.

Ebenso wie die Informationsökonomik beschäftigt sich die **Transaktionskostentheorie** mit der Gestaltung von Leistungsbeziehungen, bezieht jedoch verstärkt die Berücksichtigung von Kostenaspekten mit ein (vgl. zum Beispiel Coase 1937; Williamson 1975, 1985; Alchian/Woodward 1988). Damit tritt die kostenseitige Bewertung von Verträgen in den Mittelpunkt der Betrachtung.

Die Analyse von Auftragsbeziehungen zwischen Auftraggeber (Prinzipal) und Auftragnehmer (Agent) ist Gegenstand der **Principal-Agent-Theorie**. Sie geht von einem Informationsdefizit des Prinzipalen unter der Annahme einer begrenzten Kontrollierbarkeit des Agenten aus. Dem Agenten entstehen daher Handlungsspielräume, die er bei eigennutzmaximierendem Verhalten opportunistisch ausnutzen kann. Ziel der Principal-Agent-Theorie ist es, institutionelle Rahmenbedingungen so zu gestalten, dass der Agent im Interesse des Prinzipalen handelt (Bergen/Dutta/Walker 1992, S. 4ff.).

Die **Property-Rights-Theorie** untersucht die Wirkung und Übertragbarkeit von Verfügungsrechten (Property Rights) aus einer eher rechtswissenschaftlichen Perspektive (Fischer et al. 1993, S. 449f.). Dieser Bereich soll im Rahmen einer betriebswirtschaftlich ausgerichteten Betrachtung des Dienstleistungsmarketing zunächst ausgeklammert bleiben.

2.2   Ansätze der Informationsökonomik

2.21   Informationsökonomische Einordnung von Dienstleistungen

Die Leistungsmerkmale eines Angebotes determinieren in hohem Maße die Beurteilungsmöglichkeiten und das Beurteilungsverhalten der Nachfrager. Die Informationsökonomik unternimmt dabei eine **Unterteilung in Such-, Erfahrungs- und Vertrauenseigenschaften** einer Dienstleistung (vgl. Adler 1994, S. 52). In das durch diese Dimensionen aufgespannte Dreieck lassen sich je nach Umfang der betreffenden Eigenschaften Dienstleistungen einordnen (vgl. Abbildung 2-7):

■ **Sucheigenschaften** liegen dann vor, wenn die Eigenschaften der Leistung bereits vor Vertragsabschluss beurteilt werden können. Streng genommen ist dieser Fall bei Dienstleistungen undenkbar, da die Leistung erst nach Vertragsabschluss entsteht. Es lassen sich allerdings eine Reihe von Leistungen identifizieren, die bereits einen hohen Anteil an Sucheigenschaften aufweisen, wie beispielsweise Telekommunikationsleistungen.

■ **Erfahrungseigenschaften** lassen sich erst nach beziehungsweise während der Leistungserstellung beurteilen. Beispielsweise ist dies bei einer Urlaubsreise der Fall, bei der erst während der Leistungserstellung beziehungsweise nach der Reise eine Beurteilung der in Anspruch genommenen Leistung erfolgen kann.

■ **Vertrauenseigenschaften** können hingegen überhaupt nicht oder zumindest nicht direkt durch einen einzelnen Nachfrager bewertet werden (Kaas 1991b, S. 17ff.). Typisches Beispiel für Leistungen mit hohem Anteil an Vertrauenseigenschaften sind ärztliche Leistungen, die in ihrer Qualität möglicherweise nie beurteilt werden können.

Mit steigendem Anteil an Erfahrungs- oder Vertrauenseigenschaften nimmt der Grad an Informationsdefiziten und an Unsicherheit zu. Mittels des **informationsökonomischen Dreiecks** können Leistungen auf dieser Basis je nach Dominanz einer Eigenschaft einem Such-, Erfahrungs- oder Vertrauenskauf zugeordnet werden (Adler 1994) (explikative Funktion der Theorie) (vgl. Abbildung 2-7). Dabei ist jedoch zu beachten, dass die Zuordnung einer Leistungseigenschaft als Such-, Erfahrungs- oder Vertrauenseigenschaft der subjektiven Wahrnehmung unterliegt und vom Beurteilungsvermögen und damit dem individuellen Urteil des Konsumenten abhängt. Weiterhin ist zu berücksichtigen, dass Dienstleistungen in ihrer Ganzheit zwar generell gut typologisiert werden können, die einzelnen Leistungsbestandteile in der Regel jedoch unterschiedlichen Charakter aufweisen. So wird am Beispiel der konkreten Betrachtung von **Logistikdienstleistungen** deutlich, dass der überwiegende Teil der Leistungsmerkmale erst nach der Inanspruchnahme zu beurteilen ist, der Preis jedoch eindeutig den Sucheigenschaften zuzuordnen ist.

Abbildung 2-7   Informationsökonomische Einordnung von Dienstleistungen

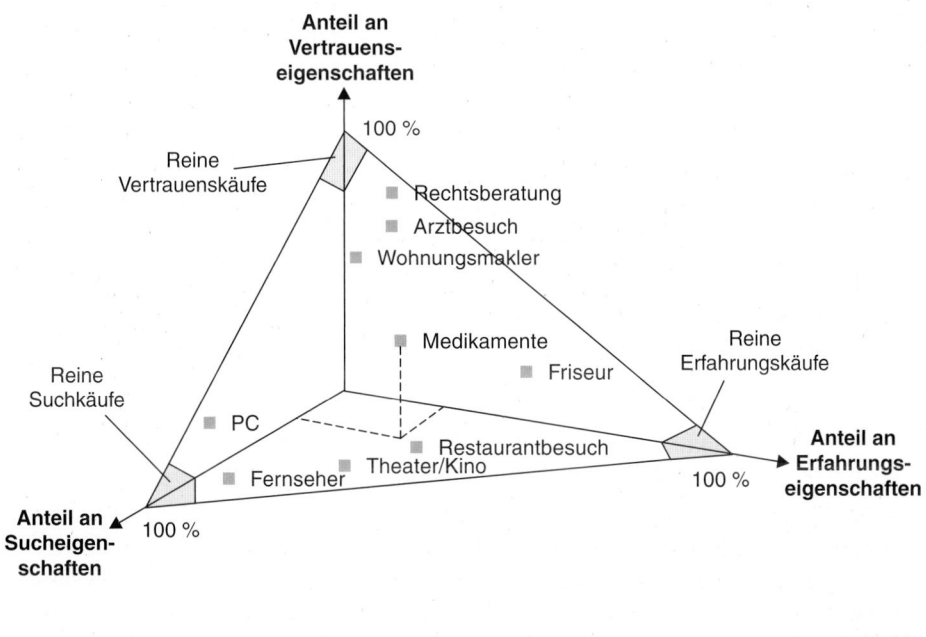

GABLER
GRAFIK

Je nach informationsökonomischer Einordnung einer Leistung lassen sich **Implikationen** für das Dienstleistungsmarketing ableiten. Die Ausgestaltung der Marketingaktivitäten eines Anbieters hat sich am Informationsbeschaffungs- und Auswahlverhalten der Nachfrager zu orientieren und dementsprechend die Einteilung der Leistung zu berücksichtigen. Dabei ist es durchaus denkbar, dass eine Unternehmung eine Reihe von Leistungen anbietet, die im informationsökonomischen Dreieck unterschiedlich einzuordnen sind. Es würde sich in einem solchen Fall anbieten, über relativ unproblematische Leistungen mit einem hohen Anteil an Sucheigenschaften Neukunden zu gewinnen, um nach dem Erfahrungsaufbau das gewonnene Vertrauen des Nachfragers zu nutzen, um zunehmend Erfahrungs- und Vertrauensgüter zu verkaufen.

Die Einordnung einer Leistung im informationsökonomischen Dreieck **verändert** sich aus Kundenperspektive mit der Dauer einer bestehenden **Geschäftsbeziehung**. Während in vielen Fällen zunächst Vertrauens- und Erfahrungsgutcharakter überwiegen, verändert sich mit zunehmender Produkterfahrung die Einordnung hin zu einem größeren Anteil an Sucheigenschaften. Damit entfallen bei längerer Dauer der Kundenbeziehung für einige Dienstleistungen eine Reihe der leistungsbezogenen Informationsprobleme.

Im Gegensatz zu verhaltenswissenschaftlich begründeten Ansätzen untersuchen die informationsökonomischen Eigenschaftstypologien die Ursachen der Unsicherheiten des Konsumenten umfassender und vertiefender. Auf dieser Grundlage können **gezielte Maßnahmen zum Abbau der Unsicherheit und des Kaufrisikos** entwickelt werden, die die transaktionsspezifischen Besonderheiten von Dienstleistungen differenziert berücksichtigen (Meffert 2000, S. 56).

2.22   Informationsverhalten der Transaktionspartner

Neben den bereits dargestellten Informationsproblemen hinsichtlich der zur Disposition stehenden Leistung bestehen **Informationsunterschiede** zwischen den Marktpartnern, die sich zum einen auf das Problem des externen Faktors beim Nachfrager und zum anderen auf die vorhandenen Potenziale beim Anbieter zurückführen lassen. Sowohl das anbietende Unternehmen, verkörpert durch seine Mitarbeiter, als auch der nachfragende Konsument verfügen über jeweils spezifische Informationen. Während Mitarbeiter im Regelfall über Informationsvorteile bezüglich allgemeiner Marktdaten, der eigenen Unternehmensleistung sowie der bereitstehenden Potenzialfaktoren verfügen, hat der einzelne Kunde Informationen über seinen individuellen Problemlösungsbedarf im Hinblick auf seinen einzubringenden Faktor (sich selbst als Person oder einen Sachgegenstand). Somit stehen beide Marktteilnehmer in jedem Einzelfall einer Erst- beziehungsweise Einzeltransaktion zunächst vor einem Informationsdefizit (Spremann 1990, S. 578ff.; Grund 1998, S. 87).

Um die bestehenden Informationsdefizite zu verringern, kann sowohl die jeweils besser informierte als auch die informationsärmere Marktseite Informationsaktivitäten einleiten. **Signaling** bedeutet dabei die Informationsübertragung von der besser zur schlechter informierten Marktseite, während mit **Screening** Informationsaktivitäten gekennzeichnet werden, die von der schlechter informierten Marktseite ausgehen (vgl. Abbildung 2-8).

Signaling-Maßnahmen beinhalten die Übermittlung glaubwürdiger Informationen, die sich von reinen Informationen durch die Qualität und Vertrauenswürdigkeit der Aussagen unterscheiden (Kaas 1995b, S. 29; Roth 2001, S. 51ff.). Aus Sicht des **anbietenden Unternehmens** haben Signaling-Aktivitäten die Funktion, glaubwürdige Informationen über die Fähigkeiten des Unternehmens zur Problemlösung und sein Einfühlungsvermögen in die Kundenprobleme zu übermitteln. Dies kann beispielsweise über die Darstellung der Unternehmenspotenziale geschehen, wobei deren Eignung über die reine Aufnahme der Eigenschaften durch die Nachfrager hinaus noch zu bewerten ist. Auch Garantien sollen dem Kunden als Vertrauensanker eine hohe Qualität signalisieren, da das Angebot einer Garantie für den Anbieter einer schlechten Qualität mit hohen Folgekosten verbunden ist, sodass es sich letztlich nur für Anbieter einer hohen Qualität lohnt, diese abzugeben. Eine weitere Möglichkeit besteht in der Präsentation von Kunden, die eine bestimmte Dienstleistung bereits in Anspruch genommen haben und damit als Surrogate für die Leistungsfähigkeit des Unternehmens dienen können. Zur Steigerung der Glaubwürdigkeit dieser Art von Kommunikation kommen in diesem Zusammenhang vorzugsweise Kunden zum Einsatz, die bereits durch ihre Person ein hohes Potenzial an Glaubwürdigkeit für sich geltend machen können, wie es beispielsweise bei Prominenten häufig der Fall ist. Signaling aus Unternehmenssicht geschieht somit vor allem mit Hilfe der Kommunikationspolitik. Doch da die Leistung lediglich im Rahmen des Erstellungsprozesses selbst beurteilt werden kann, ist der Wahrheitsgehalt unternehmensseitiger Signaling-Aktivitäten durch den Nachfrager letztlich erst nach der Inanspruchnahme einer Leistung zu beurteilen (Kaas 1990, S. 541).

Abbildung 2-8   **Beispiele für Informationsaktivitäten der Marktpartner**

Maßnahme / Perspektive	Signaling Informationsaussendung	Screening Informationssuche
Anbieter	**Besser informiert bezüglich der eigenen Fähigkeiten** ▦ Darstellung der eigenen Potenziale ▦ Referenzkunden	**Schlechter informiert bezüglich des externen Faktors** ▦ Bonitätsprüfung von Kreditnachfragen
Nachfrager	**Besser informiert bezüglich des externen Faktors** ▦ Preisgabe konkreter Informationen zum Individualisierungsbedarf	**Schlechter informiert über die Potenziale der Anbieter** ▦ Vergleich mehrerer Angebote

GABLER GRAFIK

Die Möglichkeiten des Reputationsaufbaus durch wiederholtes Signaling gegenüber Kunden sind Gegenstand **mehrperiodiger Signalingmodelle** des Marketing (Klein/Leffler 1981; Shapiro 1983; Woratschek 2001a). Machen die Konsumenten die positive Erfahrung, bei einem Anbieter über mehrere Perioden Leistungen mit hoher Qualität bezogen zu haben, so korrigieren sie ihr Wahrscheinlichkeitsurteil nach oben und erwarten, dass auch in den folgenden Perioden eine hohe Qualität erstellt wird. Die Erwartungen einer hohen Qualität sind verbunden mit einer höheren Zahlungsbereitschaft dieser Konsumenten. Durch die höhere Preisbereitschaft können so genannte **Reputationsprämien** abgeschöpft werden, die Anbieter mit einer hohen Dienstleistungsqualität davon abhalten, zu Gunsten kurzfristiger Gewinnerhöhungen das Niveau der Qualität abzusenken (vgl. Rappold 1988, S. 25; Roth 2001, S. 53).

Signaling ist jedoch nicht dem Dienstleistungsanbieter vorbehalten, auch **Nachfrager** entfalten vielfältige Signaling-Aktivitäten. Sie kommunizieren dem Anbieter relevante Informationen, die ihm eine Einschätzung über den Individualisierungsbedarf einer Leistung für den betreffenden Kunden ermöglichen. Ein Beispiel für eine solche Art des Signaling ist in der Vorlage von Zeugnissen zu sehen, die einem Anbieter von Sprachkursen eine Einschätzung des Könnens des jeweiligen Interessenten vereinfachen und ihn entsprechend seinem individuellen Können einordnen. Auch die Bitte um einen Kostenvoranschlag für eine Autoreparatur stellt eine Signaling-Aktivität dar, da sie dem Reparaturunternehmen ermöglicht, die zeitliche Einplanung der notwendigen Arbeiten kostenoptimal vorzunehmen. In quantitativer Hinsicht sind Signaling-Aktivitäten der Nachfragerseite seltener zu finden als solche der Anbieterseite.

Unter **Screening** wird die aktive Informationsbeschaffung durch den schlechter informierten Marktpartner verstanden (Spence 1976, S. 592ff.). Aufgrund der wechselseitigen Informationsdefizite ergreifen jeweils beide Marktseiten die Initiative zur Informationssuche.

Für den **Anbieter** ist das Screening jedes einzelnen Kunden möglicherweise sehr kostenintensiv. Als Beispiel sei hier die individuelle Bonitätsprüfung von Kunden vor einer Kreditvergabe genannt. Eine Möglichkeit des vereinfachten Screenings besteht, wenn sich ein Nachfrager anhand einiger weniger Indikatoren klar einem Kundensegment zuordnen lässt und seine für die Transaktion wesentlichen Merkmale mit denen des bekannten Segmentes übereinstimmen. Hier ließe sich wiederum das Beispiel der Sprachschule aufgreifen, wenn der Anbieter im Rahmen seiner Screening-Aktivitäten Einstufungstests durchführt, die ihm die Zuordnung der Kunden zu unterschiedlichen Kursen ermöglichen. Häufig kommen auch Schemata der Selbsteinordnung in Betracht. In der Literatur ist unter diesem Stichwort das Beispiel von einer Versicherung bekannt, die ihre Unsicherheit über die Schadenswahrscheinlichkeit seiner Versicherungsnehmer reduzieren will. Der Versicherungsnehmer hat dabei besseres Wissen über seine Schadenswahrscheinlichkeit als die Gesellschaft. Die Versicherung gibt verschiedene Tarife vor, bei denen der Kunde seine Informationen über die Schadenswahrscheinlichkeit offenbart (Woratschek 2001a, S. 266).

Häufig können **Konsumenten** wegen der Komplexität der angebotenen Leistungen und hohen Marktintransparenzen in vielen Dienstleistungsmärkten ihre Informationsdefizite durch Screening-Aktivitäten nicht ausreichend abbauen. Dabei bedeutet Screening die systematische Analyse möglicher Anbieter vor dem Hintergrund des eigenen spezifischen Problemlösungs- und Individualisierungsbedarfs. Dies wird darüber hinaus durch einen hohen Anteil an Erfahrungs- und Vertrauenseigenschaften vieler Dienstleistungen erschwert (Grund 1998, S. 87f.). Der Nachfrager ist somit häufig nicht in der Lage, seine Screening-Aktivitäten in ausreichend differenzierter Art und Weise durchzuführen.

Screening und Signaling wurden bereits für die **Marketingmixinstrumente** Preis, Werbung, Garantien und Vertrieb getestet. Die Modellierung anderer Variablen, die im Dienstleistungsbereich zusätzlich relevant werden, wie zum Beispiel die Prozesspolitik (Process), die Personalpolitik (Personal) und die Ausstattungspolitik (Physical Evidence) als Signaling-Instrumente steht noch aus (Roth 2001, S. 50ff.). Zusammenfassend sind die Informationsaktivitäten in der folgenden Abbildung 2-9 dargestellt.

Aus den hohen Aufwendungen für Informationsaktivitäten ergibt sich unmittelbar ein Einflussfaktor für den ökonomischen Nutzen einer Kundenbindung und somit einer **Geschäftsbeziehung** im Dienstleistungsmarketing. Bei Folgetransaktionen zwischen den gleichen Marktpartnern werden eine Vielzahl von Informationen nicht mehr benötigt, da zum einen die Leistungsfähigkeit des Anbieters, zum anderen der Individualisierungsbedarf des Nachfragers nunmehr bekannt sind. Gleichzeitig steigt durch die bisher gemachten Erfahrungen die Glaubwürdigkeit der übermittelten Informationen sowie die Wahrscheinlichkeit der Erstellung einer den Kundenerwartungen entsprechenden Dienstleistung (Grund 1998, S. 89f.).

Abbildung 2-9   Screening und Signaling als Prozess der Marktinformation

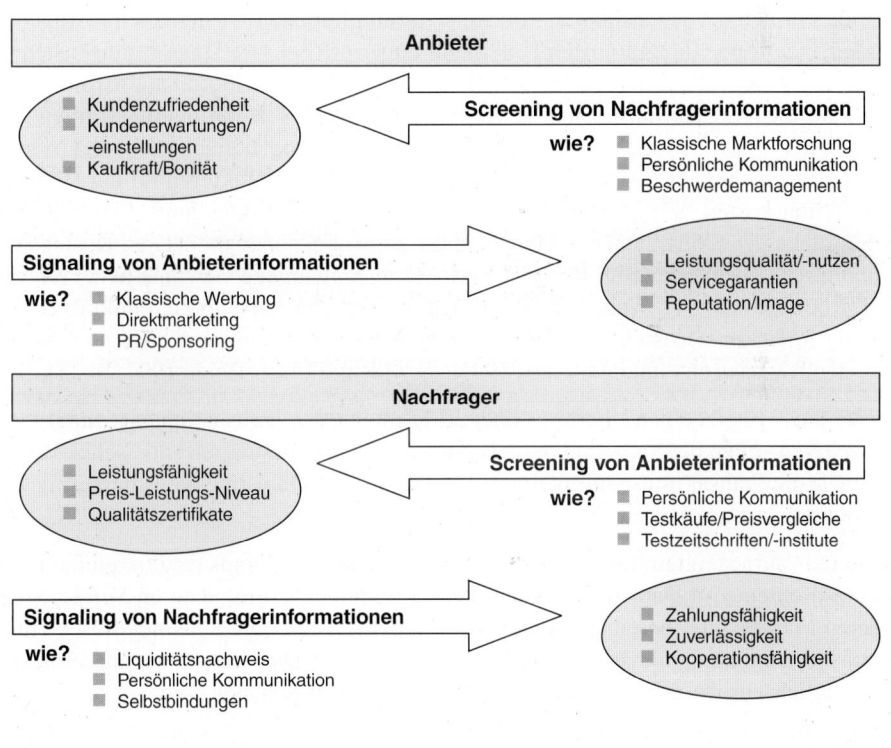

Quelle: in Anlehnung an Mann 1998, S. 111

2.3   Ansätze der Transaktionskostentheorie

Die Transaktionskostentheorie liefert zahlreiche Anhaltspunkte zur Untersuchung dienstleistungsmarketingspezifischer Fragestellungen, die in weiterführende Erkenntnisse des Dienstleistungsmarketing münden. Aus der Auflösung von Prämissen der klassischen Mikroökonomie entsteht eine größere Realitätsnähe und somit ein besseres Erklärungspotenzial für eine Vielzahl an Problemstellungen (Williamson 1975, S. 8; Arrow 1985; Schmitz 1997, S. 35; Homburg 2000, S. 40f.).

Untersuchungsgegenstand der Transaktionskostentheorie ist die Gestaltung von Institutionen unter **Kostenaspekten**. Eine der grundlegenden Fragestellungen der Transaktionskostentheorie setzt sich beispielsweise mit der idealen Organisationsform einer Unternehmung im Spannungsfeld von Markt und Hierarchie auseinander (Coase 1937, S. 388ff.; Williamson 1975, S. 8ff.). Sie betrachtet dabei insbesondere Strukturen, die zur Koordination von Transaktionen dienen und als „Governance Structures" bezeichnet werden. Zumeist liegen in der Praxis und auch im Falle von Dienstleistungsunternehmen hybride Formen der Koordination vor. Im Extremfall können Unsicherheiten abgebaut werden, indem eine Integration der Unternehmungen erfolgt. Die Transaktionskosten beeinflussen dabei wesentlich die Auswahl einer vorteilhaften Koordinationsform, insoweit sind die Transaktionskostentheorie und die hybriden Koordinationsformen zum Beispiel in Form von Franchisingsystemen im Dienstleistungsbereich relevant. Grundlage der Untersuchungen ist die Feststellung von Bestimmungsfaktoren für die Höhe der Transaktionskosten, die sich in Kosten für Anbahnung, Aushandlung, Kontrolle und Durchsetzung von Verträgen unterscheiden lassen, wobei neben monetären Kosten auch ökonomische Nachteile (zum Beispiel Zeit, Mühe, entgangene Gewinne usw.) relevant sind (Roth 2001, S. 54). Weiterhin lassen sich die Kosten nach dem Zeitpunkt ihrer Entstehung in Ex-ante-Kosten, die vor der Transaktion entstehen, sowie Ex-post-Kosten nach der Transaktion einteilen (Kaas 1995a, S. 4; Rindfleisch/Heide 1997, S. 31).

Abbildung 2-10 gibt einen Überblick über die Elemente des Transaktionskostenansatzes. Im Weiteren sollen die Spezifität der Leistung, ein mögliches opportunistisches Verhalten sowie die Transaktionshäufigkeit im Hinblick auf das Dienstleistungsmarketing weiter konkretisiert werden.

Die bereits aufgezeigten Informationsasymmetrien und die daraus resultierenden Informationsprobleme im Dienstleistungsmarketing führen demzufolge zu im Vergleich mit anderen Marketingteilbereichen hohen Transaktionskosten. Die Senkung dieser Transaktionskosten wird damit zu einer wichtigen Aufgabe des Dienstleistungsmarketing, um eine möglichst große Zahl an erfolgreichen Transaktionen zustande kommen zu lassen.

An einer Senkung der Transaktionskosten sind in der Regel sowohl Nachfrager als auch Anbieter interessiert. Aufgrund der Integration des Nachfragers in die Leistungserstellung ist zu beachten, dass in monetärer Hinsicht schwer **quantifizierbare Kosten** wie kognitive Anstrengungen, Mühe, Ärger usw. für die Qualitätsbeurteilung der Dienstleistung aus Nachfragersicht zu berücksichtigen sind.

Abbildung 2-10	**Elemente des Transaktionskostenansatzes**

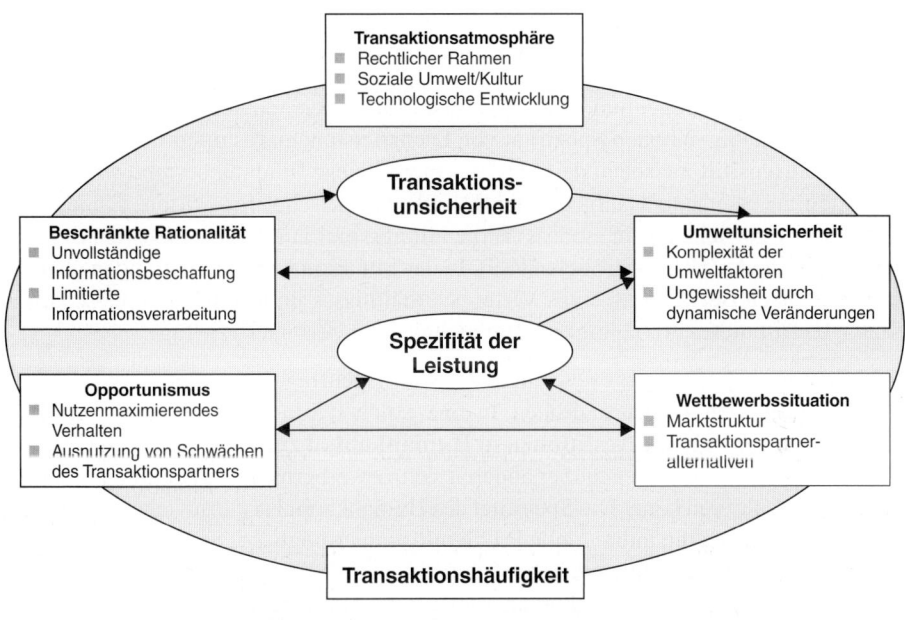

Transaktionsatmosphäre
- Rechtlicher Rahmen
- Soziale Umwelt/Kultur
- Technologische Entwicklung

Transaktions-unsicherheit

Beschränkte Rationalität
- Unvollständige Informationsbeschaffung
- Limitierte Informationsverarbeitung

Umweltunsicherheit
- Komplexität der Umweltfaktoren
- Ungewissheit durch dynamische Veränderungen

Spezifität der Leistung

Opportunismus
- Nutzenmaximierendes Verhalten
- Ausnutzung von Schwächen des Transaktionspartners

Wettbewerbssituation
- Marktstruktur
- Transaktionspartner-alternativen

Transaktionshäufigkeit

GABLER GRAFIK

Quelle: Mann 1998, S. 126

Neben den bereits im Rahmen der Informationsökonomik genannten und mit Transaktionskosten verbundenen Verfahren von Signaling und Screening kommt im Dienstleistungsbereich der **Mund-zu-Mund-Kommunikation** bestehender Kunden an potenzielle Neukunden eine besondere Bedeutung zu. Auf diese Weise lassen sich Transaktionskosten senken, da die eigene Leistungserfahrung durch die Leistungserfahrung Dritter ersetzt wird. Diese transaktionskostensenkende Eigenschaft der Mund-zu-Mund-Kommunikation bedeutet dabei nicht, dass sie sich ausschließlich positiv für das betroffene Unternehmen auswirken muss; lediglich die Kaufentscheidung der Konsumenten vereinfacht sich.

Aus der Perspektive der Transaktionskostentheorie kommt nicht so sehr der statischen Sicht einer Einzeltransaktion, sondern vielmehr der dynamischen Betrachtung einer Reihe von aufeinander folgenden Transaktionen im Rahmen einer **Geschäftsbeziehung** eine besondere Bedeutung zu, da diese aufgrund der hohen Transaktionskosten bei Vertragsanbahnung mit hohen Vorteilen verbunden ist. Auf Unternehmensseite sinken beispielsweise die Kosten für weitere Vertragsabschlüsse mit den betreffenden Kunden, da deren konkreter Problemlösungs- und Individualisierungsbedarf sowie weitere Kundendaten nicht mehr grundlegend neu ermittelt werden müssen (Reichheld/Teal 1998). Für die Konsumenten entfallen bei wiederholter Inanspruchnahme desselben Dienstleistungsanbieters Such-, Wechsel- und Informationskosten. Durch die Entwicklung von Vertrauen als Grundlage von Geschäftsbeziehungen können darüber hinaus Kontrollkosten reduziert werden (Grund 1998, S. 93f.). Vertrauen entwickelt sich dabei letztlich aus Erfahrungen, die im Rahmen einer wiederkehrenden Interaktion gemacht wurden.

Aus der besonderen Bedeutung von Geschäftsbeziehungen im Dienstleistungsmarketing und der regelmäßigen hohen Spezifität von Dienstleistungen resultiert häufig eine hohe **Bindungsintensität** zwischen den Marktpartnern. Diese Bindung besteht zwar auf beiden Seiten, sie kann jedoch aufgrund der Höhe der spezifischen Investitionen für eine Seite besonders gewichtig sein, sodass Verhandlungsspielräume entstehen (Kaas 1995b, S. 34f.; Schumann/Meyer/Ströbele 1999). In der Situation von Verhandlungen über Folgeverträge nach Beendigung eines Vertragsverhältnisses im Rahmen von Geschäftsbeziehungen tritt dieses Abhängigkeitsungleichgewicht besonders zu Tage.

Im Falle einer Abhängigkeit des Anbieters vom Nachfrager kann letzterer mit einem Wechsel zu anderen Anbietern drohen. In einer solchen Situation kommt die Vorteilhaftigkeit von **spezifischen Investitionen in Humankapital** zum Tragen, aus der eine eindeutige Vorteilssituation gegenüber anderen Wettbewerbern bei Verhandlungen für Folgeverträge resultieren kann. Die Spezifität des Humankapitals ist insoweit vorteilhaft, da sie zwar zum einen eine individuelle Problemlösung ermöglicht, zum anderen einen anderweitigen Einsatz des Humankapitals nicht ausschließt. Williamson stellt daher die besondere Bedeutung von transaktionsspezifischem Humankapital gegenüber transaktionsspezifischem Sachkapital heraus (Williamson 1985; Schumann/Meyer/Ströbele 1999). Somit bietet die Transaktionskostentheorie einen Erklärungsbeitrag für die Bedeutung der Humanressourcen im Dienstleistungsmarketing.

Zu den weiteren dienstleistungsmarketingbezogenen Untersuchungsgegenständen der Transaktionskostentheorie zählen Untersuchungen über die unternehmensinterne Marketingorganisation sowie über internationale Markteintrittsstrategien (Rindfleisch/ Heide 1997, S. 30). Darüber hinaus werden die Problemkreise Vertrauensmanagement, Potenzialpolitik und Management der Problemdefinition als weitere Untersuchungsfelder der Transaktionskostentheorie diskutiert.

2.4 Ansätze der Principal-Agent-Theorie

Die Principal-Agent-Theorie untersucht Beziehungen, die durch **Unsicherheit** und **Informationsasymmetrien** gekennzeichnet sind, wie dies bei den meisten Dienstleistungen der Fall ist. In einer solchen Beziehung gilt derjenige als Prinzipal, dessen Informationsdefizite größer sind und dessen Abhängigkeit vom Verhalten der anderen Partei überwiegt (Grund 1998, S. 95).

Bei Dienstleistungstransaktionen können jedoch Rollenzuteilungen häufig nicht eindeutig festgelegt werden, da auf beiden Seiten Informationsasymmetrien bestehen. Bei einer Mitarbeiter-Kunden-Beziehung im Dienstleistungsbereich liegt oft eine alternierende, das heißt **wechselnde Principal-Agent-Rollenverteilung** vor. Darunter ist zu verstehen, dass teilweise der Nachfrager, teilweise das Unternehmen über Informationsdefizite verfügt. Dies liegt in der Notwendigkeit einer Integration des Prinzipalen in die Dienstleistungserstellung begründet, da er sich in den Leistungserstellungsprozess einzubringen hat und damit selbst zum Agenten wird. Aus Vereinfachungsgründen wird jedoch der Nachfrager primär als Prinzipal gesehen, der den Anbieter als Agenten mit einer Leistung beauftragt, gleichzeitig jedoch wenig Informationen über die Fähigkeiten und Handlungen des Agenten besitzt (Bauer/Bayón 1995, S. 82f.). Er wird mit drei Arten von Unsicherheit konfrontiert (vgl. Abbildung 2-11). Nicht die Unsicherheit an sich, sondern die aus ihr resultierende Möglichkeit zu opportunistischem (einseitig vorteilhaftem) Verhalten begründet einen Kontrollbedarf in einer Principal-Agent-Beziehung (Arrow 1985; Alchian/Woodward 1988).

Im Rahmen der Principal-Agent-Theorie lassen sich drei Grundtypen von opportunistischem Verhalten seitens des Agenten unterscheiden; dabei handelt es sich um Hidden Characteristics, Hidden Actions und Hidden Intentions (vgl. Abbildung 2-11).

Abbildung 2-11   Grundtypen der Verhaltensunsicherheit

	Hidden Characteristics	Hidden Actions	Hidden Intentions
Informations-asymmetrie	Bessere Markt- und Produktkenntnis des Agenten	Aktivitäten des Agenten, die der Prinzipal nicht erkennen kann	Absichten des Agenten, die der Prinzipal nicht erkennen kann
Entstehungs-zeitpunkt	Vor der Interaktionsbeziehung	Während der Interaktionsbeziehung	Während der Interaktionsbeziehung
Gefahr für den Prinzipal	Adverse Selection	Moral Hazard	Hold up
Beispiele für Dienstleistungs-unternehmen	Qualifikation des Personals für Prinzipal nicht überprüfbar	Mangelhafte Leistungserstellung	Leistungswille des Personals

GABLER GRAFIK

Quelle: in Anlehnung an Grund 1998, S. 97

„Hidden Characteristics" bezeichnen Leistungseigenschaften, die allein dem Agenten bekannt sind und über die er den Prinzipal nicht informiert (Spremann 1990, S. 566). Gerade bei Dienstleistungen und insbesondere bei solchen mit einem hohen Anteil an Erfahrungs- und Vertrauenseigenschaften erhalten diese eine besondere Bedeutung, wenn der Agent sie zur eigenen Nutzensteigerung verwendet. Als Ersatzindikator für eine aus ihrer Sicht nicht durchführbare Qualitätsüberprüfung verwenden Konsumenten häufig den Preis einer angebotenen Leistung. Stellt der Käufer jedoch nach dem Konsum einer Dienstleistung fest, dass der vermutete Preis-Qualitäts-Zusammenhang nicht zutreffend ist, so wird er bei seiner nächsten Wahlentscheidung lediglich das Angebot mit dem günstigsten Preis wählen. Im Laufe der Zeit kann das opportunistische Verhalten des Agenten dazu führen, dass tatsächlich nur noch qualitativ mangelhafte Angebote existieren, da teure und möglicherweise hochwertige Leistungen nicht mehr nachgefragt werden. Dieses Phänomen wird als **„Adverse Selection"** bezeichnet (Akerloff 1970) und erfährt seine Bedeutung für das Dienstleistungsmarketing letztlich aus der kaum möglichen Beurteilung von Leistungen vor dem Kauf.

Während die „Hidden Characteristics" aus der konstitutiven Beschaffenheit der Dienstleistung selbst resultieren, entstehen **„Hidden Actions"** aus dem Informationsdefizit des Prinzipalen in Bezug auf die notwendigen Handlungen des Agenten zur Erzielung des angestrebten Dienstleistungsergebnisses. Ziel des Agenten ist es, durch Vornahme von Handlungen, die für den Prinzipalen unsichtbar bleiben, eigene Vorteile auf Kosten des Prinzipalen zu erlangen. Dieses eigennützige, die Beschränktheit des Prinzipalen ausnutzende und damit opportunistische Verhalten wird als **„Moral Hazard"** bezeichnet (Kaas 1990; Spremann 1990). Im Dienstleistungsmarketing ist der Prinzipal häufig nicht in der Lage, alle für die Leistungserstellung notwendigen Handlungen im Einzelnen zu kennen und ist damit besonders anfällig für Moral-Hazard-Handlungen seitens des Agenten.

Geheime Absichten des Agenten, während der Dienstleistungserstellung in der Interaktion mit dem Prinzipalen diesen opportunistisch auszunutzen, werden **„Hidden Intentions"** genannt (Kaas 1995b). Im Gegensatz zu „Hidden Actions" führt der Agent keine Handlungen im Verborgenen aus, sondern kündigt bestimmte für den Prinzipalen nachteilige Handlungen nach Eingehen der Dienstleistungsbeziehung offen an. Auch wenn der Prinzipal die Absichten des Agenten in diesem Fall kennt, so hat er in der Regel kaum Möglichkeiten, die Beziehung zum Agenten zu beenden, da ein bestimmtes Bindungspotenzial aufgebaut wurde. Beispielsweise hat der Prinzipal seinen zu integrierenden Faktor bereits in den Erstellungsprozess eingebracht und ist nun auf diese Weise an den Agenten gebunden. Die entstandene Situation wird als „Hold up" bezeichnet, da sich der Agent weiterhin vertragsgemäß verhalten kann, gleichzeitig durch die Androhung eines für den Prinzipalen nachteiligen Verhaltens diesem jedoch einen Nutzenentgang zufügen kann (Alchian/Woodward 1988; Herzig/Watrin 1995). Von besonderer Bedeutung für Dienstleistungsunternehmen ist die Tatsache anzusehen, dass der einzelne Mitarbeiter im Kundenkontakt „Hidden Intentions" ausüben kann, um sich einen individuellen Vorteil zu verschaffen, der letztlich für den Dienstleistungsanbieter nachteilig ist.

Aufgrund der hohen Informationsasymmetrien im Dienstleistungsbereich sind alle drei Arten von Unsicherheit in einer Dienstleistungsbeziehung von hoher Relevanz. Aus ihnen können **opportunistische Verhaltensweisen** resultieren, die möglicherweise im Einzelfall tatsächlich zu einer einseitigen Verbesserung der Situation des Agenten führen. Im Hinblick auf die bisher immer herausgestellte Vorteilhaftigkeit langfristiger Geschäftsbeziehungen sollten Dienstleistungsunternehmen im Regelfall opportunistisches Verhalten vermeiden und dies auch entsprechend signalisieren (Kumar/Scheer/Steinaltenkamp 1995, S. 59; Schmitz 1997, S. 42ff.).

Da die Leistungen und Gegenleistungen in einem Dienstleistungsprozess häufig nicht ausreichend kontrollierbar sind, genügen Elemente wie **Garantien** und **Informationen** nicht, um aus Sicht des Prinzipalen ein opportunistisches Verhalten des Agenten glaubhaft auszuschließen (Henkens 1992, S. 102f.). Der Agent muss vielmehr eine **Reputation** aufbauen (Schmitz 1997). Reputation ist dabei ein multiattributives Konstrukt zur Erfassung des vom Agenten erworbenen Vertrauenskapitals. Bereits der Prozess des Reputationsaufbaus fördert die Leistungsbereitschaft des Agenten. Da die erlangte Reputation jedoch schnell durch „üble Nachrede" des Prinzipalen zerstört werden kann und somit als Pfand in der Hand der Nachfrager zu interpretieren ist, ist sie ein mögliches Instrument zur Eingrenzung opportunistischen Verhaltens (Jacob 1995, S. 213).

Im Falle von Dienstleistungen mit einem hohen Anteil an Erfahrungs- und Vertrauenseigenschaften kann die Dienstleistungsqualität auch ex post nur begrenzt beurteilt werden. Der Aufbau einer Reputation erfolgt dann weniger durch positive Erfahrungen über die Qualität der Dienstleistungserstellung, sondern durch **nicht gemachte negative Erfahrungen** (Ring/Van de Ven 1992, S. 488f.). Besonders bei Dienstleistungen mit intensivem Kunden-Mitarbeiter-Kontakt muss daher auch opportunistisches Verhalten seitens des einzelnen Mitarbeiters, beispielsweise durch **interne Sanktionsmechanismen,** wirkungsvoll verhindert werden (Grund 1998, S. 99).

3. Erklärungsansätze nach dem neobehavioristischen Paradigma

3.1 Psychologische Erklärungsansätze

Anders als die bisher betrachteten mikroökonomisch geprägten Theorien setzen sich verhaltenswissenschaftliche Ansätze mit dem tatsächlichen Verhalten von Personen und Organisationen auseinander. Verhaltenswissenschaften umfassen dabei sämtliche Wissenschaftsrichtungen, die sich auf das menschliche Verhalten beziehen. Dazu zählen in erster Linie die Psychologie, die Soziologie, die vergleichende Verhaltensforschung sowie physiologische Verhaltenswissenschaften (Kroeber-Riel/Weinberg 1999, S. 8ff.).

Erkenntnisziel verhaltenswissenschaftlicher Ansätze im Dienstleistungsmarketing ist die Erklärung und Gestaltung von Ursachen und Wirkungen marketingpolitischer Maßnahmen mit Hilfe verhaltenswissenschaftlicher Konstrukte und darauf aufbauend die Entwicklung von Techniken zur Steuerung des menschlichen Verhaltens.

Um realistischere **Aussagen** über das Verhalten von Wirtschaftssubjekten in Unternehmen und auf Märkten zu erhalten, werden daher zunehmend verhaltenswissenschaftliche Erkenntnisse auf dienstleistungsmarketingspezifische Sachverhalte angewandt. Die verhaltensbezogene Marketingtheorie geht dabei zur Erklärung menschlichen Verhaltens beispielsweise vom S-O-R-Schema aus. Die drei grundsätzlichen Variablenklassen setzen sich dabei zusammen aus den auf den Organismus wirkenden Stimuli („S"), den beobachtbaren Reaktionen („R") und den so genannten intervenierenden Variablen, die in Form hypothetischer Konstrukte die nicht beobachtbaren psychischen Zustände sowie die Beziehungen im Organismus („O") zur Erklärung dieser Variablen abbilden (vgl. Abbildung 2-12).

Abbildung 2-12   **Stimulus-Organismus-Reaktions-Schema**

Beobachtbare Sachverhalte	Theoretische Konstrukte	Beobachtbare Sachverhalte
S_i (Stimuli)	O_j (Intervenierende Variable)	R_k (Reaktion)

z. B. Mitarbeiter im Kundenkontakt	wie
	(a) Aktivierende Prozesse,
	      z. B. Motivation, Zufriedenheit
	(b) Kognitive Prozesse,
	      z. B. Kaufabsicht
		z. B.
		Kauf,
		Wiederkauf,
		Weiterempfehlung

GABLER
GRAFIK

Nach dem **S-O-R-Modell** werden die absatzpolitischen Instrumente (S) je nach den Erfahrungen, Wissensbeständen, Einstellungen, Motiven und Gefühlen des potenziellen Kunden (O) in jeweils anderer Weise erlebt und determinieren so unterschiedlich das Kaufverhalten (R). Für das Dienstleistungsmarketing gilt es demnach, vom Kunden und seinen psychischen Vorgängen auszugehen, zum Beispiel seine Erwartungen und Wünsche in ihrer Differenziertheit und ihrer Dynamik zu erkennen, um dann die absatzpolitischen Maßnahmen daraufhin auszurichten und ihn zielorientiert zu beeinflussen (Rosenstiel/Neumann 1998, S. 38).

Ausgehend vom S-O-R-Modell wurden in der Marketingwissenschaft und insbesondere in der Konsumentenforschung seit den 60er-Jahren zahlreiche **theoretische Konstrukte** untersucht mit dem Ziel, das Verhalten von Konsumenten zu erklären, das heißt Gesetzmäßigkeiten über das Verhalten zu formulieren und zu prüfen und daraus Schlussfolgerungen für die Praxis zu ziehen (Kroeber-Riel/Weinberg 1999, S. 8). Gerade auch im Dienstleistungsmarketing haben solche Konstrukte die wissenschaftliche Diskussion in den letzten Jahren sehr stark geprägt. Dienstleistungsqualität, Kundenzufriedenheit, Loyalität und Beziehungsqualität sind einige dieser Konstrukte, deren Konzeptualisierung und Operationalisierung Gegenstand zahlreicher empirischer Untersuchungen war und heute noch ist.

Zur **Entwicklung von Theorien** werden auf Basis der theoretischen Konstrukte mit Hilfe von Wenn-Dann-Aussagen Hypothesen gebildet. In Wenn-Dann-Aussagen wird ein bedingender und ein bedingter Sachverhalt miteinander verknüpft. Die Wenn-Elemente einer Theorie können grundsätzlich Bedingungen äußerer Stimuli (S) (zum Beispiel das Auftreten eines Mitarbeiters im Kundenkontakt) oder Bedingungen innerer Zustände (O) (zum Beispiel eine positive Einstellung des Kunden gegenüber dem Mitarbeiter) sein. Die Dann-Elemente können Bedingungen innerer Zustände (O) (zum Beispiel Vertrauen zu einem Verkäufer) oder die Verhaltensreaktion (R) (zum Beispiel der Wiederkauf oder die Weiterempfehlung) sein. Abbildung 2-13 verdeutlich die Hypothesenbildung anhand der Erfolgskette des Dienstleistungsmarketing.

Abbildung 2-13   **Beispielhafte Hypothesen in der Erfolgskette**

GABLER
GRAFIK

Ursprüngliches Ziel von Konsumentenforschern war es, mit Hilfe von Hypothesen ein so genanntes **Totalmodell** des Konsumentenverhaltens zu schaffen, das das Konsumentenverhalten möglichst umfassend erklärt. Jedoch musste der Anspruch einer formalisierten, bewährten und praktisch verwendbaren „totalen" Theorie aufgrund der Unterschiedlichkeit von Branchen, Unternehmen und Konsumenten aufgegeben werden (vgl. Bagozzi 1979). Deshalb werden in der aktuellen Marketingforschung pragmatische, im Marketing umsetzbare **Teilmodelle** mit Hypothesen entwickelt und getestet, die folgende Eigenschaften enthalten (Trommsdorff 2002, S. 27):

■ Hypothesen, die sich mehrfach empirisch unter verschiedenen Bedingungen bewährt haben.

■ Wenn-Bedingungen, die durch Marketingmaßnahmen gesteuert werden können.

■ Dann-Aussagen, die für die Marketingziele (zum Beispiel Kundenzufriedenheit, -bindung) relevant sind.

■ Aussagen, die in einer abgrenzbaren Zahl von Marktsituationen gelten (Allgemeinheitsgrad „mittlerer Reichweite").

Zur empirischen Überprüfung dieser Teilmodelle ist der Einsatz der **Kausalanalyse** sehr weit verbreitet. Sie dient der Darstellung und Analyse komplexer Ursache-Wirkungs-Strukturen, die die Wenn-Dann-Aussagen, die verifiziert oder falsifiziert werden sollen, widerspiegeln. Innerhalb der Kausalmodelle werden so genannte **Strukturvariablen** als latente Konstrukte aufgefasst, die mehrdimensional anhand so genannter **Indikatorvariablen** gemessen werden, über deren Ausprägungen aus Kundensicht eine Ermittlung der Werte für die Strukturvariablen erfolgt. Typische Indikatorvariablen der Kundenbindung sind zum Beispiel die Wiederwahlbereitschaft und die Weiterempfehlungsbereitschaft.

Die Erkenntnisse dieser Teilmodelle finden im Dienstleistungsmarketing bei der Gestaltung sowohl von Dienstleistungen als auch von Geschäftsbeziehungen Anwendung. Konstrukte wie die Dienstleistungsqualität, Kundenzufriedenheit und Loyalität stellen zentrale Zielgrößen des Marketing dar, die zur Kundensegmentierung, zur Steuerung und Kontrolle eines Qualitätsmanagements usw. eingesetzt werden. Einen Überblick über Konstrukte, die in der Dienstleistungsforschung und -praxis besondere Bedeutung erlangt haben, gibt Abschnitt 1 in Kapitel 3 dieses Buches.

Neben den Ausführungen zur Modelltheorie des Konsumentenverhaltens sollen im Folgenden speziellere **psychologische Ansätze** dargestellt werden, die als Erklärungsansätze für das Dienstleistungsmarketing von Relevanz sind. Dazu gehören vor allem die Lerntheorie, die Risikotheorie sowie die Dissonanztheorie.

Aus der Vielzahl unterschiedlicher **Lerntheorien** (vgl. zu einem Überblick Bower/Hilgard 1984) sei in diesem Zusammenhang auf die des Lernens durch das Verstärkungsprinzip verwiesen. Sie besagt, dass nutzbringende Verhaltensweisen der Vergangenheit beibehalten werden und Verhaltensweisen, die wenig Nutzen gebracht haben, zu Verhaltensänderungen führen (Engel/Blackwell/Miniard 1993; Wilkie 1994). Auf Geschäftsbeziehungen bezogen bedeutet dies, dass Kunden eine Geschäftsbeziehung eher beibehalten, wenn sie in dieser Beziehung einen klaren Nutzen wahrnehmen beziehungsweise mit der Beziehung zufrieden sind (Homburg/Bruhn 2001).

Die **Risikotheorie** besagt, dass Individuen versuchen, ihr subjektiv wahrgenommenes kaufspezifisches Risiko möglichst gering zu halten (Bauer 1960; Kroeber-Riel/Weinberg 1999). Das subjektiv empfundene Risiko setzt sich hierbei aus der Bedeutsamkeit negativer Konsequenzen einer möglichen Fehlentscheidung sowie der bestehenden Unsicherheit hinsichtlich des Eintretens dieser Negativfolgen zusammen (Bruhn 1982). In der Literatur werden funktionelle, finanzielle, soziale und psychische Risiken unterschieden (Kusterer/Diller 1992; Kroeber-Riel/Weinberg 1999). Auch die Risikotheorie kann einen Beitrag zur Erklärung von Geschäftsbeziehungen leisten, da ein Kunde durch die Wiederholung einer ihm vertrauten Kaufentscheidung beziehungsweise Anbieterwahl versuchen kann, das Risiko einer potenziellen Unzufriedenheit so gering wie möglich zu halten (Hentschel 1991).

Die bereits im Rahmen der mikroökonomischen Ansätze angesprochene Problematik unterschiedlicher Informationsniveaus zwischen Anbietern und Nachfragern von Dienstleistungen wird auch im Rahmen der **Dissonanztheorie** (vgl. Festinger 1957) untersucht, wobei es weniger um eine ökonomische Bewertung möglicher Folgen geht, sondern vielmehr die subjektive und individuelle Erfahrung mit der Unsicherheit über Handlungsfolgen im Mittelpunkt steht. Die Theorie geht davon aus, dass Individuen ein dauerhaftes Gleichgewicht ihres kognitiven Systems anstreben. Ziel eines Individuums ist es, die entstehenden Dissonanzen abzubauen und somit dieses Gleichgewicht wiederherzustellen (Raffée/Sauter/Silberer 1973). In Bezug auf eine Geschäftsbeziehung bedeutet dies, dass nach einem Kauf versucht wird, dissonanzerhöhende Informationen zu vermeiden. Gleichzeitig wird nach dissonanzmindernden Informationen gesucht. Umbewertung, Ergänzung oder auch Verdrängung von Informationen sind typische Verhaltensweisen eines Kunden, der vorhandene Dissonanzen abbauen will (Kroeber-Riel/Weinberg 1999). Nehmen die kognitiven Dissonanzen und damit auch die Wechselabsicht im Laufe einer Geschäftsbeziehung ab, so kann die Dissonanztheorie einen Erklärungsbeitrag dazu leisten, weshalb langfristige Geschäftsbeziehungen entstehen (vgl. auch Kroeber-Riel/Weinberg 1999). In diesem Zusammenhang ist auf ein Problemfeld hinzuweisen: Geht man davon aus, dass kognitive Dissonanzen nach dem Erstkauf einer Leistung vorhanden sind, so kann die Dissonanztheorie die Wiederholung einer Erstentscheidung mitbegründen. Kritisch ist jedoch zu fragen, ob ein Erklärungsbeitrag über diese Erstentscheidung hinaus gegeben ist. Studien aus den späten 70er-Jahren haben deutlich gezeigt, dass die Wahrscheinlichkeit des Vorhandenseins kognitiver Dissonanzen nach mehrmaligen Käufen nur noch sehr gering ist (Rosenstiel/Ewald 1979). Insbesondere für Dienstleistungen, die eine körperliche Integration des Dienstleistungsnachfragers erforderlich machen, kommt demzufolge dem subjektiven Erleben von Unsicherheit und Risiko eine besondere Bedeutung für die Entscheidungsfindung zu.

Damit liefern die verhaltenswissenschaftlichen Ansätze eine Reihe interessanter Erklärungsmuster, die insbesondere vor dem Hintergrund der Integration des externen Faktors im Dienstleistungsmarketing von hoher Bedeutung sind. Aufbauend auf dieser eher explikativen Funktion verhaltenswissenschaftlicher Theorieansätze lassen sich für das Dienstleistungsmarketing konkrete Handlungsempfehlungen ableiten (normative Funktion), die vor allem die Frage der Integration des externen Faktors in den Leistungserstellungsprozess betreffen.

3.2   Sozialpsychologische Erklärungsansätze

Hinsichtlich einer **sozialpsychologischen Erklärung** von Fragestellungen des Dienstleistungsmarketing sind vor allem die Interaktions- und Netzwerkansätze sowie die Austauschtheorie von Relevanz.

Die aus dem Bereich des Industriegütermarketing stammenden **Interaktionsansätze** beschäftigen sich mit der Analyse und Gestaltung von Interaktionen. Grundsätzlich lassen sich hierbei anhand der Dimensionen Zahl und Art der Beteiligten vier Typen von Interaktionen und entsprechende Interaktionsansätze unterscheiden (vgl. Abbildung 2-14):

1. Dyadisch-personale Interaktionsansätze im Hinblick auf Interaktionen zwischen zwei Personen,

2. Multipersonale Interaktionsansätze im Hinblick auf Interaktionen zwischen mehreren Personen,

3. Dyadisch-organisationale Interaktionsansätze im Hinblick auf Interaktionen zwischen zwei Organisationen,

4. Multiorganisationale Interaktionsansätze im Hinblick auf Interaktionen zwischen mehreren Organisationen.

Abbildung 2-14   Typen von Interaktionen

Art der Beteiligten \ Zahl der Beteiligten	Zwei	Mehr als zwei
Personen	Dyadisch-personale Interaktionsansätze	Multipersonale Interaktionsansätze
Organisationen	Dyadisch-organisationale Interaktionsansätze	Multiorganisationale Interaktionsansätze

GABLER GRAFIK

Quelle: Backhaus 1999, S. 135

Aufgrund der Interaktionsintensität und -bedeutung sind für das Dienstleistungsmarketing vor allem die **dyadisch-personalen Ansätze** von Bedeutung. Ansatzpunkt der Auseinandersetzung mit den sozialen Komponenten der Interaktion ist die Trennung der sachlichen Ebene der Interaktion von der sozialen Ebene. Aus der Perspektive des Kunden werden Mitarbeiter eines Dienstleistungsunternehmens und ihre Aktivitäten dabei nicht vor dem Hintergrund einer neutralen und sachlichen Problemlösung interpretiert, sondern in einem Gesamtkontext mit wesentlichen affektiven Elementen.

Der überwiegende Teil der Untersuchungen zu dyadisch-personalen Interaktionen fokussiert in diesem Zusammenhang die Analyse von Ähnlichkeiten zwischen Mitarbeiter und Kunden. Aber auch andere Konstrukte aus der Sozialpsychologie, wie Macht oder (soziale) Kosten-Nutzen-Kalküle, werden berücksichtigt.

Als Kriterien eines sozialen Vergleichs in Bezug auf die Ähnlichkeit kommen dabei sämtliche Persönlichkeitsdeterminanten in Betracht. Nicht das Vorhandensein, sondern vielmehr die Empfindungen des Gegenübers zur Ähnlichkeit bestimmter Merkmale werden als entscheidend angesehen (Backhaus 1999). Demnach wirken die Mitarbeiter eines Dienstleistungsunternehmens auf ihren Gegenüber – in Abhängigkeit von der interagierenden Person – in unterschiedlicher Weise, sodass die Zufriedenheit der Kunden mit der Interaktion und mit der gesamten Dienstleistung – auch unter einer Ceteris-Paribus-Annahme – personenspezifisch variiert (Grund 1998, S. 120).

Die wahrgenommene Ähnlichkeit auf der sozialen Ebene impliziert dabei den Vorteil, dass sich die beteiligten Parteien keine unnatürlichen Verhaltensweisen aneignen müssen, um den Erwartungen der jeweils anderen Partei gerecht zu werden (Homans 1968, S. 276ff.).

Ähnlichkeitsüberlegungen sprechen demnach dafür, persönliche Mitarbeiter-Kunden-Beziehungen möglichst lange aufrechtzuerhalten.

Die organisationalen Ansätze bilden auch die Grundlage für die so genannten **Netzwerkansätze**. Da Beziehungen zwischen Anbieter und Nachfrager nicht nur durch die Interaktionen zwischen diesen determiniert sind, sondern darüber hinaus von indirekten personellen und organisationalen Verflechtungen abhängen, dienen die Netzwerkansätze der Analyse der relevanten Interdependenzen (Bruhn/Bunge 1996, S. 180). Auf einer Metaebene werden die sich im Zeitablauf verändernden direkten und indirekten Beziehungen zwischen den Netzwerkmitgliedern in ihrer Anzahl, Intensität, Verknüpfung und inhaltlichen Ausprägung genauer untersucht. Dabei lassen sich Netzwerke anhand folgender **Merkmale** charakterisieren (vgl. für einen Überblick Weber 1999):

▌ Das zentrale Element eines Netzwerkes ist die **Kooperation** zwischen den Netzwerkmitgliedern. Unter Kooperation wird hierbei die gemeinsame Umsetzung von Leistungserstellungsaktivitäten mit dem Ziel höherer Wirtschaftlichkeit der Netzwerkmitglieder verstanden (Rühle von Lilienstern 1972, S. 928; Bogaschwesky 1995, S. 161).

▪ Netzwerke sind nur dann funktionsfähig, wenn die Netzwerkmitglieder Vertrauen in die **Reziprozität** der Netzwerkbeziehungen haben, das heißt, dass jede Leistung mittel- bis langfristig eine Gegenleistung zur Folge haben wird (Johanson/Mattson 1987, S. 36).

▪ Ein weiteres konstituierendes Element von Netzwerken ist die **Macht** der Netzwerkmitglieder, die sie zur Nachdruckverleihung von Interessen, Konfliktlösung oder Durchsetzung individueller Strategien einsetzen (Benson 1975, S. 231f.). Grundlage für die Ausübung von Macht ist die Sanktionsfähigkeit der entsprechenden Unternehmen (Sydow 1992, S. 92).

▪ Zwischen sämtlichen Mitgliedern eines Netzwerkes besteht eine mehr oder weniger stark ausgeprägte **wirtschaftliche Abhängigkeit** von den übrigen Netzwerkmitgliedern. Diese Abhängigkeit impliziert, dass Unternehmen bestimmte strategische Entscheidungen nicht ohne die übrigen Netzwerkmitglieder treffen können (Schneider 1973, S. 40f.).

Gegenstand der Netzwerkansätze sind die **direkten und indirekten Beziehungen zwischen den Netzwerkmitgliedern**. Hierbei können Netzwerke sowohl als Rahmenbedingung als auch als Handlungsparameter im Sinne eines Netzwerkmanagements aufgefasst werden. Ziel der Netzwerkansätze ist die optimale Allokation knapper Ressourcen, die auf die Netzwerkmitglieder verteilt sind, über wechselseitige Austauschprozesse, die für alle beteiligten Parteien vorteilhaft sind. Die Netzwerkansätze bieten zum einen einen Bezugsrahmen für die Analyse der Gesamtheit der Unternehmensbeziehungen. Zum anderen haben sie einen stark deskriptiven Charakter; die zu implizierenden Gestaltungsempfehlungen stellen eher „Common-Sense"-Ableitungen dar (Klee 2000).

Die soziale **Austauschtheorie** (Homans 1961; Blau 1964) dient der Erklärung der Entstehung und Fortbestehung sozialer Beziehungen und somit auch von Kundenbeziehungen (Bagozzi 1975; Meffert/Bruhn 1978). Zentraler Gegenstand von Austauschbeziehungen ist der gegenseitige **Austausch von Werten** (Bagozzi 1975; Houston/Gassenheimer 1987). Bei Zugrundelegung einer mittelfristigen Perspektive wird die Lieferung eines Wertes durch den einen Partner früher oder später durch die Lieferung eines Wertes durch den anderen Partner kompensiert.

Außerdem liegt den Austauschprozessen das **Ziel der Gleichheit** zugrunde, das heißt, beide Austauschpartner streben an, dass Gerechtigkeit zwischen ihnen herrscht (Homans 1961; Sahlins 1972). Dies impliziert nicht nur, dass ein Austauschpartner darauf achtet, dass er nicht vom anderen Austauschpartner übervorteilt wird, vielmehr ist dem jeweiligen Austauschpartner auch bewusst, dass eine Übervorteilung des anderen durch ihn mit negativen Konsequenzen für ihn selbst verbunden ist. Beispielsweise wissen Unternehmen, dass sie Kunden langfristig nicht an sich binden können, wenn sich diese vom Anbieter benachteiligt fühlen (zum Beispiel zu hohe Preisforderungen des Anbieters). Bei einer Betrachtung unterschiedlicher Leistungstypen ist dies vor allem bei jenen Individualleistungen gegeben, bei denen die Kunden das Unternehmensverhalten aufgrund des engeren Kontaktes zum Unternehmen umfassender beurteilen können.

Im Hinblick auf soziale Austauschprozesse lassen sich drei **Typen von Austauschprozessen** unterscheiden (Levi-Strauss 1969; Ekeh 1974; Bagozzi 1975):

1. Bei **beschränkten Austauschprozessen** (Restricted Exchange) werden zwei Austauschpartner betrachtet, die im Rahmen des Austauschs dem jeweils anderen Austauschpartner etwas liefern und vom Austauschpartner etwas erhalten.

2. **Verallgemeinerte Austauschprozesse** (Generalized Exchange) finden zwischen mindestens drei Austauschpartnern statt, die jedoch – im Gegensatz zu den beschränkten Austauschprozessen – nicht in direktem Zusammenhang zueinander stehen. Im Falle von drei Austauschpartnern liefert der erste Austauschpartner Werte an den zweiten Austauschpartner, der wiederum an den dritten, der schließlich an den ersten Austauschpartner liefert.

3. **Komplexe Austauschprozesse** (Complex Exchange) sind vor allem in Netzwerken anzutreffen und durch gegenseitige Beziehungen zwischen mindestens drei Austauschpartnern gekennzeichnet. Im Gegensatz zu verallgemeinerten Austauschprozessen ist es hierbei jedoch auch möglich, dass ein Austauschpartner, der einen Wert an einen anderen Austauschpartner liefert, von diesem ebenfalls einen Wert empfängt. Im Extremfall bestehen zwischen sämtlichen betrachteten Austauschpartnern gegenseitige Beziehungen.

Im Hinblick auf den Inhalt des Austauschs lassen sich verschiedene **Arten des Austauschs** differenzieren. Als Grundarten des Austauschs können der nutzenorientierte und der symbolische Austausch identifiziert werden. Als Mischform zwischen den beiden Grundformen existiert die Möglichkeit eines kombinierten Austauschs (vgl. auch im Folgenden Bagozzi 1975; Houston/Gassenheimer 1987).

Beim **nutzenorientierten Austausch** werden Güter gegen Geld oder andere Güter getauscht. Hierbei sind die Austauschprozesse durch die spätere Nutzung der ausgetauschten Güter beziehungsweise des ausgetauschten Geldes motiviert. Damit kann der nutzenorientierte Austausch auch als rein ökonomischer Austausch bezeichnet werden.

Dem **symbolischen Austausch** liegt die Überlegung zugrunde, dass Leistungen nicht nur für ihre reine Nutzung in Anspruch genommen werden, sondern auch mit dem Ziel der Wahrnehmung von Symbolen. Generell liegt ein Symbol vor, wenn eine Erfahrung nicht nur direkt ist, wenn ein Objekt nicht nur als sich selbst wahrgenommen wird, sondern in Form von anderen Aspekten (zum Beispiel Gefühle), die mit dem Objekt in Zusammenhang stehen. Die Existenz des symbolischen Austauschs impliziert für das Dienstleistungsmarketing, dass Kunden nicht nur wegen der reinen angebotenen Leistung Kunde des Unternehmens sind, sondern auch aufgrund symbolischer Begleitumstände.

Beispiele für symbolischen Austausch sind: das Image, das Kunden mit einer Fluggesellschaft oder einer Unternehmensberatung verbinden; die Sicherheit, die mit dem Abschluss einer Versicherung einhergeht; die Anerkennung, die dem Kunden von seinen Bekannten beim Beweis seiner Expertise (zum Beispiel aufgrund des Lesens entsprechender Bücher) zuteil wird.

Die Entscheidungsgrundlage eines Kunden im Hinblick auf den Verbleib in einer Kundenbeziehung stellt die **Beurteilung der Beziehung** aus Kundensicht dar. Zur Beurteilung von Beziehungen werden hierbei ökonomische Kalküle zugrunde gelegt (Homans 1968, S. 58f.). Der Kunde erhält eine Beziehung zum Unternehmen dann aufrecht, wenn der Nettonutzen (Outcome = OC) aus der Beziehung positiv ist. Der Nettonutzen wiederum ergibt sich als Differenz aus dem Austauschnutzen (zum Beispiel Leistungsqualität) und den Austauschkosten (zum Beispiel Preis). Weiterhin postuliert die Theorie einen abnehmenden Grenznutzen bei wiederholten Austauschprozessen.

Bei der Modellierung des Beurteilungsprozesses wird angenommen, dass Beziehungspartner die Beziehung anhand eines **Beurteilungsmaßstabes,** des so genannten Comparison Levels (CL), bewerten (Thibaut/Kelley 1959, S. 21ff.). Anhand dieses Maßstabes legen die Beziehungspartner fest, wie hoch die Beziehungskosten und der Beziehungsnutzen ausgeprägt sind. Bei einem Vergleich von CL mit dem Nutzen OC entsteht Zufriedenheit, wenn OC über CL liegt. Die Ausprägung des Comparison Levels ist in wesentlichem Maße von den bisherigen Erfahrungen des Kunden mit der entsprechenden Leistungskategorie abhängig. Der Comparison Level stellt den Ausgangspunkt für die Betrachtung von Kundenzufriedenheit und wahrgenommener Dienstleistungsqualität dar, bei denen der Beurteilungsmaßstab durch die Kundenerwartungen repräsentiert wird.

Trotz der ökonomisch fundierten Modellierung des Beurteilungsprozesses betont die Austauschtheorie die **Relevanz sozialer Aspekte** für das Beziehungsverhalten. Dies wird dadurch realisiert, dass der Theorie eine breite Auffassung des Nutzens aus einer Beziehung zugrunde liegt. So wird postuliert, dass zu den zentralen Nutzenelementen soziale Aspekte, wie Vertrauen, Anerkennung und Zuneigung, zählen (Klee 2000).

Ein bei der Gestaltung des Dienstleistungsmarketing wesentlicher Aspekt ist die **Bewertung verfügbarer Beziehungsalternativen** (Thibaut/Kelley 1959). Ein Kunde beurteilt die Beziehung zu einem Anbieter nicht nur auf Basis der Erfahrungen mit diesem Anbieter, sondern darüber hinaus auf der Grundlage von Erfahrungen mit anderen Anbietern in der entsprechenden Leistungskategorie. Ein Vergleich mit Alternativen wird durch die Gegenüberstellung von CL und eines alternativen Vergleichsniveaus (CL$_{alt}$) vorgenommen.

4. Zusammenfassung

Die angesprochenen Theorieansätze werden in der folgenden Abbildung 2-15 zusammenfassend bezüglich ihrer Relevanz für einzelne Besonderheiten des Dienstleistungsmarketing dargestellt.

Abbildung 2-15   Bedeutung theoretischer Erklärungsansätze im Hinblick auf Dienstleistungscharakteristika

		Bereitstellung von Leistungspotenzialen	Integration des externen Faktors	Immaterialität der Leistung
Ansätze der Neuen Institutionenökonomik	Informationsökonomik			X
	Transaktionskostentheorie	X	X	X
	Principal-Agent-Theorie		X	
Psychologische Ansätze	Lerntheorie		X	X
	Risikotheorie		X	X
	Dissonanztheorie		X	X
Sozialpsychologische Ansätze	Interaktionsansätze		X	
	Netzwerkansätze		X	
	Austauschtheorie		X	

GABLER
GRAFIK

Die verhaltenswissenschaftlichen Erkenntnisse lassen eine Anwendung im ökonomischen Kontext, insbesondere für die Umsetzung einer verstärkten Kundenorientierung bei Anbieter und Vermittler, sinnvoll erscheinen. Die Darstellung sozialpsychologischer Austauschtheorien konnte generelle Determinanten von Interaktionen bereitstellen. Interaktionsansätze des ökonomischen Kontexts vermögen darüber hinaus spezifische Einflussfaktoren, wie zum Beispiel Know-how, Vertrauen und Nähe, zu identifizieren. Mit den Principal-Agent-Ansätzen wird verstärkt auf den ökonomischen Aspekt des Verhaltens von Kunde, Vermittler und Anbieter Bezug genommen.

Es wird deutlich, dass die vorgestellten Theorieansätze durchaus in der Lage sind, einen Beitrag zu den zentralen Fragestellungen des Dienstleistungsmarketing zu leisten. Auch wenn sich der relevante Bereich häufig nur auf einzelne Besonderheiten des Dienstleistungsmarketing richtet, so führt die **Kombination** der bekannten Ansätze doch zu einer weitgehenden Erklärung der Phänomene des Dienstleistungsmarketing. Darüber hinaus geben sie eine Vielzahl von Hinweisen für eine erfolgreiche Ausgestaltung des unternehmensseitigen Dienstleistungsmarketing.

3 Informationsgrundlagen des Dienstleistungsmarketing

1.	Besonderheiten des Käuferverhaltens bei der Inanspruchnahme von Dienstleistungen	105
1.1	Gegenstand der Kaufverhaltensanalyse im Dienstleistungsbereich	105
1.2	Kaufentscheidungskriterien und Bewertungsprozess	106
1.3	Determinanten des Käuferverhaltens	116
1.31	Intrapersonale Variablen	117
1.311	Aktivierende Determinanten	117
1.312	Kognitive Determinanten	120
1.313	Persönlichkeitsdeterminanten	122
1.32	Interpersonale Variablen	123

2.	Besonderheiten der Marktforschung im Dienstleistungsbereich	126
2.1	Aufgaben der Marktforschung im Dienstleistungsbereich	126
2.2	Methoden der Marktforschung im Dienstleistungsbereich	131

3.	Besonderheiten der Marktsegmentierung im Dienstleistungsbereich	140
3.1	Anforderungen an Marktsegmentierungskriterien	140
3.2	Segmentierung von Dienstleistungsmärkten	142
3.21	Demographische Segmentierungskriterien	143
3.22	Sozioökonomische Segmentierungskriterien	144
3.23	Psychologische Segmentierungskriterien	146
3.24	Verhaltenskriterien	147

4.	Besonderheiten der Positionierung im Dienstleistungsbereich	151

1. Besonderheiten des Käuferverhaltens bei der Inanspruchnahme von Dienstleistungen

1.1 Gegenstand der Kaufverhaltensanalyse im Dienstleistungsbereich

Die Analyse des Käuferverhaltens ist Grundvoraussetzung für die Durchführung jeglicher Marketingaktivitäten von Unternehmen. Während im Bereich des Konsumgütermarketing bereits zahlreiche Untersuchungen durchgeführt und Erkenntnisse gewonnen werden konnten, erfolgte die Auseinandersetzung mit Fragen des Käuferverhaltens bei der **Inanspruchnahme von Dienstleistungen** bisher in vergleichsweise geringem Umfang. Zu untersuchen ist daher, inwiefern Erkenntnisse aus dem Konsumgüter- und Industriegüterbereich auf das Dienstleistungsmarketing übertragen werden können. Die Meinungen in der Literatur unterscheiden sich dahingehend.

Enis und Roering vertreten zum Beispiel die Auffassung, dass eine Unterscheidung in Sachgüter und Dienstleistungen eine schlechte Basis für die Gestaltung des Marketingmix darstellt und fügen hinzu, dass beide Absatzobjekte auf Basis ihres Nutzens vermarktet werden sollten (Enis/Roering 1981). Kleinaltenkamp (2001) verweist darauf, dass die in Forschung und Lehre anzutreffende Differenzierung von Dienstleistungs- und Industriegütermarketing historisch gewachsen ist und eine genauere Betrachtung der beiden Bereiche zeigt, dass die Unterscheidung unzweckmäßig ist.

Demgegenüber sehen Zeithaml et al. fundamentale Unterschiede im Marketing von Gütern und Dienstleistungen, die in den jeweiligen **Besonderheiten des Käuferverhaltens** begründet sind (Zeithaml/Parasuraman/Berry 1985).

Während sich die Marketingwissenschaft im Hinblick auf das Käuferverhalten im Sachgüterbereich insbesondere mit den Entscheidungsprozessen von Konsumenten bezüglich des erst- beziehungsweise einmaligen Produktkaufs auseinandersetzt, steht im Bereich des Dienstleistungsmarketing der Wiederkauf, das heißt die **wiederholte Inanspruchnahme von Dienstleistungen,** im Zentrum zahlreicher Forschungen. In diesem Zusammenhang werden vor allem das Konstrukt der Kundenbindung und diesem vorgelagerte Konstrukte wie Dienstleistungsqualität und Kundenzufriedenheit analysiert. Die besondere **Rolle der Kundenbindung** im Dienstleistungsbereich ist auf ihre ökonomische Erfolgsrelevanz zurückzuführen. So wird gebundenen Kunden im Dienstleistungsbereich ein relativ höherer Erfolgsbeitrag zugeschrieben als neu gewonnenen Kunden (Reichheld/Sasser 1990; Blattberg/Deighton 1996).

In einer **amerikanischen Studie** wurde in verschiedenen Branchen die Entwicklung der Erfolgsbeiträge gebundener Kunden untersucht. Hierbei ergab sich, dass in sämtlichen untersuchten Branchen die kundenindividuellen Gewinne mit zunehmender Kundendauer anstiegen. Im Einzelnen ergab sich diese Entwicklung aufgrund einer zunehmenden Preisbereitschaft gebundener Kunden, einer wachsenden Bereitschaft zu positiver Mund-zu-Mund-Kommunikation (die indirekt zu einer Neukundengewinnung führen kann), einer zunehmenden Kauffrequenz gebundener Kunden sowie aufgrund sinkender Kundenbearbeitungskosten (Reichheld/Sasser 1990).

Neben der hohen Bedeutung der Kundenbindung im Dienstleistungsbereich lassen sich Unterschiede zwischen Dienstleistungen und Sachgütern hinsichtlich der Kaufentscheidungskriterien und der Bewertungsprozesse identifizieren.

1.2 Kaufentscheidungskriterien und Bewertungsprozess

Zur Beschreibung des Käuferverhaltens werden im Marketing drei Elemente herangezogen: Kaufentscheidungsträger, Kaufentscheidungstypen und Kaufentscheidungsprozesse.

Am Ausgangspunkt einer Analyse des Käuferverhaltens hinsichtlich Dienstleistungen stehen Art und Anzahl der am Kaufentscheidungsprozess beteiligten **Entscheidungsträger**. Grundsätzlich können am Kaufentscheidungsprozess einer Dienstleistung mehrere Personen in unterschiedlichen Rollen partizipieren (Johnson/Scheuing/Gaida 1986, S. 51ff.):

- **Informer:** Rolle des Versorgers mit relevanten Informationen und Fakten.

- **Influencer:** Rolle des Beeinflussers, der als „Advocate Influencer" ein persönliches Interesse im Kaufentscheidungsprozess vertritt oder vollständig objektiv und neutral ist („Independent Influencer").

- **Decider:** Rolle des eigentlichen Kaufentscheiders, wobei der Kaufentscheid die Bestimmung des Kaufzeitpunktes, des Budgets und der Marke beziehungsweise des Dienstleisters umfasst.

- **Buyer:** Rolle des Käufers, der die zuvor gefällte Kaufentscheidung durchführt.

- **User:** Rolle des Anwenders, der den Nutzen aus der Dienstleistung erfährt.

Die Eigenschaften einer Vielzahl von Dienstleistungen bedingen, dass zumindest die Rollen des Buyers und Users in einer Person vereint sind. Ausnahmen stellen der Kauf von Leistungsversprechen (zum Beispiel Eltern kaufen Zirkuskarten für ihre Kinder; Verzehrgutscheine eines Fast-Food-Restaurants) oder einer veredelten Dienstleistung (Compact Disc) dar. Weiterhin können bei der Dienstleistungsnutzung **individuelle** (zum Beispiel Inanspruchnahme einer Transportleistung) und **kollektive Kaufentscheidungen** (zum Beispiel gemeinsame Planung einer Urlaubsreise im Familienkreis) unterschieden werden (Meffert 1992a, S. 3ff.).

Bei der **Bildung von Kaufentscheidungstypen** wird auf die Informationsgewinnungs- und -verarbeitungsaktivitäten des Individuums abgestellt. Die in Abbildung 3-1 dargestellte Kaufentscheidungstypologie verknüpft Merkmale von Kaufobjekten mit verschiedenen Kaufentscheidungstypen. Die Hauptgliederungskriterien für die Typologie sind dabei der Grad der Kollektivität der Entscheidungsfindung sowie der Grad der Ausprägung eines Kaufprogramms. Darüber hinaus werden die Entscheidungstypen durch bestimmte Merkmale des Kaufobjektes (finanzielle Mittelbindung, soziale Sichtbarkeit usw.) gekennzeichnet. Die Merkmalsausprägungen dieser Unterscheidungskriterien können jeweils auf einem Kontinuum von gering bis hoch liegen und stehen dabei mit dem Kollektivitätsgrad der Entscheidung und dem Ausmaß eines vorgeprägten Kaufprogramms in Zusammenhang. Der Kollektivitätsgrad der Kaufentscheidung steigt, und die Wahrscheinlichkeit eines bestehenden Kaufprogramms sinkt, je weiter sich die Merkmalsausprägungen des Kaufobjektes in Abbildung 3-1 nach rechts verlagern.

Während bei Convenience Services (zum Beispiel Autowaschen, Telefongespräch, Reinigung) die Informationsbedürftigkeit und die Zeitdauer für die Kaufentscheidung eher gering sind, liegen beim Kauf von Speciality Services (zum Beispiel Rechtsberatung, ärztliche Behandlung) extensive Kaufentscheidungen vor (Nelson 1970, S. 729ff.; Darby/Karni 1973, S. 67ff.).

Während des **Kaufentscheidungsprozesses** muss der Konsument eine Bewertung alternativer Dienstleistungen vornehmen. Als Beispiel für einen komplexen Entscheidungsprozess soll hier der Verkehrsdienstleistungsbereich dienen (vgl. Insert 3-1).

In Studien zum Dienstleistungsmarketing konnten **Unterschiede** bezüglich Kaufentscheidungsprozessen bei Gütern und Dienstleistungen festgestellt werden.

Hartman und Lindgren (1993, S. 4ff.) haben beispielsweise Konsumenten hinsichtlich der Ausprägung von sieben verschiedenen Eigenschaften bei insgesamt 41 Gütern und Dienstleistungen befragt. Als Eigenschaften wurden in der Literatur diskutierte Trennkriterien zwischen Gütern und Dienstleistungen gewählt. Eine faktorenanalytische Verdichtung dieser sieben Eigenschaften brachte mit einem erklärten Varianzanteil von über 80 Prozent drei Faktoren hervor: Zunächst die **„Customization"** der Absatzobjekte, hinter der sich Eigenschaften wie Standardisierung, Variabilität und Individualität der Leistung sowie der Kontakt des Anbieters zum Konsumenten verbergen. Als zweiter Faktor konnte die **„Evaluation"** ermittelt werden, also der Grad der Beurteilbarkeit der Leistung. Als Einzeleigenschaften, die hoch auf diesen Faktor laden, sind die Tangibilität der Leistung, die Einfachheit einer A-priori-Beurteilung sowie der Grad der Verfügbarkeit der Leistung zu nennen. Der dritte Faktor wurde mit **„Delay"** bezeichnet und bestimmt, inwieweit auf die Leistung gewartet werden musste. Nur der zweite Faktor „Evaluation" war in der Lage, deutlich zwischen Gütern und Dienstleistungen zu trennen.

Abbildung 3-1   Typologie von Kaufentscheidungen bei Dienstleistungen

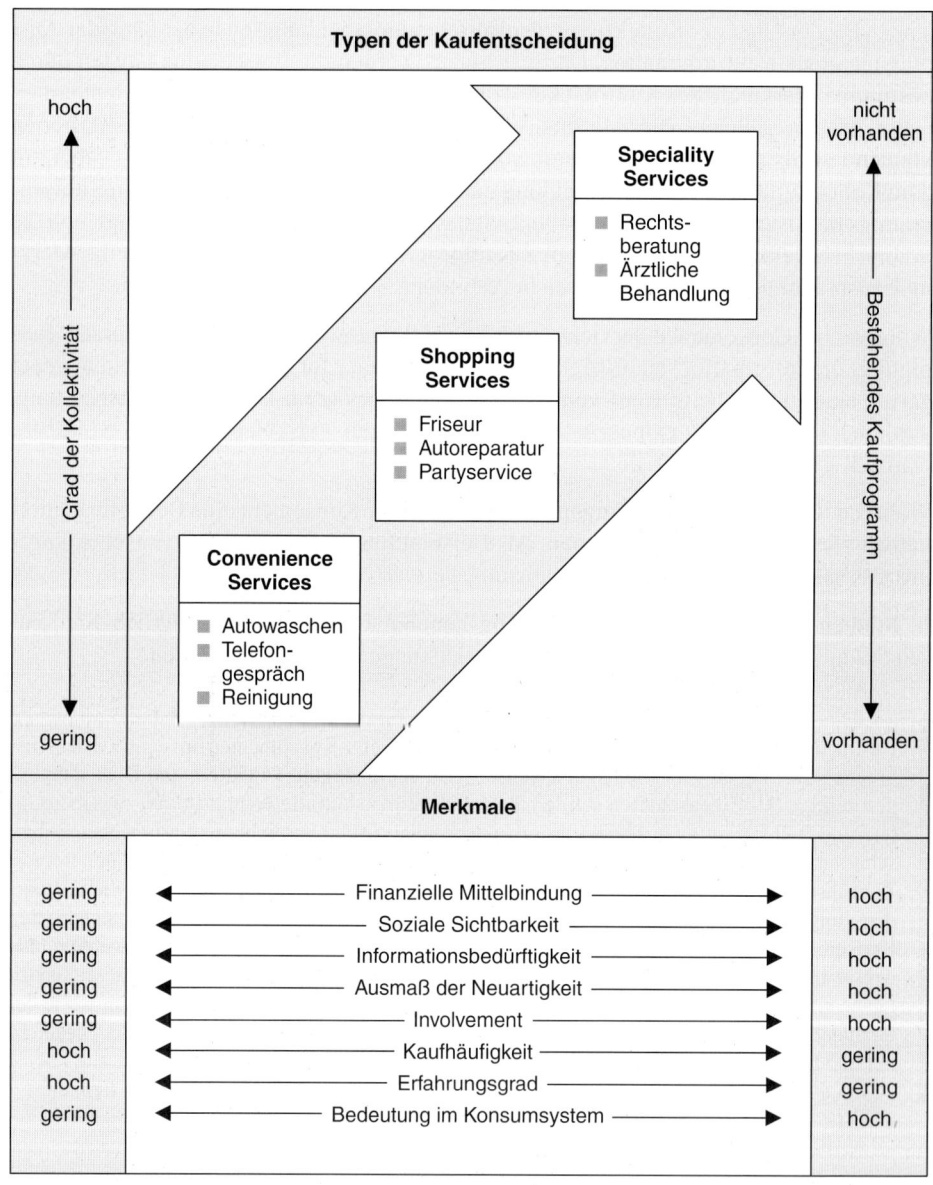

INSERT 3-1   **Kaufentscheidungsprozesse im Verkehrsdienstleistungsbereich**

Die Bahn [DB]   **Kurzfallstudie: Deutsche Bahn AG**

Als Anbieter von schienengebundenen Verkehrdienstleistungen sieht sich die Deutsche Bahn AG mit einem besonders komplexen Kaufentscheidungsprozess konfrontiert. Die Abbildung stellt diesen Entscheidungsprozess als klassisches S-O-R-Modell dar. Ausgehend vom Stimulus „Mobilitätsbedürfnis", das sich aus einem Reiseanlass und einer zu überbrückenden Relation ableiten lässt, findet innerhalb der Psyche der Konsumenten ein Vergleichsprozess zwischen verschiedenen Verkehrsmitteln statt. Herausragende Bedeutung kommt in diesem Kontext den personell und erfahrungsbeding-

ten Einstellungen gegenüber verschiedenen Verkehrsmitteln zu. Bei grundsätzlicher Ablehnung eines bestimmten Verkehrsmittels scheidet dieses im Rahmen der nachfolgenden Bewertung der Verkehrsmittel auf Basis von Nutzen- und Kostenaspekten aus. Die Einstellungen nehmen damit, ähnlich wie situative Faktoren (Zeitdruck, Größe des Gepäcks usw.) eine Filterfunktion innerhalb der Verkehrsmittelwahlentscheidung ein. Sollte eine Bahnreise aus den oben genannten Gründen ausscheiden, findet kein rationales Entscheidungsverhalten statt. Dieses kann in zwei Formen auftreten: Einerseits kann ein überlegener Nettonutzen eines anderen Verkehrsmittels (z. B. uneingeschränkte Flexibilität mit dem PKW) als Entscheidungsgrundlage dienen, andererseits kann der Verkehrsmittelwahlprozess komplett vermieden werden, indem eine stark habitualisierte Entscheidung getroffen wird. Wenn jedoch eine grundsätzliche Eignung und keine einstellungsbedingten Barrieren vorliegen, wird ein (begrenzt) rationales Wahlverhalten an den Tag gelegt.

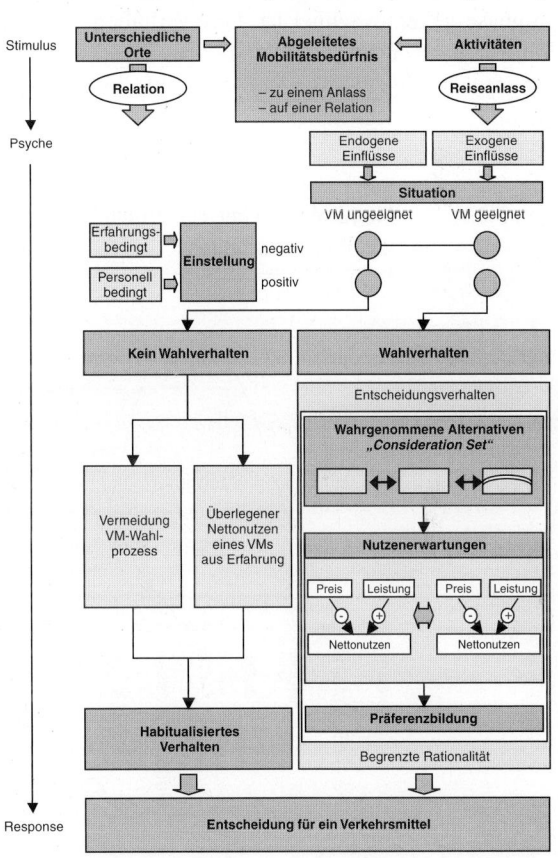

Die Verkehrsmittelalternativen innerhalb des Consideration Sets werden auf Basis von Kosten-/Nutzen-Überlegungen gegeneinander abgewogen, was letztlich zu einer Präferenzbildung führt. Sowohl bei habitualisiertem als auch begrenzt rationalem Verhalten bildet der letzte Schritt die Entscheidung für ein Verkehrsmittel.

Idealtypisch kann der **Kaufentscheidungsprozess** in drei Phasen mit jeweils zwei Verhaltensschwerpunkten unterteilt werden (Fisk 1981; Bateson 1992a):

1. **Vor-Konsumphase** (Informationsaufnahme, Entscheidung),

2. **Konsumphase** (Kaufverhalten, Nutzungsverhalten) und

3. **Nach-Konsumphase** (Ergebnisbewertung, Ergebnisreaktionen).

Im Folgenden sollen innerhalb dieser Phasen einige dienstleistungsspezifischen Probleme thematisiert werden. Dabei ist aber zu berücksichtigen, dass das Nachfragerverhalten nicht stets wie ein ausgedehnter Entscheidungs-/Beschaffungsprozess ablaufen muss, der vor allem durch ausgedehnte Informationsaktivitäten in der Vor- und Nach-Konsumphase gekennzeichnet ist. Das Verhalten der Nachfrager von Dienstleistungen ist vielmehr in besonders starkem Maße durch **Gewohnheitsbildung und Verhaltensroutinen** geprägt, die eine Konzentration auf die Aktivitäten der Konsumphase – Kauf und Nutzung – zur Folge haben (Kuhlmann 2001).

Abbildung 3-2   **Möglichkeiten der Bewertung unterschiedlicher Sachgüter und Dienstleistungen**

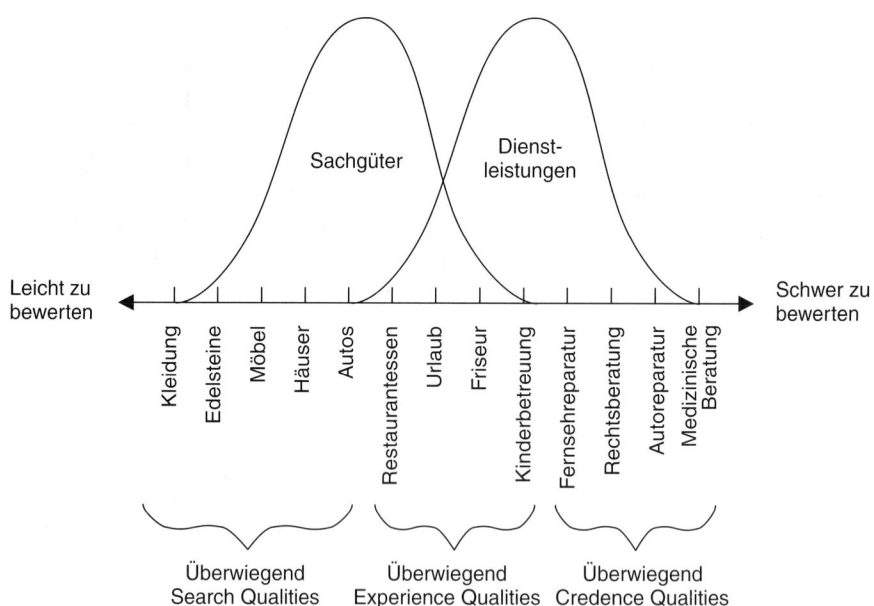

Quelle: Zeithaml 1991, S. 40

Zur Erläuterung der **Beurteilungsproblematik** in den einzelnen Phasen kann auf eine Klassifikation von Darby und Karni zurückgegriffen werden, die Leistungsmerkmale in Search, Experience und Credence Qualities unterteilen (vgl. Abbildung 3-2; Darby/ Karni 1973, S. 67ff.). Während sich Sachgüter in hohem Maße durch „**Search Qualities**" auszeichnen, die sich bereits vor dem Kauf einschätzen lassen, existiert eine Schnittmenge von Gütern und Dienstleistungen, die vor allem aus „**Experience Qualities**" bestehen und somit erst während oder nach der Konsumtion beurteilbar sind. Vor allem bei Dienstleistungen sind „**Credence Qualities**" zu beobachten (Zeithaml 1991, S. 40; Friedman/ Smith 1993, S. 47ff.). Hierbei handelt es sich um Leistungsmerkmale, die auch nach Kauf und Konsumtion nicht beurteilbar sind; dies trifft beispielsweise für eine medizinische Diagnose oder eine Risikolebensversicherung zu. Als Grund für diese Dienstleistungspositionierung wird angegeben, dass Dienstleistungen (überwiegend) immateriell und nicht standardisiert sind und dass ihre Produktion erst nach dem Kauf beziehungsweise Vertragsabschluss vorgenommen wird.

1. Vor-Konsumphase

Informationsaufnahme

Aus der Beurteilungsproblematik von Dienstleistungen ergeben sich folgende **Konsequenzen** für die dienstleistungsspezifische Informationsaufnahme:

Nachfrager informieren sich über Eigenschaften, die bereits vor dem Kauf/Vertragsabschluss zugänglich sind und eine ungefähre Qualitätsbeurteilung ermöglichen. Sie schließen vom Image einer Firma, von der Höhe des Dienstleistungspreises oder von der Qualität der Produktionsfaktoren (Potenzialqualität) auf die zu erwartenden Merkmale der Prozess- und Ergebnisqualität. In der Vor-Kaufphase informiert sich der Konsument also anhand von **Suchmerkmalen**, die zwar keinen unmittelbaren Aufschluss über die spätere Ergebnisqualität liefern können, jedoch entweder die Ergebnisqualität aus früheren Transaktionen widerspiegeln (Image) oder als Indikatoren für die zu erwartende spätere Ergebnisqualität gelten können (Innenausstattung des Dienstleisters, Firmenimage, Preis, Potenziale) (Zeithaml 1991, S. 41f.).

Nachfrager bevorzugen **glaubwürdige Informationsquellen** (zum Beispiel Freunde, Bekannte, Kollegen), denen sie vertrauen können und die aufgrund eigener Erfahrungen mit dem Kauf/Konsum vergleichbarer Dienstleistungen hinreichendes Expertentum aufweisen. Diese Strategie überführt also Erfahrungs- und Vertrauensinformationen Dritter in eigene Suchinformationen.

Entscheidung

Wichtiges Merkmal des Entscheidungsverhaltens ist die Reaktion des Nachfragers auf das **wahrgenommene Kaufrisiko**. Mit dem Dienstleistungskauf ist im Allgemeinen ein höheres subjektiv empfundenes Risiko als beim Kauf von Sachgütern verbunden (Zeithaml 1991, S. 43f.). Dies resultiert aus den einer Dienstleistung **inhärenten Eigenschaften**: Zunächst bewirkt die **Intangibilität** von Dienstleistungen einen erhöhten Informationsbedarf und Erfahrungsaustausch mit anderen Nachfragern, wobei auch die Befolgung von Empfehlungen mit Risiken verbunden ist (zum Beispiel Konsultation eines empfohlenen Arztes, und dieser stellt eine Fehldiagnose). Aufgrund der **begrenzten Standardisierbarkeit** von Dienstleistungen kann der Dienstleistungsvollzug (zum Beispiel Sprachreise) sehr unterschiedlich sein (Lehrkörper, Unterbringung in Frankreich qualitativ schlechter als in Italien). Weiterhin ist oftmals die **fehlende Garantie** bei Dienstleistungsangeboten ein zusätzlicher Risikofaktor.

Möglichkeiten zur Risikobegrenzung liegen für den Konsumenten zum einen in erhöhter Markentreue und zum anderen in der Veränderung des Informationsverhaltens.

Gründe für die im Vergleich zu Sachgütern erhöhte **Dienstleistungsmarkentreue** sind beispielsweise (Zeithaml 1991, S. 44f.):

- Erhöhte Kosten bei Markenwechsel (zum Beispiel Wiederholung aller Untersuchungen bei Wechsel des Arztes),

- Problematische Ermittlung von Dienstleistungsalternativen (zum Beispiel Zeitplan alternativer Transportmittel wie Bahn, Flugzeug),

- Markentreue (zum Beispiel Stammkundschaft bei einer Bank) führt auf Dauer zu persönlichen Vorteilen (erhöhte Kreditlinie).

Das zum Kaufzeitpunkt vorhandene „Evoked Set" von Servicealternativen ist insgesamt erheblich geringer als beim Kauf von Sachgütern. Gründe hierfür sind zum einen die aufgrund der Nichtlagerfähigkeit von Dienstleistungen weitgehend unmögliche Präsentation mehrerer Dienstleistungsalternativen zum Zeitpunkt der Kaufentscheidung. Zum anderen scheut der Konsument oftmals Zeit und Mühe, mehrere Dienstleistungsanbieter aufzusuchen (Zeithaml 1991, S. 43).

Über die in der Entscheidungssituation zur Qualitätsprognose benutzten **Entscheidungs-/Bewertungskriterien** lassen sich keine generellen Aussagen treffen. Es ist offensichtlich nicht so, dass stets Preis und andere, leicht wahrnehmbare physikalische Merkmale im Vordergrund stehen (Zeithaml 1981). Bei einem Vergleich von Erfahrungs- (zum Beispiel Friseur) und Vertrauensdienstleistungen (zum Beispiel medizinische Beratung) ermittelten Ostrom/Iacobucci (1995), dass bei ersteren der Preis, bei letzteren hingegen die Qualität in erster Linie Beachtung finden. Die Bedeutung des Preises scheint besonders dann hoch veranschlagt zu werden, wenn Größen, die man als Risikokonsequenzen umschreiben kann, nicht besonders ausgeprägt sind: Bei alltäglichen, der Erfahrung leicht zugänglichen Dienstleistungen achten Nachfrager daher besonders auf den Preis als Entscheidungskriterium. Die Zusammenstellung der Entscheidungskriterien wird also von so genannten Kontextvariablen stark beeinflusst.

2. Konsumphase

Kaufverhalten

Wenn Dienstleistungsnachfrager Erfahrungsinformationen hohe Bedeutung zumessen und auch ein relativ hohes Risiko beim Kauf empfinden, so ist **Gewohnheitsverhalten** vor allem dann eine logische Folge, wenn die Ergebnisqualität in der Vergangenheit auf akzeptablem Niveau lag. Da „Produkt"-Marken bei Dienstleistungen noch relativ selten anzutreffen sind, drückt sich Gewohnheitsverhalten in der Treue gegenüber einem Anbieter und seiner Marke aus (vgl. Abschnitt 1.22 in Kapitel 6). Daraus ergibt sich, dass Marken- beziehungsweise Anbieterwechsel bei Dienstleistungskäufern seltener als beim Erwerb von Sachleistungen zu beobachten sind (Zeithaml 1981; Friedman/Smith 1993). Damit korrespondiert, dass bei Dienstleistungen Sofort- und Impulsivkäufe am Angebotsort weniger häufig anzutreffen sind als bei materiellen Produkten im Handel (Murray 1991).

Vor Abschluss des Kaufvertrages hat der Käufer die letzte Gelegenheit, mit Hilfe von **Merkmalen der Potenzialqualität** eine Prognose auf Prozess- und Ergebnisqualität zu unternehmen. Für den Anbieter ergibt sich daraus die Forderung, seine Leistung schon vor dem Kontrakt greifbar (tangible), das heißt, in aussagefähigen Merkmalen leicht wahrnehmbar zu gestalten (Reddy et al. 1993). Darüber hinaus kann mit Hilfe von Potenzialfaktoren die Kaufsituation selbst so angenehm gestaltet werden, dass der Kunde in seiner Anbietertreue bestärkt wird. Zur Verfügung stehen dazu sachliche und personale Potenzialfaktoren (vgl. Kapitel 1).

Nutzungsverhalten

Eine Definition der Nutzung von Dienstleistungen ist schwerer vorzunehmen als dies bei Sachleistungen der Fall ist. Während sich die „Nutzung eines Hotelzimmers" bezüglich Inhalt und zeitlichem Umfang noch recht gut abgrenzen lässt, kann die „Nutzung einer Unternehmensberatung" kaum zufrieden stellend bestimmt werden. Während der Nutzung gewinnt der Kunde **Erfahrungen mit der Prozess- und Ergebnisqualität** einer Dienstleistung. Die Nutzung verschiedener Dienstleistungen erfordert meist auch eine bezüglich Inhalt und Intensität stark variierende Integration (Meyer/Westerbarkey 1995): Der Bankkunde erhält einen Kredit nach relativ kurzer Integration mit dem Kundenkontaktpersonal in der Kaufphase und ist während der Kreditnutzung weiterer Integration weitgehend enthoben, während der Rehabilitationspatient gerade während der Nutzungsphase sich Tag für Tag mit Ärzten, Pflegepersonal und Apparaten zu seinem eigenen Wohle, das heißt zur Erreichung von Ergebnisqualität auseinandersetzen muss.

Intensive Integration in der Nutzungsphase bedeutet, dass der Kunde in häufiger und vielfältiger Interaktion mit Personal und Betriebsmitteln (Rechner, Medizintechnik, Trainingsgeräte usw.) des Anbieters steht. Von herausragender Bedeutung ist dabei, inwieweit der Kunde den Eindruck erhält, dass er diesen Interaktionsprozess selbst steuern und beherrschen kann (**interne Kontrolle**) oder aber der Steuerung und Beherrschung des Personals und der Ablauforganisation des Anbieters (**externe Kontrolle**) unterworfen ist

(Rotter 1966). Art (intern/extern) und Ausmaß (stark/schwach) der wahrgenommenen Kontrolle über eine Situation beziehungsweise die in ihr ablaufende Tätigkeit sind von erheblichen Einfluss auf Bewertung (ex post), Zufriedenheit (ex ante) und Verhalten während der Tätigkeit (Bateson 1992b). Höchste interne Kontrolle ist gegeben, wenn die Leistung vollständig selbst erbracht wird (Do it Yourself).

3. Nach-Konsumphase

Ergebnisbewertung

In der Nach-Konsumphase liegt das Ergebnis im Ganzen (zum Beispiel Haarschnitt) oder in Teilen (zum Beispiel Teil eines mehrjährigen Versicherungsvertrages) vor, und der Kunde hat durch die Nutzung Einsichten über die **Ergebnisqualität** gewonnen.

Die Qualitätswahrnehmung des Kunden gewinnt an Bedeutung, da sie sich auf Zufriedenheit beziehungsweise Unzufriedenheit und damit letztendlich auf das (Wieder-)Kaufverhalten auswirkt. Die Zusammenhänge zwischen Qualitätswahrnehmung, Zufriedenheit und individuellem Kaufverhalten sind seit einigen Jahren Gegenstand intensiver Untersuchungen (Cronin/Taylor 1992; Kelley/Davis 1994; Dabholkar 1995; Zeithaml et al. 1996). Die Ergebnisse zeigen, dass die Qualitätswahrnehmung selektiv auf bestimmte Leistungsbereiche (zum Beispiel Empfang und Einbuchen im Hotel) und innerhalb dieser Bereiche wieder auf einzelne Merkmale (zum Beispiel Sauberkeit im Bad) ausgerichtet ist. Dementsprechend lässt sich Un-/Zufriedenheit mit Einzelmerkmalen, Leistungsbereichen und der Dienstleistung insgesamt ermitteln.

Ergebnisreaktionen

Die grundlegenden **Reaktionen zufriedener und unzufriedener Kunden** hat Hirschman (1974) mit Abwanderung, Mund-zu-Mund-Kommunikation und Loyalität bezeichnet (vgl. Abbildung 3-3).

Es besteht Grund zu der Annahme, dass bei Dienstleistungskäufern Abwanderung in Form des Anbieterwechsels seltener und Loyalität häufiger als bei Sachleistungen anzutreffen ist (Zeithaml 1981; Friedman/Smith 1993). Begründet wird dieses Verhalten mit dem **Wechselrisiko** und den **Wechselkosten,** die der unzufriedene Kunde wahrnimmt. Such- und Anpassungskosten des Anbieterwechsels werden ebenso hoch veranschlagt wie die Wahrscheinlichkeit, eine noch schlechtere Leistung zu erhalten. Unter diesen Prämissen sind langfristige Geschäftsbeziehungen zwischen Kunden und den Dienstleistern besonders häufig, die intensiv mit ihren Kunden interagieren und sich ihnen mit individuellen Leistungen anpassen. Kunden sind dann gerne bereit, eine fehlerhafte Leistung als einmaligen oder seltenen „Ausrutscher" in einer langen Kette von Transaktionen anzusehen (Czepiel/Gilmore 1987).

| Abbildung 3-3 | Reaktionen auf Un-/Zufriedenheit |

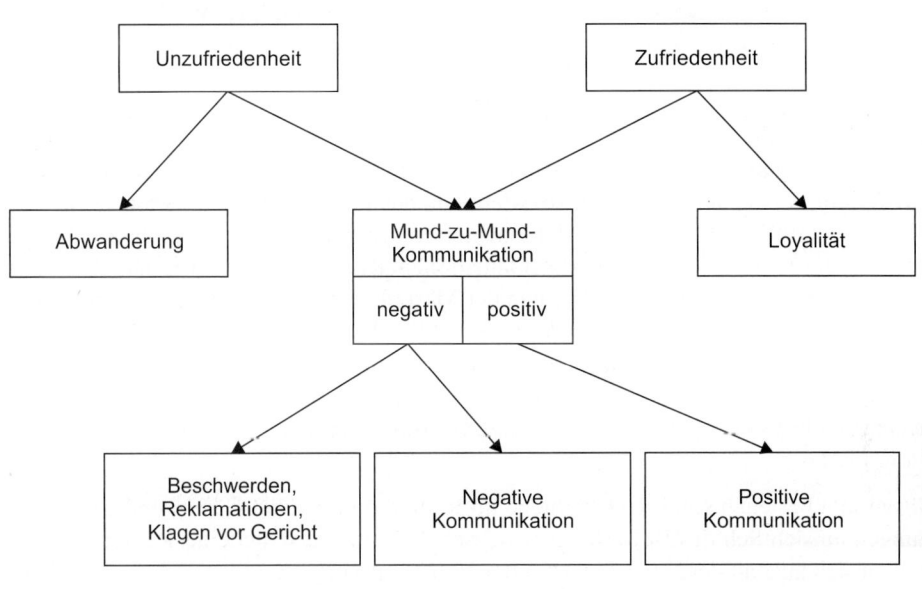

GABLER
GRAFIK

Allerdings werden Treue oder Abwanderung nicht nur durch Zufriedenheit beziehungsweise Unzufriedenheit mit der Dienstleistung im engeren Sinne (Core Service) verursacht. Keaveney (1995) ermittelte acht **Ursachenkategorien** für das Wechselverhalten von Dienstleistungsnachfragern, von denen nur eine die Kernleistung betrifft:

- **Preise:** Preise in allen Erscheinungsformen (Gebühren, Honorare, Forderungen, Preisauszeichnungen usw.), die als hohe Preise, Preissteigerungen, sittenwidrige und täuschende Preispolitik negativ bewertet werden (30 Prozent der Nennungen, Mehrfachnennungen möglich),

- **Unannehmlichkeit:** Lage des Anbieters, Transfer-, Warte- und Abwicklungszeiten (21 Prozent),

- **Leistungsmängel:** Dienstleistungsmängel, falsche Buchungen und Rechnungszustellungen, Servicekatastrophen in Form erheblicher Folgeschäden (44 Prozent),

- **Interaktionsmängel:** Negative Ereignisse bei Interaktionen zwischen Servicepersonal und Kunden (Unaufmerksamkeit, Unhöflichkeit usw.; 34 Prozent),

- **Reaktionen der Angestellten auf Servicemängel** (langsame, falsche, schlechte Behandlung von Beschwerden; 17 Prozent),

▊ **Attraktivität der Wettbewerber** (10 Prozent),

▊ **Ethische Probleme** (Ehrlichkeit, Sicherheit usw.; 7 Prozent),

▊ **Sonstige Wechselursachen,** zum Beispiel nicht beabsichtigtes Wechseln, aufgrund
   eines Standortwechsels des Anbieters usw. (6 Prozent).

Während sich Abwanderung und Loyalität zu einem gegebenen Zeitpunkt gegeneinander
ausschließen, sind sie jeweils mit der Reaktionsalternative **Mund-zu-Mund-Kommunikation** kombinierbar. Über Unzufriedenheiten, Tatsache und Gründe des Wechsels wird
häufig mit Personen der näheren sozialen Umgebung gesprochen. 75 Prozent der von
Keaveney (1995) befragten Wechsler machten entsprechende Angaben. Alle Reaktions-
formen, die nicht in Beschwerden, Reklamationen, Klagen vor Gericht münden, müssen
von Anbietern über spezifische Formen der Marktforschung erfasst und ergründet werden. Reaktionen, von denen Anbieter ausdrücklich Kenntnis erhalten, drücken sich am
häufigsten in Form von Beschwerden aus. Dabei stellt das Beschwerdemanagement des
Dienstleisters ebenfalls eine Dienstleistung dar, mit deren Qualität Kunden mehr oder
weniger zufrieden sind (vgl. zur Gestaltung des Beschwerdemanagements Abschnitt 1.23
in Kapitel 6).

Insgesamt bestehen somit Unterschiede im Käuferverhalten bei Gütern und Dienstleistungen hinsichtlich des Bewertungsprozesses. Diese Unterschiede im Käuferverhalten
lassen sich anhand der Determinanten des Käuferverhaltens erklären.

1.3 Determinanten des Käuferverhaltens

Im Rahmen der Kaufverhaltensforschung wird zwischen intrapersonalen und interpersonalen Erklärungsansätzen des Käuferverhaltens unterschieden. Die **intrapersonalen Erklärungsansätze** beziehen sich auf aktivierende, kognitive und Persönlichkeitsdeterminanten. Aktivierende Determinanten (Emotionen, Motive, Einstellungen) beschreiben
innere Erregungszustände, die den Konsumenten antreiben. Demgegenüber beeinflussen
kognitive Determinanten (Wahrnehmung, Kundenzufriedenheit, Lernen) die Vorgänge,
mit denen das Individuum sich gedanklich innerhalb seiner Umwelt beschäftigt. Sie sind
ohne aktivierende Prozesse nicht denkbar. Während die Aktivierung dafür sorgt, dass
Verhalten überhaupt stattfindet, wird bei der kognitiven Steuerung der Frage nachgegangen, welches Verhalten stattfinden soll. Im Vergleich zu den aktivierenden und kognitiven Determinanten stellen die Persönlichkeitsdeterminanten (Involvement, wahrgenommenes Risiko, Werte) relativ stabile verhaltensrelevante Dispositionen dar.

Mit den **interpersonalen Variablen** (Gruppeneinflüsse, Mund-zu-Mund-Kommunikation) wird dem Umstand Rechnung getragen, dass der Konsument mit seiner Umwelt in
Beziehung steht und komplexe Reize aus dieser Umwelt auf ihn einwirken.

1.31   Intrapersonale Variablen

1.311   Aktivierende Determinanten

■ Emotionen

> **Emotionen** sind innere Erregungszustände, die in unterschiedlichen Intensitäten als positiv oder negativ erlebt werden. Unangenehme Emotionen drücken sich in Gestalt von Ärger, Ablehnung oder Angst aus. Sie bewirken Meinungswiderstände, negative Erfahrungen oder nehmen Einfluss auf Erlebnisse beziehungsweise Situationen (Kroeber-Riel/Weinberg 1999).

Ablehnende Emotionen des Dienstleistungsnachfragers können sich gegen das Dienstleistungsunternehmen (zum Beispiel mangelndes Vertrauen gegenüber einer bestimmten Fluggesellschaft) oder gegen das generelle Dienstleistungsangebot (zum Beispiel Behandlung beim Zahnarzt) richten.

> In einem **Experiment in Banken** wurde die Bedeutung von Emotionen für das Käuferverhalten von Dienstleistungskunden untersucht. Hierbei konnte festgestellt werden, dass das Kundenverhalten umso stärker von der Aufmachung der Bankfiliale beeinflusst wird, je positiver die Emotionen des Kunden im Dienstleistungsprozess sind. Bezüglich der Emotionen wurde unter anderem der Einfluss von Freude, Stressempfinden, Ausgeglichenheit, Eingeschränktheit und Annehmlichkeit untersucht (Ang/Leong/Lim 1997).

■ Bedürfnisse und Motive

> In engem Zusammenhang mit emotionalen Vorgängen stehen die menschlichen **Bedürfnisse und Motive**. Motive versorgen den Konsumenten mit Energie und richten das Verhalten zusätzlich auf ein Ziel aus (Kroeber-Riel/Weinberg 1999).

Zur Erklärung des Käuferverhaltens von Dienstleistungen soll beispielhaft die bekannte **Bedürfnishierarchie von Maslow** (1975) herangezogen werden. Folgende fünf Bedürfnisschichten werden darin unterschieden:

1. Physiologische Bedürfnisse (zum Beispiel Nahrung, Schlaf, Erhaltung der Gesundheit),

2. Sicherheitsbedürfnisse (zum Beispiel Alterssicherung, Unfallschutz),

3. Soziale Bedürfnisse (zum Beispiel Pflege von Freundschaften),

4. Streben nach Selbstachtung sowie Anerkennung durch andere (zum Beispiel Nutzung von Prestige-Dienstleistungen),

5. Streben nach Selbstverwirklichung (zum Beispiel individuelle Entwicklungsbedürfnisse).

In Abbildung 3-4 wird die Bedürfnispyramide von Maslow am Beispiel des Tourismus beziehungsweise des Reisemarktes erläutert (Freyer 1998). Die Spanne reicht hier von Grundbedürfnissen in Form von Reisen zur Sicherung des Grundbedarfs (zum Beispiel Fahrten zur Arbeitsstätte) bis hin zu Reisen als Selbstzweck.

Abbildung 3-4   **Bedürfnishierarchie mit Bezug zu Dienstleistungen**

Bedürfnishierarchie	Allgemeine Erläuterung	Touristische Beispiele
Entwicklungsbedürfnisse	Selbstverwirklichung, Unabhängigkeit, Freude, Glück	Reisen als Selbstzweck, Vergnügen, Freude, „Sonnenlust"
Wertschätzungsbedürfnisse	Anerkennung, Prestige, Macht, Freiheit	Reisen zum Aufbau von Prestige und gesellschaftlicher Anerkennung
Soziale Bedürfnisse	Liebe, Freundschaft, Solidarität, Kontakt, Kommunikation	Private und gesellschaftliche Besucherreisen (zur Kommunikation)
Sicherheitsbedürfnisse	Vorsorge für die Zukunft, Gesetze, Versicherungen	Reisen zur Sicherung des Grundeinkommens, z. B. zur Regeneration der Arbeitskraft, Handelsreisen
Grundbedürfnisse	Essen, Trinken, Schlafen, Wohnen, Sexualität	Reisen zur unmittelbaren Deckung des Grundbedarfs, z. B. Fahrten zur Arbeitsstätte, eventuell Handelsreisen

GABLER
GRAFIK

Quelle: Freyer 1998, S. 55

Ausschlaggebend für die Erklärung des Käuferverhaltens ist die Annahme, dass alle übergeordneten Motive und Bedürfnisse der Hierarchie als Ziele erst dann „aktiviert" werden, wenn die jeweils untergeordneten Bedürfnisse bereits befriedigt sind. Zahlreiche Dienste, wie zum Beispiel die Leistungen der Polizei, der Rettungsdienste oder auch der Versicherungen, haben für den Konsumenten eine bestimmte Dringlichkeitsordnung. Die Höhe des Anspruchsniveaus an diese Dienste ist von der Gesellschaft und der unmittelbaren Umgebung des Konsumenten abhängig. Darüber hinaus werden die Ansprüche von den Erfahrungen bestimmt, die das Individuum in der Vergangenheit mit diesen Diensten gemacht hat.

Wendet man diese Erkenntnisse auf die Situation zunehmend frei verfügbarer Einkommen an, so sind mit wachsendem Wohlstand die oberen Bedürfnisschichten (Streben nach Selbstachtung, Selbstverwirklichung) als besonders verhaltensrelevant anzusehen. In diesem Zusammenhang ist beispielsweise die aktive Freizeitgestaltung (Individualreisen, Heimwerken „Do it Yourself" usw.) als Möglichkeit zur Selbstverwirklichung erwähnenswert.

Eventuell auftretende **Motivkonflikte** bieten dem Dienstleister Ansatzpunkte zur Beeinflussung des Kunden. Als Beispiel kann eine geplante Urlaubsreise betrachtet werden, bei der sich der Konsument in einem Konflikt zwischen Erholungsmotiv (zum Beispiel Aufenthalt in den Bergen) und Erlebnismotiv (zum Beispiel Aufenthalt in einer Weltstadt) befindet. Zur Lösung eines solchen Konfliktes kann der Reizcharakter der Dienstleistung derart verändert werden, dass die positive Verhaltenstendenz verstärkt wird (zum Beispiel besondere Herausstellung des Erlebnismotivs).

▌ Einstellungen

Einstellungen sind innere Bereitschaften (Prädispositionen) eines Individuums, auf bestimmte Stimuli der Umwelt konsistent positiv oder negativ zu reagieren (Trommsdorf 2002). Objekte der Einstellungen können Sachen, Personen, Themen oder – im vorliegenden Fall – Dienstleistungen sein (Meffert 1992a, S. 55).

Bei der Interpretation und Analyse der Einstellungen werden drei Komponenten unterschieden, die affektive, die kognitive und die konative Komponente.

Die **affektive Komponente** enthält die mit der Einstellung verbundene gefühlsmäßige Einschätzung der Dienstleistung. Beispiel Urlaubsreise:

- ▌ Negatives Pauschalurteil über Urlaubsgebiete mit „bekanntlich hohen Preisen",

- ▌ Positives Pauschalurteil bei zu erwartendem guten Wetter im Urlaubsgebiet.

Die **kognitive Komponente** beinhaltet das mit der Einstellung verbundene subjektive Wissen über die Dienstleistung. Beispiel Urlaubsreise:

▮ Spanien ist als Urlaubsziel akzeptabel, da dort häufig die Sonne scheint.

▮ Für den Skiurlaub präferiert ein Kunde Skigebiete in den Alpen.

Die Ausgestaltung der affektiven und kognitiven Komponente bestimmt die **konative Komponente,** das heißt die mit der Einstellung gegenüber der Dienstleistung verbundene Handlungstendenz.

1.312   Kognitive Determinanten

Während die Aktivierung dafür sorgt, dass Verhalten überhaupt stattfindet, wird bei der kognitiven Steuerung der Frage nachgegangen, welches Verhalten im Einzelnen realisiert wird. Die kognitiven Vorgänge lassen sich zur Erklärung des Konsumentenverhaltens in die **Wahrnehmung** einschließlich der Beurteilung sowie das problemlösende **Denken** und **Lernen** einteilen. In Analogie zur maschinellen Informationsverarbeitung kann man auch von **Informationsaufnahme, -verarbeitung und -speicherung** sprechen. Dabei gilt es zu berücksichtigen, dass die meisten Informationsverarbeitungsvorgänge automatisch ablaufen und sich insofern einer willentlichen und bewussten Kontrolle entziehen (Meffert 1992a, S. 60ff.).

▮ Wahrnehmung

> Der **Wahrnehmungsprozess** umfasst die Aufnahme und selektive Verarbeitung von Reizen durch das Individuum. Aus der Fülle der Informationen selektiert es und verarbeitet aktiv die Informationen, die den eigenen informellen Bezugsrahmen nicht überfordern (Kroeber-Riel/Weinberg 1999).

Die selektive Wahrnehmung ist bei Dienstleistungen von Bedeutung, da die Wirkung wahrgenommener Dienstleistungselemente (zum Beispiel Personal am Bankschalter) vom Umfeld (zum Beispiel Verkaufsraumgestaltung, Dienstleistungsmerkmale) und den Einstellungen zu diesem Umfeld abhängt. So kann die positive Einstellung gegenüber einer Dienstleistungsmarke (zum Beispiel Deutsche Bank) die positive Wahrnehmung neuer Dienstleistungsangebote (zum Beispiel Lebensversicherung) fördern, wenn diese als aus demselben Unternehmen kommend erkannt werden (Imagetransfer).

In negativer Hinsicht kann die selektive Wahrnehmung durch Stereotypen, Rollen-klischees oder Vorurteile geprägt sein. Beispiele für typische Vorurteile: Sommerurlaub kann man kaum im Norden machen; Kurorte sind für Alte und Kranke; Club-Ferien sind nicht familiengerecht.

▮ Wahrgenommene Dienstleistungsqualität und Kundenzufriedenheit

Die Wahrnehmung der Leistungen eines Dienstleistungsanbieters durch den Kunden ist die Grundlage der wahrgenommenen Dienstleistungsqualität (vgl. zur Dienstleistungs-qualität die Ausführungen im Kapitel 5), die in Kunden(un)zufriedenheit resultiert. **Kundenzufriedenheit** entsteht durch den Abgleich der Leistungswahrnehmung des Kunden und seinen Erwartungen an eine Leistung.

Im Vergleich zur Einstellung ist festzustellen, dass Kundenzufriedenheit erst nach der Nutzung einer Dienstleistung vorliegen kann. Der Kundenzufriedenheit kommt im Dienstleistungsmarketing besondere Bedeutung zu, da ihr Einfluss auf das Kaufverhalten, das heißt die Kundenbindung, unbestritten ist.

> Im Rahmen der Pilotstudie zum **Schweizerischen Kundenbarometer SWICS** (Bruhn 1998a; Bruhn/Murmann 1998) wurde die Kundenzufriedenheit in insgesamt 20 Branchen aus den Wirtschaftsbereichen Handel, Tourismus/Transport, Gastgewerbe, Telekommunikation, Finanz-dienstleistungen und Gesundheitswesen gemessen. Bei der kausalanalytischen Auswertung des SWICS-Modells wurde unter anderem der Zusammenhang zwischen Kundenzufriedenheit und Kundenbindung untersucht. Hierbei wurde festgestellt, dass in 15 der 20 Branchen der Ein-fluss der Kundenzufriedenheit auf die Kundenbindung im Kausalmodell einen Wirkungskoeffi-zienten von mehr als 0,6 aufwies.

▮ Lernen

> **Lernen** bezeichnet die systematische Änderung des Verhaltens aufgrund von Erfah-rungen und ist daher zwischen Informationsverarbeitung und -speicherung angesie-delt (Kroeber-Riel/Weinberg 1999).

Wird ein Dienstleistungsnachfrager wiederholt in seinen Erwartungen an die Dienstleis-tung enttäuscht (zum Beispiel Service an Bord einer bestimmten Fluggesellschaft), kann dies dazu führen, dass er künftig einen anderen Leistungsanbieter auswählt. Gerade im Dienstleistungsbereich stellen die **bisherigen Erfahrungen** eines Kunden einen wesent-lichen Kaufentscheidungsgrund bezüglich eines Dienstleistungsanbieters dar (Murray 1991, S. 10ff.). Aufgrund der Kaufverhaltensrelevanz der bisherigen Erfahrungen kommt dem Qualitätsmanagement für Dienstleistungen (vgl. Kapitel 5) eine besondere Rolle zu, ebenso wie dem Beschwerdemanagement (vgl. Kapitel 6) für den Fall, dass die bisherigen Erfahrungen eines Kunden mit einem Anbieter nicht seinen Erwartungen entsprechen.

1.313 Persönlichkeitsdeterminanten

Im allgemeinen Sprachgebrauch umfasst die **Persönlichkeit** eine bei jedem Menschen einzigartige, relativ stabile und den Zeitablauf überdauernde verhaltensrelevante Disposition. In diesem Sinne können Persönlichkeitsmerkmale als dauerhafte Muster der aktivierenden und kognitiven Verhaltensdeterminanten eines Individuums bezeichnet werden. Die Persönlichkeit stellt somit den Grundrahmen dar, innerhalb dessen die grundsätzlichen Prädispositionen zum Konsumentenverhalten, wie **Involvement und wahrgenommenes Kaufrisiko,** zu analysieren sind (Meffert 1992a).

■ Involvement

> **Involvement** bezeichnet den Grad der Ich-Beteiligung oder das Engagement einer Person, sich für bestimmte Sachverhalte oder Aufgaben zu interessieren und einzusetzen (Kroeber-Riel/Weinberg 1999).

Damit stellt das Involvement den inneren Zustand einer Person dar, der in Abhängigkeit der Relevanz beim Individuum unterschiedliche Wirkungen auf Informationsaufnahme, -verarbeitung und -speicherung auslöst. Da Dienstleistungen sich in hohem Maße durch Experience und Credence Qualities auszeichnen, kann von einem tendenziell höheren Involvement bei der Nachfrage nach Dienstleistungen als bei der Nachfrage nach Gütern ausgegangen werden. Diese These wird auch durch die gegenüber dem Produktbereich intensivere Informationssuche vor und nach dem Kaufabschluss unterstützt (Zeithaml 1991, S. 41f.).

> Das Involvement eines Dienstleistungskunden kann sich auf verschiedene Objekte beziehen. Beispielhaft können bei **Bankkunden** vier Involvement-Arten differenziert werden: Dienstleistungs-, Kauf-, Unternehmens- und Berater-Involvement. Das Dienstleistungs-Involvement gibt die Wichtigkeit von Bankleistungen für den Kunden an. Das Kauf-Involvement betrifft die Auseinandersetzung mit den Leistungen verschiedener Banken im Rahmen des Kaufentscheidungsprozesses. Unter dem Unternehmens-Involvement wird unter anderem die Bevorzugung einer bestimmten Bank verstanden. Schließlich bringt das Berater-Involvement die Bindung zum Kundenberater der Bank zum Ausdruck (Watzlik 1995).

■ Wahrgenommenes Risiko

> Unter **wahrgenommenem Risiko** werden die als nachteilig empfundenen Folgen des Verhaltens verstanden, die vom Konsumenten nicht vorhersehbar sind (Meffert 1992a, S. 260ff.; Kroeber-Riel/Weinberg 1999).

Das wahrgenommene Risiko stellt eine vielfach untersuchte Größe im Dienstleistungsmarketing dar (Lutz/Reilly 1973, S. 393ff.; Murray 1991, S. 10ff.). Das Risikoempfinden variiert von Person zu Person und ist darüber hinaus im Zeitablauf Schwankungen ausgesetzt. Dienstleistungen zeichnen sich aufgrund ihrer Eigenschaften (Immaterialität, Schwierigkeit des Wettbewerbsvergleiches vor Inanspruchnahme, beschränkte Standardisierbarkeit, Abhängigkeit des Leistungsergebnisses von der Integration des externen Faktors, insgesamt schwierige Beurteilung) durch ein höheres Risiko im Vergleich zu Sachgütern aus (Fryar 1991, S. 53ff.; Zeithaml 1991, S. 43ff.; Friedman/Smith 1993, S. 47ff.).

Auch wenn bei Dienstleistungskunden generell ein höheres wahrgenommenes Risiko als bei Sachgüterkunden konstatiert werden kann, bestehen weiterhin Unterschiede im wahrgenommenen Risiko im Hinblick auf **unterschiedliche Dienstleistungsarten**. In diesem Zusammenhang wurde eine empirische Studie in den Bereichen Einzelhandel, Fitnessclubs, Fast Food und Gesundheitswesen durchgeführt. Hierbei wurde festgestellt, dass das wahrgenommene Risiko bei der Inanspruchnahme von Gesundheitsleistungen am höchsten ist, während Konsumenten im Einzelhandel ein geringeres Risiko als in den anderen drei Bereichen wahrnehmen (Brand/ Cronin 1997).

1.32 Interpersonale Variablen

Die bisherigen Ausführungen bezogen sich auf das Individuum als Träger der Kaufentscheidung bei Dienstleistungen. Da der Konsument mit seiner Umwelt in Beziehung steht und komplexe Reize aus seiner Umwelt auf ihn einwirken, werden im Folgenden **Gruppeneinflüsse und die Mund-zu-Mund-Kommunikation** als Determinanten des Kaufverhaltens bei Dienstleistungen untersucht.

■ Gruppeneinflüsse

Als **Gruppe** bezeichnet man Personen, die interaktiv miteinander in Beziehung stehen. Zur Gruppenbezeichnung können Merkmale, wie Zusammengehörigkeitsgefühl (eigene Identität), soziale Ordnung, Einhalten bestimmter Verhaltensnormen sowie gemeinsame Werte und Ziele herangezogen werden (Kroeber-Riel/Weinberg 1999).

Durch die Zugehörigkeit eines Einzelnen zu einer Gruppe orientiert sich das Individuum an den übrigen Gruppenmitgliedern. Diese Orientierung kann sich sowohl auf Verhaltensweisen der anderen Gruppenmitglieder als auch auf gemeinsame Entscheidungsprozesse im Rahmen kollektiver Kaufentscheidungen beziehen.

Im Folgenden sollen die von Bezugsgruppen und Familien ausgehenden Gruppeneinflüsse auf das Kaufverhalten bei Dienstleistungen erläutert werden. **Bezugsgruppen** sind alle Gruppen oder Personen, mit denen das Individuum sich identifiziert (Schule, Partei, Verein usw.). Den Bezugsgruppen kommt zunächst eine **normative Wirkung** zu, da bei Erreichen der Bezugs-gruppennorm (zum Beispiel bestimmtes Handicap im Golf) die Anerkennung durch die Be-zugsgruppe beziehungsweise bei Nichterreichen die Strafe (Entzug der „Platzreife" im Golf) erfolgt. Die normative Funktion wird häufig begleitet von einer **Vergleichsfunktion**. Die Wert-vorstellungen, Konsumniveaus und Verbrauchsgewohnheiten anderer dienen als Vergleichs-maßstab für das eigene Verhalten. Daher ist bei der Dienstleistungserstellung vor allem auf die Beobachtbarkeit des Dienstleistungsvollzugs und damit auf ihre demonstrative Wirkung zu achten. Beispiele sind:
– Spielkasino: Bezugsgruppe der „Wohlhabenden",
– Spektakuläre Sportart: Bezugsgruppe „aktive Sportler" (Drachenfliegen).

Für den Dienstleister besteht die Möglichkeit, sein **Angebot explizit bezugsgruppenorien-tiert** auszurichten (zum Beispiel Angebot von Traveller-, Junior- und Seniorenpass durch die Bundesbahn; Angebot gesunder Kost in Vollwertrestaurants). Die Inanspruchnahme der Dienstleistung kann wiederum zur Erfüllung der Bezugsgruppennorm beitragen. Die Familie unterscheidet sich von anderen Primärgruppen (zum Beispiel Freundeskreis) durch eine genau beschriebene Rollenstruktur sowie durch die Qualität der Beziehungen zwischen den Familien-mitgliedern (in der Regel ausgeprägtes Zusammengehörigkeitsgefühl). Für Dienstleistungsan-bieter stellt sich die Frage, welchen **Einfluss Familienmitglieder auf den Kaufentschei-dungsprozess,** zum Beispiel bezüglich des gemeinsamen Urlaubs, nehmen. Für die Dienstleis-tungserstellung muss der Dienstleistungsanbieter (zum Beispiel der Reiseveranstalter) die Gruppenstruktur untersuchen und zum Gegenstand entsprechender Maßnahmen machen (zum Beispiel Kontaktperson des Dienstleistungsanbieters offeriert dem Familienvater preisliche Angebote für einen Cluburlaub; der Mutter werden die Vorzüge des Kinderdorfes innerhalb des Clubs vergegenwärtigt).

Mund-zu-Mund-Kommunikation

Neben der persönlichen und unpersönlichen Kommunikation – auch im Rahmen der Leistungserstellung – (vgl. hierzu die Ausführungen im Kapitel 6) werden beim Dienstleistungskauf personenbezogene Informationsquellen in Form von Mund-zu-Mund-Kommunikation intensiv genutzt. Unter **Mund-zu-Mund-Kommunikation** wird die in unterschiedlichem Maße zweckorientierte Übermittlung von unterneh-mens- oder leistungsspezifischen Informationen und Bedeutungsinhalten durch Kunden eines Dienstleistungsunternehmens mit der Folge der Beeinflussung von Meinungen, Einstellungen, Erwartungen und Verhaltensweisen der Adressaten ver-standen (Bruhn 1998b).

Die Bedeutung der Mund-zu-Mund-Kommunikation für das Kaufverhalten ist auf folgende empirisch ermittelte **Gründe** zurückzuführen (Murray 1991, S. 1ff.):

■ Personenbezogene Informationsquellen (zum Beispiel Freunde, Experten) können von eigenen Erfahrungen mit der Dienstleistung berichten und sind daher besonders glaubwürdig.

■ Viele Dienstleistungsanbieter sind lokalspezifisch angebunden und verfügen weder über ausreichende Erfahrung noch über das notwendige Budget für eine entsprechende Werbung.

■ Da der Konsument oftmals nur einen unzureichenden Überblick über das Angebot in einem Dienstleistungsbereich hat (zum Beispiel Kreditkarten), ist er unsicher im Hinblick auf die zu treffende Anbieterwahl. Der Word-of-Mouth-Erfahrungsaustausch zeichnet sich gegenüber anderen Informationsquellen (zum Beispiel Massenmedien) neben erhöhter Glaubwürdigkeit (Vertrauensgutcharakter der Dienstleistung) auch durch eine stärkere Problemorientierung aus (Zeithaml 1991, S. 41f.).

Im Hinblick auf die **Bedeutung der Mund-zu-Mund-Kommunikation** im Dienstleistungsbereich können die Ergebnisse von 120 Tiefeninterviews mit Nutzern verschiedener Dienstleistungen (zum Beispiel Steuerberater, Autoreparaturwerkstatt, Rechtsanwalt, Friseur) herangezogen werden. In 71 Fällen gaben die Befragten an, den entsprechenden Anbieter ausschließlich aufgrund von Empfehlungen durch Freunde oder Bekannte gewählt zu haben (Gremler 1994).

2. Besonderheiten der Marktforschung im Dienstleistungsbereich

Auch im Rahmen des Dienstleistungsmarketing ist die planmäßige Erforschung des Marktes Voraussetzung für ein zielgerichtetes Marketing. Ebenso wie im Konsumgüter- und Industriegütermarketing stellt die Marktforschung für ein Dienstleistungsunternehmen ein Instrument zur Fundierung absatzpolitischer Entscheidungen dar, mit dem Chancen und Risiken aufgedeckt werden sollen. Strategischer Informationsbedarf besteht bezüglich der Umwelt- und Umfeldentwicklung sowie der Auswirkungen alternativer Marktbearbeitungsstrategien. Informationsbedarf zur Unterstützung operativer Entscheidungen bezieht sich auf Möglichkeiten eines verbesserten, das heißt effektiveren Einsatzes des Marketinginstrumentariums.

2.1 Aufgaben der Marktforschung im Dienstleistungsbereich

> Die **Marktforschung** eines Dienstleistungsunternehmens dient der Analyse des Kundenverhaltens, der Wirkung von Marketingaktivitäten des Dienstleistungsanbieters sowie dessen innerbetrieblichen Sachverhalten.

Grundsätzlich lassen sich die **Aufgaben der Marktforschung** in Dienstleistungsunternehmen wie folgt beschreiben (Meffert 1992a, S. 17):

- Die Marktforschung sorgt dafür, dass Risiken frühzeitig erkannt und abgeschätzt werden können (Frühwarnfunktion).

- Sie trägt dazu bei, dass Chancen und Entwicklungen aufgedeckt und antizipiert werden können (Innovationsfunktion).

- Sie trägt im willensbildenden Prozess zur Unterstützung der Arbeit der Unternehmensführung bei (Intelligenzverstärkerfunktion).

- Sie trägt in der Phase der Entscheidungsfindung zur Präzisierung und Objektivierung der Sachverhalte bei (Unsicherheitsreduktionsfunktion).

- Sie fördert das Verständnis bei der Zielvorgabe und die Lernprozesse in der Unternehmung (Strukturierungsfunktion).

- Sie sorgt dafür, dass aus der umweltbedingten Informationsflut die für die unternehmerischen Ziel- und Maßnahmenentscheidungen relevanten Informationen selektiert und aufbereitet werden (Selektionsfunktion).

Während sich bei diesen generellen Aufgaben keine Unterschiede zwischen der Markt-forschung im Dienstleistungs- und Produktbereich ergeben, ist bei der Betrachtung spezifischer Aufgabeninhalte unter Berücksichtigung der Besonderheiten von Dienst-leistungen eine Reihe von Schwerpunkten herauszustellen, die sich aus der Relevanz der Leistungsfähigkeit des Anbieters, der Integration des externen Faktors sowie der Immate-rialität ergeben. Die daraus entstehenden Bewertungsunsicherheiten der potenziellen Nachfrager aufzudecken, muss Aufgabe der Marktforschung im Dienstleistungssektor sein (vgl. Abbildung 3-5).

Abbildung 3-5   Besonderheiten der Dienstleistungsmarktforschung

Besonderheiten von Dienstleistungen	Schwerpunkte in der Marktforschung
Notwendigkeit der Leistungsfähigkeit des Anbieters	■ Analyse der Mitarbeiterfähigkeiten ■ Analyse der Mitarbeitermotivation
Integration des externen Faktors	■ Standortforschung ■ Analyse des Interaktionsverhaltens interner und externer Faktoren ■ Analyse des Integrationsverhaltens des externen Faktors
Immaterialität (Nichlagerfähigkeit, Nichttransportfähigkeit)	■ Analyse des Kundenverhaltens (Nachfragehöhe, Nachfrageschwankungen, Öffnungszeiten) ■ Analyse von Kundenzufriedenheit und Image ■ Beschwerdeanalysen

GABLER
GRAFIK

Die Notwendigkeit der **Leistungsfähigkeit** eines Dienstleistungsanbieters und somit vor allem seiner Mitarbeiter impliziert die Analyse der **Mitarbeiterfähigkeiten** und der **Mit-arbeitermotivation** durch die Marktforschung. Hierbei ist die Angemessenheit dieser beiden Größen zur Erstellung der Dienstleistungen gemäß den Kundenanforderungen und Leistungsspezifikationen des Anbieters zu untersuchen. Die entsprechenden Analy-seergebnisse repräsentieren Ansatzpunkte für Maßnahmen der Personalpolitik (vgl. hier-zu die Ausführungen in Kapitel 6).

Ferner lassen sich spezifische Problemstellungen für die Marktforschung eines Dienst-leistungsunternehmens aufgrund der **Integration des externen Faktors** herausstellen. In diesem Zusammenhang sind die Standortforschung sowie Analysen des Interaktions- und Integrationsverhaltens einzusetzen.

Bei standortgebundenen Dienstleistungsunternehmen kommt durch die Notwendigkeit der Integration des externen Faktors der **Standortforschung** eine zentrale Bedeutung zu. Gerade bei Dienstleistungen mit hoher Bedarfshäufigkeit (Banken, Postdienste, Handel) hat die schnelle Erreichbarkeit besondere Relevanz für die vom Kunden wahrgenommene Dienstleistungsqualität. Im Rahmen von Standortanalysen sind Informationen über Standortpräferenzen der Konsumenten, Bedarf, Konkurrenz, Einkommen, Verkehrsanbindung, Größe des Einzugsgebietes usw. bereitzustellen. Bei Dienstleistungsunternehmen, die Versorgungs- (zum Beispiel Essen auf Rädern, Energieversorgungsunternehmen), Sicherheits- (zum Beispiel Polizei, Feuerwehr) oder technische Kundendienstleistungen anbieten, stellt sich die Standortproblematik aus einem anderen Blickwinkel dar. In der Regel kommt bei diesen Diensten der Dienstleistungsabnehmer nicht zum Dienstleistungsersteller, sondern der Dienstleistungsersteller erbringt seine Leistung **vor Ort beim Kunden**. Somit kommt es bei der Standortwahl dieser Unternehmen darauf an, ein möglichst dichtes Netz von Standorten aufzubauen, um die Dienstleistungen möglichst schnell erbringen zu können. Hierbei spielt die Analyse der räumlichen Verteilung der Dienstleistungsnachfrager, die Verkehrsanbindung und das gegenwärtige Distributionsnetz eine große Rolle.

Unterstützende **Verfahren für die Standortentscheidung** sind Scoringmodelle, die Analogmethode und unterschiedliche Ausgestaltungen von Gravitationsmodellen. Scoringmodelle und Analogmethode sind in der betrieblichen Praxis bereits weit verbreitet.

Scoringverfahren spielen bei der Regionensuche, der Standortbewertung und auch für die Frage nach der besten alternativen Geschäftslage eine Rolle. Punktbewertungen von Standortfaktoren können also auf verschiedenen Ebenen der Standortentscheidung angewendet werden. In das Scoringmodell werden nur diejenigen Faktoren aufgenommen und bewertet, die für die Standortentscheidung relevant sind, das heißt Erlös- und Kostenkonsequenzen nach sich ziehen.

In dem Verfahren werden allgemeine und/oder unternehmensspezifische Standortfaktoren gesucht und in Zeilen einer Tabelle eingestellt. Die Spalten der Tabelle werden von allen gegeneinander zu bewertenden Standorten besetzt. Bei der Evaluierung der relevanten Faktoren werden in der Regel keine aufwendigen statistischen Erhebungsverfahren zur Anwendung gebracht. Man stützt sich bei der Auswahl der relevanten Faktoren auf die Urteile von Experten, also erfahrenen Planern der jeweiligen Branche.

In der ersten Spalte wird die Wichtigkeit eines jeden Merkmals für den Erfolg in Prozentwerten festgehalten. In der zweiten Spalte wird die Merkmalsausprägung mit Punkten bewertet. Die Wichtigkeit multipliziert mit der Ausprägung eines Merkmals ergibt den Gesamtpunktwert pro Merkmal in Spalte drei. Die Gesamtpunktwerte der einzelnen Merkmale werden für jeden der in die Bewertung integrierten Standorte aufaddiert. Die so ermittelten Punktwerte pro Standort ergeben eine Reihenfolge der Vorziehenswürdigkeit. Es wird der Standort mit der höchsten Punktzahl ausgewählt.

Nachteil des Verfahrens ist, dass die Einschätzung von Sachverhalten durch Personen vorgenommen wird, die damit nur indirekt konfrontiert sind. Darüber hinaus kann die

Vollständigkeit und die relative Gewichtung der Merkmale in einem Standortfaktorenkatalog niemals sichergestellt werden. Die Faktoren können sich inhaltlich überschneiden, was eine Verzerrung der Bewertung zur Folge hat. Schließlich sind Scoringmodelle nicht in der Lage, Umsatzprognosen zu liefern, die eine Entscheidung für einen Standort ökonomisch rechtfertigen.

Dennoch finden Scoringmodelle in der Praxis breite Anwendung. Dies hängt mit dem **Vorteil** der Flexibilität und Einfachheit in der Handhabung der Verfahren zusammen. Verschiedene Planungsebenen müssen nicht durchlaufen werden, vielmehr kann ein Urteil über die Güte eines Standortes im Vergleich zu anderen in einem Bewertungsansatz gebildet werden. Von zentraler Bedeutung ist, sich Gedanken darüber zu machen, welche Standortfaktoren Erfolg versprechend sind. Die Folge ist ein schärferes Problembewusstsein für die Aufgabe, einen Investitionsstandort zu wählen.

Mit der **Analogmethode** wird das Ziel verfolgt, für eine Angebotsform an einem bestimmten Standort das Umsatzpotenzial zu prognostizieren. Prognosebasis sind bereits bestehende Angebots-Standort-Kombinationen, die eine Analogie zu der spezifischen Angebots-Neustandort-Situation aufweisen.

Bei der Analogmethode ist es unverzichtbar, eine grundlegende Analogie zwischen dem Vergleichsstandort und dem geplanten Neustandort anhand umsatzrelevanter externer und interner Unternehmensfaktoren systematisch zu prüfen. In Frage kommen beispielsweise Geschäftscharakteristika, Konsumentencharakteristika (Einkaufs- beziehungsweise Nutzungsverhalten) und das Konkurrenzniveau.

Ist ein anhand dieser Merkmale vergleichbares Unternehmen gefunden, wird dieses als Prognosebasis herangezogen. Es wird zunächst der gesamte Wochenumsatz des Referenzunternehmens festgestellt und anschließend die Zusammensetzung der Kunden in Bezug auf deren Wohnort und die wohnortspezifischen Umsatzdaten ermittelt. Diese Umsätze werden definierten Entfernungszonen des Standortes zugeordnet. Aus der Bevölkerungsstatistik lässt sich die Anzahl der Kunden pro Entfernungszone feststellen und der durchschnittliche Umsatz pro Entfernungszone errechnen.

Das zentrale **Problem** dieser Methode liegt darin, dass an zwei verschiedenen Standorten kaum analoge Bedingungen zu finden sind. Insbesondere die Konkurrenzsituation, das Käuferverhalten und die Infrastruktur müssen als individuelles Standortspezifikum angenommen werden. Die Analogmethode liefert zwar Umsatzprognosen, leidet aber darunter, dass kaum vergleichbare Bedingungen an unterschiedlichen Standorten vorliegen und damit die Umsatzprognose unpräzise wird. Der **Vorteil** dieses Verfahrens liegt in der Prognose eines konkreten Zielwertes, dem Umsatz beziehungsweise Umsatzpotenzial. Ferner werden auch unternehmensinterne Faktoren ins Kalkül gezogen, weshalb die Analogmethode als weiterführender Ansatz bezeichnet werden kann und im Gegensatz zum vielfältig einsetzbaren Checklisten-Verfahren ein standorttypisches Planungsmodell darstellt.

Neuere Modelle, die derzeit aber noch kaum Anwendung in der Praxis finden, sind die so genannten **Gravitationsmodelle**, von denen insbesondere die probabilistischen Modelle für die Standortentscheidung von Dienstleistungsunternehmen geeignet sind (Woratschek

2001b). Gravitationstheoretische Ansätze basieren auf der Idee, formaltheoretische Ansätze aus der Physik auf einen ökonomischen Gegenstand zu übertragen. Die theoretische Überlegung, die dem Gravitationsgesetz zugrunde liegt, besteht in der Annahme, dass die Interaktion zwischen Menschen an einem Wohnort i und einem Standort j davon abhängt, welche Anziehungswirkungen beide Orte ausüben und welche Entfernung zwischen diesen überwunden werden muss (vgl. Reilly 1931). Die Interaktion ist demnach eine Resultante aus anziehenden (Attraktivität) und abstoßenden Kräften (Distanz).

Zur Bewertung der ökonomischen Güte von Standorten wird in probabilistischen Modellen die Wahrscheinlichkeit bestimmt, mit der die Bewohner der Orte i (i = 1 bis m) alternative Einkaufsorte aufsuchen. Die Wahrscheinlichkeit hängt proportional von der Attraktivität und umgekehrt proportional von der Distanz zwischen Wohnort des Kunden und Standort des Dienstleisters ab. Die Attraktivität eines Standortes wird über die Verkaufsfläche operationalisiert. Die Distanz wird nicht als räumliche, sondern als zeitliche Distanz gemessen (Huff 1964).

Die probabilistischen Gravitationsmodelle ermöglichen genauere Umsatzprognosen, da sie für alternative Standorte sowohl „anziehende" als auch „abstoßende" Kräfte modellieren. Auf Basis der in diesen Modellen ermittelten Interaktionswahrscheinlichkeiten können Umsatzpotenziale geschätzt werden, die denjenigen der Analogmethode überlegen sind.

Zur Steuerung einer zielgerichteten Betreuung des Kunden während des Dienstleistungserstellungsprozesses (zum Beispiel Angst eines Patienten vor einer Operation; kundengerechte Auswahl von Gesprächsthemen beim Friseur) sind **Analysen der Interaktionsprozesse zwischen internen und externen Kontaktsubjekten** vorzunehmen. Die Marktforschung kann hier Daten über das Konsumentenverhalten, die Kaufprozesse und über das Verwendungsverhalten der Dienstleistungsnehmer bereitstellen. Dabei geht es unter anderem auch darum, Aufschluss über das (Fehl-)Verhalten des Kontaktpersonals des Dienstleistungsunternehmens zu gewinnen.

Beispielsweise zeigte sich bei einem **Versicherungsunternehmen,** das in den Markt der Baufinanzierung einsteigen wollte, im Rahmen von Testberatungsgesprächen mit den Außendienstmitarbeitern ein äußerst geringes Engagement beim Verkauf dieser neuen Dienstleistung. Dies manifestierte sich insbesondere darin, dass die Beratung für die Bausparverträge stark gekürzt wurde und eine Bedürfnisermittlung, Bedarfsweckung und -stabilisierung gegenüber dem Dienstleistungskonsumenten kaum stattfand. Neben der Beobachtung führte eine anschließende Befragung des Kontaktpersonals zum Ergebnis, dass das neue Dienstleistungsprodukt als „versicherungsfremd" und als „nicht ausgereift" abgewertet wurde. Dieses Beispiel zeigt deutlich, dass eine Analyse der Interaktionsprozesse wichtige Erkenntnisse über die Verhaltensweisen sowohl der externen als auch der internen Kontaktsubjekte erkennen lässt.

Dem **Integrationsverhalten** von Dienstleistungsnachfragern ist im Rahmen der Marktforschung ebenfalls große Bedeutung beizumessen. Im Mittelpunkt steht die Integrationsintensität, mit der der Dienstleistungskonsument am Erstellungsprozess beteiligt ist (zum Beispiel Beteiligung der Teilnehmer an einem Sprachkurs) oder beteiligt werden kann. Diese Informationen sind von besonderer Bedeutung für die mögliche Übertragung von Dienstleistungsfunktionen auf den externen Faktor. Weiterhin sei auf die bei verschiedenen Dienstleistungen entweder in Kauf genommene (zum Beispiel Kinobesuch) oder bewusst gestaltete Interaktion (zum Beispiel Tanzkurs) von verschiedenen externen Faktoren beziehungsweise Personen hingewiesen. Die Qualität dieser Interaktionsprozesse hat mitunter erhebliche Auswirkungen auf die vom Konsumenten wahrgenommene Servicequalität (vgl. auch die Ausführungen in Kapitel 5).

Im Rahmen der Marktforschung resultiert aus der **Immaterialität von Dienstleistungen** der Einsatz von Analysen des Kundenverhaltens, Image- und Zufriedenheitsanalysen sowie Beschwerdeanalysen.

Insbesondere aufgrund der Nichtlagerfähigkeit ist im Rahmen der Marktforschung eines Dienstleistungsunternehmens die **zeitliche Nachfrageverteilung** zu untersuchen (**Kundenfrequenzanalysen**). Zur Prognose von Nachfrageschwankungen und der Nachfragehöhe einzelner Kunden ist das Kundenverhalten zu untersuchen. Darüber hinaus stellt auch die Kenntnis der günstigsten Öffnungszeiten für einen Dienstleistungsanbieter eine wichtige Information zur Planung der Dienstleistungskapazitäten dar.

Weiterhin gilt es, im Rahmen der Marktforschung aufgrund der Simultaneität von Dienstleistungsproduktion und -konsum spezifische **Analysen der Kundenzufriedenheit und des Images** durchzuführen. Diese beiden Größen lassen sich zum einen als Indikatoren für das zukünftige Kaufverhalten potenzieller (nur Image) und aktueller Kunden heranziehen. Zum anderen liefern diese Analysen Ansatzpunkte für den Einsatz des Marketinginstrumentariums zur Erhöhung der Kundenzufriedenheit und Verbesserung des Images.

Eng verbunden mit der Analyse der Kundenzufriedenheit sind **Beschwerdeanalysen**. Zunächst können auf diese Weise unzufriedene Kunden identifiziert und durch entsprechende Maßnahmen (vgl. zum Beschwerdemanagement die Ausführungen im Kapitel 6) nachträglich zufrieden gestellt werden. Weiterhin können anhand von Beschwerdeanalysen systematische Leistungserstellungsfehler festgestellt werden, die bei Leistungsinnovationen und -verbesserungen zu berücksichtigen sind.

2.2 Methoden der Marktforschung im Dienstleistungsbereich

Vor der eigentlichen Datenerhebung und deren Auswertung ist einem Marktforschungsprojekt ein exploratives Design vorzuschalten. Diese Phase stellt eine Vorstudie dar und hilft, das Entscheidungs- und Marktforschungsproblem zu präzisieren. Diesem explorativen Design kommt in der Dienstleistungsmarktforschung ein hoher Stellenwert zu. In dieser Phase werden zum Beispiel Geschäftsprozesse, die Gegenstand des Forschungsvorhabens sind, in ihre Einzelaktivitäten zerlegt (zum Beispiel mittels der Blueprinting-

Technik, vgl. dazu Kapitel 5), um Fragestellungen konkreter Problembereiche zu entwerfen. Diese werden dann im Rahmen der Hauptstudie mittels Befragung, Beobachtung oder Experiment an den Probanden untersucht.

Im Hinblick auf die **Methoden der Marktforschung** eines Dienstleistungsunternehmens kann entsprechend der Art der Durchführung der Informationsgewinnung zwischen Sekundär- und Primärforschung differenziert werden (vgl. Abbildung 3-6).

> Bei der **Sekundärforschung** ist das Informationsmaterial gegeben und dem Untersuchungszweck entsprechend auszuwerten. Hierbei können sowohl externe als auch interne Informationsquellen herangezogen werden.

Als unternehmensexterne Informationsgrundlagen können zum Beispiel Branchenstatistiken herangezogen werden, interne Daten sind zum Beispiel Kundendateien und Datenbankrecherchen. Bei nur einmaliger Auswertung dieser Daten wird eine Querschnittsanalyse vorgenommen, bei wiederholter Erhebung wird der Längsschnitt betrachtet (vgl. Böhler/Hempe 2001, S. 269).

Das Kontaktpersonal eines Dienstleistungsanbieters bildet eine unternehmensinterne Quelle für kundenbezogene Informationen, die regelmäßig auszuwerten sind. Vor allem, wenn die Dienstleistungserstellung vor Ort beim Kunden vorgenommen wird, lassen sich Informationen gewinnen, die zum Beispiel im Rahmen von **Besuchsberichten** dokumentiert werden sollten. Diese Informationen über spezifische Bedürfnisse des Kunden können Anregungen zu Leistungsverbesserungen und -neuentwicklungen liefern.

Weiterhin repräsentieren **Beschwerdestatistiken** eine zentrale Sekundärquelle in der Dienstleistungsmarktforschung. Zu den hierbei zu erfassenden Beschwerdeinformationen können Beschwerdeinhaltsinformationen (zum Beispiel Art des Beschwerdeproblems, Stammdaten des Kunden, Ausmaß der Verärgerung des Kunden) und Beschwerdebearbeitungsinformationen (zum Beispiel Zeitpunkt der Entgegennahme, Beschwerdeweg, Adressat der Beschwerde) unterschieden werden (Stauss/Seidel 2002). Zur Erfassung dieser Beschwerdeinformationen ist jedoch eine konsequente Beschwerdestimulierung (zum Beispiel telefonische Hotline, Beschwerde-Website im Internet, direkte Ansprache durch Kundenkontaktmitarbeiter) umzusetzen.

Die Sekundärforschung stellt in erster Linie so genannte Ausgangsinformationen zur Verfügung, die durch eine anschließende **Primärforschung** weiter vertieft werden können.

Abbildung 3-6   **Methodeneignung für Marktforschungsschwerpunkte im Dienstleistungsbereich**

Methode / Analysegegenstand	Sekundärforschung		Primärforschung						
			Individuumsbezogen				Marktbezogen		
	Besuchsbericht	Beschwerdestatistik	Kundenbefragung	Mitarbeiterbefragung	Beobachtung	Experiment	Zeit-Distanz-Methode	Marktstrukturanalyse
Kundenverhalten	+	–	+	–	–	–	–	–
Kundenzufriedenheit/Image	+	+	++	–	–	+	–	–
Beschwerden	+	++	–	–	–	–	–	–
Mitarbeiterfähigkeiten	–	+	+	+	+	–	–	–
Mitarbeitermotivation	–	+	+	+	+	–	–	–
Standort	–	–	+	–	+	–	++	++
Interaktionsverhalten	+	+	+	+	+	+	–	–
Integrationsverhalten	+	+/–	+	+	+	+	–	–

Legende: ++ = sehr geeignet, + = (unterstützend) geeignet, – = nicht geeignet

Data Warehouse

GABLER GRAFIK

> Bei der **Primärforschung** werden speziell für bestimmte Problemstellungen des Dienstleistungsmarketing individuums- und marktbezogene Erhebungen durchgeführt.

Im Rahmen von **individuumsbezogenen Erhebungen** werden Informationen in disaggregierter Form auf der Ebene eines einzelnen Individuums erfasst, die zur umfassenden Analyse aggregiert werden. Hierzu lassen sich Befragungen, Beobachtungen und Experimente einsetzen. Sowohl die Befragung als auch die Beobachtung dienen in erster Linie der Tatsachenermittlung, während Experimente Ursache-Wirkungs-Zusammenhänge aufdecken sollen.

Im Dienstleistungsmarketing nehmen **Befragungen,** bei denen Kunden- und Mitarbeiterbefragungen differenziert werden können, einen besonders hohen Stellenwert ein, weil sie aus **Kundensicht** zur Ermittlung des Dienstleistungsimages, der Dienstleistungsqualität und zur Erfassung der Kundenzufriedenheit eingesetzt werden können. Zu beachten ist hier allerdings, dass bei Dienstleistungen, in deren Erstellungsprozess sich der Kunde als externer Faktor einbringen muss, der Konsument mitunter geneigt ist, Erstellungsfehler auf seine eigene Person zurückzuführen (Hill 1986, S. 310ff.). Da derartige Effekte bei Konsumenten unterschiedlich stark ausgeprägt sind, kann es insbesondere im Bereich automatisierter Dienstleistungen zu heterogenen Befragungsergebnissen kommen.

Während in der Konsumgütermarktforschung für Längsschnittanalysen diverse Panels zur Verfügung stehen, werden in der Dienstleistungsmarktforschung periodisch wiederkehrende Kundenbefragungen durchgeführt.

Weiterhin können aus **Mitarbeitersicht** nicht nur Mitarbeiterfähigkeiten und die Mitarbeitermotivation sowie hiermit in Zusammenhang stehende Größen (zum Beispiel Mitarbeiterzufriedenheit) gemessen, sondern auch die Kundeninteraktionen aus Perspektive der Mitarbeiter beurteilt werden. Aufgrund des direkten Kontaktes von Dienstleister und Dienstleistungsabnehmer bei der Erbringung von personenorientierten Diensten ergibt sich für Mitarbeiter die Möglichkeit, detaillierte Kundendaten zu erhalten und ein differenziertes Wissen über Kundenanforderungen aufzubauen. Zur systematischen Nutzung dieser Informationen müssen die Mitarbeiter jedoch nicht nur zur Aufnahme dieser Informationen motiviert, sondern auch im Hinblick auf ihre Wahrnehmung befragt werden.

> Beispielhafte Informationen, die **Mitarbeiter im Kundenkontakt** durch Befragungen von Kunden generieren können:
> – Besteht eine intensive Kundenbindung (regelmäßiger Besuch des Kunden)?
> – Ist der Kunde mit der Dienstleistung zufrieden (Äußerungen der Kunden nach der Dienstleistungserstellung, zum Beispiel beim Friseur, Arzt, im Restaurant)?
> – Welche Optionen/Ansätze bestehen, die Dienstleistung aus Kundensicht zu verbessern?
> – Benötigt der Konsument noch weitere Dienstleistungen?
> – Wann wird der Kunde die nächste Dienstleistung in Anspruch nehmen?

Grundsätzlich können sowohl bei Kunden- als auch bei Mitarbeiterbefragungen drei **Arten von Befragungen** unterschieden werden:

1. Persönliche Befragung (zum Beispiel Zufriedenheit der Kunden mit den Leistungen einer Bank),

2. Schriftliche Befragung (zum Beispiel Beurteilungskarten im Hotel),

3. Telefonische Befragung

   – automatischer Art (zum Beispiel TED-Umfrage im Fernsehen),
   – nichtautomatischer Art (zum Beispiel telefonisches Interview),

4. Online-Befragung (zum Beispiel Kundendienstumfragen bei EDV-Anwendern).

Beim **persönlichen Interview** ist ein unmittelbares Feedback möglich. Allerdings ist diese Erhebungsmethode sehr kostenintensiv, und es ist die Gefahr suggestiver Beeinflussungen durch den Interviewer gegeben. Häufig werden kurz nach dem Dienstleistungserstellungsprozess Zufriedenheitsumfragen durchgeführt, da hier eine Leistungsbeurteilung durch den Wegfall von Fahrtkosten und Fahrtzeiten relativ schnell und kostengünstig durchgeführt werden kann.

Bei **schriftlichen Befragungen** entfällt der Interviewereinfluss, und die Befragten können überlegtere Antworten geben. Weiterhin sind schriftliche Befragungen mit einem geringeren zeitlichen und organisatorischen Aufwand als persönliche Interviews verbunden. Allerdings ist die Rücklaufquote in der Regel geringer als bei mündlichen Befragungen.

Im Rahmen der **telefonischen Befragung** kann zwischen automatischer und nichtautomatischer Befragung unterschieden werden. Während die Aussagen zum persönlichen Interview auf die telefonische Befragung **nichtautomatischer Art** zu einem großen Teil übertragen werden können, gelten für die **automatischen Telefonbefragungen** einige Besonderheiten. Im Rahmen des Einsatzes von Informationstechnologien kommen dieser Art der telefonischen Befragung zum Beispiel über einen Rückkanal des gewählten oder eines additiv eingesetzten Mediums große Bedeutung zu. Aufgrund der schnellen Durchführung dieser Befragungsart können häufig noch während des Dienstleistungserstellungsprozesses ermittelte Bedürfnisse oder Beurteilungen des Dienstleistungsabnehmers berücksichtigt werden. Dies ist zum Beispiel bei den so genannten „TED-Umfragen" im Fernsehen der Fall, bei denen das Fernsehpublikum durch die Anwahl bestimmter vorgegebener Telefonnummern eine Beurteilung einer Unterhaltungssendung beziehungsweise Stellungnahmen zu spezifischen Fragestellungen im Verlauf einer Sendung vornehmen können. Allerdings ist die Antwortenvielfalt bei dieser Befragungsart stark eingeschränkt.

Neue Befragungsformen beziehungsweise Verbesserungsmöglichkeiten bei den bestehenden Formen ergeben sich durch den Einsatz der Multimedia-Technik (Zou 1999): Im Gegensatz zur klassischen Befragung übernimmt das Multimediasystem bei **Online-Befragungen** die Rolle des Interviewers. Dabei kann gezielt eine Kombination von Text, Ton, (möglicherweise animierten) Bildern und Film genutzt werden, um Probleme der klassischen Befragungsformen, wie fehlende Darstellungs- und Steuerungsmöglichkeiten, zu beheben. Das Spektrum der Online-Erhebungsmethoden ist sehr breit. Der Einsatz dieses Befragungsinstrumentes kann zum Beispiel in Form eines standardisierten Fragebogens im Internet oder als per E-Mail versendete Umfrage erfolgen. Nichtstandardisierte Meinungserhebungen, zum Beispiel in Chatforen oder im Rahmen eines Beschwerdemanagements sind ebenso möglich. Als wichtigste Vorteile sind neben der Präsentationsvielfalt noch die guten Möglichkeiten der Datenerfassung, das Interesse großer Teile der Bevölkerung an neuen Medien und eine entsprechend hohe Antwortbereitschaft sowie die – bei vorhandener Infrastruktur und einer relativ großen Anzahl an Auskunftspersonen – relativ geringen Kosten zu nennen. Ein weiterer Vorteil ergibt sich insbesondere bei der Marktforschung im Bereich der digitalisierbaren Dienstleistungen (zum Beispiel Direktbanken). Diese sind durch einen nur medialen Kundenkontakt gekennzeichnet, wodurch eine raumüberbrückende Befragung direkt im Medium der Erstellung der Leistung möglich wird.

Beim Fehlen dieser Infrastruktur und der entsprechenden Hard- und Software stellt die Höhe der Kosten einen **Nachteil** gegenüber den klassischen Erhebungsinstrumenten dar. Weitere Probleme können insbesondere bei dieser Befragungsform durch die mangelnden Kontrollmöglichkeiten der Repräsentativität der Auskunftspersonen ergeben. Die Repräsentativität zum Beispiel einer Internet-Befragung wird insbesondere dann eingeschränkt, wenn sich die Besucher einer Homepage selbst selektieren, ohne dass Anforderungen an die zu erhebende Stichprobe gestellt werden (Auswahl aufs Geratewohl). Befragungen per E-Mail sind beispielsweise in erster Linie geeignet, wenn sich eine Befragung ausschließlich an alle Mitglieder einer Organisation (zum Beispiel Studenten einer Universität, Mitarbeiter eines Unternehmens) richtet und entsprechende Adresslisten vorliegen (vgl. hierzu Insert 3-2).

Eine **Beobachtung** ist im Gegensatz zur Befragung nicht abhängig von der Auskunftsbereitschaft des Dienstleistungsabnehmers. So kann ein Kreditinstitut oder ein Postamt zum Beispiel durch Beobachtung der Schalterfrequenz Schalterbesetzungspläne entwickeln. Wie bereits angeführt, können insbesondere durch Kundenbeobachtungen des Kontaktpersonals während des Dienstleistungserstellungsprozesses wichtige Informationen gesammelt werden (vgl. hierzu auch die Ausführungen zur Messung der Dienstleistungsqualität im Kapitel 5) (vgl. hierzu Insert 3-3).

Beim **Experiment** werden mit Hilfe einer Versuchsanordnung die Auswirkungen von Marketingvariablen unter kontrollierten Bedingungen getestet. Aufgrund der Immaterialität von Dienstleistungen erweisen sich Experimente, in denen neue Dienstleistungen auf ihre Akzeptanz beim Konsumenten untersucht werden, als besonders schwierig, weil erst durch eine Inanspruchnahme der Dienstleistung der Konsument eine konkrete Vorstellung von dieser Leistung erhält (zum Beispiel Reisen, ärztliche Untersuchung). Bestimmte Testmethoden, wie Verpackungstests und Tests zur Farb- und Formgebung, entfallen im Dienstleistungsmarketing. Dennoch sind bei standardisierten Dienstleistungen weitgehend ähnliche Möglichkeiten wie bei Sachleistungen gegeben. In Laborexperimenten können zum Beispiel Konzepttests zur Beurteilung standardisierter Dienstleistungen (zum Beispiel alternativ ausgestattete Kreditkartenleistungen) sowie alternativer Preisforderungen durchgeführt werden (zum Beispiel mittels des Verfahrens der Conjoint-Analyse zur Ermittlung von Teilnutzenwerten einzelner Dienstleistungskomponenten). Experimentelle Designs können jedoch nicht sinnvoll eingesetzt werden, um individualisierte und hochgradig integrative Dienstleistungen zu beurteilen (vgl. Böhler/ Hempe 2001, S. 272).

INSERT 3-2   werben&verkaufen, 28.07.2000, S. 71

Verbraucher virtuell im Visier

Das Internet hat einen neuen Boom ausgelöst. Mit Online-Panels geht die Marktforschung schneller und ist dabei kostengünstiger.

Verbraucherbefragung im Supermarkt, Meinungsumfrage in der Fußgängerzone – lange Zeit mussten die, Marktforscher ihren Probanden hinterherlaufen. Bis schließlich das Internet zur Rekrutierung von Interview-Partnern entdeckt wurde. Das ist schneller und billiger, als das Personal auf die Straße zu schicken.

Damit wurde ein neuer Boom ausgelöst: Internet-basierte Marktforschung. Fast alle etablierten Institute von GfK, Infratest Burke bis Emnid bauen derzeit Online-Panels auf. Das sind Pools von registrierten Personen, die sich bereit erklärt haben, an virtuellen Interviews teilzunehmen. Gleichzeitig sprießen in der Internet-Forschung die Start-ups aus dem Boden. Zu den bereits etablierten zählen Dialego Online Market Research in Aachen oder die Hamburger Media Transfer.

Die Einsatzmöglichkeiten sind verlockend. Ob Chips-Tüte oder Handy, in 3D-Darstellungen könnten Produkt-Tests durchgeführt werden, schwärmt Myriam Stegmann, Projektmanagerin bei Dialego. Mit der eigens entwi-

ckelten Software „Smanae" werde die Befragung „zum spannenden Computerspiel". Internetbasierte Marktforschung hat noch andere Vorteile gegenüber der klassischen: Schnelligkeit, weniger Fehler bei der Datenübertragung, zeitliche Unabhängigkeit, keine Beeinflussung durch Interviewer, Steuerung über Filter oder die Automatisierung des Auswertungsprozesses.

Nachteile sind: An den Panels können nur Online-User teilnehmen, und die sind kein exaktes Spiegelbild der Gesamtbevölkerung. Sie sind eher männlich, besser gebildet und einkommensstärker als der Durchschnitt. Media Transfer etwa erforscht seit einem Jahr für Sat.1 die Zuschauerreaktionen auf Programme oder neue Werbeformen wie Split-Screen. Allerdings werde die Online-Befragung nur für Umfelder eingesetzt, die eine online-affine Struktur aufwiesen wie etwa die Harald Schmidt Show oder Sportsendungen, erklärt Jutta Kehrer, Sprecherin des Sat.1-Vermarkters Media 1.

Nicht alle Anbieter von Online-Daten weisen ihre Kunden darauf hin. Auch nicht alle justieren die Struktur ihrer Panels an den Daten, die der GfK Online-Monitor seit 1997 zweimal pro Jahr über die Klientel der Internet-Fans liefert. Einige Anbieter

versuchten auch mit „vielen Tricks" die Grundbevölkerung über ihre Internet-Panels abzubilden, so ein Forscher. Das sei unseriös, da etwa Online-User über 50 Jahre in ihrem Verhalten nicht mit durchschnittlichen Altersgenossen vergleichbar seien.

So wuchert also bei der Internet-Forschung auch der methodische Wildwuchs. Qualitätsunterschiede ergäben sich bereits bei der Rekrutierung, meint Frank Wagner, bei EMind@Emnid, der Internet-Tochter der Bielefelder, für Marketing zuständig. Dort werden Panel-Teilnehmer nur mittels telefonischer Omnibusbefragungen angeworben. Von der üblichen Rekrutierung über Banner, Gewinnspiele oder den Kauf von Adressen-Pools hält Wagner nichts.

Während Emnid sein Panel bis Jahresende auf 15.000 Teilnehmer aufstocken will oder die GfK noch mit dem Aufbau eines Pools beschäftigt ist, zeigen sich am technischen Horizont schon die neuen Trends: Marktforschung im Web-TV oder WAP.

Sonja Feldmeier

INSERT 3-3   werben&verkaufen, 15.06.2001, S. 49

Daten direkt aus der Szene

ERFREULICHES FÜR TREND-
SCHNÜFFLER: DAS ERSTE
PANEL FÜR DIE SZENE-
GASTRO IST IM AUFBAU.

Monatelang hat die Nürnberger
Unternehmensberatung Struß
bundesweit rund 18 000 Adressen von Szene- und Trendloka-
len zusammengetragen.

Erfasst wurden dabei sämtliche Restaurants, Kneipen, Cafés, Lounges, Discos etc., die in
Stadtmagazinen, Flyern und
entsprechenden Internet-Auf-
tritten inserieren oder dort als
trendig vorgestellt werden.
„Nach unserer Definition haben
wir rund 90 Prozent der Trend-
Gastronomie erfasst", sagt
Consulter Hans-Jörg Struß, Ex-
Geschäftsführer des Bereichs
Handel der Nürnberger Gesellschaft für Konsumforschung
(GfK).

Das Einordnen des jeweiligen Gastrotyps war nicht so einfach. Zwar konnte Struß grob
zwischen 7000 Restaurants und
11 000 Kneipen, Cafés, Discos
und artverwandten Locations
unterscheiden, doch viele Gast-

SZENE-GASTRONOMIE *Hier zeigen sich neue Trends
am schnellsten.*

ronomen fahren ein Mischkon-
zept. Sprich: Viele Cafés bieten
nicht nur einen Mittagstisch,
sondern werden nachts auch
noch zur Disco. Erfasst wurden
bei der Untersuchung nicht nur
Trend-Hochburgen wie Berlin
oder Hamburg, sondern auch
der ländliche Raum. Struß:
„Dort gibt es oft völlig andere
Konsumgewohnheiten." Nach
dem Sammeln der Daten wird
das Material qualifiziert, um
ein Panel ziehen zu können. Erhoben wird von der Anzahl der
Sitzplätze, der Zapfhähne und
der Zigarettenautomaten in den

Lokalen alles, was Marketer
interessiert. Das Universum,
das zweimal im Jahr überprüft
werden soll, wird einem User-
Club aus etwa zehn Mitgliedern – Brauer, Zigarettenher-
steller, Gastronomen – exklu-
siv zur Verfügung gestellt.

Für Hans-Jörg Struß ist die
Datensammlung „eine Spiel-
wiese für Vertrieb und Marketing". Wer ein neues Getränk
in die Discos bringen, eine
Umfrage oder eine Promotion
veranstalten wolle, habe mit
dem Panel eine gute Basis. *wik*

Bei **marktbezogenen Erhebungen** werden Informationen gesammelt, die vor allem mit der Marktstruktur in Zusammenhang stehen und im Rahmen der Standortforschung eingesetzt werden. Für die Standortforschung im Dienstleistungsmarketing sind besondere Methoden entwickelt worden, die vielfach im Handelsmarketing ihren Ursprung fanden. In diesem Zusammenhang sind die Zeit-Distanz-Methode und Marktstrukturanalysen zu erwähnen.

Bei der **Zeit-Distanz-Methode** werden die unterschiedlichen Entfernungen in Metern beziehungsweise Kilometern auf der Basis des effektiven Zeitaufwandes ermittelt, der erforderlich ist, um den Standort zu Fuß oder mit einem Verkehrsmittel zu erreichen (Schöler 1981).

Durch **Marktstrukturanalysen** lassen sich jährlich zu erwartende Umsatzpotenziale im Einzugsgebiet ermitteln. Dies ist durch Erfassung von Haushaltsstrukturmerkmalen im Einzugsgebiet, wie zum Beispiel durchschnittliche Mitgliederzahl der Haushalte, jährliche Pro-Kopf-Ausgaben für die jeweiligen Dienstleistungen, Anzahl der Kraftfahrzeuge, Altersstruktur der Bevölkerung, möglich. Für Großobjekte des Einzelhandels, wie zum Beispiel Warenhäuser oder Shopping Center, sind mathematische Modelle zur Durchführung von Markt- und Einzugsgebietsanalysen entwickelt worden (Schöler 1981).

Sämtliche durch die Marktforschung erhobenen Daten lassen sich im Rahmen eines so genannten **„Data Warehouse"** (vgl. zum Beispiel Böhler/Riedl 1997) organisieren sowie zur Nutzung im strategischen und operativen Dienstleistungsmarketing aufbereiten. Insbesondere Dienstleistungsunternehmen können über ein konsequentes **„Database-Marketing"** (Link et al. 1997) wichtige Hinweise für den Einsatz der Marketinginstrumente erhalten. Zum einen kann über Database-Informationen eine gezielte Kommunikationsaktivität entfaltet werden (zum Beispiel Direct-Mailing), zum anderen kann die Sammlung von Kundeninformationen zu einer Individualisierung im Leistungsmixbereich genutzt werden, die im Extremfall einem „Segment of One Approach" gerecht wird.

> Beispielsweise enthält das Database-System der Hotelkette **Best Western,** deren Hotels vor allem Geschäftsreise- und Tagungshotels sind, vier Elemente. Als „Unternehmensinformationen" werden der Name des Unternehmens, Adresse, Telefon, Datum der letzten Änderung usw. erfasst. In der Rubrik „Ansprechpartner" werden Informationen über den konkreten Ansprechpartner (zum Beispiel Position, Unterscheidung Entscheider und Bucher) im Kundenunternehmen erfasst. In der „Aktivitäten-History" werden Kontakte zum Kunden (zum Beispiel auf Messen) aufgenommen. Schließlich werden „Anfragen/Buchungen" verfolgt. Die Database-Informationen werden vor allem im Vertrieb (zum Beispiel telefonische und persönliche Kundenansprache), Direktmarketing (zum Beispiel mehrstufige, aufeinander aufbauende Mailingaktionen, die sich in Abhängigkeit der Kunden(nicht)reaktion „verzweigen"), Telefonmarketing (zum Beispiel Abrufen des nächsten Kontakttermins) und Umsatzcontrolling (zum Beispiel in Form von Kundenumsatzberichten) genutzt (Schulze/Vieler 1997).

Die im Rahmen der Marktforschung erhobenen Informationen spielen eine wichtige Rolle bei der Marktsegmentierung.

3.   Besonderheiten der Marktsegmentierung im Dienstleistungsbereich

Unter Marktsegmentierung wird die Aufteilung eines Gesamtmarktes in bezüglich ihrer Marktreaktion intern homogene, untereinander heterogene Untergruppen (Marktsegmente) sowie die Bearbeitung eines oder mehrerer dieser Marktsegmente verstanden (Freter 1983). Zweck der **Marktsegmentierung bei Dienstleistungen** ist es somit, Unterschiede zwischen den Abnehmern offenzulegen und daraus Schlussfolgerungen im Hinblick auf eine differenzierte Marktbearbeitung zu ziehen.

Ein guter Informationsstand bezüglich Strukturen und Gesetzmäßigkeiten des Marktes (zum Beispiel saisonal bedingte Nachfrageschwankungen im Reisemarkt) erlaubt es, die Dienstleistungspotenziale und -angebote proaktiv an die besonderen Ansprüche und Erwartungen genau definierter Käuferschichten anzupassen. Aus dem Merkmal der Integration des externen Faktors ergibt sich zudem die Möglichkeit, segmentspezifische Anforderungen noch im Verlauf des Dienstleistungserstellungsprozesses zu erkennen und entsprechend umzusetzen. Damit umfasst die Marktsegmentierung sowohl die Markterfassungs- beziehungsweise Informationsseite als auch die Marktbearbeitungsseite.

3.1   Anforderungen an Marktsegmentierungskriterien

Um die Aufgabe der Bildung in sich homogener und untereinander heterogener Segmente aus der Gesamtheit der Käufer konsumtiver Dienstleistungen erfüllen zu können, müssen die Segmentierungskriterien bestimmte **Anforderungen** erfüllen (Freter 1983; Meffert 2000, S. 181ff.):

1. **Messbarkeit**
    Die Marktsegmentierungskriterien müssen mit vorhandenen Marktforschungsmethoden messbar und somit erfassbar sein. Dies ist eine wichtige Voraussetzung für den Einsatz mathematisch-statistischer Verfahren zur Identifikation von Marktsegmenten im Dienstleistungsbereich. Die Verwendung käuferverhaltenstheoretischer Konstrukte, wie Motive und Einstellungen, erfordert dabei ein hohes Maß an Expertenwissen.

2. **Kaufverhaltensrelevanz**
    Als Kriterien sind geeignete Indikatoren für das zukünftige Käuferverhalten der Konsumenten auszuwählen. Es sind somit Eigenschaften und Verhaltensweisen zu erfassen, die eine Voraussetzung des Kaufes einer bestimmten Dienstleistung darstellen und anhand derer intern homogene, extern heterogene Marktsegmente abgegrenzt werden können. Der gezielte, segmentspezifische Einsatz des Marketinginstrumentariums und die Möglichkeit einer Verhaltensprognose der ermittelten Marktsegmente ist vom Grad der Erfüllung dieser Anforderung abhängig. Insbesondere im

Dienstleistungsbereich besteht die Gefahr, dass eine Segmentierung nach demographischen und/oder psychographischen Kriterien zu Clustern ohne hinreichende Verhaltensunterschiede führt (Rapp 1993, S. 135ff.).

3. **Erreichbarkeit beziehungsweise Zugänglichkeit**
   Segmentierungskriterien müssen so gewählt werden, dass sie die gezielte Ansprache der mit ihrer Hilfe abgegrenzten Segmente gewährleisten. Die Erfüllung dieser Anforderung beeinflusst das Ausmaß, in dem die Unternehmung mittels der segmentspezifischen Marketingaktivitäten eine direkte Ansprache der Konsumenten innerhalb eines Zielsegmentes erreichen kann. In diesem Zusammenhang kommt der Kommunikations- und Distributionspolitik besondere Bedeutung zu.

4. **Handlungsfähigkeit**
   Nur wenn die Segmentierungskriterien die Ausgestaltung und den gezielten Einsatz des Marketinginstrumentariums ermöglichen, sind sie für eine Marktsegmentierung als geeignet anzusehen. Ist dies der Fall, wird die Verbindung zwischen Markterfassung und Marktbearbeitung geschaffen. Dabei sind dienstleistungsspezifische Ausgestaltungsoptionen der Marketinginstrumente zu beachten, die in Kapitel 6 dargestellt werden.

5. **Wirtschaftlichkeit**
   Die Erhebung der Kriterien hat derart zu erfolgen, dass der sich aus der Segmentierung ergebende Nutzen größer ist als die hierfür anfallenden Kosten. Sofern diese Anforderung ex ante nicht überprüft werden kann, sollten die Kriterien zumindest das Ausmaß der segmentspezifischen Nachfrage erkennen lassen.

6. **Zeitliche Stabilität**
   Die Informationen, die mittels der Kriterien erhoben werden, müssen über den Planungszeitraum hinweg weitgehend stabil sein. Eine Marktsegmentierung ist nur dann sinnvoll, wenn die Ergebnisse der Markterfassung für den Zeitraum der Durchführung und Wirkung der segmentspezifischen Marktbearbeitungsaktivitäten Gültigkeit besitzen.

7. **Dienstleistungsbezug**
   Die Kriterien müssen die Besonderheiten von Dienstleistungen berücksichtigen (Leistungsbereitschaft des Anbieters, Integration des externen Faktors, Immaterialität, Nichtlagerfähigkeit, Nichttransportfähigkeit). Daher sind Ansätze zur Marktsegmentierung, wie sie im Konsum- und Industriegüterbereich eingesetzt werden, entsprechend zu modifizieren.

Zur Beurteilung der im Folgenden zu analysierenden Marktsegmentierungskriterien müssen diese Anforderungen herangezogen werden. Dabei ist zu berücksichtigen, dass die Anforderungen der Messbarkeit und der zeitlichen Stabilität von jedem einzelnen Kriterium zu erfüllen sind. Die darüber hinausgehenden Anforderungen müssen lediglich von dem zur Marktsegmentierung herangezogenen Kriterienkatalog insgesamt erfüllt werden.

3.2   Segmentierung von Dienstleistungsmärkten

Die Vielzahl der möglichen Segmentierungskriterien lässt sich nach unterschiedlichen
Gesichtspunkten zu Kriteriengruppen zusammenfassen (Freter 1983). In Abbildung 3-7
werden die für Dienstleistungsmärkte möglichen Segmentierungskriterien in einem
Überblick dargestellt. Im Folgenden sollen beispielhaft die Segmentierungskriterien für
konsumtive Dienstleistungen behandelt werden.

Abbildung 3-7   **Segmentierungskriterien für Dienstleistungsmärkte**

Segmentierungskriterien für konsumtive Dienstleistungen	Segmentierungskriterien für investive Dienstleistungen

1. Demographische Kriterien
   – Geschlecht
   – Alter
   – Familienlebenszyklus
   – Geographische Kriterien
	1. Branchenbezogene Kriterien
	   – Art der Branche
	   – Konkurrenzintensität
	   – Branchenkonjunktur
	   – Bedarfshäufigkeit der Dienstleistung

2. Sozioökonomische Kriterien
   – Einkommen
   – Soziale Schicht
   – Beruf
   – Ausbildung
   – Customer Lifetime Value (CLV)
	2. Unternehmensbezogene Kriterien
	   – Umsatzgröße
	   – Mitarbeiterzahl
	   – Dienstleistungstechnologische Ausstattung
	   – Budget für Dienstleistungen

3. Psychologische Kriterien
   – Motive
   – Einstellungen
   – Lifestyle
	3. Gruppenbezogene Kriterien
	   – Größe des Einkaufsgremiums
	   – Rollenverteilung (Entscheider, Nutzer usw.)
	   – Arbeitsaufteilung

4. Verhaltenskriterien
   – Dienstleistungsbezogene Kriterien
   – Kommunikationsbezogene Kriterien
   – Preisbezogene Kriterien
   – Einkaufsstättenbezogene Kriterien
	4. Personenbezogene Kriterien
	   – Demographische Kriterien
	   – Sozioökonomische Kriterien
	   – Psychologische Kriterien
	   – Verhaltenskriterien

GABLER GRAFIK

Quelle: in Anlehnung an Bruhn 2001a, S. 60f.

3.21 Demographische Segmentierungskriterien

Die **demographischen Kriterien** stellen die „klassischen" Marktsegmentierungskriterien im konsumtiven Bereich dar. Beispiele für derartige Kriterien sind:

█ Geschlecht

Das Geschlecht ermöglicht eine erste Grobaufteilung der Konsumenten. Die Eignung dieses Kriteriums hängt unter anderem wie im Konsumgüterbereich von der Art der angebotenen Unternehmensleistung ab.

Die durch die Kunden wahrgenommene Dienstleistungsqualität stellt – durch ihre Beeinflussung der Kundenzufriedenheit – eine kaufentscheidungsrelevante Größe dar. Daher wurde in einer **empirischen Studie** (Genestre/Herbig 1997) vor dem Hintergrund des Einsatzes von soziodemographischen Merkmalen als Segmentierungskriterien deren Einfluss auf die relative Bedeutung von Dimensionen der Dienstleistungsqualität bei 211 Kunden von Handelsunternehmen untersucht. Hinsichtlich des Geschlechts wurde beispielsweise festgestellt, dass Frauen die Hilfsbereitschaft der Mitarbeiter, die Schnelligkeit der Leistungsausführung und die Fehlerfreiheit der Rechnungen wichtiger einstufen als Männer.

█ Alter

Das Alter ist gut geeignet als weiteres Segmentierungskriterium, da viele Bedürfnisse mit dem Alter korrelieren (zum Beispiel Seniorenmarkt, Teenagermarkt).

Im Hinblick auf das Alter wurde in der oben genannten **empirischen Studie** herausgefunden, dass Personen mittleren Alters (36 bis 60 Jahre) der Produktwerbung im Handel weniger Glauben schenken. Außerdem wird die wahrgenommene Dienstleistungsqualität von jüngeren und älteren Kunden besser beurteilt als von Kunden mittleren Alters.

█ Familienlebenszyklus

Auch der Familienlebenszyklus ist gut geeignet für die erste Segmentierungsstufe, da die Nachfrage nach bestimmten Dienstleistungen von der Phase im Familienlebenszyklus abhängt (zum Beispiel Familienstand, Zahl und Alter der Kinder).

In der erwähnten **empirischen Studie** bewerteten Singles die Dienstleistungsqualität wesentlich höher als verheiratete, geschiedene oder verwitwete Personen. Letzteren ist die Hilfsbereitschaft der Mitarbeiter wichtiger und die Kompetenz der Mitarbeiter weniger wichtig als den übrigen Gruppierungen. Schließlich ist es geschiedenen und verwitweten Personen wichtiger als den übrigen Kunden, dass sich die Mitarbeiter für die Kundenprobleme interessieren.

■ Geographische Kriterien

Die geographischen Kriterien erlangen eine spezielle Bedeutung aufgrund kultureller Unterschiede (zum Beispiel Norddeutsche, Bayern, Sachsen) und in Verbindung mit Kaufkraftkennziffern. Sie berücksichtigen darüber hinaus die Standortbezogenheit von Dienstleistungen, die sich aus der Nichttransportfähigkeit ergibt. Darüber hinaus haben mikrogeographische Kriterien in letzter Zeit an Bedeutung gewonnen (Wilde 1986). Dieser Ansatz beruht auf der Erkenntnis, dass sich Menschen mit ähnlichen Lebens- beziehungsweise Konsumstilen häufig an bestimmten Wohnorten konzentrieren (zum Beispiel Studentenviertel). Durch die Verknüpfung regionaltypischer Kenndaten (zum Beispiel Demographie, Beschäftigungs-, Wirtschafts- und Infrastruktur) mit Angaben zum Lebensstil können spezifische Marktsegmente angesprochen werden (zum Beispiel Einteilung nach Regionen, Gemeindegrößenklassen, Stadt- und Landbevölkerung).

> Hinsichtlich der in der genannten **empirischen Studie** untersuchten Merkmale unterscheiden sich beispielsweise ländliche und städtische Bewohner lediglich im Hinblick auf die Bedeutung von Garantien. Diese sind Landbewohnern wesentlich wichtiger als Stadtbewohnern.

Eine besondere Bedeutung besitzt die regionale Segmentierung bei Dienstleistungsunternehmen, die eine regionale Ausdehnung durch Filialisierung oder Franchising betreiben, so für Kreditinstitute (Thiesing 1986), Lebensmittelfilialunternehmen und Fast-Food-Ketten. Die Filialisierung bedingt eine Standardisierung der Dienstleistungen. Zusätzliche Herausforderungen ergeben sich bei einer Internationalisierung von Dienstleistungsanbietern (Meurer 1993; Hill et al. 1995; Stegmüller 1995).

3.22   Sozioökonomische Segmentierungskriterien

In engem Zusammenhang zu den demographischen Kriterien stehen die sozioökonomischen Segmentierungskriterien. Hierzu zählen beispielsweise:

■ Einkommen

Das Einkommen gibt Aufschluss über die Kaufkraft. Wegen allgemeiner Einkommensnivellierungstendenzen sollten aber weitere Kriterien hinzugezogen werden.

> Personen mit höherem Einkommensniveau haben in der aufgeführten **empirischen Studie** die Dienstleistungsqualität der Handelsunternehmen signifikant schwächer beurteilt als Personen mit geringerem Einkommensniveau. Personen mit höherem Einkommen sind außerdem weniger tolerant im Hinblick auf Servicefehler und bestehen darauf, als Stammkunden behandelt zu werden.

■ Soziale Schicht

Soziale Schichten geben häufig Auskunft über bestimmte Präferenzen und Kaufgewohnheiten.

■ Beruf

Dieses Segmentierungskriterium lässt sich besonders dann einsetzen, wenn die Nachfrage nach der relevanten Leistungsgruppe in einem engen Zusammenhang zum Beruf steht (zum Beispiel Weiterbildungsunternehmen mit berufsbegleitenden Seminaren, Beamte bei der Kfz-Haftpflichtversicherung).

■ Ausbildung

Das Kriterium Ausbildung bietet sich zumeist lediglich in der Kombination mit anderen Merkmalen an. In seiner isolierten Anwendung kann die Ausbildung allenfalls als Segmentierungskriterium verwendet werden, wenn für eine bestimmte Dienstleistung Kaufentscheidungen notwendig sind, die ein echtes Problemlösungsverhalten des Konsumenten verlangen (zum Beispiel Vermögensberatung).

■ Customer Lifetime Value (CLV)

Im Rahmen des Marketing werden seit jeher Kundenwertberechnungen durchgeführt, um einen effizienten Einsatz von Marketingmaßnahmen zu gewährleisten. Lange Zeit beschränkten sich die eingesetzten Verfahren allerdings auf statische und häufig monetäre Kennziffern. Im Zuge der zunehmenden Beziehungsorientierung im Marketing hat die Kundenwertbetrachtung eine Dynamisierung erfahren. Darüber hinaus ist die Gestaltung eines proaktiven Relationship Marketing nur auf Basis eines Controlling möglich, das auch nicht-monetäre Größen einbezieht, wie Kundenzufriedenheit und -bindung. Sowohl eine Dynamisierung als auch eine Integration nicht-monetärer Größen in die Kundenwertberechnung kann durch den Einsatz des CLV umgesetzt werden (vgl. Kapitel 8).

Zusammenfassend lassen sich die demographischen und sozioökonomischen Kriterien folgendermaßen beurteilen: Sie sind relativ leicht und kostengünstig zu erfassen, ergeben medial erreichbare Segmente und erleichtern darüber hinaus die Abschätzung des Marktpotenzials einer Dienstleistung. Die häufig fehlende Kaufverhaltensrelevanz schränkt den Aussagewert dagegen ein. Zudem finden die Besonderheiten von Dienstleistungen nur indirekt Berücksichtigung.

3.23   Psychologische Segmentierungskriterien

Die **psychologischen** Kriterien standen in den letzten Jahren im Mittelpunkt von Erklärungsmodellen des Käuferverhaltens im konsumtiven Bereich. Als wichtigste Kriterien im Zusammenhang mit der Marktsegmentierung lassen sich die folgenden Kriterien nennen:

■ Motive

Motive stellen hypothetische Konstrukte dar, die den Konsumenten aktivieren beziehungsweise sein Verhalten initiieren und zugleich steuern. Es fehlt aber in vielen Fällen der konkrete Dienstleistungsbezug. Zudem gibt es deutliche Erhebungsprobleme. Motive haben daher in der Marktsegmentierung eine vergleichsweise geringe Berücksichtigung erfahren (vgl. auch Abschnitt 1.21).

■ Einstellungen

Einstellungen kommt insbesondere im Zusammenhang mit Positionierungsmodellen große Bedeutung zu. Zu trennen sind die allgemeinen, persönlichkeitsbezogenen Einstellungen, die zum Beispiel zur Bildung von Verlagstypologien herangezogen werden (Berekoven/Bruchmann 1992), und die marken- beziehungsweise dienstleistungsbezogenen Einstellungen, die im Zusammenhang mit mehrdimensionalen Einstellungsmodellen erhoben werden können. Die Segmentbildung aufgrund von Bedeutungsgewichten liegt zum Beispiel dem Konzept der Segmentierung nach Nutzenerwartungen (Benefit Segmentation) zugrunde (vgl. Haley 1968, S. 30ff.; Mühlbacher/Botschen 1990, S. 159ff.). Ferner kann den marken- beziehungsweise dienstleistungsbezogenen Einstellungen eine große Kaufverhaltensrelevanz zugesprochen werden. Die Erhebung marken- beziehungsweise dienstleistungsspezifischer Einstellungen ist zwar mit einem hohen finanziellen Aufwand verbunden, doch besitzen gerade diese Einstellungen einen hohen Aussagewert sowohl für den Einsatz der Marketinginstrumente als auch für die Entwicklung geeigneter Wettbewerbsstrategien.

■ Lifestyle

Lifestyle-Kriterien berücksichtigen die Persönlichkeit des Verbrauchers (seinen Lebensstil) und lassen sich anhand einer Vielzahl psychographischer Eigenschaften operationalisieren. Dabei spielen insbesondere Aktivitäten, Interessen und Meinungen eine wichtige Rolle. Die Lifestyle-Kriterien lehnen sich eng an die allgemeinen Einstellungskriterien an. Sie bringen zwar Nachteile in Bezug auf die Kaufverhaltensrelevanz und ähnliche Probleme wie die Einstellungskriterien mit sich, bieten sich aber zur zusätzlichen Beschreibung von Segmenten an, die aufgrund anderer Kriterien (aktive Variablen) gebildet wurden.

Im Gesundheitsbereich wurden bezüglich des Kaufs von Arzneimitteln vier psychologisch beschriebene **Kundensegmente** ermittelt (Ziff 1971). Realisten (35 Prozent) sind keine Gesundheitsfanatiker, machen sich keine besonderen Vorsorgegedanken und benötigen keine Arztempfehlungen im Hinblick auf einzunehmende Arzneimittel. Autoritätssuchende (31 Prozent) sind arzt- und verschreibungsorientiert. Skeptiker (23 Prozent) machen sich wenig Gedanken über ihre Gesundheit und nehmen am wenigsten Medikamente. Hypochonder (11 Prozent) machen sich viele Gedanken über ihre Gesundheit, verspüren permanent Ansteckungsgefahr und nehmen bei ersten Krankheitssymptomen Medikamente.

3.24   Verhaltenskriterien

Neben den demographischen, sozioökonomischen und psychologischen Kriterien lässt sich eine weitere Kriteriengruppe – so genannte **Verhaltenskriterien** – zur Segmentierung im Dienstleistungsmarketing heranziehen. Dabei handelt es sich nicht mehr nur um Bestimmungsfaktoren von Aktivitäten, sondern um in der Vergangenheit liegende Aktivitäten im Rahmen des Kaufentscheidungsprozesses. Folgende Kriterien sind zu nennen:

■ Dienstleistungsbezogene Kriterien

Diese Kriterien stellen die Wahl der Dienstleistungsart, die Nutzungsintensität der Konsumenten, die Markenwahl sowie die Markentreue in den Vordergrund. Während sich die Wahl der Dienstleistungsart für eine Vorsegmentierung anbietet, gewinnt die Nutzungsintensität besondere Bedeutung hinsichtlich der Bestimmung von Segmentpotenzialen. Ferner liefert die Kenntnis der Verbrauchsintensitäten wertvolle Hinweise für den Einsatz leistungspolitischer Instrumente, insbesondere für die Mengendimensionierung. Ohne Kenntnis der Bestimmungsgründe des Dienstleistungsart- und Markenwahlverhaltens fehlen allerdings Hinweise auf eine wirksame qualitative Ansprache. Hier sollten ergänzend sozioökonomische Kriterien zur Segmentbeschreibung hinzugezogen werden.

■ Kommunikationsbezogene Kriterien

Hier steht das Nutzungsverhalten einzelner Medien im Vordergrund. Es geht um die Eignung der Medien, kommunikative Botschaften des Dienstleistungsunternehmens an die Zielgruppen heranzutragen. Dabei ist insbesondere das Kriterium der medialen Erreichbarkeit ein wichtiges Beurteilungsmerkmal. Allerdings kommt den kommunikationsbezogenen Verhaltensmerkmalen nur eine geringe Kaufverhaltensrelevanz zu. Die in der Regel als sekundärstatistisches Material vorliegenden kommunikativen Verhaltensmerkmale genügen aber im Allgemeinen dem Wirtschaftlichkeitsaspekt.

■ Preisbezogene Kriterien

Ansatzpunkte bieten hier bestimmte Preisklassen. Während zum Beispiel die Neigung zum Kauf von Sonderangeboten der generellen Verhaltensprognose dient, sind hinsichtlich der preispolitischen Instrumente dienstleistungsspezifische Preisklassen als Basis einer Segmentierung zu wählen.

■ Einkaufsstättenbezogene Kriterien

Die Analyse bezieht sich hier auf die Art der frequentierten Geschäfte und auf die Intensität der Nutzung. Hinsichtlich der distributiven Erreichbarkeit der Konsumenten besitzen die einkaufsstättenbezogenen Ansatzpunkte für die Marktsegmentierung eine besondere Bedeutung. Zugleich kommt ihnen aufgrund der Nichttransportfähigkeit sowie der Integration des externen Faktors bei Dienstleistungen eine zentrale Rolle zu. Weiterhin bieten derartig ermittelte Segmente Ansatzpunkte für distributionspolitische Maßnahmen.

> In der bereits erwähnten **empirischen Studie** bei 211 Handelskunden (Genestre/Herbig 1997) ergab sich, dass Kunden mit höherer Kauffrequenz eher bereit sind, die Handelsunternehmen bei Kundenzufriedenheit weiterzuempfehlen. Ferner sind Kunden mit höherer Kauffrequenz weniger anspruchsvoll im Hinblick auf die durchschnittliche Dienstleistungsqualität.
>
> Im Hinblick auf die **Loyalität von Kunden** gegenüber Dienstleistungsanbietern können vier Kundensegmente differenziert werden (Kotler/Bloom 1984). Hardcore-Loyale sind lediglich bereit, die Leistungen eines Anbieters in Anspruch zu nehmen. Softcore-Loyale nutzen Leistungen ausschließlich von zwei bis drei Anbietern. Wanderkunden zeichnen sich durch Loyalitätsphasen im Hinblick auf einen Anbieter aus. In bestimmten Abständen sind sie unterschiedlichen Anbietern loyal. Wechselkunden sind zu keinem Zeitpunkt gegenüber einem Dienstleistungsanbieter loyal.

Der Einsatz von Verhaltenskriterien erfolgt oft gleichzeitig mit anderen Segmentierungskriterien. Es ist zu prüfen, ob die Kriterien zur Segmentabgrenzung als aktive Variablen oder, zur nachträglichen Beschreibung von bereits erfassten Segmenten, als passive Variablen herangezogen werden. Die kaufverhaltensrelevanten Merkmale eignen sich zum Beispiel als aktive Segmentierungsvariablen. Eine nähere Charakterisierung der gebildeten Segmente mit Hilfe sozioökonomischer oder psychologischer Merkmale vermag zusätzliche Hinweise für die segmentspezifische Gestaltung des Marketingmix zu leisten.

INSERT 3-4   **Marktsegmentierung im Verkehrsdienstleistungsbereich**

Kurzfallstudie: Verkehrsdienstleistungen

Bis Mitte der 90er-Jahre erfolgte die Segmentierung des Fernverkehrsmarktes bei den Anbietern von Verkehrsdienstleistungen vornehmlich aus angebotsbezogener Perspektive oder mit Hilfe von demographischen Merkmalen wie Alter, Reiseklasse oder Reiseanlass der Fahrgäste. Aufgrund des nur geringen Zusammenhangs zwischen diesen Segmentierungsmerkmalen und dem tatsächlichen Kauf- beziehungsweise Auswahlverhalten der Reisenden bestand die Herausforderung, neuartige Segmentierungsansätze, die gleichzeitig der Markterfassung und Marktbearbeitung in ausreichender Weise Rechnung tragen, zu entwickeln. Im Gegensatz zu traditionellen Segmentierungskriterien setzt der von den Nachfragern vor dem Konsum von Leistungen erwartete Nutzen direkt an der individuellen Präferenzbildung an. Grundgedanke einer Segmentierung auf Nutzenbasis ist die Aufteilung der Konsumenten in bezüglich ihrer Nutzenerwartungen hinsichtlich bestimmter Leistungen intern homogene und extern heterogene Marktsegmente. Damit gilt der von den Nachfragern empfundene Nutzen als Begründung für die Existenz unterschiedlicher Marktsegmente.

Um jedoch eine Untersuchung zur Gewichtung der Nutzendimensionen durchführen

Service		Ausstattung	
■ Sauberkeit	(Standardreinigung, mehrfache Reinigung)	■ Sitzkomfort	(normal, verbessert)
■ Betreuung	(geringe Auskunftsfunktion, umfassende Auskunfts- und Servicefunktion, intensive persönliche Betreuung)	■ Unterhaltungsangebot	(nicht vorhanden, Radio+TV)
		■ Gepäckaufbewahrung im Reisewagen	(herkömmlich, verbessert)
■ Verpflegung	(keine Verpflegungsmöglichkeiten an Bord, Imbiss- und Speisemöglichkeit)	■ Arbeitsmöglichkeiten am Sitzplatz	(herkömmlich, erweitert)
■ Sicherheitskräfte	(am Bahnhof, im Zug)	■ Spezialabteile	(nicht vorhanden, vorhanden)
Reisezeitaufwand		**Sozialer Nutzen**	
■ Taktfrequenz	(normal, hoch)	■ Verbrauchsmaterialien	(herkömmlich, umweltverträglich)
■ Verbindung	(umsteigon z.T. orforderlich, Direktverbindung)	■ Bahntechnologie	(Standard, ökologieorientiert)
■ Verspätung	(mehr als fünf Minuten möglich, mehr als fünf Minuten nahezu ausgeschlossen)	■ Abfallentsorgung	(herkömmlich, getrennt)
■ Reisegeschwindigkeit	(herkömmlich, hoch)	■ Berücksichtigung der Interessen Behinderter	(herkömmlich, intensiv)
■ Anbindung an den ÖPNV	(normal, verbessert)		

zu können, sind diese zuerst in einem vorgelagerten Schritt zu ermitteln. Mit Hilfe einer explorativen Befragung wurden Assoziationen mit verschiedenen Verkehrsmitteln, die auf solche Nutzendimensionen hinweisen, ermittelt. Aufbauend auf dieser Vorstufe wurden die genannten Merkmale struk

turiert und nach einer standardisierten Befragung priorisiert und mit Hilfe anderer multivariater Verfahren, wie z. B. der Faktorenanalyse, verdichtet. Diese Kriterien dienten als Grundlage für eine Conjointanalyse, in der die Gewichtung der Nutzendimensionen ausgehend vom Gesamtnutzen ei

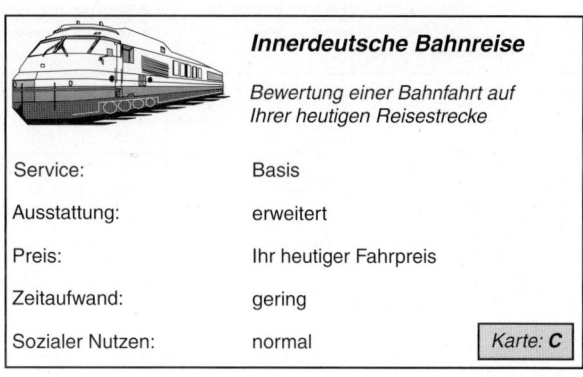

Innerdeutsche Bahnreise

Bewertung einer Bahnfahrt auf Ihrer heutigen Reisestrecke

Service: Basis

Ausstattung: erweitert

Preis: Ihr heutiger Fahrpreis

Zeitaufwand: gering

Sozialer Nutzen: normal

Karte: **C**

INSERT 3-4 Marktsegmentierung im Verkehrsdienstleistungsbereich (Fortsetzung)

Meta-Kriterien	Modul-Kriterien	Reisezeitminimierer 31%		Preissensible 51%		Komfortorientierte 18 %	
		Merkmals-bedeutung	Gesamt-bedeutung	Merkmals-bedeutung	Gesamt-bedeutung	Merkmals-bedeutung	Gesamt-bedeutung
Service	Sauberkeit	0,8%		1,2%		12,5%	
	Betreuung	0,7%	2,9%	1,4%	5,0%	9,8%	45,1%
	Verpflegung	1,2%		2,0%		19,7%	
	Sicherheitskräfte	0,2%		0,4%		3,1%	
Ausstattung	Sitzkomfort	1,7%		2,9%		8,0%	
	Unterhaltungsangebot	0,7%		1,4%		3,9%	
	Gepäckaufbewahrung im Reisewagen	0,6%	4,6%	1,5%	8,6%	3,6%	25,0%
	Arbeitsmöglichkeit am Sitzplatz	0,8%		1,1%		3,5%	
	Spezialabteile	0,8%		1,7%		6,0%	
Preis			23,7%		60,7%		4,8%
Reisezeit	Taktfrequenz	7,6%		2,2%		1,4%	
	Verbindung	21,3%		5,3%		2,5%	
	Verspätung	11,7%	64,2%	3,6%	17,1%	2,1%	9,5%
	Reisegeschwindigkeit	17,9%		3,2%		2,6%	
	Anbindung an den öffentlichen Nahverkehr	5,7%		2,8%		0,9%	
Sozialer Nutzen	Verbrauchsmaterialien	1,2%		2,2%		3,5%	
	Bahntechnologie	1,3%	4,6%	2,3%	8,6%	4,3%	15,6%
	Abfallentsorgung	0,9%		1,5%		2,6%	
	Berücksichtigung der Interessen Behinderter	1,3%		2,6%		5,2%	

ner Reise (dekompositionelles Verfahren) ermittelt wurde.

Im Rahmen der Conjoint-analyse kam allen Befragten die Aufgabe zu, die acht fiktiven Angebote, die auf verschiedenen Karten festgehalten wurden, in eine Rangfolge entspre-chend ihrer persönlichen Präferenzen zu bringen.

Die ermittelten Merkmals-wichtigkeiten der einzelnen Meta-Kriterien sind nachfolgend für die mit einer Cluster-analyse ermittelten Segmente dargestellt.

An dieser Stelle lassen sich insgesamt drei Segmente erkennen, die als „Reisezeitmini-mierer", „Preissensible" und „Komfortorientierte" beschrieben werden können. Problema-tisch an diesem Ergebnis ist je-doch die Tatsache, dass diese Nutzenerwartungen keinen di-rekten Bezug zu demographi-schen Daten, die eine problem-lose Erreichbarkeit der Seg-mente ermöglichen, aufweisen. Diesem Dilemma der Markt-segmentierung konnte jedoch durch eine geschickte Verknüp-fung der Nutzensegmente mit dem Reiseanlass begegnet wer-den. Ordnet man die einzelnen Reiseanlässe „Geschäftsreise", Privatreise" und „Pendlerreise" den einzelnen Nutzensegmen-ten zu, so ergibt sich die nach-folgende Matrix.

Mit einem Anteil von 33 % an allen Bahreisen umfasst die Gruppe der preissensiblen Privatreisenden das volumen-stärkste Segment. Ansatzpunk-te zur leistungsbezogenen Pro-filierung bieten sich in den Nachfragergruppen der zeit-bzw. komfortorientierten Pri-vatreisenden (15 % bzw. 10 % der Gesamtreisen).

Aufbauend auf dieser inte-grativen Marktsegmentierung können für die Deutsche Bahn AG segmentspezifische Hand-lungsempfehlungen abgeleitet werden, da die hinter den Seg-menten liegenden Nutzener-wartungen im Vorfeld erfasst wurden.

Reiseanlass-segmentierung \ Nutzensegmente Reiseanlässe	Reisezeit minimierer 31%	Preis-sensible 51%	Komfort-orientierte 18%
Geschäftsreise 30%	12%	12%	6%
Privatreise 58%	15%	33%	10%
Pendlerreise 12%	4%	6%	2%

Gestaltungsbezug

Nutzensegment — Service: Sauberkeit, Sicherheit, Verpflegung, Betreuung; Ausstattung: Sitzkomfort, Unterhaltung, Gepäck, Arbeitsmögl., Abteil; Preis; Reisezeit: Takt, Verbindung, Verspätung, Geschwindigkeit, ÖPNV; Sozialer N.: Materialien, Technologie, Entsorgung, Behinderte

Ausrichtungsbezug — Soziodemographie: Alter, Ausbildung, Beruf, Einkommen, Geschlecht, ...; Einkaufsstättenwahl: Ort des Ticketkaufs, Ort der Reise-information

4. Besonderheiten der Positionierung im Dienstleistungsbereich

Neben der Marktsegmentierung kommt der **Positionierung von Dienstleistungen** eine besondere Rolle im Hinblick auf die Auswahl des zu bearbeitenden Marktes zu. Während bei der Marktsegmentierung Konsumenten anhand von konsumentenbezogenen Kriterien in Gruppen eingeteilt werden, sind im Rahmen der Positionierung Dienstleistungen anhand der Konsumentenwahrnehmung von leistungsbezogenen Merkmalen zu differenzieren. Dies erfolgt in so genannten Positionierungsmodellen (Lovelock 2001, S. 200ff.).

> Bei einem **Positionierungsmodell** erhalten Marken beziehungsweise Dienstleistungen aufgrund der wahrgenommenen Ausprägungen in relevanten Eigenschaften eine Position in einem mehrdimensionalen Eigenschaftsraum. Die Konsumenten lassen sich im selben Raum anhand ihrer Anforderungen an eine Idealmarke beziehungsweise ideale Dienstleistungen positionieren.

Bei unterschiedlicher Wichtigkeit der Eigenschaften ist für jede Eigenschaft ein relatives Gewicht zur Kennzeichnung dieser Unterschiede zu bestimmen. Die Einzeldistanzen zwischen Real- und Idealpositionierung werden mit dem jeweiligen Bedeutungsgewicht multipliziert, bevor eine Verrechnung vorgenommen werden kann.

Zwischen der **Marktsegmentierung und Positionierung** bestehen Wechselbeziehungen. Zum einen kann die Positionierung ein **Folgeschritt der Marktsegmentierung** im Rahmen der Marktauswahl darstellen. Positionierungsmodelle vermögen das Markenwahlverhalten beziehungsweise den Dienstleistungskauf des einzelnen Konsumenten zu erklären. Die strategische Positionierung eines Dienstleistungsanbieters dient in diesem Zusammenhang der **Bestimmung der Soll-Marktposition,** in der das Unternehmen von den im Rahmen der Marktsegmentierung ausgewählten Marktsegmenten wahrgenommen werden soll (vgl. hierzu die Ausführungen zu Positionierungsanalysen im Kapitel 4).

Ein Beispiel für ein Positionierungsmodell von deutschen Banken zeigt Abbildung 3-8. Die Positionierung der Banken erfolgte anhand der vier Dimensionen tägliches Geschäft (modern vs. traditionell), Vertrauen (Vertrauen durch Kundenorientierung vs. Vertrauen durch Größe), Anlagemanagement (günstig vs. professionell) und Produktangebot (Faires Basisangebot vs. umfassendes Produktangebot). Die Dimensionen des Positionierungsmodells sind das Ergebnis einer auf der Grundlage einer Kundenbefragung durchgeführten Faktoranalyse von Kundenbedürfnissen. Die Position der Banken stellt dabei die Ist-Situation dar. Im Rahmen derselben Analyse wurde auch die Position der verschiedenen Kundensegmente S1 bis S5 (Ideal-Positionen) bestimmt. Auf Basis dieses Modells leitete die Advance Bank eine Soll-Position zwischen den Kundensegmenten S3 und S5 ab, um zum einen die Aktivitäten im Segment S3 zu intensivieren und zum anderen die Aktivitäten auf das Segment S5 auszuweiten.

Abbildung 3-8   **Positionierung deutscher Banken**
nach unterschiedlichen Kundenbedürfnissen

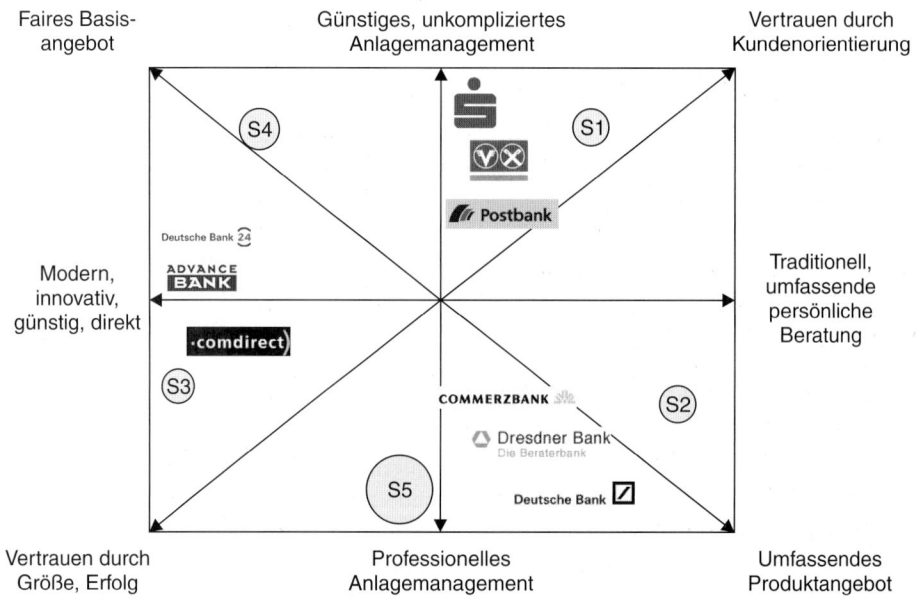

Quelle: Stojan 1999

Weiterhin können Positionierungsmodelle als **Grundlage der Marktsegmentierung** herangezogen werden. Hierbei bieten sich folgende Ansatzpunkte für eine Einteilung der Konsumenten in homogene Segmente an:

▌ Die Merkmale des Eigenschaftsraumes stellen geeignete Marktsegmentierungskriterien dar.

▌ Die Idealmarkenvorstellungen zeigen, welche Segmente überbesetzt und welche bisher durch keine Marke beziehungsweise Dienstleistung direkt angesprochen wurden.

▌ Bei relativ homogenen Idealvorstellungen (wenn beispielsweise alle Konsumenten jeweils extreme Ausprägungen bei den einzelnen Eigenschaften bevorzugen) können die Bedeutungsgewichte als zusätzliche Segmentierungskriterien eingesetzt werden.

Die Marken- beziehungsweise Dienstleistungswahrnehmungen stellen somit eine weitere Möglichkeit zur Segmentierung dar. Im Rahmen einer zweistufigen Marktaufteilung werden zum Beispiel zunächst Idealmarken- beziehungsweise Idealdienstleistungsvorstellungen analysiert und anschließend die Wahrnehmung derjenigen Marken erfasst, die den Idealvorstellungen am nächsten kommen.

Die marketingrelevanten Informationsgrundlagen bilden die Basis für Entscheidungen des strategischen Dienstleistungsmarketing, des Qualitätsmanagements für Dienstleistungen sowie des operativen Dienstleistungsmarketing.

4 Strategisches Dienstleistungsmarketing

1.	**Strategische Unternehmens- und Marketingplanung im Dienstleistungsbereich**	**157**
2.	**Strategische Analyse- und Planungskonzepte im Dienstleistungsmarketing**	**160**
2.1	Chancen-Risiken-Analyse	160
2.2	Ressourcenanalyse	166
2.3	Positionierungsanalyse	168
2.4	Lebenszyklusanalyse	170
2.5	Portfolioanalyse	174
2.6	Wertkettenanalyse	178
3.	**Ziele im Dienstleistungsmarketing**	**186**
3.1	Zielarten im Dienstleistungsbereich	186
3.2	Formulierung von Marketingzielen im Dienstleistungsbereich	188
4.	**Festlegung von Strategien im Dienstleistungsbereich**	**209**
4.1	Geschäftsfeldstrategien	211
4.11	Abgrenzung strategischer Geschäftsfelder	211
4.12	Marktfeldstrategie	219
4.13	Wettbewerbsvorteilsstrategie	227
4.14	Marktabdeckungsstrategie	236
4.15	Timingstrategie	238
4.2	Marktteilnehmerstrategien	241
4.21	Marktbearbeitungsstrategie	241
4.22	Kundenstrategien	244
4.23	Abnehmergerichtete Verhaltensstrategie	251
4.24	Wettbewerbsgerichtete Verhaltensstrategie	252
4.25	Absatzmittlergerichtete Verhaltensstrategie	260
4.3	Marketinginstrumentestrategien	261

1. Strategische Unternehmens- und Marketingplanung im Dienstleistungsbereich

Die marktorientierte Ausrichtung und Führung eines Dienstleistungsunternehmens kann nur konsequent verwirklicht werden, wenn eine individuelle und abgesicherte Marketingkonzeption erarbeitet wird. Sie stellt für ein Unternehmen das Ergebnis detaillierter strategischer Analysen und Planungsprozesse dar und umfasst drei Konzeptionsebenen (Meffert 2000):

- Zielebene,
- Strategieebene,
- Instrumentalebene.

Während **Dienstleistungsziele** als zukunftsbezogene Vorgaben verstanden werden können, stellen **Dienstleistungsstrategien** globale und langfristige Verhaltenspläne dar, innerhalb derer die Festlegung der **Marketinginstrumente** des Dienstleistungsunternehmens vorgenommen wird.

Die Festlegung von Zielen im Marketing ist vergleichsweise klar strukturiert. Hingegen besteht eine große Begriffsvielfalt bei der Abgrenzung von Strategien. Daher soll zunächst auf die hier verwendete Systematisierung von Marketingstrategien eingegangen werden, die auch im Dienstleistungsbereich problemlos angewandt werden kann. Eine in der Literatur weit verbreitete Abgrenzung von Strategien ist die Unterscheidung zwischen Unternehmens-, Geschäftsfeld- und Marktteilnehmerstrategie (Meffert 2000).

Unternehmensstrategien geben Antwort auf die Frage, in welchen Leistungsbereichen das Dienstleistungsunternehmen tätig werden soll. Demgegenüber beinhalten **Geschäftsfeldstrategien** diejenigen Entscheidungstatbestände, die sich ausschließlich auf die Vorgehensweisen in den definierten beziehungsweise zu definierenden Geschäftsfeldern beziehen. Ferner sind Entscheidungen zur Art des anzustrebenden Wettbewerbvorteils zu treffen. Im Rahmen der Marktteilnehmerstrategie werden die grundsätzlichen Verhaltensweisen gegenüber den übrigen Marktteilnehmern (Abnehmer, Konkurrenten, Absatzmittler) festgelegt sowie der Grad der Bearbeitung von Marktsegmenten näher bestimmt.

Auf Basis dieser Grundsatzentscheidungen kann ein **Planungsprozess** der Unternehmens- und Marketingplanung eines Dienstleistungsunternehmens abgeleitet werden. Dieser unterscheidet sich in seinem grundsätzlichen Aufbau und Ablauf nicht von dem klassischen Planungsprozess des Marketingmanagements (vgl. Becker 2001; Bruhn 2001a; Meffert/Burmann 2002); die inhaltliche Ausgestaltung weist jedoch einige Besonderheiten für Dienstleister auf (vgl. Abbildung 4-1).

Abbildung 4-1	Strategische Unternehmens- und Marketingplanung

```
┌─────────────────────────────────────────────────┐
│     Analyse der externen und internen Umwelt     │
└─────────────────────────────────────────────────┘
                        ▽

┌─────────────────────────────────────────────────┐
│        Strategische Unternehmensplanung          │
├─────────────────────────────────────────────────┤
│   ▪ Unternehmenszweck/-mission                    │
│   ▪ Unternehmensziele/-strategien                 │
│     − Geschäftsfelddefinition                     │
│     − Ressourcenallokation                        │
├─────────────────────────────────────────────────┤
│         Strategische Marketingplanung             │
├─────────────────────────────────────────────────┤
│   ▪ Geschäftsfeldziele und -strategien            │
│   ▪ Marktteilnehmerstrategien                     │
│   ▪ Budgetierung                                  │
├─────────────────────────────────────────────────┤
│          Operative Marketingplanung               │
├─────────────────────────────────────────────────┤
│   ▪ Instrumenteziele                              │
│   ▪ Maßnahmen                                     │
│   ▪ Instrumentebudgetierung                       │
└─────────────────────────────────────────────────┘
                        ▽

┌─────────────────────────────────────────────────┐
│                Implementierung                    │
└─────────────────────────────────────────────────┘
                        ▽

┌─────────────────────────────────────────────────┐
│                  Kontrolle                        │
└─────────────────────────────────────────────────┘
```

GABLER
GRAFIK

Der Planungsprozess beginnt mit der **Analyse der externen und internen Umwelt**. Dabei umfasst die externe Umwelt nicht nur den Absatzmarkt und somit die Nachfrager der Dienstleistung. Vielmehr sind hier auch Wettbewerber und sonstige Anspruchsgruppen, wie zum Beispiel der Staat, Verbände, Organisationen usw. Gegenstand der Analyse. Im Rahmen der Betrachtung der internen Bereiche werden die Entwicklung und gegenwärtige Situation der Ressourcen des jeweiligen Unternehmens untersucht und bewertet. Die in Abschnitt 2 zu behandelnden strategischen **Analyseinstrumente** stellen das Bindeglied zwischen der beschriebenen Analyse der externen beziehungsweise internen Umwelt des Unternehmens und den folgenden Planungsprozessen dar, da sie in der Regel eine Verdichtung der Ausgangsinformationen für den Planungsprozess vornehmen.

Die nächste Stufe des Planungsprozesses ist unterteilt in die strategische Unternehmensplanung und die strategische sowie operative Marketingplanung. Im Rahmen der **strategischen Unternehmensplanung** erfolgt zunächst die Festlegung von Unternehmenszweck und -mission. Im Rahmen der Markt- und Geschäftsfelddefinition sind bei Dienstleistungsunternehmen einige Besonderheiten zu berücksichtigen. Insbesondere die Marktfestlegung ist bei Dienstleistungen wie der Gastronomie oder bei Theateraufführungen problematisch. Die Ressourcenallokation erfolgt dann bei Dienstleistungsunternehmen wiederum ähnlich wie bei Industrieunternehmen.

Die bisher getroffenen Entscheidungen erfahren im Prozess der **strategischen Marketingplanung** wiederum eine Konkretisierung. Zunächst gilt es, Geschäftsfeldziele und -strategien festzulegen. Weiterhin umfasst der Prozess der strategischen Marketingplanung die Auswahl geeigneter Marktteilnehmerstrategien sowie eine Budgetierung der getroffenen Entscheidungen beziehungsweise der Geschäftsfelder hinsichtlich der geplanten Aktivitätsniveaus.

Im Rahmen der **operativen Marketingplanung** werden schließlich Instrumentalziele, Maßnahmen sowie die Budgetierung des festgelegten Aktivitätsniveaus fixiert. In diesem Bereich sind als besondere Herausforderungen eines Dienstleistungsunternehmens beispielsweise die Markenpolitik im Dienstleistungsbereich beziehungsweise die Kommunikation von intangiblen Elementen zu nennen.

Im Anschluss an die dargestellten Planungsprozesse findet die **Implementierung** der geplanten Aktivitäten statt. Hier gilt es zu berücksichtigen, dass in Dienstleistungsunternehmen die hierarchisch vergleichsweise weit unten angesiedelten Mitarbeiter über einen intensiven Kundenkontakt verfügen. Aus dieser Tatsache resultiert, dass die mitarbeiterorientierten Rahmenbedingungen, wie zum Beispiel Empowerment oder Entbürokratisierung, einen besonders hohen Stellenwert einnehmen (Laakmann 1995, S. 33).

Die Ergebnisse der **Kontrolle** von Aktivitäten und Zielerreichungsgraden können dann im Rahmen eines revolvierenden Prozesses wiederum Eingang in die Analyse der externen und internen Umwelt finden.

Da die strategische Planung von Dienstleistungsunternehmen nur in einigen Aspekten von der Vorgehensweise bei Industrie- oder Konsumgüterherstellern abweicht, sollen im Folgenden nur diejenigen Aspekte betrachtet werden, die sich durch deutliche Unterschiede auszeichnen. Zu diesem Zweck werden in Abschnitt 2 zunächst die vom Konsumgüterbereich hinlänglich bekannten strategischen Analyseinstrumente hinsichtlich ihrer Anwendbarkeit im Dienstleistungsbereich bewertet.

2. Strategische Analyse- und Planungskonzepte im Dienstleistungsmarketing

Mit der zunehmenden strategischen Ausrichtung der Planung sind seit den 60er-Jahren eine Reihe von strategischen Analyse- und Planungsmethoden entwickelt worden, die vornehmlich im Sachgüterbereich Einsatz fanden. Mittlerweile haben sich aber auch zahlreiche Beiträge mit dem Transfer der Analyse- und Planungsmethoden auf den Dienstleistungssektor befasst. In diesem Zusammenhang weist Moormann (1988, S. 309ff.) nicht nur auf einen hohen Verbreitungsgrad der strategischen Planung in ausgewählten Dienstleistungsbereichen hin, sondern auch auf den zunehmenden Diffusionsgrad zahlreicher strategischer Analysemethoden. Insbesondere sind dies die Chancen-Risiken-Analyse, Ressourcen-, Lebenszyklus-, Positionierungs- sowie Portfolioanalysen. In den letzten Jahren findet darüber hinaus die Wertkettenanalyse verstärkt Beachtung. Diese Instrumente werden im Folgenden einer kritischen Würdigung bezüglich ihres Einsatzes im Dienstleistungsbereich unterzogen.

2.1 Chancen-Risiken-Analyse

> Mit Hilfe einer **Chancen-Risiken-Analyse** sind diejenigen Umweltkräfte zu erkennen und zu antizipieren, die im Rahmen der strategischen Planungsprozesse für Dienstleistungsunternehmen zukünftig von besonderer Bedeutung sind.

Als **Marktchancen** sind dabei insbesondere Wachstumsmöglichkeiten, ungenutzte Vertriebskanäle oder ein Bedarf für neue Produkte von Bedeutung. Die **Marktrisiken** beziehen sich hingegen auf negative Marktentwicklungen, wie etwa Preisverfall, neue Wettbewerber, technologische Entwicklungen usw. Neben der reinen Analyse erfordert das Erkennen von Chancen und Risiken ein rechtzeitiges Agieren der betroffenen Unternehmen beziehungsweise der Führungskräfte eines betroffenen Geschäftsfeldes, um Chancen nutzen und den sich abzeichnenden Risiken frühzeitig begegnen zu können.

Branchenübergreifend sind folgende Punkte als zukünftige **Chancen für Dienstleistungsunternehmen** zu werten (Benölken/Greipel 1994, S. 64ff.):

- Veränderungen im Konsumentenverhalten, wie zum Beispiel ein steigendes Servicebewusstsein oder die Inanspruchnahme von Dienstleistungen zur Gewinnung von Freizeit,

- Steigende Bedeutung von Zusatzdienstleistungen (Value Added Services) sowohl für produzierende Unternehmungen als auch für institutionelle Dienstleister,

■ Trend zum Konsum qualitativ hochwertiger Dienstleistungen,

■ Intensivere Nutzung von Unterhaltungsdienstleistungen angesichts der zunehmenden Freizeit,

■ Einsatzmöglichkeiten neuer Servicetechnologien,

■ Zunehmende Wachstumsraten im Bereich der investiven Dienstleistungen u. a.

Als **Risiken für Dienstleistungsunternehmen** sind folgende Punkte herauszustellen:

■ Zunehmender internationaler Servicewettbewerb,

■ Sinkende Loyalität gegenüber Dienstleistungsanbietern bestimmter Branchen,

■ Zusammenwachsen von Dienstleistungsmärkten (zum Beispiel Versicherungs- und Bankleistungen),

■ Sinkende Inanspruchnahme von Dienstleistungen durch steigendes Do-it-Yourself-Verhalten (zum Beispiel in der Kosmetik- oder Heimwerkerbranche),

■ Zunehmende Konkurrenz für institutionelle Dienstleister durch Angebote der Konsum- und Industriegüterbranche (Differenzierung durch Value Added Services, zum Beispiel die Finanzierungsaktivitäten der Automobilhersteller),

■ Ausweitung von staatlichen/öffentlichen Diensten u. a.

Bei der Zusammenstellung der Chancen und Risiken wird deutlich, dass einige der zukünftigen Entwicklungen nicht eindeutig der Kategorie Chance oder Risiko zugeordnet werden können. Vielmehr stellen beispielsweise Veränderungen im Konsumentenverhalten eine Chance für bestimmte Dienstleistungsunternehmen dar, für andere Unternehmen sind sie dagegen als Risiko zu klassifizieren. Damit erfolgt eine Konkretisierung von bestimmten Entwicklungen als Chance oder Risiko erst vor dem jeweiligen Hintergrund beziehungsweise angesichts der Ressourcen des betrachteten Unternehmens. Aus diesem Grund sind Chancen-Risiken-Analysen stets um **Stärken-Schwächen-Analysen** (vgl. Abschnitt 3.2) zu ergänzen.

Aus der Vielzahl der externen Einflüsse werden in der Literatur fünf **Bestimmungsfaktoren** genannt, die zur Systematisierung der Chancen-Risiken-Analyse herangezogen werden können. Diesen so genannten **„Triebkräften des Wettbewerbs"** liegt der Gedanke zugrunde, dass die Chancen und Risiken eines Anbieters nicht nur von den Kunden und den direkten Konkurrenten, sondern auch von den Zulieferern sowie von Substitutionsgütern und darüber hinaus von der allgemeinen Umfeldsituation abhängen (vgl. zu den Triebkräften des Wettbewerbs allgemein Porter 1999; Meffert/Burmann 2002). Abbildung 4-2 zeigt beispielhaft die Triebkräfte des Wettbewerbs im Luftverkehr aus Sicht der Deutschen Lufthansa AG, die die spezifischen Chancen und Risiken des Unternehmens bedingen. Im Jahre 2001 waren es neben den Ereignissen des 11. September insbesondere preisgünstige Nischenanbieter (so genannte Discount Carrier), die die etablierten Luftfahrtunternehmen in eine tiefe Krise gestürzt haben. Mit der Nutzung von Nebenflughäfen sowie einem minimalen Serviceangebot konnten die Preise der „Big Player" drastisch unterboten und damit Marktzuwächse in zweistelliger Höhe verzeichnet werden (vgl. Insert 4-1). Als Reaktion darauf steigen seit jüngster Zeit auch die etablierten Fluggesellschaften, wie zum Beispiel Lufthansa, in das stark wachsende Billigfluggeschäft ein (vgl. Insert 4-2).

Bei den Ausführungen wird deutlich, dass eine Analyse der Chancen und Risiken für Dienstleistungsunternehmen allgemein nur auf einem sehr globalen Niveau durchgeführt werden kann. Differenziertere Erkenntnisse für ein einzelnes Unternehmen beziehungsweise die Ableitung konkreter strategischer Stoßrichtungen lassen sich erst durch die Verbindung der Chancen-Risiken-Analyse mit einer Analyse der Ressourcen des Unternehmens gewinnen.

Abbildung 4-2   **Chancen-Risiken-Analyse am Beispiel des Luftverkehrsmarktes**

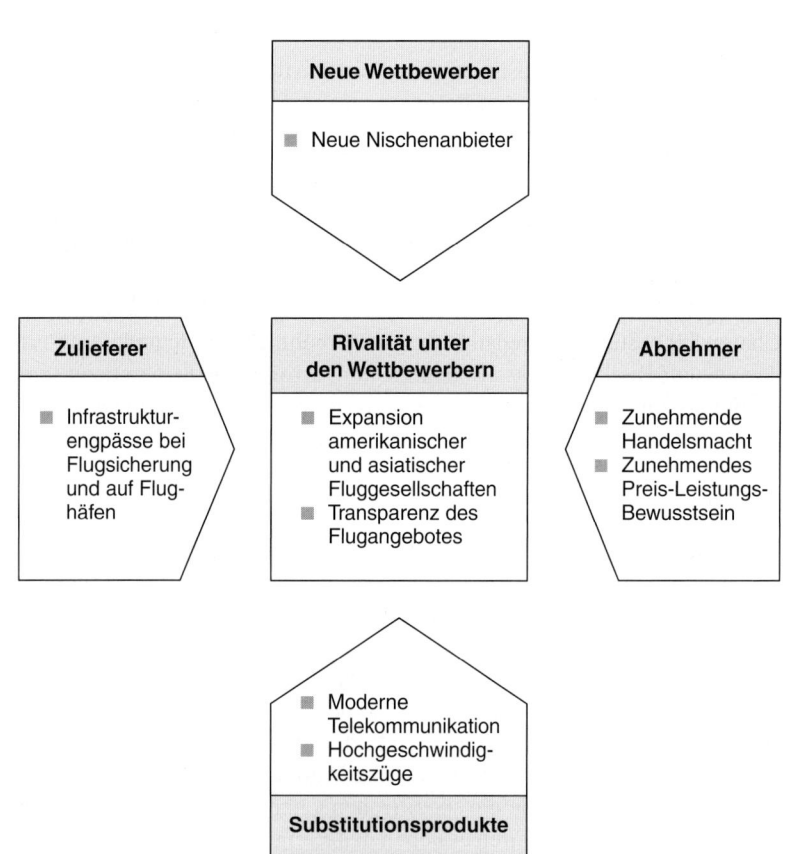

INSERT 4-1   Horizont, 06.12.2001, S. 20

AIRLINES   Lufthansa lässt Werbung von Ryanair per einstweilige Verfügung stoppen /
Lukrative innerdeutsche Strecken locken neue Anbieter an

Billigflieger treten den Großen auf die Füße

Die Aldis der Luftfahrt kennen nur ein schlagendes Verkaufsargument für ihre Flüge: den Preis.

FRANKFURT Seit die EU den Flugmarkt in Europa liberalisiert hat, erhält der Faktor Preis Auftrieb im Marketingmix der Airlines. Mit minimalem Service, aber deutlich günstigeren Preisen machen Billigflieger wie Ryanair, Buzz oder Germania den etablierten Airlines vor allem auf den Kurzstrecken Konkurrenz. Die so genannten Low-Cost-Carrier gehen mit ihrer Niedrigpreis-Strategie gestärkt aus der aktuellen Luftfahrtkrise hervor. Durch Sonderangebote bremsten sie nach dem 11. September den freien Fall des Umsatzes und liegen kaum drei Monate nach den Anschlägen im Vergleich zum Vorjahr schon wieder im Plus.

„Der Preis ist unser einziges Marketinginstrument", fasst die Verkaufsleiterin von Ryanair Deutschland, Caroline Baldwin, die Strategie der irischen Fluglinie zusammen und verweist auf die Basis aller wirtschaftswissenschaftlichen Modelle: Mit sinkenden Preisen steigt die Nachfrage. „Also senken wir den Preis, wenn die Nachfrage sinkt – und die Nachfrage steigt wieder."

Während die großen Airlines derzeit ein Sparprogramm nach dem anderen auflegen, haben die Low-Cost-Carrier mit ihren Tiefflug-Preisen immer noch gute Zahlen. Direkt nach dem 11. September senkte Ryanair drastisch die Preise und brachte eine Million Tickets für 35 Mark auf den Markt. 950 000 Gäste konnte das Team um Ryanair-Chef Michael O'Leary damit im Krisenmonat in die Flieger holen. „Nicht die Angst hält die Menschen vom Fliegen ab, sondern es sind die hohen Tarife", kommentiert der eifrig gegen Subventionen der etablierten Wettbewerber kämpfende Ryanair-Navigator das Ergebnis.

Um die Preise bekannt zu machen, schalten die Iren in-house entwickelte Anzeigen, die aggressiv die Angebote bewerben. Auf teure Imagewerbung verzichtet der Billig-Carrier. Im aktuellen Flight nimmt Ryanair die Lufthansa aufs Korn und vergleicht in regionalen Tageszeitungen die Preise der beiden Airlines. Das schmeckt dem Kranich gar nicht. Per einstweilige Verfügung ließen die Frankfurter vergangene Woche eine Anzeige stoppen, in der der Eindruck entstand, die Kranich-Airline würde ebenfalls von Ryanairs wichtigstem deutschen Flughafen Frankfurt-Hahn – der immerhin 100 Kilometer von Frankfurt entfernt liegt – fliegen. Doch die Iren lassen sich nicht beirren und legten diese Woche mit modifizierten Anzeigen nach – und vergleichen weiterhin.

Den entscheidenden Wettbewerbsvorteil haben die Billiganbieter in der schlanken Kostenstruktur. Flüge werden in erster Linie direkt über das Internet und Call-Center verkauft und nicht über Reisebüros. Die Low-Cost-Carrier steuern nicht die großen Flughäfen an, sondern kleine im Umland wie die ehemalige Militärbasis Hahn im Hunsrück oder Berlin-Schönefeld. Die Einsparungen durch kürzere Wartezeiten und günstigere Gebühren geben die Airlines direkt an die Kunden weiter. Weiteres Sparpotenzial liegt im Service. Es gibt in der Regel keine Verköstigungen an Bord und nur eine Flugklasse. Außerdem fliegt Ryanair zum Beispiel nur mit Boeings. Piloten und Techniker müssen sich daher nur mit wenigen Flugzeugtypen auskennen, was laut Baldwin jährlich mehrere Millionen Euro einspart.

Macht Ryanair den Großen bislang nur innerhalb Europas Konkurrenz, greifen andere Billig-Carrier British Airways und Lufthansa auf den lukrativen innerdeutschen Strecken an. Auf der Monopolstrecke Berlin-Frankfurt tritt zum Beispiel der Ferienflieger Germania dem Kranich mit Billigangeboten auf die Füße. Zuerst bot die Airline Flüge für 99 Euro an. Die Lufthansa versuchte daraufhin die grün-weiße Fluglinie mit Angeboten von 100 Euro wegzubeißen – zu günstig, findet Germania-Geschäftsführer Mustafa Muscati und spricht von Preisdumping. Mit einer Beschwerde vor dem Bundeskartellamt will Germania nachweisen, dass die Lufthansa Flüge zu Preisen unterhalb der Kosten anbietet. Als Sofortmaßnahme halbierte das Unternehmen die Preise nochmals – auf 55 Euro. „Da kann die Lufthansa auf Dauer nicht mithalten, weil sie sich sonst die Preise auf anderen innerdeutschen Strecken kaputt macht", glaubt Muscati und betont, dass Germania einen langen Atem im Preiskampf habe.

Mit der Erschließung der Berlin-Frankfurt-Strecke schafft sich die Airline ein zweites Standbein. Bislang chartarte Germania ihre Maschinen und will sich jetzt mit den innerdeutschen Flügen mehr Unabhängigkeit von der Touristik verschaffen. „Es kann nicht sein, dass in einem der lukrativsten Märkte der Welt nur ein bis zwei Anbieter gibt. Dass wir auf einen Markt gehen, auf dem kaum Wettbewerb herrscht, ist nur eine

Gewinner der Krise

Während die übrige Luftfahrtbranche auf Konsolidierungskurs geht, profitieren die Low-Cost-Carrier von ihrer schlanken Kostenstruktur. Branchenkenner sagen dem Segment jährlich zweistellige Wachstumsraten voraus. Die Billig-Airlines haben sich schnell von den Anschlägen am 11. September erholt. Ryanair steigerte den Gewinn im 3. Quartal um 39 Prozent im Vergleich zu 2000, den Umsatz um 29 Prozent auf rund 344,2 Millionen Euro. Auch die KLM-Tochter Buzz erhöhte den Umsatz im September um 33 Prozent gegenüber dem Vorjahr.

normale Folge", begründet Muscati den Schritt und ergänzt: „Jeder soll das tun, worin er stark ist, und wir sind stark in den Kosten und in der Technik."

Klassische Werbung spielt auch bei Germania keine Rolle. Ein paar kleine Flohanzeigen in der Tagespresse machen Sonderangebote bekannt. Muscati: „Sie können nicht sehr preisgünstig sein und sehr viel Geld ins Marketing stecken – irgendwo haben auch wir Grenzen."

Im Gegensatz dazu will Newco mer Berlin-Jet nicht gänzlich auf Imagewerbung verzichten. Gründer Thorsten Mache kündigt für den Start der Airline im 1. Quartal 2002 eine im einstelligen Millionen-Bereich angesiedelte Printkampagne unter dem Motto „That's Freedom" an (Agentur: Kreativ Sign, Gießen). Auch in anderen Punkten unterscheidet sich Berlin-Jet von anderen Billig-Carriern. So bieten Mache und Mitgründer Oliver Heinz zwei Klassen an Bord an und ein frei zusammenstellbares Service-angebot. „Man muss nur bezahlen, was man gerne möchte", erklärt Mache die Philosophie. Zusätzliche Einnahmen von an die 10 Prozent des Umsatzes will Berlin-Jet über Werbeeinnahmen erzielen – die Flugzeugstaffel wird zum Werbeträger. Die Außenhaut ist buchbar, in den Maschinen können die Nackenstützen gemietet oder Internet und Bordjournal belegt werden. Außerdem können Unternehmen Flüge sponsern: Der Satz „Berlin-Jet und das Unternehmen XY wünschen Ihnen einen guten Flug" kann sich vom Ticket über die Bordkarte bis zur Begrüßung der Fluggäste in der Maschine durchziehen.

Nicht nur die Vermarktungswege, auch die Fluggaststruktur unterliegt dem Wandel. Alexander Hilton, Vertriebsleiter für die neuen Bundesländer und Polen bei der KLM-Tochter Buzz, beobachtet: „Der Rubel bei den Firmen sitzt nicht mehr so locker. Bei den Reisekosten kann man einfach sparen, und das tun die Unternehmen, indem sie mit uns fliegen. Wir sind der Aldi der Luftfahrt."

Juliane Paperlein

INSERT 4-2   Frankfurter Allgemeine Zeitung, 15.08.2002, S. 14

Lufthansa startet Billig-

Neue Fluglinie heißt German Wings / Differenzierung vom Wett-

Eurowings Luftverkehrs AG, Dortmund. Das Regionalflugunternehmen, an dem die Deutsche LufthansaAG zu 24,9 Prozent beteiligt ist, steigt unter der Marke German Wings in das derzeit stark wachsende Billigflug-Geschäft ein. Der Aufsichtsrat der Gesellschaft hat dem Vorhaben am Dienstagabend zugestimmt. Wie der Vorstandsvorsitzende Friedrich-Wilhelm Weitholz dazu in Köln erläutert hat, wird German Wings erstmals am 27. Oktober abheben und ab dem Flughafen Köln/Bonn europäische Metropolen sowie einige Urlaubsorte am Mittelmeer anfliegen. Dazu soll die aus fünf Airbus-Flugzeugen bestehende Flotte des strategisch und strukturell nicht mehr passenden Chartergeschäftes genutzt werden. Zum Start sind zunächst 10 bis 12 Zielorte vorgesehen, darunter London, Paris, Mailand, Rom, Zürich, Madrid, Malaga oder Nizza. Man wolle mit dem Markt wachsen und das Geschäft schnell weiter aufstocken, sagte Weit-

holz. So sollen dann bald mehr als 20 Zielflughäfen angeflogen werden.

Die Tochter- und Partnergesellschaft der Lufthansa hat es sich zum Ziel gesetzt, in diesem sogenannten No-Frills-Geschäft, also dem Lufttransport ohne „Rüschen", also besonders Beiwerk und Service an Bord, die Preisführerschaft zu erreichen. No-Frills sei keine schwarze Magie, meinte Weitholz. Man werde preiswert sein, sich aber nicht in die Billigecke begeben, sondern sich vielmehr vom Billigwettbewerb differenzieren. Die Gesellschaft verfüge über hochmoderne Flugzeuge, eine hohe Produktivität, schlanke Strukturen und kostengünstige Organisationsprozesse. Diese Vorteile wolle man an die Kunden weitergeben, erläuterte er, ohne allerdings schon näher auf die künftige Flugpreisgestaltung einzugehen. Die Tickets sollen über das Internet sowie Call-Center verkauft werden. Die Namensrechte für German Wings lagen bisher bei der Lufthansa. German Wings

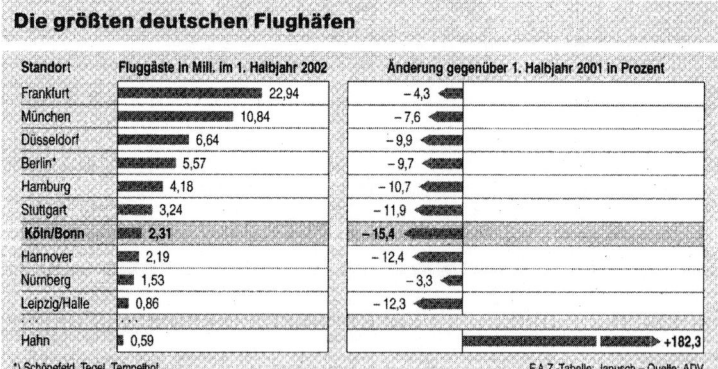

Die größten deutschen Flughäfen

Standort	Fluggäste in Mill. im 1. Halbjahr 2002	Änderung gegenüber 1. Halbjahr 2001 in Prozent
Frankfurt	22,94	– 4,3
München	10,84	– 7,6
Düsseldorf	6,64	– 9,9
Berlin*	5,57	– 9,7
Hamburg	4,18	– 10,7
Stuttgart	3,24	– 11,9
Köln/Bonn	**2,31**	**– 15,4**
Hannover	2,19	– 12,4
Nürnberg	1,53	– 3,3
Leipzig/Halle	0,86	– 12,3
Hahn	0,59	+182,3

*) Schönefeld, Tegel, Tempelhof

F.A.Z.-Tabelle: Janusch – Quelle: ADV

flieger mit Eurowings

bewerb angestrebt / Hoher Gewinn für den Standort Köln/Bonn

Start frei: Am 27. Oktober schickt Eurowings die erste Maschine von German Wings in die Luft.   Foto Eurowings

war ursprünglich eine Ende der achtziger Jahre von zwei Burda-Brüdern mitgegründete kleine Fluggesellschaft, die in Konkurrenz zur Lufthansa eher das gehobene Geschäftskundensegment bedienen wollte, dann aber schon 1990 Konkurs anmelden mußte. Mit der wiederbelebten Marke will man sich nach eigenen Angaben bewußt gegen das auf Qualität und Service vor und während des Fliegens abzielende Angebot von Eurowings und auch von Lufthansa abgrenzen. German Wings stehe aber für dieselbe Sicherheit und Zuverlässigkeit. Über das Konzept, neben dem eigentlichen Kerngeschäft Regionalflugverkehr auch ein preisgünstiges Segment anzubieten, denke man seit 1999 nach, hieß es in Köln. Nach dem in diesem Jahr eingetretenen Auftragsrückgang im Chartergeschäft um rund 20 Prozent sei der Druck zur Neupositionierung dieses Geschäftsbereichs gewachsen. Nach Darstellung von Weitholz wird die Finanzierung des neuen Geschäftsfeldes aus eigener Kraft erfolgen.

Die Wahl des Standorts Köln-Bonn wird damit begründet, daß Nordrhein-Westfalen nach dem Großraum London einer der interessantesten europäischen Märkte mit einem Einzugsgebiet von mehr als 15 Millionen Einwohnern und mehr als 7 Millionen Flugreisenden im Jahr sei. Köln/Bonn verfüge über eine ideale Infrastruktur, die durch den baldigen Anschluß an das Intercitynetz der Bahn noch verbessert werde. Nach den Worten von Michael Garvens, Geschäftführer der Flughafengesellschaft, werden die mit der neuen Fluglinie zu erwartenden 1 bis 1,5 Millionen zusätzlichen Passagiere die gemessen an das Jahr 2000 erlittene Einbuße von rund einem Fünftel der Fluggastzahlen mehr als wettmachen. Insofern sei die Entscheidung von Eurowings ein wichtiger Meilenstein für den Standort und die Flughafengesellschaft, zumal 30 Prozent der Passagiere, die derzeit die Billigflugangebote ab Hahn im Hunsrück nutzen, aus Nordrhein-Westfalen kommen. *(B.K.)*

2.2 Ressourcenanalyse

> Während die Umweltanalyse durch Ermittlung der Chancen und Risiken des Dienst-
> leistungsunternehmens den Möglichkeitsraum der Strategieplanung absteckt, ver-
> sucht die **Ressourcenanalyse (Stärken-Schwächen-Analyse)** festzustellen, welche
> konkreten Aktivitäten das Unternehmen unter Berücksichtigung der gegenwärtigen
> und zukünftigen Ressourcensituation ergreifen sollte (Hinterhuber 1996, S. 167ff.;
> Meffert 2000, S. 66ff.).

Die **Stärken** sind dabei gleichzusetzen mit der Fähigkeit eines Unternehmens, die Marktchancen besonders gut zu nutzen beziehungsweise den Marktrisiken zu begegnen. Bei
den **Schwächen** eines Dienstleistungsunternehmens ergibt sich die Situation vice versa.
Bezugsobjekt der Analyse können dabei das Gesamtunternehmen, die einzelnen strategischen Geschäftsfelder oder auch die spezifischen Dienstleistungsprozesse sein.

Abbildung 4-3   **Stärken-Schwächen-Profil am Beispiel von Schweizer Banken**

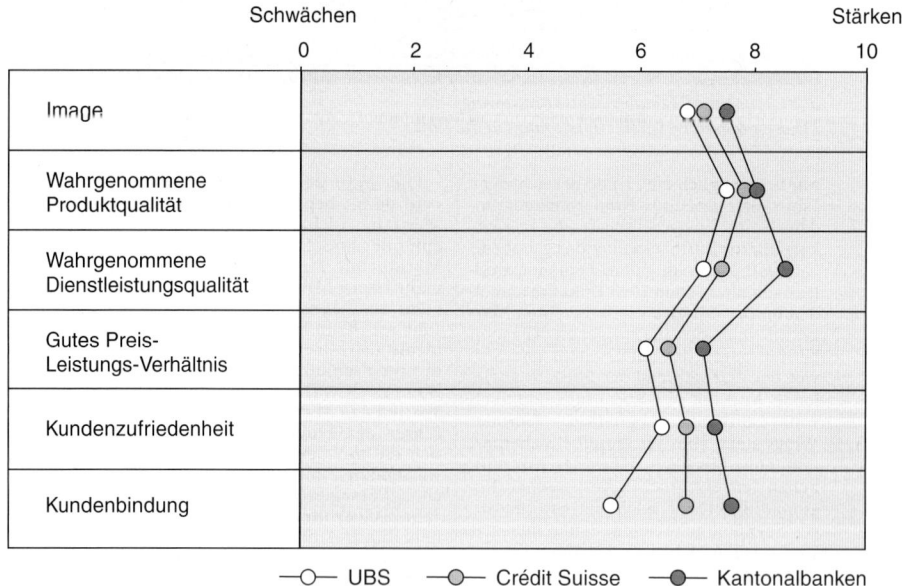

Quelle: SWICS 1998

In Dienstleistungsunternehmen trägt insbesondere die **Ressource Mitarbeiter** zur Realisierung von Stärken am Markt bei (Lienemann/Reis 1996, S. 257f.). Im Rahmen der Analyse sollen jedoch nicht nur die konkret im Dienstleistungserstellungsprozess eingesetzten Ressourcen, wie zum Beispiel Know-how, Personal und Ausrüstungen betrachtet werden, sondern auch die finanziellen, organisatorischen und technologischen Ressourcen des Unternehmens einer kritischen Bewertung unterzogen werden.

Die Bewertung der einzelnen Leistungspotenziale kann durch ein **Stärken-Schwächen-Profil** dargestellt und den Schlüsselanforderungen des Marktes gegenübergestellt werden (Meffert 2000, S. 66; Becker 2001). Dadurch gelingt es, Hauptstärken und Synergien zu identifizieren, auf denen eine erfolgreiche Strategie basieren kann (vgl. Abbildung 4-3).

Ein derartiges Stärken-Schwächen-Profil kann konkrete Hinweise zur Ableitung strategischer Stoßrichtungen beziehungsweise zum Aufbau von Wettbewerbsvorteilen geben. Zur Konkretisierung des Entscheidungsfeldes wird die Chancen-Risiken- sowie Stärken-Schwächen-Analyse parallel durchgeführt und die strategischen „Key Issues" in einer **SWOT-Matrix** (**S**trengths, **W**eaknesses, **O**pportunities, **T**hreats) abgebildet. In Abbildung 4-4 ist ein Beispiel für eine **vereinfachte SWOT-Analyse** am Beispiel einer Fluggesellschaft dargestellt (zu einem weiteren Beispiel vgl. Meyer/Dullinger 1998, S. 770f.).

| Abbildung 4-4 | Vereinfachte SWOT-Analyse am Beispiel einer Fluggesellschaft |

Chancen	Risiken
■ Liberalisierung von Marktzutrittsbeschränkungen ■ Zunehmende Freizeitorientierung der Bevölkerung ■ Fortschreitende wirtschaftliche Integration	■ Eintritt neuer, preisaggressiver Wettbewerber in den Heimatmarkt ■ Zunehmende Bedeutung der Kommunikationstechnologien
Stärken	**Schwächen**
■ Hoher nationaler und internationaler Bekanntheitsgrad ■ Marktführer im Heimatmarkt ■ Image geprägt durch Sicherheit/ Zuverlässigkeit ■ Dichtes Streckennetz	■ Relativ ungünstige Kostenposition im Vergleich zu den Hauptwettbewerbern ■ Motivationsprobleme bei Flugbegleitern

GABLER
GRAFIK

2.3   Positionierungsanalyse

Eine weitere Methode zur Analyse der Situation des Dienstleistungsanbieters stellt die Positionierungsanalyse dar. Die bereits in den 70er-Jahren entwickelte und im Konsumgütermarketing von zahlreichen Unternehmen angewandte Methode versucht, die subjektive Wahrnehmung des Kunden zum Dienstleistungsunternehmen oder anderer Wahrnehmungselemente abzubilden (Trommsdorff 1995).

> Im Rahmen der **strategischen Positionierung** erhalten Dienstleistungsmarken, -prozesse, strategische Geschäftseinheiten oder ganze Dienstleistungsunternehmen aufgrund der wahrgenommenen Ausprägungen von Eigenschaften (zum Beispiel durch Kundenbefragung) eine bestimmte Position in einem mehrdimensionalen Merkmalsraum. Ziel ist es, die Unternehmensleistung so zu gestalten, dass die von den Kunden wahrgenommenen Eigenschaften mit den von ihnen gewünschten SOLL-Eigenschaften in Übereinstimmung gebracht werden.

Die hier relevanten Positionierungsmodelle unterscheiden sich von den klassischen Positionierungsanalysen des Konsumgütermarketing insbesondere durch den **Prozesscharakter** der Dienstleistung sowie die **Integration der Kunden** in den Leistungserstellungsprozess. Daraus folgt, dass die Erfassung der für die Positionierung notwendigen kaufrelevanten Eigenschaften weitaus komplexer und dynamischer ist (Woratschek 1998, S. 704). Zudem erschwert das Merkmal der **Immaterialität** einen Vergleich von Dienstleistungsattributen mit denjenigen der Konkurrenz, da Kunden keine direkte Überprüfung der Leistungsmerkmale – wie im Fall von physischen Produkten – vornehmen können (Payne 1993, S. 102). Diese Restriktionen gilt es zu beachten, wenn Positionierungsmodelle zur Ableitung strategischer Stoßrichtungen von Dienstleistern herangezogen werden. Allerdings können Positionierungsmodelle dazu dienen, das Markenwahlverhalten bestimmter Zielgruppen zu erklären und Hilfestellung bei Entscheidungen der Marktsegmentierung des Unternehmens zu geben.

Mit der Positionierungsanalyse sind verschiedene **Ziele** verbunden (Brockhoff 1999; Lovelock 2001). Es sollen Informationen über die **Unternehmensposition** im Vergleich zu Hauptwettbewerbern hinsichtlich der aus Käufersicht relevanten Beurteilungskriterien (deskriptive Positionierung; Bildung von Realpunkten) gewonnen werden. Daraus lassen sich in einem weiteren Schritt Ansatzpunkte zur Differenzierung beziehungsweise **Umpositionierung** von bestehenden Dienstleistungen ableiten oder **Positionierungslücken** identifizieren (normative Positionierung; Erhebung von Idealpositionen und Vergleich mit Realpositionen).

Die strategische Positionierung erfolgt im Rahmen eines **mehrstufigen Prozesses**, wobei unterstellt wird, dass der relevante Markt des Unternehmens bereits festgelegt und spezifiziert worden ist (Payne 1993, S. 108ff.; Woratschek 1998, S. 706f.; Lovelock 2001, S. 200ff.). Im Folgenden werden fünf **Phasen der Positionierungsanalyse** unterschieden:

1. Bestimmung des zu positionierenden **Objektes**. Die Analyse kann sich auf einzelne Dienstleistungen beziehungsweise Prozesse, strategische Geschäftseinheiten oder auf Dienstleistungsunternehmen beziehen.

2. Festlegung der **relevanten Leistungsmerkmale**, die eine unmittelbare Kaufverhaltensrelevanz aufweisen. Als Informationsquellen werden hierzu Kundenstatements herangezogen, die sowohl mit Hilfe der multidimensionalen Skalierung (MDS) als auch mittels faktoranalytischer Verfahren analysiert werden, um schließlich die Position des Objektes im Merkmalsraum zu finden.

3. Erstellung der **IST-Positionierung** durch Platzierung des eigenen sowie konkurrenzbezogenen Analyseobjektes in den Merkmalsraum.

4. Vergleich der IST-Position mit der **SOLL-Position** aus Kundensicht.

5. Ableitung von **strategischen Stoßrichtungen**, wie zum Beispiel die Besetzung einer lukrativen Marktnische oder die Repositionierung einer Dienstleistung.

Abbildung 4-5   **Positionierungsmodell ausgewählter Beratungsunternehmen**

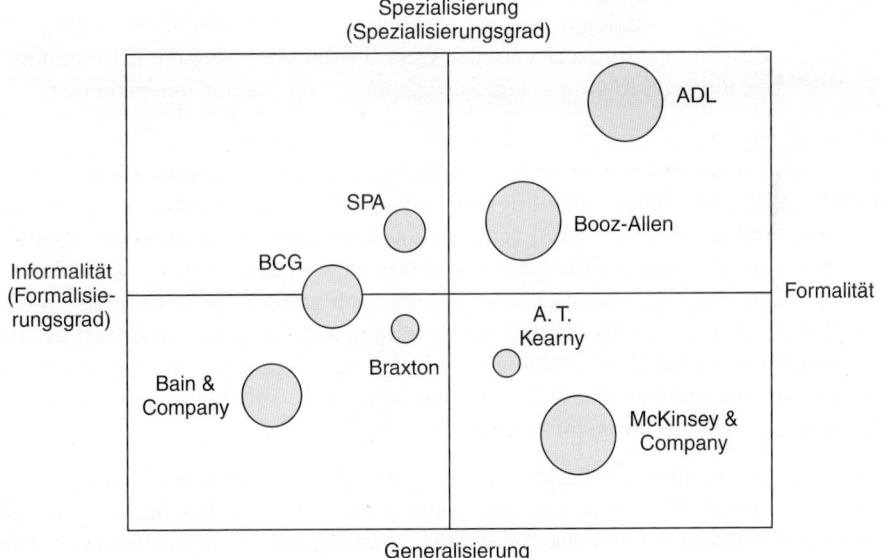

Quelle: Payne 1986, S. 48

Ein Beispiel für ein Positionierungsmodell für Unternehmensberatungen ist in Abbildung 4-5 dargestellt. Die verschiedenen amerikanischen Unternehmensberatungen wurden in Abhängigkeit des Spezialisierungsgrades ihrer Beratertätigkeit sowie des Formalisierungsgrades der Tätigkeit positioniert. Das Positionierungsmodell wurde auf der Grundlage von Gesprächen mit 30 Unternehmensrepräsentanten erstellt, die eine Beurteilung der einzelnen Consultingunternehmen vorgenommen haben.

Es zeigt sich deutlich, dass McKinsey als Generalist mit hohem Formalisierungsgrad eingestuft wird, während Arthur D. Little als Spezialist, ebenfalls mit hohem Formalisierungsgrad, angesehen wird. Die Boston Consulting Group unterscheidet sich insbesondere im Formalisierungsgrad der Tätigkeit von diesen beiden Firmen (Payne 1986, S. 43f.).

2.4   Lebenszyklusanalyse

Dienstleistungen beziehungsweise Dienstleistungsunternehmen unterliegen während ihrer Marktpräsenz in der Regel ebenso wie Sachgüter einem Lebenszyklus. Die **Lebenszyklusanalyse** versucht, Gesetzmäßigkeiten im Verlauf des Untersuchungsgegenstandes zu identifizieren, um daraus Schlussfolgerungen für die Marktbearbeitung ziehen zu können. In idealtypischer Weise lassen sich dabei mit Einführungs-, Wachstums-, Reife-, Sättigungs- und Verfallsphase fünf Stadien unterscheiden.

Auf relativ hoch aggregierter Ebene kann die Lebenszyklusanalyse trotz erheblicher Vorbehalte (zum Beispiel Allgemeingültigkeit, fehlende Phasenabgrenzung usw.) zur Typologisierung strategisch relevanter Situationen eines Dienstleistungsunternehmens herangezogen werden (Schürmann 1993; Meffert 2000). Es wird davon ausgegangen, dass das Lebenszykluskonzept im Dienstleistungsbereich noch größere **Bedeutung** als im Konsumgüterbereich aufweist. Der Grund hierfür wird in dem langsameren Ablauf des Entwicklungsprozesses bei Dienstleistungen, beispielsweise von einer Wachstums- in eine Stagnationsphase, gesehen. Diese These stützt sich auf die Verwandtschaft von Lebenszykluskonzept und **Diffusionsforschung** (Gierl 1987, S. 54).

Gleichzeitig muss aber die Bedeutung des Lebenszykluskonzeptes insofern eingeschränkt werden, als Dienstleistungen aufgrund ihrer in der Regel beschränkten Standardisierbarkeit einem evolutorischen Anpassungsprozess unterliegen. Hier liegt die besondere Schwierigkeit in der Bestimmung des Zeitpunktes, zu dem eine Dienstleistung soweit variiert, dass ein neuer Lebenszyklus eben dieser veränderten Dienstleistung entsteht. Aus dem explikativen Lebenszyklusmodell (vgl. Abbildung 4-6) können dennoch einige **normative Aussagen** für das Dienstleistungsmarketing abgeleitet werden.

So ist in der **Einführungsphase** einer Dienstleistung eine schnelle Penetration und Diffusion der Leistung anzustreben. Es stellt sich insbesondere die Frage, wann ein Markteintritt erfolgen soll (Pionier oder Folger), mit welcher Stärke der Markteintritt vorgenommen und welches Kundensegment konkret bearbeitet werden soll.

In der **Wachstumsphase** – in der sich beispielsweise die Informatikdienstleistungsbranche befindet – gilt es, die erreichte Marktposition zu konsolidieren und weiterhin interpersonelle Kommunikationsprozesse zur Intensivierung des Diffusionsprozesses anzuregen. Darüber hinaus ist die Nachfrage durch die Ansprache neuer Dienstleistungssegmente oder eine geographische Ausweitung weiter zu steigern. Gleichzeitig sind Markteintrittsbarrieren zur Verteidigung der Marktposition aufzubauen. Intern wird der Fokus auf eine höchstmögliche betriebliche Effizienz verlagert.

In **reifen und gesättigten Märkten,** wie zum Beispiel dem Banken- und Versicherungsbereich, sind Strategien auszuwählen, die für die Verteidigung und den Ausbau des Marktanteils am zweckmäßigsten sind. Die Bemühungen der Versicherungsunternehmen, ihr Leistungsangebot weiter zu differenzieren und durch Diversifikation im Bereich der Finanzdienstleistungen neue Absatzchancen zu nutzen, zeigen exemplarisch Behauptungsstrategien für Unternehmen in gesättigten Märkten auf. Schwerpunktaktivitäten liegen hier in einer optimierten Marktsegmentierung und dem Angebot von Zusatzleistungen.

Abbildung 4-6   **Beispiele für eine Lebenszyklusanalyse von Touristikleistungen**

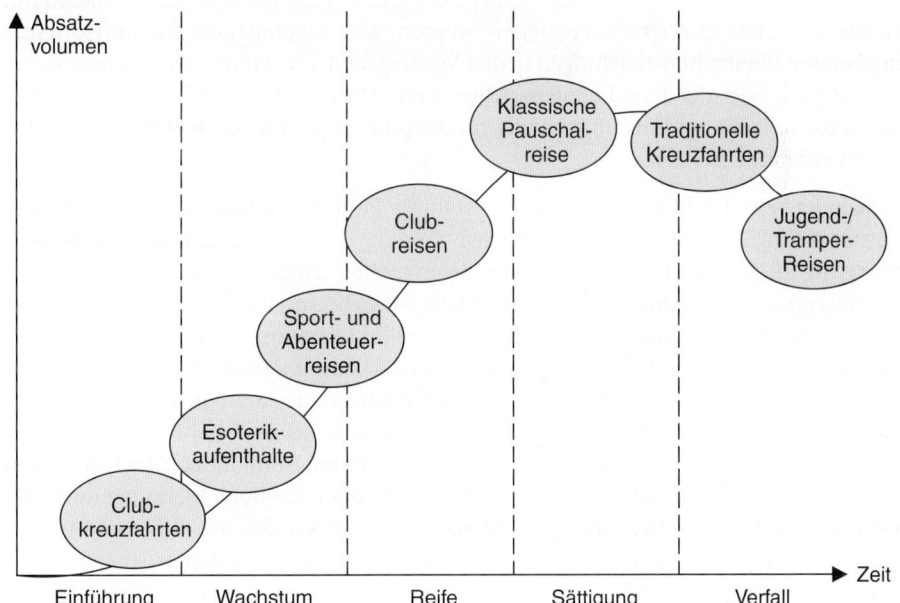

In der **Verfallsphase** (zum Beispiel Scherenschleifer, Kaminfeger usw.) steht ein Unternehmen vor der strategischen Entscheidung, in welcher Form den auftretenden Wettbewerbskonfrontationen am erfolgreichsten begegnet werden kann. Unter Umständen ist in diesem Stadium eine Entscheidung über den Rückzug beziehungsweise Marktaustritt zu fällen. Viele Dienstleister werden in dieser Phase allerdings verstärkt Überlegungen hinsichtlich einer Diversifikation oder Internationalisierung des Leistungsangebotes anstellen.

Sofern sich Umweltentwicklungen kontinuierlich vollziehen, kann das Lebenszykluskonzept Hilfestellungen für die Strategieformulierung liefern und Umsatz- sowie Absatzprognosen erleichtern. Die Lebenszyklusanalyse verliert jedoch ihre Aussagekraft, wenn sich ein Dienstleistungsunternehmen unsystematischen und diskontinuierlichen Veränderungen, wie zum Beispiel radikalen Änderungen der gesetzlichen Rahmenbedingungen, gegenübersieht.

Eine weitere Lebenszyklusanalyse ist der **Kundenbedarfslebenszyklus,** der die **Lebensphasen eines Individuums** als Ausgangspunkt der Betrachtung wählt. Bezogen auf den jeweils betrachteten Markt haben Kunden in verschiedenen Lebensphasen unterschiedliche Bedürfnisse.

Beispiel: Abbildung 4-7 zeigt beispielhaft den Bedarfslebenszyklus eines Kunden bezogen auf den Finanzdienstleistungsbereich. Während in jungen Jahren zunächst verschiedene Sparformen den Großteil der vermittelbaren Finanzdienstleistungen ausmachen, kann das Angebot in den darauf folgenden Lebensphasen um Versicherungen und liquiditätsunterstützende Services angereichert werden. Mit zunehmender Zukunftsorientierung geraten Finanzdienstleistungen in den Vordergrund, die auf die Absicherung der eigenen Person oder der Familie ausgerichtet sind. Mit derartigen Informationen lassen sich maßgeschneiderte Leistungsbündel für die potenziellen Kunden von Finanzdienstleistern zusammenstellen.

Der Kundenbedarfslebenszyklus hat zwei zentrale Funktionen innerhalb des Dienstleistungsmarketing (Bruhn 2001e). Zunächst kommt ihm eine **gegenwartsorientierte Steuerungsfunktion** zu, in deren Rahmen die aktuelle Ausnutzung der Kundenpotenziale zu überprüfen ist. In diesem Zusammenhang gilt es beispielsweise, Cross-Selling-Potenziale eines Kunden zu realisieren oder eine Produktdifferenzierung nach dem spezifischen Bedarf des Kunden vorzunehmen. Daneben kommt dem Kundenbedarfslebenszyklus eine **zukunftsorientierte Steuerungsfunktion** zu. Aus den Bedürfnissen des Kunden in den verschiedenen Lebensphasen lässt sich das mittel- bis langfristige Erfolgspotenzial eines Kunden für das Unternehmen ablesen. Befindet sich der Kunde in einer Phase, in der er zukünftig starke Bedürfnisse in dem jeweiligen Markt hat (zum Beispiel ein Student, der beabsichtigt, eine Managementkarriere einzuschlagen und eine Familie zu gründen), ist er für das jeweilige Unternehmen mittel- bis langfristig attraktiver als in anderen Phasen (zum Beispiel ein 80-jähriger ehemaliger Arbeitsloser ohne Vermögen). Auf dieser Basis lassen sich eine frühzeitige Kundengewinnung („Lock-in"-Effekt) sowie eine Produktdifferenzierung nach dem spezifischen Kundenbedarf verwirklichen.

Abbildung 4-7 **Exemplarischer Kundenbedarfslebenszyklus im Finanzbereich**

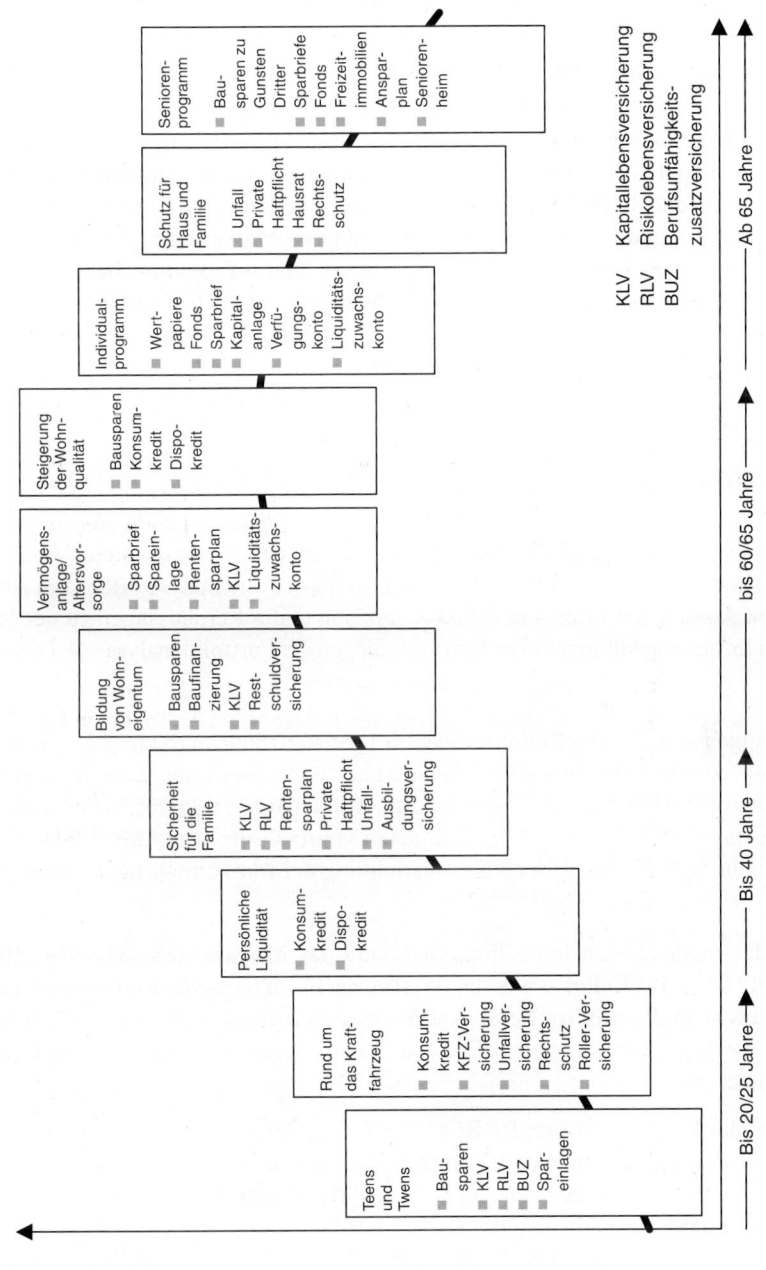

KLV Kapitallebensversicherung
RLV Risikolebensversicherung
BUZ Berufsunfähigkeitszusatzversicherung

GABLER GRAFIK

Quelle: Benölken/Greipel 1994, S. 201

An den genannten Beispielen zeigt sich, dass die Lebenszyklusphase für eine Prognose zukünftiger Erträge des Kunden nicht ausreichend ist. Vielmehr muss hierbei die Phase kombiniert mit anderen Kundenmerkmalen, zum Beispiel sozioökonomische oder demographische Merkmale, betrachtet werden. Dennoch gibt der Kundenbedarfslebenszyklus idealtypisch die Erfolgspotenziale eines bestimmten Kunden an.

Der **Kundenbeziehungslebenszyklus** als weiteres zentrales Lebenszykluskonzept beschreibt die Intensität der Kundenbeziehung in Abhängigkeit von der Dauer der Beziehung zum Unternehmen (vgl. Kapitel 2, Abschnitt 1). Innerhalb der einzelnen Phasen empfinden die potenziellen und aktuellen Kunden eine unterschiedliche Stärke der Kundenbeziehung und haben entsprechend unterschiedliche Erwartungen bezüglich der Kommunikation und der Ausgestaltung der anderen Marketinginstrumente. Beispielsweise hat ein neuer Kunde intensivere Beratungs- und Informationsbedürfnisse als ein langjährig gebundener Kunde. Dementsprechend müssen modifizierte Marketingzielsetzungen für die einzelnen Phasen des Beziehungslebenszyklus definiert werden.

2.5   Portfolioanalyse

Seit den 70er-Jahren zählen die Portfolioanalysen zu den weitverbreiteten Analyse- und Planungskonzepten im Marketing. Grundlage der Portfolioanalyse bilden die zuvor dargestellten Aussagen im Lebenszykluskonzept sowie die Kernaussagen zu der Realisierung von Erfahrungskurveneffekten (zu Grundlagen der Portfolioanalyse vgl. Dunst 1983).

> Ausgangspunkt der **Portfolioanalyse** im Dienstleistungsmarketing ist die Positionierung von dienstleistungsbezogenen Analyseobjekten (zum Beispiel Dienstleistungsunternehmen, Dienstleistungsmarke, Kunden usw.) nach internen und externen Erfolgsfaktoren in einer zweidimensionalen Matrix. Ziel ist die Ableitung von Normstrategien für eine strategische Neuausrichtung der Marketingprogramme.

Die beiden bekanntesten Portfolioansätze sind das **Marktanteils-Marktwachstums-Portfolio (BCG-Portfolio)** sowie das **Wettbewerbsvorteils-Marktattraktivitäts-Portfolio (McKinsey-Portfolio)**. Beide Ansätze basieren auf den identischen Grundüberlegungen, die Vorgehensweisen zur Erstellung des jeweiligen Portfolios weichen jedoch voneinander ab.

Entgegen der Vorgehensweise des BCG-Portfolios werden zum Beispiel bei der Erstellung eines McKinsey-Portfolios die Portfoliodimensionen durch Einflussfaktorenbündel beschrieben, die anschließend zu den Faktoren **Marktattraktivität** und **relativer Wettbewerbsvorteil** aggregiert werden. Diese multifaktorielle Vorgehensweise hat sich im Dienstleistungssektor sehr gut bewährt. Beim BCG-Portfolio werden ausschließlich die Dimensionen **Marktwachstum** und **relativer Marktanteil** unterschieden. Trotz der bestehenden Unterschiede ist beiden Ansätzen gemein, dass eine Achse (Abszisse) eine interne, beeinflussbare Variable und die andere Achse (Ordinate) eine externe, nicht beeinflussbare Variable repräsentiert.

Im Folgenden werden die **Spezifika der Portfolioanalyse im Dienstleistungsbereich** näher betrachtet. Unter Berücksichtigung der Besonderheiten von Dienstleistungen stellt sich zunächst die Frage, inwieweit Lern- und Größendegressionseffekte in Dienstleistungsunternehmen vorliegen und ob sich die von Henderson (1974) beschriebenen Erfahrungskurven realisieren lassen.

Die Integration des externen Faktors in den Dienstleistungserstellungsprozess und die damit verbundene Individualität einer Dienstleistung sowie deren Nichtlagerfähigkeit beschränken die Ausnutzung von **Erfahrungskurveneffekten,** insbesondere bei persönlichen Dienstleistungen (zum Beispiel Friseur, Arzt, Rechtsanwalt). Hier lässt sich unter Umständen nur eine Degression der Personalkosten durch Lerneffekte erzielen. Mit zunehmendem **Automatisierungs- und Standardisierungsgrad** von Dienstleistungen (zum Beispiel Bankautomaten, Einsatz neuer Medien zur Informationsübermittlung) ist hingegen zu erwarten, dass Erfahrungskurveneffekte durch Größendegression, technischen Fortschritt und Rationalisierungen realisiert werden können.

| Abbildung 4-8 | Beispiele von Erfahrungskurven im Dienstleistungsbereich bei Banken und Versicherungen |

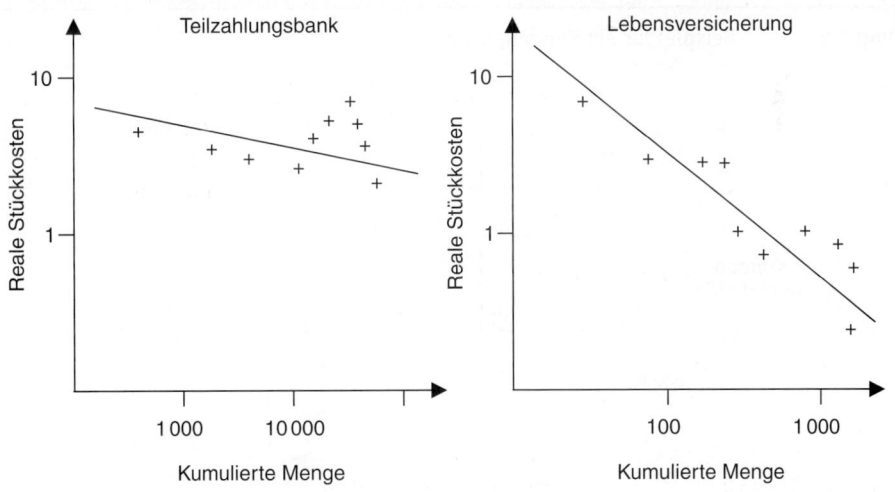

Quelle: Lange 1982

In Abbildung 4-8 sind beispielhaft Analyseergebnisse wiedergegeben, bei denen für Teil-
zahlungsbanken und Lebensversicherungen Erfahrungskurven nachgewiesen wurden.
Demgegenüber konnte für eine Universalbank keine Erfahrungskurve ermittelt werden
(Lange 1982). Ausgehend von der Heterogenität des Dienstleistungsbereiches empfiehlt
es sich, die Relevanz der dem jeweiligen Portfoliokonzept zugrunde liegenden Prämissen
zu überprüfen.

Bei der Durchführung einer Portfolioanalyse ist zu prüfen, ob in den einzelnen **Teil-
schritten der Portfolioanalyse** dienstleistungsbezogene Besonderheiten auftreten beziehungsweise starke Abweichungen zum klassischen Ansatz zu beobachten sind. In diesem Zusammenhang können folgende Teilschritte unterschieden werden:

Schritt 1: Festlegung der **Analyseobjekte**. Neben der Betrachtung des Dienstleistungsunternehmens oder einzelner Dienstleistungsmarken kann das Objekt einer Portfolioanalyse auch der Dienstleistungsnachfrager sein. Die Erstellung von **Kundenportfolios** hat
in den letzten Jahren einen starken Bedeutungszuwachs erfahren (vgl. Abbildung 4-9).
Sie dienen zum Beispiel der Fundierung von Entscheidungen im Kundenbindungsmanagement (Homburg/Bruhn 2000).

Schritt 2: Generierung der **relevanten Informationen**, damit die zu analysierenden Objekte im Portfolio positioniert werden können. Je nach Art des zu erstellenden Portfolios
müssen Informationen über die Kundenattraktivität, die Lieferantensituation, das Marktwachstum, den relativen Marktanteil, die Marktattraktivität oder die Wettbewerbsvorteile generiert werden.

▌ Abbildung 4-9   Beispiel für ein Kundenportfolio

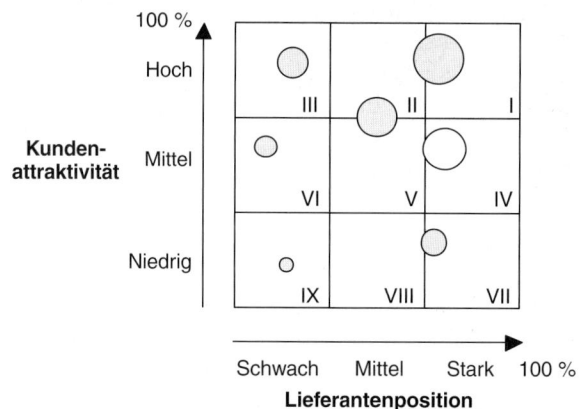

Schritt 3: Positionierung der Objekte in die Portfoliomatrix. Entsprechend der Wahl des zu erstellenden Portfolios werden die Analyseobjekte gemäß ihrer derzeitigen Situation in den Merkmalsraum positioniert.

Ein Beispiel aus der Hotelbranche verdeutlicht das **Portfoliokonzept.** Der Schindlerhof – ein mit vielen Qualitätspreisen ausgezeichnetes Tagungshotel im fränkischen Boxdorf bei Nürnberg – vergleicht einmal im Jahr seine Leistungsfähigkeit mit ausgewählten Wettbewerbern, um so Informationen über seine relative Wettbewerbsposition zu erhalten. Die Ergebnisse dieser Analyse werden in einem Wettbewerbsvorteils-Marktattraktivitäts-Portfolio visualisiert. Abbildung 4-10 stellt die Ergebnisse der Wettbewerbsanalyse für das Jahr 2000 dar. Als Größen für die Beurteilung der externen, nicht direkt beeinflussbaren Dimension Marktattraktivität wurden unter anderem das Marktvolumen, Marktrisiken und die Wettbewerbsintensität herangezogen. Die Beurteilung der internen, beeinflussbaren Dimension der relativen Wettbewerbsvorteile erfolgte über Marktanteil, Qualität der angebotenen Produkte und Dienstleistungen, Image, Infrastruktur, Rentabilität und Effektivität des Marketing.

Abbildung 4-10   Wettbewerbsvorteils-Marktattraktivitäts-Portfolio des Schindlerhofes für das Jahr 2000

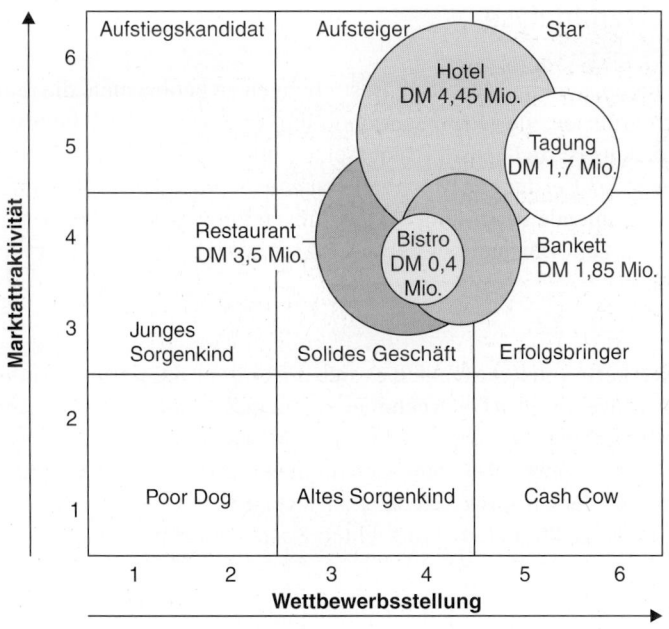

Quelle: Bruhn/Brunow/Specht 2002, S. 140

Schritt 4: Ableitung der **Normstrategien**. Je nach Ausgewogenheit des IST-Portfolios und der Stellung der Analyseobjekte im Merkmalsraum des Portfolios werden unterschiedliche Normstrategien empfohlen, das heißt, es werden strategische Stoßrichtungen abgeleitet, durch die die Ausgewogenheit des Portfolios verbessert werden soll. Hinsichtlich der relevanten Normstrategien sind keine wesentlichen Unterschiede zum klassischen Portfolioansatz erkennbar. Das traditionelle BCG-Portfolio unterscheidet zum Beispiel folgende Normstrategien: Selektionsstrategie (Question Mark), Investitionsstrategie (Star), Abschöpfungsstrategie (Cash Cow) und Rückzugsstrategie (Poor Dog).

Normstrategien sind allerdings vor dem Hintergrund der zahlreichen Einschränkungen zu bewerten, die grundsätzlich mit dem Portfoliokonzept verbunden sind (Festlegung der Grenzen, Bestimmbarkeit des Marktanteils, Vernachlässigung von Synergien zwischen den Geschäftsfeldern usw.) (Kreilkamp 1987).

Generell liegen die Vorteile der Portfoliomethode in der Anschaulichkeit, der leichten Operationalisierbarkeit und Handhabung sowie dem hohen Kommunikationswert. Allerdings sind die aus den Analysen abzuleitenden Normstrategien zu global gehalten, um dezidierte Aussagen bezüglich der Marktwahl-, Marktteilnehmer- und Marketinginstrumentestrategien ableiten zu können.

2.6   Wertkettenanalyse

Seit einigen Jahren sind im Marketing Bestrebungen zu beobachten, die rein funktionale Betrachtung zugunsten einer Prozessorientierung zu ergänzen beziehungsweise abzulösen. Diese Tendenz ist im Dienstleistungssektor aufgrund des starken Prozesscharakters der zu erbringenden Leistungen besonders stark ausgeprägt. Die prozessorientierte Sicht findet auch zunehmende Beachtung bei der Anwendung strategischer Analyse- und Planungsmethoden, zum Beispiel bei der auf Porter zurückgehenden **Wertkettenanalyse** (Porter 1999).

> Bei der **Wertkettenanalyse** handelt es sich um eine strukturierte Abbildung der verschiedenen Prozesse eines Unternehmens mit dem Ziel, diese hinsichtlich ihrer Wertaktivitäten zu untersuchen. Der „Wert" spiegelt sich in der Zahlungsbereitschaft der Abnehmer wider. Umgekehrt ergibt sich für den Unternehmer ein Gewinn, wenn man von der Summe der Einzelwerte beziehungsweise dem Gesamtwert (Verkaufspreis) die durch die Wertaktivitäten verursachten Kosten abzieht.

Der so definierte Wert wird durch das Unternehmen mit all seinen betrieblichen Funktionen geschaffen. Deshalb fordert Porter eine **ganzheitlich kompetitive Analyse** des Unternehmens: „Jedes Unternehmen ist eine Ansammlung von Tätigkeiten, durch die sein

Produkt entworfen, hergestellt, vertrieben, ausgeliefert und unterstützt wird. All diese Tätigkeiten lassen sich in einer Wertkette darstellen" (Porter 1999).

Wie Abbildung 4-11 zeigt, ist die Wertkette zunächst ein grob strukturiertes Abbild der Unternehmung mit den wichtigsten „Aktivitäten" (Funktionen), gegliedert nach dem physischen Durchlaufprinzip. Die **primären Aktivitäten** befassen sich mit der Erstellung der Kernleistung des Dienstleisters. Die **unterstützenden Aktivitäten** – Porter spricht auch von Versorgungsfunktionen – umfassen demgegenüber den „Kauf von Inputs" (Arbeitsmaterial), die Technologieentwicklung, die Personalwirtschaft sowie die Infrastruktur für das ganze Unternehmen (Gesamtgeschäftsführung, Planung, Finanzen, Rechnungswesen, Rechtsfragen, Qualitätskontrolle usw.).

Abbildung 4-11   Modell einer Wertkette nach Porter

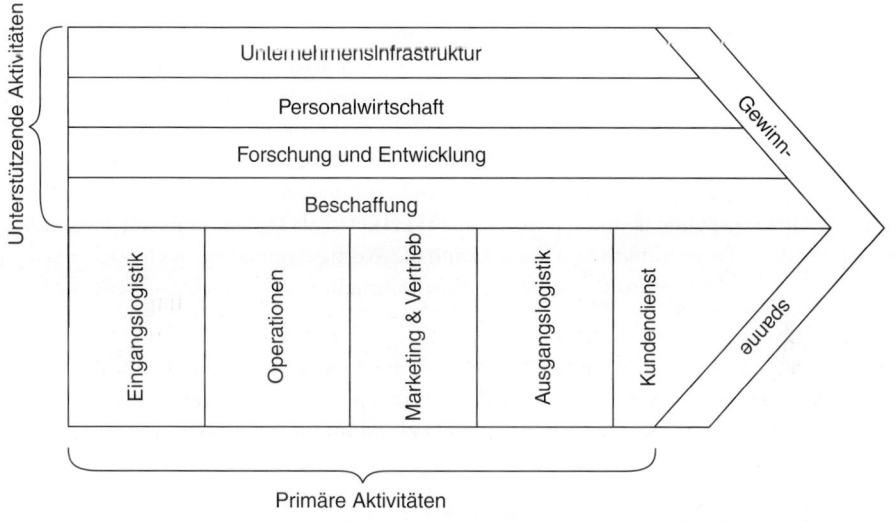

Quelle: Porter 1999, S. 66

GABLER
GRAFIK

Zur Anwendung der Wertkettenanalyse im Dienstleistungsmarketing müssen einige **Besonderheiten** berücksichtigt werden (Fantapié Altobelli/Bouncken 1998, S. 287ff.). Beispielsweise ist der externe Faktor als „Abnehmeraktivität" in die Wertkette des Dienstleistungsanbieters zu integrieren. Darüber hinaus sollte die Anordnung der Wertaktivitäten so erfolgen, dass die Befriedigung des der Dienstleistung zugrunde liegenden Bedürfnisses als Dienstleistungserstellungsprozess abgebildet wird. Fantapié Altobelli/Bouncken (1998, S. 287) schlagen deshalb eine Aufgliederung der primären Aktivitäten in

▊ Akquisition (Marketingmix, Absatzmittler),

▊ Eingangslogistik (Lagerung von Inputs, außer- und innerbetrieblicher Transport),

▊ Kontaktphase (Beratung, Leistungserstellung, Service) und

▊ Nachkaufphase (Nachkaufpflege, Beschwerdemanagement)

vor.

In Abbildung 4-12 ist ein Beispiel für eine Wertkettenanalyse im Non-Profit-Dienstleistungsbereich (Hochschule) dargestellt (zu einem erweiterten Beispiel einer privaten Hochschule vgl. Bicher-Mehler 1996).

Eine solche Wertkette muss jeweils unternehmensspezifisch definiert werden. Dabei sind die einzelnen Wertaktivitäten in solche Tätigkeiten aufzuspalten, die ein hohes kompetitives Differenzierungspotenzial gegenüber dem Abnehmer innehaben oder einen erheblichen beziehungsweise steigenden Kostenanteil aufweisen und somit die Gewinnspanne nachhaltig beeinflussen.

Damit ergeben sich zwei instrumentelle **Grundfunktionen der Wertkettenanalyse**. Zum einen sollen solche Tätigkeiten identifiziert und der Unternehmensplanung sowie -gestaltung zugänglich gemacht werden, aus denen sich gegenüber dem Wettbewerber Abnehmervorteile im Sinne eines Zusatznutzens ergeben (**Wertkette als Instrument der Abnehmernutzenanalyse**). Zum anderen können jene Tätigkeiten und (höher aggregiert) Wertaktivitäten herausgestellt werden, die einen besonders hohen Kostenanteil haben und damit die Gewinnspanne deutlich reduzieren (**Wertkette als Instrument der Kostenanalyse**). Über diese Grundfunktionen hinaus kann die Wertkettenanalyse auch noch eine **Verknüpfungs-** sowie **Kommunikationsfunktion** wahrnehmen (zu den verschiedenen Funktionen der Wertkettenanalyse vgl. Meffert 1989a, S. 263ff.; Benkenstein 2001).

Ziel der Analyse ist es, den Dienstleistungsprozess möglichst genau abzubilden. Dieser kann sowohl horizontal als auch vertikal ablaufen, sodass sich hieraus wiederum zwei Sichtweisen der Wertkettenanalyse ergeben (vgl. Abbildung 4-13).

Beispiel für eine horizontale Wertkette: Eine Versicherungsgesellschaft schaltet zur „Sicherstellung des Versicherungsschutzes" die folgenden Wertaktivitäten hintereinander: Zunächst gilt es (mehr oder minder ausgeprägt), eine Risikoanalyse und -beratung beim Versicherungsnehmer vorzunehmen. Bevor der Versicherer seine eigentliche Leistung – die Versicherungsdeckung – vollbringt und die Prämien an Kapitalmärkten anlegt, muss die Versicherungspolice – das heißt, ein Leistungsversprechen – verkauft werden. Nach dem Verkauf kann ein entsprechender Service (zum Beispiel im Schadensfall) geboten werden.

Eine so definierte horizontale Wertkette kann dazu eingesetzt werden, die kosten- und differenzierungsrelevanten Erfolgsfaktoren innerhalb der Wertaktivitäten des Versicherungsunternehmens gegenüber den Wettbewerbern aufzuzeigen und gezielt zu steuern. Ferner kann der Versicherer überdenken, spezielle Wertaktivitäten zukünftig nicht mehr oder intensiver zu bearbeiten (zum Beispiel eine spezielle Risikoberatung vorzunehmen).

Abbildung 4-12   **Wertkette am Beispiel einer Hochschule**

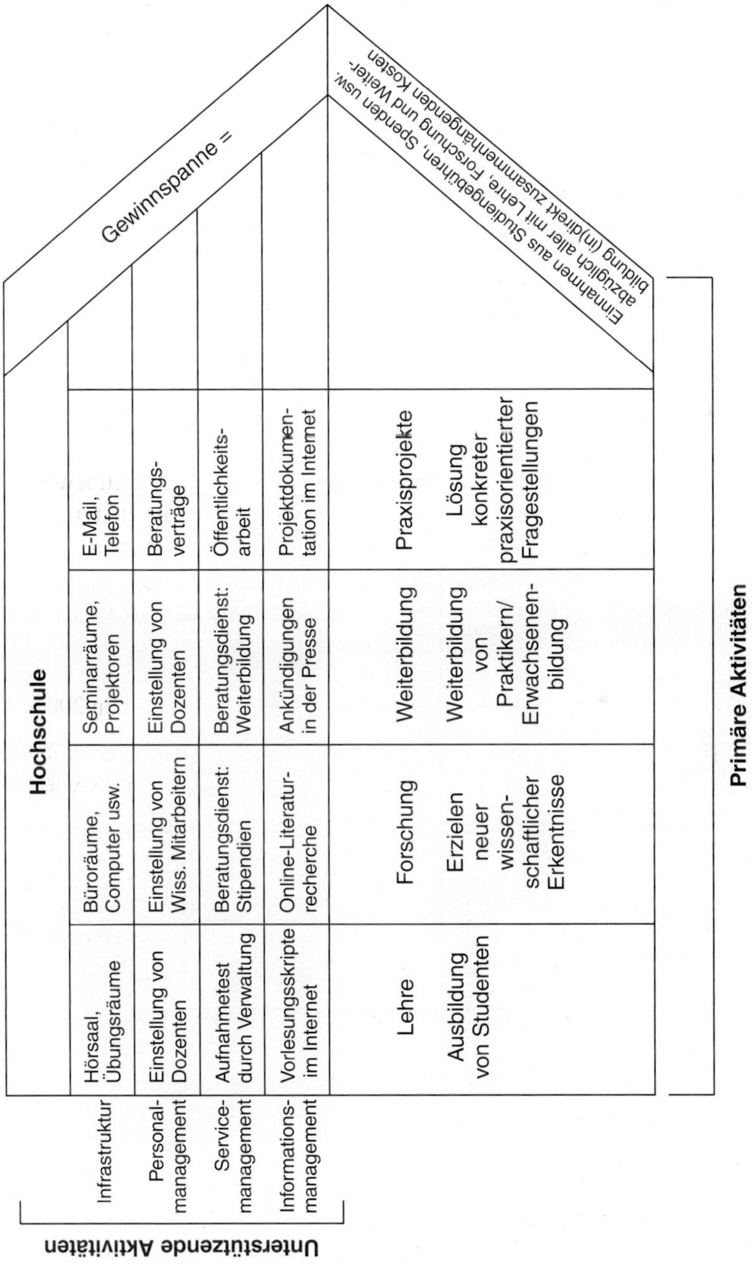

Hochschule

Gewinnspanne = Einnahmen aus Studiengebühren, Spenden usw. abzüglich aller mit Lehre, Forschung und Weiterbildung (in)direkt zusammenhängenden Kosten

Unterstützende Aktivitäten	Lehre / Ausbildung von Studenten	Forschung / Erzielen neuer wissenschaftlicher Erkenntnisse	Weiterbildung / Weiterbildung von Praktikern/Erwachsenenbildung	Praxisprojekte / Lösung konkreter praxisorientierter Fragestellungen
Infrastruktur	Hörsaal, Übungsräume	Büroräume, Computer usw.	Seminarräume, Projektoren	E-Mail, Telefon
Personalmanagement	Einstellung von Dozenten	Einstellung von Wiss. Mitarbeitern	Einstellung von Dozenten	Beratungsverträge
Servicemanagement	Aufnahmetest durch Verwaltung	Beratungsdienst: Stipendien	Beratungsdienst: Weiterbildung	Öffentlichkeitsarbeit
Informationsmanagement	Vorlesungsskripte im Internet	Online-Literaturrecherche	Ankündigungen in der Presse	Projektdokumentation im Internet

Primäre Aktivitäten

Beispiel für eine vertikale Wertkette: Die Wertkettenanalyse lässt sich ebenfalls auf die verschiedenen vertikalen Stufen in der „Versicherungspipeline" anwenden. Beispielsweise auf der Stufe des Rückversicherers, des traditionellen Erstversicherers oder auf der des (reinen) Versicherungshandels. Zusätzlich lassen sich im Rahmen der Einbindung des externen Faktors gewisse dienstleistungstypische Wertaktivitäten auf den Abnehmer übertragen. So kann zum Beispiel der Direct-Mail-Versicherer dem Kunden eine Risikoanalyse (von sich selbst) übertragen oder aber eine Selbstbeteiligung fordern, womit der Versicherungskunde einen Teil der Versicherungsdeckung übernimmt.

Abbildung 4-13   **Wertkettenanalyse am Beispiel von Versicherungen**

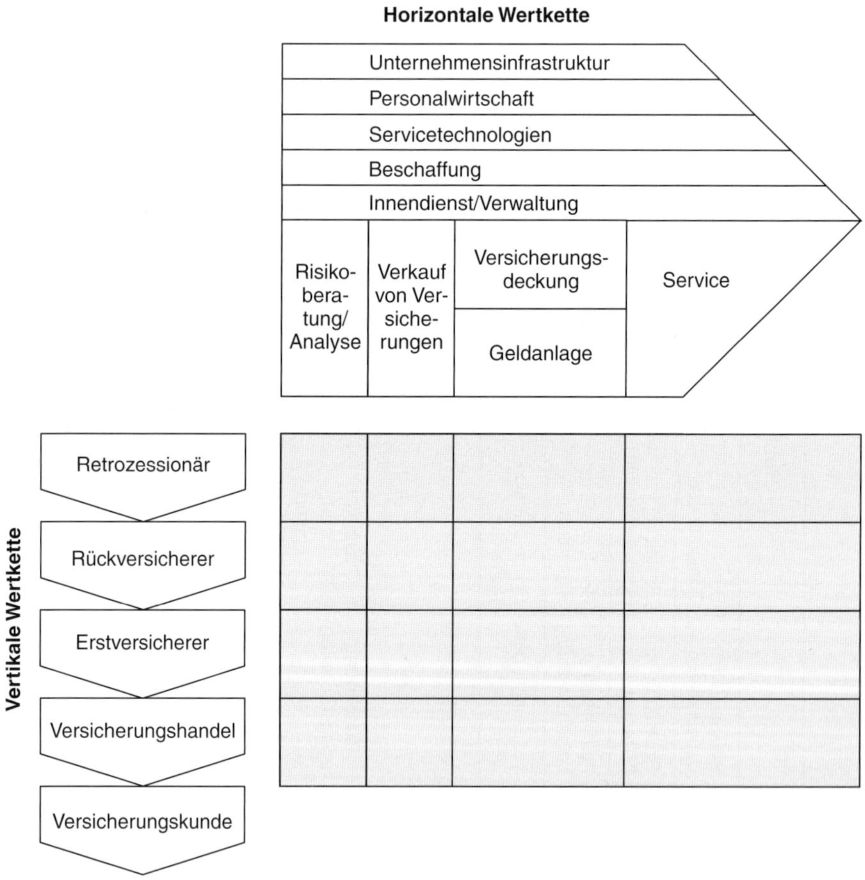

Die in Abbildung 4-13 abgebildete Wertkettenmatrix zeigt damit dem Versicherer zahlreiche Möglichkeiten, im horizontalen und vertikalen Wertschöpfungsprozess innovativ Schwerpunkte zu setzen beziehungsweise zu diversifizieren. Im Gegensatz dazu lässt sich im Dienstleistungsbereich in den letzten Jahren vermehrt die Tendenz beobachten, dass die Aktivitäten sukzessive auf weitere Stufen der Wertschöpfungskette ausgedehnt werden, wie das Unternehmensbeispiel TetraPak verdeutlicht (vgl. hierzu Insert 4-3).

Ein weiteres prozessorientiertes Analyseinstrument, das sehr häufig mit der Wertkettenanalyse von Porter gleichgesetzt wird, ist die insbesondere von Unternehmensberatungen propagierte **Geschäftsprozessanalyse** beziehungsweise das **Geschäftsprozessmanagement** (Gierhake 2000). Im Gegensatz zur Porterschen Wertkettenanalyse liegt hier jedoch der Fokus auf den repetitiven Abläufen innerhalb eines speziellen Dienstleistungsprozesses. Die Gesamtsicht eines Unternehmens wird nicht eingenommen. Für eine erfolgreiche Differenzierung im Wettbewerb sind die relevanten **Schlüsselprozesse** eines Unternehmens zu identifizieren, um anschließend Optimierungen vornehmen zu können (Fischer 1993). Abbildung 4-14 zeigt ein Beispiel eines vereinfachten Geschäftsprozesses eines Luftverkehrsunternehmens. Der Gesamteindruck einer Flugreise ergibt sich dabei aus der Summe sämtlicher Teilprozesse, die der Kunde wahrnimmt.

Abbildung 4-14	Vereinfachter Geschäftsprozess eines Luftverkehrsunternehmens

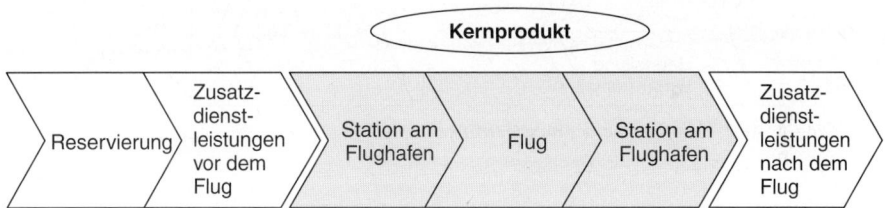

INSERT 4-3   Angebot wertschöpfungsstufenübergreifender Dienstleistungen

Kurzfallstudie: TetraPak

Das Unternehmen TetraPak wurde im Jahre 1951 von Dr. Rubens Brausing in Lund (Schweden) gegründet und begann damals mit der Entwicklung einer ökonomischen und hygienischen Kartonverpackung für Milch. Diese innovativen Verpackungen in der Form eines Tetraeders wurden in der Folgezeit kontinuierlich weiterentwickelt, sodass bereits in den 60er-Jahren die heute noch richtungsweisenden Verpackungen TetraBrik und TetraRex eingeführt wurden. Ebenfalls wurde die weltweit erste Verpackungsanlage zur aseptischen Abfüllung von keimfreier Milch vorgestellt, ein Konzept, für das zu jener Zeit am Markt ein hoher Bedarf bestand. In den 70er- und 80er-Jahren begann das Unternehmen zunächst wissenschaftliche Analysen in einem eigens dafür eingerichteten Forschungslabor in Stuttgart und nahm mit dem Standort Berlin sein erstes Produktionswerk in Deutschland auf. Die Boomphase des Unternehmens begann in den 90er-Jahren mit der internationalen Expansion in gegenwärtig 165 Länder und fand ihren vorläufigen Höhepunkt in der Übernahme des Alfa Laval Konzerns, durch die TetraPak zum ersten und einzigen Komplettanbieter seiner Branche avancierte. Anhand der Wertkette eines Getränkeanbieters lässt sich verdeutlichen, wie es TetraPak gelang, durch die sukzessive Übernahme einzelner Wertschöpfungsfunktionen einen für diese Branche völlig neuen Kundennutzen zu schaffen (vgl. Abbildung 1).

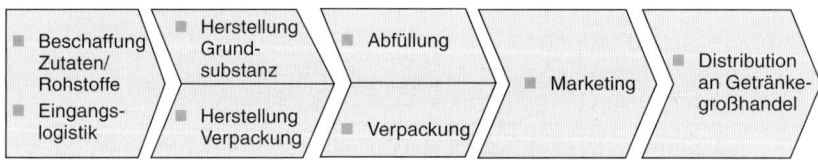

Abbildung 1: Wertschöpfungskette eines Getränkeherstellers

Durch das Kernprodukt des Unternehmens, Systeme zur Verpackung flüssiger Food-Produkte, übernahm TetraPak zunächst die zentrale Verpackungsfunktion innerhalb der Wertkette. Die Verpackungssysteme passen sich dabei flexibel an die Gegebenheiten der Kunden an, sodass beispielsweise die komplette Logistik umgangen wird, indem die Getränkekartons – im Gegensatz zur Konkurrenz – innerhalb der Kundenunternehmen hergestellt werden. Wegweisend ist auch das patentierte Vakuumbefüllungsverfahren, mit dessen Hilfe die Kartons Sekunden vor ihrer Befüllung unter kurzem Hitzeeinfluss zu fertigen Kartons geformt werden und die verpackten Produkte anschließend um ein Vielfaches länger haltbar sind als in herkömmlichen Kartons. Zusammenfassend resultiert der Kundennutzen der TetraPak-Produkte aus dem im Wettbewerbsvergleich geringeren Gewicht sowie den umweltschonenden und platzsparenden Materialien. In einem zweiten Schritt übernahm TetraPak neben der Verpackung auch die Abfüllfunktion der Getränkehersteller. Unter dem Begriff TetraPak-Processing

INSERT 4-3   Angebot wertschöpfungsstufenübergreifender Dienstleistungen (Fortsetzung)

produziert das Unternehmen Maschinen und Anlagen zur Abfüllung frischer Produkte und Herstellung der Verpackungsverschlüsse. Dabei leistet TetraPak nicht nur die Konzeption, Lieferung und Inbetriebnahme schlüsselfertiger Anlagen, sondern bietet mit einer ganzheitlichen Beratung und Prozessoptimierung einen umfassenden Service an. Die teilweise Durchführung von Marketingaktivitäten stellt einen weiteren Eintritt in die Wertkette von Getränkeanbietern dar, die sich als Folge dessen auf ihre Kernleistung Produktion sowie die Distribution der Produkte an den Getränkegroßhandel fokussieren können. So bieten die Spezifika der TetraPak-Verpackungen (viereckig statt rund, Papier statt Glas) den Kunden die Möglichkeit einer effektiven Gestaltung von Werbebotschaften. Seine konkrete Umsetzung erfuhr dieser Schritt durch die aktuelle Werbekampagne, in der die ökologischen Vorteile des Getränkekartons kommuniziert und gleichzeitig die Markenprodukte nahmhafter Getränkehersteller integriert wurden (vgl. Abbildung 2).

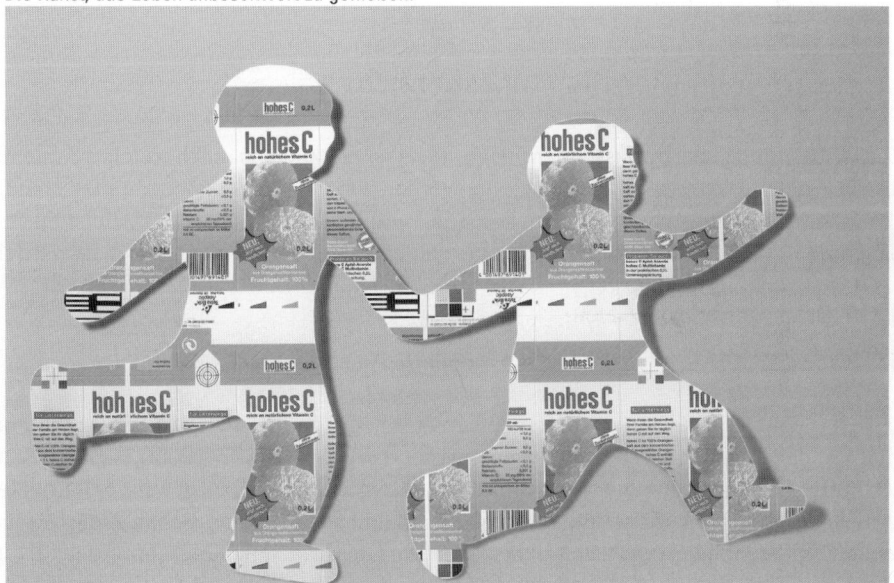

Abbildung 2: Werbeanzeige von TetraPak

3. Ziele im Dienstleistungsmarketing

Die Formulierung von operationalen Marketingzielen ist ein wesentlicher Bestandteil der konzeptionellen Planung. Ihre explizite Formulierung erfüllt im Wesentlichen die Kontroll-, Koordinations- und Motivationsfunktion. Durch den Vergleich des geplanten mit dem tatsächlich erreichten Zustand kann beispielsweise überprüft werden, ob die gesetzten Ziele des Dienstleistungsunternehmens erreicht worden sind (**Kontrollfunktion**). Die **Koordinationsfunktion** von Zielen wird durch die gemeinsame Ausrichtung der Marketingziele sowie weiterer Bereichsziele an der Unternehmensmission sowie den Oberzielen des Dienstleistungsunternehmens erfüllt. Der Vorgabe sinnvoller und erreichbarer Ziele für das Dienstleistungsmanagement und insbesondere für die Mitarbeiter im Kundenkontakt kommt darüber hinaus unter motivationalen Aspekten besondere Bedeutung zu (**Motivationsfunktion**).

3.1 Zielarten im Dienstleistungsbereich

Zur Erarbeitung eines umfassenden Zielsystems ist festzulegen, nach welcher Systematik die Ziele des Unternehmens abgeleitet werden sollten. Hierzu können unterschiedliche Ansätze zum Einsatz gelangen. Die Vielfalt möglicher Ziele eines Dienstleistungsunternehmens kann beispielsweise in zwei grundlegende **Zielarten** untergliedert werden:

■ Basiskategorien von Zielen,

■ Potenzial-, Prozess- und Ergebnisorientierte Ziele.

Die Ziele eines Dienstleistungsunternehmens können grundsätzlich zu den **Basiskategorien** aus der folgenden Tabelle zusammengefasst werden (Meffert 2000, S. 73; Becker 2001). In diesem Zusammenhang ist davon auszugehen, dass bei **gewinnorientierten Unternehmen** die Marktstellungs- sowie die allgemeinen ökonomischen Ziele Voraussetzung zur Erreichung der Rentabilitätsziele sind. Die finanziellen Ziele hingegen ermöglichen erst ein Agieren auf dem Markt. Die psychologischen Ziele sowie die Prestigeziele tragen mehr oder weniger stark zur Erreichung der Oberziele bei. Die sozialen und ökologischen Ziele haben eine starke Ausrichtung an bestimmten Anspruchsgruppen. Bei **Non-Profit-Organisationen** dominieren die sozialen und gesellschaftsorientierten Ziele und an die Stelle der klassischen Rentabilitäts- und Finanzziele treten andere, eher kosten-, versorgungs- und produktivitätsorientierte Zielsetzungen (Scheuch 1992).

Zielart nach Basiskategorie	Beispiele
Ökonomische Ziele	Gewinn, Umsatz, Deckungsbeitrag
Rentabilitätsziele	Return on Investment, Umsatzrentabilität
Marktstellungsziele	Marktanteil, Marktgeltung
Finanzielle Ziele	Liquidität, Kreditwürdigkeit, Kapitalstruktur
Psychologische Ziele	Zufriedenheit, Kundenbindung, Präferenzen
Prestigeziele	Image, Unabhängigkeit
Soziale Ziele (mitarbeiterorientiert)	Mitarbeiterzufriedenheit, soziale Sicherheit
Soziale Ziele (gesellschaftsorientiert)	Dialog mit relevanten Anspruchsgruppen
Ökologische Ziele	Erfüllung ökologischer Auflagen

Analog zu den verschiedenen Dimensionen der Dienstleistungsqualität können die Ziele ferner in potenzial-, prozess- und ergebnisorientierte Dimensionen untergliedert werden (Meyer/Blümelhuber 1998a, S. 180). Die **potenzialorientierten Ziele** beziehen sich dabei auf die Fähigkeit und Bereitschaft des Dienstleistungsunternehmens, bestimmte Ressourcen zur Verfügung zu stellen. Besondere Bedeutung nehmen in Dienstleistungsunternehmen die **prozessorientierten Ziele** ein. Diese beziehen sich auf die zentralen internen und externen Dienstleistungsprozesse des jeweiligen Anbieters. Des Weiteren können **ergebnisorientierte Ziele** definiert werden. Diese in der Regel aus Kundensicht formulierten Ziele beziehen sich auf ein gewünschtes Resultat nach der Inanspruchnahme des Dienstleistungsunternehmens.

Zielart nach Qualitätsdimensionen	Beispiele
Potenzialorientierte Ziele	Personalressourcen, Fachkompetenzen, soziale Kompetenzen, kommunikative Kompetenzen, technologische Infrastruktur
Prozessorientierte Ziele	Kundengewinnung, Kundenbindung, Kontakt des Kunden zu den Mitarbeitern, Integration des Kunden in den Leistungserstellungsprozess
Ergebnisorientierte Ziele	Schnellere Bearbeitung eines Auftrages, Perfektionierung einer Leistung, höherer Informationsgehalt bei Erteilung von Auskünften

Ist eine Entscheidung über die für das Unternehmen geeignete Zielsystematisierung getroffen, müssen die den verschiedenen Zielarten zugehörigen Ziele operational formuliert und konkretisiert werden, das heißt, die festgelegten Ziele sind nach Zielinhalt, -ausmaß, -segment sowie -periode zu konkretisieren. Erfolgt dies nicht, ist eine Zielsteuerung in der gewünschten Form nicht möglich.

3.2   Formulierung von Marketingzielen im Dienstleistungsbereich

Die **Zielfestlegung eines Dienstleistungsanbieters** weist in der Regel keine wesentlichen Besonderheiten gegenüber Konsumgüter- und Industriegüterunternehmen auf. Allerdings sind Unterschiede in der Bedeutung einzelner Ziele in Branchen mit hohem Dienstleistungsanteil zu beobachten (Schneider 1998, S. 164ff.). Beispielsweise spielen im Handel oder bei Banken die mitarbeiterorientierten Ziele eine vergleichsweise größere Rolle.

In einem ersten Schritt ist die Vielzahl der Marketingziele in ein konsistentes Zielsystem des Unternehmens zu integrieren. Gleichzeitig werden hierdurch die Zusammenhänge der verschiedenen Ziele deutlich. Positive Zusammenhänge werden insbesondere bei folgenden Zielen unterstellt:

▌ Unternehmensgerichtete Ziele,

▌ Kundengerichtete Ziele,

▌ Mitarbeitergerichtete Ziele.

In Abbildung 4-15 sind die wesentlichen Ziele eines Dienstleistungsunternehmens in ein Zielsystem integriert.

Eine Strukturierung der unternehmens-, kunden- und mitarbeitergerichteten Ziele kann auch in Form von **Erfolgsketten** vorgenommen werden, die auf dem Konzept der so genannten Service Profit Chain beruhen (Storbacka/Strandvik/Grönroos 1994; Heskett/Sasser/Schlesinger 1997; Anderson/Mittal 2000; Bruhn 2001e).

Die **Grundüberlegung** bei einer Erfolgskette ist die inhaltliche Verknüpfung von Variablen, die miteinander in Zusammenhang stehen. Innerhalb der Kette werden die Wirkungen zwischen den Variablen dargestellt, um eine strukturierte Analyse und Maßnahmenableitung zu ermöglichen.

Abbildung 4-15   **Zielsystem eines Dienstleistungsanbieters**

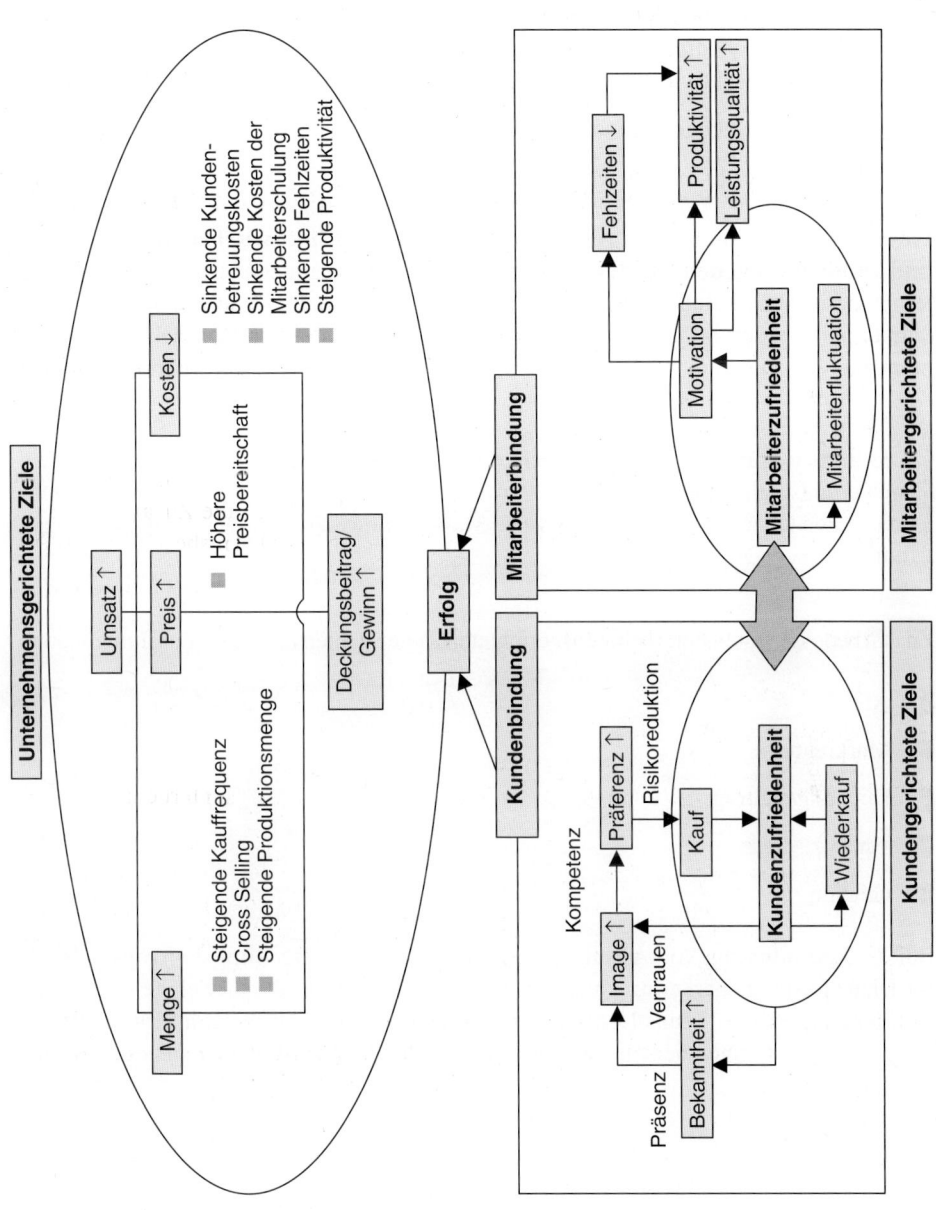

GABLER
GRAFIK

Ausgehend von den nachfrager- und anbieterbezogenen Überlegungen kann mit Hilfe dieser Erfolgsketten eine Verknüpfung von nachfrager- und anbieterbezogenen Aspekten gedanklich vorgenommen werden. Die **Grundstruktur einer Erfolgskette** besteht aus drei Gliedern (vgl. Abbildung 2-4):

1. Unternehmensaktivitäten als Input des Unternehmens,

2. Wirkungen der Unternehmensaktivitäten beim Kunden,

3. Ökonomischer Erfolg als Output des Unternehmens.

Wesentlich bei der Betrachtung einer Erfolgskette ist der **Link zwischen unternehmens- und kundenbezogenen Größen**. Auf der einen Seite ist zu untersuchen, mit welchen unternehmerischen Maßnahmen (Input) welche Wirkungen beim Kunden in welchem Ausmaß erzielt werden können. Auf der anderen Seite ist zu eruieren, welche Wirkungen beim Kunden zu welchen ökonomischen Erfolgswirkungen (Output) führen.

> Die **unternehmensgerichteten Ziele** eines Dienstleistungsanbieters unterscheiden sich grundsätzlich nicht von Zielgrößen anderer Unternehmen. Sie knüpfen unmittelbar an den Oberzielen beziehungsweise Marktstellungszielen eines Dienstleistungsunternehmens an.

Zu den bedeutendsten unternehmensgerichteten Zielen zählen in diesem Zusammenhang:

■   Absatz,

■   Marktanteil,

■   Deckungsbeitrag,

■   Umsatz,

■   Gewinn.

Bei der Formulierung von **Absatz-, Marktanteils-** sowie **Deckungsbeitragszielen** ist im Dienstleistungsmarketing zunächst die Frage zu klären, durch welche Größen die „Absatzmengen" im Dienstleistungsbereich ausgedrückt werden. Zur Ermittlung der Absatzmengen können beispielsweise die folgenden **Maßzahlen** herangezogen werden (Scheuch 2002):

Maßzahlen	Beispiele
Kontaktzahl	Verbraucherzentrale
Tourenzahl	Verkehrsbetriebe
Passagierzahl	Fluglinien
Bettenauslastung	Krankenhäuser
Übernachtungszahl	Hotelbetriebe
Behandelte Patienten	Arztpraxen
Erledigte Akten	Behörden
Einsatzfahrten	Hilfsdienste, Feuerwehr
Vorlesungen, Prüfungen, Veröffentlichungen	Universitäten

Bei der **Bestimmung der Absatzmengen** ist zu prüfen, inwieweit sich diese auf eine Gesamtdienstleistung oder aber auf einzelne Teilelemente einer Dienstleistung beziehen. Beispielsweise kann die Behandlung eines Patienten in mehreren Behandlungsschritten erfolgen, wobei der Patient mehrmals den Arzt aufsuchen muss, um eine vollständige Dienstleistung (Wiederherstellung der Gesundheit) zu erhalten. Ferner erschwert ein hoher Individualisierungsgrad von Dienstleistungen vielfach die Erfassung von gleichartigen Absatzmengen. Dies ist ein Grund dafür, dass die Ermittlung von einheitlichen Deckungsbeiträgen kaum möglich ist. Darüber hinaus behindert bei vielen Dienstleistungsunternehmen der hohe Anteil an Gemeinkosten beziehungsweise die Erfassung eines Großteils der Kosten als Gemeinkosten (zum Beispiel bei Banken, Krankenhäusern, Bundesbahn) die Ermittlung relativer Einzelkosten (Thomas 1983, S. 46f.; Thiesing 1986, S. 85).

Für die **Ermittlung des Marktanteils** ist neben den eigenen Absatzmengen zudem die Bestimmung des wert- oder mengenmäßigen Gesamtabsatzes in dem für das Unternehmen relevanten Markt erforderlich. Während dies für Dienstleistungsunternehmen mit relativ standardisierten Produkten (zum Beispiel Banken, Versicherungen, Bausparkassen, Transportunternehmen) kaum Schwierigkeiten bereiten dürfte, nimmt die Problematik der Abgrenzung des relevanten Marktes und Bestimmung des Marktanteils mit zunehmendem Individualisierungsgrad einer Dienstleistung zu. Als Beispiel sei hier die Bestimmung des Marktanteils eines Theaters oder eines Heilpraktikers angeführt.

Sind die Maßzahlen bestimmt, dann können die **Deckungsbeitrags-, Umsatz- und Gewinnziele** eines Dienstleisters problemlos nach den üblichen Berechnungen bestimmt und konkretisiert werden.

In der Kategorie der **kundengerichteten Ziele** sind sämtliche Ziele subsumiert, die bei den aktuellen sowie potenziellen externen Zielgruppen des Dienstleistungsanbieters erreicht werden sollen. In diesem Zusammenhang können psychologische, verhaltensbezogene und ökonomische Ziele differenziert werden.

Die kundenbezogenen psychologischen Ziele, Kundenverhaltensziele sowie die kundenbezogenen ökonomischen Ziele repräsentieren die Glieder von **kundenbezogenen Erfolgsketten** (vgl. Abbildung 4-16).

Abbildung 4-16   **Kundenbezogene Ziele im Rahmen der Erfolgskette**

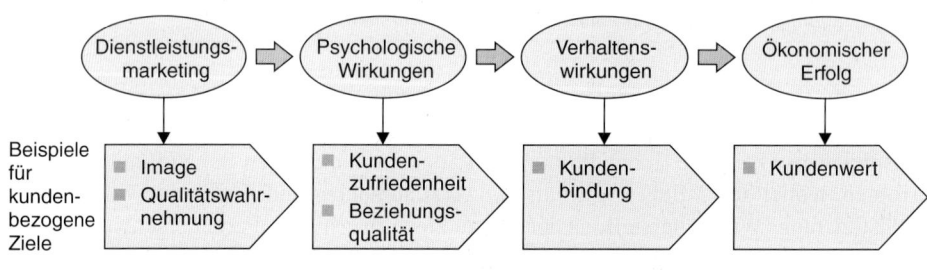

GABLER
GRAFIK

Zu den **kundenbezogenen psychologischen Zielen** zählen insbesondere Zielgrößen wie:

- Image,
- Qualitätswahrnehmung,
- Kundenzufriedenheit,
- Beziehungsqualität,
- Kundenbindung,
- Kundenwert.

Image

Aus der Immaterialität der Dienstleistung und der Simultaneität von Dienstleistungserstellung und -verwendung resultiert, dass Dienstleistungen im Gegensatz zu Sachgütern vor dem Kauf keiner objektiven Prüfung durch den Kunden unterzogen werden können. Das sich daraus ableitende erhöhte Risikoempfinden des Nachfragers sowie der Vertrauensgutcharakter von Dienstleistungen wirken sich auf die Priorität einzelner Ziele im Rahmen der Zielsystematik aus. So erklärt sich auch die besondere **Bedeutung des Images** im Dienstleistungsmarketing (Grönroos 1984; Bitner 1991; Meffert 1993a, S. 13; zum Begriff Image allgemein vgl. Kroeber-Riel/Weinberg 1999; Trommsdorff 2002).

> Unter einem **Image** wird die aggregierte und subjektive Form sämtlicher Einstellungen eines Kunden zu einem Dienstleistungsanbieter verstanden. Das Image stellt einen wesentlichen Indikator für die Qualitätsbeurteilung einer Dienstleistung dar und trägt zur Reduktion des empfundenen Kaufrisikos bei.

Obwohl die Bedeutung des Images unbestritten ist, existieren bislang nur wenige Studien, die den im Rahmen der Erfolgskette unterstellten Zusammenhang von **Image und Kundenzufriedenheit** näher untersuchen (Bloemer/Ruyter 1998). Eine Studie, die sich mit diesem Thema näher beschäftigt, ist die Untersuchung von Andreassen/Lindestadt (1998). Mit der empirischen Untersuchung bei 600 Kunden eines norwegischen Reiseveranstalters war das Ziel verbunden, die Bedeutung des Images für die Kundenzufriedenheit sowie Kundenbindung zu analysieren. Modelltheoretisch wurde ein positiver Einfluss des Images auf beide Konstrukte unterstellt. Innerhalb der Analyse wurde das Konstrukt Image durch **drei Indikatoren** operationalisiert (allgemeine Einstellung zum Anbieter, Einstellung zum Beitrag, den der Anbieter für die Gesellschaft leistet sowie Sympathie, die dem Anbieter entgegengebracht wird). Als Auswertungsmethode wurde die Kausalanalyse (LISREL) verwendet. Abbildung 4-17 zeigt das Modelldesign und die Ergebnisse der Analyse im Überblick.

Im Rahmen der Studie konnte der **positive Einfluss** des Images auf die Kundenzufriedenheit bestätigt werden. Hingegen war der Einfluss des Images auf die Kundenbindung nicht signifikant.

Obwohl der direkte Einfluss des Images auf die Kundenbindung bei Andreassen/Lindestadt nicht bestätigt wurde, kann trotzdem festgehalten werden, dass das Ziel der Bildung eines möglichst positiven und den Soll-Vorgaben des Anbieters entsprechenden Images eine bedeutsame Rolle in der Wirkungskette (Qualität, Kundenzufriedenheit, Kundenbindung) und damit im Dienstleistungsmarketing einnimmt. Aufgrund der Besonderheiten von Dienstleistungen hat der Kunde teilweise nur wenige Anhaltspunkte, um die Qualität des Dienstleisters vollständig beurteilen zu können. Das Image wird somit in vielen Fällen zum Indikator für die vorab nicht überprüfbare Leistung.

Abbildung 4-17	Analyse des Zusammenhangs zwischen Image, Kundenzufriedenheit und Kundenbindung

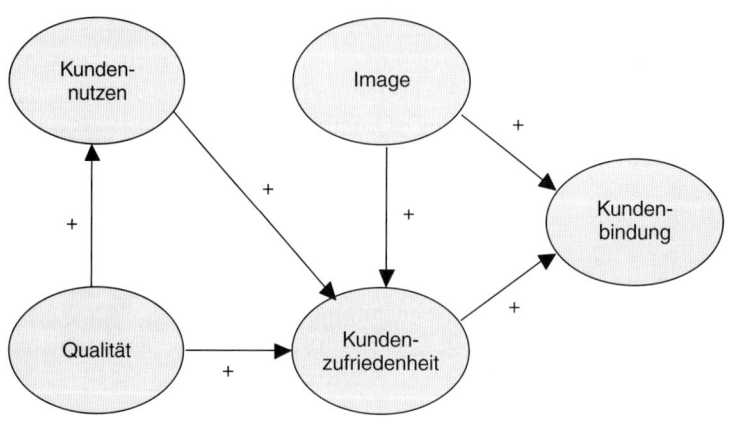

Gesamtindustrie	Qualität	Image
Kundennutzen	0,62	–
Kundenzufriedenheit	0,31	0,72
Kundenbindung	–	nicht signifikant

GABLER
GRAFIK

Quelle: Andreassen/Lindestadt 1998, S. 13

Qualitätswahrnehmung

Das im Zentrum der Betrachtung stehende Ziel einer möglichst positiven **Wahrnehmung der Dienstleistungsqualität** kann als „Leitziel" des Dienstleistungsunternehmens angesehen werden. Dabei wird von einem weiten Qualitätsverständnis ausgegangen, das in Kapitel 5 umfassend in seinen Dimensionen und Ausprägungen beschrieben wird. Aus diesem Grunde kann an dieser Stelle auf eine nähere Beschreibung der Dienstleistungsqualität verzichtet werden. Aus Unternehmenssicht ist sicherzustellen, dass die relevanten Qualitätseigenschaften bekannt und daraus abgeleitet die richtigen Subziele definiert werden.

Kundenzufriedenheit

Die Erstellung einer Dienstleistungsqualität auf einem hohen Niveau führt im Rahmen der Erfolgskette zu psychologischen Wirkungen, wie etwa der Kundenzufriedenheit.

Kundenzufriedenheit ist das Ergebnis eines komplexen Vergleichsprozesses (Hunt 1977; Schütze 1992; Oliver 1996). Die Kunden vergleichen die subjektiven Erfahrungen, die mit der Inanspruchnahme der Dienstleistung verbunden waren (IST-Komponente), mit ihren Erwartungen, Zielen oder Normen, die in Bezug auf die Leistungen des Anbieters bestehen (SOLL-Komponente).

Der Vergleich zwischen Anspruchsniveau und Wahrnehmung führt zu einer Übererfüllung, Erfüllung oder Untererfüllung der Kundenerwartungen, die sich schließlich in **Kundenbegeisterung**, **Kundenzufriedenheit** oder **Kundenunzufriedenheit** niederschlagen (Homburg/Giering/Hentschel 1999).

Die theoretischen Grundlagen sowie die Bedeutung des Zieles Kundenzufriedenheit sind folglich für Sach- wie Dienstleistungsunternehmen identisch. Als zentralem und bislang am häufigsten untersuchten Bestimmungsfaktor der Kundenbindung wird der Kundenzufriedenheit – differenziert nach Globalzufriedenheit (Zufriedenheit von Kunden mit einer Leistung) und Einzelzufriedenheiten (Zufriedenheit von Kunden mit bestimmten Leistungsdimensionen) – eine große Bedeutung beigemessen. In der Literatur existieren nicht nur Ansätze, die einen positiven Zusammenhang zwischen Kundenzufriedenheit und Kundenbindung postulieren (vgl. Fornell/Wernerfelt 1987; Bolton/Drew 1991), sondern auch zahlreiche empirische Befunde, die bei einer Steigerung der Zufriedenheit eine Erhöhung der Kundenbindung nachweisen beziehungsweise einen funktionalen Verlauf aufzeigen (vgl. Krüger 1997, S. 96ff.; Homburg/Giering/Hentschel 1999; Gerpott 2000, S. 28ff.). Bei detaillierterer Betrachtung dieser Studien sind vor allem folgende Ergebnisse erwähnenswert:

▮ Erstens treten hinsichtlich der Stärke des **Einflusses der Kundenzufriedenheit** auf die Kundenbindung Unterschiede in Abhängigkeit der Branche zum Vorschein (Fornell 1992; Fornell et al. 1996). Der Einfluss der Kundenzufriedenheit auf die Kundenbindung variiert zwischen 0,19 und 0,59 (Herrmann/Johnson 1999, S. 580). Mehrere Studien zeigen auch, dass die Werte um so höher liegen, je höher die Wettbewerbsintensität in einem Sektor ist (zum Beispiel Automobilbranche). Ein ähnliches Bild verdeutlichen hierzu die Zahlen des Deutschen Kundenmonitors, die branchenspezifisch einen unterschiedlich stark ausgeprägten positiven Zusammenhang zwischen der Globalzufriedenheit und der Wiederkaufabsicht suggerieren (Servicebarometer 2001).

▉ Zweitens konnten unterschiedliche Auswirkungen in Abhängigkeit des **Zufrieden-heitsniveaus** auf die Kundenbindung nachgewiesen werden, woraus zu schließen ist, dass die Kunden keine homogene Einheit bilden (Herrmann/Johnson 1999, S. 595). So fallen die Steigerungen der Kundenbindung nach einer Erhöhung der Kundenzufriedenheit niedriger aus, wenn schon zu Beginn niedrige beziehungsweise mittlere Werte für die Zufriedenheit angesetzt werden.

▉ Drittens tritt eine Abflachung der Wirkung bei einem Übergang von hohen zu sehr hohen Werten für die Zufriedenheit in Erscheinung (Herrmann/Johnson 1999, S. 595). Dies lässt auf einen **asymptotischen Verlauf** des Zusammenhangs zwischen Zufriedenheit und Kundenbindung schließen. Wenngleich der funktionale Zusammenhang in der theoretischen Diskussion noch weitgehend ungeklärt ist, bestätigen die Erkenntnisse von Hermann/Johnson Ergebnisse anderer Studien (vgl. Bloemer/ Kasper 1995, S. 311ff.), dass zwischen den beiden Größen keine lineare Relation besteht.

Im Rahmen des 1998 erstmalig durchgeführten **Schweizer Kundenbarometers** (Bruhn 1998a) wurde zum Beispiel festgestellt, dass in den 20 untersuchten Branchen die Bedeutung der Kundenzufriedenheit zur Bildung von Kundenbindung stark variiert. Die Stärke der Ursache-Wirkungs-Zusammenhänge der Konstrukte Kundenzufriedenheit, -bindung sowie -dialog wurde durch die Kausalanalyse in Anwendung des Statistikprogrammes AMOS (**A**nalysis of **Mo**ment **S**tructures) ermittelt. In diesem Zusammenhang wurden vier Unternehmenskategorien unterschieden (vgl. Abbildung 4-18), die darauf schließen lassen, dass Investitionen zur Steigerung der Kundenzufriedenheit beziehungsweise des Kundendialoges in Abhängigkeit des jeweiligen Beziehungstyps erfolgen sollten (Bruhn 1998b, S. 286ff.; Bruhn/Grund 2000, S. 1024f.). Bei einigen Branchen wurde ein extrem dominanter Einfluss der Kundenzufriedenheit auf die Kundenbindung festgestellt (zum Beispiel bei Möbelhäusern). Von einem dominanten Einfluss kann gesprochen werden, wenn 75 Prozent der Kundenbindung auf den Einfluss der Kundenzufriedenheit und circa 25 Prozent auf den Kundendialog, im Sinne einer einfachen, leichten und zufrieden stellenden Kommunikation zwischen Kunde und Unternehmen, zurückzuführen sind (zum Beispiel bei Versicherungen). Ferner wurden Branchen identifiziert, in denen der Einfluss ausgewogen war (zum Beispiel bei Hotels). Ein geringer Einfluss der Kundenzufriedenheit wurde hingegen in Branchen mit regelmäßigem direkten Dialog festgestellt (zum Beispiel die Beratung am Bankschalter). Abbildung 4-18 zeigt die Ergebnisse im Überblick (Bruhn 1998a, S. 35ff.).

Aus den Ergebnissen des Schweizer Kundenbarometers lässt sich die Schlussfolgerung ziehen, dass branchen- und unternehmensspezifisch zu analysieren ist, welche Bedeutung die Kundenzufriedenheit mit der Kernleistung sowie die Dialog- und Interaktionskomponenten des spezifischen Dienstleistungsunternehmens einnehmen. Nur so kann eine Zielpriorisierung getroffen werden, die bestmöglich auf die Oberziele des Unternehmens wirkt. Unternehmen, die den in Abbildung 4-18 dargestellten Kategorien „gleichwertiger" oder „geringerer Einfluss" zugeordnet sind, sollten dem Dialog besondere Aufmerksamkeit schenken.

Abbildung 4-18	Bedeutung der Kundenzufriedenheit und des Kundendialogs zur Bildung von Kundenbindung

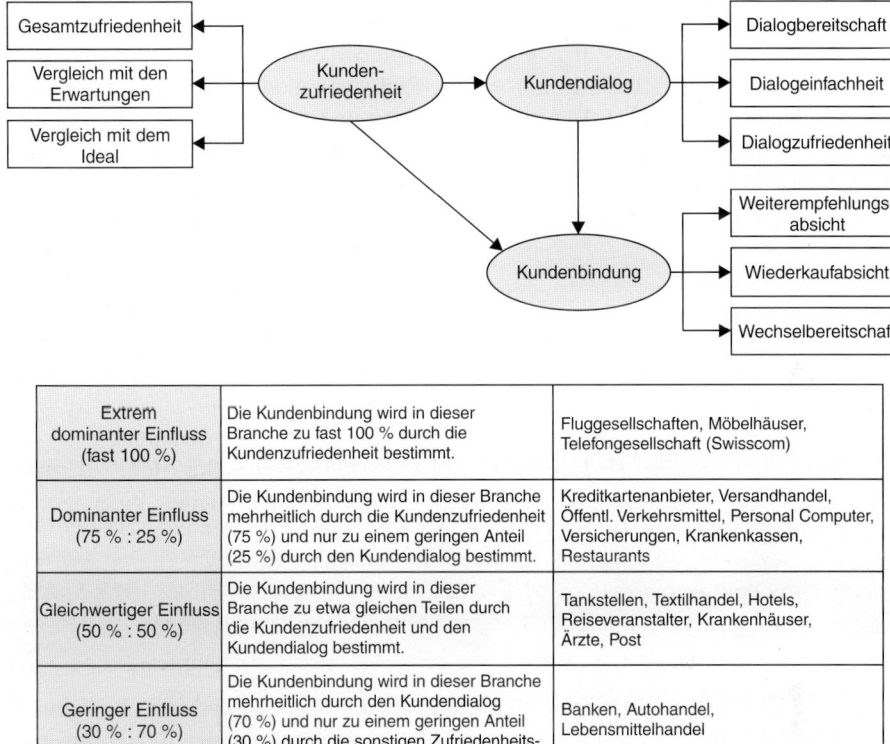

Extrem dominanter Einfluss (fast 100 %)	Die Kundenbindung wird in dieser Branche zu fast 100 % durch die Kundenzufriedenheit bestimmt.	Fluggesellschaften, Möbelhäuser, Telefongesellschaft (Swisscom)
Dominanter Einfluss (75 % : 25 %)	Die Kundenbindung wird in dieser Branche mehrheitlich durch die Kundenzufriedenheit (75 %) und nur zu einem geringen Anteil (25 %) durch den Kundendialog bestimmt.	Kreditkartenanbieter, Versandhandel, Öffentl. Verkehrsmittel, Personal Computer, Versicherungen, Krankenkassen, Restaurants
Gleichwertiger Einfluss (50 % : 50 %)	Die Kundenbindung wird in dieser Branche zu etwa gleichen Teilen durch die Kundenzufriedenheit und den Kundendialog bestimmt.	Tankstellen, Textilhandel, Hotels, Reiseveranstalter, Krankenhäuser, Ärzte, Post
Geringer Einfluss (30 % : 70 %)	Die Kundenbindung wird in dieser Branche mehrheitlich durch den Kundendialog (70 %) und nur zu einem geringen Anteil (30 %) durch die sonstigen Zufriedenheitsfaktoren bestimmt.	Banken, Autohandel, Lebensmittelhandel

GABLER
GRAFIK

Quelle: Bruhn 1998a, S. 35ff.

Im Rahmen der Einbindung des SWICS in den **European Customer Satisfaction Index** (ECSI) wurde eine Erweiterung des in Abbildung 4-18 dargestellten, vereinfachten Modells vorgenommen. In dem erweiterten Modell wird die Bildung der Zufriedenheit differenzierter betrachtet. Sie ergibt sich aus dem Vergleich der Kundenerwartungen mit der wahrgenommenen Qualität und dem daraus wahrgenommenen Nutzen. Daneben wird im ECSI-Modell auch das Image als Konstrukt berücksichtigt, das zum einen die Kundenzufriedenheit und zum anderen die Kundenbindung beeinflusst.

Obgleich die Zufriedenheit bedeutenden Einfluss auf das Wiederkaufverhalten ausübt, sind zufriedene Kunden nicht zwangsläufig loyale Kunden. So zeigte eine Studie in der Automobilindustrie, dass lediglich circa ein Drittel der zufriedenen Kunden die gleiche Marke wiederkaufen (Reichheld 2001). Die Zufriedenheit stellt zwar auf der einen Seite keinen Garant für die Kundenbindung dar, auf der anderen Seite bedeutet aber starke Unzufriedenheit fast immer das Ende einer Beziehung (Mittal/Lassar 1998, S. 193; Oliver 1999). Deswegen scheint die Zufriedenheit von Kunden eine zentrale Voraussetzung für deren Bindung zu sein. Allerdings gibt es eine Reihe von moderierenden Variablen, die den Zusammenhang zwischen Kundenzufriedenheit und Kundenbindung beeinflussen. Dies sind unter anderem das Wettbewerbsumfeld, das Bedürfnis nach Abwechslung und die Anbieteraktivitäten.

Beziehungsqualität

Entsprechend der Erfolgskette ist neben der Kundenzufriedenheit die **Beziehungsqualität** eine relevante Zielgröße zur Steuerung von Kundenbeziehungen.

> Die **Beziehungsqualität** als komplexes Konstrukt bezieht sich auf die wahrgenommene Güte der Beziehung zwischen Anbieter und Kunden als Ganzes – somit auf die Qualität aller bisherigen Anbieter-Nachfrager-Interaktionen. Grundlage zur Beurteilung der Beziehungsqualität aus Kundensicht bildet das Vertrauen zu und die Vertrautheit mit dem Anbieter (Crosby/Evans/Cowles 1990, S. 70; Bitner 1995, S. 251; Smith 1998; Hennig-Thurau/Klee/Langer 1999; Hennig-Thurau 2000).

Eine hohe Beziehungsqualität erleichtert die Transaktionen zwischen den Beziehungspartnern. Abbildung 4-19 zeigt die unterschiedlichen **Wirkungen der Beziehungsqualität** in Bezug auf die Kundenzufriedenheit und -bindung aus einer Studie eines IT-Dienstleistungsunternehmens. Aus den Wirkungskoeffizienten wird ersichtlich, dass insbesondere bei komplexeren Dienstleistungen, wie zum Beispiel Beratungsprojekten, die Beziehungsqualität zu einem wichtigen Treiber der Kundenzufriedenheit und -bindung werden kann. Die Wirkungskoeffizienten auf die Kundenzufriedenheit (0,2 versus 0,4) und die Kundenbindung (0,4 versus 0,6) weisen darauf hin, dass die Kunden bei komplexeren Dienstleistungen die eigentliche Qualität der Transaktion aufgrund der Komplexität des Leistungsprozesses nicht mehr vollständig beurteilen können und die Einschätzung der Beziehungsqualität als so genannte „Credence Quality" für die Ergebnisevaluation (Kundenzufriedenheit) und die weitere Verhaltensabsicht (Kundenbindung) heranziehen, das heißt, die Zufriedenheit mit einer IT-Lösung wird vielfach schon implizit aus der Einschätzung abgeleitet, dass die Beziehung zwischen dem Kunden und den Mitarbeitern eine hohe Qualität aufweist.

| Abbildung 4-19 | Bedeutung der Beziehungsqualität für die Kundenzufriedenheit und Kundenbindung am Beispiel eines IT-Dienstleistungsunternehmens |

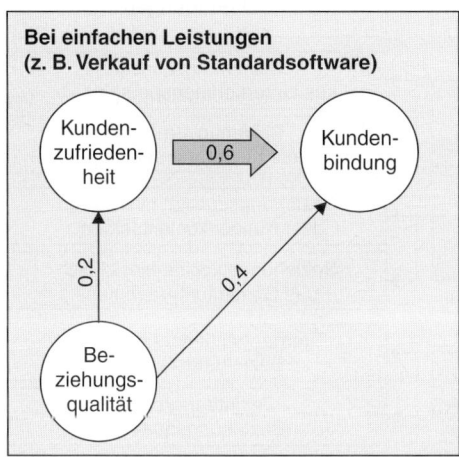 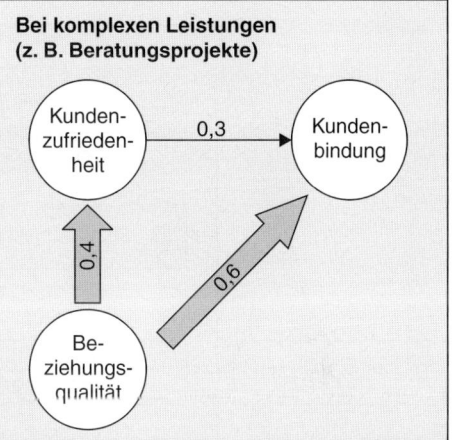

GABLER
GRAFIK

Eine **Kennzeichnung des Gegenstandsbereichs** der Beziehungsqualität lässt sich anhand von fünf Merkmalen vornehmen (Georgi 2000; Bruhn 2001e; vgl. Abbildung 4-20):

1. Perspektive,

2. Bezugsobjekt,

3. Zeitliche Orientierung,

4. Transaktionsbezug,

5 Art des Konstruktes.

Die Beziehungsqualität stellt die zentrale Größe zur Beurteilung einer Beziehung durch den Kunden dar. Das Relationship Marketing dient der **Steuerung von Kundenbeziehungen**. Aufgrund des Prinzips der Perspektivenübernahme ist es demnach von wesentlicher Bedeutung, die Wahrnehmung der Beziehung durch den Kunden bei der Gestaltung des Relationship Marketing zu berücksichtigen. Bei der Beziehungsqualität handelt es sich um ein komplexes Konstrukt, dessen Wahrnehmung sich anhand von unterschiedlichen Dimensionen vollzieht. Generell können zwei **Dimensionen der Beziehungsqualität** differenziert werden (Georgi 2000):

1. Vertrauen des Kunden in das Unternehmen,

2. Vertrautheit zwischen Kunde und Unternehmen.

▌Abbildung 4-20   Konzeptionalisierungen der Beziehungsqualität

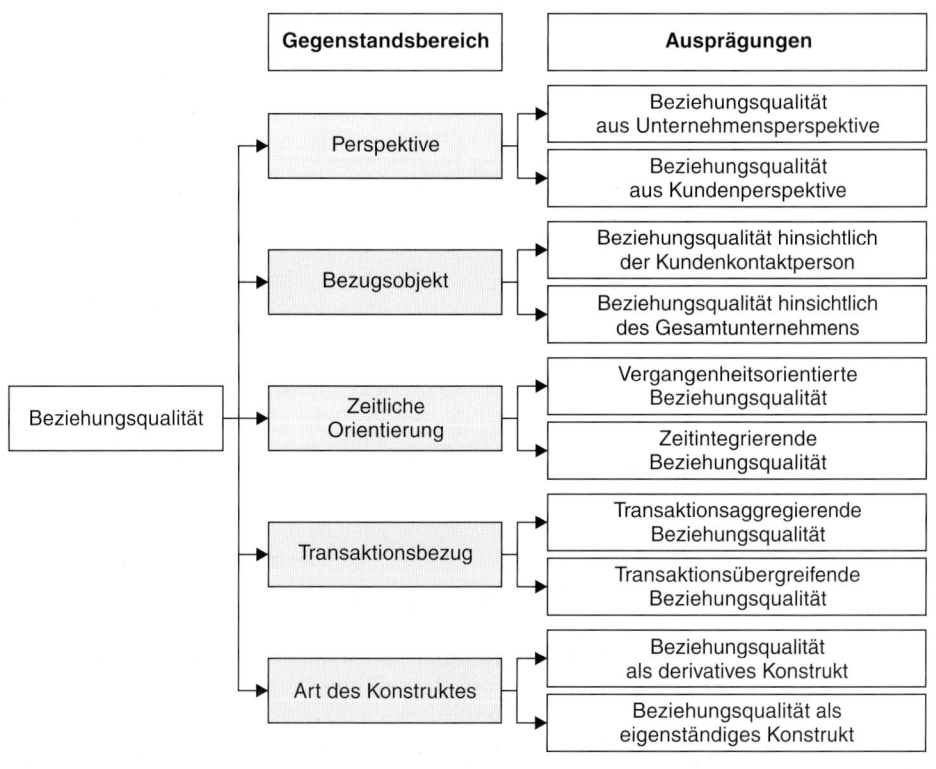

Quelle: Georgi 2000, S. 43

Das Konstrukt des **Vertrauens,** dessen zentrale Funktion die Komplexitätsreduktion in zwischenmenschlichen Beziehungen darstellt (Deutsch 1958; Rotter 1966; Luhmann 1989; Loose/Sydow 1994; Gierl 1999; vgl. für einen Überblick über Definitionen des Vertrauenskonstrukts O'Malley/Tynan 1997, S. 494), repräsentiert eine zukunftsorientierte Komponente der Beziehungsqualität. Vertrauen ist definiert als die Bereitschaft des Kunden, sich auf das Unternehmen im Hinblick auf dessen zukünftiges Verhalten ohne weitere Prüfung zu verlassen (in Anlehnung an Morgan/Hunt 1994, S. 23).

Als **Voraussetzung der Vertrauensbildung** muss Verletzbarkeit vorliegen, das heißt, Entscheidungskonsequenzen müssen unsicher sein und wichtig für den Vertrauenden (Moorman/Zaltman/Deshpandé 1992; Doney/Cannon 1997). Insbesondere wenn es sich bei Wiederkäufen nicht um so genannte unmodifizierte Wiederkäufe („Straight Rebuys"), sondern um modifizierte Wiederkäufe („Modified Rebuys") handelt, kommt Vertrauen zum Tragen. Dies ist insbesondere bei Individualleistungen (zum Beispiel modifizierte Wiederkäufe bei komplexen Maschinen versus unmodifizierte Wiederkäufe bei Erfrischungsgetränken) der Fall. Die modifizierten Kaufgegenstände erhöhen den Grad der Unsicherheit bei der Kaufentscheidung (Johnston/Lewin 1996).

Im Hinblick auf den **Prozess der Vertrauensbildung** lassen sich verschiedene Entstehungsprozesse von Vertrauen unterscheiden (Doney/Canon 1997, S. 37):

- Beim **kalkulativen Prozess** geht ein Beziehungspartner von vertrauenswürdigem Verhalten des anderen aus, wenn der Nutzen nicht vertrauensvollen Verhaltens geringer als die Kosten ist, „erwischt" zu werden (Lindskold 1978; Rao/Bergen 1992).

- Im Rahmen des **prädiktiven Prozesses** hängt Vertrauen von der Fähigkeit ab, das Verhalten des Beziehungspartners vorherzusehen.

- Der **fähigkeitsbezogene Prozess** betrifft die Einschätzung der Fähigkeit des Beziehungspartners, seine Aufgaben zu erfüllen.

- Nach dem **absichtsbezogenen Prozess** wird Vertrauen auf Basis der Einschätzung der Ziele und Absichten des Beziehungspartners gebildet (Lindskold 1978).

- Gemäß dem **transferierenden Prozess** kommt es zur Vertrauensbildung auf Basis der Einschätzung des Beziehungspartners durch einen Dritten.

Als weitere Dimension der Beziehungsqualität kann die **Vertrautheit** des Kunden mit dem Unternehmen identifiziert werden. Vertrautheit steht in engem Zusammenhang zum Vertrauen und hat einen vergangenheitsorientierten Charakter (Luhmann 1989). Vertrautheit umschreibt den Grad der Bekanntheit mit einem Objekt (zum Beispiel Situation) oder Subjekt. Bezogen auf eine Unternehmen-Kunde-Beziehung bezeichnet Vertrautheit den **Grad der Bekanntheit** mit dem jeweiligen Beziehungspartner im Hinblick auf dessen Einstellungen und Verhaltensweisen (Georgi 2000).

Aufgrund der **wechselseitigen Abhängigkeit** der Partner innerhalb einer Beziehung (Håkansson/Snehota 1993, S. 2) umfasst die Vertrautheit des Kunden nicht nur seine Vertrautheit mit dem Unternehmen, sondern auch die durch ihn wahrgenommene Vertrautheit des Unternehmens mit dem Kunden. Dem Kunden ist es also zum einen wichtig, dass er die Prozesse des Unternehmens kennt, wenn er an der Leistungserstellung beteiligt ist. Beispielsweise ist es in fremden Städten häufig schwierig, sich im Nahverkehrssystem zurechtzufinden, während Bewohner einer Stadt das System „beherrschen". Zum anderen nimmt der Kunde unter Umständen sehr bewusst wahr, ob das Unternehmen mit ihm vertraut ist. Beispiele für Indikatoren für die Vertrautheit des Unternehmens mit dem Kunden sind das Kennen des Namens des Kunden, aber auch vor allem das Kennen seiner spezifischen Bedürfnisse bei der Leistungserstellung (zum Beispiel Nichtraucherzimmer im Hotel).

Eine zentrale Aufgabe des Dienstleistungsmarketing ist deshalb bei individuellen Dienstleistungen in dem **Aufbau von Vertrautheit** zu sehen. Auch wenn sich Vertrautheit teilweise und bis zu einem gewissen Grade ohne eine Steuerung durch das Unternehmen einstellt (Georgi 2000), können Unternehmen durch entsprechende vertrautheitsbildende Maßnahmen die Entstehung von Vertrautheit fördern.

Je höher die Beziehungsqualität durch den Kunden wahrgenommen wird, desto weniger kritisch ist der Kunde im Einzelfall und desto eher lassen sich positive psychologische Konsequenzen beim Kunden realisieren.

Kundenbindung

Das Erreichen der kundenbezogenen psychologischen Ziele kann im Rahmen der Erfolgskette zur Realisierung von **Kundenverhaltenszielen** beitragen (Oliver 1996). Die **Kundenbindung** stellt diesbezüglich die zentrale Zielgröße von Dienstleistungsunternehmen dar (Reichheld/Sasser 1991; Dick/Basu 1994; Oliver 1997; Bruhn/Homburg 2001).

Der Begriff **Kundenbindung** umfasst sämtliche Maßnahmen eines Dienstleistungsunternehmens, die darauf abzielen, sowohl die tatsächlichen Verhaltensweisen als auch die zukünftigen Verhaltensabsichten eines Kunden gegenüber dem Anbieter positiv zu gestalten, um die Beziehung zu diesem Kunden in Zukunft zu stabilisieren beziehungsweise auszuweiten (Homburg/Bruhn 2001, S. 8).

Ein wesentlicher Grund für die besondere Bedeutung der Kundenbindung liegt in den vielfältigen Einflüssen dieses Zieles auf ökonomische Zielgrößen (vgl. hierzu auch Abbildung 4-15). So wird die **Mengenkomponente** des Umsatzes durch im Zeitablauf steigende Kauffrequenzen und größere Absatzmengen positiv beeinflusst. Beide Wirkungen sind auf die wachsende Vertrautheit mit der Leistung sowie die Nutzung von Cross-Selling-Potenzialen durch den Anbieter zurückzuführen. Zudem können in einigen Branchen im Zeitablauf höhere Preise durchgesetzt werden, denn die von Kunden bei langjährigen Beziehungen zu Dienstleistern empfundene Risikoreduktion führt zu einer sinkenden Preiselastizität der Nachfrage.

Schließlich wirken dauerhafte Kundenbeziehungen auch **kostenreduzierend**. Dieser Effekt beruht auf zunehmenden Lerneffekten bei der Interaktion zwischen Kunden und Kontaktpersonal, die langfristig eine Reduktion der Kundenbetreuungskosten bewirken (Reichheld/Sasser 1991; Meffert 1993a, S. 13ff.).

Da im Dienstleistungsbereich die Bedeutung der mitarbeiterbezogenen Faktoren seit jeher stärker ausgeprägt ist, erfolgt die Bindung der Kunden über persönliche Beziehungen vergleichsweise leichter als beispielsweise im Konsumgüterbereich. Im Zuge der Standardisierung von Dienstleistungen werden aber auch hier die Herausforderungen der Kundenbindung zunehmen (Peters 1997, S. 14).

Bei den Kaufverhaltenszielen sind wesentliche **Bedeutungsunterschiede in Abhängigkeit vom betrachteten Leistungstyp** festzustellen. So kommen bei individualisierten Dienstleistungen Kundenbindungszielen (Wiederkauf, Kauffrequenzsteigerung, Cross Buying) eine wesentlich höhere Bedeutung zu als bei Standardleistungen. Dies liegt zunächst in der relativen Bedeutung einzelner Kunden für einen Anbieter von Individualleistungen (zum Beispiel Wirtschaftsprüfung, Vermögensverwaltung) begründet, die mit hohen Investitionen zu Beginn einer Kundenbeziehung durch den Anbieter einhergehen. Darüber hinaus können bei individualisierten Dienstleistungen aufgrund von Kundenbindung Kostensenkungseffekte erzielt werden, die zum einen auf den hohen Integrations- und Interaktionsgrad sowie die damit verbundenen Erfahrungseffekte des Anbieters im Hinblick auf einen Kunden zurückzuführen sind. Zum anderen liegt in diesen Bereichen häufig eine Informationsasymmetrie zu Ungunsten des Kunden vor. Gebundene Kunden, die bereits Erfahrungen mit dem Unternehmen gesammelt haben, werden dabei in stärkerem Maße zu einer qualitativ hochwertigen Leistungserstellung beitragen können als unerfahrene Kunden. Auch sind in diesem Bereich eher Cross-Buying-Effekte von Relevanz. Dienstleistungsunternehmen bieten ihren Kunden häufig ein breites Leistungsprogramm an, das nur dann wirtschaftlich ist, wenn möglichst viele Kunden möglichst viele Leistungen des Anbieters nutzen. Darüber hinaus ist die besondere Bedeutung der Mund-zu-Mund-Kommunikation als Kaufentscheidungskriterium auf das Risiko der Kunden zurückzuführen.

Kundenwert

Zur kundenspezifischen Zielfestlegung ist es erforderlich, die ökonomischen Oberziele auch für die Einzelkunden- beziehungsweise Kundengruppenebene zu formulieren. Zu den **kundenbezogenen ökonomischen Zielen**, die durch die Kundenverhaltenszielausprägungen beeinflusst werden können, gehören beispielsweise der Kundendeckungsbeitrag, der Customer Lifetime Value oder kundendeterminierte Einzelkosten (Gierl/Kurbel 1997; Dwyer 1997; Berger/Nasr 1998). Vergleichbar mit den unternehmensbezogenen ökonomischen Zielen sind vor allem der Kundenwert (Customer Lifetime Value) und der Kundendeckungsbeitrag von Bedeutung, die sich aus dem Kundenumsatz ergeben.

Die Betrachtung des **Kundenwertes** hat im Zuge der zunehmenden Umsetzung von Kundenbindungsmaßnahmen ebenfalls an Bedeutung gewonnen. Er dient als Maßstab für Investitionsentscheidungen des Kundenmanagements und hier insbesondere zur Segmentierung der Kunden. Beim **Begriff Kundenwert** handelt es sich um die Summe aller diskontierten Ein- und Auszahlungen eines einzelnen Kunden, die während der Akquisitionsphase und im Verlauf der gesamten Geschäftsbeziehung entstehen (Homburg/Daum 1997; Dwyer 1997).

Den Ausgangspunkt zur **Berechnung des Kundenwertes** bildet die Kapitalwertformel, die – analog der klassischen Investitionsrechnung – auch für Kundeninvestitionen angewendet werden kann (Köhler 1999). In diesem Zusammenhang wird auch von der Customer-Lifetime-Value-Analyse gesprochen (CLV) (vgl. ausführlich Andon et al. 1998). Der Kundenwert kann wie folgt berechnet werden:

$$\text{Kundenwert} = -A + \sum_{t=1}^{n}(E_t - K_t) \cdot d^{-t}$$

A = Anfangsinvestitionen (zum Beispiel Verwaltungskosten zur Aufnahme
    des Kunden in die Datenbank)

E = Einnahmen im Zeitpunkt t (zum Beispiel potenzieller Umsatz pro Kunde,
    Cross-Buying-Potenzial)

K = Ausgaben im Zeitpunkt t (zum Beispiel Betreuungskosten, Verwaltungskosten,
    Telefonkosten)

t = Jahr

n = Geschätzte Dauer der Geschäftsbeziehung

d = Diskontierungsrate (1 + i)

i = Zinssatz der Investition

Basierend auf den Erfahrungswerten des Unternehmens über das Verhalten des Kunden
werden die bereits getätigten sowie die zukünftig zu erwartenden Zahlungsströme des jeweiligen Kunden erfasst und auf den Zeitpunkt der Berechnung abgezinst. Abbildung
4-21 zeigt ein fiktives Beispiel für die Berechnung des Kundenwertes.

Neben den individuellen Kundenwerten einzelner Kunden beschäftigen sich einige Studien ferner mit der Analyse der **branchenbezogenen Kundenwerte**. Die vielbeachtete
Studie von Reichheld/Sasser (1991) kam zu dem in Abbildung 4-22 dargestellten Ergebnis.

Abbildung 4-21   **Fiktives Beispiel für die Berechnung des Kundenwertes**

	Jahre der Kundenbeziehung						
	t = 0	t = 1	t = 2	t = 3	t = 4	t = 5	t = 6
Anfangsinvestition	30						
Einnahmen		20	60	70	80	90	100
Kosten		100	30	35	45	45	50
Einnahmeüberschuss		– 80	30	35	35	45	50
Diskontierungsfaktor		1,1	1,1	1,1	1,1	1,1	1,1
Zahlungsreihe (gerundet)		– 73	25	26	24	28	28
Kundenwert (gerundet)	– 30	– 103	– 78	– 52	– 28	0	28

GABLER
GRAFIK

Abbildung 4-22   **Kundenwerte im Zeitablauf**

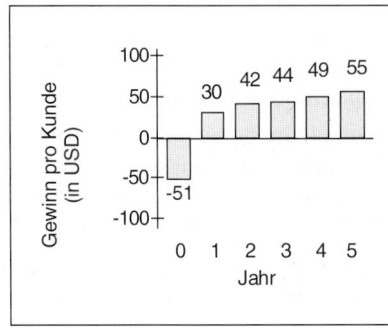

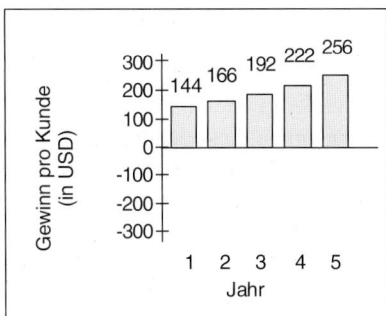

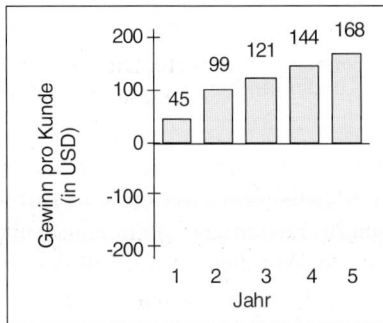

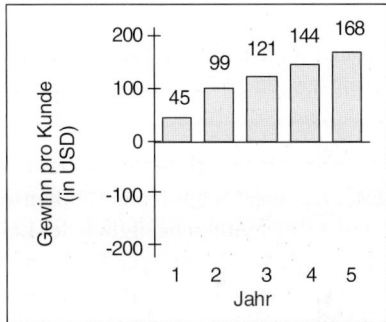

GABLER
GRAFIK

Quelle: Reichheld/Sasser 1991, S. 108

Die von Reichheld/Sasser (1991) durchgeführte Studie zeigt, dass ein Kreditkartenkunde im ersten Jahr der Geschäftsbeziehung einen durchschnittlichen Kundenwert von 30 USD erbringt. Im fünften Jahr der Beziehung hat sich dieser Wert bereits auf 50 USD erhöht. Ähnliche Kundenwertentwicklungen werden auch für andere Branchen aufgezeigt. Betrachtet man lediglich den potenziellen Lebensumsatz pro Kunde insgesamt, so wird dieser Betrag für einen Supermarkt auf 175.000 € geschätzt. Für einen Automobilhersteller wird ein Wert pro Kunde von 105.000 € angesetzt (Studie der Boston Consulting Group, zitiert nach Stauss/Seidel 2002).

Die implizite Prämisse, dass jedes Unternehmen die Ein- und Auszahlungen der Kunden individuell erfassen und zurechnen kann, ist jedoch in der Unternehmenspraxis in vielen Fällen nicht gegeben. Um eine systematische Strategiefindung sicherzustellen, müssen zunächst die Voraussetzungen im Rechnungswesen geschaffen werden (Plinke 1989; Scheiter/Binder 1992; Homburg/Daum 1997; Köhler 1999). Da dies mit erheblichen Investitionen verbunden ist, wird von Praxisvertretern teilweise die Ansicht vertreten, eine statische Betrachtung der Kundenbeziehung sei ausreichend. In diesen Fällen werden zum Beispiel **kundenbezogene Deckungsbeiträge** zu bestimmten Zeitpunkten berechnet. Aber auch bei dieser Vorgehensweise muss es dem Dienstleistungsunternehmen möglich sein, die kundenbezogenen Umsätze sowie Kosten innerhalb eines Jahres zu ermitteln.

In Abhängigkeit von den Phasen des **Kundenbeziehungslebenszyklus** kommt den verschiedenen kundenbezogenen Zielen eine unterschiedliche Bedeutung zu. Beispielsweise sind die Kaufverhaltensziele in Abhängigkeit von der Beziehungsphase differenziert zu formulieren (Erstkauf in der Kundenakquisitionsphase versus Wiederkauf in der Kundenbindungsphase).

Es sollte eine **Formulierung der Ziele nach Kundensegmenten** angestrebt werden (Kotler 1997, S. 249). Abgesehen von den ökonomischen Zielen haben die meisten Ziele des Dienstleistungsmarketing nicht für sämtliche Zielgruppen des Unternehmens die gleiche Bedeutung. Unabhängig von einer spezifischen Kundensegmentierung unterscheiden sich die Ziele des Dienstleistungsmarketing bereits im Hinblick auf potenzielle, aktuelle und abgewanderte Kunden in starkem Maße. Dies wird bei einer Betrachtung von Erfolgsketten in den Kundenakquisitions-, Kundenbindungs- und Kundenrückgewinnungsphasen deutlich.

In der **Kundenakquisitionsphase** werden Marketingmaßnahmen eingesetzt, um das Interesse der Kunden für das Unternehmen und seine Leistungen zu wecken, eine Aufmerksamkeit und Bekanntheit bezüglich der Leistungen zu erzielen sowie Präferenzen und ein positives Image auf Seiten der Kunden zu erreichen. Auf diese Weise soll das (Erst-) Kauf- und Informationsverhalten der Kunden gesteuert werden, um in der Folge die ökonomischen Zielgrößen zu verbessern. Weiterhin gilt es im Hinblick auf den Kundenkontakt, einen Dialog und Interaktionen zu initiieren.

In der **Kundenbindungsphase** dienen die Maßnahmen des Dienstleistungsmarketing der Sicherstellung einer positiven Qualitätswahrnehmung, einer hohen Kundenzufriedenheit und Beziehungsqualität sowie eines hohen Commitment des Kunden gegenüber dem Unternehmen. Über diese psychologischen Ziele soll eine Erhöhung der Kundenbindung und eine positive Mund-zu-Mund-Kommunikation realisiert werden, die die Basis für Umsatz und Gewinn darstellen.

In der **Kundenrückgewinnungsphase** geht es um die Identifizierung von Abwanderungsgründen. Ein Ergebnis kann das Ziel einer Verbesserung der Qualitätswahrnehmung und des Images sein, über die eine wiederholte Weckung von Interesse und Präferenz beim abgewanderten Kunden erreicht werden soll. Auf diese Weise soll ein (wiederholter) Erstkauf, das heißt eine Wiederaufnahme der Beziehung, erzielt und negative Mund-zu-Mund-Kommunikation vermieden werden, um in der Folge höhere Umsätze und Gewinne zu realisieren.

Es zeigt sich, dass die Oberziele in den verschiedenen Phasen ähnlich sind. Allerdings unterscheiden sich die psychologischen kundenbezogenen Ziele und Kundenverhaltensziele, über deren Realisierung die Oberzielgrößen verbessert werden sollen.

Eine bedeutsame Grundlage zur Erreichung der unternehmens- und kundengerichteten Ziele bildet die Umsetzung der **mitarbeitergerichteten Zielgrößen** (Grund 1998).

> Grundlage im Rahmen der **mitarbeitergerichteten Ziele** ist die Annahme, dass zufriedene Mitarbeiter die Basis für den Aufbau von Kundenzufriedenheit und Kundenbindung sind. Unter dieser Prämisse muss es folglich Ziel eines Unternehmens sein, die Motivation der Mitarbeiter durch extrinsische und intrinsische Leistungsanreize zu steigern, um in der Folge die Produktivität und Leistungsqualität zu erhöhen sowie Fehlzeiten der Mitarbeiter zu vermeiden und die Mitarbeiter langfristig an das Unternehmen zu binden (Bruhn 1999b).

Zu den zentralen mitarbeitergerichteten Zielen eines Dienstleistungsunternehmens zählen:

- Mitarbeiterzufriedenheit,
- Mitarbeitermotivation,
- Leistungsfähigkeit/Produktivität von Mitarbeitern,
- Mitarbeiterakzeptanz,
- Mitarbeiterbindung.

Die vergleichsweise hohe Bedeutung der mitarbeiterorientierten Ziele resultiert aus der Notwendigkeit einer Interaktivität von Kunde und Dienstleister sowie dem daraus folgenden Zusammenhang zwischen Personalmotivation, Leistungsqualität, Kundenzufriedenheit und ökonomischem Erfolg (Heskett et al. 1994, S. 50ff.; Baron/Harris 1995, S. 126ff.). Vor diesem Hintergrund wurde in den letzten Jahren das Konzept des **Internen Marketing** entwickelt (vgl. Kapitel 6).

Über die Festlegung der strategischen Ziele des Dienstleistungsanbieters hinaus muss ferner eine Konkretisierung der **operativen Ziele** erfolgen. Das heißt, es müssen leistungs-, preis-, distributions-, kommunikations- sowie personalpolitische Ziele definiert, operationalisiert und schriftlich fixiert werden. Eine konkrete Ausgestaltung von allgemeinen Marketingzielen sowie Zielen der eingesetzten Marketinginstrumente zeigt Abbildung 4-23.

Abbildung 4-23   **Festlegung operativer Marketingziele**

Operative Marketingziele				
Externe Instrumente				**Internes Instrument**
Leistungspolitik	**Preispolitik**	**Distributions-politik**	**Kommunika-tionspolitik**	**Personalpolitik**
Hohe Qualität hinsichtlich des Leistungs-programmes Dienstleistungs-innovationen Erhöhung des Cross-Selling-Potenzials Verbesserung des Leistungs-programms	Ausnutzung der Preissensibilität Erhöhung der Preise Durchsetzung der Preisdifferen-zierung Ausnutzung der Intransparenz des Marktes	Erhöhung des Distributions-grades Einführung neuer Vertriebswege Verbesserung der Beratungs-qualität von Absatzmittlern Einsatz neuer Medien	Bekanntheit der Dienstleistungs-marke steigern Akquisition von Neukunden durch Direct-Mail-Aktionen Kundenbindung durch spezielle Events	Verbesserung bestimmter Verhaltens-merkmale: – Freundlichkeit – Zuverlässigkeit – Pünktlichkeit Erhöhung der Beratungsqualität des Kontakt-personals

GABLER
GRAFIK

4. Festlegung von Strategien im Dienstleistungsbereich

Nachdem zuvor die Zielinhalte und das strategische Analyse- und Planungsinstrumentarium des Dienstleistungsmarketing herausgearbeitet worden sind, ist im Folgenden auf konkrete Strategien im Dienstleistungsbereich einzugehen. In der Literatur zum Dienstleistungsmarketing finden sich eine Reihe von branchenbezogenen Strategiekonzepten (zum Beispiel im Bereich Finanzdienstleistungen). Generelle Strategiesystematiken werden demgegenüber vergleichsweise wenig diskutiert. Im Folgenden soll deshalb versucht werden, einen Ansatz zur Systematisierung von Dienstleistungsstrategien zu erarbeiten, der für alle Dienstleistungsbranchen gleichermaßen Gültigkeit besitzt. Entsprechende Ansätze, wenngleich nicht speziell auf den Dienstleistungsbereich zugeschnitten, finden sich in zahlreichen Varianten in der Marketingliteratur (Haedrich/Tomczak 1996; Becker 2001; Meffert/Burmann 2002).

> Unter einer **Dienstleistungsstrategie** soll ein bedingter, langfristiger, globaler Verhaltensplan zur Erreichung der Unternehmens- und Marketingziele eines Dienstleistungsunternehmens verstanden werden. Strategien sind auf der Grundlage der Unternehmens- und Marketingziele zu entwickeln und dienen der Kanalisierung von Maßnahmen in den einzelnen Marketingmixbereichen eines Dienstleistungsunternehmens.

Eine Dienstleistungsstrategie bildet somit das zentrale Bindeglied zwischen den Zielen und der operativen Maßnahmenplanung. Der Diskussion einzelner Strategien beziehungsweise strategischer Optionen soll die in Abbildung 4-24 dargestellte **Strategiesystematik** zugrunde gelegt werden.

Zunächst gilt es, eine grundlegende **Geschäftsfeldstrategie** festzulegen (Abschnitt 4.1). Zu diesem Zweck müssen die strategischen Geschäftsfelder einer Unternehmung definiert werden (Abschnitt 4.11). Im Anschluss ist zu prüfen, welche marktfeldstrategische Option die Unternehmung wahrnehmen soll (Abschnitt 4.12). Mit der vollzogenen Festlegung dieser Elemente wird anschließend in den Bereich der strategischen Marketingplanung übergewechselt, der die Geschäftsfelder als Bezugsgrößen voraussetzt und verwendet. Als weitere Elemente der Geschäftsfeldstrategie werden die Wettbewerbsvorteils- (Abschnitt 4.13), die Marktabdeckungs- (Abschnitt 4.14) sowie die Timing-Strategie (Abschnitt 4.15) diskutiert.

Abbildung 4-24   Zentrale strategische Fragestellungen und Strategieoptionen

Geschäftsfeldstrategien

- Abgrenzung strategischer Geschäftsfelder: ▪ Funktionen ▪ Technologien ▪ Kundengruppen ▪ Regionen
- Marktfeldstrategie: ▪ Marktdurchdringung ▪ Marktentwicklung ▪ Dienstleistungsentwicklung ▪ Diversifikation
- Wettbewerbsvorteilsstrategie (eindimensional versus simultan): ▪ Qualitätsvorteil ▪ Innovationsvorteil ▪ Markierungsvorteil ▪ Programmbreitenvorteil ▪ Kostenvorteil ▪ Zeitvorteil
- Marktabdeckungsstrategie: ▪ Gesamtmarkt → ▪ Nische
- Timingstrategie: ▪ Pionier → ▪ Folger

Marktteilnehmerstrategien

- Marktbearbeitungsstrategie: ▪ undifferenziert ▪ differenziert ▪ Segment of One
- Kundenstrategie: ▪ Neukundenakquisition ▪ Kundenbindung ▪ Kundenrückgewinnung
- Verhaltensstrategien
  - Abnehmergerichtet: ▪ Präferenzstrategien → ▪ Preis-/Mengenstrategie
  - Wettbewerbsgerichtet: ▪ Ausweichen ▪ Kooperation ▪ Konflikt ▪ Anpassung
  - Absatzmittlergerichtet: ▪ Umgehung/Ausweichen ▪ Kooperation ▪ Konflikt ▪ Anpassung

Marketinginstrumentestrategien

- ▪ Leistungspolitik ▪ Kommunikationspolitik ▪ Distributionspolitik ▪ Preispolitik ▪ Personalpolitik

Im Rahmen der auf den Geschäftsfeldstrategien aufbauenden **Marktteilnehmerstrategien** (Abschnitt 4.2) sind dann für jedes Geschäftsfeld weitere Überlegungen anzustellen. Zunächst müssen marktbearbeitungsspezifische Optionen (Abschnitt 4.21) und Kundenstrategien (Abschnitt 4.22) gewählt werden. Darüber hinaus müssen marktteilnehmerbezogene Verhaltensstrategien formuliert werden. Zu den Marktteilnehmern werden in diesem Zusammenhang die Abnehmer (Abschnitt 4.23), die Wettbewerber (Abschnitt 4.24) sowie die Absatzmittler (Abschnitt 4.25) gezählt. Denkbar wäre weiterhin eine Berücksichtigung von sonstigen Anspruchsgruppen (vgl. Meffert 2000, S. 268).

Das abschließende Element der Strategiesystematik bildet die Festlegung von **Marketinginstrumentestrategien** (Abschnitt 4.3), die eine Konkretisierung der Strategien hinsichtlich des Instrumenteeinsatzes beinhalten.

4.1   Geschäftsfeldstrategien

4.11   Abgrenzung strategischer Geschäftsfelder

Um die strategischen Geschäftsfelder eines Unternehmens ableiten zu können, ist zunächst der **relevante Markt** festzulegen. Hierzu existieren verschiedene Ansätze, zum Beispiel das Konzept der Kreuzpreiselastizität oder der funktionalen Ähnlichkeit (im Überblick bei Backhaus 1999, S. 207). Sinnvoll ist die Definition des relevanten Marktes aus Sicht der Kunden, sodass häufig das **Konzept der subjektiven Austauschbarkeit** zum Einsatz gelangt. Hier umfasst der relevante Markt sämtliche Leistungen von Unternehmen, die aus Sicht der Kunden als subjektiv austauschbar empfunden werden.

Ist der relevante Markt definiert, kann die Festlegung der strategischen Geschäftsfelder erfolgen, wobei von der Überlegung ausgegangen wird, dass der für ein Dienstleistungsunternehmen zu bearbeitende Markt in der Regel mehr Abnehmergruppen und Abnehmerbedürfnisse umfasst als überhaupt mit den zur Verfügung stehenden Unternehmensressourcen befriedigt werden können.

> Eine **Geschäftsfeldwahl** beinhaltet ein Aufteilen des Gesamtmarktes in homogene Marktsegmente, die sich jedoch untereinander in ihren abnehmerbezogenen und sonstigen Charakteristika, zum Beispiel Wettbewerbsintensität oder Technologie, unterscheiden.

Im Folgenden soll überprüft werden, inwieweit die im Konsum- und Industriegüterbereich diskutierten Ansätze zur Geschäftsfeldplanung auch für den Dienstleistungsbereich anwendbar sind.

Eine **eindimensionale Definition** des Betätigungsfeldes eines Unternehmens, zum Beispiel anhand von Produkten beziehungsweise Dienstleistungen oder Abnehmergruppen, wird in der Literatur übereinstimmend als nicht ausreichend angesehen (Farny/Kirsch 1987, S. 377; Meffert 2000).

Konzepte der **zweidimensionalen Geschäftsfeldabgrenzung** nach Produkten und Abnehmergruppen bieten sich grundsätzlich auch für den Dienstleistungsbereich an. Beispielsweise könnte der Gesamtmarkt einer Bank hinsichtlich des Kriteriums Abnehmergruppen in Privat-, Individual- und Firmenkunden unterteilt werden. Die zweite Dimension ist entsprechend den Dienstleistungsprodukten einer Bank zum Beispiel in Kredit-, Spareinlagen-, Anleihen- oder Wertpapiergeschäfte zu unterteilen. Es entsteht ein zweidimensionaler Suchraum für Betätigungsschwerpunkte einer Bank.

Allerdings besteht heute weitgehend Einigkeit darüber, dass es strategisch unzureichend ist, die für die Zukunft geplanten Aufgaben- und Tätigkeitsgebiete ausschließlich durch die klassische Produkt-Markt-Kombinationen zu definieren. Abell (1980) schlägt vor diesem Hintergrund eine **dreidimensionale Geschäftsfeldabgrenzung** mit den folgenden Dimensionen vor:

- **Funktionen,** die das Unternehmen im Sinne einer zu erbringenden Marktleistung wahrnimmt,
- **Zielgruppen,** für die diese Funktionen wahrgenommen werden,
- **Technologien,** unter Verwendung derer die Funktionserfüllung erfolgt.

Zweifelsohne ergibt sich auch für ein Dienstleistungsunternehmen die Notwendigkeit, die Betätigungsfelder durch eine mehrdimensionale Betrachtungsweise abzugrenzen. Es stellt sich allerdings die Frage, inwieweit der in industriellen Produktmärkten bewährte Ansatz von Abell unter Verwendung der **Technologiekomponente** auch auf den Dienstleistungsbereich übertragbar ist.

Aufgrund der Immaterialität der Dienstleistung kann eine Technologie im Sinne einer produktbezogenen Problemlösung nicht Gegenstand beziehungsweise Bestandteil eines Dienstleistungsproduktes sein und damit auch nicht zur Abgrenzung der Geschäftsfelder herangezogen werden.

Während die Dienstleistung selbst keine Technologiekomponente beinhaltet, ist es vielmehr der **Dienstleistungserstellungsprozess,** in dem verstärkt Technologien eingesetzt werden. Um den Ansatz von Abell auf den Dienstleistungsbereich übertragen zu können, ist daher von einem **modifizierten Technologieverständnis** auszugehen. Technologien stellen hier in der Regel alternative Möglichkeiten der Funktionserfüllung beziehungsweise Hilfsmittel zur rationelleren Erstellung von Dienstleistungen dar.

Ein auf diesen Überlegungen aufbauender **dienstleistungsbezogener Geschäftsfeldplanungsprozess** soll am Beispiel von Versicherungen dargestellt werden (Birkelbach 1988). Aufgrund der zentralen Bedeutung der Geschäftsfelddefinition bei der strategischen Unternehmensplanung und der zu erwartenden besonders komplexen Funktions-Technologie-Beziehung in der Assekuranz ist es sinnvoll, die Geschäftsfelddefinition und -wahl in zwei aufeinander aufbauende Teilstufen zu untergliedern.

1. Abgrenzung grundsätzlicher Problemlösungsbereiche bei Versicherungen

Ausgangspunkt der funktions- und technologieorientierten Geschäftsfelddefinition sind die Kernbedürfnisse („Basic Want") der Kunden, die es zu bestimmen gilt. Da die grundsätzliche Leistung einer Versicherung in der garantierten Risikoübernahme für den Versicherungsnehmer besteht, kann die Verbesserung der Risikosituation des Kunden, gleichbedeutend mit „Erhöhung der Sicherheit", als zentrales Kundenbedürfnis herausgearbeitet werden. Somit kann im Sinne einer innovativen Geschäftsfelddefinition in **Stufe 1** zunächst ein strategischer Suchraum **„Sicherheitsnachfrage"** aufgebaut werden. Dieser Suchraum zur Lokalisierung von strategischen Geschäftsfeldern wird dann definitionsgemäß durch die drei Dimensionen abgegrenzt (vgl. Abbildung 4-25):

▋ Zielgruppe: Nachfrager nach Sicherheit (Kundengruppen),

▋ Funktion: Sicherheitsfunktionen,

▋ Technologie: Sicherheitstechnologien.

Als **Nachfrager nach Sicherheit** können auf der Ebene einer Makrosegmentierung folgende Kundengruppen unterschieden werden: Groß-, Mittel- und Kleinbetriebe, Vereine und Organisationen, private Haushalte und auch Versicherungsunternehmen, die beispielsweise Sicherheit in Form von Rückversicherungsschutz nachfragen.

Die **Sicherheitsfunktionen** leiten sich unmittelbar aus den Bedürfnissen der Sicherheitsnachfrager ab. Diese können in risikopolitische „Software-" und „Hardwarefunktionen" unterteilt werden. Risikopolitische **Softwarefunktionen** sind solche Sicherheitsfunktionen, die bei jedem Sicherheitsproblem automatisch „mitbewältigt" werden müssen, wie zum Beispiel die Risikoidentifikation, -analyse und -beratung. Risikopolitische **Hardwarefunktionen** beschreiben die Bedürfnisse nach tatsächlicher, materieller Erhöhung der Sicherheit. Zum Beispiel die Erhöhung der Sicherheit bei Personen-, Vermögens- oder Sachschäden sowie bei der Altersvorsorge.

Im Sinne des erweiterten Technologieverständnisses stellen **Sicherheitstechnologien** alle Möglichkeiten dar, die oben genannten Sicherheitsfunktionen zu erfüllen. Eine dieser Möglichkeiten ist zum Beispiel der **Risikotransfer** auf eine Versicherungsgesellschaft. Denkbar ist ferner eine „Eigenversicherung" der Nachfrager, die durch Bildung finanzieller Rücklagen **(Geldvermögensbildung)** beziehungsweise im Industrieversicherungsbereich durch Gründung von so genannten „Captives" **(Sachvermögensbildung)** erreicht werden kann. Sicherheit kann zudem durch Inanspruchnahme **technischer Sicherheitssysteme** (zum Beispiel Alarmanlagen, Bewachungsunternehmen usw.) oder durch den Einsatz sonstiger Sicherheitstechnologien erhöht werden. Mit der Operationalisierung der Kundengruppen-, Sicherheitsfunktions- und Sicherheitstechnologieachse wird der gewünschte **strategische Suchraum** „Sicherheitsnachfrage" dreidimensional zur Lokalisierung von strategischen Geschäftsfeldern aufgespannt. Um eine detaillierte Definition der strategischen Geschäftsfelder zu ermöglichen, ist es zur Planungsvereinfachung sinnvoll, eine erste **Eingrenzung des Suchraumes „Sicherheitsnachfrage"** vorzunehmen. Dabei wird, unter Beachtung der eigenen Ressourcen und Unternehmensfähigkeiten, aus dem strategischen Suchraum eine bestimmte Auswahl von Nachfragern, Sicherheitsfunktionen und Sicherheitstechnologien ausgewählt und als zunächst nur grob bestimmtes strategisches Geschäftsfeld festgelegt. Diese erste Stufe der Geschäftsfeldwahl kann als „Basisauswahlentscheidung" bezeichnet werden.

Abbildung 4-25   **Strategischer Suchraum „Sicherheitsnachfrage"**

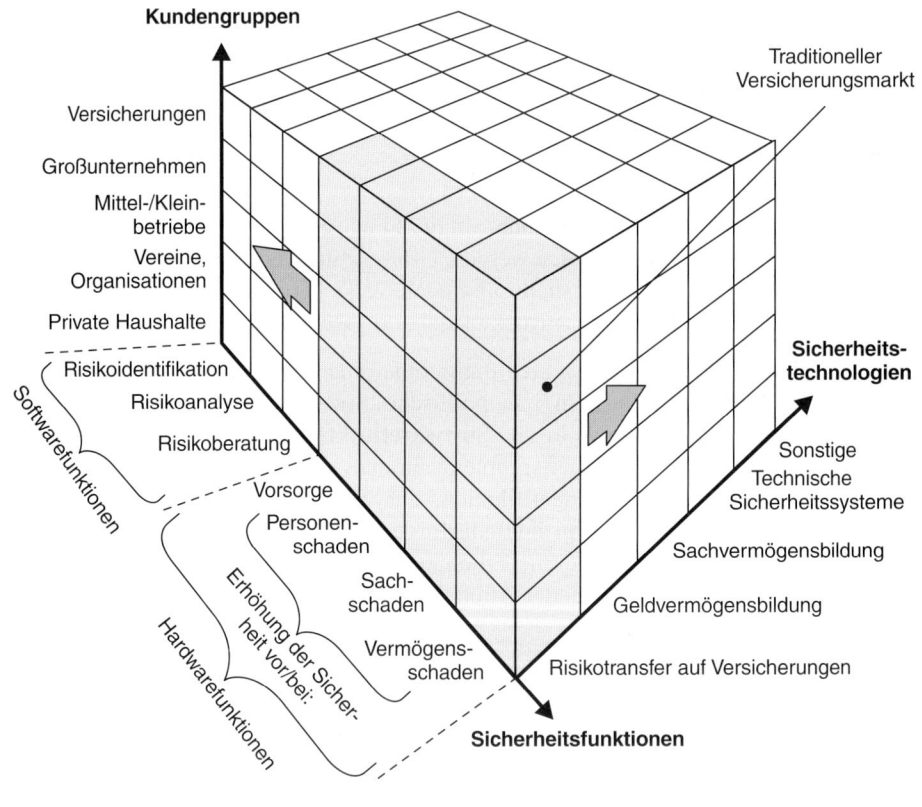

GABLER
GRAFIK

Quelle: Birkelbach 1988, S. 234

2. Feinabgrenzung des strategischen Geschäftsfeldes „Konsumversicherungen"

Zur Darstellung der **zweiten Stufe der Geschäftsfelddefinition** wird der hypothetische Fall einer für den deutschen Markt typischen Versicherungsgruppe unterstellt. Diese hat sich entschlossen, der Kundengruppe „Private Hauhalte" sämtliche Sicherheitsfunktionen hinsichtlich der Technologie „Risikotransfer auf Versicherungen" zu erfüllen. Dieser Suchraum repräsentiert das Geschäftsfeld **„Konsumversicherungen"** (vgl. Abbildung 4-26).

Abbildung 4-26   Basisauswahlentscheidungen des strategischen Geschäftsfeldes „Konsumversicherungen"

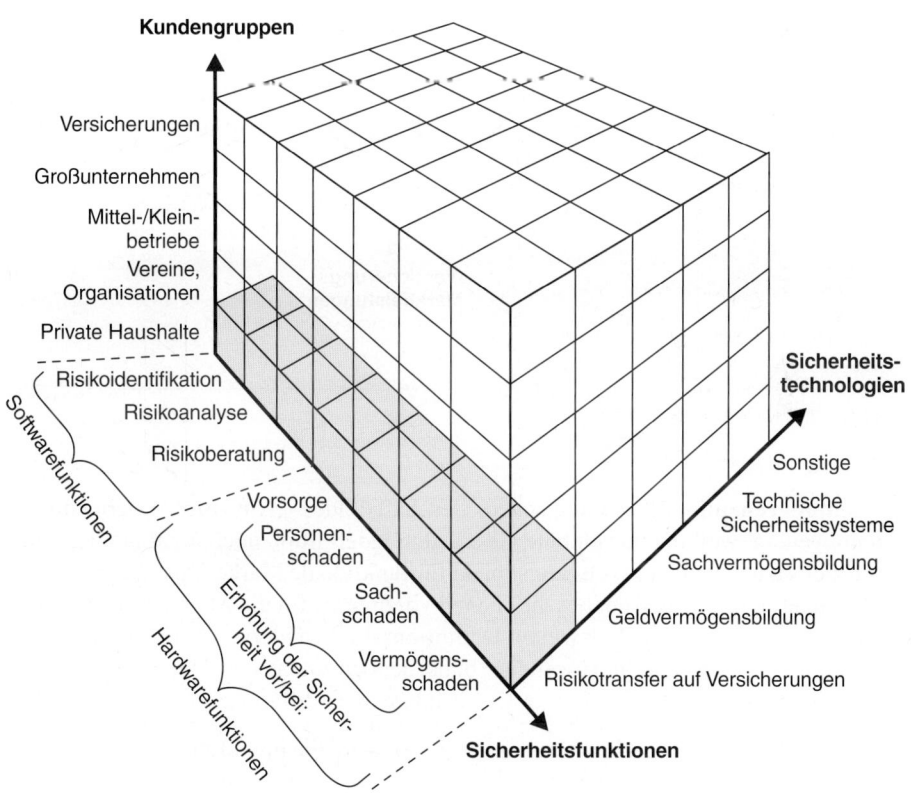

GABLER
GRAFIK

Quelle: Birkelbach 1988, S. 235

| Abbildung 4-27 | Präzisierung des strategischen Geschäftsfeldes „Konsumversicherungen" |

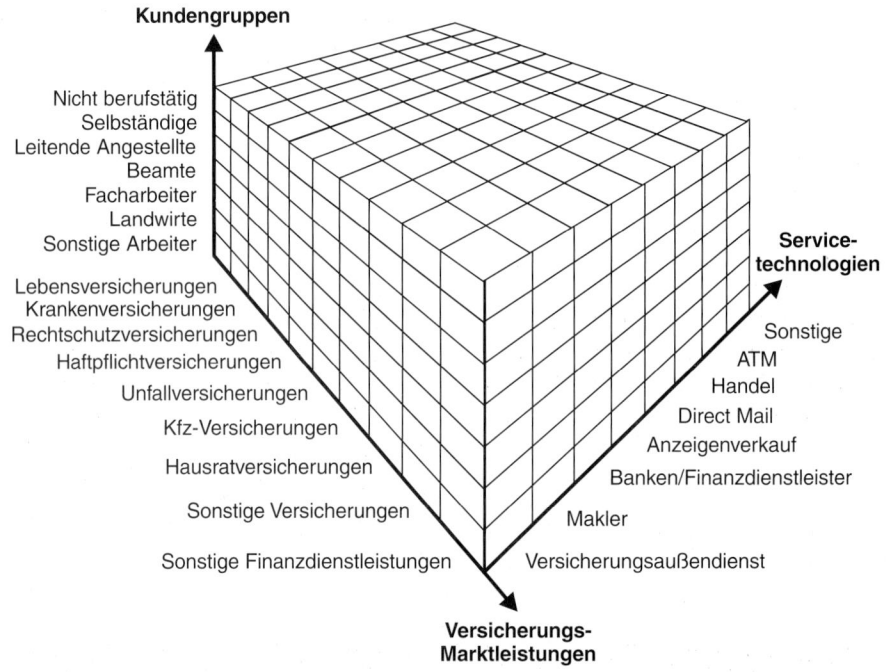

Quelle: Birkelbach 1988, S. 236

Die **Feinabgrenzung** des strategischen Geschäftsfeldes **„Konsumversicherungen"** wird notwendig, weil die nur globale Geschäftsfelddefinition noch nicht präzise genug ist, um zielsetzungsgerecht als Bezugsobjekt für funktionale Marketingstrategien zu dienen. Es bietet sich aufgrund der beschriebenen Vorzüge an, für die Abgrenzung des strategischen Geschäftsfeldes in der zweiten Definitionsstufe wiederum den dreidimensionalen Abgrenzungsvorschlag anzuwenden, dabei jedoch die ausgewählten Kundengruppen, Funktionen und Technologien in Untereinheiten zu differenzieren.

Bei der so fortentwickelten Geschäftsfelddefinition wird die in Stufe 1 ausgewählte Kundengruppe **„Private Haushalte"** in mehrere Sub-Kundengruppen (Nichterwerbstätige, Selbständige, Beamte usw.) segmentiert. Die Sicherheitsfunktionen werden ferner in **Versicherungsmarktleistungen** (Lebens-, Kranken-, Rechtsschutzversicherungen usw.) transformiert. An die Stelle der einzigen Sicherheitstechnologie „Risikotransfer auf Versicherungen" tritt eine Auswahl von **Subtechnologien,** hier die so genannten Servicetechnologien in Form alternativer Vertriebswege für Versicherungen. Das abgeleitete strategische Geschäftsfeld „Konsumversicherungen" stellt sich nun nach einer verfeinerten Analyse in Stufe 2 als ein dreidimensionales, jedoch wesentlich präziser definiertes Geschäftsfeld dar, das in Abbildung 4-27 wiedergegeben ist.

3. Entscheidungen zur Marktbearbeitung beziehungsweise Marktabdeckung

Nachdem sich die Versicherungsgesellschaft grundsätzlich für die Bearbeitung des strategischen Geschäftsfeldes „Konsumversicherungen" entschieden und dieses präziser definiert hat, gilt es nun festzulegen, welche Segmente des strategischen Geschäftsfeldes Konsumversicherungen bearbeitet werden sollen. Geht man vereinfachend davon aus, dass sich eine der Definitionsachsen jeweils vollständig abdecken lässt, ergeben sich acht Typen von **Marktwahlstrategien** (Abell 1980, S. 200f.):

Strategietyp 1: Das Versicherungsunternehmen bietet sämtlichen Kundengruppen des Sektors „Private Haushalte" eine breite Palette von Versicherungsmarktleistungen an. Dabei bedient es sich mehrerer alternativer Servicetechnologien.

Strategietyp 2: Der Versicherer bietet sämtlichen Kundengruppen die Möglichkeit, alle Versicherungsmarktleistungen bei ihm zu erhalten. Entlang der Servicetechnologiedimension erfolgt hingegen eine enge Abdeckung. Diese Strategie dürfte der Prototyp für die großen Versicherungsgruppen und -konzerne sein, die als Mehrspartenversicherer in der Regel alle Kundengruppen mit einem eigenen Versicherungsaußendienst bedienen.

Strategietyp 3: Entlang der Versicherungsmarktleistungsachse nimmt das Unternehmen eine enge Auswahl vor. Diese wird den Kundengruppen über ein breites Netz an Servicetechnologien angeboten. Beispiele einer solchen Strategie sind die Anbieter von Reiseversicherungspaketen, die in der Regel über den Handel, Reisebüros, Anzeigenverkauf usw. erhältlich sind.

Strategietyp 4: Bei der Spezialisierung auf eine Kundengruppe werden alle Versicherungsmarktleistungen über eine breite Palette von Servicetechnologien angeboten.

Strategietyp 5: Das Unternehmen vertreibt eine Versicherungsmarktleistung über eine Servicetechnologie an alle Kundengruppen. Diese Abdeckungsstrategie ist kennzeichnend für die meisten nicht in Versicherungskonzerne eingebundenen Versicherungsunternehmen.

Strategietyp 6: Eine Versicherungsmarktleistung wird einer Zielgruppe über alle Servicetechnologien angeboten.

Strategietyp 7: Der Versicherer spezialisiert sich auf eine Kundengruppe, der alle Versicherungsmarktleistungen über eine Servicetechnologie angeboten werden. Praktisches Beispiel hierfür ist die HUK-Coburg, die der Kundengruppe „Beamte" mehrere Versicherungsmarktleistungen anbietet. Dabei bedient sie sich der Servicetechnologie „nebenberufliche Versicherungsvertreter aus öffentlicher Verwaltung".

Strategietyp 8: Der Versicherer konzentriert sich auf eine Kundengruppen-/Versiche-
rungs-/Servicetechnologie-Kombination. Eine solche „Nischenstrategie" verfolgte lange Zeit die HUK-Coburg, indem sie den Beamten nur Kfz-Versicherungen mit vorge-
nannter Servicetechnologie anbot.

Welche dieser Strategien vom Versicherer zu wählen ist, kann durch eine branchen- und
unternehmensindividuelle Auswahlanalyse ermittelt werden. Im Rahmen der branchenbezogenen Auswahlanalyse muss überprüft werden, inwieweit mit bestimmten Marktab-
deckungsgraden intendierte Erfolgspositionen (zum Beispiel Erfahrungskurveneffekte)
im Dienstleistungs- und speziell Versicherungssektor erreicht werden können. Bei einer
sich anschließenden unternehmensbezogenen Wahl der Marktabdeckungsstrategie muss
der Versicherer prüfen, welche Strategie den besten „Fit" zu seinen Unternehmensressourcen und -fähigkeiten darstellt.

Abbildung 4-28   **Sukzessives Verfahren der Geschäftsfeldwahl**

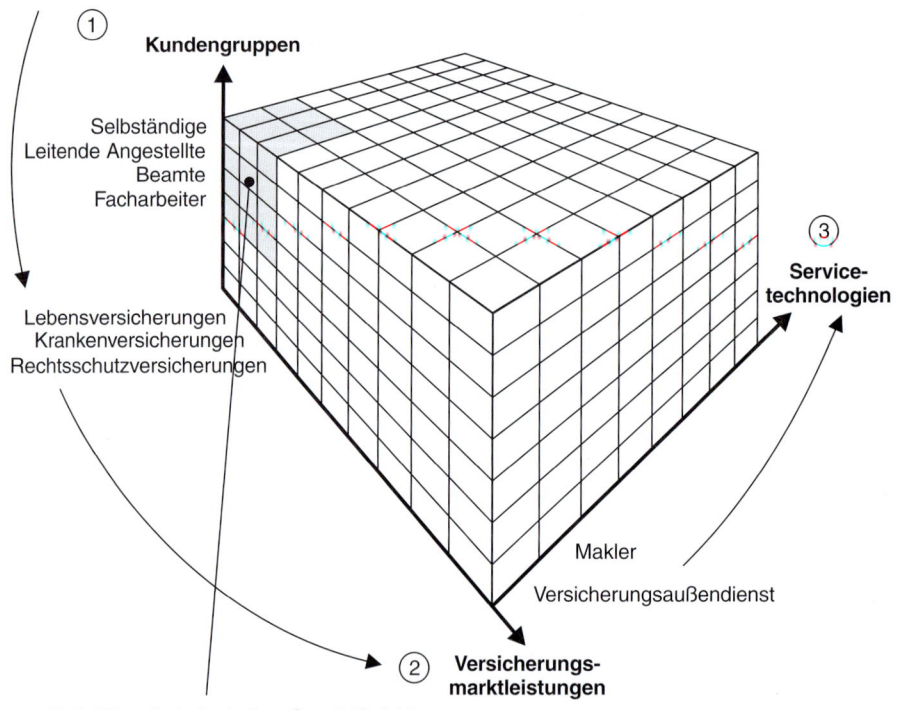

GABLER
GRAFIK

Quelle: Birkelbach 1988, S. 237

Erst nach der **stufenweisen Abgrenzung** erfolgt die endgültige Auswahl von Segmenten des durch Kundengruppen, Versicherungsmarktleistungen und Servicetechnologien aufgespannten strategischen Geschäftsfeldes „Konsumversicherungen".

Es bleibt festzuhalten, dass die sukzessive Auswahl von Segmenten entlang der drei Achsen eine geeignete Methode zur Abgrenzung strategischer Geschäftsfelder für Dienstleistungsunternehmen ist. Abbildung 4-28 veranschaulicht das **sukzessive Vorgehen bei der Auswahl eines strategischen Geschäftsfeldes** anschließend im Überblick (Birkelbach 1988, S. 237).

4.12 Marktfeldstrategie

Im Rahmen der Festlegung von Dienstleistungsstrategien erfolgt als zweiter Schritt die Bestimmung der generellen strategischen Stoßrichtung, die die langfristige Erreichung der Unternehmensziele sicherstellen soll. Für eine grobe Strukturierung möglicher Strategiealternativen kann die klassische **Ansoff-Matrix** (Ansoff 1966, S. 13ff.) herangezogen werden. Auf den Dienstleistungsbereich übertragen (Johnson/Scheuing/Gaida 1986, S. 115) lassen sich die in Abbildung 4-29 dargestellten **Basisstrategien** unterscheiden.

Abbildung 4-29   Marktfeldstrategien im Dienstleistungsmarketing

Dienst-leistungen \ Märkte	Gegenwärtig	Neu
Gegenwärtig	Marktdurchdringung ①	Marktentwicklung ②
Neu	Dienstleistungs-entwicklung/-innovation ③	Diversifikation ④

GABLER GRAFIK

Im Rahmen der **Marktdurchdringungsstrategie** erfolgt eine Intensivierung der Bemühungen, bei den vorhandenen Kunden die gegenwärtigen Leistungsarten eines Dienstleistungsunternehmens vermehrt abzusetzen.

Bei dieser Strategie ergeben sich im Wesentlichen drei Ansatzpunkte, die isoliert oder kombiniert verfolgt werden können (vgl. hierzu auch Insert 4-4):

1. **Erhöhung der Dienstleistungsverwendung** bei bestehenden Kunden (zum Beispiel Schaffung neuer Anwendungsbereiche, Beschleunigung des Ersatzbedarfes durch künstliche Obsoleszenz/Modetrends).

2. **Gewinnung von Kunden,** die bisher bei der Konkurrenz gekauft haben (zum Beispiel durch Preisreduktion, Verkaufsförderungsaktionen, Dienstleistungsoptimierung, Einsatz des Marketinginstrumentariums).

   Diese Strategie verlangt insbesondere bei Dienstleistungssektoren, bei denen eine intensive Bindung zwischen Dienstleistungsanbieter und -nachfrager besteht (Versicherungen, Bank, Steuerberater), besondere Anstrengungen, um einen Kunden zum Wechsel zu bewegen. Dies erklärt sich vor allem durch das als hoch empfundene Kaufrisiko bei vielen Dienstleistungen.

INSERT 4-4   Marktdurchdringungsstrategie im Vehrkehrsdienstleistungsbereich

Kurzfallstudie: Deutsche Bahn AG   Die Bahn

Tauschen Sie Ihren Gebrauchten gegen eine NetzCard im Wert von 6.500,– DM!

„Ein Jahr lang auf allen Strecken der Deutschen Bahn AG reisen, so oft und so weit Sie wollen"
   Die Deutsche Bahn AG führte diese Tausch-Aktion in 28 Städten vom 14.09.2001 bis zum 23.10.2001 durch, um ihr Angebot auch Autofahrern schmackhaft zu machen. Damit reagierte die Bahn auf die Tatsache, dass nur etwa 18 Prozent aller PKW-Reisenden die Bahn auf Strecken über 100 km als Verkehrsmittelalternative in Betracht ziehen. Durch die Aktion sollte bundesweit Aufmerksamkeit erregt werden, um mit den Dienstleistungen der Bahn bisherige Nicht- bis Wenigfahrer zu überzeugen. Damit richtete sich die Aktion vor allem gegen den intermodalen Wettbewerber PKW.
   Die persönliche Netzcard gilt ein Jahr ohne Zuschlag beziehungsweise ICE Aufpreis auf allen Schienenstrecken einschließlich S-Bahnen in allen Personenzügen der Deutschen Bahn AG (ausgenommen sind Fähr- und Schiffstrecken sowie Autoreisezüge, Sonderwagen und Sonderzüge). Folgende Voraussetzungen waren zu erfüllen: Das Fahrzeug muss in verkehrssicherem Zustand sein und über gültige Prüfplaketten (HU/AU) verfügen. Dies wird von Mitarbeitern der Dekra untersucht. Der Eigentümer muss das Tauschobjekt seit mindestens acht Monaten besitzen, wobei kein Dritter Rechte an dem Fahrzeug haben darf. Alle erforderlichen Papiere – Fahrzeugbrief, Fahrzeugschein und Personalausweis – müssen zum Tauschtermin mitgebracht werden. Der Wert des gebrauchten PKW spielt keine Rolle. Aufgrund des zu erwartenden hohen Andrangs war die Zahl der Fahrkarten auf insgesamt 200 kontingentiert.

3. **Gewinnung bisheriger Nichtverwender** der Dienstleistung (zum Beispiel durch intensivierte Kommunikation, Einsatz neuer Distributionskanäle).

Hier lassen sich die Bemühungen im sozialen Dienstleistungsbereich anführen, in dem durch Werbemaßnahmen und Aufklärungsaktivitäten auf die Inanspruchnahme von Krebsvorsorgeuntersuchungen hingewiesen wurde. Im kommerziellen Bereich ist beispielsweise die Inanspruchnahme von Kreditkartenservices zu nennen. Einige der Kreditkartenanbieter versuchen, bisherige Nichtverwender durch Probeangebote zu stimulieren.

> Innerhalb der **Marktentwicklungsstrategie** wird angestrebt, für die gegenwärtigen Dienstleistungen einen oder mehrere neue Märkte zu finden.

Ansätze für die Marktentwicklung finden sich insbesondere bei der Kundendimension des Abell'schen Schemas. Insgesamt sind im Rahmen der Suche nach neuen Marktchancen insbesondere zwei Vorgehensweisen möglich:

1. **Erschließung zusätzlicher Märkte** durch regionale, nationale oder internationale Ausdehnung (Stauss 1994b) (vgl. Insert 4-5).

   Beispielhaft für die Internationalisierung des Dienstleistungsgeschäftes ist das Vordringen von Fast-Food- und Hotelketten auf internationale Märkte oder die weltweite Tätigkeit renommierter Unternehmensberatungen (McKinsey, Boston Consulting Group, Gemini).

2. **Gewinnung neuer Marktsegmente,** zum Beispiel durch speziell auf bestimmte Zielgruppen abgestimmte Dienstleistungsvarianten oder „psychologische" Leistungsdifferenzierung durch Kommunikationsmaßnahmen.

   Ein Beispiel ist die Ausweitung des Angebotes einer Linienfluggesellschaft um das Segment der Charterflüge.

Im Rahmen der **nationalen** oder **internationalen** Ausdehnung des Dienstleistungsangebotes ist zu berücksichtigen, dass Dienstleistungen im Gegensatz zu Sachgütern häufig nicht transportfähig sind. Will sich ein bisher regional tätiges Dienstleistungsunternehmen über sein Einzugsgebiet hinaus ausdehnen, so ist ein Wachstum in der Regel nur über weitere Standorte möglich (Graumann 1984, S. 608). Ein „langsames Hineinwachsen" in internationale Märkte beziehungsweise Massenmärkte, wie es zum Beispiel mittels einer Exportstrategie für einen Konsumgüterhersteller möglich ist, wird für ein Dienstleistungsunternehmen damit ungleich schwieriger. So haben heute zahlreiche Banken, Versicherungen oder Handelsunternehmen, die auf internationalen Märkten tätig sind, ein Filialnetz im Auslandsmarkt errichtet, um dort mit ihrem Dienstleistungsangebot präsent zu sein (vgl. zu Fragen der Internationalisierung ausführlich Kapitel 9).

INSERT 4-5   **Marktfeldstrategien im Logistikbereich**

Kurzfallstudie: Deutsche Post World Net

Zu Beginn der 90er-Jahre war die Deutsche Post ein vorwiegend nationales Unternehmen, in dem das internationale Geschäft einen Umsatzanteil von knapp zwei Prozent erwirtschaftete. Nach der Mehrheitsbeteiligung am Schweizer Logistikunternehmen Danzas und der vollständigen Übernahme der Postbank im Jahre 1999 wurde die Unternehmensstruktur neu gegliedert und der Konzern „Deutsche Post World Net" auf vier Säulen gestellt: Neben den klassischen Briefbereich MAIL tritt der Unternehmensbereich EXPRESS, in dem die nationalen und internationalen Paket- und Distributionsaktivitäten des Konzerns gebündelt sind. Die akquirierten Unternehmen Danzas und Postbank bilden die Basis der neu gegründeten Unternehmensbereiche LOGISTICS und FINANCE.

Aufgrund der zu erwartenden Wachstumsimpulse im Paketbereich (Globalisierung, E-Commerce) und den expansiven Tätigkeiten der Konkurrenz (UPS, KPN) entschloss sich die Deutsche Post Mitte der 90er-Jahre zur Internationalisierung ihres Paket- und Distributionsbereichs. Der Prozess der diesbezüglichen Strategiefindung lässt sich anhand der Ansoff-Matrix veranschaulichen (vgl. Abbildung).

Abbildung: Alternative Stoßrichtungen zur Erschließung von Wachstumsquellen

Es war offensichtlich, dass die Strategie einer intensiveren Marktdurchdringung des nationalen Marktes weitgehend ausgereizt war, da die Deutsche Post zu jener Zeit bereits über einen relativ hohen Marktanteil in Deutschland verfügte. Auch die Produktentwicklungsstrategie stieß an ihre Grenzen, weil das Unternehmen Mitte der 90er-Jahre bereits eine sehr komplexe Produktpalette aufwies, sodass eine weitere Ausdehnung die Produkt- und Variantenvielfalt zusätzlich erhöht hätte.

Es blieben somit die Optionen der Marktentwicklung und der Diversifikation, hier insbesondere der vertikalen Diversifikation, das heißt der Besetzung vor- und nachgelagerter Wertschöpfungsstufen. Zeitgleich liefen interne Marktforschungsprojekte an, die die Chancen und Risiken beider Strategien untersuchen sollten. Die Entscheidung zur Erschließung neuer Auslandsmärkte fiel schließlich auf Grund der Erkenntnis der starken Zersplitterung des europäischen Paketmarktes im Vergleich zum US-Amerikanischen Markt. Hier erkannte die Deutsche Post die Chance, als Marktführer in Europa in dem bevorstehenden Konsolidierungsprozess eines führende Rolle zu spielen.

| INSERT 4-6 | Handelsblatt 13/14.10.2000, S. 17 |

Bonner Konzern schlüsselt Ergebnisse der Sparten auf

Briefe bleiben die Stütze der Post

Wer an die Börse will, muss seine Karten auf den Tisch legen. Das gilt auch für die Post. Den Analysten der Konsortialbanken hat Vorstandschef Klaus Zumwinkel jetzt erstmals einen Blick hinter die Kulissen gewährt und die Ergebnisse innerhalb der Geschäftsbereiche aufgeschlüsselt.

HANDELSBLATT, 13.10.2000 mm FRANKFURT/M. Kurz vor dem geplanten Börsengang am 20. November lüftet die **Deutsche Post** AG ihr Briefgeheimnis zumindest ein Stück weit. Den Analysten der an der Emission beteiligten Banken hat Vorstandschef Klaus Zumwinkel jetzt verraten, welchen Umsatz der Bonner Konzern mit seiner Geldmaschine, dem monopolgeschützten Briefverkehr, macht.

Bislang veröffentlichte die Post nur die Zahlen für den Briefsektor insgesamt, welcher Anteil von Umsatz und Ergebnis auf den Monopolbereich entfiel, blieb jedoch im Dunkeln. Mit den Briefen erwirtschaftete die Post im vergangenen Jahr zwar nur knapp die Hälfte ihres Umsatzes von rund 24 Mrd. €, aber mehr als 85 % des Betriebsergebnisses (EBITA), das sich auf 1 Mrd. € belief. Insgesamt kam der Briefbereich 1999 auf einen Umsatz von rund 10

Mrd. €, davon entfielen rund 7 Mrd. € auf die Einheit Brief-Kommunikation. Hier machte der bis Ende 2002 monopolgeschützte Sektor für Sendungen unter 200 g mit 6 Mrd. € den Löwenanteil aus. Wie hoch der Gewinn im Monopolbereich ausfiel, darüber schweigt sich die Post allerdings weiter aus. In der Brief-Kommunikation insgesamt erreichte der Konzern 1999 einen Gewinn vor Steuern (EBIT) von 830 Mill. €. Auf das Direktmarketing, den Pressevertrieb und andere Sektoren entfielen 175 Mill. €.

Durch geringere Zahlungen an die Pensionskasse erwarten die Analysten in diesem Jahr trotz nur leicht steigender Umsätze eine Verdoppelung des EBIT auf mehr als 2 Mrd. €. 2001 und 2002 rechnen sie dann mit einer Stagnation auf diesem Niveau. Glaubt man den Experten, wird der Briefbereich mit einer Umsatzrendite vor Steuern von jähr-

lich mehr als 17 % bis 2002 die Wachstumssäule der Post bleiben.

In den Geschäftsbereichen Express und Logistik, die den Briefverkehr langfristig als Wachstumsmotor ablösen sollen, erwarten die Analysten zwar deutlich steigende Renditen, absolut bleiben die Margen bis 2002 aber mager. Insgesamt erwirtschaftete die Sparte Express 1999 einen pro forma Umsatz von rund 5 Mrd. €. Der durch zahlreiche Zukäufe gestärkte Sektor Express Europe kam auf gut 1 Mrd. €, Express Germany auf 2,5 Mrd. € und Global Mail auf etwa 1 Mrd. €. Im vergangenen Jahr wies Express ein Ergebnis vor Steuern von rund 45 Mill. € aus, und kam damit auf eine Umsatzrendite von 0,8 %. Bis 2002 soll die Marge auf 2,6 % und das EBIT auf 60 Mill. € steigen. In diesen Zahlen ist der Expressdienst DHL, an dem die Post ab 2001 die Mehrheit halten wird, allerdings noch nicht enthalten.

Auch das Logistikgeschäft der Post ist durch große Übernahmen wie Danzas und AEI geprägt. 1999 wies die Post hier pro forma einen Umsatz von 7 Mrd. € aus. Dabei ent-

fielen auf den Sektor Intercontinental, das globale Luft- und Seefrachtgeschäft der Post, rund 3 Mrd. €. Eurocargo, nach den Übernahmen von Nedloyd und NSG die Nummer eins im europäischen Landtransport, kam ebenfalls auf rund 3 Mrd. €. Auf den dritten Bereich Solutions, maßgeschneiderte Logistikkonzepte für Großkunden, entfielen knapp 1 Mrd. €. Von der noch kleinen Solutionssparte erwarten sich die Analysten in den kommenden Jahren mit durchschnittlich rund 10 % das stärkste Wachstum. Insgesamt soll der Umsatz des Logistikbereichs bis 2002 auf gut 9 Mrd. € steigen. Nach einem Verlust von 15 Mill. € 1999 prognostizieren die Experten bis 2002 ein positives EBIT von knapp 180 Mill. €. Die Vorsteuerrendite soll dann bei rund 2 % nach 0,2 % in diesem Jahr liegen.

Im vierten Geschäftsbereich, Finanzdienstleistungen, sollen die Einnahmen der Postbank in den nächsten zwei Jahren von 2 Mrd € auf 2,2 Mrd. € zunehmen. Gleichzeitig sagen die Analysten einen Anstieg des Nettogewinns von gut 310 Mill. € auf rund 420 Mill. € voraus.

Deutsche Post nach Sparten

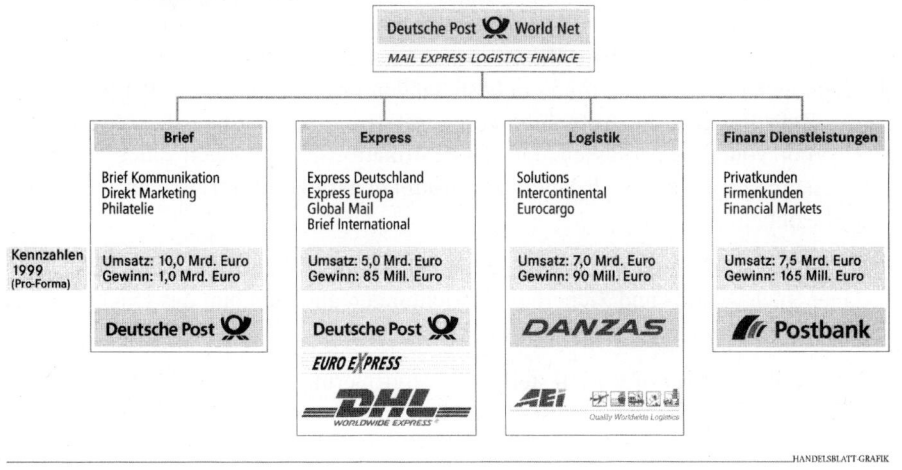

HANDELSBLATT-GRAFIK

> Die Strategie der **Dienstleistungsentwicklung** basiert auf der Überlegung, für die
> gegenwärtigen Kunden neue, innovative Dienstleistungen zu entwickeln.

Hier sind alternative Vorgehensweisen denkbar:

1. Schaffung von Dienstleistungen im Sinne von **echten Marktneuheiten:**
   Unternehmensberatungen beschränken ihr Serviceangebot heute nicht mehr auf die
   Unternehmensanalyse und -beratung, sondern übernehmen zunehmend auch die Implementierung von Unternehmenskonzeptionen. Dabei verläuft die Grenze zwischen
   reinen Value Added Services (zum Beispiel Kundenservice), die zusätzlich und aufbauend zur eigentlichen Leistung angeboten werden, und eigenständigen neuen Leistungen, wie sie im Rahmen der Diversifikationsstrategie angeboten werden, fließend.

2. Programmerweiterung durch Angebot **zusätzlicher Dienstleistungsvarianten:**
   Das Unternehmen American Express bietet seinen Kunden in Verbindung mit der
   Kreditkarte eine Reihe weiterer Dienstleistungen an, zum Beispiel einen Buchungs-
   service oder eine Lebens- beziehungsweise Reiseversicherung. Die Deutsche Post
   erweiterte ihr Dienstleistungsprogramm, aufbauend auf dem Kerngeschäft Brief,
   durch die Übernahme zahlreicher Unternehmen aus dem Paket- beziehungsweise
   Logistikbereich (vgl. Insert 4-6).

> Eine **Diversifikationsstrategie** ist durch die Ausrichtung der Unternehmensaktivitä-
> ten auf neue Dienstleistungen für neue Märkte charakterisiert.

Je nach Grad der mit dieser Strategie verfolgten Risikostreuung lassen sich drei **Diversi-
fikationsformen** unterscheiden (Yip 1982, S. 129ff.; Meffert/Burmann 2002):

1. Bei der **horizontalen Diversifikation** wird das neue Dienstleistungsprogramm um
   Leistungen erweitert, die mit dem bestehenden Programm noch in Verbindung stehen. Zum Beispiel die Aufnahme von zusätzlichen Finanzdienstleistungen in das
   Angebot von Bausparkassen. Die Diversifikationsbemühungen eines Dienstleistungsanbieters können sich dabei sowohl auf **Dienstleistungen** als auch auf **Sachgüter** beziehen.

   Beispielsweise könnte eine Versicherung neben dem Angebot von Versicherungsverträgen auch Alarm- und Sicherheitseinrichtungen anbieten, um das „Sicherheitsbe-
   dürfnis" des Kunden umfassend zu befriedigen.

2. Die **vertikale Diversifikation** stellt eine Vergrößerung der Wertschöpfungstiefe des
   Absatzprogramms eines Dienstleistungsunternehmens dar. Diese kann sowohl in
   Richtung Absatz der bisherigen Dienstleistungen als auch in Richtung Dienstleis-
   tungs-„Vorproduktion" vorgenommen werden.

   Eine vertikale Diversifikation würde zum Beispiel vorliegen, wenn ein Verlagshaus
   eine eigene Buchhandelskette aufbauen würde.

3. Bei der **lateralen Diversifikation** stößt das Unternehmen in völlig neue Dienstleistungsmärkte vor.

Ein Beispiel ist ein Handelsunternehmen, das sich als Reiseveranstalter betätigt.

Als wesentliches Entscheidungskriterium für die Auswahl einer oder mehrerer Basisstrategien der Ansoff'schen Matrix kann der **Grad der Synergienutzung** angesehen werden. Während die Marktdurchdringungsstrategie das höchste Synergiepotenzial aufweist, lassen sich im Falle der Diversifikation kaum noch Synergien zum bestehenden Geschäft und Kundenkreis nutzen.

In diesem Zusammenhang bietet sich als Entscheidungshilfe für Diversifikationsbestrebungen die Erstellung einer **Synergie-Affinitäts-Matrix** an (vgl. Abbildung 4-30). Sie wird von den beiden Dimensionen „Kundengruppensynergie" und „Bezug zur Unternehmenskompetenz" aufgespannt. Dabei wird vom Kerngeschäft ausgegangen, das den Ausgangspunkt für die Bemessung von Kundengruppensynergien und Unternehmenskompetenzbezug darstellt (oberer rechter Quadrant).

Abbildung 4-30   **Synergie-Affinitäts-Matrix**

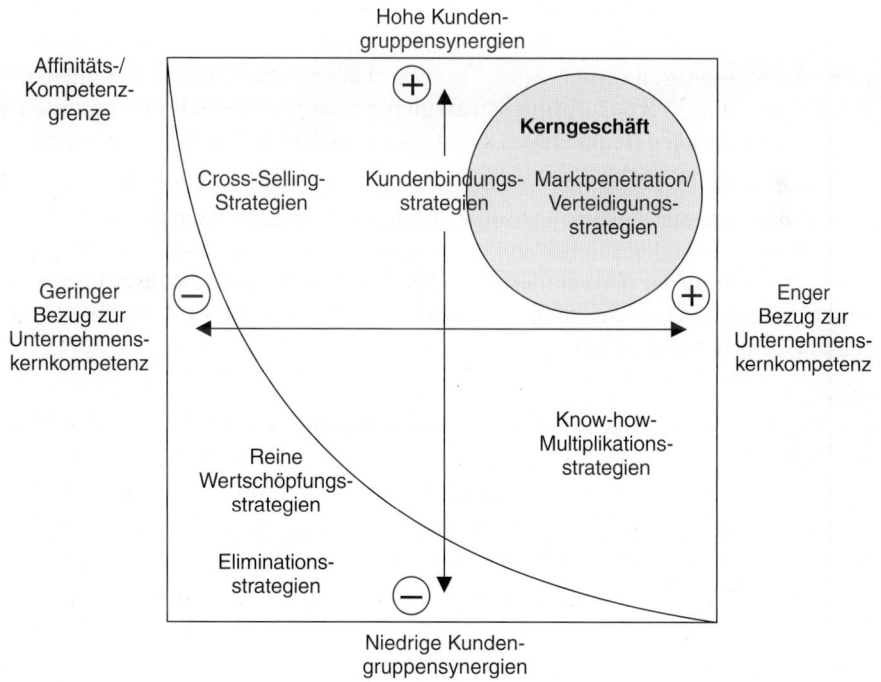

Die im Folgenden aufgezeigten strategischen Optionen sollen am **Beispiel** eines Pizza-Zustellservices verdeutlicht werden.

Eine **Marktpenetration/Verteidigungsstrategie** ist beispielsweise durch erhöhte Kommunikationsbemühungen des Pizza-Zustelldienstes (zum Beispiel Direct Mail) realisierbar. Unter Ausnutzung der Kundengruppensynergie ist darüber hinaus eine **Kundenbindungsstrategie** denkbar, die beispielsweise Preisermäßigungen für Stammkunden als Instrument beinhaltet.

Bei Aktivitäten, die sich durch hohe Kundengruppensynergien und einen geringen Bezug zur Unternehmenskompetenz auszeichnen, sind **Cross-Selling-Strategien** einsetzbar. Beispielsweise könnte gegenwärtigen Kunden ein hochwertiger Partyservice angeboten werden. Die Akzeptanz dieser zusätzlichen Leistungen hängt jedoch in entscheidendem Maße von der Kompetenzzuweisung seitens der Kunden ab.

Als weitere strategische Option bietet sich dem Pizza-Zustelldienst ein Vordringen in neue Kundenfelder unter Ausnutzung der Unternehmenskompetenz an. Hier bietet sich insbesondere die Möglichkeit der räumlichen Ausweitung des Angebotes beziehungsweise der Multiplikation von Geschäftsstellen (**Know-how-Multiplikationsstrategie**).

Im letzten Quadranten besteht ein geringer Bezug zur Unternehmenskompetenz sowie eine geringe Kundengruppensynergie. Diese strategische Option entspricht weitgehend der aus dem Ansoff-Schema ableitbaren Option der **lateralen Diversifikation**. Ein Vorstoßen in dieses Feld verringert zum einen das unternehmerische Risiko, zum anderen ist diese strategische Option auch selbst mit erheblichen Risiken verbunden. Diese sind in den konsumentenseitig zu vermutenden Akzeptanzbarrieren zu sehen. Insgesamt handelt es sich hier um reine **Wertschöpfungsstrategien**. Die aufgezeigten Probleme treten bei allen unternehmerischen Bemühungen auf, die jenseits der idealtypisch eingezeichneten Affinitäts-/Kompetenzgrenze liegen.

Die von Ansoff und der Synergie-Affinitäts-Matrix abgeleiteten strategischen Optionen lassen sich auch anhand des Lebenszyklusmodells verdeutlichen. Langeard stellt die alternativen Sequenzen der oben aufgeführten **Wachstumsstrategien** in einer Lebenszyklusbetrachtung eines Dienstleistungsunternehmens dar (Langeard 1981, S. 239). Er führt folgende Wachstumsstufen an:

■ **Stufe 1:**
   – Existenz eines einzigartigen Dienstleistungskonzeptes für ein einzelnes Marktsegment.

■ **Stufe 2:**
   – Eventuelle Korrekturen am Dienstleistungssystem, Auswahl von Nebendienstleistungen.

■ **Stufe 3:**
   – Expansion in neue regionale Märkte.
   – Gleiches Dienstleistungskonzept mit gleichen Einrichtungen für neue soziodemographische Segmente.
   – Umfangreiche, innovative Neugestaltung des bestehenden Dienstleistungssystems.

■ **Stufe 4:**
  – Einsatz eines neuen Dienstleistungssystems in dem bestehenden Marktsegment.
  – Mit neuen Konzepten in neuen Marktsegmenten.
  – Kombinierte Diversifikation mit neuen Konzepten in neuen Marktsegmenten.

Während in der ersten Phase des Lebenszyklus einer Dienstleistungsunternehmung häufig ein einzigartiges Dienstleistungskonzept (Innovation) für ein einzelnes Marktsegment besteht, wächst die Unternehmung in einer zweiten Phase durch standardisiertes Auftreten im Rahmen einer Multiplikation von Dienstleistungspotenzialen.

Diese von Langeard (1981) festgestellte Wachstumssequenz von Dienstleistungsunternehmen zeigt noch einmal deutlich, dass aufgrund der Nichttransportfähigkeit und Simultaneität von Produktion und Konsumtion einer Dienstleistung eine regionale Ausweitung des Dienstleistungsangebotes in der Regel nur durch **„Vervielfachung des Dienstleistungssystems"** möglich ist (begrenzte Mobilitätsbereitschaft des Nachfragers vorausgesetzt). Wenn die eigenen finanziellen und personellen Ressourcen einer Dienstleistungsunternehmung in dieser Phase der Expansion nicht ausreichen, so sind Franchisingkonzepte geeignet, die Markt- und Unternehmenswachstumsraten zu harmonisieren (Langeard 1981, S. 238).

Erst wenn ein Dienstleistungsunternehmen im Rahmen der regionalen Expansion mit einzelnen Niederlassungen ein zuverlässiges Imageprofil aufgebaut und Kompetenzen erworben hat, wird eine Ausweitung und Anpassung des Dienstleistungsangebotes für die Ansprache neuer soziodemographischer Segmente von Langeard empfohlen. Hierbei muss unter Umständen eine umfangreiche **Neugestaltung des Dienstleistungssystems** (Organisation, Personal, Ausbildung) in Erwägung gezogen werden. Als letzten Schritt der Wachstumssequenz führt Langeard die Produktentwicklungs- und Diversifikationsstrategie an, die als risikoreich bewertet wird.

4.13   Wettbewerbsvorteilsstrategie

Bei der Ableitung einer Geschäftsfeldstrategie kommt der Bestimmung des zu verfolgenden **Wettbewerbsvorteils** eine zentrale Rolle zu. In diesem Zusammenhang hat sich in Wissenschaft und Praxis die Ansicht durchgesetzt, dass die Eindimensionalität der von Porter geforderten Wettbewerbsvorteile, Kosten- versus Differenzierungsvorteil, heute nicht mehr ausreicht. Häufig ergeben sich Wettbewerbssituationen, in denen simultan mehrere Wettbewerbsvorteile verfolgt werden müssen, um die Position am Markt zu sichern (Bruhn 2001b). Der Zeitkomponente kommt dabei eine immer größere Bedeutung zu. In Abbildung 4-31 sind daher drei Dimensionen zur Umsetzung von Wettbewerbsvorteilsstrategien berücksichtigt.

| Abbildung 4-31 | Dimensionen zur Umsetzung von Wettbewerbsvorteilsstrategien |

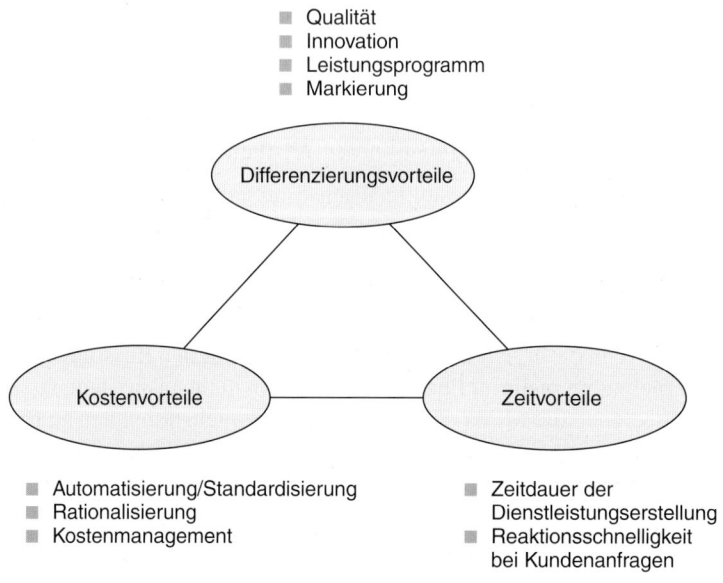

1. Differenzierungsvorteile

Die Differenzierungsstrategie verfolgt das Ziel, durch Schaffung von Leistungsvorteilen beziehungsweise durch Erhöhung des Serviceniveaus gegenüber der Konkurrenz die Marktstellung zu verbessern beziehungsweise sich von den Wettbewerbern abzuheben. Diese Differenzierungsvorteile können auf verschiedene Basisfaktoren zurückgeführt werden. Die Erlangung einer aus Kundensicht überlegenen **Qualitätsposition** erweist sich im Dienstleistungsmarketing als ein komplexes, mehrdimensionales Optimierungsproblem. Die Mehrdimensionalität resultiert aus der Existenz verschiedener Dimensionen der subjektiv wahrgenommenen Dienstleistungsqualität. So gelangen Parasuraman, Zeithaml und Berry (1985, S. 29ff.) zu faktoranalytisch verdichteten **Qualitätsdimensionen,** die im Rahmen des SERVQUAL-Ansatzes zur Messung von Dienstleistungsqualität herangezogen werden (vgl. hierzu ausführlich Kapitel 5).

Eine Analyse des Zusammenhanges zwischen den relevanten **Qualitätsdimensionen** und den zu ihrer Beeinflussung geeigneten **Wertaktivitäten** verdeutlicht, wie komplex die Realisierung von Qualitätsvorteilen im Dienstleistungsmarketing ist. Jede primäre und unterstützende Aktivität in der spezifischen Wertkette von Dienstleistern bietet Ansatzpunkte zur Einwirkung auf die Dienstleistungsqualität. So kann etwa durch die unterstützende Wertaktivität „Beschaffung sachlicher Ressourcen" auf die drei Qualitätsdimensionen „Tangibles", „Responsiveness" und „Assurance" eingewirkt werden. Demgegenüber ist die Primäraktivität „Interaktive Operationen" mit Ausnahme der Gestaltung des tangiblen Umfeldes zu einer Beeinflussung sämtlicher Qualitätsdimensionen geeignet. Da zwischen diesen Einwirkungsmöglichkeiten zum Teil komplementäre, zum Teil substitutionale Beziehungen bestehen, steigt die Komplexität zusätzlich. Abbildung 4-32 gibt einen Überblick über relevante Qualitätsdimensionen im Dienstleistungsbereich und Möglichkeiten ihrer Beeinflussung anhand des Wertkettenmodells.

Abbildung 4-32   **Qualitätsdimensionen und Möglichkeiten ihrer Beeinflussung**

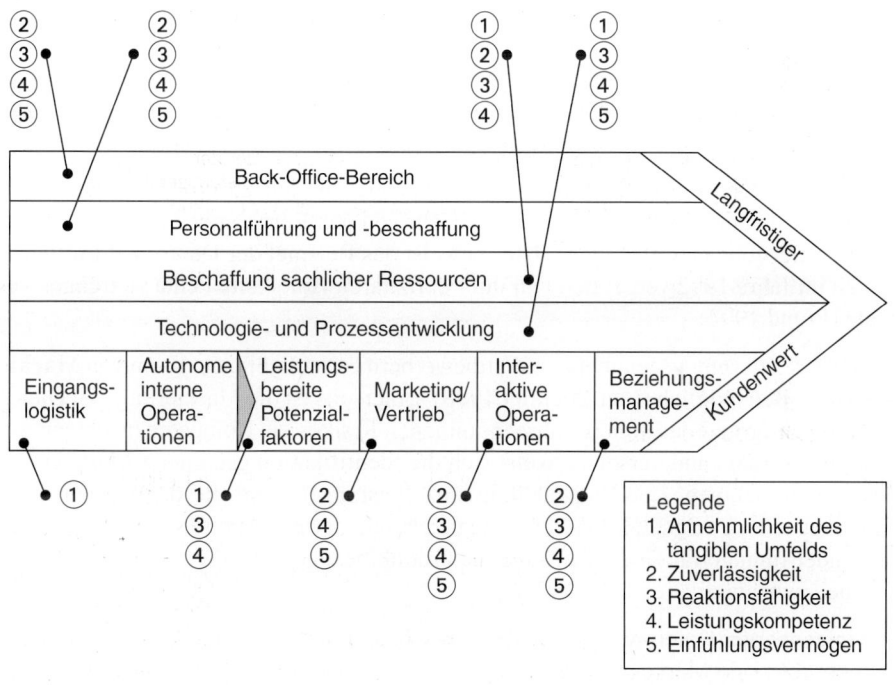

GABLER
GRAFIK

Ein Differenzierungsvorteil kann ferner durch ein systematisches **Innovationsmanagement** des Dienstleisters realisiert werden. Im Vergleich zum Sachgüterbereich bestehen bei Dienstleistungsunternehmen zumeist größere Innovationspotenziale, da potenziell in sämtlichen Phasen des Dienstleistungserstellungsprozesses Neuheiten entstehen können.

Neben der Entwicklung und Einführung echter Marktinnovationen können Innovationsvorteile durch spezielle Leistungsverbunde verwirklicht werden. Bei derartigen **Bundling-Innovationen** werden bereits bestehende Dienstleistungen in neuartiger Weise miteinander kombiniert. Dabei kommt der subjektiven Affinitätswahrnehmung des Kunden in Bezug auf die kombinierten Teilleistungen wesentliche Bedeutung für den Markterfolg neuer Leistungsbündel zu. Die Erosion von Branchengrenzen, wie sie vor allem im Finanzdienstleistungsbereich festzustellen ist, kann im Wesentlichen auf diese Art des Innovationswettbewerbs zurückgeführt werden.

Eine in engem Zusammenhang mit den Verbundvorteilen stehende Differenzierungsmöglichkeit basiert auf der Erlangung von **Leistungsprogrammvorteilen,** die sowohl an der Breite als auch der Tiefe des angebotenen Leistungsprogramms anknüpfen. **Programmbreitenvorteile** äußern sich beispielsweise in dem Angebot so genannter „Lösungen aus einer Hand". Ziel dabei ist es, ein möglichst hohes Cross-Selling-Potenzial auszuschöpfen. Die **Tiefe des Leistungsangebotes** kann ebenfalls zu Differenzierungsvorteilen führen.

Viele Telefongesellschaften haben in den letzten Jahren ihr Leistungsprogramm derart vertieft, dass neben der klassischen Telefonauskunft zusätzliche Informationen, wie zum Beispiel Adressen und Berufsbezeichnungen, abgefragt werden können.

Das zentrale **Risiko** einer Differenzierungsstrategie, die auf zu großen Leistungsprogrammvorteilen basiert, besteht in einer Abkehr von den Kernkompetenzen des jeweiligen Dienstleistungsunternehmens. Dies beweist das Beispiel der Deutschen Lufthansa, die sich im Jahre 1992 vergeblich von ihrer defizitären Hotelkette Penta zu trennen versuchte (Pfund 1992).

Eine Differenzierung gegenüber den Wettbewerbern ist schließlich in Form von **Markierungsvorteilen** möglich (Mei-Pochtler 1998). Einerseits ist die Markierung von Dienstleistungen aufgrund des hohen wahrgenommenen Risikos als Kompetenznachweis von großer Bedeutung, andererseits erweist sich die Identifikation geeigneter Markenträger (Gesamtunternehmen, Leistungsbündel, Einzelleistungen) und die damit verbundene Festlegung einer geeigneten Markenstrategie als schwierig. Grundsätzlich muss mit zunehmender Immaterialität der Leistung die produktbezogene Markenidentität durch die Unternehmensidentität ersetzt werden.

Die Steigenberger Hotels & Resorts AG unterscheidet für ihre verschiedenen Leistungsangebote folgende Marken: Steigenberger, Avance, Maxx, Esprix und InterCity (Homburg/Faßnacht 1998, S. 532).

Aus der Entscheidung für eine konsequente Realisierung von Markierungsvorteilen ergeben sich besondere Anforderungen an die **Kommunikationspolitik** des Dienstleistungsunternehmens. Deren Aufgabe ist es, die Vorteile der jeweiligen Marke gegenüber den Zielgruppen zu verdeutlichen. Unternehmen, wie zum Beispiel McDonald's, Sixt, Lufthansa, haben in der Vergangenheit starke Dienstleistungsmarken aufgebaut, die einen emotionalen Mehrwert für den Kunden darstellen.

2. Kostenvorteile

Neben den genannten Differenzierungsvorteilen können ferner die Kosten Ansatzpunkt einer Wettbewerbsvorteilsstrategie sein. Die Kostenführerschaft kann dabei auf folgenden Grundsätzen beziehungsweise Voraussetzungen beruhen:

■ Automatisierung/Standardisierung des Dienstleistungsprozesses,

■ Rationalisierungen,

■ Kostenmanagement.

Die eigenständige Bedeutung und vor allem Durchsetzbarkeit von Strategien der Kostenführerschaft im Dienstleistungsmarketing wird in der Wissenschaft kontrovers diskutiert (Reichheld/Sasser 1991, S. 111; Reiss 1992, S. 62). Die Autoren stellen isolierte Kostensenkungsstrategien insbesondere vor dem Hintergrund der Vorteile von Kundenbindungsstrategien in Frage, da letztere sowohl Kosten- als auch Erlösbestandteile positiv beeinflussen. Populäre Beispiele, wie zum Beispiel der Handelskonzern Aldi, relativieren jedoch diese Aussagen. Vielmehr ist branchen- und unternehmensspezifisch zu entscheiden, ob eine Kostenführerschaftsstrategie sinnvoll eingesetzt werden kann.

In der Praxis des Dienstleistungsmarketing sind die kostensenkenden und produktivitätsfördernden Effekte einer **Automation und Standardisierung** vor allem bei objektbezogenen Dienstleistungen unbestritten (Meyer 1987, S. 30ff.). Levitt sieht in diesem Zusammenhang drei grundsätzliche Ansatzpunkte der Automation (Levitt 1972, S. 47ff.):

■ Soft Technologies,

■ Hard Technologies,

■ Hybrid Technologies.

Im Bereich der „**Soft Technologies**" sind die individuellen Tätigkeiten in der Dienstleistungsproduktion durch systematisch geplante Leistungssysteme zu substituieren (zum Beispiel Tätigkeit des Bedienungspersonals in Fast-Food-Restaurants; Vorgaben, Checklisten für einen Kundendienstmitarbeiter bei Wartungsarbeiten). Durch „**Hard Technologies**" (Automaten) sind individuelle Leistungen – sofern es möglich ist – zu substituieren. Derartige Maßnahmen lassen geringere Qualitätsschwankungen erwarten. Die dabei anfänglich im Rahmen der notwendigen Investitionen anfallenden Kosten können langfristig durch eine höhere Produktivität und/oder durch Einsparung von Personalkosten zumindest ausgeglichen werden (zum Beispiel bei Autowaschanlagen, Geldautomaten, Münzwechslern). Als dritte Möglichkeit sind „**Hybrid Technologies**" zu erwähnen, die durch Kombination von Hard und Soft Technologies entstehen. Als Beispiele nennt Levitt computergestützte Straßentransportsysteme und Vorordersysteme für den Fruchttransport. Ein weiteres Beispiel für den Einsatz von Hybrid Technologies ist der Kundendienstbereich für Computeranlagen, bei dem ein vom Kundendienstmitarbeiter unterstützter Online-Wartungsservice durchgeführt werden kann.

| Abbildung 4-33 | Beispiel für eine Standardisierung von Dienstleistungen der Southwest Airlines |

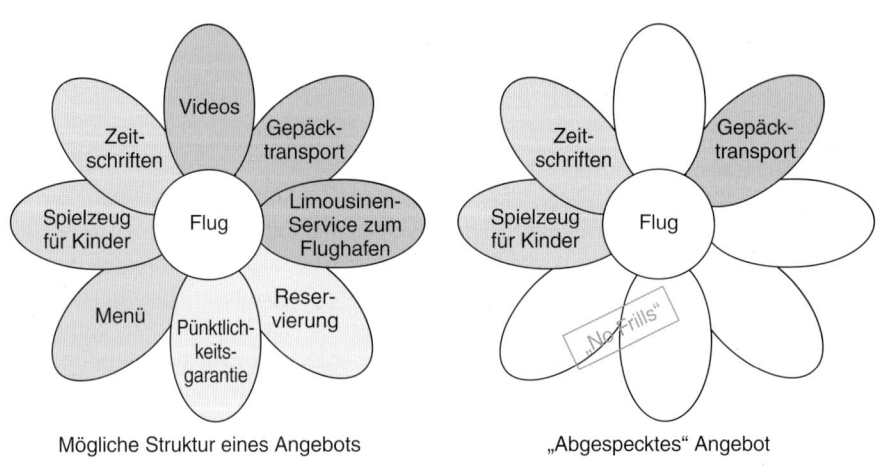

Mögliche Struktur eines Angebots   „Abgespecktes" Angebot

GABLER ___
GRAFIK

Quelle: Meyer/Blümelhuber 1999, S. 741

Als **Beispiel** für eine Standardisierung von Dienstleistungen kann die amerikanische Fluglinie Southwest Airlines genannt werden, die lediglich einen Mindestanteil an Services an Bord anbietet und damit einen Großteil der Kosten einspart, das heißt, es findet eine Beschränkung auf die absolut zentralen Dienstleistungen statt. In diesem Zusammenhang wird auch von dem „No-Frill"-Konzept gesprochen. Southwest Airlines bietet zum Beispiel seinen Kunden neben einem sehr günstigen Transport zwischen nahegelegenen Zielen als Serviceleistungen ein Getränk, eine kleine Auswahl an Zeitschriften sowie das Bord-Magazin „Spirit" (vgl. Abbildung 4-33). In jüngster Zeit haben Fluggesellschaften wie Ryanair, EasyJet, Go, German Wings und Buzz dieses Konzept auch in den europäischen Flugmarkt eingeführt.

Corsten unterscheidet ebenfalls drei **Ansatzpunkte für die Standardisierung von Dienstleistungen** (Corsten 1998). Es wird differenziert zwischen:

▮ Potenzialstandardisierung,

▮ Prozessstandardisierung,

▮ Ergebnisstandardisierung.

Allerdings ist bei dieser Unterscheidung eine klare Trennung der Dimensionen nicht immer möglich. So ist es zum Beispiel vergleichsweise schwer, eine Ergebnisstandardisierung ohne eine vorherige Prozess- und Potenzialstandardisierung zu erreichen (vgl. zu Arten der Standardisierung auch Abschnitt 4.21).

Beispiel für eine reine Potenzialstandardisierung ist die Dienstleistung eines Friseurs, dessen Potenzial im Zeitablauf konstant ist. Die Prozesse sind dagegen aufgrund der Heterogenität des externen Faktors und der gewünschten Individualität des Ergebnisses sehr konsumentenspezifisch. Bei der Leistung eines Wirtschaftsprüfers sind die Potenziale und Prozesse weitgehend standardisiert, während das Ergebnis individuell ausfallen muss. Als Beispiel für eine Standardisierung von Potenzialen, Prozessen und Ergebnissen können Fast-Food-Restaurants (zum Beispiel McDonald's) herangezogen werden.

Des Weiteren können auch **Rationalisierungen** (Corsten 1998, S. 607ff.) eines Dienstleistungsunternehmens zu Kostenvorteilen führen, die sowohl an den Prozessen, dem Potenzial als auch an dem Dienstleistungsergebnis ansetzen können. Grundsätzlich ist dabei zwischen denjenigen Rationalisierungen zu unterscheiden, die für den Kunden sichtbar sind und anderen, die der Kunde nicht wahrnehmen kann. Sichtbare Rationalisierungsbestrebungen eines Dienstleisters sind zum Beispiel:

- Leistungsreduzierung,

- Zeitliche Beschränkung des Leistungsangebotes,

- Vollständiger Verzicht auf ausgewählte Dienstleistungsprozesse.

Als Beispiel für nicht sichtbare Rationalisierungen können angeführt werden (vgl. ausführlich Corsten 1998, S. 613):

- Arbeitsbündelung im Back-Office-Bereich,

- Strukturierung der Leistungsbereiche,

- Reihenfolgeplanung.

Allerdings darf nicht davon ausgegangen werden, dass Rationalisierungen in jedem Fall zu Kostenvorteilen führen. Empirische Untersuchungen in den USA belegen, dass zum Beispiel Investitionen in neue Technologien nicht die beabsichtigten Personaleinsparungen im Verwaltungsbereich erbrachten (Roach 1991, S. 85f.). In der Folge verschlechterten sich die Kostenstrukturen in Richtung einer Fixkostendominanz. Zusätzlich sank die Flexibilität aufgrund der hohen Anlagenintensität.

Um das Ziel der Kostenführerschaft umsetzen zu können, weisen Homburg/Faßnacht (1998) ferner auf ein verstärktes **Kostenmanagement** im Dienstleistungssektor hin. Anzustreben ist hierbei ein optimales Verhältnis von Fixkosten zu variablen Kosten, das beispielsweise durch ein Outsourcing bestimmter Teildienstleistungen gesteuert werden kann. Weitere Ansatzpunkte eines verbesserten Kostenmanagements sind in dem Einsatz von modernen Kostenrechnungsverfahren zu sehen, die dem Charakter des Dienstleistungserstellungsprozesses Rechnung tragen. Hier ist insbesondere die Prozesskostenrechnung relevant (Männel 1992). Aber auch statische Kennzahlensysteme können zu einem verbesserten Kostenmanagement beitragen.

Nachdem die Differenzierungs- sowie Kostenvorteile näher betrachtet wurden, gilt es in einem weiteren Schritt zu klären, inwieweit **Interdependenzen zwischen Kosten- und Leistungsvorteilen** bestehen. Hierzu können die Leistungsvorteile hinsichtlich ihrer

Kostenwirksamkeit differenziert werden. Abbildung 4-34 zeigt, dass die Erhöhung des Serviceniveaus durch kostenerhöhende Maßnahmen, aber auch durch eine Reihe kostenreduzierender Maßnahmen erreicht werden kann (Heskett 1986, S. 45ff.).

Abbildung 4-34   **Wirkung alternativer Dienstleistungsstrategien auf Kosten-
und Dienstleistungsniveau**

Quelle: in Anlehnung an Heskett 1986

Bei hohen Dienstleistungskosten und hohen Leistungsvorteilen liegt die Situation einer **Leistungsvorteilsstrategie mit Kostennachteilen** vor (Feld 1 in Abbildung 4-34).

Zahlreiche Ansatzpunkte sind denkbar, um eine Leistungsführerschaft zu erreichen, die aber mit erhöhten Kosten verbunden ist:

▮   Individualisierung (Customization) von Dienstleistungen (zum Beispiel Sprachkurse, die individuelle Leistungsunterschiede der Teilnehmer berücksichtigen),

▮   Angebot von Zusatzleistungen (zum Beispiel Abholservice einer Reparaturwerkstatt),

▮   Verbesserung der Qualifikation des Dienstleistungspersonals (zum Beispiel Unternehmensberatung, Anlageberatung einer Bank),

▮   Ausbau eines dichten Servicenetzes (zum Beispiel bei Kunden-, Notfalldiensten).

Die **Kostenvorteilsstrategie mit Leistungsnachteilen** (Feld 2 in Abbildung 4-34) verfolgt das Ziel, durch Senkung der Stückkosten unter das Niveau der wichtigsten Wettbewerber eine Kostenführerschaft im Markt zu erreichen. Die Verfolgung dieser Strategie kann folgende Maßnahmen umfassen:

■ Angebotsbeschränkung beziehungsweise -standardisierung (zum Beispiel beschränktes Standardsortiment der 1-2-3 Auspuffservice-Werkstätten),

■ Kostenreduzierung durch Betriebsgrößenausweitung (zum Beispiel der Einsatz von Großraumflugzeugen, -kinos, -bussen),

■ Substitution von Servicepersonal durch Automaten,

■ Übertragung von Dienstleistungsfunktionen auf den Nachfrager. In der Praxis lässt sich eine Vielzahl von Beispielen finden, die diese Strategiealternative verfolgen:
   – Selbstbedienungsgeschäfte (Kaufhäuser, Tankstellen),
   – Frühstücksbuffet im Hotel,
   – Do-it-Yourself-Werkstätten.

Wünschenswert ist ferner eine Strategie, mittels derer gleichzeitig die Kostensituation verbessert wird sowie Leistungsvorteile erzielt werden, also eine **Leistungsvorteilsstrategie unter Ausnutzung von Kostenvorteilen** (Feld 3 in Abbildung 4-34). Hier bietet sich folgender Ansatzpunkt (Heskett 1986, S. 45ff.):

■ Realisation von Kostenvorteilen durch Standardisierung des Dienstleistungsprozesses bei gleichzeitiger Sicherstellung einer höheren Qualität der Dienstleistung.

Die Strategie der Leistungsbeteiligung findet allerdings dort ihre **Grenzen,** wo der Dienstleistungserstellungsprozess den Einsatz komplizierter Technologien erfordert und/oder spezifisches Wissen voraussetzt. Weitere Nachteile dieser Strategie sind darin zu sehen, dass durch die aktive Einbeziehung des Konsumenten in den Erstellungsprozess einer Dienstleistung die Qualität nicht mehr in vollem Umfang vom Dienstleistungsanbieter kontrolliert werden kann.

3. Zeitvorteile

Neben den Differenzierungs- und Kostenvorteilen kommt der Zeit als strategischem Wettbewerbsvorteil eine steigende Bedeutung zu. Die Zeit als strategischer Wettbewerbsvorteil kann dabei grundsätzlich hinsichtlich folgender Einzelaspekte Relevanz erhalten:

■ Zeitdauer der Dienstleistungserstellung allgemein,

■ Reaktionsschnelligkeit bei Kundenanfragen.

Bei der Inanspruchnahme von Dienstleistungen existieren in der Regel nicht kommunizierte Zeiterwartungen des Kunden an die **Dauer der Dienstleistungserstellung**.

Für die Durchführung eines Herrenhaarschnittes wird zum Beispiel nicht länger als eine Stunde inklusive Wartezeit angesetzt. Würde diese Dienstleistung erheblich länger dauern – zum Beispiel drei Stunden, ist die Gefahr einer Kundenabwanderung vergleichsweise hoch.

Durch die Optimierung des Erstellungsprozesses im Hinblick auf die jeweilige **Zeiterwartung der Kunden** lässt sich eine nachhaltige Verbesserung der relativen Wettbewerbsposition erreichen (Stauss 1991, S. 81ff.). Allerdings ist auch hier die branchenspezifische Situation zu beachten. Wirkt zum Beispiel bei einem Tankstellenbesuch eine kurze Prozessdauer zufriedenheitssteigernd, so verhält es sich bei Pflege- oder Beratungsleistungen tendenziell umgekehrt. Die speziellen Zeiterwartungen der Kunden an bestimmte Dienstleistungsprozesse sowie deren Toleranzzonen müssen folglich individuell eruiert werden.

Als besonders bedeutsam für den Aufbau eines Wettbewerbsvorteils ist ferner die **Reaktionsschnelligkeit** eines Anbieters auf Kundenanfragen zu werten. Bei der Ausführung von Reparaturanfragen ist beispielsweise nicht allein die Behebung des Schadens, sondern auch die Schnelligkeit für die Zufriedenheit des Kunden ausschlaggebend. Gleiches gilt für die Beschwerdereaktion eines Dienstleistungsunternehmens. Wird auf eine Beschwerde in kürzester Zeit reagiert, so kann in den meisten Fällen eine hohe Beschwerdezufriedenheit erreicht werden, die wiederum zu einer Bindung der Kunden führt.

Es wird deutlich, dass im Sach- sowie im Dienstleistungsbereich ähnliche Wettbewerbsvorteile verfolgt werden können. Unterschiede existieren insbesondere bei den Qualitätsdimensionen. Die übrigen Ansätze zur Umsetzung von Wettbewerbsvorteilen gelten mehr oder weniger für sämtliche Branchen.

4.14   Marktabdeckungsstrategie

Im Rahmen der **Marktabdeckungsstrategie** geht es um die Frage, welchen Grad der Abdeckung und Bearbeitung des relevanten Marktes ein Dienstleistungsunternehmen sinnvollerweise anstreben sollte.

Als Entscheidungshilfe kann hier das Strategieschema von Porter herangezogen werden. Obwohl sich Porters Untersuchung ausschließlich auf gesättigte Märkte beschränkte und somit die von ihm abgeleiteten Strategien nicht für alle Dienstleistungsunternehmen allgemein gültig sind, kann hinsichtlich der Marktabdeckung generell zwischen zwei **Optionen** unterschieden werden:

■   Gesamtmarktstrategie,

■   Teilmarktstrategie.

Die beiden Strategien der Marktabdeckung werden im Konzept von Porter mit denen der Festlegung von Differenzierungs- oder Kostenvorteilen kombiniert. Diese Systematisierung wird in Abbildung 4-35 am Beispiel von Reiseveranstaltern verdeutlicht.

Abbildung 4-35	**Systematisierung von Wettbewerbsvorteils-Marktabdeckungs-Strategien am Beispiel von Reiseveranstaltern**

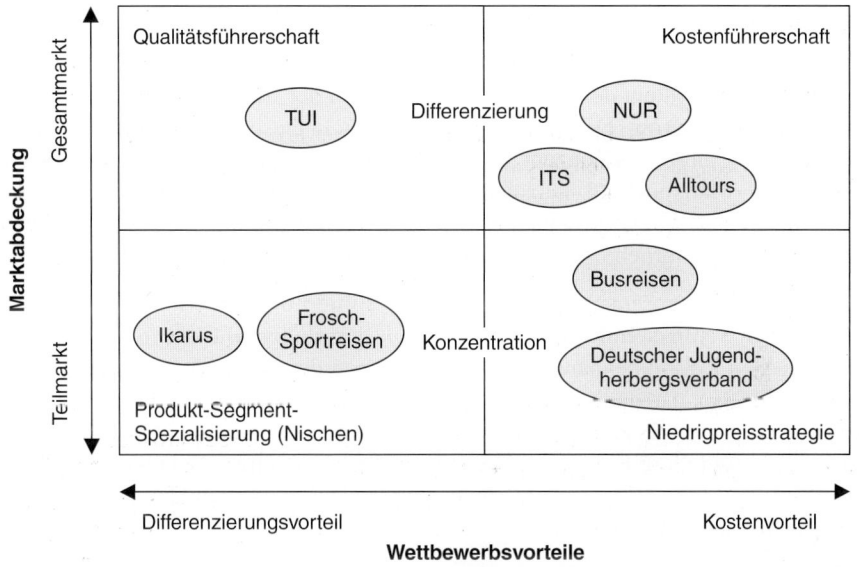

GABLER
GRAFIK

Etablierte, finanzstarke Dienstleistungsunternehmen, wie zum Beispiel McDonald's, American Express, Deutsche Bank, versuchen, eine vollständige Marktabdeckung zu erreichen. Charakteristische Merkmale dieser **Gesamtmarktstrategie** sind ein eher breites Dienstleistungsangebot, die Nutzung von Know-how-Synergien sowie Größeneffekten, um Wettbewerbsvorteile und Eintrittsbarrieren gegenüber den Wettbewerbern aufzubauen.

Neben der Strategie der Gesamtmarktabdeckung scheint hier für Dienstleistungsunternehmen insbesondere die **Nischenstrategie** von Interesse. Im Rahmen dieser Strategie versucht ein Dienstleistungsunternehmen, durch Spezialisierung auf spezifische Zielgruppen Wettbewerbsvorteile gegenüber jenen Konkurrenten zu erlangen, die eine breitere Marktabdeckung anstreben. Im Dienstleistungsbereich findet sich eine Vielzahl von Unternehmen, die diese Strategie verfolgen, wie zum Beispiel Spezialitätenrestaurants oder Spezialwerkstätten.

$4._{15}$ Timingstrategie

> Eine **Timingstrategie** kennzeichnet die Planung und Realisation des Markteintrittszeitpunktes eines Unternehmens.

Die Timingstrategie dient der Koordination zwischen der Unternehmens- und Marktdimension einer Innovation (Dalrymple/Parsons 1994). In diesem Sinne wird in der Literatur in Anlehnung an Abells Konzept des strategischen Fensters von einem **„Strategic Entry Window"** (Mattson 1985) beziehungsweise **„Window of Opportunity"** (Sommerlatte/Layng/Oene 1986) gesprochen. Es soll damit die Bedeutung des Timing als „strategische Klammer" unternehmerischer Verhaltensweisen zum Ausdruck gebracht werden.

Neben dieser eher theoretischen Interpretation resultiert die Bewertung des **Timing als strategischem Schlüsselfaktor** aus der Struktur der jungen Märkte, in die eingetreten wird. In diesem Zusammenhang wird das Phänomen der **„Zeitfalle"** diskutiert (Backhaus 1999, S. 246), das dadurch gekennzeichnet ist, dass die Entwicklungskosten einer Innovation aufgrund des zu kurzen Lebenszyklus der Innovation nicht mehr amortisiert werden. Zwar sind diese Effekte im Dienstleistungsbereich insgesamt weniger stark als im Konsum- und Industriegüterbereich ausgeprägt, doch gänzlich lassen sich diese Effekte auch hier nicht ausschließen.

In der Literatur sind verschiedene Systematisierungen von Timingstrategien zu finden (Remmerbach 1988). Im Folgenden werden als **Grundtypen von Timingstrategien** unterschieden (Schnaars 1986; Remmerbach 1988; Crawford 1999):

- Pionierstrategie (derjenige Anbieter, der eine Dienstleistungsinnovation als erster vermarktet),

- Frühe Folgerstrategie (Anbieter, der kurze Zeit nach dem Pionier in den Markt eintritt),

- Späte Folgerstrategie (Anbieter, der vergleichsweise spät in den Markt eintritt).

Eine Abgrenzung der Grundtypen kann unter Bezugnahme auf die Lebenszyklusphase des Eintrittsmarktes und den Strategieschwerpunkt zum Zeitpunkt des Markteintritts vorgenommen werden, wie in Abbildung 4-36 beispielhaft für den Telekommunikationsmarkt in der Schweiz dargestellt wird.

In der Schweiz trat nach der Liberalisierung des Telekommunikationsmarktes das Unternehmen Sunrise neu in den Markt der Privatkunden ein. Der bisherige Monopolist Swisscom wurde somit erstmalig einer Wettbewerbssituation ausgesetzt. Einige Zeit später folgte das Unternehmen diAx (früher Folger) sowie als später Folger der Anbieter Tele 2. Im Jahre 1999 trat Orange als weiteres Unternehmen in den Markt ein. Unter dem zunehmenden Wettbewerbsdruck schlossen sich im Jahre 2000 diAx und Sunrise zu einem Unternehmen zusammen, das heute unter Sunrise firmiert.

Abbildung 4-36   **Abgrenzung von Timingstrategien am Beispiel des Schweizer Telekommunikationsmarktes**

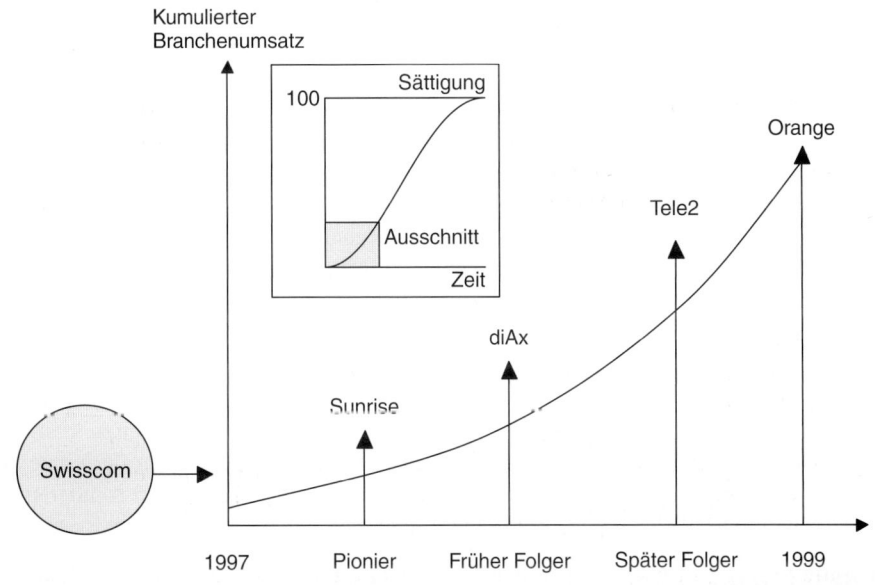

Der **Pionier** tritt als erstes Unternehmen in einen entstehenden Markt ein. Hier gilt es, aufbauend auf den Besonderheiten des Käuferverhaltens bei Dienstleistungen, Möglichkeiten zur Risikoreduktion für Erstkäufer der Dienstleistung zu schaffen (zum Beispiel durch Probeangebote, verbilligte Einführungspreise). Zudem wird in dieser Phase des Markteintrittes versucht, möglichst viele positive Mund-zu-Mund-Kommunikationskontakte zu initiieren und damit den Diffusionsverlauf zu beschleunigen.

Der Dienstleistungspionier hat nach seinem Markteintritt das Bestreben, den Eintritt neuer Wettbewerber durch den Aufbau von **Markteintrittsbarrieren** zu verhindern. Dieser Gesichtspunkt erlangt für Dienstleistungen besondere Bedeutung, da sie als immaterielle Produkte nur in eingeschränktem Umfang durch rechtliche Maßnahmen vor Imitationen geschützt werden können. Einen Ansatzpunkt kann die Entwicklung und Patentierung der vom Dienstleistungsunternehmen im Erstellungsprozess eingesetzten Technologien bilden (zum Beispiel Diagnosesysteme für Reparaturdienste), um Leistungsvorteile langfristig zu sichern. Als weitere Markteintrittsbarrieren werden im Dienstleistungsbereich das spezifische Dienstleistungs-Know-how, Economies of Scale, die Verfügbarkeit eines dichten Dienstleistungsnetzes (Filial-, Kundendienstsystem), Einsatz von Kommunikationstechnologien sowie der Aufbau und die Auswertung einer Kundendatenbank genannt (Heskett 1986, S. 107ff.). Darüber hinaus können bei einer vergleichsweise geringen Wechselbereitschaft der Konsumenten im Rahmen einer frühzeitigen Marktdurchdringung Markteintrittsbarrieren durch den Pionier geschaffen werden. Das zentrale Problem der Pionierstrategie besteht somit in einer hohen **Imitationsgeschwindigkeit,** die aus den eingeschränkten Möglichkeiten zur Absicherung von Innovationsvorsprüngen resultiert.

Der **frühe Folger** tritt nach dem Pionier in den Markt ein. Die Take-off-Phase des Marktes bestimmt die Grenze des theoretisch möglichen Eintrittskontinuums. Damit stehen frühen Folgern alternative Eintrittsschwerpunkte in einem begrenzten Zeitraum zur Verfügung. Der Strategieschwerpunkt des frühen Folgers bestimmt zugleich den **Neustrukturierungs(Shake out)-Zeitpunkt** auf der Anbieterseite. Dabei ist es unerheblich, ob sich die Neustrukturierung der Konkurrenzsituation in einem Tolerieren, Kooperieren oder im Extremfall in einem Verdrängungswettbewerb vollzieht. In jedem Fall tritt eine Veränderung der Konkurrenzsituation ein, zumal die Marktpositionen der einzelnen Wettbewerber in der Regel noch nicht endgültig verteilt sind. Als Besonderheit des Dienstleistungsmarktes ist hervorzuheben, dass durch die Heterogenität des externen Faktors eine **beschränkte Standardisierbarkeit** von Potenzialen, Prozessen und Dienstleistungsergebnissen besteht. Deshalb lassen sich die Leistungen der einzelnen Wettbewerber nicht immer miteinander vergleichen und stellen sich dem Kunden unter Umständen gleichfalls als unterschiedliche Leistungen dar.

Der **späte Folger** tritt nach dem frühen Folger frühestens nach Erreichen der Take-off-Phase in den Markt ein. In Analogie zu den obigen Ausführungen bestimmt sich der Eintrittszeitpunkt beziehungsweise die Abgrenzung zum frühen Folger aus der Neustrukturierung des Wettbewerbs (Meffert/Burmann 2002). Der späte Folger kann auf bereits etablierte Standards zurückgreifen und hat keine Markterschließungskosten mehr zu tragen. Gerade im Dienstleistungsbereich sind jedoch beträchtliche Anstrengungen erforderlich, um bestehende Präferenzstrukturen aufzubrechen.

Insgesamt lassen sich deutliche **Unterschiede beim Einsatz von Timingstrategien** im Dienstleistungs- gegenüber dem Konsumgütermarketing feststellen. Während im Konsumgütermarketing das Bestehen von technischen oder produktbezogenen Standards eine besonders zentrale Rolle spielt und sich damit in vielen Fällen eine Folgerstrategie anbietet, sind im Dienstleistungsmarketing die Konsumentenpräferenzen von entscheidender Bedeutung. Damit empfiehlt sich in vielen Fällen ein früher Markteintritt, um die entstehenden Kaufpräferenzen als entscheidende Markteintrittsbarrieren gegenüber den Folgern nutzen zu können. Allerdings darf nicht vergessen werden, dass eine große Zahl echter Dienstleistungsinnovationen zunächst von eher kleinen Unternehmen angeboten wird, die vielfach nicht über die Finanzkraft für eine Multiplikation ihres Konzeptes verfügen. In diesen Fällen bietet sich eine Folgerstrategie mit dem Ziel der Standardisierung und Multiplikation der neuen Konzepte an (zum Beispiel Büroraumvermietung, Gebäudeoptimierung).

4.2 Marktteilnehmerstrategien

> Im Rahmen der **Marktteilnehmerstrategien** ist zu klären, welche marktteilnehmer-
> übergreifende Marktbearbeitung vorgenommen werden soll und wie sich der Dienst-
> leistungsanbieter innerhalb dieser Marktbearbeitungsstrategie gegenüber den übri-
> gen Akteuren verhalten will.

Als relevante Marktteilnehmer sind in diesem Zusammenhang die Kunden sowie Wettbewerber, teilweise auch die Absatzmittler eines Dienstleistungsunternehmens, zu unterscheiden.

4.21 Marktbearbeitungsstrategie

Abbildung 4-37   Marktbearbeitungsstrategien von Dienstleistungsunternehmen

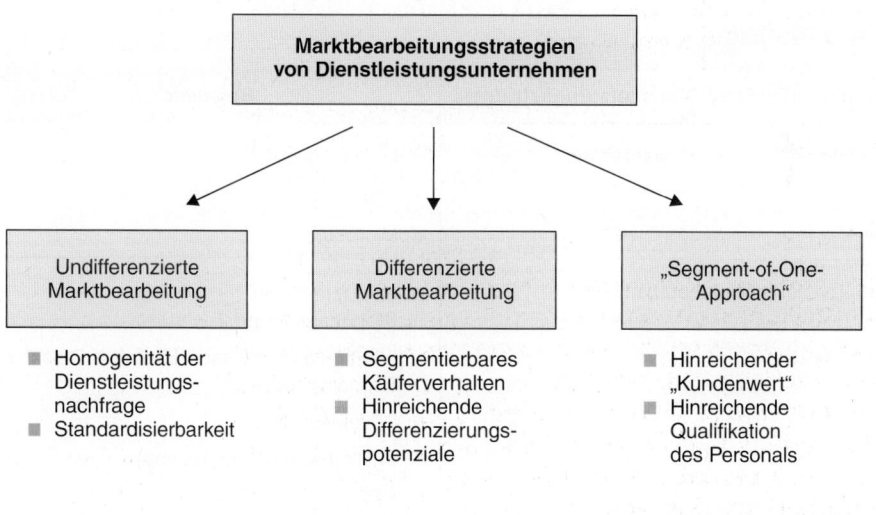

GABLER
GRAFIK

Im Rahmen der **Marktbearbeitungsstrategie** kann ein Dienstleistungsunternehmen
zwischen verschiedenen Strategiealternativen wählen, die in Abbildung 4-37 überblicksartig dargestellt sind:

■ Undifferenzierte Marktbearbeitung,

■ Differenzierte Marktbearbeitung,

■ „Segment-of-One-Approach".

> Im Rahmen einer **undifferenzierten Marktbearbeitung** werden sämtliche Markt-
> segmente beziehungsweise Kundengruppen mit einem einheitlichen Marketingin-
> strumenteeinsatz bearbeitet.

Eine undifferenzierte Marktbearbeitung erfolgt dabei häufig in Branchen mit ähnlichen
Bedürfnisstrukturen der Kunden und demzufolge einem standardisierten Leistungsprogramm.

Beispiele für Unternehmen, die eine undifferenzierte Marktbearbeitung verfolgen, sind
in Abbildung 4-38 aufgeführt. So stellen die Firmen McDonald's, Microsoft und der
ADAC durch ein **Standarddienstleistungsangebot** auf die Gemeinsamkeiten und nicht
auf die Unterschiede in den Bedürfnissen und Verhaltensweisen der anvisierten Marktsegmente ab.

Abbildung 4-38	**Beispiele für Marktbearbeitungsstrategien**

Kundenorientierte Dienstleistungsstrategie	**Beispiele**
Undifferenzierte Marktbearbeitung	■ McDonald's ■ ADAC ■ Microsoft

Differenzierte Marktbearbeitung	■ Deutsche Bahn
	  (Bahncard 1. und 2. Klasse)
	■ Lufthansa (First Class, Business Class,
	  Economy Class)
	■ Privatkliniken
	■ WDR (Regionalprogramme)
	■ UPS

„Segment-of-One-Approach"	■ Unternehmensberatungen (zum Beispiel McKinsey, BCG) ■ Werbeagenturen

GABLER
GRAFIK

Weiterhin trägt die **Standardisierung von Dienstleistungsprodukten** zur Vereinheitlichung des Service- beziehungsweise Qualitätsniveaus bei. Da hierbei vielfach die Prozesse Gegenstand der Standardisierungsbemühungen sind, kann gegenüber individuellen Erstellungsprozessen eine Verringerung von Qualitätsunterschieden erreicht werden. Das Standardisierungspotenzial von Dienstleistungen ist grundsätzlich durch die Intensität des Einflusses des externen Faktors auf den Dienstleistungserstellungsprozess beziehungsweise auf die Dienstleistung determiniert. Ausgehend von dieser Überlegung können im Wesentlichen drei zentrale **Arten der Standardisierung von Dienstleistungen** hervorgehoben werden (Corsten 1985b, 1998):

1. Standardisierung der gesamten Dienstleistung

Diese Möglichkeit bietet sich an, wenn die Dienstleistung im Voraus exakt determiniert ist und der externe Faktor keinen direkten Einfluss auf die Leistungserstellung hat. Beispiele: Kino- oder Theaterbesuch, Pauschalreise, Inanspruchnahme eines Linienbusses, -fluges, Abgassonderuntersuchung.

2. Standardisierung von Teilkomponenten einer Dienstleistung

Gewinnt der externe Faktor stärkeren Einfluss auf die Dienstleistung und den Erstellungsprozess, so können Teilkomponenten einer Dienstleistung standardisiert werden. Diese Standarddienstleistungsmodule lassen sich teilweise durch individuelle Leistungen ergänzen. Beispiele: Standardsoftware eines Softwareherstellers, die um benutzerspezifische Unterprogramme ergänzt wird; Standardversicherungspolicen (zum Beispiel Reiseversicherungspakete) mit Zusatzleistungen.

3. Standardisierung des Kundenverhaltens

Ein gewisses Maß an Standardisierungspotenzial kann realisiert werden, wenn durch die Standardisierung des Kundenverhaltens der individuelle Einfluss des externen Faktors im Dienstleistungserstellungsprozess verringert wird. Beispiele: Auswahl von Teilnehmern an einem Ausbildungslehrgang anhand der Vorkenntnisse, Verhaltenshinweise für Patienten bei einer ärztlichen Untersuchung.

Eine von Graumann durchgeführte **Untersuchung** belegt, dass die Standardisierungsbemühungen bei den Dienstleistungsanbietern nicht unerheblich sind (Graumann 1983, S. 168ff.). Bei 71 Prozent der untersuchten Dienstleistungen konnte keine Auftragsindividualität festgestellt werden. Fast 45 Prozent der untersuchten Dienstleistungsarten wurden als standardisiert bezeichnet.

> Im Rahmen einer **differenzierten Marktbearbeitung** werden die ausgewählten Marktsegmente beziehungsweise Kundengruppen durch den zielgruppenspezifischen Einsatz der Marketinginstrumente bearbeitet.

Diese Strategie entspricht den Grundprinzipien des Marketing, da sie versucht, sich auf die Besonderheiten der einzelnen Kunden(gruppen) bestmöglich einzustellen („Service Customization").

Eine differenzierte Strategie betreibt zum Beispiel die Deutsche Bahn durch das Angebot des Junior-, Senior- oder Familienpasses beziehungsweise die Einführung der BahnCard für Vielreisende. Die Lufthansa versucht, durch eine Trennung von Business und Economy Class den gehobenen Ansprüchen der vielreisenden Geschäftsleute gerecht zu werden. Ein anderes Beispiel aus dem Bereich der Informationsanbieter stellt die Regionalisierung von Fernsehprogrammen zu bestimmten Tageszeiten dar.

> Schließlich kann die Marktbearbeitung auch der Leitidee des **„Segment-of-One-Approach"** folgen. Hinter diesem Ansatz steht die Forderung, dass jede Leistung sowie Ansprache gezielt auf einen bestimmten Kunden zugeschnitten ist.

Während dieser Ansatz in der Konsumgüterindustrie eine neue Herausforderung darstellt, wird er in vielen Dienstleistungsbereichen durch die Art der Dienstleistung „automatisch" realisiert.

Hier können Dienstleistungen aus den Bereichen medizinische Untersuchung, Unternehmensberatung, Wirtschaftsprüfung als Beispiele angeführt werden.

4.22   Kundenstrategien

Über diese grundsätzliche Entscheidung zur Bearbeitung des Marktes hinaus ist ferner festzulegen, welche Kundenstrategie das Unternehmen primär verfolgen will. Grundsätzlich sind in Anlehnung an den Kundenbeziehungslebenszyklus drei alternative **Kundenstrategien** zu unterscheiden (Bruhn 2001e):

- Kundenakquisitionsstrategie,
- Kundenbindungsstrategie,
- Kundenrückgewinnungsstrategie.

Die Mehrheit der Dienstleistungsunternehmen verfolgt bisher lediglich die beiden erst genannten Kundenstrategien. Handelt es sich dabei um Dienstleistungsanbieter, die auf stark wachsenden, jungen Märkten agieren, so steht in der Regel die **Neukundenakqui-**

sition im Vordergrund (zum Beispiel IT-Dienstleister oder Telekommunikationsanbieter). Hierbei wird durch gezielte Kundenakquisitionen versucht, den Gesamtmarkt zu erweitern beziehungsweise den eigenen Marktanteil zu steigern. Ein Unternehmen kann aber ebenfalls versuchen, neue, bisher nicht bearbeitete Märkte zu erschließen. **Ziele** der Kundenakquisition sind unter anderem:

■ Ausbau des (noch) geringen Kundenstammes,

■ Kompensation der Kundenverluste,

■ Verbesserung des Kundenstammes hinsichtlich der Profitabilität.

Eine Kundenakquisitionsstrategie bietet sich beispielsweise an, wenn

■ das Unternehmen im Vergleich zu den Wettbewerbern relativ wenige Neukunden hinzugewinnt,

■ das Unternehmen einen noch geringen Kundenstamm hat,

■ die aktuellen Kunden weniger profitabel als andere zu akquirierende Kunden sind,

■ neue Kunden in den Markt eintreten, die profitabler sind als die aktuellen Kunden (Bruhn 2001e, S. 117).

In der Kundenakquisition werden Marketingmaßnahmen eingesetzt, um das Interesse und die Aufmerksamkeit der potenziellen Kunden zu erreichen. Da Dienstleistungen einen hohen Anteil an Erfahrungs- und Vertrauenseigenschaften aufweisen, bietet es sich zum Beispiel an, Präferenzen über ein positives Image oder eine glaubwürdige Informationsstrategie zu erzeugen. Die Akquisition von Kunden kann über zwei Richtungen erfolgen: zum einen durch Stimulierung, zum anderen durch Überzeugung. Neukundenakquisition durch **Stimulierung** beruht auf der Gewährung von Anreizen, die potenzielle Kunden davon überzeugen sollen, die Unternehmensleistung in Anspruch zu nehmen. Kundenakquisition durch argumentative **Überzeugung** beruht auf der Dokumentation der Leistungsfähigkeit des Unternehmens. Die Umsetzung dieser grundsätzlichen Strategietypen kann faktisch oder symbolisch erfolgen. Im Gegensatz zur symbolischen Akquisitionsstrategie werden die Kunden bei Umsetzung einer faktischen Akquisitionsstrategie durch konkrete vorteilhafte Leistungsmerkmale des Unternehmens stimuliert oder überzeugt (Bruhn 2001e, S. 117).

Eine **Kundenbindungsstrategie** ist vermehrt in Märkten mit starkem Verdrängungswettbewerb zu beobachten (Homburg/Bruhn 2000). Ziel ist der Aufbau stabiler, auf Vertrauen beruhender Kundenbeziehungen, denn gemäß des Konzeptes der Erfolgskette können diese

■ eine Steigerung der Profitabilität,

■ eine Steigerung des „Share of Customer",

■ die Förderung der Weiterempfehlung und

■ die Ausnutzung von Cross-Selling-Potenzialen

fördern und somit auch ökonomische Verbesserungen nach sich ziehen. Durch die Kompetenz eines Unternehmens, neue Kunden zu halten und größere Fluktuationen im Kundenstamm zu vermeiden, können Kostensenkungspotenziale genutzt und Transaktionskosten gesenkt werden.

Dieser Strategietyp bietet sich zum Beispiel an, wenn das Unternehmen zahlreiche Kunden hat, die ähnliche Leistungen zusätzlich noch bei anderen Anbietern beziehen. Bei der Identifikation der Zielgruppe, die durch eine Kundenbindungsstrategie angesprochen werden sollen, spielt vor allem der Kundenwert eine bedeutende Rolle. Untersuchungen haben gezeigt, dass mehr als 60 Prozent der Kundenbeziehungen im „breiten" Privatkundengeschäft keinen positiven Deckungsbeitrag erbringen. Das Bemühen der Banken richtet sich daher verstärkt auf die Bindung vermögender Privatkunden sowie Kunden mit zukünftig zu erwartendem hohen Einkommen (Benkenstein/Stuhldreier 2001).

Nach den **Ursachen der Kundenbindung** lassen sich die Kundenbindung durch **Gebundenheit** und die Kundenbindung durch **Verbundenheit** differenzieren (Bliemel/Eggert 1998, S. 39ff.).

Gebundenheit bezeichnet einen Bindungszustand, der für einen bestimmten Zeitraum fixiert ist. Auch wenn der Kunde in diesen Zustand mehr oder weniger freiwillig eintreten kann, ist er innerhalb dieses Zeitraums aufgrund von bestimmten Parametern (zum Beispiel Vertrag) in seiner Entscheidungsfreiheit hinsichtlich der Nutzung von Leistungen des entsprechenden Anbieters eingeschränkt. Es existieren drei **Formen der Gebundenheit** (in Anlehnung an Meyer/Oevermann 1995):

■ Vertragliche Gebundenheit,

■ Technisch-funktionale Gebundenheit,

■ Ökonomische Gebundenheit.

Die Gebundenheit des Kunden wirkt sich direkt auf sein Wiederwahlverhalten aus. Innerhalb oder unabhängig von der Rahmenbedingung der Gebundenheit kann **Verbundenheit** entstehen, die einen Bindungszustand aufgrund von psychologischen Ursachen beschreibt (Meyer/Oevermann 1995; Bliemel/Eggert 1998, S. 39f.) und auf Größen wie Vertrauen usw. zurückzuführen ist. Maßnahmen zur Sicherstellung einer positiven Qualitätswahrnehmung sollen letztlich zu einer hohen Kundenzufriedenheit und Beziehungsqualität führen. Diese Faktoren bewirken wiederum eine erhöhte (emotionale) Bindung des Kunden an die Unternehmensleistung. Über Verbundenheit wird eine „freiwillige Kundenbindung" hervorgerufen, die auf eine vom Kunden wahrgenommene Vorteilhaftigkeit der Beziehung zum Unternehmen im Vergleich zur Nichtexistenz dieser Beziehung und/oder Beziehungen zu anderen Unternehmen zurückzuführen ist.

Ein Kunde, der weder in der Beziehung bleiben will noch muss, wird die Geschäftsbeziehung nicht aufrechterhalten (**Transaction Buying**). Bleibt der Kunde lediglich aufgrund materieller Wechselkosten bei dem Anbieter, so führt diese „Muss-Bindung" zu einem inneren Zustand, der vom Kunden als negativ empfunden wird (**Ausbeutungsposition**)

(Tomczak/Dittrich 1998). Dies gilt insbesondere dann, wenn sich nach dem Eingehen einer durch Wechselbarrieren abgesicherten Geschäftsbeziehung für den Kunden bessere Alternativen ergeben. In einer empirischen Studie konnte nachgewiesen werden, dass derart gebundene Kunden sowohl die Intensivierung der Geschäftsbeziehung als auch eine Weiterempfehlung des Anbieters häufiger ablehnen als im Zustand der Verbundenheit (Eggert 2001, S. 95). Ohne das Vorhandensein von Verbundenheit kann sich Gebundenheit nur solange auf die Kundenbindung auswirken, wie die vertraglichen, technisch-funktionalen oder ökonomischen Ursachen der Gebundenheit gegeben sind.

Im Vergleich zur Gebundenheit hat Verbundenheit einen **stärkeren Einfluss auf die Kundenbindung** (Liljander/Strandvik 1995; Bliemel/Eggert 1998, S. 43). Die Position der **positiven Gebundenheit** enthält sowohl „Will"- als auch „Muss"-Bindungen. Beispiele sind zufriedene Zeitungsabonnenten oder zufriedene Abnehmer von Zubehörteilen durch Just-in-Time-Fertigung. In diesen Fällen hat die Bindung nicht nur für den Verkäufer einen Vorteil, sondern auch für den Kunden. So erhält beispielsweise der Zeitungsabonnent bequem und ohne weiteres Zutun seine Zeitung für einen bestimmten Zeitraum zugestellt. Ihm entsteht somit ein Nutzen im Sinne von Zeitersparnis beziehungsweise Bequemlichkeit. Oftmals sind mit der positiven Gebundenheit auch ökonomische Vorteile wie etwa Rabatte verbunden (zum Beispiel Preisreduktion für Zeitungsabonnements im Vergleich zum Einzelbezug).

Auch ohne die Existenz von Gebundenheit führt die Verbundenheit zu Kundenbindung **(Fan-Position)**. Der Kunde kauft in diesem Fall nicht aufgrund von ökonomischen Überlegungen wiederholt beim selben Unternehmen, sondern allein aufgrund eines positiven Zustands der Anerkennung und Wertschätzung (Eggert 2001, S. 94). Ziel ist es daher, bei vielen Kunden die Fan-Position oder die Position der positiven Gebundenheit anzustreben.

Ausgehend von der Differenzierung in eine verbundenheits- und eine gebundenheitsgetriebene Kundenbindung (Bliemel/Eggert 1998) lassen sich in der Kundenbindungsphase eine Verbundenheits- und Gebundenheitsstrategie als **Typen von Kundenbindungsstrategien** differenzieren (vgl. Abbildung 4-39). Die **Verbundenheitsstrategie** strebt eine Kundenbindung über psychologische Determinanten an (zum Beispiel Beziehungsqualität, Kundenzufriedenheit), während bei der **Gebundenheitsstrategie** Kundenbindung durch den Aufbau von Wechselbarrieren realisiert werden soll.

Im Vergleich zur Neukundenakquisitionsstrategie hat die Kundenbindungsstrategie den Vorteil, dass Unternehmen und Kunden sich bereits kennen. Aufgrund der bereits gewonnenen Erfahrungen im Rahmen der Kundenbeziehung kann in der Marktbearbeitung auf vergangene Transaktionen Bezug genommen werden. Darüber hinaus sind die aktuellen Kunden für das Unternehmen leichter zu identifizieren als potenzielle Kunden.

Gelingt es nicht, den Kunden emotional an das Unternehmen zu binden und liegen keine technisch-funktionalen, vertraglichen oder ökonomischen Wechselbarrieren vor, wird der Kunde einen Anbieterwechsel in Betracht ziehen und bei vorhandenen besseren Alternativen zu einem Konkurrenzunternehmen abwandern. Die **Kundenrückgewinnungsstrategie** dient der emotionalen Rückgewinnung so genannter abwanderungsgefährdeter Kunden sowie der faktischen Rückgewinnung bereits abgewanderter Kunden.

Abbildung 4-39   **Typen von Kundenbindungsstrategien mit Beispielen**

Gebundenheitsstrategie		
Vertragliche Gebundenheit	**Technisch-funktionale Gebundenheit**	**Ökonomische Gebundenheit**
Bindung von Zusatzleistung an Kernleistung ▨ Garantiebedingungen (Automobil) ▨ Service-Verträge (EDV) Bindung bei Folgekäufen ▨ Abonnement (Zeitschriften, Theaterkarten) ▨ Mindestbezugsvereinbarungen(Buchclub) ▨ Langfristige Vertragsgestaltung (Sportvereine, Leasingverträge)	Technisch-funktional bedingter Verbund von Zusatz- und Kernleistung ▨ Kundendienst im Automobilbereich ▨ Technischer Kundendienst und Schulung bei komplexen, individuell erstellten Produkten (EDV-Hard- und/oder Software) Technisch-funktionale Bindung bei Erweiterungs- bzw. Folgekäufen ▨ Bindung durch einheitliche Schnittstellen (Anschlussflüge) ▨ Bindung durch technische Kompatibilität (LEGO)	Erhöhung der Wechselkosten ▨ Austrittsgebühren (Kontoauflösungen im Bankbereich) ▨ Verlust von Vorteilen (geringer Rückkaufwert bei Kapitallebensversicherungen) ▨ Bürokratische Austrittsverfahren (Versicherungsummeldung) Preissetzung ▨ Preisbundling (Pauschalreisen) ▨ Anhebung fixer Eintrittskosten bei gleichzeitiger Ermäßigung der Folgekosten (Bahncard, Sportvereine) ▨ Preisdegression in Abhängigkeit von Bindungsdauer (Schadensrabatte bei Versicherungen) ▨ Rabattsystem (freie Leistungseinheit bei mehrmaligem Bezug, z. B. Sporteinrichtungen, Pizza-Service)

Verbundenheitsstrategie

Bindung über Zufriedenheit

▨ Zielgerichteter, an Kundennutzen orientierter Einsatz der Marketingaktivitäten

Bindung über spezielle Kundenbindungsinstrumente

▨ Kundenclub

▨ Kundenkarte

▨ Kundenzeitung

▨ Beschwerdemanagement

▨ Direktmarketing

GABLER
GRAFIK

Die Rückgewinnung abgewanderter Kunden dient der Sicherung des Umsatzes und dem Erhalt der Cross-Selling-Möglichkeiten (Profitabilitätsziel). Zu den vorgelagerten Zielen der Kundenrückgewinnung gehören die Verhinderung negativer Mund-zu-Mund-Kommunikation (Kommunikationsziel) und die Verbesserung der Informationsgrundlagen in Bezug auf Abwanderungsgründe und -prozesse, um zukünftig präventive Maßnahmen ergreifen zu können (Informationsziel). Das Erfolgspotenzial der Rückgewinnung und der tatsächliche Rückgewinnungserfolg werden in der Literatur sehr unterschiedlich bewertet und sind in Abhängigkeit der Branche zu sehen. So stehen zum Beispiel der Schätzung eines Erfolgspotenzials im Bankensektor von bis zu 30 Prozent (Zimmer 1997) empirische Studien gegenüber, in denen die Quote tatsächlich zurückgewonnener Kunden annähernd Null beträgt (Michalski 2002).

Eine systematische Rückgewinnungsstrategie eignet sich besonders, wenn

- der Kundenstamm durch hohe Wechsel- beziehungsweise Fluktuationsraten charakterisiert ist,

- die Gründe für diese hohe Wechselrate vom Unternehmen beeinflusst werden können und

- die Rückgewinnung profitabler erscheint als eine Neuakquisition.

Bei der Auswahl einer Rückgewinnungsstrategie gilt es zu entscheiden, wie das Ziel der Kundenrückgewinnung generell verfolgt und welche Zielgruppe angesprochen werden soll. Strategische Optionen der Kundenrückgewinnung sind die Kundenrückgewinnung durch **Wiedergutmachung** und die Kundenrückgewinnung durch **Verbesserung** der zur Abwanderung führenden Probleme. Weiterhin können **abwandernde** (emotionale Rückgewinnung) oder bereits **abgewanderte Kunden** anvisiert werden.

Demzufolge ergeben sich vier grundlegende **Strategien der Rückgewinnung** (Bruhn 2001e):

- Die **Wiedergutmachung** einer fehlerhaften Leistung zum Beispiel durch eine Kompensationszahlung kann eventuell die Abwanderung eines enttäuschten oder verärgerten Kunden verhindern. Diese Art der Wiedergutmachung stellt eine Kompensationsstrategie dar.

- **Nachbesserungsstrategien** beziehen sich auf die Verbesserung oder Reparatur einer fehlerhaften Unternehmensleistung. Diese Strategie zielt ebenfalls auf abwanderungsentschlossene Kunden.

- **Stimulierungsstrategien** beziehen sich demgegenüber auf bereits abgewanderte Kunden. Durch Anreize, wie zum Beispiel Rabatte oder kleine Geschenke, soll eine Wiederaufnahme der Geschäftsbeziehung erreicht werden.

- **Überzeugungsstrategien** können den Verbesserungsstrategien subsumiert werden und versuchen, abgewanderte Kunden durch ein modifiziertes Leistungsangebot zu überzeugen (zum Beispiel Innovation gemäß der Kundenbedürfnisse).

Zu beachten ist im Zusammenhang mit der Festlegung von Kundenstrategien insbesondere die segmentspezifische Betrachtung. Bei der traditionellen Kundensegmentierung werden die potenziellen, aktuellen oder auch die abgewanderten Kunden anhand der klassischen, soziodemographischen Segmentierungskriterien unterschieden (zielgruppenspezifische Kundensegmentierung). Unter Berücksichtigung der dargestellten Kundenstrategien ist jedoch ergänzend und vertiefend eine beziehungsorientierte Kundensegmentierung vorzunehmen.

Innerhalb der Neukundenakquisition wäre eine **Beziehungssegmentierung** (Bruhn 2001e) beispielsweise nach dem Erfolgspotenzial der Akquisition sinnvoll. Von „chancenreichen" Kundenbeziehungen ist zu sprechen, wenn die Neukundenakquisition – beispielsweise im Rahmen einer Direct-Mail-Aktion – auf Basis eines stark differenzierten Adressmaterials durchgeführt wird, wohingegen bei den so genannten „kalten" Adressen (undifferenzierte Adressauswahl) in der Regel nur geringe Akquisitionserfolge zu verzeichnen sind.

Die **kundenbindungsbezogene Beziehungssegmentierung** dient in erster Linie der Analyse der Gründe der Kundenbindung. Wie bereits angesprochen, kann Kundenbindung auf die Ver- beziehungsweise Gebundenheit eines Kunden zurückgeführt werden (vgl. Bliemel/Eggert 1998). Anhand dieser beiden Dimensionen lassen sich vier Arten der Kundenbindung unterscheiden:

■ **Künstliche Kundenbindung** liegt bei geringer Verbundenheit und hoher Gebundenheit des Kunden vor.

■ **Sichere Kundenbindung** entsteht durch gleichzeitiges Auftreten sowohl hoher Verbundenheit als auch hoher Gebundenheit.

■ Eine nur **emotionale oder psychologische Kundenbindung** wird beobachtet, wenn Kunden zwar eine hohe Verbundenheit, aber keine Gebundenheit zum Unternehmen oder der Leistung aufweisen.

■ **Keine Kundenbindung** liegt selbstverständlich vor, wenn Kunden weder ver- noch gebunden sind.

Weiterhin wird im Rahmen einer bindungsbezogenen Segmentierung analysiert, bei welchen Kundenbeziehungen eine hohe Kundenbindung auch zu einer Steigerung der ökonomischen Kennzahlen führt. So ist beispielsweise zu prüfen, ob es sich um Kunden mit „gesättigten" Beziehungen handelt (Dauer der Kundenbeziehung zum Beispiel mehr als 10 Jahre und ausgeschöpftes Leistungsspektrum) oder die bestehende Kundenbeziehung, zum Beispiel durch Cross Selling, noch gesteigert werden kann. Geeignete ökonomische Kennzahlen, die zur Segmentierung herangezogen werden können, sind zum Beispiel das Beziehungsvolumen und die Beziehungsprofitabilität. Diese Kennzahlen stellen einen Indikator für den Beziehungserfolg dar (Bruhn 2001e, S. 102).

Derartige Überlegungen sind auch bei der **rückgewinnungsbezogenen Beziehungssegmentierung** relevant. Hier ist die entsprechende Kundengruppe einerseits nach der Abwanderungswahrscheinlichkeit, bei bereits abgewanderten Kunden andererseits nach der

Rückgewinnungswahrscheinlichkeit zu differenzieren. Ab einer festgelegten Höhe der Abwanderungs- oder Rückgewinnungswahrscheinlichkeit folgen Maßnahmen im Rahmen der definierten Rückgewinnungsstrategie.

Bei Kenntnis der verschiedenen Beziehungssegmente kann eine differenzierte Steuerung der Kundenbeziehungen erfolgen. Voraussetzung für die Durchführung derartiger Segmentierungsanalysen ist das Vorhandensein von umfangreichen kundenbezogenen Daten aus der Marktforschung sowie dem Rechnungswesen.

4.23 Abnehmergerichtete Verhaltensstrategie

Ausgangspunkt der abnehmergerichteten Verhaltensstrategien ist die Frage, durch welche Verhaltensweisen des Unternehmens das strategische Ziel der bestmöglichen Kundenbearbeitung erreicht werden kann. Vor diesem Hintergrund wird der Begriff abnehmergerichtete Verhaltensstrategie wie folgt definiert:

> Eine **abnehmergerichtete Strategie** ist ein langfristiger Verhaltensplan, der die Steigerung des Kundennutzens durch die Realisierung eines oder mehrerer Wettbewerbsvorteile im relevanten Markt zum Inhalt hat.

In diesem Zusammenhang ist von besonderer Bedeutung, wie die im Rahmen der Geschäftsfeldstrategien festgelegten Wettbewerbsvorteile aus Kundensicht wahrgenommen werden. Ein echter **Wettbewerbsvorteil** liegt dabei vor, wenn folgende **Bedingungen** erfüllt sind (Simon 1988, S. 4; Backhaus 1999; Meffert/Burmann 2002):

- Es handelt sich um ein für den Kunden wichtiges Merkmal.

- Der Vorteil wird vom Kunden wahrgenommen.

- Der Vorteil ist von der Konkurrenz kurzfristig nicht einholbar.

Je nach Wettbewerbsvorteil (Qualität, Markierung, Leistungsprogramm, Kosten) werden unterschiedliche Verhaltensmuster sinnvoll, die sich auf zwei **Strategieansätze** zurückführen lassen:

- Präferenzstrategie,

- Preis-Mengen-Strategie.

Die **Präferenzstrategie** beschreibt abnehmergerichtete Strategien, die die Leistungsbeziehungsweise Differenzierungsvorteile gegenüber den Kunden in besonderer Weise verfolgen. Entsprechend wird die Herausstellung und Weitervermittlung der Kostenvorteile an den Kunden als **Preis-Mengen-Strategie** bezeichnet. Diese Unterscheidung steht in engem Zusammenhang zu den generischen Strategieoptionen von Porter (Differenzierungs- versus Kostenführerschaftsstrategie). Unterschiede bestehen insofern, als die Wettbewerbsvorteile bei Porter immer in Relation zur Konkurrenz verstanden werden und die Porterschen Wettbewerbsstrategien einen stärker funktionsübergreifenden Bezug gegenüber den vor allem auf das Marketing bezogenen Preis-Mengen- und Präferenzstrategien aufweisen (Meffert/Burmann 2002).

*4.*24 Wettbewerbsgerichtete Verhaltensstrategie

> Im Rahmen einer **wettbewerbsgerichteten Verhaltensstrategie** werden die spezifischen Verhaltensweisen des Anbieters gegenüber seinen (Haupt-)Konkurrenten festgelegt.

Die Wahl zwischen den verschiedenen **Optionen einer wettbewerbsgerichteten Verhaltensstrategie** hängt dabei von der Art und Intensität des Wettbewerbes im betrachteten Markt ab (Porter 1999; Meffert/Burmann 2002). Die so genannten „Triebkräfte des Wettbewerbs" wie die Marktform, das Marktstadium sowie das Wettbewerbsgleichgewicht sollten in das Entscheidungskalkül des Unternehmens einbezogen werden. Ferner gilt es, unternehmensbezogene Determinanten zu berücksichtigen, wobei die eigenen Ressourcen und Fähigkeiten sowie die realistische Einschätzung der **Wettbewerbsressourcen** von besonderer Bedeutung sind. Hierzu zählen beispielsweise:

- Managementpotenziale,
- Finanzielle Ressourcen,
- Erfahrungshorizont,
- Wachstumsfähigkeit,
- Reaktionsschnelligkeit,
- Anpassungsvermögen,
- Durchhaltevermögen.

Analog der Strategiesystematisierung im Sachgüterbereich können auch Dienstleistungsunternehmen grundsätzlich von zwei **Verhaltensdimensionen** ausgehen (Meffert 2000). Die erste Dimension unterscheidet zwischen **innovativem (aktivem) und imitativem (eher passivem) Verhalten** des Dienstleisters. Ähnliche Systematiken finden sich in der allgemeinen Managementliteratur. Hier wird häufig zwischen innovativem beziehungsweise entrepreneurorientiertem und konservativem Verhalten unterschieden (Miller/Friesen 1982; Murray 1984; Magyar/Magyar 1987).

Die zweite Dimension unterscheidet zwischen **wettbewerbsvermeidendem und wettbewerbsstellendem Verhalten**. Hier kommen vor allem jene Kriterien zur Anwendung, die in der Literatur unter den Aspekten des offensiven und defensiven beziehungsweise proaktiven und reaktiven Verhaltens diskutiert werden (Easton 1987; Meffert/Burmann 2002). Ein wettbewerbsvermeidendes Verhalten beruht in diesem Sinne auf der Anpassung der eigenen unternehmerischen Entscheidungen an die Handlungen der Wettbewerber. Demgegenüber liegt wettbewerbsstellendes Verhalten vor, wenn Dienstleister bereits auf erste „schwache Signale" (Ansoff 1976, S. 129) im Vorfeld wettbewerblicher Anstrengungen der Konkurrenten reagieren.

Bei einer Kombination der beiden Verhaltensdimensionen lassen sich vier **wettbewerbsgerichtete Verhaltensstrategien** ableiten (vgl. Abbildung 4-40). Zu unterscheiden sind die:

- Kooperationsstrategie,

- Konfliktstrategie,

- Ausweichstrategie,

- Anpassungsstrategie.

| Abbildung 4-40 | Wettbewerbsgerichtete Verhaltensstrategien |

Verhaltensdimensionen	Innovativ	Imitativ
Wettbewerbsvermeidend	Ausweichung	Anpassung
Wettbewerbsstellend	Konflikt	Kooperation

GABLER
GRAFIK

Kooperationsstrategien werden vor allem von Dienstleistern angestrebt, die über keinen deutlichen Wettbewerbsvorteil beziehungsweise nicht über die Ressourcen verfügen, langfristige Konkurrenzauseinandersetzungen zu führen. Darüber hinaus herrscht auf Oligopolmärkten häufig ein mehr oder weniger ausdrückliches Einverständnis über das „Wettbewerbsgebaren" (informale Kooperation) (Lambin 1987, S. 180). Im Rahmen einer **formalen Kooperation** wird häufig ein Vertrag zur Fixierung der Zusammenarbeit geschlossen. In diesem Zusammenhang sind Managementverträge, Joint Ventures sowie Lizenzverträge zu nennen. Gerade in den Bereichen Luftfahrt und Telekommunikation hat das Instrument der funktionsspezifischen Joint Ventures eine starke Bedeutung (Porter/Fuller 1989, S. 389ff.; Meffert/Burmann 2002).

INSERT 4-7   Frankfurter Allgemeine Zeitung, 25.10.2001, S. 22

Premiere World bietet Kabel-

Kayser: Wir sind nicht erpreßbar / Aggressives Satelliten-

theu. MÜNCHEN, 23. Oktober. Der defizitäre Bezahlfernsehsender Premiere World ist dazu bereit, Kabelnetzgesellschaften im Rahmen einer möglichen gemeinsamen Vermarktung des Programms künftig am Umsatz zu beteiligen. „Ein Anteil im zweistelligen Prozentbereich ist denkbar", sagte Ferdinand Kayser, Geschäftsführer der Premiere-Holdinggesellschaft Kirch Pay TV, dieser Zeitung. Das wäre ein Novum in Deutschland – bisher bezahlen die Fernsehsender hierzulande an den Netzbetreiber eine fixe Durchleitungsgebühr. Nach dem Verkauf des Netzes der Deutschen Telekom wollen dessen neue Eigentümer – E-Kabel in Hessen, Callahan in Nordrhein-Westfalen und Baden Württemberg und voraussichtlich Liberty Media in allen anderen Netzregionen – jedoch nicht mehr nur als Infrastrukturanbieter agieren, sondern selbst am Programmgeschäft verdienen.

Premiere, der bisher einzige deutsche Bezahlfernsehsender, hat zehn Jahre nach dem Start lediglich 2,5 Millionen Abonnenten und schreibt nach Kirch-Angaben jährlich Verluste von 1 Milliarde DM. Kayser zufolge braucht der Sender zum Erreichen der Gewinnzone etwa 4 Millionen Abonnenten. Die ersten Überschüsse sollen 2004 verbucht werden.

Bisher stehe man erst am Anfang der Verhandlungen mit den Kabelnetzbetreibern, sagte Kayser. Er rechne jedoch damit, daß es zu einer Vereinbarung komme, wie Premiere in das Programmangebot und die Technikplattform der Betreiber integriert werden kann. „Davon würden beide Seiten profitieren", sagt Kayser. Die technische Seite ist dabei wichtig, weil für das digitale Premiere-Programm ein Empfangsdecoder, bislang die D-Box, nötig ist. Weil auch die Kabelbe-

treiber künftig ihre Kunden für die digitale Fernsehübertragung gewinnen wollen, um so eigene Programmangebote schnüren zu können, planen sie, die Haushalte ebenfalls mit Decodern auszurüsten. Wenn Premiere und die Netzbetreiber sich bei den Geräten jedoch nicht auf einen gemeinsamen technischen Standard einigen, benötigen Kabelfernsehhaushalte mit Digitalempfang, die auch Premiere haben wollen, zwei verschiedene Decoder. Das aber wäre ineffizient und teuer, kosten die Geräte doch mehrere hundert Euro. Im hessischen Netz ist dieser ungünstige Fall bereits heute Realität. Dort stattet E-Kabel die ersten Haushalte bereits mit Decodern aus, über die Premiere nicht empfangen werden kann.

Bislang gibt es keinen Konsens: Vergangene Woche hat sich der amerikanische Konzern Liberty Media, der voraussichtlich künftig rund die Hälfte des deutschen Kabelnetzes kontrollieren wird, gegen den internationalen Decoder-Standard Multimedia Home Platform (MHP) ausgesprochen. Auf diesen gemeinsamen und offenen Standard will jedoch Premiere, wie auch alle anderen deutschen Sender im Digitalbereich, künftig setzen. Kirch hatte zuvor mit der D-Box jahrelang auf seinen eigenen Decoder gesetzt. Die D-Box soll neue Abonnenten nun voraussichtlich nur noch bis etwa Mitte 2002 erhalten. Dann, so erwartet Kayser, werden die ersten MHP-Boxen auf dem Markt sein.

Ob es künftig weiter Premiere-Mietdecoder geben wird, ist noch offen. Kayser kann sich auch Kombi-Angebote vorstellen: Wer im Handel einen MHP-Decoder zusammen mit einem Premiere-Abo erwirbt, soll einen Preisnachlaß bekommen.

INSERT 4-7   Frankfurter Allgemeine Zeitung, 25.10.2001, S. 22 (Fortsetzung)

betreibern Umsatzbeteiligung an

angebot als Alternative / Erste Gewinne für 2004 angepeilt

Was bringt die Zukunft für Premiere World?   Foto dpa

Der Decoderkauf werde subventioniert, kündigte Kayser an.

Mit Blick auf die Verhandlungen mit den Kabelnetzbetreibern sagte Kayser, Premiere sei „nicht erpreßbar". Man habe geltende Verträge, welche die Einspeisung des Programms bis 2007 sicherstellten. Daß die Netzbetreiber die verschiedenen Premiere-Kanäle beliebig zu neuen Programmpaketen zusammenschnüren, kommt für ihn nicht in Frage. „Es wird keine Einzelvermarktung von besonders hochwertigen Programmen geben." Die Zuschauer werden also auch in Zukunft nicht nur etwa den Spielfilmkanal Premiere Movie bekommen können. Zwar könne über neue Paketzusammenstellungen gesprochen werden, doch müsse Premiere dem immer zustimmen. Falls es zu keiner Einigung mit den Kabelnetzgesellschaften komme, werde Premiere ein „extrem aggressives" Angebot für Abonnenten mit Satellitenempfang machen, kündigte Kayser an.

Nach langer Verzögerung will Premiere bis Anfang kommenden Jahres erste interaktive Angebote starten. So solle zunächst das Schreiben und Empfangen von E-Mails möglich werden. Später soll unter anderem ein Fernseheinkaufsprogramm gemeinsam mit dem Sender Hot folgen. Als Rückkanal wird dabei die Telefonleitung dienen. Ursprünglich hatte der Sender bereits für das vergangene Frühjahr solche Dienste angekündigt. Im Ausland betreiben Bezahlfernsehsender teilweise schon seit mehreren Jahren interaktive Plattformen. „Die interaktiven Angebote sind für uns die wichtigste Aufgabe in den kommenden Monaten", sagte Kayser. Zwar glaubt er nicht, mit diesen zahlreiche neue Kunden zu gewinnen. Auch werde der Umsatzanteil in den kommenden Jahren unter 5 Prozent liegen. Doch er erhofft sich dadurch eine niedrigere Kündigungsrate. Zu deren momentaner Höhe sagte er lediglich, sie sei nicht höher als bei anderen europäischen Bezahlfernsehsendern.

> Ein Beispiel für eine derartige Form der „co-opetition" ist die Überlegung des Pay-TV-Anbieters Premiere World, den Kabelnetzbetreibern im Rahmen der gemeinsamen Vermarktung von Programmpaketen eine prozentuale Umsatzbeteiligung zu gewährleisten (vgl. hierzu Insert 4-7). Unter dem Namen „Pelikan" haben die Deutsche Post World Net und die Deutsche Lufthansa AG eine enge Kooperation ihrer im Luftfrachtbereich tätigen Tochtergesellschaften Lufthansa Cargo, Danzas Air Express International und DHL International verkündet (vgl. hierzu Insert 4-8).

Konfliktstrategien sind zumeist mit der Zielsetzung verbunden, durch ein im Vergleich zum Wettbewerber stark unterschiedliches (aggressives) Verhalten Marktanteile zu gewinnen und möglicherweise die Marktführerschaft zu realisieren. Üblicherweise lässt sich ein solches Verhalten auf Märkten beobachten, die sich in der Stagnations- oder Schrumpfungsphase befinden, da hier eine Positionsverbesserung nur noch auf Kosten der Marktstellung anderer Anbieter möglich ist (Nullsummenspiel). Auch oligopolistische Märkte können oft durch aggressives Wettbewerbsverhalten charakterisiert sein.

> Als Kampf an mehreren Fronten um die Vorherrschaft im Internet lässt sich der Konflikt der US-Konzerne AOL Time Warner und Microsoft charakterisieren. Dominierte Microsoft als faktischer Monopolist bei Betriebssystemen den Computermarkt lange Zeit eindeutig, ist mit der Übernahme des Mediengiganten Time Warner durch den Internetanbieter AOL ein Konkurrent erwachsen, der mittlerweile über 30 Mio. Kunden Zugang zum World Wide Web verschafft und gleichzeitig über den erforderlichen Content verfügt (vgl. hierzu Insert 4-9).

Ein deutliches Beispiel für derartige Konfliktstrategien bieten die Unternehmen des liberalisierten Telekommunikationsmarktes durch permanente Preisunterbietungen.

Ausweichstrategien sind dadurch gekennzeichnet, dass der Dienstleister versucht, einem erhöhten Wettbewerbsdruck durch im Vergleich zur Konkurrenz innovative Aktivitäten zu entgehen. Im Einzelfall kann dies durch abgeschirmte Marktsegmente, innovative Leistungen oder Leistungsprozesse sowie durch ausgeprägte Marketinganstrengungen erfolgen (Meffert/Burmann 2002). Im Dienstleistungsbereich ist in jüngster Zeit ein starker Anstieg der Online-Vertriebswege zu beobachten, die im weitesten Sinne als Ausweichstrategie interpretiert werden können. Zu denken ist an Direktversicherer, Online-Reiseveranstalter oder Online Banking.

Anpassungsstrategien zielen auf eine Erhaltung der realisierten Produkt-Markt-Position ab. Das eigene Verhalten wird auf die Reaktion der Wettbewerber abgestimmt. Diese wettbewerbsvermeidende, defensive Ausrichtung wird häufig nur so lange beibehalten, wie keine Schwächung der eigenen Position durch Vorstöße der Wettbewerber erfolgt.

Im Tankstellengewerbe ist die Anpassungsstrategie häufig zu beobachten. Insbesondere hinsichtlich der Preisgestaltung von Marktführern fällt auf, dass die Wettbewerber rasch eine Anpassung der eigenen Strategien vornehmen.

Insgesamt lässt sich festhalten, dass hinsichtlich der Ableitung wettbewerbsgerichteter Verhaltensstrategien keine wesentlichen Besonderheiten im Dienstleistungsmarketing zu berücksichtigen sind. Vielfach handelt es sich um eine Übertragung der bereits aus dem Konsumgüterbereich bekannten strategischen Optionen (Meffert/Burmann 2002).

INSERT 4-8 Frankfurter Allgemeine Zeitung, 18.04.2000, S. 21

Lufthansa und Post
stehen vor Kooperation

FRANKFURT/BONN, 17. April (Reuters). Die Deutsche Lufthansa AG und die Deutsche Post stehen nach Angaben aus Unternehmenskreisen kurz vor dem Abschluss ihrer schon erwarteten Kooperation bei der Luftfracht. Im Anschluss an eine Sitzung des Aufsichtsrates der Lufthansa am Montag war eine Pressemitteilung angekündigt. Die Sitzung dauerte bei Redaktionsschluss dieser Ausgabe noch an. Dabei gehe es um eine engere Zusammenarbeit der Lufthansa Cargo, der Post-Tochtergesellschaft Danzas-Air Express International sowie des Luftfrachtunternehmens DHL International, an dem Lufthansa und Post jeweils 25 Prozent halten, hieß es in den Kreisen. In den vergangenen Wochen waren immer wieder Spekulationen um eine Fusion der Luftfrachtsparten von Lufthansa und Post aufgekommen. Beide Konzerne hatten diese Spekulationen nie bestätigt, aber stets darauf hingewiesen, dass die bereits bestehenden, engen Verbindungen zwischen den Unternehmen intensiviert werden könnten. Das Fachblatt „Deutsche Verkehrs-Zeitung" berichtete in seiner jüngsten Ausgabe, dass Lufthansa und Post die angeblich unter dem Code-Namen „Pelikan" geplante Partnerschaft zu Wochenbeginn im Detail bekannt geben wollten. Von den beiden Unternehmen war zunächst keine Stellungnahme zu erhalten.

REUTERS

INSERT 4-9   Handelsblatt, 01.08.2001, S. 17

Ein Mediengigant und ein Softwareriese kämpfen erbittert um die Vorherrschaft im Internet

Zweikampf zwischen AOL

Mit AOL Time Warner hat Microsoft-Chef Bill Gates zum ersten Mal einen ebenbürtigen Kontrahenten. Die beiden Konkurrenten schenken sich nichts, zu viel steht für die Konzerne auf dem Spiel.

R. KULZER, T. RIECKE, S. WESCH
HANDELSBLATT, 1.8.2001

Kontrahenten: AOL-Gründer Stephen Case und Microsoft-Gründer Bill Gates

PALO ALTO/NEW YORK. Einst kooperierten sie, jetzt liefern sie sich einen an Schärfe ständig zunehmenden Kampf: der New Yorker Medienkonzern **AOL Time Warner** Inc. und der Softwareanbieter **Microsoft** Corp. aus Redmond. Zerstritten haben sich die beiden über das AOL-Symbol auf dem Computerbildschirm – das so genannte Icon – der neuen Version von Microsofts Betriebssystem, Windows XP. Inzwischen tobt der Kampf auf mehreren Feldern: Internet-Browser, Instant Messaging, Musiksoftware, Internet-Zugang und Software zur Identifikation von Surfern.

Was wie ein Fingerhakeln zwischen zwei Giganten aussieht, hat für beide einen enorm wichtigen Hintergrund: Es geht um die Vorherrschaft im Internet für private Nutzer. Wenn die Angebote einst ausgefeilter und lukrativ werden, will jeder die beste Startposition haben, um zahlende Kunden zu gewinnen.

Gegenüber stehen sich ein Medienkonzern, dessen Onlinedienst AOL mit 30 Millionen Abonnenten die Nummer eins weltweit ist, und ein Softwaregigant mit Finanzreserven von mehr als 30 Mrd. $, der mit einem Marktanteil von mehr als 90 % faktisch ein Monopol bei Betriebssystemen für PC besitzt.

In Ton und Gangart verschärft hat sich der Wettbewerb durch Windows XP. Gespickt mit einer Reihe neuer Softwarefunktionen, sorgt das generalüberholte System für heftige Diskussionen unter Verbraucherschützern, Juristen des Kartellrechts und Politikern. Sie sehen sowohl die systematische Verdrängung von Wettbewerbern wie auch den möglicherweise mangelhaften Schutz von Verbraucherinformationen als Gefahrenpunkte.

Besonders umstritten ist Microsofts Projekt „Passport", das wichtige Kundendaten einschließlich der Kreditkartennummer speichert. Ein derartiger Pass für das Internet gilt als besonders wichtig, weil die Inhaber bequem mit einem Passwort verschiedene Online-Dienste nutzen können – Online-Händler erhoffen sich dadurch einen Aufschwung.

AOL hat ganz ähnlich Pläne: Der Online-Dienst bastelt an einem nach dem märchenhaften fliegenden Teppich benannten Angebot „Magic Carpet", einem praktisch identischen Dienst. Mit dem „Zauberteppich" geht AOL endgültig auf einen Konfrontationskurs zu Microsoft.

Auch um das Abspielen von Musik aus dem Internet gibt es Streit: Microsoft möchte, dass AOL seinen Media Player verbreitet. Aber AOL bevorzugt den Real Player der **Real Networks** Inc. mit der Begründung, der Softwarekonzern wolle jetzt auch noch bestimmen, mit welchem Programm die Leute Musik abspielen.

Als Reaktion auf den Ausschluss aus Windows XP versucht AOL, durch die Hintertüre doch noch auf die Startfläche des Betriebssystems zu gelangen – über die PC-Hersteller. Von einer Prämie in Höhe von 35 $ pro PC ist die Rede, die AOL aus der gut gefüllten Kriegskasse bezahle. Die **Compaq Computer** Corp.

und Microsoft

schenken sich nichts im Kampf um die Vormacht im Internet.

hat als erster Hersteller einem solchen Geschäft zugestimmt. Microsoft steuert gegen: Nur, wenn das Symbol für seinen Zugangsdienst MSN auf dem Bildschirm bleibt, dürften die PC-Hersteller das AOL-Icon installieren. Andernfalls verstoßen sie gegen Lizenzbedingungen, hieß es aus Redmond.

Konkurrenten sind die beiden Unternehmen auch beim so genannten Instant Messaging – dem direkten Austausch von Informationen über das Internet. Hier hat AOL mit seinem AIM die Nase vorn, aber der Dienst ist nicht mit dem Angebot von Microsoft kompatibel. Das Softwarehaus kämpft nun darum, dass

seine Kunden mit AOL-Kunden kommunizieren können.

Der neueste Streit dreht sich nun ums Fernsehkabel: Die „Financial Times" berichtete, Microsoft wolle eine mögliche Übernahme der Kabelsparte des Telefonkonzerns AT&T Corp. durch AOL verhindern, indem er andere Interessenten finanziell unterstützt. Denn steigt der Gigant AOL Time Warner zum Marktführer auf dem US-Kabelmarkt auf, kontrolliert er praktisch die Verkehrswege des Internet, und daran kann Microsoft kein Interesse haben. Bleibt abzuwarten, wo die Kontrahenten die nächste Front eröffnen.

4.25   Absatzmittlergerichtete Verhaltensstrategie

Neben den wettbewerbsgerichteten müssen in einigen Branchen zudem **absatzmittler-gerichtete Strategieansätze** formuliert werden.

> **Absatzmittlergerichtete Strategien** sind auf den Handel ausgerichtete Konzepte und Verhaltensweisen, die darauf abzielen, die eigene Position bei den Absatzmitt-lern zu stärken.

Relevanz erhalten absatzmittlergerichtete Strategien insbesondere in Branchen, in denen **Dienstleistungsversprechen** abgegeben werden, das heißt, das Versprechen des Dienst-leistungsanbieters gegenüber dem Dienstleistungsnachfrager, zu einem späteren Zeit-punkt beziehungsweise Zeitraum bestimmte Dienstleistungen zu erbringen.

Beispiele: Verkauf einer Reise eines Touristikanbieters über ein Reisebüro, Vertrieb ei-ner Kreditkarte über Banken, Verkauf von Versicherungen durch selbständige Versiche-rungsvertreter.

Bei einer Kombination der Verhaltensdimensionen Aktivität/Passivität des Dienstleis-tungsanbieters in der Gestaltung der Absatzwege sowie Aktivität/Passivität in der Reak-tion der Absatzmittler auf die Aktivitäten des Dienstleistungsanbieters können die in Ab-bildung 4-41 dargestellten **absatzmittlergerichteten Strategien** unterschieden werden.

Abbildung 4-41   **Absatzmittlergerichtete Verhaltensstrategien**

Marketing des Dienstleisters	Passiv in der Gestaltung der Absatzwege	Aktiv in der Gestaltung der Absatzwege
Passiv in der Reaktion auf Marketingaktivitäten des Handels	Anpassung (Machtduldung)	Konflikt (Machtkampf)
Aktiv in der Reaktion auf Marketingaktivitäten des Handels	Kooperation (Machterwerb)	Umgehung/Ausweichung (Machtumgehung)

GABLER
GRAFIK

Ein privater Fernsehsender (zum Beispiel Pro7, RTL) kann sich in Bezug auf die Gestaltung seiner Absatzwege passiv verhalten und seine Informationen sowie Unterhaltungssendungen in ein vorhandenes Sendenetz einspeisen. Wenn er darüber hinaus auf mögliche Forderungen des „Handels" (Netzbetreiber) ohne Widerspruch eingeht, kann von einer **Anpassungsstrategie** gesprochen werden.

Die kosten- und risikoreichste Strategie wäre für den Fernsehsender die **Umgehungsstrategie**, bei der durch Aufbau eines eigenen Sendenetzes die bestehenden Absatzmittler (Netzbetreiber) umgangen werden. Einige Dienstleistungsunternehmen haben sich ferner für den ausschließlichen Vertrieb der Leistung über **direkte Absatzwege**, zum Beispiel über das Internet, entschieden. Diese können ebenfalls in die Kategorie der Umgehungsstrategie eingeordnet werden, wobei deutlich wird, dass die Grenze zwischen wettbewerbs- und absatzmittlergerichteter Ausweichstrategie in einigen Branchen nicht trennscharf ist.

Im Rahmen der **Kooperationsstrategie** werden hingegen Leistungsversprechen vertraglich festgelegt, zum Beispiel die Darstellung des Leistungsangebotes eines bestimmten Reiseveranstalters über Reisebüros.

Übernimmt ein Dienstleistungsanbieter hingegen eine aktive Rolle bei der Gestaltung der vorhandenen Absatzwege und versucht, seine Vorstellungen gegen die Interessen der Absatzmittler durchzusetzen (zum Beispiel Verlängerung von Sendezeiten, Ausbau des Sendenetzes), so kann diese Vorgehensweise als **Konfliktstrategie** bezeichnet werden.

Die Mehrheit der Dienstleistungsunternehmen versucht allerdings, ein **eigenständiges Vertriebssystem** aufzubauen (zum Beispiel ein Netzwerk von eigenen Versicherungsagenturen, Filialen eines Handelskonzerns, Autovermietungsstationen). Die Ableitung einer absatzmittlerorientierten Strategie im engeren Sinne ist in diesen Branchen somit nicht erforderlich. Vielmehr sind im Rahmen des Qualitätsmanagements Maßnahmen zur Steuerung und Kontrolle der Vertriebsorgane zu entwickeln.

4.3   Marketinginstrumentestrategien

Im Rahmen der strategischen Marketingplanung steht jedem Dienstleistungsunternehmen eine Reihe von marktbeeinflussenden Instrumenten zur Verfügung. Für sie gilt es, **Marketinginstrumentestrategien** zu entwickeln, mit deren Hilfe die formulierten Ziele und Strategien erfolgreich umgesetzt werden können. Die Gesamtheit dieser Instrumente kann in fünf Teilbereiche unterschieden werden, in denen die folgenden Strategien abzuleiten sind (vgl. zur Einordnung Abbildung 4-24):

- Leistungspolitik,
- Preispolitik,
- Distributionspolitik,

▌ Kommunikationspolitik,

▌ Personalpolitik.

Im Vergleich zum Marketingmix von Konsumgüter- und Industriegüterunternehmen verlangt das Dienstleistungsmarketing einen modifizierten Einsatz einzelner Instrumente. Dies wird insbesondere vor dem Hintergrund der zentralen Zielgröße „Kundenbindung" deutlich. Aus diesem Grund werden den einzelnen Submixbereichen des traditionellen Marketingmix im Folgenden verschiedene **Arten der Kundenbindung** beispielhaft zugeordnet.

1. Leistungspolitik

Im Rahmen der Leistungsstrategie eines Dienstleistungsunternehmens wird entschieden, welche Dienstleistungen in welcher Qualität wie am Markt angeboten werden sollen. Hinsichtlich des Zieles der Kundenbindung kommt hierbei der **technisch-funktionalen Kundenbindung** eine besondere Rolle zu. So kann der Dienstleister den Kunden durch den Verbund von Zusatzleistungen an die Kerndienstleistung zu einer weiteren Dienstleistungsnachfrage stimulieren. Der Hersteller von Software für die Mandantenbuchhaltung von Rechtsanwälten kann zum Beispiel zusätzlich zum Softwareprogramm auch die Schulung der Mitarbeiter des Rechtsanwalts im Umgang mit der Software anbieten.

Ferner kann die Wiederkaufrate durch die technische Kompatibilität einzelner Dienstleistungen erhöht werden. Für den Softwarehersteller bedeutet dies zum Beispiel, dass neben der Mandantenbuchhaltung weitere einzeln käufliche Softwaremodule, wie Kostenrechnung oder Textverarbeitung, angeboten werden könnten, die den Datenaustausch untereinander unterstützen.

2. Preispolitik

Der Dienstleister hat festzulegen, zu welchen Preisen und Konditionen die Dienstleistungen am Markt angeboten werden sollen. Es ist in diesem Zusammenhang unter anderem zu analysieren, ob Instrumente der **ökonomischen Kundenbindung** eingesetzt werden sollen. So besteht die Möglichkeit, durch eine Erhöhung der mit einem Anbieterwechsel verbundenen Wechselkosten die Kundenabwanderung zu reduzieren.

Kreditinstitute erheben zum Beispiel regelmäßig Vorfälligkeitsentschädigungen bei der frühzeitigen Kreditrückzahlung.

Auch durch die Preissetzung selbst kann die Wiederkaufrate erhöht werden. Bewährt haben sich in diesem Zusammenhang Rabattsysteme (zum Beispiel ein freier Kinobesuch bei Vorlage von zehn alten Kinokarten), Preisdegressionen in Abhängigkeit von der Bindungsdauer (zum Beispiel Schadenrabatte bei Versicherungen) und die Erhebung fixer Eintrittskosten bei gleichzeitiger Ermäßigung der Folgekosten (zum Beispiel BahnCard).

Auch der Einsatz von Instrumenten der **vertraglichen Kundenbindung** ist bei der Festlegung der Preisstrategie zu erwägen. Insbesondere bietet sich die vertragliche Bindung von Zusatzleistungen an die Kernleistung an. Serviceverträge und Garantiebedingungen, wie sie im Automobilhandel üblich sind, stellen typische Beispiele für die vertragliche Kundenbindung dar. Ferner können auch Folgekäufe vertraglich gesichert werden. Zum Beispiel bei Zeitschriftenabonnements sowie Mindestbezugsvereinbarungen von Buchclubs. Auch langfristige Vertragsgestaltungen, wie sie vielfach in Fitness-Clubs vorzufinden sind, stellen ein Instrument der vertraglichen Kundenbindung dar.

3. Distributionspolitik

Im Rahmen der Distributionsstrategie ist zu entscheiden, auf welchen Vertriebswegen und durch wen (Absatzmittler) die Dienstleistungen angeboten werden sollen und in welcher Form der externe Faktor zu integrieren ist. In einigen Branchen erfolgt die Integration des externen Faktors vermehrt durch die Interaktion des Kunden mit Maschinen und Automaten (zum Beispiel bei Banken mittels Geldautomaten). Das Kundenbindungsmanagement ist dann vor die Herausforderung gestellt, dass der persönliche Kontakt zum Kunden nicht verloren geht und trotz der Automatisierung die emotionale Bindung zum Dienstleister bestehen bleibt. Darüber hinaus sind es auch äußere Faktoren, wie zum Beispiel der günstige Standort eines Anbieters, die eine Kundenbindung bewirken. In einer erweiterten Sicht kann dabei von **ökonomischer Kundenbindung** gesprochen werden, wenn trotz Unzufriedenheit die Transaktionskosten eines Anbieterwechsels aus Kundensicht zu hoch wären und aus diesem Grund der bisherige Standort weiter frequentiert wird.

4. Kommunikationspolitik

Bei der Festlegung der Kommunikationsstrategie ist der Frage nachzugehen, welche Informations- und Beeinflussungsmaßnahmen ergriffen werden sollen, um die Dienstleistung abzusetzen. Als Kommunikationsinstrument zur **emotionalen Kundenbindung** kommt dem Direct Marketing eine hohe Bedeutung zu. Aber auch der Einsatz von Kundenzeitungen, -karten oder -events kann die emotionalen Bindungen zum Dienstleister herstellen beziehungsweise verstärken.

5. Personalpolitik

Nicht zuletzt muss auch die Personalpolitik des Unternehmens festgelegt werden. Hier besteht die besondere Herausforderung des Unternehmens darin, die kundenseitig gewünschte Verhaltensweise möglichst im Einklang mit den Mitarbeiterinteressen zu realisieren. Der Kundenbindungserfolg in Form einer stabilen und offenen Geschäftsbeziehung ist immer dann besonders hoch, wenn die Kunden eine persönliche Beziehung (emotionale Kundenbindung) zu den Kundenkontaktmitarbeitern aufgebaut haben.

Die jeweilige Marketinginstrumentestrategie ergibt sich aus den im Rahmen der Geschäftsfeld- und Marktteilnehmerstrategien formulierten Schwerpunkten. Entschließt sich eine Dienstleistungsunternehmung beispielsweise für eine undifferenzierte Marktbearbeitungsstrategie, so wird sie sich in ihrer Kommunikation eher auf Direct Mailings konzentrieren, wohingegen bei einer differenzierten Marktbearbeitungsstrategie auch das Event Marketing für besonders bedeutsame Kunden zum Einsatz gelangen kann.

Da die Qualität im Rahmen der strategischen Grundausrichtung vieler Dienstleistungsunternehmen die Ausgangsbasis zur Erreichung der übrigen Ziel- und Strategiedimensionen bildet, muss ein geeignetes System zur Umsetzung der Qualitätsstrategie gefunden werden. Die Einführung eines Qualitätsmanagements ist hierzu ein geeigneter Ansatz.

5 Qualitätsmanagement im Dienstleistungsbereich

1.	Bedeutung des Qualitätsmanagements	267

2.	Grundlagen des Qualitätsmanagements für Dienstleistungen	270
2.1	Begriff der Dienstleistungsqualität	270
2.2	Dimensionen der Dienstleistungsqualität	273
2.3	Konzeptionelle Grundlagen eines Qualitätsmanagements für Dienstleistungen	274
2.31	Total Quality Management	274
2.32	Begriff und Bausteine des Qualitätsmanagements	276

3.	Analyse der Dienstleistungsqualität	278
3.1	Modelle der Dienstleistungsqualität	278
3.11	GAP-Modell	278
3.12	Dynamisches Prozessmodell von Boulding et al.	282
3.13	Beziehungsqualitätsmodell von Liljander/Strandvik	284
3.14	Qualitatives Zufriedenheitsmodell von Stauss/Neuhaus	287
3.2	Ansätze zur Messung der Dienstleistungsqualität	288
3.21	Nachfragerbezogene Messung der Dienstleistungsqualität	291
3.211	Messung nach objektiven Kriterien	291
3.212	Messung nach subjektiven Kriterien	292
3.2121	Merkmalsorientierte Messverfahren	294
3.2122	Ereignisorientierte Messverfahren	308
3.2123	Problemorientierte Messverfahren	316
3.22	Anbieterbezogene Messung der Dienstleistungsqualität	319
3.221	Managementorientierte Messansätze	319
3.222	Mitarbeiterorientierte Messansätze	324

4.   Planung des Qualitätsmanagements für Dienstleistungen   327

5.   Umsetzung des Qualitätsmanagements für Dienstleistungen   332
5.1   Regelkreis des Qualitätsmanagements   332
5.2   Instrumente der Qualitätsplanung   332
5.3   Instrumente der Qualitätslenkung   333
5.4   Instrumente der Qualitätsprüfung   335
5.5   Instrumente der Qualitätsmanagementdarlegung   336

6.   Steuerung des Qualitätsmanagements für Dienstleistungen   338
6.1   Qualitätspreise für Dienstleistungsunternehmen   338
6.2   Zertifizierung von Dienstleistungsunternehmen   340
6.3   Nationale Kundenbarometer als Informationsgrundlage
       für Qualitätsmanagementsysteme   341

7.   Wirtschaftlichkeit des Qualitätsmanagements   344
7.1   Kosten des Qualitätsmanagements   344
7.2   Nutzenwirkungen des Qualitätsmanagements   348
7.3   Ansatzpunkte für einen Kosten-Nutzen-Vergleich   350

1. Bedeutung des Qualitätsmanagements

Die Erstellung einer hohen Dienstleistungsqualität hat sich in den vergangenen Jahren zu einem **zentralen Wettbewerbsfaktor** entwickelt. Viele Dienstleistungsmärkte haben bereits das Stadium der Reife, Stagnation oder sogar Schrumpfung erreicht. Eine wesentliche Ausweitung des Marktvolumens ist in diesen Märkten ohne tief greifende Produkt- und Leistungsinnovationen kurz- und mittelfristig nicht mehr möglich. Angesichts dieser Rahmenbedingungen rückt die langfristige Bindung vorhandener Kunden neben die Gewinnung von neuen Kunden in das Zentrum der marketingpolitischen Überlegungen (vgl. Abschnitt 1 in Kapitel 2). Bereits im vierten Kapitel wurde bei den Ausführungen zu Zielen im Dienstleistungsmarketing aufgezeigt, dass über eine Erfüllung der (heterogenen) Kundenerwartungen eine Steigerung der Kundenzufriedenheit erreicht werden kann, die wiederum kundenbezogene Verhaltenswirkungen, insbesondere die Kundenbindung, und damit den **ökonomischen Erfolg** positiv beeinflusst.

Die angebotene Dienstleistungsqualität ist dabei ein Schlüsselfaktor für die Kundenzufriedenheit. Der Kunde hat bestimmte Qualitätserwartungen, die nicht enttäuscht werden dürfen. Für Unternehmen folgt daraus, dass die **Sicherung des Kundennutzens und der Kundenerwartungen** eine Aufgabe aller am Wertschöpfungsprozess beteiligten Mitarbeiter sein muss.

Der Erfolg eines Unternehmens baut nicht auf objektiv gegebene, sondern vom Kunden subjektiv wahrgenommene Positionierungsvorteile auf (Simon 1988, S. 474). Grundlage des Erfolgs sind die aus Sicht des Kunden erzielten nachhaltigen Wettbewerbsvorteile, die darin bestehen, in den für den Kunden wichtigen Leistungsmerkmalen besser zu sein als der Wettbewerber (vgl. Esser 1989, S. 192). Dies macht den besonderen Stellenwert der Forderung „**Sicherung einer überlegenen Dienstleistungsqualität**" und die Relevanz eines erfolgreichen Qualitätsmanagements für Dienstleistungen zur Erfüllung der Kundenanforderungen durch die angebotene Leistung deutlich.

Weiterhin kommt dem Qualitätsmanagement und damit dem Management der Kundenzufriedenheit aufgrund der **Besonderheiten des Dienstleistungsmarketing** ein besonderer Stellenwert zu. Die konstitutiven Merkmale von Dienstleistungen wie die Gleichzeitigkeit von Erstellung und Konsumtion der Dienstleistung, die Heterogenität der durch den Kunden eingebrachten externen Faktoren und die Interaktion zwischen Mitarbeitern und Kunden im Prozess der Leistungserstellung führen zu einer besonderen Relevanz des Qualitätsmanagements für Dienstleistungsunternehmen im Vergleich zu Sachgüterherstellern.

Qualität in Dienstleistungsunternehmen darf nicht nur unter dem Blickwinkel des eigenen Unternehmens oder aus der Konkurrenzperspektive betrachtet werden. Natürlich ergibt sich in gewissem Umfang eine relative Qualitätsposition aus den absoluten Leistungen des Unternehmens und den Leistungen der Konkurrenten. Letztlich maßgebend für den Unternehmenserfolg wird aber immer die **Qualitätseinschätzung der Kunden** sein, deren Qualitätsurteil sich aus einer Gegenüberstellung von erwarteter und wahrgenommener Leistung ergibt. Die erlebte Dienstleistungsqualität manifestiert sich für die Kunden an dieser Schnittstelle, und dieses Erleben der Dienstleistung ist es, das über den Erfolg der unternehmerischen Leistungen im Markt entscheidet (Buzzell/Gale 1989, S. 91).

Der langfristige Erfolg eines Dienstleistungsanbieters hängt im Wesentlichen davon ab, ob die Konsumenten **Vertrauen** in die Leistung entwickeln und auch bereit sind, für überdurchschnittliche Leistungen einen höheren Preis zu zahlen (vgl. auch Krotz/Gratzer 1989).

Aber auch unter Vernachlässigung dieser „indirekten" Wirkungen muss höhere Qualität keineswegs mit höheren Kosten verbunden sein. Es ist im Gegenteil häufig so, dass eine qualitativ fehlerhafte Leistungserstellung Folgekosten für den Dienstleistungsanbieter verursacht, die die Kosten einer von vornherein qualitativ einwandfreien Leistungserstellung übersteigen (Crosby 1986a, S. 28; Haist/Fromm 1991, S. 56ff.). So ermöglicht das Angebot qualitativ hochwertiger Dienstleistungen auch die Realisierung einer **„Überholstrategie"** (Outpacing), bei der unter Umständen sowohl in der Kostendimension (Kostenvorteile) als auch in der Qualitätsdimension (Qualitätsvorsprünge) Verbesserungen erreichbar sind. Nicht zu vernachlässigen ist auch die Tatsache, dass die Kompensation eines Qualitätsvorsprungs gegenüber der Senkung des Angebotspreises einer Leistung für Wettbewerber mit erheblich höheren Anstrengungen verbunden ist und zudem einen größeren Zeitaufwand erfordert.

Im Spannungsfeld von **Kosten**, **Zeit** und **Qualität** wird sich allerdings nur dann eine alle Faktoren optimierende Lösung finden lassen, wenn es dem einzelnen Unternehmen gelingt, die Beschäftigung mit dem Thema Qualität aus einer isolierten Zeitpunktbetrachtung herauszulösen und zum Gegenstand eines permanenten Qualitätsmanagementprozesses zu machen.

Eine Zuordnung des Qualitätsmanagements entweder zum strategischen oder zum operativen Dienstleistungsmarketing erscheint als wenig sinnvoll, da im Hinblick auf das Qualitätsmanagement sowohl strategische als auch operative Entscheidungstatbestände vorliegen.

Eine Abgrenzung zwischen den Begriffen der **Dienstleistungsqualität** und der **Kundenzufriedenheit** wird in der Literatur nicht einheitlich vorgenommen (Schütze 1992). Traditionellerweise wird die Kundenzufriedenheit jedoch eher einzelnen Transaktionen und damit einer transaktionalen Perspektive zugeordnet (Bitner/Booms/Tetreault 1990; Oliver 1997), während die Dienstleistungsqualität eher auf einer globalen Betrachtungsebene angesiedelt ist.

Damit beeinflussen sich die beiden Konstrukte im **Zeitablauf** gegenseitig, wie in Abbildung 5-1 dargestellt. Die auf einer globalen Betrachtungsebene angesiedelte wahrgenommene Dienstleistungsqualität beeinflusst die Kundenzufriedenheit auf der Ebene der einzelnen Transaktion. Diese wiederum wirkt sich auf die wahrgenommene Dienstleistungsqualität auf globaler Ebene aus und verändert diese. Die Zufriedenheit mit der nachfolgenden Transaktion wird wiederum durch die wahrgenommene Dienstleistungsqualität beeinflusst (Taylor/Baker 1994; Siefke 1997).

| Abbildung 5-1 | Zusammenhang von Dienstleistungsqualität und Kundenzufriedenheit |

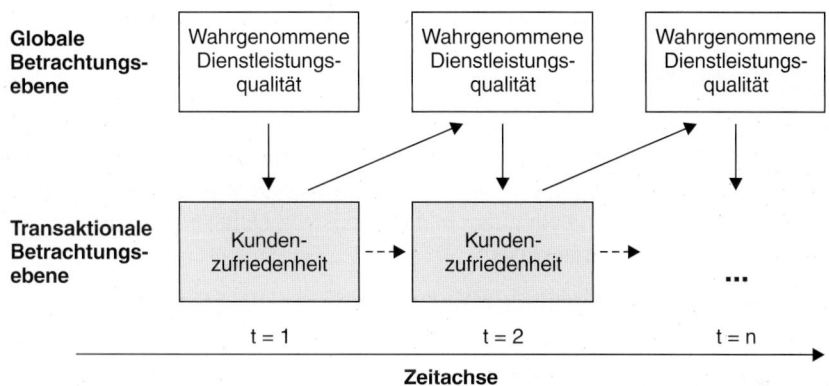

Quelle: Siefke 1997, S. 63

In diesem Kapitel wird die Dienstleistungsqualität in den Mittelpunkt gestellt, um Ansatzpunkte zur Handlungsseite der Kundenzufriedenheit herauszustellen (Hentschel 1992, S. 120). Bevor die Ausgestaltung eines Qualitätsmanagements zur Sicherstellung einer hohen Dienstleistungsqualität betrachtet werden kann, ist es notwendig, zunächst die Grundlagen zum Begriff Dienstleistungsqualität sowie die konzeptionellen Grundlagen eines Qualitätsmanagements darzustellen.

2. Grundlagen des Qualitätsmanagements für Dienstleistungen

2.1 Begriff der Dienstleistungsqualität

Analog zu den diversen Ansätzen, den Begriff der **Dienstleistung** eindeutig zu erfassen, liegt in Bezug auf den Begriff der **Qualität** ein kontroverses Verständnis in der betriebswirtschaftlichen Literatur und vor allem in der Praxis vor. Daher wird zunächst auf zwei „offizielle" Definitionen hingewiesen.

Das **Deutsche Institut für Normung e.V.** (DIN) hat in der DIN 55350 (Teil 11, S. 3, Nr. 5, Mai 1987) folgende Definition zugrunde gelegt:

> **„Qualität** ist die Beschaffenheit einer Einheit bezüglich ihrer Eignung, festgelegte oder vorausgesetzte Erfordernisse zu erfüllen."

Als „Beschaffenheit" müssen dabei die einzelnen Merkmale der Einheiten, als „Einheiten" verschiedene materielle und immaterielle Gegenstände und als „Erfordernisse" die Qualitätsanforderungen verstanden werden. Eine ähnliche Definition liefert die **Deutsche Gesellschaft für Qualität e.V.** (1993):

> **„Qualität** ist die Gesamtheit von Eigenschaften und Merkmalen eines Produktes oder einer Tätigkeit, die sich auf deren Eignung zur Erfüllung gegebener Erfordernisse bezieht."

Beide Definitionen gelten sowohl für Produkte als auch für Dienstleistungen. Mit ihnen werden zwei zentrale **Ansätze des Qualitätsverständnisses** verbunden:

1. Produktbezogener Qualitätsbegriff

Qualität ist die Summe beziehungsweise das Niveau der vorhandenen Eigenschaften von Produkten beziehungsweise Dienstleistungen. Ziel ist es, eine Messung der Qualität nach objektiven Kriterien vorzunehmen.

2. Kundenbezogener Qualitätsbegriff

Qualität ist definiert durch die Wahrnehmung der Produkteigenschaften beziehungsweise Leistungen durch den Kunden. Eine Messung der Qualität erfolgt demnach anhand von subjektiven Kriterien (Bruhn/Hennig 1993, S. 216f.; Bruhn 2001b, S. 28).

Diesen beiden grundlegenden Qualitätsbegriffen fügt Garvin (Garvin 1984, S. 25ff.) noch drei weitere Qualitätsauffassungen hinzu:

▌ Der **absolute Qualitätsbegriff** definiert Qualität als ein Maß für die Güte eines Produktes oder einer Leistung. Sie kann in verschiedene Klassen kategorisiert werden (gut, mittel, schlecht). Damit entspricht diese Definition weitgehend dem umgangssprachlichen Verständnis des Qualitätsbegriffes.

▌ Der **herstellungsorientierte Qualitätsbegriff** definiert Qualität als die Vorgabe von betrieblichen Standards, die als Basis für die Qualitätskontrolle einer Unternehmung dienen. Es bleibt offen, ob diese Maßstäbe durch objektive oder subjektive Indikatoren definiert werden.

▌ Der **wertorientierte Qualitätsbegriff** stellt die Frage nach dem Preis-Leistungs-Verhältnis aus Sicht des Kunden. Dieser beurteilt, ob die Leistung ihren Preis „wert" ist und demzufolge ein bestimmtes Niveau an Qualität erreicht.

Trotz der geforderten Betonung der Kundenperspektive darf die Festlegung von Anforderungen an die Dienstleistungsqualität natürlich keinesfalls eindimensional beziehungsweise einseitig aus Kundensicht erfolgen.

Unternehmen sehen sich in ihrer Umwelt einer Vielzahl von Anforderungen an die Dienstleistungsqualität ausgesetzt. Neben Einflüssen der globalen Umwelt, wie zum Beispiel technische und politisch-rechtliche Rahmenbedingungen, stehen vor allem die **Anforderungen aus Marktteilnehmersicht** im Vordergrund, denn sie entscheiden letztlich über den Erfolg der Unternehmung am Markt. Die Qualität einer Dienstleistung steht somit in einem Spannungsfeld, das sich aus der Sicht der Kunden, der Wettbewerber und des eigenen Unternehmens ergibt (Bruhn 2001b, S. 29ff.):

1. Anforderungen aus Kundensicht

Die Anforderungen aus Kundensicht sind definiert durch die spezifischen Erwartungshaltungen der aktuellen und potenziellen Kunden und stellen den zentralen Maßstab zur Bestimmung der Dienstleistungsqualität dar. Diese können sich auf die Potenzialdimension (zum Beispiel Ausstattung eines Hotelzimmers), auf den Dienstleistungsprozess (zum Beispiel Höflichkeit der Bankangestellten) und/oder auf das Ergebnis der Dienstleistungserstellung (zum Beispiel Haarschnitt nach Friseurbesuch) beziehen. Die Erwartungshaltungen der Kunden werden dabei nicht nur durch die individuellen Bedürfnisse gebildet, sondern gleichzeitig von den Erfahrungen mit der Dienstleistung in der Vergangenheit, von Kommunikationsmaßnahmen des Dienstleisters oder von der Mund-zu-Mund-Kommunikation mit Kunden und anderen Personengruppen beeinflusst.

2. Anforderungen aus Wettbewerbersicht

Die Anforderungen aus Wettbewerbersicht beziehen sich auf die Überlegung, wie sich ein Unternehmen durch eine gezielte Qualitätsstrategie gegenüber den Hauptkonkurrenten profilieren kann; Dienstleistungsqualität wird somit als strategischer Wettbewerbsvorteil definiert. Konkrete Anforderungen an die Dienstleistungsqualität einer Unternehmung ergeben sich dabei beispielsweise aus dem Qualitätsniveau der von den wichtigsten Mitbewerbern angebotenen Dienstleistungen, aus der jeweiligen Qualitätsposition oder aus den unternehmensinternen Leistungspotenzialen der Konkurrenz.

3. Anforderungen aus Unternehmenssicht

Die Anforderungen aus Unternehmenssicht resultieren aus der Fähigkeit und der Bereitschaft des Dienstleistungsanbieters zur Erbringung bestimmter Niveaus der Dienstleistungsqualität. Dabei spielen unterschiedliche Faktoren eine Rolle, wie beispielsweise die Dienstleistungsmentalität der Mitarbeiter, ihre fachliche Qualifikation und die Bedeutung der Qualitätspolitik für die Marketingstrategie des Dienstleistungsanbieters.

Die Erläuterung der einzelnen Anforderungen verdeutlicht, dass die Bestimmung der Dienstleistungsqualität nicht eindimensional und einseitig festgelegt werden kann. Vielmehr handelt es sich um einen mehrdimensionalen Vorgang, der sich an dem **Dreiecksverhältnis** Kunde, Wettbewerb und Unternehmen, dem so genannten „magischen Dreieck", orientieren muss (Bruhn 2000c, S. 30). Letztlich bestimmt der Kunde die Anforderungen an eine Dienstleistung und steht daher auch im Mittelpunkt der Ansätze zur Messung der Dienstleistungsqualität. Wettbewerber dagegen setzen dem Qualitätsmanagement der Unternehmung Grenzen, indem sie sich eigenständig positionieren und Wettbewerbsvorteile schaffen. Der Dienstleistungsunternehmung sind durch ihr Qualitäts-Know-how und ihre Kapazitäten Rahmen gesetzt, die sie bei der Bestimmung ihrer Dienstleistungsqualität zu berücksichtigen hat.

Als Konklusion der genannten Qualitätsbegriffe soll folgende **Begriffsauffassung** zugrunde gelegt werden:

> **Dienstleistungsqualität** ist die Fähigkeit eines Anbieters, die Beschaffenheit einer primär intangiblen und der Kundenbeteiligung bedürfenden Leistung aufgrund von Kundenerwartungen auf einem bestimmten Anforderungsniveau zu erstellen. Sie bestimmt sich aus der Summe der Eigenschaften beziehungsweise Merkmale der Dienstleistung, bestimmten Anforderungen gerecht zu werden (Bruhn 2001b, S. 31).

Diese Begriffsauffassung verdeutlicht zum einen den produktorientierten Qualitätsbegriff: Dienstleistungsqualität ist die Beschaffenheit einer Leistung, die auf einem bestimmten Niveau – gut oder schlecht – erstellt werden kann. Zum anderen kommt der kundenorientierte Qualitätsbegriff dadurch zum Ausdruck, dass die Anforderungen an das Niveau vom Kunden festgelegt werden. Daher ist der Qualitätsbegriff auch relativ – aus der subjektiven Perspektive des Kunden – zu formulieren.

2.2 Dimensionen der Dienstleistungsqualität

Die Koexistenz verschiedener begrifflicher Auffassungen der Dienstleistungsqualität erfordert eine Festlegung der relevanten **Dimensionen der Dienstleistungsqualität**. Bedingt durch die Heterogenität des Dienstleistungssektors existiert eine Vielzahl branchen- und typenspezifischer Qualitätsmerkmale. Es stellt sich die Frage, welche der Dimensionen für alle Dienstleistungen zutreffen und wie diese vom Kunden wahrgenommen werden. In diesem Zusammenhang wird als **Qualitätsdimension** „die Wahrnehmung unterschiedlicher Qualitätseigenschaften durch unternehmensinterne und -externe Zielgruppen" verstanden (Bruhn 2001b, S. 42).

Im Mittelpunkt der Ausführungen in der Marketingliteratur steht hier die Unterscheidung in eine Potenzial-, Prozess- und Ergebnisdimension (Donabedian 1980): Die **Potenzial-dimension** beinhaltet die sachlichen, organisatorischen und persönlichen Leistungsvoraussetzungen des Dienstleistungsanbieters. Die **Prozessdimension** bezieht sich auf alle Prozesse während der Leistungserstellung. In der **Ergebnisdimension** erfolgt die Beurteilung der erbrachten Leistung am Ende des Dienstleistungsprozesses.

Eine Unterscheidung der Qualitätsdimensionen ist aber auch in Bezug auf den Umfang und die Art der erstellten Leistung möglich (Grönroos 2000). Die **technische Dimension** beinhaltet den Umfang des Leistungsprogramms und fragt nach dem „Was" einer Dienstleistung. Die **funktionale Dimension** fragt dagegen nach dem „Wie" einer Dienstleistung, das heißt, in welcher Form das Leistungsprogramm angeboten wird.

Eine weitere Unterteilung der Dimensionen der Dienstleistungsqualität bezieht sich auf die Erwartungshaltung der Kunden im Hinblick auf das Dienstleistungsprogramm (Berry 1986): Zu der so genannten **Routinekomponente** gehören alle Eigenschaften, die normalerweise zu einer Dienstleistung zählen. Für eine Negativabweichung kann es vom Kunden „Strafpunkte" geben. Die **Ausnahmekomponente** beinhaltet dagegen Zusatzleistungen des Dienstleistungsanbieters, die vom Kunden nicht erwartet wurden und von ihm mit Bonuspunkten honoriert werden.

Die folgenden drei Qualitätsdimensionen beantworten dagegen die Frage, welche Nähe des Kunden zum Dienstleistungsprodukt bei der Beurteilung der Dienstleistungen gegeben ist (Zeithaml 1981, S. 186ff.): Im Rahmen der **Suchkomponente** („Search Qualities") verfügt der Kunde noch über keine Erfahrung mit dem Dienstleistungsanbieter und sucht im Vorfeld Indikatoren zur Beurteilung der Dienstleistung. Dagegen ist der Kunde in Bezug auf die **Erfahrungskomponente** („Experience Qualities") in der Lage, eine Beurteilung aufgrund von Erfahrungen während des Leistungsprozesses oder am Ende der Leistungserstellung vorzunehmen. Die **Glaubenskomponente** („Credence Qualities") umfasst alle Merkmale einer Dienstleistung, die sich einer genauen Beurteilung entziehen beziehungsweise erst später eingeschätzt werden können.

Ergebnis nicht nur konzeptioneller Überlegungen, sondern auch empirischer Prüfungen sind die folgenden **fünf Qualitätsdimensionen,** die alle aufgeführten Unterteilungen beinhalten (Parasuraman/Zeithaml/Berry 1985, 1988; Zeithaml/Parasuraman/Berry 1992):

■ Die **Annehmlichkeit des tangiblen Umfeldes** („Tangibles") beinhaltet zum Beispiel das äußere Erscheinungsbild des Dienstleistungsortes, insbesondere die Ausstattung der Räume und das Erscheinungsbild des Personals.

■ Als **Zuverlässigkeit** („Reliability") wird die Fähigkeit des Dienstleistungsanbieters
bezeichnet, die versprochenen Leistungen auch auf dem avisierten Niveau zu erfüllen.

■ Die **Reaktionsfähigkeit** („Responsiveness") stellt die Frage, ob das Dienstleistungsunternehmen in der Lage ist, auf spezifische Wünsche der Kunden einzugehen
und sie zu erfüllen. Dabei spielen sowohl die Reaktionsbereitschaft als auch die
Schnelligkeit der Reaktion eine Rolle.

■ Die **Leistungskompetenz** („Assurance") bezieht sich auf die Fähigkeiten des Anbieters zur Erbringung der Dienstleistung, insbesondere in Bezug auf das Wissen, die
Höflichkeit und die Vertrauenswürdigkeit der Mitarbeiter.

■ Das **Einfühlungsvermögen** („Empathy") kennzeichnet sowohl die Bereitschaft als
auch die Fähigkeit des Dienstleistungsanbieters, jedem einzelnen Kunden die notwendige Fürsorge und Aufmerksamkeit entgegenzubringen.

Neben einer strukturierenden Funktion sind die aufgeführten Unterscheidungen von
Qualitätsdimensionen in der Lage, erste Hinweise für die Gestaltung von Messkonzepten
zur Erfassung der Dienstleistungsqualität zu liefern. Dazu ist es jedoch notwendig, die
Dimensionen durch einzelne Merkmale der Dienstleistungsqualität zu konkretisieren
(Stauss/Hentschel 1991, S. 240), denn aufgrund des Abstraktionsgrades, auf dem die Di-
mensionen abgegrenzt werden, sind sie einer unmittelbaren Messung kaum zugänglich
(Benkenstein 1993, S. 1099).

2.3 Konzeptionelle Grundlagen eines Qualitätsmanagements für Dienstleistungen

2.31 Total Quality Management

Der Begriff des **Total Quality Management** wird von der Deutschen Gesellschaft für
Qualität (DGQ-Lenkungsausschuss Gemeinschaftsarbeit (LAG) der Deutschen Gesellschaft für Qualität e.V. 1995) wie folgt definiert:

> **Total Quality Management** ist eine auf der Mitwirkung aller ihrer Mitglieder beru-
> hende Führungsmethode einer Organisation, die Qualität in den Mittelpunkt stellt
> und durch die Zufriedenheit der Kunden auf den langfristigen Geschäftserfolg sowie
> auf den Nutzen für die Mitglieder der Organisation und für die Gesellschaft zielt.

In diesem Zusammenhang wird der Nutzen für die Gesellschaft als die Erfüllung der Forderungen der Gesellschaft interpretiert.

Das Konzept des Total Quality Management findet seinen Ursprung in japanischen Qualitätskonzepten, die auch unter dem Begriff **Total Quality Control** zusammengefasst werden können (Dale/Lascelles/Plunkett 1990, S. 3ff.; Kamiske/Brauer 1993, S. 27). Dahinter steht die Annahme, dass eine totale Qualitätskontrolle zu einer kontinuierlichen Qualitätsverbesserung, einer größeren Effizienz, einer höheren Effektivität und zu geringeren Kosten führt. Zentrales Element dieses Ansatzes ist die Forderung, dass die Verantwortung für die Qualitätskontrolle von sämtlichen Mitarbeitern in allen Bereichen der Unternehmung getragen wird (Wyckhoff 1988, S. 232).

Eine Weiterentwicklung stellt das Konzept des Total Quality Management insofern dar, als dass von einer Unternehmenskultur oder Führungsphilosophie ausgegangen wird, in deren Mittelpunkt die Kundenzufriedenheit steht (DIN ISO 8402 1992, S. 22; Frehr 1994, S. 1; Bovermann 1997). Elemente dieser **Qualitätsmanagementphilosophie** sind (Mudie/Cottam 1993, S. 92; Kamiske/Brauer 1999):

■ Orientierung an dem Kunden und an seinem Urteil, sowohl in Bezug auf externe als auch interne Kunden (Mitarbeiter),

■ Kontinuierliche und dynamische Qualitätsverbesserung,

■ Aufnahme der Qualität als oberstes Unternehmensziel,

■ Forderung, dass jeder Mitarbeiter des Unternehmens „Qualitätsmanager" ist.

Damit sind für „Qualität" nicht nur spezifische Abteilungen zuständig, sondern sämtliche Mitarbeiter auf allen unternehmerischen Hierarchieebenen (Stauss 1993, S. 116).

Das für die Sachgüterproduktion entwickelte Konzept des Total Quality Management lässt sich auf Dienstleistungen und die Kundenzufriedenheit übertragen (Homburg 1998). Im Rahmen einer **integrierten Qualitätssicherung** hat eine Einbeziehung aller Beteiligten in den Dienstleistungsprozess zu erfolgen (Bruhn 2001b, S. 53). Bausteine eines Total Quality Management im Dienstleistungsbereich sind:

1. **Total** – die Einbeziehung aller an der Dienstleistung beteiligten Mitarbeiter, Zulieferer und Kunden,

2. **Quality** – die konsequente Orientierung des Dienstleistungsprozesses an den Qualitätsforderungen sämtlicher interner und externer Kunden,

3. **Management** – die Übernahme einer Vorbildfunktion für die Dienstleistungsqualität mit einem partizipativ-kooperativen Führungsstil des Managements.

Zusammenfassend kann Total Quality Management als eine integrierte, das gesamte Unternehmen mit allen Aktivitäten und Mitarbeitern sowie die Unternehmensumwelt einbeziehende **Führungsstrategie** bezeichnet werden, deren Aufgabe die Vorgabe aus Kundenanforderungen abgeleiteter Qualitätsziele und deren Erfüllung ist (Kamiske/Brauer 1999).

2.32   Begriff und Bausteine des Qualitätsmanagements

Da der Begriff **Qualitätsmanagement** in Wissenschaft und Praxis in vielfältiger Weise diskutiert wird (vgl. zum Beispiel Stebbing 1990; Oess 1993; Stauss 1994c; Bruhn 2001b; Pfeifer 2001), sind auch Definitionsvorschläge in vielfältiger Art vorhanden. Im Folgenden werden als ein hier zweckmäßig erscheinendes Begriffsverständnis zunächst die DIN-Normen zugrunde gelegt.

Qualitätsmanagement ist nach DIN 55350 Teil 11 sowie den Bestimmungen der Deutschen Gesellschaft für Qualität e.V. umfassend als „Gesamtheit der qualitätsbezogenen Tätigkeiten und Zielsetzungen" (Deutschen Gesellschaft für Qualität e.V. 1995, S. 35) definiert. Unter einem Qualitätsmanagementsystem werden dann die Aufbauorganisation, Verantwortlichkeiten, Abläufe, Verfahren und Mittel zur Verwirklichung des Qualitätsmanagements erfasst. Das Qualitätsmanagement ist hierbei nur so umfassend zu gestalten, wie dies zum Erreichen der Qualitätsziele unbedingt notwendig ist (Deutsche Gesellschaft für Qualität e.V. 1995, S. 36). Mit dieser Anmerkung ist beabsichtigt, die Rentabilität des entwickelten Qualitätsmanagementkonzeptes zu berücksichtigen und Kosten-Nutzen-Vergleiche vorzunehmen. Auf dieser Grundlage soll der **Begriff des Qualitätsmanagementsystems** wie folgt definiert werden:

> Unter einem **Qualitätsmanagementsystem** für Dienstleistungen ist die Zusammenfügung verschiedener Bausteine unter sachlogischen Gesichtspunkten zu verstehen, um unternehmensintern und -extern eine systematische Analyse, Planung, Organisation, Durchführung und Kontrolle von qualitätsrelevanten Aspekten des Leistungsprogramms eines Unternehmens sicherzustellen.

Gemäß dem TQM-Ansatz und den Prinzipien des Qualitätsmanagements für Dienstleistungsunternehmen lässt sich hier festhalten, dass ein Qualitätsmanagement für Dienstleistungen entsprechend den Anforderungen und Besonderheiten des Marktes angepasst werden sollte. Einen Schwerpunkt der Qualitätsbetrachtung stellen im Gegensatz zum für Sachgüter konzipierten TQM sämtliche Prozesse innerhalb der Dienstleistungskette sowie die Integration des externen Faktors dar (Bruhn 2001b). Ferner soll die wirtschaftliche Ausrichtung der qualitätsbezogenen Aktivitäten sichergestellt werden.

Hauptaufgabe eines Qualitätsmanagementsystems ist die **Schaffung und Sicherstellung der Qualitätsfähigkeit** des Dienstleistungsunternehmens (Horváth/Urban 1990, S. 14). Die Gestaltung des Qualitätsmanagementsystems ist an der Qualitätsfähigkeit zu orientieren. Hierzu sollte ein Qualitätsmanagement für Dienstleistungen vier **Bausteine** umfassen, die sich den Phasen des klassischen Managementprozesses (Meffert/Burmann 2002): Analyse, Planung, Durchführung und Kontrolle, zuordnen lassen (vgl. Abbildung 5-2):

1. **Analyse der Dienstleistungsqualität** als Informationsgrundlage des Qualitätsmanagements für Dienstleistungen (vgl. Abschnitt 3),

2. **Planung des Qualitätsmanagements** zur Festlegung der erforderlichen Qualitätsfähigkeit in der Planungsphase (vgl. Abschnitt 4),

3. **Umsetzung des Qualitätsmanagements** mit einer Qualitätsplanung, -lenkung, -prüfung und -managementdarlegung zur Steuerung und Demonstration der Qualitätsfähigkeit in der Durchführungsphase (vgl. Abschnitte 5 und 6),

4. **Controlling des Qualitätsmanagements** zur Informationsversorgung und Kontrolle der Qualitätsfähigkeit im weitesten Sinne einer modernen Controllingphilosophie (vgl. Abschnitt 7).

Dem Qualitätsmanagement steht für die einzelnen Phasen des Managementprozesses eine Vielzahl unterschiedlicher Instrumente zur Verfügung. Ein professionelles Qualitätsmanagement für Dienstleistungen erfordert den systematischen Einsatz dieser Instrumente innerhalb jeder Phase. Es ist daher notwendig, sich mit deren Nutzungsmöglichkeiten auseinander zu setzen. Dementsprechend folgt das Buch den Phasen des Managementprozesses und stellt in den folgenden Abschnitten jeweils die Instrumente und deren Einsatzmöglichkeiten dar.

Abbildung 5-2   **Bausteine eines Qualitätsmanagementsystems für Dienstleistungen**

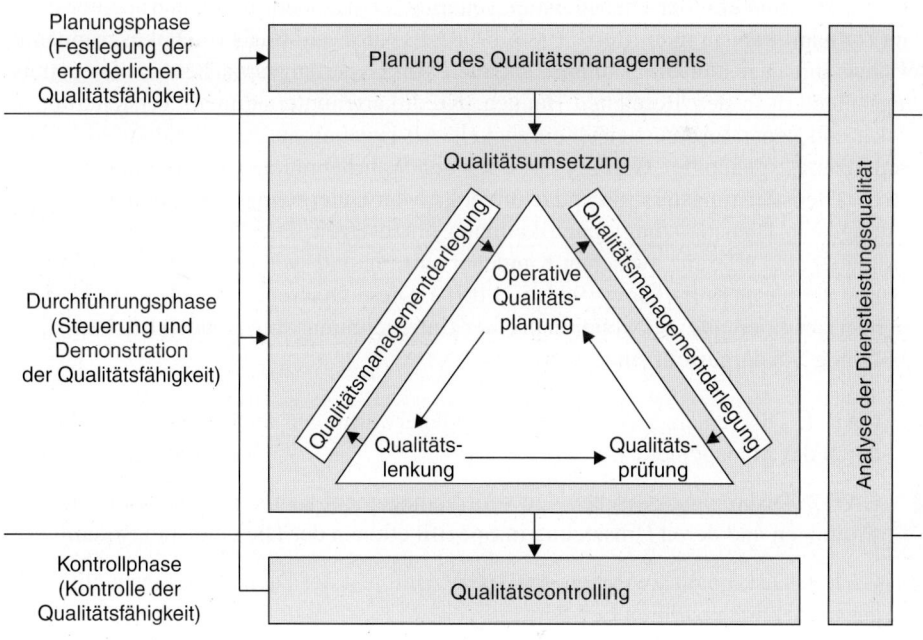

Quelle: Bruhn 2001b, S. 56

3.   Analyse der Dienstleistungsqualität

3.1   Modelle der Dienstleistungsqualität

Modelle der Dienstleistungsqualität versuchen, die Qualitätsbeurteilung aus Nachfragersicht und die angebotene Dienstleistung von Unternehmen im Gesamtzusammenhang
abzubilden (Benkenstein 1993, S. 1107). Dabei können erste Implikationen beziehungsweise Ansatzpunkte für Maßnahmen des Qualitätsmanagements eines Dienstleistungsunternehmens abgeleitet werden. Die vier wichtigsten Modelle sollen im Folgenden dargestellt werden.

3.11   GAP-Modell

In den 80er-Jahren gingen Zeithaml/Parasuraman/Berry der Frage nach, welche Faktoren
ursächlich für das Vorhandensein von Qualitätsschwächen in Dienstleistungsunternehmen
sind. Ihr **GAP-Modell der Dienstleistungsqualität** stellt ein umfassendes Rahmenkon-
zept zur Bestimmung der Dienstleistungsqualität aus Kunden- und Unternehmenssicht
dar (Zeithaml/Parasuraman/Berry 1985, 1990). Es wurde auf Basis von Fokusgruppenin-
terviews mit Dienstleistungskunden als auch von Expertengesprächen mit Dienstleistungsanbietern in den Bereichen Banken, Kreditkartenunternehmen, Versicherungen,
Broker und Reparaturdienstleister entwickelt. Als Ergebnis stellte sich heraus, dass **Dis-
krepanzen**, so genannte **„GAPs"**, zwischen den Wahrnehmungen des Kunden hinsichtlich der Dienstleistungsqualität und dem Versuch der Unternehmen bestehen, Kundenerwartungen in Dienstleistungsspezifikationen umzusetzen. Die Dienstleistungsqualität
wird dabei als Differenz zwischen Kundenerwartung und -wahrnehmung einer Dienstleistung definiert (Kurtz/Clow 1998, S. 110ff.). Diese Diskrepanz (auch als **GAP 5** bezeichnet) resultiert aus vier weiteren in einer Unternehmung auftretenden **Lücken**, die in
Abbildung 5-3 dargestellt sind.

■ **GAP 1:** Diskrepanz zwischen den Kundenerwartungen und deren Wahrnehmung
    durch das Management.

■ **GAP 2:** Diskrepanz zwischen den vom Management wahrgenommenen Kundener-
    wartungen und deren Umsetzung in Spezifikationen der Dienstleistungsqualität.

■ **GAP 3:** Diskrepanz zwischen den Spezifikationen der Dienstleistungsqualität und
    der tatsächlich erstellten Leistung.

■ **GAP 4:** Diskrepanz zwischen tatsächlich erstellter Dienstleistung und der an den
    Kunden gerichteten Kommunikation über diese Dienstleistung.

| Abbildung 5-3 | GAP-Modell der Dienstleistungsqualität |

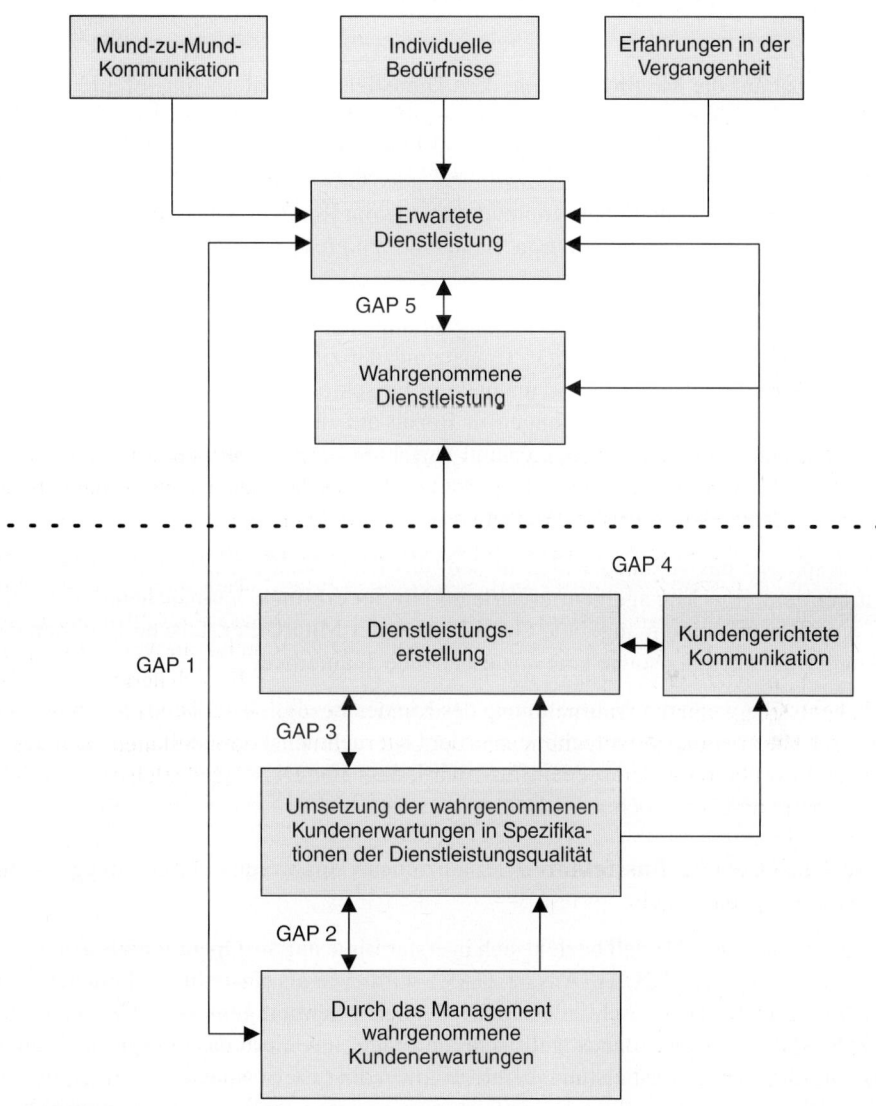

Quelle: Zeithaml/Berry/Parasuraman 1988, S. 44

Diese vier Lücken basieren auf einer Reihe von Faktoren, die im Rahmen einer Explorationsstudie ermittelt wurden und erste Ansatzpunkte für die Verbesserung der Dienstleistungsqualität liefern. Die meisten dieser Faktoren betreffen **Kommunikations- und Kontrollverfahren zur Personalführung** in Unternehmen. Andere Faktoren beinhalten die potenziellen Auswirkungen dieser Verfahren auf das Erstellen der Dienstleistungsqualität.

GAP 1 weist auf die Möglichkeit hin, dass Dienstleistungsunternehmen fehlende oder falsche Vorstellungen über die Bedeutung einzelner Merkmale für die Qualitätseinschätzung der Kunden und das von ihnen geforderte Leistungsniveau haben. Mögliche Ursachen dieser Lücke können aus einer unzureichenden Orientierung an Marktforschungsergebnissen, einer unzulänglichen Kommunikation vom Kundenkontaktpersonal zum Management („Aufwärtskommunikation") und einer zu großen Anzahl von Hierarchiestufen resultieren.

GAP 2 analysiert die Umsetzung der wahrgenommenen Kundenerwartungen in Spezifikationen der Dienstleistungsqualität. Umsetzungsdefizite werden im Modell durch folgende Faktoren identifiziert: Eine mangelnde Entschlossenheit des Managements zur Servicequalität, unklare Zielsetzungen in Bezug auf die Dienstleistungsqualität, eine mangelnde Nutzung von Instrumenten und Verfahren zur Standardisierung von Leistungen sowie falsche Annahmen des Managements über das Ausmaß, in dem Kundenerwartungen überhaupt erfüllt werden können.

GAP 3 spiegelt das Ausmaß wider, in dem das Dienstleistungspersonal die Leistung nicht auf dem vom Management erwarteten Niveau erbringt. Verursachende Faktoren sind zum Beispiel eine mangelnde Qualifikation der Mitarbeiter, falsche Kriterien der Leistungsüberwachung sowie eine unzureichende Teamarbeit.

GAP 4 entsteht, wenn die Wahrnehmung des Kunden bezüglich der Dienstleistungsqualität durch übertriebene Versprechungen in der Unternehmenskommunikation oder durch fehlende Informationen derart beeinflusst wird, dass eine Diskrepanz zwischen tatsächlich erstellter und versprochener Leistung entsteht.

Die verschiedenen **Einflussfaktoren** der einzelnen Gaps werden in Abbildung 5-4 zusammenfassend dargestellt.

Die **Kritik am GAP-Modell** bezieht sich in erster Linie auf die Operationalisierung von GAP 5 durch den SERVQUAL-Ansatz. GAP 5 wird zwar als einstellungsähnliches Konstrukt interpretiert, aber anschließend zufriedenheitsorientiert gemessen (Cronin/Taylor 1992, S. 55ff.). Darüber hinaus stellt sich die Frage, inwiefern das GAP-Modell überhaupt für sämtliche Dienstleistungsbereiche anwendbar ist. So sind die Struktur und die im Modell implizit unterstellten Dienstleistungsprozesse vor allem auf den empirisch erprobten Bereich der Finanz- und Reparaturdienstleistungen „zugeschnitten". Das GAP-Modell wurde daher zunächst hauptsächlich von Banken in die Praxis umgesetzt (Bruhn/Hennig 1993).

Abbildung 5-4   Einflussfaktoren des GAP-Modells

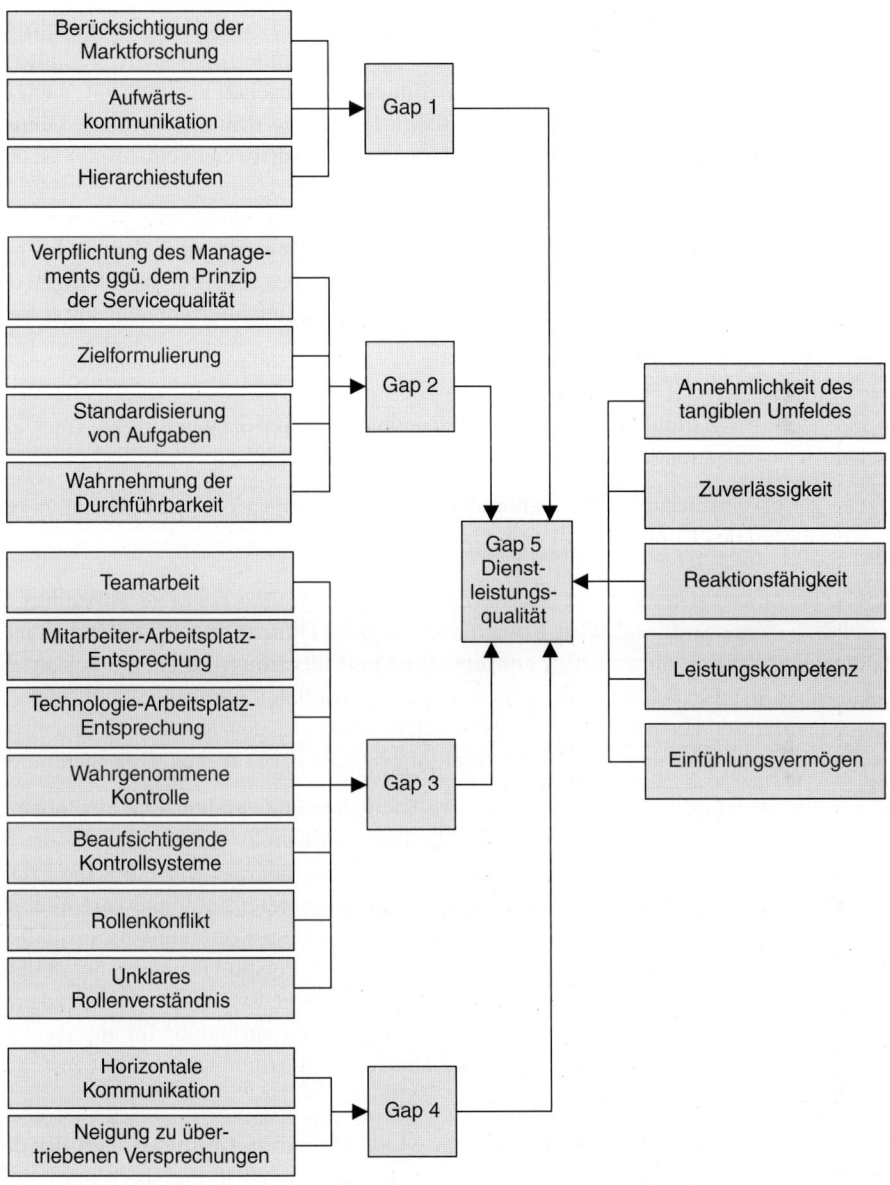

Quelle: Zeithaml/Parasuraman/Berry 1990, S. 131

3.12 Dynamisches Prozessmodell von Boulding et al.

Das **dynamische Prozessmodell** der Servicequalität von Boulding et al. basiert auf der Annahme, dass sich die Erwartungen und Wahrnehmungen eines Kunden hinsichtlich der Dienstleistungsqualität im Zeitablauf verändern und unterschiedliche Verhaltensmuster gegenüber der Dienstleistungsunternehmung verursachen können (vgl. auch im folgenden Boulding et al. 1993; Boulding/Staelin 1993). Die **wahrgenommene Dienstleistungsqualität** eines Kunden wird vor allem von drei **Faktoren** beeinflusst (vgl. Abbildung 5-5):

■ Die dem Dienstleistungsprozess vorangehenden **Soll-Erwartungen** über die Dienstleistungsqualität in Bezug auf: Was sollte passieren? Dies sind die Vorstellungen des Kunden hinsichtlich eines angemessenen, vom Dienstleistungsanbieter unter Umständen versprochenen Services (im Gegensatz zu den so genannten Idealvorstellungen über die Dienstleistungsqualität).

■ Die dem Dienstleistungsprozess vorangehenden **Wird-Erwartungen** über die Dienstleistungsqualität in Bezug auf: Was wird passieren?

■ Der gerade gelieferte Service während des Dienstleistungsprozesses beziehungsweise während des Kontaktes mit dem Unternehmen.

Der Kunde verfügt bereits vor dem Dienstleistungsprozess über konkrete Vorstellungen hinsichtlich seiner Soll- und Wird-Erwartungen in jeder Dimension der Dienstleistungsqualität. Die **Addition dieser wahrgenommenen Qualitätsdimensionen,** die sich auf die Dimensionen des GAP-Modells beziehen, ergibt ein **globales Qualitätsurteil** über die Servicequalität der Unternehmung. Dieses Urteil veranlasst den Kunden zu einem bestimmten Verhaltensmuster, wie zum Beispiel zur Loyalität gegenüber der Unternehmung.

Die Erwartungen des Kunden hinsichtlich der Dienstleistungsqualität sind also ein entscheidender Einflussfaktor für seine Wahrnehmung. Der Kunde ist in der Lage, diese im Zeitablauf zu revidieren, neu zu bilden oder zu bestätigen, indem er zum einen die Erfahrungen früherer Begegnungen mit dem Dienstleistungsanbieter nutzt und zum anderen relevante Informationen über die Dienstleistung aus externen Kommunikationsquellen, wie zum Beispiel der Kommunikation mit anderen Dienstleistungskunden, heranzieht. Durch die Annahme, dass jeder Kunde über unterschiedliche Erwartungen in Bezug auf die Servicequalität verfügt, ist das Modell in der Lage, eine Begründung für unterschiedliche Wahrnehmungen von ein- und derselben Dienstleistungsqualität aus Sicht verschiedener Kunden zu liefern.

Darüber hinaus beinhaltet dieses dynamische Modell konkrete **Implikationen für das Qualitätsmanagement** einer Dienstleistungsunternehmung. Während das oben vorgestellte GAP-Modell indirekt impliziert, das Management könne die wahrgenommene Dienstleistungsqualität steigern, indem entweder die Erwartungen des Kunden gesenkt werden oder die betrachtete Leistung verbessert wird, trennt dieses Modell zwischen

Soll- sowie Wird-Erwartungen und stellt das Management konkret vor die Aufgabe, diejenigen Erwartungen zu erhöhen, die die wahrgenommene Dienstleistungsqualität positiv beeinflussen und damit den Kunden zu einer den Zielen der Unternehmung entsprechenden Handlung beeinflussen (zum Beispiel wiederholte Inanspruchnahme der Leistung). In Labor- und Feldexperimenten ergaben sich beim Test des Modells die folgenden Resultate:

▪ Je höher die „Soll-Erwartungen" des Kunden sind, desto schlechter schätzt er die wahrgenommene Dienstleistungsqualität ein.

▪ Je höher die „Wird-Erwartungen" des Kunden sind, desto besser wird von ihm auch die wahrgenommene Dienstleistungsqualität eingeschätzt.

Abbildung 5-5   Dynamisches Prozessmodell nach Boulding et al.

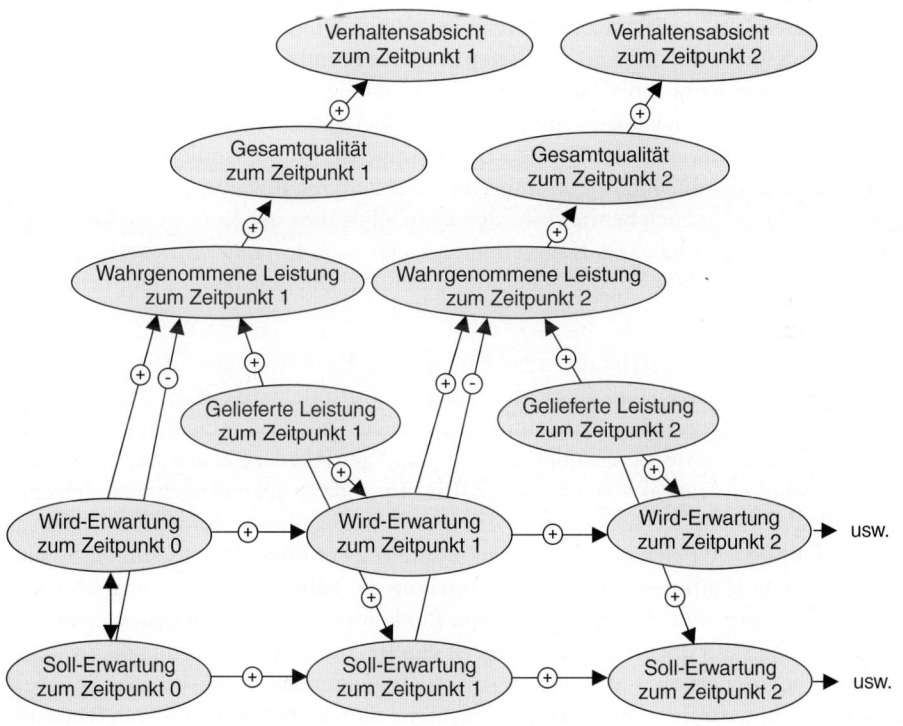

GABLER
GRAFIK

Quelle: Boulding et al. 1993, S. 12

Das Management sollte daher versuchen, die Wird-Erwartungen zu steigern und die Soll-Erwartungen des Kunden zu senken oder zumindest konstant zu halten. Es scheint allerdings fraglich, ob geeignete Maßnahmen zur Erzeugung dieser gegenläufigen Erwartungsbildung beim Kunden existieren.

Der Erkenntniswert dieses Modells liegt demnach in den Aussagen über die Prozesse der Erwartungsbildung und Wahrnehmung von Kunden hinsichtlich der Qualität von Dienstleistungen.

3.13   Beziehungsqualitätsmodell von Liljander/Strandvik

Ein weiteres Modell, das auf dynamische Aspekte des Dienstleistungserstellungsprozesses Bezug nimmt, wurde von Liljander/Strandvik erarbeitet (vgl. auch im Folgenden Liljander/Strandvik 1993, S. 118ff., 1995, S. 141ff.). Anders als Boulding et al. versuchen Liljander/Strandvik nicht, ein originär statisches Qualitätsmodell zu dynamisieren, sondern beziehen zahlreiche Konstrukte in ihre Betrachtung ein, die in Zusammenhang zu der **Prozessorientierung** und der **Bedeutung der Kunden-Dienstleister-Beziehung** stehen. Ausgangspunkt ihres Modells ist die Annahme, dass eine positive Dienstleistungsqualität und Kundenzufriedenheit zu einer höheren Kundenbindung führen und somit bedeutende Determinanten für den Unternehmenserfolg darstellen. Kundenzufriedenheit kann in ihrem Modell nur aufgrund einer konkreten Kauferfahrung entstehen, während die Qualität auch beurteilt werden kann, ohne dass der Kunde eine Leistung in Anspruch genommen hat. Das Kaufverhalten hängt nach Liljander/Strandvik eher von der Kundenzufriedenheit ab, die wiederum durch die Qualitätsbeurteilung beeinflusst wird.

Liljander/Strandvik unterscheiden **zwei Ebenen des Kontaktes** eines Dienstleisters zu seinen Kunden: Episoden und die Beziehung. Eine **Episode** wird definiert als ein Ereignis der Interaktion zwischen Kunde und Dienstleister mit einem eindeutig definierten Start- und Endpunkt. Sie repräsentiert den vollständigen Akt der Leistungserstellung und kann aus mehreren Transaktionen bestehen. Eine Episode ist gekennzeichnet durch einen finanziellen und sozialen Austausch sowie einen Leistungs- und Informationsaustausch. Eine **Beziehung** setzt sich generell aus mindestens zwei Episoden zusammen. Je nach Kontinuität und Häufigkeit der Inanspruchnahme der betrachteten Leistung kann eine Beziehung unterschiedlich ausgestaltet sein. Bei kontinuierlich in Anspruch genommenen Leistungen stellt die erste Episode meist den Beginn einer Beziehung dar, während bei wenig kontinuierlich und selten in Anspruch genommenen Leistungen die zweite Episode eine notwendige, jedoch keinesfalls hinreichende Bedingung für den Beginn einer Beziehung darstellt. Aufbauend auf diesen Überlegungen unterstellen die Autoren ein Modell der Beziehungsqualität, das in Abbildung 5-6 wiedergegeben ist.

Abbildung 5-6	Beziehungsqualitäts-Modell von Liljander/Strandvik

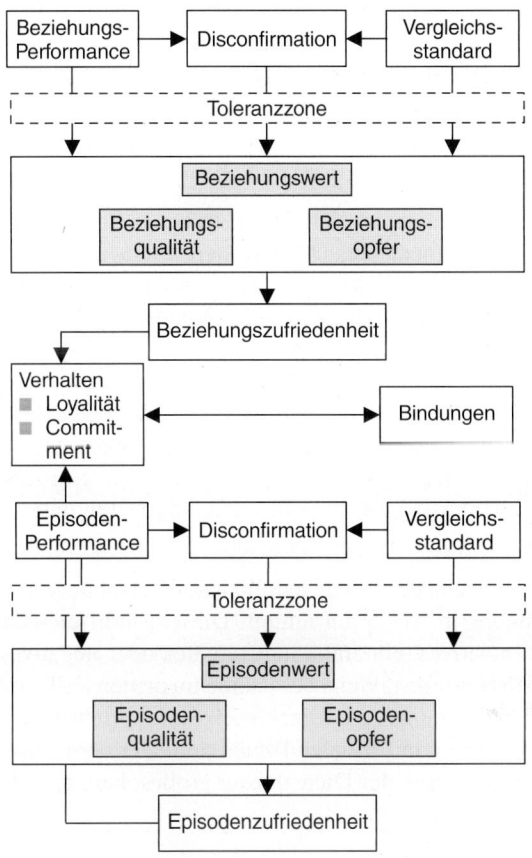

GABLER
GRAFIK

Quelle: Liljander/Strandvik 1995, S. 143

Ausgehend vom Disconfirmation-Paradigma wird angenommen, dass der Kunde auf beiden Ebenen des Kontaktes die jeweilige Performance an einem Vergleichsstandard misst.
Unter Gewährung einer gewissen Toleranzzone nimmt er so eine bestimmte Qualität
wahr. Diese wird dem jeweiligen „Opfer" des Kunden gegenübergestellt, wodurch sich
(Un-)Zufriedenheit ergibt. Die sich ergebende **Beziehungsqualität** ist eine wichtige Determinante des Kundenverhaltens, das durch die Konstrukte **Commitment** und **Loyalität**
ausgedrückt wird. In engem Zusammenhang zum Verhalten stehen so genannte **Bonds
(Bindungen)** zum Unternehmen. Dabei können solche Bonds bestehen, die als Austritts-

barrieren interpretiert werden können und damit vom Kunden negativ wahrgenommen werden sowie außerdem vom Dienstleister kaum steuerbar sind (zum Beispiel legale, ökonomische, technologische, geographische oder zeitliche Bindungen). Eher gesteuert werden können Wissens-, soziale, kulturelle, ideologische und psychologische Bindungen.

Commitment wird verstanden als die Haltung einer Person gegenüber der Interaktion und daraus abgeleitete Handlungsintentionen. Da sowohl der Kunde als auch der Dienstleister ein positives, negatives oder indifferentes Commitment gegenüber der Beziehung aufweisen können, ergeben sich neun Commitment-Konstellationen, die zu unterschiedlichen Beziehungstypen zwischen Kunde und Dienstleister aus Kundensicht führen.

Geschätzte Beziehungen zeichnen sich durch ein hohes Commitment des Kunden aus. Je nach Stärke des Commitments des Dienstleisters kann entweder gegenseitiges Commitment vorliegen oder der Kunde wird trotz seines hohen Commitments vom Unternehmen wie alle anderen aktuellen und potenziellen Kunden beziehungsweise sogar ablehnend behandelt. Letzteres kann zum Beispiel der Fall sein, wenn eine Bank einen unprofitablen Kunden eigentlich nicht mehr bedienen möchte, aufgrund gesetzlicher Bestimmungen jedoch muss. **Indifferente Beziehungen** sind dadurch gekennzeichnet, dass der Kunde weder ein positives noch ein negatives Commitment gegenüber der Beziehung zum Unternehmen an den Tag legt. Das bedeutet, dass er ein geringes Leistungsinvolvement aufweist, kaum Unterschiede zwischen den Angeboten unterschiedlicher Dienstleister wahrnimmt und sich nicht fest an das Unternehmen gebunden fühlt.

Dies ist häufig der Fall, wenn der Kunde lediglich aus Gewohnheit die Leistung eines bestimmten Unternehmens in Anspruch nimmt. Diesem indifferenten Commitment des Kunden können ein positives, ebenfalls indifferentes oder negatives Commitment des Unternehmens gegenüberstehen. Weist der Kunde im dritten Fall ein negatives Commitment gegenüber der Beziehung zum Dienstleiter auf, spricht man von **erzwungenen Beziehungen**. Diese können in formalen Bindungen oder dem Mangel an Alternativen begründet sein. Auch hier kann der Dienstleister großes, kein bestimmtes oder gar kein Interesse an der Beziehung haben.

Das Modell liefert einige **Implikationen für die Dienstleistungspraxis**. Erstens ist es notwendig, dass der Dienstleister eine Beziehung aus Kundensicht definiert. Zweitens ist es wichtig, die Beziehung zu profitablen Kunden zu stärken, wozu das Wissen um die Bestimmungsgründe des Commitment des Kunden unerlässlich ist. Schließlich wird die Relevanz einzelner Transaktionen im Rahmen einer Episode sowie bestimmter Episoden einer Beziehung deutlich.

Bei einer **kritischen Würdigung** des Modells ist die Messproblematik der Episoden-Performance zu nennen. Es ist schwierig, mit Hilfe einer einmaligen Messung auf die Beziehungsqualität zu schließen, da situative Einflussfaktoren sowohl auf Kunden- als auch auf Unternehmensseite das Ergebnis beeinträchtigen können.

3.14 Qualitatives Zufriedenheitsmodell von Stauss/Neuhaus

Im deutschsprachigen Raum hat sich vor allem Stauss mit dynamischen Aspekten von Qualität und Zufriedenheit im Dienstleistungsbereich beschäftigt. Im Rahmen der Entwicklung seines Qualitativen Zufriedenheitsmodells weist er auf **Zweifel** an der Grundannahme hin, dass eine **hohe Zufriedenheit** grundsätzlich zu **hoher Kundenloyalität** führt. Für entsprechende empirische Ergebnisse anderer Forscher macht er konkurrierende Bedürfnisse des Kunden, die Attraktivität von Leistungsalternativen sowie situative Faktoren verantwortlich. In dem Modell wird hypothetisiert, dass es unter zufriedenen Kunden **emotionale, erwartungsbezogene** und **bindungsintentionale Gefährdungspotenziale** gibt. In Anlehnung an das dynamische Modell der Arbeitszufriedenheit von Bruggemann unterscheiden Stauss/Neuhaus drei **Zufriedenheits-** und zwei **Unzufriedenheitstypen** (vgl. auch im Folgenden Stauss/Neuhaus 1995, 1997):

■ Der **„Fordernd Zufriedene"** ist durch eine hohe Zufriedenheit mit dem Dienstleister gekennzeichnet; aufgrund der ständig wachsenden Kundenanforderungen muss sich letzterer jedoch stets bemühen, diese aufs neue zu erfüllen.

■ Anders als der erste Typ weist der **„Stabil Zufriedene"** ein passives Anspruchsverhalten auf.

■ Der **„Resignativ Zufriedene"** weist eine gewisse Gleichgültigkeit gegenüber der Beziehung zum Dienstleister auf. Dies kann vor allem im Mangel an Alternativen begründet sein.

■ Ähnlich wie der „Stabil Zufriedene" weist auch der **„Stabil Unzufriedene"** ein schwaches Aktivitätsniveau auf, er ist jedoch unzufrieden mit der Leistung.

■ Der **„Fordernd Unzufriedene"** bringt dahingegen seine Unzufriedenheit dem Dienstleister gegenüber zum Ausdruck und würde sich nicht wieder für denselben Anbieter entscheiden.

Ausgehend von den Zufriedenheitstypen wird angenommen, dass die Globalzufriedenheit und die Typzugehörigkeit zusammenhängen. Außerdem hängt das **Gefährdungspotenzial** von der Typzugehörigkeit ab. So wird der „Resignativ Zufriedene" ein größeres Gefährdungspotenzial aufweisen als der „Fordernd Zufriedene" und beide ein größeres als der „Stabil Zufriedene". Es kann jedoch auch davon ausgegangen werden, dass Kunden mit einer hohen Globalzufriedenheit zu den „Resignativ Zufriedenen" gehören können. Dabei ist das Gefährdungspotenzial eine bedeutende Einflussgröße des jeweiligen Kundenverhaltens, das sich zum Beispiel in Kundenbindung oder -loyalität äußern kann. So haben „Fordernd Zufriedene" und „Resignativ Zufriedene" wahrscheinlich eher schon einen Anbieterwechsel in Erwägung gezogen als der „Stabil Zufriedene" und sind weniger bereit, das Unternehmen weiterzuempfehlen.

Das Modell gibt Anlass zu einigen **Implikationen für die Dienstleistungspraxis**. Es wird deutlich, dass es bei Zufriedenheitsuntersuchungen nicht ausreicht, lediglich die

Globalzufriedenheit zu erheben. Vielmehr ist es bedeutsam, das Gefährdungspotenzial zufriedener Kunden festzustellen. Ausgehend von diesen Analysen sollte das Marketinginstrumentarium insbesondere bei den Kunden ansetzen, die ein großes Gefährdungspotenzial aufweisen.

Im Rahmen einer **kritischen Würdigung** des Qualitativen Zufriedenheitsmodells ist insbesondere auf die globale Messung der Kundenzufriedenheit hinzuweisen. Dadurch, dass keine Einzelmerkmale der Leistung bewertet werden, entstehen zwei grundlegende Probleme. Im Rahmen der Zufriedenheitsmessung ist es fraglich, ob die Befragten eine Leistung bezüglich derselben Kriterien beurteilen. In engem Zusammenhang dazu steht das Problem, dass ein Dienstleister keine konkreten Anhaltspunkte erhält, mit welchen Teilleistungen die Kunden unzufrieden sind, sodass es schwer fällt, Bereiche zu identifizieren, in denen Modifikationen vorgenommen werden sollten.

3.2   Ansätze zur Messung der Dienstleistungsqualität

Die Einnahme einer herausragenden Wettbewerbsposition ist als zentrale Bedingung zur Sicherung des Unternehmensbestandes in engen Märkten anzusehen. Um den Anforderungen der anspruchsvoller werdenden Kunden in Märkten mit intensivem Wettbewerb gerecht zu werden, muss die Qualitätsführerschaft als die zentrale Erfolgsstrategie verstanden werden, um einen Konkurrenzvorsprung zu erlangen beziehungsweise zu verteidigen. Sicherlich entsteht „gute" Dienstleistungsqualität nicht von selbst, sie muss vielmehr im Rahmen eines „konsequenten Qualitätsmanagements geplant, implementiert und kontrolliert werden" (Hentschel 2000, S. 294). Die Messung der Anforderungen an die Dienstleistungsqualität steht somit an der Schnittstelle zwischen dem leistungserstellenden, „qualitätsproduzierenden" Unternehmen und den leistungsempfangenden, „qualitätswahrnehmenden" Kunden (Hentschel 2000, S. 294).

Um die Anforderungen an die Dienstleistungsqualität zu messen, bietet sich eine Vielzahl von Verfahren an, die in der Unternehmenspraxis unterschiedlichen Stellenwert einnehmen. Dabei sind grundsätzlich zwei Perspektiven zu unterscheiden, mit Hilfe derer sich die Anforderungen an die Dienstleistungsqualität messen lassen:

1. Mittels **kundenorientierter Messansätze** wird eine Messung aus Sicht der Kunden vorgenommen.

2. Mittels **unternehmensorientierter Messansätze** wird eine Messung aus Sicht von Unternehmensmitgliedern, entweder aus Sicht des Managements oder der Mitarbeiter, vorgenommen.

Abbildung 5-7 zeigt eine hierauf aufbauende Systematisierung. Die wachsende Notwendigkeit der Berücksichtigung der Kundenperspektive im Dienstleistungsmarketing spiegelt sich dabei auch in der Zahl und dem Differenzierungsgrad der kundenorientierten Messkonzepte wider.

Abbildung 5-7   Systematisierung der Ansätze zur Messung der Dienstleistungsqualität

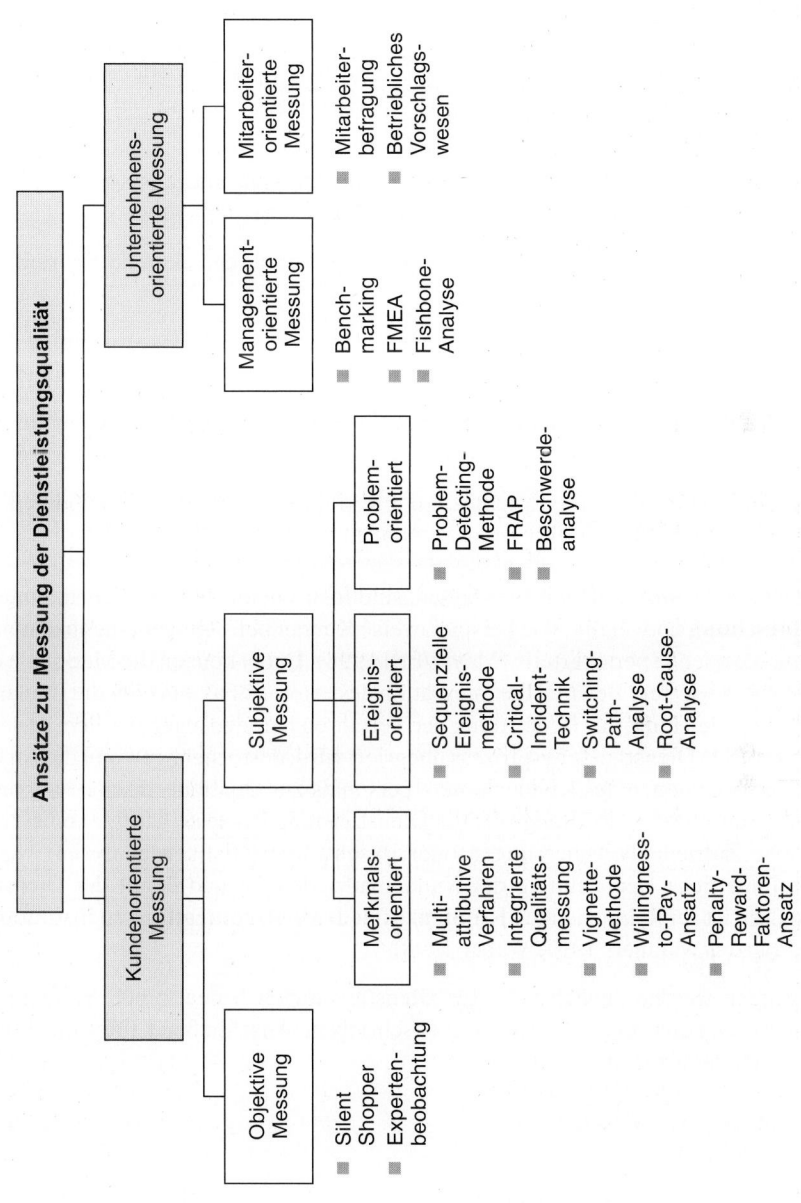

Der Einsatz von Verfahren zur Qualitätsmessung hat unter Berücksichtigung der Stärken und Schwächen einzelner Ansätze sowie unternehmensspezifischer Rahmenbedingungen zu erfolgen (Platzek 1998). Als **Kriterien** zur Beurteilung der Verfahren sollen im Folgenden herangezogen werden:

■ **Relevanz:** Sind die gemessenen Beurteilungskriterien der Dienstleistungsqualität in der Wahrnehmung der Kunden als Kaufentscheidungskriterium und damit für Marketingentscheidungen relevant?

■ **Vollständigkeit:** Ermöglicht das Verfahren eine Messung aller aus Kundensicht relevanten Qualitätsdimensionen?

■ **Aktualität:** Repräsentieren die Ergebnisse des Verfahrens aktuelle Beurteilungen der Qualität aus Kundensicht?

■ **Eindeutigkeit:** Lassen die Messergebnisse dieses Verfahrens eindeutige Rückschlüsse auf die Qualitätsbeurteilungen der Dienstleistung durch den Kunden zu?

■ **Steuerbarkeit:** Liefern die Ergebnisse gezielte Ansatzpunkte für eine Qualitätsverbesserung?

■ **Kosten:** Rechtfertigen die Ergebnisse der Verfahren den finanziellen und personellen Aufwand, der mit der Messung verbunden ist?

Um die Qualitätsanforderungen zu erfassen, sind Instrumente der externen und internen **Marktforschung** notwendig, wie beispielsweise Kundenbefragungen, -beobachtungen, -experimente oder Expertenurteile (Meyer/Ertl 1998). Dabei können die Merkmale einer Dienstleistung wie zum Beispiel die Integration des externen Faktors oder die Immaterialität der Dienstleistung, zur Beurteilung der Verfahren herangezogen werden. Je stärker der Kunde in den Dienstleistungsprozess integriert wird, desto mehr gewinnt die Auswertung der Informationen des Kundenkontaktpersonals zur Qualitätseinschätzung an Bedeutung (Bruhn 1998e). Je intangibler die Dienstleistung ist, desto häufiger müssen beispielsweise Zufriedenheitsmessungen oder Beschwerdestatistiken analysiert werden. Die kontinuierliche Beobachtung der Kundenzufriedenheit und damit der Dienstleistungsqualität ist im Rahmen eines **Kundenzufriedenheitscontrolling** zu institutionalisieren (Franzen/Waldherr 1997; Weber 1998).

Im Folgenden werden zunächst die für Dienstleistungen bedeutsamen Verfahren der nachfragerbezogenen Qualitätsmessung beschrieben. Anschließend folgt die Darstellung der anbieterbezogenen Methoden.

3.21 Nachfragerbezogene Messung der Dienstleistungsqualität

3.211 Messung nach objektiven Kriterien

Entsprechend dem produktorientierten Qualitätsbegriff kann eine **Messung nach objektiven Kriterien** erfolgen, sofern für einzelne Merkmale intersubjektiv nachprüfbare Qualitätsbewertungen mittels objektiver Indikatoren oder neutraler dritter Personen durchgeführt werden können. Beispiele für objektive Indikatoren sind die Beschaffenheit von eingesetzten Produkten oder die Wartezeit der Kunden bis zur Leistungserstellung (Bruhn 2000c, S. 37).

In Bezug auf den Einsatz neutraler dritter Personen kann zwischen folgenden **Verfahren** unterschieden werden:

1. Silent-Shopper-Verfahren

Unter einem „Silent Shopper" (Schein- beziehungsweise Testkunden) versteht man Beobachter und Testpersonen, die als Dienstleistungskunden auftreten, um durch das Erleben des Dienstleistungserstellungsprozesses Hinweise auf wesentliche Mängel zu erhalten (Bruhn/Hennig 1993, S. 220). Diese Testkaufmethode kann nicht nur einen Überblick über die eigene Dienstleistungsqualität vermitteln, sondern ermöglicht – in anonymer Form durchgeführt – auch einen Konkurrenzvergleich.

Fraglich ist jedoch, ob diese Scheinkunden in der Lage sind, die Wahrnehmungen und Empfindungen tatsächlicher Kunden nachzuvollziehen, vor allem da die Anzahl der zu untersuchenden situativen Faktoren und Verhaltensmerkmale des Kundenkontaktpersonals begrenzt ist (Stauss 2000a, S. 330). Der Erfolg des Einsatzes dieses Verfahrens ist daher abhängig vom Erfahrungsgrad des „Silent Shopper". Vor allem im Bankenbereich und im Handel werden regelmäßig Scheinkunden eingesetzt (vgl. Insert 5-1).

2. Expertenbeobachtung

Ziel dieses Verfahrens ist es, Hinweise auf offensichtliche Mängel im Dienstleistungserstellungsprozess und das daraus resultierende Kundenverhalten zu ermitteln, indem Experten, wie beispielsweise geschulte Sozialforscher, Kundenkontaktsituationen beobachten, um Verhaltensweisen von Kunden und Mitarbeitern zu analysieren (Stauss 2000a, S. 329f.).

Die Einsatzmöglichkeiten der Expertenbeobachtung sind jedoch begrenzt, da viele Kundenkontaktsituationen nicht ohne Wissen der Beteiligten erfasst werden können, und deshalb unter Umständen Beobachtungseffekte auftreten. Aus einem beobachteten Verhalten kann weiterhin nur unzureichend auf die Qualitätswahrnehmung von Kunden geschlossen werden. Zu berücksichtigen ist auch der hohe finanzielle und personelle Aufwand dieses Verfahrens, insbesondere wenn der Erstellungsprozess möglichst vollständig analysiert werden soll.

NSERT 5-1   Silent-Shopper-Verfahren am Beispiel einer Schweizer Großbank

Beispiel: Schweizer Großbank

Eine Schweizer Großbank führte über einen Zeitraum von 6 Monaten ein Silent-Shopper-Verfahren durch. Hierbei erhielten die 12 Testkunden (je Bankfiliale ein Kunde) als Ausgangsbasis je 5.000 CHF, die für verschiedene Transaktionen eingesetzt werden mussten. Zu tätigen waren telefonische, schriftliche und persönliche Transaktionen mit der Bank. Beispielsweise musste der Testkunde eine Anlageberatung in Anspruch nehmen, eine Überweisung auf ein Auslandskonto kurz vor Geschäftsschluss tätigen oder direkt nach Filialöffnung eine telefonische Auskunft verlangen. Die Mitarbeiter der Bank wurden im Vorfeld darüber informiert, dass in den nächsten Monaten eine Silent-Shopping-Aktion durchgeführt wird. Der konkrete Testkunde der entsprechenden Filiale war den Mitarbeitern jedoch unbekannt. Als Endergebnis wurde festgestellt, dass die im Qualitätsmanagement festgelegten Qualitätsstandards im Durchschnitt zu 90 Prozent erreicht werden konnten. In einigen Filialen wurde jedoch auch konkreter Handlungsbedarf offengelegt.

Quelle: Bruhn 1999, S. 41

Bei einer **Gesamtwürdigung** der objektiven nachfragerbezogenen Verfahren zur Qualitätsmessung muss berücksichtigt werden, dass ihre Indikatoren kein alleiniger Maßstab für die Qualität einer Leistung sein können, da die Relevanz und Vollständigkeit der herangezogenen Kriterien aus Kundensicht nicht bestätigt werden. Aufgrund des Einsatzes dritter Personen kann nur von einer quasi-objektiven Messung gesprochen werden, da die Wahrnehmung von subjektiven Kriterien, wie zum Beispiel der Freundlichkeit eines Kundenberaters, durch „neutrale" objektive Personen auch einer Subjektivität unterliegt. Von Vorteil sind die Verfahren besonders bei der Ermittlung objektiver Kriterien (zum Beispiel verwendete Grußformel, Anzahl des Telefonklingelns bevor ein Anruf beantwortet wird; Wilson 1998, S. 153). Um eine umfassende nachfragerorientierte Qualitätsmessung zu gewährleisten, sind die genannten Methoden um subjektive Messverfahren zu ergänzen, die im Folgenden genauer erläutert werden.

3.212   Messung nach subjektiven Kriterien

Sollen die Anforderungen an die Dienstleistungsqualität aus Kundensicht nach subjektiven Kriterien ermittelt werden, können merkmals- oder ereignisorientierte Messverfahren herangezogen werden. Während im Rahmen der **merkmalsorientierten Messung** (Werner 1998) die Gesamtdienstleistungsqualität sich aus der Bewertung einzelner Leistungselemente zusammensetzt, wird bei der **ereignisorientierten Messung** die Wahrnehmung der Dienstleistungsqualität in Bezug auf einzelne Kundenkontaktpunkte und bei der **problemorientierten Messung** die aus Kundensicht qualitätsrelevanten Problemfelder im Rahmen der Leistungserstellung untersucht.

INSERT 5-2   Zufriedenheitsmessung bei der Advance Bank

Kurzfallstudie: Advance Bank

Die Advance Bank ist im März 1996 als hundertprozentige Tochter der Bayerischen Vereinsbank mit folgender strategischer Ausrichtung an den Markt gegangen:
- Kompetente, objektive Vermögensberatung am Telefon,
- Individuelle Betreuung der Kunden,
- Service- und Qualitätsführerschaft.

Zum 1. Januar 1998 wurde die Advance Bank ein hundertprozentiges Unternehmen der Dresdner Bank-Gruppe. Gerade in Zeiten der Börsenflaute ab dem Jahr 2001 hat sich die Ausrichtung der Advance Bank bewährt. Im Vergleich zu den Wettbewerbern konnte sie ihr Wachstum fortsetzen. Zum Jahresende 2001 betreute die Advance Bank über 285.000 Privatkunden; dies entspricht einer Steigerung von 90 Prozent in den vergangenen beiden Jahren 2000 und 2001. Das Depotvolumen hat sich in beiden Jahren nahezu verdoppelt, das gesamte Wertevolumen insgesamt belief sich per Ultimo 2001 auf 4,1 Mrd. €.

Bereits seit ihrer Gründung holt sich die Advance Bank die repräsentative Sicht ihres Kundenstammes ein. In jüngster Zeit bedient sich die Advance Bank hierfür neben schriftlicher Befragungen insbesondere einer breit angelegten Online-Befragung. Die Advance Bank führt diese Online-Befragung permanent durch. Wöchentlich werden 500 selektierte Kunden um Ihre Teilnahme gebeten. Befragt wird der Kunde zum kompletten Leistungsspektrum, das heißt zu den Produkten, den Abläufen und dem Vertrieb.

Am Beispiel des Communication Centers soll exemplarisch die Anlage dieser Kundenbefragung erläutert werden. Gemessen werden folgende Dimensionen, die mit Hilfe einer 5er Skala bewertet werden:
- Kompetenz: Zufriedenheit mit der Kompetenz der Mitarbeiter sowie eine ergänzende offene Frage nach kritischen Ereignissen.
- Freundlichkeit: Zufriedenheit mit der Freundlichkeit der Mitarbeiter.
- Zuverlässigkeit: Zufriedenheit mit der Zuverlässigkeit der Bank mit einer ergänzenden offenen Frage nach der Erfahrung mit Rückrufen, dem Einhalten von Zusagen und der Zügigkeit der Bearbeitung.
- Individualität: Zufriedenheit mit dem persönlichen Eingehen auf den Kunden.
- Erreichbarkeit: Zufriedenheit mit der Erreichbarkeit.

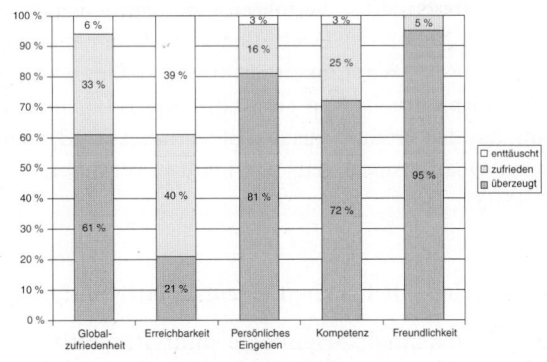

Daneben wird die Globalzufriedenheit erhoben sowie eine offene Stärken/Schwächen-Frage gestellt. In der Abbildung sind beispielhaft die Messergebnisse zur Kundenberatung dargestellt.

▪ Durchgängig hohe Zufriedenheit bei den „weichen" Qualitätsmerkmalen.
▪ Die Unzufriedenheit mit der Erreichbarkeit hat einen deutlichen Einfluss auf die Globalzufriedenheit.

Abbildung: Zufriedenheit mit der Kundenberatung

Quelle: Schrick et al. 2002, S. 27ff.

3.2121 Merkmalsorientierte Messverfahren

1. Multiattributive Verfahren

Multiattributive Messverfahren kennzeichnen kundenorientierte, subjektive und differenzierte Methoden der Qualitätsmessung. Sie gehen von der Annahme aus, dass globale Qualitätseinschätzungen von Dienstleistungskunden auf Einschätzung einzelner Qualitätsmerkmale beruhen (Stauss/Hentschel 1991, S. 240); ein globales Qualitätsurteil stellt somit die Summe einer Vielzahl (multi) bewerteter Qualitätsmerkmale (Attribute) dar.

Aus der Reihe der Anwendungsvarianten (Hentschel 1992, S. 116ff.; Kroeber-Riel/ Weinberg 1999) lassen sich insbesondere die **einstellungs- und zufriedenheitsorientierte Messung** unterscheiden. Ferner soll auf den SERVQUAL-Ansatz von Parasuraman/Zeithaml/Berry eingegangen werden, der Erkenntnisse der Einstellungs- und Zufriedenheitsforschung in kombinierter Weise verwendet.

a.   Einstellungsorientierte multiattributive Qualitätsmessung

Die **einstellungsorientierte multiattributive Qualitätsmessung** basiert auf der Annahme, dass die Qualitätseinschätzung eines Kunden „als gelernte, relativ dauerhafte, positive oder negative innere Haltung gegenüber einem Objekt" beziehungsweise einer Dienstleistung zu bezeichnen ist (Trommsdorff 2002). Die Qualitätseinschätzung eines Dienstleistungskunden entsteht dabei durch Lernprozesse, die auf seine bisherigen Erfahrungen zurückgehen. Diese Erfahrungen sind entweder auf unmittelbare Erlebnisse mit der jeweiligen Dienstleistung zurückzuführen oder basieren auf Kommunikationsprozessen mit dem Dienstleistungsunternehmen oder anderen Konsumenten. Im Rahmen von einstellungsorientierten Verfahren wird häufig die so genannte **Eindrucksmessung** herangezogen. Neben der Beurteilung von Qualitätsmerkmalen erfolgt zusätzlich eine Einschätzung der Wichtigkeit auf Ratingskalen durch den Kunden (Zweikomponentenansatz, beispielsweise Typ 2 in Abbildung 5-8). Als Aggregationsalgorithmus dient ein Modell, das das Produkt aus der Bewertungs- (QB_i) und der Wichtigkeitskomponente (w_i) eines Qualitätsmerkmals (i) additiv verknüpft (Fishbein 1967; Benkenstein 1993, S. 1103):

b.   Zufriedenheitsorientierte multiattributive Qualitätsmessung

Die **zufriedenheitsorientierte multiattributive Qualitätsmessung** definiert die Zufriedenheit mit einer Dienstleistung als Reaktion auf eine Diskrepanz zwischen erwarteter und tatsächlich erlebter Dienstleistungsqualität. Damit wird im Ergebnis die Kundenzufriedenheit gemessen, um daraus Rückschlüsse auf die Ausgestaltung der Dienstleistungsqualität zu ziehen.

Abbildung 5-8 | Varianten multiattributiver Messansätze der Kundenzufriedenheit

---

Typ 1: direkt, Einkomponentenansatz

Bitte beurteilen Sie Ihren letzten Besuch in der Wertpapierabteilung unserer Filiale xy auf der Grundlage der folgenden Kriterien, indem Sie jedem Kriterium einen Wert von 1 (nicht zufrieden) bis 7 (sehr zufrieden) zuordnen.

Der Berater bemüht sich, auf meine   1 2 3 4 5 6 7
individuelle Situation einzugehen.   ☐ ☐ ☐ ☐ ☐ ☐ ☐

Typ 2: direkt, Zweikomponentenansatz

Bitte beurteilen Sie zunächst die Wichtigkeit, die die folgenden Kriterien für Sie haben. Bitte beurteilen Sie dann Ihren letzten Besuch in der Wertpapierabteilung unserer Filiale xy auf der Grundlage dieser Kriterien.

Die Geschäftsräume machen   – Wichtigkeit +   – Zufriedenheit +
einen ordentlichen Eindruck   ☐ ☐ ☐ ☐ ☐ ☐ ☐   ☐ ☐ ☐ ☐ ☐ ☐ ☐

Typ 3: indirekt, Einkomponentenansatz

Bitte geben Sie für die folgenden Kriterien zunächst an, was Sie von einer guten Wertpapierabteilung erwarten (1 = sehr wahrscheinlich, 7 = sehr unwahrscheinlich). Beurteilen Sie dann bitte Ihren letzten Besuch in der Wertpapierabteilung unserer Filiale xy auf der Grundlage dieser Kriterien, indem Sie jedem Kriterium einen Wert von 1 (trifft gar nicht zu) bis 7 (trifft voll zu) zuordnen.

Der Berater wird mir die Anlagemöglich-   1 2 3 4 5 6 7
keiten leicht verständlich erläutern.   ☐ ☐ ☐ ☐ ☐ ☐ ☐

Der Berater in der Filiale xy hat mir die Anla-   1 2 3 4 5 6 7
gemöglichkeiten leicht verständlich erläutert.   ☐ ☐ ☐ ☐ ☐ ☐ ☐

Typ 4: indirekt, Zweikomponentenansatz

Bitte geben Sie für die folgenden Kriterien zunächst an, was Sie von einer guten Wertpapierberatung erwarten (1 = sehr wahrscheinlich, 7 = sehr unwahrscheinlich). Beurteilen Sie dann bitte Ihren letzten Besuch in der Wertpapierabteilung unserer Filiale xy auf der Grundlage dieser Kriterien, indem Sie jedem Kriterium einen Wert von 1 (trifft gar nicht zu) bis 7 (trifft voll zu) zuordnen. Teilen Sie uns bitte auch mit, wie wichtig diese Kriterien für Sie sind.

Der Berater wird mir die Anlageform   1 2 3 4 5 6 7   – Wichtigkeit +
verständlich erläutern.   ☐ ☐ ☐ ☐ ☐ ☐ ☐   ☐ ☐ ☐ ☐ ☐ ☐ ☐

Der Berater hat mir die Anlageform   1 2 3 4 5 6 7
verständlich erläutert.   ☐ ☐ ☐ ☐ ☐ ☐ ☐

GABLER
GRAFIK

Quelle: Schmitz 1996, S. 274

Die Operationalisierung des Konstruktes Kundenzufriedenheit wird in unterschiedlicher Weise vorgenommen (Homburg/Rudolph 1998; Stauss 1999). Am Weitesten verbreitet ist die Interpretation von Kundenzufriedenheit als Vergleich einer in der Vorstellung des Konsumenten bestehenden Soll-Komponente mit der erlebten Leistung als Ist-Komponente, der auch als **„Confirmation/Disconfirmation-Paradigm"** (C/D-Paradigm) bezeichnet wird.

Die **Soll-Komponente** beinhaltet einen individuellen Vergleichsstandard, der nach Erfahrungsnormen, Erwartungen sowie Idealen gebildet sein kann. **Erfahrungsnormen** resultieren aus früheren Erfahrungen mit der Dienstleistung beziehungsweise ähnlichen Angeboten. Der Konsument muss für das Heranziehen von Erfahrungsnormen die zu beurteilenden Eigenschaften einer Dienstleistung bereits kennen, bevor er die entsprechende Dienstleistung nutzt. Werden **Erwartungen** als Vergleichsstandard herangezogen, so impliziert dies, dass der Konsument schon vor der Erfahrung mit der Dienstleistung bestimmte Ansichten hinsichtlich einzelner Dimensionen besitzt. Stellen **Ideale** den Vergleichsmaßstab dar, so verwendet der Konsument als Vergleichsmaßstab ein aus seiner Sicht optimales Leistungsniveau.

Der zweite Teil des Zufriedenheitsurteils, die **Ist-Komponente,** kann als die subjektiv wahrgenommene Erfahrung mit der zu beurteilenden Transaktion definiert werden. **Zufriedenheit** ist dementsprechend das Ergebnis eines kognitiven Vergleichsprozesses beider Komponenten. Dieses Ergebnis führt über eine affektive Reaktion zu einem verhaltensauslösenden Prozess, wie in Abbildung 5-9 dargestellt.

Abbildung 5-9   **Wirkungsweise des C/D-Paradigmas**

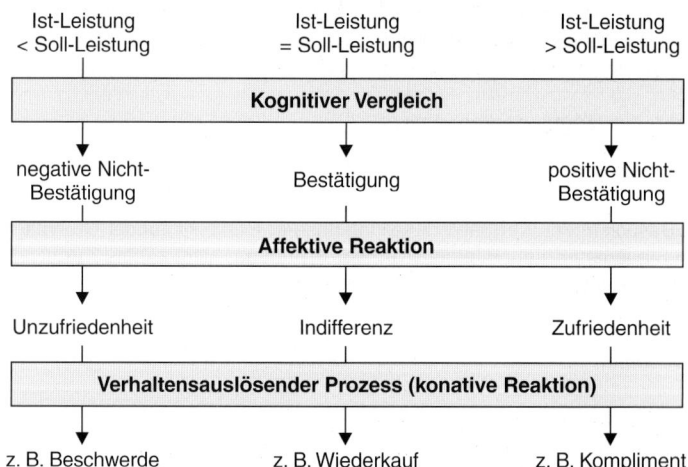

Im Rahmen der so genannten **Divergenzmessung** werden neben der Qualitätsbeurteilung (QB_j) auch Qualitätserwartungen (QE_j) auf Ratingskalen erhoben und die Divergenzen als Maßstab für die Qualitätsbeurteilung herangezogen (vgl. die Typen 3 und 4 in Abbildung 5-8). Die Dienstleistungsqualität wird anschließend durch Addition der merkmalsbezogenen Einzeldiskrepanzen dargestellt (Benkenstein 1993, S. 1103).

Neben einer direkten Messung von Wichtigkeiten können bei gleichzeitiger Erhebung der Gesamtzufriedenheit mit Hilfe der Regressionsanalyse die Wichtigkeiten der einzelnen Merkmale als Beta-Koeffizienten ermittelt werden (Stauss 1999, S. 14).

Ein **Vergleich** zwischen einstellungs- und zufriedenheitsorientierter Messung der Dienstleistungsqualität macht deutlich, dass eine grundsätzliche Empfehlung für eine der Varianten nur bedingt möglich ist. Für eine Verwendung des einstellungsorientierten Ansatzes spricht, dass der Proband über keine Erfahrung mit der Dienstleistung verfügen muss, da sich die Befragung nicht notwendigerweise auf ein spezifisches Konsumerlebnis bezieht. So kann ein Befragter durchaus die Einstellung besitzen, „Bank x" gehöre zu den Qualitätsführern im Finanzdienstleistungsbereich, ohne mit dieser Bank eine Kontoverbindung zu unterhalten. Dagegen erscheint der zufriedenheitsorientierte Ansatz dann sinnvoll, wenn Kunde und Dienstleistungsunternehmen erstmalig für einen begrenzten Zeitraum aufeinandertreffen (Hentschel 2000, S. 301ff.). Welcher der beiden Ansätze zur Qualitätsmessung verwendet werden sollte, hängt demnach davon ab, inwiefern der Dienstleister Informationen über antizipierende, von dauerhaften Überzeugungen geprägte Einstellungen der Kunden erhalten oder konkrete zufriedenheitsorientierte Bewertungen seiner Dienstleistungsqualität erfahren möchte.

c. SERVQUAL-Ansatz

Zu den Verfahren der Einstellungs- und Zufriedenheitsmessung zählt auch der in den 80er-Jahren entwickelte **SERVQUAL-Ansatz** (Parasuraman/Zeithaml/Berry 1985, 1988). Gegenstand der Beurteilung ist hier das Dienstleistungsunternehmen selbst.

Zur Messung der wahrgenommenen Dienstleistungsqualität aus Kundensicht dient ein standardisierter Fragebogen, in dem 22 Items fünf **Qualitätsdimensionen** repräsentieren:

- Annehmlichkeit des tangiblen Umfeldes,
- Zuverlässigkeit,
- Reaktionsfähigkeit,
- Leistungskompetenz,
- Einfühlungsvermögen.

Zu jedem Item werden zwei Aussagen in Form einer **Doppelskala** formuliert. Mit der Aussage „so sollte es sein" werden die Erwartungen des Kunden hinsichtlich der Dienstleistungsqualität ermittelt, die Aussage „so ist es" fragt nach der erlebten Qualität eines Leistungsprozesses in Bezug auf eine spezielle Dienstleistungsunternehmung beziehungsweise Dienstleistung. Auf einer 7er-Skala, die in Abbildung 5-10 an einem Bei-spiel dargestellt wird, werden die Probanden gebeten, ihr Urteil von „stimme vollkom-men zu" (7) bis „lehne vollkommen ab" (1) abzugeben.

Die sich ergebende Differenz zwischen beiden Aussagen lässt sich als ein Wert zwischen –6 und +6 pro Item darstellen. Je größer dieser Wert ist, desto höher schätzt der Kunde die wahrgenommene Dienstleistungsqualität in Bezug auf das jeweilige Item ein.

Um ein globales Qualitätsurteil zu erhalten, wird zunächst der Durchschnitt aller zu einer Dimension gehörenden Items berechnet und dann anschließend der Mittelwert sämtli-cher Dimensionen gebildet.

| Abbildung 5-10 | Doppelskala im SERVQUAL-Ansatz |

Beispiel für die Doppelskala (Item 16):	Lehne ich vollkommen ab					Stimme ich vollkommen zu	
Mitarbeiter eines hervorragenden Service-Providers sind stets gleich-bleibend höflich zu den Kunden	1	2	3	4	5	6	7
Mitarbeiter des Service-Providers x sind stets gleichbleibend höflich zu den Kunden	1	2	3	4	5	6	7

GABLER
GRAFIK

Trotz der empirischen Fundierung des Modells und seiner grundsätzlichen Eignung zur branchenübergreifenden Messung der Dienstleistungsqualität wurden in der Literatur mehrfach die begrifflichen und theoretischen Grundlagen sowie methodische Aspekte des Modells **kritisiert** (Carman 1990; Hentschel 1990b). So stellt die verwendete Dop-pelskala hohe Ansprüche an die Urteilsfähigkeit der Probanden, ihre jeweiligen Erfah-rungen mit verschiedenen Dimensionen der Dienstleistung nachträglich in eine Erwar-tungs- und Wahrnehmungskomponente zu zerlegen. Weiterhin kann eine so genannte „Anspruchsinflation" entstehen, indem zu hohe Werte im Rahmen der „so sollte es sein"-Aussagen von den Probanden genannt werden (Hentschel 1990a, S. 235).

Ein wesentlicher Kritikpunkt betrifft die Differenzbildung des Modells. Für einen Dienst-leistungskunden, der zum Beispiel von den Mitarbeitern einer Bankfiliale einen hohen Grad an Leistungskompetenz erwartet (Bewertung des erwarteten Service mit 7) und die-sen auch erlebt (Bewertung des erlebten Service ebenfalls mit 7), ergibt sich als Differenz ein Wert von 0. Ein anderer Bankkunde erwartet dagegen nur eine Leistungskompetenz von

1, beurteilt aber die Kompetenz der Mitarbeiter als sehr positiv mit einem Wert von 7. Seine wahrgenommene Dienstleistungsqualität in Bezug auf dieses Item besitzt damit einen Differenzwert von +6. Gemäß der Interpretation dieser beiden Werte nach SERVQUAL schätzt der zweite Kunde die Qualität des Dienstleistungsunternehmens in Bezug auf die Leistungskompetenz seiner Mitarbeiter höher ein. Dieses Ergebnis führt aus Plausibilitätsgründen zu starker Kritik an dem vorgestellten Modell (Hentschel 1990a, S. 236).

Darüber hinaus ist im SERVQUAL-Ansatz eine konstante Interpretation in Bezug auf die „So-sollte-es-sein"-Erwartungen durch die Probanden nicht gewährleistet. Die Aussage „So sollte es sein" kann von den Kunden interpretiert werden als (Teas 1993, S. 37f.):

■ Reine Annahme über das Niveau der Dienstleistungsqualität („Forecasted Performance"),

■ Gewünschtes Niveau der Dienstleistungsqualität („Deserved Performance"),

■ Angemessenes Niveau der Dienstleistungsqualität („Equitable Performance"),

■ Mindestniveau der Dienstleistungsqualität („Minimum Performance"),

■ Idealniveau der Dienstleistungsqualität („Ideal Performance"),

■ Ausdruck der Wichtigkeit dieser Dimension der Dienstleistungsqualität für den Kunden („Service Attribute Importance").

Unterschiedliche Messergebnisse können daher auch durch unterschiedliche Interpretationen dieses Erwartungsbegriffes hervorgerufen werden.

Trotz dieser Einwände in Bezug auf die **Validität des Modells** hat sich der SERVQUAL-Ansatz vor allem in amerikanischen Banken zur Messung der Dienstleistungsqualität durchgesetzt, da hier zum ersten Mal ein Messmodell für die Dienstleistungsqualität entwickelt wurde, das einen konkreten Praxisbezug enthält und daher aus Sicht der Unternehmen durchführbar erscheint.

Eine Alternative zu der Doppelskala des SERVQUAL-Modells ist die Bildung einer Einfachskala, die den Probanden auffordert, lediglich das Niveau der wahrgenommenen Dienstleistungsqualität, beispielsweise für das Kriterium beziehungsweise die Aussage „die Gestaltung der Geschäftsräume der Bank x ist sehr gut", zu beurteilen (zum Beispiel Hentschel 1990a, S. 239) und so eine implizite Erwartungsbewertung durch den Befragten anzunehmen (vgl. Abbildung 5-10).

2. Integrierte Qualitätsmessung

Bei einer **integrierten Qualitätsmessung** wird wie bei den multiattributiven Messverfahren von der Annahme ausgegangen, dass globale Qualitätseinschätzungen von Dienstleistungskunden das Ergebnis einer individuellen Einschätzung der verschiedenen Qualitätsmerkmale sind. Bei einer integrierten Messung wird darüber hinaus die Qualität unter Einbeziehung ihrer Wirkungen (zum Beispiel Kundenzufriedenheit, Kundenbindung) erfasst.

Dieser Vorgehensweise liegt die Überlegung zugrunde, dass eine isolierte Messung der Dienstleistungsqualität – zum Beispiel mittels des SERVQUAL-Ansatzes – lediglich eine Aussage über das Niveau der durch den Kunden wahrgenommenen Qualität eines Unternehmens zulässt, jedoch nur in beschränktem Maße die Ableitung von umfassenden Verbesserungspotenzialen und keine Aussage über die **Bedeutung der Qualität für das Kaufverhalten** der Kunden ermöglicht. Die integrierte Messung kann unternehmensunabhängig und unternehmensgesteuert erfolgen (Bruhn 2001b, S. 101).

Eine **unternehmensunabhängige integrierte Qualitätsmessung** wird seit einiger Zeit in Form so genannte **Nationaler Kundenbarometer** vorgenommen (vgl. ausführlicher Abschnitt 6.3 dieses Kapitels sowie Fornell 1992; Bruhn/Murmann 1998; Bruhn 2001b).

Die Methodik Nationaler Kundenbarometer nutzen Unternehmen zunehmend für eine **unternehmensgesteuerte integrierte Zufriedenheitsmessung** durch den Einsatz so genannter zufriedenheitsbezogener Indexsysteme. Die Vorgehensweise dieser **Indexsysteme** entspricht derjenigen der Nationalen Kundenbarometer. Zwischen den beiden Verfahren bestehen jedoch Unterschiede im Hinblick auf die Berücksichtigung von Unternehmensspezifika und die Nutzung der Ergebnisse. Da das Indexsystem für ein einzelnes Unternehmen spezifisch entwickelt wird, kann eine exaktere Ausrichtung der einzubeziehenden Leistungsmerkmale auf die Besonderheiten des Unternehmens und seiner Kunden erfolgen. Bezüglich der Nutzung der Ergebnisse ist zum einen kein Vergleich mit den Wettbewerbern möglich. Zum anderen erlaubt die spezifische Ausgestaltung des Modells eine Ableitung von konkretem Handlungsbedarf sowie den (internen) Vergleich verschiedener Unternehmensbereiche.

Indexsystemen liegen **Kausalmodelle** zugrunde, in denen die Beziehungen zwischen affektiv-kognitiven und verhaltensbezogenen Größen gesamthaft abgebildet werden (vgl. Darstellung der Modelltheorie des Konsumentenverhaltens in Abschnitt 3.1 des Kapitels 2). Innerhalb der Kausalmodelle werden diese **Strukturvariablen** als latente Konstrukte aufgefasst, die mehrdimensional anhand von **Indikatorvariablen** gemessen werden (zum Beispiel Merkmale einer Dienstleistung als Indikatoren für die wahrgenommene Dienstleistungsqualität). Ein solches Kausalmodell wird auf Basis der beim Kunden erhobenen Ausprägungen der Indikatorvariablen mit Hilfe der **Kausalanalyse** geschätzt, die in zahlreichen Iterationen die bestmögliche Wiedergabe der „realen" Zusammenhänge zwischen den Variablen durch das Modell identifiziert. Als Ergebnis liefern entsprechende Statistikprogramme (zum Beispiel LISREL, Amos) die Stärke der Beziehungen zwischen den Variablen des Modells. Die Stärke der Beziehungen zwischen den Strukturvariablen (zum Beispiel Einfluss der Kundenzufriedenheit auf die Kundenbindung) werden durch Strukturparameter quantifiziert. Die Stärke der Zusammenhänge zwischen den Strukturvariablen und den jeweiligen Indikatorvariablen wird durch Messparameter zum Ausdruck gebracht (vgl. Abbildung 5-11). Eine **Nutzung der Ergebnisse** der Kausalanalyse für die integrierte Wirkungskontrolle kann in zweierlei Hinsicht erfolgen.

Zunächst kann eine **Bildung von Indizes** (zum Beispiel Qualitätsindex, Zufriedenheitsindex, Kundenbindungsindex) vorgenommen werden, indem die Mittelwerte einer Strukturvariablen über eine Gewichtung mit Hilfe der Messparameter aggregiert werden.

Abbildung 5-11   **Beispiel eines Indexsystems**

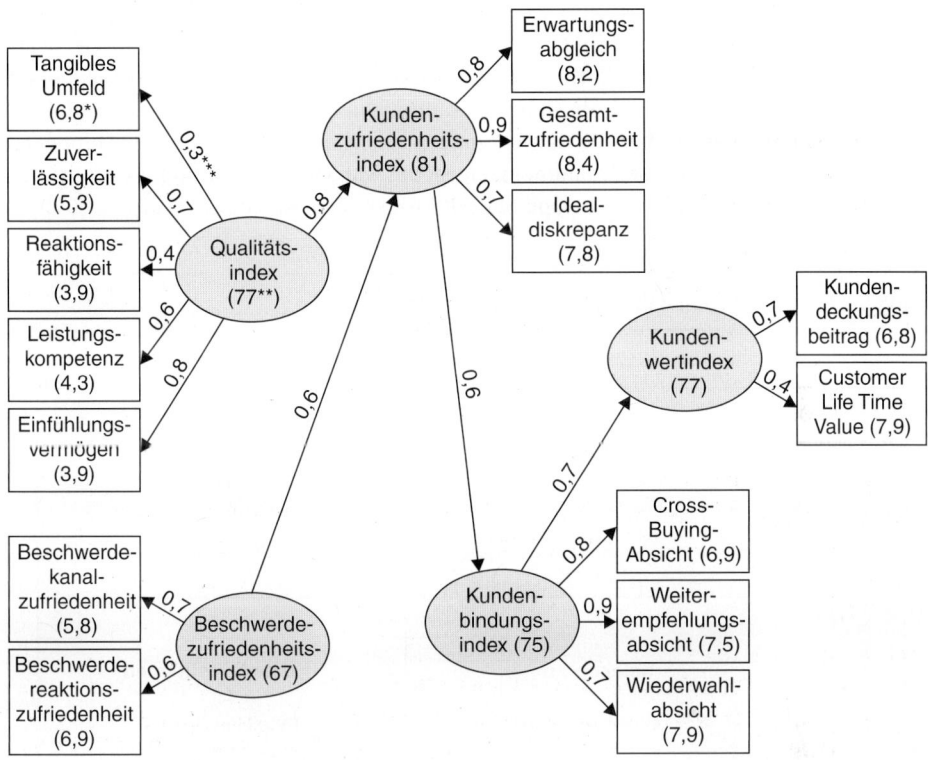

*   Mittelwerte auf einer Skala von 1 (sehr schlecht) bis 10 (sehr gut)
**   Indexwerte von 0 bis 100
*** Werte der Zusammenhänge zwischen 0 und 1,0

GABLER
GRAFIK

Darüber hinaus kann eine **Zusammenhangsanalyse** zwischen den Größen der Erfolgs-
kette durchgeführt werden. Auf diese Weise wird zum Beispiel ersichtlich, in welchem
Ausmaß die affektiv-kognitiven Zielgrößen zur Realisierung der verhaltensbezogenen
Zielgrößen beitragen.

Im Rahmen der Wirkungskontrolle können durch **kundenbezogene Indexsysteme** die
Wirkungen des Qualitätsmanagements bestimmt und analysiert werden. Auf Basis der
Bewertung der Indikatorvariablen gilt es, Maßnahmen in die Wege zu leiten, die an den

zentralen Defiziten ansetzen. Als Instrument zur Ermittlung des Handlungsbedarfes kann ein **Aktivitätenportfolio** erstellt werden, durch das sich erste strategische Stoßrichtungen der zukünftigen Instrumentalstrategien erkennen lassen.

Innerhalb des Aktivitätenportfolios werden die ermittelten Kundenbeurteilungen sowie deren Bedeutung aus Kundensicht (Wichtigkeit) gegenübergestellt. Dabei werden die erfragten Indikatorvariablen (zum Beispiel Zuverlässigkeit) mit der Kundenzufriedenheit in Beziehung gesetzt. Besteht ein hoher Zusammenhang zwischen Indikatorvariablen und Kundenzufriedenheit handelt es sich um ein wichtiges Merkmal. Besteht hingegen ein vergleichsweise geringer Zusammenhang ist das Merkmal als eher nicht wichtig einzustufen. Abbildung 5-12 zeigt beispielhaft ein Aktivitätenportfolio.

▌Abbildung 5-12   Beispiel eines Aktivitätenportfolios

		Ausbauen	4	Standard halten	1
Bedeutung für den Kunden	Hoch	▪ Einfühlungsvermögen ▪ Leistungskompetenz		▪ Zuverlässigkeit	
	Gering	Selektieren ▪ Reaktionsfähigkeit	3	Keine Investitionen ▪ Tangibles Umfeld	2
Aktivitäten-portfolio		Gering		Hoch	
		Beurteilung der Qualität			

GABLER
GRAFIK

Quadrant 1
Im ersten Quadranten sind sämtliche Leistungsparameter eingeordnet, die bislang sehr gut erfüllt werden (im Beispiel „Zuverlässigkeit"). Dieser Standard muss in Zukunft gehalten werden.

Quadrant 2
Hinsichtlich der Faktoren im zweiten Quadranten ist ebenfalls kein akuter Handlungsbedarf zu erkennen (im Beispiel „Tangibles Umfeld"). Die Kunden beurteilen die Leistun-

gen des Dienstleistungsunternehmens in diesen Punkten als sehr gut. Allerdings sind diese Aspekte für die Kundenzufriedenheit weniger wichtig. In der Folge sollten in diesem Bereich keine neuen Investitionen ergriffen werden.

Quadrant 3

Im dritten Quadranten sind Leistungsdimensionen mit geringer Qualität sowie eher geringer Wichtigkeit eingeordnet (im Beispiel „Reaktionsfähigkeit"). Als strategische Stoßrichtung wird eine Selektionsstrategie empfohlen, das heißt, hinsichtlich der einzelnen Leistungsdimensionen gilt es zu prüfen, welche Maßnahmen kurzfristig, ohne übermäßige Investitionen ergriffen werden können.

Quadrant 4

Im vierten Quadranten sind all jene Leistungsdimensionen zu finden, die mit erster Priorität verbessert werden sollten (im Beispiel „Einfühlungsvermögen", „Leistungskompetenz"). Es wurden relativ hohe Wichtigkeiten ermittelt, die Leistung wurde hingegen als verbesserungsfähig beurteilt.

3. Vignette-Methode

Die **Vignette-Methode** (Haller 1998; Bruhn 2001b, S. 105ff.) geht davon aus, dass Qualitätsurteile auf einer relativ geringen Zahl von Faktoren basieren, die in der Wahrnehmung des Kunden relevant sind. Eine **Vignette** stellt dabei eine fiktive Situation dar, die anhand von bestimmten Charakteristika beschrieben werden kann.

Voraussetzung für die Vignette-Methode ist die Ermittlung so genannter **„Critical Quality Characteristics" (CQCs),** das heißt jener Attribute, die für die Qualitätsbeurteilung relevant sind. So kann die Qualitätsbeurteilung einer Bankfiliale, analog zu den Qualitätsdimensionen des SERVQUAL-Ansatzes, auf Faktoren basieren, die in Abbildung 5-13 am Beispiel einer Bankfiliale dargestellt sind. Die einzelnen Vignetten werden gebildet, indem jedem Faktor eines der zugehörigen Werturteile zugeordnet wird. Jede Vignette stellt damit eine Kombination unterschiedlicher Charakteristika und Werturteile dar.

Analog zur Conjointanalyse (Backhaus et al. 2000) wird der Kunde gebeten, die verschiedenen Vignetten zu beurteilen. Das kann auf einer Skala von „sehr gut" bis „sehr schlecht" geschehen. Im Rahmen der Auswertung stellen die Charakteristika die unabhängigen Variablen und die Gesamtbeurteilungen die abhängigen Variablen dar. Somit kann der Einfluss der einzelnen Attribute auf das globale Qualitätsurteil mittels eines Koeffizienten ausgedrückt werden.

Das Ziel der Vignette-Methode ist damit die **Analyse der Rangfolge und Gewichtung von einzelnen Qualitätsattributen** der Dienstleistung und die **Ermittlung globaler Qualitätsurteile**. Als Nachteil des Verfahrens erweist sich der hohe Erhebungsaufwand, da aufgrund der hohen Anzahl von Vignetten viele Befragungen notwendig werden. Weiterhin besteht die Gefahr des Informationsverlustes, da die zahlreichen möglichen Qualitätsmerkmale einer Dienstleistung auf wenige „Critical Quality Characteristics" reduziert werden und damit die Möglichkeit differenzierter Aussagen verhindert wird (Haller 1993, S. 30).

Abbildung 5-13   **„Critical Quality Characteristics" und die Werturteile einer Vignette**

Critical Quality Characteristics	Werturteile
Annehmlichkeit des tangiblen Umfeldes: zum Beispiel Ausstattung der Geschäftsräume	Ansprechend
	Nicht ansprechend
Zuverlässigkeit: zum Beispiel Vermeidung von Fehlbuchungen	Hoch
	Niedrig
Reaktionsfähigkeit: zum Beispiel schnelle Korrektur von Fehlbuchungen	Flexibel
	Unflexibel
Leistungskompetenz: zum Beispiel Beratungskompetenz der Wertpapierberater	Kompetent
	Nicht kompetent
Einfühlungsvermögen: zum Beispiel Einrichtung spezieller Gebührenkonditionen für besondere Privatkunden	Zuvorkommend
	Nicht zuvorkommend

GABLER
GRAFIK

4. Willingness-to-Pay-Ansatz

Beim Willingness-to-Pay-Ansatz handelt es sich um ein Verfahren, das auf dem **wertorientierten Qualitätsbegriff** basiert (vgl. auch im Folgenden Haller 1998). Dabei wird davon ausgegangen, dass der Kunde zu seinem Qualitätsurteil hinsichtlich einer Leistung kommt, indem er die erhaltene Leistung mit den im Rahmen der Inanspruchnahme der Leistung in Kauf genommenen Opfern finanzieller, zeitlicher, psychischer oder physischer Art vergleicht. Diese „Opfer" werden meist durch den Preis der Leistung ausgedrückt. Die Beurteilung einer Leistung nach dem Willingness-to-Pay-Ansatz kann in zweierlei Hinsicht vorgenommen werden:

▮ Der **Nutzen** einer Leistung, der sich aus der gewichteten Bewertung einzelner Leistungsmerkmale zusammensetzt, wird zu dem Preis der Leistung in Beziehung gesetzt.

▮ Der **Preis** wird in die Merkmalsliste im Rahmen der oben genannten multiattributiven Verfahren aufgenommen.

Der Einsatz dieser Methode ist vor allem sinnvoll, wenn Dienstleistungen im Rahmen der Leistungspolitik variiert werden sollen. Dann kann mittels des Willingness-to-Pay-Ansatzes festgestellt werden, ob die Erweiterung oder Verbesserung eines Merkmals zu einer entsprechend höheren Zahlungsbereitschaft der Kunden führt.

Liljander und Strandvik setzten diesen Ansatz in einem **Experiment** bezüglich der Zahlungsbereitschaft potenzieller Restaurantgäste ein (Liljander/Strandvik 1992, S. 15ff.). Diese Probanden sollten sich vorstellen, dass sie eine fiktive Stadt besuchen und elf Restaurants, die in Form von Vignetten beschrieben waren, zur Auswahl hätten. Um das „normale Qualitätsniveau" eines Restaurants für die jeweilige Befragungsperson zu ermitteln, sollten diese an ein Restaurant denken, in dem sie regelmäßig zu Mittag essen, seinen Namen und den „normalen Preis" nennen, den sie für ein Mittagessen in diesem Restaurant zahlen. Anschließend wurden die elf fiktiven Restaurants durch die Probanden beurteilt. Hierzu sollten sie erstens die Restaurants gemäß ihrer Beurteilung sortieren, zweitens den Preis für jedes Restaurant angeben, den sie zu zahlen bereit wären und drittens erklären, welches Restaurant sie zum „normalen Preis" besuchen würden. Im Rahmen der Auswertung wurde dann sowohl die Zahlungsbereitschaft des einzelnen Individuums (vgl. Abbildung 5-14) als auch die aggregierte Zahlungsbereitschaft analysiert (vgl. Abbildung 5-15).

Abbildung 5-14   Zahlungsbereitschaft eines Individuums als Resultat
der Willingness-to-Pay-Methode

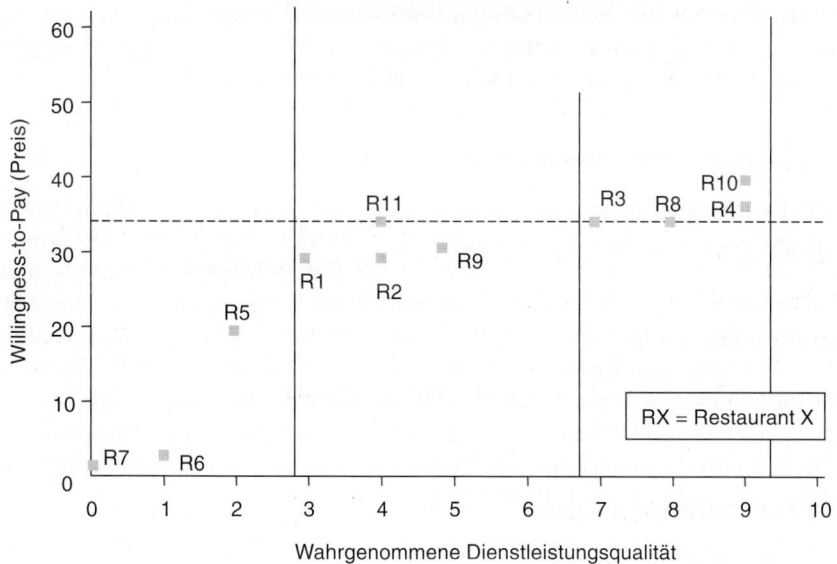

Abbildung 5-15   **Aggregierte Zahlungsbereitschaft als Resultat
der Willingness-to-Pay-Methode**

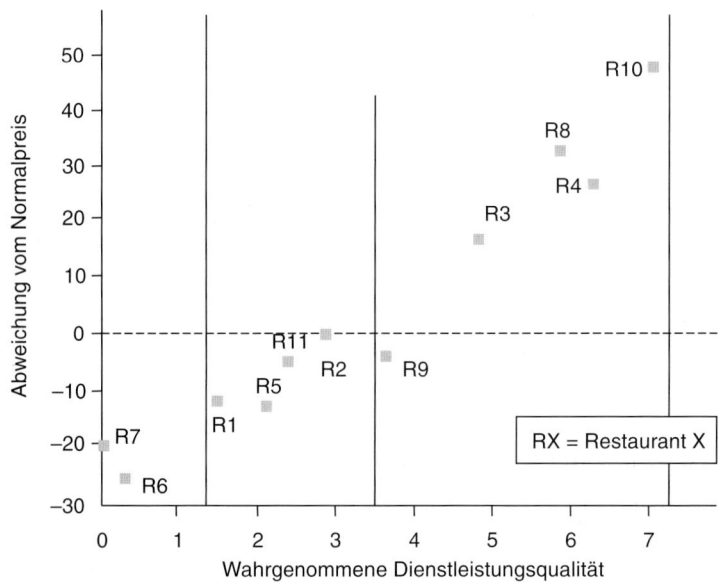

GABLER
GRAFIK

5. Penalty-Reward-Faktoren-Ansatz

Der Penalty-Reward-Faktoren-Ansatz ist ein den multiattributiven Verfahren sehr ähnlicher Ansatz und unterteilt die Dimensionen der Dienstleistungsqualität in Routine- und Ausnahmekomponenten (Berry 1986; Brandt 1987, S. 61ff., 1988, S. 35ff.). Er basiert auf der Annahme, dass bei jeder Dienstleistung Qualitätsfaktoren existieren, deren Nichterfüllung beim Kunden Unzufriedenheit hervorruft. Diese werden als **Penalty-Faktoren** bezeichnet, während im Gegensatz dazu die **Reward-Faktoren** Zusatzleistungen darstellen, die beim Kunden eine höhere Qualitätswahrnehmung und daher eine höhere Zufriedenheit erzeugen. Während der Kunde für die Reward-Faktoren „Bonuspunkte" verteilt, bestraft er das Unternehmen bei Nichtvorhandensein der Penalty-Faktoren mit so genannten „Demerits" (Brandt 1987, S. 61).

Ziel dieses Messansatzes ist, die Penalty-Faktoren zu identifizieren. Daher wird zunächst ein Gesamturteil für die Dienstleistung auf einer 5er-Skala von „sehr zufrieden" bis „sehr unzufrieden" erhoben. Anschließend werden die Kunden gebeten, die einzelnen Attribute der Dienstleistung auf einer Skala von „viel schlechter als erwartet" bis „viel besser als erwartet" zu bewerten. Mit Hilfe dieser Daten wird eine multiple Regressionsanalyse durchgeführt („Penalty-Reward-Contrast-Analyse"; Brandt 1987, S. 62f.). Die Ergebnisse der Analyse hinsichtlich einzelner Merkmale werden wie folgt interpretiert:

■ **Penalty-Faktoren** kennzeichnen diejenigen Attribute der Dienstleistungsqualität, bei denen der Kunde kein höheres globales Qualitätsurteil abgibt, obwohl die Leistung in Bezug auf das jeweilige Attribut besser als erwartet ausfiel. Dagegen sinkt das globale Qualitätsurteil, sofern die Qualität des jeweiligen Attributes schlechter als erwartet war.

■ **Reward-Faktoren** zeichnen sich dadurch aus, dass das globale Qualitätsurteil steigt, sofern die Qualität des jeweiligen Attributes besser als erwartet eingeschätzt wurde, jedoch nicht sinkt, sollte die Leistung schlechter als erwartet gewesen sein.

Der **Vorteil** dieses Messansatzes liegt darin, dass nicht nur die Qualität der Dienstleistung aus der Sicht des Kunden gemessen wird, sondern auch ein gezielter Einsatz des Qualitätsmanagements in Bezug auf die Penalty-Faktoren ermöglicht wird. Zunächst muss es dem Unternehmen gelingen, mit diesen Dienstleistungsattributen den Kunden zufrieden zu stellen, erst dann kann sich das Qualitätsmanagement auf zusätzliche „Bonusleistungen" konzentrieren (Haller 1993, S. 27).

Bei einer abschließenden **Würdigung sämtlicher merkmalsorientierter Messverfahren** lässt sich konstatieren, dass bei allen Ansätzen das Problem besteht, die einzelnen relevanten Attribute zu ermitteln und auszuwählen. Nicht der Kunde entscheidet offensichtlich, welche Kriterien er für qualitätsrelevant erachtet und im Rahmen der Messverfahren beurteilt. Das Unternehmen gibt vielmehr eine begrenzte Anzahl abstrakt formulierter Qualitätsmerkmale vor. Implizit setzen daher alle Verfahren voraus, dass eine Auswahl dieser Merkmale unter Berücksichtigung der Vollständigkeit und Qualitätsrelevanz durchführbar ist. Daher sind vorausgehende Studien, wie zum Beispiel Expertenbefragungen, unbedingt erforderlich.

Merkmalsorientierte Verfahren eignen sich folglich nur bedingt für Ersterhebungen, sie ermöglichen jedoch bei regelmäßiger Durchführung eine valide Qualitätsmessung, sofern sie mit anderen Verfahren, wie beispielsweise der Beschwerdemessung, kombiniert werden. Ein weiterer Kritikpunkt der merkmalsorientierten Qualitätsmessung ist darin zu sehen, dass bei der Verwendung einer Vielzahl von Einzelmerkmalen die Befragten schnell überfordert werden. Daher muss die Anzahl der abgefragten Attribute gering gehalten werden. Dies führt wiederum zu einem verringerten Aussagegehalt der Ergebnisse.

3.2122 Ereignisorientierte Messverfahren

> **Ereignismessungen** basieren auf der Überlegung, dass Kunden aus der Vielzahl von Situationen während eines Dienstleistungsprozesses bestimmte Standard- oder Schlüsselerlebnisse als besonders qualitätsrelevant wahrnehmen.

Die **Messung der Qualität dieser Kundenereignisse** beziehungsweise -erlebnisse liefert somit Informationen darüber, welche Phasen des Dienstleistungsprozesses einer besonderen Aufmerksamkeit der Unternehmung im Hinblick auf ein gezieltes Qualitätsmanagement bedürfen. Da bei diesen Verfahren die Messung des Kontaktes zwischen Kunde und Dienstleistungspersonal im Vordergrund steht, können sie auch als **Kontaktpunktanalysen** bezeichnet werden (Bruhn 2002c). Im Rahmen dieser Verfahren werden im Folgenden die Sequenzielle Ereignismethode, die Critical-Incident-Technik, die Switching-Path-Analyse sowie die Root-Cause-Analyse dargestellt.

1. Sequenzielle Ereignismethode

Die Sequenzielle Ereignismethode umfasst eine phasenorientierte Kundenbefragung, basierend auf der Erstellung eines so genannten **„Blueprints"**. Dieser beinhaltet die systematische Analyse des Dienstleistungsprozesses anhand eines graphischen Ablaufdiagramms, wie in Abbildung 5-16 dargestellt. Er ermöglicht eine vollständige Erfassung der verschiedenen **Kundenkontaktsituationen** (Stauss/Hentschel 1991, S. 242).

Im Rahmen eines offenen, strukturierten Interviews werden hierbei die Kunden gebeten, den Ablauf ihres Dienstleistungserlebnisses noch einmal „gedanklich-emotional" zu rekonstruieren und ihre Eindrücke zu schildern. In Bezug auf jede einzelne Kundenkontaktsituation des Blueprints wird nach dem wahrgenommenen Ablauf, den Empfindungen und den jeweiligen Bewertungen gefragt (Stauss 2000a, S. 331).

Gegenüber dem Silent-Shopper-Verfahren und der Expertenbeobachtung (vgl. Abschnitt 3.211 dieses Kapitels) erweist sich die Sequenzielle Ereignismethode als vorteilhaft, da die einzelnen Phasen des Dienstleistungsprozesses aus aktueller und subjektiver Kundensicht bewertet werden. Dem gegenüber müssen jedoch der relativ hohe Erhebungs- und Auswertungsaufwand und die entsprechend hohen Durchführungskosten dieses Messansatzes als Kritikpunkte erwähnt werden.

2. Critical-Incident-Technik

Kritische Ereignisse können als **„Schlüsselereignisse"** eines Interaktionsprozesses zwischen Kunde und Dienstleistungsanbieter verstanden werden, die vom Kunden als außergewöhnlich positiv oder negativ empfunden werden (Bitner/Booms/Tetreault 1990, S. 71ff.).

Abbildung 5-16   Blueprint am Beispiel einer Flugreise

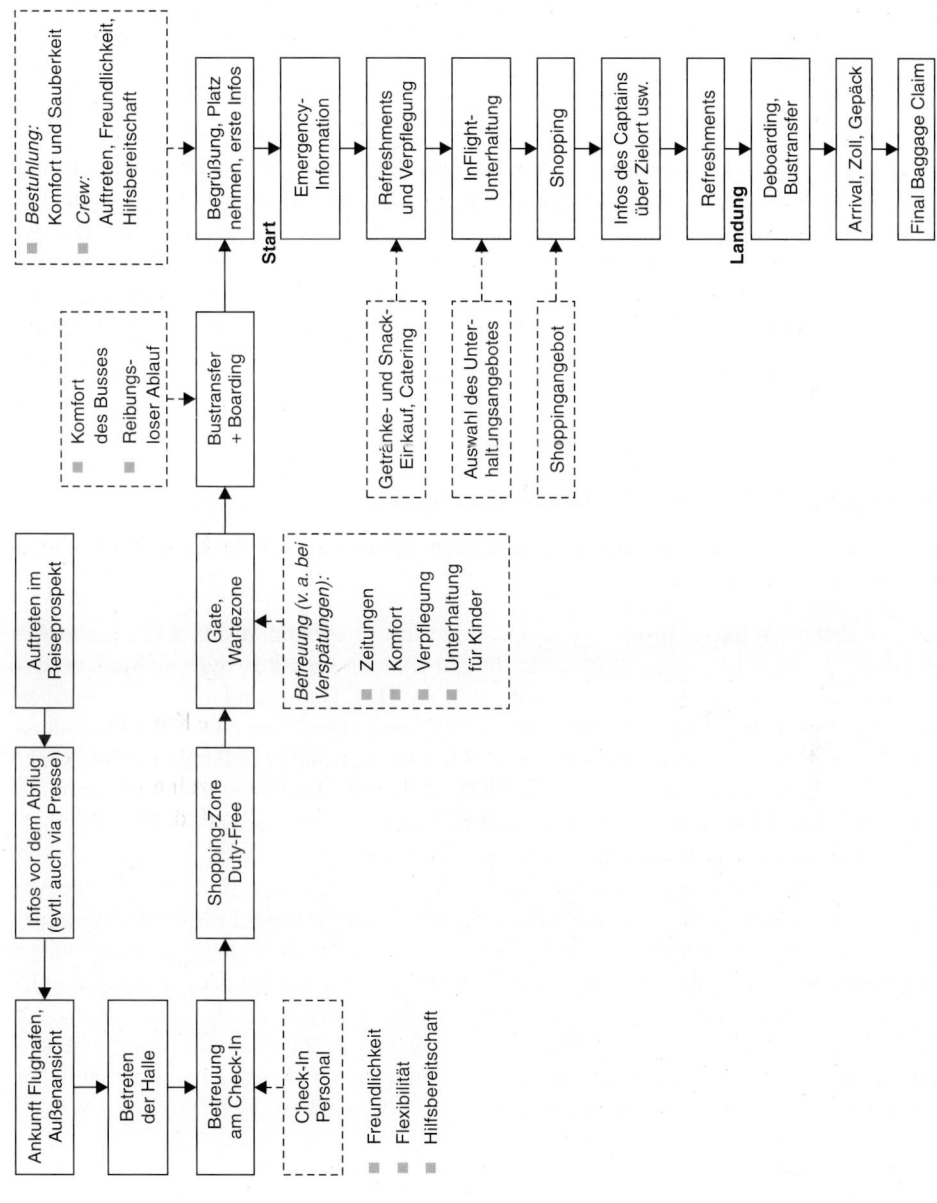

Im Rahmen der Critical-Incident-Technik werden Kunden in offenen standardisierten Interviews gebeten, diese kritischen Ereignisse während eines Dienstleistungsprozesses zu schildern. Der Kunde wird dabei aufgefordert, die einzelnen Situationen mittels einer möglichst konkreten Beschreibung sämtlicher Details zu rekonstruieren. Die anschließende Interpretation der Fragebögen beinhaltet ein mehrstufiges Auswertungsverfahren, bei dem typische Erlebniskategorien gebildet werden und somit kategoriebezogen die Häufigkeiten der positiven oder negativen Erlebnisse aufgezeigt werden können.

Als **Beispiel** für die Critical-Incident-Methode kann eine Studie von Bitner/Booms/Tetreault herangezogen werden (vgl. auch im Folgenden Bitner/Booms/Tetreault 1990). Bei dieser Untersuchung wurden in Restaurants, Hotels und bei Fluggesellschaften – als Branchen mit hohem Interaktionsgrad – Kundenbefragungen durchgeführt. Dabei wurden den Probanden die folgenden Fragen gestellt:

- „Erinnern Sie sich an einen besonders (nicht) zufrieden stellenden Kontakt mit einem Angestellten eines Restaurants, Hotels oder einer Fluggesellschaft?"

- „Wann ereignete sich dies?"

- „Welche spezifischen Umstände führten zu dieser Situation?"

- „Was sagte oder machte der Angestellte genau?"

- „Was ereignete sich genau, sodass Sie den Kontakt als (nicht) zufrieden stellend empfanden?"

Dieses Verfahren liefert insofern aussagefähige Informationen, als dass sämtliche Aspekte des Dienstleistungsprozesses, die für den Kunden subjektiv relevant sind, erfasst werden können (Bitner/Booms/Tetreault 1990, S. 71ff.). Damit sind nicht nur Aussagen über die Mindesterwartungen von Kunden bezüglich des Qualitätsniveaus von Dienstleistungen möglich, sondern auch Aussagen über ihre Erwartungen in Bezug auf das Reaktionsverhalten der Mitarbeiter, zum Beispiel bei Kundenbeschwerden (Bruhn/Hennig 1993, S. 224). Im Vergleich zu den Verfahren der merkmalsorientierten Messung beinhaltet die Methode der kritischen Ereignisse den entscheidenden Vorteil der Eindeutigkeit der Aussagen, da die befragten Kunden nicht aufgefordert werden, eine vorgegebene Anzahl von abstrakt formulierten Qualitätsmerkmalen (zum Beispiel Leistungskompetenz, Freundlichkeit) zu beurteilen, sondern frei die für sie persönlich bedeutsamen Erlebnisse in eigenen Worten schildern können (Bruhn/Hennig 1993, S. 224). Der Nachteil möglicherweise unvollständiger Kundenbeschwerden im Rahmen der Beschwerdeanalyse wird hierbei durch eine systematische Erfassung von Problembereichen aufgehoben. Analog zur Sequenziellen Ereignismethode ist jedoch auch hier ein nicht unerheblicher Aufwand des Verfahrens zu verzeichnen (Stauss 2000a, S. 333) (vgl. hierzu Insert 5-3).

3. Switching-Path-Analyse

Bei diesem Instrument handelt es sich um eine methodische Weiterentwicklung der dargestellten Critical-Incident-Technik, bei der jedoch nicht die einzelne Transaktion, sondern die Beziehungsperspektive im Vordergrund steht (vgl. Roos/Strandvik 1997, S. 623; Ross

1999, S. 71ff.). Die Switching-Path-Analyse verfolgt dabei das Ziel, den gesamten Abwanderungsprozess – angefangen von einem bestimmten Auslöser bis hin zur Aufnahme einer neuen Beziehung – abzubilden. Dieser Messansatz kann somit den Ausgangspunkt der Konzeption eines Rückgewinnungsmanagements bilden. Abbildung 5-17 zeigt beispielhaft einen solchen Abwanderungsprozess aus der Sicht eines Versicherungsnehmers.

INSERT 5-3	Kundenzufriedenheitsmessung am Beispiel der BHW Bausparkasse

Kurzfallstudie: BHW Bausparkasse

Der Kreditbereich der BHW Bausparkasse, Hameln, beauftragte in 1999 die GPM Managementberatung, gemeinsam mit einem internen Projektteam ein „Messprogramm Kundenzufriedenheit" zu entwickeln. Ziel war es, den Abteilungen und Teams des Bereichs, der jährlich circa 200.000 Kredite bearbeitet und circa 4 Mio. Kunden betreut, ein qualitäts- und prozessorientiertes Führungsinstrument anzubieten. Das Messprogramm verfolgt methodisch den Ansatz der „ereignisbezogenen" Zufriedenheitsmessung. Dabei wird die Kundenzufriedenheit abgeleitet aus Schlüsselereignissen, in denen der Kunde die Leistung seiner Bausparkasse besonders sensibel erlebt und bewertet. Inhaltlich wird gemessen, wie zufrieden die Kunden mit dem gerade durchlaufenen Prozess der Darlehenszusage, Darlehensauszahlung, dem Korrespondenzkontakt oder der Beschwerdebehandlung waren. Die jährlich erscheinenden Kundenzufriedenheitsreports, die als Lernangebote an Teams, Abteilungen und Führungskräfte zu verstehen sind, zeigen auf, inwieweit die Arbeit der Teams den Erwartungen der Kunden entspricht. Die Zufriedenheitswerte werden in den Reports graphisch aufbereitet und leicht verständlich dargestellt (vgl. Abbildung). In die Graphiken werden unter anderem Vergleichszahlen aus dem Vorjahr, Durchschnitts- und Best-Practice-Werte integriert. Erste Erfahrungen zeigen, dass die Teams mit den neuen Messergebnissen aktiv arbeiten, daraus lernen und sie als Basis für laufende Verbesserungen von Arbeitsabläufen und Verhaltensweisen nutzen. Zusammenfassend lässt sich festhalten, dass diese Art der Kundenzufriedenheits-Messung die Gelegenheit bietet, die Erwartungen der Kunden besser zu verstehen, Anregungen für den Prozess der Leistungserstellung zu gewinnen und Abwanderungsrisiken frühzeitig zu erkennen.

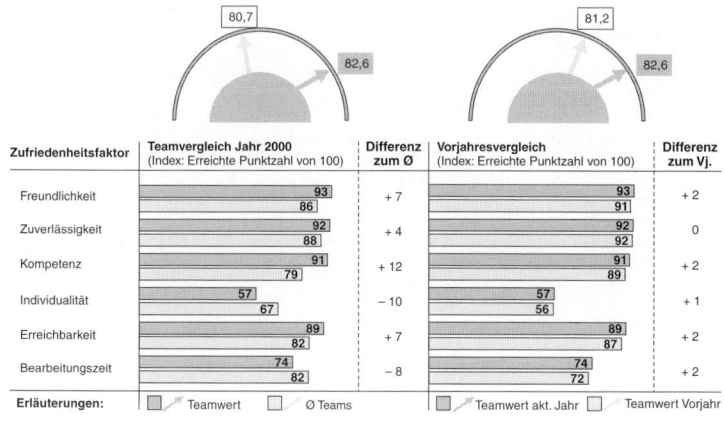

Quelle: Nüßler/Gröne 2000, S. 571ff.

Abbildung 5-17   **Analyse des Abwanderungsprozesses eines Versicherungskunden**

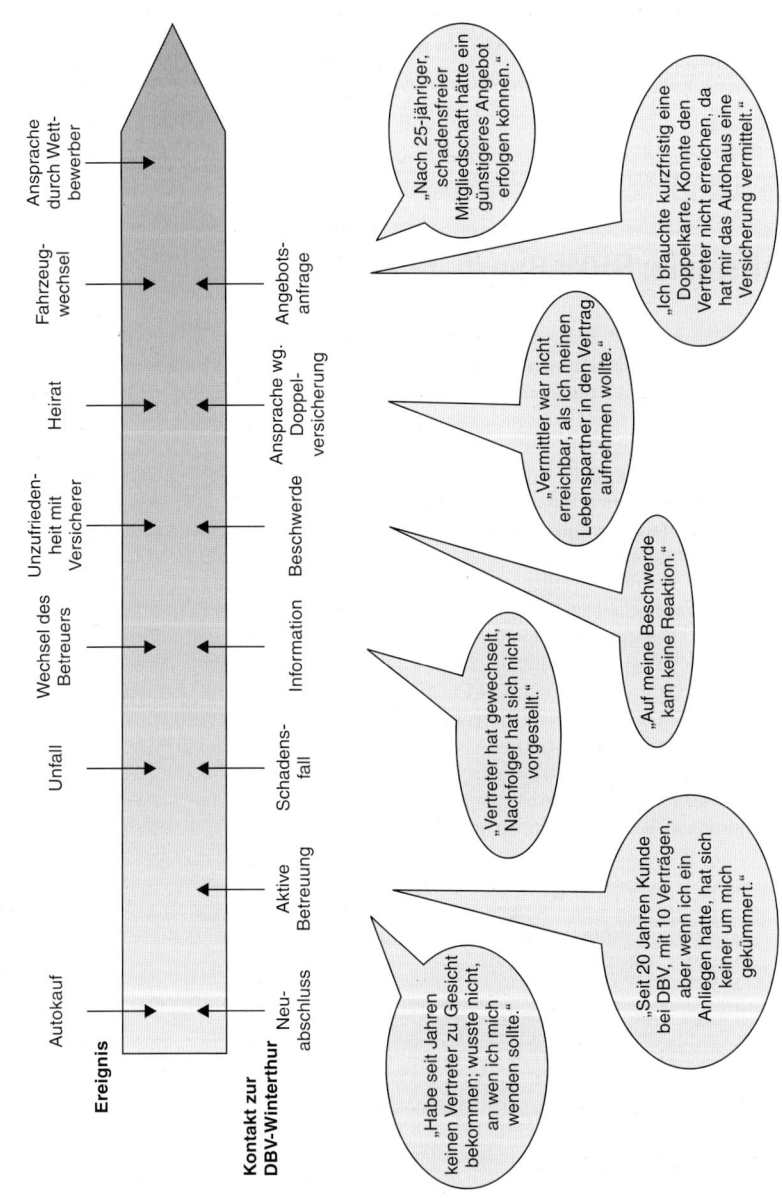

Quelle: Schröder 1999, S. 23

Inhaltlich basiert das Instrument auf strukturierten, persönlichen Interviews mit abgewanderten Kunden. Abbildung 5-18 gibt einen Überblick über die verschiedenen Fragenkomplexe eines solchen Interviews.

Abbildung 5-18   **Fragenkatalog einer Switching-Path-Analyse**

Fragenkomplex	Beispiel
Abwanderungsentscheidung	Wann haben Sie erstmalig über eine Abwanderung nachgedacht?
Abwanderungsprozess	Wie lange hat sich die Entscheidung hingezogen?
Auslöser des Abwanderungsprozesses	Hat ein bestimmtes Ereignis den Abwanderungsprozess ausgelöst?
Vorherige Form der Geschäftsbeziehung	Wie war die Beziehung vor der Abwanderungsentscheidung?
Unternehmensverhalten nach Abwanderung	Wie hat das Unternehmen auf die Abwanderung reagiert?
Gründe für die Wahl des neuen Anbieters	Aus welchen Gründen wurde der neue Anbieter ausgewählt?
Vergleich der neuen mit der alten Beziehung	Wie ist die alte im Vergleich zur neuen Geschäftsbeziehung zu bewerten?

GABLER
GRAFIK

Quelle: Roos 1996; Roos/Strandvik 1997, S. 624

Im Zentrum des dargestellten Analyseinstruments steht somit die Aufgabe, entschei-
dungsrelevante Informationen zur Planung des Rückgewinnungsmanagements bereitzustellen. Neben dem Nutzen der verbesserten Informationsbasis zu Leistungsdefiziten und
grundsätzlichen Erkenntnissen zu Abwanderungsprozessen können die Ergebnisse ferner der Festlegung von geeigneten Indikatoren zur Identifikation abwanderungsgefährdeter oder abgewanderter Kunden dienen.

4. Root-Cause-Analyse

Die Root-Cause-Analyse ist ein Ansatz zur **Analyse von Abwanderungsgründen** (vgl.
Wilson et al. 1993, S. 9; Ammermann 1998, S. 52ff.). Diese ist komplexer als vielfach angenommen. Der Grund hierfür ist in dem Prozesscharakter der Kundenabwanderung zu
sehen, der dazu führt, dass die Beendigung der Geschäftsbeziehung in der Regel nicht auf

ein isoliertes Ereignis zurückzuführen ist, sondern dass eine Vielzahl von kritischen Ereignissen innerhalb einer bestimmten Zeitspanne die Entscheidung des Kunden bedingen. Aus diesem Grunde sind die traditionellen Methoden der Marktforschung, wie zum Beispiel eine schriftliche Befragung der Kunden zu ihren Abwanderungsgründen, nur bedingt geeignet, die wahren Ursachen der Abwanderung zu untersuchen. Die Ergebnisse derartiger Befragungen bleiben sehr allgemein und konkrete Maßnahmen lassen sich kaum ableiten. Entscheidend ist folglich nicht die Aufarbeitung unternehmensspezifischer Abwanderungskategorien (zum Beispiel Preis, Service, Leistung), sondern die Erfassung und Beschreibung der individuellen Kontaktpunkte beziehungsweise Erlebnisse eines Kunden innerhalb der kritischen Phasen des Kundenlebenszyklus.

Bei der Root-Cause-Analyse werden die Ursachen der Kundenabwanderung in einem **mehrstufigen Verfahren** differenziert identifiziert. Den Ausgangspunkt des Verfahrens bilden Hypothesen zu möglichen Abwanderungsgründen, die in einem zweiten Schritt im Rahmen detaillierter Ursachenbäume näher beschrieben werden. Hieran schließt sich eine telefonische Befragung abgewanderter Kunden auf Basis des Story-Telling-Ansatzes an. Die Aufzeichnung sowie Auswertung der Kundengespräche erfolgt anschließend mit Hilfe einer computergestützten Befragungssoftware (vgl. Venohr/Zinke 1999, S. 160). Das Ergebnis einer Root-Cause-Analyse zeigt Abbildung 5-19 am Beispiel einer Versicherung.

Neben den aufgezeigten **unternehmensbezogenen Abwanderungsgründen,** das heißt solchen Gründen, die durch das Unternehmen ausgelöst werden und somit auch beeinflussbar sind, können Abwanderungen ferner auf konkurrenz- sowie kundenbezogenen Gründen basieren. Unter die **konkurrenzbezogenen Gründe** fallen beispielsweise Abwerbungsversuche der Wettbewerber, ausgelöst durch kommunikationspolitische Maßnahmen.

In die Kategorie der **kundenbezogenen Abwanderungsgründe** fallen sämtliche Beweggründe der Abwanderung, die nicht aufgrund von Unzufriedenheit, sondern durch eine Veränderung der persönlichen Situation des Kunden ausgelöst werden (zum Beispiel Kontoauflösung aufgrund eines Wohnungswechsels).

Der wesentliche Vorteil der dargestellten **ereignisorientierten Messverfahren** ist die Möglichkeit, die aus der Kundenperspektive relevanten Attribute zu ermitteln. Im Gegensatz zu den merkmalsorientierten Verfahren ist bei diesen Verfahren die Anzahl der Einzelmerkmale nicht eingeschränkt. Vielmehr sollen die Verfahren genutzt werden, um eine Vielfalt an Attributen zu ermitteln und somit die Vollständigkeit der Merkmale zu erreichen. Insofern eignen sich diese Verfahren insbesondere auch als Voruntersuchungen zu den merkmalsorientierten Verfahren, aber auch zur regelmäßigen Prüfung der Vollständigkeit beziehungsweise Richtigkeit der mit den merkmalsorientierten Verfahren gemessenen Merkmale.

Als Nachteil lässt sich anführen, dass eine quantitative Messung im Sinne einer Benotung von Leistungsattributen nicht möglich ist. Folglich ist auch der Einsatz solcher Verfahren im Rahmen regelmäßig stattfindender Messungen der Dienstleistungsqualität zur Prüfung von Qualitätsverbesserungen nur bedingt möglich.

Abbildung 5-19   **Ergebnis einer Root-Cause-Analyse am Beispiel einer Versicherung**

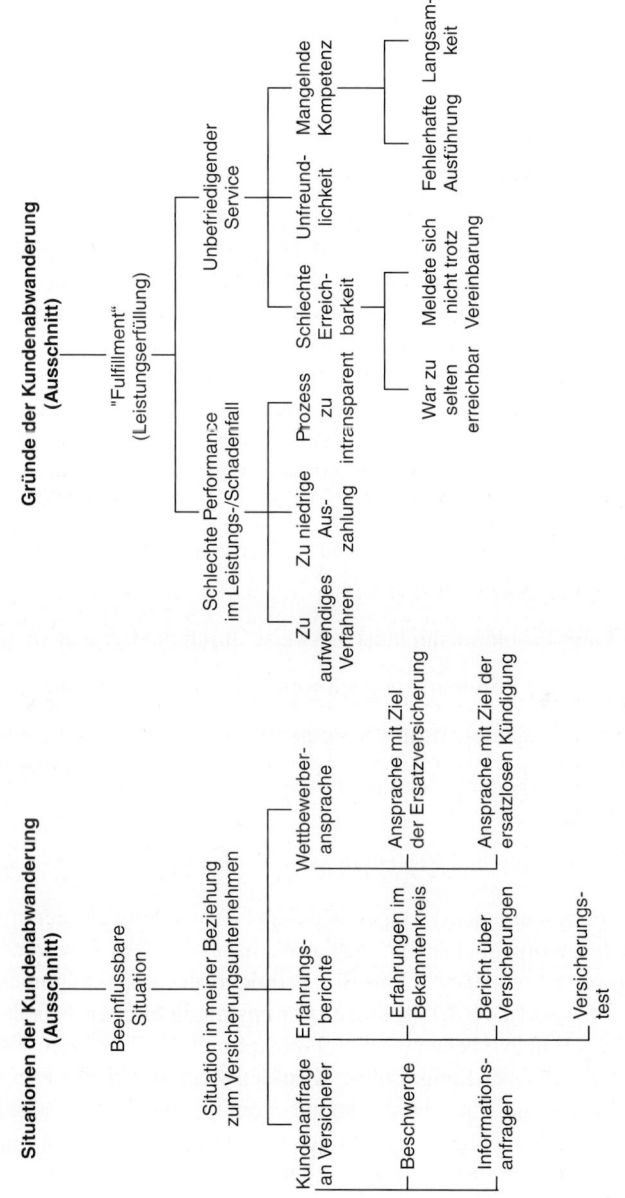

GABLER
GRAFIK

3.2123 Problemorientierte Messverfahren

Im Rahmen der problemorientierten Ansätze werden aus Kundensicht qualitätsrelevante Problemfelder im Rahmen der Leistungserstellung betrachtet. Zu dieser Gruppe von Ansätzen gehören die Problem-Detecting-Methode, die Frequenz-Relevanz-Analyse für Probleme (FRAP) und die Beschwerdemessung.

1. Problem-Detecting-Methode

Im Rahmen der Problem-Detecting-Methode wird versucht, Aussagen über die **Dringlichkeit der Problembehebung** zu ermitteln. Dabei basiert das Verfahren auf der Annahme, dass ein Problem um so dringender der Aufmerksamkeit durch das Management der Dienstleistungsunternehmung bedarf, je häufiger es auftritt und je ärgerlicher beziehungsweise bedeutsamer sein Auftreten von den Kunden empfunden wird (Bruhn 1994b, S. 5f.). Im Unterschied zu den oben genannten Verfahren findet hierbei jedoch keine generelle Entdeckung von Problemen statt, sondern es wird die jeweilige Bedeutung der Probleme aus Kundensicht erfasst. Folglich handelt es sich um ein lediglich ergänzendes Verfahren der Qualitätsmessung, das als Voraussetzung für seine Anwendung stets die Kenntnis der kundenrelevanten Probleme bedarf.

Das grundsätzliche Vorgehen bei der Problem-Detecting-Methode erfolgt in mehreren **Schritten** (Stauss/Hentschel 1990, S. 233ff.):

▐ Ermittlung einer Problemliste, beispielsweise durch die Critical-Incident-Technik,

▐ Komprimierung der Problemliste nach Relevanz- und Redundanzaspekten,

▐ Erstellung eines Fragebogens mit Statements zu den einzelnen Problemen,

▐ Datenerhebung der Kundenaussagen mittels schriftlicher, mündlicher oder telefonischer Befragung,

▐ Auswertung der Daten und Präsentation in Problemindizes oder -diagrammen.

In Bezug auf die Formulierung der Fragen und deren Auswertung existieren eine Reihe von Alternativen. In der ursprünglichen Version der Werbeagentur BBDO wurden zum einen die **Problemhäufigkeit** („Frequency") und die **Problemrelevanz** („Importance") ermittelt. Zum anderen wurde gefragt, ob dem Kunden **Lösungsmöglichkeiten**, beispielsweise bei der Konkurrenz, für das Problem bekannt sind („Preemptibility"). Eine Multiplikation der Skalenwerte ergab dann für jedes Ereignis einen **Problemwert**, der in eine Rangfolge nach der Höhe der Punktwerte eingeordnet werden konnte. Somit wurde eine einfache Übersicht über die Probleme ermöglicht, die häufiger auftreten und für die keine Lösungsansätze bekannt sind. Fraglich ist jedoch, ob eine solche Ermittlung der Lösungsansätze aus Kundensicht unbedingt sinnvoll ist. Sind der Konkurrenz beispielsweise bisher keine Problemlösungen bekannt, so ist das noch kein Indikator für eine (nicht) gegebene Dringlichkeit der Problembehebungen. Hätte ein Konkurrenzunternehmen dagegen bereits Lösungspotenziale entwickelt, so würde diese Tatsache die Dringlichkeit der Problembehebung wesentlich erhöhen.

2. Frequenz-Relevanz-Analyse für Probleme

Die **Frequenz-Relevanz-Analyse für Probleme (FRAP)** stellt eine Weiterentwicklung der Problem-Detecting-Methode dar und setzt bei den genannten Problemen der Frageformulierung und Auswertung an. Sie erfolgt analog zum Vorgehen der Problem-Detecting-Methode, beinhaltet allerdings folgende **Fragestellungen**:

■ Ist das jeweilige Problem überhaupt aufgetreten?

■ Wie groß ist das Ausmaß der Verärgerung?

■ Wie erfolgt das faktische oder geplante Reaktionsverhalten des Kunden?

Den unterschiedlichen Kundenreaktionen, wie zum Beispiel der Wechsel des Dienstleistungsunternehmens oder die Beschwerdeführung, werden anschließend Skalenwerte zugeordnet. Diese werden durch Multiplikation mit den Punktwerten für das Ausmaß der Verärgerung zu einem so genannten „Relevanzwert" verdichtet und dem Wert der Problemfrequenz in einer zweidimensionalen Matrix, analog zu Abbildung 5-20, gegenübergestellt (Stauss/Hentschel 1991, S. 242; Stauss 2000a).

| Abbildung 5-20 | Problemfrequenz/Problemrelevanz-Matrix der FRAP am Beispiel eines Restaurants |

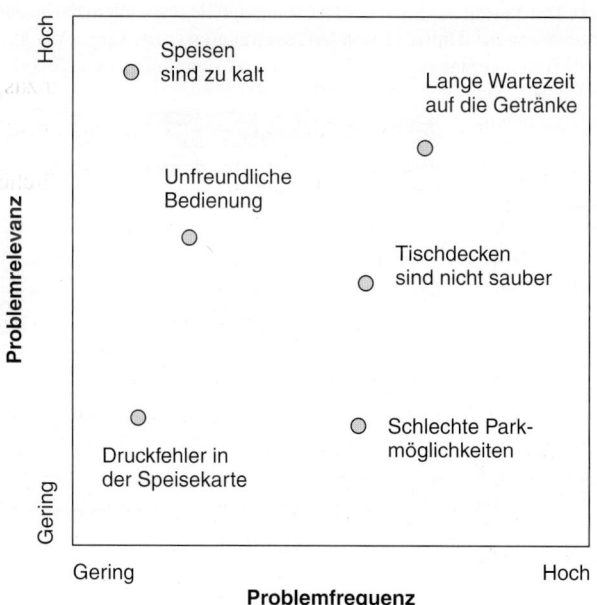

3. Beschwerdeanalyse

> **Beschwerden** sind Artikulationen der Unzufriedenheit eines Kunden, die gegenüber einem Dienstleistungsunternehmen (oder auch Drittinstitutionen) vorgebracht werden, wenn der Kunde die erlebten Probleme subjektiv als gravierend betrachtet (Bruhn/Hennig 1993, S. 222; Stauss/Seidel 2002).

Vorteile der Nutzung von **Beschwerdemessungen** sind die Aktualität und Relevanz der Probleme (Kunden beschweren sich in der Regel sehr bald, sofern sie schwerwiegende Mängel der Servicequalität erfahren haben) und der relative Kostenvorteil dieses Verfahrens, da die Beschwerden auf Initiative und Kosten der Kunden artikuliert werden.

INSERT 5-4   Elektronische Beschwerdeannahme der Landessparkasse Oldenburg

Beispiel: Landessparkasse Oldenburg

Seit einiger Zeit hat sich neben den traditionellen Beschwerdekanälen das Beschwerdemanagement via Internet etabliert. Der Vorteil aus Sicht der Konsumenten liegt vor allem darin, dass die Beschwerde relativ unkompliziert an das Unternehmen herangetragen werden kann. Aus Unternehmenssicht bietet das Internet als Beschwerdekanal die Möglichkeit, kostengünstig und schnell auf Beschwerden zu reagieren. Der Einsatz von Content-Filtern, mit deren Hilfe der Inhalt von E-Mails nach bestimmten Schlüsselbegriffen durchsucht werden kann, trägt dazu bei, dass die Beschwerden direkt an den zuständigen Mitarbeiter gelangen. Neben der Chance für den Kunden, Beschwerden per E-Mail zu versenden, ist auch im Online-Bereich der Einsatz standardisierter „elektronischer Meinungskarten" denkbar. Ein Beispiel dafür zeigt die Abbildung. Die Landessparkasse Oldenburg bietet auf ihrer Homepage den Kunden die Möglichkeit, Beschwerden und Wünsche vorzubringen.

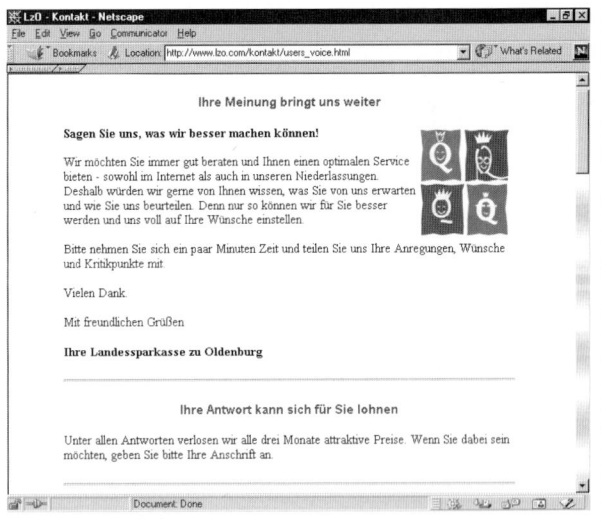

Quelle: www.lzo.com

Die **Probleme bei der Beschwerdeanalyse** betreffen vor allem:

▌ die Schwierigkeit der Initiierung von Beschwerden durch das Unternehmen und

▌ die Unvollständigkeit der Beschwerdeerfassung.

Auf die Bedeutung und die Durchführung eines **Beschwerdemanagements** von Dienstleistungsunternehmen wird intensiver im Rahmen der Ausführungen zu den Instrumenten der Leistungspolitik (vgl. Kapitel 6) eingegangen.

Insgesamt sollten die problemorientierten Verfahren als Messinstrumente von Dienstleistungsunternehmen – insbesondere aufgrund der Unvollständigkeit der berücksichtigten Attribute – lediglich ergänzend zur Ermittlung offensichtlicher Probleme beziehungsweise Handlungsnotwendigkeiten herangezogen werden.

Bevor im Folgenden die anbieterorientierten Verfahren genauer erläutert werden, stellt Abbildung 5-21 die Stärken und Schwächen der nachfragerbezogenen Messansätze zusammenfassend dar.

3.22 Anbieterbezogene Messung der Dienstleistungsqualität

Beim Einsatz unternehmensorientierter Messansätze wird die Qualität nicht aus Sicht der Kunden, sondern aus dem Blickwinkel des Unternehmens beurteilt. Dies kann entweder durch das Management oder durch die Mitarbeiter geschehen.

3.221 Managementorientierte Messansätze

Die managementorientierten Ansätze haben zum Ziel, aus der Sicht des Managements die für den Kunden qualitätsrelevanten Aspekte der Dienstleistung zu beleuchten. Zu dieser Gruppe von Ansätzen können das Benchmarking, die Fehlermöglichkeits- und -einflussanalyse (FMEA) und der Fishbone-Ansatz gezählt werden.

1. Benchmarking

Benchmarking stellt einen managementorientierten Ansatz zur Messung der Dienstleistungsqualität dar, mit dem die unternehmenseigenen Prozesse und Ergebnisse relativiert und anhand bestimmter Vergleichsgrößen evaluiert werden können (Madu/Kuei 1995, S. 27ff.). Als Objekte eines unternehmensinternen beziehungsweise -externen Vergleichs kommen dabei Unternehmen, Leistungen und Personen in Betracht (vgl. Bruhn 2001b, S. 129ff.):

Abbildung 5-21   Beurteilung der nachfragebezogenen Verfahren zur Messung der Dienstleistungsqualität

Beurteilungskriterien/ Messverfahren	Qualitätsrelevanz	Vollständigkeit	Aktualität	Eindeutigkeit	Steuerbarkeit	Kosten	Dienstleistungsspezifika	Gesamtwürdigung
Objektive Verfahren								
Silent-Shopper-Verfahren	Nicht gegeben	Nicht vollständig	Aktuell	Nicht eindeutig	Steuerbar	Hoch	Für alle Dienstleistungen geeignet	**Vorteil:** Ermöglicht einen Konkurrenzvergleich **Nachteil:** Verzerrte Wahrnehmung der Qualität durch Scheinkunden
Expertenbeobachtung	Nicht gegeben	Nicht vollständig	Aktuell	Nicht eindeutig	Steuerbar	Sehr hoch	Bei hohem Integrationsgrad des externen Faktors nicht geeignet	**Vorteil:** Verfahren kann Ansatzpunkte für den Einsatz subjektiver Verfahren liefern **Nachteil:** Gefahr von Beobachtungseffekten
Subjektive Verfahren								
Merkmalsorientierte Verfahren	Nicht gegeben	Nicht vollständig	Nicht aktuell	Nicht eindeutig	Steuerbar	Hoch	Für alle Dienstleistungen geeignet	**Vorteil:** Große Anzahl von Kundenbefragungen möglich **Nachteil:** Unternehmen gibt Qualitätsmerkmale vor
Ereignisorientierte Verfahren	Gegeben	Vollständig	Nicht aktuell	Eindeutig	Steuerbar	Sehr hoch	Für alle Dienstleistungen geeignet	**Vorteil:** Prozessorientierte Betrachtung einer Dienstleistung aus Kundensicht; Bildung von problemspezifischen Erlebniskategorien möglich **Nachteil:** Hoher Erhebungsaufwand
Problem-Detecting-Methode/Frequenz-Relevanz-Analyse für Probleme	Abhängig von den vorausgehenden Verfahren				Steuerbar	Sehr hoch	Für alle Dienstleistungen geeignet	**Vorteil:** Sehr anschaulich **Nachteil:** Nur als Ergänzung zu den anderen Verfahren
Beschwerdeanalyse	Gegeben	Nicht vollständig	Aktuell	Eindeutig	Steuerbar	Niedrig	Besonders bei hoher Intangibilität der Dienstleistung geeignet	**Vorteil:** Qualitätsrelevante, aktuelle Ergebnisse bei geringen Kosten **Nachteil:** Problem der Beschwerdeaufforderung

GABLER
GRAFIK

a. Benchmarking von Unternehmen

▌ Benchmarking von Unternehmenseinheiten

In diesem Fall werden die Ergebnisse einer Tochtergesellschaft, Niederlassung, Abteilung oder Leistungseinheit mit bestimmten Kennzahlen anderer unternehmensinterner Leistungseinheiten verglichen. So kann beispielsweise die Leistung der Patentabteilung eines Großkonzerns mit den Leistungen anderer Patentabteilungen in Zweigniederlassungen des Unternehmens verglichen werden.

▌ Benchmarking des Unternehmens mit Hauptkonkurrenten

In diesem Fall wird das gesamte Unternehmen oder eine kleinere Einheit zum Beispiel im Hinblick auf die Marktauswahl oder Marktbearbeitung von Leistungseinheiten der Konkurrenzunternehmen verglichen.

b. Benchmarking von Leistungen

▌ Benchmarking externer und interner Leistungen

Ausgangsbasis bei dieser Form des Benchmarking sind multiattributive, merkmalsorientierte Messverfahren wie zum Beispiel der SERVQUAL-Ansatz. Ein Vergleich von Leistungen eines Unternehmens, die externen Kunden angeboten werden, oder solcher Leistungen, die innerhalb der unternehmensinternen Kunden-Lieferanten-Beziehungen erstellt werden (zum Beispiel durch interne Servicebarometer), liefert wichtige Ansatzpunkte für detaillierte Verbesserungsmaßnahmen.

▌ Benchmarking innerhalb und außerhalb der Branche

Dies ist der klassische Fall des Benchmarking. Die Leistungen eines Unternehmens werden mit weitgehend identischen Leistungen in anderen Unternehmen verglichen (zum Beispiel durch Konkurrenzanalysen oder Nationale Kundenbarometer). Beispiele solcher Benchmarks sind Werte zur Kundenzufriedenheit, Kundentreue oder auch Produktivität eines Dienstleistungsanbieters. Diese Form des Benchmarking, die sich nur bei der Ausrichtung an „ehrlichen" Vergleichswerten als sinnvolles Instrument zur Messung der Dienstleistungsqualität darstellt, wird allerdings durch Vorbehalte konkurrierender Unternehmen bezüglich der Herausgabe von teilweise sensiblen Firmendaten erschwert.

Die Datenbasis eines branchenfremden Benchmarking kann in der Regel einfacher geschaffen werden. Hierbei werden zwar die gleichen Leistungen – beispielsweise die unternehmensinterne Verbuchung von Belegen oder das Telefonverhalten bei Anrufen – miteinander verglichen, doch erlaubt die Zugehörigkeit zu unterschiedlichen Branchen einen intensiveren – und offeneren – Datenaustausch. So kann ein Speditionsunternehmen beispielsweise ein Kreditkartenunternehmen als Benchmarkingobjekt für die Verbuchung von Belegen heranziehen.

c. Benchmarking von Personen

■ **Benchmarking von Mitarbeitern**
In diesem Fall werden die Führungskräfte und Mitarbeiter innerhalb einzelner Unternehmenseinheiten (zum Beispiel Abteilungen) beziehungsweise zwischen verschiedenen Unternehmenseinheiten (zum Beispiel die Mitarbeiter einer Filiale A mit denen der Filiale B) verglichen. Beispiele solcher Benchmarks sind Kennzahlen zur Mitarbeiterzufriedenheit, Mitarbeitertreue oder auch Leistungskennzahlen wie zum Beispiel Zahl der akquirierten Neukunden innerhalb eines Quartals.

■ **Benchmarking von Kundenkontaktmitarbeitern**
Der externe Vergleich von Mitarbeitern mit denen der Konkurrenzunternehmen muss aufgrund der erschwerten Datengewinnung auf Mitarbeiter beschränkt werden, die im Kundenkontakt stehen. Nur bei den Kundenkontaktmitarbeitern ist es möglich, durch Kundenbefragungen oder Mystery-Shopping Daten zu gewinnen. Da die Kundeninteraktion in vielen Branchen von hoher Bedeutung für die Dienstleistungsqualität ist und zum Aufbau von entscheidenden Wettbewerbsvorteilen verwendet wird, nimmt diese Form des Benchmarking eine wichtige Funktion ein, die aber in der Unternehmenspraxis heute noch wenig Beachtung findet.

Eine besondere Rolle im Rahmen des Benchmarking nehmen **Kundenbarometer** ein, auf die in Abschnitt 6.3 dieses Kapitels ausführlich eingegangen wird.

2. Fehlermöglichkeits- und -einflussanalyse (FMEA)

In Dienstleistungsunternehmen sollte der Fehlervermeidung besondere Aufmerksamkeit geschenkt werden, da eine nachträgliche Fehlerkorrektur oftmals nicht mehr möglich ist (zum Beispiel bei der Verspätung eines Zuges). Im Rahmen der **Fehlermöglichkeits- und -einflussanalyse (FMEA)** wird deshalb versucht, alle denkbaren Fehler und Irrtumsmöglichkeiten während eines Dienstleistungsprozesses systematisch aufzulisten, um so die Dringlichkeit vorbeugender Maßnahmen zu ermitteln und Lösungsansätze umzusetzen (Tlach 1993, S. 278; Masing 1995, S. 252; Pfeifer 2001, S. 59ff.).

Dabei wird anhand von **vier Phasen** vorgegangen:

■ Fehlerbeschreibung,

■ Risikobeurteilung,

■ Festlegung von Maßnahmen der Qualitätsverbesserung,

■ Erfolgsbeurteilung.

Im Rahmen der **Fehlerbeschreibung** gilt es, sämtliche potenzielle Fehler im Leistungserstellungsprozess, ihre Ursachen und Konsequenzen zu erfassen und verbal auszuformulieren. In der Phase der **Risikobeurteilung** werden die Bedeutung der Fehlerfolgen sowie die Wahrscheinlichkeiten des Fehlerauftretens und der Fehlerentdeckung auf einer

Skala von 1 („bedeutungslos" bezüglich der Folgen, „unwahrscheinlich" hinsichtlich des Eintretens) bis 10 („katastrophal" bezüglich der Folgen, „wahrscheinlich" hinsichtlich des Eintretens) bewertet und anschließend wird durch Multiplikation der Werte eine „Risikoprioritätszahl" ermittelt. Je größer diese Zahl ist beziehungsweise je größer die Einzelwerte sind, desto notwendiger erscheinen vorbeugende Maßnahmen im Unternehmen (Masing 1995, S. 252). Bei der **Festlegung von Maßnahmen für Qualitätsverbesserungen** existieren vier Ansatzpunkte:

■ Vermeidung der Fehlerursachen,

■ Reduzierung der Wahrscheinlichkeit des Fehlerauftretens,

■ Reduzierung der Bedeutung der Fehlerfolgen,

■ Erhöhung der Wahrscheinlichkeit der Fehlerentdeckung.

Dabei ist solchen Maßnahmen der Vorzug zu geben, die das Auftreten des Fehlers überhaupt verhindern. Eine **Erfolgsbeurteilung** kann zum Beispiel durch eine Zeitreihenanalyse der Fehlerprioritätszahl hinsichtlich der jeweiligen Fehler vorgenommen werden.

Der FMEA-Ansatz wird in der Regel von Teams praktiziert, die aus erfahrenen Fachleuten des Unternehmens bestehen. Dabei ist die Erfahrung der Teilnehmer wichtige Voraussetzung für eine erfolgreiche FMEA (Frehr 1994, S. 235). Der Vorteil dieses Verfahrens liegt in der einfach zu verstehenden Methodik und in seiner Wirksamkeit, Fehlerquellen schon im Ansatz und in der Planungsphase zu erkennen und Maßnahmen zu ihrer Beseitigung zu entwickeln. Ein Nachteil dieses Messansatzes ist jedoch der erforderliche hohe Zeit- und Rechenaufwand, der allerdings durch den Einsatz von computergestützten Methoden reduziert werden kann (Frehr 1994, S. 235).

3. Fishbone-Analyse

Die **Fishbone-Analyse** beruht auf einem Ursache-Wirkungs-Diagramm („Ishikawa-Diagramm"), das der systematischen **Ermittlung von Qualitätsmängeln** innerhalb der Dienstleistungsunternehmung dient (Frehr 1994, S. 239). Dabei wird ein besonders dringlicher Qualitätsmangel stets in den Mittelpunkt der Untersuchung gestellt. Anschließend werden die Haupt- und Nebeneinflussgrößen dieses Problems erarbeitet und in Form einer „fischgrätenähnlichen" Grafik dargestellt.

Abbildung 5-22 zeigt, dass zum Beispiel im Bereich der Finanzdienstleistungen der Qualitätsmangel „mangelhafte Beratungsleistung im Wertpapierbereich" durch die Hauptursachen „Personal" oder „technische Ausstattung" erklärt werden kann. Das Problem „Personal" wiederum kann durch Nebenursachen wie fehlendes Qualitätsbewusstsein oder fachliche Inkompetenz der Mitarbeiter hervorgerufen worden sein.

Der Vorteil des Ursache-Wirkungs-Diagramms liegt in der einfachen kommunikativen Darstellung von Qualitätsmängeln und ihren Einflussgrößen. Das qualitätsbezogene Hauptproblem wird durch die systematische Sammlung aller denkbaren Ursachen erklärt und nicht nur durch die Annahme einer oder zweier Einflussgrößen verdrängt (Frehr 1994, S. 239). Die einzelnen Ursachen werden dabei nicht empirisch ermittelt, sondern im Rahmen von Problemfindungs- und -lösungstechniken, wie zum Beispiel mit Hilfe eines „Brainstorming", erarbeitet (Birkelbach 1993, S. 98).

3.222 Mitarbeiterorientierte Messansätze

Durch den Einsatz mitarbeiterorientierter Messansätze wird die externe und interne Qualitätswahrnehmung einzelner Mitarbeiter erhoben. Zu diesen Verfahren können die Qualitätsmessung durch Mitarbeiterbefragungen und das betriebliches Vorschlagswesen gerechnet werden.

Abbildung 5-22   **Beispiel einer Fishbone-Analyse im Bereich der Finanzdienstleistungen**

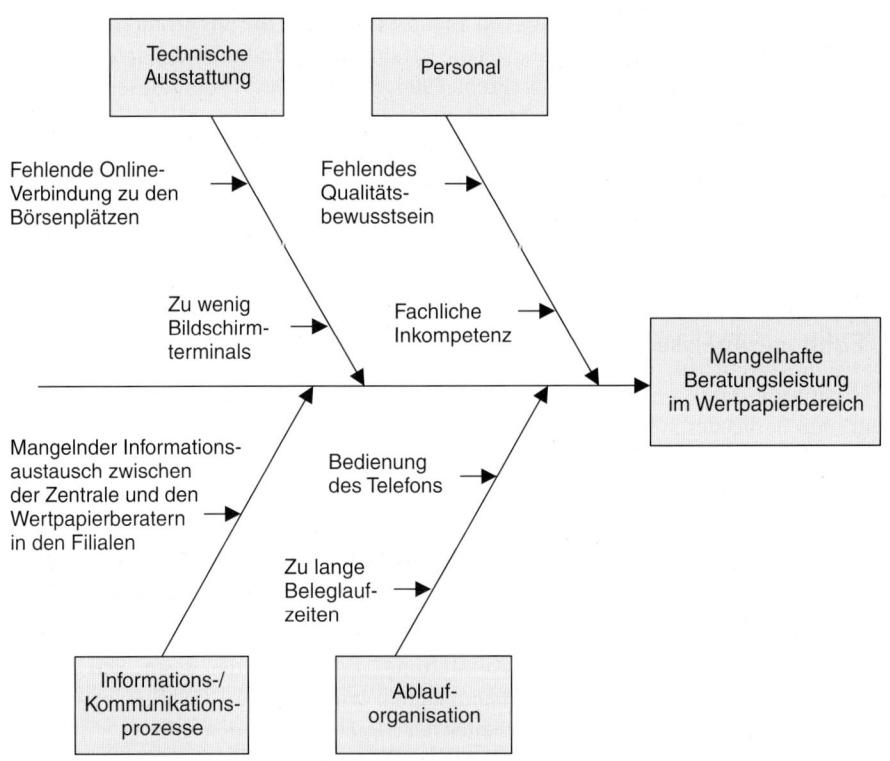

1. Mitarbeiterbefragungen

Im Rahmen von **Mitarbeiterbefragungen** erhält das Dienstleistungspersonal – analog zu den nachfragerorientierten Verfahren der Qualitätsmessung – die Gelegenheit, subjektive Urteile über die Dienstleistungsqualität der Unternehmung zu äußern oder kritische Ereignisse im Umgang mit den Kunden zu schildern (Dotzler/Schick 1995, S. 281). Dabei ist in erster Linie der Bottom-up-Prozess der internen Kommunikation angesprochen, der der Auswertung von Informationen des Kundenkontaktpersonals dient. Ziel dieser Befragungen ist es, mit Hilfe der Mitarbeiterkommunikation die „falschen" Vorstellungen des Managements hinsichtlich der Kundenerwartungen der Dienstleistungsqualität zu revidieren (Zeithaml/Parasuraman/Berry 1992). Inhalte dieser regelmäßig stattfindenden Befragungen können Informationen über das Unternehmen selbst, äußere Arbeitsbedingungen, Aufgaben und Arbeitsanforderungen sowie die persönliche Einstellung des Mitarbeiters zum Thema „Qualität" sein (Haist/Fromm 1991, S. 75).

Bei der Gestaltung des Erhebungsdesigns sollte eine anonyme schriftliche Befragung anderen Untersuchungsmethoden vorgeschaltet werden, um dem Mitarbeiter Gelegenheit zu geben, auf die Fragen offen, das heißt beispielsweise ohne Rücksicht auf berufliche Konsequenzen, zu antworten. Analog den nachfragerorientierten multiattributiven Messverfahren ist jedoch auch bei dieser Methode die Gefahr der Unvollständigkeit in Bezug auf die gemessenen Qualitätsdimensionen gegeben, da das Dienstleistungspersonal lediglich eine begrenzte Anzahl vorgegebener Fragen beantworten soll. Daher empfiehlt es sich, Mitarbeiterbefragungen um das Verfahren des betrieblichen Vorschlagswesens zu ergänzen.

2. Betriebliches Vorschlagswesen

Das Kundenkontaktpersonal sollte stets die Möglichkeit haben, sich an das Management zu wenden, sofern qualitätsrelevante Probleme in der Dienstleistungsunternehmung auftreten oder auftreten könnten. Zur Förderung dieses Bottom-up-Prozesses ist es sinnvoll, ein **Bonifikationssystem für Verbesserungsvorschläge der Mitarbeiter** einzurichten (Dotzler/ Schick 1995, S. 281). Im Rahmen eines solchen Vorschlagsprogramms dokumentiert der Mitarbeiter seine Vorschläge auf einem Formblatt, indem er beschreibt, wo Qualitätsprobleme im Unternehmen aufgetreten sind und wie diese Probleme innerhalb der Unternehmung gelöst werden können. Bei Annahme des Vorschlags sollte eine Prämierung erfolgen, die sich in der Regel an den eingesparten Kosten orientiert. Darüber hinaus können prämierte Vorschläge zum Beispiel in Mitarbeiterzeitschriften veröffentlicht werden, um anderen Mitarbeitern Anreize zur Beteiligung am Vorschlagsprogramm zu geben (Haist/ Fromm 1991, S. 74). Parallel zum Beschwerdemanagement als nachfragerorientiertem Messinstrument stellt das Vorschlagswesens damit ein zentrales Instrument der Qualitätsbestimmung dar. Es fördert die Motivation und Sensibilität des Kundenkontaktpersonals, qualitätsrelevante Probleme zu erkennen und sich für deren Lösung zu engagieren und erfordert dabei nur einen relativ geringen personellen und finanziellen Aufwand.

Abbildung 5-23 zeigt eine Übersicht über die Stärken und Schwächen der unternehmensbezogenen Verfahren der Qualitätsmessung.

Abbildung 5-23   **Beurteilung der unternehmensbezogenen Verfahren zur Messung der Dienstleistungsqualität**

Subjektive Verfahren

Beurteilungs-kriterien/ Messverfahren	Quali-täts-rele-vanz	Voll-stän-digkeit	Aktua-lität	Ein-deu-tigkeit	Steuer-barkeit	Kosten	Dienstleistungs-spezifika	Gesamtwürdigung
Bench-marking	Nicht gegeben	Nicht voll-ständig	Nicht aktuell	Nicht eindeu-tig	Nicht steuer-bar	Hoch	Für alle Dienstleis-tungen geeignet	**Nachteil:** Schwierige Datenerhebung
FMEA-Methode	Nicht gegeben	Nicht voll-ständig	Nicht aktuell	Nicht eindeu-tig	Steuer-bar	Niedrig	Für alle Dienstleis-tungen geeignet	**Nachteil:** Nur als Ergänzung zu den anderen Verfahren
Fishbone-Analyse	Nicht gegeben	Nicht voll-ständig	Nicht aktuell	Nicht eindeu-tig	Steuer-bar	Niedrig	Für alle Dienstleis-tungen geeignet	**Vorteil:** Sehr anschaulich **Nachteil:** Nur als Ergänzung zu den anderen Verfahren
Mitarbeiter-befragungen	Nicht gegeben	Nicht voll-ständig	Nicht aktuell	Nicht eindeu-tig	Steuer-bar	Hoch	Für alle Dienstleis-tungen geeignet	**Vorteil:** Große Anzahl von Mitarbeiterbefragungen möglich **Nachteil:** Unternehmen gibt Qualitätsmerkmale vor
Betriebliches Vorschlags-wesen	Gege-ben	Nicht voll-ständig	Aktuell	Eindeu-tig	Steuer-bar	Niedrig	Für alle Dienstleis-tungen geeignet	**Vorteil:** Dient nicht nur zur Qualitätsmessung, sondern auch zur Qualitätsverbesserung (Mitarbeitermotivation) **Nachteil:** Problem der Vorschlagsaufforderung

GABLER
GRAFIK

4. Planung des Qualitätsmanagements für Dienstleistungen

Im Rahmen der Planung eines Qualitätsmanagements für Dienstleistungen gilt es, den grundsätzlichen Handlungsrahmen des Qualitätsmanagements und somit die qualitätsbezogene strategische Ausrichtung des Dienstleistungsunternehmens in Abstimmung mit der Unternehmensstrategie festzulegen. Somit kommen der **strategischen Planung eines Qualitätsmanagements für Dienstleistungen** vier grundlegende Aufgaben zu:

1. Festlegung der strategischen Qualitätsposition des Dienstleistungsunternehmens,

2. Festlegung der Qualitätsstrategie des Dienstleistungsunternehmens,

3. Festlegung von Qualitätsgrundsätzen des Dienstleistungsunternehmens,

4. Bestimmung der Qualitätsziele des Dienstleistungsunternehmens.

1. Festlegung der strategischen Qualitätsposition

Die Bestimmung der strategischen Qualitätsposition des Dienstleistungsunternehmens bildet die wesentliche Grundlage für den Entwurf eines Qualitätsmanagementkonzeptes, da – je nach momentaner und zukünftig angestrebter Qualitätsposition gegenüber den Wettbewerbern am Markt – im Rahmen des Qualitätsmanagements unterschiedliche Schwerpunkte zu setzen sind (Carlzon 1990, S. 62).

Zur Festlegung der Qualitätsposition können so genannte **Qualitätsportfolios** herangezogen werden, die die strategische Position des Unternehmens in Bezug auf die Dienstleistungsqualität einzelner strategischer Geschäftsfelder darlegen (Horváth/Urban 1990, S. 32f.; Bruhn 2001b, S. 155). Eine Konkretisierung der aktuellen Qualitätsposition des Dienstleistungsunternehmens und ein Aufzeigen von Ansatzpunkten für die Erreichung der Soll-Position können mittels der qualitätsbezogenen SWOT-Analyse vorgenommen werden (vgl. Bruhn 2001b, S. 157).

2. Festlegung der Qualitätsstrategie

Ausgehend von den qualitätsbezogenen Stärken und Schwächen sowie Chancen und Risiken wird die Qualitätsstrategie festgelegt, mit der die angestrebte Qualitätsposition erreicht werden soll. Wettbewerbsorientierte Qualitätsstrategien zeigen die grundsätzliche Ausrichtung eines Dienstleistungsunternehmens und seines Qualitätsmanagements auf, die zu einer eindeutigen Positionierung des Unternehmens am Markt führen und gleichzeitig ein Gewinn bringendes Marktpotenzial erschließen helfen sollen (Heskett 1988, S. 47).

Eindeutig formulierte, intern und extern orientierte Qualitätsstrategien zeigen unterschiedliche Richtungen für die Schaffung von Dienstleistungsqualität auf (Bruhn 2001b, S. 156) und ermöglichen es, konkrete Aufgaben für die Qualitätslenkung und -prüfung abzuleiten.

3. Festlegung von Qualitätsgrundsätzen

Ausgehend von der gewünschten Qualitätsposition und der gewählten Qualitätsstrategie des Dienstleistungsunternehmens werden Qualitätsgrundsätze festgelegt (vgl. hierzu Insert 5-5). Diese konkretisieren die Qualitätsstrategie für die tägliche Qualitätsarbeit im Dienstleistungsunternehmen.

INSERT 5-5   Qualitätsgrundsätze der Migros

Beispiel: Migros

Aus **Sicht der Migros** sind hohe Anforderungen an die Qualität zu stellen, da diese, neben einem guten Preis-Leistungs-Verhältnis, den Grad des Ausbaus der Marktführerschaft bestimmt. Die Anforderungen an die Qualität aus Unternehmenssicht basieren auf folgenden **Leitsätzen:**
- **Migros-Qualitätsmanagementsystem:** Das Migros-Qualitätsmanagementsystem ist prozessorientiert ausgerichtet. Durch eine klare Aufbau- und Ablauforganisation wird bei der Migros festgelegt, welche Personen wann und wie qualitätsorientierte Aufgaben wahrnehmen müssen.
- **Mitarbeiter:** Die Unternehmensführung übernimmt die Aufgabe, jedem Migros-Mitarbeiter die Bedeutung einer hohen Kundenorientierung bewusst zu machen. Die Mitarbeiter sollen durch die Qualität ihrer Arbeit zur Steigerung der Produkt- und Servicequalität der Migros beitragen. Optimale Arbeitsbedingungen und eine angemessene, qualitäts- und kundenorientierte Aus- und Weiterbildung der Mitarbeiter bilden hierfür die Voraussetzung.
- **Produkt und Lieferant:** Durch die Wahl geeigneter Produkte sowie die sorgfältige Auswahl von Lieferanten soll sichergestellt werden, dass die erforderliche Qualität des Wertschöpfungsprozesses kundenorientiert, kostenoptimal und termingerecht realisiert wird.
- **Information:** Durch eine regelmäßige Berichterstattung über die aktuelle Qualitätslage und die Qualitätskosten an die Geschäftsführung der Migros soll gewährleistet werden, dass alle qualitätsorientierten Maßnahmen frühzeitig ergriffen werden. Das Informationssystem des Unternehmens muss dies sicherstellen.
- **Umwelt:** Im Rahmen der Qualitätsstrategie ist dafür Sorge zu tragen, dass alle Maßnahmen zur Verminderung der Umweltbelastung ergriffen werden beziehungsweise bereits bei der Planung von Maßnahmen die Schonung der natürlichen Ressourcen in die Konzeption einbezogen wird.

Während die vorgestellten Leitsätze die Anforderungen an die Qualität eher allgemein und richtungsweisend beschreiben, wurden darüber hinausgehend **Handlungsanweisungen für die Mitarbeiter** (Qualitätsgrundsätze) formuliert, die die Anforderungen auf Filialebene konkretisieren.

Beispielhaft können folgende, für die Migros-Verkaufsstellen gültige, **Handlungsanweisungen** herausgestellt werden:
- Es dürfen keine Abfälle in den Gängen der Filiale liegen.
- Auf saubere Einkaufswagen ist zu achten.
- Die Toiletten müssen immer gereinigt werden.
- Im Eingangsbereich dürfen keine Wagen oder Tafeln den Zugang zur Filiale behindern.
- Auffüllarbeiten müssen schnell und ohne den Kunden zu stören getätigt werden.
- Es müssen immer genügend leere Einkaufswagen bereitstehen.
- Die laufenden Aktionen müssen in der Filiale deutlich erkennbar sein.
- Die Mitarbeiter müssen alle Tagesaktionen in ihrem Bereich kennen.

Quelle: Bruhn/Hess/List 2002, S. 197

Die Formulierung verbindlicher Qualitätsgrundsätze bildet gewissermaßen das Fundament für die im Dienstleistungsunternehmen durchzuführenden Qualitätslenkungs- und -verbesserungsmaßnahmen. Dementsprechend ist es Aufgabe der Unternehmensleitung, das heißt der jeweiligen Geschäftsführer und Geschäftsstellenleiter, zusammen mit Führungskräften verschiedener Hierarchiestufen konkrete Qualitätsgrundsätze zu entwickeln und in den **Unternehmensleitlinien** festzuschreiben (Frehr 1994, S. 42f.). Als Beispiel sind die in Abbildung 5-24 dargestellten zehn Qualitätsgrundsätze des Landhotels Schindlerhof zu nennen, mit denen das Unternehmen dokumentieren möchte, dass der Kunde stets im Mittelpunkt sämtlicher Unternehmensaktivitäten steht. Der Schindlerhof ist eines der „Erste-Adresse-Hotels" in der deutschen Tagungshotellerie und hat im Jahre 1998 den Preis der „Business-Excellence" der European Foundation for Quality Management (EFQM) für unabhängige kleine und mittelständische Unternehmen und das deutsche Pendant zum EFQM-Preis, den Ludwig-Erhard-Preis, gewonnen.

Abbildung 5-24   **Qualitätsgrundsätze des Landhotels Schindlerhof**

- Unsere Gäste sollen nicht nur zufrieden, sie sollen begeistert sein.
- Wir führen unser Unternehmen ehrlich, zuverlässig und gerecht.
- Wir befriedigen die hohen Ansprüche unserer Gäste ohne Einschränkung.
- Wir erfüllen unsere gesellschaftliche und soziale Verpflichtung.
- Wir bekennen uns zu unserer Verantwortung gegenüber der Umwelt.
- Wir verfolgen gemeinsame und gemeinsam erarbeitete Unternehmensziele.
- Wir haben unser Unternehmen klar gegliedert und Verantwortungsbereiche sauber abgesteckt.
- Zwischen unserem hohen Anspruch und unserer tatsächlichen Leistung besteht kein Unterschied.
- Wir erzielen einen Gewinn, der das Unternehmen finanziell unabhängig macht.
- Wir lassen uns von keinem Mitbewerber überbieten.

GABLER
GRAFIK

Quelle: Bruhn/Brunow/Specht 2002

---

4. Bestimmung der Qualitätsziele

Die vorgestellten allgemeinen Qualitätsgrundsätze und -leitlinien sollten im Rahmen der strategischen Qualitätsplanung der Dienstleistungsunternehmung für die verschiedenen Geschäftsstellen, Abteilungen und Funktionsbereiche konkretisiert, das heißt, von der Unternehmensleitung als lang- und kurzfristig zu erreichende **Qualitätsziele** bestimmt werden.

Die Ziele des Qualitätsmanagements sind in der Hierarchie der Unternehmensziele von übergeordneten Unternehmenszielen wie Gewinn, Rentabilität und Sicherung von Wettbewerbsvorteilen abzuleiten (Weber 1989, S. 56f.). Diesen Zusammenhang gibt Abbildung 5-25 wieder. Demnach lassen sich Qualitätsmanagementziele den Marketingzielen unterordnen.

Abbildung 5-25   **Ziele und Aufgaben des Qualitätsmanagements im Zielsystem von Dienstleistungsunternehmen**

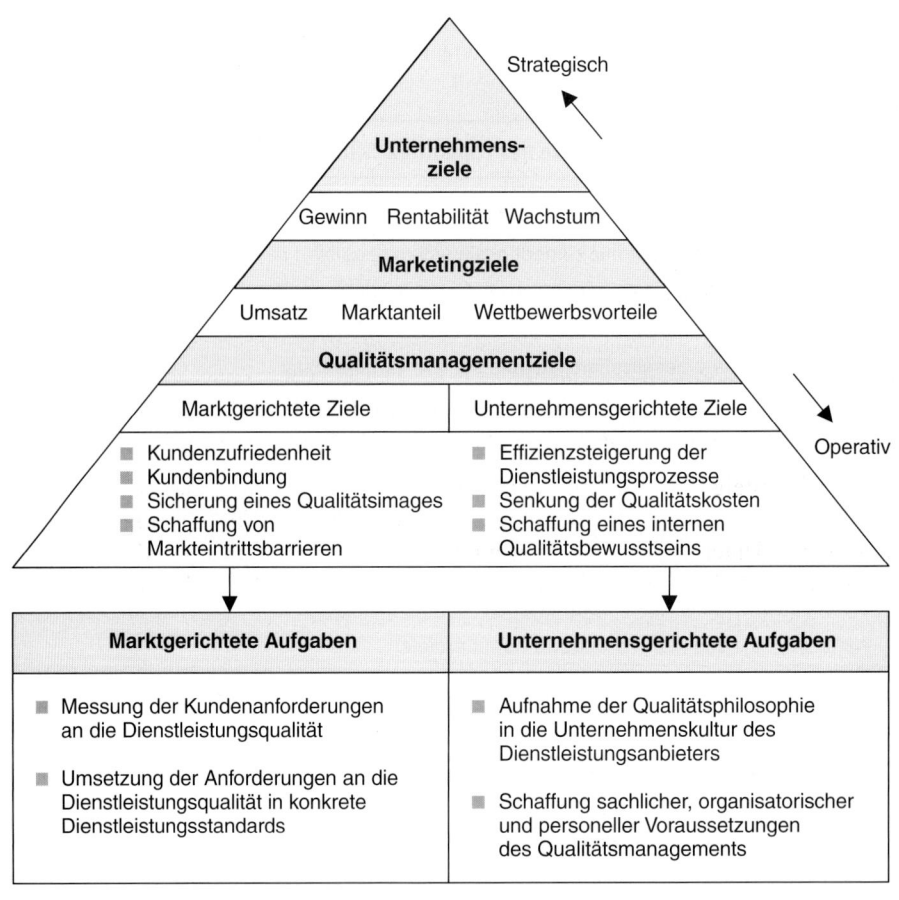

Innerhalb der Ziele des Qualitätsmanagements können sowohl **marktgerichtete** als auch **unternehmensgerichtete** Ziele identifiziert werden, die jeweils nach psychologischen und ökonomischen Zielen gegliedert werden können. Das Erreichen psychologischer **marktgerichteter** Ziele, wie die Steigerung von Kundenzufriedenheit und Kundenbindung sowie die damit verbundene Schaffung von Markteintrittsbarrieren, soll sich positiv auf den Realisierungsgrad ökonomischer Ziele auswirken (Anderson/Fornell/Lehmann 1994; Heskett/Sasser/Schlesinger 1997; Kamiske/Brauer 1999, S. 75ff.). **Unternehmensgerichtete Ziele** eines Qualitätsmanagements sind die Verankerung von Kundenorientierung und die Schaffung eines Qualitätsbewusstseins bei den Mitarbeitern sowie die damit einhergehende Senkung von Qualitätskosten, die eine Effizienzsteigerung im Rahmen der Dienstleistungserstellungsprozesse bewirkt (Rucci/Kirn/Quinn 1998).

Zur Realisierung der **marktgerichteten** Ziele ist es erforderlich, dass dem Unternehmen Informationen über die kundenrelevanten Dimensionen beziehungsweise Kriterien der Dienstleistungsqualität und ihrer Beurteilung vorliegen. Die zentrale marktgerichtete Aufgabe des Qualitätsmanagements ist es daher, diese **Kundenanforderungen** durch Methoden der Marktforschung und Mittel der internen Kommunikation zu ermitteln und in **Anforderungen an die qualitätsrelevante Leistungserstellung umzusetzen**. Dazu gehören auch Maßnahmen der externen Kommunikation, die die Qualitätserwartungen der Kunden bilden und bestätigen sollen sowie als Profilierungsinstrument gegenüber dem Wettbewerb dienen können.

Zu den **unternehmensgerichteten Aufgaben** gehört die Verankerung der **Qualitätsphilosophie** des Dienstleistungsanbieters in der Unternehmenskultur (Meffert 1998). Voraussetzung hierfür ist ein „Vorleben" der Qualitätsphilosophie und die Vorbildfunktion der Führungskräfte im Dienstleistungsunternehmen selbst.

Eine Effizienzsteigerung der Dienstleistungsprozesse sowie eine generelle Kostenreduzierung können nur realisiert werden, wenn entsprechende **qualitätsbezogene Voraussetzungen** im Unternehmen gegeben sind. In diesem Zusammenhang sind sachliche, organisatorische und personelle Voraussetzungen zu schaffen. Ferner ist die Installation qualitätsorientierter Kommunikations- und Kontrollsysteme erforderlich (Bruhn 2000c, S. 42f.).

5. Umsetzung des Qualitätsmanagements für Dienstleistungen

5.1 Regelkreis des Qualitätsmanagements

Die Umsetzung des Total-Quality-Management-Konzeptes in der Dienstleistungsunternehmung erfordert die Entwicklung von konkreten Instrumenten eines integrierten Qualitätsmanagements (Algedri 1998; Boutellier/Masing 1998). In diesem Zusammenhang wird von einem **Regelkreis des Managements der Qualität** (Lehmann 1993, S. 109f.; Pfeifer 2001, S. 300f.) gesprochen, der sich an den klassischen Managementfunktionen der Planung, Durchführung sowie Kontrolle orientiert und die folgenden **Phasen** beinhaltet (DIN ISO 8402 1992, S. 22ff.; Schmidt/Tautenhahn 1996):

1. Qualitätsplanung,

2. Qualitätslenkung,

3. Qualitätsprüfung,

4. Qualitätsmanagementdarlegung.

An diesen Phasen orientieren sich die folgenden Ausführungen bezüglich der Instrumente des Qualitätsmanagements (vgl. Abbildung 5-26).

5.2 Instrumente der Qualitätsplanung

Die **Qualitätsplanung** ist notwendige Voraussetzung eines gezielten Qualitätsmanagements. Sie wird von der Deutschen Gesellschaft für Qualität (DGQ-Lenkungsausschuss Gemeinschaftsarbeit (LAG) der Deutschen Gesellschaft für Qualität e.V. 1995) wie folgt definiert:

> Die **Qualitätsplanung** umfasst alle Maßnahmen des Auswählens, Klassifizierens und Gewichtens der Qualitätsmerkmale sowie des schrittweisen Konkretisierens aller Einzelforderungen an die Beschaffenheit einer Leistung zu Realisierungsspezifikationen im Hinblick auf die durch den Zweck der Einheit gegebenen Erfordernisse, auf die Anspruchsklasse und unter Berücksichtigung der Realisationsmöglichkeiten.

Dementsprechend beinhaltet diese erste Phase des Qualitätsmanagements bei Dienstleistungsunternehmen die Planung und Weiterentwicklung der Qualitätsforderung an die verschiedenen Dienstleistungen des Unternehmens. Nicht die Qualität der Dienstleistungen selbst, sondern die verschiedenen Qualitätsanforderungen sollen geplant werden.

Abbildung 5-26   **Phasen eines Qualitätsmanagements**

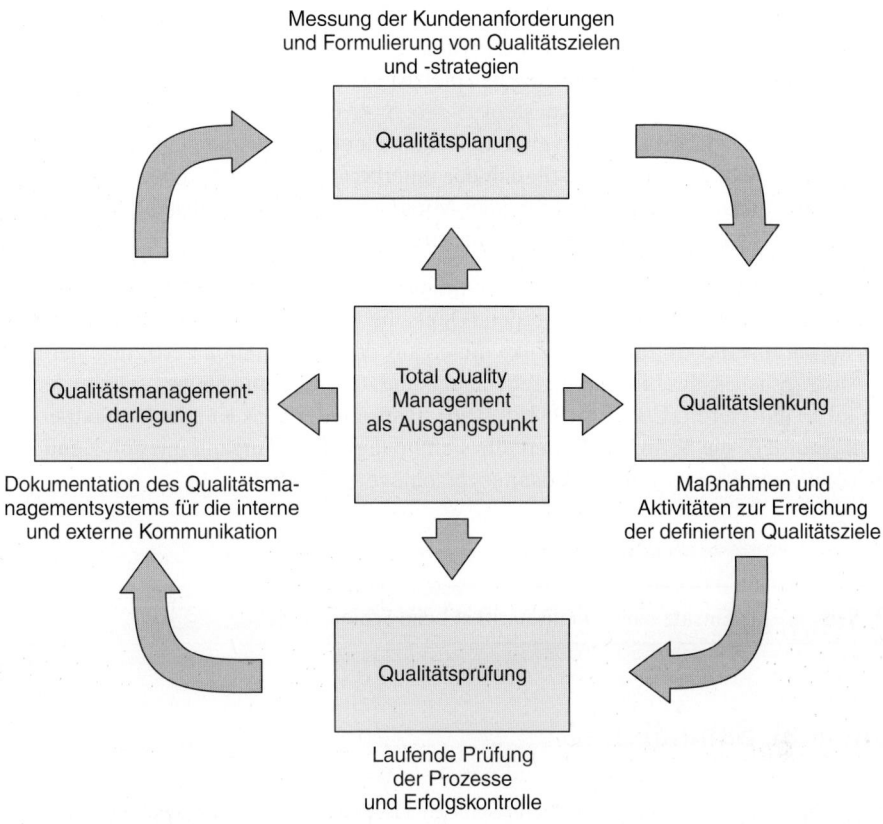

Messung der Kundenanforderungen
und Formulierung von Qualitätszielen
und -strategien

Qualitätsplanung

Total Quality
Management
als Ausgangspunkt

Qualitätsmanagement-
darlegung

Dokumentation des Qualitätsmanagementsystems für die interne
und externe Kommunikation

Qualitätslenkung

Maßnahmen und
Aktivitäten zur Erreichung
der definierten Qualitätsziele

Qualitätsprüfung

Laufende Prüfung
der Prozesse
und Erfolgskontrolle

GABLER
GRAFIK

5.3   Instrumente der Qualitätslenkung

Unter **Qualitätslenkung** (auch „Quality Control") werden sämtliche „vorbeugen-
den, überwachenden und korrigierenden Tätigkeiten bei der Realisierung einer Einheit" verstanden, mittels derer „unter Einsatz von Qualitätstechniken die Qualitätsforderungen" erfüllt werden sollen (DGQ-Lenkungsausschuss Gemeinschaftsarbeit
(LAG) der Deutschen Gesellschaft für Qualität e.V. 1995).

Sie basiert auf den Ergebnissen der Qualitätsplanung und beinhaltet alle Tätigkeiten, die zur Erfüllung der Anforderungen an die Dienstleistungsqualität aus Kunden- und Unternehmenssicht erforderlich sind.

Ein mitarbeiterbezogenes Instrument der Qualitätslenkung ist die **Einstellung neuer Mitarbeiter,** bei der insbesondere auf die Erfüllung qualitätsrelevanter Anforderungen des Unternehmens durch die Bewerber wie beispielsweise Servicementalität und Kommunikationsfähigkeit zu achten ist (Benkenstein 1998b, S. 451f.). Die aktuellen Mitarbeiter sind im Rahmen von **Schulungen** als weiterem Qualitätslenkungsinstrument ständig weiterzuqualifizieren. Schließlich sind bezüglich der mitarbeiterbezogenen Maßnahmen **Anreizsysteme** zu nennen, die zur Steigerung der Mitarbeitermotivation hinsichtlich eines kunden- und serviceorientierten Verhaltens führen sollen (Hentze/Lindert 1998).

Ein wichtiges Instrument der Qualitätslenkung können **Qualitätszirkel** darstellen, die stellenübergreifend eingerichtet werden (Deutsche Gesellschaft für Qualität e.V. 1996) (vgl. hierzu Insert 5-6). Grundgedanke dieses aus der industriellen Fertigung stammenden Ansatzes ist es, das bisher weitgehend ungenutzte Problemlösungspotenzial der Mitarbeiter zu aktivieren (Corsten 1987, S. 196). Insbesondere das Kundenkontaktpersonal ist aufgefordert, die Schwierigkeiten, die sich im täglichen Umgang mit den Kunden ergeben, aufzugreifen und hierzu Lösungsvorschläge zu erarbeiten.

| **INSERT 5-6** | Einsatz eines Qualitätszirkel beim Schindlerhof |

Beispiel: Schindlerhof

Der Schindlerhof ist ein mit vielen Qualitätspreisen ausgezeichnetes Tagungshotel im fränkischen Boxdorf bei Nürnberg. Ein Instrument des Qualitätsmanagementsystems, das im Hotel Schindlerhof Einsatz findet, sind **Qualitätszirkel,** die die Abteilungsleiter je nach Bedarf einberufen. Es werden dabei Qualitätszirkel unterschieden, die der abteilungsübergreifenden Behandlung spezieller Vorkommnisse dienen, und Qualitätszirkel, die sich mit abteilungsspezifischen Fragestellungen auseinander setzen. Die Moderation der Qualitätszirkel wird durch den Abteilungsleiter oder durch einen externen Moderator durchgeführt.

Quelle: Bruhn/Brunow/Specht 2002, S. 165

In der Definition der „General Principles of the Quality Circle" wird ein Qualitätszirkel als „eine kleine Gruppe von Mitarbeitern, die freiwillig Qualitätssicherungsaktivitäten innerhalb des gleichen Arbeitsfeldes betreibt" bezeichnet (Oess 1993, S. 286f.). Dabei handelt es sich meist um vier bis fünf Mitarbeiter der gleichen Hierarchiestufe, die innerhalb ihrer Gruppe folgende **Aufgaben** bearbeiten (Corsten 1987, S. 198):

▊ Erkennen von Schwachstellen im eigenen Arbeitsbereich,

▊ Ursachenermittlung,

▊ Entwicklung von Problemlösungen,

▊ Präsentation der Ergebnisse vor dem Management,

▊ Realisation der Lösung,

▊ Laufende Überwachung.

Entscheidender Vorteil dieses Konzeptes ist seine Eignung als Instrument eines partizipativen Führungsstils (Corsten 1987, S. 199), das den Gedanken des Total Quality Managements, dass grundsätzlich jeder Mitarbeiter Qualitätsmanager des Unternehmens ist, positiv unterstützt (Oess 1991, S. 286ff.).

Schließlich ist für eine erfolgreiche Qualitätslenkung die qualitätsorientierte Anpassung der **Informations- und Kommunikationssysteme** des Dienstleistungsunternehmens unerlässlich.

▊ *5.4* Instrumente der Qualitätsprüfung

Der **Qualitätsprüfung** sind sämtliche Maßnahmen zu subsumieren, die im Rahmen des Qualitätsmanagements eingesetzt werden, um die Erfüllung der Qualitätsforderungen durch eine Einheit festzustellen, das heißt, sämtliche qualitätsbezogenen Elemente, Prozesse und Tätigkeiten eines Dienstleistungsunternehmens im Hinblick auf die Erreichung der geplanten Qualitätsziele zu testen (DGQ 1995c, S. 108).

Qualitätsprüfungen können permanent in verschiedenen Bereichen der Unternehmung durchgeführt werden, das heißt an einem Dienstleistungsprodukt beziehungsweise -ergebnis, während des Dienstleistungsprozesses oder auch bei der Potenzialdimension der Dienstleistungsqualität (DGQ-Lenkungsausschuss Gemeinschaftsarbeit (LAG) der Deutschen Gesellschaft für Qualität e.V. 1993, S. 97).

Im Rahmen einer internen Qualitätsprüfung kommen sowohl objektive als auch subjektive Verfahren der anbieterorientierten Qualitätsmessung zum Einsatz. Im Gegensatz dazu orientieren sich die Instrumente der externen Qualitätsprüfung an den qualitätsbezogenen Kundenwahrnehmungen und umfassen dabei insbesondere die kontinuierliche Beobachtung der Kundenzufriedenheitsentwicklung (Customer Satisfaction Tracking Systems) und das Beschwerdemanagement (vgl. die entsprechenden vorangegangenen Abschnitte).

5.5 Instrumente der Qualitätsmanagementdarlegung

> Die **Qualitätsmanagementdarlegung** (auch „Quality Assurance") beinhaltet „alle geplanten und systematischen Tätigkeiten, die innerhalb des Qualitätsmanagementsystems verwirklicht und wie erforderlich dargelegt sind, um angemessenes Vertrauen zu schaffen, dass die angebotenen Dienstleistungen die jeweilige Qualitätsforderung erfüllen werden" (DGQ-Lenkungsausschuss Gemeinschaftsarbeit (LAG) der deutschen Gesellschaft für Qualität e.V. 1993, S. 132).

Ein **Qualitätsmanagementsystem** dient letztlich der Strukturierung und systematischen Umsetzung von Qualitätsaufgaben in einer Dienstleistungsunternehmung. So entsteht ein System vernetzter Regelkreise auf sämtlichen betrieblichen Ebenen, indem Ziele, Strukturen, Verantwortlichkeiten, Verfahren, Prozesse und die zur Durchführung erforderlichen Mittel zur Sicherung der Qualität festgelegt werden (Kamiske/Brauer 1999, S. 78). **Elemente eines Qualitätssicherungssystems** sind beispielsweise (Oess 1991, S. 98):

■ Genau festgelegte Qualitätsziele,

■ Exakte Aufgaben- und Verantwortungsbereiche,

■ Hinweise über Rolle und Bedeutung von Dokumentation, Qualitätsprüfung, Audits, Qualitätskosten, Prüfmittelüberwachung u. a.

Gestaltung und Umfang eines Qualitätsmanagementsystems können nur unternehmensspezifisch festgelegt werden und sind in Form von **Qualitätsmanagement-(Qualitätssicherungs-)Handbüchern** zu dokumentieren (Jahn 1988, S. 924). Diese definieren den Ist-Zustand des Qualitätsmanagementsystems und gelten gleichzeitig als Entwicklungsrichtlinie für die Zukunft (o.V. 1993, S. 9). Darüber hinaus ermöglichen sie eine regelmäßige Überprüfung des Qualitätsmanagementsystems in Bezug auf Wirksamkeit und Funktionsfähigkeit im Rahmen von Qualitätsaudits. Die genannte Qualitätsmanagementdarlegung dient in erster Linie Zwecken der internen und externen Kommunikation. Sie soll den Mitarbeitern und Führungskräften des Dienstleistungsunternehmens Vertrauen in die eigene Qualitätsfähigkeit geben und auch als Motivationsinstrument eingesetzt werden. Nach außen erfüllt sie Profilierungszwecke und kann beispielsweise als Basis für die Erteilung eines **Zertifikats** dienen, das der Unternehmung die Erfüllung ihrer Qualitätsanforderungen bescheinigt (DGQ-Lenkungsausschuss Gemeinschaftsarbeit (LAG) der Deutschen Gesellschaft für Qualität e.V. 1993, S. 132f.).

Ein abschließendes Beispiel für die Ausgestaltung des Phasenkonzeptes des Qualitätsmanagements für Dienstleistungsunternehmen ist in Abbildung 5-27 dargestellt.

Abbildung 5-27   Beispielhafte Darstellung eines Phasenkonzeptes
des Qualitätsmanagements für Dienstleistungsunternehmen

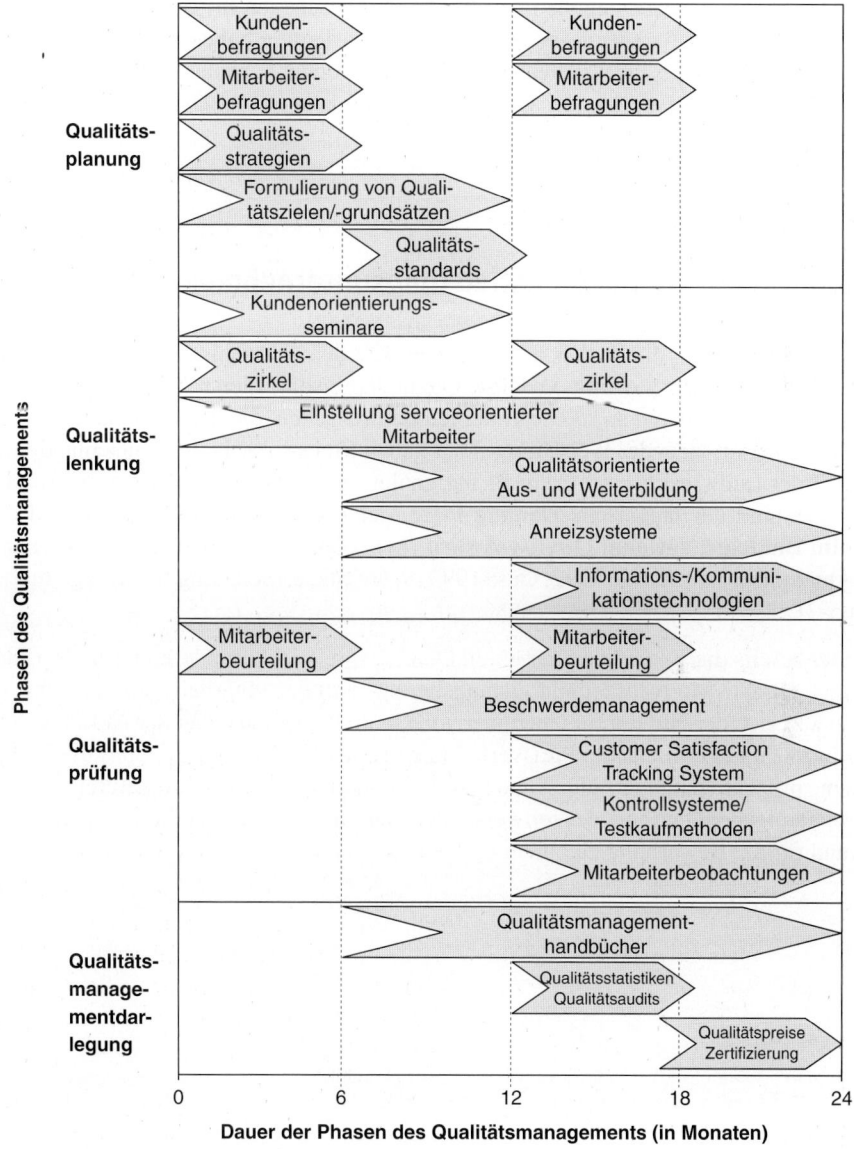

Quelle: Bruhn 2001b, S. 248

GABLER
GRAFIK

6. Steuerung des Qualitätsmanagements für Dienstleistungen

Neben den in den vorangegangenen Abschnitten besprochenen Instrumenten der Qualitätsplanung, -lenkung, -prüfung und -managementdarlegung haben sich in den letzten Jahren Qualitätspreise, Zertifikate und Nationale Kundenbarometer als Ansätze zur Steuerung und Demonstration der Qualitätsfähigkeit von Dienstleistungsunternehmen etabliert.

6.1 Qualitätspreise für Dienstleistungsunternehmen

Einen Ansatzpunkt für die Berücksichtigung der Kundenwahrnehmungen liefern Qualitätspreise (auch „Quality Awards"). Diese Qualitätspreise werden national oder international ausgeschrieben und an solche Unternehmen vergeben, die Qualitätsmanagementkonzepte in herausragender Weise umgesetzt haben (Stauss 2001). In Deutschland wird seit 1997 der Ludwig-Ehrhard-Preis als nationaler Qualitätspreis vergeben, internationale Preise sind der japanische Deming Prize, der European Quality Award und der **Malcolm Baldrige National Quality Award** (MBNQA) als bedeutsamster amerikanischer Qualitätspreis (George 1992; Oess 1993, S. 66; Stauss/Scheuing 1994) (vgl. hierzu Insert 5-7).

Während bereits die Bewerbung für einen Qualitätspreis insbesondere interne Wirkungen durch erhöhte Motivation und Leistungsbereitschaft der Mitarbeiter zeigen kann, so manifestiert sich der **Nutzen** für Gewinner von Qualitätspreisen bei hoher Aufmerksamkeitswirkung und Publizität der Preisverleihung in einer Verbesserung der mitarbeiterbezogenen, prozessbezogenen und kundenzufriedenheitsbezogenen Indikatoren (Stauss 2001b). Demgegenüber darf der teilweise nicht unerheblich finanzielle und personelle Aufwand für die Bewerbung zu einem Qualitätspreis nicht außer Acht bleiben.

INSERT 5-7   Der Malcolm Baldrige National Quality Award

Beispiel: Malcolm Baldrige National Quality Award

Der Malcolm Baldrige National Quality Award (MBNQA) ist ein wettbewerbsorientierter Qualitätspreis und bescheinigt nicht exzellente Produkt- oder Servicequalität, sondern zeigt, in welchen Bereichen und auf welche Weise ein Qualitätsmanagementsystem eingesetzt wurde.

Um bewerten zu können, inwieweit die Unternehmen, die sich um den Preis bewerben, diese Grundsätze beachten, werden im Rahmen des MBNQA sieben Qualitätskategorien herangezogen, die dann wieder in Subkategorien und Einzelpunkte unterteilt werden, wobei unterschiedliche Gewichtungen die relative Bedeutung des jeweiligen Qualitätskriteriums angeben (vgl. Abbildung).

Kategorie/Subkategorie	Maximal erreichbare Punktzahl
1. Unternehmensführung	110
1.1 Führungssystem	80
1.2 Soziale Verantwortung des Unternehmens	30
2. Strategische Planung	80
2.1 Strategieentwicklungsprozess	40
2.2 Unternehmensstrategie	40
3. Kunden- und Marktorientierung	80
3.1 Kunden- und Marktkenntnis	40
3.2 Kundenzufriedenheit und Beziehungsverbesserung	40
4. Information und Analyse	80
4.1 Informationsauswahl und Nutzung	25
4.2 Auswahl und Nutzung von Vergleichsinformationen	15
4.3 Analyse und Überwachung der unternehmerischen Leistung	40
5. Human Resource Management	100
5.1 Personalpolitische Systeme	40
5.2 Personalausbildung, -schulung und -entwicklung	30
5.3 Mitarbeiterwohlergehen und -zufriedenheit	30
6. Prozessmanagement	100
6.1 Management von Produkt- und Dienstleistungsprozessen	60
6.2 Management von unterstützenden Prozessen	20
6.3 Management von Zulieferer- und Partner-Prozessen	20
7. Geschäftsergebnisse	450
7.1 Ergebnisse aus Kundenzufriedenheitsbefragungen	130
7.2 Ergebnisse aus dem Finanz- und Marktbereich	130
7.3 Ergebnisse aus dem Bereich des Human Resource Managements	35
7.4 Ergebnisse in Bezug auf Zulieferer und Partner	25
7.5 Unternehmensspezifische Ergebnisse	130
Totale Punktzahl	1.000

Abbildung: Bewertungsschema des Malcolm Baldrige National Quality Award

Quelle: NIST 2002

6.2   Zertifizierung von Dienstleistungsunternehmen

Eine steigende Zahl von Unternehmen und Unternehmensverbänden fordert von ihren Lieferanten beziehungsweise Mitgliedern Qualitätsnachweise. Daher gewinnt das internationale Normensystem DIN ISO 9000ff. zum Qualitätsmanagement an Bedeutung (Stauss 1994c). Im Dezember 2000 ist eine neue Ausgabe dieser Normenfamilie erschienen. Die bisherigen Normen DIN ISO 9001, 9002 und 9003 (Ausgabe 1994) sind nun in der Norm DIN ISO 9001 (Ausgabe 2000) zusammengefasst.

Unter einer **Zertifizierung** wird die Durchführung eines umfassenden Qualitätsaudits durch einen unabhängigen Dritten verstanden. Bei einem positiven Auditergebnis wird durch die Zertifizierungsstelle ein Zertifikat ausgestellt, das die Eignung des Qualitätsmanagementsystems der Unternehmung nach außen dokumentieren soll. Seit 1985 existiert auch in Deutschland eine solche Zertifizierungsstelle, die „Deutsche Gesellschaft zur Zertifizierung von Qualitätssicherungssystemen (DQS)" (Jahn 1988, S. 928). Während Qualitätssicherungsnormen international bereits standardisiert wurden (DIN ISO 9000ff.), arbeiten die Zertifizierungsstellen der Länder in der EU weiterhin auf nationaler Ebene, erkennen allerdings die jeweiligen Zertifizierungen untereinander an.

Grundlagen zum Aufbau und Betrieb eines Qualitätsmanagementsystems und damit auch Basis eines Qualitätsaudits sowie einer Zertifizierung ist die **Norm DIN ISO 9001 (Ausgabe 2000)**. Die Normen mit der Bezeichnung ISO (International Standard Organization) charakterisieren, dass diese Normenreihe nicht nur in Deutschland, sondern weltweit in 40 Ländern verbindlich anerkannt ist.

Während ISO 9000 einige Definitionen, Konzepte sowie eine Zusammenfassung für die Auswahl und Anwendung der Normen umfasst, sind in ISO 9001 die Anforderungen an eine Auditierung enthalten. Diese sind in die vier Hauptabschnitte „Verantwortung der Leitung", „Management von Ressourcen", „Produktrealisierung" und „Messung, Analyse und Verbesserung" eingeteilt. ISO 9004 enthält einen Leitfaden zur Leistungsverbesserung und dient als Hilfe zur praktischen Umsetzung sowie der kontinuierlichen Verbesserung (Becker 2002, S. 44).

Neben dem Zeugnis eines systematischen Qualitätsmanagements liefert eine Zertifizierung die Basis für kontinuierliche Qualitätsverbesserungen des Dienstleistungsprozesses, indem sie Chancen zur Effizienzsteigerung und Kostensenkung aufzeigt. Unternehmensintern kann sie als Motivationsinstrument für die Mitarbeiter genutzt werden und unternehmensextern dient sie als Verkaufsargument gegenüber dem Wettbewerb (o.V. 1993, S. 9) sowie als Mittel zur Vertrauenssteigerung beim Kunden. Der Nutzen von Zertifikaten aus Kundensicht ist dabei nicht unumstritten, sondern die Wirkungen sind durchaus differenziert zu betrachten (Haas 1998).

6.3 Nationale Kundenbarometer als Informationsgrundlage für Qualitätsmanagementsysteme

Auch Nationale Kundenbarometer berücksichtigen in starkem Maße die qualitätsbezogenen Erwartungen und Wahrnehmungen der Kunden (Bruhn/Murmann 1998; Hansen/Korpiun/Henning-Thurau 1998). 1989 startete das Swedish Customer Satisfaction Barometer (SCSB) mit der Untersuchung der Zufriedenheit mit den größten Unternehmen Schwedens in verschiedenen Branchen (Fornell 1992; Meyer/Dornach 1995, S. 444ff.). 1994 wurde erstmals der American Customer Satisfaction Index (ACSI) ermittelt, der sich eng an der Konzeption des schwedischen Vorbildes orientiert (Fornell/Everitt/Bryant 1998; Zuba 1998).

Unter einem **Nationalen Kundenbarometer** versteht man eine branchenübergreifende Untersuchung durch eine neutrale Institution, die mittels periodischer Erhebungen die Kundenzufriedenheit sowie damit zusammenhängende Fragestellungen in zahlreichen Sektoren, Branchen und Unternehmen einer Nation beziehungsweise eines Wirtschaftsraumes misst (in Anlehnung an Bruhn/Murmann 1998, S. 6, 49f.).

Auch in Deutschland werden seit 1992 Daten zur Kundenzufriedenheit erhoben. Der **Kundenmonitor Deutschland,** der durch die Deutsche Marketing Vereinigung e.V. und die Deutsche Post AG als Exklusivsponsor bis zum Jahre 1998 veröffentlicht wurde, verfolgt verschiedene Ziele (Meyer/Dornach 1998a, S. 292):

■ Bereitstellung von qualitätsbezogenen Kennziffern für Führungskräfte, Entscheider und Aufsichtsgremien in Unternehmen, Verbänden, Organisationen, Institutionen und Gesellschaft.

■ Identifikation von Bestleistungen und Champions der Kundenorientierung in einzelnen Branchen und Leistungsbereichen, um die Voraussetzungen für ein Benchmarking zu schaffen.

■ Sensibilisierung schlecht bewerteter Branchen und Anbieter für eine verbesserte Kundenorientierung durch das Aufzeigen der Leistungsdefizite aus Kundenperspektive.

■ Steigerung von Qualität und Kundenzufriedenheit durch das Bewusstmachen der Unterschiede zwischen Markt- und Selbsteinschätzung.

■ Schnelle und flexible Anpassung an die Erwartungen sowie Wünsche der Nutzer des Kundenbarometers und damit Unterstützung bei der Realisierung von mehr Kundennähe.

Gegenstand der Erhebung ist die Kundenzufriedenheit von privaten Endverbrauchern und deren Auswirkungen auf die zukünftige Kundenbeziehung. Für den Kundenmonitor 2001 wurden circa 128.200 computergestützte Einzelinterviews mit circa 35.000 Kunden geführt. Untersucht wurden 31 Branchen und über 1.600 Unternehmen beziehungsweise

Institutionen (Kundenmonitor Deutschland 2001). Die Ermittlung der Kundenzufrieden-heit erfolgt dabei zum einen auf der Ebene der Globalzufriedenheit, zum anderen auf der Ebene der einzelnen Leistungsfaktoren (Meyer/Dornach 1998a, S. 298).

Zur Ermittlung der **Globalzufriedenheit** werden den Befragten Einzelfragen zu einem Unternehmen, einem Produkt oder auch der Leistung einer Institution vorgelegt, die mit ganzzahligen Zufriedenheitswerten zwischen „1" (sehr zufrieden) und „5" (unzufrieden) beantwortet werden sollen. Die Ergebnisse von 1994 bis 2001 sind in Abbildung 5-28 dargestellt.

Einzelne Leistungsfaktoren werden für den jeweils genutzten Anbieter beziehungswei-se ein spezifisches Angebot erhoben. Bei Dienstleistungen sind der Leistungserstel-lungsprozess beziehungsweise die Kundenkontaktsituation von besonderem Interesse. Berücksichtigung finden folgende Dimensionen der Kundenzufriedenheit: Freundlich-keit, fachliche Kompetenz, Verlässlichkeit, Schnelligkeit und Erreichbarkeit. Die Zu-sammenhänge zwischen Kundenzufriedenheit und Kundenbindung werden dabei über Parameter wie zum Beispiel die Weiterempfehlungsabsicht beziehungsweise das Cross-Buying-Verhalten operationalisiert. Die Ergebnisse der Studie zeigen, dass es eindeutige Zusammenhänge zwischen der globalen Zufriedenheit und den einzelnen Faktoren der Kundenbindung gibt (Meyer/Dornach 1998a, S. 299ff.).

Vergleicht man die einzelnen nationalen Ansätze in Schweden, USA und Deutschland, so lässt sich festhalten, dass das Deutsche Kundenbarometer einen stärker betriebswirt-schaftlich orientierten Bezug aufweist als die beiden anderen Barometer. Steht in Schwe-den und den USA hauptsächlich die globale Zufriedenheit im Vordergrund, so lassen sich aus den deutschen Daten für die betroffenen Unternehmen direkte, umsetzungsorientier-te Rückschlüsse ziehen. Zu kritisieren bleibt, dass die ermittelten – absoluten – Globalzu-friedenheitswerte insbesondere im Bereich der mittleren Zufriedenheit sehr wenig diffe-renzieren. So beträgt der Wert der globalen Zufriedenheit 2001 für den 8. Platz 2,26 und für den 19. Platz 2,41. Die Eindrücke, die ein Ranking über alle Branchen vermittelt, müssen vor diesem Hintergrund relativiert werden. Auch wäre es verfehlt, aus den Bewe-gungen in den vergangenen Jahren allzu große und tiefgreifende Tendenzen abzuleiten.

Zentraler **Nachteil** der aufgeführten Nationalen Kundenbarometer ist, dass ein interna-tionaler Vergleich der Daten verschiedener Nationaler Kundenbarometer nahezu unmög-lich ist, da in den meisten Ländern unterschiedliche Ansätze zur Messung der Kundenzu-friedenheit verfolgt werden. Diese Situation ist insbesondere für international aktive Un-ternehmen äußerst unbefriedigend.

Vor diesem Hintergrund fand im Jahre 1999 – initiiert durch die Europäische Kommissi-on und organisiert durch die European Organisation for Quality (EOQ) sowie die Euro-pean Foundation for Quality Management (EFQM) – eine Pilotmessung im Rahmen des **European Customer Satisfaction Index** (ECSI) statt. Dieses Nationale Barometer er-möglicht neben der branchenübergreifende Messung von Zufriedenheit auch eine inter-nationale Vergleichbarkeit der Daten (Bruhn 2001b).

▌Abbildung 5-28   **Globalzufriedenheit der Kunden in verschiedenen Branchen nach dem Kundenmonitor Deutschland**

Branche	1994	1995	1996	1997	1998	1999	2000	2001
Autohäuser (PKW-Werkstatt)	2,32	2,29	–	2,31	–	2,28	2,26	2,27
Automobilclubs	2,33	2,30	–	2,27	2,28	2,23	2,22	2,18
Bahnverkehr	–	–	–	2,86	2,86	3,04	3,11	3,19
Banken und Sparkassen	2,47	2,43	2,43	2,41	2,37	2,31	2,36	2,34
Bausparkassen	2,59	2,58	2,54	2,53	2,50	2,49	2,49	2,50
Bau- und Heimwerkermärkte	2,43	2,59	2,60	2,58	2,61	2,58	2,57	2,57
Briefpost (Deutsche Post Brief)	2,75	2,81	2,90	2,77	2,74	2,67	2,71	2,63
Buchversand/Buchclubs	–	–	–	–	–	2,33	2,26	2,27
Drogeriemärkte/-geschäfte	2,49	2,52	2,51	2,42	2,46	2,42	2,34	2,33
Elektrohaushaltsgroßgeräte	2,44	2,45	2,41	2,38	2,39	2,34	2,39	2,33
Fluggesellschaften	–	2,35	2,33	2,30	–	2,37	2,39	2,34
Flughäfen	–	–	–	–	2,55	2,55	2,60	2,54
Kaffeefachgeschäfte	–	–	–	–	–	–	2,26	2,20
Kfz-Prüfdienste	2,41	2,45	–	–	–	–	2,20	2,17
Kfz-Versicherungen	2,35	2,32	–	2,28	2,21	2,20	2,22	2,19
Krankenhäuser/Kliniken	–	–	2,44	–	–	–	2,34	2,38
Krankenkassen/-versicherungen	2,34	2,30	2,33	2,39	2,36	2,29	2,32	2,31
Lebensmittelmärkte/-geschäfte	2,43	2,45	2,49	2,41	2,44	2,41	2,39	2,41
Lebensversicherungen	–	–	–	2,53	2,58	2,49	2,54	2,41
Mobilfunktelefone	–	2,44	2,43	2,36	2,39	2,25	2,25	2,24
Optiker	–	–	–	–	–	2,02	2,00	1,96
Paket- und Expressdienste (Versand)	2,73	2,73	2,97	2,71	2,70	2,67	2,69	2,66
Personennahverkehr	2,78	2,91	2,97	2,95	3,01	2,93	2,96	2,96
Postfilialen	–	–	–	2,87	2,71	2,77	2,75	2,67
Reiseveranstalter	2,28	2,29	2,30	2,23	–	2,28	2,28	2,26
Stadt- und Kreisverwaltungen	3,03	3,07	3,12	3,13	3,00	2,96	2,95	2,87
Stromversorgungsunternehmen	–	2,58	–	2,54	2,52	2,58	2,44	2,49
Telefondienste (Festnetz)	2,86	2,84	3,13	2,93	2,74	2,63	2,60	2,67
Urlaubsregionen	1,98	1,97	2,03	1,99	–	–	–	1,92
Versandhandel (Bekleidung)	–	–	–	–	–	–	2,34	2,26
Wertstoffentsorgung (Duales System)	3,17	2,96	2,93	2,87	2,84	2,75	2,70	2,60

1 = sehr zufrieden; 5 = sehr unzufrieden

GABLER
GRAFIK

Quelle: Kundenmonitor Deutschland 2001

7.   Wirtschaftlichkeit des Qualitätsmanagements

Die Wirtschaftlichkeit eines Qualitätsmanagementsystems stellt eine zentrale betriebswirtschaftliche Anforderung und Voraussetzung für die Implementierung eines solchen
Systems dar (Deutsche Gesellschaft für Qualität e.V. 1995b; Bruhn 1998b). Doch insbesondere das unzureichende Verständnis der Kosten- und Erlöswirkungen von Qualitäts-
managementmaßnahmen kann zu einer zentralen Implementierungsbarriere werden
(Wildemann 1992).

Die in Wissenschaft und Praxis zunehmend geforderte Auseinandersetzung mit der
dienstleistungsspezifischen **Wirtschaftlichkeitsproblematik von Qualitätsmanage-
mentsystemen** (zum Beispiel Edvardsson/Gustavsson 1991, S. 324; Dale/Plunkett 1993;
Atkinson/Hamburg/Ittner 1994) verlangt, dass hier nicht nur einzelne Aspekte untersucht werden. Es sind vielmehr systematisch Kosten- und Nutzenkategorien abzuleiten,
deren Einflussfaktoren zu analysieren sowie wirtschaftlichkeitsrelevante Zusammenhänge aufzuzeigen (Bruhn/Georgi 1999).

7.1   Kosten des Qualitätsmanagements

Wesentlicher Ansatzpunkt zur Bestimmung der Wirtschaftlichkeit von Maßnahmen des
Qualitätsmanagements in Dienstleistungsunternehmen bildet das **Konzept der Qualitätskosten** (zum Beispiel Dale/Plunkett 1993; Steinbach 1994; Campanella 2000).

> Den **Qualitätskosten** beziehungsweise qualitätsbezogenen Kosten werden sämtli-
> che Kosten subsumiert, die „vorwiegend durch Qualitätsforderungen verursacht
> sind, das heißt (…) durch Tätigkeiten der Fehlerverhütung, durch planmäßige Quali-
> tätsprüfungen sowie durch intern oder extern festgelegte Fehler sowie durch die ex-
> terne Qualitätsmanagementdarlegung verursacht sind" (DGQ 1995, S. 50).

Darüber hinaus werden auch „die Verluste infolge des Nichterreichens zufrieden stellender
Qualität" (AQS 1992, S. 31) als Qualitätskosten erfasst. Man unterscheidet grundsätzlich
drei **Arten von Qualitätskosten** (Steinbach 1994):

- Zu den **Fehlerverhütungskosten** zählen die Kosten der Qualitätsplanung und -siche-
  rung (zum Beispiel Kosten für Schulungsmaßnahmen für die Mitarbeiter).

- **Prüfkosten** ergeben sich bei der Durchführung von Qualitätsanalysen und -kontrollen
  (zum Beispiel Kosten für die Durchführung von Kundenbefragungen).

▮ Die **Fehlerkosten** werden in externe und interne Fehlerkosten unterteilt. Interne Fehlerkosten treten auf, wenn Qualitätsmängel beseitigt werden, bevor der Kunde in den Erstellungsprozess integriert wird (zum Beispiel bemerkt der Kellner, dass ein Steak durchgebraten wurde, obwohl der Kunde es „medium" bestellte). Dahingegen entstehen externe Fehlerkosten zum Beispiel bei einer nachträglichen Wiedergutmachung von Fehlern gegenüber dem Dienstleistungskunden, das heißt, wenn der Fehler erst erkannt und beseitigt werden kann, wenn der Kunde bereits am Erstellungsprozess beteiligt ist.

Die Verluste infolge des Nichterreichens zufrieden stellender Qualität stellen qualitätsbezogene Opportunitätskosten dar, die vor allem im Dienstleistungsbereich von besonderer Bedeutung sind. Da sich Qualitätsmängel im Dienstleistungsunternehmen oft direkt auf den Kunden auswirken, führen sie nicht selten zu Kundenabwanderungen und damit auch zu Erlöseinbußen.

Diese Opportunitätskosten sind nicht ausgabewirksam und somit nur schwer quantifizierbar. Ihnen stehen weiterhin Qualitätssicherungs- beziehungsweise -vorbeugungskosten gegenüber. Diese entwickeln sich gegenläufig zueinander, sodass ein Qualitätskostenminimum gefunden werden muss, das zumindest theoretisch, wie in Abbildung 5-29 dargestellt, exakt bestimmbar ist.

▮ **Abbildung 5-29**   **Traditionelle Sichtweise des Qualitätsoptimums**

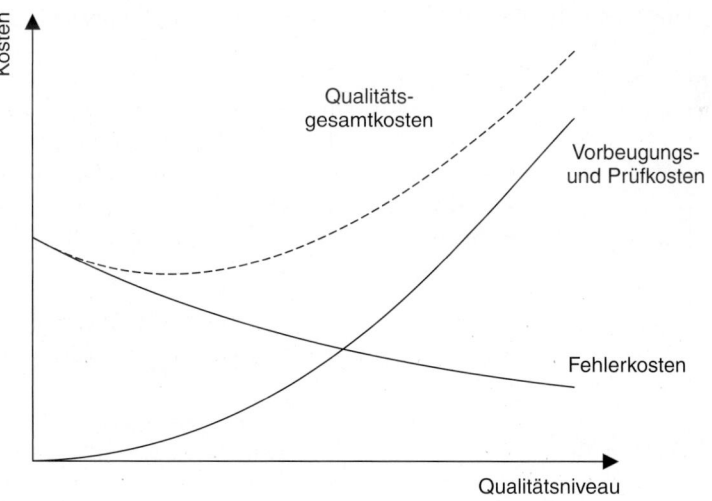

GABLER GRAFIK

Quelle: Rust/Zahorik/Keiningham 1994, S. 94

Diese traditionelle Sichtweise geht demnach davon aus, dass eine **Null-Fehler-Strategie** wenig sinnvoll ist, weil ab einem bestimmten Qualitätsgrad die Gesamtkosten wieder steigen. Das Problem dieser Sichtweise liegt in der Unterschätzung der mit schwacher Qualität einhergehenden Kosten. So haben Untersuchungen in den USA ergeben, dass diese Kosten in Dienstleistungsunternehmen 30 bis 50 Prozent des Umsatzes betragen. Daher geht eine neue Sichtweise der Qualitätskosten davon aus, dass die Gesamtkosten kontinuierlich abnehmen. Dieser Zusammenhang, der in Abbildung 5-30 wiedergegeben ist, führt zu der Forderung an Dienstleistungsunternehmen, eine möglichst hohe Qualität zu erstellen.

In der Praxis setzen Unternehmen eher an der Fehlerprüfung als an der Fehlervermeidung an. Dies liegt darin begründet, dass die Qualitätsprüfung an das Ende des Leistungserstellungsprozesses beziehungsweise einzelner Teilschritte angeschlossen werden kann. Um Fehler zu vermeiden, muss jedoch der gesamte Dienstleistungsprozess neu geplant und konzipiert werden. Dies ist zunächst mit einem höheren finanziellen und personellen Aufwand verbunden, weshalb zahlreiche Unternehmen diesen Schritt scheuen. So ergibt es sich, dass ein Großteil der Fehler auf Designprobleme beziehungsweise Fehler bei Zulieferleistungen zurückzuführen ist.

Abbildung 5-30   **Neue Sichtweise des Qualitätsoptimums**

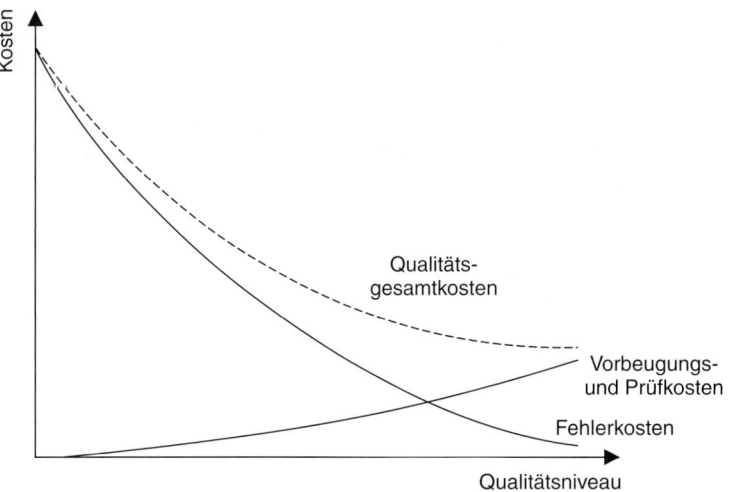

Quelle: Rust/Zahorik/Keiningham 1994, S. 95

Die **Qualitätskostenerfassung** in Dienstleistungsunternehmen wirft zahlreiche Probleme auf. So lässt sich zunächst feststellen, dass Qualitätskosten in traditionellen Kostenrechnungssystemen nicht als eigenständige Kostenart ausgewiesen werden (Weidner 1992, S. 900). Demzufolge werden Sonderrechnungen erforderlich, die diejenigen Kostenkategorien als Qualitätskosten ausweisen, die im Rahmen der traditionellen Kostenrechnung unter anderen Kostenarten erscheinen, insbesondere also Fehlerverhütungs- und Prüfkosten sowie interne Fehlerkosten (Carr 1992, S. 74). Voraussetzung für ein auf Kundenbindung gerichtetes Qualitäts- und Zufriedenheitsmanagement ist darüber hinaus eine kundenbezogene Ausrichtung des Rechnungswesens (Köhler 1999).

Da „Nachbesserungen" häufig noch während des Dienstleistungserstellungsprozesses vorgenommen werden, liegen oft nur wenige Informationen über die Häufigkeit und Art der im direkten Kundenkontakt aufgetretenen Fehler vor. Demzufolge können qualitätsbezogene Kosteninformationen über Nachbesserungen in kundennahen Bereichen nur sehr schwer von den Herstellkosten getrennt erfasst werden.

Darüber hinaus stellen in der Interaktion zwischen Anbieter und Kunde Aspekte wie Höflichkeit, Freundlichkeit und Einfühlungsvermögen zentrale Qualitätsdeterminanten und damit auch Kosteneinflussgrößen dar, die sich jedoch mangels direkt messbarer Indikatoren einer objektiven Erfassung weitgehend entziehen (Rosander 1989, S. 141).

Schließlich sind auch Qualitätsfolgekosten, die durch das Kundenverhalten nach dem Prozess der Dienstleistungserstellung entstehen, schwer zu ermitteln, da der Nachweis eines eindeutigen Ursache-Wirkungs-Zusammenhangs nicht immer gelingt (Heskett/Sasser/Hart 1990, S. 82). Beispielsweise lässt sich eine kausale Beziehung zwischen wahrgenommener Dienstleistungsqualität und Weiterempfehlung oder Wiederwahl des Dienstleistungsunternehmens nur bedingt ermitteln und noch weniger kostenbezogen quantifizieren.

Abbildung 5-31 zeigt eine Beispielberechnung der Nichtqualitäts-Kosten, die von Werne am Beispiel dreier Schweizer Großbanken durchgeführt hat.

Zusammenfassend lässt sich festhalten, dass die Erfassung der Qualitätskosten für Dienstleistungen mit zahlreichen Operationalisierungs- und Zurechnungsschwierigkeiten verbunden ist. Hier sind durch die Kostenrechnung und durch das Dienstleistungsmarketing weitere Forschungsarbeiten notwendig, um die Probleme der Quantifizierung qualitätsbezogener Kosten zu lösen.

Abbildung 5-31	Berechnung der Nichtqualitäts-Kosten am Beispiel dreier Schweizer Großbanken

1.	Allgemeine Unternehmensdaten		
1.1	Anzahl der Mitarbeiter		55.827
1.2	Bilanzsumme		521,3 Mrd. CHF
1.3	Operativer Gewinn		2.524 Mio. CHF
2.	Annahmen für die Schätzung der Nichtqualitäts-Kosten		
2.1	Ungewollte Kundenfluktuation/Kundenbestand		1,8 %
2.2	Unzufriedene Kunden/Kundenbestand		20 %
2.3	Gewinnbeitragspotenzial ungewollt verlorener Kunden/ Operativer Gewinn		15 %
2.4	Gewinnabschlag auf das Gewinngefährdungspotenzial bei unzufriedenen Kunden/Operativer Gewinn		6 %
2.5	Materielle Ausschusskosten/Bilanzsumme		0,2 %
2.6	Arbeitszeit für die Korrektur fehlerhafter Ausführungen/ Gesamtarbeitszeit		10 %
2.7	Ungewollte Mitarbeiterfluktuation/Mitarbeiterbestand		3 %
2.8	Unzufriedene Mitarbeiter/Mitarbeiterbestand		10 %
2.9	Pauschaler Personalkostenabschlag für unzufriedene Mitarbeiter		20 %
2.10	Durchschnittliche Fluktuationskosten/Mitarbeiter		60.000 CHF
2.11	Durchschnittliche Personalvollkosten/Mitarbeiter		110.000 CHF
3.	Berechnung der Nichtqualitäts-Kosten		
3.1	Kosten ungewollt verlorener Kunden	= (2.3) * (1.3)	= 379 Mio. CHF
3.2	Kosten unzufriedener Kunden	= (2.4) * (1.3)	= 151 Mio. CHF
3.3	Materielle Ausschusskosten	= (2.5) * (1.2)	= 104 Mio. CHF
3.4	Immaterielle Ausschusskosten	= (2.6) * (2.11) * (1.1)	= 614 Mio. CHF
3.5	Kosten ungewollt verlorener Mitarbeiter	= (2.7) * (2.10) * (1.1)	= 100 Mio. CHF
3.6	Kosten unzufriedener Mitarbeiter	= (2.8) * (2.9) * (2.11) * (1.1)	= 123 Mio. CHF
	Gesamtsumme der Nichtqualitäts-Kosten		**1.471 Mio. CHF**

GABLER
GRAFIK

Quelle: von Werne 1994, S. 239

7.2 Nutzenwirkungen des Qualitätsmanagements

Im Hinblick auf die Nutzenwirkungen eines Qualitätsmanagements für Dienstleistungsunternehmen lassen sich kostensenkende und erlössteigernde Nutzenwirkungen unterscheiden.

1. Kostensenkende Nutzenwirkungen

Häufig wird die Ansicht vertreten, dass höhere Qualität auch steigende Qualitätskosten verursache und damit über verteuerte Leistungen den Absatz negativ beeinflusse. Hierbei werden allerdings langfristig wirkende Kostensenkungseffekte nicht berücksichtigt (Harris 1989, S. 144).

Eine Erhöhung der Dienstleistungsqualität ist zum einen immer mit steigenden Qualitätsanpassungskosten, zum anderen aber mit langfristig sinkenden Qualitätsabweichungskosten verbunden (Hentschel 1992, S. 51f.). Werden im Rahmen des Qualitätsmanagements Investitionen zur präventiven Fehlerverhütung forciert, so steigen die Fehlerverhütungskosten. Gleichzeitig aber verringert sich auch die Fehlerhäufigkeit und damit auch die Höhe der Fehlerkosten. Zudem ergibt sich ein kostensenkender Effekt auf die Prüfkosten, da mit steigendem Qualitätsniveau auch die Zahl der Prüfungen reduziert werden kann (Haist/Fromm 1991, S. 58).

2. Erlössteigernde Nutzenwirkungen

Während kostensenkende Nutzenwirkungen eines wirtschaftlichkeitsorientierten Qualitätsmanagements eher als Sekundäreffekte betrachtet werden, stellen erlössteigernde Nutzenwirkungen das primäre Ziel qualitätsbezogener Aktivitäten dar (Primäreffekte). Über qualitätsbedingte Wettbewerbsvorteile sollen Marktanteile ausgeweitet und damit die Erlössituation des Unternehmens verbessert werden (Buzzell/Gale 1989; Engelhardt 1991, S. 399).

Dies kann vor allem über die Steigerung der Kundenbindung geschehen. Der Nutzen der **Kundenbindung** ist erst in den letzten Jahren erkannt worden (Reichheld 1996). Im Rahmen von Wirtschaftlichkeitsüberlegungen ist insbesondere die Profitabilität der Bindung auf kundenindividueller Ebene und damit die Höhe des abzuschöpfenden Kundenwertes zu berücksichtigen (Krüger 1997).

Bisher war der Großteil der Marketingmaßnahmen und damit auch der Maßnahmen des Qualitätsmanagements auf die Gewinnung neuer Kunden ausgerichtet. Zur Bestimmung des Nutzens der Kundenbindung können insbesondere die Problem-Impact-Tree-Analyse sowie Segmentierungsschemata herangezogen werden. Die **Problem-Impact-Tree-Analyse** kombiniert Wahrscheinlichkeitsüberlegungen bezüglich potenzieller Leistungserstellungsprobleme und ihrer Lösung mit dem Konzept des Kundenwertes. Zunächst werden die Wahrscheinlichkeiten für das Auftreten und das Erkennen von Problemen sowie die Lösung dieser Probleme geschätzt. Diese Wahrscheinlichkeiten können graphisch in einem Baumdiagramm dargestellt werden, das in Abbildung 5-32 beispielhaft skizziert ist. Multipliziert man die jeweiligen Wahrscheinlichkeiten mit dem Kundenwert, kann an der jeweiligen Stelle festgestellt werden, in welcher Höhe sich Veränderungen für den Kundenwert ergeben.

Abbildung 5-32　　**Problem Impact Tree am Beispiel eines Hotels**

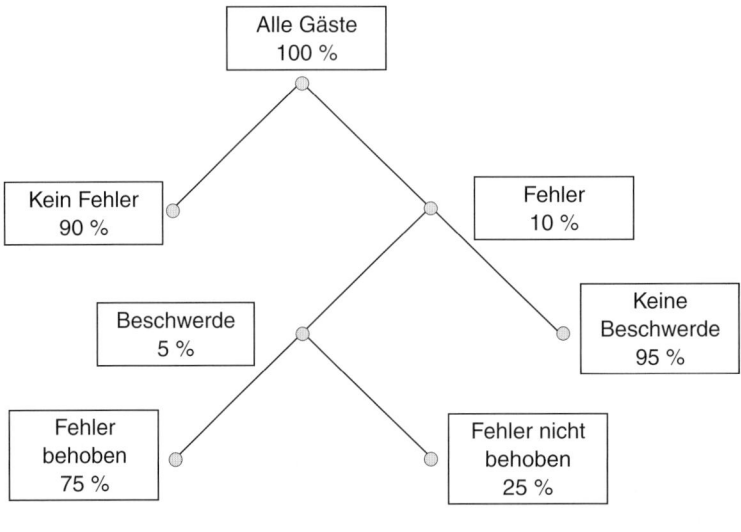

7.3　Ansatzpunkte für einen Kosten-Nutzen-Vergleich

Ansatzpunkte für den Kosten-Nutzen-Vergleich von Maßnahmen des Qualitätsmanagements für Dienstleistungen ergeben sich mit Hilfe verschiedener Instrumente. Hier sind vor allem folgende Verfahren hervorzuheben:

- Kennzahlensysteme,
- Wirtschaftlichkeitsrechnungen,
- Qualitätsbilanzen.

Werden **Kennzahlensysteme** (Preßmar/Bielert 1995) im Hinblick auf ihre Eignung als Instrumente eines qualitätsbezogenen Kosten-Nutzen-Vergleichs untersucht, können drei Kategorien qualitätsbezogener Wirtschaftlichkeitskennzahlen abgeleitet werden (Wildemann 1992, S. 771):

■ Mittels **kostenbezogener Kennzahlen** soll der Prozess der Qualitätskostenoptimierung abgebildet werden. Zu diesem Zweck werden Kennzahlen gebildet, die eine Beziehung zwischen den einzelnen Qualitätskostenkategorien (zum Beispiel Fehlerverhütungskosten) und geeigneten Bezugsgrößen (zum Beispiel Gesamtqualitätskosten, Umsatz) herstellen.

■ Aufgabe der **erlösbezogenen Kennzahlen** ist es, sowohl die unternehmensinternen, kostensenkenden (zum Beispiel Anzahl der Reklamationen) als auch die unternehmensexternen, erlössteigernden Nutzenwirkungen (zum Beispiel Anzahl der Weiterempfehlungen) des Qualitätsmanagements zu erfassen.

■ Schließlich sollten auch **qualitätsfähigkeitsbezogene Kennzahlen** zur Verfügung stehen, mit denen gezeigt werden soll, wie sich die Fehlerverhütungsfähigkeit des Unternehmens verändert (Stebbing 1990, S. 37; Haist/Fromm 1991, S. 117f.; Wildemann 1992, S. 780).

Im Gegensatz zu qualitätsbezogenen Wirtschaftlichkeitskennzahlen, die die Gesamteffizienz eines Qualitätsmanagements in Dienstleistungsunternehmen darstellen sollen, können **qualitätsbezogene Wirtschaftlichkeitsrechnungen** zur Identifikation effizienter Investitionsalternativen herangezogen werden (Bruhn/Georgi 1998; Rust/Zahorik/ Keiningham 1998).

Genau wie materielle Investitionen im Industriegüterbereich führen auch qualitätsbezogene, materielle und immaterielle Investitionen in Dienstleistungsunternehmen kurzfristig zu „Anschaffungsauszahlungen" und erst langfristig zu „laufenden Einzahlungen", die zusammen die Rentabilität einer Investition bestimmen. In Bezug auf die Einzahlungen gilt es vor allem, sowohl die immateriellen Effekte, wie zum Beispiel erhöhte Kundenbindung und Mitarbeitermotivation, als auch die materiellen Effekte, wie zum Beispiel geringere Fehlerhäufigkeit, und damit geringere Fehlerkosten beziehungsweise gesteigerte Nachfrage und damit höhere Gewinne, zu erfassen.

Ein weiteres Instrument zur Gegenüberstellung von Kosten- und Nutzenwirkungen des Qualitätsmanagements stellt die so genannte **Qualitätsbilanz** dar (Wildemann 1992, S. 780). Hierbei werden unternehmensspezifisch die verschiedenen Qualitätskosten- und Nutzenkategorien systematisch gegenübergestellt, um langfristig eine vergleichende Beurteilung und Analyse qualitätsbezogener Maßnahmen vornehmen zu können, qualitätsbezogene Trends abzuleiten und darauf aufbauend zukünftige Qualitätsbudgets zu planen (Campanella 2000).

Die vorgestellten Instrumente zur Wirtschaftlichkeit des Qualitätsmanagements sollten im Rahmen eines Qualitätscontrolling in einen Regelkreis eingebunden werden (Töpfer 1998).

1.	**Leistungspolitik**	**358**
1.1	Grundlagen der Leistungspolitik	358
1.11	Besonderheiten der Leistungspolitik von Dienstleistungsunternehmen	358
1.12	Festlegung des Leistungsprogramms	360
1.13	Planungsprozess der Leistungspolitik	362
1.14	Ziele der Leistungspolitik	363
1.2	Instrumente der Leistungspolitik	364
1.21	Leistungsprogrammpolitik	365
1.211	Variation von Dienstleistungsprogrammen	366
1.212	Innovationen im Dienstleistungsbereich	382
1.213	Eliminierung von Dienstleistungen	392
1.22	Markenpolitik	394
1.221	Begriff und Wesen der Dienstleistungsmarke	394
1.222	Dienstleistungsspezifische Markierungsprobleme	399
1.223	Markenstrategische Optionen im Dienstleistungsmarketing	403
1.224	Markenführung im Internet	409
1.23	Beschwerdepolitik	414
1.24	E-Services	416

2.	**Kommunikationspolitik**	**423**
2.1	Grundlagen der Kommunikationspolitik	423
2.11	Besonderheiten der Kommunikationspolitik von Dienstleistungsunternehmen	423
2.12	Begriff und Bedeutung der Dienstleistungskommunikation	427
2.13	Integrierte Kommunikation als Ausgangspunkt	431
2.14	Planungsprozesse der Kommunikation	433
2.15	Ziele und Strategien der Dienstleistungskommunikation	439
2.2	Einsatz der Kommunikationsinstrumente	449
2.21	Mediawerbung	451
2.22	Verkaufsförderung (Promotions)	463
2.23	Persönliche Kommunikation	468
2.24	Direktkommunikation (Direct Marketing)	472
2.25	Öffentlichkeitsarbeit (Public Relations)	476
2.26	Messen und Ausstellungen	479
2.27	Sponsoring	483
2.28	Event Marketing	488
2.3	Multimediakommunikation	492
2.31	Grundlagen der Multimediakommunikation	492
2.32	Planungsprozess der Multimediakommunikation	496
2.33	Offline-Kommunikation	497
2.34	Online-Kommunikation (Internet)	499

2.341	Besonderheiten und Bedeutung des Internet	499
2.342	Ziele und Strategien des Interneteinsatzes	502
2.343	Kommunikation (Internetwerbung)	505
2.344	Vertrieb (Internetvertrieb)	508
2.345	Preispolitik (Internet Pricing)	515
2.346	Kontrolle	516

3.   Preispolitik   **517**

3.1	Grundlagen der Preispolitik	517
3.11	Besonderheiten der Preispolitik von Dienstleistungsunternehmen	517
3.12	Planungsprozess der Preisfestlegung	519
3.13	Ziele der Preispolitik	522
3.14	Ansatzpunkte der Preisfestlegung	523
3.15	Methoden der Preisfestlegung	524
3.2	Preispolitische Strategien	529
3.21	Preisbezogene Strategien	529
3.211	Preisdifferenzierung	529
3.212	Preisbündelung und Preisbaukästen	539
3.213	Preispolitik im Relationship Marketing	546
3.22	Konditionenbezogene Strategien	548

4.   Distributionspolitik   **550**

4.1	Grundlagen der Distributionspolitik	550
4.11	Besonderheiten der Distributionspolitik von Dienstleistungsunternehmen	550
4.12	Planungsprozess der Distributionspolitik	553
4.13	Ziele der Distributionspolitik	553
4.2	Einsatz distributionspolitischer Instrumente	555
4.21	Gestaltung von Absatzkanalsystemen für Dienstleistungen	555
4.22	Gestaltung des logistischen Systems	571

5.   Personalpolitik   **577**

5.1	Grundlagen der Personalpolitik	577
5.11	Internes Marketing als Ausgangspunkt	577
5.12	Besonderheiten der Personalpolitik von Dienstleistungsunternehmen	580
5.13	Ziele der Personalpolitik	584
5.2	Instrumente eines Personalmanagementsystems	586
5.21	Personalplanung	587
5.211	Bestimmung des Personalbestands und -bedarfs	588
5.212	Festlegung der Anforderungen an die interne Dienstleistungsqualität	594
5.22	Instrumente der Personalpolitik in der Durchführungsphase	594
5.221	Personaleinsatz	595
5.222	Personalveränderung	599
5.2221	Personalbeschaffung	599
5.2222	Personalentwicklung	603
5.2223	Personalfreistellung	607
5.223	Mitarbeiterkommunikation	608
5.23	Personalprüfung	611
5.3	Implementierung eines Personalmanagementsystems	615
5.31	Barrieren der Implementierung	615
5.32	Ansatzpunkte der Implementierung	616

Auf Grundlage der Marketingstrategien sowie unter Einbeziehung von Ergebnissen der Marktforschung und der darauf aufbauenden Marktsegmentierung sind die Marketinginstrumente hinsichtlich ihres zielgerichteten Einsatzes zu bestimmen. Ebenso wie im Marketing für Konsum- oder Industriegüter kann grundsätzlich eine **Systematisierung der Marketinginstrumente** in die vier Mixbereiche, die so genannten **„4 Ps"**, vorgenommen werden (Hilke 1984; Heskett 1988; Scheuch 2002):

■ Leistungspolitik („**Product**"),

■ Kommunikationspolitik („**Promotion**"),

■ Vertriebsspolitik („**Place**"),

■ Preispolitik („**Price**").

In der Literatur des Dienstleistungsmarketing besteht keine Einigkeit darüber, ob die klassische Systematisierung deckungsgleich auf den Dienstleistungsbereich übertragen werden kann. In der deutschen Literatur wird diese Einteilung häufig von dem Sachgüter- auf den Dienstleistungsbereich transferiert (Hilke 1989a, S. 16ff.; Corsten 2001, S. 349ff.). Zahlreiche Autoren, vor allem in den USA, vertreten jedoch die Auffassung, dass die Aufteilung in die dargestellten vier klassischen Mixbereiche den Besonderheiten des Dienstleistungsmarketing nicht gerecht wird (Magrath 1986; Beaven/Scotti 1990).

In diesem Zusammenhang diskutiert man im Dienstleistungsmarketing eine **Erweiterung des Marketingmix** um die Bereiche (Magrath 1986; Cowell 1993, S. 99ff.; Payne 1993, S. 24):

■ Personalpolitik („**Personnel**"),

■ Ausstattungspolitik („**Physical Facilities**"),

■ Prozesspolitik („**Process**").

Die Gegenüberstellung des klassischen und des erweiterten Marketingmix ist in Abbildung 6-1 wiedergegeben.

Gegen eine solche weite Fassung des Dienstleistungsmarketingmix spricht die **klassische Marketingdefinition,** die lediglich Aktivitäten zur Verhaltensbeeinflussung des (externen) Kunden berücksichtigt (Meffert 2000). Diese Begriffsfassung entstand für das klassische Marketing von Konsum- und Industriegüterherstellern und hat in diesen Bereichen ihre volle Berechtigung.

Im Bereich des Dienstleistungsmarketing hat sich in den letzten Jahren sehr deutlich gezeigt, dass die Anwendung eines **kundenorientierten Marketing als Leitidee** der Berücksichtigung auch **interner Kunden** bedarf (Bruhn 1999b, S. 17; Zeithaml/Bitner 2000, S. 287; Lovelock 2001, S. 455). Daraus ergibt sich die Fragestellung, ob die Personalpolitik von Dienstleistungsunternehmen als eigenständiges (internes) Marketinginstrument betrachtet werden sollte (Bieberstein 2001). Für diese Sichtweise können folgende Argumente angeführt werden:

■ Die Notwendigkeit einer permanenten Bereitstellung des **Leistungspotenzials** impliziert die Erfordernis der Aufrechterhaltung und kontinuierlichen Verbesserung des Fähigkeitenpotenzials der Mitarbeiter des Dienstleisters (Engelhardt et al. 1992, S. 51f.).

■ Aufgrund der **Integration des externen Faktors** stehen Kunden und Mitarbeiter des Dienstleisters vielfach in direktem Kontakt. Dadurch haben Maßnahmen der Personalpolitik im Vergleich zum Sachgüterbereich einen direkten Einfluss auf das Verhalten des (externen) Kunden.

■ Aufgrund der **Immaterialität** von Dienstleistungen werden die Mitarbeiter des Dienstleisters häufig als Surrogat der eigentlichen Leistung angesehen (Engelhardt et al. 1992, S. 48).

Aus Gründen der Zweckmäßigkeit soll somit im Folgenden von vier **externen Instrumenten des Dienstleistungsmarketing,** den klassischen Mixbereichen Leistungs-, Kommunikations-, Preis- und Distributionspolitik sowie einem **internen Instrument des Dienstleistungsmarketing,** der Personalpolitik, ausgegangen werden (vgl. Abbildung 6-2). Dabei soll die Betrachtung der Personalpolitik jedoch nicht im Sinne eines umfassenden Personalmanagements erfolgen, vielmehr werden lediglich jene personalbezogenen Aspekte beleuchtet, die bei der Erstellung von Dienstleistungen aus Marketingsicht zu berücksichtigen sind.

Abbildung 6-1   **Erweiterter Marketingmix im Dienstleistungsbereich**

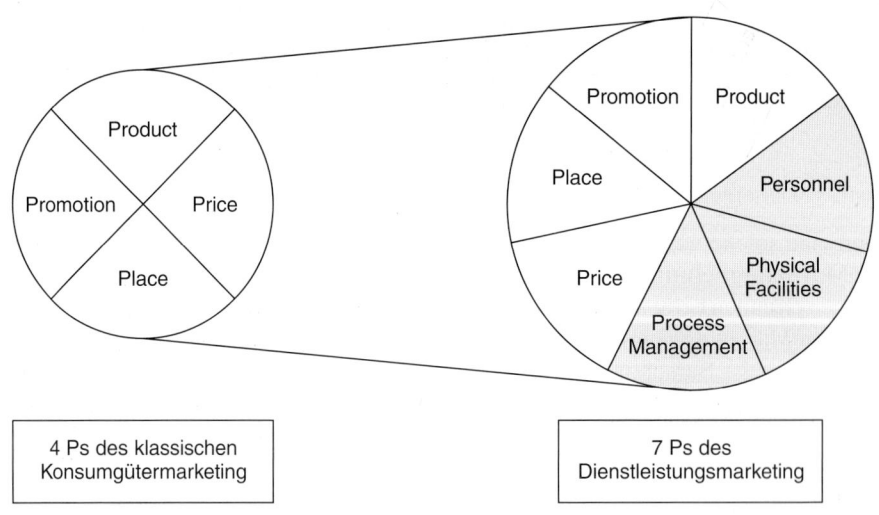

GABLER
GRAFIK

Quelle: Magrath 1986, S. 45

Abbildung 6-2   Marketingmix von Dienstleistungsunternehmen

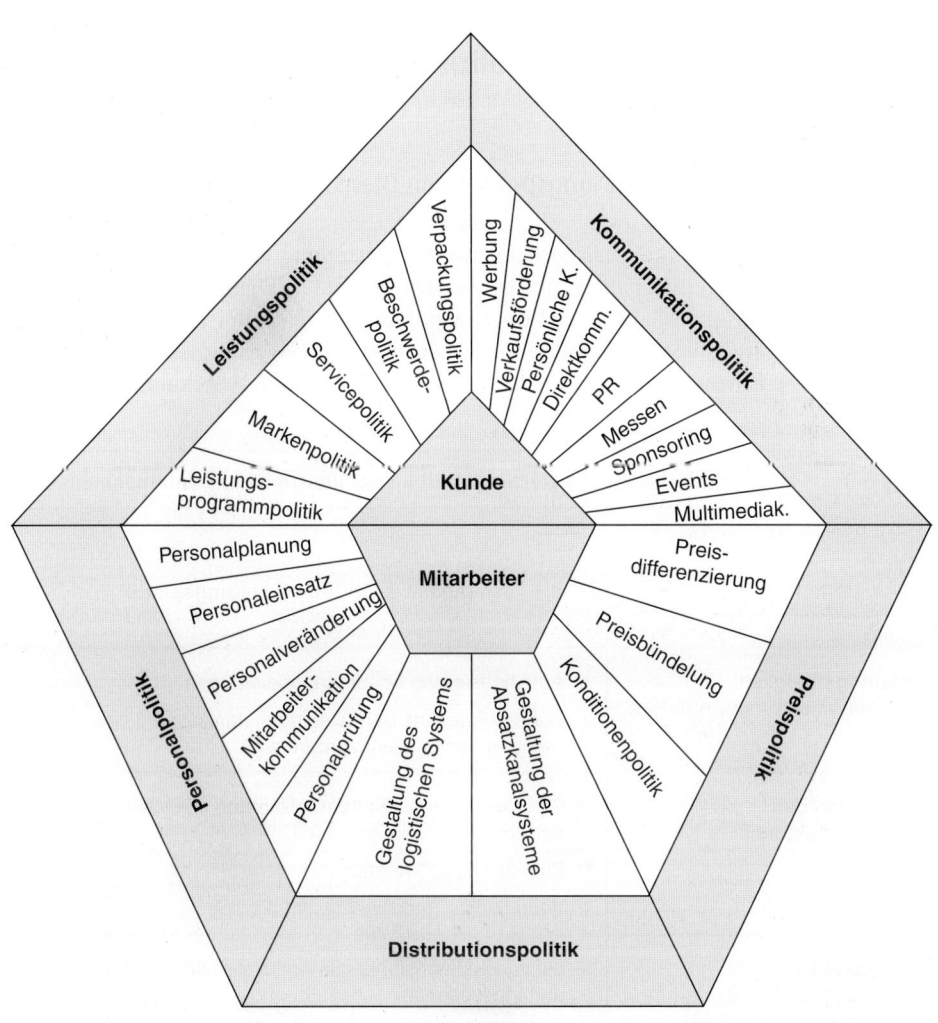

1. Leistungspolitik

1.1 Grundlagen der Leistungspolitik

1.11 Besonderheiten der Leistungspolitik von Dienstleistungsunternehmen

Aufgrund der Notwendigkeit der permanenten Bereitstellung des Leistungspotenzials, der Integration des externen Faktors und der Immaterialität von Dienstleistungen ergeben sich zahlreiche Besonderheiten der Leistungspolitik von Dienstleistungsunternehmen gegenüber derjenigen von Sachgüteranbietern (zum Beispiel Verbrauchs-, Gebrauchs-, Industriegüter). Einen Überblick über diese Besonderheiten gibt Abbildung 6-3.

Abbildung 6-3   Besonderheiten der Leistungspolitik von Dienstleistungsunternehmen

Besonderheiten von Dienstleistungen	Implikationen für die Leistungspolitik
Leistungsfähigkeit des Dienstleistungsanbieters	▪ Automatisierung bei Standardleistungen ▪ Berücksichtigung der Leistungspotenziale bei der Planung des Leistungsprogramms
Integration des externen Faktors	▪ Externalisierung und Internalisierung im Rahmen der Leistungsvariation ▪ Zeitabhängige Variation ▪ Vereinfachte Beschwerdestimulierung
Immaterialität (Nichtlagerfähigkeit, Nichttransportfähigkeit)	▪ Leistungsdimensionen als Ansatzpunkte für Variationen und Innovationen ▪ Leistungsbündelung ▪ Hohe Bedeutung der Markenpolitik aufgrund erhöhter Kaufunsicherheit und leichter Imitierbarkeit

GABLER
GRAFIK

Aus der Notwendigkeit der **permanenten Leistungsfähigkeit** des Anbieters lassen sich folgende Besonderheiten der Leistungspolitik herausstellen:

■ Bei Standardleistungen bietet sich bis zu einem gewissen Grad eine teilweise **Automatisierung** des Leistungserstellungsprozesses an. Dadurch kann eine ganztägige Leistungsbereitschaft demonstriert und die Konstanz der Leistungsqualität erhöht werden.

■ Bei der Planung des Leistungsprogramms sind die **Leistungspotenziale** des Anbieters in Form der Qualifikation der Mitarbeiter oder vorhandener tangibler Einrichtungen zu berücksichtigen. Auf diese Weise muss sichergestellt werden, dass der Dienstleister in der Lage ist, die geplante Leistung auf dem gewünschten Qualitätsniveau zu erstellen.

Die **Integration des externen Faktors** in den Leistungserstellungsprozess lässt folgende Schlussfolgerungen für die Leistungspolitik zu:

■ Im Bereich der Programmplanung können neben Variationen, Differenzierungen und Eliminierungen mögliche **Externalisierungen** beziehungsweise **Internalisierungen** von Aktivitäten in Betracht gezogen werden.

■ Da die Anwesenheit des Kunden bei der Leistungserstellung teilweise unerlässlich ist, ergeben sich im Rahmen der Leistungsprogrammpolitik Ansatzpunkte hinsichtlich einer **zeitabhängigen Variation** von Leistungen.

■ Aufgrund des direkten Kontaktes zwischen Dienstleister und Kunden wird die **Beschwerdestimulierung** im Rahmen der Beschwerdepolitik vereinfacht.

Aus der **Immaterialität** von Dienstleistungen ergeben sich folgende Besonderheiten:

■ Bei der Planung von **Leistungsinnovationen** beziehungsweise **-variationen** kann an der Potenzial-, Prozess- und/oder Ergebnisdimension einer Dienstleistung angesetzt werden.

■ Zur Abgrenzung von der Konkurrenz bietet sich eine **Leistungsbündelung** an. Dadurch wird die Vergleichbarkeit unterschiedlicher Leistungen für den Kunden eingeschränkt.

■ Da Dienstleistungen nicht patentierbar sind, sind sie vergleichsweise leicht imitierbar. Darüber hinaus ist die Konsumtion für den Kunden mit Unsicherheiten verbunden. Vor diesem Hintergrund hat insbesondere die **Markenpolitik** zur Profilierung eines Anbieters beziehungsweise dessen Leistung und als Vertrauensanker für den Konsumenten einen hohen Stellenwert. Auch das **Image** einer Leistung beziehungsweise des Dienstleistungsanbieters gewinnt in diesem Zusammenhang an Bedeutung.

1.12   Festlegung des Leistungsprogramms

Die wachsende Anzahl der im Dienstleistungsbereich tätigen Unternehmen und die gestiegene Wettbewerbsintensität machen deutlich, dass eine zweckmäßige und attraktive
Gestaltung des **Dienstleistungsprogramms** für die Erfolgsposition des Dienstleistungsanbieters im Wettbewerb, sein Unternehmenswachstum und die langfristige Unterneh-
mensexistenz von zentraler Bedeutung ist. Der **Prozess der Festlegung des Leistungsprogramms** findet auf **zwei Ebenen** statt (vgl. Abbildung 6-4). Es wird zwischen Grund-
und Zusatznutzen einer Leistung differenziert (Meffert 2000, S. 333).

Im Rahmen dieses Prozesses sollen dabei wegen der hohen Interaktivität des Leistungserstellungsprozesses Kunden- und Unternehmensperspektive miteinander verbunden
werden.

Abbildung 6-4   **Ebenen bei der Festlegung des Leistungsprogramms
am Beispiel eines Pizza-Lieferservices**

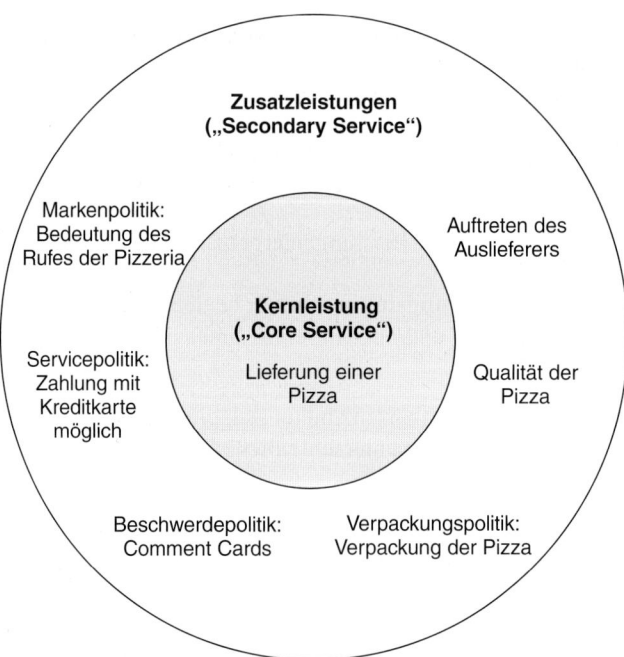

GABLER
GRAFIK

Quelle: in Anlehnung an Palmer 2001, S. 129

1. Ebene der Kernleistung („Core Service Level")

Um sich von der Konkurrenz abzugrenzen und die eigene Leistung für den Kunden attraktiv zu gestalten, stellt der Kundennutzen den Ausgangspunkt der Festlegung des Leistungsprogramms dar. Der Grundnutzen resultiert aus der in der amerikanischen Literatur bezeichneten Kernleistung („Core Service") (Palmer/Cole 1995, S. 68). Hierdurch kann bereits ein USP (Unique Selling Proposition) aufgebaut werden, sofern die Leistung einen höheren Nutzen als diejenige konkurrierender Dienstleistungen stiftet. So wurde durch den Nutzen eines Pizza-Lieferservices bei einigen Konsumenten der Besuch einer Pizzeria substituiert. In diesem Zusammenhang ist jedoch zu berücksichtigen, dass die Herausstellung des Grundnutzens zwar vergleichsweise einfach ist, jedoch zur Profilierung eines Anbieters vielfach nicht mehr ausreicht. Dies wird durch ein Beispiel aus dem Luftverkehr verdeutlicht: so kann der Kunde allein auf der Flugstrecke Frankfurt – New York zwischen 12 täglichen Nonstop-Flügen (identische Kernleistung) von sieben verschiedenen Anbietern auswählen. Daher ist die Kaufentscheidung häufig allein Resultat des angebotenen Zusatznutzens und des Preises.

2. Ebene der Zusatzleistungen („Secondary Service Level")

Diese zweite Ebene ersetzt die im Rahmen der Festlegung des Leistungsprogramms von Konsumgüterherstellern unterschiedenen Phasen der Gestaltung des Produktes und der Erstellung des Leistungsprogramms (Palmer/Cole 1995, S. 67; Bruhn 2001a, S. 128). Ausgehend von der angestrebten Einzigartigkeit der Leistung kann die Kernleistung um Zusatzleistungen („Secondary Service"), die unterschiedliche Dimensionen von Zusatznutzen stiftet, ergänzt werden (Palmer/Cole 1995, S. 68). Aufgrund der konstitutiven Dienstleistungsmerkmale ist die Herausstellung der Zusatzleistung beziehungsweise des Zusatznutzens jedoch mit Problemen behaftet. Anders als bei Sachgütern können die den Zusatznutzen determinierenden Eigenschaften nur schwierig dargestellt werden, wodurch die Möglichkeit eines Vergleichs mit anderen Leistungen durch die Kunden weitgehend eingeschränkt wird. Unterschiedliche Dimensionen hinsichtlich der Stiftung von Zusatznutzen ergeben sich insbesondere in folgenden Bereichen:

- Positionierung der Leistung,
- Design/Verpackung der tangiblen Elemente,
- Einsatz von Humankapital,
- Qualität der Leistung,
- Markierung,
- Value Added Services,
- Umgang mit Beschwerden.

Insbesondere die durch den technischen Fortschritt und die Neubewertung von Unternehmensstrategien zu beobachtenden Verknüpfungsprozesse zwischen einzelnen traditionellen Dienstleistungsbranchen (zum Beispiel Banken und Versicherungen, Verkehrs- und Tourismusdienstleistungen) stellen Dienstleistungsunternehmen vor die Herausforderung, ihr Leistungsangebot ständig neu zu überdenken.

1.13 Planungsprozess der Leistungspolitik

Zur systematischen Regelung des Ablaufes der Leistungspolitik eines Dienstleistungsunternehmens kann der folgende **Prozess der Leistungsplanung** unterstellt werden (Bruhn 2001a, S. 130ff.):

1. Die **Situationsanalyse des Leistungsprogramms** soll Aufschluss darüber geben, inwiefern es Handlungsbedarf für Veränderungen des Programms gibt. Dabei müssen die Kundenbedürfnisse, die Leistungen der Konkurrenz, der Erfolg der eigenen Leistungen sowie die Zusammenstellung des eigenen Leistungsprogramms berücksichtigt werden.

2. Die **Ziele der Leistungspolitik** sind aus den Unternehmenszielen abzuleiten. Dabei ist auf Zielüberschneidungen mit anderen Zielen des Marketingmix zu achten.

3. Durch die **Entwicklung leistungspolitischer Strategien** wird festgelegt, wie die Ziele der Leistungspolitik erreicht werden sollen. Mögliche Ansatzpunkte der Strategie sind die Qualität oder der Preis der Leistung.

4. Bei der Bestimmung des **Budgets der Leistungspolitik** sind verschiedene Kostenbereiche zu berücksichtigen, zum Beispiel Kosten für Marktforschungs- und Beratungsleistungen oder die Entwicklung von Prototypen für tangible Elemente.

5. Mittels der Planung des **Einsatzes der leistungspolitischen Instrumente** wird festgelegt, auf welchem Wege die Strategie umgesetzt werden soll. Hierbei sind die Leistungsprogrammpolitik, die Markenpolitik, die Servicepolitik, die Beschwerdepolitik sowie die Verpackungspolitik zu berücksichtigen.

6. Im Rahmen der **Kontrolle des Leistungsprogramms** soll festgestellt werden, inwiefern die Ziele der Leistungspolitik erreicht wurden beziehungsweise werden. Bei Nichtrealisierung von Zielen sind unter Umständen Anpassungsmaßnahmen vorzunehmen.

1.14 Ziele der Leistungspolitik

Leistungspolitische Ziele sind Sollzustände, die die Wahl zwischen den im Bereich der Leistungspolitik zur Verfügung stehenden Möglichkeiten mit dem Ziel der Zusammenstellung des optimalen Leistungsprogramms einer Dienstleistungsunternehmung bestimmen (Meffert 2000; Becker 2001). Sie haben sich dabei an den Oberzielen der Unternehmung und den daraus abgeleiteten Marketingzielen zu orientieren. Im Falle der Leistungspolitik ist, verglichen mit den anderen Zielen des Marketingmix, eine weitgehende Komplementarität mit den Unternehmenszielen gegeben. Im Einzelnen sind die folgenden **ökonomischen leistungspolitischen Zielsetzungen** für den Dienstleistungsbereich von besonderer Bedeutung:

- **Wachstumsziele** hinsichtlich Absatz, Umsatz und Gewinn sind zum Beispiel unausweichlich, wenn Kostensteigerungen aufgrund der Wettbewerbsverhältnisse nur bedingt im Abgabepreis weitergegeben werden können. Wachstum ermöglicht in diesem Fall, statische und dynamische Degressionseffekte zu erzielen. Unter Umständen weisen allerdings die bisher angebotenen Hauptleistungen Wachstumsbarrieren auf, denen dann durch die Einführung von speziellen Zusatz- beziehungsweise Serviceleistungen oder sogar gänzlich neuen Leistungen entgegengewirkt werden muss.

- Die Risikostreuung trägt zum Erreichen des **Erhaltungsziels** bei. Risiken können durch Abhängigkeiten von einzelnen Angebotsleistungen, Märkten oder Abnehmern induziert sein. Zu diesem Ziel trägt daher eine Leistungsdifferenzierung bei, die die Ansprache weiterer Segmente ermöglicht und somit die Abhängigkeit vermindert.

- **Ertragsziele** bedingen den effizienten Einsatz der vorhandenen, knappen Ressourcen (zum Beispiel freie Mittel und Mitarbeiter), das heißt, dass diese auf ertragsstarke Dienstleistungen verteilt werden müssen.

- Als übergeordnetes Prinzip der Leistungsprogrammgestaltung ist weiterhin die **Rationalisierung des Leistungserstellungsprozesses** (Nutzung von Synergieeffekten, Implementierung von Leistungsmodulen, Degressionseffekte) zu nennen.

- Aufgrund der mangelnden Lagerfähigkeit der Dienstleistung werden zudem **Kapazitätsauslastungsziele** verfolgt. In diesem Zusammenhang kommt der Nachfragesteuerung eine große Bedeutung zu.

Neben diesen primär ökonomischen Zielen werden im Rahmen der Leistungspolitik auch **psychologische Zielsetzungen** verfolgt:

- **Profilierungsziele** gewinnen im Zuge des immer stärker werdenden Konkurrenzdrucks an Bedeutung. Eine Profilierung erfolgt in erster Linie über das Leistungsprogramm. Es ist derart auszugestalten, dass differenzierte Kundenbedürfnisse erfüllt werden können. Dazu gehört ebenfalls die Berücksichtigung veränderter Kaufverhaltensgewohnheiten und Trends.

■ **Imageziele** lehnen sich eng an die Profilierungsziele an. Es kann unterstellt werden, dass Dienstleistungsanbieter, denen eine Profilierung gegenüber der Konkurrenz gelingt, auch ein eigenständiges Image erreichen. Darüber hinaus sind spezifische Imageziele, wie zum Beispiel die Stärkung der Hauptleistungsposition und die Ausdehnung des Marken-/Unternehmensimages über das Angebot zusätzlicher Dienstleistungen, zu nennen.

■ **Bekanntheitsziele** können zum Beispiel dadurch erreicht werden, dass die Leistungpolitik und Kommunikationspolitik sorgfältig aufeinander abgestimmt werden. Eine Verstärkung des Werbedrucks in Medien der entsprechenden Zielgruppen kann – zumindest kurzfristig – Bekanntheitsgrade erhöhen.

■ **Kundenbindungsziele** gewinnen in Zukunft gerade im Zuge der allgemein abnehmenden Loyalitätsraten an Bedeutung. Es ist zu überlegen, wie durch eine Attraktivitätssteigerung des Leistungsprogramms die Kundenbindung gehalten oder sogar erhöht werden kann. Dazu gehört auch das Angebot von Sekundärdienstleistungen, die als Kundenbindungsinstrument ausgestaltet werden können (zum Beispiel Kundenzeitschrift, Kundenclub, komplementäre E-Services).

1.2 Instrumente der Leistungspolitik

Im Rahmen der Leistungspolitik von Dienstleistungsunternehmen sind zahlreiche Entscheidungen zu treffen. Zunächst müssen Fragestellungen hinsichtlich der Leistungsprogrammgestaltung (**Leistungsprogrammpolitik**) beantwortet werden. Dazu zählen insbesondere Programminnovationen und -variationen sowie die Eliminierung einzelner Programmelemente. Als zweiter großer Block sind Entscheidungen hinsichtlich der **Markenpolitik** zu treffen, die im Dienstleistungsbereich deutliche Unterschiede zu den bekannten Ansätzen des Konsumgütermarketing aufweisen. Aufgrund der mixübergreifenden Wirkungen der Markenpolitik sind hierbei die Interdependenzen zu anderen Instrumenten zu berücksichtigen. Vergleichbar mit der Abrundung des Leistungsprogramms im Sachgüterbereich durch Zusatzleistungen (zum Beispiel Kundendienst, Garantien) kann auch die definierte Kerndienstleistung um Zusatzleistungen (**Servicepolitik**) ergänzt werden. Dabei kann es sich sowohl um tangible (zum Beispiel Tiefgarage eines Hotels) als auch um intangible Zusatzleistungen (zum Beispiel Abholservice einer Autoreparaturwerkstatt) handeln. Eine besondere Rolle für Dienstleistungsunternehmen spielt im Rahmen der Leistungspolitik aufgrund der Integration des externen Faktors ferner die **Beschwerdepolitik**.

1.21 Leistungsprogrammpolitik

Aufgrund der Immaterialität von Dienstleistungen sind nicht materielle Güter Gegenstand von programmpolitischen Entscheidungen, sondern die Entwicklung und Veränderung von Dienstleistungspotenzialen, -prozessen und -ergebnissen (Meyer 1994). Hier ergeben sich ähnliche Probleme wie bei der in Kapitel 4, Abschnitt 4.21 diskutierten Standardisierung von Dienstleistungen. Bei einer Veränderung auf einer der drei Ebenen ist vielfach auch eine Anpassung zumindest einer der beiden anderen Ebenen erforderlich. So ist beispielsweise die Verbesserung des Ergebnisses eines Sprachkurses in der Regel an eine verbesserte Qualifikation des Lehrpersonals (Potenziale) und/oder an eine Veränderung des Unterrichts (zum Beispiel verstärkte Einbeziehung der Lernenden; Prozesse) gebunden.

Bei leistungsprogrammpolitischen Entscheidungen stehen im Dienstleistungsbereich folgende Ansatzpunkte im Vordergrund: die **materielle und personelle Ausstattung,** die **Verrichtungs-** beziehungsweise **Ablaufprogramme** sowie im Zusammenhang damit die **räumliche und zeitliche Planung der Dienstleistungskapazitäten**.

Die Abschätzung des Erfolges von Leistungsprogrammerweiterungen durch Markteinführungen neuer Dienstleistungen wird dadurch erschwert, dass bei der Durchführung von Produkttests beziehungsweise Dienstleistungstests stets der externe Faktor zu berücksichtigen ist. Somit sind dem Einsatz von Testmethoden in der Entwicklungsphase Grenzen gesetzt.

Der Begriff der Leistungsinnovation konzentriert sich im Wesentlichen auf die Neuentwicklung von Leistungen. Unter einer Leistungsvariation ist hingegen die Veränderung bereits bestehender Dienstleistungen zu verstehen. In der Regel sollten bereits bestehende Leistungen verbessert werden. Es sind aber auch Modifikationen denkbar, die nicht eine Leistungsverbesserung, sondern – zum Beispiel aus Rationalisierungsgründen – eine Reduktion des Leistungsumfangs zum Ziel haben. Grundsätzlich besteht die Zielsetzung von **Variationen/Modifikationen** und **Innovationen** im Dienstleistungsmarketing darin, marktorientierte Dienstleistungen anzubieten, die zum Beispiel einem veränderten Nachfrageverhalten Rechnung tragen. Um dem Bedarf bestimmter Zielgruppensegmente besser gerecht zu werden, können **Differenzierungen** des Leistungsangebots vorgenommen werden (Meffert 2000, S. 335ff.). Im Rahmen der Dienstleistungsdifferenzierung werden zum bestehenden Programm neue Leistungsvarianten hinzugefügt.

Die drei grundlegenden Optionen der Leistungsprogrammgestaltung sollen am Beispiel einer Fluglinie erörtert werden: Im Falle einer **Leistungsvariation** wird eine Teileigenschaft der Dienstleistung gewählt und verbessert. Hierfür lässt sich beispielsweise die Verkürzung der Flugzeit durch neue Überflugrechte (Variation) oder die Einrichtung neuer Nonstop-Verbindungen (Innovation) anführen. Bei einer **Leistungsmodifikation** hingegen erfolgt keine Veränderung von Teilleistungen mit dem ausschließlichen Ziel der Optimierung von aus Kundensicht wichtigen Beurteilungskriterien der Gesamtleistung. Vielmehr wird hier gezielt ein Wechsel der Beurteilungskriterien aus Kundensicht antizipiert und in Veränderungen von Leistungen umgesetzt (zum Beispiel hat die Deutsche Lufthansa AG einer erhöhten Preissensitivität der Kunden dadurch Rechnung getragen, dass die Bordverpflegung in der Economy Class auf innerdeutschen Flügen deutlich reduziert und gleichzeitig die Flugpreise gesenkt wurden).

Im Rahmen der **Leistungsdifferenzierung** (Service Customization) wird der Heterogenität der Konsumenten durch eine differenzierte Ausgestaltung des Leistungsprogramms und damit durch das Angebot zusätzlicher Wahloptionen Rechenschaft getragen. Voraussetzung der Leistungsdifferenzierung ist in der Regel die Aufteilung des Gesamtmarktes in einzelne Marktsegmente, die durch unterschiedliche Bedürfnisse der Nachfrager klassifiziert werden. Ansatzpunkte zur Dienstleistungsdifferenzierung sind wiederum Potenziale, Prozesse und Ergebnisse, wobei die neuen Varianten im Gegensatz zur Leistungsverbesserung und -modifikation zusätzlich im Programm geführt werden. Ein Ansatz zur Leistungsdifferenzierung ist die Variation beziehungsweise Innovation der Potenzialfaktoren, zum Beispiel durch die Neueinführung der Lufthansa First-Class mit veränderter Ausstattung im Luftfahrzeug und am Boden. Eine weitere potenzialbezogene Differenzierungsmöglichkeit ergibt sich durch ein unterschiedliches Angebot von Zusatzleistungen. Das Angebot alternativer Buchungsklassen (First, Business und Economy Class) kann hierfür angeführt werden. Ferner bietet sich bei einer hohen Heterogenität der angebotenen Leistungen eine Variation der Markenstrategie an. So ermöglicht insbesondere die Mehrmarkenstrategie eine differenzierte Bearbeitung von unterschiedlichen Segmenten. Vor diesem Hintergrund hatte sich Lufthansa im Rahmen der Markteinführung einer No-Frill-Airline entschlossen, diese als eigenständige, zielgruppenspezifische Marke „Germanwings" zu führen. Eine weitere Form der Leistungsdifferenzierung ergibt sich in Bezug auf die Art der Einbeziehung und Auswahl des externen Faktors. So muss der Passagier der US-amerikanischen Fluggesellschaft Southwest sein Gepäck bis zum Flugzeug eigenständig befördern, während diese Leistung von fast allen anderen Fluggesellschaften übernommen wird (Meyer/Blümelhuber 1998b, S. 386).

Da eine dichotome Unterscheidung zwischen Dienstleistungsprogrammvariation und Dienstleistungsinnovation nicht möglich ist und durch eine graduelle Abstufung ersetzt werden muss, wird im Folgenden zunächst der Fall der **Leistungsprogrammvariation** aufgegriffen und diskutiert. Anschließend wird auf diejenigen Entscheidungstatbestände eingegangen, die darüber hinaus überwiegend bei der Gestaltung von **Dienstleistungsinnovationen** auftreten.

1.211   Variation von Dienstleistungsprogrammen

Angesichts der Immaterialität von Dienstleistungen stellt sich die Frage, in welcher **Form** eine Veränderung bestehender Leistungen erfolgen kann. Bereits einleitend wurde hervorgehoben, dass sich die Veränderungen von Dienstleistungen auf Potenziale, Prozesse und Ergebnisse beziehen können (vgl. Abbildung 6-5).

Abbildung 6-5 Entscheidungstatbestände der Variation von Dienstleistungsprogrammen

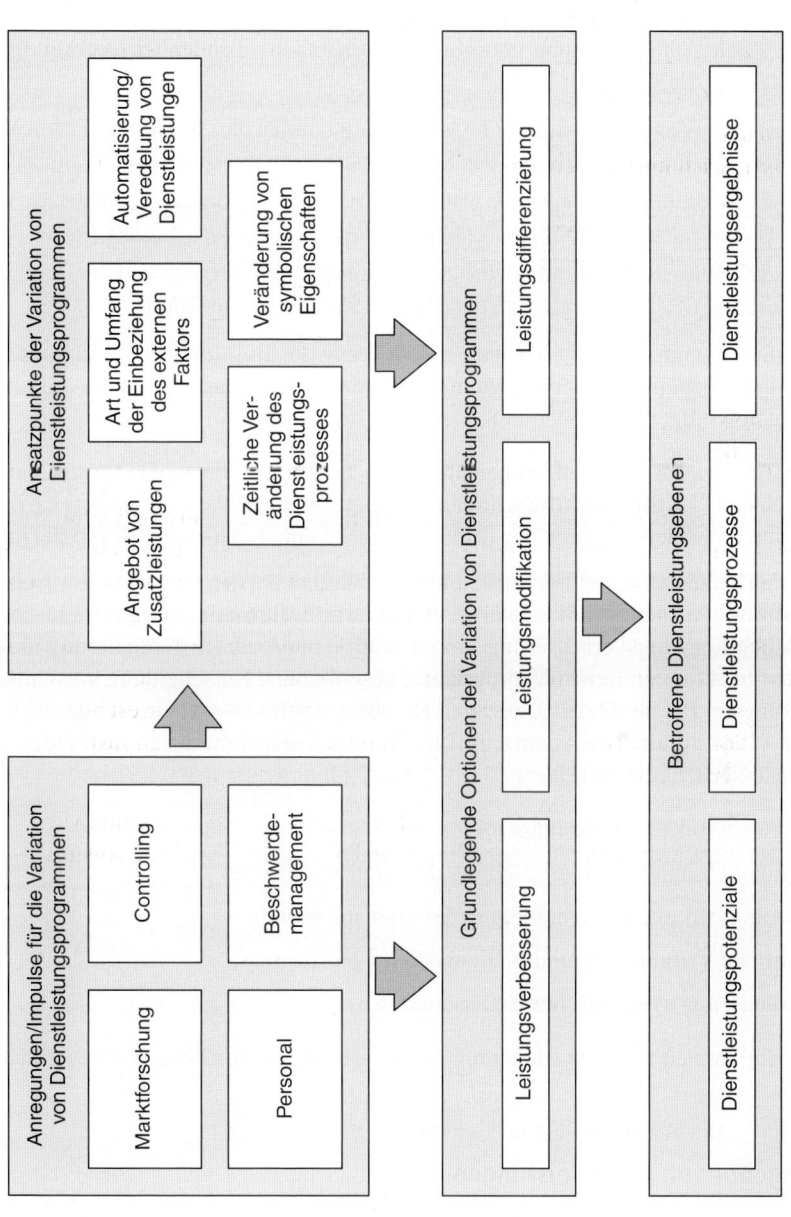

Auslöser für Variationsentscheidungen können Anregungen und Impulse verschiedener unternehmensinterner und -externer Quellen sein:

▊ Dazu zählt zunächst die **Marktforschung,** die beispielsweise Trends im Konsumentenverhalten aufzeigen und im Rahmen von Kundenzufriedenheitsbefragungen spezielle Defizite ermitteln kann.

▊ Im Rahmen des betriebsinternen **Controlling** können darüber hinaus Daten abgeleitet werden, die eine Variation des Leistungsprogramms sinnvoll erscheinen lassen.

▊ Eine weitere wichtige Quelle von Anregungen sind die bei der Erstellung von Dienstleistungen im Kundenkontakt stehenden **Mitarbeiter**. Diese verfügen über detaillierte Kenntnisse der Kundenwünsche und den gegenwärtigen Grad der Bedürfnisbefriedigung (Zeithaml/Parasuraman/Berry 1992; Grönroos 2000).

▊ Schließlich muss auf die besondere Bedeutung des **Beschwerdemanagements** und der dort abgeleiteten Anregungsinformationen für die Ausgestaltung der Leistungsvariation hingewiesen werden.

Die Anregungsinformationen können nicht ausschließlich in Form von **Leistungsverbesserungen** und **Leistungsmodifikationen** umgesetzt werden. Vielmehr bietet sich in vielen Fällen durch die Heterogenität der Kundenwünsche eine **Leistungsdifferenzierung** an.

Neben den bisher dargestellten Entscheidungsabläufen bei der **Variation des Leistungsprogramms** (Ausgangspunkt: interne und externe Informationen; dann Entscheidung hinsichtlich Leistungsverbesserung, -modifikation und/oder -differenzierung in Abhängigkeit vom aktuellen Leistungsprogramm; abschließend Entscheidung hinsichtlich der Anpassung der Potenziale, Prozesse und Ergebnisse) gibt es – wie in Abbildung 6-5 dargestellt – fünf **inhaltliche Ansatzpunkte für eine Variation,** die auf fast jedes Dienstleistungsunternehmen zutreffen:

1. Angebot von Zusatzleistungen,

2. Art und Umfang der Einbeziehung des externen Faktors,

3. Automatisierung und Veredelung der Dienstleistung,

4. Zeitliche Veränderungen des Dienstleistungsprozesses,

5. Veränderung symbolischer Eigenschaften.

Diese Alternativen von Dienstleistungsvariationen werden im Folgenden ausführlich erläutert:

1. Angebot von Zusatzleistungen

Aufgrund einer zunehmenden Austauschbarkeit der Kernleistung in vielen Branchen (zum Beispiel Luftverkehr, Banken) gewinnen **ergänzende Leistungen** zur Wettbewerbsdifferenzierung an Bedeutung. Hierbei kann zwischen **materiellen Zusatzleistungen** beziehungsweise **-produkten** (zum Beispiel Teilnehmer eines Sprachkurses erhalten Trainingskassetten und Bücher) und/oder **immateriellen Zusatzleistungen** beziehungsweise **-diensten** (zum Beispiel Kreditkartenangebote schließen eine Reiseversicherung mit ein) unterschieden werden (Corsten 2001).

Das Angebot der Zusatzleistungen wird durch den Grundnutzen der Kernleistung determiniert. Insbesondere Dienstleistungen mit einem sehr hohen Interaktionsgrad zwischen internen und externen Faktoren weisen eine Vielzahl ergänzender Leistungen auf (Meyer 1998, S. 728).

Eine Systematisierung von Zusatzleistungen lässt sich anhand der Dimensionen Erwartungshaltung der Kunden beziehungsweise Affinität zur Kernleistung vornehmen (vgl. Abbildung 6-6). Geringe Profilierungsmöglichkeiten existieren im Feld I, da die diesbezüglichen Leistungen von den Kunden als selbstverständlich vorausgesetzt werden und eine hohe Affinität zur Primärleistung besteht. Eine Chance zur Differenzierung gegenüber Konkurrenzunternehmen bieten jedoch Zusatzleistungen, die in dieser Form vom Kunden nicht erwartet werden und keinen direkten Bezug zur Kernleistung aufweisen (Feld III) (vgl. hierzu auch Insert 6-1).

| **Abbildung 6-6** | **Profilierungsfelder von Services im Automobilbereich** |

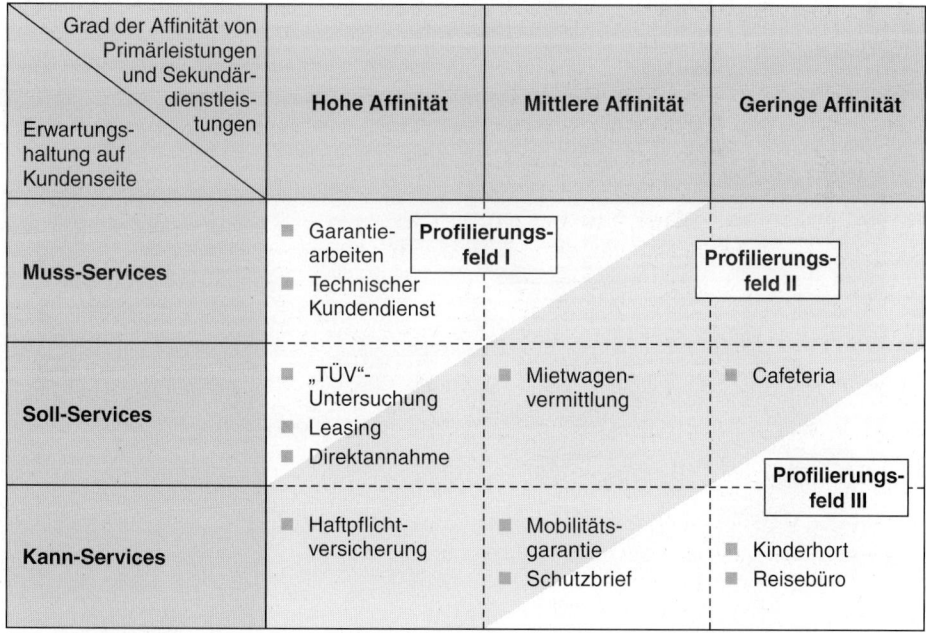

Quelle: Laakmann 1995, S. 19

INSERT 6-1   Volkswagen Magazin, Juli 2000, S. 76–77

Service

ALLES
BEIM VOLKSWAGEN EXCLUSIV SERVICE GIBT

Eine alte Erfahrung ist heute aktueller denn je: Volkswagen Fahrer haben's gut. Der Grund dafür heißt Volkswagen Exclusiv Service und ist eine Initiative für mehr Freude am Automobil.

Der Exclusiv Service gilt für alle Volkswagen Modelle und bringt viele Vorteile mit sich. Zu den Wartungs- und Inspektionsarbeiten gibt es nun ein umfangreiches Paket von Service- und Garantieleistungen, die sich im Alltag als besonders nützlich erweisen können. All diese zusätzlichen Leistungen erwirbt der Kunde automatisch beim Kauf eines neuen Volkswagen.

Für die Servicearbeiten selbst wurden neue, verbindliche Richtlinien eingeführt und Zusatzdienste für alle Kunden verfügbar gemacht.

Ihr Auto steht? Sie fahren weiter! Ihr Auto muss in die Werkstatt, Sie müssen zu einem dringenden Termin in eine andere Stadt. Mit Exclusiv Service kein Problem. Ihr Volkswagen Partner

Das Leben wird ein wenig einfacher: *Auf Wunsch holt Ihr Volkswagen Partner nicht nur Ihr Auto ab, sondern bringt einen Ersatzwagen mit.*

stellt Ihnen zu einem sehr günstigen Preis ein Ersatzauto für die Dauer des Service zur Verfügung. Ist Ihr Terminplan noch dichter, so bietet Ihnen der Exclusiv Service eine weitere Dienstleistung an: den Hol und Bring Service. Dabei wird Ihr Auto von einem Mitarbeiter Ihres Volkswagen Partners abgeholt, wo Sie es wollen; der Werkstatt-Auftrag wird an Ort und Stelle aufgenommen, Sie ersparen sich unnötige Wartezeit. Egal ob Inspektions Service, Reparaturarbeit, Hauptuntersuchung mit AU-Abnahme, Ölwechsel, Reifenservice, Zubehör-Einbau oder andere Arbeiten – vom Hol und Bring Service wird Ihr fertiges Auto zurückgebracht. Selbstverständlich lassen sich beide Service-Leistungen kombinieren. Auf Wunsch holt Ihr Volkswagen Partner nicht nur Ihr Auto ab, sondern bringt gleich einen Ersatzwagen mit – Service-Freundlichkeit und individuelle Bedienung zu günstigen Konditionen.

Mehr als ein Versprechen: **die Service Qualitätsgarantie.** Für jede Arbeit, die von einem Volkswagen Partner ausgeführt wird, gibt es strenge Richtlinien. Mit dem Exclusiv Service sind die wichtigsten Vorgaben in einem drei Punkte umfassenden Garantiepaket enthalten. Wann immer Sie Ihr Auto in die Werkstatt bringen, haben Sie ein Recht auf beste, pünktliche und auftragsgemäße Arbeit. Das garantiert Ihnen Ihr Volkswagen Partner.

▶ Jede Arbeit wird auftragsgemäß durchgeführt. Sollten Sie Mängel entdecken, werden sie – natürlich gratis – behoben. Zudem genießen Sie ein volles Jahr Gewährleistung auf alle Arbeiten und alle dabei verwendeten Volkswagen Original Teile.

▶ Ihr Auftrag wird bis zum vereinbarten Termin erledigt. Sollte doch einmal eine Arbeit bis zum avisierten Zeitpunkt nicht fertig werden, so haben Sie Anspruch auf einen kostenlosen Er-

INSERT 6-1   Volkswagen Magazin, Juli 2000, S. 76–77 (Fortsetzung)

INKLUSIVE!

ES MEHR: SICHERHEIT, QUALITÄT UND MOBILITÄT FREI HAUS.

satzwagen. Dieses Auto fahren Sie so lange, bis alle Arbeiten an Ihrem Wagen abgeschlossen sind.

▶ Jeder Punkt auf der Rechnung wird auf Wunsch erklärt – sonst ist die Leistung gratis. Die Rechnung ist übersichtlich gestaltet und detailgenau aufgeschlüsselt. Auf diese Weise behalten Sie stets den Überblick. Wenn Sie Fragen haben, steht Ihnen Ihr Service Berater zur Verfügung und erklärt Ihre Rechnung gerne Punkt für Punkt. So haben Sie die Gewissheit, dass nur die von Ihnen in Auftrag gegebenen Arbeiten ausgeführt werden und keine unerwarteten Kosten auf Sie zukommen.

Rat und Tat: das Volkswagen Service Telefon. Beschwerden, Wünsche, Anregungen, Fragen? Das Volkswagen Service Telefon ist immer für Sie da – 24 Stunden am Tag, sieben Tage in der Woche. Unter der gebührenfreien Telefonnummer 0800-VOLKSWAGEN (für Telefone ohne Buchstabenwahl: 0800-865 579 24 36) stehen Ihnen 400 qualifizierte Volkswagen Mitarbeiter zur Seite. Sie kümmern sich um Ihre Anliegen, organisieren Hilfe und beraten Sie – Hilfe ist nur einen Anruf entfernt.

Ein Leben lang: die Volkswagen Long-Life Mobilitäts Garantie. Auch für diese beispiellose Mobilitätsgarantie ist der Exclusiv Service der Schlüssel. Denn nach jeder durchgeführten Inspektion verlängert sich Ihr Anspruch auf die LongLife Mobilitätsgarantie bis zum nächsten fälligen Inspektionstermin – egal, wie alt Ihr Auto ist, ob es gebraucht gekauft haben oder Erstbesitzer sind. Von der LongLife Mobilitätsgarantie können in Deutschland gut zwölf Millionen Autos profitieren. Denn auch wer vorher bei seinem Volkswagen Partner keine Inspektion machen ließ, kann schon nach dem ersten Besuch die LongLife Mobilitätsgarantie in Anspruch nehmen. Im Rahmen dieser Garantie haben Sie viele Vorteile:

▶ Kostenlose Pannenhilfe in Deutschland und dem westeuropäischen Ausland.

▶ Wenn das Problem nicht vor Ort behoben werden kann, wird Ihr Auto kos-

tenfrei bis zum nächsten Volkswagen Partner abgeschleppt.

▶ Ein Ersatzwagen wird bis zu einer Dauer von drei Tagen gratis und ohne Kilometerbegrenzung zur Verfügung gestellt.

▶ Falls Sie unterwegs sind, übernimmt die LongLife Mobilitätsgarantie alternativ die Kosten für eine Hotelübernachtung – auch für Ihre Mitfahrer.

▶ Bergungs- und Abschleppkosten nach einem Unfall werden abgedeckt.

▶ Nach einer Verletzung oder andauernder Erkrankung des Fahrers wird eine kostenlose Fahrzeug-Rückführung in die Wege geleitet.

▶ Die Kosten für eine außerplanmäßige Rückreise werden bis zu 5000 Mark pro Person ersetzt.

▶ Zur LongLife Mobilitätsgarantie gehört Hilfe bei der Organisation und beim Versand von Arzneimitteln ins Ausland.

▶ Ein Darlehen bei finanzieller Notlage im Ausland – etwa nach einem Diebstahl – bis zu einer Höhe von 3000 Mark hilft Probleme lösen.

▶ Die Service-Hotline bietet Unterstützung bei Behördenproblemen auf Reisen mit dem Auto – und vermittelt auf Wunsch einen Rechtsanwalt.

Diese und eine Reihe weiterer Leistungen können unkompliziert über die Telefonnummer 0800-VWSERVICE (0800-897 378 423) abgerufen werden.

Express Service oder rund um die Uhr: Kundendienst bei Volkswagen. Zwei weitere Initiativen sollen dafür sorgen, dass sich Volkswagen Fahrer noch besser betreut und umsorgt fühlen. Zum einen ist es der Express Service, der mehr Flexibilität beim Kontakt mit der Werkstatt bringen soll. Dieses Angebot ist für die kleinen Arbeiten am Auto gedacht, die sozusagen im Vorbeifahren erledigt werden können – etwa Reifenservice, Ölwechsel, Reparaturen an Auspuff, Bremsen, Stoßdämpfern und kleineren Wartungsarbeiten bis zu einem Zeitaufwand von bis zu zwei Stunden.

Für all diese Tätigkeiten im Rahmen des Express Service brauchen Sie keinen Termin bei Ihrem Volkswagen

Partner zu vereinbaren. Wann immer Sie Zeit haben, hat er Zeit für Sie. Erledigt werden diese Arbeiten ohne Eil-Zuschlag und ohne Abstriche bei Qualität und Gewährleistung. Selbstverständlich genießen Sie für alle im Rahmen eines Express Service durchgeführten Arbeiten und eingebauten Original Teile ein Jahr Garantie.

Die zweite Initiative betrifft die Öffnungszeiten. Mehr als 600 Volkswagen Partner in Deutschland arbeiten bereits in zwei Schichten mit Öffnungszeiten bis 22 Uhr, um den Werkstatt-Besuch zu erleichtern. Einige Volkswagen Partner haben bereits einen ganz besonderen Service eingeführt: Sie haben rund um die Uhr geöffnet. Wenn Sie Ihr Auto am Abend zum Service bringen, bekommen Sie es am nächsten Morgen zurück.

Wie Sie erfahren, welcher Volkswagen Partner in Ihrer Umgebung längere Öffnungszeiten hat? Ganz einfach: Sie wählen das Volkswagen Service Telefon. ↻

Exclusiv!

■ **Hol und Bring Service:** Zum günstigen Preis wird Ihr Auto abgeholt und fertig zurückgebracht.

■ **Ersatzwagen:** für die Zeit des Service oder der Reparaturarbeiten.

■ **Volkswagen Service Telefon:** Unter der Nummer 0800-VOLKSWAGEN (0800-865 579 24 36) steht Ihnen gebührenfrei Assistenz rund um die Uhr zur Verfügung.

■ **LongLife Mobilitätsgarantie:** Nach jeder Inspektion verlängert sich das Leistungspaket bis zum nächsten fälligen Wartungsintervall.

■ **Service Qualitätsgarantie:** Detailgenaue Rechnung, pünktliche Arbeit und auftragsgemäße Durchführung sind garantiert.

■ **Express Service:** Kleinere Arbeiten werden sofort und ohne Voranmeldung erledigt.

■ **Neue Öffnungszeiten:** 600 Volkswagen Partner in Deutschland haben bis 22 Uhr geöffnet.

Hinsichtlich der zu erfüllenden **Funktionen** von Zusatzleistungen kann folgende Differenzierung vorgenommen werden (Jugel/Zerr 1989, S. 163; Meyer 1998, S. 728):

■ **Obligatorische ergänzende Leistungen** sind für die Erstellung der Kernleistung zwingend notwendig (Check-in, Boarding im Luftverkehr) und somit auf die Erfüllung des Grundnutzens fokussiert. Eine Wettbewerbsdifferenzierung ist hierdurch kaum möglich.

■ **Unmittelbar fakultative ergänzende Dienstleistungen** sind keine notwendigen Bestandteile einer Dienstleistung, beziehen sich jedoch auf eine verbesserte Funktionserfüllung der Kernleistung und steigern somit deren Attraktivität (zum Beispiel Verpflegung an Bord, Gepäck-Check-in einer Fluggesellschaft am Bahnhof). Sie sind zur Differenzierung geeignet, allerdings durch den Wettbewerber vergleichsweise einfach imitierbar.

■ **Mittelbar fakultative ergänzende Dienstleistungen** stehen in keinem Zusammenhang zur Kernleistung und dienen einer Stärkung der emotionalen Bindung des Kunden an den Anbieter. Aufgrund der psychologischen Dimension ist der geschaffene Zusatznutzen zur Profilierung besonders geeignet (zum Beispiel Lufthansa-Kreditkarten).

Als besonders erfolgreich erweisen sich zudem **Mischformen,** die sowohl unmittelbar als auch mittelbar fakultativen Charakter haben. So dienen Vielfliegerprogramme von Luftverkehrsgesellschaften zum einen dem Aufbau einer emotionalen Bindung und ermöglichen zum anderen über einen bestimmten Status (zum Beispiel Lufthansa Frequent Traveller, Lufthansa Senator) oder gegen die Einlösung von Prämienmeilen eine Steigerung der Attraktivität der Kernleistung, zum Beispiel durch die Nutzung von Lounges oder Upgradings in eine höhere Buchungsklasse.

Zusatzleistungen eines Dienstleisters können dabei an den drei **Dimensionen** einer Leistung ansetzen (Donabedian 1980; Bieberstein 2001, S. 249f.):

■ Potenzialdimension (zum Beispiel Reservierung eines Hotelzimmers),

■ Prozessdimension (zum Beispiel Fernsehapparate in den Zügen der Deutschen Bahn),

■ Ergebnisdimension (zum Beispiel Garantien).

Weiterhin können diese Zusatzleistungen vor, während oder nach dem Leistungserstellungsprozess zum Einsatz kommen. Demnach lassen sich die unterschiedlichen Zusatzleistungen anhand der Dimension einer Leistung und dem Zeitpunkt ihres Einsatzes typologisieren.

Eine zentrale Herausforderung stellt für den Dienstleistungsanbieter die Kreation geeigneter **Leistungs-** beziehungsweise **Preisbündel** aus selbständigen und unselbständigen Leistungskomponenten dar (Corsten 2001). Die Leistungsbündelung ermöglicht es dem Dienstleistungsanbieter, sich vom Preiswettbewerb abzukoppeln. Ein direkter Preisvergleich von Servicepaketen verschiedener Dienstleistungsanbieter wird für den Konsumenten dadurch erschwert oder sogar unmöglich gemacht (eine detaillierte Diskussion der Optionen der Preisbündelung erfolgt in Abschnitt 3). Andererseits kann für den Dienstleistungsnachfrager durch den **Angebotsverbund** auch ein Vorteil in der Form gegeben sein, dass er ein seinen Bedürfnissen entsprechendes Dienstleistungsbündel erwerben kann und durch ein so genanntes „One Stop Shopping" der Koordinationsaufwand für den Einzelerwerb der Leistungen entfällt.

Für die Auswahl der in einem Leistungsbündel mit der Kernleistung angebotenen Zusatzleistungen beschreibt Friege drei alternative Strategien (Friege 1995, S. 52ff.):

■ Im Rahmen des **Unbundling** enthält eine Dienstleistung lediglich das Kernangebot, bestehend aus der Kernleistung und den obligatorisch ergänzenden Leistungen. Darüber hinaus hat der Kunde entsprechend seinem eigenem Bedarf die Möglichkeit, Zusatzleistungen ergänzend hinzuzukaufen. Meyer spricht in diesem Zusammenhang von einem modularen Angebotssystem (Meyer 1998, S. 730).

■ Alle fakultativ unmittelbar und gegebenenfalls auch mittelbar ergänzenden Leistungen werden im Rahmen des **Pure Bundling** zu einem einzigen Angebot verknüpft (zum Beispiel „All-Inclusive"-Angebote in der Touristikbranche). Hierbei besteht jedoch langfristig die Gefahr, dass die Zusatzleistungen für den Kunden keinen echten Wert darstellen und er diese bei freier Entscheidung nicht bezogen hätte.

■ Eine partiell freie Auswahl der Zusatzleistungen wird dem Kunden durch das **Mixed Bundling** ermöglicht. Hierbei existieren bestimmte Leistungsbündel, die wiederum von weiteren, individuell wählbaren Zusatzleistungen ergänzt werden können.

Das Angebot von Zusatzleistungen bezieht sich jedoch nicht allein auf eine Ergänzung der jeweiligen Kernleistung. So dient vielfach die Zusatzleistung selbst als Bezugsobjekt für das Angebot ergänzender Leistungen. In Abbildung 6-7 sind Beispiele für den unterschiedlichen Bezug der Zusatzleistung in Kombination mit alternativen Formen des Angebotsverbundes abgebildet.

Die Vorteilhaftigkeit eines Leistungsbündels kann dem Kunden insbesondere dann deutlich gemacht werden, wenn die angebotenen Zusatzleistungen individuell einen echten Mehrwert spenden. Von daher ist die pauschale Verwendung des Begriffes „Value Added Services" für jegliche Arten von Zusatzleistungen zu relativieren und einer individuellen Prüfung zu unterziehen. Vielmehr ist darauf zu achten, dass ein Leistungsbündel gegenüber der Kernleistung einen deutlichen Nutzenzuwachs stiftet.

Ansatzpunkte zur Gestaltung von Leistungsbündeln ergeben sich insbesondere aus Marktforschungsergebnissen, die unterschiedliche Dimensionen des Kundennutzens erheben und gewichten (zum Beispiel Conjointanalysen). In diesem Zusammenhang gewinnt ferner die Analyse bereits vorhandener Kundendaten im Rahmen eines Data Mining an Bedeutung hinzu. So verfügt allein die Hotelkette Ritz-Carlton über elektronisch gespeicherte Daten von 500.000 Kunden, die Erkenntnisse über individuelle Präferenzen ermöglichen (Kawasaki/Moreno 2000, S. 145). Weitere Anregungen zur leistungsadditiven Differenzierung bei der zielgruppenspezifischen Gestaltung des Leistungsangebotes ergeben sich vielfach aus den vom Dienstleistungsnachfrager bei der Inanspruchnahme einer Dienstleistung (Grundleistung) selbständig erbrachten (Vor-)Leistungen, deren „Internalisierung" neue Zusatzleistungen im Dienstleistungsprogramm darstellen können.

Beispiele für derartige Cross-Selling-Angebote sind die beim Erwerb von Kreditkarten eingeschlossenen Reiseversicherungen oder Transferleistungen von Reiseveranstaltern. Autohändler können in Kooperation mit Finanzinstituten Servicepakete anbieten, die von der Inzahlungnahme des alten Fahrzeugs über die Finanzierung, Versicherung und erweiterte Garantieleistungen zahlreiche Einzeldienste umfassen. Die Inzahlungnahme des alten Autos stellt dabei eine typische Form der Internalisierung von Leistungen dar, die auch vom Dienstleistungsnachfrager selbst erbracht werden können.

Abbildung 6-7   **Formen des Angebotsverbundes bei unterschiedlichen Bezugsobjekten von Zusatzleistungen**

	Formen der Preisbündelung		
	Unbundling	**Mixed Bundling**	**Pure Bundling**
Value Added Service bei Sachgütern	▪ Haftpflichtversicherung und Automobil ▪ Gastronomie in Erlebnisparks	▪ Kundendienstpaket und Computer ▪ Skipass und Hotel	▪ Erweiterte Neuwagengarantie und Automobil ▪ Zeitschriftenangebot („Inflights") bei Linienflügen
Value Added Service bei Dienstleistungen	▪ SB-Waschplatz und SB-Werkstatt im Automobilbereich ▪ Tenniskurs und Tauchkurs im Rahmen einer Pauschalreise	▪ Anlieferung und Installation eines EDV-Gerätes ▪ Skipass und Skikurs im Rahmen einer Hotelbuchung	▪ Serviceleistung im Rahmen von Kundenclub-Konzepten ▪ Automobilhersteller ▪ Fluglinien

(Zeilenbeschriftung vertikal: Art der Objekte)

GABLER
GRAFIK

Quelle: Laakmann 1995, S. 63

2. Art und Umfang der Einbeziehung des externen Faktors

Ein weiterer Ansatzpunkt für die Variation des Leistungsprogramms von Dienstleistungsunternehmen ist die Veränderung von Art und Umfang der Einbeziehung des externen Faktors. In diesem Zusammenhang stellen **Internalisierung und Externalisierung** mögliche Optionen für eine **Leistungsmodifikation** und **-differenzierung** dar (Corsten 2000). Bei einer deutlichen Abweichung der Leistung gegenüber bisher angebotenen Problemlösungen kann mittels dieser Optionen sogar eine **Innovation** generiert werden. Grundlegender Gedanke dieses Ansatzes ist die für den Dienstleistungserstellungsprozess typische **Integration des externen Faktors,** der vielfach in der Person des Dienstleistungsnachfragers selbst auftritt. Bei jeder Dienstleistung ist ein Ist-Integrationsgrad festzustellen. Eine Zunahme der Aktivitäten des Kunden wird als **Externalisierung** bezeichnet. Unter **Internalisierung** wird die Übernahme bisher vom Kunden durchgeführter Aktivitäten durch das Unternehmen verstanden. Beide Optionen bieten aus Sicht des Dienstleistungsanbieters bestimmte **Vorteile**, die im Folgenden kurz beleuchtet werden.

Eine **Internalisierung** von Leistungen durch das dienstleistende Unternehmen ermöglicht die Realisierung bereits angesprochener Convenience-Vorteile für den Konsumenten und führt damit zu Profilierungsvorteilen des Dienstleisters (zum Beispiel Abholen des Fahrzeuges durch die Reparaturwerkstatt). Durch eine derartige Vergrößerung der Wertschöpfungstiefe, die im Grunde auf einer Ausweitung des Dienstleistungsangebotes basiert, können zum einen Umsatz und Gewinn direkt positiv beeinflusst werden. Zum anderen ergibt sich eine Steigerung der Kundenbindung. Zudem kann ein Abbau des empfundenen Kaufrisikos erfolgen, falls die integrierten Wertschöpfungsaktivitäten aus Kundensicht mit entsprechenden Erstellungsrisiken verbunden sind (zum Beispiel Abschluss von Kurssicherungsgeschäften durch die Bank bei Geldanlage im Ausland).

Eine **Externalisierung** von Leistungen dagegen bedeutet eine Verlagerung von Wertschöpfungsaktivitäten auf den Dienstleistungsnachfrager, die nur dann sinnvoll erscheint, wenn sie vom Kunden gewünscht wird und dieser ausreichende Fähigkeiten zur Übernahme der Aktivitäten aufweist. Das ist insbesondere dann der Fall, wenn das Leistungsergebnis individuell, das heißt „Customized", ausfallen soll. In diesem Zusammenhang wird vielfach die These vom „Customer as a Co-Producer" beziehungsweise von der Entwicklung des Konsumenten hin zum „Prosumenten" gesprochen (Normann 1987; Meffert/Birkelbach 1992). Durch die verstärkte Einbeziehung des Konsumenten in den Erstellungsprozess erfolgt eine Intensivierung der sozialen Kontakte zwischen Dienstleistungsanbieter und -nachfrager, die bei entsprechend positiver Beurteilung durch den Nachfrager die Kundenbindung steigert (Grund 1998). Zudem erhöht sich die Transparenz des Leistungserstellungsprozesses aus Kundensicht. Schließlich wird auch die Realisierung von Preisvorteilen durch die mit der Externalisierung verbundenen Kosteneinsparungen ermöglicht (Neumann/Hennig 1998).

Hinsichtlich der Diskussion um den optimalen Integrationsgrad muss jedoch beachtet werden, dass insbesondere mit den Vorteilen der Externalisierung erhebliche **Risiken** einhergehen. So verliert der Anbieter zunächst die Kontrolle über die externalisierten Prozessphasen. In der Folge wird eine Gewährleistung der Qualitätskonstanz erschwert.

Die Folgekosten der entstehenden Imageschäden könnten schließlich die Einsparungen der Externalisierung übersteigen. Es ist daher vor einer Externalisierung zu überprüfen, ob der Kunde zur Übernahme bestimmter Aktivitäten überhaupt befähigt ist (zum Beispiel schließt die Fluggesellschaft Southwest insbesondere ältere Kunden aus, die nicht in der Lage sind, ihr Gepäck eigenständig bis zum Flugzeug zu befördern).

Letztlich lassen sich keine generellen Empfehlungen hinsichtlich der beiden vorgestellten Optionen abgeben. Vielmehr muss im Einzelfall unter Berücksichtigung der Kundenwünsche und -fähigkeiten sowie der den zu internalisierenden beziehungsweise externalisierenden Wertschöpfungsaktivitäten zurechenbaren Kostenpositionen entschieden werden.

3. Automatisierung und Veredelung der Dienstleistung

Während im Rahmen der Diskussion von Integrationsoptionen der externe Faktor als von außen in den Dienstleistungserstellungsprozess einzubringender Produktionsfaktor im Mittelpunkt der Analyse steht, sind bei der Frage nach der Automatisierung und Veredelung die internen Faktoren von besonderer Bedeutung.

Zentrale Ansatzpunkte für die Diskussion der **Automatisierung** beziehungsweise **Veredelung** lassen sich aus den konstitutiven Merkmalen der Dienstleistung ableiten. Die Immaterialität der Dienstleistung führt zur Nichtlagerfähigkeit, die eine zeitliche Übereinstimmung von Leistungserstellung und -konsumtion bedingt. Somit kann es kein „Transferobjekt" geben, das eine Funktion als Wert- und Nutzenträger aufweist.

Aus der Integrationsnotwendigkeit des externen Faktors kann sich ein Zwang zur Individualisierung der internen Faktorkombination ableiten. Zudem muss gegebenenfalls der Interaktionsprozess zwischen den beteiligten externen Faktoren berücksichtigt werden.

Vor diesem Hintergrund erscheint sowohl eine Veredelung als auch eine Automatisierung insbesondere von persönlichen Dienstleistungen mit Schwierigkeiten verbunden. Demgegenüber besteht allerdings aufgrund festgestellter Produktivitätsschwächen in vielen Dienstleistungsbereichen die Notwendigkeit einer konsequenten Automatisierung und Veredelung.

Im Rahmen der **Automatisierung** werden bisher von menschlichen Leistungsträgern durchgeführte Dienstleistungsprozesse durch entsprechende Maschinen ersetzt. Dabei ist nach der Art des in den Erstellungsprozess eingebrachten externen Faktors zu unterscheiden. Zum einen kann es sich dabei um einen Menschen handeln. In diesem Zusammenhang kann die automatisierte Telefonauskunft als Beispiel herangezogen werden. Im anderen Fall bringt der Dienstleistungskunde ein Verfügungsobjekt in den Erstellungsprozess der Dienstleistung ein. Als Beispiel soll hier eine vollautomatische Waschstraße dienen, die eine Autowäsche von Hand ersetzt (Meyer 1987; Quinn/Gagnon 1987).

An diesem Beispiel wird zudem deutlich, dass eine **graduelle Abstufung der Automatisierung** möglich ist. So führt Meyer (1987) verschiedene Stufen einer zunehmenden „Objektivation" beziehungsweise Automatisierung menschlicher Leistungen bei der Autowäsche an, die vom Waschen mit Waschbürste und einigen Hilfsmitteln über Waschen in einer teilautomatisierten Anlage bis zu der bereits erwähnten vollautomatischen Waschanlage reicht. Anhand des Beispiels der Telefonauskunft lassen sich ähnliche Stufen ableiten: Während gegenwärtig nur die Ansage der Telefonnummer automatisch erfolgt, wird beim zukünftigen Fortschritt der elektronischen Spracherkennung auch eine vollautomatische Auskunft denkbar sein.

Automatisierungsbestrebungen im Dienstleistungsbereich sind jedoch zahlreichen Restriktionen unterworfen. So kann ein hohes Maß an **Heterogenität des externen Faktors** – wenn überhaupt – nur durch technisch sehr komplexe Einrichtungen ausgeglichen werden. Zudem muss sichergestellt werden, dass zumindest der Beginn des Dienstleistungserstellungsprozesses vom Nachfrager ausgelöst werden kann (Meyer 1987). Schließlich sollte die technische Entwicklung so weit fortgeschritten sein, dass die automatisierte Dienstleistung besser und/oder billiger als die entsprechende von Menschen ausgeführte Leistung erbracht werden kann.

Grundsätzlich kann festgehalten werden, dass die Automatisierung in der Regel dann mit größeren Schwierigkeiten verbunden ist, wenn es sich beim externen Faktor um einen Menschen handelt. Hier bietet sich eine Automatisierung nur dann an, wenn der Dienstleistungsprozess weitestgehend standardisierbar ist.

Überblicksartig können folgende **Vor- und Nachteile der Automatisierung** festgehalten werden (Meyer 1987; Scheuch 2002):

Vorteile:

■ Verringerung der Personalkosten (zum Beispiel Fahrkartenautomaten der Deutschen Bahn AG),

■ Unabhängigkeit von Öffnungszeiten (zum Beispiel Geldautomat),

■ Leichte Multiplizierbarkeit bei Bewährung der Dienstleistung (zum Beispiel Automaten zum Drucken von Visitenkarten),

■ Relative Unabhängigkeit des Leistungsergebnisses von der Heterogenität des externen Faktors (zum Beispiel Autowaschanlage),

■ Bei Dienstleistungen mit Schwellenängsten bleibt Anonymität gewahrt (zum Beispiel Kondomautomat).

Nachteile:

■ Zum Teil hohe Investitionskosten,

■ Fehlen persönlicher Kontakte zum Aufbau von Kundenbindung und zur Realisierung von Cross-Selling-Potenzialen,

- Geringe Möglichkeit des Ausgleichs von Kapazitätsüberhängen durch eine intensitätsmäßige Anpassung der Maschine,

- Unmöglichkeit des Aufbaus von Markteintrittsbarrieren wegen leichter Imitierbarkeit durch Wettbewerber,

- Fehlende Möglichkeit der Nachbesserung,

- Berührungsängste vieler Nachfrager mit Maschinen.

Neben der Option der Automatisierung, die eines der Merkmale von Dienstleistungen, nämlich die menschliche Leistungsfähigkeit, zu überwinden versucht, existiert als zweite Option die **Veredelung von Dienstleistungen**. Mittels dieser Vorgehensweise wird ebenfalls versucht, konstitutive Merkmale von Dienstleistungen zu umgehen. Dazu gehören die Integration des externen Faktors und die Immaterialität der Dienstleistung. Im Rahmen der Veredelung wird die Multiplikation einer menschlichen Leistungsfähigkeit vorgenommen, die zu diesem Zweck zunächst mittels eines materiellen Trägermediums konserviert wird (Meyer 1987).

Damit setzt sich die Veredelung der Dienstleistung aus zwei klar definierten Teilprozessen zusammen: Zum einen dem **Speicherungsprozess,** bei dem eine persönliche Leistungsfähigkeit auf ein Speichermedium übertragen wird (zum Beispiel Konservierung eines Konzertes auf einem Tonträger). Zum anderen wird im Rahmen des dann folgenden **Multiplikationsprozesses** das Speichermedium beliebig oft vervielfältigt. Das Marketing derartig veredelter Dienstleistungen entspricht weitgehend dem Marketing für Konsumgüter.

Die Option der Veredelung bietet sich aber nicht für alle Dienstleistungen an. So sind dies in der Regel **Leistungen mit informativem, kommunikativem oder künstlerischem Inhalt**. Neben den Vorteilen der Veredelung, wie der Möglichkeit der Massenproduktion, der leichten Markierbarkeit der Leistung und der Möglichkeit der Vorratshaltung entstehen auch gewichtige Nachteile. Insbesondere geht der persönliche Kontakt zum Nachfrager verloren. Darüber hinaus können gerade bei Leistungen, die sowohl als originäre Dienstleistung als auch als veredelte Leistung vermarktet werden (zum Beispiel Konzerte), mitunter ungewollte Kannibalisierungseffekte zu Lasten der originären Leistung auftreten.

Insgesamt setzen sowohl die Option der Automatisierung wie auch der Veredelung die Standardisierbarkeit einzelner Elemente der Dienstleistung voraus, um damit bestimmte Restriktionen, die sich aus den dann entschärften konstitutiven Merkmalen der Dienstleistung ergeben, zu umgehen. Dabei muss aber beachtet werden, dass gleichzeitig bestimmte Vorteile, die sich ursprünglich aus den nun entfallenden Merkmalen ergeben haben, aufgegeben werden.

4. Zeitliche Veränderungen des Dienstleistungsprozesses

Ausgehend von der These, dass Dienstleistungsangebote als Zeitverwendungsangebote verstanden werden können, stellt Stauss (1991) die Forderung nach einem **kundenorientierten Zeitmanagement** auf. Ein derartiges Zeitmanagement stellt eine grundlegende

Option bei der Ausgestaltung des Leistungsprogramms, besonders bei der Variation von Leistungen, dar. Darüber hinaus kann der fokussierte Einsatz des Zeitmanagements zu innovativen Leistungen führen (Stauss 1991; Otto/Reckenfelderbäumer 1993).

Grundlegende Überlegung ist hier der Umstand, dass die im Rahmen der **Dienstleistungskonsumtion verbrachte Zeit** bei den Kunden durchaus heterogenen Nutzen stiften kann. Meyer unterscheidet daher hinsichtlich der Nutzenstiftung der Determinante „Zeit" zwischen drei grundsätzlichen Arten von Dienstleistungen (Meyer 1998, S. 795):

1. Zunächst existieren Dienstleistungen, deren primärer Nutzen der **Zeitvertreib** ist. Beispiele hierfür lassen sich insbesondere in der erlebnisorientierten Freizeitgestaltung finden (zum Beispiel Besuch eines Freizeitparks).

2. Weiterhin bestehen Dienstleistungen, deren zentraler Nutzen in der **Zeitersparnis** zu sehen ist (zum Beispiel Kurierdienste).

3. Darüber hinaus gibt es Dienstleistungen, bei denen die subjektive Einschätzung der Zeit stark **heterogen** ist und von der Person des Dienstleistungsnachfragers bestimmt wird. So kann der Besuch eines Friseurs als willkommener Zeitvertreib sowie als notwendiger Zeitverlust aufgefasst werden.

Das subjektive Empfinden der Zeit wird jedoch nicht nur von der Art der Dienstleistung, sondern auch von der jeweiligen Phase der Leistungserstellung mitbestimmt (Haynes 1990, S. 21). Daher bildet eine Aufteilung der mit der Inanspruchnahme der Dienstleistung verbundenen Kundenzeiten die Basis eines kundenorientierten Zeitmanagements. Stauss (1991) unterscheidet vier verschiedene Zeitarten, die in Abbildung 6-8 dargestellt werden.

Abbildung 6-8   **Kundenzeiten des Dienstleistungskonsums**

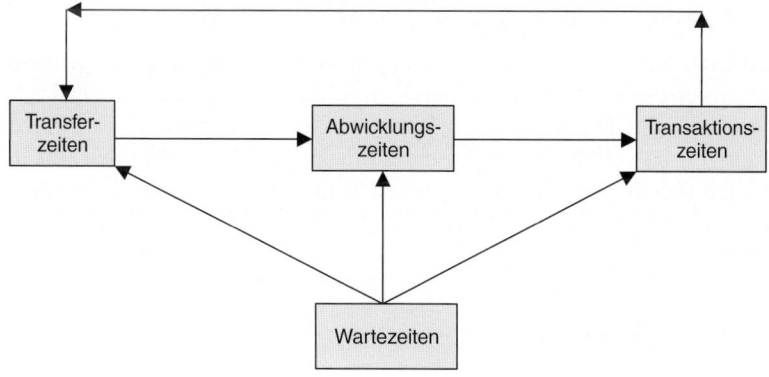

GABLER
GRAFIK

Quelle: Stauss 1991, S. 82

Im Folgenden werden die **Kundenzeiten** am **Beispiel einer Theateraufführung** verdeutlicht:

■ Die **Transferzeiten** entfallen auf den Transport hin zum Dienstleister und wieder zurück. Im Rahmen des gewählten Beispiels wäre das etwa die Zeit für die Fahrt zum Theater und vom Theater wieder nach Hause, die wahlweise mit privaten Verkehrsmitteln, zu Fuß, mit dem Taxi oder mit öffentlichen Verkehrsmitteln durchgeführt werden kann. Je nach Art des gewählten Verkehrsmittels fällt die Transferzeit unterschiedlich lang aus und kann unterschiedlich positiv beziehungsweise negativ bewertet werden.

■ Die **Abwicklungszeit** wird zur Erledigung sämtlicher Formalien benötigt, die zwar mit der Dienstleistung in direktem Zusammenhang stehen, aber nicht selbst Bestandteil der Dienstleistung sind. Bezogen auf das gewählte Beispiel wäre das die für den Kauf der Tickets und die an der Garderobe verbrachte Zeit.

■ In den **Wartezeiten** finden keinerlei Transaktionen statt. Im Beispiel wäre das etwa die Zeit in der Theaterpause oder vor Beginn der Vorführung. In diesem Zeitraum hat der Dienstleister die Gelegenheit zum Angebot weiterer Dienstleistungen entgeltlicher oder unentgeltlicher Art (zum Beispiel Sektangebot), was zu einer positiven Wahrnehmung der Gesamtleistung beitragen kann.

■ Die **Transaktionszeit** schließlich beschreibt den Zeitraum, der für die eigentliche Erbringung der Dienstleistung beziehungsweise für den Kern des Interaktionsprozesses angesetzt werden muss. Bezogen auf das gewählte Beispiel wäre das die eigentliche Theateraufführung.

Ziel des Zeitmanagements ist folglich die Minimierung der in der Regel als negativ empfundenen Transfer-, Abwicklungs- und Wartezeiten. In Anlehnung an die Ausführungen von Graham (1981) und Stauss (1991) können darauf aufbauend die in Abbildung 6-9 dargestellten **strategischen Stoßrichtungen für Zeitstrategien** abgeleitet werden.

Zum einen kann versucht werden, im Rahmen einer Spezialisierung eine **„Lineare Zeitstrategie"** zu verfolgen. Diese geht generell von einem knappen Zeitbudget des Nachfragers aus und versucht daher, neben der Transfer-, Abwicklungs- und Wartezeit auch die Transaktionszeit zu verkürzen. Neben einer objektiven Verkürzung der Zeit in diesen Phasen sollten zudem Versuche unternommen werden, die subjektive Zeitwahrnehmung durch nicht-zeitliche Gestaltungsmittel zu beeinflussen (Haynes 1990, S. 22ff.; Stauss 1991, S. 86f.).

Abbildung 6-9   **Zeitorientierte Dienstleistungsstrategien**

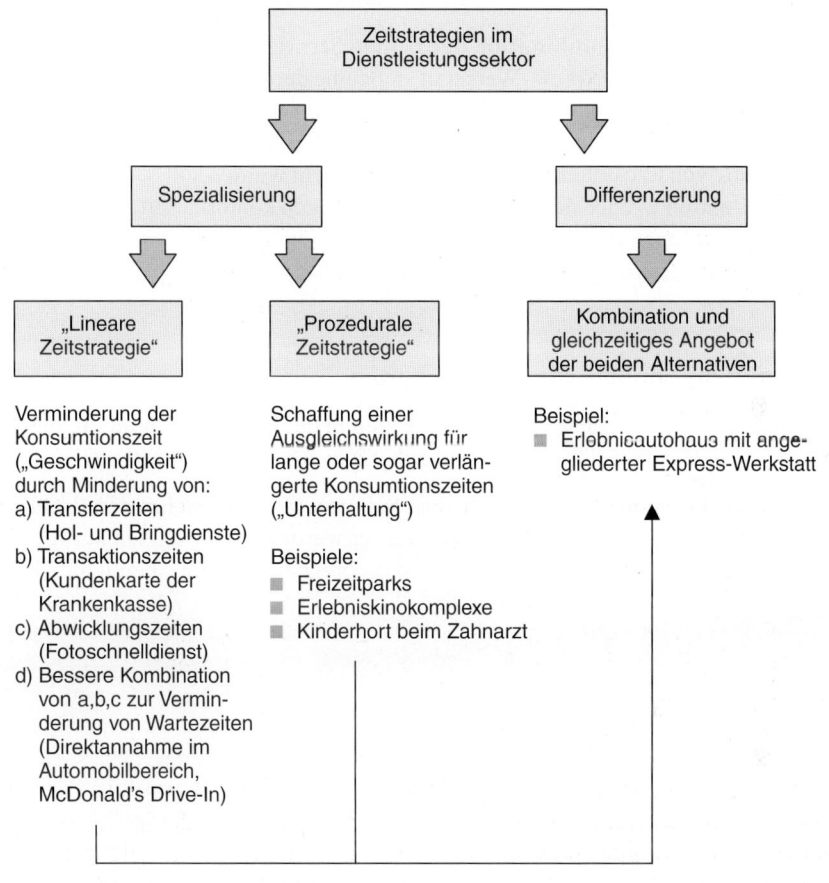

Quelle: in Anlehnung an Stauss 1991, S. 85

Beispiele für eine Verminderung der Transaktionszeit sind Bremsenschnelldienste und Foto-schnelldienste. Verkürzte Abwicklungszeiten werden beim Arztbesuch durch den Einsatz von Versichertenkarten der Krankenkassen erreicht. Durch Hol- und Bringdienste beispielsweise von Automobilwerkstätten können die Transferzeiten reduziert werden. Die Direktannahme im Bereich des Automobil-Kundendienstes kann als Beispiel für verkürzte Wartezeiten angeführt werden.

Als weitere Spezialisierungsstrategie ist die **„Prozedurale Zeitstrategie"** zu nennen. Generelle Zielsetzung ist hier die Schaffung einer Ausgleichswirkung für eine im Extremfall sogar verlängerte Konsumtionszeit von Dienstleistungen. Als Beispiele sind hier Freizeitparks, Erlebniskinos oder etwa ein Kinderhort beim Zahnarzt zu nennen.

Schließlich ist auch eine **Kombination der beiden Strategien** denkbar. Ein Erlebnisautohaus mit angegliederter Express-Werkstatt stellt eine derartige Vorgehensweise dar. Zu bedenken ist hier allerdings, dass mit der Schaffung von Erlebnissen und den damit verbundenen Kosten vielfach eine Verlängerung der Verweildauer der Kunden, nicht zuletzt zur Realisierung von Cross-Selling-Potenzialen, erreicht werden soll. Durch eine gleichzeitige Zeitreduktion werden dann derartige Bemühungen konterkariert. Richten sich die prozeduralen und linearen Strategieelemente an verschiedene Zielgruppen, um dieser Gefahr vorzubeugen, droht das Erscheinungsbild zu verwischen.

5. Veränderung symbolischer Eigenschaften

Die Veränderung symbolischer Eigenschaften zielt in der Regel auf **Elemente der Markenpolitik** ab und wird in diesem Zusammenhang in Abschnitt 1.22 diskutiert.

Im Laufe der Diskussion wurde deutlich, dass Schnittmengen zwischen den Problemfeldern der Variation und Innovation bestehen. Daher werden im Folgenden nur die bisher nicht behandelten Besonderheiten der Innovation im Dienstleistungsbereich diskutiert.

1.212   Innovationen im Dienstleistungsbereich

Die hohe Bedeutung von Innovationen im Zielsystem der Leistungspolitik von Dienstleistungsunternehmen resultiert nicht allein aus dem Wunsch, bisherige Leistungen zu ersetzen oder die bearbeiteten Geschäftsfelder zu erweitern. Ebenso wird mit Innovationen zum einen das Ziel einer **Produktivitätserhöhung** der Dienstleistungserstellung im Unternehmen und zum anderen eine **Verbesserung angebotener Qualitätsmerkmale** für den Kunden verbunden (Licht et al. 1997). Abbildung 6-10 gibt einen Überblick über die Wichtigkeit einzelner Innovationsziele von Dienstleistungsunternehmen.

Um eine Abgrenzung zu den bereits vorgestellten Variationen des Leistungsprogramms herzustellen, soll zunächst der **Innovationsbegriff** definiert werden. Hier sind darunter die mit der Entwicklung von neuen Leistungen verbundenen Veränderungen in einem Unternehmen zu verstehen (Meffert 2000, S. 374). Hinsichtlich der **Bezugsobjekte** wird eine Differenzierung zwischen Leistungs- und Angebotsinnovationen vorgenommen. **Leistungsinnovationen** beinhalten eine tatsächliche Neuerung der Potenziale, Prozesse und Ergebnisse; **Angebotsinnovationen** hingegen umfassen die neuartige Bündelung, Gestaltung und/oder Vermarktung bestehender Angebote (Meyer 1998, S. 811). Vor diesem Hintergrund haben Angebotsinnovationen vielmehr den Charakter von Variationen, die in Abschnitt 1.211 dargelegt wurden. Zur näheren Beschreibung einer Dienstleistungsinnovation können vier weitere Dimensionen herangezogen werden (Meffert 2000, S. 375). Dabei muss die **Subjektdimension** festgelegt werden, ebenso ist die Frage der **Intensitätsdimension** zu stellen (Laakmann 1994, S. 93ff.). Ferner sind sowohl **Zeit-** als auch **Raumdimension** zu bestimmen.

Abbildung 6-10	Bedeutung von Innovationszielen

Innovationswirkung	Anteil (in %)
Produktivität der Mitarbeiter	76
Flexible Anpassung an Kundenwünsche	76
Geschwindigkeit der Leistungserstellung	72
Erhöhung der zeitlichen Vorfügbarkeit der Produkte	70
Qualitätskonstanz	69
Steigerung der Motivation der Mitarbeiter	66
Erhöhung der räumlichen Verfügbarkeit der Produkte	41
Erhöhung des Leistungsniveaus/-spektrums der Kunden	38
Produktivitätssteigerung des Kunden	38
Steigerung des Erlebniswerts des Kunden	34

(Anteil der innovierenden Unternehmen, die das jeweilige Ziel für bedeutend halten)

GABLER
GRAFIK

Quelle: ZEW/FhG-ISI 1995

Der relative Charakter von Innovationen deutet bereits darauf hin, dass die Beurteilung dessen, was als neu zu bezeichnen ist, von der subjektiven Wahrnehmung einer Person abhängt. Die **Subjektdimension** unterscheidet dementsprechend zunächst nach der Art des Personenkreises, dessen Wahrnehmungen betrachtet werden, in Hersteller- und Konsumenteninnovationen. In diesem Zusammenhang werden Innovationen danach differenziert, ob sich ihr Neuigkeitsgehalt lediglich auf den Anbieter bezieht (New to the Company) oder eine wirkliche Marktneuheit darstellt (New to the World). Durch „New to the World"- Innovationen wird ein neuer Markt geschaffen, „New to the Company"- Innovationen ermöglichen Unternehmen, in einen neuen Markt einzutreten.

▉ Die Diskussion um den **Innovationsgrad** wird vor allem vor dem Hintergrund von „Technology-Push"- und „Market-Pull"-Innovationen geführt. „Technology-Push"-Innovationen bemessen den Innovationsgrad am technischen Fortschritt, der mit einer Innovation verbunden ist. „Market-Pull"-Innovationen orientieren sich an den Wünschen und Bedürfnissen der Kunden, wobei der psychologischen Natur des wahrgenommenen Neuartigkeitsgrads besondere Bedeutung zukommt (Benkenstein 1998a, S. 697). Diese beiden Ausprägungen beziehen sich auf das auslösende Moment einer Innovation. Um das Ausmaß einer Innovation zu erfassen, wird ein Kontinuum betrachtet, das sich zwischen den beiden Extremen radikale und inkrementale Neuerung erstreckt (Hauschild/Schlaak 2001, S. 166). Je innovativer eine Leistung aus Sicht der Kunden ist, desto mehr werden die individuellen Kaufentscheidungsprozesse von interpersonellen Kommunikationsprozessen mit denjenigen Personen, die die Leistung bereits einmal konsumiert haben, bestimmt. Die Unternehmen sind hier gefordert, im Rahmen ihrer Mixaktivitäten auf eine Übernahme der Innovation seitens der Konsumenten hinzuwirken (Warren/Abercrombie/Berl 1989). Vor dem Hintergrund der dienstleistungsspezifischen Kaufunsicherheit seitens der Konsumenten, die sich bei bisher unbekannten Innovationen ohnehin verstärkt, eröffnen insbesondere „Market-Pull"-Innovationen hohe Einführungschancen, da die natürlichen psychologischen Barrieren bei kundennutzenorientierten Innovationen deutlich geringer ausfallen.

▉ Die **Zeitdimension** kennzeichnet einen Zeitraum, indem eine Innovation nach der Markteinführung als neu gilt. Da Dienstleistungsinnovationen von Kunden zunächst individuell erfahren werden müssen (Erfahrungseigenschaften), dauert der Adaptions- und Diffusionsprozess deutlich länger als der von Konsumgütern. Gegensätzlich hierzu entwickeln sich die Erfahrungen der einzelnen Mitarbeiter des Dienstleistungsanbieters mit den Innovationen vergleichsweise schnell. Das hieraus resultierende Gap erfordert insbesondere von den Mitarbeitern, eigene Erfahrungen zum Abbau der Schwellenängste seitens der Kunden zu nutzen. Auch der Einsatz von Testimonials bei der Neueinführung von Dienstleistungen kann den Abbau von Barrieren weiter unterstützen. Testimonials stiften Vertrauen, sodass das wahrgenomme Kaufrisiko reduziert wird. Die glaubwürdige Dienstleistungserfahrung des Testimonials kann helfen, Erfahrungseigenschaften in Quasi-Sucheigenschaften umzuwandeln (vgl. Insert 6-2).

▉ Die **Raumdimension** des Innovationsbegriffes beschreibt den Sachverhalt, dass eine bereits in einem Gebiet verkaufte Dienstleistung für ein anderes Gebiet noch eine Neuheit darstellen kann. Insbesondere bei nur gering standardisierbaren Dienstleistungen treten räumliche Asymmetrien auf, da zum Beispiel zunächst die Eröffnung einer Filiale am Wohnsitz des Kunden notwendig sein kann.

INSERT 6-2   Horizont, 21.03.2002, S. 20

MOBILFUNK   Vodafone wirbt mit Ferrari-Piloten / T-Mobile setzt beim Börsengang auf Steffi Graf und Andre Agassi

Werben auf einer Wellenlänge

T-Mobile kommuniziert die Angleichung der länderspezifischen Marken mit Spots und Anzeigen.

FRANKFURT Mit der Einführung des Mobilfunkstandards UMTS versprechen die Telekommunikationsunternehmen den Beginn einer neuen Ära. Um dies ihren Kunden glaubhaft zu vermitteln, gleichen die Mobilfunker ihre länderspezifischen Marken an und setzen Testimonials ein. Beim anstehenden Börsengang soll T-Mobile Branchengerüchten zufolge mit Steffi Graf und Andre Agassi zusammenarbeiten. Der Mitbewerber Vodafone schickt eine Kampagne mit den Formel-1-Rennfahrern Rubens Barrichello und Michael Schumacher on Air.

Die Kampagne des britischen Telekommunikationsgiganten läuft in der nächsten Woche an. Der TV-Spot ist in 15 Ländern, darunter Deutschland, England, Österreich und Italien zu sehen. Im Commercial läutet bei Rubens Barrichello das Handy. Der steuert daraufhin seinen Boliden in die Boxengasse. Das Klingeln wechselt in die Voicemail-Nachricht: „Sorry, ich kann im Moment nicht abheben. Ich bin beim Arbeiten." Die weltweite „How are you"-Kampagne im vergangenen Jahr, in die Vodafone rund 420 Millionen Euro investierte, ist auch für diesen Auftritt die Amsterdamer Agentur Wieden & Kennedy verantwortlich.

Vodafones größter Konkurrent auf dem deutschen Markt, T-Mobile, gleicht den Auftritt seiner Mobilfunk-Töchter in den einzelnen Ländern an. „Der Trend geht klar zu internationalen Marken", betont Philipp Schindera, Leiter Presse- und Öffentlichkeitsarbeit der T-Mobile. Entsprechend nimmt das Bonner Unternehmen in Kauf, dass länderspezifische Marken verschwinden. „Dafür wird eine sehr glaubwürdige und internationale Marke eingeführt", ist Schindera überzeugt.

Rund 30 Millionen Euro dürfte T-Mobile in TV-Spots und Printanzeigen investieren. Neben England, wo die Kampagne bereits angelaufen ist, schickt der Mobilfunker seinen Auftritt auch in der tschechischen Repu-

blik und in Österreich on Air. Wann die Kampagne, konzipiert von der Frankfurter Agentur Saatchi & Saatchi, in den jeweiligen Ländern on Air geht, ist offiziell noch nicht bekannt. In der Alpenrepublik soll der Auftritt ab 17. April zu sehen sein.

Auch für den Börsengang von T-Mobile ist der Termin noch offen. Wie das Wirtschaftsmagazin „Capital" jedoch berichtet, will die Deutsche Tele-

Bis vor kurzem hatte E-Plus noch Testimonials wie Kaiser Franz Beckenbauer und Rockstar Robbie Williams. Nun präsentiert das Unternehmen die Nachfolger, die für den Dienst I-mode werben: Drei Stofftiere der Jim Henson Company

kom bei der Kampagne auf Tennislegende Steffi Graf und Mann Andre Agassi zurückgreifen. Das internationale Paar könne glaubhaft aufzeigen, wie einfach es mit T-Mobile ist, per Telefon, SMS oder Foto-Mail in Kontakt zu bleiben. T-Mobile-Mann Schindera hält sich mit Aussagen zurück: „Das sind Gerüchte, die wir nicht kommentieren." Es stehe noch nicht endgültig fest, wann T-Mobile an die Börse gehe und mit wem.

Als dritter im Bunde der Mobilfunker auf dem deutschen Markt gleicht MMO2, die Mobilfunksparte des Ex-Monopolisten British Telecom, die Auftritte seiner Mobilfunktöchter an. „Die Umbenennung von Viag Interkom findet am 1. Mai statt", erklärt Roland Kuntze, Sprecher Viag Interkom. Dazu hat das Unternehmen eine Kampagne geplant, die Mitte April in Deutschland an den Start geht. Für die Launchkampagne zeichnet die Londoner Newcomer-Agentur Vallance Carruthers Coleman Priest (VCCP) verantwortlich. Zwar hatte der Konzern bereits im Herbst vergangenen Jahres

seinen Etat an Abbott Mead Vickers BBDO vergeben, doch nachdem die Arbeit der Agentur nicht den Vorstellungen des Mobilfunkers entsprochen hatte, entschied man sich neu.

Für den deutschen Markt wird voraussichtlich die Düsseldorfer Agentur Grey zuständig sein. „Die Vertragsverhandlungen sind noch nicht in dem Status, in dem man sie öffentlich machen kann", erklärt Stefan Zuber, Leiter Unternehmenskommunikation bei Viag Interkom. Doch die Düsseldorfer Agentur hat einen guten Fürsprecher im Unternehmen: André Schloemer. Bevor Schloemer als Marketing Manager zu Viag Interkom wechselte betreute er bei Grey den E-Plus-Etat, den die Düsseldorfer Agentur im vergangenen Jahr verloren hat.

Grey löst die Berliner Agentur Orangecross ab, die den Etat der beiden Marken Loop und Genion seit ihrer Gründung Anfang 2001 betreute. Der Newcomer verliert seinen wichtigsten Kunden – und den größten Teil seines Etatvolumen in der Gesamthöhe von rund 50 Millionen Euro. „Uns

bricht natürlich ein großes Stück weg", betont Bonzel, „wir werden aber auch mit den kleineren Kunden erstmal weiterkommen." Dabei hat Bonzel vor allem das Neugeschäft im Sinn. „Mit vier weiteren Kunden stehen wir in Verhandlungen." Denn die Berliner konnten in ihrem ersten Jahr nur die beiden Kunden Kreklau + Fritzek und Khan Bräu als Neugeschäft verbuchen.

Seitdem der E-Plus-Etat von Grey zu BBDO gewandert ist, geht das Düsseldorfer Unternehmen in der Kommunikation andere Wege. E-Plus mit seinem niederländischen Mutterkonzern KPN schert aus der Mobilfunk-Phalanx aus. „Eine Vereinheitlichung der Brands ist nicht geplant", erklärt Catrin Glücksmann, Leiterin Pressestelle E-Plus. „Wir werden auch in Zukunft unseren eigenen Markenauftritt beibehalten." Stattdessen kommunizieren die Düsseldorfer die Einführung des japanischen Multimedia-Dienstes I-mode. Er gilt als Vorläufer für das UMTS-Netz und ist deshalb von großer Bedeutung.

Dabei setzt E-Plus auf drei Stoffpuppen der amerikanischen Jim Henson Company (HORIZONT 11/2002). „Die Einführung eines Testimonials ist nicht geplant", erklärt Glücksmann. Das Telekommunikationsunternehmen hatte bis Herbst vergangenen Jahres für jeden Bereich ein Testimonial und eine Farbe. So wollte E-Plus mit Franz Beckenbauer und der Farbe Blau bisher Business-Kunden ansprechen. „Bei E-Plus hat bereits im vergangenen Jahr ein Strategiewechsel im Bereich Werbung und Kommunikation stattgefunden", erklärt Glücksmann.   *cb*

Netzbetreiber werben weiter auf Sparkurs									
	1–2/2002	1–2/2001	Veränderung		Veränderung in %				
	TEUR	TEUR	in %	TZ	PZ	FZ	TV	HF	PL
Telekommunikationsnetze	79 105	115 820	–31,7	34,0	13,5	0,1	46,2	3,1	3,2
Telekommunikatioinsgeräte	11 950	10 302	16,0	1,5	40,2	1,4	54,8	1,1	1,0

TZ=Tageszeitung, PZ=Publikumszeitschrift, FZ=Fachzeitschrift, HF=Hörfunk, PL=Plakat
Quelle: AC Nielsen   HORIZONT 12/2002

Unabhängig vom jeweiligen Begriffsverständnis einer Innovation sind für deren Erfolg vier **übergeordnete Problembereiche** zu charakterisieren. Diese lassen sich zunächst aus den unterschiedlichen Anforderungen der Anspruchsgruppen Kunden, Konkurrenz und Mitarbeiter ableiten. Ein weiterer Problembereich ergibt sich hinsichtlich der unternehmensinternen Systeme (Meyer 1998, S. 811).

■ Die **Akzeptanz durch den Kunden** stellt die bedeutendste Herausforderung an eine Innovation dar. Durch eine innovationsorientierte Marktforschung lässt sich diese jedoch bereits im Vorfeld weitgehend überprüfen. Akzeptanzfördernd erscheint zudem die Integration des Kunden bereits in die Innovationsentwicklung, da hierbei Akzeptanzbarrieren frühzeitig erkannt und abgebaut werden können.

■ Zur Sicherung des Innovationserfolges ist zudem ein ausreichender **Schutz vor Imitation durch die Konkurrenz** notwendig. Aufgrund der Immaterialität und den fehlenden Möglichkeiten zum Schutz durch Patente und rechtliche Grundlagen erscheinen Nachahmungen bei Dienstleistungen besonders einfach. Jedoch basieren Innovationen vielfach auf den durch die Kunden und somit auch durch die Konkurrenz wahrnehmbaren Leistungsbestandteilen, während der Innovationserfolg hingegen auch durch nicht sichtbare Leistungsbestandteile bestimmt wird. So erklärt sich zum Beispiel auch der Erfolg von Southwest Airlines gegenüber der Nachahmerin Continental Lite, die bereits nach kurzer Zeit den Betrieb mangels Nachfrage einstellen musste (Meyer 1998, S. 811).

■ Da mit der Einführung von Innovationen die Bereitstellung entsprechender Potenzialfaktoren verbunden ist, beschreiben die **Fähigkeiten der Mitarbeiter** einen weiteren Problembereich bei Dienstleistungsinnovationen. So sind diese durch entsprechende Schulungsmaßnahmen innerhalb eines Unternehmens rechtzeitig aufzubauen. Innovationen können ferner in einer zunehmenden Externalisierung bestehen. Hierbei ist zu überprüfen, ob Kunden über ausreichende Fähigkeiten verfügen, die ihnen übertragenen Aufgaben zu erfüllen (Corsten 1989, S. 30ff.).

■ Schließlich erfordern Innovationen häufig auch spezifische maschinelle Fähigkeiten. Aufgrund der wachsenden Bedeutung der Vernetzung aller Informations- und Kommunikationssysteme innerhalb von Unternehmen sind die mit einer Innovation einhergehenden technischen Veränderungen auch hinsichtlich ihrer **Systemkompatibilität** mit den bestehenden Systemen zu überprüfen. So ist es zum Beispiel bei der Entwicklung eines neuen Kundenbetreuungsprogramms einer deutschen Großbank notwendig gewesen, eine eigene Software zu erstellen, die jedoch zur Erlangung der relevanten Informationen mit allen bisherigen Systemen verknüpft werden musste.

Den unterschiedlichen Anforderungen ist vor dem Hintergrund der Notwendigkeit eines effizienten Einsatzes der Unternehmensressourcen durch ein **systematisches Innovationsmanagement** gerecht zu werden (Meffert 2000, S. 379). Dieses kann als institutionalisierter Planungs-, Steuerungs- und Kontrollprozess definiert werden, der alle mit der

Entwicklung, Durchsetzung und Einführung von neuen Dienstleistungen verbundenen Aktivitäten betrieblicher Führungspersonen umfasst. Jedoch kann auch noch ein deutliches **Defizit** der Marketingforschung im Dienstleistungsbereich gegenüber dem Konsumgüterbereich in Bezug auf die **Analyse und Konzeptionierung von Innovationsprozessen** festgestellt werden. Während Ansätze zur Gestaltung von Innovationsprozessen im Konsumgüterbereich bereits sehr früh vorgestellt wurden (Scheuing 1974; Pessemier 1977; Urban/Hauser 1993; Crawford 1999), sind derartige Bemühungen im Bereich des Dienstleistungsmarketing noch vergleichsweise unterrepräsentiert (Donelly/Berry/Thompson 1985; Bacon/Butler 1998; Kawasaki/Moreno 2000).

Shostack (1984) und Heskett (1986, 1988) sehen in der Immaterialität von Dienstleistungen zentrale Gründe für einen derartig unterschiedlichen Forschungsstand, obwohl es unmöglich ist, die Qualität von Dienstleistungen zu gewährleisten, ohne eine detaillierte Planung zugrunde zu legen. Abbildung 6-11 zeigt beispielhaft den von Scheuing und Johnson (1989) entwickelten **Planungsprozess für Dienstleistungsinnovationen**. Als Elemente des Entwicklungsprozesses lassen sich die folgenden Kernstufen unterscheiden (Meffert 2000):

■ **Ideengewinnung (Phasen 1 und 2)**
Durch interne (Dienstleistungspersonal, Beschwerdeabteilung, F&E-Abteilung usw.) und/oder externe Ideenquellen (Konsumenten, Konkurrenten, Absatzhelfer usw.) sowie den zielgerichteten Einsatz von Verfahren zur Ideenproduktion sind innovative Vorschläge für neue Dienstleistungsangebote zu generieren.

■ **Ideenprüfung und -auswahl (Phasen 3 bis 7)**
In einer ersten Grobauswahl sind Ideen, die hinsichtlich des Leistungspotenzials des Dienstleistungsunternehmens nicht zu realisieren sind oder in Bezug auf Akzeptanz beim Konsumenten wenig erfolgversprechend erscheinen, herauszufiltern. Bereits hierbei erscheint es sinnvoll, den externen Faktor beziehungsweise Dienstleistungsnachfrager, zum Beispiel im Rahmen von Fokusgruppengesprächen in der Vorauswahlphase, zu berücksichtigen. Erfolgversprechende Dienstleistungsideen sind in einem Serviceentwurf („Service Blueprint") zu konkretisieren und ersten Wirtschaftlichkeitsanalysen zu unterziehen. Auf Grundlage der Wirtschaftlichkeitsanalysen erfolgt der Übergang in die Verwirklichungs- und Markteinführungsphase.

■ **Ideenverwirklichung (Phasen 8 bis 15)**
Die endgültige Festlegung der Leistungsmerkmale und die Anpassung der zum Angebot einer Dienstleistung vom Anbieter bereitzustellenden Leistungspotenziale sowie die eigentliche Markteinführung von Serviceinnovationen bilden zentrale Bestandteile der dritten Stufe des Planungsprozesses. Bei persönlichen Dienstleistungen wird hier dem Personaltraining ein hoher Stellenwert beigemessen. Aufgrund der Immaterialität der Dienstleistungen und der Integration des externen Faktors sind durch Pilotversuche mögliche Fehlerquellen im Dienstleistungsprozess auszuschließen. Dies setzt zum Beispiel bei ärztlichen Leistungen (Tests von neuen Medikamenten und Behandlungsmethoden) einen intensiven Kontakt mit den Testpersonen voraus.

Abbildung 6-11   **Planungsprozess für Dienstleistungsinnovationen**

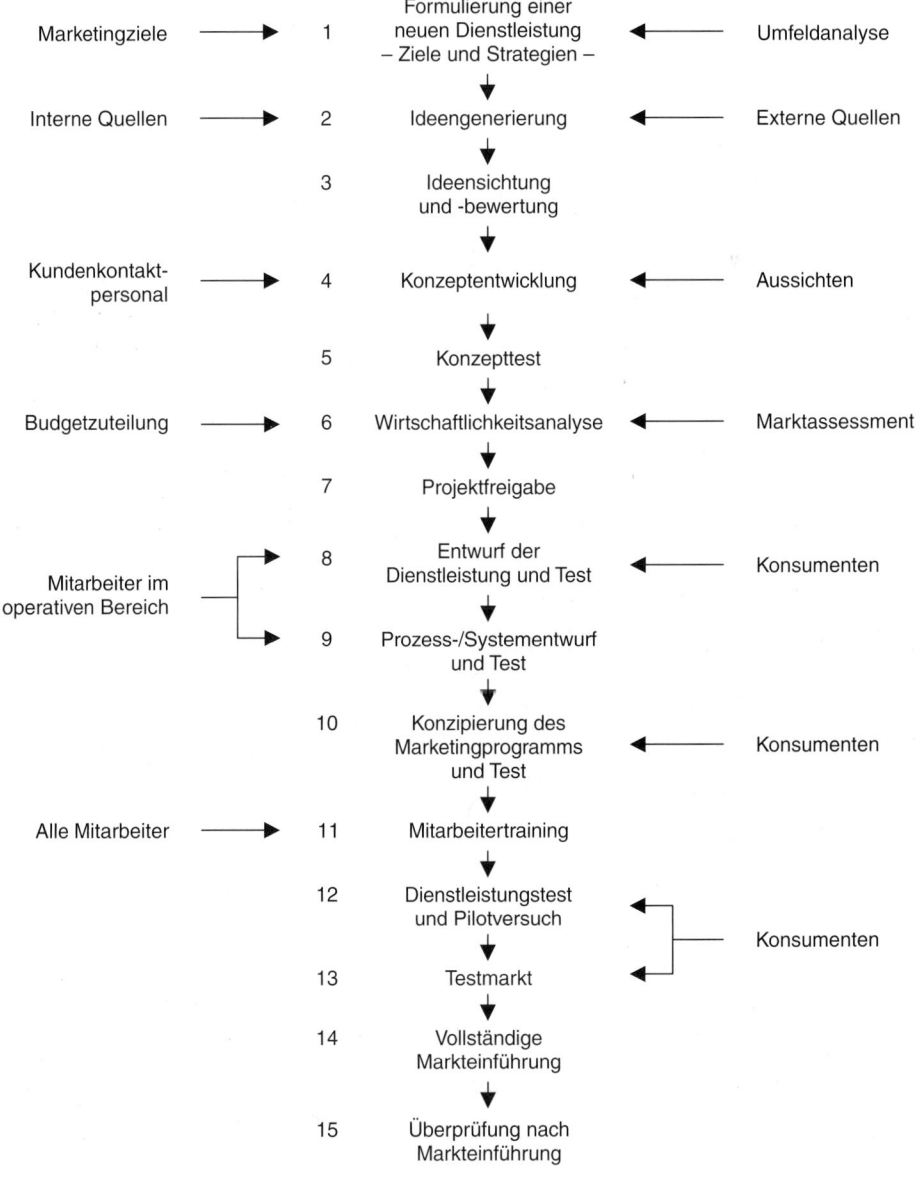

Quelle: Scheuing/Johnson 1989, S. 30

Im Anschluss an diesen Prozess muss der **Erfolg der Innovation** am Markt beobachtet und Abweichungen von ursprünglichen Zielen im Rahmen eines revolvierenden Prozesses erneut überdacht werden (Brown/Haynes/Saunders 1993).

Ein Vergleich des Planungsprozesses für Dienstleistungsinnovationen mit dem für Sachgüter offenbart in den einzelnen Planungsstufen eine Reihe dienstleistungsspezifischer Besonderheiten. Die in der **Ideengewinnungsphase** notwendige Kreativität zur Entdeckung von Informationen stellt dabei eine der größten Herausforderungen für die Unternehmen dar. Aufgrund des direkten Kontaktes zwischen Anbieter und Kunde während der Leistungserstellung ergeben sich für Dienstleistungsunternehmen jedoch zahlreiche Chancen, Innovationen durch den Kunden selbst in das Unternehmen tragen zu lassen. Hierfür bedarf es zunächst einer genauen Beobachtung des Kundenverhaltens, wobei er durch das Unternehmen beziehungsweise die Mitarbeiter aktiv zur Meinungsäußerung aufgefordert werden sollte. Während das **Beschwerdemanagement** im Sinne einer Verfolgung negativer Meinungsäußerungen in vielen Dienstleistungsunternehmen (zum Beispiel Großbanken, Luftverkehrsgesellschaften) schon weitgehend professionalisiert ist, wird die systematische Nacharbeitung der von den Kunden geäußerten Wünsche vielfach vernachlässigt (Kurtz/Clow 1998). An dieses Defizit knüpft auch das **innerbetriebliche Vorschlagswesen** an, jedoch ist hierbei der Mitarbeiter Lieferant neuer Ideen. Dieser wird gegen entsprechende Anreize zur Generierung neuer Ideen ermutigt. Die Deutsche Bank AG hat dafür eigens eine Abteilung gegründet, die sich ausschließlich mit der Prüfung von Ideen beschäftigt und diese bei einer entsprechend positiven Bewertung an die entsprechenden Fachabteilungen weiterleitet. Hier werden die Ideen einer erneuten Überprüfung unterzogen. Abhängig von der Bedeutung einer Innovation für das Unternehmen erhalten die vorschlagenden Mitarbeiter schließlich Prämien, die bis zu einem Vielfachen des jeweiligen Monatsgehaltes betragen können.

Ergänzend bietet sich die Anwendung von **Kreativitätstechniken,** wie zum Beispiel Brainstorming und Synektik, in Mitarbeiter-Workshops an (Audehm 1995). Ebenfalls sollten die verschiedenen Kreativitätstechniken genutzt werden, um externe Kunden in den Prozess der Ideengenerierung einzubinden. Ein weiterer Ansatz zur Nutzung externer Ideenquellen ergibt sich durch die Beauftragung von **Beratern** oder **Instituten.** Externe Unternehmensberater und Marktforschungsinstitute zeichnen sich in der Regel dadurch aus, dass sie in der Lage sind, unbefangen neue Vorschläge anzubieten. **Benchmarking** gilt ebenfalls als eine der zentralen externen Ideenquellen. Jedoch ist die Konkurrenzanalyse bei Dienstleistungen aufgrund der notwendigen Vergleichbarkeit nur für weitgehend standardisierte Dienstleistungen geeignet. Wettbewerbsbezogene Ansätze zur Innovationsgenerierung sind jedoch nicht auf einen Vergleich im Rahmen des Benchmarking beschränkt. So gewinnt auch die gemeinsame Entwicklung von Innovationen im Rahmen von forschungsbezogenen **Partnerschaften** an Bedeutung hinzu. Dies erscheint insbesondere dann erfolgreich, wenn es einer Gruppe von Unternehmen hierbei gelingt, gegenüber den weiteren Wettbewerbern Dienstleistungsstandards in den jeweiligen Märkten durchzusetzen (Gassert/Prechtl/Zahn 1998).

Der Stufe der Ideengewinnung folgt die **Ideenprüfungsphase** hinsichtlich ihrer Übereinstimmung mit den Unternehmenszielen. Ziel dieser Phase ist die Minimierung des Misserfolgsrisikos. Hierbei sind insbesondere die eingangs erwähnten Aspekte der Kundenakzeptanz, der Mitarbeiterfähigkeiten und der Möglichkeit des Innovationsschutzes zu erörtern. Aufgrund der Kundenintegration während der Dienstleistungserstellung empfiehlt sich eine **Einbeziehung des Kunden** auch in die Ideenprüfung. In diesem Zusammenhang eröffnet die Übertragung bisher nur aus dem Konsumgüterbereich bekannter Testverfahren wie Produktkliniken auf den Dienstleistungsbereich, zum Beispiel in Form von **Leistungskliniken,** neue Möglichkeiten, Kundenbewertungen frühzeitig in die Innovationsentwicklung zu integrieren. Sofern die Akzeptanz von Innovationen überprüft worden ist, folgt eine dezidierte **Wirtschaftlichkeitsanalyse.** Um eine solche durchzuführen, müssen sowohl die notwendigen Aktivitäten (Teilprozesse) als auch die Kapazitäten in qualitativer und quantitativer Hinsicht vor der Markteinführung festgelegt werden. Die Disziplin des **„Service Engineering"** beschäftigt sich mit dieser Planung und der Entwicklung neuer Dienstleistungen. Mittels Methoden wie „Service Blueprinting" (Shostack 1984), Arbeitsablaufplänen, Netzplantechniken und Entscheidungsanalysen kann ein Serviceplaner feststellen, welche Vorgänge während der Bereitstellung einer neuen Dienstleistung ablaufen müssen, welche Potenzialfaktoren für den Erstellungsprozess bereitzustellen sind und wie der zeitliche Rahmen für die Dienstleistungserstellung gestaltet werden kann.

Erste Wirtschaftlichkeitsanalysen zur endgültigen Auswahl von Serviceinnovationen lassen sich auf der Grundlage eines Service Blueprint systematisch erstellen. Dieser graphische Serviceentwurf – ergänzt durch Informationen weiterer Analyseverfahren – kann als „Prototyp" einer Dienstleistungsinnovation aufgefasst werden. Als **Vorteile des Service Blueprint** können folgende Gesichtspunkte hervorgehoben werden (Shostack 1984, 1987):

- In einem frühen Planungsstadium werden Serviceideen und Dienstleistungserstellungsprozesse konkretisiert und visualisiert.

- Der Ablaufplan gibt Hinweise zur Disposition der personellen und materiellen Einsatzfaktoren. Kundenkontaktpunkte, die so genannten „Moments of Truth", werden sichtbar und Möglichkeiten werden erkennbar, an welchen Teilprozessen Kosten eingespart werden können, zum Beispiel durch Automatisierung.

- Konkurrierende Dienstleistungen können durch Darstellung in Blueprinting-Form mit eigenen Leistungen verglichen werden.

- Service Blueprints können in Ergänzung zu der bereits dargestellten Wertkettenanalyse einen weiteren Ausgangspunkt für Überlegungen über mögliche Produktivitätssteigerungen bieten.

Bei der Dienstleistungsentwicklung ist besonders auf die frühzeitige Einbindung von Kunden zu achten. Aufgrund der Tatsache, dass Dienstleistungen Vertrauensgutcharakter haben, ist den Kundenanforderungen große Aufmerksamkeit beizumessen. Ohne Einbindung potenzieller Kunden in den Entwicklungsprozess besteht die Gefahr, an den Forderungen des Marktes vorbeizuentwickeln (vgl. Hofmann/Meiren 1998, S. 83).

Die **Implementierung von Dienstleistungsinnovationen** stellt sowohl an das externe als auch an das interne Marketing veränderte Anforderungen. Während der Konsument bei Innovationen im Konsumgüterbereich, zum Beispiel bei den ersten Auslieferungen eines neuen Pkw kleinere Mängel antizipiert und akzeptiert, können Qualitätsdefizite bei Dienstleistungen bereits das Scheitern einer Innovation bedeuten. Vor diesem Hintergrund ist es notwendig, dem bei der Konsumtion einer Dienstleistungsinnovation ohnehin verunsicherten Kunden sowohl seitens des Unternehmens als auch seitens der Mitarbeiter Vertrauen zu spenden. Das Vertrauen in ein Unternehmen kann insbesondere durch den rechtzeitigen Einsatz von Testimonials erreicht werden, wie es die Deutsche Telekom AG durch Manfred Krug, die Deutsche Post AG mit den Gottschalk-Brüdern oder O_2 Genion mit Franz Beckenbauer bei der Einführung eines neuen Tarifsystems erfolgreich vollzogen hat. Unternehmensintern sind die technischen Systeme und insbesondere die personellen Fähigkeiten durch Weiterbildungsmaßnahmen aufzubauen. Dabei ist neben der rein fachlichen Qualifikation insbesondere die Identifikation der Mitarbeiter mit der neuen Leistung und deren Überzeugung hinsichtlich der Vorteilhaftigkeit notwendig.

Weiterhin erfordert die Entscheidung zur Einführung neuer Leistungsangebote eine Entscheidung über die bereitzustellenden **Kapazitäten** (Scheuch 2002). Die Kapazitätsplanung muss die potenzielle Inanspruchnahme sowohl in Bezug auf die Menge als auch auf die Zeit berücksichtigen. Hier treten bei Dienstleistungen jedoch große **Prognoseprobleme** auf. Darüber hinaus ist zu berücksichtigen, dass die Qualifikation des im Rahmen der innovativen Dienstleistung eingesetzten Personals ausreichend ist. Sollten hier bereits im Planungsprozess Defizite deutlich werden, sind geeignete Schulungsprogramme oder die Akquisition von neuen Mitarbeitern anzustreben.

Aus der Immaterialität der Dienstleistung folgt weiterhin, dass Dienstleistungsinnovationen in der Regel nicht patentiert werden können (Hilke 1989b). Somit ist es für Dienstleister schwierig, durch Innovationen langfristig Wettbewerbsvorteile aufzubauen, die nicht imitiert werden können. Ein Beispiel hierfür ist die „Club-Idee" (des Club Méditerranée) im Tourismusbereich, die sehr schnell von anderen Reiseveranstaltern übernommen wurde (TUI, NUR).

Die **Imitierbarkeit** hängt gerade im Dienstleistungsbereich von der für die Erbringung der Dienstleistung notwendigen Qualifikation ab. Hieraus erklärt sich auch, dass es für qualifizierte, angestellte Mitarbeiter in Dienstleistungsbranchen vergleichsweise einfach ist, sich selbständig zu machen. Als Beispiel für diese so genannten „Easy Entry"-Branchen können Werbeagenturen, Seminarveranstalter oder auch Rechtsanwälte und Unternehmensberatungen genannt werden.

Abschließend sollen generelle **Erfolgsfaktoren von Innovationen im Dienstleistungsbereich** diskutiert werden. In diesem Zusammenhang kann auf eine Studie von Martin und Horne (1993) zurückgegriffen werden, die branchenübergreifend Dienstleistungsunternehmen sowohl schriftlich als auch mündlich befragt haben. Deutlich wurde, dass der Erfolg der innovativen Dienstleistung in hohem Maße von der Art des Innovationsma-nagements beziehungsweise von der Art des Innovationsprozesses abhängt. Dabei stellte sich heraus, dass lediglich 57,6 Prozent der befragten Firmen überhaupt über einen for-malisierten Entwicklungsprozess verfügen.

Interessant ist die Erkenntnis, dass bei einer Betrachtung des **Formalisierungsgrades der Innovationsprozesse** die Zahl der erfolgreichen Unternehmen nur dann die Zahl der erfolglosen Unternehmen übersteigt, wenn entweder keinerlei Formalisierung oder aber ein extrem hoher Formalisierungsgrad vorliegt.

Dieses bei den „Ad-hoc"-Entscheidern verwunderliche Ergebnis kann entweder auf de-ren hohe Kreativitätspotenziale zurückgeführt werden oder aber auf eine falsche Selbst-einschätzung, da gegebenenfalls auch keine formalisierte Erfolgsermittlung durchge-führt wurde.

Eindeutig sind hingegen die Ergebnisse hinsichtlich der Erfolgsträchtigkeit in Abhängig-keit von der **Art der Innovation**. Die Ergebnisse der Studie zeigen, dass ein enger Bezug zum Kerngeschäft – das heißt zur Kernkompetenz – von den Konsumenten durch entspre-chenden Markterfolg belohnt wird.

Gründe für den Erfolg sind darin zu sehen, dass Konsumenten auf Kompetenz schließen können, aber auch darin, dass ein Aufbau vollkommen neuer Kapazitäten zur Erbringung der Leistung größtenteils durch Synergien umgangen werden kann.

1.213   Eliminierung von Dienstleistungen

Eine **Leistungsprogrammreduzierung** beziehungsweise **-straffung** erfolgt durch die Leistungseliminierung, mittels derer sich das Dienstleistungsunternehmen von unren-tablen oder veralteten Leistungsarten trennt. Durch die Freisetzung von Ressourcen ma-terieller, finanzieller und personeller Art soll ein Kostenabbau und eine effizientere Ver-wendung begrenzter Mittel erreicht werden (Meffert 2000).

Ebenso wie im Sachgüterbereich können im Dienstleistungsbereich verschiedene Krite-rien eine Eliminierung ratsam erscheinen lassen (Meffert 2000):

Quantitative Kriterien:

- Sinkender Umsatz und/oder Marktanteil,
- Geringer Umsatzanteil am Gesamtumsatz,
- Sinkender Deckungsbeitrag.

Qualitative Kriterien:

- Negativer Einfluss auf das Firmenimage,

- Änderung gesetzlicher Vorschriften,

- Änderung der Bedarfsstruktur,

- Einführung besserer Leistungen durch die Konkurrenz.

Eliminierungsentscheidungen werden in der Regel durch eine simultane Betrachtung verschiedener Kriterien, zum Beispiel im Rahmen eines klassischen Punktbewertungsverfahrens, getroffen. In diesem Zusammenhang werden zunehmend strategische Analyse- und Planungskonzepte eingesetzt, wie sie in Kapitel 4, Abschnitt 2 diskutiert wurden.

Allerdings muss an dieser Stelle darauf hingewiesen werden, dass notwendige Eliminierungen nicht immer durchgeführt werden können. Folgende **Barrieren von Eliminierungsentscheidungen** lassen sich identifizieren:

- Prestige-/Imagegründe,

- Synergieeffekte beziehungsweise Cross-Selling-Potenziale mit anderen Leistungen,

- Vorleistungen für andere Leistungen,

- Soziale Gründe.

Liegen derartige Barrieren bei Eliminierungsentscheidungen vor, ist zu untersuchen, inwiefern eine Eliminierung umgangen werden kann. In diesem Falle können **alternative Vorgehensweisen** gewählt werden, die sich zumindest in dieselbe Richtung auswirken wie Eliminierungsentscheidungen. Dies können beispielsweise andere Maßnahmen in den Marketingmixbereichen sein.

Im Gegensatz zur Eliminierung von Dienstleistungen sind vom Anbieter bei der **Externalisierung** von Dienstleistungen vielfach die Voraussetzungen für eine problemlose Leistungsbeteiligung der Kunden zu schaffen, insbesondere wenn bisher angebotene Zusatzleistungen auf den Dienstleistungsnachfrager übertragen werden. Sofern beispielsweise ein Restaurant die Tischbedienung durch eine Selbstbedienung der Gäste ersetzen will, sind entsprechende Ausstattungen (Selbstbedienungstheke, Tabletts, Checkout usw.) bereitzustellen (Meyer/Rühle 1991). Die Servicequalität bei der Inanspruchnahme einer Grundleistung wird bei der Externalisierung von Zusatzleistungen davon beeinflusst, ob die Selbstbeteiligung problemlos erfolgen kann und die Leistungsbeteiligung aus Kundensicht mit einem höheren Individualisierungsgrad oder Aufwand assoziiert wird.

1.22 Markenpolitik

Während der Marke bei Konsumgütern seit jeher eine hohe Bedeutung zukommt, wurde diese von vielen Dienstleistungsanbietern erst seit Beginn der 90er-Jahre als erfolgreiches Instrument zur Profilierung gegenüber den Wettbewerbern entdeckt. Dabei ergeben sich aus der Immaterialität von Dienstleistungen zwei wesentliche **Problemstellungen,** zu deren Lösung die Einführung einer Marke geeignet erscheint (Stauss 2001a, S. 556f.):

▪ Aufgrund des hohen Anteils Erfahrungs- und Vertrauenseigenschaften empfinden Dienstleistungskunden ex-ante tendenziell ein **höheres subjektives Kaufrisiko.** Starke Dienstleistungsmarken können als Vertrauensanker dienen und das empfundene Risiko reduzieren helfen. Die Dienstleistungsmarke übernimmt primär eine Garantiefunktion.

▪ Dienstleistungen sind vergleichsweise schwer vor Imitationen zu schützen. Folglich entsteht das **Risiko einer Multiplikation von Angebotsideen,** die durch den Kunden nur schwer zu unterscheiden sind (zum Beispiel Mobilfunkanbieter). Dienstleistungsmarken können vor Nachahmungen schützen und zur Differenzierung des Angebotes beitragen.

1.221 Begriff und Wesen der Dienstleistungsmarke

Vor diesem Hintergrund haben Fragestellungen bezüglich der inhaltlichen Ausgestaltung einer spezifischen Markenführung die Diskussion hinsichtlich Existenz und Notwendigkeit von Dienstleistungsmarken weitgehend ersetzt. Zudem wurde in dieser Entwicklung ein wesentlicher Wandel des Verständnisses vom Wesen einer Marke erforderlich (Meffert/Burmann 1996, S. 3ff.). So zählten nach der frühen Auffassung von Domizlaff (1992) ausschließlich Fertigwaren zu den markierungsfähigen Gütern, sofern sie dem Konsumenten mit konstantem Auftritt und Preis in einem größeren Verbreitungsraum dargeboten werden. Ähnlich besagte die **klassische Markenartikeldefinition** von Mellerowicz (1964), dass nur diejenigen Waren als Marken bezeichnet werden, die bestimmten konstitutiven Anforderungen entsprechen. Dazu gehören

▪ das Vorliegen einer Fertigware,

▪ mit einer Markierung als physische Kennzeichnung der Ware,

▪ in gleichbleibender oder verbesserter Qualität,

▪ in gleichbleibender Menge,

▪ in gleichbleibender Aufmachung,

■ in einem größeren Absatzraum,

■ mit kommunikativer Unterstützung beim Verbraucher und

■ Anerkennung im Markt.

Die statische Sichtweise, die eine Existenz der Marke ausschließlich von der Erfüllung oben genannter Kriterien abhängig macht, schließt Dienstleistungen aufgrund deren Immaterialität jedoch völlig aus. Daher wurde im Folgenden versucht, auch Dienstleistungen in der Markenartikeldefinition zu berücksichtigen. So versteht Graumann unter der Marke ein Zeichen, „das der Kennzeichnung von Sachgütern oder Dienstleistungen dient. Die Marke soll die Herkunft des Produkts beziehungsweise der Dienstleistung dokumentieren (Herkunfts- beziehungsweise Identifizierungsfunktion) und das markierte Produkt beziehungsweise die markierte Dienstleistung von anderen Produkten und Dienstleistungen differenzieren und abheben (Individualisierungsfunktion)" (Graumann 1983). Im Rahmen der Differenzierung wird die Notwendigkeit einer Erweiterung der traditionell herstellerbezogenen Perspektive um die Konsumentenwahrnehmung bereits angedeutet. So wird die Definition der Marke von weiteren Vertretern auf alle Güter und Dienstleistungen bezogen, die von den Konsumenten als Marke wahrgenommen werden (Meffert 1979). Daraus ergibt sich die für den Dienstleistungsanbieter wichtige Frage, wie eine Leistung beschaffen sein muss, um diese Wahrnehmung in der Verbrauchersicht zu erreichen. Eine allgemein gültige Antwort auf diese Frage kann es jedoch nicht geben, da die Wahrnehmung und Interpretation der Marke immer auch von situativen Bedingungen abhängig ist.

> Vor diesem Hintergrund soll eine **Dienstleistungsmarke** als ein in der Psyche des Konsumenten verankertes, unverwechselbares Vorstellungsbild von einer Dienstleistung beschrieben werden. Die zugrunde liegende markierte Leistung wird dabei einem möglichst großen Absatzraum über einen längeren Zeitraum in gleichartigem Auftritt und in gleichbleibender oder verbesserter Qualität angeboten (Meffert 2002, S. 847).

Demnach verkörpert die Marke heute ein sozialpsychologisches Phänomen und gilt als spezifische Vermarktungsform, in deren Mittelpunkt die Entwicklung und Festigung des Vertrauens der Nachfrager in die angebotenen Leistungen stehen (Meffert/Perrey 1998, S. 1). Übergeordnete Zielsetzung der Marke ist somit die Vermittlung der erforderlichen Hilfeleistung und Sicherheit bei der Kauf- und Auswahlentscheidung (Meffert 2000, S. 847f.). Zur Sicherstellung dieser übergreifenden Zielsetzung ist insbesondere der Aufbau einer starken **Markenidentität** erforderlich, wobei zur Vermeidung von verwässerten Markenidentitäten eine Homogenität von Selbstbild und Fremdbild notwendig erscheint (Meffert/Burmann 1996, S. 13ff.). Das **Selbstbild** beinhaltet die Perspektive der internen Anspruchsgruppen. Aufgrund des intensiven Kundenkontakts ist die Bedeutung des Selbstbildes in der Dienstleistungsbranche für die Markenwahrnehmung weitaus bedeutender als im Konsumgüterbereich. Daher sind die internen Leistungspotenziale durch das Markenmanagement besonders zu berücksichtigen. Das **Fremdbild** der Markenidentität ergibt sich hingegen aus der Perspektive externer Anspruchsgruppen und wird mit dem Image gleichgesetzt. Da bei Dienstleistungen vor einer erstmaligen Inanspruchnahme die Unsicherheit bei den Konsumenten besonders hoch ist und diese vielfach durch eine gezielte Informationssuche bei Bekannten, Verbraucherverbänden oder sonstigen Meinungsführern reduziert wird, stellt auch das Fremdbild einen wesentlichen Ansatzpunkt für das Markenmanagement dar. Zudem führt die Betrachtung von Selbstbild und Fremdbild bei Dienstleistungen zu der Schlussfolgerung, dass die Bedeutung der Marke zur Profilierung eines Unternehmens im Dienstleistungssektor von primärer Bedeutung erscheint. Seit dem 01. April 1979 können Dienstleistungsmarken beim Deutschen Patentamt eingetragen werden und genießen damit den gleichen zeichenrechtlichen Schutz wie dies bei Warenzeichen der Fall ist (Meyer 1994; Stauss 1994a, S. 90ff.). Obwohl das Markengesetz die Unterscheidungsfähigkeit eines Kennzeichens als hinreichendes Kriterium für eine Eintragung betrachtet, führt es Dienstleistungsmarken explizit an (§ 3, Abs. 1 MarkenG). Dienstleistungsmarken sind somit als Werte aufzufassen, die einen erheblichen Vermögensbestandteil von Dienstleistungsunternehmen darstellen können. Abbildung 6-12 zeigt exemplarisch die Markenwerte von Dienstleistungsunternehmen, die nach Berechnung der Agentur Interbrand zu den 100 wertvollsten Marken weltweit gehören.

Eine Klassifizierung der **Formen von Dienstleistungsmarken** ist möglich nach (Stauss 1994a, S. 87ff.):

▌ dem **Markierungsmittel** in:
   – Wortmarken (zum Beispiel Burger King, Pit Stop, ADAC, Deutsche Bahn),
   – Bildmarken (zum Beispiel Zeichen der Dresdner Bank),
   – Kombinationsmarken (zum Beispiel Schrägstrich im Quadrat als Bild- und „Deutsche Bank" als Wortmarke).

▌ dem **Wirtschaftssektor** des Markenträgers in:
   – Dienstleistungsmarke eines Dienstleisters (zum Beispiel Lufthansa),
   – Dienstleistungsmarke eines Handelsunternehmens (zum Beispiel PAYBACK Galeria Card von Kaufhof),
   – Dienstleistungsmarke eines Konsumgüterherstellers (zum Beispiel Camel Reisen).

▌ dem **Markeninhalt** in:
   – Firmenmarken (zum Beispiel TUI, McDonald's, Lufthansa),
   – Leistungsmarken (zum Beispiel Mister Minit),
   – Phantasiemarken (zum Beispiel Namen von Diskotheken, Robinson Club).

▌ dem **Anwendungsbereich beziehungsweise der Zahl der markierten Güter** in:
   – Einzelmarken (Individual- oder Monomarken, zum Beispiel Robinson Club),
   – Gruppenmarken (Familienmarken, zum Beispiel Steigenberger Hotels; Mehrmarken, zum Beispiel DERTOUR; Dachmarken, zum Beispiel McKinsey, Hilton).

| Abbildung 6-12 | Markenwerte von Dienstleistungsunternehmen |

Dienstleistungsmarke	Wert (Mrd. USD)	Top 100 Rang
Disney	32,59	7
McDonald's	25,29	9
AT&T	22,83	10
Citibank	19,01	13
Merill Lynch	15,02	19
GAP	8,75	31
Goldman Sachs	7,86	33
MTV	6,60	40
SAP	6,31	43
IKEA	6,01	46
Pizza Hut	5,98	47
Reuters	5,24	52
AOL	4,50	58
Yahoo!	4,38	59
amazon.com	3,13	76
Burger King	2,43	80
FedEx	1,89	86
Starbucks	1,76	88
Hilton	1,24	96

GABLER
GRAFIK

Quelle: Interbrand 2001

Trotz der schutzrechtlichen Möglichkeiten führen die Immaterialität von Dienstleistungen im Hinblick auf die rechtliche Anerkennung der Marke (zum Beispiel können Probleme in Bezug auf die Prüfung der Gleichartigkeit und Verwechslungsgefahr als Eintragungsvoraussetzungen nicht auf der Grundlage eines materiellen Leistungskerns ermittelt werden) sowie das Fehlen eines Produktes als physischer Markenträger gegenüber der Markenpolitik bei Sachgütern zu veränderten Problemstellungen. Bevor diese Aspekte näher erörtert werden, sind die mit der Gestaltung von Dienstleistungsmarken verbundenen Funktionen und Zielsetzungen zu kennzeichnen. Ebenso wie in der klassischen, auf Sachgüter ausgerichteten Markenpolitik, erfüllen Marken für Dienstleistungen unterschiedliche Funktionen.

Dabei ist es zweckmäßig, die **Funktionen** nach den Marktbeteiligten zu differenzieren. In Abbildung 6-13 sind die wichtigsten Funktionen aus Sicht der Anbieter, Vermittler und Nachfrager von Dienstleistungen wiedergegeben. Die **Dienstleistungsanbieter** benötigen die Bündelung und Fokussierung ihrer Leistungen durch eine Dienstleistungsmarke, um Vertrauens- und Qualitätssignale an die Abnehmer zu senden. Auch die Dienstleistungsvermittler (zum Beispiel Versicherungsmakler, Reisebüros, Intermediäre) nutzen die Dienstleistungsmarke des Anbieters zu ihrer eigenen Profilierung. Schließlich dient die Dienstleistungsmarke den **Dienstleistungsnachfragern** zur Orientierung und Schaffung von Vertrauen, indem vor der Kaufentscheidung die Marke als Qualitätssignal und -versprechen interpretiert wird (Bruhn 2001c).

Abbildung 6-13   **Funktionen von Dienstleistungsmarken für die Marktbeteiligten**

Dienstleistungsanbieter	Dienstleistungsvermittler	Dienstleistungsnachfrager
▪ Kommunikationsfunktion	▪ Risikominderungsfunktion	▪ Orientierungsfunktion
▪ Profilierungsfunktion	▪ Renditefunktion	▪ Informationsfunktion
▪ Imageträgerfunktion	▪ Vorverkaufsfunktion	▪ Vertrauensfunktion
▪ Innovationsfunktion	▪ Entlastungsfunktion im eigenen Marketingmix	▪ Identifikationsfunktion
▪ Unterstützungsfunktion im Marketingmix	▪ Profilierungsfunktion	▪ Qualitätssicherungsfunktion
▪ Stabilisierungsfunktion	▪ Stabilisierungsfunktion	▪ Risikominderungsfunktion
		▪ Prestigefunktion

GABLER
GRAFIK

Quelle: Bruhn 2001c, S. 33

Dienstleistungsmarken erfüllen erkennbar unterschiedliche Funktionen, die bei der markenstrategischen Ausrichtung des Unternehmens Berücksichtigung finden müssen. Um die mit der Markenpolitik zusammenhängenden Entscheidungen treffen und die einzelnen Maßnahmen durchführen zu können, ist es notwendig, sich mit den **markenpolitischen Zielen** auseinanderzusetzen, die sich unter anderem aus den Funktionen von Dienstleistungsmarken ableiten lassen. Folgende globale, ökonomische und psychologische Zielgrößen der Markenpolitik können dabei von Bedeutung sein (Bruhn 2001c):

1. **Globale Ziele der Markenpolitik**

█ Steigerung des Markenwerts,

█ Erhöhung der Kundenzufriedenheit,

█ Aufbau von Markentreue beziehungsweise Kundenbindung.

2. **Ökonomische Ziele der Markenpolitik**

█ Erhöhung des akquisitorischen Potenzials,

█ Schaffung eines preispolitischen Spielraums,

█ Erzielung einer absatzfördernden Wirkung,

█ Möglichkeit der differenzierten Marktbearbeitung.

3. **Psychologische Ziele der Markenpolitik**

█ Schaffung von Präferenzen,

█ Schaffung von Identifikationspotenzialen bei den Mitarbeitern, Lieferanten und Vermittlern,

█ Schaffung von Vertrauen,

█ Steigerung der Markenbekanntheit,

█ Aufbau eines Markenimages.

1.222 Dienstleistungsspezifische Markierungsprobleme

Als Voraussetzung zur Erreichung der aufgeführten markenpolitischen Ziele und Funktionen sowie zur Etablierung einer erfolgreichen Marke sind in Anlehnung an die aufgezeigten Merkmale einer Dienstleistungsmarke folgende grundsätzliche **Problembereiche für das Markenmanagement** abzuleiten (Stauss 1994a, S. 93ff.):

█ Problem der Gewährung von Qualitätskonstanz,

█ Visualisierung des Markenzeichens,

█ Visualisierung des Markenvorteils,

█ Schaffung von Phantasiemarken.

1. Problem der Gewährleistung von Qualitätskonstanz

Eine **gleichbleibende oder stetig verbesserte Qualität** der Dienstleistungen kann nicht garantiert, sie kann lediglich angestrebt werden. Dies liegt darin begründet, dass von Dienstleistungsanbietern nur die „Potenzialqualität" autonom kontrollierbar ist. Daraus resultiert, dass der Anbieter ständig bemüht ist, einen hohen Standard aller internen Potenzialfaktoren zu gewährleisten, indem er eine dauernde Schulung und Kontrolle aller Mitarbeiter und eine ständige Wartung und Kontrolle aller maschinellen Einsatzfaktoren vornimmt. Die Gefährdung für die gleichbleibende Qualität resultiert hauptsächlich aus der mangelnden qualitativen Konstanz der Inputfaktoren und aus der Heterogenität des externen Faktors (Meyer 1994; Corsten 1998). Vor diesem Hintergrund streben Dienstleistungsunternehmen vielfach ein Angebot standardisierter Leistungen an. Hierbei ist die Potenzialqualität der internen Faktoren weitgehend gewährleistet, während sich die Risiken durch eine situative Abhängigkeit von der Leistungsfähigkeit des externen Faktors reduzieren. Die Leistung wird somit von den Kunden bei jeder Inanspruchnahme als konstant gut wahrgenommen. Neben der Standardisierung kann die Markenidentität jedoch auch durch die Individualität der angebotenen Leistung geprägt sein. Die empfundene hohe Qualität wird dabei durch die Fähigkeit des individuellen Eingehens auf Kundenwünsche gewährleistet. Ein Höchstmaß an Individualität und Qualität bei Luftverkehrsdienstleistungen gewährleistet zum Beispiel die Schweizerische Fluggesellschaft „Jet Aviation". Diese hat sich auf das Chartergeschäft von Geschäftsreiseflugzeugen spezialisiert und ermöglicht ihren Kunden unabhängig von Flugplänen von fast allen Flugplätzen der Welt direkt zum individuell gewählten Zielflughafen zu fliegen. Allerdings ergeben sich aus der Notwendigkeit zur Einhaltung der versprochenen Qualität vielfach hohe Kosten, die nur im Rahmen einer Premium-Preis-Strategie an den Kunden weitergegeben werden können.

2. Problem der Visualisierung des Markenzeichens

Aus der mangelnden Greifbarkeit einer Dienstleistung für den Leistungsnehmer resultiert auch das Problem der Leistungsmarkierung, da eine Dienstleistungsmarkierung zwar im absatzpolitischen, jedoch nicht im technischen Sinne möglich ist. So kann ein Haarschnitt beispielsweise benannt und mit Hilfe absatzpolitischer Maßnahmen im Markt durchgesetzt werden, jedoch ist diese Dienstleistung nicht mit einem „Aufkleber" zu versehen. Die Suche nach alternativen **Markierungsobjekten,** auf denen das Markenzeichen im technischen/physischen Sinne angebracht wird, ist ebenfalls Aufgabe der Markenführung.

Zunächst liegt die Folgerung nahe, dass eine technische **Markierung immaterieller Leistungen** nicht erforderlich sei, da primäres Ziel die Durchsetzung der Marke beim Konsumenten ist. Gerade bei solchen Leistungen ist aber eine Visualisierung dringend angezeigt, da der Verbraucher bei Dienstleistungen stärker als bei Sachgütern nach Bewertungsmaßstäben sucht und diese Bewertung durch eine physische Markierung unterstützt wird. Während das Sachgütermarketing primär darauf abstellt, greifbare Produkte mit abstrakten Images zu verknüpfen, um sich auf diese Weise gegenüber gleichartigen Konkurrenzangeboten zu profilieren, wird beim Dienstleistungsmarketing vielfach der umgekehrte Weg beschritten. Für die Visualisierung der Dienstleistungsmarke sind Anhaltspunkte zu schaffen, die berührbare Evidenzbeweise erzeugen. Demnach muss einem Inhaber einer Dienstleistungsmarke in erster Linie daran gelegen sein, jene Objekte seiner Leistung zu identifizieren und zu markieren, anhand derer sich die Leistungsnehmer orientieren.

▌Abbildung 6-14　　　**Ansätze zur physischen Markierung von Dienstleistungen**

		Kontaktträger	
		Kontaktobjekte (Dinge)	**Kontaktsubjekte (Menschen)**
Verfügungsbereich	**Extern**	**Externe Kontaktobjekte** ■ Schild am Kleidungsstück nach einer Textilreinigung ■ Hänger am Autospiegel nach einer Reparatur	**Externe Kontaktsubjekte** ■ Stempelaufdruck beim Besuch einer Diskothek ■ Textile Merchandising-Artikel (zum Beispiel Mütze mit Euro-Disney-Aufdruck)
	Intern	**Interne Kontaktobjekte** ■ Markierungen von Gebäuden, Flugzeugen, Zügen, Mietwagen usw.	**Interne Kontaktsubjekte** ■ Einheitliche Bekleidung mit einer Markierung bei Fluggesellschaften

GABLER
GRAFIK

Quelle: in Anlehnung an Meyer 1994, S. 98

Als **Träger des Markenzeichens** für Dienstleistungen bieten sich, wie in Abbildung 6-14 dargestellt, interne Kontaktobjekte und -subjekte, aber auch externe Kontaktobjekte und -subjekte an (Meyer 1994, S. 98). Da der Konsument zur Dienstleistungserstellung den Ort der Leistungserstellung, zum Beispiel eine Bankfiliale, aufsucht, stehen zunächst die Gebäude, die Einrichtung und die technischen Objekte als Markierungsobjekte zur Verfügung (**interne Kontaktobjekte**). Hierbei ist insbesondere auf die einheitliche Verwendung des Markenzeichens zu achten. Die Forderung eines homogenen Erscheinungsbildes dieser Elemente wird zudem vielfach im Rahmen von Corporate-Identity-Diskussionen aufgegriffen. Aufgrund der persönlichen Interaktion zwischen Kundenkontaktpersonal und Kunden bietet sich auch die Markierung der Mitarbeiter an (**interne Kontaktsubjekte**). Insbesondere eine einheitliche Kleidung wird von Dienstleistungsanbietern häufig umgesetzt. Besonders differenziert erscheint in diesem Zusammenhang

die Dienstbekleidung der Lauda-Air Flugbegleiterinnen, die neben einer ansonsten unty-
pischen, blauen Jeans insbesondere die obligatorische „rote Kappe" umfasst. Ein weiterer Ansatzpunkt zur Markierung ergibt sich durch den Kunden selbst. So kann zumindest
temporär eine Markierung am Kundenobjekt vorgenommen werden (**externe Kontaktobjekte**). Sofern Kunden ein starkes Bedürfnis haben, den Dienstleistungskonsum zum
Beispiel bei prestigeorientierten Dienstleistungen nach außen zu dokumentieren, eignet
sich auch die Aushändigung markierter Objekte. Häufig geschieht dies in Form kleiner
Präsente, jedoch lässt sich auch eine zunehmende Zahlungsbereitschaft für Produkte dieser Art beobachten (Stauss 2001a, S. 564). So hat die Deutsche Lufthansa AG eigens einen „Lufthansa Sky Shop" eröffnet, der auf dem Versandwege von Reisegepäck über
Schmuck, Spielzeug bis zum Bürobedarf verschiedene mit der Marke „Lufthansa" verse-
hene Artikel offeriert. Diese geben den Kunden die Möglichkeit, den inneren Kontakt zur
Dienstleistung aufrechtzuerhalten, die Erinnerung zu pflegen und den Konsum gegenüber Dritten zu demonstrieren (Graumann 1983, S. 161f.). Bei einem besonders stark
ausgeprägten Wunsch des Kunden, seine Beziehung zum Dienstleistungsanbieter zu unterstreichen, kann auch eine Markierung des Kunden erfolgen (**externe Kontaktsubjekte**). Dazu werden Textilien eingesetzt, auf denen die entsprechende Markierung abgebildet wurde. Vielfach geht mit einer solchen Markierung auch der Wunsch eines Imagetransfers vom Anbieter auf den Kunden einher.

Gerade an der Schwierigkeit der physischen Markierung wird deutlich, dass die Markenpolitik von Dienstleistungsunternehmen sich als **Schnittmenge von leistungs- und
kommunikationspolitischen Aktivitäten** darstellt. Auf die kommunikative Herausstellung der Dienstleistung als Marke wird daher ebenfalls in Abschnitt 2 eingegangen.

3. Visualisierung des Markenvorteils

Gerade bei komplexen Dienstleistungen, wie zum Beispiel einem persönlichen Versicherungspaket, ist der individuelle Nutzen für den Kunden nur noch schwer darstellbar. Zudem sind die Möglichkeiten einer bildlichen Darstellung von Angeboten dieser Art stark
begrenzt. Um der Abstraktheit wirksam entgegenzuwirken, sind Dienstleistungsunternehmen daher gefordert, immaterielle Leistungsbestandteile zu tangibilisieren (George/
Marshall 1984, S. 409). Im Rahmen des Markenmanagements kann dies durch eine einfach verständliche Symbolik des Markenzeichens unterstützt werden (Stauss 2001a,
S. 565). So verkörpert der Wasserturm im Markenzeichen der Hamburg-Mannheimer
Versicherung oder die Burg der Nürnberger Versicherung den mit einer Inanspruchnahme der Leistung verbundenen Nutzen in Form einer Schutzfunktion.

4. Problem der Schaffung von Phantasiemarken

In der Dienstleistungsliteratur wurde vielfach darauf hingewiesen, dass aufgrund der Immaterialität die Bildung von Phantasiemarken für Dienstleistungen nur erschwert möglich sei (Graumann 1983, S. 51; Schreiner 1983, S. 84). Das Vorherrschen von Firmen-

marken wird durch die spezifischen Potenziale des Vertrauens- beziehungsweise Imagetransfers eines Dienstleistungsunternehmens begründet. Stauss kritisiert jedoch eine
prinzipielle Gleichsetzung von Dienstleistungs- und Firmenmarke sowie die Überbewer-
tung der Schwierigkeiten beim Aufbau von Phantasiemarken (Stauss 1994a, S. 96). Vielmehr haben verschiedene innovative Dienstleister bereits bewiesen, zielgruppenspezifische Leistungspakete zu entwickeln und diese mittels eigener Marken – oft in Verbindung mit der Firmenmarke – zu profilieren (Stauss 2001a, S. 564). In der Praxis lassen
sich in verschiedenen Bereichen Phantasiemarken antreffen:

- Finanzdienstleistungsbereich (zum Beispiel die frühere Bank24),

- Unterhaltungsbereich (zum Beispiel Cinemaxx-Kinos),

- Gastronomiebereich (zum Beispiel Burger King),

- Freizeitbereich (zum Beispiel Phantasialand),

- Tourismusbereich (zum Beispiel Robinson Club),

- Energiebereich (zum Beispiel e·on, vgl. Insert 6-3).

1.223 Markenstrategische Optionen im Dienstleistungsmarketing

Die Frage, ob eine oder mehrere Dienstleistungen unter einer Marke geführt werden sollen, gehört zu den zentralen markierungspolitischen Problemstellungen im Dienstleistungsmarketing. Grundsätzlich können die folgenden **markenstrategischen Optionen**
im Hinblick auf ihre Anwendung im Dienstleistungsbereich diskutiert werden (Meffert
1992b; Stauss 1994a, S. 88; Bieberstein 2001, S. 239f.; Bruhn 2001c):

1. Dachmarkenstrategie,

2. Markenfamilienstrategie,

3. Einzelmarkenstrategie,

4. Mehrmarkenstrategie,

5. Markentransferstrategie,

6. Tandemmarkenstrategie.

Die bisher insbesondere im Konsumgütermarketing entwickelten markenstrategischen
Ansätze können unter Berücksichtigung der dienstleistungsspezifischen Besonderheiten
abweichende Eignungen aufweisen.

INSERT 6-3   Frankfurter Allgemeine Zeitung, 05.02.2001, S. 32

Mit neuem Namen in die Unternehmenszukunft

Trend zu Kunstnamen heftig umstritten / Von Hendrick Kafsack

FRANKFURT, 4. Februar. Keshen Teo von der Londoner Agentur Wolff Olins ist stolz auf seine Idee: „Der Name für den Energiekonzern nach der Fusion von Viag und Veba sollte ergonomisch und freundlich sein, nicht technisch und autoritär aussehen." Das ist ihm mit „eon" gelungen – glaubt er. Die Form strahle Leben aus, der Name sei Programm: Áon sei das griechische Wort für Unendlichkeit, und der Punkt signalisiere die Verankerung in der Gegenwart. Aufbruch und Begeisterung für das Neue, las Veba-Chef Ulrich Hartmann in den drei Buchstaben, als das Unternehmen diese in Düsseldorf vorstellte. „Der Wachstumsschalter für Energie steht auf on", sagte Viag-Chef Wilhelm Simson. „Eon – das steht für Energie on, für Excitement on", schwärmt Teo. „E – das steht für Elektronik: E-Commerce", sagt Manfred Gotta, der seit 1986 professionell Namen für Unternehmen entwirft. Namen wie Xetra für den Online-Handel der deutschen Börse, Avanza für den Privatstrom von RWE oder Aventis für die ehemalige Hoechst AG stammen aus seinem Computer. Wie kaum ein anderer steht Gotta für den Trend zu Kunstnamen, unter denen immer mehr Unternehmen in Europa firmieren.

Trotz seiner Vorliebe für lateinisch anklingende Marken gefällt dem Namensfinder eon nicht. So werde der Energiekonzern international Schwierigkeiten haben: „Wie soll man eon schon französisch aussprechen." Vier Millionen DM soll der Energiekonzern für den neuen Namen ausgegeben haben. Allerdings gingen Veba und Viag ungewöhnlich gründlich vor. Sie beauftragten mehrere Agenturen und befragten 2000 Personen in drei Ländern. Agenturen wie die Gotta GmbH oder die Hamburger Landor Associates berechnen für einen Namen zwischen 200 000 und 600 000 DM – je nachdem ob dieser in Europa oder international geschützt sein soll. eon investierte zudem im vergangenen Jahr mehr als 100 Millionen DM und somit beinahe ein Sechstel des Budgets aller deutschen Unternehmen in die Werbung – mit Aushängeschildern wie Götz George und Veronica Ferres. „Ein neuer Name ist wie eine leere Schublade, die man mit Inhalt füllen muß", sagt Gotta.

„Mit einer neuen Marke kann man einem Unternehmen eine andere Identität verleihen", sagt Ulf-Brün Drechsel, Geschäftsführer des Marken- und Designkonzerns Landor Associates. Deshalb stehe am Anfang der Suche nach einem passenden Namen ein intensives Gespräch über die Ziele und Vorstellungen der Konzerne. Zunächst würden mit Hilfe von Computern und ihren Mitarbeitern 500 bis 800 Namen entwickelt. Anschließend werde geprüft, ob vorhandenen Marken ähnelten. „Außerdem testen wir im Katastrophencheck, ob der Name im Ausland obszön klingt." Warnendes Beispiel ist der ja-

Ein Kunstname will ausführlich erklärt werden   *Foto dpa*

panische Autohersteller Nissan: Der Name seines Jeeps „Pajero" ist auf spanisch ein Schimpfwort.

Von den 40 bis 60 Namen, die übrigbleiben, kann häufig nur ein Drittel markenrechtlich geschützt werden. Von diesen wählt der Auftraggeber in der Regel zwei bis drei aus und testet sie. Gotta entwirft zu diesem Zweck eigens Geschäftsberichte mit dem neuen Namen: „Nur wenn man ihn auf dem Produkt sieht, kann man die Wirkung beurteilen." Vor allem müsse sich die Marke von anderen abgrenzen, sagt Drechsel: „Ein Name wie Apple war revolutionär – zum Anbeißen."

Ein neuer Name aber ist kein Allheilmittel. „Alte Zöpfe abzuschneiden ist nur sinnvoll, wenn sich das Unternehmen neu oder international ausrichten will", sagt Drechsel. Marken wie Thyssen und Krupp seien so stark, daß es leichtsinnig wäre, sie zu ersetzen. „Ein Ring drum – das war es dann – und so ist es ja auch passiert", sagt der Wirtschaftsingenieur. Die Traditionsmarke Hoechst hingegen habe einen neuen Namen gebraucht, weil der Konzern sich von seiner reinen Chemie-Vergangenheit abgrenzen und zum Life-science-Unternehmen wandeln wollte. Zudem würden Altlasten der Vorgänger eliminiert. Veba und Viag seien ohnehin schwache Marken gewesen. „eon kann sich nun als allumfassende Autorität für Energie etablieren." Eine Neuausrichtung dürfe sich aber nicht auf einen neuen Namen beschränken. Die Unternehmen müßten ein neues Selbstverständnis, eine neue Corporate Identity, erhalten. Dazu gehöre neben einem neuen Logo auch, eine neue Identität den Mitarbeitern zu vermitteln.

Genau das ist nach Ansicht von Klaus Brandmeyer vom Institut für Markentech-

nik in Genf häufig schwierig. „Wenn man bei eon jemandem sagt, wird er immer mit neuen Inhalten zu füllen", sagt Brandmeyer. Ein Konzern wie Siemens habe zunächst Telegraphen produziert und sich inzwischen als Hochtechnik-Unternehmen etabliert. Auch Dietmar Mühr, Geschäftsführer der Hamburger Corporate-Identity-Agentur Plex, warnt davor, Namen leichtfertig zu ändern. „Eine Marke wie Hoechst hätte man mit neuem Inhalt aufladen können", sagt der Designer. Häufig reiche es, Logo und Identität vorsichtig zu ändern. Selbst mit hohem Werbeaufwand sei ein Name zwar schnell bekannt, bedeute für die Menschen aber nichts.

Viele Unternehmen versprächen sich von einer neuen Corporate Identity ohnehin zuviel, sagt Drechsel. So habe der Konzern BP versucht, durch neues Logo und neue Identität mit einem Handstreich sein „Schmierfink-Image" aufzupolieren. „Ein Schritt zuviel auf einmal", meint der Markenexperte. Der Konzern hätte besser kontinuierlich an seinem neuen Image gearbeitet. So sei es, als ob man alten Wein in neuen Schläuchen verkaufe.

und der die fer der jeder fehlen müsse, wenn jemandem sagt, daß er ein Viag- oder Veba-Mann ist." Einen neuen Namen und eine neue Identität zu etablieren sei auch mit einem hohen Werbeetat – in der Regel koste die Einführung etwa 50 Millionen DM – kaum zu schaffen. „Bis der Name das Vertrauen seines Vorgängers hat, vergehen 20 bis 25 Jahre." Der Trend zum Kunstnamen sei deshalb geradezu abenteuerlich. Viele Konzerne verstünden nicht, welchen Wert sie verlören.

Ein Unternehmen solle nur in höchster Not nach einem neuen Markennamen suchen. „Die Menschen sind es gewohnt, Na-

1. Dachmarkenstrategie

Im Rahmen einer **Dachmarkenstrategie** werden sämtliche Leistungen eines Unternehmens unter einer Marke zusammengefasst. Der größte Teil der Dienstleistungsunternehmen verwendet eine Dachmarke zur Markierung seiner Leistungen. Da im Rahmen dieser Strategie häufig der Name des Anbieters als Markenname oder zumindest als Teil des Markennamens Verwendung findet, birgt diese Vorgehensweise das Risiko negativer Ausstrahlungseffekte zwischen verschiedenen Leistungsarten, zum Beispiel bei Qualitätsmängeln.

Insbesondere bei der **Einführung neuer Leistungsarten** wird der Goodwill oder das Vertrauenskapital, das beim Dienstleistungsnachfrager aufgrund der bisherigen Inanspruchnahme von Diensten aufgebaut wurde, auf die Folgeleistungen übertragen. Bei allen persönlichen Dienstleistungen (zum Beispiel Unternehmensberatungen McKinsey, Kienbaum, Arthur D. Little), der Hotellerie (zum Beispiel Mövenpick, Sheraton, Hilton, Maritim), dem Bankgewerbe (zum Beispiel Deutsche Bank, Dresdner Bank, Credit Suisse) dominieren Firmenmarken als Dachmarken. In Kombination mit Einzelmarken wird hierbei häufig versucht, Einzelleistungen unter dem gemeinsamen Markendach ein eigenständiges Profil zu verleihen.

Aufgrund der Dominanz von Dachmarken im Dienstleistungsbereich erlangt die Wahl eines geeigneten **Dachmarkennamens/-symbols** besondere Bedeutung, da langfristig der Markenname das Spektrum möglicher Dienstleistungen eines Anbieters begrenzt. Zudem muss der Markenname im Hinblick auf eine Internationalisierung der Geschäftstätigkeit länderübergreifend einsetzbar sein. Ein Beispiel dafür ist die easy-Gruppe. Sie bietet unter dem easy-Dach verschiedene Dienstleistungen an, wie zum Beispiel Flüge (easy-Jet), Autovermietung (easy-Car), Bankdienstleistungen (easy-Money) und Online-Shops (easy-Value).

2. Markenfamilienstrategie

Die **Markenfamilienstrategie** ist dadurch gekennzeichnet, dass mehrere Leistungen unter einer Marke geführt werden, wobei innerhalb eines Unternehmens durchaus mehrere Markenfamilien nebeneinander existieren können. Bei DER werden beispielsweise unter dem Markennamen DERTOUR Spezialprogramme für individuelle und spezielle Urlaubsarrangements zusammengefasst. Wüstenrot bietet unter der Markenfamilie IDEAL verschiedene Finanzdienstleistungen an (IDEAL Bausparen, IDEAL-Darlehen, IDEAL&INVEST). Dabei müssen für die Leistungen innerhalb der Markenfamilie ähnliche beziehungsweise konsistente Marketingmixstrategien und ein gleichwertiges Qualitätsniveau angestrebt werden. Durch die gegenseitige Stützung der „Familienmitglieder" wird die schnellere Akzeptanz eines neuen Angebots erreicht. Die Kosten der Markenbildung lassen sich durch die Nutzung von Synergien wesentlich herabsetzen. Wenn allerdings Bedingungen, wie zum Beispiel konstante Qualität und Ähnlichkeit der Leistungen, nicht eingehalten werden, ergeben sich negative Ausstrahlungseffekte auf die anderen Leistungen der Markenfamilie. Wie bei der Einzelmarkenstrategie wirft auch die Markenfamilienstrategie für Dienstleistungen Probleme insbesondere hinsichtlich des Anbieterbezugs auf.

3. Einzelmarkenstrategie

Bei der **Einzelmarkenstrategie** wird jede Dienstleistung im Programm unter einer eigenen Markenbezeichnung geführt. Der Hersteller tritt als solcher nicht in Erscheinung. Die wesentlichen Vorteile dieser Strategie liegen in der Möglichkeit der individuellen Gestaltung von Dienstleistungen und der gezielten Ansprache einzelner Kundensegmente ohne die Gefahr negativer Ausstrahlungseffekte auf andere Marken. Diese Gefahr ist insbesondere bei der Neueinführung von Marken mit hohem Misserfolgsrisiko gegeben. Für die jeweilige Dienstleistung kann ein optimales Markenimage aufgebaut werden, da ein Imagetransfer von und zu anderen Dienstleistungen weitgehend ausbleibt. Die Nachteile einer solchen Vorgehensweise sind die hohen Kosten, da für jede Dienstleistung eine eigene Marke konzipiert und am Markt durchgesetzt werden muss. Es stellt sich nun die Frage, welche praktische Eignung der Einzelmarkenstrategie beizumessen ist. Eine zentrale Rolle spielt hierbei die Tatsache, dass die Einzelmarke weitestgehend von ihrer Herkunft, das heißt der Unternehmung, losgelöst wird. Aufgrund des starken Anbieterbezugs bei Dienstleistungen kann eine solche Loslösung nur sehr begrenzt realisiert werden. Durch die Integration des Dienstleistungsnachfragers in die Dienstleistungserstellung wird auch bei einer Einzelmarkenstrategie der Dienstleistungsersteller vom Kunden identifiziert, sodass eine Vermeidung von Ausstrahlungseffekten zwischen den einzelnen Dienstleistungsarten und damit -marken häufig nicht verhindert werden kann. Einzelmarkenstrategien für Dienstleistungen bieten sich nur dann an, wenn Erstellung und Verkauf nicht an einen unternehmenseigenen Standort gebunden sind.

Trotz der aufgeführten Nachteile und Probleme erfreut sich die Einzelmarkenstrategie bei Dienstleistungen aufgrund der Notwendigkeit differenzierter Markenbotschaften wachsender Beliebtheit (zum Beispiel T-Online, Lufthansa-Party-Service). Zwar wurde lange Zeit die Auffassung vertreten, dass die dafür notwendige Schaffung von Phantasiemarken bei Dienstleistungen kaum möglich sei. Jedoch ist es einigen innovativen und kreativen Unternehmen mit Erfolg gelungen, kundenspezifische Leistungsangebote zu bündeln und diese unter einer Phantasiemarke am Markt durchzusetzen (zum Beispiel die Marke Relax für ein Versicherungspaket der Zürich Versicherungen). Ein ähnliches Beispiel liefert die Mannheimer Versicherung, die ihre einzelnen Versicherungsleistungen als „Markenprodukte" unter lateinischen Namen anbietet. Jedoch verringern diese vielen einzelnen Marken die Transparenz erheblich. Für den Konsumenten ist es schwierig, die für seine Bedürfnisse richtige Versicherung herauszufinden.

4. Mehrmarkenstrategie

Aufgrund der mit einer Ausdehnung des Leistungsspektrums unter einer Dachmarke verbundenen Risiken einer Deprofilierung ursprünglich konturierter Marken gewinnt die Marktbearbeitung mit mehreren, parallel auf den Absatzmarkt ausgerichteten Marken und somit die Ausübung einer **Mehrmarkenstrategie** zunehmend an Bedeutung (Kapferer 1992, S. 203f.). So offeriert die TUI ihre touristischen Leistungen neben der Stammmarke TUI über Marken wie Airtours, Dr. Tigges, 1-2-Fly, Wolters Reisen und Robinson Club. Im Flugverkehr trat British Airways im Heimatmarkt mit der zusätzlichen Discount-Marke Go! an, und auch die Lufthansa ist den rückläufigen Marktanteilen mit der Einführung eines abgespeckten „No-Frills-Angebots" unter eigener Markierung (Germanwings) entgegengetreten. Das No-Frills-Konzept beinhaltet eine Niedrigpreisstrategie bei minimalem Service. Die Einsparungen werden nahezu vollumfänglich an die Kunden weitergegeben. Wesentliches Charakteristikum der Mehrmarkenstrategie ist die Ausrichtung der Marken des Markenportfolios auf den gleichen Gesamtmarkt. Dabei unterscheiden sich die Marken durch ihre heterogene Positionierung, die aus einer Differenzierung der unter den Marken angebotenen Dienstleistungen und weiterer zentraler Leistungsmerkmale beziehungsweise der Ausgestaltung der Marketinginstrumente resultiert.

Ein Beispiel für die gelungene Einführung verschiedener Einzelmarken ist die französische Hotelgruppe Accor, die derzeit die Marktführerschaft in Deutschland innehat. Das Markenportfolio des Accor-Konzerns enthält unterschiedlich umfangreiche Hotelleistungen von null bis fünf Sternen, die jeweils unter einer Einzelmarke angeboten werden (vgl. Abbildung 6-15). Ziel dieser Markenstrategie ist es, eine eigenständige Positionierung und gezielte Ansprache verschiedener Segmente zu erreichen, ohne dass Kannibalisierungseffekte entstehen. Die Nennung des Absenders bietet die Möglichkeit, Vertrauenskapital auf die Einzelmarken zu übertragen. Diese Markenstrategie ermöglicht es, den Kundenlebenszyklus eines Hotelgasts zu verlängern und dauerhaft an die Hotelgruppen zu binden. Im dem Fall, dass zum Beispiel das Anspruchsniveau eines Kunden im Verlauf seines Erwerbslebens steigt, können ihm hochwertigere Leistungen verkauft werden (Up Selling).

Mehrmarkenstrategien ermöglichen dem Dienstleistungsanbieter wettbewerbsbezogen insbesondere eine verbesserte **Marktdurchdringung** und **Marktabsicherung**. So bietet sich hierbei die Chance, durch Einführung preisaggressiver Marken, wie es British Airways mit der Marke Go! vollzogen hat, die Referenzmarke vor einem Preiskampf weitgehend zu schützen. Zudem reduziert sich durch eine breite Streuung das **Marktrisiko** des Portfolios. Ein wesentliches nachfragergerichtetes Ziel liegt in der Erhöhung der **Kundenbindung,** da die Kunden durch eine unterschiedliche Positionierung zum Teil über den gesamten Lebenszyklus hinweg gehalten werden können („Customer-Life-Cycle-Konzept", Meffert 2000, S. 895). So werden jüngere Menschen bei der TUI bereits mit der Marke „1-2-Fly" gewonnen und im weiteren Verlauf, zum Beispiel als junge Familie mit der Marke „Robinson Club" oder im Alter und bei entsprechendem Einkommen mit der Marke „Airtours" an das Unternehmen gebunden. Innengerichtet existieren zahlreiche **Synergiepotenziale**, die zu erheblichen Kosteneinsparungen führen können. Bei der Gründung der Bank24 war es dem Unternehmen aufgrund der Zugehörigkeit zur Deutschen Bank-Gruppe beispielsweise möglich, Kundendaten der Deutschen Bank gezielt zur Anwerbung eigener Kunden zu nutzen. Auch **Standardisierungspotenziale** durch Mehrmarkenstrategien sind in Dienstleistungsunternehmen insbesondere dann vorhanden, wenn sich ein hoher Anteil kostenintensiver Arbeit auf für den Kunden nicht sichtbare Elemente bezieht. So ist die gesamte Zahlungsverkehrsabwicklung in der Deutschen Bank-Gruppe weitgehend standardisiert.

Gefahren ergeben sich für den Dienstleistungsanbieter hinsichtlich der Mehrmarkenstrategie überwiegend durch die **hohen Kosten** der parallelen Marktbearbeitung und einer zu großen **Kannibalisierung** durch die gegenseitige Marktanteilssubstitution (Meffert/ Perrey 1998, S. 12ff.). Wenngleich die Bedeutung von Mehrmarkenstrategien bei Dienstleistungen in der Vergangenheit eher gering gewesen ist, so wird ihr künftiger Stellenwert aufgrund der angestrebten Marktausdehnung vieler Unternehmen deutlich zunehmen.

Abbildung 6-15   **Mehrmarken mit Absendermarke am Beispiel der Hotelgruppe Accor**

	Kategorie	Rezeptions- zeiten	Service	Zimmergröße
FÔRMULE 1 *ACCOR hotels*	0 Sterne	Morgens/ abends Check-in- Automat	Getränkeautomaten, Snackautomaten	9 qm (Dusche und WC auf dem Gang)
ETAP	1 Sterne	Morgens/ abends Check-in - Automat	Getränkeautomaten, Snackautomaten	14 qm (inkl. Dusche & WC)
ibis *Accor hotels*	2 Sterne	24 h	Bar, Restaurants in einigen Hotels, Getränkeautomaten, Snackautomaten	16,5 qm (inkl. Bad)
mercure *Accor hotels*	3–4 Sterne	24 h	Bar, Restaurants in einigen Hotels, Minibar, Room- Service	Unterschiedlich groß
NOVOTEL *Accor hotels*	3 Sterne plus	24 h	Bar, Restaurants in einigen Hotels, Minibar, Room- Service	24 qm (inkl. Bad)

GABLER GRAFIK

Quelle: in Anlehnung an Schüller 2002, S. 65

5. Markentransferstrategie

Als weitere markenstrategische Option werden Strategien des **Markentransfers** diskutiert, das heißt, Markenimage und Bekanntheitsgrad bereits eingeführter Marken sollen von den bestehenden Angeboten auf andere Angebotskategorien ausgedehnt werden (Meffert/Heinemann 1990). Ausgangspunkt ist die Überlegung, bereits für eine Marke bestehende Präferenzen auch für weitere Dienstleistungen nutzbar zu machen.

Als Beispiel können „Camel Reisen" herangezogen werden, bei denen das „Abenteuerimage" der Zigarette konsequent auf die neuen Leistungen übertragen wurde. Dabei ist zu berücksichtigen, dass der Effekt auch in Richtung Ursprungsleistung stattfindet. Weitere Beispiele finden sich im Finanzdienstleistungssektor, in dem zum Beispiel Bausparkassen wie die BHW versuchen, ihre Dachmarke auch auf die Angebotskategorien von Versicherungs- und Bankdienstleistungen auszudehnen.

6. Tandemmarkenstrategie

Der Markentransferstrategie vergleichbar ist die **Tandemmarkenstrategie**. Sie liegt vor, wenn Dienstleister häufig mittels Lizenzvergabe Sachgüter unter Zuhilfenahme ihrer erfolgreichen Dachmarke anbieten (Stauss 1994a, S. 88). Demnach unterscheidet sie sich vom Markentransfer dahingehend, dass das Image einer Dienstleistungsmarke auf eine Sachgütermarke statt auf eine andere Dienstleistungsmarke übertragen werden soll. Beispiele für diese Strategie sind vor allem im Gastronomiebereich anzutreffen (zum Beispiel Mövenpick-Marmelade, -Speiseeis; Käfer-Pizza).

1.224 Markenführung im Internet

Aufgrund der stark ansteigenden Nutzerzahlen hat sich das Internet bereits zu einem zentralen Bestandteil unternehmensstrategischer und markenpolitischer Entscheidungen entwickelt. Die Vorteile des Internet liegen in seinen Besonderheiten. Es ermöglicht seinem Nutzer, interaktiv auf Informationen zuzugreifen, dem Anbieter bietet es die Möglichkeit, Informationen individualisiert anzubieten. Das Internet kann dabei zugleich als Kommunikations- und Distributionsinstrument eingesetzt werden. Aus diesem Grund ist es wichtig, dass die Markenstrategie im Internet konsistent fortgeführt und umgesetzt wird. Da Konsumenten häufig Sicherheitsbedenken bezüglich einer Geschäftsabwicklung im Internet haben, erhält die **Marke als Vertrauensanker** eine noch größere Bedeutung als bei „herkömmlichen" Dienstleistungen. Die Verwendung einer etablierten Marke im Internet bietet sich an, um bereits vorhandenes Vertrauenskapital auf eine neue Leistung zu übertragen und Kaufbarrieren zu senken. Der zentrale Aspekt einer Marke im Internet ist ihre Funktion als Vertrauens- und Kompetenzanker. Daraus lässt sich ihre Funktion als Orientierungs- und Navigationshilfe ableiten. Durch die Möglichkeit, markierte Leistungen einfacher aufzufinden, reduzieren Marken den Suchaufwand und damit verbundene Kosten (Meffert/Bongartz 2001, S. 9). Etablierte Marken sind mehr als rein virtuelle Marken in der Lage, Besucher einer Internetseite zu einem Kauf zu bewegen. Die Conversion Rate misst das Verhältnis der Käufer zu den Besuchern einer Website und diese ist bei etablierten Marken in der Regel höher als bei neuen, rein virtuellen Marken (Meffert/Bongartz 2001, S. 10). Bei der Übertragung einer etablierten Marke auf Leistungen im Internet ist darauf zu achten, dass die ursprünglich aufgebaute Markenpersönlichkeit nicht verletzt wird. Es ist zum Beispiel denkbar, dass eine bereits etablierte Marke darunter leidet, dass unter ihr angebotene internetbasierte Leistungen nicht fehlerfrei funktionieren. Jedes Element des Internetauftritts ist im Hinblick auf formale und inhaltliche Kongruenz mit der Marke zu überprüfen bevor eine Marke im Internet präsentiert wird. Die formalen Gestaltungsmittel sind konsequent umzusetzen und müssen sich an der Marke und nicht am Medium orientieren (Meffert/Bongartz 2001, S. 24).

Die meisten Unternehmen haben heutzutage das **Internet als Profilierungsraum** für ihre Marken erkannt. Eine empirische Untersuchung belegt, dass eine fehlende Markenpräsenz im Internet das Risiko eines Imageverlustes erhöht (Meffert/Bongartz 2001, S. 15). Aus diesem Grund ist das Internet zu einem unverzichtbaren Instrument der Markenführung geworden.

Das Internet kann eingesetzt werden, um verschiedene markenpolitische Zielsetzungen zu erreichen, wie zum Beispiel die Stärkung der **Beziehung zwischen Marke und Kunden,** das heißt, Vertrauen in die Marke kann gefestigt und Loyalität zu ihr erhöht werden. Dies kann durch die gezielte Information über die Marke und die unter ihr angebotenen Leistungen erfolgen. Informationen können zielgruppenspezifisch aufbereitet und als personalisierte Problemlösung angeboten werden. Neben der Vermittlung sachlicher Inhalte kann auch die gezielte Emotionalisierung Gegenstand der Markenstrategie sein. Dies geschieht durch die Vermittlung multimedialer Markenerlebnisse in Verbindung mit der Möglichkeit, den Kunden interaktiv einzubinden. Das Internet kann weiterhin einen Beitrag leisten, die Markenbekanntheit zu erhöhen. Allerdings ist es dazu – aufgrund seines Pull-Charakters – nur bedingt geeignet (Meffert/Bongartz 2001, S.18f.).

Insgesamt kann festgehalten werden, dass die Markenführung im Internet andere Kommunikationsmaßnahmen nicht ersetzen, sondern lediglich ergänzen kann. Im Hinblick auf die Zielsetzung eines integrierten Markenkonzeptes kann jedoch nicht auf die Präsenz im Internet verzichtet werden. Die Markenführung im Internet erfordert allerdings nicht, wie häufig gefordert, vollkommen neue Methoden und Ansätze. Die Grundprinzipien erfolgreicher Markenführung, wie ein eindeutiges Qualitäts- und Nutzenversprechen, Konsistenz im Erscheinungsbild und eine eindeutige Zielgruppenorientierung, bleiben weiterhin im Internet gültig (Meffert/Bongartz 2001, S. 28).

INSERT 6-4	Markenführung in der Tourismusbranche

Kurzfallstudie: TUI Group

Touristikdienstleistungen zeichnen sich im Vergleich zu anderen Dienstleistungen durch einen besonders hohen Anteil an Erfahrungs- und Vertrauenseigenschaften aus, da der Ort der Leistungserbringung sich meistens im Ausland befindet und sich damit einer Beurteilung vor dem Kauf größtenteils entzieht. Dem Aufbau eines im Kopf des Konsumenten verankerten Vorstellungsbildes der Leistungen kommt damit eine hohe Bedeutung zu, um langfristig Vertrauen aufzubauen. Das Markenportfolio der TUI Group lässt sich als stark diversifiziert bezeichnen. Daher besteht die Herausforderung der Markenführung darin, die Produktmarken unter der Dachmarke zu vereinen, ohne dabei die klare Positionierung der Hautptmarke TUI als qualitativ hochwertige Marke zu gefährden. Während die Marke TUI Schöne Ferien! im Premium-Volumen-Segment als Dachmarke über den Produktmarken TUI Vital, TUI Family, TUI Kurzreisen, TUI Städte erleben, TUI Fly&More und TUI Rail&More positioniert ist, offeriert die TUI Group mit den Produktmarken Dr. Tigges, Robinson Club, airtours usw. auf Premium- beziehungsweise Spezialistensegmente ausgerichtete Leistungen. Bei den Spezialistenmarken wird ein Endorsed Branding mit der TUI Group durchgeführt, um die Kompetenz und Glaubwürdigkeit der Produktmarken zu stärken. Daneben bietet die TUI Group unter den Marken 1-2-Fly und l'tur Leistungen an, die auf die Segmente Budget beziehungsweise Last-Minute gerichtet sind. Diese werden jedoch ohne Bezug zur TUI Group geführt, um einerseits eine Verwässerung der Marke TUI Group zu verhindern, andererseits aber den Submarken eine eigenständige Profilierung zu ermöglichen. Damit kann die Markenführung der TUI Group als eine Mischform aus den im Kapitel genannten markenstrategischen Optionen gekennzeichnet werden.

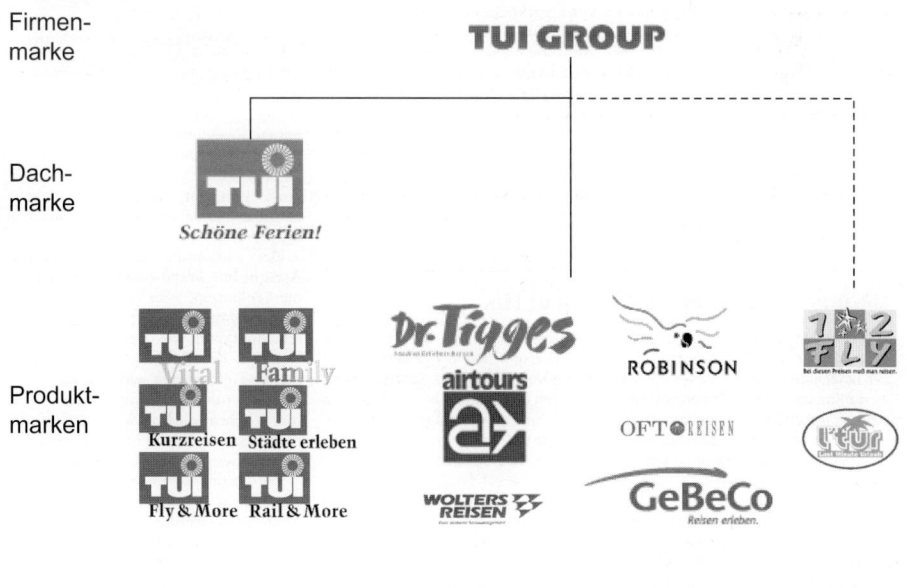

INSERT 6-5   Horizont, 06.09.2001, S. 24

TOURISTIKMARKT   World-of-TUI-Einführungskampagne startet im November / Preussag will TUI kommendes Jahr als Konzernname übernehmen

Preussag fliegt in die schöne neue TUI-Welt

Mit der Dachmarke „World of TUI" verabschiedet sich Preussag aus dem Stahlgeschäft.

HANNOVER Wenn es nach Preussag-Chef Michael Frenzel geht, dann bekommen Coca-Cola, Microsoft und IBM in den nächsten Jahren Konkurrenz. Denn der Vorstandsvorsitzende will „World of TUI" zu einer der wertvollsten Marken weltweit machen. Rund 90 Millionen Euro investieren die Hannoveraner in den nächsten drei Jahren in den Aufbau der Dachmarke (HORIZONT 35/2001), die zu einer Klammer für die rund 200 touristischen Marken des Konzerns werden soll. Ziel ist es, den Kunden mit World of TUI auf jeder Stufe der Wertschöpfungskette an den Konzern zu binden und so die Markentreue zu erhöhen.

Mit der Dachmarke World of TUI bekennt sich der ehemalige Stahlriese deutlich zum Tourismus. Die Sparte trägt mittlerweile mehr als 50 Prozent zum Gesamtumsatz bei. Doch Frenzels Pläne gehen über das reine Dachmarkenkonzept hinaus: Das Label soll als Vorlage für einen neuen Konzernnamen dienen. Im Juni 2002 will die Preussag-Führungsspitze auf der Hauptversammlung darüber abstimmen lassen, ob die Aktiengesellschaft künftig unter TUI oder World of TUI firmiert. Bis dahin muss sich die Dachmarke bewährt haben.

Die Entscheidung für den Namen World of TUI ist in der Branche nicht unumstritten. Immerhin ist TUI im –

Preussag-Chef Michael Frenzel will TUI zum neuen Konzernnamen machen (oben). Das World-of-TUI-Design (Agentur: Interbrand, Köln) wird in allen Bereichen eingesetzt

neben Deutschland – zweiten großen Quellmarkt Großbritannien nicht präsent. Dort dominiert der im Frühjahr 2000 von Preussag gekaufte Veranstalter Thomson Travel, der ebenfalls als Namensgeber für die Dachmarke im Gespräch war. „Die internationale Prüfung der Markennamen Preussag, TUI und Thomson Travel ergab, dass nur der Name TUI das Potenzial zur globalen Marke hat", sagt Frenzel. Insbesondere bei den Aspekten Emotionalität und Sympathie habe TUI am

besten abgeschnitten. Konzernmarketingleiter Michael Lambertz: „TUI hat alles, was eine Marke braucht: Sie ist kurz, prägnant, sympathisch, leicht merkbar und dahinter steht ein Qualitätsprodukt."

Das gemeinsam mit der Kölner Agentur Interbrand entwickelte Dachmarkenkonzept sieht vor, die Namen der Einzelmarken zu erhalten. Das Erscheinungsbild wird jedoch auf die World-of-TUI-Optik getrimmt. Für den Endverbraucher wird die Anpassung bei rund 70 der insgesamt 200 touristischen Marken sichtbar, da der überwiegende Teil nur im internen und im B2B-Geschäft in Erscheinung tritt.

Bei der offensichtlichsten Form der Anpassung, den so genannten Alignments, werden die Marken relauncht. Zwar bleibt der Name bestehen, Logo und Auftritt bekommen jedoch den Look der Dachmarke. Dies betrifft die zehn starken Volumenmarken, deren Kernzielgruppe die 25- bis

Dachmarkenkonzept der World of TUI

Mit dem Markenkonzept werden die rund 200 touristischen Preussag-Marken unter einem Dach gebündelt. Ziel ist es, die Kunden auf allen Stufen der Wertschöpfungskette an den Konzern zu binden und die Markentreue zu erhöhen. Die touristischen Einzelmarken werden auf verschiedene Arten in das neue Markenkonzept integriert:
■ **Alignment:** Bei der stärksten Form bleibt nur der alte Markenname erhalten; Logo und Auftritt erhalten die World-of-TUI-Optik. Betroffen sind zehn Qualitätsvolumenmarken, zu denen TUI, Fri-

tidsresor, Hapag-Lloyd, Jetair, Lunn Poly, Thomson und Britannia gehören.
■ **Endorsement:** Die Spezialanbieter behalten ihr Logo und ihren Auftritt, der jedoch um das World-of-TUI-Logo ergänzt wird. Diese Form der Anpassung wird auf circa 50 Marken angewendet zum Beispiel auf die Veranstalter Robinson, Dr. Tigges, Airtours International oder die Hotelketten Riu und Grecotel.
■ **Keine Verbindung:** Bei einigen Marken wie L'Tur und 1-2-Fly verzichtet Preussag bewusst auf den Verweis zur Dachmarke.

55-Jährigen mit einem mittleren bis gehobenen Qualitätsanspruch sind. Zu den Volumenmarken zählen unter anderen die Veranstalter TUI, Thomson Travel und Fritidsresor in Schweden sowie die Reisebüroketten TUI und Lunn Poly. Auch die Airlines Britannia und Hapag-Lloyd fliegen künftig im rot-weißen Kleid. Um zu verhindern, dass sich die Marken kannibalisieren, etabliert Preussag pro Land auf jeder Stufe der Wertschöpfungskette maximal eine Aligned Brand, die intensiv beworben wird.

Für den mit circa 50 Marken weitaus größeren Teil der höherwertig positionierten Spezialreiseanbieter gilt

die veränderte Optik erstmals mit Erscheinen der Sommerkataloge im November 2001 sichtbar. Parallel dazu startet Preussag eine Dachmarken-kampagne. World of TUI baut auf den bisherigen TUI-Markenwerten Qualität, Vertrauen, Sicherheit und Schöne Ferien auf, soll aber noch emotionaler positioniert werden. Den Etat hält die bisherige TUI-Agentur Springer & Jacoby in Hamburg. Als Basismedium fungiert TV, ergänzt durch Print und Außenwerbung. In einer ersten Stufe wird die Dachmarke angekündigt, in der zweiten stehen vor allem Inhalt- und Erlebnisaspekte im Vordergrund. „Man wird den Wind des Symbols durch Deutschland wehen sehen", glaubt Lambertz.

Eine europaweit einheitliche Kampagne ist bislang nicht geplant. In den Ländern, in denen TUI bereits geführt wird, soll jedoch der deutsche Auftritt

 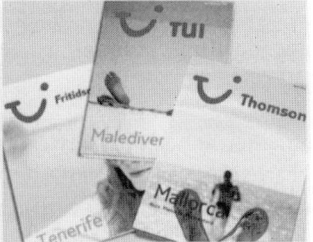

die schwächere Form des „Endorsements": Um das Image als exklusivere Veranstalter beizubehalten, aber trotzdem von der Stärke der Dachmarke zu profitieren, behalten diese Marken ihren bisherigen Auftritt – jedoch ergänzt durch das World-of-TUI-Logo. Dieses Vorgehen wendet Preussag zum Beispiel bei den Veranstaltern Robinson, Airtours International oder Crystal an. „Das sind Marken mit anderen Geschäftsmodellen, bei denen World of TUI mit ihren Qualitätswerten unterstützend wirkt", erklärt Lambertz.

Im Fall der Last-Minute-Marke L'Tur und des Billiganbieters 1-2-Fly verzichtet Preussag völlig darauf, die Zugehörigkeit zum Konzern kenntlich zu machen. Die Kunden sollen eine „unabhängige" Alternative zur World of TUI behalten.

In den nächsten Monaten werden die touristischen Marken in den verschiedenen Ländern nach und nach auf Kurs gebracht. In Deutschland wird

übernommen werden.

Bislang lag das Werbebudget für alle touristischen Marken der Preussag bei 330 Millionen Euro jährlich. Es wird kurzfristig ansteigen, da nur zwei Drittel der 90 Millionen Euro, die bis 2004 in die Kommunikation für die Dachmarke fließen, aus Umschichtungen des laufenden Etats stammen. Da das Markensymbol auf verschiedenen Stufen der Wertschöpfungskette kommuniziert, rechnet Lambertz jedoch mittelfristig mit einer Erhöhung der Werbeeffizienz und einem Rückgang der Werbespendings.

Neben den Synergieeffekten hofft Preussag über das vernetzte System von Dachmarke, Aligned und Endorsed Brands auch die Kundenbindung steigern zu können. Lambertz: „Mit unserem Markenkonzept World of TUI haben wir die Möglichkeit, die Markentreue unserer Kunden im Vergleich zu den Wettbewerbern deutlich zu erhöhen." *pap*

1.23   Beschwerdepolitik

Als weiteres Instrument der Leistungspolitik wurde die Beschwerdepolitik bisher vorwiegend im Bereich des Sachgütermarketing untersucht, obwohl sie aufgrund der Besonderheiten von Dienstleistungen gerade für die Gestaltung des Marketingmix im Dienstleistungsbereich von grundlegender Bedeutung ist. So führt die Tatsache, dass die Dienstleistungsqualität vor dem Kaufentscheid nicht prüfbar ist, bei Dienstleistungen zu einem hohen wahrgenommenen Kaufrisiko und damit in höherem Maße zu möglichen Quellen der Unzufriedenheit als beim Sachgüterkauf. Die vom Kunden artikulierten Beschwerden bilden einen zentralen Ausgangspunkt für die Durchführung von Leistungsverbesserungen, -modifikationen und -differenzierungen. Daher sollten gerade Dienstleistungsunternehmen ein systematisches Beschwerdemanagement institutionalisieren.

> **Beschwerdemanagement** ist ein Maßnahmensystem, um die Artikulation von Unzufriedenheit der Kunden anzuregen, zu bearbeiten und Aktivitäten zur Behebung der Unzufriedenheitsursachen einzuleiten. In der Folge soll die Zufriedenheit der Kunden erhöht und Kundenbindung erreicht werden.

Dabei sind folgende **Zielsetzungen** zu verfolgen (Meffert/Bruhn 1981; Bruhn 1987; Stauss/Seidel 2002):

- Herstellung einer hohen **(Beschwerde-)Zufriedenheit** durch unbürokratische Beschwerdebearbeitung, auch wenn aufgrund der Immaterialität der Dienstleistung Beschwerdeursachen nicht immer wie im Sachgüterbereich (zum Beispiel defekter Motor, fehlerhafte Lackierungen) objektiv nachweisbar sind.

- **Vermeidung von Kundenabwanderungen** und **negativer Mund-zu-Mund-Kommunikation**. In diesem Zusammenhang verweisen Heskett et al. (1994) auf die besondere Bedeutung extrem unzufriedener Kunden, die wegen ihrer negativen Auswirkung auf aktuelle und potenzielle Kunden der Unternehmung mit dem plakativen Begriff „Terroristen" gekennzeichnet werden. Im umgekehrten Fall der extrem hohen Zufriedenheit werden die Kunden wegen der von ihnen ausgehenden positiven Mund-zu-Mund-Kommunikation als „Apostel" bezeichnet (Heskett et al. 1994).

- Beitrag zur Verbesserung des **Dienstleistungsimages** beziehungsweise Herausstellung des Unternehmens als „kulanter Dienstleister".

- Im Rahmen der Leistungsprogrammgestaltung **Informationsgewinnung** als Grundlage von Leistungsverbesserungen, -modifikationen und -differenzierungen.

- **Reduzierung interner und externer Fehlerkosten** aufgrund von Korrekturmaßnahmen zur Vermeidung von Falsch- und Doppelarbeit sowie Garantieansprüchen.

Ein diesen Zielsetzungen gerecht werdendes Beschwerdemanagementsystem muss dabei über die **Elemente**

1. Beschwerdestimulierung,

2. Beschwerdeannahme,

3. Beschwerdebearbeitung/-reaktion,

4. Beschwerdeauswertung

verfügen (vgl. Stauss/Seidel 2002).

1. Beschwerdestimulierung

Um zu vermeiden, dass Dienstleistungsnachfrager ihre Beschwerden nicht artikulieren und stillschweigend zur Konkurrenz abwandern, ist eine entsprechende **Beschwerdestimulierung** durch Einrichtung leicht zugänglicher Beschwerdewege vorzunehmen.

In diesem Zusammenhang können der persönliche und der mediale Beschwerdeweg unterschieden werden. Dabei kommt der **persönliche Beschwerdeweg** vor allem für Dienstleistungen mit einem hohen Integrationsgrad des externen Faktors in Betracht. Beim **medialen Beschwerdeweg** können die folgenden Formen differenziert werden:

■ Aus Kundensicht **passive schriftliche Beschwerden** (zum Beispiel „Comment Cards" in Hotelzimmern),

■ Aus Kundensicht **aktive schriftliche Beschwerden** (zum Beispiel Beschwerdebrief an das Bankmanagement nach zehnwöchiger Verzögerung der Zustellung einer beantragten Scheckkarte),

■ Der **Einsatz von Touch Screens** (zum Beispiel Beschwerden am Geldautomaten),

■ **Telefonische Beschwerden** (zum Beispiel durch Einrichtung gebührenfreier Telefonnummern).

2. Beschwerdeannahme

In dieser Phase werden die Beschwerden erfasst. Durch den direkten Kundenkontakt bei vielen Dienstleistungen kann bei persönlichen Beschwerden bereits zu diesem Zeitpunkt die Unzufriedenheit des Kunden zumindest verringert werden. Dazu ist es notwendig, den Mitarbeitern im Kundenkontakt durch Schulungen die gewünschten Verhaltensweisen in Beschwerdesituationen zu vermitteln.

3. Beschwerdebearbeitung/-reaktion

Die **Beschwerdebearbeitung** betrifft die internen Prozesse in einem Dienstleistungsunternehmen, die als Konsequenz auf eine Kundenbeschwerde ausgelöst werden (zum Beispiel Festlegung von zeitlichen Vorgaben für die Bearbeitung eines Beschwerdefalles). Dahingegen weist die **Beschwerdereaktion** einen externen Charakter auf. Dabei steht prinzipiell die Problemlösung/Wiedergutmachung im Vordergrund. Zur Steigerung der Kunden- und Beschwerdezufriedenheit sind jedoch zusätzlich prozessbegleitende Maßnahmen (zum Beispiel Empfangsbestätigung bei schriftlichen Beschwerden, Zwischenbescheide über den jeweiligen Stand der Beschwerdebearbeitung) zu berücksichtigen.

4. Beschwerdeauswertung

Im Rahmen der Beschwerdeauswertung sind sowohl quantitative als auch qualitative Aspekte von Bedeutung. Durch die **quantitative Beschwerdeauswertung** soll mittels Kreuztabellierungen und Frequenz-Relevanz-Analysen insbesondere die relative Bedeutung einzelner Kundenprobleme untersucht werden. Die **qualitative Beschwerdeauswertung** dient vor allem der Identifikation von genauen Ursachen der Kundenunzufriedenheit. Die häufige Nennung gleicher Ursachen der Unzufriedenheit zeigt Ansatzpunkte zur Leistungsverbesserung auf. Zu berücksichtigen ist die **Heterogenität der Beschwerdeursachen**. So werden zum Beispiel Hotelgäste, die ein Hotel in ruhiger Lage gebucht haben, auch dann ihre Unzufriedenheit artikulieren, wenn das Hotel zwar in einer ruhigen Umgebung liegt, aber andere externe Faktoren in Form von Mitgästen (zum Beispiel Familien mit Kleinkindern, Kegelclubs) für „Ruhestörungen" verantwortlich sind. Im Hinblick auf Leistungsvariationen sind hier veränderte Auswahlkriterien für die Einbeziehung des externen Faktors (zum Beispiel Ausschluss von Clubveranstaltungen, Festlegung von Altersgrenzen) oder Vorgaben von Verhaltenshinweisen (zum Beispiel Hinweise für die Beachtung von Ruhezeiten) denkbar.

1.24   E-Services

Die Erstellung von Dienstleistungen über das Internet ist in der Regel auf Leistungen beschränkt, die auf der Vermittlung von Informationen beruhen (Hünerberg/Mann 1999, S. 281). Dienstleistungen, die materielle Veränderungen an Personen oder Objekten zur Folge haben, lassen sich demgegenüber nicht über das Internet abwickeln, da sie die physische Präsenz des Dienstleistungsanbieters und -nachfragers beziehungsweise seiner Objekte an einem Ort bedingen. Dementsprechend handelt es sich bei im Internet angebotenen Dienstleistungen in der Regel um Ergänzungen einer (materiellen) Kernleistung. Typische Anwendungsfelder der E-Services liegen in der Online-Beratung beziehungsweise -Information, im Bereich der Aus- und Weiterbildung und im Online-Kundendienst.

Im Unterschied zu den bereits beschriebenen Einsatzmöglichkeiten des Internet in der marktgerichteten Kommunikation steht bei der **Online-Beratung beziehungsweise -Information** nicht die aktivierende und zu Kaufhandlungen motivierende Information im Mittelpunkt der Aktivitäten. Vielmehr sollen durch die Online-Beratung beziehungsweise -Information spezielle auf die konkreten Wünsche von Kunden aufbereitete Informationen zu Kernleistungen zum Kunden gelangen. Denkbar sind dabei drei Vorgehensweisen (Dratva 1995, S. 106ff.; Hünerberg/Mann 1999, S. 283):

1. **On-Demand-Informationen:** Informationen werden von Interessenten/Kunden nachgefragt und individuell zusammengestellt. Beispielsweise gehen bei vielen Unternehmen E-Mail-Anfragen zu Anwendungsmöglichkeiten von Produkten ein. Antworten von Unternehmen erfolgen in der Regel ebenfalls mittels E-Mail.

2. **On-Stock-Informationen:** Da die individuelle Beantwortung von E-Mails aus Anbietersicht zeit- und kostenintensiv ist, gehen viele Unternehmen dazu über, „Standardfragen" online über so genannte Frequently-Asked-Questions(FAQ)-Listen zu beantworten. In diesen Listen werden Antworten zu häufig gestellten Fragen gegeben.

3. **On-Delivery-Informationen:** Zu den On-Delivery-Informationen zählen vor allem Elektronische Newsletter, die per E-Mail verschickt werden. Zunächst ist allerdings eine Registrierung seitens des Nutzers notwendig. Häufig kann der Nutzer dieses Services zunächst die ihn interessierenden Informationsbereiche angeben, sodass er nicht mit irrelevanten Informationen konfrontiert wird.

Wenngleich die Beratung und Information prinzipiell auch über klassische Medien wie Brief, Fax oder Telefon erfolgen kann, verfügt die Online-Beratung beziehungsweise -Information aus Nachfragersicht über Vorteile. Neben der unmittelbaren Information (von den meisten Unternehmen werden beispielsweise E-Mails mindestens binnen eines Tages beantwortet) sind insbesondere die geringen Kosten der Internetnutzung zu Servicezwecken hervorzuheben. Die Kosten der Inanspruchnahme von Serviceleistungen außerhalb des Internet sind sowohl für den Konsumenten (zum Beispiel Telefongebühren beziehungsweise Portokosten) als auch für den Anbieter (insbesondere Personalkosten) höher.

Im Rahmen der **Aus- und Weiterbildung** können Schulungen aufgrund der Multimedialität des Mediums über das Internet durchgeführt werden (Mann 1996). Zum einen kann dies in Echtzeit mittels Chats geschehen. Zum anderen können Schulungsinhalte auf dem Server des Anbieters gespeichert und von den Kunden flexibel abgerufen werden. Zentrale Vorteile der Online-Schulung sind die räumliche und zeitliche Unabhängigkeit und die entfallenden Reise- und Raumkosten. Nachteile können vor allem im fehlenden persönlichen Kontakt gesehen werden.

Bei technischen Kernleistungen, die über technische Steuerungsmöglichkeiten beziehungsweise digitale Wartungsmöglichkeiten verfügen, kann die Diagnose von Fehlern, die Wartung und zum Teil auch die Reparatur über das Internet erfolgen. Beispielsweise können Steuerungselemente von Maschinen repariert oder Software auf den neuesten Stand gebracht werden. Die Vorteile des **Online-Kundendienstes** liegen vor allem in der kostengünstigen und schnellen Bearbeitung. Darüber hinaus kann allerdings auch der Kontakt des Servicepersonals über das Internet erfolgen. Beispielsweise können über das Internet Servicemitarbeiter bestellt beziehungsweise Termine abgestimmt werden.

Bei dem Versuch einer begrifflichen Abgrenzung von E-Services empfiehlt es sich, von den klassischen Dimensionen von Dienstleistungen auszugehen, das heißt der Potenzial-, Prozess- und Ergebnisdimension.

Auf dieser Grundlage können E-Services wie folgt definiert werden:

> **E-Services** sind selbständige, marktfähige Leistungen, die durch die Bereitstellung von elektronischen Leistungsfähigkeiten des Anbieters (Potenzialdimension) und durch die Integration eines externes Faktors mit Hilfe eines elektronischen Datenaustauschs (Prozessdimension) an den externen Faktoren auf eine nutzenstiftende Wirkung (Ergebnisdimension) abzielen (Bruhn 2002a, S. 6).

Abbildung 6-16   **Abgrenzung der E-Services von klassischen Dienstleistungen**

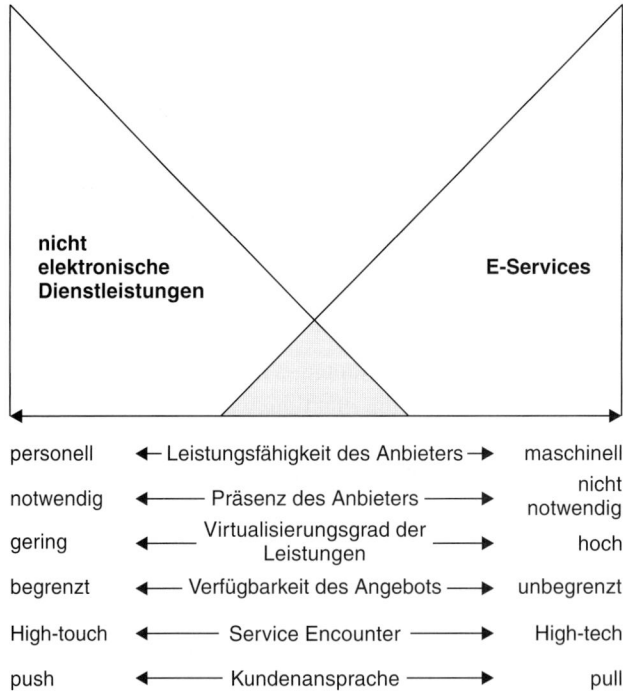

personell	← Leistungsfähigkeit des Anbieters →	maschinell
notwendig	← Präsenz des Anbieters →	nicht notwendig
gering	← Virtualisierungsgrad der Leistungen →	hoch
begrenzt	← Verfügbarkeit des Angebots →	unbegrenzt
High-touch	← Service Encounter →	High-tech
push	← Kundenansprache →	pull

GABLER
GRAFIK

Quelle: Bruhn 2002a, S. 12

In der Literatur sind zahlreiche **Merkmale** zur näheren Beschreibung von E-Services zu finden. Die Besonderheiten des Internet beeinflussen alle Phasen des Dienstleistungserstellungsprozesses, die Dienstleistung selbst und die beteiligten Transaktionspartner. Abbildung 6-16 verdeutlicht die wesentlichen Unterschiede zwischen klassischen, nicht-elektronischen Dienstleistungen und E-Services. Diese unterscheiden sich hauptsächlich im Hinblick auf die Leistungsfähigkeit sowie die Notwendigkeit der Präsenz des Anbieters, den Virtualisierungsgrad der Leistungen, die Verfügbarkeit des Angebots, die Art des Service Encounters sowie hinsichtlich der Kundenansprache. Klassische Dienstleistungen, die nur in Teilen Online erstellt oder gar nur beworben werden, sind in einem Unschärfebereich anzusiedeln.

Für Anbieter von Serviceleistungen ergibt sich bei zahlreichen **Einsatzfeldern** die grundsätzliche Frage der Substitution ihres klassischen Services, der nicht-elektronisch angeboten wird, durch die neuen Möglichkeiten des E-Services. Dabei ist es zweckmäßig, sowohl bei dem klassischen Service als auch bei dem E-Service zwischen einem vorhandenen und einem neuen Service zu unterscheiden, um die Möglichkeiten der Substitution beziehungsweise Erweiterung des klassischen durch E-Services aufzuzeigen. Abbildung 6-17 zeigt eine entsprechende Matrix mit den Möglichkeiten auf.

Abbildung 6-17	Matrix der Kombination des klassischen Service mit E-Services

		E-Serviceangebot	
		Vorhanden	**Neu**
Angebot an klassischen Services	**Neu**	**Serviceerweiterung** Erweiterung des Angebots durch neue klassische Services bei bestehender elektronischer Unterstützung III	**Serviceinnovationen** Vollkommen neue Serviceleistungen mit vollkommen neuer elektronischer Unterstützung IV
	Vorhanden	**Serviceunterstützung** Unterstützung des bestehenden Service durch vorhandene E-Services II	**Servicesubstitution** Erweiterung/Substitution des klassischen durch neue E-Services I

GABLER GRAFIK

Quelle: Bruhn 2002a, S. 26

Die Möglichkeiten der **Kombination des klassischen Service mit E-Services** ergeben sich wie folgt:

1. Servicesubstitution

Die erste Kombinationsmöglichkeit ist gekennzeichnet durch ein vorhandenes Angebot an klassischen Services und einem neuen E-Service-Angebot. Als Beispiel hierfür kann das Online Banking genannt werden. Durch das neue Online-Angebot kann der Anbieter eine Vielzahl denkbarer Vorteile erreichen, wie zum Beispiel eine steigende Effizienz und damit sinkende Kosten der Kundenbetreuung oder Erschließung weiterer Kundengruppen. Dem stehen allerdings Gefahren entgegen, zum Beispiel der Verlust von Vertrauen aufgrund des fehlenden Kundenkontakts oder eine unzureichend individuelle Kundenbearbeitung und damit das Risiko einer sinkenden Kundenbindung.

2. Serviceunterstützung

Die zweite Kombinationsmöglichkeit ist dadurch charakterisiert, dass ein vorhandenes Angebot von klassischen Services durch vorhandene E-Services unterstützt wird. Als Beispiel hierfür kann der Vertrieb eines PCs angeführt werden, für den ein Online Support, zum Beispiel in Form von FAQs, angeboten wird (zum Beispiel Dell). Ein solches Angebot ist stets dann sinnvoll, wenn durch das Online-Angebot von E-Services ein höherer Nutzen generiert wird, als ohne ein solches.

3. Serviceerweiterung

Die dritte Kombinationsmöglichkeit zeichnet sich dadurch aus, dass ein neues Offline-Angebot mit einem vorhandenen E-Service kombiniert wird. Dieser Fall würde beispielsweise dann vorliegen, wenn ein Unternehmen wie Amazon (amazon.de) als elektronischer Buchhandel zusätzlich reale Verkaufsstätten eröffnen würde. Mit einer solchen Serviceerweiterung ist es grundsätzlich möglich, Nachteile, die durch das bestehende E-Service-Angebot hingenommen werden müssen (zum Beispiel wenig Kundenkontakt), zu verringern. Auf der anderen Seite können durch die Kombination eines neuen Offline-Services mit den bestehenden E-Services aber auch Vorteile realisiert werden. Vorteile für den neu angebotenen Offline-Service werden dann erreicht, wenn der Nutzen für den Kunden durch die Kombination mit bestehenden E-Services steigt (zum Beispiel durch eine Online-Beschwerdemöglichkeit). Zum anderen kann ein Vorteil für das bestehende E-Services-Angebot dadurch erzielt werden, dass dieses durch die Kombination mit einem neuen Offline-Service dessen Bezugs- und damit Nutzenbasis erweitert.

4. Serviceinnovation

Die vierte Kombinationsmöglichkeit ist durch das Angebot eines vollkommen neuen Off-line-Services in Kombination mit einem vollkommen neuen E-Service gekennzeichnet. Als Beispiel hierfür kann die Einführung eines Kundenbindungsmanagements genannt werden, in dessen Rahmen ein Kundenclub eröffnet wird, der sowohl eine Zeitschrift als auch ein Online-Informationsangebot sowie eine Online-Bestellmöglichkeit umfasst (zum Beispiel Maerklin.de). Dies kann im Bereich der Value Added Services etwa mit dem Ziel der Profilierung gegenüber der Konkurrenz sinnvoll sein, im Bereich der Stand Alone Services kann das Angebot vollkommen neuer Services mit Online-Angebot darüber hinaus mit dem Ziel einer Diversifikation erfolgen.

Unabhängig von der gewählten Kombination mit klassischen Services entscheidet letztlich die Art und Weise des zugrunde liegenden **Geschäftsmodells** über Erfolg und Misserfolg von E-Services. Als komplexer Planungsprozess zur Etablierung einer Dienstleistung umfasst die Definition eines Geschäftsmodells die Spezifizierung der Kunden und Wettbewerber, die Festlegung des Angebotes sowie die Ausgestaltung des Distributions- und Erlösprogramms. Bei genauerer Betrachtung lassen sich die vielfältigen Entscheidungen auf die drei Dimensionen Nutzenstiftung, Erlösmodell und Architektur zurückführen (vgl. Ahlert/Backhaus/Meffert 2001).

Die Frage der Nutzenstiftung als Ausgangspunkt des Marketing ist den Dimensionen Erlösmodell und Architektur gedanklich vorgelagert. Ein überlegener Nutzen kann entweder auf einem höheren Leistungsnutzen im Sinne von schneller, besser oder individueller oder bei gleichem Nutzen auf einem geringeren Leistungsentgelt beruhen. So bietet das amerikanische Internet-Auktionshaus ebay.com seinen Kunden auf Basis einer neuen Technologie und damit verbundenen geringeren Transaktionskosten einen Nutzen, der in dieser Form im Vor-Internet-Zeitalter nicht existierte. Während den Zeitvorteilen in der Informationsphase häufig noch Barrieren in der Auslieferung materieller Güter entgegenstehen, ist das Internet für das Angebot „reiner" Dienstleistungen (zum Beispiel Buchung von Reisen, Abschluss von Versicherungen usw.) aufgrund seiner Spezifika prädestiniert.

Ist der Ausgangspunkt eines E-Service-Geschäftsmodells unternehmensintern begründet, so ist dies häufig auf Überlegungen im Bereich der Erlösgestaltung zurückzuführen. Wurde die Idee der Transformation variabler in fixe Erlöse bereits vor einigen Jahrzehnten durch die Idee der Buchclubs verwirklicht, so gewinnt sie gegenwärtig durch innovative Geschäftsformen im Internet eine neue Dimension. Als Beispiel sei auf die zahlreichen Application Service Provider verwiesen, die ihren Kunden neben dem Software-Kauf die Möglichkeit einer zeitlich begrenzten Nutzung gegen ein entsprechendes Entgelt bieten.

Obgleich die Gestaltung der Architektur in der Regel dem Nutzen- oder Erlösgedanken nachgelagert ist, können interne Anstöße für E-Services auch in Entscheidungen über die Leistungs- und Informationsströme begründet sein. Eine innovative Business-to-Business-Architektur hat die Deutsche Post mit der Online Solution „Mailing Factory" realisiert: Als Komplettlösung für die Durchführung adressierter Werbesendungen integriert die Plattform die Angebote angeschlossener Dienstleister und erleichtert die für die Mailingerstellung notwendigen Arbeitsschritte der Wertschöpfungskette von der Konzeption und Gestaltung bis zu Produktion und Versand.

Auch wenn unter Marketingaspekten dem Kundennutzen eine prioritäre Bedeutung zukommt, zeigt die Praxis, dass E-Services vornehmlich technologieinduziert sind: Als wichtigster Treiber neuer Geschäftsmodelle lassen sich Fortschritte im informations- und kommunikationstechnologischen Bereich identifizieren, während nicht gelöste Kundenprobleme nur knapp vor den technischen Fähigkeiten des Unternehmens rangieren (vgl. Abbildung 6-18). Dennoch zeigt die Untersuchung des Marketing Centrum Münster, dass sich erfolgreiche E-Business-Dienstleister durch eine stärkere Markt- und Kundenorientierung von den weniger erfolgreichen Unternehmen abgrenzen. Sie sind in der Regel innovativer und haben eine stärkere ökonomische Fokussierung, das heißt, sie priorisieren Umsatz- und Gewinnsteigerung als Oberziele. Darüber hinaus sind sie differenzierter und unterscheiden sich hinsichtlich der Dimensionen Nutzen, Erlös und Architektur stärker vom bestehenden Angebot am Markt.

| Abbildung 6-18 | Treiber von E-Service-Geschäftsmodellen |

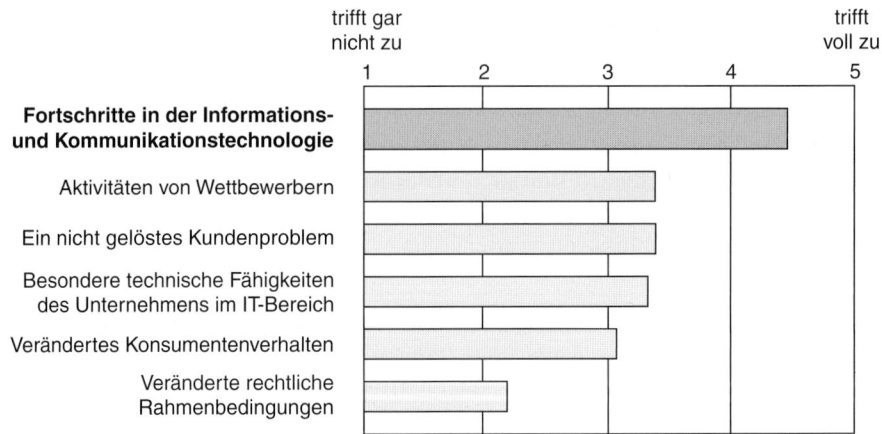

GABLER
GRAFIK

Quelle: Ahlert/Backhaus/Meffert 2001

2. Kommunikationspolitik

2.1 Grundlagen der Kommunikationspolitik

2.11 Besonderheiten der Kommunikationspolitik von Dienstleistungsunternehmen

Aus den **Besonderheiten beim Absatz von Dienstleistungen,** das heißt der Bereitstellung der Leistungsfähigkeit des Anbieters und der Integration des externen Faktors sowie der Immaterialität, Nichtlagerfähigkeit und Nichttransportfähigkeit von Dienstleistungen, ergeben sich zahlreiche **Implikationen für die Kommunikationspolitik** eines Dienstleistungsunternehmens, die in Abbildung 6-19 wiedergegeben sind.

Aus der Notwendigkeit der permanenten **Bereitstellung der Leistungsfähigkeit** des Dienstleistungsanbieters können folgende Implikationen für die Dienstleistungskommunikation abgeleitet werden:

■ Da die Leistungsfähigkeit selbst nicht darstellbar ist, gilt es, **spezifische Dienstleistungskompetenzen zu dokumentieren,** zum Beispiel durch das Aufhängen der Siegerurkunde eines Friseurwettbewerbs im Salon.

■ Ferner ist es Aufgabe der Kommunikationspolitik, das **Fähigkeitenpotenzial darzustellen,** zum Beispiel durch den Hinweis auf eine besondere Klanganlage eines Kinos vor Filmbeginn.

Aus der **Integration des externen Faktors** folgen weitere Besonderheiten der Dienstleistungskommunikation:

■ Wenn der externe Faktor in Form eines Objektes beziehungsweise eines Menschen am Ort der Leistungserstellung anwesend sein muss und der Dienstleister hierfür eine **Transportmöglichkeit** anbietet, kann auf diese mit Hilfe von Kommunikationsmaßnahmen aufmerksam gemacht werden, zum Beispiel in der Anzeige einer Autoreparaturwerkstatt mit einem Hinweis auf die Abholmöglichkeit eines zu reparierenden Fahrzeuges.

■ Da der Leistungserstellungsprozess aufgrund der Integration des externen Faktors nur schwer standardisierbar ist, können in Kommunikationsmaßnahmen unter Umständen lediglich die **internen Faktoren** präsentiert werden, zum Beispiel durch Darstellung der Stewardessen im Werbespot einer Fluggesellschaft.

■ In einigen Dienstleistungsbereichen ist es ferner möglich, den **externen Faktor** beispielhaft darzustellen, zum Beispiel in einer Anzeigenkampagne von American Express mit Prominenten.

Abbildung 6-19   Besonderheiten der Kommunikationspolitik
                        von Dienstleistungsunternehmen

Besonderheiten von Dienstleistungen	Implikationen für die Kommunikationspolitik
Leistungsfähigkeit des Dienstleistungsanbieters	▪ Dokumentation spezifischer Dienstleistungskompetenzen ▪ Materialisierung des Fähigkeitenpotenzials
Integration des externen Faktors	▪ Hinweis auf eventuelle Abholmöglichkeit des externen Faktors ▪ Darstellung interner Faktoren ▪ Darstellung externer Faktoren ▪ Einsatz der Kommunikationspolitik im Rahmen des Leistungserstellungsprozesses ▪ Erklärung von Problemen im Leistungserstellungsprozess ▪ Durchführung individueller Kommunikation zum Aufbau enger Kunden-Mitarbeiter-Beziehungen sowie zur Erleichterung der Erhebung von Kundendaten
Immaterialität	▪ Materialisierung von Dienstleistungen durch die Darstellung tangibler Elemente ▪ Visualisierung von Dienstleistungen durch die Hervorhebung tangibler Elemente ▪ Wecken von Aufmerksamkeit mittels materieller Leistungskomponenten ▪ Verbesserung des Unternehmens-/Leistungsimages
– Nichtlagerfähigkeit	▪ Unterstützung der kurzfristigen Nachfragesteuerung ▪ Hinweis auf Maßnahmen zur Kapazitätsaufteilung ▪ Ausnutzung von Cross-Selling-Potenzialen
– Nichttransportfähigkeit	▪ Bekanntmachung von Leistungserstellungsbedingungen (Ort, Zeit usw.) ▪ Bekanntmachung und Information bei großer räumlicher Distanz von Leistungsangebot und -nachfrage ▪ Ausnutzung von Cross-Selling-Potenzialen ▪ Kooperation zwischen Dienstleistungsanbietern

GABLER
GRAFIK

▮ Aufgrund der Integration des externen Faktors bietet sich bei Dienstleistungen anders als bei anderen Gütern der Einsatz von **Kommunikationsmaßnahmen im Rahmen der Erstellung** an, zum Beispiel das Angebot einer Lebensversicherung während eines Beratungsgesprächs bezüglich einer Autoversicherung.

▮ Außerdem kann die Kommunikation zur **Erklärung von Problemen** im Laufe der Leistungserstellung dienen, zum Beispiel durch die Vorwarnung bezüglich möglicher Wartezeiten bei telefonischer Vereinbarung eines Arzttermins.

▮ Schließlich kann aufgrund der sich aus der Integration des externen Faktors ergebenden Interaktivität eine **individuelle Kommunikation** erreicht werden, die wiederum zum Aufbau enger Kunden-Mitarbeiter-Beziehungen (zum Beispiel Kellner-Gast-Beziehung im Restaurant) sowie zur Erleichterung der Erhebung von Kundendaten (zum Beispiel Kenntnis sämtlicher medizinischer Probleme eines Patienten durch den Hausarzt) führt.

Aus der **Immaterialität** von Dienstleistungen resultieren folgende Konsequenzen für die Kommunikationspolitik:

▮ Anders als bei anderen Gütern können Dienstleistungen in ihrer Gesamtheit dem Kunden nicht präsentiert oder dargestellt werden. Daher ist es Aufgabe der Kommunikation, eine **Materialisierung** der Leistungen zu erreichen. Dies kann durch die Darstellung tangibler Elemente geschehen (zum Beispiel durch materielle Geschenke im Rahmen von Verkaufsförderungsaktionen).

▮ Eine weitere Möglichkeit, weitgehend intangible Dienstleistungen „greifbar" zu machen, liegt in der **Visualisierung** tangibler Leistungselemente (zum Beispiel mit Hilfe der Darstellung von Mitarbeitern oder anderen Potenzialfaktoren in Werbespots (vgl. Insert 6-6)).

▮ Ferner soll die Unternehmenskommunikation dazu dienen, die **Aufmerksamkeit** für neue oder auch bereits bekannte Leistungen mittels materieller Leistungskomponenten zu wecken (zum Beispiel die Gestaltung von Hinweisschildern für ein Hotel).

▮ Schließlich spielt aufgrund der Immaterialität das Unternehmens- oder Leistungsimage eine besondere Rolle bei der Leistungsbeurteilung durch den Kunden. Daher soll mit entsprechenden Kommunikationsmaßnahmen die **Verbesserung des Images** erreicht werden (zum Beispiel durch den Vortrag eines Bankvorstandes vor Unternehmern).

Aus der **Nichtlagerfähigkeit** können folgende Implikationen für die Kommunikation abgeleitet werden:

▮ Mit Hilfe unterschiedlicher Marketingmaßnahmen soll in verschiedenen Dienstleistungsbereichen eine **kurzfristige Nachfragesteuerung** erreicht werden. In diesem Zusammenhang kommt der Kommunikation eine unterstützende Funktion zu (zum Beispiel durch die Bewerbung von Billigtarifflügen in einer Zeitungsanzeige).

■ Ferner kann die Kommunikation Maßnahmen zur **Kapazitätsaufteilung** unterstützen (zum Beispiel durch den Hinweis auf eine gewünschte Reservierung in einem Hotelprospekt).

■ Schließlich ist es aufgrund der Nichtlagerfähigkeit empfehlenswert, mit Hilfe von Kommunikationsmaßnahmen **Cross-Selling-Potenziale** auszunutzen (zum Beispiel durch den Hinweis in Rechtsberatungsgesprächen auf Steuerberatungsleistungen einer Kanzlei).

INSERT 6-6   werben&verkaufen, 30.03.2001, S. 104

Spaziergang im Hotel

KATALOGFOTOS SIND OUT, VIRTUELLE HOTELRUND-GÄNGE SIND IN. DIESE ZEIGT DIE TUI IM WEB.

Pünktlich zur CeBIT hat TUI Deutschland, Hannover, den Internet-Auftritt gründlich überarbeitet (Agentur: Springer & Jacoby, Hamburg). Die User können auf den Web-Seiten des Reiseveranstalters jetzt virtuelle Rundgänge durch die Hotels unternehmen und die Häuser bis in den kleinsten Winkel unter die Lupe nehmen. Kameraschwenks um 360 Grad machen Ferienanlage und Strand – aber auch die Umgebung sichtbar. Bisher präsentieren sich 57 TUI-Hotels von

TUI.DE *bietet mehr als Fotos wie aus dem Katalog.*

Gran Canaria bis zur Dominikanischen Republik interaktiv und dreidimensional; der User steuert seinen Rundgang per Mausklick selbst und kann jedes Detail heranzoomen. Dieter Zümpel, in der Geschäftsführung von TUI Deutschland für den Eigenvertrieb verantwortlich: „Auf diese Weise entgeht dem Kunden nichts, weder die Speisekarte noch das Muster der Bettwäsche. Der Urlauber hat jetzt ganz neue Möglichkeiten, sich zu

informieren." Bis Herbst sollen auch alle übrigen Häuser mit dem neuen System arbeiten.

Die Datenmengen seien von jedem PC ohne Zusatz-Software zu bewältigen, Buchungen laufen direkt beim Reiseveranstalter ein. Neu auf der Homepage der Hannoveraner ist außerdem der TUI.de Shop. Per Mausklick können Accessoires wie Währungsrechner oder Sprachübersetzer sowie Strandartikel und anderes geordert werden. TUI will mit dem neuen Angebot auch Touristen gewinnen, die bisher zum Beispiel über Reisebüros nicht erreicht werden können, weil sie Pauschalreisen ablehnen. Im Februar verzeichnete www.tui.de laut IVW rund 2,5 Millionen Visits und 8,4 Millionen Page-Impressions.   *cp*

Durch die **Nichttransportfähigkeit** von Dienstleistungen erhält die Kommunikationspolitik die folgenden Aufgaben:

- Aufgrund der Nichttransportfähigkeit ist es notwendig, dem Dienstleistungskunden
  gewisse **Bedingungen der Leistungserstellung,** wie Ort, Zeitpunkt der Erstellung
  usw., mitzuteilen (zum Beispiel durch die Bekanntmachung der Filmvorführungster-
  mine von Kinos in Tageszeitungen oder eine Wegbeschreibung zur Konzerthalle auf
  der Rückseite einer Eintrittskarte).

- Liegen **Leistungsangebot und -nachfrage räumlich weit auseinander,** werden
  Kommunikationsmaßnahmen durch den Anbieter erforderlich (zum Beispiel das
  Versenden der Leistungsbeschreibung einer Unternehmensberatung).

- Ähnlich wie aus der Nichtlagerfähigkeit ergibt sich auch aus der Nichttransportfähigkeit die Notwendigkeit, **Cross-Selling-Potenziale** auszunutzen (zum Beispiel
  die Frage einer Friseuse, ob sie außer einem Haarschnitt zusätzlich eine Rasur vornehmen soll).

- Schließlich kann die Nichttransportfähigkeit mittels **kooperativer Kommunikationsmaßnahmen** mehrerer Leistungsersteller umgangen werden (zum Beispiel
  durch die Gewährung einer Preisreduktion in Verbindung mit einem Flug bei einer bestimmten Fluggesellschaft als Verkaufsförderungsmaßnahme einer Autovermietung).

2.12 Begriff und Bedeutung der Dienstleistungskommunikation

Neben den Aktivitäten im Leistungsmix kommt den kommunikationspolitischen Maßnahmen im Dienstleistungsmarketing eine wichtige Rolle zu.

So hat die Kommunikationspolitik die Aufgabe zu lösen, eine immaterielle Dienstleistung beziehungsweise das Dienstleistungspotenzial, -ergebnis oder den Dienstleistungsprozess durch Visualisierungen oder eine anders geartete Verdeutlichung für den Dienstleistungskonsumenten verständlich und „sichtbar" zu machen (Corsten 2001; Scheuch
2002). Generell kann unter **Kommunikation** die Übermittlung von Informationen und
Bedeutungsinhalten zum Zweck der Steuerung von Meinungen, Einstellungen, Erwartungen und Verhaltensweisen bestimmter Adressaten gemäß spezifischer Zielsetzungen
verstanden werden (Meffert 2000, S. 443; Bruhn 2003a, S. 1).

> Die **Kommunikationspolitik** eines Dienstleistungsunternehmens umfasst Maßnah-
> men der marktgerichteten, externen Kommunikation (zum Beispiel Anzeigenwer-
> bung), der innerbetrieblichen, internen Kommunikation (zum Beispiel Mitarbeiter-
> zeitschrift, Intranet) und der interaktiven Kommunkation zwischen Mitarbeitern und
> Kunden (zum Beispiel Kundenberatungsgespräch) (Bruhn 2001a, S. 201).

Im Rahmen des Dienstleistungsmarketing erweist es sich zum Teil als besonders schwierig, zwischen den kommunikationspolitischen Maßnahmen und der eigentlichen Leistungserstellung zu differenzieren (Berry 1983; Chase 1984; Compton 1987; Congram/Czepiel/Shanahan 1987; Firnstahl 1990). Wie Abbildung 6-20 verdeutlicht, kann Kommunikation im Rahmen des Dienstleistungserstellungsprozesses zum einen ein wichtiges **Leistungsmerkmal** darstellen (zum Beispiel Rechtsberatung, ärztliche Beratung), dem weniger die kommunikationspolitischen als vielmehr die leistungspolitischen Zielsetzungen (zum Beispiel Erreichung einer hohen Servicequalität) zugrunde zu legen sind. Zum anderen kann die Kommunikation auch als reines **Instrument im Sinne der Kommunikationspolitik** zur Leistungsdarstellung eingesetzt werden (zum Beispiel klassische Werbung, Sponsoring). Mitunter kann die wahrgenommene Servicequalität durch einen – im Sinne der angeführten Basisfunktionen nicht exakt getrennten – Einsatz der Kommunikationspolitik negativ beeinflusst werden. Dies kann beispielsweise dann der Fall sein, wenn der Dienstleistungsanbieter während eines Beratungsgesprächs, einer Theateraufführung oder einer Unterhaltungssendung Werbeargumente gegenüber dem Konsumenten artikuliert, um die Inanspruchnahme weiterer Dienste zu initiieren. Insofern ist es für einen Dienstleistungsanbieter wichtig, zwischen der Kommunikation als Leistungselement und als Instrument der Kommunikationspolitik im klassischen Sinne zur Darstellung der Leistung zu differenzieren.

Abbildung 6-20   **Kommunikationspolitische Ausprägungen im Dienstleistungsbereich**

Art des Kontaktes	Direkter Kontakt	Indirekter Kontakt
Mittelbare (unpersönliche) Kommunikationsbeziehung	■ Leistung: – Telefonische Beratung ■ Kommunikation: – Telefonwerbung – Direct Mail	■ Leistung: – Aufklärungswirkung (zum Beispiel Aids-Kampagne) ■ Kommunikation: – Werbung (klassisch) – Sponsoring
Unmittelbare (persönliche) Kommunikationsbeziehung	■ Leistung: – Rechtsberatung – Ärztliche Beratung ■ Kommunikation: – Persönlicher Verkauf	■ Leistung: – Szenensponsoring ■ Kommunikation: – Mund-zu-Mund- Kommunikation

GABLER
GRAFIK

Grundsätzlich kommt den Formen der **direkten Kommunikation** im Rahmen des Dienstleistungsmarketing eine besondere Relevanz zu, um dem Kunden mögliche Leistungsbeweise zu dokumentieren und ein entsprechendes Vertrauensverhältnis zur Reduktion des Kaufrisikos bei immateriellen Dienstleistungen aufzubauen.

Bei einer zunehmenden Bedeutung von Dienstleistungen für die Volkswirtschaft und die Absatzmärkte in Deutschland ist zu vermuten, dass auch die **Dienstleistungskommunikation in der werblichen Wirtschaft** einen höheren Stellenwert erreicht hat. Interessante Anhaltspunkte liefert dafür eine Analyse des werblichen Investitionsvolumens unterschiedlicher Dienstleistungsbranchen im Zeitraum 1996 bis 1999 (Datengrundlage: A.C. Nielsen Werbeforschung S + P GmbH).

Im zugrunde liegenden Betrachtungszeitraum ist ein Wachstum der medialen Investitionen von Dienstleistungsunternehmen in Höhe von 25,6 Prozent auf 8,55 Mrd. DM im Jahre 1999 festzustellen (1996: 6,81 Mrd. DM). Sowohl im Vergleich zu anderen Branchen (Verbrauchsgüterbranche: +3,1 Prozent; Gebrauchsgüterbranche: – 0,7 Prozent; Investitionsgüterbranche: –7,4 Prozent) als auch in Relation zum Gesamtmarkt (+12,47 Prozent) weist der Markt für die Dienstleistungswerbung damit die bei weitem **höchste Wachstumsdynamik** auf.

Besonders deutlich wird diese Entwicklung bei differenzierter Betrachtung der **zehn (Teil-)Branchen** des Dienstleistungs- und Verbrauchsgütermarktes mit den höchsten werblichen Investitionsvolumina (vgl. Abbildung 6-21).

Die allgemeine Intensivierung des Kommunikationswettbewerbs hat insbesondere in der Dienstleistungsbranche dazu geführt, dass Konsumenten einer zunehmenden Anzahl von Werbeappellen gegenüberstehen und die Informationsüberlastung weiter gestiegen ist. Eine systematische und differenzierte Ableitung von Aufgaben der Dienstleistungskommunikation sowie die Feststellung ihrer (situationsabhängigen) Relevanz gewinnt daher an Bedeutung, um in einem sich verschärfenden dienstleistungsspezifischen Kommunikationswettbewerb erfolgreich sein zu können.

Abbildung 6-21 Entwicklung des werblichen Investitionsvolumens in verschiedenen Wirtschaftssektoren in Mio. DM

Branchen	1996	1999	Vergleich 1996/1999
Dienstleistungsbranchen			
1. Massenmedien	1.878	2.752	+ 46,5 %
2. Handelsorganisationen	1.683	1.908	+ 13,4 %
3. Banken + Sparkassen	864	969	+ 12,2 %
4. EDV-Services	53	23	− 56,6 %
5. Spezialversender	667	723	+ 8,4 %
6. Versicherungen	443	591	+ 33,4 %
7. Körperschaften	265	294	+ 10,9 %
8. Reisegesellschaften	418	490	+ 17,2 %
9. Fremdenverkehr	272	258	− 5,1 %
10. Unternehmenswerbung	263	541	+ 105,7 %
Gesamt	**6.806**	**8.549**	**+ 25,6 %**
Verbrauchsgüterbranchen			
1. Körperpflege	2.076	2.155	+ 3,8 %
2. Süßwaren	1.045	1.230	+ 17,7 %
3. Bier	786	749	− 4,7 %
4. Kaffee, Tee, Kakao	460	397	− 13,7 %
5. Waschmittel	454	463	+ 2,0 %
6. Milchprodukte	253	330	+ 30,4 %
7. Alkoholfreie Getränke	426	491	+ 15,3 %
8. Putz- + Pflegemittel	363	349	− 3,9 %
9. Konserven, Fleisch, Fisch	318	302	− 5,0 %
10. Spirituosen	307	221	− 28,0 %
Gesamt	**6.488**	**6.687**	**+ 3,1 %**
Gebrauchsgüterbranchen			
1. Möbel + Einrichtung	351	385	+ 9,7 %
2. Oberbekleidung	334	312	− 6,6 %
3. Tonträger	281	283	+ 0,7 %
4. Foto + Optik	190	184	− 3,2 %
5. Spielzeug	177	141	− 20,3 %
6. Elektrogeräte (Haushalt)	172	162	− 5,8 %
7. Audio-Video-Geräte	141	158	+ 12,1 %
8. Uhren + Schmuck	131	153	+ 16,8 %
9. Schuhe	92	87	− 5,4 %
10. Reifen	70	61	− 12,9 %
Gesamt	**1.939**	**1.926**	**− 0,7 %**
Investitionsgüterbranchen			
1. Investitionsgüter-Teiletats	34	38	+ 11,8 %
2. Medizinische Geräte	33	26	− 21,2 %
3. Werkzeuge	22	24	+ 9,1 %
4. Landwirtschaftliche Maschinen	16	15	− 6,3 %
5. Antriebe + Lager	9	10	+ 11,1 %
6. Batterien	8	1	− 87,5 %
7. Motoren + Kraftmaschinen	8	9	+ 12,5 %
8. Klima- + Kältetechnik	7	3	− 57,1 %
9. Pumpen	6	5	− 16,7 %
10. Ladenbau + Einrichtungen	5	6	+ 20,0 %
Gesamt	**148**	**137**	**− 7,4 %**

GABLER
GRAFIK

Datengrundlage: A. C. Nielsen Werbeforschung S + P GmbH, Marktsystematik (1996–1999)

$2._{13}$ Integrierte Kommunikation als Ausgangspunkt

Insbesondere die Vielfalt der Ebenen der Kommunikation und die Vielzahl der Kommunikationsinstrumente machen es erforderlich, dass Dienstleistungsanbieter eine **Integrierte Kommunikation** anstreben (Congram/Czepiel/Shanahan 1987; Piercy/Morgan 1990; Bruhn 2002f).

> Unter **Integrierter Kommunikation** wird ein Prozess der Analyse, Planung, Umsetzung und Kontrolle verstanden, der darauf ausgerichtet ist, aus den differenzierten Quellen der internen und externen Kommunikation von Unternehmen eine Einheit herzustellen, um ein für sämtliche Zielgruppen der Unternehmenskommunikation konsistentes Erscheinungsbild über das Unternehmen zu vermitteln (Bruhn 2003c).

Mit Hilfe einer verbesserten Integrierten Kommunikation erhoffen sich Dienstleistungsunternehmen Synergieeffekte, indem durch den abgestimmten Einsatz verschiedenartiger Kommunikationsmaßnahmen eine höhere Kommunikationswirkung für das Unternehmen erreicht wird als beim isolierten Einsatz derselben (Bruhn 1989; Zorn 1997).

Dabei können hinsichtlich der Ebene der Integration als **Formen** die inhaltliche (strategische Ebene), die formale sowie die zeitliche (operative Ebene) und organisatorische Integration unterschieden werden (Bruhn 2003c).

Auf strategischer Ebene sollen im Rahmen der **inhaltlichen Integration** thematische Verbindungslinien zwischen verschiedenen Kommunikationsmaßnahmen ausgemacht werden. Dies kann durch die Verwendung einheitlicher Slogans, Kernbotschaften usw. beziehungsweise durch Verbindungen multisensualer Art geschehen (zum Beispiel der Slogan „Wir machen den Weg frei" der Volks- und Raiffeisenbanken). Auf der inhaltlichen Ebene kann weiterhin eine Unterteilung in die funktionale, instrumentelle, horizontale und vertikale Integration vorgenommen werden.

Bezüglich der **funktionalen Integration** soll der Zielerreichungsbeitrag der Kommunikationsinstrumente verbessert werden. Es gilt zu überprüfen, welche der folgenden Funktionen einzelne Instrumente gemeinsam übernehmen können:

- Zunächst haben Kommunikationsinstrumente die Aufgabe, dem Kunden ein Leistungsversprechen zu geben. Die erwartete Qualität muss dem Kunden gegenüber definiert und beschrieben werden. Gegebenenfalls werden die Vorzüge der eigenen Dienstleistung gegenüber den Angeboten der Wettbewerber hervorgehoben (**Informations- und Profilierungsfunktion**).

- Die Kommunikationsinstrumente dienen auch dazu, Kunden zur Inanspruchnahme der Dienstleistung zu motivieren. Ferner sollen die Mitarbeiter des Dienstleistungsunternehmens vom Management motiviert werden, die Dienstleistungsqualität auf dem erwarteten Niveau zu erfüllen (**Motivationsfunktion**).

▮ Im Kommunikationsprozess sind darüber hinaus die Leistungserwartungen sowie die Leistungserfahrungen der Kunden zu erfragen. Dies erfolgt primär durch Kommunikationsinstrumente, die in besonderem Maße dialogfähig sind (**Dialogfunktion**).

▮ Schließlich müssen die einzelnen Kommunikationsinstrumente zusammen mit anderen Kommunikationsinstrumenten einheitlich eingesetzt werden können. Das Integrationspotenzial ist besonders groß bei den persönlichen Formen der Kommunikation (**Integrationsfunktion**).

Die **instrumentelle Integration** dient der Verknüpfung verschiedener Kommunikationsmaßnahmen. Dabei geht es nicht nur um eine inhaltliche Verknüpfung der Argumentation der einzelnen Instrumente, sondern vor allem um die systematische Vernetzung zwischen einzelnen Kommunikationsinstrumenten. Dies bedeutet, dass beispielsweise Verkaufsförderungsprogramme in der Mediawerbung ausgelobt werden, Prospekte und Firmenbroschüren in Verkaufsförderungsprogrammen vor Ort verwendet werden, in der Mediawerbung auf Qualitätsschulungen der Mitarbeiter sowie auf Vorträge und „Tage der offenen Tür" in der Pressearbeit hingewiesen wird. Grundsätzlich muss jedes einzelne Kommunikationsinstrument in der Lage sein, die Inhalte und Formen der anderen Kommunikationsinstrumente in die eigenen kommunikativen Aktivitäten einzubeziehen.

Während die **horizontale Integration** dafür Sorge trägt, dass an die Kommunikationsempfänger einer Marktstufe gleiche Inhalte gesendet werden, dient die **vertikale Integration** dazu, eine einheitliche Ansprache von Zielgruppen auf unterschiedlichen Marktstufen zu erreichen.

Die operative Ebene umfasst zunächst Maßnahmen der **formalen Integration**. Hierzu sind formale Gestaltungsprinzipien festzulegen, die bei allen Kommunikationsmaßnahmen einzuhalten sind. Dies ist von zentraler Bedeutung bei allen unpersönlichen Kommunikationsmaßnahmen, die mit gedruckten Medien arbeiten. Im Vordergrund stehen die Vorgabe des Markenzeichens und Logos des Dienstleistungsunternehmens, die in Schrifttyp, Farbe, Größe usw. einheitlich wiedergegeben werden müssen. Die formalen Gestaltungsprinzipien – im Rahmen der Corporate-Identity-Diskussion vielfach als Corporate Design bezeichnet – sind in internen und externen Kommunikationsmaßnahmen gleichermaßen wiederzufinden.

Darüber hinaus sind Maßnahmen für eine **zeitliche Integration** zu entwickeln, das heißt für eine zeitliche Abstimmung zwischen den verschiedenen Kommunikationsmaßnahmen. Ein „optimales Timing" ist besonders wichtig, wenn kommunikative Ereignisse im Mittelpunkt stehen, wie beispielsweise bei Verkaufsförderungsprogrammen am Dienstleistungsort, bei „Tagen der offenen Tür", Kongressen usw. Diese Ereignisse sind durch die anderen Kommunikationsinstrumente zu berücksichtigen, sei es durch Ankündigen oder weitere parallele Aktionen.

Auf der organisatorischen Ebene zielt die **interne Integration** darauf ab, eine verbesserte Abstimmung in der Zusammenarbeit verschiedener Abteilungen im Dienstleistungsunternehmen zu erreichen. Normalerweise verfügen unterschiedliche Abteilungen über relevante Informationen, wie die Unternehmensleitung, das Kontaktpersonal, die Markt-forschung, die Presse, die Verwaltung, das Controlling. Hier ist eine wechselseitige Information über Kommunikationsmaßnahmen erforderlich. Vor allem sind Informationen über Marktreaktionen an die entsprechenden Stellen weiterzuleiten.

Neben der internen hat die **externe Integration** die Aufgabe, eine Koordination mit all jenen Marktteilnehmern vorzunehmen, die mit dem Dienstleistungsunternehmen zusammenarbeiten (zum Beispiel Agenturen, Berater, Händler). Alle Marktbeteiligten müssen inhaltlich ähnliche Argumente verwenden und formal nach außen einheitlich auftreten. Arbeiten Dienstleistungsunternehmen mit vielen Außenstellen zusammen, so benötigen sie vielfältige Kontakte und Abstimmungsmechanismen (zum Beispiel Schulungen, Arbeitsgespräche, Tagungen), um zwischen der Zentrale und den Mitarbeitern zu koordinieren.

2.14   Planungsprozesse der Kommunikation

Aufgrund der Vielfalt der Kommunikationsverantwortlichen, -situationen, -ziele, -zielgruppen und -instrumente handelt es sich bei der integrierten Kommunikation um ein komplexes Entscheidungsproblem. Um dieser Komplexität entsprechend zu begegnen, sind Unternehmen angehalten, einen strategischen und unternehmensweiten Planungsprozess der Kommunikationspolitik zu implementieren. Dabei muss an zwei unterschiedlichen Ebenen angesetzt werden: zum einen an der **Ebene der Gesamtkommunikation** als Top-down-Planung und zum anderen an der **Ebene der einzelnen Kommunikationsinstrumente** als Bottom-up-Planung. Diese Entscheidungsebenen sind in Abbildung 6-22 wiedergegeben. Zentrales Erfordernis ist es, die Entscheidungsprozesse beider Ebenen in Form einer **iterativen Down-up-Planung** zusammenzuführen (Bruhn 2003a, S. 59ff.).

Diese iterative Planung impliziert die Notwendigkeit der Abstimmung der unterschiedlichen **Träger der Kommunikation**. Bei den im Rahmen des Dienstleistungsmarketing in Frage kommenden Trägern der Kommunikation – als Absender und/oder als Adressat – soll hier eine Fokussierung auf drei Träger vorgenommen werden. Zunächst ist das **Management von Dienstleistungsunternehmen** Träger der Kommunikation, etwa durch Werbeanzeigen oder Öffentlichkeitsarbeit. Zum anderen sind es die **Mitarbeiter des Dienstleistungsunternehmens,** wie etwa das Kontaktpersonal beziehungsweise die Mitarbeiter, die die Dienstleistung erbringen. Schließlich sind auch die **Kunden des Dienstleistungsunternehmens** Träger der Kommunikation, indem sie Informationen suchen, empfangen oder weitergeben.

Abbildung 6-22   **Kommunikationsplanung auf unterschiedlichen Ebenen**

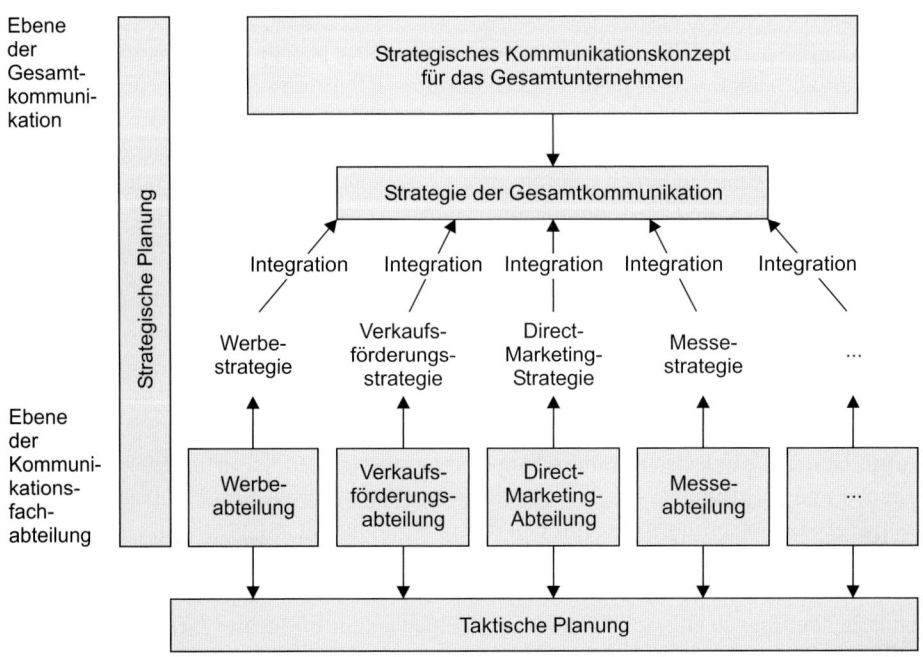

Quelle: Bruhn 2003a, S. 58

Dieser iterative Planungsprozess ist eine heuristische Entscheidungsmethodik, die zu einer „guten", nicht jedoch „optimalen" Lösung führt. Der Prozess kann in die folgenden Phasen eingeteilt werden, wie sie in Abbildung 6-23 wiedergegeben sind:

Abbildung 6-23   Planungsprozess der Kommunikation und Einsatz des Instrumentariums

Phasen	Planungsprozess der Gesamtkommunikation	Planungsprozess der Kommunikationsinstrumente
Analysephase	▪ Analyse der gesamten Kommunikationssituation	▪ Analyse der Kommunikationssituation
Planungsphase	▪ Festlegung der Ziele der Integrierten Kommunikation ▪ Definition der Zielgruppen der Integrierten Kommunikation ▪ Auswahl und Kategorisierung der Kommunikationsinstrumente ▪ Integration der Elemente in ein Strategisches Konzept ▪ Festlegung und Verteilung des gesamten Kommunikationsbudgets	▪ Festlegung der Kommunikationsziele ▪ Identifizierung der Zielgruppen ▪ Festlegung der Kommunikationsstrategie ▪ Integration der Kommunikationsstrategie in das Konzept der Unternehmenskommunikation ▪ Festlegung des Budgets für ein Kommunikationsinstrument
Durchführungsphase	▪ Realisierung der Integrierten Kommunikation	▪ Festlegung und Verteilung von Einzelmaßnahmen der Kommunikation
Kontrollphase	▪ Erfolgskontrolle der Integrierten Kommunikation	▪ Kontrolle der Kommunikationswirkungen

GABLER GRAFIK

1. Analyse der Kommunikationssituation

In dieser Phase geht es darum, die Situation sowohl der Gesamtkommunikation als auch der einzelnen Instrumente zu untersuchen. Um die Analyse möglichst umfassend vollziehen zu können, bietet sich die Identifizierung möglicher Einflussgrößen anhand folgender sechs Kategorien an (Bruhn 2003a, S. 103ff.):

▪ Marktbezogene Einflussfaktoren,

▪ Kundenbezogene Einflussfaktoren,

▪ Absatzmittlerbezogene Einflussfaktoren,

▪ Konkurrenzbezogene Einflussfaktoren,

▪ Umfeldbezogene Einflussfaktoren,

▪ Unternehmensbezogene Einflussfaktoren.

Bei der Betrachtung der Einflussfaktoren ist zu berücksichtigen, dass aufgrund der zeitlichen und kausalen Interdependenz der Größen untereinander keine eindeutig deterministischen Ursache-Wirkungs-Zusammenhänge postuliert werden können. Bei einer zunehmenden Wettbewerbsintensität in vielen Dienstleistungsbranchen erhalten dabei die konkurrenzbezogenen Faktoren eine besondere Bedeutung. Gerade Dienstleistungsunternehmen benötigen im Kommunikationswettbewerb eine **„Unique Communication Proposition" (UCP),** um sich von den Hauptkonkurrenten kommunikativ deutlich abzuheben.

2. Festlegung der Kommunikationsziele

Aufgrund der Zuordnungsproblematik von Ursachen und Wirkungen erfolgt die Formulierung von Zielen in der Kommunikationspraxis häufig unvollständig und zu wenig konkret. Um dies zu verhindern, sollten Kommunikationsziele die folgenden **Anforderungen** erfüllen:

▪ Oberziel ist die verbindliche Verankerung der Integration der Kommunikation.

▪ Die Kommunikationsziele sollten mit den Unternehmens- und Marketingzielen abgestimmt werden.

▪ Durch eine hierarchische Zielstrukturierung kann die Zuordnung zu einzelnen Instrumenten vereinfacht werden.

▪ Die Ziele sollten zielgruppenspezifisch formuliert werden.

▪ Um eine Zuordnung zu einzelnen Instrumenten zu ermöglichen, sollten die Ziele operational nach Inhalt, Ausmaß, Zeit- und Segmentbezug aufgestellt werden.

▪ Schließlich sollten die Ziele verbindlichen Charakter haben und erfüllbar sein.

3. Definition der Zielgruppen der Kommunikation

Da die Ziele der Kommunikation zielgruppenspezifisch zu formulieren sind, hat in dieser Phase die Festlegung der Zielgruppen der Kommunikation zu erfolgen. Als **Hauptzielgruppen** sind Kunden, Mitarbeiter und Öffentlichkeit zu nennen.

Als Besonderheit ist bei vielen Dienstleistungsunternehmen zu beachten, dass die Mitarbeiter nicht nur eine eigene Zielgruppe für die interne Kommunikation darstellen, sondern bei der externen Kommunikation auch als **„Second Audience"** angesehen werden (Firestone 1983, S. 87f.; Berry 1984, S. 275f.; Bruhn 1999b, S. 30f.; Stauss 2000b, S. 215f.). Dies bedeutet, dass Botschaften, die primär an externe Zielgruppen der Kommunikation gerichtet sind, zum Teil auch die Mitarbeiter als Empfänger haben. Grundsätzlich können zwei Ausprägungsformen von Kommunikationsmaßnahmen mit den Mitarbeitern als „Second Audience" unterschieden werden:

▌ Externe Kommunikationsmaßnahmen, mit denen sowohl externe als auch interne Kunden angesprochen werden sollen (zum Beispiel Anzeigen mit Mitarbeitern der Hypo Vereinsbank).

▌ Externe Kommunikationsmaßnahmen, die primär auf externe Kunden ausgerichtet sind, jedoch auch interne Kunden erreichen (zum Beispiel Werbung eines Dienstleisters zur Imageprofilierung, wie der über die Mediawerbung transportierte Slogan deutscher Volks- und Raiffeisenbanken „Wir machen den Weg frei").

Auf der Ebene der Gesamtkommunikation gilt es, eine breite, möglichst umfassende Zielgruppe festzulegen, die sämtliche Zielgruppen des Unternehmens zusammenfasst und so die konsistente Gestaltung der Unternehmenskommunikation unterstützt. Auf der Ebene der einzelnen Instrumente hat eine differenzierte Festlegung zu erfolgen, um Ziele und Maßnahmen der Instrumente möglichst exakt auswählen zu können. Daher sollte die Zielgruppenbeschreibung auf instrumenteller Ebene bestimmten **Anforderungen,** wie Segmentbildungseigenschaft, Wiedererkennbarkeit, Auffindbarkeit, Realisierbarkeit, Zielbezug und Konkretisierungsmöglichkeit, genügen. Bei der Integration der Instrumente ist schließlich eine mögliche Überschneidung von Instrumentenzielgruppen zu berücksichtigen, um eine bessere Abstimmung der Einzelinstrumente zu gewährleisten (Bruhn 2003c).

4. Auswahl und Kategorisierung von Kommunikationsinstrumenten

In dieser Phase wird überprüft, inwiefern die einzelnen Instrumente einen **Zielerreichungsbeitrag** leisten können und sich die verschiedenen Instrumente gegenseitig beeinflussen. Ausgehend von diesen Untersuchungen kann jedes Instrument in eine der folgenden vier Kategorien eingeteilt werden (Bruhn 2003c):

▌ **Leitinstrumenten** kommt eine besonders starke strategische Bedeutung zu.

▌ **Kristallisationsinstrumente** sind sehr wichtig für die zielgruppenspezifische Kommunikation.

▌ **Integrationsinstrumente** haben die Möglichkeit, andere Instrumente zu unterstützen und zu vereinen.

▌ **Folgeinstrumente** haben eine geringe strategische Bedeutung und werden vor allem für einzelne Aufgaben im Rahmen der Kommunikation mit Teilzielgruppen eingesetzt.

Abbildung 6-24   Typologie von Kommunikationsinstrumenten im Dienstleistungsbereich

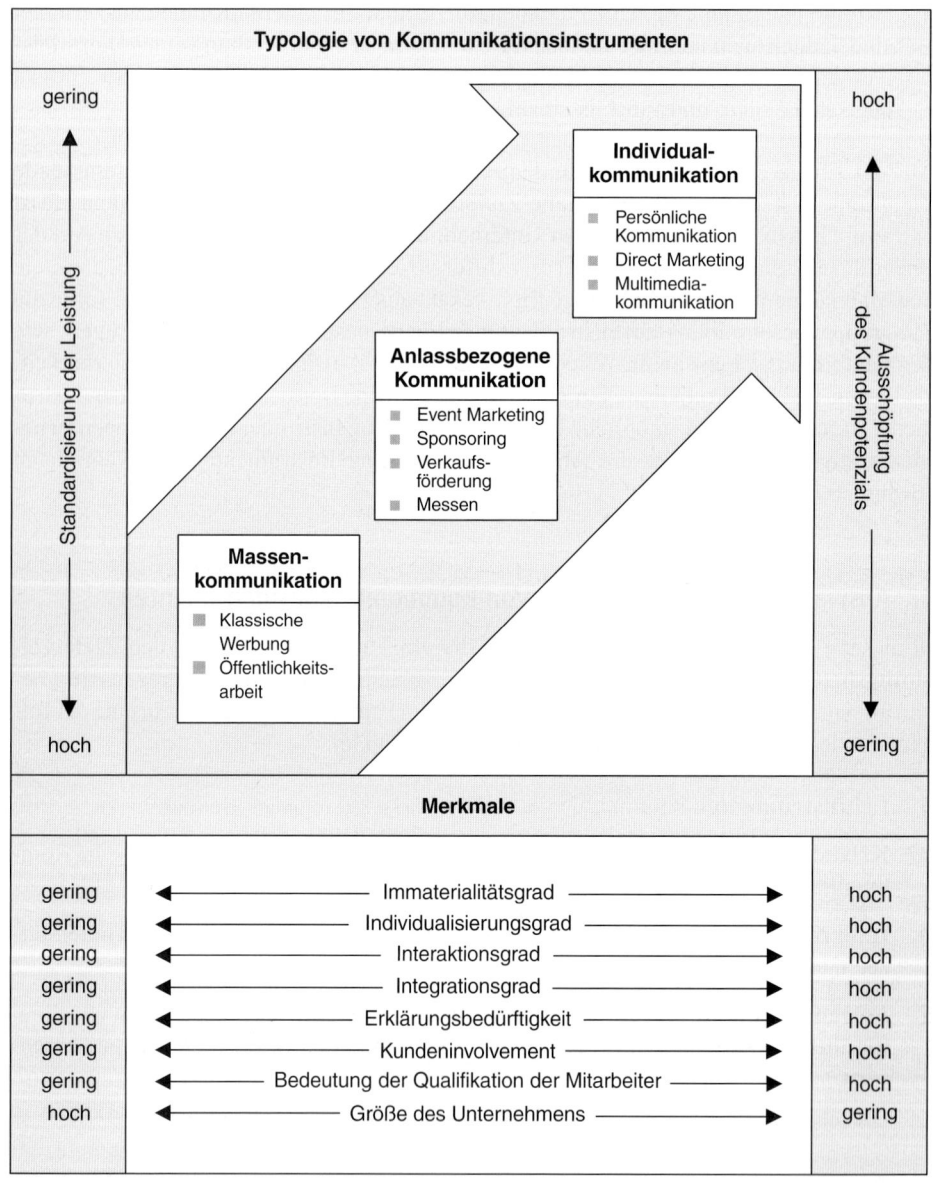

GABLER
GRAFIK

Dabei ist anzumerken, dass je nach Art der Dienstleistung den Kommunikationsinstrumenten eine unterschiedliche Bedeutung im Kommunikationsmix zuzurechnen ist. Wie
in Abbildung 6-24 dargestellt, sind jedoch Instrumente, mit denen eine **zielgruppenspezifische oder individuelle Kommunikation** ermöglicht wird, umso bedeutender,

▪ je immaterieller,

▪ je erklärungsbedürftiger und

▪ je weniger standardisiert

eine Leistung ist.

5. Integration der Planungselemente in ein strategisches Konzept der integrierten Unternehmenskommunikation

Die Phasen der strategischen Positionierung als Hauptziel der Unternehmenskommunikation, der Festlegung der Kernbotschaften sowie die Kategorisierung der Kommunikationsinstrumente mit dem Ergebnis der Festlegung der Leitinstrumente ergeben das strategische Konzept der integrierten Unternehmenskommunikation. Ausgehend von diesem
Konzept sollte jedes Kommunikationsinstrument strategisch in die Gesamtkommunikation eingebunden werden. Ein **strategisches Konzept für die Gesamtkommunikation**
eines Dienstleistungsunternehmens umfasst also die Festlegung

▪ der strategischen Positionierung,

▪ der Kernbotschaften,

▪ des/der Leitinstrument(e).

2.15 Ziele und Strategien der Dienstleistungskommunikation

Neben der Verfolgung von **ökonomischen Zielsetzungen,** wie Umsatz- und Gewinnex-
pansion oder Kostenersparnis durch kommunikative Steuerung der Dienstleistungsnachfrage im Zeitablauf, erlangen im Rahmen der Kommunikationspolitik insbesondere **psychologische Kommunikationsziele** große Bedeutung. Hierbei lassen sich nach den Stufen der Kundenreaktion kognitiv-, affektiv- und konativ-orientierte Zielsetzungen unterscheiden (vgl. zum Beispiel Behrens 1970; Schmalen 1992; Meffert 2000; Bruhn 2003a,
S. 135ff.):

Kognitiv-orientierte Ziele

■ **Berührungs- und Kontakterfolg**
Werbebotschaften sollen die ausgewählten Zielgruppen in den Marktsegmenten möglichst ohne Streuverlust erreichen. Streuverluste entstehen durch Kontakte mit Nichtzielpersonen (Personen, die weder als Käufer oder Verwender noch als Absatzhelfer in Frage kommen). Dies führt zu wirkungslosen Kommunikationsausgaben. Bei Nutzung von Medien lässt sich dieser Effekt zwar nicht vermeiden, aber durch bewusste Medienauswahl abschwächen.

■ **Aufmerksamkeitswirkung**
Die Kommunikationsbotschaft muss den unbewussten Wahrnehmungsfilter des Umworbenen durchdringen. Die jeweilige Maßnahme soll im Feld der Konkurrenzwerbung bewusst, mindestens jedoch willkürlich wahrgenommen werden. Die in der Botschaft enthaltenen Informationen sollen aufgrund der speziellen Aufmerksamkeitswirkung bewusst aufgenommen werden.

■ **Erinnerungswirkung**
Mehr oder weniger große Teile der durch die Kommunikation vermittelten Informationen sollen im Gedächtnis gespeichert bleiben. Hierbei ist insbesondere die Verankerung einer Dienstleistungsmarke im „Evoked Set" des Konsumenten zu erreichen.

■ **Informationsfunktion**
Aufgrund der Immaterialität von Dienstleistungen ist insbesondere bei komplexen Leistungsarten von der Kommunikationspolitik eine wichtige Informationsfunktion zur Verdeutlichung des Leistungsumfangs, der Leistungserstellung usw. zu erfüllen.

Affektiv-orientierte Ziele

■ **Gefühlswirkung**
Die aufgenommene Botschaft muss auf das individuelle Empfinden des Umworbenen wirken und Emotionen wecken. Die Stärke (nicht die Art und Richtung) dieser Wirkung lässt sich bis zu einem gewissen Grad an den Reaktionen des Angesprochenen messen.

■ **Positive Hinstimmung**
Die Botschaft soll unbewusste Bedürfnisse konkretisieren, bewusst machen und diesen Wunsch rechtfertigen. Zudem soll sich die Überzeugung entwickeln oder bestätigen, dass die durch die Kommunikation versprochene Leistung dem Kunden nach allen Gesichtspunkten den größten Nutzen stiftet.

■ **Interessenweckung**
Die Kommunikation soll das Interesse an der Leistung so aktivieren, dass der Umworbene bereit ist, sich aktiv mit dieser auseinanderzusetzen und diese Leistung als
mögliches Kaufobjekt zu sehen.

■ **Imagewirkung**
Mit der Unternehmenskommunikation wird die Schaffung eines positiven Images
des Unternehmens und seiner Leistungen angestrebt. Aufgrund der Immaterialität
und Intangibilität von Dienstleistungen sowie dem damit einhergehenden Mangel an
objektiven Beurteilungskriterien spielt das Image im Rahmen des Kaufentscheidungsprozesses zur Schaffung von Vertrauen bei den Dienstleistungskunden eine besondere Rolle.

Konativ-orientierte Ziele

■ **Auslösung von Kaufhandlungen**
Die Botschaft soll veranlassen, dass der Kaufwunsch in die Tat umgesetzt wird, dass
der Angesprochene von der Konkurrenz auf die eigene Unternehmung wechselt beziehungsweise der eigenen Unternehmung treu bleibt. Die Kommunikation soll also
helfen, den Umsatz zu steigern oder mindestens zu halten. Darüber hinaus sind kommunikationspolitische Instrumente zur mengen- und zeitbezogenen Steuerung der
Dienstleistungsnachfrage, insbesondere für ein verstärktes Cross Selling bei den bestehenden Kunden einzusetzen.

■ **Beeinflussung des Informationsverhaltens**
Im Rahmen der Kommunikationspolitik sollten Dienstleistungsunternehmen anstreben, sich dem Kunden als ein Unternehmen zu präsentieren, das darauf bedacht ist,
ihn nach seinen Bedürfnissen über die Unternehmensleistungen zu informieren. Insbesondere durch die Bereitschaft der direkten Information des Kunden über potenzielle oder aktuelle Probleme im Rahmen des Leistungserstellungsprozesses könnte
auch eine verstärkte aktive Beschwerdeführung durch den Kunden initiiert werden.

■ **Beeinflussung des Weiterempfehlungsverhaltens**
Durch die Kommunikationspolitik soll erreicht werden, dass der Kunde die Leistung
des Unternehmens an andere potenzielle Kunden in seinem Bekanntenkreis weiter-
empfiehlt. Gerade aufgrund des immateriellen und intangiblen Charakters von
Dienstleistungen gewinnt die Mund-zu-Mund-Kommunikation der Kunden für die
Gewinnung neuer Kunden an Bedeutung und damit auch für den mittel- bis langfristigen Unternehmenserfolg.

Zur Systematisierung konkreter **Aufgaben und Inhalte der Dienstleistungskommuni-kation** ist es notwendig, zum einen eine Kategorisierung der Möglichkeiten zum Abbau dienstleistungsspezifischer Informationsasymmetrien vorzunehmen (Bruhn 2001d, S. 579ff.). Wird die **Richtung des Informationsflusses** dabei als Kategorisierungskrite-rium herangezogen, so wird zwischen einem einseitigen und wechselseitigem Abbau vorhandener Informationsasymmetrien unterschieden:

▪ Beim **einseitigen Abbau von Informationsasymmetrien** wird die Marktkommuni-kation ausschließlich dazu eingesetzt, dienstleistungsspezifische Informationsdefi-zite auf der Seite der Nachfrager abzubauen.

▪ Im Gegensatz dazu kommt es beim **wechselseitigen Abbau vorhandener Informa-tionsasymmetrien** zur Verringerung von (dienstleistungs- beziehungsweise kun-denspezifischen) Informationsdefiziten auf der Seite von Anbieter und Nachfrager.

Zum anderen sind potenziell durchführbare Kommunikationsaktivitäten grob in Massen- und Kundenkommunikation zu unterteilen. Aus dieser zweidimensionalen Kategorisie-rung ergeben sich vier **Aufgabenbereiche der Marktkommunikation von Dienstleis-tungsunternehmen** (vgl. Abbildung 6-25). Die vier Aufgabenbereiche werden im Folgen-den weiter danach unterschieden, inwieweit sie vorrangig auf die Integration des externen Faktors oder die Immaterialität von Dienstleistungen zurückgeführt werden können.

▌ Abbildung 6-25   **Aufgaben der marktgerichteten Dienstleistungskommunikation**

Abbau vorhandener Informations-asymme-trien / Formen der Marktkommunikation	Einseitig		Wechselseitig	
Massenkommunikation	▪ Bekanntma-chung/Aktuali-sierung des Dienstleistungs-angebotes ▪ Qualitätssignale 1	▪ Darstellung von Art und Ausmaß der Integration ▪ Darstellung des Ergebnisses der Integration	▪ Hinweis auf Rück-koppelungsmög-lichkeiten bzgl. der Eigenschaf-ten des Dienstleis-tungsangebotes 2	▪ Hinweis auf Rück-koppelungsmög-lichkeiten bzgl. Art und Ausmaß der (potenziellen) Integration
Kundenkommunikation	▪ Eigenschaftsbe-zogene Kennt-nisvermittlung ▪ Angebotsbezo-gene Kenntnis-vermittlung 3	▪ Bereitstellung kommunikativer Integrations-hilfen	▪ Eigenschafts- und prozess-gerichtete Inter-aktion ▪ Angebotsgerich-tete Interaktion 4	▪ Personengerich-tete Interaktion (Kundenprofil; Kundenzufrie-denheit/-unzu-friedenheit)

Legende: ☐ = primär auf die Immaterialität zurückführbare Aufgaben
▨ = primär auf die Integration des externen Faktors zurückführbare Aufgaben

GABLER
GRAFIK

Quelle: Bruhn 2001d, S. 588

1. Einseitig ausgerichtete Massenkommunikation

■ Die einseitig ausgerichtete Massenkommunikation hat im Hinblick auf die **Immaterialität** von Dienstleistungen die Aufgabe, das **Dienstleistungsangebot bekannt zu machen sowie zu aktualisieren**. Dies gilt insbesondere im Vorfeld der erstmaligen Inanspruchnahme einer Dienstleistung. Hierbei kommt es in erster Linie darauf an, das Dienstleistungsangebot, das heißt sowohl die Dienstleistungsmarke als auch einzelne Dienstleistungen, als relevante Alternative im Bewusstsein des Konsumenten zu verankern und durch kontinuierliche Hinweise zu aktualisieren (Kroeber-Riel/ Esch 2000, S. 34f.). Aber auch nach der Inanspruchnahme ist es von besonderer Wichtigkeit, wiederholt an das Dienstleistungsangebot zu erinnern, um weitere Inanspruchnahmen der Dienstleistung zu realisieren beziehungsweise vorhandene Cross-Selling-Potenziale zu erschließen.

■ Darüber hinaus ist es eine wesentliche, auf die Besonderheit der Immaterialität von Dienstleistungen zurückgehende Aufgabe der einseitigen Massenkommunikation, **Qualitätssignale** auszusenden, um die dienstleistungsspezifische Unsicherheit des Konsumenten zu reduzieren (Stauss 1989, S. 49; Kaas 1991a, S. 360f.; Weiber/Adler 1995, S. 47f.). Dies gilt in besonderem Maße für Dienstleistungen, bei denen die Immaterialität mit einem hohen Anteil an Erfahrungs- und Vertrauenseigenschaften verbunden ist sowie bei der erstmaligen Inanspruchnahme der Dienstleistung. Unsicherheitsreduzierende Qualitätssignale können beispielsweise die Höhe des wahrgenommenen Kommunikationsdrucks, das Kommunizieren von Garantien oder die kontinuierliche Präsenz der Dienstleistungsmarke in den Medien sein.

■ Aufgrund der **Integration des externen Faktors** ist es ein vorrangiges Anliegen der Massenkommunikation, Art und Ausmaß der Integration des externen Faktors darzustellen. Die **Art der Integration** kann beispielsweise im Mittelpunkt eines TV-Spots einer Hotelkette stehen, indem die Rolle des potenziellen Dienstleistungskunden beim Check-in gezeigt wird. Weiterhin kann die (einseitige) Massenkommunikation dazu eingesetzt werden, um auf das **Ausmaß der Integration** hinzuweisen. Dabei kann sowohl der notwendige als auch der mögliche Grad der Einbindung im Mittelpunkt massenkommunikativer Aktivitäten des Dienstleistungsanbieters stehen. Als ein Beispiel für die massenkommunikative Darstellung des notwendigen Integrationsgrades ist das Bemühen eines Bankdienstleisters anzusehen, die Schnelligkeit und Einfachheit der Abwicklung alltäglicher Bankdienstleistungen werblich zu akzentuieren (zum Beispiel der HypoVereinsbank-Slogan „Leben Sie. Wir kümmern uns um die Details", vgl. Insert 6-7).

■ Darüber hinaus ist die **Darstellung des Integrationsergebnisses** eine vorrangige Aufgabe der einseitigen Massenkommunikation. Hier bietet sich eine beispielhafte Darstellung der Zufriedenheit eines Kunden mit der Dienstleistung, der Dienstleistungsmarke und/oder des Dienstleistungsunternehmens an (zum Beispiel die AOL-Werbung mit Boris Becker). Die einseitige Massenkommunikation kann auf diese

Art und Weise nicht nur die Bereitschaft des potenziellen Dienstleistungskunden zur Inanspruchnahme des Dienstleistungsangebotes erhöhen, sondern auch eine wichtige Bestätigungsfunktion übernehmen.

INSERT 6-7   Anzeigenbeispiel HypoVereinsbank

2. Wechselseitig ausgerichtete Massenkommunikation

Im Rahmen der wechselseitig ausgerichteten Massenkommunikation kommt es darauf an, Hinweise auf **Rückkoppelungsmöglichkeiten** bereitzustellen. Dadurch wird der potenzielle Dienstleistungskunde explizit darauf aufmerksam gemacht, wo und wie er seine Informationsdefizite eigenständig abbauen kann, zum Beispiel durch die Nutzung einer Hotline oder durch den Besuch der Internetseite eines Dienstleistungsanbieters.

▪ Im Hinblick auf die **Immaterialität** sollten sich die massenkommunikativen Hinweise auf vorhandene Rückkoppelungsmöglichkeiten beziehen, durch deren Nutzung sich der potenzielle Dienstleistungskunde über die Eigenschaften des Dienstleistungsangebotes, zum Beispiel über den Umfang des Leistungsangebotes einer Autovermietung, informieren kann.

▮ Vor dem Hintergrund der notwendigen **Integration des externen Faktors** muss die Massenkommunikation Hinweise bereitstellen, wo und wie der potenzielle Dienstleistungskunde Informationen über Art und Ausmaß der möglichen Integration erhalten kann.

3. Einseitige Kundenkommunikation

▮ Aufgabe der einseitigen Kundenkommunikation ist es, im Hinblick auf die **Immaterialität** von Dienstleistungen den **eigenschaftsbezogenen Kenntnisstand** beim potenziellen Dienstleistungskunden zu erhöhen. Problematisch, aber gleichzeitig von hoher Bedeutung ist dies bei Dienstleistungen, die über ausgeprägte Vertrauenseigenschaften verfügen, wie beispielsweise medizinische oder beratende Dienstleistungen, da der Dienstleistungskunde deren Vorhandensein selbst nach der Dienstleistungsinanspruchnahme nicht beziehungsweise erst nach Ablauf einer längeren Zeitspanne überprüfen kann. Aufgabe der einseitigen Kundenkommunikation muss es daher sein, **glaubwürdige Hinweise** auf das Vorhandensein dieser Eigenschaften, wie zum Beispiel die Leistungsfähigkeit eines medizinischen Apparates, zu geben. Die Schaffung und Stabilisierung eigenschafts- und angebotsbezogenen Vertrauens muss, ähnlich wie bei der einseitig ausgerichteten Massenkommunikation, durch **Qualitätssignale** erfolgen. Im Gegensatz zur Massenkommunikation ist das (persönliche) Glaubwürdigkeitspotenzial kundenkommunikativ transportierter Qualitätssignale jedoch erheblich höher einzustufen (Kaas 1973, S. 54ff.; Murray 1991, S. 13, 19), da die Kontaktintensität vergleichsweise hoch und die Distanz zwischen Sender und Empfänger relativ gering ist.

▮ Aufgaben der einseitigen Kundenkommunikation, die sich aus der zur Leistungserstellung notwendigen **Integration des externen Faktors** ergeben, erstrecken sich in erster Linie auf die **Bereitstellung kommunikativer Integrationshilfen**. Dem Dienstleistungskunden muss vermittelt werden, wie er im Prozess der Leistungserstellung zu einem aus seiner Sicht optimalen Dienstleistungsergebnis beitragen kann, zum Beispiel bei der Inanspruchnahme von Finanzdienstleistungen durch Hinweise zu den Einkommensverhältnissen oder zur persönlichen Risikopräferenz. Vor dem Hintergrund, dass die dienstleistungsspezifische Zufriedenheit des Kunden zunächst ansteigt, ab einem bestimmten Ausmaß kommunikativer Hilfestellungen jedoch wieder absinkt, ist es allerdings notwendig, den Unterstützungsbedarf des Kunden vor allem in Abhängigkeit der Häufigkeit vergangener Inanspruchnahmen zu ermitteln. So kann es in verschiedenen Situationen, zum Beispiel bei „Routinedienstleistungen", durchaus sinnvoll sein, die Kontaktintensität der einseitigen Kundenkommunikation auf ein (notwendiges) Minimum zu reduzieren, da weitere Hinweise vom Dienstleistungskunden als lästig empfunden werden. Dies ist beispielsweise bei vielen Banken zu beobachten, die Bestandteile ihrer einseitigen Kundenkommunikation automatisiert und damit auf die wesentlichen Elemente beschränkt haben.

4. Wechselseitig ausgerichtete Kundenkommunikation

Zur Sicherstellung eines umfassenden und differenzierten Verständnisses von Aufgaben der wechselseitig ausgerichteten Kundenkommunikation ist es erforderlich, den Prozess der Dienstleistungserstellung als **Interaktion** zwischen Mitarbeitern des Dienstleistungsunternehmens und Dienstleistungskunden aufzufassen. Als Interaktionsträger nimmt der Mitarbeiter durch die Ausrichtung des **eigenen kundengerichteten Kommunikationsverhaltens** unmittelbaren Einfluss auf das Ergebnis des Interaktionsprozesses. Zur zielorientierten Ausrichtung des Interaktionsergebnisses ist es notwendig, den Dienstleistungskunden als Interaktionsträger in seinem Kommunikationsverhalten zu beeinflussen. Dieses Bemühen kann zum einen darin zum Ausdruck kommen, dass der Mitarbeiter die Vorzüge der eigenen Dienstleistung hervorhebt, oder zum anderen indem er den Kunden zur Kommunikation bewegt (beispielsweise durch versteckte Komplimente als „Eisbrecher"). Der Mitarbeiter muss in der Lage sein, im Interaktionsprozess agierende und reagierende Aufgaben zu erfüllen, die darauf abzielen, Qualitätsstandards zu halten beziehungsweise bei Negativabweichungen entsprechende Korrekturen vorzunehmen.

- Die mit der **Immaterialität** verbundenen Aufgaben der **wechselseitigen Kundenkommunikation** beziehen sich zum einen auf die Beeinflussung des Interaktionsprozesses hinsichtlich dienstleistungsspezifischer Eigenschaften sowie des Erstellungsprozesses. Zum anderen ist es eine Aufgabe des Mitarbeiters, auch weitere Komponenten des Dienstleistungsangebotes in den Mittelpunkt des Kundendialogs zu stellen, um auf diese Art und Weise Cross-Selling-Potenziale zu erschließen.

- Die aus der **Integration des externen Faktors** resultierenden Aufgaben der **wechselseitigen Kundenkommunikation** zur Steuerung des Interaktionsprozesses beziehen sich auf personenbezogene Inhalte. Im Mittelpunkt der Kommunikation stehen Probleme, Anforderungen, das generelle Befinden des Dienstleistungskunden usw. Durch die Dokumentation von Interesse an der Person des Dienstleistungskunden kann auf der einen Seite eine emotionale Kundenbindung erzielt werden. Auf der anderen Seite kann dem (möglichen) Eindruck des Dienstleistungskunden, das Dienstleistungsunternehmen beziehungsweise dessen Mitarbeiter seien lediglich an der Realisierung monetären Erfolges interessiert, entgegengewirkt werden. Darüber hinaus kann der Mitarbeiter wichtige Erkenntnisse zum Kundenprofil sowie zur aktuellen Kundenzufriedenheit/-unzufriedenheit gewinnen.

Damit sowohl die gesetzten Ziele als auch die aufgeführten Aufgaben der Dienstleistungskommunikation in konkrete Maßnahmen umgesetzt werden, ist es ratsam, die wesentlichen inhaltlichen Planungsvorgaben heranzuziehen, um ein **strategisches Konzept der Integrierten Dienstleistungskommunikation** zu entwickeln. Dieses Konzept enthält drei Kernelemente in Form der Positionierungsziele, Kernbotschaften und Leitinstrumente (Bruhn 2003c):

1. Hinsichtlich der **Positionierungsziele** ist eine Abstimmung der internen und externen Kommunikationsziele erforderlich, sodass deren Realisierung einen möglichst hohen Beitrag zur Erreichung der angestrebten Positionierung des Unternehmens in der Form leistet, dass dieses Soll-Bild den relevanten Zielgruppen des Unternehmens prägnant und widerspruchsfrei vermittelt wird.

2. Die im Positionierungspapier festgeschriebene strategische Positionierung muss sich in den Inhalten der **Kernbotschaften** wiederfinden. Die erste inhaltliche Konkretisierung der strategischen Positionierung wird in Form einer Grundaussage vorgenommen, in der die wesentlichen Merkmale der Positionierung enthalten sind. Bei der darauf aufbauenden Formulierung der Kernbotschaften ist die Konsistenz der Botschaftsinhalte untereinander sicher zu stellen.

3. Schließlich ist zur eindeutigen Allokation von Aufgaben auf einzelne Kommunikationsinstrumente die Identifizierung von intern- und extern-gerichteten **Leitinstrumenten** erforderlich, die im Rahmen der Mitarbeiterkommunikation beziehungsweise im Rahmen der Marktkommunikation eine Führungsfunktion übernehmen können.

Auf der Grundlage des integrierten Kommunikationskonzeptes sind Richtlinien beziehungsweise Regeln für die Dienstleistungskommunikation zu entwickeln und in Form eines **Konzeptpapiers** schriftlich niederzulegen, das mit dem Strategiepapier, den Kommunikationsregeln und den Organisationsregeln drei Teilelemente umfasst (Bruhn 2003c):

1. Im Rahmen des **Strategiepapiers** sind die Ergebnisse der strategischen Überlegungen auf der Ebene des Gesamtunternehmens wiedergegeben. Hier ist das strategische Konzept der Integrierten Dienstleistungskommunikation in Form von „Strategiegrundsätzen der Unternehmenskommunikation" zu konkretisieren. Dazu zählen genaue inhaltliche Aussagen über die strategische Positionierung des Unternehmens, die Relevanz von Kernbotschaften, die Bedeutung von kommunikativen Leitinstrumenten usw. (vgl. Insert 6-8).

2. **Kommunikationsregeln** werden auf der Grundlage des Strategiepapiers entwickelt und dienen der Festlegung von Richtlinien für die tägliche Kommunikationsarbeit, die sich auf die schriftliche Fixierung eines Positionierungspapiers, einer Kommunikationsplattform sowie von Regeln zum Instrumenteneinsatz beziehen. Im Positionierungspapier werden die strategische Positionierung, zum Beispiel als Qualitätsführer oder als hochexklusiver Nischenanbieter, sowie die internen und externen Zwischen- und Einzelziele der Dienstleistungskommunikation hierarchisch festgelegt. Eine Integration interner und externer Kommunikationsbotschaften erfolgt in den Kommunikationsrichtlinien durch die Schaffung einer Kommunikationsplattform. Schließlich wird die Integration interner und externer Kommunikationsinstrumente und -mittel durch die Formulierung von Regeln zum Instrumenteneinsatz vorgenommen.

INSERT 6-8   werben&verkaufen, 21.06.2002, S. 28

MOBIL *Reiner Calmund, Manager von Bayer Leverkusen (l.), und Rudi Gröger, CEO von O₂, besiegeln die Werbepartnerschaft zwischen Fußballklub und Mobilfunker im Mini (l.). Neben dem Sportsponsoring spielt in der Kommunikation von O₂ der Tarif Genion, der aktuell in TV und Print beworben wird, eine Hauptrolle.*

Geniestreich Genion?

DER MOBILFUNKER O₂ RICHTET SEINE KOMMUNIKATION GANZ AUF SEIN ERFOLGSPRODUKT AUS.

Selbstvertrauen und Tatkraft soll der lakonische Claim des Münchner Mobilfunkunternehmens O₂ ausdrücken: „O₂ can do". Beide Eigenschaften werden die Mitarbeiter des Netzbetreibers, der bis Ende April als Viag Interkom firmierte, ganz sicher brauchen. Sollte sich UMTS in drei bis vier Jahren zum Geschäft entwickeln, muss das Unternehmen seine Marktposition deutlich gefestigt haben.

Nach Berechnungen der Düsseldorfer Investmentbank WestLB Panmure benötigt ein Anbieter einen Marktanteil von mindestens elf, zwölf Prozent, um die Milliarden-Investitionen in den neuen Übertragungsstandard zu refinanzieren. O₂ liegt nach eigenen Angaben derzeit bei sieben Prozent. Die Zugewinne der vergangenen Monate stimmen das Management jedoch zuversichtlich. Obwohl der Gesamtmarkt leicht zurückging, steigerten die Münchner ihre Kundenzahl seit Beginn des Jahres um mehr als sechs Prozent auf über vier Millionen.

Die Marketingverantwortlichen führen das Wachstum vor allem auf den Genion-Tarif zurück: „Das ist unser Brot-und-Butter-Produkt, mit dem wir uns von allen anderen Wettbewerbern differenzieren", betont Marketingleiter Ivo Hoevel. Mit Genion telefoniert der Handy-Kunde in einer lokalen Zone zu Festnetzpreisen. Aktuell wirbt O₂ in Print und TV für den, wie Hoevel sagt, „bekanntesten Mobilfunktarif Deutschlands" (Agentur: Grey, Düsseldorf). 47 Prozent der O₂-Vertragskunden nutzen Genion.

Mit mehreren Produktoffensiven will das Marketing in den kommenden Monaten die neue Dachmarke O₂ etablieren, nachdem Anfang Mai eine Image-orientierte Brand-Kampagne (Agentur: VCCP, London) begonnen hat (w&v 15/02). „Wir wollen in der Werbung nicht nur emotionalisieren, sondern die Kunden auch rational von den Vorzügen der Produkte überzeugen", erläutert André Schloemer, Head of Communication. Den Marketern steht dafür ein Jahresbudget von rund 50 Millionen Euro bereit.

In der Kommunikation soll Genion die Funktion eines „Speerspitzen-Angebots" behalten. Der Tarif werde „in allen Produktkampagnen in irgendeiner Form eine Rolle spielen", verrät Hoevel. Daneben steht künftig auch der neue Name O₂ im Vordergrund – anders als der alte Name

Viag Interkom, der als Absendermarke stets hinter den Produkt-Brands Genion und Loop zurücktrat.

Im Zuge der Umbenennung, mit der die britische Mutter mmO₂ ihren internationalen Auftritt vereinheitlicht, haben die Marketingmanager zugleich ein paar Retuschen am Image vorgenommen. Frischer, frecher und moderner soll sich das Unternehmen präsentieren, das 1998 als Gemeinschaftsprojekt des Energiekonzerns Viag und der British Telecom gestartet ist.

Mit der Image-Korrektur trägt O₂ der Tendenz Rechnung, wonach die Marke auf dem Mobilfunkmarkt immer mehr Gewicht erhält. „Bei der Vielzahl der unterschiedlichen Tarifangebote findet der Kunde oft nur durch die Marke Orientierung", sagt Jürgen Häusler, Vorstandsvorsitzender von Interbrand Zintzmeyer & Lux, Zürich. Zudem beobachtet der Agenturchef, dass die Mobilfunkanbieter ihre Brands zunehmend „mit emotionalem Appeal" ausstatten.

Da diese Attribute vor allem im Sport eine Rolle spielen, ist es nur konsequent, wenn O₂ im Mai eine Partnerschaft mit dem Fußballklub Bayer Leverkusen und den anderen Bayer-Sportsparten eingeht. Einen ersten großen Auftritt kündigt Marketer Schloemer für die Leichtathletik-Europameisterschaft im August in München an. Dann will O₂ mit Stars wie dem Ex-Weltmeister im Hammerwerfen Karsten Kobs, Zehnkampf-Idol Frank Busemann oder einem anderen der Leverkusener Asse werben. ∎ *Michael Hase*

MARKTANTEILE DER MOBILFUNKER

O₂ bleibt trotz Zuwächsen der kleinste Netzbetreiber

Angaben in Prozent

E-Plus 13, O₂ 7, T-Mobile 42, Vodafone 38

Quelle: Regulierungsbehörde TP, Unternehmensangaben. © **WV**

3. Als drittes Element des Konzeptpapiers dienen die **Organisationsregeln** dazu, die
    genauen Ablaufprozesse in der Kommunikation zu strukturieren und zu formalisie-
    ren. Neben der Verantwortungszuweisung für die Integrierte Dienstleistungskom-
    munikation müssen hier insbesondere Informationsprozesse sowie die Bestimmung
    der Zusammenarbeit und der Austauschbeziehungen zwischen sämtlichen an der
    Dienstleistungskommunikation beteiligten, jedoch unterschiedlichen Abteilungen
    zugeordneten Mitarbeitern geregelt werden (Schick 1995, S. 460ff.).

2.2   Einsatz der Kommunikationsinstrumente

Je nach Art der Zusammensetzung der kommunizierenden Partner können unterschiedli-
che Instrumente zum Einsatz kommen. Einen zusammenfassenden Überblick der auf der
Ebene der Markt-, Kunden- und Mitarbeiterkommunikation einsetzbaren Instrumente
und Mittel zeigt Abbildung 6-26. Ebenso wie bei materiellen Gütern lassen sich im
Dienstleistungsbereich die folgenden **kommunikationspolitischen Instrumente** der
Markt-, Kunden- und Mitarbeiterkommunikation anführen (Meffert 2000; Bruhn 2003a,
S. 267ff.):

- Klassische Werbung (Mediawerbung),

- Verkaufsförderung (Promotions),

- Persönliche Kommunikation,

- Direktkommunikation (Direct Marketing),

- Öffentlichkeitsarbeit (Public Relations),

- Messen/Ausstellungen,

- Sponsoring,

- Event Marketing,

- Multimediakommunikation.

Eine besondere Rolle im Dienstleistungsmarketing spielt die **nicht-unternehmensge-
steuerte Kommunikation, insbesondere die Mund-zu-Mund-Kommunikation**. Aufgrund der Intangibilität der Leistung sind die Konsumenten häufig auf Empfehlungen anderer Verbraucher angewiesen, um eine Leistung im vorhinein ansatzweise beurteilen zu
können. Die Ausführungen im Bereich des Käuferverhaltens haben bereits die Bedeutung der Mund-zu-Mund-Kommunikation im Rahmen des Kaufentscheidungsprozesses
aufgezeigt. Daher soll im Folgenden eine Konzentration auf die **Optionen der Steuerung** derartiger Kommunikationsprozesse vorgenommen werden.

Bei der Darstellung der einzelnen Kommunikationsinstrumente soll im Rahmen der Kommunikationsplanung für Dienstleistungsunternehmen vor allem auf die jeweiligen Erscheinungsformen, Schwerpunkte bei den Entscheidungstatbeständen sowie Besonderheiten für die Dienstleistungskommunikation eingegangen werden.

Abbildung 6-26   Instrumente und Mittel der Unternehmenskommunikation für Dienstleistungsunternehmen

Ebene / Art der Kommunikation	Marktkommunikation Management – Kunde	Kundenkommunikation Mitarbeiter – Kunde	Mitarbeiterkommunikation Management – Mitarbeiter
Unpersönliche Kommunikation	▪ Mediawerbung ▪ Pressearbeit ▪ Firmenbroschüren ▪ Clubsysteme	▪ Prospekte ▪ Spezialangebote ▪ Preisausschreiben ▪ Clubsysteme	▪ Internes Berichts- und Informations-wesen ▪ Arbeitsplatz-beschreibungen ▪ Corporate Identity ▪ Firmenbroschüren
Persönliche Kommunikation	▪ Vorträge ▪ Tag der offenen Tür ▪ Kunden-beschwerden ▪ Kundenbeiräte	▪ Kontakt-/Verkaufs-gespräche ▪ Verkaufsförde-rungsprogramme vor Ort ▪ Beschwerde-abteilung ▪ Clubsysteme ▪ Messen/Ausstellungen	▪ Mitarbeiter-gespräche ▪ Arbeitssitzungen ▪ Betriebs-versammlungen ▪ Workshops, Seminare ▪ Qualitätszirkel

GABLER GRAFIK

Quelle: Bruhn 2000b, S. 415

2.21   Mediawerbung

Vergleichbar der Werbung im Konsumgüterbereich spielt auch die klassische Dienstleistungswerbung eine zentrale Rolle im Kommunikationsmix.

> **Mediawerbung** ist der Transport und die Verbreitung werblicher Informationen über die Belegung von Werbeträgern mit Werbemitteln im Umfeld öffentlicher Kommunikation gegen ein leistungsbezogenes Entgelt, um eine Realisierung unternehmensspezifischer Kommunikationsziele zu erreichen (Bruhn 2003a, S. 277).

In der Dienstleistungswerbung geht es insbesondere darum, das immaterielle Gut „Dienstleistung" sichtbar zu machen und den Aufbau eines positiven Firmenimages zu unterstützen. Dabei hat das durch die Werbung vermittelbare Image vor der Inanspruchnahme der Dienstleistung eine Schlüsselstellung im Rahmen der Kaufentscheidung potenzieller Erstkäufer. Gleichzeitig erfüllt die Imagebildung bei potenziellen Wiederkäufern eine Bestätigungs- und Programmierungs-(Habitualisierungs-)funktion (Meyer 1994). Die Planung des Einsatzes der klassischen Dienstleistungswerbung erfolgt anhand der Phasen des entscheidungsorientierten Planungsprozesses (Meffert 2000, S. 678ff.; Bieberstein 2001, S. 315ff.; Bruhn 2001a, S. 207ff.):

1. Situationsanalyse

Zu Beginn des Planungsprozesses geht es um die Untersuchung der Einsatzmöglichkeiten der klassischen Werbung. Hierbei sollte eine werbebezogene Informationssammlung und -strukturierung in den Bereichen Markt, Kunde, Absatzmittler, Konkurrenz, Umfeld und Unternehmen durchgeführt werden, um das kommunikative Problem des Dienstleistungsunternehmens (zum Beispiel Imageprofilierung) zu identifizieren.

2. Festlegung der Werbeziele

Zur Bestimmung der Werbeziele ist eine Orientierung an Modellen der Werbewirkung sinnvoll, von denen in den letzten Jahren zahlreiche entwickelt wurden. So ist es zum Beispiel möglich, in Erweiterung des AIDA-Modells (Attention – Interest – Desire – Action) verschiedene **Wirkungsstufen** hinsichtlich der Verarbeitung von Werbeinformationen zu unterscheiden (Murphy/Cunningham 1993, S. 93; Bogart 1995, S. 156ff.; Kroeber-Riel/Weinberg 1999, S. 587ff.; Meffert 2000, S. 691ff.; Bruhn 2001a, S. 208; Schweiger 2001, S. 1890; Steffenhagen 2001, S. 1873):

- **Wahrnehmungswirkungen** sind für Dienstleistungsunternehmen wegen der Immaterialität der Leistung insbesondere bei Einführung neuer Leistungen von Bedeutung (zum Beispiel die Werbekampagne der E.ON AG zur Bekanntmachung der neuen Leistung „MixPower").

- Da die Auswahl der Leistung eines bestimmten Unternehmens aufgrund ihrer Immaterialität und Intangibilität häufig nicht nach objektiv nachvollziehbaren Kriterien vorgenommen werden kann, streben Dienstleistungsunternehmen **Emotionswirkungen** mit Hilfe der Werbung an (zum Beispiel Erzeugung von angenehmen Gefühlen durch die Darstellung von Urlaubsinseln in Werbespots von TUI).

- Aufgrund der Intangibilität von Dienstleistungen und der Integration des externen Faktors können sich Konsumenten den Nutzen einer Leistung häufig nur schwer vorstellen. Um dem Konsumenten den Charakter einer Leistung näher zu bringen, wollen Dienstleistungsunternehmen mit der Werbung teilweise spezifische **Informationswirkungen** erzielen (zum Beispiel Prospekt von 1 & 1 mit Informationen darüber, wie man mit von 1 & 1 vertriebenen Leistungen das Internet nutzen kann).

- Ebenfalls aufgrund der Intangibilität der Leistung und der damit fehlenden objektiven Beurteilungskriterien für den Kunden kommt den **Einstellungswirkungen** der Dienstleistungswerbung, das heißt Imagebildung, Verbesserung der Qualitätswahrnehmung oder Schaffung von Kaufpräferenzen, eine große Bedeutung zu (zum Beispiel Slogan „Leben Sie. Wir kümmern uns um die Details" der HypoVereinsbank zur Bildung eines positiven Images beim Kunden).

- Zu den **Verhaltenswirkungen** zählen neben dem Kaufverhalten das Mediennutzungsverhalten, das Informationsverhalten, das Wiederwahlverhalten, das Weiterempfehlungsverhalten usw. Da es für ein Dienstleistungsunternehmen wesentlich teurer ist, einen neuen Kunden zu gewinnen als einen alten Kunden zu binden, ist das Wiederkaufverhalten von zentraler Bedeutung.

3. Beschreibung der Werbezielgruppen

Im Rahmen dieser Phase des Planungsprozesses gilt es, diejenigen Rezipienten zu bestimmen, die durch den Einsatz der klassischen Werbung erreicht werden sollen. Dabei wird anfangs die relevante Unternehmenszielgruppe identifiziert, die anschließend anhand von Merkmalen zu beschreiben ist. Letztlich wird die Zielgruppenerreichbarkeit analysiert, um festzustellen, mit welchen Werbeträgern die entsprechenden Personen und Gruppen angesprochen werden sollten. Grundsätzlich können eine konsumentenbezogene (zum Beispiel privater Bankkunde) und eine organisationsbezogene **Zielgruppenidentifikation** (zum Beispiel ein Unternehmen nimmt die Leistung einer Beratung in Anspruch) unterschieden werden. Ferner können Käufer und Nichtkäufer beziehungsweise Verwender und Nichtverwender differenziert werden. Aufgrund der Integration des externen Faktors bei Dienstleistungen entspricht der Käufer jedoch meist dem Verwender (zum Beispiel Hotelgast, Fahrgast der Deutschen Bahn, Friseurkunde, Arztbesuch). Ausnahmen dieser Besonderheit liegen in folgenden Fällen vor:

■ Der Käufer konsumiert die Leistung gemeinsam mit anderen Verwendern (zum Beispiel der Familienvater zahlt die Restaurantrechnung für die Familie).

■ Der Käufer erwirbt einen Leistungsanspruch, der von einer anderen Person (Verwender) genutzt wird (zum Beispiel Verschenken eines Kinogutscheins, Buchen eines Fluges für einen Mitarbeiter durch das Unternehmen, Kinder sind über den Familienvater mitversichert).

Im Rahmen der **Zielgruppenbeschreibung** können verschiedene Gruppen von Kriterien herangezogen werden, die auf ihre Segmentbildungseigenschaft, Wiedererkennbarkeit, Auffindbarkeit (durch Marktforschungsaktivitäten) und ihren Zielbezug hin zu überprüfen sind. Je nachdem, ob es sich um konsumtive oder investive Dienstleistungen handelt, sind unterschiedliche Kriteriengruppen zu verwenden. **Zielgruppenkriterien für konsumtive Dienstleistungen** können sein:

■ **Sozioökonomische Kriterien:** Geschlecht, Alter, Einkommen, geographische Kriterien, soziale Schichten, Familienlebenszyklus (zum Beispiel Frauen als Zielgruppe von Werbemaßnahmen für Selbstverteidigungskurse; Personen über 65 als Zielgruppe der Werbung eines Einkaufsservices für Pensionäre; Familienväter mit einem hohen Einkommen als Werbezielgruppe eines luxuriösen Ferienparks).

■ **Psychologische Kriterien:** Motive, Einstellungen, Lifestyle (zum Beispiel Personen mit starkem Streben nach Selbstverwirklichung als Werbezielgruppe eines Veranstalters von Abenteuerreisen; Personen mit einer negativen Einstellung gegenüber Versicherungen als Werbezielgruppe einer von einem Versicherungsanbieter durchgeführten Imagekampagne).

■ **Kriterien des beobachtbaren Kaufverhaltens:** Dienstleistungs-, kommunikations-, preis- oder einkaufsstättenbezogene Ansatzpunkte (zum Beispiel regelmäßige Kinogänger als Werbezielgruppe einer Videothek; berufstätige Personen mit wenig Freizeit als Werbezielgruppe der Telebanking-Kampagne einer Bank).

Bei **investiven Dienstleistungen** können folgende Kriterien zur **Zielgruppenbeschreibung** herangezogen werden:

■ **Objektive Bedarfsmerkmale:** Branche, internationale Ausrichtung (zum Beispiel exportierendes Industrieunternehmen als Werbezielgruppe einer internationalen Spedition).

■ **Subjektive Bedarfsmerkmale:** Häufigkeit der Bedarfssituation, Zufriedenheit mit der aktuellen Dienstleistungsversorgung, Kostensensitivität (zum Beispiel Geschäftsreisende als Werbezielgruppe einer Fluggesellschaft; Unternehmen mit dringenden Postaufträgen als Werbezielgruppe eines Fahrradkurierunternehmens).

█ **Organisationsdemographische Merkmale:** Unternehmensgröße, dienstleistungs-technologische Ausstattung (zum Beispiel Unternehmen ohne Kantine als Werbezielgruppe eines Pizza-Lieferservices).

█ **Dienstleistungsdemographische Merkmale:** Budget für Dienstleistungen, Aufwand für Dienstleistungsbeschaffung, Nutzungsgrad, Nutzer (zum Beispiel tägliche Kunden des Paketdienstes als Werbezielgruppe eines Logistikanbieters im Rahmen von besonderen Aktionen).

█ **Merkmale des Buying Center** (zum Beispiel Entscheider für den Abschluss von Autoversicherungen in einer Autovermietung als Werbezielgruppe einer Versicherung).

4. Entwicklung der Werbestrategie

Eine Werbestrategie besteht aus Verhaltensplänen unterschiedlicher Fristigkeit, die Intensität, Gewichtung und Gestaltung der Werbemaßnahmen (Werbemittel und -träger) festlegen, durch deren Einsatz die Werbeziele des Unternehmens realisiert werden sollen. Mittelpunkt der Strategieentwicklung ist die Festlegung der Kernbotschaft, die den Rezipienten kommuniziert werden soll. Ferner werden die Kernmedien bestimmt, durch deren Einsatz die Zielgruppen erreicht werden sollen (Smith 1993, S. 209; Bruhn 2001a, S. 211ff.). Im Rahmen dieser so genannten **Intermediaselektion** werden die unterschiedlichen Medien hinsichtlich ihrer Eignung zur Verfolgung der Strategie anhand von Kriterien wie Kosten, Gestaltungsmöglichkeiten, Reichweite, Zielgruppenspezifizität, Verfügbarkeit und Image des Mediums beurteilt. Mögliche **Strategietypen** der klassischen Dienstleistungswerbung sind (Bruhn 2001a, S. 214):

█ Bekanntmachungsstrategie (zum Beispiel Werbespots zur Bekanntmachung der Leistungen der E.ON AG),

█ Informationsstrategie (zum Beispiel Kampagne von der CosmosDirekt Lebensversicherungs-AG, vgl. Insert 6-9),

█ Imageprofilierungsstrategie (zum Beispiel Kampagne von der Münchener Verein Versicherung, vgl. Insert 6-10),

█ Konkurrenzabgrenzungsstrategie (zum Beispiel warb McDonald's lange Zeit mit dem Slogan „Das etwas andere Restaurant"),

█ Zielgruppenerschließungsstrategie (zum Beispiel an Jugendliche gerichtete „Fly and Away"-Kampagne der Lufthansa),

█ Kontaktanbahnungsstrategie (zum Beispiel Möbelschau am Sonntag in einem Möbelhaus).

INSERT 6-9   Anzeigenbeispiel CosmosDirekt

INSERT 6-10   Anzeigenbeispiel Münchener Verein Versicherungsgruppe

5. Festlegung und Verteilung des Werbebudgets

Bevor die festgelegte Strategie umgesetzt werden kann, ist der finanzielle Rahmen abzustecken, in dem sich die Ausgaben für Werbemaßnahmen innerhalb einer Planungsperiode bewegen sollen. Die Festlegung der **Höhe des Werbebudgets** wird dabei weniger nach **Optimierungsverfahren** erfolgen können (zum Beispiel marginalanalytische Ableitung; vgl. zum Beispiel Tietz/Zentes 1980, S. 290ff.; Broadbent 1989, S. 85ff.; Meffert 2000, S. 785ff.; Bruhn 2001a, S. 215ff.), da die hierzu notwendigen Werbewirkungsfunktionen empirisch nicht nachgewiesen werden können. In der Praxis von Dienstleistungsunternehmen werden deshalb **heuristische Verfahren** vorherrschen (Tietz/Zentes 1980, S. 288ff.; Bruhn 2003a, S. 191ff.), die bestimmte Regeln (zum Beispiel branchenübliche Umsatzanteile, Ausrichtung an den geplanten Werbemaßnahmen) als Kriterien für die Budgetbestimmung definieren.

Darüber hinaus ist im Rahmen der Werbestreuplanung das Budget auf die Einzelleistungen, Zielgruppen, Regionen, Werbemaßnahmen, Planungsperioden usw. aufzuteilen. Im Rahmen der **Intramediaselektion** beziehungsweise Mediaplanung erfolgt eine zielgruppengerechte und planungsperiodenbezogene **Aufteilung des Werbebudgets** auf einzelne Werbeträger beziehungsweise Medien. Auch Dienstleistungsunternehmen werden hierbei nach dem Affinitätenkonzept versuchen, durch die Verwendung von Kontaktmaßzahlen und die Berücksichtigung von Kontaktgewichtungen (Personen-, Medien-, Kontaktmengengewichte) ihre Zielgruppen durch die ausgewählten Medien möglichst optimal zu erreichen (Freter 1974; Schmalen 1992).

6. Gestaltung der Werbebotschaft

Aufgrund der Immaterialität von Dienstleistungen bereitet die Umsetzung der Werbestrategie in konkrete Werbemaßnahmen **Visualisierungs- und Argumentationsprobleme**. Eine bildliche Darstellung oder gar eine materielle Präsentation sind, abgesehen vom Spezialfall der veredelten Dienstleistung, nicht möglich (Meyer 1994; Corsten 2001; Scheuch 2002). Daher gilt es, die Werbebotschaft derart zu gestalten, dass diese Probleme umgangen beziehungsweise zumindest abgeschwächt werden können. Im Rahmen der Botschaftsgestaltung können verschiedene Ansatzpunkte unterschieden werden (Weilbacher 1979, S. 233; Schweiger/Schrattenecker 1995, S. 144ff.; Bieberstein 2001, S. 322ff.; Bruhn 2003a, S. 350ff.):

a. Surrogatbezogene Gestaltungsoptionen

Dienstleistungen verfügen aufgrund ihrer Immaterialität über keinen eigenständigen werblichen Aufforderungscharakter. Deshalb bietet es sich an, für die bildliche Darstellung des Werbeobjektes „Dienstleistung" so genannte **Surrogate** zu verwenden. Für dieses Vorgehen ergeben sich verschiedene Ansatzpunkte (Johnson/Scheuing/Gaida 1986; Schulze 1993; Meyer 1994; Meffert 1995), die in vier Kategorien eingeteilt werden können (vgl. Abbildung 6-27):

Abbildung 6-27　　Surrogatbezogene Gestaltungsoptionen der Mediawerbung
für Dienstleistungen

Gestaltungsziel / Dargestellte Faktoren	Materialisierung	Personifizierung
Externe Faktoren	▪ Vorher-/Nachher-Darstellung ▪ Verpackung des Dienstleistungsobjektes ▪ Darstellung der Bedürfnisbefriedigung	▪ Referenzkunden ▪ Testimonials ▪ Prominente
Interne Faktoren	▪ Materielle (sachbezogene) interne Faktoren ▪ Objektproben ▪ Einsatz von Sinnbildern ▪ Herausstellung des Trägermediums	▪ Führungskräfte ▪ Mitarbeiter (mit oder ohne Kundenkontakt) ▪ Darstellung des Dienstleistungsprozesses

GABLER
GRAFIK

Materialisierung durch Gestaltung beziehungsweise Darstellung von externen Faktoren

▪ Wenn durch den Dienstleistungserstellungsprozess eine sichtbare Veränderung am externen Faktor eintritt, kann eine **„Vorher/Nachher"-Darstellung** gewählt werden (zum Beispiel Friseur, Diät- beziehungsweise Fitness-Programme).

▪ Wird die Veränderung am externen Faktor nicht ohne weiteres sichtbar (zum Beispiel Hose nach der Änderung, chemische Reinigung, Autoreparaturen), so können **Verpackungen** des Dienstleistungsobjektes Kommunikationsfunktionen übernehmen (zum Beispiel Kleiderhülle nach Reinigung).

▪ Auch ist eine Konkretisierung der abstrakten Leistung möglich, indem nicht die eigentliche Dienstleistung, sondern die damit verbundene **Bedürfnisbefriedigung** in den Mittelpunkt der Aussage gestellt wird, wie dies beispielsweise bei Bausparkassen durch die Darstellung fertiggestellter Eigenheime in der Fernsehwerbung häufig der Fall ist.

Materialisierung durch Darstellung von internen Faktoren

■ Die Werbung kann auf die Darstellung **materieller, sachbezogener interner Faktoren**, wie zum Beispiel Maschinen oder Gebäude, bis hin zur Darstellung des Erstellungsumfeldes (zum Beispiel Herkunftsland, Feriengebiet, Zielorte bei Kreuzfahrten) zurückgreifen.

■ Darüber hinaus bietet sich die Abgabe von **„Objektproben" in Form von „Dienstleistungssequenzen"** an, wie zum Beispiel die Filmvorschau im Kino oder der Programmhinweis im Fernsehen.

■ Weiterhin besteht die Möglichkeit des **Einsatzes von Sinnbildern** (zum Beispiel der „freie Weg" der Volks- und Raiffeisenbanken oder der „Bulle" von Merril Lynch). Diese Sinnbilder übernehmen vielfach auch die Funktion eines Logos für die Marke des Dienstleistungsunternehmens (siehe auch die Ausführungen zur Markenpolitik in Abschnitt 1).

■ Bei veredelten Dienstleistungen besteht die Option der **Herausstellung des Trägermediums** (zum Beispiel einer CD).

INSERT 6-11   Testimonials am Beispiel AOL und Yello

Wenn alles im Leben so einfach wäre ...

01802-506000

Harald Schmidt soll's richten

Yello Mitte der Woche ist die Fernsehkampagne „Einfacher Wechsel" angelaufen, die dem Kölner Energie-Unternehmen ein sattes Kunden-Plus bescheren soll. Prominenter Sprecher bei den 50-Sekündern ist Harald Schmidt.

Bislang brachten allerdings weder teure Werbespots (etwa mit Franz Beckenbauer) noch Vermarktungsaktionen wie das Vermieten von Waschmaschinen den erhofften Durchbruch im Markt (*w&v* 16/2002). Yello hat zurzeit knapp 700 000 Kunden.

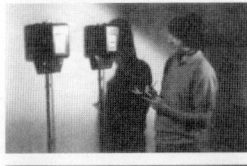

Yello
Strom
Gelb. √
Gut. √
Günstig. √

EINFACHER WECHSEL *zu Yello.*

Mit der Kampagne wollen die Berliner Kreativen von Jung von Matt das Vorurteil, der Wechsel erfordere einen hohen Aufwand, auf witzige Weise entkräften. JvM/Spree entwickelte für die EnBW-Tochter drei Spots, die bei den großen Sendern geschaltet werden (Produktion: Neue Sentimental Film Berlin; Regie: Til Obladen).

Parallel meldet die Agentur als Neukunden Camel Active. Um den siebenstelligen Etat hatten auch Springer & Jacoby und Economia präsentiert. ■ *for/sts*

Personifizierung durch Darstellung von externen Faktoren

▋ Weiterhin bietet sich die Möglichkeit der Werbung durch die Wiedergabe zufriedener Kundenstimmen (**Referenzen**) an.

▋ Es besteht die Alternative, **„Marktbeeinflusser"** (Meinungsbildner, Prominente) einzusetzen, die die Verbraucher von der Qualität und Notwendigkeit der Dienstleistung überzeugen sollen (zum Beispiel Boris Becker für AOL oder Harald Schmidt für Yello, vgl. Insert 6-11).

▋ **INSERT 6-12**   Anzeigenbeispiel LTU

Personifizierung durch Darstellung von internen Faktoren

▌ Darstellung der **Führungskräfte** oder **Mitarbeiter** in der Werbung, zum Beispiel Darstellung der Piloten in Werbeanzeigen von LTU (vgl. Insert 6-12).

▌ Darstellung des **Dienstleistungsprozesses,** zum Beispiel Telefonisten der Citibank (Telebanking) im Werbespot.

Diese **Gestaltungsoptionen** hängen dabei wesentlich von der zu bewerbenden Dienstleistung ab. In diesem Zusammenhang stellen Hill und Ghandi einige Richtlinien vor (Hill/Ghandi 1992), die die generelle Forderung nach Personalisierung und Materialisierung konkretisieren:

▌ Je höher der Grad der Immaterialität einer Dienstleistung ausgeprägt ist, desto eher müssen „tangible" Hinweise in der Werbung gegeben werden.

▌ Je stärker der Kunde als externer Faktor in den Dienstleistungserstellungsprozess eingebunden wird, desto stärker muss dieser Vorgang werblich aufgegriffen werden. Dies kann insbesondere durch eine Thematisierung und Visualisierung der Interaktion zwischen Dienstleistungspersonal und Kunden geschehen.

▌ Je heterogener das Dienstleistungsergebnis in Abhängigkeit vom externen Faktor ausfällt, desto stärker müssen Qualitätsaspekte in der Werbung herausgestellt werden.

b. Psychologische Gestaltungsoptionen

Aufgrund der Feststellung von Zeithaml (1991), dass sich Konsumenten in der Regel an Dienstleistungen im Vergleich zu Sachgütern seltener erinnern und Dienstleistungsmarken in geringerem Umfang im „Evoked Set" verankert sind, lässt sich hinsichtlich der psychologischen Gestaltungsoptionen besonders der **Einsatz von Dramaturgie** fordern.

Zahlreiche Beispiele von Werbung verschiedener Dienstleistungsanbieter verdeutlichen, dass diese Forderung in der Praxis vielfach Berücksichtigung findet. So werden „dramatische Geschichten" zur Dienstleistungscharakterisierung, zum Beispiel in der Fernsehwerbung, von folgenden Anbietern in den Vordergrund gestellt:

▌ Bausparkasse: Hektisches Agieren auf Konsumentenseite vor bauspartechnisch relevanten Stichtagen, zum Beispiel Wüstenrot.

▌ Versicherung: Unfall im Ausland, Rettung durch bestimmten Anbieter von Versicherungsleistungen, zum Beispiel Allianz.

Dienstleistungsanbieter streben vielfach eine starke **Aktivierung von Konsumenten** mit werblichen Maßnahmen an, damit relevante Dienstleistungsmerkmale (Zuverlässigkeit, Pünktlichkeit, Aktualität usw.) im Zusammenhang mit bestimmten Sachgeschichten oder vergleichbaren Lebenssituationen erinnert und in Anspruch genommen werden (zum Beispiel Verlust und schnelle Erstattung von Kreditkarten im Ausland).

c. Modalitätsabhängige Gestaltungsoptionen

Im Rahmen der Werbegestaltung können weiterhin die Modalitäten Ton, Text und Bild (Tietz/Zentes 1980, S. 219ff.) variiert werden (vgl. Abbildung 6-28).

Hinsichtlich des **Tones** ist allgemein vor allem die Gestaltung der Lautstärke von Bedeutung. Ferner stellen Musik, die Stimme und Geräusche Ansatzpunkte für Variationen dar. Bezüglich des **Textes** kommen zahlreiche generelle Gestaltungsfaktoren in Betracht. Zusätzlich können spezielle Faktoren für den geschriebenen und den gesprochenen Text unterschieden werden. Was die Gestaltung von **Bildern** anbetrifft, sind neben generellen Optionen spezielle Gestaltungsfaktoren für das ruhende beziehungsweise bewegte Bild zu berücksichtigen. Da die **interaktive und dynamische Darstellung** von Sachverhalten in Bildern die Gedächtniswirkung beim Rezipienten erhöht (Kroeber-Riel/Esch 2000, S. 79f.), sollte insbesondere bei Dienstleistungen mit einem hohen Interaktionsgrad (zum Beispiel Fluggesellschaften, Friseur, Restaurant) die Mitarbeiter-Kunden-Interaktion in der Werbung dargestellt werden (zum Beispiel Anzeige von Fluggesellschaften, die eine Betreuung des Fluggastes durch eine Stewardess zeigt).

Abbildung 6-28   Modalitätsabhängige Gestaltungsoptionen der Mediawerbung

Spezifität der Optionen \ Modalität	Ton	Text	Bild
Generelle Gestaltungsoptionen	– Lautstärke	– Wortwahl – Satzlänge – Reime – Rätselhafte Darstellungen	– Zeichnung vs. Foto – Farben – Beleuchtung – Helligkeit – Perspektiven
Spezielle Gestaltungsoptionen	**Speziell für Musik** – Tonart – Rhythmus – Instrumente **Speziell für die Stimme** – Stimmklang – Sprechdynamik – Stimmkontraste **Speziell für Geräusche** – Intensität	**Speziell für geschriebenen Text** – Interpunktion – Textform – Schrifttyp – Schriftgrad **Speziell für gesprochenen Text** – Tempo der Sprache – Dialekt	**Speziell für das ruhende Bild** – Bildaufteilung – Verzerrung – Vermischung **Speziell für das bewegte Bild** – Tempo des Szenenwechsels – Zusammenhang der Passagen – Mimik/Gestik der Personen

GABLER
GRAFIK

7. Erfolgskontrolle

Aufgrund des zentralen Stellenwertes der Dienstleistungswerbung in Bezug auf die Konkretisierung des Dienstleistungspotenzials bei den bestehenden und potenziellen Dienstleistungskunden ist eine systematische Werbewirkungskontrolle (vgl. zum Beispiel Schweiger/Schrattenecker 1995, S. 256) im Dienstleistungsmarketing besonders wichtig. Zum einen ist hier die Messung der Werbewirkung beispielsweise anhand von Absatzzahlen oder gestützter beziehungsweise ungestützter Erinnerung (zum Beispiel nach einer Werbekampagne) von Bedeutung. Zum anderen interessiert, ob die vom Dienstleistungsanbieter vorgenommene Form und Art der Visualisierung einer Dienstleistung beim Konsumenten tatsächlich zu einem „richtigen Bild" hinsichtlich der Leistungsfähigkeit und der zu erwartenden Dienstleistungsqualität führt (Imagewirkung). Hier besteht insbesondere die Gefahr der Verfehlung eines konstant visualisierten Identitätskerns, da durch die Immaterialität von Dienstleistungen kein zentraler und beständiger Wahrnehmungsanker vorhanden ist, wie zum Beispiel die Produktbeschaffenheit bei Sachgütern.

2.22 Verkaufsförderung (Promotions)

Bei der Verkaufsförderung handelt es sich um ein Instrument, das bei der Vermarktung einiger Produkte des Konsumgüterbereichs teilweise einen höheren Stellenwert aufweist als die Werbung. Seit einigen Jahren haben auch Dienstleistungsunternehmen die Bedeutung der Verkaufsförderung im Kommunikationsmix erkannt (Payne 1993, S. 158).

> **Verkaufsförderung (Promotions)** ist die Analyse, Planung, Durchführung und Kontrolle meist zeitlich begrenzter Maßnahmen, die dazu dienen, bei den Kunden kurzfristig zusätzliche Kaufanreize zu schaffen, um Kommunikations- und Verkaufsziele des Unternehmens zu realisieren (Bruhn 2003a, S. 280).

Die Bedeutung der Verkaufsförderung im Rahmen des Kommunikationsmix ist dabei je nach Dienstleistungsbranche unterschiedlich zu bewerten. Werden Leistungsversprechen zeitlich getrennt vom Dienstleistungserstellungsprozess angeboten, wie zum Beispiel bei Reiseveranstaltern, so können die **Aktivitäten der Verkaufsförderung** auf zwei **Ebenen** ansetzen (Palmer 2001):

- Absatzmittler (zum Beispiel selbständige Reisebüros),

- Konsumenten (zum Beispiel Interessenten für eine Reise).

Nicht der Verkaufsförderung sollen Maßnahmen zugerechnet werden, die sich an das eigene Verkaufspersonal richten. Solche Aktivitäten sind eher den Bereichen Vertriebs- und Personalpolitik zuzuordnen (Bruhn 2001a, S. 229).

Auf der Ebene der **Absatzmittler** (zum Beispiel Reisebüros) bietet sich das Bereithalten von Katalogen, Displays usw. für den Verkaufsraum an. Die Produktkenntnis des Personals im Reisebüro kann durch Informationsreisen gesteigert werden. Die betriebswirtschaftliche Beratung sowie Verbundaktionen beispielsweise in Form von Werbekostenzuschüssen für Zeitungswerbung können gleichermaßen dem Bereich der Verkaufsförderung subsumiert werden.

Da in vielen Dienstleistungsbranchen ein direkter Dienstleister-Kunden-Kontakt besteht, kommt der **konsumentengerichteten Verkaufsförderung** größere Bedeutung zu. Dabei kann eine Unterscheidung in unmittelbare und mittelbare Verkaufsförderungsmaßnahmen von Dienstleistungsunternehmen anhand der Unterscheidung vorgenommen werden, ob die Maßnahmen innerhalb oder außerhalb der direkten Kontrolle des Unternehmens durchgeführt werden (vgl. Abbildung 6-29):

■ Der **unmittelbaren Verkaufsförderung** werden demnach solche Maßnahmen subsumiert, die vom Dienstleistungsunternehmen gänzlich kontrolliert werden können. Dabei kann es sich zum einen um Aktionen handeln, die außerhalb einer Verkaufsstätte durchgeführt werden (zum Beispiel in einer Fußgängerzone oder auf der Straße). Zum anderen sind zu dieser Gruppe Maßnahmen zu zählen, die am Point of Sale (PoS) durchgeführt werden, sofern die Leistung durch das Unternehmen direkt an einem Ort verkauft wird (zum Beispiel Gutschein vom Friseur) oder es sich um ein Unternehmen mit einem Filialsystem handelt, zum Beispiel Preisausschreiben am Weltspartag durch Banken.

■ Von einer **mittelbaren Verkaufsförderung** spricht man, wenn das Unternehmen zumindest nicht vollständigen Einfluss auf die Durchführung der Maßnahmen hat. Zu dieser Gruppe gehören zum einen Aktionen, die in den Räumen eines Absatzmittlers stattfinden (zum Beispiel PoS-Material von Reiseveranstaltern in Reisebüros). Zum anderen werden hierzu kooperative Verkaufsförderungsmaßnahmen gerechnet, die in Verbindung mit einem anderen Unternehmen durchgeführt werden (zum Beispiel Hinweisschild und Prospekte für ein Restaurant in der Empfangshalle eines Hotels).

Da der Verkaufsförderung zunehmend auch eine strategische Rolle zugesprochen wird, sollten Verkaufsförderungsmaßnahmen ebenfalls nach dem bekannten **Planungsprozess** vorbereitet und durchgeführt werden:

Abbildung 6-29 Erscheinungsformen der Verkaufsförderung im Dienstleistungsbereich

Erscheinungs-formen	Unmittelbare Verkaufsförderung		Mittelbare Verkaufsförderung	
	Maßnahmen in Unternehmens-filialen	Maßnahmen außerhalb der Verkaufsstätte	Maßnahmen durch Absatzmittler	Kooperative Maßnahmen
Geschenke/ Merchandising	z. B. Spielzeug in Junior-Tüte bei McDonald's, Universitäts-T-Shirt	z. B. Taschen-rechner bei Versicherungs-abschluss	z. B. exklusives Geschenk bei Werben um neue Kreditkarten-mitglieder	z. B. Verteilung von Fähnchen mit Logo des Un-ternehmens bei Sportveranstaltung
Preisreduktion/ Coupons	z. B. Seniorentarif der Deutschen Bahn	z. B. Miles-and-More-Programm der Lufthansa; Qualifyer der Swiss	z. B. Zusatzver-sicherung bei Abschluss einer bestimmten An-zahl von Verträgen	z. B. Preisnachlass von einigen Hotels in Verbindung mit Lufthansa-Flug, Gutscheine für Fachgeschäfte durch Parkticket
Demonstra-tionen	z. B. Frisuren-schau im Friseursalon	z. B. Vorstellung von Zirkustieren in der Fußgänger-zone	z. B. Videoterminal von „Premiere" im Fernsehfach-handel	z. B. Videovor-führung lokaler Ausflugveran-stalter im Hotel
Wettbewerbe	z. B. Sparwettbe-werb einer Bank zum Weltspartag	z. B. Fußball-Quiz im Rahmen von „ran" in SAT 1	z. B. Preisaus-schreiben von Reiseveranstalter über Reisebüros	z. B. Preisaus-schreiben von Varta mit James-Bond-Kinokarten als Gewinn
POS-Material	z. B. Bildschirm mit Börsenkursen in Bankfiliale	z. B. Verteilung von Prospekten mit Angeboten von Volkshoch-schulkursen	z. B. Video-vorführung im Reisebüro über Lufthansa-destinationen	z. B. Hinweis auf Restaurant im Hotel mit Prospekten inkl. Speisekarte

GABLER
GRAFIK

Im Rahmen der **Situationsanalyse** gilt es, vor allem drei Bereiche zu überprüfen:

▐ Zunächst sollte die Eignung der Leistungen für Verkaufsförderungsmaßnahmen un-tersucht werden.

▐ Ferner sollten die Verkaufsförderungsmaßnahmen der Vergangenheit hinsichtlich ihres Erfolges und eventueller Problemfelder beleuchtet werden, um Konsequenzen für zukünftige Maßnahmen ziehen zu können.

■ Schließlich ist es ratsam, die Verkaufsförderung der Konkurrenz zu untersuchen. Zum einen sollte auf Verkaufsförderungsmaßnahmen der Konkurrenz entsprechend reagiert werden. Zum anderen können eventuell Schwachstellen der Konkurrenzaktionen entdeckt und bei eigenen Maßnahmen vermieden werden.

Bezüglich der mit der Verkaufsförderung primär verfolgten **Kommunikationsziele** können operative (kurzfristige) und strategische (langfristige) Zielsetzungen unterschieden werden. Dabei haben die kurzfristigen Ziele eher kognitiven oder konativen, die langfristigen vor allem affektiven Charakter. So gilt es auf operativer Ebene, den kurzfristigen Abverkauf und die Zahl der Wiederholungskäufe zu steigern. Ferner dienen Verkaufsförderungsaktionen der Bekanntmachung sowie der Information über neu eingeführte Leistungen des betreffenden Unternehmens. Im strategischen Bereich hingegen sollen das Image bei Absatzmittlern und Konsumenten sowie die Markenprofilierung vor allem bei den Konsumenten verbessert werden.

Diese Ziele beziehen sich auf zwei verschiedene **Zielgruppen**. Zum einen sollen mit den Maßnahmen die Absatzmittler erreicht werden, um alle Potenziale auszuschöpfen, damit der Abverkauf an den Endkonsumenten erhöht werden kann. Zum anderen können sich Verkaufsförderungsaktivitäten direkt an den Konsumenten richten (Palmer 2001). Auf Besonderheiten bezüglich der Absatzmittler wird im Rahmen der Distributionspolitik (siehe Abschnitt 4) eingegangen.

Die **Strategie** der Verkaufsförderung ist nach den Dimensionen Objekt, Botschaft, Zielgruppen und Mittel der Verkaufsförderung zu formulieren. Auf Basis der festgelegten Strategie wird das **Budget** bestimmt.

Im Rahmen der Planung von **Maßnahmen der Verkaufsförderung** sind Entscheidungen in den folgenden Bereichen zu treffen:

■ Auswahl der zu präsentierenden Leistungsmerkmale,

■ Auswahl des Verkaufsförderungspersonals,

■ Auswahl von tangiblen Hilfsmitteln,

■ Einsatz von Kommunikationsmaßnahmen.

Aufgrund der Besonderheiten von Dienstleistungen kommt einigen Verkaufsförderungsmaßnahmen eine besondere Bedeutung zu, andere Maßnahmen sind dadurch mit Problemen behaftet:

■ Wegen der **Immaterialität** von Dienstleistungen streben Unternehmen im Rahmen der Kommunikation eine **Materialisierung** der Leistung oder zumindest einzelner Leistungselemente an. In diesem Zusammenhang können vor allem Geschenke und Display-Material am PoS eingesetzt werden. Geschenke dienen dazu, den Konsumenten in Form eines Gegenstandes, den er mit der Leistung in Verbindung bringt, permanent an das Unternehmen und seine Leistung zu erinnern (zum Beispiel Spielzeug in der Junior-Tüte von McDonald's). Mit Hilfe von Display-Material am PoS kann eine positive Hinstimmung des Konsumenten zur Leistung erreicht werden (zum Beispiel Plakate von Reisezielen in Reisebüros).

■ Eine weitere Möglichkeit, die Immaterialität der Leistung zu umgehen beziehungsweise sogar zu nutzen, besteht darin, den Konsumenten zu einer **geistigen Auseinandersetzung mit der Leistung** zu bringen. Dies kann vor allem durch Wettbewerbe und Preisausschreiben erreicht werden, bei denen der Kunde sich unbewusst mit der Leistung beschäftigt (zum Beispiel Sparwettbewerb für Kinder durch eine Bank anlässlich des Weltspartages).

■ Besonders im Rahmen von Einführungen neuer oder unbekannter Leistungen bereitet die Immaterialität Probleme. Dies ist vor allem darauf zurückzuführen, dass der Konsument, anders als im Konsumgüterbereich, schwieriger mit tangiblen Elementen (zum Beispiel Verpackung) zu Probierkäufen angeregt werden kann. Im Rahmen von Verkaufsförderungsaktionen können daher in einigen Dienstleistungsbereichen **Demonstrationen** durchgeführt werden (zum Beispiel Videovorführung lokaler Ausflugveranstalter in der Empfangshalle eines Hotels, „Schnuppertage" für längere Ausbildungsprogramme). Ferner kann der Konsument durch kooperative Maßnahmen auf eine neue Leistung aufmerksam gemacht werden (zum Beispiel Preisausschreiben von Varta mit James-Bond-Kinokarte als Gewinn).

■ Zur Umgehung der **Nichtlagerfähigkeit** von Leistungen, das heißt zur **kurzfristigen Nachfragesteuerung,** bieten sich vor allem preispolitische Verkaufsförderungsmaßnahmen an. Hierbei können reine Preisreduktionen (zum Beispiel Studentenermäßigung oder Happy-Hour in einer Diskothek), Coupon-Maßnahmen (zum Beispiel Miles-and-More-Programm der Lufthansa) und Sampling-Aktionen unterschieden werden. Bei letzterer Gruppe ist das Sampling von Leistungen/Leistungselementen (zum Beispiel Zusatzversicherung bei Abschluss einer bestimmten Anzahl von Versicherungsverträgen) vom Sampling von Konsumenten (zum Beispiel Familien-Ticket für den Besuch eines Zoos) zu trennen. Durch solche Maßnahmen kann erreicht werden, dass Leistungspotenziale, die ansonsten verfallen würden, zumindest gegen ein geringeres Entgelt in Anspruch genommen werden.

■ Im Zusammenhang mit der **Nichttransportfähigkeit** von Dienstleistungen wurden in den letzten Jahren **kooperative Verkaufsförderungsmaßnahmen** eingeführt. Hierbei geht es vor allem darum, den Kunden während beziehungsweise nach der Inanspruchnahme einer Leistung auf eine andere, mit ersterer oft in Verbindung stehenden Leistung hinzuweisen (zum Beispiel Preisnachlass in Hotels und bei Autovermietungen im Zusammenhang mit einem Lufthansa-Flug).

■ Zahlreiche Verkaufsförderungsmaßnahmen sind aufgrund der **Integration des externen Faktors** in den Leistungserstellungsprozess mit Problemen verbunden. So können einige Leistungen zwar demonstriert werden. Es ist jedoch nicht gewährleistet, dass die Leistung bei einem anderen Konsumenten auf gleiche Weise verrichtet werden kann (zum Beispiel Frisurenschau im Friseursalon).

2.23   Persönliche Kommunikation

Neben der Mediawerbung nimmt die **Persönliche Kommunikation** im Rahmen der Kommunikationspolitik von Dienstleistungsanbietern eine bedeutende Stellung ein. Diese Bedeutung leitet sich vor allem aus der bereits beschriebenen Überschneidung von kommunikativen Aktivitäten zur Leistungserbringung und kommunikativen Aktivitäten zur Leistungsdarstellung ab. So ist die Persönliche Kommunikation durch den Dienstleistungsanbieter bei der Erbringung von persönlichen Dienstleistungen aufgrund des unmittelbaren Kontaktes mit den Kunden ein zentrales Kommunikationsinstrument.

> **Persönliche Kommunikation** bedeutet die Analyse, Planung, Organisation, Durchführung und Kontrolle sämtlicher unternehmensinterner und -externer Aktivitäten, die mit der wechselseitigen Kontaktaufnahme beziehungsweise -abwicklung zwischen Anbieter und Nachfrager in einer durch die Umwelt vorgegebenen Face-to-Face-Kontaktsituation verbunden sind, in die bestimmte Erfahrungen und Erwartungen durch verbale und nonverbale Kommunikationshandlungen eingebracht werden, um damit gleichzeitig vorab definierte Ziele der Unternehmenskommunikation zu erreichen (Bruhn 2003a, S. 334).

Als **Hindernis** der Persönlichen Kommunikation kann der Trend zur Automatisierung von Dienstleistungen angeführt werden, der zu einer „Entpersonalisierung" des Dienstleistungserstellungsprozesses (zum Beispiel Geldausgabeautomaten) führt und damit zu einer Verringerung des direkten Kundenkontaktes.

Die **Erscheinungsformen** der Persönlichen Kommunikation können in die folgenden Kategorien eingeteilt werden:

- Ausführliches, terminiertes Beratungsgespräch (zum Beispiel Geldanlageberatung für einen vermögenden Kunden),

- Standardberatungsgespräch (zum Beispiel Aufzählen der Reisemöglichkeiten zu einem bestimmten Ort),

- „Small Talk" bei persönlicher (zum Beispiel Frage nach Gesundheitszustand der Mutter während eines Haarschnitts) oder automatisierter Leistungserstellung.

Eine exaktere Beschreibung der Erscheinungsformen wird durch die Heranziehung verschiedener Unterscheidungskriterien möglich (vgl. Abbildung 6-30).

Abbildung 6-30   Erscheinungsformen der Persönlichen Kommunikation

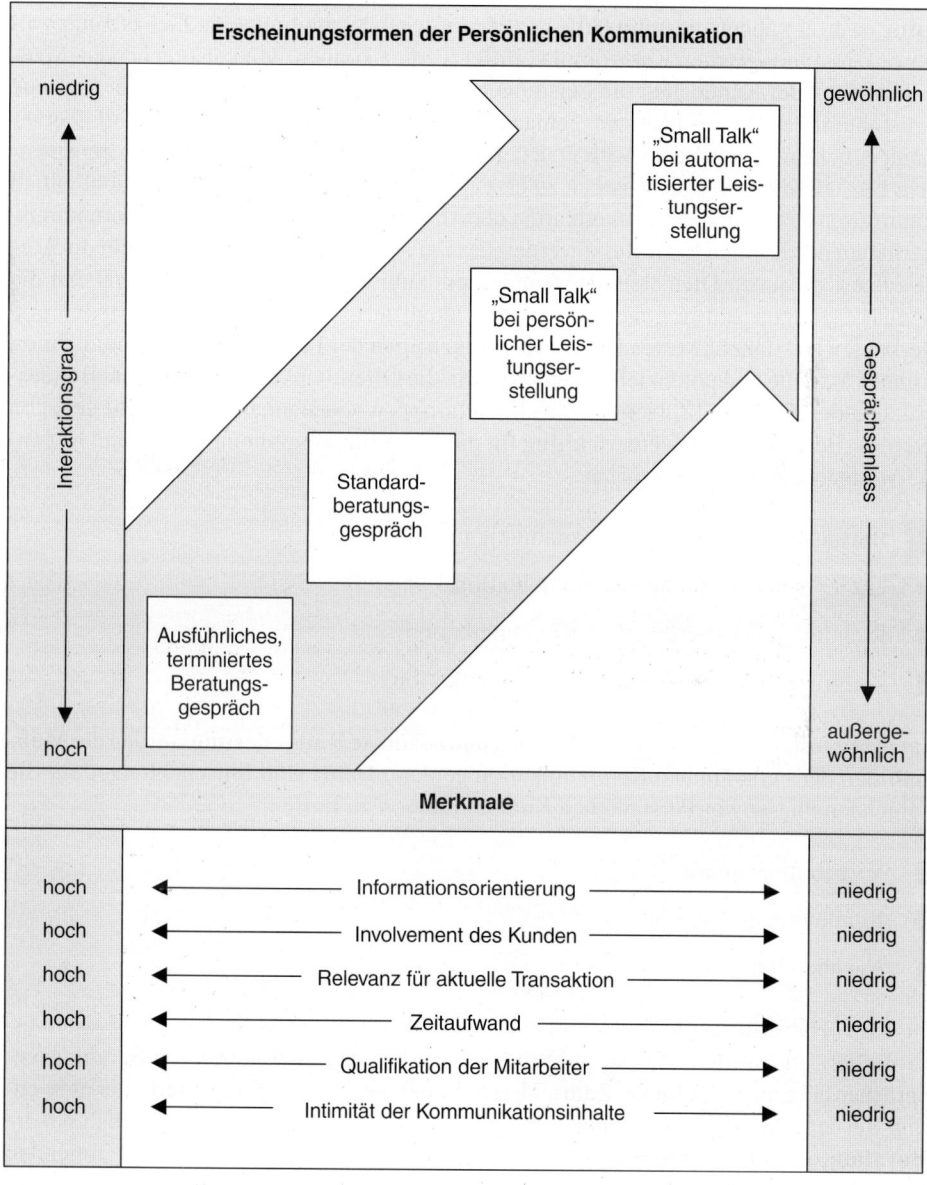

GABLER GRAFIK

Zur systematischen **Planung** des Einsatzes der Persönlichen Kommunikation wird anhand des klassischen Planungsprozesses vorgegangen. Im Rahmen der **Analysephase** ist zu untersuchen, inwiefern die Persönliche Kommunikation in der Vergangenheit Erfolg hatte und welche Ansatzpunkte es für Verbesserungen gibt. Hinsichtlich der **Zielfestlegung** ist zu erwähnen, dass mit Hilfe der Persönlichen Kommunikation Zielsetzungen aller drei psychologischen Kategorien verfolgt werden können. Mit entsprechenden Maßnahmen soll der Kunde über die Leistungen des Unternehmens informiert oder auf neue Leistungsangebote aufmerksam gemacht werden (kognitiv-orientierte Ziele). Ferner kann es bei entsprechendem Verhalten der Mitarbeiter gelingen, beim Kunden eine positive Einstellung zum Unternehmen zu erzeugen (affektiv-orientierte Ziele). Schließlich kann durch Persönliche Kommunikation der Abverkauf gesteigert und das Informationsverhalten des Kunden beeinflusst werden (konativ-orientierte Ziele). Durch ein direktes Feedback zwischen Dienstleistungskunde und -anbieter entstehen in der Regel erst die Voraussetzungen, um in hohem Maße individualisierte Dienstleistungen erstellen und verkaufen zu können (Meyer 1994). Als **Zielgruppen** der Persönlichen Kommunikation können aktuelle und potenzielle Kunden sowie die Öffentlichkeit (zum Beispiel Bundesbank, andere Banken, Börsenvereine als Zielgruppen von Banken) in Betracht gezogen werden. Bei der **Strategieentwicklung** für die Persönliche Kommunikation sind folgende Strategieelemente festzulegen:

■ Botschaft der Persönlichen Kommunikation,

■ Träger der Persönlichen Kommunikation,

■ Richtlinien der Persönlichen Kommunikation,

■ Zielgruppen der Persönlichen Kommunikation.

Im Anschluss an die Strategieentwicklung und adäquate **Budgetierung** werden die **Maßnahmen** der Persönlichen Kommunikation geplant. Dabei sind Entscheidungen für die folgenden Phasen der Persönlichen Kommunikation zu treffen:

■ Vorbereitungsphase,

■ Kommunikationsphase,

■ Nachbereitungsphase.

In der **Vorbereitungsphase** ist zum einen die Erhebung von Marktforschungsdaten erforderlich, um auf Bedürfnisse und Wünsche der Kunden im Rahmen von Beratungsgesprächen eingehen zu können. Zum anderen ist hier die Schulung der Mitarbeiter notwendig. Bei der Persönlichen Kommunikation wird das Kaufverhalten maßgeblich durch die **Beratungs- und Überzeugungsleistung** des mit den Kunden in Kontakt tretenden Dienstleistungspersonals beeinflusst.

Grundsätzlich „betreiben" alle **Mitarbeiter** im Kundenkontakt Persönliche Kommunikation, seien es nun Schalterangestellte, Filialleiter oder gar der Vorstand, der mit Großkunden direkt Kontakt hat. Das Anforderungsprofil für Kundenberater wird durch Eigenschaften wie **Kontaktfähigkeit** und **Verhandlungsgeschick** geprägt.

Darüber hinaus ist wegen des Vertrauensgutcharakters vieler Dienstleistungen ein hohes Maß an **Glaubwürdigkeit** eine notwendige Eigenschaft des Kundenberaters. Zudem sollte er sich, angesichts der in vielen Branchen vorzufindenden Heterogenität und Vielzahl der angebotenen Leistungen, durch eine entsprechende **fachliche Kompetenz** auszeichnen. Insbesondere durch den Einsatz nur kurz geschulter und branchenfremder Aushilfskräfte können Imageschäden auftreten und die Vertrauensbeziehung zwischen Kunde und Anbieter kann gestört werden. Zur Erhaltung des Vertrauensverhältnisses erwartet der Kunde bei zahlreichen Dienstleistungen eine Konstanz des Personals bei wiederholter Inanspruchnahme der Leistung. Bei einigen Dienstleistungen ist ein Personalwechsel sogar häufig mit einem Verlust des Kunden verbunden (zum Beispiel Steuerberater, Friseur, Werbeagentur). Insofern ist die **Kontinuität in der persönlichen Kundenbetreuung** im Bereich der persönlichen Dienstleistungen als zentraler Erfolgsfaktor einzustufen.

Das persönliche Gespräch bietet weiterhin die Möglichkeit, in Abhängigkeit von den vom Kunden geäußerten Bedürfnissen in Verbindung mit bereits verfügbaren Kundendaten **Cross-Selling-Bemühungen** zu entfalten. Gerade im Bankenbereich verfügt ein Kundenberater über vielfältige persönliche Kundeninformationen (zum Beispiel Vermögens- und Einkommensverhältnisse, eventuell vorliegende Lebensversicherungen, Berufsstand), die in Verbindung mit der bisherigen Inanspruchnahme von Dienstleistungen Ansatzpunkte aufzeigen, um bestehenden Kunden weitere Dienstleistungen anzubieten.

In der **Kommunikationsphase** geht es darum, den Mitarbeitern Materialien zur Verfügung zu stellen, die ihnen im Rahmen des persönlichen Gesprächs hilfreich sein können. Hierbei sind Informationsmaterialien zu erwähnen, die bei solchen Dienstleistungen einzusetzen sind, die aufgrund der Immaterialität einen hohen Erklärungsbedarf aufweisen. Ferner kann es sich dabei um Materialien handeln, die der Visualisierung und Materialisierung der immateriellen Leistungen dienen. Eine besondere Bedeutung im Rahmen der Persönlichen Kommunikation, vor allem in Dienstleistungsunternehmen mit hohem Interaktionsgrad (zum Beispiel Hotels), hat das **Beschwerdemanagement**. Anders als den meisten Konsumgüterunternehmen ist es Dienstleistern aufgrund des direkten Kundenkontaktes und der damit einhergehenden geringeren Beschwerdebarrieren möglich, im Leistungserstellungsprozess mündliche Beschwerden zu stimulieren (Stauss/Seidel 2002).

Schließlich sollen in der **Nachbereitungsphase** Kundendaten systematisch gesammelt werden, die für spätere Maßnahmen der Persönlichen Kommunikation oder für Maßnahmen anderer Kommunikationsinstrumente, zum Beispiel der Direktkommunikation, genutzt werden können.

$2._{24}$ Direktkommunikation (Direct Marketing)

Die **Direktkommunikation** gehört zu jenen Instrumenten, mit deren Hilfe eine individuelle Kundenansprache erreicht werden soll. Nachdem dieses Instrument zunächst vor allem von Industriegüterunternehmen und nur von wenigen Dienstleistungsunternehmen (zum Beispiel Versandhandel) eingesetzt wurde, ist der Einsatz der Direktkommunikation inzwischen auch von weiteren Dienstleistungsunternehmen, die eine flächendeckende Marktbearbeitung betreiben (zum Beispiel Versicherungen, Banken), zu beobachten. Die Direktkommunikation ist dem **Direct Marketing** zuzuordnen (Dallmer 2002). Da in diesem Abschnitt lediglich kommunikationspolitische Fragestellungen behandelt werden, soll der Begriff Direktkommunikation verwendet werden, wenngleich eine eindeutige Abgrenzung zu den distributionspolitischen Aufgaben des Direct Marketing nicht immer möglich ist.

> Das Instrument **Direktkommunikation** umfasst sämtliche Maßnahmen, die darauf ausgerichtet sind, durch eine gezielte Einzelansprache einen direkten Kontakt zum Adressaten herzustellen und einen unmittelbaren Dialog zu initiieren oder durch eine indirekte Ansprache die Grundlage eines Dialoges in einer zweiten Stufe zu legen, um die Kommunikationsziele des Unternehmens zu erreichen (Bruhn 2003a, S. 302).

Aufgrund der **Integration des externen Faktors** und der Heterogenität der Leistungserstellung ist im Dienstleistungsbereich eine homogene Leistungserbringung weniger möglich als im Konsumgüterbereich. Daher ist es auch beim Absatz von Dienstleistungen von großer Bedeutung, die individuellen Bedürfnisse des einzelnen Kunden bei der Leistungserstellung zu berücksichtigen, weshalb Instrumenten, mit denen eine individuelle Kundenansprache möglich ist, wie der Direktkommunikation, eine zentrale Rolle zukommt.

Je nach Art der Responsemöglichkeit des Rezipienten können die **Erscheinungsformen** der Direktkommunikation eingeteilt werden in (Holland 1992, S. 5; Hilke 1993, S. 11f.):

- Passive Direktkommunikation (zum Beispiel Standardwerbebrief einer Bank),

- Reaktionsorientierte Direktkommunikation (zum Beispiel Werbebrief eines Fitnessstudios mit Gutschein für Saunabenutzung; Werbebrief eines Verlages mit Bestellkarte für Bücher),

- Interaktionsorientierte Direktkommunikation (zum Beispiel Telefonmarketing des Bertelsmann Buchclubs).

Diese Klassifizierung kann mit Hilfe weiterer Kriterien charakterisiert werden. Einen Überblick über die Erscheinungsformen der Direktkommunikation gibt Abbildung 6-31.

Abbildung 6-31   Erscheinungsformen der Direktkommunikation

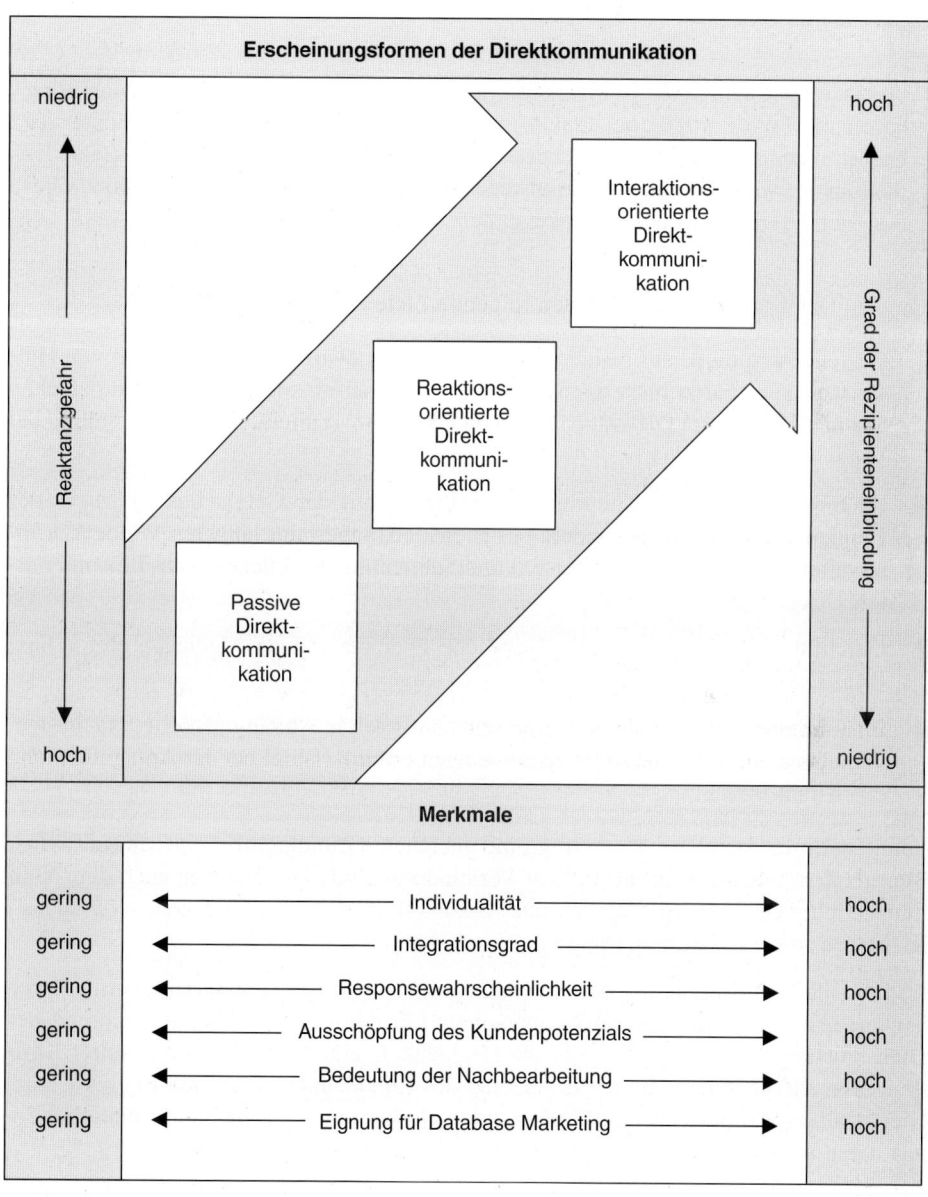

Im Rahmen der Direktkommunikation ist es für das Unternehmen unerlässlich, über eine breite Datenbasis seiner aktuellen Kunden und unter Umständen seiner potenziellen Kunden zu verfügen. Aus diesem Grunde hat das **Database Marketing** an Bedeutung gewonnen (Bruhn 2001a, S. 235; Dallmer 2002, S. 549f.).

> Das **Database Marketing** wird als computer- und datengestütztes Dialog-Marketing bezeichnet (Wilde 1989), bei dem in Abhängigkeit von den in einer Kundendatei des Dienstleistungsanbieters gespeicherten Kundenmerkmalen (zum Beispiel Soziodemographie, Aktions- und Reaktionsdaten) ein „maßgeschneidertes" Kommunikations- und Verkaufsförderungspaket erstellt werden kann.

Mit dem Database Marketing werden folgende **Ziele** angestrebt:

■ Gezielte Ansprache auf bisher bevorzugte Dienstleistungen sowie Geben von Hinweisen auf aus den bisherigen Kundenmerkmalen abzuleitende Nachfragelücken hinsichtlich anderer Dienstleistungen im Programm (zum Beispiel Cross Selling bei Versicherungen).

■ Erkennen „kritischer" Kommunikationslücken mit der Gefahr des Abbruchs der Kundenbeziehung (insbesondere bei Dienstleistungen mit längeren Wiederkaufintervallen, wie zum Beispiel Reisen) und Schließung der Lücken (zum Beispiel mittels Direct Mailings).

■ Durchführung einer gezielten Ansprache über bevorzugte Medien (Telefon/Fax/ Brief/E-Mail).

■ Bestimmung der „optimalen" Ansprachehäufigkeit in Abhängigkeit des Nachfrageverhaltens bei bestimmten Dienstleistungen (zum Beispiel bei der Anlageberatung einer Bank).

Somit stellt das Database Marketing eine geeignete Grundlage für eine **„kaufzyklusübergreifende Kommunikation"** zur Verminderung von Dissonanzen nach dem Kauf immaterieller Leistungsversprechen, zur Vorkonditionierung von Käufen weiterer Dienstleistungen sowie zur Stimulierung von Wiederkäufen dar.

Im Dienstleistungsmarketing besteht im Gegensatz zum Konsumgütermarketing durch den intensiven Kontakt des Servicepersonals mit dem externen Faktor während des Dienstleistungserstellungsprozesses die Möglichkeit, eine **Vielzahl individueller Kundendaten** aufzunehmen, die zur Ergänzung des Kundendatensatzes von Interesse sind. Hierbei sind vom Servicepersonal eine schnelle Erfassung von Kundeninformationen sowie deren Weitergabe an die Datenbank einzuleiten und durchzuführen.

Die **Planung** des Einsatzes der Direktkommunikation (Kirchner 1992, S. 117; Holland 1993, S. 41ff.) erfolgt nach dem klassischen, entscheidungsorientierten Ansatz und erfordert demnach zunächst eine **Situationsanalyse**, in deren Rahmen es den Erfolg bisheriger Maßnahmen, Einsatzmöglichkeiten zukünftiger Maßnahmen sowie das im Unternehmen vorhandene beziehungsweise extern umgehend beschaffbare Datenmaterial über aktuelle und potenzielle Kunden zu untersuchen gilt. Mit Hilfe der Direktkommunikation werden insbesondere kognitiv- und konativ-orientierte **Ziele** verfolgt. Hinsichtlich der kognitiven Orientierung soll vor allem eine zielgruppenspezifische Ansprache ohne Streuverluste, eine hohe Aufmerksamkeitswirkung und eine Informationswirkung erreicht werden. Im konativen Bereich geht es darum, den Kunden zu einer interaktiven Kommunikation zu animieren. Ferner kann mit Direktkommunikation eine Kaufhandlung direkt ausgelöst werden. In der Phase der **Zielgruppenidentifizierung** können Verwender und Nichtverwender beziehungsweise Käufer und Nichtkäufer unterschieden werden, wobei die Unterscheidung von Käufer und Verwender im Dienstleistungsbereich aufgrund der Integration des externen Faktors häufig nicht möglich ist. Bei der **Strategieformulierung** sind die Dimensionen Objekt, Botschaft, Mittel, Zielgruppe, Kontinuität und Intensität der Direktkommunikation zu berücksichtigen. Nachdem auch das **Budget** bestimmt wurde, können die **Maßnahmen** der Direktkommunikation festgelegt werden. Dabei müssen Entscheidungen in drei Bereichen getroffen werden:

1. **Sammlung von Kundendaten**
   Insbesondere wenn die Durchführung einer interaktions- oder reaktionsorientierten Direktkommunikation geplant wird, ist das Wissen um soziodemographische und psychographische Merkmale des Kunden erforderlich. Aufgrund der Integration des Kunden in den Leistungserstellungsprozess ist es für Dienstleistungsunternehmen sogar möglich, Kaufverhaltensmerkmale durch Beobachtung zu erheben (zum Beispiel Haarprobleme beim Friseur, Kontostand bei der Bank, Reisegewohnheiten bei den Bonusprogrammen der Fluggesellschaften).

2. **Auswahl von Kommunikationsmaßnahmen**
   In diesem Bereich geht es um die Auswahl rezipientenadäquater Kommunikationsmaßnahmen. Viele Direktkommunikationsaktionen bewirken Imageverschlechterungen beim Kunden, da sie sehr schematisch und wenig individuell gestaltet sind. Aufgrund des direkten Kontaktes zum Dienstleistungskunden ist es im Extremfall möglich, den Kunden zu fragen, ob und in welcher Art er an Maßnahmen der Direktkommunikation des Dienstleisters beteiligt werden möchte (zum Beispiel Versand von Angebotslisten bei Weinhändlern, Einladungen zu Auktionen). Aufgrund der kurzfristigen Einsatzmöglichkeit der Direktkommunikation kann – bei entsprechender Datenbasis – die durch die Nichtlagerfähigkeit notwendig werdende kurzfristige Nachfragesteuerung unterstützt werden, indem aktuelle und potenzielle Kunden auf freie Kapazitäten hingewiesen werden (zum Beispiel die Erstellung spezieller Angebote).

■ Nachbereitung

Beim Einsatz von reaktions- oder interaktionsorientierten Maßnahmen der Direktkommunikation müssen die Kundenantworten ausgewertet werden. Dabei kann es sich um Antworten handeln, die entweder der Erweiterung der Kundendatenbasis dienen oder Kundenfragen oder -probleme betreffen. Bei letzterer Möglichkeit sind meist weitere Aktivitäten des Unternehmens notwendig.

2.25 Öffentlichkeitsarbeit (Public Relations)

Aufgrund der **Immaterialität** der Leistung ist die Imagewirkung der Unternehmenskommunikation für Dienstleistungsunternehmen und somit auch die Öffentlichkeitsarbeit (Public Relations) von großer Bedeutung. Da diesem Kommunikationsinstrument auch im Konsumgüter- und Industriegüterbereich die primäre Funktion der Darstellung des Unternehmens zukommt, sind seine Besonderheiten im Dienstleistungsbereich weniger gravierend als bei anderen Kommunikationsinstrumenten.

> **Öffentlichkeitsarbeit** (Public Relations) als Kommunikationsinstrument beinhaltet die Planung, Organisation, Durchführung sowie Kontrolle aller Aktivitäten eines Unternehmens, um bei ausgewählten Zielgruppen (extern und intern) um Verständnis sowie Vertrauen zu werben und damit gleichzeitig Ziele der Unternehmenskommunikation zu erreichen (Bruhn 2003a, S. 341).

Die **Erscheinungsformen** der Public Relations sind vielfältig (Wilcox/Ault/Agee 1989, S. 22ff.; Naundorff 1993, S. 605ff.; Bieberstein 2001, S. 351f.). Grundsätzlich können sie in leistungsbezogene (zum Beispiel Zeitungsartikel über die Anlageberatung einer Bank; Präsentation einer neuen Autowaschanlage für die Mitarbeiter), unternehmensbezogene (zum Beispiel Bericht über die Hauptversammlung einer Versicherung) und gesellschaftsbezogene Öffentlichkeitsarbeit (zum Beispiel Stellungnahme des Vorstandsvorsitzenden zum Wirtschaftsstandort Deutschland) klassifiziert werden. Eine spezifischere Unterscheidung unterschiedlicher Public-Relations-Aktivitäten kann anhand der folgenden Merkmale vorgenommen werden, die jeweils ein breites Spektrum an Ausprägungen zulassen (vgl. Abbildung 6-32):

- Bezugsrahmen der Aktivitäten,
- Zielgruppenorientierung,
- Informationsvermittlung,
- Imagebildung,
- Individualität,
- Kontinuität,
- Internalisierung,
- Streuverluste,
- Zeitlicher Horizont.

Abbildung 6-32   Erscheinungsformen der Öffentlichkeitsarbeit

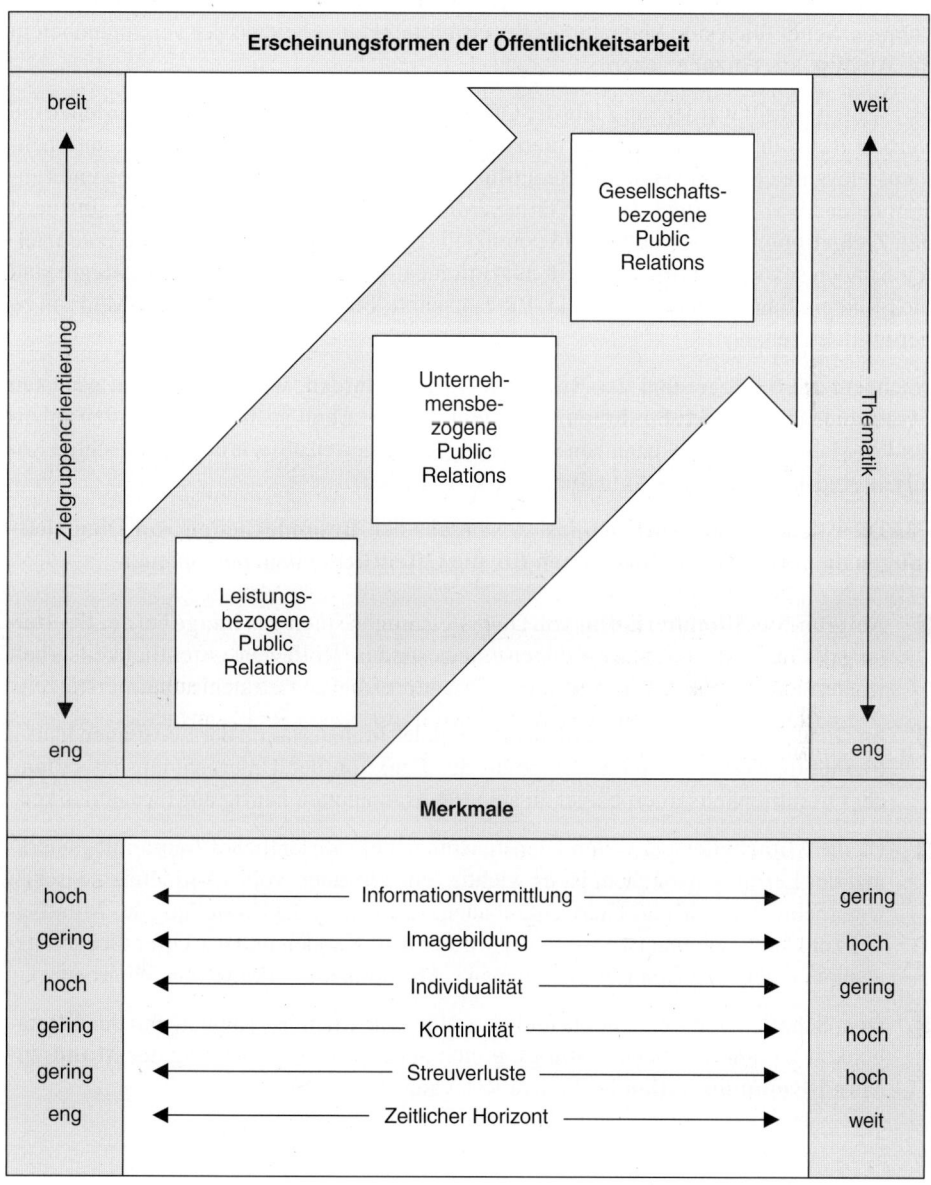

Zur **Planung** des Einsatzes der Öffentlichkeitsarbeit gilt es zunächst, eine **Situations-analyse** durchzuführen. Dabei wird untersucht, inwiefern das Unternehmen Ansatz-punkte liefert, sich in der Öffentlichkeit positiv darzustellen beziehungsweise ob es die Notwendigkeit gibt, Korrekturen des Unternehmensbildes bei den Zielgruppen vorzu-nehmen. Schließlich sind Maßnahmen der Öffentlichkeitsarbeit aus der Vergangenheit in die Analyse mit einzubeziehen.

Im zweiten Schritt werden die **Ziele** der Öffentlichkeitsarbeit festgelegt. Dabei stehen die Verbesserung des Unternehmens- und Leistungsimages, Kontaktpflege zu unterneh-mensrelevanten Personen und die Beeinflussung gesellschaftlicher Meinungen und Ein-stellungen im Vordergrund (Beger/Gärtner/Mathes 1989, S. 64ff.). Diese Ziele sind nach den **Zielgruppen**, wie aktuellen und potenziellen Mitarbeitern, aktuellen und potenziel-len Kunden sowie der Öffentlichkeit, auszurichten. Bei der Wahl der **PR-Strategie** sind die Strategiedimensionen PR-Objekt, PR-Botschaft, PR-Zielgruppe und PR-Medium zu berücksichtigen.

Nachdem die Strategie und das **Budget** festgelegt wurden, werden in einem nächsten Schritt die einzelnen **Maßnahmen** der Öffentlichkeitsarbeit bestimmt. Die Auswahl ei-ner PR-Maßnahme hängt dabei von verschiedenen Kriterien ab, wie der gewünschten Ka-talysatorwirkung oder der Aktualität der PR-Botschaft.

Für Dienstleistungsunternehmen lassen sich aus den **Besonderheiten von Dienstleis-tungen** die folgenden **Implikationen für die Öffentlichkeitsarbeit** ableiten:

▌ Aufgrund der **Immaterialität** von Dienstleistungen spielt das **Image** bei der Beurtei-lung der Leistung durch den Kunden eine besondere Rolle. Die Öffentlichkeitsarbeit wiederum eignet sich besonders, eine Imageprofilierungsstrategie zu unterstützen.

▌ Im Dienstleistungsbereich werden aufgrund der Immaterialität der Leistungen häufig **Firmenmarken** eingesetzt. Aufgrund der Funktion der Unternehmensdarstellung der Öffentlichkeitsarbeit beziehen sich PR-Maßnahmen häufig auf Firmenmarken.

▌ Da die **Mitarbeiter** bei vielen Dienstleistungen ein wesentliches Beurteilungsmerk-mal der Leistung darstellen, ist es wichtig, ein vertrauensvolles Verhältnis zwischen Unternehmen und Mitarbeitern aufzubauen. Je positiver die Einstellung des Mitarbei-ters zum Unternehmen ist, desto eher wird er dem Kunden und der Öffentlichkeit ge-genüber einen positiven Eindruck bieten („Multiplikatorwirkung" der Mitarbeiter).

▌ Dem Schaffen von Verständnis und Vertrauen vor allem bei Kunden und der Öffent-lichkeit kommt im Dienstleistungsbereich aufgrund der Bedeutung der **Mund-zu-Mund-Kommunikation** besondere Relevanz zu.

2.26   Messen und Ausstellungen

Aufgrund der in der Immaterialität von Dienstleistungen begründeten Schwierigkeit, die Leistungen eines Unternehmens zu präsentieren, existierten Messen und Ausstellungen lange Zeit lediglich für Hersteller von Konsum- und Industriegütern. In den letzten Jahren werden jedoch immer mehr Messen für Dienstleistungsanbieter veranstaltet. Da Dienstleistungen, wie Leistungen im Tourismus- oder Bildungsbereich, High-Involvement-Charakter aufweisen, das heißt, die Kunden ein ausgeprägtes Informationsinteresse vor der Inanspruchnahme einer Leistung haben, ist die Teilnahme an Messen und Ausstellungen für Dienstleister aus solchen Bereichen eine sinnvolle Ergänzung des Kommunikationsmix. Als **Beispiele für Messen im Dienstleistungsbereich** lassen sich erwähnen:

- ITB – Internationale Tourismus-Börse in Berlin,

- EUROCARGO – Internationale Fachmesse für Transport und Logistik in Düsseldorf,

- TRAVEL TREND – Die Internationale Reise-Fachmesse in Frankfurt am Main,

- QUALIFIKATION – Internationale Fachmesse für Berufliche Qualifizierung in Hannover,

- SYSTEC – Internationale Fachmesse für Systemintegration, Automatisierung und Qualitätssicherung in München,

- FIBO – Internationale Messe für Fitness und Freizeit in Nürnberg,

- INTERSCHUL – Europäische Bildungsmesse in Stuttgart.

> Das Kommunikationsinstrument **Messen und Ausstellungen** umfasst
> - die Planung, Organisation, Durchführung und Kontrolle sämtlicher Aktivitäten eines Unternehmens,
> - die mit der Teilnahme an einer zeitlich und räumlich begrenzten Veranstaltung verbunden sind,
> - deren Zweck in der Möglichkeit zur Leistungspräsentation, Information eines Fachpublikums und der interessierten Allgemeinheit, Selbstdarstellung des Unternehmens, Möglichkeit zum unmittelbaren Vergleich mit der Konkurrenz liegt,
> um damit gleichzeitig spezifische Marketingziele und Kommunikationsziele zu erreichen (Bruhn 2003a, S. 294).

Ausgehend von der obigen Definition können die folgenden **Merkmale** von Messen und Ausstellungen herausgearbeitet werden:

■   Zeitliche und räumliche Begrenzung,

■   Teilnahme einer Vielzahl von Unternehmen aus einer Branche,

■   Präsentation der Unternehmensleistungen.

Obwohl in der Praxis Messen und Ausstellungen sehr unterschiedlicher Art anzutreffen sind, lassen sich die **Erscheinungsformen** nach den folgenden Kriterien strukturieren (Funke 1987, S. 4):

■   Geographische Herkunft der Aussteller: regionale, überregionale, nationale und internationale Messen/Ausstellungen.

■   Breite des Angebotes: Universal-, Spezial-, Branchen-, Solo-, Mono-, Fachmessen/ -ausstellungen.

■   Hauptrichtung des Absatzes: Export- und Importmessen/-ausstellungen.

■   Funktion der Veranstaltung: Informations- und Ordermessen/-ausstellungen.

Um einen effizienten und effektiven Einsatz von Messen und Ausstellungen zu gewährleisten, sollten sich Dienstleistungsunternehmen an einem **Prozess der Planung des Messeeinsatzes** orientieren: Im Rahmen der **Situationsanalyse** muss das Unternehmen Informationen hinsichtlich der Möglichkeiten zur Teilnahme an einer Messe und der Gestaltung des Engagements bei einer Messe/Ausstellung sammeln. Diese Informationen lassen sich in unternehmens-, leistungs-, konkurrenz- und konsumentenbezogene Informationen unterteilen:

■   Zu den **unternehmensbezogenen Informationen** zählt der (Miss-)Erfolg bei früheren Messeeinsätzen. Daraus lassen sich eventuell Verbesserungen für ein nächstes Engagement ableiten. Ferner sollte untersucht werden, inwiefern ein Messeeinsatz einen Beitrag zur Erreichung der Kommunikationsziele leisten kann.

■   Die **leistungsbezogenen Informationen** beziehen sich vor allem auf das (Nicht-) Vorhandensein einer Veranstaltung, bei der sich eine Teilnahme des Unternehmens lohnt. Ferner ist zu beleuchten, ob die Leistung beziehungsweise einzelne Elemente der Leistung geeignet sind, auf einer Messe präsentiert zu werden.

■   Bei den **konkurrenzbezogenen Informationen** ist insbesondere von Bedeutung, ob sich die Hauptkonkurrenten des Unternehmens an Messen/Ausstellungen beteiligen. Ist dies der Fall, wird die Teilnahme des eigenen Unternehmens zu einer Muss-Maßnahme, während sie ansonsten als Kann-Maßnahme anzusehen ist.

■   Hinsichtlich der benötigten **konsumentenbezogenen Informationen** sind vor allem die Bedürfnisse und Ansprüche der Konsumenten und die Zahl der mit Messen erreichbaren aktuellen und potenziellen Kunden abzuschätzen.

Ausgehend von der oben beschriebenen Situationsanalyse und – basierend auf den Unternehmens- und Kommunikationszielen – werden die **Ziele des Messeeinsatzes** definiert. Hinsichtlich der psychologischen Ziele stehen die Bekanntmachung und Information (kognitiv-orientierte Ziele) sowie die Auslösung einer Kaufhandlung (konativ-orientiertes Ziel) im Vordergrund.

Neben der Festlegung der Messeziele gilt es an dieser Stelle, die **Zielgruppen des Messeeinsatzes** zu bestimmen. Bei Messen und Ausstellungen lassen sich die folgenden Nutzergruppen unterscheiden, die hinsichtlich ihrer Kongruenz mit der Unternehmenszielgruppe beurteilt werden müssen (vgl. Strothmann 1992; Bruhn 2003a, S. 296f.):

- Gruppe der intensiven Messenutzer,

- Gruppe der punktuellen Messenutzer,

- Gruppe der Messebummler,

- Gruppe der praxisorientierten Messenutzer.

Die Festlegung der **Messestrategie** wird anhand der Dimensionen Messeobjekt (Unternehmen oder einzelne Leistungen), Messebotschaft, Messebeteiligung (Auswahl der Messe), Messezielgruppen und Messeinstrumente (Kommunikationsmittel und -träger) vorgenommen. Die Strategie ist an der Kommunikationsstrategie des Unternehmens auszurichten und ist die Basis für die Bestimmung des zur Verfügung stehenden **Budgets**. Im Rahmen der aus der Strategie abzuleitenden **Maßnahmen** müssen innerhalb der folgenden Bereiche Entscheidungen getroffen werden (Meffert 1993b, S. 80):

■ Auswahl der präsentierten Leistungselemente

Aufgrund der Intangibilität und **Immaterialität** von Dienstleistungen sowie der Integration des externen Faktors sind in dieser Phase wichtige Entscheidungen hinsichtlich der **Präsentation** des Unternehmens und seiner Leistungen in der Messephase zu treffen. Anders als bei Konsum- oder Industriegüterunternehmen können die Leistungen nicht in ihrem vollen Umfang vorgestellt werden. Je nach Art der Leistung ist es jedoch möglich, die Potenzial-, Prozess- und/oder die Ergebnisdimensionen der Leistung darzustellen. Hinsichtlich der **Potenzialdimension** ist die Darstellung der Mitarbeiter des Unternehmens sowie tangibler Elemente im Leistungserstellungsprozess denkbar. Bei Leistungen, die während der Messe vorgeführt oder getestet werden können, bietet sich die Darstellung der **Prozessdimension** an. Auf diese Weise können Kunden am ehesten in die Lage versetzt werden, sich unter der intangiblen Leistung etwas konkretes vorzustellen. Wegen der Integration des externen Faktors und der Heterogenität des Leistungserstellungsprozesses ist eine realitätsgetreue Präsentation der Leistung jedoch nicht möglich. Einige Leistungen können auch betreffend ihres **Ergebnisses** präsentiert werden. Dabei handelt es sich vor allem um solche Leistungen, die am Menschen oder am Objekt durchgeführt werden und zu konkreten physischen Veränderungen führen. Hinsichtlich aller drei Dimensionen bieten sich die **physische** Präsentation und die Präsentation über **Medien** an. Beispiele für die verschiedenen Möglichkeiten der Präsentation der Unternehmensleistung sind in Abbildung 6-33 wiedergegeben.

Abbildung 6-33	Beispiele für präsentierte Leistungsmerkmale im Rahmen von Dienstleistungsmessen

Hauptleistungs-dimension Präsenta-tionsart	Potenzialdimension	Prozessdimension	Ergebnisdimension
Physisch	z. B. Lehrer eines Weiterbildungs-unternehmens als Messepersonal	z. B. Denkmalpflege-Demonstration auf einer Messe für Denkmalpflege	z. B. Models eines Friseurs auf einer Friseurmesse
Medial	z. B. Präsentation durch einen Reise-führer über Video	z. B. Flugsimulator-Terminal auf einer Messe für Reisen	z. B. Fotos von Teilnehmern eines Diätkurses

GABLER
GRAFIK

◼ Konzeption des Messestandes

Im Rahmen der Konzeption des Messestandes gilt es, das Design der physischen Elemente des Messestandes auszuwählen. Auch wenn bei Konsum- und Industriegütern der Messestand für den Messebesucher angenehm gestaltet werden soll, ist dies für Dienstleistungsunternehmen aufgrund der **Immaterialität** der Leistung ein besonderes Erfordernis. Während bei anderen Gütern das vorgestellte Produkt im Mittelpunkt des Interesses steht, kann die Dienstleistung nicht in ihrer Gesamtheit präsentiert werden. Daher wird der Besucher die Leistung eines Unternehmens um so eher nach der äußeren Beschaffenheit des Messestandes beurteilen, je immaterieller eine Leistung ist.

◼ Auswahl und Einsatz des Standpersonals

Für die Auswahl des Standpersonals gilt ähnliches wie für die Konzeptionierung des Messestandes. Da auch die Mitarbeiter des Unternehmens und – im Fall von Messen – das Standpersonal vom Kunden für die Leistungsbeurteilung herangezogen werden, ist bei der Auswahl des Personals auf dessen äußeres Erscheinungsbild, seinen Wissensstand und seine Kommunikationsfähigkeit zu achten.

◼ Kommunikationsmaßnahmen

Schließlich gilt es, sowohl die im Rahmen der Vor- und Nachbereitung als auch während der Messe einzusetzenden Kommunikationsmaßnahmen zu bestimmen.

2.27 Sponsoring

In der Literatur findet sich eine intensive Diskussion über die Erscheinungsformen, Ziele und Ausgestaltungsformen des Sponsoring. Dabei wird keine Fokussierung auf den Konsumgüter- beziehungsweise den Dienstleistungsbereich vorgenommen, da sich nur wenige Unterschiede ergeben (Mertess 1974; Sedgwick 1978; Stevens 1981; Turner 1987; Loock 1988; Drees 1989; Hermanns 1997; Bruhn 2003a, 2003b).

> **Sponsoring** bedeutet die Analyse, Planung, Organisation, Durchführung und Kontrolle sämtlicher Aktivitäten, die mit der Bereitstellung von Geld, Sachmitteln, Dienstleistungen oder Know-how durch Unternehmen zur Förderung von Personen und/oder Organisationen in den Bereichen Sport, Kultur, Soziales, Umwelt und/oder den Medien verbunden sind, um damit gleichzeitig Ziele der eigenen Unternehmenskommunikation zu erreichen (Bruhn 2003a, S. 311).

Hinsichtlich der unterschiedlichen **Sponsoringbereiche** können Sport-, Kultur-, Sozio-, Umwelt- und Programmsponsoring unterschieden werden (vgl. zum Thema Sport-Sponsoring den Einstieg der Deuschen Telekom bei Bayern München, Insert 6-13). Die Gesamtheit unterschiedlicher Sponsoringformen kann dahingehend unterteilt werden, ob sie aus Sicht des Sponsors oder des Gesponserten betrachtet werden (Bruhn 2003a, S. 312ff.).

Bei den **Sponsoringformen aus Sicht des Sponsors** kann eine Klassifizierung vorgenommen werden nach:

- der **Art der Sponsorenleistung** in:
  - Sponsoring mit Geldmitteln,
  - Sponsoring mit Sachmitteln: aufgrund des grundsätzlich intangiblen Charakters von Dienstleistungen kommt die Bereitstellung von Sachmitteln für Dienstleistungsunternehmen weniger in Betracht, zum Beispiel die Bereitstellung von Fahrzeugen durch eine Autovermietung,
  - Sponsoring mit Dienstleistungen, zum Beispiel wenn ein Catering Service die Versorgung der VIP-Lounge bei einem Tennisturnier organisiert;

- der **Anzahl der Sponsoren** in:
  - Exklusiv-Sponsorships, das heißt, das Unternehmen ist alleiniger Sponsor einer Institution, Veranstaltung oder Person,
  - Co-Sponsorships, das heißt, das Unternehmen ist ein Sponsor unter mehreren;

- der **Art des Sponsors** in:
  - Produkt-/Leistungssponsoren: zum Beispiel Sponsoring der ATP-Weltmeisterschaft 1995 durch D1,
  - Unternehmen als Sponsor: zum Beispiel Sponsoring von Kunstausstellungen durch die Deutsche Bank,
  - Stiftungen als Sponsoren: zum Beispiel Sponsoring eines Forschungspreises durch die Bertelsmann Stiftung;

INSERT 6-13   Horizont, 07.03.2002, S. 4

SPORTBUSINESS   Deutsche Telekom steigt bei Bayern München als Trikotsponsor ein / Ziel: Refinanzierung der UMTS-Lizenz

Die Bayern erwarten rosige Zeiten

MÜNCHEN Die Spekulationen haben endlich ein Ende: Ab Juli prangt das „T" der Deutschen Telekom auf der Brust der Kicker des FC Bayern München. Mehr als 20 Millionen Euro soll der Telekommunikationsriese angeblich für das Engagment auf den Tisch von Bayern-Manager Uli Hoeneß blättern – jedes Jahr bis mindestens 2008.

Obwohl erst Ende dieser Woche Details zum Vertrag zwischen dem rosa Riesen und den rot-weißen Kickern bekannt gegeben werden, ist bereits jetzt klar, dass sich der Deal für beide Seiten lohnen wird. Der Rekordmeister kassiert pro Jahr 8 Millionen Euro mehr als beim Vertrag mit dem langjährigen Partner Opel. Hinzu kommt, dass die Rüsselsheimer den Bayern eine Entschädigung dafür zahlen werden, dass sie früher aus dem gemeinsamen Vertrag herauskommen.

Obwohl die Deutsche Telekom noch keine Informationen über die genaue Zielrichtung des Engagements preisgibt, dürfte sich das teuerste Sponsoring in der europäischen Fußballgeschichte – selbst Bayerns wirtschaftliches Vorbild Manchester United erhält „nur" 14 Millionen Euro von Trikotsponsor Vodafone – auch für die Deutsche Telekom rechnen.

Zum einen hat der Telekommunikationskonzern mit dieser Offerte ganz nebenbei den Konkurrenten Viag Interkom aus dem Rennen geworfen. Frank Wienstroth, Sprecher des Unternehmens, das demnächst unter O2 firmieren wird: „Der FC Bayern München hat uns gebeten, aus dem Vertrag auszusteigen."

Zum anderen könnte der Einstieg bei den Bayern der Türöffner sein, langfristig die Kaufsumme in Höhe von deutschen UMTS-Pakete für ihre zwei 8,5 Milliarden Euro finanzieren zu können. Neben Erotik sind – ähnlich wie beim Pay-TV – exklusive Sportübertragungen im UMTS-Markt der Schlüssel zum Portemonnaie der Kunden.

Statt Blitz das T: Kovac mit möglichem Trikotdesign

Voraussetzung dafür wäre, dass die Bundesliga-Vereine zumindest Teile der Übertragungsrechte an den Spielen der Bundesliga und der Champions League erhalten. Bislang findet eine Zentralvermarktung statt – für die Bundesliga-Spiele durch den Deutschen Fußball-Bund und bei der Champions League durch die UEFA.

Die G14, die Vereinigung der europäischen Top-Clubs, verhandelt derzeit mit der Europäischen Union und Vertretern der UEFA über den Fall der beiden Monopole, um „auch die Rolle der Sponsoren bei den Vereinen stärken" zu können. G14-Sprecher Thomas Kurth geht von „einem Splitting der Rechte aus" – Free- und Pay-TV-Rechte sollen demnach weiterhin zentral vermarktet werden, die Rechte im Breitband- und UMTS-Bereich sollen, wenn es nach der G14 geht, die Vereine erhalten.

Sollte die Entscheidung zugunsten der Clubs fallen, hat die Telekom die Nase im Kampf um die künftigen UMTS-Kunden ganz weit vorne: Über ihre Tochterunternehmen T-Online (10,7 Millionen Kunden) und T-Mobil (23,1 Millionen) kann das Telekommunikationsunternehmen fast 25 Millionen Kunden den Zugang zum Premium-Produkt Bayern München anbieten. Bis die Bilder laufen lernen, dürften sich ab Juli zumindest die T-Mobil-Kunden auf ein exklusives Bayern-München-SMS-Angebot freuen. /*fr*

Münchner Millionen

Der FC Bayern München, der in der vergangenen Saison einen Umsatz von 173 Millionen Euro und einen Gewinn nach Steuern von 28,5 Millionen Euro erzielte, kann gelassen in die Zukunft blicken:

■ **Adidas** hat als strategischer Partner für 76,7 Millionen Euro 10 Prozent an der FC-Bayern-München-Aktiengesellschaft erworben.

■ **Allianz** investiert 90 Millionen Euro in die Namensrechte am neuen Stadion. Dauer: 15 Jahre.

■ **Deutsche Telekom** bezahlt 20 Millionen Euro für Trikotsponsoring.

▌ dem **Initiator des Sponsoring** in:

- – Fremdinitiiertes Sponsoring, das heißt, an das Unternehmen wird seitens eines potenziellen Gesponserten hinsichtlich eines Sponsoringengagements herangetreten,
- – Eigeninitiiertes Sponsoring, das heißt, das Unternehmen sucht aktiv nach potenziellen Gesponserten;

▌ der **Vielfalt des Sponsoring** in:

- – Einseitiges Sponsoring, das heißt, der Sponsor engagiert sich nur für einen Gesponserten,
- – Vielseitiges Sponsoring, das heißt, der Sponsor engagiert sich für mehrere Gesponserte.

Die **Sponsoringformen aus der Sicht des Gesponserten** können klassifiziert werden nach der

▌ Art der Gegenleistung des Gesponserten,

▌ Art der gesponserten Individuen/Gruppen,

▌ Klasse des Gesponserten,

▌ Art der gesponserten Organisation,

▌ Art der gesponserten Veranstaltung.

Zur **Planung** des Einsatzes des Sponsoring (Bruhn 2003b) sollte zunächst eine **Situationsanalyse** anhand der Bereiche Unternehmen, Leistung, Markt, Konkurrenz, Kunden und Umfeld vorgenommen werden. Dabei gilt es, den (Miss-)Erfolg vergangener Sponsoringmaßnahmen zu berücksichtigen. Anschließend werden, ausgehend von den Zielen der Unternehmenskommunikation, die **Sponsoringziele** festgelegt. Eine mit Sponsoring zu verfolgende kognitiv-orientierte Zielsetzung ist die Bekanntmachung des Unternehmens, wobei darauf hinzuweisen ist, dass im Gegensatz zur Mediawerbung eine spezifischere Zielgruppenansprache möglich ist. Im affektiv-orientierten Bereich kommt der Imagewirkung des Sponsoring eine zentrale Bedeutung zu. Hinsichtlich der Besonderheiten von Dienstleistungen kann dieses Instrument demnach hilfreich sein, um dem Unternehmen und seinen Leistungen ein positives Image bei der Zielgruppe zu verschaffen. Das konative Ziel der Weiterempfehlung des Unternehmens kann ebenfalls mittels Sponsoring verfolgt werden, wenn die angesprochenen Zielgruppen das Leistungsangebot des Sponsoren direkt nutzen können. In einem nächsten Schritt sollte die **Zielgruppe** von Sponsoringaktivitäten identifiziert werden. In diesem Zusammenhang können die Untergruppen „aktive Teilnehmer", „Besucher" und „Mediennutzer" differenziert werden.

Anschließend ist die mit der Kommunikationsstrategie abzustimmende **Sponsoringstrategie** festzulegen. Hinsichtlich der inhaltlichen Bestimmung der Strategie werden die Dimensionen Sponsor (Unternehmen oder einzelne Leistungen), Sponsoringbotschaft (Name, Slogan, Emblem), Gesponserter (in sachlicher, personeller und zeitlicher Hinsicht), Sponsoringzielgruppen und Sponsoringinstrumente (Kommunikationsmittel und -träger) berücksichtigt. Nach der Bestimmung des **Budgets** geht es in der Phase der **Maß-**

nahmenplanung darum, die festgelegte Sponsoringstrategie unter Berücksichtigung des vorgesehenen Budgets in Form von konkreten Maßnahmen umzusetzen. In diesem Zusammenhang sind die Auswahl von Sponsorships und die Entwicklung von Einzelmaßnahmen zentrale Aktivitäten. Zur Beurteilung der Tauglichkeit eines potenziellen Gesponserten können die folgenden **Anforderungskriterien** herangezogen werden:

- Bekanntheit des Gesponserten,

- Sympathie des Gesponserten,

- Glaubwürdigkeit des Gesponserten,

- Leistungsstärke/Erfolg des Gesponserten,

- Affinität zwischen Sponsor und Gesponsertem.

Hinsichtlich des Kriteriums **Affinität** ist zu prüfen, ob Verbindungslinien zwischen Sponsor und Gesponsertem festgestellt werden können, denn nicht jede Sponsoringmaßnahme eignet sich für die unterschiedlichen Unternehmen in gleichem Ausmaß. Auf Grundlage der differenzierten Ziele ist zunächst die grundsätzliche Eignung von Sponsoringobjekten für das Unternehmen im Rahmen einer Grobbewertung zu untersuchen. Hierbei sind mögliche Verbindungslinien zwischen den Unternehmen und den Sponsoringobjekten zu überprüfen (Bruhn 2003b):

- **Unternehmens-/Leistungsaffinität**
  Zusammenhang zwischen Unternehmen beziehungsweise Dienstleistung und Förderbereich (zum Beispiel Sponsoring einer Ausstellung historischer Wertpapiere und Münzen durch eine Bank).

- **Imageaffinität**
  Kongruenzvergleich von Firmen- beziehungsweise Leistungsimage mit dem Image des Sponsoringobjektes (zum Beispiel Sponsoring eines Reiseführers durch ein Versicherungsunternehmen).

- **Zielgruppenaffinität**
  Übereinstimmung von Zielgruppen des Sponsors und des Gesponserten (zum Beispiel Sponsoring von Kunstausstellungen durch die Deutsche Bank).

- **Know-how-Affinität**
  Eignung der Unternehmensleistung zur Lösung von Problemen des Gesponserten; im Wesentlichen handelt es sich hier um eine fachliche Affinität (zum Beispiel sponsert DEKRA die Deutsche Tourenwagenmeisterschaft).

Im Zusammenhang mit der Entwicklung konkreter Sponsoringmaßnahmen ist darauf hinzuweisen, dass es einem Dienstleistungsunternehmen durch den Einsatz des Sponsoring gelingen kann, die durch die **Besonderheiten** von Dienstleistungen entstehenden Probleme zu verringern:

■ Zum einen werden die im Bereich der Werbung bestehenden Einschränkungen für Dienstleistungsanbieter, die aus der **Immaterialität** der Dienstleistungen resultieren, zumindest gemildert. So besteht insbesondere bei Sponsorships nicht die Notwendigkeit, die Leistung in „materialisierter" Form darzustellen.

■ Die häufige Verwendung von **Firmenmarken** bei Dienstleistungsunternehmen kommt ebenfalls dem Sponsoringgedanken entgegen. Gerade beim Sponsoring reduziert sich häufig die Darstellung des Unternehmens auf die Firma. Während Konsumgüterhersteller, die häufig über eine Vielzahl von einzelnen Marken verfügen, keine klaren Synergieeffekte nutzen können, können Dienstleistungsunternehmen ganzheitlich präsentiert werden.

■ Insbesondere durch das Sponsoring von Personen oder Personengruppen kann es gelingen, die sich aus der Dienstleistungsimmaterialität und damit der **Intangibilität** ableitenden Kommunikationsprobleme zu mildern. So kann ein entsprechend sorgfältig ausgewählter Sponsorträger zu einer **Personalisierung** der Dienstleistung führen und in diesem Zusammenhang Testimonialfunktionen übernehmen. Hier sind aber zum einen die Kongruenz zwischen dem Firmenimage und dem Image des Gesponserten sicherzustellen (zum Beispiel DEKRA/Michael Schumacher). Zum anderen führt die überdurchschnittliche Stärke der Übertragung zwischen Gesponsertenimage und Dienstleisterimage natürlich auch zu einem gesteigerten Sponsoringrisiko. Hier sind zum Beispiel Dopingskandale im Sportbereich bei den Gesponserten zu nennen.

■ Ferner kann als Besonderheit der Sponsoraktivitäten von Dienstleistungsanbietern noch hervorgehoben werden, dass eine positive Wahrnehmung der gesponserten Personen, Aktivitäten oder Leistungen zu einem **Vertrauenstransfer** bei aktuellen und potenziellen Kunden und damit zu einer subjektiv wahrgenommenen **Risikoreduktion** führen kann.

■ Wenn es sich bei der Sponsoringmaßnahme um die Bereitstellung einer Dienstleistung handelt, kann die aufgrund der **Integration des externen Faktors** und der **Intangibilität der Leistung** nicht vorhandene Möglichkeit von „**Testkäufen**" umgangen werden. In einem solchen Fall können potenzielle Kunden die vom Unternehmen angebotene und im Rahmen des Sponsoring eingesetzte Leistung freiwillig und ohne Entgelt „ausprobieren". Dadurch kann ebenfalls ein Vertrauenstransfer und eine Reduktion des wahrgenommenen Risikos stattfinden. Bei Kunden, die die Leistung bereits in Anspruch genommen haben, kann eine solche Sponsoringaktivität zur Bestätigung und Vermeidung beziehungsweise Verringerung kognitiver Dissonanzen führen. Als Beispiele für solche Sponsoringmaßnahmen können die Bewirtung der VIP-Gäste bei einem Tennisturnier durch einen Catering-Service, die Bereitstellung von Flügen und die Abwicklung des Zahlungsverkehrs durch Kreditkarten angeführt werden.

2.28   Event Marketing

Beim Event Marketing handelt es sich ebenfalls um ein Kommunikationsinstrument, dessen Bedeutung in den letzten Jahren zugenommen hat. Dabei ist eine begriffliche Abgrenzung zwischen **Events** als solchen und dem Instrument **Event Marketing** vorzunehmen.

> Ein **Event** ist eine besondere Veranstaltung oder ein spezielles Ereignis, das multisensitiv vor Ort von ausgewählten Rezipienten erlebt und als Plattform zur Unternehmenskommunikation genutzt wird (Bruhn 2003a, S. 328).

Da es im Rahmen einer systematischen Kommunikationsplanung jedoch unerlässlich ist, den Einsatz von Events als eigenes Instrument zu verstehen, bietet sich eine Zusammenfassung unter dem Begriff Event Marketing an.

> Unter **Event Marketing** wird die zielgerichtete, systematische Planung, Organisation, Inszenierung und Kontrolle von Events als Plattform einer erlebnis- und dialogorientierten Präsentation einer Dienstleistung oder eines Unternehmens verstanden, sodass durch emotionale und physische Stimuli starke Aktivierungsprozesse in Bezug auf Dienstleistungen oder Unternehmen mit dem Ziel der Vermittlung von unternehmensgesteuerten Botschaften ausgelöst werden (Bruhn 2003a, S. 329).

Eine Unterscheidung verschiedener **Erscheinungsformen von Events** (Diller 1992b, S. 289; Bruhn 2003a) im Rahmen des Event Marketing kann nach verschiedenen Kriterien vorgenommen werden, deren Ausprägungen jeweils ein Spektrum an Erscheinungsformen ergeben. Eine **Klassifizierung** ist möglich nach folgenden Aspekten:

- Gerichtetheit des Events (extern versus intern gerichtete Events),

- Zielgruppenansprache (breit versus eng definierte Zielgruppe),

- Rezipientennutzen (informative versus unterhaltsame Events),

- Bedeutung für den Rezipienten (gewöhnliche versus einmalige Events),

- Grad der Interaktion (stark versus schwach interaktive Events),

- Affinität des Event-Themas zu der Unternehmung/Leistung (Events, die in starkem versus keinem Zusammenhang zur Unternehmung/Leistung stehen).

Im Rahmen der **Planung** des Einsatzes des Event Marketing wird zunächst eine **Situationsanalyse des Event Marketing** vorgenommen. Dabei gilt es, unter Berücksichtigung des Erfolges vergangener Event-Marketing-Aktivitäten den Handlungsrahmen für weitere Aktivitäten anhand der Bereiche Markt, Kunden, Absatzmittler, Konkurrenz, Umfeld und Unternehmen zu untersuchen. Die **Ziele des Event Marketing** müssen auf zwei Stufen betrachtet werden. Auf der ersten Stufe stehen vor allem kognitive Ziele im Mittelpunkt. Es geht darum, die gewünschten Teilnehmer durch die Kontaktaufnahme zu einem Besuch des

Events zu bewegen. Auf der zweiten Stufe werden insbesondere affektiv-orientierte Zielsetzungen verfolgt. Der Konsument soll das Unternehmen in einem von ihm als positiv empfundenen Umfeld kennenlernen und dadurch das Unternehmen und seine Leistungen mit diesen positiven Eindrücken in Verbindung bringen. Aufgrund der Immaterialität von Dienstleistungen ist eine positive Einstellung zum Unternehmen besonders erstrebenswert. Zur zielgruppenspezifischen Zielformulierung wird die **Zielgruppe des Event Marketing** ausgewählt und beschrieben. Hierbei können die Primärzielgruppe, das heißt die gewünschten Teilnehmer des Events, und die Sekundärzielgruppe, das heißt die Rezipienten, denen von den Teilnehmern über den Event berichtet wird, unterschieden werden. Die **Event-Marketing-Strategie** wird anhand der Dimensionen Event-Marketing-Objekt (Unternehmung/einzelne Leistungen), Event-Marketing-Botschaft (Art der beabsichtigten Erlebniswahrnehmung), Eventintensität und -zahl, Eventinszenierung, Eventtyp (zum Beispiel mit oder ohne Bezug zur Unternehmensleistung), Event-Marketing-Zielgruppe sowie Event-Marketing-Instrumente (Kommunikationsmittel, -träger) festgelegt.

Nach der strategieabhängigen Bestimmung des **Budgets** gilt es, die **Maßnahmen** des Event Marketing zu planen. Dabei sind Entscheidungen in folgenden Bereichen zu treffen:

■ Gewinnung des Interesses der gewünschten Besucher,

■ Konzeptionierung des Events, zum Beispiel hinsichtlich des Event-Ortes und der inhaltlichen Gestaltung,

■ Auswahl von Kommunikationsmaßnahmen während des Events.

Im Rahmen des Einsatzes von Event-Marketing-Maßnahmen ist es möglich, Schwierigkeiten, die aus den **Besonderheiten** von Dienstleistungen entstehen, teilweise zu umgehen:

■ Durch den Einsatz tangibler Elemente im Rahmen des Events (zum Beispiel durch die Aufmachung der Stätte des Events) kann eine aufgrund der **Immaterialität** der Leistungen erforderliche **Materialisierung und Visualisierung** des Leistungscharakters erreicht werden, zum Beispiel in Form einer Unterstreichung des Exklusivitätsanspruchs eines Dienstleisters durch das Engagement erstklassiger Künstler.

■ Da aufgrund der Immaterialität objektive Kriterien zur Leistungsbeurteilung fehlen, kann im Rahmen des Event Marketing mittels der **Schaffung eines Erlebnisses** für die Rezipienten der Transfer von während des Events empfundenen positiven Emotionen auf die Leistungstransaktion mit dem Unternehmen und dadurch eine positivere Leistungsbeurteilung erreicht werden. Dabei wird vorausgesetzt, dass der Event derart konzipiert ist, dass der Kunde beim nächsten Kontakt mit dem Unternehmen an den Event erinnert wird.

■ Aufgrund der **Integration des externen Faktors** ist es wichtig, eine enge Kunden-Mitarbeiter-Beziehung aufzubauen, um dem Kunden das Gefühl zu geben, dass ein Unternehmen beziehungsweise dessen Mitarbeiter Verständnis für die Bedürfnisse und Probleme des Kunden besitzen. Im Rahmen eines Events ist es möglich, dem Kunden ein Erlebnis zu verschaffen, durch das er emotional an das Unternehmen gebunden werden kann.

INSERT 6-14   **Kommunikationspolitik im Dienstleistungsbereich**

Kurzfallstudie: Deutsche Bahn AG

Die Deutsche Bahn AG hat in den letzten Jahren aufgrund der Privatisierung des Schienenverkehrs eine umfassende Kommunikationspolitik entwickelt, um die vielfältigen Anspruchsgruppen gezielt ansprechen zu können. Je nach Zielgruppe werden unterschiedliche Formen der Kommunikation eingesetzt. Endkunden, also Reisende, werden – ähnlich wie in anderen Branchen – primär über die klassische Werbung angesprochen. Neben Fernsehspots, die die Vorteile der Bahn humorvoll unterstreichen, finden sich in Zeitschriften Imagekampagnen vor, die einzelne Nutzendimesionen (zum Beispiel Komfort) herausgreifen.

Aufgrund des immer noch relativ schlechten Images der Bahn spricht die Bahn weiterhin Meinungsführer mit rational gestalteten, ganzseitigen Anzeigen in führenden überregionalen Zeitungen an. Hierbei werden Entscheidungen des Managements der Bahn, etwa zu den Yield-Management-Komponenten des im Herbst 2002 eingeführten Preissystems oder der Abschaffung bestimmter Strecken, transparent gemacht.

Die Bahn DB

Fakten statt Emotionen: Wir wollen Mannheim nicht vom Fernverkehr abhängen, sondern besser anbinden als jemals zuvor.___

___Die Diskussion um unsere Planungen für die Anbindung des Rhein/Neckar-Raums an das Hochgeschwindigkeitsnetz ist missverständlich geführt und mit Emotionen belastet worden. Wir bedauern die Irritationen, die dadurch in der Öffentlichkeit entstanden sind, und möchten durch die folgenden Fakten zur Versachlichung der Diskussion beitragen.

___Wir wollen ein Bahnkonzept verwirklichen, von dem Mannheim wirklich profitiert.
Die Hochgeschwindigkeitsstrecken der Bahn wachsen Stück für Stück zu einem Netz zusammen. Mit dem Erfolg, dass sich die Fahrzeiten zwischen Ballungszentren drastisch verkürzen. Jetzt geht es darum, den Lückenschluss zwischen dem Rheinland und Baden-Württemberg im Hochgeschwindigkeitsverkehr zu schaffen. Aber auch für den Mehrverkehr in den Regionen Rhein/Main und Rhein/Neckar werden dringend zusätzliche Strecken benötigt. Für die notwendigen Streckenausbau- bzw. Streckenneubau hat die Bahn gleichberechtigt zwei Alternativen in ein Raumordnungsverfahren eingebracht. Die Stadt Mannheim präferiert den Ausbau zur Hochgeschwindigkeitsstrecke ausschließlich direkt durch das Stadtgebiet und über Mannheim Hbf. (Variante A).

___Die Verkehrsanbindung des Mannheimer Hauptbahnhofes wird nicht schlechter, sondern besser.
Selbst wenn künftig mancher ICE auf kurzem, direktem Weg am Stadtgebiet Mannheim vorbeifährt, wird das Bahnangebot ab Mannheim Hbf. deutlich attraktiver. So wird beispielsweise die neue Europaverbindung Paris–Frankfurt über Mannheim Hbf. führen. Und der gewohnte stündliche Anschluss nach Basel, Frankfurt oder Stuttgart wird den Mannheimern erhalten bleiben – einschließlich der Anbindung an ein deutsches bzw. europäisches Hochgeschwindigkeitsnetz, das zunehmend schneller und immer besser vertaktet wird. Uns also zu unterstellen, die Bahn wolle Mannheim vom Fernverkehr abhängen, ist weder fair noch durch Tatsachen gedeckt. Obendrein haben wir gerade erst intensiv in den Mannheimer Hauptbahnhof investiert. Auch damit dürfte deutlich werden, dass wir die Mannheimer mit einem immer attraktiveren Bahn-Angebot überzeugen wollen und werden. Übrigens: Nur mit der Umgehung wird künftig die schnellste Nord-Süd-Verbindung nach München über Stuttgart führen.

Auszug aus der Kampagne „Zahlen, Daten, Fakten – Die Bahn im Klartext."

INSERT 6-14   Kommunikationspolitik im Dienstleistungsbereich (Fortsetzung)

Motiv „Komfort" der Imagekampagne der Bahn

Darüber hinaus liegt ein Schwerpunkt der Kommunikationspolitik der Deutschen Bahn AG im Sponsoringbereich. Dabei wird ein breit gefächertes Portfolio – etwa Sport, Medien, Kultur/Bildung, Umwelt und Soziales – abgedeckt. Etwa 62 Prozent des gesamten Sponsoringbudgets werden für Sportsponsoring verwendet. Somit werden insbesondere junge Zielgruppen angesprochen, um das Verkehrsmittel Bahn früh als echte Alternative in den Köpfen zu verankern.

Sponsoringportfolio der Deutschen Bahn

2.3   Multimediakommunikation

2.31   Grundlagen der Multimediakommunikation

Als zentrale **Auslöser der Multimediatechnologie** können die zunehmende Digitalisierung von Informationen, die Datenkompression sowie die Verfügbarkeit leistungsfähiger Datennetze genannt werden. Die neue Technologie ermöglicht die Integration verschiedener Medien, die globale Verfügbarkeit von Informationen und den interaktiven Umgang mit diesen. Gleichfalls haben die technischen Innovationen das Zusammenwachsen der so genannten TIME-Industrien (Telekommunikation, Informationstechnologie, Medien und Elektronik) und die Auflösung der zwischen den Unterhaltungs-, Ausbildungs- und Informationsmärkten bestehenden Grenzen die Entwicklung der Multimediakommunikation forciert.

Die Verwendung des **Begriffs Multimediakommunikation** erfolgt in unterschiedlichen Zusammenhängen. Zum einen wird als Multimediakommunikation – in Anlehnung an die allgemeine Definition von Kommunikation – der rechnergestützte Austausch von Informationen zwischen einem Sender und einem Empfänger unter Rückgriff auf verschiedene zeitunabhängige (zum Beispiel Text, Bild) und zeitabhängige Medien (zum Beispiel Ton, Animation) verstanden (Gerpott 1996, S. 15). Im unternehmerischen Sinne wird Multimediakommunikation deshalb als die Nutzung multimedialer Technologien zur Erreichung von Unternehmenszielen angesehen. Zur Multimediakommunikation zählen damit auch das Versenden von E-Mails oder die Durchführung von Videokonferenzen über das Internet. Zum anderen erfolgt häufig eine Eingrenzung des Begriffes der Multimediakommunikation auf den Marketingmixbereich der Marktkommunikation:

> Unter **Multimediakommunikation** wird die zielgerichtete, systematische Analyse, Planung, Organisation, Durchführung und Kontrolle sämtlicher Maßnahmen verstanden, die dazu dienen, durch die Absendung von Botschaften mittels elektronischer Medien mit dem Kunden entsprechend seinen individuellen Bedürfnissen in Interaktion zu treten und Kommunikationsziele des Unternehmens zu realisieren (Bruhn 1997, S. 8).

Den weiteren Ausführungen wird eine weiter gefasste Definition von Multimediakommunikation zugrunde gelegt, da die Anwendungsbereiche von Multimedia über den Bereich der Marktkommunikation hinausgehen. So dient Multimedia auch als Verkaufs- und Vertriebsmedium (zum Beispiel Verkauf und Lieferung von Software über das Internet), als Leistungsbestandteil von Produkten (zum Beispiel multimediale Bedienungsanleitungen auf CD-ROM) und als Plattform für neue Strategien im Rahmen der Preispolitik. Insofern wird eine Eingrenzung des Begriffs der Multimediakommunikation den umfassenden Möglichkeiten der neuen Medien nicht gerecht. Insbesondere im Bereich des

Dienstleistungsmarketing ist eine eindeutige Zuordnung der Multimediakommunikation zum Marketingmixbereich der marktgerichteten Kommunikation nicht möglich, da die multimediale Kommunikation häufig auch ein wichtiges **Leistungsmerkmal** darstellt (zum Beispiel das Angebot von Börseninformationen über das Internet), dem weniger die kommunikationspolitischen als vielmehr die leistungspolitischen Zielsetzungen zugrunde zu legen sind.

Zur Verdeutlichung des **mixübergreifenden Charakters** der Multimediakommunikation sind in Abbildung 6-34 beispielhaft mögliche Bankdienste, die über das Internet abgewickelt werden können, dargestellt. Diese reichen von der Leistungsdarstellung (Kommunikation) bis hin zur Abwicklung von Prozessen und der Leistungserstellung (Transaktion). Wenn die Multimediakommunikation hier dennoch inhaltlich der Kommunikationspolitik subsumiert wird, so erfolgt dies zur Verdeutlichung, dass mit jedem Element der Multimediakommunikation immer auch die Kommunikationspolitik des Dienstleistungsanbieters tangiert wird.

Abbildung 6-34   **Bankdienste im Internet**

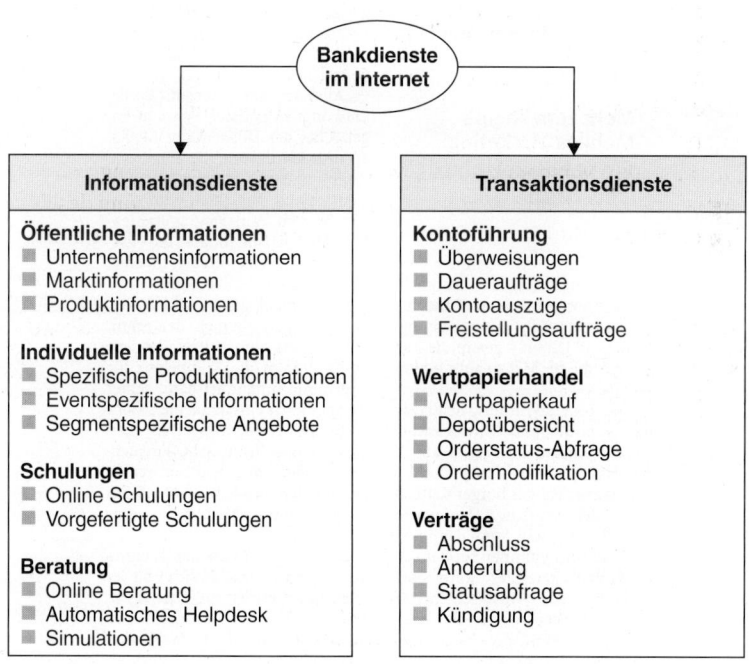

GABLER
GRAFIK

Quelle: in Anlehnung an Sänger 1997

INSERT 6-15   Handelsblatt, 27.12.2000, S. 19

Marketingstrategen erwarten Boom bei Werbung per Mobilfunk

McDonald's will

Im kommenden Jahr will die Restaurantkette McDonald's einen Millionenbetrag in Werbung via Handy investieren. Erste Schritte auf dem Weg in das Zeitalter der mobilen Kommunikation. Die schnellen Übertragungstechniken werden das Medienverhalten revolutionieren. Neue Werbeformen sind gefragt.

MAIKE TELGHEDER
HANDELSBLATT, 27.12.2000

DÜSSELDORF. McDonald's macht mobil: Ab Januar werden die rund 400 000 Nutzer des Münchner M-Commerce-Service **12snap** regelmäßig von der Schnellrestaurantkette mit Botschaften aufs Handy versorgt. Die **McDonald's Deutschland** Inc., einer der größten deutschen Werbekunden, ist davon überzeugt, dass das Mobiltelefon künftig ein wichtiges Element im Marketingmix wird. Deshalb will

Mehr zum Thema Mobiles Marketing: www.handelsblatt .com/wap

das Münchner Unternehmen frühzeitig Erfahrungen sammeln. 12snap hat mit seinen Kunden – Handybesitzer im Alter zwischen 18 und 35 Jahren – genau die Zielgruppe, die für McDonald's interessant ist.

Und so werden künftig fleißig Signale versandt (Cell Broadcasting), die denjenigen, die 12snap auf ihrem Handy aktiviert haben, mitteilen, dass es bei der Burger-Kette etwa wieder eine neue CD zu gewinnen gibt. Wer will, kann dann über eine Hotline-Nummer bei dem interaktiven Ratespiel mitmachen und hat eine der Musikscheiben zu gewinnen. Wer leer ausgeht, kriegt immerhin noch die Kurzmitteilung, dass es die neue CD eben auch in der nächsten McDonald's-Filiale zu kaufen gibt. Da hat dann McDonald's eine reelle Chance, dass der Kunde gleich einen Burger mitkauft. Zumindest aber hat das Unter-

nehmen jede Menge Adressen und Telefonnummern von interessierten Verbrauchern, die künftig wieder angemorst werden können.

Diese Art des mobilen Marketings ist zwar schon ausgefeilter als das unaufgeforderte Versenden von Werbebotschaften als mobile Kurzmitteilung (SMS). Aber angesichts der Prognosen, dass in wenigen Jahren mit dem schnelleren Übertragungsstandard UMTS auch Bilder, Videos und Musik problemlos versandt werden können, sind es gerade mal die ersten Schritte.

„Alles. Überall. Jederzeit." So beantwortet Alexander Schmidt-Vogel, Chef der Düsseldorfer Mediaagentur **Mediacom**, die Frage, wie Kommunikation in zehn Jahren in Deutschland aussehen wird. Der Nutzer wird zum Programmdirektor, kann sich die Inhalte, die er sehen, lesen oder hören möchte, wann und wo er will abrufen.

Der Medienkonsum wird also revolutioniert: Nicht mehr der technische Zugang zum Nutzer, sondern ausschließlich die Kompetenz für bestimmte Inhalte ist dann seiner Ansicht nach entscheidend: „Nicht mehr die Verfügungsgewalt zum Beispiel über technische Frequenzen, sondern die Eigentumsrechte an Inhalten machen ein Medium dann zum Medium", sagt Schmidt-Vogel.

Beispiel WAP: Dass die Nutzung des Internets via Handy bisher schleppend verlief, sieht der Agenturchef nicht nur technisch, sondern auch inhaltlich begründet. „Die meisten WAP-Angebote bringen lediglich abgespeckte Dateien auf das Handy, statt selektierte Inhalte zur richtigen Zeit an den richtigen Empfänger proaktiv zu schicken."

INSERT 6-15   Handelsblatt, 27.12.2000, S. 19 (Fortsetzung)

über das Handy werben

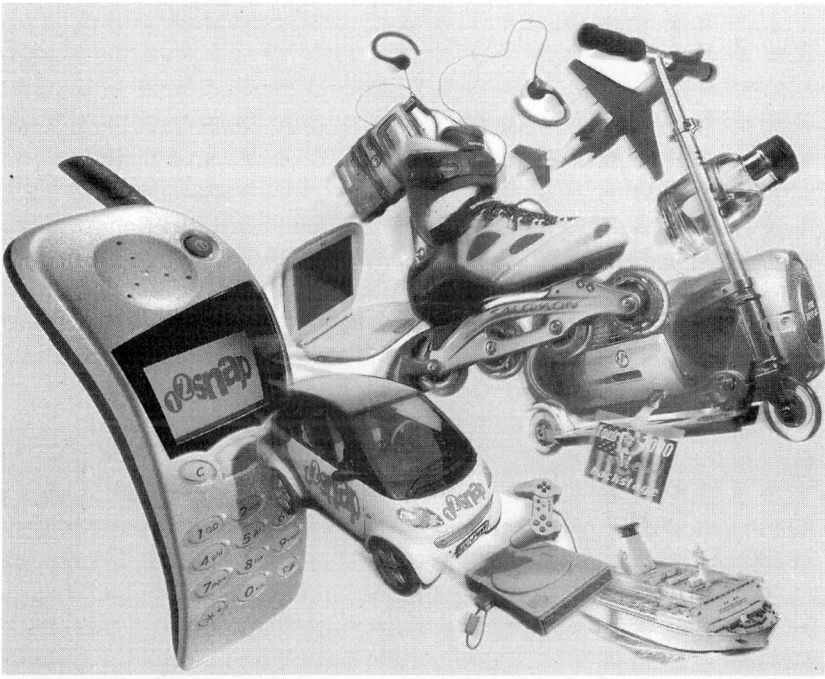

Schöne neue mobile Welt: Das Unternehmen 12snap, bei dem man seit einen Jahr via Handy einkaufen kann, verschickt auch Werbebotschaften an seine junge Fangemeinde.

Mehrwert für den Konsumenten ist also gefragt, das betont auch Andreas Hoffmann von der Unternehmensberatung **Mummert & Partner**, Hamburg. Über allgemeine und zielgruppenorientierte Dienste wie Wetter, Börse und Nachrichten hinaus müssten beispielsweise personalisierte Angebote – etwa mobiles Banking – angeboten werden. Und solche, die das Profil des Konsumenten mit seinem Standort verbinden. Bei der Ankunft in einer fremden Stadt zeigt ihm das Handy dann an, welche Restaurants seines Geschmacks in der Nähe sind, und liefert gleich die Wegbeschreibung mit.

Ist der Nutzwert des Services sehr hoch, wird auch Werbung akzeptiert, meint Alexander Schmidt-Vogel: „Wenn ich beispielsweise einen Geschäftsreiseservice nutze, der mich aktuell darüber informiert, ob mein gebuchter Flug Verspätung hat, würde ich vorher auch eine Werbeeinblendung akzeptieren."

Allerdings werden Mediaagenturen in Zukunft nicht darum herumkommen, neue Ideen für Werbeplatzierungen zu entwickeln: „Sehr viele Werbemomente sind für die Konsumenten langweilig oder ärgerlich, einige aber sind 'magic'", sagt der Agenturchef. Solch zauberhaften Momente soll übrigens die gera-

de von Mediacom gegründete Agentur-Tochter „Magic Moments" in Zukunft für den Konsumenten kreieren: mit ungewöhnlichen Ideen für Werbeinhalte und auch für die Platzierung der Werbung.

Verzaubert wird der Nutzer von 12snap, der die Gewinnspiel-Hotline von McDonald's anruft, zwar nicht gerade. Dafür stimmt der Spaßfaktor, wie die Reaktion in der jungen Zielgruppe zeigt. Die so genannten Responsequoten für solche Aktionen liegen zwischen fünf und acht Prozent. Zum Vergleich: Auf Werbebriefe im Postkasten reagieren im Schnitt ein bis zwei Prozent der Angeschriebenen.

Die **Erscheinungsformen** der Multimediakommunikation sind vielfältig (vgl. Abbildung 6-35) und lassen sich anhand der folgenden Ausprägungspaare klassifizieren:

■ **Online-/Offline-Kommunikation:** Im Gegensatz zur Offline-Kommunikation (zum Beispiel CD-ROM mit Computerspiel der Commerzbank) besteht bei der Online-Kommunikation (zum Beispiel Homepage der Deutschen Bank im Internet) über Datennetze eine direkte Verbindung zwischen Sender und Rezipient.

■ **Domizile/Nicht-domizile Kommunikation:** Bei der domizilen Kommunikation (zum Beispiel Internet) kann der Rezipient die Botschaft zu Hause empfangen, während dies bei der nicht-domizilen Kommunikation (zum Beispiel Terminal am Point of Sale) an einem dritten Ort geschieht.

Um mit dem Kunden über elektronische Mittel in Interaktion treten zu können, muss für diesen eine Antwortmöglichkeit gegeben sein. Für eine Kommunikation mit direkter elektronischer **Interaktionsmöglichkeit** muss eine Online-Verbindung vorhanden sein (Rengelshausen 1995, S. 235). Multimediamittel, die lediglich in dieser Hinsicht Online-Charakter haben (zum Beispiel PoS-Terminal mit Bestellmöglichkeit), jedoch auf Offline-Datenbestände zurückgreifen, werden der Offline-Kommunikation zugerechnet. Diese Gestaltungsmöglichkeit ist nur bei der nicht-domizilen Offline-Kommunikation möglich.

Abbildung 6-35   Erscheinungsformen der Multimediakommunikation

	Domizile Anwendungen	Nicht-domizile Anwendungen
Offline-Anwendungen	■ CD-ROM mit Produktinformationen	■ PoS-Terminals in Kaufhäusern ohne Anbindung an ein Netzwerk
Online-Anwendungen	■ Werbung/Vertrieb/Service oder Angebote im Internet	■ PoS-Terminals in Kaufhäusern mit Anbindung an ein Netzwerk (Möglichkeit der Bestandsprüfung, Bestellmöglichkeit)

GABLER GRAFIK

Quelle: Fink 1997, S. 23

2.32   Planungsprozess der Multimediakommunikation

Zur **Planung** des Einsatzes der Multimediakommunikation ist zunächst eine **Situationsanalyse** hinsichtlich der Bereiche Markt, Kunden, Absatzmittler, Konkurrenz, Umfeld und Unternehmen vorzunehmen. Daran anschließend sind die mit den Zielen der Unternehmenskommunikation abgestimmten **Ziele** der Multimediakommunikation festzulegen. Neben ökonomischen Größen (zum Beispiel Umsatz und Gewinn) sind bei den psychologischen Zielen sowohl kognitiv-orientierte (insbesondere Erzielen von Informationswirkung) als auch affektiv-orientierte (Erzielen von Image- und Gefühlswirkungen) und konativ-orientierte Zielsetzungen (Steuerung des Informationsverhaltens, Beeinflussung der Mund-zu-Mund-Kommunikation) denkbar.

Als **Zielgruppe** für den isolierten Einsatz der Multimediakommunikation kommen lediglich Nutzer von Multimediamitteln in Betracht. Da es sich bei dieser Personengruppe immer noch um eine relativ eingegrenzte Zielgruppe handelt, muss eine adäquate Integration der Multimediakommunikation in die Gesamtkommunikation erfolgen.

Die Entwicklung der **Multimediastrategie** umfasst die Dimensionen Multimediaobjekt (Unternehmen, einzelne Leistungen), Multimediabotschaft (Transaktionsmöglichkeit, Informations- oder Unterhaltungscharakter, Kommunikation mit/ohne Interaktionsmöglichkeit usw.), Multimediazielgruppe und Multimediainstrumente.

Nach der unter Berücksichtigung der Strategie durchgeführten Bestimmung des **Multimediabudgets** werden die **Multimediamaßnahmen** geplant. Dabei sind in den folgenden Bereichen Entscheidungen zu treffen:

- Auswahl der zu kommunizierenden Inhalte: Diese können grundsätzlich informativen (zum Beispiel Informationsseite im Internet, Geschäftsbericht auf CD-ROM, Unternehmenspräsentation auf CD-ROM, LBS-Diskette zur Vorbereitung auf Vorstellungsgespräche für Berufsanfänger) oder unterhaltsamen Charakter (zum Beispiel Computerspiel auf CD-ROM) aufweisen.

- Auswahl der einzusetzenden Multimediamittel und -träger (zum Beispiel CD-ROM, POS-Terminals, Homepage im Internet).

- Bestimmung der Gestaltungsform, das heißt Auswahl einzusetzender Gestaltungselemente visueller, akustischer und verbaler Art.

2.33 Offline-Kommunikation

Zu den Medien der Offline-Kommunikation zählen transportable Datenträger (Diskette und CD-ROM), Kioskterminals und portable Rechner (Heimbach 1997, S. 25).

Die transportablen Datenträger **Diskette und CD-ROM** werden insbesondere zu Zwecken der Leistungspräsentation und Unternehmenswerbung (PR) eingesetzt und an aktuelle und potenzielle Kunden per Direct Mailing verschickt oder vom Personal gezielt verteilt. Der Nutzwert für den Dienstleistungsnachfrager liegt vor allem im Visualisierungs- und Simulationspotenzial eines interaktiven Werbemittels. Beispielsweise demonstriert der Logistikdienstleister DHL nicht nur sein breites intangibles und damit relativ schwer zu vermittelndes Leistungsangebot auf einer CD-ROM, sondern stellt auf der CD-ROM dem Nutzer auch ein Modul zur individuellen Simulation von Kosten bei Inanspruchnahme der Serviceleistungen von DHL zur Verfügung. Auf diese Weise demonstriert DHL seine Leistungskompetenz und kann zur Reduzierung von Unsicherheit bei Kunden schon in der Anbahnungsphase einer Transaktion oder einer längerfristigen Geschäftsbeziehung beitragen.

Der Einsatz von **Kioskterminals** dient ebenfalls in erster Linie der Kundenkommunikation über Leistungen und Unternehmen. Die Einsatzfelder reichen von der Präsentation auf Messen und Ausstellungen über unternehmensinterne Standorte (Eingangshalle, Werkhallen, Hausmessen) bis hin zu öffentlichen Standorten (zum Beispiel in Einkaufszentren).

Zunehmende Bedeutung im Dienstleistungsmarketing erlangt vor allem der Einsatz von portablen Rechnern zu Zwecken der **Verkaufsunterstützung** (insbesondere im Außendienst). Zur aktiven Verkaufsunterstützung kann der portable Rechner überall dort hilfreich eingesetzt werden, wo beim Verkaufsgespräch das Vorstellungsvermögen des Kunden stark gefordert ist (zum Beispiel bei Finanzdienstleistungen). Im Einzelnen liegen die **Vorteile** des Einsatzes von portablen Rechnern zur multimedialen Verkaufsunterstützung in den folgenden Punkten (Bless/Matzen 1995, S. 301):

■ Durch den vorstrukturierten Ablauf des Gespräches durch das Programm erfolgt ein **systematisches Verkaufsgespräch,** wenngleich die Software in der Regel auch Sprünge zu vertiefenden Ausführungen zulässt.

■ Der Verkäufer ist nicht nur auf die verbale Darstellung von Sachverhalten angewiesen, sondern wird durch **multimediale Elemente** unterstützt. Durch die Integration von verschiedenen Medien erfolgt eine „Quasi-Materialisierung" von Dienstleistungen.

■ Der **Kunde** wird in den Gesprächsverlauf **aktiv integriert**, indem er aus den angebotenen Möglichkeiten und Variationen selbst auswählen kann.

■ Der Verkäufer macht durch die Computerunterstützung **weniger Fehler** und kann durch Rückgriff auf umfangreiche Datenbanken seine **Leistungskompetenz** unter Beweis stellen. Kunden fühlen sich „von einem Experten beraten".

■ Der Einsatz der multimedialen Verkaufsunterstützung wird von Kunden nach wie vor als innovativ bewertet und dient damit dem Aufbau eines **innovativen Unternehmensimages**.

2.34 Online-Kommunikation (Internet)

2.341 Besonderheiten und Bedeutung des Internet

Durch das Zusammenspiel von technischen Innovationen wie der Digitalisierung, der Leistungssteigerung und der Miniaturisierung einerseits und der steigenden Nachfrage nach interaktiven, individualisierten und jederzeit verfügbaren Angeboten andererseits sind kommerzielle Online-Dienste (in Deutschland vor allem T-Online und AOL) und das frei zugängliche **Internet** binnen kürzester Zeit zu Medien gereift, die die kritische Masse überschritten haben.

Der Unterschied zwischen den **kommerziellen Online-Diensten** und dem Internet besteht darin, dass Online-Dienste einen Eigentümer haben und profitorientiert arbeiten. Für den Zugang zu den kommerziellen Online-Diensten wird eine Gebühr vom Benutzer an den Betreiber entrichtet. Die Nutzer (sowohl privat als auch kommerziell) kontaktieren in der Regel per Modem und Telefonleitung regionale Einwählknoten der Online-Dienste. Die für die Anbindung an die Computer der Online-Dienste benötigte spezifische Software wird in der Regel kostenlos vom Betreiber zur Verfügung gestellt. Somit stellen Online-Dienste eigenständige Netzwerke dar, die registrierten Benutzern Zugriff auf die verfügbaren Informationen und Dienste gewähren. Als zusätzlichen Service bieten Online-Dienste auch die Möglichkeit, auf Daten bestimmter fremder Computer und Netzwerke zuzugreifen. So wird grundsätzlich auch ein Zugang zum Internet ermöglicht. Kommerzielle Online-Dienste sind damit zugleich auch Anbieter für den Zugang zum Internet (Internet Provider).

Im Folgenden soll der Schwerpunkt vor allem auf die Möglichkeiten des Internet gelegt werden. Allerdings lassen sich die Aussagen problemlos auf die kommerziellen Online-Dienste übertragen, da deren Informationsangebote denen des Internet sehr ähnlich sind.

In den USA nutzen inzwischen beinahe die Hälfte aller großen Unternehmen das Internet, um vor allem ihre Lieferkosten spürbar zu senken. Zu diesem Ergebnis gelangt eine in den USA veröffentlichte Studie von Forrester Research und dem Institute for Supply Management (ISM). Demnach haben 45 Prozent der Unternehmen, bei denen jährliche Beschaffungskosten von mehr als 100 Mio. USD anfallen, das Internet im letzten Quartal 2001 zur Kostenersparnis eingesetzt. Im dritten Quartal waren es gerade einmal 28 Prozent. Immer häufiger kaufen amerikanische Unternehmen auch auf den spezialisierten Business-Marktplätzen ein oder nutzen die Möglichkeit von Online-Auktionen: 26 Prozent der Befragten waren demnach an Transaktionen auf Online Hubs zu finden und 23 Prozent nahmen an entsprechenden Versteigerungen teil. Bei den reinen Herstellern lag dieser Wert sogar bei 29 Prozent.

Die **Bedeutung des Internet für das Marketing** ist nach Ansicht führender Forschungsinstitute wie International Data Corporation (IDC) und Forrester Research selbst angesichts der Krise an den Technologiebörsen und der Krise in der New Economy nach wie vor steigend. Dies lässt sich zum einen aus der steigenden Anzahl der Internet-Nutzer ablesen. Gab es 1995 etwa 26 Mio. Internutzer weltweit, so waren es im Frühjahr 2002 bereits über 440 Mio., bis 2004 soll sich diese Zahl auf über 700 Mio. erhöhen (ECIN 2002). Noch stärker drückt sich die Bedeutung des Internet im Wachstum der E-Commerce-Umsätze aus. Schätzungen der IDC gehen von einem weltweiten E-Commerce-Umsatz von 2.800 Mrd. USD für das Jahr 2003 (5.300 Mrd. USD für 2005) aus. Auch wenn die Schätzungen diesbezüglich zum Teil sehr weit auseinander gehen (Forrester Research prognostiziert beispielsweise für das Jahr 2003 einen weltweiten Umsatz von 4.017 Mrd. USD), so sind sich doch alle darin einig, dass die E-Commerce-Umsätze in den nächsten Jahren einem starken Wachstum unterliegen werden (Infratest Burke 2001).

Die herausragende Bedeutung des Internet für das **Dienstleistungsmarketing** verdeutlicht eine Anfang 2000 veröffentlichte Studie zur Nutzung des Internet als Verkaufsmedium. Bei dieser Studie handelt es sich um einen Expertenpanel, in dessen Rahmen insgesamt 151 Werbeleiter zur Nutzung des Internet für den E-Commerce befragt wurden (GfK-WirtschaftsWoche-Werbeklima I 2000). Von den befragten Unternehmen nutzten Anfang 2000 im Konsumgüterbereich nur 30 Prozent das Internet als Verkaufsmedium, im Industriegüterbereich waren dies 49 Prozent. Demgegenüber gaben 60 Prozent der Vertreter aus der Dienstleistungsbranche an, ihr Unternehmen nutze das Internet bereits als Verkaufsmedium.

Dem **Internet** und speziell dem **World Wide Web** kommen eine Reihe von **Eigenschaften** zu, die das neue Medium nicht nur als Weiterentwicklung klassischer Medien, sondern als originär-innovativ ausweisen und im besonderen Maße das Marketing mit diesen Technologien beeinflussen (Fink 1997, S. 24ff.; Hünerberg/Heise/Mann 1997, S. 16f.):

▌ Mit der **Multifunktionalität** des Mediums Internet ist die Möglichkeit angesprochen, dass Unternehmen das Internet zur personenbezogenen Individualkommunikation („One to One"), zur Ansprache einer eingegrenzten Zielgruppe („One to Few") und zur Bereitstellung standardisierter Informationen für die Gesamtheit der Nutzer („One to Many") nutzen können. Aufgrund der unmittelbaren Responsemöglichkeit erschließt sich die Möglichkeit eines Informationsaustausches mit einzelnen Konsumenten im Sinne eines Dialog-Marketing.

▌ Durch die **Interaktivität** des Internet kann der Nutzer sowohl die Form der Darstellung als auch den Inhalt in Echtzeit auswählen, abrufen, weiterverfolgen, ignorieren und unter Umständen selbst Inhalte hinzufügen. Im Gegensatz zur klassischen Kommunikation (TV, Hörfunk usw.) wird der Rezipient selbst aktiv.

▌ Darüber hinaus zeichnet sich das Internet durch **Hypermedialität** – dem Prinzip der nicht-linearen beziehungsweise modulhaften Anordnung von Kommunikationsinhalten verschiedener Mediengattungen, die durch Querverweise miteinander verbunden sind – aus.

▌ Von besonderer Bedeutung für das Marketing ist ebenso die **Transaktionsfähigkeit** des Internet. Geschäfte können nicht nur über das Internet angebahnt werden, sondern bei digitalisierbaren Leistungen (Informationen, Software usw.) können sowohl die Lieferung als auch die Zahlung – mittels so genanntem Cybercash – digital erfolgen.

▌ Schließlich ist die **weltweite Reichweite** des Mediums als ein wesensbestimmendes Merkmal des Internet zu nennen.

Die Eigenschaften des Internet führen dazu, dass bei seinem Einsatz eine Reihe ökonomischer Besonderheiten bedacht werden müssen:

▌ Als neues Marktgesetz in der **„Internetökonomie"** ist zunächst die veränderte **Kostenstruktur** zu nennen (OECD 1998). Die Verbreitung von Inhalten im Internet zeichnet sich durch eine Dominanz der fixen gegenüber variablen Kosten aus. Beispielsweise fallen bei der Verbreitung von Medieninhalten über das Internet in der Regel Fixkosten von mehr als 90 Prozent der Gesamtkosten an, während in der Zeitschriftenbranche circa 65 Prozent der Gesamtkosten auf Fixkosten (First-Copy-Costs) und 35 Prozent auf variable Kosten durch Vervielfältigung und Vertrieb entfallen. Der Grund für die veränderte Kostenstruktur liegt in der Automatisierung von Prozessen und dem Selbstbedienungscharakter bei der Abwicklung von Geschäften über das Internet. Im Dienstleistungssektor ist eine Einsparung bei den variablen Kosten um bis zu 95 Prozent möglich. So beläuft sich bei der Abwicklung von Banktransaktionen über das Internet die Einsparung auf 89 Prozent der variablen Kosten.

▌ Aus der Fixkostendominanz und den hohen Anfangsinvestitionen resultiert eine im Vergleich zu traditionellen Märkten lange Zeitspanne bis zum Erreichen der Gewinnzone. Der Lohn für die hohen Marketinginvestitionen in den ersten Jahren ist allerdings die **Überwindung des klassischen Ertragsgesetzes,** nach dem die Erträge zunächst recht schnell ansteigen, ihren Scheitelpunkt erreichen und schließlich wieder sinken. Im Internet hingegen wächst der Ertrag überproportional an. Ein Abflachen der Kurve ist in der Regel nicht zu erkennen (Hagel/Armstrong 1997, S. 58ff.; Andersen Consulting 1998). Das Internet eröffnet bei der Marktbearbeitung damit nicht nur Effizienz-, sondern auch Effektivitätsvorteile: Neben Kostensenkungs- und Zeitvorteilen sowie Nutzensteigerungen für den Kunden aufgrund der räumlichen und zeitlichen Unabhängigkeit (**Effizienzsteigerung**) bringt das Internet auch zusätzliche Erträge (**Effektivitätssteigerung**).

▌ Aus dem umfassenden Angebot von Produktinformationen und dem Aufkommen von Preisagenturen im Internet resultiert schließlich eine **Stärkung der Macht des Konsumenten**. Die Preistransparenz erhöht sich, die Informationsasymmetrie zu Lasten des Konsumenten wird verringert. Aus Unternehmenssicht ist deshalb eine geringere Abschöpfung der Konsumentenrente möglich. Da über das Internet darüber hinaus Transaktionen auf elektronischem Wege von jedem Ort zu jeder Zeit ausgelöst und zum Teil auch digital durchgeführt werden können, existiert eine sehr **hohe Reaktionsgeschwindigkeit** der Marktteilnehmer.

2.342   Ziele und Strategien des Interneteinsatzes

Die Ziele der Multimediakommunikation lassen sich in ökonomische und psychologische Ziele unterteilen. Während die **psychologischen Ziele des Interneteinsatzes** unmittelbar an den übergreifenden Zielen der Dienstleitungskommunikation beziehungsweise der Multimediakommunikation anknüpfen (kognitiv-, affektiv- und konativ-orientierte Ziele), ergeben sich bei den **ökonomischen Zielen des Interneteinsatzes** von
Dienstleistungsunternehmen einige Besonderheiten:

■ **Umsatzziele:** Durch die Kommunikationsmaßnahmen im Internet soll nicht nur ein
   indirekter Effekt auf den Umsatz durch das Erreichen psychologischer Ziele erreicht
   werden. Vielmehr sollen durch das Angebot von Dienstleistungen im Internet neue
   Zielgruppen angesprochen und dadurch zusätzliche Umsätze generiert werden.

■ **Kostenziele:** Durch die digitale Anbahnung und Abwicklung von Geschäften im Internet soll der Kunde verstärkt in die Dienstleistungserstellung integriert, die Mitarbeiter von Routineaufgaben entlastet und damit insbesondere die variablen Kosten
   durch Automatisierung gesenkt werden.

Die **Bedeutung der Ziele,** die Dienstleistungsanbieter durch Angebote im Internet erreichen wollen, unterlagen in den vergangenen Jahren einem fortwährenden Wandel (vgl.
Abbildung 6-36). Während in den ersten Jahren der kommerziellen Nutzung vor allem
ein erstes **„Ausprobieren"** im Mittelpunkt der unternehmerischen Aktivitäten stand,
diente das Internet in den vergangenen Jahren insbesondere der **marktgerichteten Kommunikation**. Kommunikationsziele stehen auch aktuell bei den meisten Dienstleistungsanbietern im Vordergrund der Internetaktivitäten, werden aber zunehmend um **Transak-
tionsziele** ergänzt. Darüber hinaus ist bei einer zunehmenden Anzahl von Anbietern der
Trend einer verstärkten Integration des Internet in die gesamte Wertschöpfungskette sowie einer stärkeren **Verzahnung mit klassischen Instrumenten der Marktbearbeitung** (zum Beispiel der Mediawerbung) festzustellen.

Mit der Ausweitung der erreichbaren Zielgruppe im Internet in Richtung einer breiteren
Öffentlichkeit übernimmt das Internet bei Dienstleistern auch vermehrt Aufgaben bei der
Umsetzung eines an der Beziehungspflege mit Kunden ausgerichteten **Relationship
Marketing**. Ein Beleg hierfür ist einer Studie von Forester Research aus dem Jahr 1998
zu entnehmen: Bei einer Umfrage unter Banken, die Internet Banking anbieten, wurden
die zentralen Gründe für das Engagement im neuen Medium erforscht. Von den befragten
Anbietern nutzen 45 Prozent das Internet hauptsächlich zu Kundenbindungszwecken
und 24 Prozent zum Aufbau eines innovativen Images. Lediglich 12 Prozent streben
durch das Internet die Neukundengewinnung an. Weitere 12 Prozent nutzen das Internet hauptsächlich zur Realisierung von Kostensenkungspotenzialen (sonstige Gründe:
5 Prozent).

Abbildung 6-36   Entwicklung des Internet Marketing

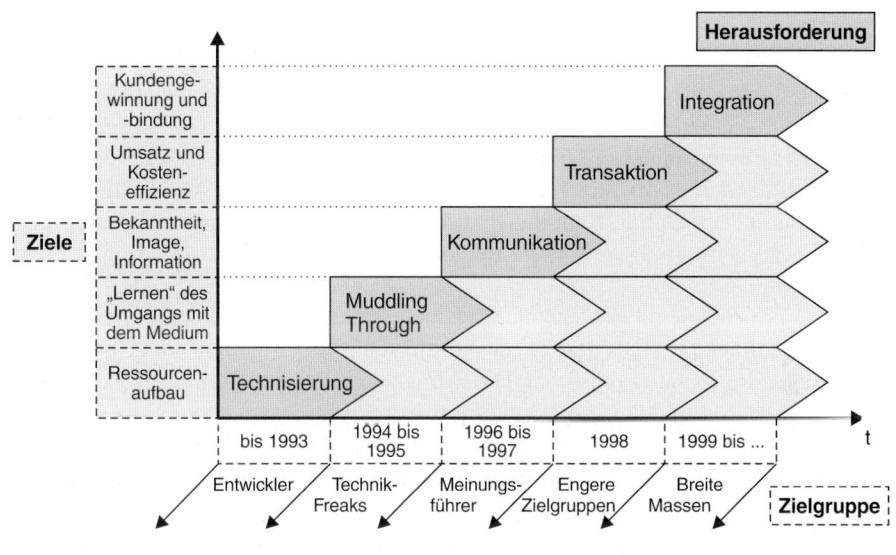

Im **strategischen Internet Marketing** ergeben sich einige Besonderheiten im Vergleich zum „klassischen" Dienstleistungsmarketing. In der Literatur zum Thema Internet wird deshalb regelmäßig zwischen dem Marketing im „Marketplace" (als Synonym für das „klassische" Marketing) und dem Marketing im „Marketspace" (Internet Marketing) unterschieden (vgl. zum Beispiel Weiber/Kollmann 1999, S. 48f.).

■ Als erste Besonderheit ist im strategischen Internet Marketing die besondere Rolle der **Faktoren Zeit und Marktanteil** zu nennen. Treten Dienstleister als Pioniere mit Innovationen in den Internetmarkt ein, können diese in kurzer Zeit eine hohe Bekanntheit und einen hohen Marktanteil erreichen (bekannte Beispiele sind das Auktionshaus eBay und der Medienhändler amazon.com). Folgern bleibt in der Regel ein breiter Markterfolg nicht zuletzt deshalb verwehrt, weil Pioniere aus der Vielzahl der Kontakte mit Nutzern gelernt haben, ein bedarfsgerechtes Angebot mit relevanten Value Added Services bereitzuhalten und damit die Kundenbindung zu stärken. Pionierunternehmen können infolgedessen binnen weniger Monate nahezu uneinholbare Zeitvorsprünge realisieren und Markteintrittsbarrieren durch ein qualitativ hochwertiges Angebot, das auf Erfahrungsvorsprüngen basiert, aufbauen. Jeder Zugriff von Kunden kann damit letztlich als Chance interpretiert werden, Bedürfnisse von Konsumenten zu erkennen und vom Kunden zu lernen. Die gute Marktkenntnis kann die Basis zur langfristigen Differenzierung von Konkurrenten durch Qualitätsvorsprünge darstellen. Die besondere Relevanz eines frühen Markteintritts zeigt sich in diesem Zusammenhang auch durch die vielzitierte Besonderheit der so genannten Internetzeitrechnung, nach der sich ein Jahr im Internetzeitalter auf nur drei Monate beläuft.

■ Darüber hinaus können durch den Markteintritt als Pionier so genannte **„Lock-in"-Situationen** entstehen (Clement/Litfin/Peters 1998, S. 82). Die Kosten für den Wechsel zu einem anderen Anbieter werden bei Lock-in-Situationen aus Nutzersicht höher als der daraus resultierende Nutzen empfunden. Beispielsweise führt die Nutzung einer neuen Online-Banking-Plattform im Internet zu Kosten in Form von zusätzlicher Einarbeitungszeit in die Bedienung.

■ Ist ein hinreichend großer Marktanteil erreicht, treten darüber hinaus so genannte **positive Feedbacks** ein. Die gestiegene Anzahl von Kunden sichern dem Unternehmen eine solide Refinanzierungsbasis. Die Erträge können wiederum in die Professionalisierung des Internetangebotes investiert werden, sodass weitere Nutzer zum Besuch einer Internetseite motiviert werden können und letztlich der Marktanteil erhöht werden kann. Durch die Schaffung von Lock-in-Situationen und durch positive Feedbacks ist es einigen Dienstleistern sogar gelungen, eine monopolartige Stellung aufzubauen (zum Beispiel AOL in den USA).

■ Eine weitere Besonderheit des Internet Marketing ist in der Möglichkeit zur **„Mass Customization"** zu sehen (Fink 1998, S. 137ff.). In „klassischen" Märkten sieht sich ein an individuellen Bedürfnissen ausgerichtetes Marketing grundsätzlich dem Spannungsfeld zwischen höherem Umsatz einerseits und steigenden Kosten (insbesondere Komplexitätskosten) andererseits ausgesetzt. Aufgrund der hohen Kosten ist ein am einzelnen Kunden orientiertes One-to-One-Marketing in der Regel kaum realisierbar. Insbesondere die Erfassung individueller Bedürfnisse und die Entwicklung maßgeschneiderter Problemlösungen gehen häufig mit einem kaum vertretbaren Aufwand einher. Im **Internet** können hingegen sowohl die Erfassung individueller Bedürfnisse durch Protokollierungstechniken als auch die Zusammenstellung maßgeschneiderter Problemlösungen automatisiert erfolgen und Kosten gesenkt werden. Damit besteht in diesem Medium die Möglichkeit, durch „Massenindividualisierung" des Leistungsangebotes die Kundenloyalität und die Kundenwerte durch die Abschöpfung von Zahlungsbereitschaften zu erhöhen beziehungsweise zusätzliche Umsätze zu generieren. Beispielsweise bieten einige Suchmaschinen im Internet den Nutzern die Möglichkeit einer individuellen Gestaltung der Einstiegsseite (so genannte Portalseite) an. Der Nutzer gibt seine Präferenzen per Internetfragebogen bekannt und erhält anschließend bei jedem Aufruf der Internetseite die auf seine individuellen Präferenzen zugeschnittenen aktuellen Informationen (Nachrichten aus bestimmten Kategorien, Surftipps, Buchtipps usw.). Buchhändler im Internet bieten ihren Kunden ebenfalls einen auf die individuellen Präferenzen zugeschnittenen Service an: Interessiert sich ein Besucher der Webseite für ein bestimmtes Buch, werden ihm automatisch weitere Bücher angeboten, die von anderen Kunden mit ähnlichen Interessen bereits bestellt wurden.

▍ Als letzte Besonderheit des Dienstleistungsmarketing im strategischen Internet Marketing soll hier die **Notwendigkeit von Kooperationen** genannt werden. Attraktive Systemangebote und ein konkurrenzfähiges Preis-Leistungs-Verhältnis sind im Internet in der Regel nur durch die Bildung von Wertschöpfungspartnerschaften in strategischen Allianzen (so genannte Business Webs) zu erreichen. Durch die Konzentration auf die eigenen Kernkompetenzen können die notwendigen Skalenerträge zur Erreichung einer hohen Effizienz erzielt werden. Dies ist insbesondere vor dem Hintergrund der Kostenstruktur (Dominanz der fixen gegenüber den variablen Kosten) in der Internet-Ökonomie von besonderer Bedeutung.

2.343   Kommunikation (Internetwerbung)

Der Einsatz des Internet als Werbemedium im Rahmen der Kommunikation ist vereinfacht durch die drei **Formen** E-Mail, Banner Ads und unternehmenseigene Homepage realisierbar:

1. Durch Versenden von **E-Mails** können Konsumenten direkt und individuell kontaktiert werden. Dies setzt zum einen die Sammlung von E-Mail-Adressen und zum anderen die Akzeptanz des Konsumenten voraus.

2. Durch **Banner Ads** kann auf stark frequentierten Internetseiten (zum Beispiel bei Suchmaschinen, Magazinen oder Zeitungen) für die eigene Webseite geworben werden. E-Mail und Banner Ads zählen zu den Werbeformen der Push-Werbung, da sie auf Initiative des werbetreibenden Unternehmens erfolgen und nicht explizit vom Konsumenten angefordert werden.

3. Die **unternehmenseigene Homepage** zählt zum Bereich der Pull-Werbung, da werbliche Informationen lediglich zur Verfügung gestellt werden. Die Initiative für den Abruf von Informationen geht allein vom Nutzer aus, weshalb diese Werbeform als „Advertising on Demand" bezeichnet wird. Werbung wird hier zu einer angeforderten statt zu einer gesendeten Botschaft.

Aufgrund des Pull-Charakters und der exponentiell steigenden Größe abrufbarer Informationen im Internet stellt es eine zunehmend schwierige Aufgabe dar, Konsumenten erstmals zum Besuch der eigenen Internetseiten zu bewegen. Insofern existiert im Internet eine neue Dimension der „**klassischen Aktivierungsproblematik**". Von zentraler Bedeutung ist deshalb die Abstimmung aller Kommunikationsmaßnahmen im Sinne einer Integrierten Kommunikation. Die Angabe der Internetadresse in allen Medien und bei jeder Gelegenheit, der Verweis auf bestimmte Events im Internet usw. sollten Ausdruck dieses Prinzips sein.

INSERT 6-16   **Beispiel einer Direct Mail von Lufthansa**

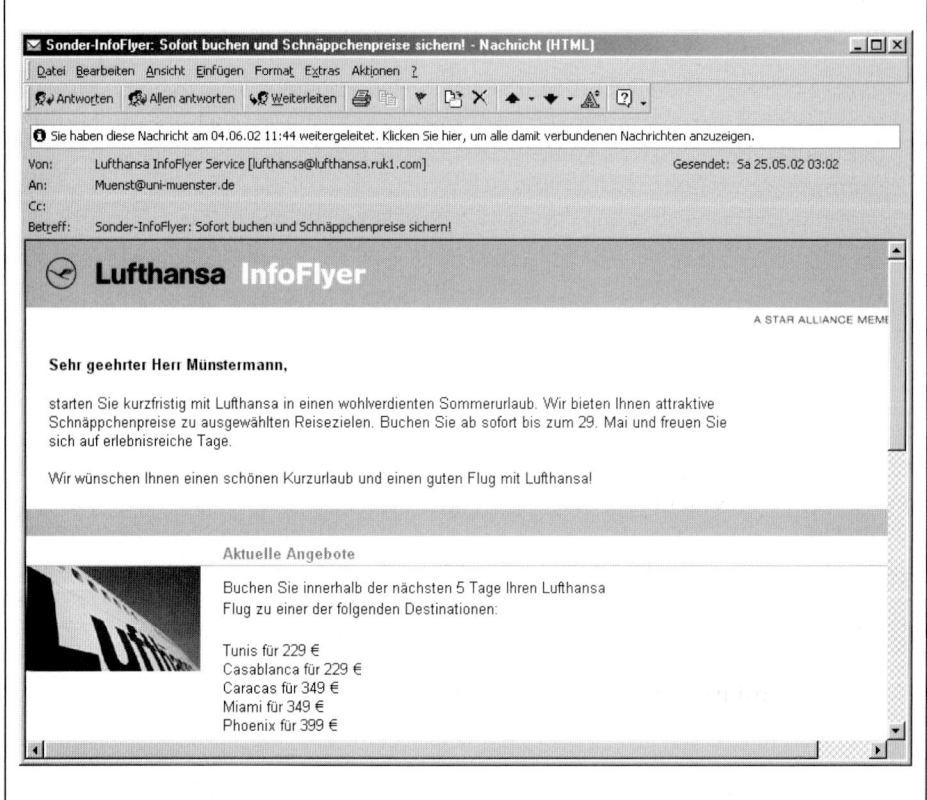

Im Vergleich zur Mediawerbung (TV, Print) weist die Internetwerbung eine verhältnis-mäßig geringe Reichweite auf und kann deshalb nur einen geringen Beitrag zur Erhöhung der **Markenbekanntheit** oder der **Markenaktualität** leisten. Des Weiteren verfügen klassische Medien über Vorteile gegenüber der Internetwerbung durch die (noch) größeren Möglichkeiten bei der Botschaftsgestaltung und die geringeren Kontaktkosten (größere Breitenwirkung bei niedrigeren Tausenderkontaktpreisen). Internetwerbung zeichnet sich demgegenüber durch die (additive) Erreichbarkeit spezieller Zielgruppen (Special Interest Groups, Meinungsführer) mit hohem Produktinteresse und -involvement bei je-derzeitiger Verfügbarkeit und hohem Dialogpotenzial aus (größere Tiefenwirkung). Kontakte von Konsumenten zu eigenen Webseiten können deshalb – wie kein anderes Medium – zur **Stärkung der Markenpersönlichkeit** beitragen.

Einen wesentlichen Beitrag zur Erklärung des **Informationsverhaltens im Internet** und damit zur Erforschung der **Werbewirkung im Internet** haben die Autoren Hoffman und Novak (1996) geleistet. Diese konnten empirisch nachweisen, dass die Informationssuche im Internet durch einige aus Marketingsicht sehr entscheidende Merkmale bei den Konsumenten gekennzeichnet ist:

- **Erhöhte Aufnahmefähigkeit:** Informationen werden im Internet aufgrund der Multimedialität des Mediums schneller aufgenommen und besser behalten als bei der Information über klassische Medien. Somit können auch komplexe Sachverhalte im Internet beschrieben werden. Insbesondere die Interaktivität des Mediums erlaubt dem Informationsnachfrager eine seinen Fähigkeiten entsprechende Geschwindigkeit bei der Informationsdarbietung.

- **Subjektiv wahrgenommene Verhaltenskontrolle:** Der Nutzer sieht sich in einer Situation, in der er seine Umgebung (den Informationsfluss im Internet) vollkommen beherrscht. Aufdringliche Werbung existiert nach Meinung des Konsumenten im Internet damit nahezu nicht.

- **Experimentierfreude:** Personen, die Informationen im Internet abrufen, sind (bisher) generell Neuem gegenüber besonders aufgeschlossen. Es bietet sich damit aus Anbietersicht im besonderen Maße die Chance, im Internet auf Innovationen oder Weiterentwicklungen von Dienstleistungen hinzuweisen.

- **Imagewirkung:** Das Angebot von Informationen, die den Nutzer interessieren, von ihm abgerufen werden und zur Deckung seines Informationsbedarfs beitragen, führt zu einer positiven Einstellung gegenüber dem Anbieter beziehungsweise der angebotenen Dienstleistung.

Zusammenfassend stellt damit das Angebot von detaillierten Informationen über das Leistungsspektrum eines Unternehmens im Internet eine geeignete Möglichkeit dar, die **wahrgenommene Unsicherheit** seitens der Konsumenten zu reduzieren. Über das Internet können wesentlich detailliertere Informationen über Leistungen als in klassischen Medien wie dem Fernsehen oder Rundfunk transportiert werden, sodass auch für hoch erklärungsbedürftige Leistungen mit der notwendigen Informationsbreite und -tiefe kommunikative Botschaften an den Konsumenten herangetragen werden können.

Eine besondere Herausforderung in der Internetwerbung besteht darin, dem Nutzer auf Dauer interessante Inhalte zur Verfügung zu stellen, um ihn zum **wiederholten Besuch einer Internetseite** zu bewegen. Die Generierung innovativer Inhalte stellt sich jedoch für eine Vielzahl von Unternehmen als durchaus schwierig dar. Darüber hinaus stoßen „Innovationen" wie Werbespiele oder Downloadmöglichkeiten von Bildschirmschonern u. Ä. auf ein abnehmendes Interesse seitens der Internetnutzer. Vor diesem Hintergrund tendieren einige Unternehmen mittlerweile dazu, nicht unter dem Markennamen Inhalte im Internet zu publizieren, sondern ein bestimmtes Thema in den Mittelpunkt der Internet-Werbung zu stellen, um eine **virtuelle Community** zu formen. Im Konsumgüterbereich gibt es zu dieser Form der Online-Werbung bereits einige interessante Websites (ein erfolgreiches deutschsprachiges Beispiel für Low-Involvement-Produkte findet sich auf der Seite www.milka.de). Im **Dienstleistungsbereich** wird diese Form der Online-Werbung bislang erst wenig angewendet. Erwähnenswert sind hier die beiden Virtuellen Communities „IMAFDI" (www.imafdi.de) und „Spotlight" (www.spotlight.de). Bei **IMAFDI** (= Internet Marketingtipps für Diplomanden) handelt es sich um eine Community für Studenten, die sich mit Themen wie Marketing in den neuen Medien, E-Commerce, One-to-One-Marketing usw. beschäftigen. Neben dem Angebot von Informationsquellen (zum Beispiel Online-Ressourcen, Online-Diplomarbeiten) auf der IMAFDI-Website, unterstützt IMAFDI den Erfahrungsaustausch der Studenten untereinander und stellt die Verbindung zwischen Unternehmen, Forschungseinrichtungen oder Verbänden her. Weitere Angebote für den User beinhalten eine Mailingliste, ein Diskussionsforum sowie ein IMAFDI-Chat-Café. Die Community **Spotlight** ist ein als Studienprojekt gestarteter Online-Treffpunkt, der zahlreiche Diskussionsforen anbietet, hauptsächlich zu Themen rund um den Computer, aber auch zu anderen Themen (zum Beispiel Reisen, Auto, Finanzen, Musik, Astrologie und Sport). Hier sind Websurfer aufgerufen, zu diskutieren, sich zu informieren und eigene Ideen den anderen Mitgliedern der Community anzubieten. Werbung erfolgt hier nur auf indirektem Weg in einer wenig aufdringlichen Form.

2.344   Vertrieb (Internetvertrieb)

Das Instrument des Internetvertriebs wird derzeit vor allem unter dem Schlagwort des **E-Commerce** diskutiert. Allerdings bestehen zu diesem Begriff unterschiedliche Begriffsauffassungen. Während einige Autoren E-Commerce dem Begriff des Internet Marketing gleichsetzen und damit ein sehr breites Begriffsverständnis haben (vgl. zum Beispiel Bliemel/Fassot/Theobald 1999, S. 2), sehen andere Autoren im E-Commerce die „digitale Anbahnung, Aushandlung und/oder Abwicklung von Transaktionen zwischen Wirtschaftsobjekten" (Clement/Peters/Preiß 1998, S. 50) und grenzen damit explizit Bereiche wie die Internetwerbung aus.

Als Instrument im Rahmen der Vertriebspolitik kann das Internet sowohl der Anbahnung und Abwicklung von Transaktionen als auch als logistischer Absatzweg fungieren (bei digitalisierbaren Produkten wie Informationen oder Software). Ein aus der Marketingperspektive interessantes Phänomen ist hierbei in der Veränderung von klassischen Wertschöpfungsstrukturen (zum Beispiel Beziehung zwischen Zulieferer, Hersteller, Handel und Konsument) zu sehen. In der Literatur wird dieses Phänomen als **„Disintermediation"** bezeichnet (Gerth 1999, S. 151; Tomczak/Schögel/Birkhofer 1999, S. 109). Das Prinzip der Disintermediation bedeutet die Umgehung von Absatzmittlern und damit den Aufbau eines eigenständigen Direktvertriebs über das Internet. Darüber hinaus entstehen aber auch neue Zwischenstufen im Absatzkanal **(neue Intermediäre)**. Die Entstehung von neuen Intermediären ist vor allem auf die Unabhängigkeit des Mediums Internet von Raum und Zeit und die geringen Transaktionskosten sowie die damit einhergehenden

Möglichkeiten zur Erzielung von Arbitragegewinnen zurückzuführen. Beispielsweise ist das Unternehmen E*TRADE schon sehr früh in den Internetmarkt als Finanztransaktionsbroker eingetreten und bietet eine Vermittlerrolle zwischen Finanzdienstleistern und Endkunden.

Durch den Direktvertrieb über das Internet bieten sich sowohl auf Nachfrager- als auch auf Anbieterseite Vorteile (vgl. Abbildung 6-37). Aus **Nachfragersicht** ergeben sich beim Shopping über das Internet Vorteile durch den Wegfall räumlicher und zeitlicher Grenzen. Durch Suchfunktionen und detaillierte Produktinformationen erhöht sich die Markttransparenz, und der Suchaufwand ist vergleichsweise gering. Aus **Anbietersicht** ergeben sich durch den **E-Commerce** vor allem Vorteile durch die Automatisierung von Teilprozessen beziehungsweise die Integration des Kunden in die Auftragserfassung, sodass Medienbrüche (zum Beispiel durch das Abtippen der Kundendaten von einem Brief) vermieden und damit Kosten eingespart werden können. Beispielhaft sind in Abbildung 6-38 die Kostensenkungspotenziale durch den Vertrieb über das Internet im Vergleich zur Abwicklung über traditionelle Absatzkanäle aufgeführt.

Der Einsatz des Internet als Absatzkanal bietet neben den genannten Effizienz- auch **Effektivitätsvorteile:** E-Commerce kann zum einen zu Umsatzsteigerungen durch die Ansprache bisher nicht erreichter Zielgruppen führen. Zum anderen kann der Hersteller die Struktur des Absatzkanals selbst bestimmen und alle Marketingmaßnahmen aufeinander abstimmen. Schließlich besteht die Möglichkeit, direkt mit dem Endkunden zu kommunizieren, durch Protokollierungsfunktionen seine individuellen Informations- und Kaufpräferenzen kennenzulernen und gezielte Marketingmaßnahmen im Sinne eines Segment-of-One-Marketing zu ergreifen und damit Kundenbindung und Kundenwert zu steigern. Ein Beispiel hierfür sind Anbieter, die maßgeschneiderte Hemden über das Internet vertreiben. Dabei sind vom Kunden die Körpermaße einzugeben und Stoff sowie Schnitt des Hemdes zu wählen. Der Kunde erhält nur wenige Tage später sein Hemd per Post. Auch wenn diese Anbieter nicht als Dienstleister im klassischen Sinne zu bezeichnen sind, steigt der Umfang der Dienstleistungskomponente durch die ausgeprägte Convenience-Orientierung der Transaktionsabwicklung, da die zeitliche Dauer der Integration des externen Faktors minimiert wird (vgl. Insert 6-17).

Abbildung 6-37   Vorteile des E-Commerce aus Nachfrager- und Anbietersicht

Nachfragersicht	Informationsphase	Vereinbarungsphase	Abwicklungsphase
Funktionalität	Erhöhte Markttransparenz	Übersicht über frühere Einkäufe	Zusatzinformationen für Installation und Gebrauch
Transaktions-kosten	Geringerer Such- und Vergleichsaufwand	Einfacher Bestellvorgang	Schnelle Kommunikation; teilw. elektr. Lieferung
Convenience	Zeitersparnis	Einfache Such- und Selektionssoftware	Transparenz über Status der Auftragsbearbeitung

Anbietersicht			
Funktionalität	Leistungsbündelung für eine homogene Zielgruppe	Speicherung von Kundendaten	Automatisierte Auftragserfassung
Transaktions-kosten	Geringere Akquisitions- und Werbekosten	Nutzung gespeicherter Kreditkarteninformationen	Automatisierung des Zahlungsverkehrs
Convenience	Schnelle und einfache Angebotsänderung	einfache E-Mail-Kommu-nikation bei Nachfragen/ Bestätigungen	Einfachere Kundenbindung

GABLER
GRAFIK

Quelle: Loos 1998

Abbildung 6-38   Kostensenkungspotenziale im Internetvertrieb

	Distributionskosten bei der traditionellen Abwicklung	Distributionskosten im Internet	Einsparung
Flugtickets	8 USD	1 USD	87 %
Banktransaktionen	1,08 USD	0,13 USD	89 %
Rechnungsabwicklung	2,22 USD	0,65 USD	71 %
Lebensversicherung	400 – 700 USD	200 – 300 USD	50 %
Softwaredistribution	15 USD	0,2 – 0,5 USD	97 – 99 %

GABLER
GRAFIK

Quelle: OECD 1998

INSERT 6-17   Beispiel Internetvertrieb: Müller Maßhemden

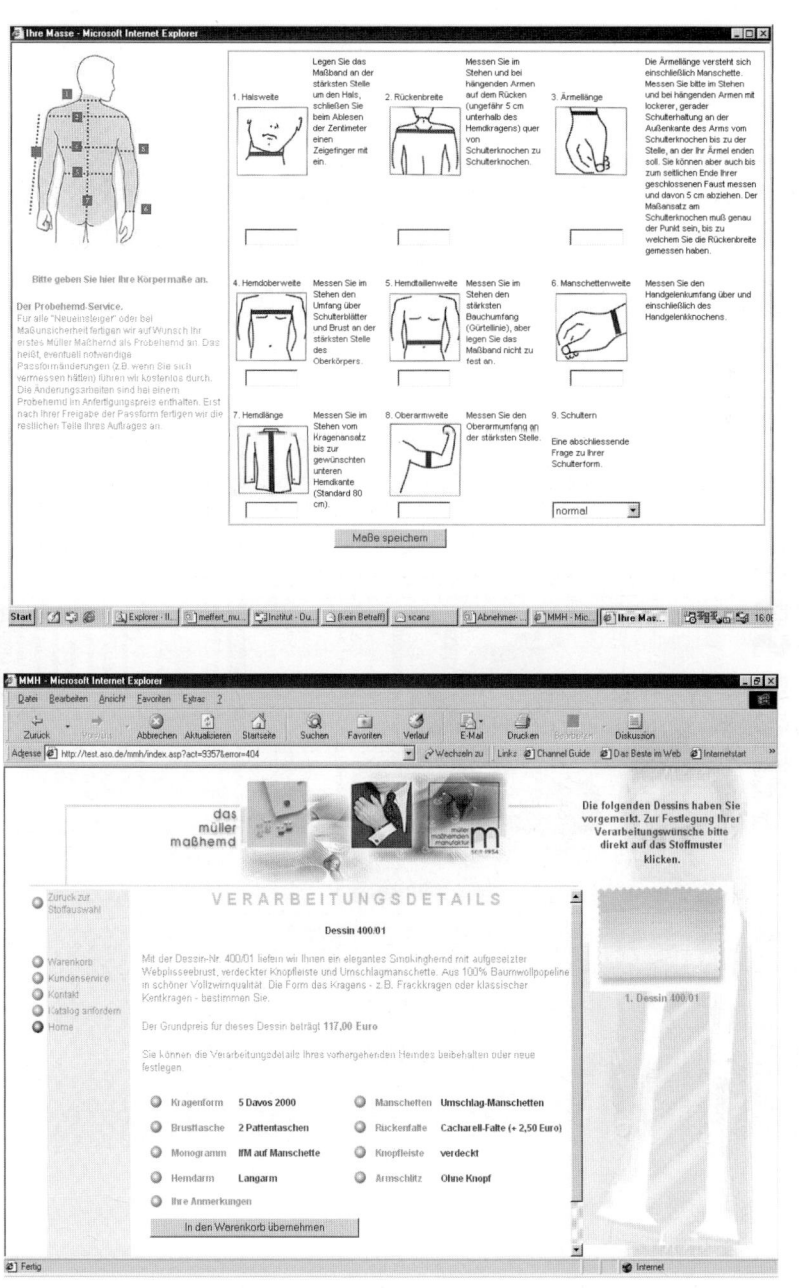

INSERT 6-18   Horizont, 14.03.2002, S. 49

REISEMARKT   Wachstumsraten locken Anbieter ins Netz / Amerikanische Dotcoms schreiben bereits schwarze Zahlen

Reise-Sites sehen sonnige Zeiten

FRANKFURT Leo Kirchs Stirn ist zurzeit bekanntlich ein Gebirge aus Sorgenfalten. Dass die Nachricht der Kooperation von T-Online Travel mit der Kirch-Intermedia-Tochter Wetter.com zu seiner Entspannung beiträgt, ist deshalb kaum zu erwarten. Dabei wäre unter normalen Umständen durchaus Anlass zur Freude. Immerhin investiert T-Online-Travel-Vorstand Wolfgang Butenschön einen siebenstelligen Betrag in eine gemeinsame Crossmedia-Kampagne mit der Wetter-Plattform. Bereits im April will er seine Spots im Fernsehen zeigen – nur auf Kirch-Sendern versteht sich.

Erst seit November ist Butenschöns Reiseplattform online. Eigentlich sollte es schon früher losgehen, doch der 11. September hat ihm einen Strich durch die Rechnung gemacht. „Natürlich haben uns die Ereignisse stark zurückgeworfen – die Probleme bei den stationären Reisebüros sind aber größer als bei denen im Internet." Dafür, dass es bei den Onlineanbietern nicht so schlecht aussieht, sprechen auch die steigenden Umsatzzahlen der deutschen Reiseanbieter im Netz. So meldet der Touristikkonzern Preussag für seine Onlinetöchter ein Umsatzwachstum um über 50 Prozent von 25,5 Millionen Euro im Jahr 2000 auf 59 Millionen Euro im 2001. Auch dieses Jahr scheint es bei Preussag rund zu laufen – immerhin ist das Unternehmen mit Tui.de und Ltur.de gleich zweimal unter den Top 5 der reichweitenstärksten Reiseseiten im Februar (siehe Tabelle). Wettbewerber Thomas Cook legte im Jahr 2001 ebenfalls um 50 Prozent zu und kam auf einen Online-Umsatz von 27 Millionen Euro. Peter Pullem, Bereichsvorstand Vertrieb Deutschland bei Thomas Cook will auch dieses Jahr die Umsätze im Netz wieder verdoppeln.

Dass ihm das gelingt, ist wahrscheinlich. Schließlich sagen auch die Marktforschungsinstitute den Reise-Sites eine sonnige Zukunft voraus. So schätzt Jupiter MMXI das europäische Marktvolumen im Jahr 2006 auf 20 Milliarden Euro – eingerechnet sind auch reine Fluganbieter wie Opodo und Lufthansa.com. Forrester-Analyst Jaap Favier errechnet in seinem Januar-Report sogar ein Volumen von 32 Milliarden Euro. Doch die Zahlen dürfen nicht darüber hinwegtäuschen, dass derzeit höchstens 2 Prozent des Reiseumsatzes online abgewickelt werden. Und Gewinne macht

Aktuelle Kampagne: Sommer, Strand und Robert T-Online

in Deutschland mit Online-Reisen zurzeit wohl noch niemand.

Auch Butenschön plant erst in drei Jahren schwarze Zahlen. Marc Maslaton, Vorstandssprecher beim Rivalen Travel24, hofft hingegen den Break-Even bereits Ende dieses Jahres zu erreichen. Um dieses Ziel zu verwirklichen, hat er ordentlich umstrukturiert. „Wir haben vor allem Bereiche abgestoßen, die nicht zum positiven Cash-Flow beigetragen haben", erklärt er. Ergebnis: Von den rund 300 Mitarbeitern, die bei Travel24 einmal beschäftigt waren, sind nur noch 170 übriggeblieben. Dennoch hat Maslaton gerade in diesen Tagen sein Portal erweitert, um Reisende anzulocken, die noch nicht genau wissen, wo sie hinwollen. Unter „Wellness und Sport" können sie ab sofort erfahren, wo auf dem Globus es

sich am besten trimmen lässt. Weitere Kategorien wie „Familienurlaub" und „City-Reisen" sollen folgen.

Dass im Netz Geld mit Reisen zu verdienen ist, beweisen vor allem amerikanische Sites. So erwirtschaftete Expedia im 4. Quartal 2001 einen Netto-Gewinn von umgerechnet 6 Millionen Euro. „In Deutschland streben wir bis spätestens zum 2. Quartal nächsten Jahres Gewinne an", sagt Anja Keckeisen, Geschäftsführerin von Expedia-Deutschland. Wettbewerber Travelocity hat im gleichen Zeitraum immerhin einen Netto-Gewinn von umgerechnet 5,6 Millionen Euro erzielt. Die Firma hat Anfang des Monats gemeinsam mit Otto Freizeit & Touristik (OFT) ein Joint Venture in Deutschland unter dem Namen Travelocity Europe gestartet. „Für das Unternehmen steht ein Investitionsvolumen von bis zu 50 Millionen Dollar bereit – die größte Position ist der Marketingtopf", sagt Travelocity-Europe-CEO Dirk Hauke zur Freude der Agenturen. Hauke setzt im Gegensatz zu vielen Mitbewerbern auf eine Verbindung von Online- und Offlinewelt.

Entsprechend sind die 14 stationären Travelovertand-Reisebüros von OFT Teil seines Konzepts. Hauke: „Unsere Erfahrung ist, dass viele unserer Kunden ihre Ziele und Flüge im Netz suchen, dann aber im Reisebüro buchen." Entsprechend will Hauke bis 2004 rund 30 weitere Reisebüros in Deutschland eröffnen. T-Online-Mann Butenschön will davon nichts wissen: „Wir sind aufgestellt, um im Internet Erfolg zu haben – hierauf werden wir uns auch konzentrieren."   *Markus Ridder*

Die Bahn steht im Netz unter Volldampf

Deutsche Top 10 Reise-Sites im Februar 2002

Rang		Unique Visitors in Tsd.	Reichweite*
1	bahn.de	1616	9,7
2	opodo.de	557	3,3
3	tui.de	358	2,1
4	lufthansa.com	357	2,1
5	ltur.de	355	2,1
6	reiseplanung.de	285	1,7
7	ryanair.com	240	1,4
8	lastminute.com	234	1,4
9	tiscover.com	233	1,4
10	travelchannel.de	183	1,1
	Kategorie Reise gesamt	**4564**	**27,3**

*in Prozent der Internetnutzer von zu Hause
Quelle: Jupiter MMXI

HORIZONT 11/2002

Zur Verdeutlichung der zunehmenden Bedeutung des E-Commerce sind im Folgenden einige **Branchen** beispielhaft aufgeführt, in denen der Online-Vertrieb bereits zu einem festen Bestandteil in der Vertriebspolitik geworden ist (MGM 1996, S. 53ff.):

▌ Finanzdienstleistungen (zum Beispiel Home Banking),

▌ Verkehrsdienstleistungen (zum Beispiel Ticketbuchung bei der Deutschen Lufthansa AG),

▌ Reisedienstleistungen (zum Beispiel Buchung von Reisen bei L'tur, TUI oder Deutsche Bahn, vgl. hierzu auch Insert 6-18),

▌ Informationsdienstleistungen (zum Beispiel Datenbankabfrage von Gebrauchtwagenpreisen bei Schwacke),

▌ Unterhaltungsdienstleistungen (zum Beispiel Online-Vertrieb von Musik im MP3-Format),

▌ Bildungsdienstleistungen (zum Beispiel kostenpflichtiger Download von Veröffentlichungen).

Zur genaueren **Spezifikation „onlinefähiger" Dienstleistungen** sind zwei zentrale Faktoren heranzuziehen (vgl. Abbildung 6-39). Zum einen entscheidet das vorhandene **Transaktionskostensenkungspotenzial** über die grundsätzliche Eignung von Leistungen zum E-Commerce. Je mehr Transaktionskosten beispielsweise durch die Umgehung von Absatzmittlern oder durch die digitale Lieferung (zum Beispiel bei Software) eingespart werden können, desto geeigneter sind Leistungen für den Online-Vertrieb. Zum anderen ist von entscheidender Bedeutung, ob ein Kunde die Leistungen relativ autonom in Anspruch nehmen kann (**„Autonomie des Käufers"**). So eignen sich beispielsweise Leistungen, die über einen hohen Anteil an Vertrauenseigenschaften verfügen oder sehr komplex und damit erklärungsbedürftig sind (insgesamt geringe Autonomie des Käufers), in der Regel weniger für den Vertrieb über das Internet.

Die **besondere Eignung von Dienstleistungen** für den Vertrieb über das Internet ist vor allem deshalb gegeben, da in vielen Fällen **Anrechte** auf eine bestimmte Leistung gehandelt werden und nicht die eigentliche Leistung selbst, wie es bei materiellen Gütern der Fall ist. Beispielsweise stellt der Kauf einer Eintrittskarte für ein Musikkonzert aus Konsumentensicht den Erwerb eines Anrechtes auf den Besuch der Veranstaltung dar. Die größte Eignung für den E-Commerce besitzen **Informations-** (zum Beispiel exklusive Wirtschaftsnachrichten) und **Programmierleistungen** (Software). Diese Leistungen sind digitalisierbar, weshalb das Internet nicht nur als Medium zur Anbahnung einer Transaktion, sondern auch als zentrales Transportmedium fungieren kann. Entsprechend ist von einem hohen Transaktionskostensenkungspotenzial bei Informations- und Programmierleistungen auszugehen.

▌**Abbildung 6-39**   **Eignung von Gütern zum E-Commerce**

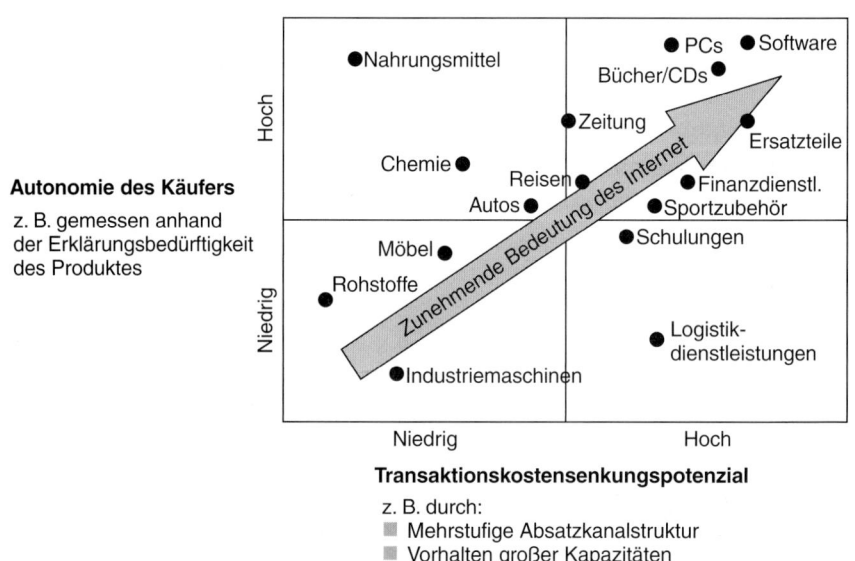

Autonomie des Käufers

z. B. gemessen anhand
der Erklärungsbedürftigkeit
des Produktes

Transaktionskostensenkungspotenzial

z. B. durch:
▪ Mehrstufige Absatzkanalstruktur
▪ Vorhalten großer Kapazitäten

GABLER
GRAFIK

Quelle: in Anlehnung an Berryman et al. 1998, S. 156

Als zentrales Problem des Online-Vertriebs aus **Nachfragersicht** erweist sich, dass das Internet immer noch als **relativ unsicher** angesehen wird. So besteht Skepsis, ob die übermittelten Daten vertraulich behandelt und vor Übergriffen von „Hackern" genügend geschützt werden (vgl. Gräf/Tomczak 1997, S. 49). Eine weitere Diffusionsbarriere des Internetvertriebs ist in der Notwendigkeit zu sehen, dass die Nutzung des Internet aus Konsumentensicht einen **echten Zusatznutzen** gegenüber alternativen Absatzwegen darstellen muss. Ein Zusatznutzen liegt für den Konsumenten beispielsweise dann vor, wenn im Internet Informationsmehrwerte durch Anbieter-, Produkt- und Preisvergleiche geschaffen werden und damit dem Käufer die Wahl für ein Produkt erleichtert wird oder wenn Routinevorgänge wesentlich effizienter abgewickelt werden (beispielsweise eine Überweisung per Internet im Rahmen des Home Banking, was dem Kunden den Weg zur Bank erspart). Aus **Anbietersicht** stellt vor allem das **Konfliktpotenzial mit verbundenen Absatzmittlern** eine zentrale Akzeptanzbarriere des Online-Vertriebs dar. Gerade wenn Kannibalisierungseffekte zu vermindertem Absatz in klassischen Vertriebskanälen führen, ist von einem hohen Konfliktpotenzial auszugehen.

2.345   Preispolitik (Internet Pricing)

Die **Preispolitik** im Zeitalter des Internet wird zunehmend von spezialisierten **Preisagenturen** beeinflusst, die Konsumenten zu mittlerweile allen Bereichen detaillierte Informationen über Preishöhe, Zahlungsbedingungen, Lieferzeiten, Service usw. liefern. Aufgrund der daraus resultierenden erhöhten Markt- beziehungsweise Preistransparenz ist tendenziell nur noch eine geringere Abschöpfung der Konsumentenrente seitens der Anbieter möglich. Auktionen und Preisdifferenzierung stellen zwei Wege dar, der Preistransparenz entgegenzuwirken:

1. Eine Möglichkeit für Unternehmen zur Umgehung der erhöhten Preistransparenz stellen **Auktionen** dar (Klein/Zickhardt 1997). Beispielsweise versteigert die Deutsche Lufthansa AG Angebote im Internet und kann so individuelle Zahlungsbereitschaften abschöpfen beziehungsweise den Auslastungsgrad kurzfristig erhöhen.

2. Eine weitere Möglichkeit, trotz der erhöhten Preistransparenz die Abschöpfung von Konsumentenrente zu erreichen, stellt das **Angebot differenzierter Preise** beziehungsweise **Leistungen** dar. Beispielsweise sendet das Unternehmen PAWWS Financial Network professionellen Nutzern für monatlich 50 USD in Echtzeit Finanzinformationen über das Internet. Für monatlich 8,95 USD werden die gleichen Informationen mit 20-minütiger Verzögerung verschickt.

Bei der **Preisfindung** für im Internet angebotene Dienstleistungen muss die Erkenntnis aus zahlreichen Studien über das Verhalten von Internetnutzern berücksichtigt werden, dass sich diese durch eine geringe Zahlungsbereitschaft für Leistungen im Internet auszeichnen. Entsprechend ist eine Abschöpfungspreisstrategie mit hohen Preisen beim Markteintritt in der Regel wenig Erfolg versprechend. Die Notwendigkeit der Realisierung von angemessenen Skaleneffekten wird durch die Preisstrategie der Abschöpfung meist nicht erreicht. Statt dessen finden sich viele Beispiele von Anbietern im Internet, die durch wirksame **Preisstrategien der Marktpenetration** schnell einen großen Marktanteil erreichen konnten. Insbesondere die Strategie des „Follow the Free" – die kostenlose Produktabgabe, die als Extremform der Penetrationsstrategie interpretiert werden kann – stimuliert die Nachfrage in einzigartiger Weise. So vertrieb das Unternehmen Network Associates seine Antivirensoftware McAfee zunächst kostenlos und erreichte einen Marktanteil von 75 Prozent. Durch kostenpflichtige Upgrades konnten sodann erhebliche Umsätze generiert werden. Der Marktanteil sichert dem Unternehmen eine gute finanzielle Basis zur Weiterentwicklung des Produktes. Die Software gilt hinsichtlich der Qualität als Marktführer. Aufgrund der nahezu uneinholbaren Qualität der Software wird von den Nutzern ein Anbieterwechsel in der Regel nicht in Erwägung gezogen. Sie befinden sich in einer Lock-in-Situation.

2.346   Kontrolle

Im Internet Marketing ergibt sich grundsätzlich der Vorteil, dass die Protokollierung jedes Nutzungsvorganges zur **Kontrolle des Internetangebotes** möglich ist. Die Protokollierung erfolgt durch so genannte Logfiles, die Nutzungsvorgänge in Echtzeit und sekundengenau in digitaler Form festhalten. Zu den wichtigsten protokollierten Informationen eines Logfiles gehören neben dem Zeitpunkt einer Abfrage und der vom Nutzer abgefragte Adresse des Internetangebotes (so genannte URL) auch diejenige Webseite, die ein Nutzer zuvor besucht hat („Referrer URL"). Somit kann ansatzweise auf die Qualität einer Internetseite geschlossen werden. Die Auswertung von Logfiles gibt einen ersten Aufschluss sowohl über den **quantitativen Erfolg einer Webseite** als auch über die Notwendigkeit von Anpassungen der Inhalte an die Wünsche der Online-Nutzer. Für die effiziente Auswertung der Protokollierungsdaten stehen mittlerweile einige Softwarelösungen zur Verfügung, die die Analyse der Logfiles übernehmen (Dastani 1998).

Aus Marketingsicht ist aber nicht nur der quantitative Erfolg der Internetseiten von Bedeutung, sondern auch und insbesondere deren **qualitative Wirkungen** auf den Online-Nutzer. Daher müssen Einstellungsänderungen und der Aufbau von Markenpräferenz oder Markenbekanntheit durch das Internet erfasst werden, um Aussagen über den kommunikativen Erfolg des Internetengagements machen zu können. Zur Ermittlung der Wirkungen der Internetwerbung (qualitative Erfolgsmessung) müssen deshalb auch traditionelle Verfahren der Werbewirkungskontrolle eingesetzt werden, bei denen eine Messung anhand der Informationsverarbeitung, der Produktbeurteilung und des Kaufverhaltens erfolgen kann.

3. Preispolitik

3.1 Grundlagen der Preispolitik

3.11 Besonderheiten der Preispolitik von Dienstleistungsunternehmen

Ebenso wie bei den zuvor vorgestellten Entscheidungstatbeständen der Leistungs- und Kommunikationspolitik nehmen die **dienstleistungsspezifischen Besonderheiten** auch Einfluss auf die Preispolitik von Dienstleistungsunternehmen (Woratschek 2001c, S. 609). Die offensichtlichste Besonderheit besteht in der – im Gegensatz zum Konsum- und Industriegüterbereich – seltenen Verwendung des Terminus Preis. Vielmehr werden je nach Dienstleistungsbranche für die vom Konsumenten zu erbringende materielle Gegenleistung Begriffe wie Honorar, Provision, Tarif, Gebühr, Porto usw. verwendet (Simon 1992a, S. 565). Abbildung 6-40 zeigt einen Überblick über dienstleistungsspezifische Besonderheiten der Preispolitik, die im Folgenden erläutert werden.

Die Notwendigkeit der permanenten **Leistungsfähigkeit** führt zu folgenden Besonderheiten der Preispolitik von Dienstleistungsunternehmen:

- Die Aufrechterhaltung der Leistungsbereitschaft des Dienstleistungsanbieters führt zu einem hohen Anteil von Fixkosten (Corsten 2001), die in der Regel Gemeinkostencharakter aufweisen (zum Beispiel Personalkosten im Hotelgewerbe, Kosten für die Bereitstellung von Transportmitteln bei Verkehrsdienstleistungen). Diese im Dienstleistungsbereich besonders ausgeprägte Kostenstrukturproblematik verhindert eine **verursachungsgerechte Verteilung auf die Kostenträger** und erschwert so kostenbasierte Ansätze der Preisfestlegung.

- Der **Kapazitätsauslastung** über die Instrumente der Preis- und Konditionenpolitik (zum Beispiel Last-Minute-Tickets) kommt eine besondere Erfolgsrelevanz zu.

Die **Integration des externen Faktors** hat folgende Konsequenzen für die Preispolitik:

- Die Integration des externen Faktors führt bei Dienstleistungen mit einem hohen Individualisierungsgrad zum **Problem der Festlegung einheitlicher Preise** für die Inanspruchnahme einer Dienstleistung (Scheuch 2002, S. 244). Verschiedene Dienstleistungsanbieter lösen dieses Problem, indem sie mit jedem Kunden Rahmenregelungen für die Entlohnung einer Dienstleistung festlegen und erst nach Abschluss des Dienstleistungsvollzugs die endgültige Fixierung des Dienstleistungspreises vornehmen (zum Beispiel Unternehmensberatungen).

■ Die bewusste **Auslagerung von Teilaktivitäten** des Dienstleistungserstellungsprozesses **auf den externen Faktor** (Customer as Co-Producer) ist auch in der Preispolitik angemessen zu berücksichtigen (zum Beispiel Preisnachlass vieler Friseure, wenn der Kunde die Haare selbst fönt).

■ Die **Qualität des externen Faktors** ist zum Teil eine bedeutende Preisdeterminante, etwa weil sie das Ausmaß der für ein vereinbartes Ergebnis einzusetzenden Ressourcen determiniert (zum Beispiel Nachhilfeunterricht mit Erfolgsgarantie).

Aus der **Immaterialität** von Dienstleistungen folgt:

■ Aufgrund der fehlenden sichtbaren Leistungsmerkmale kann dem Preisniveau einer Dienstleistung als **Ersatzkriterium zur Qualitätsbeurteilung** beim Dienstleistungskauf eine hohe Bedeutung beigemessen werden (zum Beispiel Restaurants, Hotels). So ist es trotz der Schwierigkeiten der Ermittlung einer Preisresponse-/-absatzfunktion bei Dienstleistungen als notwendig anzusehen, mögliche Preis-/Qualitäts-/Absatzmengenzusammenhänge zu ermitteln (Steenkamp/Hoffmann 1994).

Abbildung 6-40   Besonderheiten der Preispolitik von Dienstleistungsunternehmen

---

Besonderheiten von Dienstleistungen	Implikationen für die Preispolitik
Leistungsfähigkeit des Dienstleistungsanbieters	▓ Schwierige Kostenzurechnung bei der Preisgestaltung ▓ Preis-/Konditionenpolitik als Instrument zur Steuerung der Kapazitätsauslastung
Integration des externen Faktors	▓ Heterogenität innerhalb der Preisfestsetzung ▓ Preisgestaltung mit Berücksichtigung von Selbstbeteiligungen des Dienstleistungsnachfragers ▓ Qualität des externen Faktors als Determinante der Preiskalkulation
Immaterialität (Nichtlagerfähigkeit, Nichttransportfähigkeit)	▓ Preis als Qualitätsindikator ▓ Dokumentation des Preis-Leistungs-Verhältnisses schwierig ▓ Schwierige Ermittlung der Preisbereitschaft

GABLER
GRAFIK

Die Nichtlager- und die Nichttransportfähigkeit eröffnen i.V.m. dem Uno-Actu-Prinzip einen breiten Spielraum für Preisdifferenzierungsstrategien, da hier Arbitrage, das heißt die Möglichkeit von Kunden, die Differenzierung zu umgehen, in vielen Fällen ausgeschlossen werden kann (Simon 1992a, S. 573ff.).

■ Ein direkter Preisvergleich kann im Allgemeinen nicht erfolgen und ohne die tatsächliche Inanspruchnahme einer Dienstleistung (zum Beispiel Durchführung einer Urlaubsreise, Ausführung eines neuen Modehaarschnitts) kann auch das **Preis-Leistungs-Verhältnis** nur mit großer Unsicherheit beurteilt werden (Cannon/Morgan 1990).

■ Aufgrund der Immaterialität von Dienstleistungen erweist es sich als schwierig, die **Preisbereitschaft für neue Dienstleistungen** aus Sicht der Dienstleistungsnachfrager zu erfassen, da der die Preisbereitschaft determinierende Nutzen einer innovativen Dienstleistung nur schwer vermittelt werden kann (zum Beispiel Preisbereitschaft für das Angebot einer Komplettreise „Tür-zu-Tür" durch die Deutsche Bahn).

Die Heterogenität des Dienstleistungssektors erschwert dabei generelle Aussagen über die preispolitischen Besonderheiten des Dienstleistungsmarketing. Je nachdem, in welchem Ausmaß die Charakteristika permanente Aufrechterhaltung der Leistungsbereitschaft, Integration des externen Faktors und Immaterialität für eine spezifische Dienstleistung Gültigkeit besitzen, variiert auch die individuelle Relevanz der aufgezeigten Spezifika der Preispolitik.

3.12   Planungsprozess der Preisfestlegung

Vergleichbar mit der Planung des Einsatzes anderer Marketinginstrumente sollte die Preisfestlegung anhand verschiedener Phasen strukturiert werden (Bruhn 2001a, S. 170ff.).

1. Analyse des preispolitischen Spielraums

Um unter Berücksichtigung sämtlicher Einflussfaktoren eine sinnvolle Preisfestlegung vornehmen zu können, sollte zunächst eine Situationsanalyse mit dem Ziel vorgenommen werden, den preispolitischen Spielraum des Unternehmens zu eruieren (zum Beispiel staatliche Reglementierungen, Wettbewerbssituation).

2. Bestimmung preispolitischer Ziele

In der nächsten Phase gilt es, die preispolitischen Ziele des Dienstleistungsunternehmens festzulegen. Bei Zielkonflikten zwischen einzelnen Zielen, insbesondere zwischen unternehmens- und marktorientierten Zielen, ist zunächst zu prüfen, ob die konfliktäre Zielbeziehung durch geeignete Maßnahmen veränderbar ist. Ist dies nicht der Fall, sind Prioritäten zu setzen, um die Verfolgung einer widersprüchlichen Strategie zu vermeiden.

3. Festlegung preispolitischer Strategien

■ Hinsichtlich der **Preispositionierung** des Unternehmens können eine Hoch-, Mittel- und Niedrigpreisstrategie unterschieden werden.

■ Betrachtet man den **Preiswettbewerb,** können Strategien der Preisführerschaft, des Preiskampfes sowie der Preisfolgerschaft abgegrenzt werden. So ist zum Beispiel in letzter Zeit vermehrt zu beobachten, dass Billig-Fluggesellschaften wie zum Beispiel die irische Ryanair, die britische Easyjet oder aber auch die deutsche Germania in das europäischen Fluggeschäft einsteigen und es hierdurch vermehrt zu einem Preiskampf mit den etablierten Fluglinien wie der Lufthansa kommt (vgl. Insert 6-19).

■ Angelehnt an das Konzept des Produkt- beziehungsweise **Leistungslebenszyklus** kann gemäß der Phasenabhängigkeit des Preises zwischen einer Penetrations- und einer Skimmingstrategie differenziert werden.

■ Bezüglich der **Variabilität** der Preise können eine Festpreisstrategie, eine flexible Preisstrategie sowie eine pulsierende Preisstrategie verfolgt werden.

■ Aufgrund ihrer besonderen Bedeutung im Dienstleistungsbereich wird auf die Strategien der **Preisdifferenzierung** und **Preisbündelung** später noch ausführlicher eingegangen.

4. Festlegung preispolitischer Maßnahmen

Zu den preispolitischen Maßnahmen zählen

■ die genaue Festlegung der Höhe des von den Kunden zu entrichtenden Preises,

■ im Fall einer Preisdifferenzierungsstrategie die Festlegung der Art der Differenzierung, der Differenzierungskriterien und der unterschiedlichen Preisstrukturen,

■ im Fall einer Strategie der Preisbündelung die Festlegung der Art der Bündelung und der zugehörigen Preisstrukturen,

■ die Festlegung von allen noch nicht im Rahmen von Preisdifferenzierungs- oder Preisbündelungsmaßnahmen festgelegten Preisnachlässen (zum Beispiel Boni, Skonti) und Preiszuschlägen (zum Beispiel Entgelte für Sonderleistungen, Mindermengenzuschläge).

INSERT 6-19   Frankfurter Allgemeine Zeitung, 28.11.2001, S. 23

Aus der Provinz in die weite Welt: eine Ryanair-Maschine auf dem Flughafen Hahn im Hunsrück   Foto Torsten Silz

Preiskampf im europäischen Fluggeschäft

Ryanair will 300 000 Flugtickets verschenken / Germania fordert Lufthansa heraus

noa. FRANKFURT, 27. November. Die irische Billigfluglinie Ryanair will in den kommenden zwei Monate 300 000 Flugtickets verschenken und hat den weiteren Ausbau ihres Streckennetzes angekündigt. Die Fluggäste müßten lediglich anfallende Steuern bezahlen, teilte Ryanair am Dienstag in Dublin mit. Anfang Dezember und im Januar gebe es 200 000 Gratisplätze vom britischen Flughafen Stansted bei London aus. Weitere 50 000 Tickets solle es jeweils ab Glasgow und Brüssel-Charleroi geben. Unterdessen hat die Lufthansa eine einstweilige Verfügung gegen eine Werbeanzeige der irischen Billigfluglinie Ryanair erwirkt. Wie das Landgericht Köln mitteilte, darf Ryanair die Anzeige, in denen Flugpreise der Lufthansa und von Ryanair verglichen wurden, nicht mehr wiederholen (AZ 33 O 385/01).

Nach den Terroranschlägen hatte die Fluggesellschaft mit einer Sonderaktion nach eigenen Angaben 500 000 Tickets für 9 britische Pfund in Großbritannien verkauft. In Deutschland gab es ein befristetes Angebot von 29 DM für einen Flug vom Flughafen Hahn nach London. Mit niedrigen Preise will Ryanair mehr Menschen zum Fliegen bewegen, nachdem in

aller Welt durch die Terroranschläge und die Konjunkturschwäche die Nachfrage dramatisch gefallen ist und viele Gesellschaften um ihr wirtschaftliches Überleben kämpfen.

Erst vor wenigen Tagen hatte die Gesellschaft bekannt, gegeben, daß sie in Hahn von Februar an ihr zweites Drehkreuz auf dem europäischen Kontinent nach Brüssel aufbauen will. Ferner kündigte die Gesellschaft an, daß sie ihr Streckennetz ausbauen wolle. Noch vor Weihnachten wer-

> *Markt & Meinung*
> **Seite 30**

de ein Flughafen als weiterer künftiger Knotenpunkt bekanntgegeben. Aber nicht nur die irische Fluggesellschaft, sondern auch andere Wettbewerber haben im Kampf um die Kunden die Niedrigpreise entdeckt. Allerdings zum Teil mit zweifelhaftem Erfolg. Denn trotz Sonderangeboten fliegt DAT, das Nachfolgeunternehmen der insolventen belgischen Fluggesellschaft Sabena, mit weitgehend leeren Maschinen durch Europa. Die Auslastung ihrer Flugzeuge sei mit der Werbekampagne von un-

ter zehn auf nunmehr 30 Prozent gestiegen, teilte DAT in Brüssel am Dienstag mit. Die DAT hatte bis Montag für 20 europäische Strecken Tickets zum Preis von 50 Euro (97,79 DM) je Richtung verkauft.

Die Sabena, die vor drei Wochen Konkurs angemeldet hat, erreichte im letzten vollen Jahr ihres Flugbetriebs eine Auslastung von 67,5 Prozent. Auch die insolvente Schweizer Fluggesellschaft Swissair, die nur durch eine milliardenschwere Finanzhilfe des Staates und der Wirtschaft ihren Flugbetrieb aufrechterhalten kann, bietet Niedrigpreise an. So kostet ein reguläres Ticket von Deutschland nach New York 780 DM. Ein Last-Minute-Flug von Frankfurt nach Moskau ist gegenwärtig für 641 DM zu haben.

In Deutschland fordert die Fluggesellschaft Germania die Deutsche Lufthansa auf der Verbindung Frankfurt nach Berlin-Tegel heraus. Für 99 DM gibt es bereits das einfache Ticket. Sofort hat die Lufthansa gekontert und bietet, bei beschränktem Kontingent, einen umbuchbaren Einzelflugschein auf dieser Verbindung – einschließlich Gebühren und Bordservice – für 100 Euro an. Zuvor kostete ein vergleichbares Lufthansa-Ticket rund 250 Euro mehr.

5. Kontrolle im Rahmen der Preispolitik

Im Rahmen der Preispolitik ist es zum einen notwendig, den Zielerreichungsgrad der preispolitischen Maßnahmen zu kontrollieren. Ein Reiseveranstalter zum Beispiel hat unter anderem zu prüfen, ob und in welchem Umfang Frühbucherrabatte, Gruppenermäßigungen und Preisnachlässe für bestimmte Marktsegmente (zum Beispiel Kinder) von den Kunden in Anspruch genommen werden.

Zum anderen ist zu kontrollieren, inwieweit Veränderungen der Unternehmens-, Wettbewerbs- und sonstiger Umweltbedingungen eingetreten sind, die eine Anpassung der Preispolitik erfordern (Lauszus/Kalka 1998, S. 179).

Im Folgenden werden mögliche Ziele der Preispolitik eines Dienstleistungsunternehmens als Ausgangspunkt der Preisfestlegung ausführlicher diskutiert.

3.13   Ziele der Preispolitik

Zur Sicherstellung einer stringenten Ausrichtung preispolitischer Maßnahmen ist die Vorgabe preispolitischer Ziele als kanalisierendes Instrument unabdingbar. Sowohl in der Theorie als auch in der Praxis kommt dabei dem Ziel der Gewinnmaximierung ein besonderer Stellenwert zu. Gleichwohl besteht heute Einigkeit darüber, dass die **Gewinnmaximierung** nicht die alleinige und schlechthin geltende Maxime der Preispolitik ist. Ausgehend vom Gewinnziel lassen sich die **Zielsetzungen preispolitischer Maßnahmen** in unternehmensgerichtete Ziele, die stärker auf die Kostenkomponente als dem negativen Gewinnbestandteil abzielen, und marktgerichtete Ziele, die stärker auf den Umsatz als positivem Gewinnbestandteil gerichtet sind, unterscheiden (Meffert 2000, S. 485ff.; Bruhn 2001a, S. 168). Zu den **unternehmensgerichteten Zielsetzungen** zählen unter anderem:

■ Möglichst hohe und gleichmäßige **Auslastung der aufgebauten Dienstleistungskapazitäten** durch eine preisbezogene Nachfragesteuerung im Rahmen eines „Yield Managements" (Enzweiler 1990; Krüger 1990; Smith/Leimkuhler/Darrow 1992). So führte beispielsweise die Steigerung des Sitzladefaktors um einen Prozentpunkt bei der Lufthansa-Passage im Jahr 1997 zu einer Ertragsverbesserung von rund 100 Mio. DM (o.V. 1998b).

■ Maximierung des **Marktanteils** einhergehend mit der Realisierung von Kostensenkungen auf Basis von Erfahrungskurven.

Zu den **marktgerichteten Zielen** zählen unter anderem:

■ Förderung der **Einführung neuer Dienstleistungen** durch preis- und konditionenpolitische Maßnahmen,

■ Abschöpfung von **Preisbereitschaften** (zum Beispiel durch Maßnahmen der Preis-differenzierung und nutzenorientierte Preisfestlegung),

■ Positive Beeinflussung psychologischer Einflussfaktoren des Kaufverhaltens, zum Beispiel Verbesserung der wahrgenommenen Dienstleistungsqualität, falls der Preis von Kunden als Qualitätsindikator verwendet wird **(Imagewirkung des Preises),** Erhöhung der **Kundenzufriedenheit** durch Verbesserung der Zufriedenheit mit dem Preis („Preiszufriedenheit"), Steigerung der **Kundenbindung** durch preispolitische Kundenbindungsmaßnahmen (zum Beispiel Bonusprogramme) (Siems 2003).

Die genannten Ziele gelten in erster Linie für Dienstleistungsunternehmen, die privat-wirtschaftlich organisiert sind und damit dem erwerbswirtschaftlichen Prinzip unterlie-gen. Für öffentliche Dienstleistungsunternehmen, wie zum Beispiel Krankenhäuser, Theater, Museen, Schwimmbäder und öffentliche Verkehrsunternehmen rücken **andere Zielsetzungen** der Preispolitik in den Mittelpunkt. Derartige, nicht ausschließlich durch preispolitische Maßnahmen realisierbare Ziele sind beispielsweise:

■ Erschließung der Dienstleistung für eine breite Bevölkerungsschicht (zum Beispiel Theater, Museen),

■ Verminderung von Kosten im Gesundheitswesen (zum Beispiel Schwimmbäder, Sportstätten),

■ Zurückdrängen des Individualverkehrs aus den Innenstädten (zum Beispiel öffentli-cher Nahverkehr).

Neben diese gemeinwohlorientierten Ziele tritt angesichts der angespannten Finanz-situation öffentlicher Haushalte in immer stärkerem Maße die Verlustminimierung oder **Kostendeckung als notwendige Nebenbedingung** der Preispolitik öffentlicher Dienst-leistungsunternehmen.

3.14   Ansatzpunkte der Preisfestlegung

Preisentscheidungen können nach der Neuartigkeit der Leistung in Preisentscheidungen für neue Leistungen und für bereits vorhandene Leistungen eingeteilt werden. Ferner sind Entscheidungen im Bereich der Zahlungsbedingungen festzulegen. Dabei ist zu be-achten, dass im Dienstleistungsbereich vielfach **Preisnormierungen** anzutreffen sind (Meyer 1994; Corsten 2001). Hierbei handelt es sich weniger um einen preispolitischen Entscheidungstatbestand als vielmehr um eine von außen vorgegebene Restriktion bei der Preisfestlegung. Normpreise werden als Einheitspreis, Höchstpreis, Mindestpreis, Spannenpreis oder Richtpreis entweder von staatlicher Seite durch Gesetze und Verord-nungen oder durch Vereinbarungen von Berufsverbänden festgesetzt. Als Beispiel für Preisnormierungen können Gebührenordnungen von Ärzten, Rechtsanwälten oder Steuerberatern aufgeführt werden, die von den Berufsverbänden in Zusammenarbeit mit staatlichen Stellen festgesetzt werden. Daher können nach dem Grad der Entscheidungsfreiheit des Dienstleistungsunternehmens regulierte und freie Preisentscheidungen unterschieden werden. Im Weiteren wird auf die Diskussion der Preisnormierung sowie damit verbundener Probleme verzichtet und nur die **freie Preisentscheidung** als Ansatzpunkt der Preisfestlegung betrachtet.

Im Rahmen der Preisfestlegung sind zahlreiche Einflussfaktoren zu berücksichtigen. Dabei können die **Preisdeterminanten** in fünf Gruppen unterteilt werden:

1. Zu den **unternehmensbezogenen** Faktoren zählen die Kosten der Leistungserstellung, die Unternehmensziele, die angestrebte Positionierung des Unternehmens, das Lebenszyklusstadium der betrachteten Leistung, die strategische Rolle des Preises für das Unternehmen beziehungsweise in seiner Branche sowie die Kapazitätsplanung des Dienstleisters.

2. Den **konsumentenbezogenen** Determinanten des Leistungsentgeltes können die Zahl der Nachfrager, die Substituierbarkeit der Leistung durch die Konkurrenz beziehungsweise durch die Konsumenten selbst (Michel 1996), die Preisvorstellungen und Preisbereitschaft der Konsumenten, die Preiselastizität der Nachfrage, die Möglichkeit einer preisabhängigen Qualitätsbeurteilung sowie die allgemeine wirtschaftliche Lage subsumiert werden.

3. Bei indirekt vertriebenen Leistungen sind hinsichtlich der **Absatzmittler** insbesondere die Stellung und das Ansehen des Unternehmens und seiner Leistungen beim Absatzmittler zu berücksichtigen.

4. Bei den **konkurrenzbezogenen** Einflussfaktoren sind vor allem der Wettbewerberpreis sowie die Wettbewerbssituation zu erwähnen.

5. Besonders im Dienstleistungsbereich sind bezüglich der **Umfeldfaktoren** Regulierungen des Preises zu nennen (zum Beispiel durch politische Entscheidungen).

3.15 Methoden der Preisfestlegung

In der Marketingliteratur werden zahlreiche **Methoden der Preisfestlegung** diskutiert (Simon 1992a, S. 86ff.; Diller 2000a, S. 63ff.; Meffert 2000, S. 506ff.; Bruhn 2001a, S. 176ff.). Diese können grundsätzlich eingeteilt werden in:

■ Methoden der **kostenorientierten** Preisfestlegung (Inside-out-Perspektive),

■ Methoden der **marktorientierten** Preisfestlegung (Outside-in-Perspektive).

1. Methoden der kostenorientierten Preisfestlegung

Die kostenorientierte Preisfestlegung wird auf Basis der Kostenträgerrechnung des Dienstleistungsunternehmens durchgeführt (Diller 2000a, S. 150ff.). Wird die **Vollkostenrechnung** als Kalkulationsgrundlage verwendet, berechnet sich der Preis für die Leistung, indem zu den Selbstkosten der Leistung ein Gewinnzuschlag addiert wird. Voraussetzung für eine solche Preisfestlegung ist damit die Verteilung der gesamten Gemeinkosten des Unternehmens auf die einzelnen Leistungseinheiten. Ein grundsätzliches Problem bei der kostenorientierten Preisfestlegung für Dienstleistungen ist im hohen Anteil der fixen Kosten mit Gemeinkostencharakter an den Gesamtkosten zu sehen (vgl. Abbildung 6-41). Die Festlegung eines Kostenverteilungsschlüssels, um eine geeignete Kalkulationsgrundlage für die kostenorientierte Preisfestsetzung zu erlangen, gestaltet sich ungeachtet der Fortschritte in der Prozesskostenrechnung somit als besonders schwierig (Bieberstein 2001, S. 296). Bei vielen Dienstleistungen wird die zeitliche Inanspruchnahme der Dienstleistungskapazitäten durch den externen Faktor (zum Beispiel zeitbezogene Verrechnungssätze von Unternehmensberatungen, Telefongebühren) als Verteilungsschlüssel gewählt.

Abbildung 6-41	Fixe und variable Kostenfaktoren verschiedener Dienstleistungen

Kostenart / Branche	Fix	Variabel
Restaurants	■ Gebäudewartung ■ Miete, Zinsen ■ Personalkosten für Köche, Bedienung	■ Nahrungsmittel ■ Spülkosten
Banken	■ Personalkosten ■ Gebäudewartung ■ Werbung	■ Provisionen ■ Papier, Porto
Fluggesellschaften	■ Flugzeugwartung ■ Overheads	■ Flughafensteuer ■ Verpflegung der Gäste
Friseursalons	■ Gebäudewartung ■ Personalkosten ■ Miete, Zinsen	■ Shampoo ■ Haarspray

GABLER
GRAFIK

Quelle: Palmer 1994, S. 251

Die Verrechnungsproblematik kann bei Verwendung der **Teilkostenrechnung** als Grundlage der kostenorientierten Preisfestlegung entschärft werden. Bei dieser Methode wird eine Unterteilung in Einzel- und Gemeinkosten vorgenommen, wobei sich der Preis aus den Einzelkosten und einem Deckungsspannenzuschlag zusammensetzt. Eine isolierte Orientierung an den Einzelkosten birgt angesichts der aufgezeigten Kostenstruktur allerdings das Risiko nicht gesamtkostendeckender und damit verlustbringender Preise.

Unabhängig von Teil- oder Vollkostenorientierung erschwert die Tatsache, dass bei vielen Dienstleistungen die Preise festgelegt werden müssen, bevor die Leistung erstellt wird und somit, bevor die entstehenden Kosten bekannt sind (zum Beispiel Preisfestlegung einzelner Speisen eines Restaurants, bevor bekannt ist, wie viel Zeit- und Personalaufwand die Bedienung eines Gastes in Anspruch nimmt), eine kostenorientierte Preisfestlegung.

Insgesamt stellt die Methode der kostenorientierten Preisfestlegung angesichts der Kostenstruktur ein nur bedingt taugliches Verfahren zur Preisbildung im Dienstleistungsbereich dar. Allenfalls für die Berechnung von Preisuntergrenzen können Kosteninformationen eine relevante Entscheidungsgrundlage darstellen.

2. Methoden der marktorientierten Preisfestlegung

Ausgangspunkt einer marktorientierten Preisfestlegung ist die Tatsache, dass die Kaufentscheidung des Konsumenten von seiner subjektiven Beurteilung des **Nettonutzens** der zur Disposition stehenden Alternativen abhängt. Der Nettonutzen ergibt sich dabei als Differenz aus positivem Leistungsnutzen und in der Regel (Ausnahmen können sich bei preisabhängiger Qualitätsbeurteilung und Veblen-Effekten ergeben) negativem Nutzen des Preises. Der Preis markiert somit aus Konsumentenperspektive das für die Inanspruchnahme einer Dienstleistung zu erbringende Opfer. Notwendige Bedingung für eine Transaktion zwischen Dienstleistungsanbieter und -nachfrager ist ein vom Konsumenten wahrgenommener positiver Nettonutzen. Als hinreichende Bedingung tritt hinzu, dass der Nettonutzen größer sein muss als derjenige der relevanten Wettbewerber. Vor diesem Hintergrund ist es für die Preisfestlegung zunächst erforderlich, den positiven Leistungsnutzen der eigenen Leistung sowie den Gesamtnutzen der relevanten Wettbewerber zu ermitteln. In Kenntnis dieser Größen kann der Preis als **wettbewerbsorientierter Nutzenpreis** so festgelegt werden, dass der Nettonutzen der eigenen Leistung größer ist als jener der Wettbewerber (Friege 1997, S. 9f.). Da bei einer solchen Betrachtungsweise zunächst nur die Kunden- und Wettbewerbsperspektive berücksichtigt werden, müssen diese zur Ermittlung optimaler Preise um eine Inside-out-Betrachtung ergänzt werden. So wäre es etwa denkbar, dass der für eine spezifische Zielgruppe ermittelte wettbewerbsorientierte Nutzenpreis im Hinblick auf die Kostensituation nicht zu realisieren ist oder dieser Preis nicht konform mit der ansonsten verfolgten Preisstrategie ist.

Die Ermittlung wettbewerbsorientierter Nutzenpreise ist im Dienstleistungsbereich mit einigen Problemen behaftet. Die hohe Varianz des Leistungsspektrums und die damit einhergehende Intransparenz des Preisgefüges erschwert im Dienstleistungsbereich zunächst die Vergleichbarkeit des Wettbewerbsangebotes und somit sowohl für Nachfrager als auch Anbieter die Identifikation des Wettbewerbspreises. Darüber hinaus bereitet auch die Ermittlung des nutzenäquivalenten Preises aufgrund der bei vielen Dienstleistungen nur sehr geringen Nutzentransparenz für den Konsumenten nicht unerhebliche Schwierigkeiten. Die zahlreichen Vertrauens- und Erfahrungseigenschaften erschweren für den Konsumenten eine zuverlässige Prognose des Nutzens vor Inanspruchnahme der Dienstleistung. Der Konsument kann insofern die Angemessenheit des Preises im Verhältnis zu seinem Nutzen nur schwer beurteilen.

Abbildung 6-42 gibt zur Veranschaulichung eine Klassifizierung von Dienstleistungen anhand der Kriterien **Nutzentransparenz** und **Preistransparenz** wieder. Je größer Preis- und Nutzentransparenz einer Dienstleistung sind, umso eher kann der Ansatz des wettbewerbsorientierten Nutzenpreises verfolgt werden.

Abbildung 6-42 Klassifizierung von Dienstleistungen nach den Nutzen- und Preistransparenzen

Preis-transparenz / Nutzen-transparenz	Niedrig	Hoch
Niedrig	Beispiele: ■ Banken ■ Versicherungen ■ Beratung	Beispiele: ■ Chemische Reinigung ■ Telekommunikation
Hoch	Beispiele: ■ Hotels ■ Gesundheitsbereich ■ Urlaubsreisen	Beispiele: ■ Autowäsche ■ Spedition ■ Luftverkehr (Standardrouten)

GABLER GRAFIK

Quelle: Simon 1992a, S. 567

Neben der Unsicherheit über das Ausmaß der Nutzenstiftung einer Dienstleistung beeinflussen auch der Zeitpunkt der Preisfestlegung sowie die Heterogenität der Dienstleistung das wahrgenommene Risiko eines Dienstleistungsnachfragers. In Abbildung 6-43 sind aus der Kombination unterschiedlicher **Heterogenitätsgrade** und dem **Zeitpunkt der endgültigen Preisfestlegung** vier verschiedene Ausgangssituationen der Preispolitik dargestellt.

Abbildung 6-43   **Klassifizierung von Dienstleistungen nach dem Zeitpunkt**
                        der Preisfestsetzung und der Heterogenität der Dienstleistung

		Zeitpunkt der Preisfestlegung	
		A priori	**A posteriori**
Heterogenität der Dienstleistung	**Niedrig**	① Zum Beispiel – Kino – Kleiderreinigung	② Zum Beispiel – Telefon – Sondermüllentsorgung
	Hoch	③ Zum Beispiel – Komplettpakete – Pauschalreise	④ Zum Beispiel – Kfz-Reparatur – Beratungsleistung

GABLER
GRAFIK

Quelle: Simon 1992a, S. 567

Aus der Einordnung verschiedenartiger Leistungen in die Felder der Matrix lassen sich unterschiedliche **preispolitische Optionen** ableiten, die im Wesentlichen auf das vom Konsumenten empfundene Kaufrisiko zielen (Zeithaml 1991; Müller/Klein 1993). Grundsätzlich kann davon ausgegangen werden, dass das Risiko umso höher eingeschätzt wird, je später der endgültige Preis feststeht, je höher die Heterogenität der Dienstleitung und je schwieriger die Leistungsbeurteilung aus Konsumentensicht ist.

Im einfachsten Fall von Abbildung 6-43 **(Feld 1)** erfolgt die Preisfestlegung ähnlich wie bei Sachleistungen. Im Fall eines Kinobesuchs oder einer Kleiderreinigung kann der Konsument die Leistung aufgrund der geringen Heterogenität relativ gut beurteilen. Zudem ist der Preis im Voraus bekannt, sodass das Kaufrisiko in der Regel als begrenzt zu bezeichnen ist.

Das Gegenteil ist der Fall, wenn eine Preisfestlegung erst nach Erbringung der Dienstleistung erfolgt und sowohl Dienstleistungsprozesse als auch -ergebnisse zwischen unterschiedlichen Anbietern sehr heterogen ausfallen **(Feld 4)**. Hier ist das Kaufrisiko generell als hoch zu bezeichnen.

Daraus lassen sich zwei grundsätzliche **preispolitische Stoßrichtungen** ableiten. Zum einen kann der Dienstleister den Grad der Heterogenität der Dienstleistung abschwächen, das heißt, sich in Richtung **Feld 2** bewegen. Derartige Optionen fallen in den Bereich der Leistungspolitik. Am Beispiel von Beratungsleistungen würde das bedeuten, dass die Dienstleistung „Beratung" in klar strukturierte Leistungsmodule unterteilt wird (zum Beispiel das Paket der Gemeinkostenwertanalyse einer Unternehmensberatung). Eine derartige Vorgehensweise bietet sich aber nicht für alle Dienstleistungen an.

Der einfachere und gängige Weg ist eine Bewegung in Richtung **Feld 3**. Am Beispiel der Kfz-Reparatur wäre hier ein Angebot von Komplettpreispaketen oder die Abgabe von verbindlichen Kostenvoranschlägen empfehlenswert. Dabei ist die auf die Heterogenität der individuell eingebrachten Faktoren zurückzuführende unterschiedliche Kostenbelastung mit dem Risiko eines im Einzelfall nicht kostendeckenden Preises bewusst in Kauf zu nehmen und im Rahmen einer Mischkalkulation auszugleichen.

Vor dem Hintergrund der unterschiedlichen Ansatzpunkte zur Festlegung von Preisen für Dienstleistungen werden nachfolgend wichtige preispolitische Strategien des Dienstleistungsmarketing erörtert.

3.2 Preispolitische Strategien

3.21 Preisbezogene Strategien

3.211 Preisdifferenzierung

Die Preisdifferenzierung ist im Dienstleistungsmarketing zum einen ein wichtiges **Instrument zur Beeinflussung des Nachfrageverhaltens** der Konsumenten mit dem Ziel einer gleichmäßigeren Auslastung der Dienstleistungskapazitäten und damit der Vermeidung von Leerkosten (Faßnacht/Homburg 1997; Corsten 2001). Zum anderen kann die Preisdifferenzierung unter Berücksichtigung der spezifischen Bedingungen (zum Beispiel Preisbereitschaft, Preisreaktionsfunktion) in einzelnen Zielgruppensegmenten zur besseren **Ausschöpfung von Marktpotenzialen** beitragen (Simon 1992a).

Zur Differenzierung können verschiedene **Kriterien**, die in Abbildung 6-44 dargestellt sind, isoliert oder kombiniert herangezogen werden:

1. **Räumliche Kriterien** (zum Beispiel regionale Differenzierung),

2. **Zeitliche Kriterien** (zum Beispiel Zeitpunkt der Inanspruchnahme sowie der Bestellung von Dienstleistungen),

3. **Abnehmerorientierte Kriterien** (zum Beispiel Alter, Geschlecht, soziale Stellung),

4. **Mengenorientierte Kriterien** (zum Beispiel Inanspruchnahme von Einzelleistungen versus Dauer- oder Mehrfachleistungen).

Abbildung 6-44   **Formen der Preisdifferenzierung**

```
                              ┌──────────────────────────┐
                              │   Preisdifferenzierung    │
                              └──────────────────────────┘
```

| Räumlich | ⟷ | Zeitlich | ⟷ | Abnehmer-orientiert | ⟷ | Mengen-orientiert |

| Weitergabe von Kosten-differenzen | Ausschöpfung unterschied-licher Kauf-kraftniveaus | Abhängig von Inan-spruchnahme | Abhängig von Buchungs-terminen |

| „Langfristig": Dispositions-entlohnung | „Kurzfristig": Kapazitäts-auslastung |

Ertragsorientierte Preis-Mengen-Steuerung

GABLER
GRAFIK

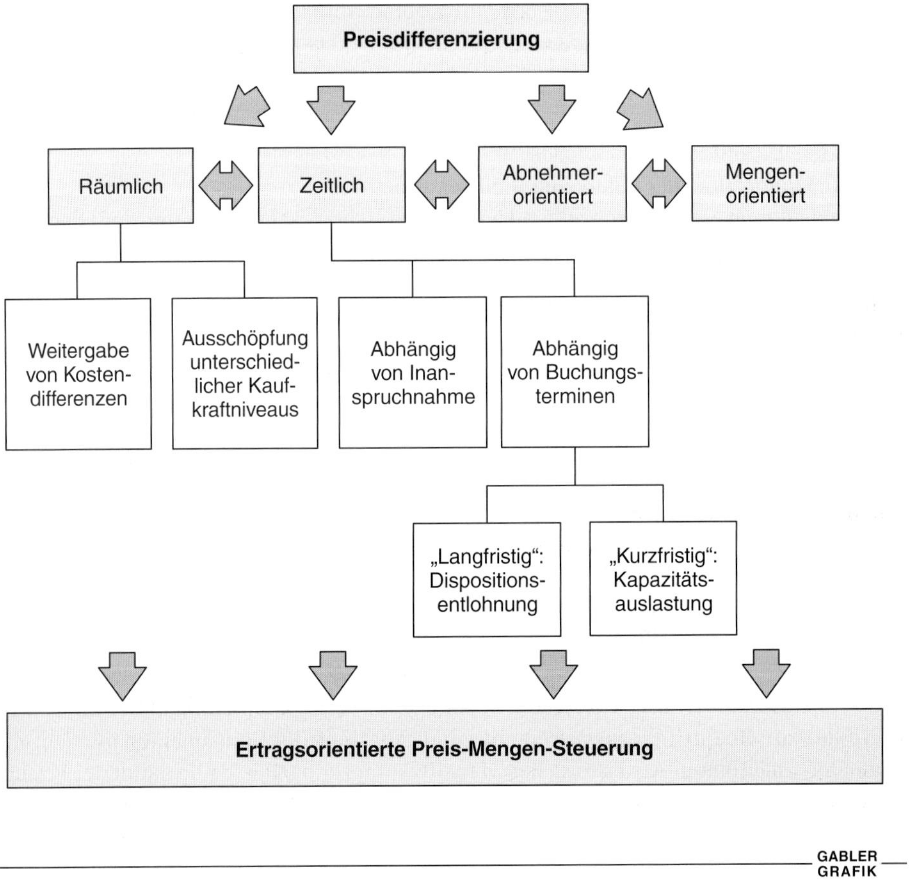

1. Räumliche Preisdifferenzierung

Bei der **räumlichen Preisdifferenzierung** werden die Dienstleistungen auf **geographisch unterschiedlichen Märkten** zu unterschiedlichen Preisen angeboten. Dies kann bei Dienstleistungsunternehmen zum Beispiel durch Filialisierung erreicht werden. Eine häufig vorzufindende Form der räumlichen Preisdifferenzierung ist bei Dienstleistungen gegeben, die der Dienstleistungsanbieter direkt vor Ort beim Kunden erbringt (zum Beispiel Wartungsarbeiten, Reparaturdienstleistungen). Hier werden häufig – je nach Entfernung des Dienstleistungsnachfragers vom Firmenstandort – unterschiedliche Tarifklassen für die Erstellung von Dienstleistungen vorgesehen beziehungsweise differenzierte Anfahrtskosten in die Gesamtrechnung einbezogen.

Bei Reiseveranstaltern werden beispielsweise für Flugreisen in Abhängigkeit des gewählten Flughafens vielfach unterschiedliche Preise festgelegt. Im Rahmen einer derartigen Vorgehensweise werden Kostendifferenzen zumindest teilweise auf die Preise übertragen. Hier bieten sich beispielsweise Möglichkeiten, angesichts der zunehmenden verkehrstechnischen Probleme von Großflughäfen die Kapazitäten kleiner Flughäfen unter gleichzeitiger Verbesserung der Servicequalität (zum Beispiel Vermeidung von langen Wartezeiten beim Check-in) besser auszunutzen. Vielfach wird auch eine **regionen- oder länderspezifische Differenzierung** der Preisforderungen vorgenommen, um unterschiedlichen Kaufkraftniveaus gerecht zu werden.

2. Zeitliche Preisdifferenzierung

Insbesondere die **zeitliche Preisdifferenzierung** dient im Dienstleistungsmarketing als wichtiges Instrument zur Steuerung der Dienstleistungsnachfrage. Dabei werden Preisdifferenzierungen häufig nach dem **Zeitpunkt der konkreten Inanspruchnahme** einer Dienstleistung vorgenommen.

So werden zum Beispiel bei Reiseveranstaltungen in Zeiten höherer Nachfrage nach Reiseangeboten (zum Beispiel Feiertage, Ferienzeiten) höhere Preise gefordert, während in nachfrageschwächeren Zeiten die gleichen Dienstleistungsangebote zum Teil wesentlich günstiger angeboten werden. Häufig findet sich auch eine zeitbezogene Preisdifferenzierung nach Haupt-, Vor- und Nebensaison. Bei Kurzreisen findet zum Teil sogar eine wochen- (Wochenende, Wochenmitte) beziehungsweise tagesbezogene (Feiertage) Preisdifferenzierung Anwendung. Dienstleistungen, die nur stundenweise in Anspruch genommen werden (zum Beispiel Vermietung von Tennisplätzen, Unterhaltungsdienste wie Kino-, Theater-, Diskothekenbesuche) sind vielfach nach verschiedenen Tageszeiten im Preis differenziert. Darüber hinaus kann für Dienstleistungen, die stundenweise in Anspruch genommen werden und deren Nachfrage sowohl tageszeiten- und wochentagsbezogene als auch saisonale Schwankungen aufweist (zum Beispiel Ski- oder Segelkurse, deren Inanspruchnahme insbesondere vormittags, an Wochenenden und in Schulferien präferiert wird), ein komplexes zeitbezogenes Preisdifferenzierungssystem aufgebaut werden, bei dem mehrere Differenzierungskomponenten Berücksichtigung finden.

Neben der Preisdifferenzierung nach der zeitlichen Inanspruchnahme finden sich im Dienstleistungsbereich zahlreiche Beispiele dafür, dass eine Preisdifferenzierung in Abhängigkeit des **Zeitraumes zwischen der Buchung einer Dienstleistung** (zum Beispiel Buchung einer Flugreise, Hotelreservierung, Kauf einer Konzertkarte) beziehungsweise dem **Kauf eines Dienstleistungsversprechens** und dem Beginn des Dienstleistungserstellungsprozesses vorgenommen wird. In diesem Zusammenhang „entlohnt" der Dienstleistungsanbieter den ihm vom Kunden zur Verfügung gestellten Dispositionsspielraum, da er im Rahmen der so ermöglichten frühzeitigen Planung seine variablen Dienstleistungskapazitäten der Nachfrage anpassen kann.

Beispiele hierfür finden sich bei Verkehrsdienstleistungen, Autovermietungen oder Angeboten von Reiseveranstaltern. So ermöglicht ein frühzeitiger Überblick des Dienstleistungsanbieters über die Auslastungsquoten seiner Potenziale in der Regel eine kostengünstigere Anpassung seiner Dienstleistungskapazitäten, als wenn kurzfristig eine unerwartete Spitzennachfrage zu bewältigen ist (zum Beispiel Festeinstellung von Tennislehrern für bestimmte Monate gegenüber einer kurzfristigen Bereitstellung und stundenweisen Vergütung von Lehrkapazitäten).

Neben der Vergütung des zeitlichen Dispositionsspielraumes ist eine zweite Variante der vom Zeitpunkt der Buchung abhängigen Preisdifferenzierung anzuführen. In diesem Zusammenhang können zur Auslastung von Dienstleistungskapazitäten (zum Beispiel Last-Minute-Flüge, Hotelzimmer), insbesondere wenn der Dienstleistungserstellungsprozess unabhängig von der Anzahl der einzubeziehenden externen Faktoren vollzogen wird, kurzfristig Dienstleistungsnachfrager zur Teilnahme am Erstellungsprozess durch **Preisnachlässe** stimuliert werden (zum Beispiel Stand-by-Flüge). Hierbei wird insbesondere eine Deckung der Fixkosten angestrebt.

Eine Sonderform der zeitlichen Preisdifferenzierung stellt die **ertragsorientierte Preis-Mengen-Steuerung (Yield Management)** dar, die in den letzten Jahren intensiv diskutiert wurde (Daudel/Vialle 1989; Vogel 1989; Bertsch 1990; Hopper 1990; Krüger 1990; Simon 1992a; Smith/Leimkuhler/Darrow 1992; Kirstges 1996; Wübker 2001). Diese bietet insbesondere Dienstleistungsanbietern mit unflexiblen Kapazitäten und hohen Fixkosten (zum Beispiel Fluglinien, Transport- und Reiseunternehmen) Vorteile. Hinter diesem Begriff, der sich mit **Ertragsmanagement** übersetzen lässt, verbirgt sich ein **preisgesteuertes Kapazitätsmanagement**.

Die **Grundidee** besteht darin, dass preissensiblen Nachfragern die Leistungen zu niedrigen Preisen und preisunsensiblen Nachfragern die Leistungen zu hohen Preisen angeboten werden. Dabei muss vor allem vermieden werden, dass preisunsensible Nachfrager auf die preisgünstigen Leistungsvarianten zugreifen können. So wird beispielsweise von Unternehmen der **Luftfahrtindustrie** ausgenutzt, dass preissensible Privatreisende ihre Flüge meist deutlich vor dem Abflugzeitpunkt buchen können und oft auch eine Reise über das Wochenende hinweg durchführen, während die weniger preissensiblen Geschäftsreisenden ihre Flüge meist nur kurzfristig buchen können und zudem üblicherweise nicht über das Wochenende bleiben. Die Preise für Linienflüge steigen deshalb meist kurz vor dem Abflugzeitpunkt an und sind für Flüge, die über das Wochenende hinausgehen, deutlich günstiger. In der Folge wird die Zahlungsbereitschaft der Geschäftsreisenden abgeschöpft. Darüber hinaus wird die Kapazität preisgünstiger Sitze mit zunehmender Ausbuchung einer Maschine zugunsten von teuren Sitzen zurückgefahren. Dies führt dazu, dass die Kapazität optimal, nicht aber zwangsläufig immer maximal ausgelastet wird. Letzteres ist nur der Fall, wenn die maximale Auslastung auch zum maximalen Gewinn führt (Wübker 2001, S. 1921).

Vereinzelt wird das Yield Management bereits als „Wunderwaffe für jeden Dienstleister" gepriesen (Enzweiler 1990). Allerdings ist zu bedenken, dass es sich hier im Wesentlichen um eine Form der Preisdifferenzierung handelt, die bereits seit längerer Zeit zum Einsatz kommt.

Die angeführten Beispiele (Theaterkartenvorverkauf, Last-Minute-Flüge usw.) haben gezeigt, dass der Preis für die Dienstleistung im Zeitablauf schwanken kann, wenn man ihn in Abhängigkeit vom Nutzen des Dienstleistungsanbieters gestaltet. Idealtypisch ist der Preis zunächst relativ niedrig, da er dem Dienstleister zu diesem Zeitpunkt große Dispositionsspielräume ermöglicht. Daraufhin steigt der Preis wegen enger werdender Dispositionsspielräume an, um schließlich, kurz vor Beginn des Erstellungsprozesses, zur Vermeidung des Verfalls der bereitstehenden Dienstleistungspotenziale im Fall der Nichtnutzung wieder deutlich zu sinken.

Neben dieser anbieterbezogenen Perspektive lässt sich noch die **nachfragerbezogene Perspektive** aufspannen. Dienstleistungen haben für unterschiedliche Nachfrager zu verschiedenen Zeiten einen unterschiedlichen Wert (Enzweiler 1990). Aus Kundensicht sollte der Preis zunächst recht niedrig sein, da der Kunde auf Dispositionsspielräume verzichtet. Diesen Verzicht möchte er entsprechend vergütet bekommen. Im Zeitablauf steigt der Preis dann, weil der Kunde auf weniger Dispositionsfreiräume verzichtet und entsprechend weniger Preisnachlässe beansprucht. Kurz vor Beginn des Dienstleistungsprozesses sinkt der Preis dann wieder, weil der Kunde das Risiko entlohnt haben möchte, die Dienstleistung wegen Kapazitätsmangel beim Anbieter nicht mehr beziehen zu können (Last-Minute-Risiko).

Aus den beschriebenen Verlagerungen von Dispositionspotenzialen sowie den Risikoüberlegungen von Anbieter und Nachfrager ergeben sich die beschriebenen **Preisänderungen im Zeitablauf**. Im Rahmen des Yield Managements werden diese Überlegungen nun in einen IT-gestützten Optimierungsprozess überführt. Dies stellt den wesentlichen Unterschied zu bisher bekannten Ansätzen dar.

Eine Preispolitik auf Basis des Yield Managements wurde erstmals bei American Airlines umgesetzt. Das Unternehmen war Ende der siebziger Jahre aufgrund der Deregulierung des amerikanischen Luftverkehrsmarktes mit einer steigenden Anzahl kleinerer Fluggesellschaften als Wettbewerber konfrontiert, die sich durch Niedrigpreisstrategien im Markt zu etablieren versuchten. Durch den Einsatz des Yield Managements konnte American Airlines diese Bedrohung meistern und eine Umsatzsteigerung von 1978 bis 1988 um 221 Prozent erreichen. Gegenwärtig wird Yield Management von zahlreichen Fluggesellschaften und Hotelketten betrieben. Aus diesem doch recht begrenzten Branchenfokus wird bereits erkennbar, dass ein Einsatz des Yield Managements nicht für alle Dienstleistungsunternehmen geeignet ist (Desiraju/Shugan 1999).

Für einen sinnvollen **Einsatz des Yield Managements** sollten folgende **Kriterien** erfüllt sein (Daudel/Vialle 1989, 1994; Friege 1996, S. 616f.):

▌ Die Leistungspotenziale verfallen bei Nicht-Inanspruchnahme der Dienstleistung (zum Beispiel Linienflug).

▌ Eine Kontrahierung kann bereits vor Inanspruchnahme der Dienstleistung erfolgen (handelbares Leistungsversprechen; zum Beispiel nicht möglich bei Steuerberatungen).

■ Die Nachfrage unterliegt hohen Schwankungen, die a priori weitgehend unbekannt sind, das heißt, ohne systematische Erfassung von Buchungsverläufen schwer zu prognostizieren sind.

■ Eine Stimulierung der Nachfrager durch Variationen der Preisgestaltung ist grundsätzlich möglich (preiselastische Nachfrage; nicht möglich zum Beispiel bei Krankenhäusern, Ärzten).

■ Der Dienstleistungsanbieter sieht sich mit einem hohen Fixkostenblock konfrontiert.

■ Der Dienstleistungsanbieter verfügt über eine bestimmte Größe, sodass sich der erforderliche, kostenintensive IT-Einsatz lohnt.

Bei Erfüllung dieser Voraussetzungen kann dann ein **Yield-Management-System** implementiert werden, das über folgende Teilmodule verfügen sollte (Daudel/Vialle 1989; Simon 1992a; Wübker 2001, S. 1922f.):

■ **Datenerfassungs, -aufbereitungs- und -bereitstellungsmodul**
Zum einen müssen historische Daten erfasst werden. Dazu zählen die Kundenhistorie mit sämtlichen Daten zur Dienstleistungsnutzung inklusive der vorgenommenen Stornierungen. Falls die Dienstleistung in Kooperation mit anderen Anbietern erfolgt, sind alle Daten bezüglich dieser Zusammenarbeit zu erfassen. Neben den historischen Daten müssen über ein Buchungssystem die aktuellen Anfragen und Buchungen erfasst werden. Weiterhin muss die Datenbank Informationen zu den Kapazitäten des Dienstleisters enthalten.

■ **Analysemodul**
Im Rahmen dieses Moduls werden den historischen Daten die Gegenwartsdaten gegenübergestellt. In diesem Zusammenhang werden auch Prognosen beispielsweise über die zukünftig zu erwartenden Buchungseingänge, über allgemeine und personenspezifische Stornierungsraten sowie die für wahrscheinlich erachteten Buchungsverläufe erstellt. Durch Lösungsalgorithmen werden dann unter Berücksichtigung der Deckungsbeiträge oder Umsätze pro Engpasseinheit Entscheidungen hinsichtlich der Vergabe der knappen Einheiten und ihrer Preise getroffen.

■ **Ausgabemodul**
Im Anschluss an den Optimierungsprozess erfolgt je nach Problemstellung eine Angebotserstellung beziehungsweise eine Entscheidung hinsichtlich der Annahme oder Ablehnung einer Anfrage. Diese Entscheidung wird entweder mündlich vom Personal des Dienstleistungsanbieters überbracht oder – entsprechende technische Ausstattung des Nachfragers vorausgesetzt – mittels Datenaustausch zwischen Yield-Management-System und EDV des Nachfragers transferiert.

Diese Unterteilung stellt selbstverständlich nur ein Grobraster dar, das von dem betreffenden Unternehmen noch individuell den eigenen Belangen angepasst werden muss (Smith/Leimkuhler/Darrow 1992).

Die **Erfolgswahrscheinlichkeit** derartiger Yield-Management-Systeme wird als hoch beurteilt. So sollen beispielsweise Hotels Umsatzsteigerungen um zehn Prozent realisieren können. Den Umsatzsteigerungen müssen jedoch zu einer abschließenden Beurteilung die durch den Einsatz des Systems entstehenden Kosten gegenübergestellt werden. Insgesamt kann das Yield Management als innovative und effiziente Gestaltung bisher eher heuristischer Vorgehensweisen im Rahmen der Preispolitik bewertet werden.

3. Abnehmerorientierte Preisdifferenzierung

Die **abnehmerorientierte Preisdifferenzierung** knüpft in der Regel an die mit verschiedenen abnehmerbezogenen Merkmalen (zum Beispiel Alter, Familienstand, Geschlecht, soziale Stellung) variierende Preisbereitschaft bei der Inanspruchnahme von Dienstleistungen an. Hierbei kann auf die im Rahmen der Marktsegmentierung gebildeten Zielgruppensegmente und deren Preisbereitschaft Bezug genommen werden.

Als **Beispiel** hierfür können die differenzierten Preise für gewerbliche und private Zeitungsanzeigen herangezogen werden. In Abhängigkeit des Abnehmermerkmals „Alter" bieten auch öffentliche Verkehrsträger mit Junioren- und/oder Seniorentarifen ein preislich differenziertes Dienstleistungsangebot an.

4. Mengenorientierte Preisdifferenzierung

Schließlich bieten sich Dienstleistungsunternehmen noch Formen der **mengenorientierte Differenzierung** an. Preisdifferenzierungen werden hier in Abhängigkeit von der Anzahl der nachgefragten Dienstleistungseinheiten vorgenommen. In diesem Zusammenhang sei auf den Kauf von Abonnements, Dauerkarten oder Mengenkarten für Kinobesuche oder Gruppenreisen verwiesen.

Häufig erfolgt eine **kombinierte Anwendung der vorgestellten Kriterien** im Dienstleistungsmarketing. So wird beispielsweise im Bereich der Non-Profit-Organisationen (zum Beispiel Museen, Theater, Schwimmbäder) hauptsächlich nach den Kriterien Abnehmer und Menge differenziert. Konkret bedeutet dies, dass Kinder, Schüler, Studenten, Lehrlinge und Rentner verminderte Eintrittspreise für die genannten Einrichtungen bezahlen müssen. Gleichzeitig werden Abonnements, Dauer- und Zehnerkarten zu einem reduzierten Preis angeboten (mengenbezogene Preisdifferenzierung). Hier wird deutlich, dass es beim Einsatz verschiedener Arten der Preisdifferenzierung zu Überschneidungen kommen kann, deren Behandlung a priori vom Dienstleistungsanbieter festzulegen ist („doppelte", das heißt kumulierte versus „einfache" Ermäßigung). Zudem kann beim Einsatz mehrerer Differenzierungsarten die Transparenz der Preisbildung leiden und dadurch die Akzeptanz beim Konsumenten gefährdet sein. Gleichzeitig können sich hier innovative Dienstleister profilieren, indem sie als Zwischenhändler (zum Beispiel Reisebüro) oder als reiner Berater (zum Beispiel Preisagenturen) die für den jeweiligen Kunden günstigsten Anbieter herausfiltern.

Im Bankenbereich wird häufig eine Preisdifferenzierung nach den Kriterien Abnehmer, Zeit und Menge vorgenommen. So erhalten Privatkunden oftmals ungünstigere Konditionen als Firmenkunden. Diese Vorgehensweise hat gleichzeitig aber auch einen indirekten Bezug zum Geschäftsvolumen und damit zum Differenzierungsmerkmal „Menge". Längerfristige Anlageformen von Geld erbringen höhere Zinsen (Zeit) und höhere Kreditbeträge sind in der Regel günstiger zu erhalten als kleinere (Menge). Neben der Überschneidung im Rahmen der Anwendung (kombinierter Einsatz mehrerer Differenzierungsmechanismen) sind also auch Überschneidungen der Zielsetzungen einzelner Differenzierungsarten denkbar und üblich.

Eine Sonderform der mengenorientierten Preisdifferenzierung ist die **nicht-lineare Preisbildung**. Hierbei sinkt der Preis pro Einheit mit zunehmender gekaufter Menge (Sebastian/Kolvenbach 2000, S. 64). Diese Art der Preisbildung ist nur möglich, wenn die Absatzmenge einer Dienstleistung anhand eines geeigneten Maßstabes (zum Beispiel zurückgelegte Flugkilometer) quantifiziert werden kann.

Folgende **Formen nicht-linearer Preisbildung** sind gebräuchlich (Sebastian/Kolvenbach 2000, S. 64):

1. **Mengenrabatte** werden auf größere Abnahmemengen oder Umsätze gemäß einer Rabattstaffel gewährt, sodass der tatsächlich zu zahlende Durchschnittspreis mit zunehmender Menge beziehungsweise zunehmendem Umsatz sinkt.

2. **Bonusprogramme** zielen auf eine Steigerung der Kundenbindung ab und beinhalten Vergünstigungen, die der Anbieter je nach Dauer der Kundenbeziehung oder dem Maß an Loyalität gewährt. Prominente Beispiele für Bonussysteme sind die Vielfliegerprogramme, bei denen Punkte gesammelt werden, die in Kombination mit Partnerunternehmen zu Freiflügen, kostenlosen Übernachtungen oder kostenlosen Mietwagen genutzt werden können.

3. **Mehrstufige Preissysteme** basieren auf einem einmalig pro Periode zu zahlenden Grundpreis und einem (festen) Preis pro Einheit (Beispiele sind Mietwagengebühren, Clubgebühren, Telefon- und Stromtarife usw.). Bei so genannten Blocktarifen können die Kunden unter verschiedenen Preisstrukturen je nach individueller Bedarfssituation wählen, um so den für sie günstigsten Preisfall nutzen zu können.

Die Bedeutung der Preisdifferenzierung insbesondere für die erfolgskritische Auslastungssteuerung auf der einen und die besondere Eignung von Dienstleistungen für den Einsatz verschiedener Formen der Preisdifferenzierung auf der anderen Seite haben im Ergebnis in vielen Dienstleistungsbereichen zu einem extensiven Einsatz des Preisdifferenzierungsinstrumentariums geführt.

INSERT 6-20   Preisdifferenzierung im Mobilfunkmarkt

Kurzfallstudie: Mobilfunkmarkt

Die Auswahl eines Tarifs im Mobilfunkmarkt wird sehr stark von den mit einem Tarif verbundenen Preisen beeinflusst. Als potenzieller Kunde kann man bei den vier größten deutschen Netzbetreibern (T-Mobil, D2 Vodafone, E-Plus und O2) aus knapp 300 verschiedenen Tarifen, die sich in ihrer Struktur zum Teil erheblich von einander unterscheiden, wählen. Aufgrund der hohen Preisintransparenz orientieren sich Konsumenten an objektiven Vergleichtests, zum Beispiel durch die Stiftung Warentest, die Wirtschaftsmagazine Capital, impulse und Wirtschaftswoche. Auch die Anbieter selbst bieten im Internet Tarifrechner an, um dem hohen wahrgenommenen Kaufrisiko – hervorgerufen durch die Notwendigkeit einer langfristigen Vertragsbindung – zu begegnen. Diese Tarifrechner erstellen in Interaktion mit dem potenziellen Kunden ein Gesprächsprofil, welches das Gesprächsaufkommen in verschieden bepreisten Zeitzonen, angewählte Fest- und Mobilnetze sowie weitere Aspekte beinhaltet. Aufbauend darauf wird aus den angebotenen Tarifen der günstigste ermittelt (vgl. Abbildung 1).

Mobilfunktarife setzen sich in erster Linie aus folgenden fixen beziehungsweise variablen Bestandteilen zusammen:

1. Bestandsgebühren
(zum Beispiel eine monatliche
Grundgebühr)
2. Nutzungsgebühren
(zum Beispiel Minutenpreise).

Die Unterscheidung in Bestands- und Nutzungsgebühren kann als Preisdifferenzierung nach der Menge, hier in der Form eines zweiteiligen Tarifs, charakterisiert werden. Aufgrund der sich durch unterschiedliche monatliche Gesprächsvolumina ergebenden durchschnittlichen Minutenpreise wird dies auch als nicht-lineare

Abbildung 1: Tarifrechner von e-plus

Preisbildung bezeichnet. Jeder Mobilfunkanbieter bietet mehrere Tarife an, wobei Bestands- und Nutzungsgebühren negativ miteinander korrelieren. Eine niedrige Bestandsgebühr wird durch hohe Nutzungsgebühren „erkauft" und richtet sich damit an Wenigtelefonierer, der umgekehrte Fall begünstigt Vieltelefonierer. Stellt man zum Beispiel die beiden E-Plus-Business-Tarife S und XL graphisch da, ergibt sich ein Break-Even Punkt bei genau 100 Minuten (Annahme über die Verteilung der Gespräche: 50 Prozent Inland und E-Plus zu E-Plus, 30 Prozent andere Mobilfunknetze und 20 Prozent City-Tarif). Telefoniert der Kunde weniger als 100 Minuten im Monat, ist für ihn der S-Tarif günstiger, telefoniert er mehr, lohnt sich der XL-Tarif (vgl. Abbildung 2).

Eine weitere Unsicherheitskomponente wird bei den Kunden dadurch verursacht, dass das eigene Gesprächsprofil zeitlichen Schwankungen unterliegen kann. Somit besteht bei Abschluss eines Mobilfunkvertrages stets Unsicherheit darüber, ob man auch in Zukunft den jeweils günstigsten Tarif ausgewählt hat. E-Plus umgeht dies durch eine geschickte „Tarifautomatik". Diese zeichnet sich da-

INSERT 6-20   **Preisdifferenzierung im Mobilfunkmarkt (Fortsetzung)**

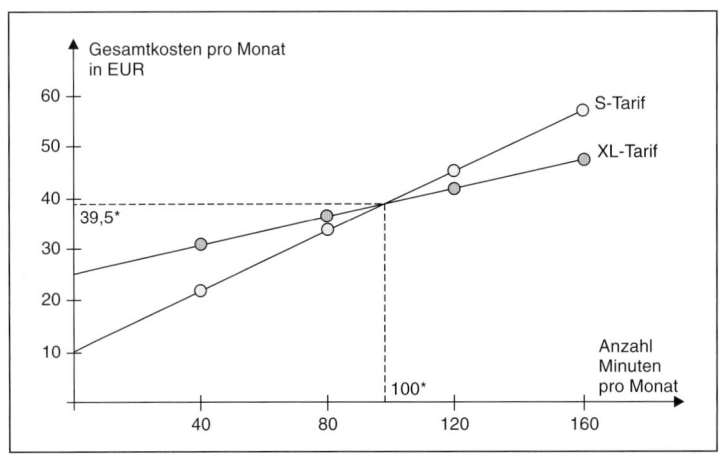

Abbildung 2: Vergleich der E-Plus-Business-Tarife S und XL

durch aus, dass der E-Plus-Kunde nach Ablauf einer Rechnungsperiode den günstigsten Professional-Tarif ex post in Rechnung gestellt bekommt (vgl. Abbildung 3). Auf das Beispiel in Abbildung 2 bezogen würde dies bedeuten, dass der Kunde bis 100 Minuten Gesprächsaufkommen den Business-Tarif S in Rechnung gestellt bekommt, bei darüber hinausgehendem Volumen den Business-Tarif XL.

Rechnung August 2002 für Rufnummer 0177 – 123 45 67

	Summe Aktiver Tarif ( )	Summe Bester Tarif ( )
Einmalig berechnet		
Ermäßigung durch Tarifautomatik (Vergelich Professional XL Tarif)	16,0802	
Summe	-16,0802	0,0000
Monatlich berechnet (01.08-2002 – 31.08.2002)		
Professional S-Tarif / Professional XL-Tarif	10,2258	25,5646
Ermäßigung monatlicher Grundpreis 10 %	-1,0225	-2,5565
Summe	9,2033	23,0081
Berechnete Verbindungen		
Verbindungen von E-Plus zu E-Plus	42,6928	12,8078
Summe	42,6928	12,8078
Rechnungsbetrag/zu zahlender Betrag	35,82	
In diesem Betrag enthaltene Umsatzsteuer 16%	4,94	
Rechnungsbetrag (Netto)	30,88	

Abbildung 3: Vergleich der E-Plus-Business-Tarife S und XL

Den Chancen einer derart stark differenzierten Preispolitik, etwa im Hinblick auf eine optimierte Auslastung oder abgeschöpfte Konsumentenrente, steht allerdings das Risiko einer übermäßigen **Tarifkomplexität** gegenüber, von dem in der Literatur Opportunitätskosten in Form entgangener Erlöse vermutet werden (Faßnacht 1996, S. 147). Ein allzu komplexes Preissystem verringert für den Kunden die Transparenz des Preis-Leistungs-Verhältnisses und kann im Ergebnis dazu führen, dass Kunden zu anderen Leistungsanbietern mit für sie nachvollziehbareren Kosten-Nutzen-Relationen abwandern (Berry/Yadav 1997, S. 61). Andererseits kann eine sinnvolle Lösung des Problems der Preiskomplexität auch nicht in einer Vereinfachung der Preise im Sinne eines Einheitspreises bestehen, da der Nutzen dieser Maßnahme in keinem angemessenen Verhältnis zu den entgangenen Gewinnen durch den vollständigen Verzicht auf Preisdifferenzierung besteht.

Der Grad an **Differenzierung eines Preissystems** ist somit kein Maximierungs-, sondern ein **Optimierungsproblem**. Unter diesem Gesichtspunkt stellt sich zum einen die Frage nach dem optimalen Grad an Preisdifferenzierung und zum anderen nach den Möglichkeiten, etwaige negative Folgen eines komplexen Tarifsystems abzumildern. Die optimale Preisdifferenzierungsintensität im Hinblick auf die angewandte Zahl unterschiedlicher Implementationsformen hängt dabei sehr stark von den Merkmalen des Dienstleistungsanbieters und -nachfragers ab. Je größer der Fixkostenanteil, je flexibler die Nachfrage beispielsweise im Hinblick auf eine zeitliche Verlagerung, je stärker der externe Faktor in den Dienstleistungserstellungsprozess integriert wird und je individueller die Dienstleistung ist, umso größer fällt die optimale Preisdifferenzierungsintensität aus. Umgekehrt senkt ein hohes wahrgenommenes Kaufrisiko der Konsumenten das Ausmaß der optimalen Preisdifferenzierungsintensität (Faßnacht 1998, S. 738).

Zur Verminderung der negativen Folgen eines komplexen Tarifsystems eignet sich die **Bildung eines positiven Preisimages**. Erfolgreiche Beispiele aus dem Discountbereich des Lebensmitteleinzelhandels, wo Konsumenten die wahrgenommene Komplexität des Preisvergleichs zwischen einer Vielzahl unterschiedlicher Produkte häufig durch die Wahl einer als preisgünstig empfundenen Einkaufsstätte reduzieren (Gröppel-Klein 1998, S. 150), belegen in diesem Zusammenhang die hohe Bedeutung eines positiven Preisimages auch für Dienstleistungsunternehmen (Schneider 1999). Ein positives Preisimage entbindet den Kunden von Suchkosten und vermindert sein wahrgenommenes Risiko (Müller 1996, S. 29), da es als Indikator für eine generelle Preisgünstigkeit des Unternehmens fungiert und auf einzelne Transaktionen transferiert werden kann.

3.212 Preisbündelung und Preisbaukästen

Ebenso wie im Sachgüterbereich besteht im Dienstleistungssektor die Möglichkeit, Dienstleistungskunden die Wahl zu bieten, verschiedene Dienstleistungen einzeln oder im Verbund als „Servicepaket" mit einem gewissen Preisvorteil zu erwerben (Telser 1979; Schmalensee 1984; Guiltinan 1987, S. 74; Vogel 1989; Hanson/Martin 1990; Wilson/

Weiss/John 1990; Simon 1992a, S. 442, 1992b, S. 1214; Diller 1993, S. 270f.). Es kann sogar davon ausgegangen werden, dass zum Beispiel aufgrund der hohen Komplementarität einzelner Dienstleistungskomponenten eine derartige Bündelung im Dienstleistungsbereich häufiger als im Sachgüterbereich vorgenommen wird (Dolan 1987; Guiltinan 1987, S. 74; Simon 1992a, S. 442). Guiltinan, der erstmals einen konzeptionellen Modellansatz zur **Preisbündelung** im Servicebereich vorstellt (Guiltinan 1987), räumt der Anwendung dieses preispolitischen Instruments im Dienstleistungsmarketing gegenüber dem Konsumgütermarketing eine besonders hohe Relevanz ein, um:

▌ Dienstleistungskapazitäten gleichmäßig auszulasten und aufgrund der hohen Fixkostenbelastung den Verkauf bisher wenig in Anspruch genommener Dienstleistungen zu fördern,

▌ aufgrund des höheren wahrgenommenen Risikos beim Kauf von Dienstleistungen von unterschiedlichen Dienstleistungsanbietern dem Kunden ein „One Stop Shopping" anbieten zu können,

▌ die Kundenzufriedenheit mit dem Dienstleistungsangebot (Preis-Leistungs-Verhältnis) zu erhöhen.

Beispiele für eine Preisbündelung sind (vgl. zum Beispiel Guiltinan 1987, S. 74; Simon 1992b, S. 1214):
– Wochenendangebote von Hotels in Verbindung mit dem Besuch einer kulturellen Veranstaltung,
– Angebot von Flugtickets, die die Möglichkeit der Nutzung eines Mietwagens am Flughafen einschließen,
– Kombination der Vermietung von Skiausrüstungen mit einem Kursangebot,
– Angebot von Versicherungspaketen, wie zum Beispiel Reiseversicherungen, die eine Haftpflicht-, Krankengeld- und Unfallversicherung umfassen,
– Blockbuchung in der Filmindustrie, bei der dem Kinobetreiber von dem Filmverleiher ganze Blöcke von Filmen angeboten werden,
– Pauschalreisen, die Flug und Hotelaufenthalt umfassen,
– Menüs in Restaurants,
– Jahreskarten für Fußballspiele eines Bundesligavereins,
– Theater- und Konzertkartenabonnements.

Bei genauerer Betrachtung dieser Beispiele fällt auf, dass vielfach **Überschneidungen** zwischen der Preisbündelung und anderen Maßnahmen des preispolitischen und sonstigen Marketinginstrumentariums auftreten, wie:

▌ Abonnements als Maßnahme der Rabattpolitik,

▌ Menüs in Restaurants als Maßnahme der Leistungspolitik,

▌ Hotelaufenthalt in Verbindung mit dem Besuch einer kulturellen Veranstaltung als Maßnahme der Kommunikationspolitik (kooperative Verkaufsförderungsmaßnahme).

Hinsichtlich der **Erscheinungsformen der Preisbündelung** kann grundsätzlich zwischen einem „Pure Bundling" („reine Bündelung") und einem „Mixed Bundling" („gemischte Bündelung") differenziert werden (Guiltinan 1987; Simon 1992b). Im Falle eines **„Pure Bundling"** sind die zu einem Kombinationspreis angebotenen Dienstleistungen für den Konsumenten nicht einzeln zu erwerben. Diese Form der Preisbündelung kann insbesondere die Transparenz von Dienstleistungsangeboten und -entgelten im Vergleich zu Konkurrenzangeboten für den Kunden erschweren, weil unter Umständen unterschiedliche Leistungsarten in die jeweiligen Servicepakete einbezogen werden.

Beim **„Mixed Bundling"** hat der Konsument die Wahl, die Dienstleistungsangebote einzeln oder als Servicepaket mit einem Preisvorteil zu erwerben. Erhält der Kunde einen Rabatt auf eine zweite Leistung bei Inanspruchnahme der „Leitleistung", spricht man vom „Mixed Leader Bundling", während „Mixed Joint Bundling" die Existenz eines eigenständigen Bündelpreises bedeutet.

Wird einem Kunden die Möglichkeit gegeben, aus mehreren Bündeln eines zu wählen (zum Beispiel bei einer Pauschalreise „All Inclusive" oder „Übernachtung mit Frühstück") oder kann er selbst sich ein Bündel zusammenstellen (zum Beispiel beim Friseurbesuch Waschen, Schneiden, Färben) wird dies auch als **Preisbaukasten** bezeichnet (Bruhn/Homburg 2001, S. 550).

Je nachdem, welche der in dem Bündel zusammengefassten Leistungen der Kunde bereits vor der Bündelung in Anspruch genommen hat, kann die Preisbündelung folgende **strategische Konsequenzen** haben (Guiltinan 1987, S. 77):

- Ausschöpfung von Cross-Selling-Potenzialen, wenn der Kunde zuvor nur einen Teil der Bündelleistungen in Anspruch genommen hat,

- Neukundenakquisition, wenn der Kunde zuvor keine der betroffenen Leistungen in Anspruch genommen hat,

- Kundenbindung, wenn der Kunde zuvor beide Leistungen in Anspruch genommen hat.

Der Anreiz für einen Dienstleistungsnachfrager, anstelle einer Dienstleistung weitere Leistungen zu kaufen, liegt in der Regel in einem mit dem Erwerb des „Servicepaketes" verbundenen preislichen Vorteil begründet. Zur Verdeutlichung der Wirkungsweise des „Pure Bundling" und des „Mixed Bundling" soll ein von Simon angeführtes **Beispiel** mit zwei Dienstleistungen aufgegriffen werden (Simon 1992a, 1992b; Diller 1993).

In Abbildung 6-45 sind unter der Teilabbildung **„Einzelpreisstellung"** die Preisbereitschaften von fünf Konsumenten (gekennzeichnet von 1 bis 5) für zwei Leistungen A und B eingetragen. Gleichzeitig sind die unter Vernachlässigung von variablen Kosten optimalen Preise für Leistung A ($p_A = 5$) und Leistung B ($p_B = 4$) eingetragen. Im Rahmen dieser Preissetzung werden dann jeweils zwei Produkte von A und B abgesetzt, sodass ein Gesamtumsatz von 18 Einheiten erzielt wird.

Abbildung 6-45   **Preisbündelung von Dienstleistungen**

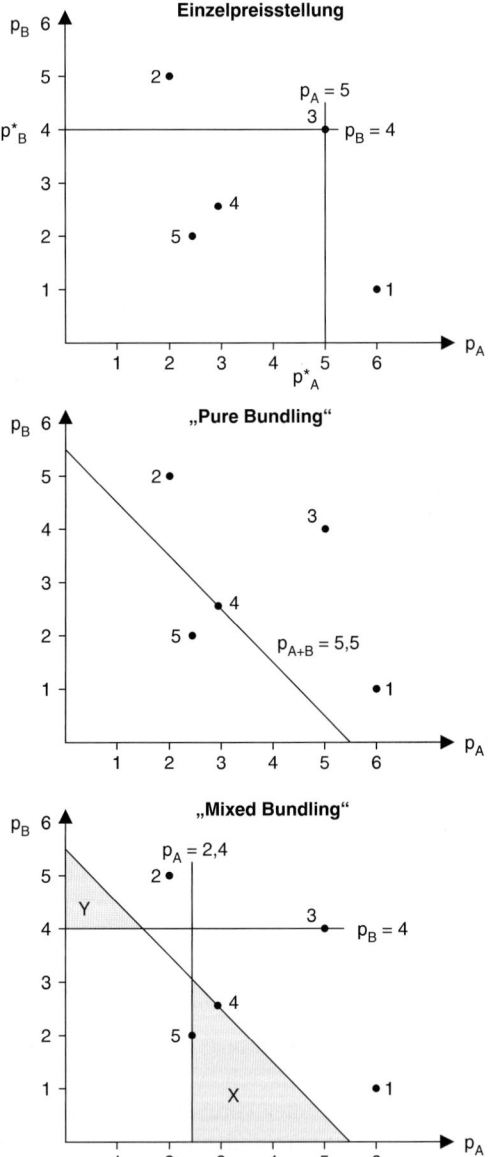

Quelle: Simon 1992a, S. 447

Im Falle des **„Pure Bundling"** ergibt sich ein optimaler Bündelpreis von 5,5 Einheiten, der hier durch einfaches Ausprobieren ermittelt werden kann. In komplexeren Fällen, insbesondere wenn mehr als zwei Leistungen gebündelt werden, bietet sich der Einsatz von mathematischen Lösungsalgorithmen an (Kinberg/Sudit 1979; Hanson/Martin 1990). Der durch den Absatz von vier Bündeln erzielte Umsatz liegt bei 22 Einheiten, also um vier Einheiten höher als im Falle der Einzelpreisstellung. Die Steigerung begründet sich durch eine bessere Abschöpfung der Konsumentenrente (Konsument 1: + 0,5 Einheiten; Konsument 2: + 1,5 Einheiten; Konsument 3: – 3,5 Einheiten; Konsument 4: + 5,5 Einheiten; Konsument 5: keine Abschöpfung).

Dieses auf den ersten Blick eindrucksvolle Ergebnis muss in seiner Aussagekraft für den praktischen Einsatz allerdings relativiert werden (vgl. zum Beispiel Simon 1992b, S. 1228ff.):

Zunächst wird vorausgesetzt, dass alle individuellen Preisbereitschaften ermittelt werden können, was trotz der Fortschritte in den Methoden zur Messung von Preisbereitschaften mit Problemen behaftet ist. Dann allerdings müssen die dafür notwendigen Ausgaben den im Rahmen der Preisbündelung ermittelbaren zusätzlichen Deckungsbeiträgen gegenübergestellt werden, was a priori nicht möglich ist.

Weiterhin sind alle betrachteten Konsumenten an beiden Leistungen interessiert (Preisbereitschaft größer 0). Falls diese Annahme entfällt, ändert das zwar nichts an der grundlegenden Vorgehensweise, allerdings kann sich dann eine Gewinnverschlechterung ergeben. Beispiel: Zwei Konsumenten, von denen Konsument 1 nur Leistung A zum Preis von fünf Einheiten kaufen will und Konsument 2 nur Leistung B zum Preis von ebenfalls fünf Einheiten. Der Bündelpreis beträgt dann fünf Einheiten, sodass sich ein Gesamtumsatz von zehn Einheiten einstellt. Diese zehn Geldeinheiten hätten auch im Rahmen einer Einzelpreissetzung erzielt werden können. Allerdings hätten dann nicht jeweils eine Leistung A und B „verschenkt" werden müssen, um deren variable Kosten sich das Ergebnis nun reduziert. In diesem Zusammenhang müssen zur Ableitung von Optimalitätsaussagen die Kosten berücksichtigt werden. Darüber hinaus kann die Reduzierung der Preistransparenz durch den Einsatz von Bündelpreisen zu Dissonanzen bei potenziellen Nachfragern führen und der Anwendung von Preisbündeln im Rahmen eines Preisbaukastens kartellrechtliche Überlegungen entgegenstehen.

Zur Darstellung der Vorgehensweise im Rahmen des **„Mixed Bundling"** soll wiederum das Beispiel von Simon verwendet werden (vgl. Abbildung 6-45). Der Bündelpreis liegt erneut bei 5,5 Einheiten. Da die Summe der Einzelpreise höher sein muss als diese 5,5 Einheiten, wird der Preis für Leistung A auf 2,4 Geldeinheiten und der von Leistung B auf 4 Einheiten festgelegt. Damit teilt sich der Markt in kleinere Einheiten auf beziehungsweise wird deutlicher segmentiert. Alle Konsumenten, die im schraffierten Dreieck X liegen, werden zu Käufern der Leistung A und die Konsumenten im Feld Y zu Käufern der Leistung B. Somit steigt der Umsatz gegenüber dem „Pure Bundling" um 2,4 Geldeinheiten auf 24,4 Geldeinheiten (Simon 1992a, 1992b). Allerdings ist an diesem Beispiel nicht einsichtig, warum beispielsweise Konsument 1 weiterhin das Bündel beziehen soll. Sinnvollerweise wird er jetzt nur das Produkt A zum Preis von 2,4 Geldeinheiten kaufen, da die Differenz zum Paketpreis mit 3,1 Geldeinheiten deutlich über seiner Preisbereitschaft für Leistung B liegt.

Einige Autoren haben sich mit der Frage der **relativen Vorteilhaftigkeit der Einzelpreisstellung** gegenüber der Preisbündelung befasst (Adams/Yellen 1976; Telser 1979; Schmalensee 1984; Simon 1992b, S. 1223ff.; Wübker 1998). Die Untersuchungen ergaben die folgenden Ergebnisse:

- Die **Einzelpreisbildung** ist empfehlenswert, wenn der Nutzen der einen Leistung besonders hoch, derjenige der anderen besonders niedrig ist.

- Die **reine Bündelung** ist vorteilhaft, wenn der Nutzen beider Leistungen und damit der Bündelnutzen relativ hoch ist.

- Die **gemischte Bündelung** ist bei einem hohen Heterogenitätsgrad der Kundschaft zu empfehlen, das heißt, wenn ein Teil der Kunden extreme Präferenzen, ein anderer Teil ausgewogene Präferenzen hinsichtlich der beiden Leistungen hat. Dieser Fall trifft häufig auf Restaurantgäste zu. Kunden, die ausgewogene Präferenzen bezüglich einzelner Menügänge haben, bestellen das Menü. Gäste, die Extrempräferenzen hinsichtlich einzelner Gänge (zum Beispiel Nachspeise) gegenüber anderen Gängen (zum Beispiel Suppe) haben, werden „à la carte" bestellen. Jüngste empirische Studien kommen dabei zu dem Schluss, dass eine gemischte Bündelung im Vergleich zur reinen Bündelung und zur Einzelpreisbildung tendenziell zu höheren Gewinnen führt (Wübker 1998, S. 201; vgl. auch Insert 6-21).

Insgesamt zeigt sich, dass Preisbündelungen zum Erfolg der Dienstleistungsunternehmen beitragen können. Dieser Zusammenhang ist aber nicht zwingend, vielmehr muss im Einzelfall eine Entscheidung getroffen werden, die sich zwar auf bestimmte Prognosen stützen kann, die aber dennoch mit erheblicher Unsicherheit behaftet ist. Grundsätzlich kann die Preisbündelung aber zu einer gerade für Dienstleistungsunternehmen wichtigen **Auslastung der Potenziale** beitragen. Über die bereits beschriebenen Optionen der Preisdifferenzierung hinaus besteht auch die Möglichkeit der Entbündelung von Leistungen, die dann entweder einzeln bezogen werden oder aber auf den Konsumenten verlagert werden können.

INSERT 6-21   Preisbündelung bei McDonald's

Kurzfallstudie: McDonald's

McDonald's nutzt – wie fast alle anderen Fast-Food-Anbieter auch – die gemischte Preisbündelung. Neben einzelnen Fast-Food-Produkten werden auch Bündel in Form von Menüs angeboten. Zum Beispiel werden in einem solchen Angebot ein BigMac, eine Portion Pommes Frites und ein Getränk zusammengefasst.

Preise bei Einzelerwerb: Preis des Leistungsbündels:

 BigMac
2,65 €

 Portion
Pommes
Frites
1,25 €

 Softdrink
1,50 €

 Sparmenü
4,35 €

Damit ergibt sich beim Menükauf eine Ersparnis von 1,05 € gegenüber dem Einzelkauf (2,65 € + 1,25 € + 1,50 € – 4,35 €).

Ein grundsätzliches Problem der Preisbündelung besteht darin, die relevanten Zahlungsbereitschaften zu ermitteln. Aufgrund des abnehmenden Grenznutzens eines zusätzlichen Produktes (hervorgerufen unter anderem durch die Tatsache, dass die einzelnen Produkte teilweise substitutiv sind), liegt die Zahlungsbereitschaft für ein Bündel im Fast-Food-Bereich unter der Summe der Zahlungsbereitschaften für die Einzelprodukte.

Zur Erhebung der Zahlungsbereitschaften sind verschiedene Verfahren denkbar. So könnten die Zahlungsbereitschaften für die Einzelprodukte und das Menü direkt erhoben werden. Alternativ ist es denkbar, die Conjointanalyse als Methode heranzuziehen.

Wübker (1998) hat mit Hilfe der adaptiven Conjointanalyse die individuellen Zahlungsbereitschaften für den vorliegenden Fall ermittelt. Neben Einzelprodukten und einem Zweierbündel (Big-Mac und Pommes Frites) zu fixierten Preisen wurde ein Dreierbündel mit verschiedenen Preisen in das Conjointdesign aufgenommen.

Unter Berücksichtigung der Preisbereitschaften wurde die Vorteilhaftigkeit der verschiedenen Preisbündelungsoptionen sowie die der Einzelpreisbildung überprüft. Tabelle 1 zeigt eine Übersicht der ermittelten gewinnoptimalen Preis-Mengen-Kombinationen.

	Einzelpreisbildung			Reine Preisbündelung
	Große Portion Pommes Frites	Mittleres Getränk (0,4l)	BigMac	Dreierbündel
Optimale Preise (DM/Stck.)	2,50	2,50	5,00	8,00
Variable Stückkosten (DM/Stck.)	0,75	0,75	1,50	3,00
Optimale Absatzmenge (DM/Stck.)	61,00	19,00	71,00	68,00
Optimale Gewinne (DM)	106,75	33,25	248,50	340,00
Summe		388,50		340,00

	Gemischte Preisbündelung				
	Große Portion Pommes Frites	Mittleres Getränk (0,4l)	BigMac	Zweierbündel	Dreierbündel
Optimale Preise (DM/Stck.)	2,50	2,50	5,00	7,50	9,30
Variable Stückkosten (DM/Stck.)	0,75	0,75	1,50	2,25	3,00
Optimale Absatzmenge (DM/Stck.)	1,00	2,00	11,00	23,00	42,00
Optimale Gewinne (DM)	1,75	3,50	38,50	120,75	264,60
Summe			429,10		

3.213   Preispolitik im Relationship Marketing

In jüngerer Zeit wird neben klassischen preisbezogenen Strategien wie der Preisdifferenzierung und der Preisbündelung auch diskutiert, die Ziele des Relationship Marketing im Rahmen der Preispolitik zu beachten (Diller 1997, 2000b; Simon et al. 2000; Siems 2003). Zum einen wird dahingehend argumentiert, dass durch eine bestimmte preispolitische Ausrichtung eine **Preiszufriedenheit** erzeugt werden kann, die ihrerseits die Gesamtzufriedenheit beeinflusst. Als strategische Grundsätze zur Erreichung dieses Ziels werden insbesondere der Verzicht auf Preisschönungen und versteckte Zusatzkosten, übersichtliche, verständliche und nachvollziehbare Tarifsysteme und eine Beachtung des Kundenurteils über den Preis genannt (Diller 2000b, S. 580).

Zum anderen wird diskutiert, inwieweit die Preispolitik herangezogen werden kann, um die **Kundenbindung** zu steigern. Als eine Möglichkeit werden hier insbesondere Preisdifferenzierungsstrategien genannt, das heißt, Instrumente wie die BahnCard können ebenso als Kundenbindungsmaßnahme verstanden werden wie Treuerabatte u. a. Simon et al. stellen hierzu zum Beispiel fest, dass durch den Erwerb einer BahnCard die Nutzung der Dienstleistung Bahn bei diesen Kunden vermehrt erfolgt (Simon et al. 2000, S. 324).

Eine weitere Möglichkeit, die Kundenbindung durch die Preispolitik zu beeinflussen, besteht darin, die Kundenbindung (beziehungsweise mit dieser in Verbindung stehende Größen wie die Wiederkaufbereitschaft und die Referenzbereitschaft) über eine positive Preisbeurteilung zu verbessern (Diller 2000b). Dieser Effekt wurde von Diller (2000b) und Siems (2003) empirisch im Dienstleistungsbereich für unterschiedliche Dienstleistungen nachgewiesen. Kritisch anzumerken ist jedoch, dass eine durch den Preis verursachte Kundenbindung zum Teil als „**Cold Loyalty**" anzusehen ist, das heißt, auf diese Art erzeugte Kundenbindung hält bei einem Teil der Kunden nur so lange an, wie der monetäre Anreiz besteht (Siems 2003).

In Verbindung mit der Steuerung von Preisbeurteilungen und Preiszufriedenheit werden eine Reihe weiterer, vorgelagerter Konstrukte diskutiert (Müller/Klein 1993; Diller 2000a, 2000b; Siems 2003).

Diesbezüglich lässt sich zunächst festhalten, dass die Preisbeurteilung selbst auf verschiedene Urteilsarten zurückgeführt werden kann. Wird ein Preisurteil ausschließlich auf Basis preislicher Aspekte – also ohne Einbezug einer Leistungs- beziehungsweise Qualitätsbeurteilung – gebildet, wird dies als **Preisgünstigkeitsurteil** bezeichnet. Für den Dienstleistungsbereich wird vermutet (Müller/Klein 1993, S. 1ff.), dass diese Art der Preisbeurteilung bei einem Individuum umso relevanter wird,

- je größer der Standardisierungsgrad der Dienstleistung bei allen Anbietern dieser Dienstleistung ist,

- je geringer die Differenz zwischen einzelnen Leistungsmerkmalen zwischen den Anbietern ist und

- je mehr Erfahrung das Individuum mit der jeweiligen Dienstleistung bereits hat.

Werden neben preislichen Aspekten auch Leistungsaspekte – insbesondere die Leistungsqualität – in das Preisurteil einbezogen, spricht man von **Preiswürdigkeitsurteilen** (Diller 2000a). Generell gilt das Preiswürdigkeitsurteil, das oft mit der Beurteilung des Preis-Leistungs-Verhältnisses gleichgesetzt wird, nicht nur als Determinante der Preisbeurteilung und der Preiszufriedenheit, sondern auch als wichtiges Entscheidungsmerkmal eines Kunden für die Wahl eines Anbieters. Gleichzeitig wird – wie bereits erwähnt – gerade bei Dienstleistungen insbesondere aufgrund der Immaterialität die Ex-ante-Beurteilung des Preis-Leistungs-Verhältnisses durch den Kunden als schwierig eingestuft.

Eine weiterführende Erklärung, wie Preisurteile entstehen, liefert die Theorie des **Ankerpreises** (auch Referenzpreis) (Winer 1988; Kalyanaram/Winer 1995; Hruschka 1996, S. 135ff.). Demnach vergleichen Individuen beobachtete Preise mit internen Preisnormen („Ankerpreisen"). Den Ankerpreis unterschreitende Preise führen entsprechend dieser Theorie zu einer positiven Beurteilung durch das Individuum („Gewinn"), während ein den Ankerpreis überschreitender Preis eine negative Bewertung („Verlust") zur Folge hat und einen entsprechenden Anreiz zum Bezug der Leistung darstellt.

Zur Entstehung eines Ankerpreises gibt es unterschiedliche Theorien. Entsprechend der verhaltenstheoretischen Adaptionsniveau-Theorie (Helson 1964) resultiert der Ankerpreis aus der Preisgeschichte, das heißt den bisherigen Erfahrungen des Individuums, sowie seinen Erwartungen an zukünftige Preise. Vereinfachend kann der Referenzpreis dann auch als „normal gezahlter Preis" eines Produktes gesehen werden (Müller/Klein 1993, S. 20). Daneben existiert eine Vielzahl weiterer Theorien, zum Beispiel dass für bestimmte Leistungen insbesondere der Konkurrenzpreis – zum Beispiel der Preis des Marktführers – ausschlaggebend für den Ankerpreis ist (Simon 1997; Siems 2003).

Neben dem Ankerpreisurteil ist die wahrgenommene **Preisfairness** als Determinante des Preisurteils zu nennen. Zur Erklärung dieses Konstrukts wird insbesondere die Equity-Theorie herangezogen (Homans 1961; Boyd/Bhat 1998; Herrmann/Wricke/Huber 2000; Siems 2003). Demnach vergleicht ein Individuum sein Ergebnis eines Austauschprozesses mit dem seines Austauschpartners sowie gegebenenfalls den Ergebnissen anderer Individuen. Für den Dienstleistungsbereich i. V. m. der Preiswahrnehmung heißt dies, dass das Urteil eines Kunden über die Preisfairness eines Anbieters davon abhängt, wie der Kunde das Verhältnis seiner eigenen Aufwand-Nutzen-Relation zu der des Anbieters sowie zu der anderer Kunden einstuft (Martins/Monroe 1994, S. 75f.; Herrmann/Wricke/Huber 2000, S. 134). Entsprechend fungiert auch hier ein interner Referenzpreis bei einem Kunden als Maßstab, mit dem der zu beurteilende Preis als fair oder unfair bewertet wird (Martins/Monroe 1994, S. 75f.; Bolton/Lemon 1999; Varki/Colgate 2001, S. 237).

Ein weiterführender Ansatz zur Erklärung der Preisfairness findet sich bei Diller (2000a, S. 184ff.), der mit Beachtung von Gesichtspunkten wie Verteilungsgerechtigkeit, Verfahrensgerechtigkeit, Interaktionsgerechtigkeit und Machtasymmetrie eine Weiterentwicklung des Equity-Ansatzes aufgreift und darauf basierend von Preisfairness als einem mehrdimensionalen Konstrukt mit den Komponenten Preisgerechtigkeit, Konsistenz, Preiszuverlässigkeit, Preisehrlichkeit, Einfluss- und Mitspracherecht, Respekt und Achtung gegenüber dem Partner und Kulanz ausgeht. Unter Preisgerechtigkeit versteht Diller dabei die Nähe zum marktüblichen Preis-Leistungs-Verhältnis, unter Konsistenz den Verzicht auf ein einseitiges Abweichen eines der Interaktionspartner von Gesetzmäßigkeiten (zum Beispiel eine Änderung des Verfahrens der Preisfestlegung durch den Hersteller), unter Preiszuverlässigkeit die Einhaltung von bei Vertragsabschluss in Aussicht gestellten Preisen und unter Preisehrlichkeit die Klarheit und Wahrheit von Preisinformationen.

In letzter Zeit wird in der Preisforschung dem allgemeinen Trend im Marketing, insbesondere im Dienstleistungsmarketing folgend, emotionale Aspekte stärker zu beachten (Forberger 2000; O'Neill/Lambert 2001; Siems 2003), neben den genannten Konstrukten auch **Preiserlebnissen** und **-emotionen** verstärkt Beachtung geschenkt, die in Anlehnung an die Terminologie des Konsumentenverhaltens als positive oder negative, bewusste oder unbewusste Empfindungen über Preise oder mit dem Preis in Verbindung stehende Tatbestände (zum Beispiel Rabatte) verstanden werden können (Diller 2000a; Siems 2003). Beispiele für Preiserlebnisse sind Preisfreude (zum Beispiel ausgelöst durch eine vorübergehende, überraschende Preisreduktion), Preiseuphorie (zum Beispiel bei Schlussverkäufen), Preisstolz (zum Beispiel nach erfolgreichen Preisverhandlungen) oder Preisneid (zum Beispiel bei Nichtpartizipationsmöglichkeit an Preisvergünstigungen, von denen andere profitieren) (Diller 2000a).

Insgesamt lässt sich festhalten, dass die Preiswahrnehmung eine Vielzahl von Aspekten umfasst und sowohl wissensbasierte (kognitive) als auch subjektive, emotionale (affektive) Komponenten aufweist (Siems 2003). Hier besteht ein breites Spektrum an Ansatzmöglichkeiten für Dienstleistungsunternehmen, durch preispolitische Maßnahmen die Preiswahrnehmung zu beeinflussen und so (potenzielle) Kunden zu gewinnen beziehungsweise an das Unternehmen zu binden.

3.22   Konditionenbezogene Strategien

Neben der Festlegung von Preisen steht dem Dienstleistungsanbieter auch das Instrument der **Gestaltung der Zahlungsbedingungen** zur Verfügung.

▪ Bei längerer Dauer des Dienstleistungsprozesses oder im Fall des Angebots von Dienstleistungsversprechen (zum Beispiel Buchung einer Reise) können **Teilzahlungsoptionen** angeboten werden. Dabei ist zu beachten, dass die einzelnen Komponenten einer solchen Preisbildung (effektiver Zinssatz, Monatsrate, Laufzeit, Anzahlung) unterschiedlich stark auf die Preisbeurteilung wirken (Herrmann 1998) und dementsprechend kombiniert werden sollten. Für eine verbesserte Preisbeurteilung kann auch die Wirkung von Vorauszahlungen positiv nutzbar gemacht werden (Diller 1999, S. 24). Solche vor der Inanspruchnahme der Dienstleistung erbrachte Zahlungen sind für den Kunden „Sunk Costs" und können die Nutzenwahrnehmung der erst später in Anspruch genommenen Dienstleistung deutlich verbessern (zum Beispiel bei einer im Voraus bezahlten Urlaubsreise).

■ Die Nichtinanspruchnahme einer bestellten Dienstleistung, wie zum Beispiel eines Linienfluges, einer Reiseveranstaltung oder Theateraufführung, führt zum „Verfall" dieser Leistung, da aufgrund der Nichtlagerfähigkeit von Diensten keine Möglichkeit besteht, sie für eine spätere Nutzung „aufzubewahren". Somit sind auch im Interesse des Kunden Vereinbarungen über Rücktrittsmöglichkeiten mit **Abstandszahlungen** oder über den Abschluss von **Rücktrittskostenversicherungen** zu treffen.

■ Aufgrund der Immaterialität von Dienstleistungen ist in den **„Lieferungsbedingungen"** möglichst präzise die zu erbringende Dienstleistung zu konkretisieren (zum Beispiel Checklisten mit Teilleistungen bei Reparaturdiensten), um dem Dienstleistungsnachfrager einen möglichst genauen Überblick über die Verrichtungsschritte zu geben und damit Auseinandersetzungen über nicht erbrachte Leistungen zu vermeiden. Nachkaufdissonanzen sind in diesem Zusammenhang durch differenzierte Rechnungserstellung, möglichst verbunden mit einer im persönlichen Gespräch stattfindenden Aufschlüsselung, entgegenzuwirken.

■ Als Sonderform der Gestaltung von Zahlungsbedingungen kann die **Garantie** angesehen werden. Diese bietet sich insbesondere bei Dienstleistungen an, die sich durch ein hohes wahrgenommenes Risiko auszeichnen. Die Garantien sollten dabei keine einschränkenden Bedingungen enthalten, leicht einsehbar und vermittelbar sowie rasch und ohne große Mühen zu beanspruchen beziehungsweise einzulösen sein (Hart 1989). Darüber hinaus darf aber nicht übersehen werden, dass den positiven Wirkungen des Einsatzes von Garantien die durch sie verursachten Kosten gegenübergestellt werden müssen. Hier gilt es, mit Hilfe versicherungsmathematischer Modelle einen sinnvollen Kompromiss zu finden.

4. Distributionspolitik

> Die **Distributionspolitik** bezieht sich auf die Gesamtheit der Entscheidungen und Handlungen, die mit der Übermittlung von Dienstleistungen zum Endabnehmer in Zusammenhang stehen (in Anlehnung an Meffert 2000, S. 600).

Auch im Rahmen der Distributionspolitik wirken sich die konstitutiven Eigenschaften von Dienstleistungen aus und begrenzen die Zahl der einsetzbaren Instrumente und deren Ausgestaltungsmöglichkeiten. So sind Dienstleistungen nicht wie Sachgüter handelbar, sondern erfordern in der Regel eine lokale/multi-lokale Leistungserstellung. Lediglich Leistungsversprechen (Versicherungspolicen, Eintrittskarten, Lottoscheine usw.) bilden hier eine Ausnahme und sind über eigene oder fremde Verkaufsorgane zu vertreiben. Insgesamt ergeben sich so besondere Anforderungen an die Distributionspolitik von Dienstleistungsunternehmen, die im Folgenden, mit Schwerpunkt auf die multi-lokale Leistungserstellung, konkretisiert werden sollen.

4.1 Grundlagen der Distributionspolitik

4.11 Besonderheiten der Distributionspolitik von Dienstleistungsunternehmen

Aufgrund der Merkmale von Dienstleitungen ergeben sich einige Besonderheiten für die Distributionspolitik von Dienstleistungsunternehmen, die in Abbildung 6-46 dargestellt sind.

Die Notwendigkeit der permanenten **Leistungsfähigkeit** eines Dienstleistungsunternehmens hat folgende Aspekte für die Distributionspolitik zur Konsequenz:

- Die Erfüllung des **raumzeitlichen Präsenzkriteriums** ist die zentrale logistische Aufgabe für Dienstleistungsunternehmen.

- Dienstleistungsunternehmen müssen ihre **permanente Leistungsbereitschaft** dokumentieren.

- Im Dienstleistungsbereich kommt auch eine **Kombination** von direkter und indirekter Distribution zum Einsatz.

- Bei der indirekten Distribution muss neben dem Dienstleister selbst auch der **Absatzmittler** seine Leistungsfähigkeit dokumentieren.

█ Abbildung 6-46   Besonderheiten der Distributionspolitik von Dienstleistungsunternehmen

Besonderheiten von Dienstleistungen	Implikationen für die Distributionspolitik
Leistungsfähigkeit des Dienstleistungsanbieters	▪ Erfüllung des raumzeitlichen Präsenz-kriteriums als zentrale logistische Aufgabe ▪ Dokumentation der Leistungsfähigkeit des Absatzmittlers ▪ Häufig kombinierte Distribution ▪ Dokumentation der Lieferbereitschaft
Integration des externen Faktors	▪ Vorherrschen der direkten Distribution ▪ Bedeutung des Standorts
Immaterialität (Nichtlagerfähigkeit, Nichttransportfähigkeit)	▪ Bedeutung des Franchising ▪ Absatzmittler als „Co-Producer" ▪ Möglichkeit der Online-Distribution ▪ Lagerung materieller Leistungselemente ▪ Transport materieller Leistungselemente

GABLER
GRAFIK

Die **Integration des externen Faktors** in den Leistungserstellungsprozess führt zu folgenden Implikationen für die Distributionspolitik:

█ Die meisten Dienstleistungen werden **direkt** vertrieben.

█ **Standortentscheidungen** haben im Dienstleistungsbereich aus Kundensicht eine größere Bedeutung als im Konsum- oder Industriegüterbereich.

Aus der **Immaterialität** von Dienstleistungen lässt sich folgern:

█ Aufgrund der Notwendigkeit einer einheitlichen Präsentation des Dienstleisters kommen **Filialsystemen** und insbesondere **Franchisesystemen** eine besondere Bedeutung zu.

█ Beim indirekten Vertrieb tritt der Absatzmittler unter Umständen als so genannter **„Co-Producer"** auf.

█ Bei Dienstleistungen besteht grundsätzlich die Möglichkeit einer **Online-Distribution** (vgl. Abschnitt 2.3). Dabei ist jedoch anzumerken, dass in den meisten Fällen das Internet nur als Informationsmedium benutzt wird und sich als Distributionskanal noch nicht richtig durchgesetzt hat (Vgl. Insert 6-22).

INSERT 6-22   Frankfurter Allgemeine Zeitung, 05.11.2001, S. 15

Gebucht wird doch lieber im Reisebüro

Internetanbieter und Reiseverkaufssender noch keine echte Konkurrenz

noa. LEIPZIG, 4. November. Neue Vertriebsformen für Urlaubsreisen haben bislang die in sie gesetzten Erwartungen nicht erfüllt. Dies gilt auch für den Ticket- und Urlaubsverkauf über das Internet, der zwar hohe Anlaufkosten verursacht, aber noch nicht von den Kunden angenommen wird. Viele Urlauber nutzen diese Angebote, um sich zu informieren; doch ihre Buchungen tätigen sie häufig im Reisebüro. Ebenfalls eher als Informationsmittel gelten die Verkaufssendungen für Reisen. Fachleute schätzen, daß auf diesem Wege 2001 deutlich weniger als 100 000 Reisen abgesetzt werden. Auf der Jahrestagung des Deutschen Reisebüro- und -veranstalter-Verbandes (DRV) in Leipzig waren sich die Teilnehmer einer Podiumsveranstaltung einig, daß es zumeist an den Reichweiten der Sender hapert. Der im Mai 2000 gestartete Verkaufskanal Via1 hat vor wenigen Tagen das Insolvenzverfahren beantragt. Somit gibt es nur noch zwei Anbieter in diesem Segment, „TV Travel Shop" und der auf „Neun Live" umgetaufte Sender TM3, der ein tägliches dreistündiges Reiseprogramm namens „Sonnenklar" präsentiert.

Die Reichweitenvorteile liegen dabei bei „Neun Live", wie Christiane zu Salms in Leipzig sagte. Es werden rund 29 Millionen Haushalte erreicht; der bisher vermittelte Reiseumsatz betrage 35 Millionen DM. Ziel sei es, bis Ende des Jahres 60 Millionen DM zu erreichen. Rainer Ortlepp, Geschäftsführer des Konkurrenten „TV Travel Shop", an dem die TUI eine Beteiligung von 25 Prozent hält, erreicht über den Satelliten Astra maximal zwölf Millionen Haushalte; durch die Aufnahme in das nie-

dersächsische Kabelnetz kommen rechnerisch noch einmal zwei Millionen hinzu. Das Konzept der Sender ist nahezu identisch: Reiseangebote werden vorgestellt und können über angeschlossene Call-Center gebucht werden. Ortlepp empfindet seinen Sender als eine Art Fernsehreisebüro. Im angeschlossenen Call-Center arbeiten rund 140 Mitarbeiter. Der durchschnittliche Reisepreis liegt bei „Sonnenklar" bei rund 1000 DM, bei „TV Travel Shop" bei 1300 DM. Der geringere Reisepreis des von zu Salm geführten Senders liegt an der größeren Anzahl von Kurz- und Städtereisen. Die Sender erhalten von dem Reiseveranstalter eine Provision von 11 bis 18 Prozent und in manchen Fällen auch Produktionskostenzuschüsse für das Drehen vor Ort. Dem jetzt insolventen Anbieter Via1 hatte die Thomas Cook AG dem Vernehmen nach eine Produktionsvorauszahlung von einer Million DM geleistet.

Vorbild für die deutschen Reiseverkaufssender ist Großbritannien, wo es mehrere Verkaufskanäle für Urlaubsangebote gibt. Allerdings buchen auch dort nur 10 Prozent der Anrufer. Bei der Podiumsdiskussion wurde die Vermutung geäußert, daß die Mehrzahl der Kunden sich für eine Buchung im Reisebüro entschließt. Bisher scheinen es vor allem „Spontankäufe" zu sein, die die Umsätze bringen, obwohl die Buchung mitunter erst zwei bis drei Tage später erfolgt. Deshalb ist eine hohe Haushaltsreichweite für dieses Vertriebsmodell entscheidend. Ortlepp: „Es findet ein Kampf um die Kabelplätze statt." In ein bis eineinhalb Jahren werde sich erweisen, ob sich dieses Modell auch in Deutschland erfolgreich durchsetzen könne.

Die konstitutive Eigenschaft der Nichtlagerfähigkeit von Dienstleistungen bedingt, dass **Lagerhaltungsentscheidungen** lediglich für materielle Leistungselemente und Faktoren getroffen werden müssen. Wegen der Nichttransportfähigkeit betreffen **Transportentscheidungen** ebenfalls lediglich materielle Leistungselemente und Faktoren. Falls Leistungsversprechen, das heißt Anrechte auf eine Dienstleistung vertrieben werden, kommt in diesem Zusammenhang der Kapazitätsplanung ein hoher Stellenwert zu. Es müssen zum Beispiel Reservierungssysteme eingerichtet werden, die die aktuelle Nachfrage und die spätere Leistungserbringung zusammenführen.

4.12 Planungsprozess der Distributionspolitik

Zur systematischen Distributionsplanung wird anhand der Phasen des entscheidungsorientierten Planungsprozesses vorgegangen (Specht 1998; Bruhn 2001a, S. 251f.). Im Rahmen der **Situationsanalyse der Distribution** müssen unternehmensexterne (zum Beispiel Eröffnung neuer Distributionswege mittels der neuen Medien) und -interne (zum Beispiel Expansionsbestrebungen eines Restaurants) distributionspolitisch relevante Faktoren untersucht werden. Ferner muss die Stellung des Distributionsweges im Markt (zum Beispiel Vertrieb der Leistungen eines Reiseveranstalters über Reisebüros aufgrund ihrer starken Marktstellung) berücksichtigt werden. Aufbauend auf der Situationsanalyse erfolgt die Ableitung konkreter **Distributionsziele** aus den übergeordneten Unternehmenszielen des Dienstleisters. Mit der **Festlegung der Distributionsstrategie** wird der Weg der Zielerreichung abgesteckt und inhaltlich bestimmt, welche Leistungen über welche Distributionswege vertrieben werden sollen. Hierbei sind insbesondere Entscheidungen hinsichtlich eventueller vertraglicher Bindungen der Absatzmittler (zum Beispiel innerhalb eines Franchisesystems) zu treffen. Im Rahmen der **Bestimmung des Distributionsbudgets** können die bei der Werbebudgetierung eingesetzten Verfahren in modifizierter Form verwendet werden. Auf Basis der Distributionsstrategie gilt es, die **Festlegung der Distributionsmaßnahmen** durchzuführen. Schließlich soll im Rahmen der **Distributionskontrolle** untersucht werden, inwiefern die Distributionsziele erreicht wurden und welche Ursachen für eventuelle Abweichungen verantwortlich sind.

4.13 Ziele der Distributionspolitik

Eine zentrale Orientierungsfunktion der Entscheidungsprozesse innerhalb der Distributionspolitik kommt den distributionspolitischen Zielen zu. Diese sind konsistent aus den übergeordneten Unternehmens- und Marketingzielen abzuleiten und möglichst operational zu formulieren. Falls es einem Dienstleister nicht gelingt, Leistungskomponenten derart zu lagern, zu verwalten, umzuschlagen und zu transportieren, dass die Nachfrage in ausreichender Quantität und Qualität befriedigt werden kann, verliert der Anbieter die Nachfrage, woraus für ihn Fehlmengenkosten/Opportunitätskosten entstehen (vgl. Herrmann/

Huber 1999, S. 861). Neben den übergeordneten Zielen, wie Umsatz- und Marktanteils-steigerung, können den distributionspolitischen Entscheidungen folgende **versorgungs-orientierte Zielgrößen** zugrunde gelegt werden:

▌ **Präsenz und Erreichbarkeit** (Distributionsgrad und -dichte von Dienstleistungen)
Die Nichttransportfähigkeit von Dienstleistungen und die im Rahmen ihrer Erstel-lung notwendige Integration des externen Faktors erfordert die simultane Präsenz des Dienstleisters und des Kunden beziehungsweise seines Objektes. Daraus leitet sich die Forderung nach **kundennahen Standorten** (bei standortgebundenen Dienstleistungen) beziehungsweise nach einem dichten Außendienstnetz (bei räum-lich flexibler Dienstleistungserstellung) ab. Insbesondere bei Dienstleistungen des täglichen Bedarfs (Verkehrsdienstleistungen, Bankdienste, Postdienste) wird die schnelle Erreichbarkeit des Dienstleistungsanbieters zu einem zentralen Qualitäts-merkmal. Gleiches gilt für den Fall, dass der Dienstleister zum Kunden kommt (zum Beispiel Handwerker, Pizzadienst). Besonders deutlich wird dieser Zusammenhang bei bestimmten öffentlichen Dienstleistungen wie Notarzt, Polizei, Feuerwehr. Hier muss der Standort so gewählt werden, dass eine den Anforderungen der Kunden ent-sprechende Präsenz gewährleistet ist.

▌ **Zugang des externen Faktors zum Erstellungsprozess**
Zielsetzung der Distributionspolitik im Dienstleistungsmarketing ist weiterhin die problemlose und kundengerechte Integration des externen Faktors in den Dienstleis-tungserstellungsprozess. Aufgrund der Nichtlagerfähigkeit von Dienstleistungen sind kundengerecht ausgestattete Warteräume zur Lagerung beziehungsweise zum Aufenthalt des externen Faktors (zum Beispiel Bahnhof, Arztpraxis) einzurichten und Beförderungseinrichtungen (zum Beispiel Shuttle-Verkehr auf Flughäfen) so-wie Reservierungssysteme und ähnliches vorzusehen.

▌ **Lieferzeit**
Insbesondere bei Dienstleistungen, die vor Ort beim Kunden erbracht werden, sowie beim Verkauf von Leistungsversprechen (zum Beispiel Abschluss eines Wartungs-vertrages für einen Computer und Inanspruchnahme des Kundendienstes) ist die zu-verlässige Einhaltung der „Lieferzeit" sowie eine schnelle Reaktionszeit im Rahmen der Distributionspolitik sicherzustellen. Insgesamt sind die Ziele „Lieferzeitmini-mierung" und „Erreichen einer ausreichenden Marktpräsenz" komplementär.

▌ **Lieferbereitschaft**
Weiterhin ist eine kontinuierliche Lieferbereitschaft durch den Dienstleister zu ge-währleisten. Aufgrund der Nichtlagerfähigkeit und der Integration des externen Fak-tors muss während der Öffnungszeiten das Leistungspotenzial des Unternehmens permanent bereitgestellt werden. Anders als im Konsumgüterbereich kann der Zeit-punkt des „Vertriebs" grundsätzlich nicht vom Unternehmen festgelegt werden.

▌ **Lieferzuverlässigkeit**
Schließlich ist eine kontinuierliche Lieferzuverlässigkeit notwendig. Es muss ge-währleistet sein, dass der Kunde sich vor und im Zeitpunkt der Inanspruchnahme auf den Dienstleister verlassen kann.

Im Rahmen der Distributionspolitik eines Dienstleistungsunternehmens sind folgende **psychologisch-orientierte Zielsetzungen** von Bedeutung:

▌ **Image des Absatzkanals**

Das Image des Absatzkanals, die Ausstattung und persönliche Identifikation der einbezogenen Absatzmittler stellen bereits erste Indikatoren zur Beurteilung und Konkretisierung der „nicht greifbaren" Dienstleistungen dar. Ziel ist daher die Kompatibilität des Images von Absatzmittlern und eigentlichem Dienstleistungsanbieter.

▌ **Kooperationsbereitschaft**

Im Hinblick auf einen einheitlichen Außenauftritt ist eine enge Kooperation zwischen dem Dienstleistungsersteller und seinen Absatzmittlern anzustreben. Diese Form der Zusammenarbeit wirkt sich auch positiv im Rahmen der Steuerung der Auslastung von Dienstleistungskapazitäten aus, da hier eine Errichtung von gemeinsamen Reservierungs- und Buchungssystemen notwendig ist.

Unter Zugrundelegung dieser Zielsetzungen lassen sich die distributionspolitischen Entscheidungstatbestände im Sachgüterbereich, insbesondere Entscheidungen hinsichtlich Wahl und Struktur der Absatzkanäle sowie Gestaltung des logistischen Systems, auf den Dienstleistungsbereich übertragen. Angesichts der dienstleistungsspezifischen Besonderheiten sind diese jedoch entsprechend zu modifizieren.

▌ *4.2* Einsatz distributionspolitischer Instrumente

▌ *4.21* Gestaltung von Absatzkanalsystemen für Dienstleistungen

Das Anliegen der Distributionslogistik besteht darin, die mengen- und artmäßige, räumlich und zeitlich abgestimmte Bereitstellung von Leistungen sicherzustellen, sodass vorgegebene Lieferzusagen eingehalten werden können (Herrmann/Huber 1999, S. 861). Im Rahmen der Gestaltung des Absatzkanalsystems geht es in erster Linie darum, die Absatzwege festzulegen und potenzielle Absatzmittler zu akquirieren und koordinieren. Bei der **Wahl der Absatzwege** kann zwischen den Grundformen eines direkten und indirekten Absatzweges differenziert werden. Bei der **direkten Distribution** erfolgt die Verpflichtungserklärung sowie die Erbringung der Dienstleistung durch den gleichen Betrieb. Bei der **indirekten Distribution** wird dagegen ein Absatzmittler zum Vertrieb der Leistungen eingesetzt (zum Beispiel erfolgt die Leistungserstellung eines Reiseveranstalters bei Reiseantritt des Nachfragers direkt, jedoch werden die Leistungsversprechen in Bezug auf eine Reise in der Regel indirekt vertrieben). Außer diesen Grundformen existieren **Kombinationslösungen aus direkter und indirekter Distribution**.

Beispiele für verschiedene Ausgestaltungsformen des Absatzkanalsystems zeigt Abbildung 6-47.

▌Abbildung 6-47   **Beispiele für Absatzkanalsysteme für Dienstleistungen**

Vertriebsweg \ Vertriebsobjekt		Eigentliche Leistung	Leistungsversprechen
Direkt	**Unmittelbar (Eigenvertrieb)**	z. B. Friseur	z. B. Vorverkauf von Eintrittskarten durch ein Kino
	Mittelbar (Filialsystem)	z. B. Bank	z. B. Flugtickets in Lufthansa-Agenturen
	Mittelbar (Franchisesystem)	z. B. Fast-Food-Ketten	z. B. Franchisesystem einer Konzertagentur
	Mittelbar (Online-Vertrieb)	z. B. Homebanking	z. B. Fahrkarten der Deutschen Bahn über T-Online
Indirekt		z. B. Autoversicherung über Autovermietung	z. B. Eintrittskarten für ein Musical in einer Vorverkaufsstelle

GABLER
GRAFIK

Im Folgenden werden die drei genannten Alternativen der Gestaltung von Absatzkanalsystemen für Dienstleistungen im Einzelnen vorgestellt.

1. Direkte Distribution

Im Rahmen der **direkten Distribution** können wiederum zwei Ausgestaltungsformen unterschieden werden:

▌ **Unmittelbare Direktdistribution** (Eigenvertrieb): Hierbei handelt es sich um eine zentralisierte Vertriebsform, das heißt, der Dienstleister stellt sein Leistungspotenzial dem Kunden meist an einer zentralen Stelle zur Verfügung (zum Beispiel einzelner Friseursalon, einzelnes Restaurant).

▌ **Mittelbare Direktdistribution** (zum Beispiel in einem Filial- oder Franchisesystem): Bei dieser Ausgestaltungsform bietet der Dienstleister sein Leistungspotenzial an unterschiedlichen Stellen an (zum Beispiel Geschäftsbank, Fast-Food-Ketten).

Da bei der direkten Distribution auf Absatzmittler verzichtet wird, sind den Dienstleistungsanbietern enge Grenzen in Hinblick auf die **Geschwindigkeit der Expansion** gesetzt.

In diesem Zusammenhang kommen Multiplikationsbestrebungen des Dienstleistungsanbieters eine besondere Bedeutung zu. Hübner definiert **Multiplikation** als die „Vervielfältigung von definierbaren Einheiten. Diese Einheiten müssen unabhängig sein und die als erfolgskritisch angesehenen Bestandteile beziehungsweise Merkmale vollständig beinhalten, um die Basis für neue zieladäquate Einheiten bilden zu können und somit als Vorbild im Prozess der Multiplikation zu dienen. Die Multiplikation basiert auf dem bestehenden Leistungsprogramm und auf schon bearbeiteten Zielgruppen mit dem Ziel, trotz der Beibehaltung der vorhandenen Absatzmarktprogrammstruktur ein marktorientiertes Wachstum durch intensivere Marktpotenzialnutzung zu erreichen" (Hübner 1993).

Übertragen auf die Problemstellung von Dienstleistungsanbietern ergeben sich die in Abbildung 6-48 dargestellten Optionen. Zum einen wird hinsichtlich der Multiplikation von Leistungsprozessen und -potenzialen unterschieden. Im Rahmen der Marktdimension wird dann zusätzlich zwischen Multiplikationen ohne beziehungsweise mit geographischer Marktausdehnung differenziert.

Falls keine geographische Marktausdehnung erfolgt und lediglich Prozesse multipliziert werden, liegt der Fall der **reinen Marktdurchdringung** vor. Denkbar wäre hier eine ärztliche Untersuchung, die in ihrer zeitlichen Ausdehnung reduziert wird, sodass eine größere Anzahl von Patienten pro Zeiteinheit behandelt werden kann.

Abbildung 6-48   Systematisierung von marktgerichteten Multiplikationsstrategien

Objekt-dimension / Markt-dimension	Multiplikation von	
	Leistungserstellungs-prozessen	Leistungserstellungs-potenzialen
Ohne geographische Marktausdehnung	Reine Marktdurchdringung ⬇ Intensivierung durch Leistungsmultiplikation	Konzentrische Multiplikation ⬇ Intensivierung durch Potenzialmultiplikation
Mit geographischer Marktausdehnung	Expansive Multiplikation (ohne Strukturerweiterung) ⬇ Extensivierung durch Leistungsmultiplikation	Expansive Multiplikation (mit Strukturerweiterung) ⬇ Extensivierung durch Potenzial- (und Leistungs-) multiplikation

GABLER
GRAFIK

Eine **expansive Multiplikation ohne Strukturerweiterung** findet dann statt, wenn Leistungserstellungsprozesse multipliziert werden und gleichzeitig eine geographische Marktausdehnung erfolgt. Als Beispiele können hier der Export veredelter Dienstleistungen über die bisherigen Vertriebsgrenzen hinaus sowie die Entsendung von Mitarbeitern (zum Beispiel Unternehmensberatung, Anwaltskanzlei, Architektur- und Ingenieurbüros) angeführt werden.

Im Rahmen der Multiplikation von Leistungspotenzialen ohne geographische Marktausdehnung kann von einer **konzentrischen Multiplikation** gesprochen werden. Diese kann durch Franchising oder Filialisierung im bestehenden Vertriebsbereich oder durch Übernahme lokaler Wettbewerber erreicht werden.

Die **expansive Multiplikation mit Strukturerweiterung** schließlich liegt dann vor, wenn im Rahmen einer geographischen Marktausdehnung eine Multiplikation von Leistungserstellungspotenzialen erfolgt. Eine derartige Extensivierung kann wiederum durch Franchising oder Akquisitionen erfolgen. Darüber hinaus sind Lizenzvergaben oder Direktinvestitionen zur Filialisierung denkbar.

Gerade im Dienstleistungsbereich wird dem **Franchising** als Konzept der „Quasi-Filialisierung" ein bedeutender Stellenwert beigemessen. Cross und Walker kennzeichnen den Einsatz von Franchisekonzepten bei Serviceleistungen treffend als „A Practical Business Marriage" und sehen einen engen Zusammenhang zwischen der Ausweitung des Dienstleistungsbereiches und der zunehmenden Anzahl von Franchisekonzepten (Cross/Walker 1987). Franchising lässt sich dabei wie folgt definieren (Kaub 1990; Tietz 1991; Ahlert 2001):

> **Franchising** ist eine Form der Kooperation, bei der ein Kontraktgeber (Franchiser) aufgrund einer langfristigen vertraglichen Bindung rechtlich selbständig bleibenden Kontraktnehmern (Franchisees) gegen Entgelt das Recht einräumt, bestimmte Waren oder Dienstleistungen unter Verwendung von Namen, Warenzeichen, Ausstattungen oder sonstigen Schutzrechten sowie der technischen und gewerblichen Erfahrungen des Franchisegebers und unter Beachtung des von letzterem entwickelten Absatz- und Organisationssystems anzubieten

Im Dienstleistungsbereich findet Franchising häufig in der Form statt, dass dem Franchisenehmer die Einrichtung und Führung einer Dienstleistungs-„Filiale" beziehungsweise die Organisation zur Dienstleistungserstellung gegen Entgelt obliegt. Das Dienstleistungsunternehmen als Franchisegeber stellt zur Führung der Dienstleistungs-„Filiale" beziehungsweise zur Durchführung der Dienstleistungserstellungsprozesse ein umfassendes Hard- und Softwarepaket zur Verfügung. Durch einheitliche Ausgestaltung dieses Paketes kann eine weitgehende Systemkonformität der Franchisenehmer sichergestellt werden. Der gewichtigste Vorteil dieses Konzeptes liegt für den Franchisegeber darin, dass er mit geringem Kapitalaufwand schnell expandieren kann.

INSERT 6-23   **Wettbewerbsgerichtete Distributionsstrategie in Franchise-Systemen**

Kurzfallstudie: Starbucks

Die Starbucks Coffee Company wurde 1971 mit der Eröffnung des ersten Standorts in Seattle als Lieferant von Kaffee an gehobene Bars und Restaurants gegründet. Nach der Umstellung der Unternehmensstrategie auf ein eigenständiges Kaffeebarkonzept begann man Mitte der 80er-Jahre mit der Errichtung neuer Standorte außerhalb Seattles. Bereits 1995 verfügte das Unternehmen über mehr als 500 Filialen in Nordamerika und Kanada. Heute ist Starbucks der weltweit führende Anbieter von Kaffeebars und steht mit seinem Namen für Coffee Houses in Nordamerika, dem asiatisch-pazifischen Raum sowie im Nahen und Mittleren Osten. Die mehr als 5.000 Standorte werden von über 18 Mio. Kunden pro Woche besucht.

Als zentraler Erfolgsfaktor der Unternehmensexpansion kann die wettbewerbsgerichtete Distributionsstrategie ausgemacht werden, die ähnlich McDonald's oder Body Shop auf dem Prinzip des „Clustering" basiert. Trotz des enormen Wachstums um gegenwärtig einen Laden pro Tag beschränkt sich das Unternehmen auf relativ wenige Gebiete und eröffnet zunächst zahlreiche Filialen in den Innenstädten. Die Expansion innerhalb eines Clusters wird anschließend fortgeführt, obwohl aufgrund von Sättigungstendenzen der Absatz einer einzelnen Verkaufsstelle bereits sinkt. Da die Marktanteilsverluste durch die neueröffneten Verkaufsstellen in der Regel überkompensiert werden, ist dennoch ein steigender Gesamtumsatz aller Verkaufsstätten zu verzeichnen (vgl. Abbildung). Opfer dieser vom Unternehmen als „Cannibalization" bezeichneten Strategie ist die aus unabhängig betriebenen Kaffeebars und Restaurants bestehende Konkurrenz. Da diese Unternehmen ihren Gewinn nur aus einer einzigen Verkaufsstelle beziehen, ist eine Möglichkeit der Kompensation nicht gegeben. Folge dieser aggressiven Franchisingstrategie ist ein Konkurs dieser Einzelunternehmen und damit die Sicherung und der Ausbau der Wettbewerbsposition von Starbucks.

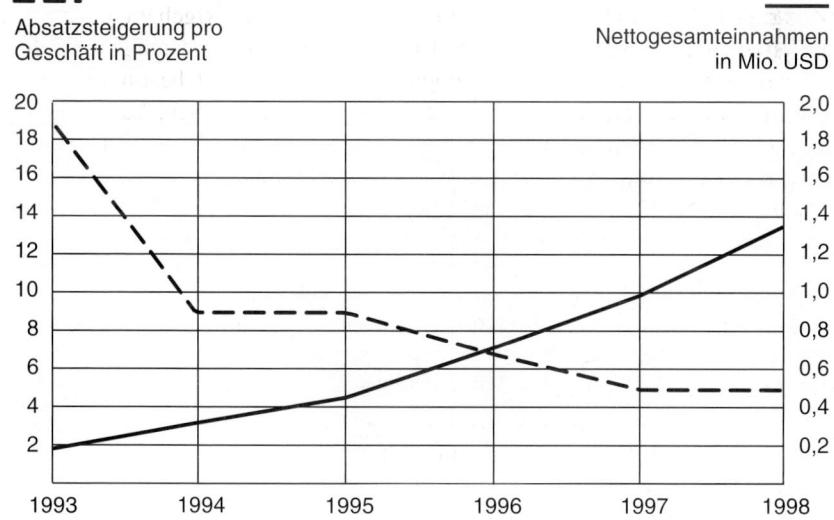

Abbildung: Entwicklung von Starbucks 1993–1998 (Quelle: Starbucks Jahresberichte 1997, 1998)

Aufgrund der Immaterialität von Dienstleistungen kann im Rahmen von Franchisesystemen insbesondere eine einheitliche „Materialisierung" von Dienstleistungspotenzialen durch die Verwendung gleicher Ausstattungen, Dienstleistungsmarken und -programme angestrebt werden. Vorgaben zur Erstellung der jeweiligen Dienstleistungen dienen der Sicherung einer konstanten Dienstleistungsqualität.

Typische **Beispiele** für Franchisesysteme finden sich im Bereich der Fast-Food-Ketten (zum Beispiel McDonald's, Burger King), im Hotelgewerbe (zum Beispiel Holiday Inn) und im Handel (zum Beispiel OBI, Benetton).

Abbildung 6-49   **Bedeutung des Franchising im europäischen Vergleich**

Zahl der Franchisegeber		Zahl der Franchisenehmer	
Deutschland	654	Deutschland	32.899
Großbritannien	568	Großbritannien	29.100
Spanien	547	Frankreich	28.851
Frankreich	517	Italien	22.000
Italien	486	Spanien	21.167
Niederlande	360	Schweiz	15.200
Portugal	300	Niederlande	14.330
Österreich	270	Schweden	12.500
Schweden	242	Norwegen	7.252
Griechenland	185	Dänemark	3.734
Norwegen	182	Belgien	3.500
Belgien	170	Österreich	3.500
Schweiz	150	Portugal	3.100
Dänemark	134	Griechenland	2.233

GABLER GRAFIK

Quelle: Schulz 2001, S. 99

Abbildung 6-50   Umsätze in Franchisesystemen im europäischen Vergleich

Gesamtumsatz in Mio. USD		Durchschnittliche Zahl der Franchisenehmer pro System	
Frankreich	32.500	Schweiz	101
Deutschland	18.700	Frankreich	56
Großbritannien	11.900	Schweden	52
Niederlande	10.000	Großbritannien	51
Italien	10.000	Deutschland	50
Norwegen	9.500	Italien	45
Schweden	8.500	Niederlande	40
Spanien	6.000	Norwegen	40
Schweiz	5.100	Spanien	39
Belgien	4.130	Dänemark	28
Dänemark	3.000	Belgien	20
Österreich	913	Österreich	13
Portugal	keine Angabe	Griechenland	12
Griechenland	keine Angabe	Portugal	10

GABLER
GRAFIK

Quelle: Schulz 2001, S. 100

1998 waren in Deutschland 654 Franchisegeber und 32.899 Franchisenehmer tätig. Die gesamte Franchisewirtschaft erzielte einen Umsatz in Höhe von 18,7 Mrd. USD durch circa 330.000 Beschäftigte (Schulz 2001, S. 100). Dies belegt, dass Franchisekonzepte mittlerweile einen hohen Stellenwert erreicht haben.

Die Abbildungen 6-49 und 6-50 zeigen die relative Bedeutung des Franchising innerhalb Europas.

Die Beliebtheit des Franchising im Dienstleistungsbereich gründet sich auf die zahlreichen Vorteile sowohl für den Franchisegeber als auch für den Franchisenehmer (Tietz 1991):

Vorteile des Franchisegebers:

■ Risikominderung (insbesondere des finanziellen Risikos),

■ Dezentralisierung von Personalfragen,

■ Einsatzmöglichkeit lokaler Expertise,

■ Loyalität der Franchisenehmer trotz selbständigem Unternehmertum,

■ Regelmäßige Franchisegebühr,

■ Beitrag zum Bekanntheitsgrad des Gesamtsystems,

■ Systematische Informationsweitergabe über Zielmarkt,

■ Begrenzter Kapitaleinsatz.

Vorteile des Franchisenehmers:

■ Risikominimierung,

■ Zentrale Kommunikationsaktivitäten,

■ Gebietsschutz im Absatzmarkt,

■ Einkaufsvorteile im Beschaffungsmarkt (insbesondere auch Humankapital),

■ Unterstützungsleistungen hinsichtlich Unternehmensführung, Aus- und Weiterbildung sowie Marketingaktivitäten,

■ Erleichterte Kapitalbeschaffung.

Insgesamt stellt das Franchising eine Option dar, Dienstleistungskonzepte mit begrenztem Kapitaleinsatz und gleichzeitig intensiven Steuerungsmöglichkeiten zu verknüpfen.

Schließlich kann die Durchführung des Direktvertriebs auch beim Kunden oder an einem dritten Ort stattfinden. Aufgrund der Integration des externen Faktors in den Leistungserstellungsprozess wird bei der ersten Möglichkeit die Problematik umgangen, dass der Kunde zum Ort der Leistungserstellung kommen muss. Der Direktvertrieb an einem dritten Ort kommt meist dann zum Tragen, wenn sich der Kunde nicht zu Hause befindet und auch nicht zum Dienstleister kommen kann. Dies ist meist in speziellen Notsituationen der Fall (zum Beispiel Notarzteinsatz bei Autounfall, Anwaltsbesuch im Gefängnis).

2. Indirekte Distribution

Aufgrund der Immaterialität von Dienstleistungen sind diese nicht in gleicher Weise wie zum Beispiel Konsumgüter über Absatzmittler (Handel, Großhandel) zu vertreiben. Allerdings können Dienstleistungsversprechen gehandelt werden, also die Verpflichtung des Dienstleistungsanbieters, zu einem späteren Zeitpunkt eine mehr oder weniger genau definierte Leistung zu erbringen (Hilke 1989b). Diese Verpflichtung wird häufig an ein materielles Trägermedium gebunden, zum Beispiel eine Eintrittskarte oder Versicherungspolice (Meyer 1994; Maleri 1997). Ferner unterscheidet sich die indirekte Distribution von Dienstleistungen gegenüber derjenigen materieller Güter dahingehend, dass der Absatzmittler als reiner Verkäufer der Leistung/des Leistungsversprechens oder aber als so genannter „Co-Producer" der Leistung auftritt. Im zweiten Falle übernimmt er Teile der Leistungserstellung (Palmer/Cole 1995, S. 204ff.). Demzufolge ergeben sich vier **Formen der indirekten Distribution,** die in Abbildung 6-51 gezeigt sind, und folgendermaßen benannt werden können:

■ **Indirekte Distribution der Leistung mittels eines Co-Producers**
Beispiel: Vertrieb des Autoversicherungsschutzes durch eine Autovermietung, wobei die Angestellten der Autovermietung den Versicherungsnehmer hinsichtlich der Versicherung beraten und dadurch die Erstellung von Teilleistungen übernehmen.

■ **Indirekte Distribution der Leistung über einen reinen Absatzmittler**
Beispiel: Vertrieb der Telekommunikationsleistungen der Telekom durch eine Gaststätte, in der ein öffentlicher Telefonapparat installiert ist.

■ **Indirekte Distribution des Leistungsversprechens mittels eines Co-Producers**
Beispiel: Vertrieb von Eintrittskarten für Musicals durch eine Vorverkaufsstelle, deren Mitarbeiter den Zuschauer über Inhalt des Stückes, Qualität bestimmter Sitze usw. informieren.

■ **Indirekte Distribution des Leistungsversprechens über einen reinen Absatzmittler**
Beispiel: Vertrieb von Telefonkarten über Tankstellen.

■ **Abbildung 6-51**   **Formen des indirekten Vertriebs von Dienstleistungen**

Funktion des Absatz- mittlers / Vertriebsobjekt	„Co-Producer"	Verkäufer
Eigentliche Leistung	**Indirekter Vertrieb der Leistung mittels eines „Co-Producers"** z. B. Autoversicherung über Autovermietung	**Indirekter Vertrieb der Leistung über einen reinen Absatzmittler** z. B. Telekommunikations- leistung über Gaststätte
Leistungsversprechen	**Indirekter Vertrieb des Leistungsversprechens mittels eines „Co-Producers"** z. B. Eintrittskarte über Vorverkaufsstelle	**Indirekter Vertrieb des Leistungsversprechens über einen reinen Absatzmittler** z. B. Telefonkarten über Tankstelle

GABLER GRAFIK

Bei der Durchführung einer indirekten Distribution stehen grundsätzlich drei **Arten von Absatzmittlern** zur Auswahl (Palmer/Cole 1995, S. 209):

▌ **Dienstleistungsagenten** haben das Recht, einen Vertrag zwischen Dienstleistungs-anbieter und -nachfrager abzuschließen (zum Beispiel Reisebüro als Agent der Lufthansa AG beim Vertrieb von Flugtickets).

▌ **Dienstleistungs-Großhändler** kaufen Leistungsanspruchsrechte vom Dienstleister und vertreiben diese an Einzelhändler (zum Beispiel Hotelbuchungsagenturen, die Zimmerreservationen verschiedener Hotels „kaufen" und diese an Reisebüros „vertreiben").

▌ **Dienstleistungs-Einzelhändler** kaufen Leistungsanspruchsrechte vom Dienstleister oder von Dienstleistungs-Großhändlern und vertreiben diese an Endkunden (zum Beispiel Reisebüros).

Entscheidet sich ein Dienstleister für die teilweise indirekte Distribution seiner Leistungen, so strebt er an, dass der Absatzmittler gewisse Aufgaben im Rahmen des Leistungsabsatzes übernimmt. Zu diesen **Funktionen des Absatzmittlers** zählen (vgl. zum Beispiel Palmer/Cole 1995, S. 204f.; Bieberstein 2001, S. 279f.):

▌ **Verkaufsfunktion:** In erster Linie soll der Absatzmittler dafür sorgen, den Absatz des Dienstleistungsangebotes zu steigern.

▌ **Beratungsfunktion:** Insbesondere vor Verkauf der Dienstleistung beziehungsweise des Leistungsversprechens übernimmt der Absatzmittler die Aufgabe, die Kunden bezüglich der angebotenen Leistung zu beraten. In Einzelfällen besteht seitens der Kunden auch nach Inanspruchnahme der Leistung Beratungsbedarf (zum Beispiel bei Verlust einer Kamera in einem Hotel).

▌ **Kommunikationsfunktion:** Ferner soll der Absatzmittler dazu beitragen, Kommunikationsziele des Dienstleisters (zum Beispiel Information, Kundenakquisition) zu realisieren.

▌ **Raumüberbrückungsfunktion:** Weiterhin ist es Aufgabe des Absatzmittlers, räumliche Distanzen zwischen Leistungsanbieter und -nachfrager zu überwinden.

▌ **Beschwerdefunktion:** Durch den direkten Kundenkontakt kann der Absatzmittler auch die Aufgabe erfüllen, Kundenbeschwerden entgegenzunehmen, an den Dienstleister weiterzuleiten sowie unter Umständen selbst zu behandeln. Aufgrund der Intangibilität von Dienstleistungen kommt der Qualitätsbeurteilung einer Leistung durch den Konsumenten besondere Bedeutung zu. Daher sollte den am Vertrieb der Leistung Beteiligten die Stellung einer qualitätsorientierten Beratung beim Absatz von Dienstleistungen verdeutlicht werden.

▌ **Sortimentsfunktion:** Aus Kundensicht dient der Absatzmittler der Zusammenstellung eines umfangreichen Komplexes an Angeboten verschiedener Dienstleister.

▌ **Kreditfunktion:** Absatzmittler können ihren Kunden Zahlungsziele einräumen.

Da der Absatzmittler Teile der Leistungserstellung übernimmt (zum Beispiel Beratung, Information) muss der Dienstleister zur Erfüllung der genannten Funktionen einige **absatzmittlergerichtete Maßnahmen** festlegen. Hierzu zählen zum Beispiel:

■ Bereitstellung von Informationsmaterialien,

■ Bereitstellung von Musterverträgen,

■ Bereitstellung von Verkaufsförderungsmaterialien,

■ Durchführung von Schulungen des beim Absatzmittler angestellten Kundenkontakt-personals.

Ähnlich wie bei Konsumgütern hat der Dienstleister bei einem zum Teil indirekten Distributionssystem zwei grundsätzliche Alternative der **Zusammenarbeit mit dem Absatzmittler** (Bruhn 2001a, S. 261):

Bei Verfolgung einer **absatzmittlergerichteten Strategie (Push-Strategie)** werden die Absatzmittler vom Dienstleister intensiv bearbeitet, um so einen engagierten Vertrieb der Leistungen an die Endverbraucher zu bewirken (zum Beispiel durch Prämien pro Vertragsabschluss). Versucht der Dienstleister eine **konsumentengerichtete Strategie (Pull-Strategie)** umzusetzen, soll insbesondere durch Endverbraucherwerbung (zum Beispiel Werbung eines Reiseveranstalters für Tunesien als Reiseziel) ein Nachfragesog geschaffen werden, der die Endverbraucher dazu bringt, beim Absatzmittler nach der Leistung des Unternehmens zu verlangen.

Werden die Dienstleistungen eines Anbieters ganz oder zumindest zum Teil über Absatzmittler vertrieben, so ist eine Entscheidung hinsichtlich

■ universalem Vertrieb,

■ exklusivem Vertrieb oder

■ selektivem Vertrieb

notwendig (Ahlert 2001). Grundsätzlich gilt es hierbei zu berücksichtigen, dass aufgrund der Immaterialität von Dienstleistungen das Image des Absatzkanals, die personelle Qualifikation der Absatzmittler, das Erscheinungsbild und die technischen Voraussetzungen als mögliche Indikatoren zur Leistungsbeurteilung eines Dienstleisters herangezogen werden. Deshalb wird den vertraglichen Bindungen zwischen Dienstleistungsersteller und Absatzmittler zur Koordination der marktgerichteten Aktivitäten ein besonderer Stellenwert beigemessen.

In verschiedenen Dienstleistungsbereichen, wie zum Beispiel in der Versicherungsbranche, in denen Dienstleistungen zum einen direkt (zum Beispiel über ein eigenes Filialsystem) und zum anderen auch indirekt über Absatzmittler vertrieben werden, besteht parallel ein direkter wie auch indirekter Kundenkontakt und damit eine **triadische Beziehungsstruktur zwischen Endkunde, Vermittler und Dienstleistungsanbieter** (Murmann 1999).

Eine besondere Problematik liegt hierbei in der **Qualitätswahrnehmung der Endkunden**. Es ist eine zentrale Frage, ob der Endkunde Anbieter und Vermittler gesamthaft wahrnimmt und ein einheitliches Qualitätsurteil fällt oder aber separate und gegebenenfalls unterschiedliche Qualitätseinschätzungen vornimmt. Die Bestimmung der **Dienstleistungsqualität in einer triadischen Beziehungsstruktur** erfolgt in den unterschiedlichen Dienstleistungsinteraktionen zwischen Kunde, Vermittler und Dienstleistungsanbieter (Weatherly/Tansik 1993; Kellog/Chase 1995; Collier 1996). Dienstleistungsinteraktionen können – in Abhängigkeit von den verschiedenen Marktteilnehmern – in interne und externe Interaktionen unterschieden werden. Zum einen bestehen externe Dienstleistungsinteraktionen zwischen

- Kunde und Vermittler,
- Kunde und Dienstleistungsanbieter,
- Vermittler und Dienstleistungsanbieter.

Zum anderen finden interne Dienstleistungsinteraktionen sowohl auf der Ebene des Vermittlers als auch auf der Dienstleistungsanbieterebene statt.

Innerhalb der direkten und indirekten Dienstleistungsinteraktionen entstehen Qualitätsurteile in Form von Fremd-, Eigen- und Drittbildern. **Fremdbilder** repräsentieren die Beurteilung des direkten Beziehungspartners (zum Beispiel Beurteilung des Vermittlers durch den Kunden). Im Rahmen der Entwicklung eines **Eigenbildes** bewerten Beziehungspartner ihr eigenes Verhalten durch den Vergleich der Erwartungen an die eigenen Leistungen mit der Wahrnehmung der eigenen Leistung (zum Beispiel hat der Vermittler jeweils ein Eigenbild in Bezug auf sein Verhalten gegenüber dem Kunden und gegenüber dem Dienstleistungsanbieter). Darüber hinaus bestehen in triadischen Beziehungsstrukturen so genannte **Drittbilder**. So beurteilt beispielsweise der Dienstleistungsanbieter die Dienstleistungsqualität der Vermittlerleistung an den Kunden.

Innerhalb der Beziehungstriade bestehen folgende Interdependenzen der Qualitätsurteile:

- **Interdependenz der Kundenwahrnehmungen,** zum Beispiel wird das Fremdbild des Kunden hinsichtlich der Vermittlerleistungen vom Fremdbild des Kunden hinsichtlich der Dienstleistungsanbieterleistungen beeinflusst.

- **Interdependenz der Kundeninteraktionen** mit den Interaktionen zwischen Vermittler und Dienstleistungsanbieter, zum Beispiel werden die Leistungen des Vermittlers an den Kunden beeinflusst von den Leistungen des Dienstleistungsanbieters an den Vermittler – also dem Fremdbild des Vermittlers hinsichtlich der Leistungen des Dienstleistungsanbieters an den Vermittler.

- **Interdependenz der Fremdbilder** in den unmittelbaren Interaktionen zwischen Vermittler und Dienstleistungsanbieter **mit den Drittbildern** hinsichtlich der mittelbaren Kundeninteraktionen, zum Beispiel ist das Drittbild des Dienstleistungsanbieters hinsichtlich der Vermittlerleistung an den Kunden abhängig von dem Fremdbild des Dienstleistungsanbieters hinsichtlich der Vermittlerleistungen an ihn.

In Abbildung 6-52 werden zusammenfassend die Interdependenzen der Qualitätsurteile im Überblick dargestellt (vgl. Murmann 1999).

Abbildung 6-52   Interdependenzen der Qualitätsurteile einer Beziehungstriade

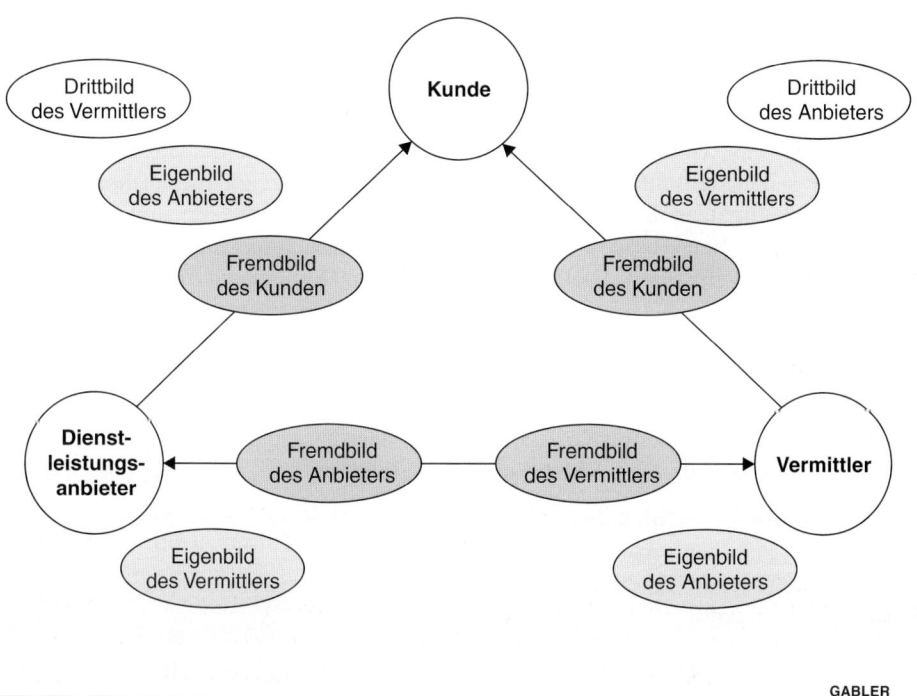

GABLER
GRAFIK

Quelle: Murmann 1999, S. 202

3. Kombinierte Distribution

Bei vielen Dienstleistungen bietet es sich nicht an, lediglich einen der beiden alternativen Absatzwege zu wählen. Vielmehr ist in der Praxis häufig der kombinierte Einsatz der beiden Arten von Absatzwegen zu beobachten (vgl. Insert 6-24). Eine **Kombination von direktem und indirektem Vertrieb** wird beispielsweise von der Deutschen Bahn und verschiedenen Luftfahrtgesellschaften genutzt, die einerseits eigene Verkaufsstellen unterhalten und ihre Leistungen andererseits über Reisebüros anbieten (vgl. Insert 6-25). In diesem Zusammenhang ist eine Ausdehnung des Leistungsvertriebs mit Hilfe neuer Medien (Online-Distribution) möglich. So können beispielsweise Reiseangebote der Lufthansa von eigenen Verkaufsstellen oder auch von Reisebüros über das Internet vertrieben werden (vgl. Abschnitt 2.3).

Mit dem Aufbau von Mehrkanalsystemen sind, losgelöst von der konkreten Markt- und Wettbewerbssituation, spezifische **Chancen und Risiken** für die Unternehmen verbunden. So ermöglicht eine Distribution über verschiedene Absatzwege im Vergleich zum singulären Vertrieb in vielen Fällen eine erhöhte Marktabdeckung. Darüber hinaus können Kunden entsprechend ihrer unterschiedlichen Bedürfnisse und Anforderungen an die Distribution angesprochen werden, wodurch eine Steigerung des Kundennutzens und eine Differenzierung im Wettbewerb ermöglicht wird. Durch Mehrkanalsysteme werden insbesondere Abhängigkeiten von einzelnen Intermediären verringert.

Neben diesen Chancen lassen sich aber auch Risiken identifizieren, die insbesondere auf eine mangelnde Koordination und Abstimmung der Absatzalternativen zurückzuführen sind. Ein zentrales Risiko besteht in potenziellen Konflikten im vertikalen Marketing. Intermediäre sehen sich aufgrund des in vielen Fällen wahrgenommenen horizontalen Wettbewerbs oftmals in ihrer Marktstellung bedroht. Eingespielte kooperative Aktionsmuster mit etablierten Absatzmittlern können dadurch gefährdet werden, sodass unter Umständen ein Mehrkanalvertrieb kontraproduktiv im Hinblick auf die Unternehmensziele wirken kann. Ein weiteres Problem besteht auch darin, dass von seiten der Absatzmittler differenzierte Anforderungen an das Dienstleistungsunternehmen herangetragen werden. Gefahrenpotenzial besteht hier insbesondere, wenn Unternehmen versuchen, eine einheitliche Ausrichtung der Unternehmensaktivitäten losgelöst von den spezifischen Merkmalen der Intermediäre umzusetzen. Diese Nichtbeachtung kann zur Beeinträchtigung der Effektivität der Mehrkanalstrategie führen.

Zur **Beurteilung verschiedener Alternativen von Absatzkanalsystemen** für eine Dienstleistung können verschiedene Kriterien herangezogen werden, die in die folgenden Kriteriengruppen einteilbar sind (vgl. zum Beispiel Bieberstein 2001, S. 280f.; Bruhn 2001a, S. 259):

■ **Dienstleistungsbezogene Faktoren:** Erklärungsbedürftigkeit (U-Bahnfahrt versus Reise ins Ausland), Bedarfshäufigkeit (Postdienste versus Unternehmensberatung), räumliche Flexibilität des Dienstleistungserstellungsprozesses (Kinobesuch, Krankenhausbehandlung, Besichtigung eines Freizeitparks versus Partyservice, Steuerberatung usw.).

■ **Konsumentenbezogene Faktoren:** Anzahl der potenziellen Konsumenten (Bank versus Friseur), geographische Verteilung der Konsumenten (Fast-Food-Ketten versus Touristeninformation), Kaufgewohnheiten.

■ **Unternehmensbezogene Faktoren** (zum Beispiel Marktstellung des Anbieters: Lufthansa versus Gesellschaft für kurzfristig zu buchende Geschäftsflüge).

■ **Absatzkanalsystembezogene Faktoren** (zum Beispiel Flexibilität des Vertriebskanals, Kosten des Absatzkanalsystems).

■ **Konkurrenzbezogene Faktoren** (zum Beispiel Marktstellung der Konkurrenten in den Vertriebskanälen).

■ **Umfeldbezogene Faktoren** (zum Beispiel Einfluss neuer Technologien).

Nach der Festlegung eines adäquaten Absatzkanals für die Dienstleistung gilt es in einem nächsten Schritt, Entscheidungen hinsichtlich des logistischen Systems zu treffen.

INSERT 6-24   Frankfurter Allgemeine Zeitung, 06.09.2001, S. 22

Das Internet ist als Vertriebskanal nicht mehr wegzudenken

Kunden nutzen Geschäfte, Internet und Call Center parallel / Handel verknüpft Kanäle am besten

ht. FRANKFURT, 5. September. Nur wenige Unternehmen, die Produkte über das Internet verkaufen, erzielen damit Gewinn. Dennoch ist das Internet als Vertriebskanal nicht mehr wegzudenken. Inzwischen setzen fast alle Unternehmen auf eine Mehrkanalstrategie: Traditionelle Vertriebskanäle wie stationäre Geschäfte und Kataloge werden immer enger mit den neuen Kanälen Internet und Call Center verknüpft – weil die Kunden es so wollen. 85 Prozent aller Kunden nutzen beim Kauf eines Produkts mindestens drei verschiedene Kanäle, hat die Beratungsgesellschaft Cambridge Technology Partners mit einer Befragung unter 560 Online-Nutzern herausgefunden.

In fast allen Fällen nutzten die Kunden die Möglichkeit des persönlichen Kontakts. In mehr als 80 Prozent griffen die Konsumenten auf die Möglichkeit zurück, im Unternehmen anzurufen oder die Website anzuschauen. Nur in der Hälfte der Fälle schickten die Kunden einen Brief, ein Fax oder eine E-Mail an das Unternehmen. „Die Ergebnisse revidieren eine Überzeugung aus den frühen Tagen der New Economy, daß etablierte Unternehmen das Internet nur erfolgreich nutzen können, wenn sie ihr E-Business in eine separate Tochtergesellschaft auslagern", sagt Holger Silberberger, Berater bei Cambridge Technology Partners. „Heute ist klar: Das Offline-Geschäft muß mit den unbestreitbaren Vorteilen des Online-Vertriebs verbunden werden." Die neuen Möglichkeiten der Kunden werfen allerdings Probleme auf: Viele Unternehmen bieten zwar verschiedene Vertriebskanäle an, haben aber nur selten mehr als zwei Kanäle synchronisiert.

Zwischen den einzelnen Branchen haben die Marktforscher erhebliche Unterschiede festgestellt: Die befragten Konsumenten haben im Einzelhandel immer den persönlichen Kontakt gesucht, in 40 Prozent der Fälle aber parallel die Website des Händlers genutzt. Für ihre Bankgeschäfte setzten die Verbraucher in fast 90 Prozent der Fälle auf den persönlichen Kontakt in der Filiale, aber immerhin jeder fünfte Bankkunde besuchte auch die Website des Finanzinstituts. Um Verträge mit Versicherungen abzuschließen, mußten die Konsumenten in vielen Fällen den direkten Kontakt zum Außendienstmitarbeiter suchen oder auf die teuren Kontaktformen Telefon, Brief und Fax zurückgreifen, haben die Berater herausgefunden. Das Internet spielt in diesen Branchen trotz der Kostenvorteile noch keine wichtige Rolle.

Besonders enttäuscht zeigten sich die Berater über die Internet-Auftritte der Telekommunikationsgesellschaften. „Eigentlich sollte man von dieser als internetaffin geltenden Branche erwarten, daß sie das Web besonders intensiv zur Vermarktung ihrer Produkte einsetzt. Doch weit gefehlt: Über das Internet werden nahezu keine Handyverträge geschlossen", sagt Silberberger. Fast 90 Prozent aller Konsumenten, die in den vergangenen zwölf Monaten einen Handyvertrag abgeschlossen hätten, taten dies mit einem persönlichen Gespräch. Die Telekom-Unternehmen nutzen selbst das Telefon kaum in der Kaufvorbereitungsphase.

In den Vereinigten Staaten übersteigen die indirekten Internet-Verkäufe die direkten Verkäufe etwa um den Faktor 4. Viele Käufer fällen eine Vorentscheidung am Bildschirm – zumindest für eine Marke, oft sogar schon für einen Händler. Für den tatsächlichen Kauf suchen die Menschen dann wie bisher den Weg in den Laden. Herstellern und Händlern ist daher anzuraten, die Bedeutung der Internet-Präsenz für ihre Offline-Verkäufe zu ermitteln und in ihren Wirtschaftlichkeitsrechnungen zu berücksichtigen. Das Potential des Internets als direkter oder indirekter Vertriebskanal zum privaten Endkunden ist noch lange nicht ausgeschöpft.

Wie Konsumenten Verkaufskanäle nutzen
Angaben in Prozent

	Persönlicher Kontakt	Website	Telefon	Brief/Fax
Vor dem Kauf				
Einzelhandel	98	62	13	4
Banken	98	33	11	6
Telekommunikation	81	50	15	6
Versicherungen	78	27	26	11
Energieversorger	47	36	29	23
Beim Kauf				
Einzelhandel	100	38	14	9
Banken	86	18	11	6
Telekommunikation	89	6	6	7
Versicherungen	82	4	10	16
Energieversorger	52	6	23	28
Nach dem Kauf				
Einzelhandel	89	28	53	9
Banken	77	27	36	11
Telekommunikation	57	20	63	9
Versicherungen	62	11	51	16
Energieversorger	42	11	52	21

Umfrage unter 560 Online-Nutzern, Mehrfachnennungen möglich   Quelle: Cambridge Technology Partn

INSERT 6-25   Frankfurter Allgemeine Zeitung, 05.03.2001, S. 23

Die Lufthansa will ihre Vertriebskraft stationär und auch im Direktvertrieb stärken

Aber die Reisebüros sollen das Rückgrat bleiben / Gespräche über Provisionen bei Online-Buchungen / Ausbau des internationalen Firmengeschäfts

Foto Wolfgang Eilmes

Deutsche Lufthansa AG, Köln. Die Fluggesellschaft will ihre führende Position in Europa weiter ausbauen. Ein Schlüssel läge in einer weiteren Verstärkung der Vertriebsaktivitäten, dies gelte ebenso für den stationären Vertrieb wie auch für den Direktvertrieb mittels Call-Center und Internet. Hier könne die Lufthansa auf bereits geschaffenen Absatzwegen wie den Info-Flyway oder die internationale Marktführerschaft bei Call Centern – ein neuntes soll in diesem Jahr hinzukommen– zurückgreifen. Die Online-Buchungen beim Info-Flyway sollen ausgebaut werden mit dem Ziel, eine Erlössteigerung von 200 Prozent zu erreichen.

Zudem soll die Zahl der Buchungen um 150 Prozent gesteigert werden, sagte Thierry Antinori, Bereichsvorstand Vertrieb der Lufthansa Passage Airline auf der ITB am Sonntag.

Von einer reinen Servicefunktion kann nach seinen Worten bei den Call Centern nicht mehr gesprochen werden. Sie entwikkelten sich immer mehr zu einem Direktvertriebskanal. „Wir wollen die Wünsche unserer Kunden nicht ignorieren", hat er gesagt und darauf hingewiesen, daß im vergangenen Jahr der internationale Call-Center-Verbund rund 11 Millionen Anrufe bearbeitet hat. Er erwartet für das laufende Jahr eine Steigerung von zehn Prozent bei den Anrufen und von 60 Prozent bei den Umsätzen.

Dennoch bleibe das Reisebüro das Rückgrat des Lufthansa-Vertriebs, auch wenn im neuen Jahr eine neue Lösung, die dem europäischen Recht besser entspreche, gefunden werden müsse. Es geht hier um ein neues Vergütungsmodell, das von der Europäischen Kommission gefordert wurde. Rund 93 Prozent aller Vertriebsumsätze werden international mit den Reisebüros erzielt. Der Online- und Direktvertrieb kam im vergangenen Jahr

auf sieben Prozent. Der Anteil soll 2001 auf 11 Prozent steigen. In vier Jahren soll jeder vierte Kunde seine Buchung online vornehmen. Noch keine Meinung hat sich der Vertriebsvorstand über eine provisionslose Online-Buchung gebildet, wie sie am Samstag KLM und Northwest Airlines verkündet haben. Er halte dies für eine „sehr radikale Maßnahme", hat Antinori gesagt, aber zugleich anklingen lassen, daß er sich durchaus eine Kürzung der Provisionen vorstellen kann. Vorher will er

Für den Kunden in Bewegung.

aber mit den Reisebüroverbänden sprechen und machte deutlich, daß eine vollständige Streichung für ihn zum gegenwärtigen Zeitpunkt nicht in Frage komme.

Zum anderen will die Lufthansa ein globales Vertriebsnetz für Geschäftsreisen und große Firmenkunden aufbauen. Ziel dieser Maßnahme ist es, mit global agierenden Großkonzernen die Umsätze durch eine Vielzahl von speziellen Angeboten um 20 Prozent zu steigern. Für Unternehmen mit kleineren Reiseetats gibt es eine neue

Organisation in Deutschland, die die Kundenbindung verbessern soll. Um ihren erstmals seit Jahren wieder gewachsenen Marktanteil in Deutschland zu festigen, wird die Lufthansa vom 1. April an mit ihrer neuen Minderheitsbeteiligung Eurowings vor allem in Nordrhein-Das zweite deutsche Drehkreuz der Lufthansa, München, wird mit acht neuen Zielen und 250 zusätzlichen Flügenweiter ausgebaut. Auch die engere Zusammenarbeit mit der Deutschen Bahn AG soll verstärkt werden.

*4.*22   Gestaltung des logistischen Systems

> Das **logistische System** befasst sich mit der physischen Bewegung der Leistungen zwischen Hersteller und Endkäufer. Aufgabe der Marketinglogistik ist es, dafür zu sorgen, dass das richtige Produkt zur gewünschten Zeit in der richtigen Menge an den gewünschten Ort gelangt (Ihde 1978; Pfohl 2000).

Gilt diese Aufgabenbeschreibung unbeschränkt für materielle Güter, so muss sie angesichts der Immaterialität von Dienstleistungen für diesen Leistungstyp modifiziert werden. Anders als im Industriegüterbereich wird die Standortentscheidung von Dienstleistern maßgeblich durch die Transaktionskosten der Kunden bestimmt. Der Vermarktungserfolg einer Dienstleistung hängt häufig davon ab, inwieweit es gelingt, die Kosten der Inanspruchnahme zu senken (vgl. Woratschek 2001b, S. 420).

Im Dienstleistungsbereich beziehen sich die logistischen Aufgaben insbesondere auf die **Erfüllung des raumzeitlichen Präsenzkriteriums** und auf das **Tätigwerden des Dienstleistungspotenzials**. Der Anbieter von Dienstleistungen hat somit Planungs- und Vorbereitungsverrichtungen zu vollziehen, um die raumzeitliche Bereitschaft des Dienstleistungspotenzials sicherzustellen (Scheuch 2002). Bezüglich der Gestaltung des logistischen Systems müssen folgende Entscheidungsfelder bearbeitet werden:

1.   Ort der Leistungserstellung,

2.   Lagerhaltung materieller Leistungselemente und Faktoren,

3.   Transport materieller Leistungselemente und Faktoren.

Standortentscheidungen gehören zu den konstitutiven Investitionsentscheidungen eines Dienstleistungsunternehmens und somit kommt diesen eine herausragende Bedeutung zu (vgl. Woratschek 2001b, S. 419).

1. Ort der Leistungserstellung

Unter dem Ort der Leistungserstellung ist der geographische Ort zu verstehen, an dem der Dienstleister seine Leistungspotenziale bereithält, um die Leistung zu erstellen. Aufgrund der Integration des externen Faktors in den Leistungserstellungsprozess besteht eine wesentliche Aufgabe der Distributionspolitik darin, Angebot und Nachfrage der Leistung zusammenzubringen. Dabei besteht beim Vertrieb von Dienstleistungen die Besonderheit, dass Anbieter und Nachfrager nicht nur bei Kaufabschluss und Übergabe zusammengebracht werden müssen, sondern auch während eines Großteils des Erstellungsprozesses. Ein hoher Integrationsgrad einer Dienstleistung macht es zumeist notwendig, Geschäftsstätten in der Nähe des Kunden anzusiedeln. Es sind aber im Allgemeinen drei verschiedene **Grundkonstellationen** denkbar, auf denen logistische Ausgestaltungsoptionen aufbauen müssen:

▌ Die Dienstleistungserstellung findet beim **Nachfrager** statt (zum Beispiel hand-werkliche Dienstleistungen, ärztliche Hausbesuche).

▌ Die Dienstleistungserstellung findet beim **Anbieter** statt (zum Beispiel Autoreparatur).

▌ Die Dienstleistungserstellung findet an einem **„dritten Ort"** statt (zum Beispiel Konzertveranstaltung, Auto-Pannendienst).

Je nach Konstellation sind unterschiedliche Standortfaktoren von Bedeutung. Eine Über-sicht über die Relevanz der oben beschriebenen Standortfaktoren gibt Abbildung 6-53.

▌ **Abbildung 6-53**   **Relevanz ausgewählter Standortfaktoren für Dienstleistungsunternehmen in Abhängigkeit vom Ort der Leistungserstellung**

Leistungserstellung beim Nachfrager	Leistungserstellung beim Anbieter	Leistungserstellung an einem dritten Ort
■ Größe des Einzugsgebiets	■ Größe des Einzugsgebiets	■ Größe des Einzugsgebiets
■ Lage des Standortes	■ Lage des Standortes	■ Lage des Standortes
■ Raumkosten	■ Qualität des Umfeldes	■ Erreichbarkeit
	■ Nähe zu zentralen Einrichtungen	■ Raumkosten
	■ Anwesenheit der Konkurrenz	
	■ Erreichbarkeit	
	■ Raumqualität	

GABLER GRAFIK

Im Folgenden soll anhand ausgewählter **Beispiele** die Bedeutung unterschiedlicher lo-gistischer Anforderungen erläutert werden.

Ein typisches Beispiel für die **Dienstleistungserstellung beim Nachfrager** sind ärztli-che Hausbesuche. Zum einen ist hier die permanente Erreichbarkeit der Dienstleistungs-zentrale zu gewährleisten. Hier bietet sich eine entsprechende Telefonanlage an, die bei Nichtpräsenz des Personals Telefonanrufe automatisch weiterleitet. Zur effizienten Steuerung der Hausbesuche sind darüber hinaus zeitminimale Wegepläne zu erarbeiten. Um situativen Anforderungen genügen zu können, muss eine jederzeitige Erreichbarkeit des Arztes gewährleistet werden. Weiterhin müssen Ausweichpläne vorliegen, die bei Notfällen greifen und eine entsprechende Behandlung des Patienten beziehungsweise den Transport in ein nahegelegenes Krankenhaus sicherstellen.

Autoreparaturen in einer Vertragswerkstatt sind ein typisches Beispiel für **beim Anbieter erbrachte Dienstleistungen**. Zum einen ist hier die Lage des Betriebes so zu wählen, dass eine aus Konsumentensicht zumindest akzeptable Erreichbarkeit gewährleistet ist. Die logistischen Überlegungen betreffen weiterhin ein Wegeleitsystem auf dem Firmengelände sowie die Organisation der Annahmeprozedur. Gegenwärtig versuchen sich beispielsweise viele Automobilhändler durch innovative Direktannahmekonzepte zu profilieren. Die Bereitstellung und insbesondere Koordination der Dienstleistungskapazität zur Gewährleistung einer zeitminimalen Durchführung des Dienstleistungsprozesses ist eine weitere logistische Aufgabe, die beispielsweise durch ein EDV-gestütztes Zeitmanagementsystem gelöst werden kann.

Falls die **Dienstleistungen an einem dritten Ort** stattfinden, lassen sich am Beispiel eines Pop-Konzertes zahlreiche logistische Aufgaben ableiten. So ist zum Beispiel für die Auswahl des Standorts entscheidend, ob die Halle beziehungsweise das Areal groß genug ist, um die erwarteten Zuschauer aufzunehmen. Die Erreichbarkeit mit öffentlichen Verkehrsmitteln und PKW muss gegeben sein, und es muss ein genügend hohes Marktpotenzial für die Veranstaltung (im realistisch geschätzten Einzugsbereich) vorhanden sein. Weiterhin ist für ärztliche Notbetreuung und sanitäre Anlagen zu sorgen.

Die Wahl eines Standortes ist eine langfristige Investitionsentscheidung, da die Standortwahl die wahrgenommene Dienstleistungsqualität mitbestimmt. Sie kann in der Regel nur unter Inkaufnahme massiver Abschreibungen wieder rückgängig gemacht werden. Hinsichtlich der **Wahl des Standortes** können verschiedene Kriterien zur Bewertung unterschiedlicher Standorte und zur Kontrolle bisheriger Standorte herangezogen werden (vgl. zum Beispiel Bieberstein 2001, S. 284ff.). Unter Standortfaktoren sollen dabei jene Eigenschaften des Standortes verstanden werden, die die Zielerreichung eines Unternehmens beeinflussen (Müller-Hagedorn 1993, S. 114). Diese Faktoren können in drei Gruppen unterteilt werden:

a. Strukturbezogene Faktoren

▪ Die **Größe des Einzugsgebietes** ist ein wichtiger Standortfaktor für Leistungen des täglichen Bedarfs.

▪ Die **Lage des Standortes** ist ein bedeutendes Kriterium für Leistungen des täglichen Bedarfs, um einen hohen Umschlag zu erzeugen (zum Beispiel die zentrale Lage einer Bank oder eines Schnellrestaurants). Die Erreichbarkeit ist ein zentraler Faktor der wahrgenommenen Dienstleistungsqualität. Dementsprechend kommt der Standortwahl von Dienstleistungsbetrieben, wie zum Beispiel Sportclubs oder Fitness-Studios, die Rolle eines strategischen Erfolgsfaktors zu (vgl. Woratschek 2001b, S. 422).

Die Standortplanung kann allgemein in vier Phasen gegliedert werden: (1) die Suche nach einem geeigneten Standort, (2) die Bewertung von Standorten, (3) die Auswahl von Standorten sowie (4) die Inbetriebnahme eines Standortes (vgl. Woratschek 2001b, S. 423).

Um eine Standortentscheidung zu treffen, sind zunächst die relevanten Faktoren zu bestimmen und die Ausprägungen dieser Faktoren an den verschiedenen Standortalternativen zu ermitteln. Die Auswahl kann dann zum Beispiel systematisch anhand eines Punktbewertungsverfahrens vorgenommen werden. Dabei sind alle relevanten Eigenschaften im Hinblick auf ihren Beitrag zur Zielerreichung zu gewichten und von erfahrenen Standortplanern zu bewerten. Es ist im Rahmen dieser Vorgehensweise darauf zu achten, dass bestimmte Ausschlusskriterien nicht durch die Erfüllung anderer – weniger wichtiger Kriterien – kompensiert werden. Dies kann dann zu gravierenden Fehlentscheidungen führen. Insgesamt liefert dieses Verfahren nur qualitative Hinweise über die Vorteilhaftigkeit eines Standortes gegenüber einem anderen. Beispielsweise gibt es keinen Aufschluss über das Renditepotenzial oder zu erwartende Umsätze eines Standortes.

Weiterhin kann eine Beurteilung neuer Standorte in Analogie zu bereits bestehenden erfolgen. Dazu müssen sowohl interne Unternehmens- als auch externe Standortfaktoren bestimmt werden. Die Bewertung erfolgt dann durch Hochrechnung statistischer Kennzahlen auf den neuen Standort (zum Beispiel Umsätze pro Käufer). Allerdings ist dieser Analogieschluss das zentrale Problem dieser Methode. In der Praxis dürfte es nur schwierig möglich sein, zwei Standorte zu finden, die vergleichbare Bedingungen aufweisen. Diese Methode kann allerdings quantitative Aussagen zur Prognose der Umsätze treffen. Dies geht über die pauschale Aussage der Vorteilhaftigkeit eines Standortes hinaus.

So genannte **Gravitationsmodelle,** die insbesondere zur Planung von Handelsstandorten angewendet werden, stellen eine weitere Kategorie von Methoden dar. Diese finden ihren Ursprung in der Physik und versuchen zu erklären, welche Anziehungskraft bestimmte Standorte auf Konsumenten ausüben. Die relevanten Faktoren sind dabei insbesondere die Bevölkerungszahlen im Einzugsgebiet sowie die Distanzen zu den Standorten, die räumlich oder zeitlich interpretiert werden können. Aufgrund der Anziehungskraft kann dann eine Umsatzprognose erstellt werden (vgl. Woratschek 2001b, S. 429ff.).

b. Umfeldbezogene Faktoren

▌ Die **Qualität des Umfeldes** ist wichtig für Leistungen mit Exklusivcharakter (zum Beispiel Unternehmensberatung in repräsentativer Gegend).

▌ Die **Nähe zu zentrenfördernden Einrichtungen** ist ein entscheidender Faktor für Leistungen des täglichen Bedarfs (zum Beispiel Lotto-Annahmestelle in der Nähe einer U-Bahn-Station).

▌ Die **Anwesenheit von Konkurrenz** kann einerseits die Ansiedlung von Leistungsanbietern fördern (zum Beispiel mehrere Fachärzte in einem Gebäude). Andererseits kann sie die Ansiedlung weiterer Anbieter einer bestimmten Leistung verhindern (zum Beispiel Apotheken).

▌ Die **Erreichbarkeit** des Standortes ist entscheidend für Leistungen des täglichen Bedarfs (zum Beispiel Parkplatzsituation und Anbindung an öffentliche Verkehrsmittel).

c. Räumlichkeitenbezogene Faktoren

▮ Die **Raumkosten** werden insbesondere solche Leistungsanbieter gering zu halten versuchen, die außerhalb der Räumlichkeiten des Unternehmens in Kontakt mit dem Kunden treten (zum Beispiel Notarzt, Fensterreinigungsunternehmen) und lediglich Räume für die Administration vorhalten müssen.

▮ Eine große Rolle spielt die **Raumqualität** bei Dienstleistungen, bei denen der externe Faktor zum Anbieter kommt. Der Standort des Dienstleisters hat dementsprechend eine Repräsentanzfunktion (zum Beispiel Unternehmensberatung, Fitnessstudio). Die Raumqualität hängt stark mit den Raumkosten zusammen.

▮ Die **Raumkapazitäten** sind vor allem bei solchen Dienstleistungen ein entscheidendes Kriterium, bei deren Erstellung mehrere externe Faktoren gleichzeitig anwesend sind (zum Beispiel Restaurants, Diskotheken, Messegelände).

2. Lagerhaltung

Aufgrund der Immaterialität von Dienstleistungen sind Entscheidungen hinsichtlich der Lagerhaltung im Dienstleistungsbereich weniger wichtig als bei anderen Gütern. Dennoch besteht die Notwendigkeit, einzelne Elemente der jeweiligen Dienstleistung zwischenzulagern. Je mehr materielle Bestandteile eine Leistung enthält beziehungsweise je eher materielle Faktoren zur Leistungserstellung notwendig sind, desto bedeutender sind lagertechnische Entscheidungen im Rahmen der Vertriebspolitik des Dienstleisters. Dabei kann es sich bei den zu lagernden Gegenständen um interne oder um externe **Faktoren** handeln. Demnach können hinsichtlich des Lagerbedarfs vor, während und nach dem Leistungserstellungsprozess drei Typen von Leistungen unterschieden werden:

▮ Leistungen ohne Lagernotwendigkeit (zum Beispiel Nachhilfeunterricht),

▮ Leistungen mit der Notwendigkeit der Lagerung externer Faktoren (zum Beispiel Autowerkstatt),

▮ Leistungen mit der Notwendigkeit der Lagerung interner materieller Leistungsmerkmale oder Faktoren (zum Beispiel Vergnügungspark).

3. Transport

Aus der Immaterialität folgt für viele Dienstleistungen die Nichttransportfähigkeit. Auch hier ist es jedoch je nach Art der Leistung erforderlich, entweder **externe** (zum Beispiel im Fall einer Autoreparatur) oder **interne Faktoren** (zum Beispiel bei einem Hausbesuch des Arztes) zu transportieren. Einen beispielhaften Überblick über Dienstleistungen mit der Notwendigkeit des Transportes gibt Abbildung 6-54.

Abbildung 6-54   **Beispiele für Dienstleistungen mit Transportbedarf**

Transportierte Faktoren / Ort der Erstellung	Interne Faktoren	Externe Faktoren
Beim Nachfrager	z. B. Hausbesuch eines Arztes	z. B. Maschinenreinigung
Beim Anbieter	z. B. Einsatz eines Branchen-experten im Rahmen eines Unternehmensberatungs-projektes	z. B. Autoreparatur
Dritter Ort	z. B. Notarzt	z. B. Open-Air-Konzert

GABLER
GRAFIK

Im Rahmen der Bewältigung des jeweiligen Transportproblems sind verschiedene Aspekte zu berücksichtigen:

- **Transportmittel** (zum Beispiel Unterhalt eines Fuhrparks, Reiseveranstalter, Schleppwagen für Autowerkstatt, Rettungshelikopter),

- **Transportzeit** (zum Beispiel hohe Relevanz bei Notärzten; geringere Relevanz bei Außendienstmitarbeitern einer Versicherung),

- **Transportsicherheit** (zum Beispiel hohe Relevanz bei Banken, Krankenhäusern; geringere Relevanz bei Pizza-Services),

- **Transportkosten**.

Zusammenfassend ist festzustellen, dass die Immaterialität der Dienstleistungen besondere Anforderungen an das logistische System für diesen Leistungstyp stellt. Somit ist die Aufgabenbeschreibung der Marketinglogistik nicht unbeschränkt übertragbar, sondern muss für Dienstleistungen modifiziert werden. Für die Sicherstellung der raumzeitlichen Bereitschaft des Dienstleistungspotenzials sind vor allem Aufgaben in den drei genannten Bereichen **Ort der Leistungserstellung**, **Lagerhaltung** und **Transport** zu erfüllen. In Abhängigkeit von der jeweiligen Dienstleistung sowie deren Materialitätsgrad bieten sich für den Anbieter bei der Erfüllung dieser Aufgaben die oben aufgeführten Gestaltungsmöglichkeiten an.

5. Personalpolitik

5.1 Grundlagen der Personalpolitik

5.11 Internes Marketing als Ausgangspunkt

In der Dienstleistungsliteratur wird diskutiert, die vier Felder des operativen Marketing, das heißt die so genannten 4 Ps: Leistungs-, Kommunikations-, Preis- und Distributionspolitik, um den Bereich der Personalpolitik zu ergänzen (Cowell 1993, S. 69; Payne 1993, S. 123; Bieberstein 2001, S. 335; vgl. auch die einführenden Bemerkungen zu Kapitel 6). Im Folgenden soll daher auf das interne Instrument des Dienstleistungsmarketing, die Personalpolitik, eingegangen werden.

> Die **Personalpolitik** eines Dienstleistungsunternehmens umfasst die Analyse, Planung, Organisation, Durchführung und Kontrolle sämtlicher Entscheidungen, die mit der Einstellung von Mitarbeitern, dem Arbeitsplatz und -umfeld der Mitarbeiter, der Entwicklung der Mitarbeiter, der Kommunikation mit und zwischen den Mitarbeitern sowie der Freisetzung in Verbindung stehen.

Aufgrund des hohen Interaktionsgrades im so genannten „magischen Dreieck" Unternehmen – Mitarbeiter – Kunde, soll dabei jedoch Abstand genommen werden von der traditionellen Sichtweise, dass die Personalpolitik ein isoliert zu betrachtender Teil der Unternehmensführung sei. Vielmehr soll ein **ganzheitlicher Ansatz** gewählt werden, dessen Grundlage das **Konzept des Internen Marketing** darstellt, das versucht, die Personal- und Marketingsichtweise zu integrieren.

> **Internes Marketing** ist die systematische Optimierung unternehmensinterner Prozesse mit Instrumenten des Marketing- und Personalmanagements, um durch eine konsequente Kunden- und Mitarbeiterorientierung das Marketing als interne Denkhaltung durchzusetzen, damit die marktgerichteten Unternehmensziele effizienter erreicht werden (Bruhn 1999b, S. 20).

Wesentliches Merkmal dieser Definition ist die Forderung einer **parallelen Kunden- und Mitarbeiterorientierung**. Dies impliziert gleichzeitig die Betrachtung des Mitarbeiters als internen Kunden (Thomson 1993, S. 7; Nerdinger/Rosenstiel 1995, S. 115). Dadurch entstehen die folgenden, in Abbildung 6-55 dargestellten **Interdependenzen** (Bruhn 1999b, S. 21):

■ Die **Unternehmen-Kunden-Beziehung** setzt eine Kundenorientierung voraus, die durch das externe Marketinginstrumentarium sichergestellt werden muss.

■ Die **Unternehmen-Mitarbeiter-Beziehung** verlangt eine interne Kunden- und Mitarbeiterorientierung, die durch das Interne Marketing erreicht werden soll.

■ Die **Mitarbeiter-Kunden-Beziehung** fordert eine individuelle Kundenorientierung bei der Leistungserstellung.

■ **Abbildung 6-55**   **Kunden- und Mitarbeiterorientierung als zentrale Maximen des Internen Marketing**

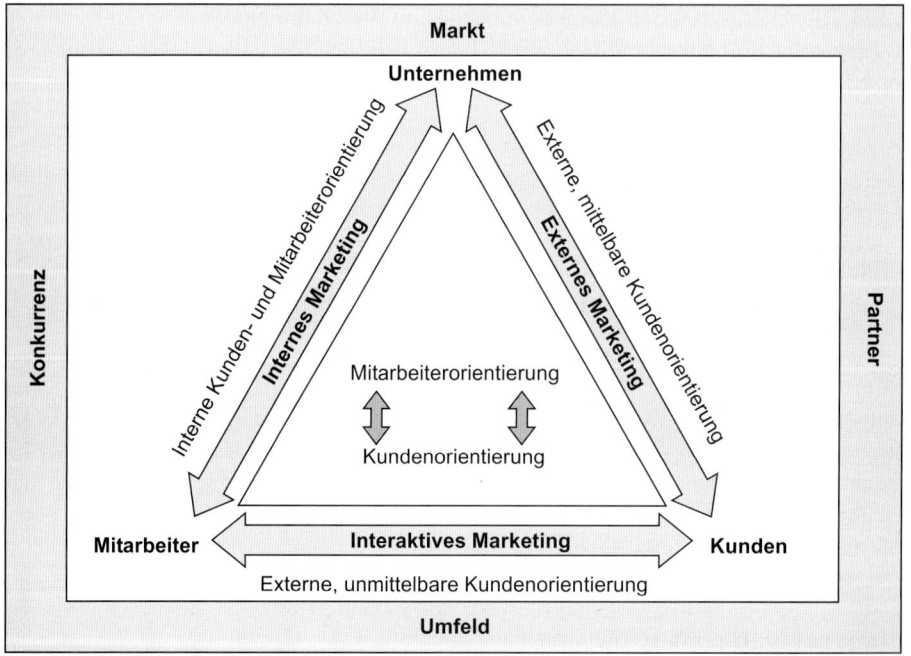

GABLER
GRAFIK

Quelle: Bruhn 1999b, S. 21

Im Hinblick auf die Optimierung der unternehmensinternen und -externen Austauschbeziehungen können für das Konzept des Internen Marketing vier **Themenkomplexe** unterschieden werden, die in Abhängigkeit von der jeweiligen Unternehmenssituation von unterschiedlicher Bedeutung sind (Bruhn 1999b, S. 25):

1. Optimierung der unternehmensinternen Austauschbeziehungen

Die Optimierung der unternehmensinternen Austauschbeziehungen fokussiert vor allem die (Dienst-)Leistungsströme zwischen den einzelnen organisatorischen Einheiten eines Unternehmens. Das Spektrum reicht von individuellen Austauschbeziehungen zwischen den Mitarbeitern einzelner Abteilungen bis hin zu Kunden-Lieferanten-Beziehungen einzelner Unternehmensstandorte. Im Mittelpunkt stehen die Themenbereiche interne Kundenorientierung sowie Sicherstellung der internen Dienstleistungsqualität.

2. Parallele Förderung von Kunden- und Mitarbeiterzufriedenheit

In engem Zusammenhang mit den internen Austauschbeziehungen ist der Themenbereich der parallelen Förderung von Kunden- und Mitarbeiterzufriedenheit zu sehen. Mitarbeiterzufriedenheit wird in diesem Zusammenhang als notwendige Voraussetzung interner und externer Leistungsqualität verstanden. Damit eng verbunden sind verhaltensrelevante Fragestellungen der Mitarbeitermotivation, der Förderung des Commitment sowie der Mitarbeiterbindung.

3. Interne Kommunikation

Die Kommunikation gegenüber den Mitarbeitern ist ein weiteres zentrales Thema des Internen Marketing. Den internen Kommunikationsprozessen zu subsumieren sind sowohl direkt tätigkeitsbezogene Aufgaben des Informationsaustausches zur internen und externen Leistungserstellung als auch Aufgaben im Zusammenhang mit den zuvor angesprochenen Fragestellungen der Mitarbeiterzufriedenheit, hier vor allem in Hinblick auf Klima, Vertrauen und Einbindung in das Unternehmen.

4. Implementierung von Marketingkonzepten

Der vierte Themenkomplex des Internen Marketing betrifft die unternehmensinterne Umsetzung und Durchsetzung der Marketingstrategie. Von besonderer Bedeutung sind in diesem Zusammenhang die Sicherstellung der entsprechenden Potenziale (zum Beispiel durch modifizierte Strukturen und Prozesse, Personalentwicklung) sowie der Abbau von Vorbehalten und Barrieren gegenüber Veränderungsprozessen.

Da es sich hierbei um Themenschwerpunkte handelt, die nicht isoliert nebeneinander betrachtet werden können, lässt sich als wesentliches Element des Internen Marketing die **Integration von Kunden- und Mitarbeiterorientierung** herausarbeiten.

5.12   Besonderheiten der Personalpolitik von Dienstleistungsunternehmen

Ausgehend von einem ganzheitlichen, unternehmensweiten Verständnis der Personalpolitik ergeben sich für diese im Dienstleistungsbereich aufgrund der Notwendigkeit der Bereitstellung der Leistungsfähigkeit, der Integration des externen Faktors sowie der Immaterialität der Leistungen einige Besonderheiten (vgl. Abbildung 6-56). In diesem Zusammenhang ist zu beachten, dass deren Bedeutung je nach Art der Dienstleistung unterschiedlich sein kann. Die im Folgenden wiedergegebenen Besonderheiten der Personalpolitik sind insbesondere für solche Dienstleistungen bedeutsam, bei denen Mitarbeiter in engem Kontakt zum Kunden stehen.

Abbildung 6-56   Besonderheiten der Personalpolitik von Dienstleistungsunternehmen

Besonderheiten von Dienstleistungen	Implikationen für die Personalpolitik
Leistungsfähigkeit des Dienstleistungsanbieters	▪ Qualifizierung der Mitarbeiter ▪ Einstellung von Mitarbeitern mit entsprechenden Fähigkeiten zur Dokumentation des Leistungspotenzials
Integration des externen Faktors	▪ Schaffung einer Mitarbeiter-Kunden-Partnerschaft ▪ Information der Mitarbeiter über mögliche Probleme im Leistungserstellungsprozess ▪ Externe Kundenorientierung über interne Kundenorientierung ▪ Zusammenhang zwischen Mitarbeiter- und Kundenzufriedenheit
Immaterialität (Nichtlagerfähigkeit, Nichttransportfähigkeit)	▪ Mitarbeiter als Qualitätsindikator ▪ Maßnahmen der Standardisierung des internen Faktors Personal ▪ Personenbezogenes Unternehmensimage ▪ Forderung einer ganzheitlichen Betrachtung des Internen Marketing ▪ Unterstützung der kurzfristigen Nachfragesteuerung

GABLER
GRAFIK

Aus der Notwendigkeit der permanenten **Bereitstellung des Dienstleistungspotenzials** ergeben sich die folgenden Implikationen für die Personalpolitik:

▪ Insbesondere bei Dienstleistungen mit engen Mitarbeiter-Kunden-Beziehungen rücken eine **umfassende Qualifikation und der Charakter** der Mitarbeiter in den Vordergrund. Dabei sind nicht nur die technischen und fachlichen Fähigkeiten von Bedeutung (zum Beispiel Technik des Haareschneidens einer Friseurin), sondern auch Merkmale wie Kommunikationsfähigkeit, Einfühlungsvermögen usw. (vielen Friseurkunden ist zum Beispiel an einem Gespräch mit der Friseurin während des Haarschnitts gelegen). Um diese Merkmale bei neuen Mitarbeitern zu gewährleisten, sind entsprechende **Maßnahmen der Personalauswahl und Personalentwicklung** zu realisieren, zum Beispiel Durchführung von psychologischen Tests und Berücksichtigung kommunikativer Fähigkeiten in Vorstellungsgesprächen im Rahmen der Personalauswahl.

▪ Ferner gilt es, das vorhandene **Leistungspotenzial des Dienstleisters zu dokumentieren.** Daher sollten die Mitarbeiter in der Lage sein, dieses Potenzial zu kommunizieren, zum Beispiel Hinweis auf Autorückgabemöglichkeit an einem anderen Ort durch Angestellten einer Autovermietung. Um dies zu gewährleisten, sind insbesondere **Maßnahmen der Personalauswahl** notwendig.

Aus der **Integration des externen Faktors** in den Leistungserstellungsprozess lassen sich ebenfalls Schlussfolgerungen ziehen:

▪ Durch die Integration des externen Faktors folgt die Heterogenität des Leistungserstellungsprozesses. Zur Erreichung einer teilweisen **Homogenisierung der Leistungserstellung** sollte die Kontinuität der Mitarbeiter-Kunden-Beziehungen und damit eine Partnerschaftsbildung zwischen Unternehmen beziehungsweise Mitarbeiter und Kunde angestrebt werden (Stauss/Neuhaus 1995, S. 581). Die hierzu notwendige niedrige Fluktuationsrate und Mitarbeiterbindung kann mit Hilfe von **Maßnahmen des Personaleinsatzes und der Personalentwicklung** erreicht werden, zum Beispiel Angebot materieller und nicht-materieller Anreize, mitarbeitergerechte Arbeitsplatzgestaltung.

▪ Im Rahmen der Darstellung der Kommunikationspolitik von Dienstleistungsunternehmen wurde auf die Notwendigkeit hingewiesen, den Kunden auf mögliche **Probleme bei der Leistungserstellung** hinzuweisen und ihm diese zu erklären. Da dies unter Umständen seitens der Mitarbeiter vorgenommen werden muss, mit denen der Kunde in direktem Kontakt steht, ist es unerlässlich, diese Mitarbeiter zunächst mittels **Maßnahmen der Einarbeitung und der Mitarbeiterkommunikation** auf diese Problemfelder aufmerksam zu machen beziehungsweise ihnen mögliche Aktivitäten zur Behebung der Probleme aufzuzeigen, zum Beispiel durch die Dokumentation eines „perfekten" Erstellungsprozesses beim Einführungsgespräch oder Hinweise auf häufig auftretende Fehler in einem Rundschreiben.

■ Zur Förderung der Verinnerlichung einer externen Kundenorientierung kann die **Internalisierung einer internen Kundenorientierung** hilfreich sein. Um dies zu gewährleisten, sind insbesondere **Maßnahmen der Personalentwicklung** durchzuführen, zum Beispiel Workshops zur Kundenorientierung.

■ Schließlich wird aufgrund der Integration des externen Faktors und des direkten Mitarbeiter-Kunden-Kontaktes angenommen, dass ein positiver **Zusammenhang zwischen Mitarbeiter- und Kundenzufriedenheit** besteht (Homburg/Stock 2001, S. 377ff.). Daraus ergibt sich die Notwendigkeit der Erreichung einer möglichst hohen Mitarbeiterzufriedenheit durch **Maßnahmen des Personaleinsatzes, der Personalentwicklung und Mitarbeiterkommunikation**.

Aus der **Immaterialität der Leistungen** lässt sich folgern:

■ Da die Immaterialität dazu führt, dass die Qualitätsbeurteilung von Dienstleistungen durch den Kunden anhand der wenigen tangiblen Elemente vorgenommen wird, rücken die **Mitarbeiter als Qualitätsindikator** in den Vordergrund (Woodruffe 1995, S. 178). Insbesondere bei Dienstleistungen, die durch einen hohen Anteil an Glaubenseigenschaften charakterisiert sind, sind Nachfrager bestrebt, ihr wahrgenommenes Kaufrisiko zu reduzieren. Dies geschieht durch die Beurteilung von Ersatzindikatoren, wie eben dem Personal oder anderen greifbaren Elementen. Aus diesem Grund kommt der Personalpolitik eine herausragende Bedeutung zu. Die primäre Aufgabe der Personalpolitik im Dienstleistungsbereich muss es deshalb sein, ein konsistentes Bild der Mitarbeiter zu erzeugen, das Kompetenz signalisiert und dementsprechend Vertrauen generiert. Es reicht jedoch nicht aus, Kompetenz lediglich zu signalisieren. Falls der Dienstleister die signalisierte Kompetenz nicht zu halten in der Lage ist, wird er durch Abwanderung der Kunden sanktioniert werden. Deshalb muss die Personalpolitik dafür sorgen, dass ein tatsächliches Kompetenz- und Qualitätsniveau der Mitarbeiter erreicht wird.

■ Aufgrund der hohen Bedeutung der Mitarbeiter im Dienstleistungsbereich sollten **Maßnahmen der Standardisierung des internen Faktors Personal** ergriffen werden. Es sollte ein möglichst einheitlicher Auftritt der Mitarbeiter des Unternehmens erreicht werden. Dies gilt nicht nur für die äußere Erscheinung, wofür insbesondere Maßnahmen der Marken- und Kommunikationspolitik Sorge tragen, sondern auch für das Verhalten der Mitarbeiter gegenüber dem Kunden. Dieses muss daher durch **Maßnahmen der Einführung in den Arbeitsplatz, der Personalentwicklung sowie Personalführung** gesteuert werden, zum Beispiel das Erlernen der Begrüßungsformel im Rahmen der Einarbeitung für Telefonistinnen einer Bank mit Telebanking, die Festlegung des Ablaufes der Bedienung der Gäste in einem Restaurant und Bekanntgabe in Mitarbeiterbesprechungen. Dadurch gelingt es, zumindest einzelne Elemente der Leistung zu standardisieren, was zum einen Gedächtniswirkungen und zum anderen ein Gefühl der Vertrautheit beim Kunden zur Folge haben kann.

■ Die Immaterialität von Dienstleistungen führt weiterhin dazu, dass dem Image des Unternehmens im Rahmen der Leistungsbeurteilung eine besondere Bedeutung zukommt. Insbesondere bei personalintensiven Dienstleistungen mit engem Mitarbeiter-Kunden-Kontakt wird in erster Linie ein **personenbezogenes Unternehmensimage** aufgebaut, das positiv mit der Einstellung des Mitarbeiters zum Unternehmen und zum Kunden korreliert.

■ Ein kompetenter Dienstleister muss einen Wissensvorsprung gegenüber dem Kunden haben (zum Beispiel Geldanlageberatung einer Bank, Versicherungsmakler, Autoreparaturwerkstatt). Der Kunde zieht daher die **Qualifikation der Mitarbeiter als Qualitätsmerkmal** heran. Deshalb ist es von Bedeutung, die Mitarbeiter durch **Maßnahmen der Personalentwicklung,** zum Beispiel interne Schulungen, zu fördern, um den Kunden fachkundige Beratung und eine kompetente Problemlösung anbieten zu können. Ein Unternehmensimage, das auf kompetenten Mitarbeitern gründet, stellt einen Wettbewerbsvorteil dar, der nur sehr schwierig von Mitbewerbern imitiert werden kann.

■ Um der **Forderung einer ganzheitlichen Betrachtung des Internen Marketing** gerecht zu werden, kann das Konzept des Total Quality Management (TQM) auf das Interne Marketing übertragen werden. Aus den TQM-Prinzipien lassen sich Anforderungen an die Personalpolitik ableiten. Dabei sollte die **Definition interner Kunden-Lieferanten-Beziehungen** berücksichtigt werden, die zu einer Reduzierung der unternehmensinternen Schnittstellen führen sowie eine Steigerung der Leistungsqualität herbeiführen kann. Der hieraus folgende häufigere Einsatz von Arbeitsprinzipien wie der Teamarbeit führt zu der Notwendigkeit einer zusätzlichen Qualifizierung der Mitarbeiter, die wiederum durch **Maßnahmen der Personalentwicklung** erreicht werden kann (Töpfer 1999, S. 418f.) So werden zum Beispiel Mitarbeiter von Unternehmensberatungen häufig zu Beginn ihrer Tätigkeiten hinsichtlich der von dem Unternehmen verwendeten Methoden und Werkzeuge geschult, um den Mitarbeitern, die zukünftig in einem Team zusammenarbeiten, hinsichtlich dieser Methoden die gleiche Wissensbasis zu vermitteln. Die konsequente Umsetzung eines Internen Marketing betont die Sichtweise, dass Mitarbeitern im Dienstleistungsbereich ein zentraler Stellenwert zuzuschreiben ist. Die Umsetzung eines Internen Marketing soll gewährleisten, dass Mitarbeiter kontinuierlich alle nötigen Informationen, Kenntnisse und Fähigkeiten erlangen, die zur Erbringung der Dienstleistung notwendig sind.

■ Ein wichtiges Ziel von Dienstleistungsunternehmen ist die Auslastung der Kapazitäten, um Leerkosten zu vermeiden. Aufgrund des direkten Mitarbeiter-Kunden-Kontaktes können die Mitarbeiter eines Dienstleisters die **kurzfristige Nachfragesteuerung gezielt unterstützen**. Es sind die Voraussetzungen zu schaffen, dass Mitarbeiter im Kundenkontakt jederzeit über die Auslastung der Dienstleistungskapazitäten Bescheid wissen und Auskunft geben können. Falls zum Zeitpunkt einer Kundenanfrage keine freien Kapazitäten mehr vorhanden sind, muss der Mitarbeiter aktiv eine alternative Möglichkeit vorschlagen können. Aber auch im umgekehrten Fall muss ein Mitarbeiter aktiv Cross Selling betreiben und einem Kunden weitere Leistungen anbieten, um eventuell noch freie Kapazitäten auszulasten. Die Personalpolitik muss zum Beispiel durch Maßnahmen, wie Empowerment, darauf hinwirken, dass Mitarbeitern im Kundenkontakt die notwendige Kompetenz im Hinblick auf Entscheidungen zur Nachfragesteuerung und die Disposition der Kapazitäten eingeräumt wird.

5.13   Ziele der Personalpolitik

Aufgrund der großen Bedeutung der Mitarbeiter zur Erzielung einer hohen Dienstleistungsqualität tritt im Rahmen der Personalpolitik das Ziel der Entwicklung und Erhaltung kundenorientierter und motivierter Mitarbeiter neben das Ziel der Erzielung einer hohen Kundenzufriedenheit (Grönroos 1980, S. 16f.; Bruhn 1999b, S. 26f.).

Zur Kategorisierung der Ziele der Personalpolitik können zunächst eine **strategische** und eine **taktische Ebene** unterschieden werden. Da sich die Maßnahmen der Personalpolitik nicht lediglich auf den internen, sondern auch auf den externen Kunden ausrichten sollen, bietet sich zur Kategorisierung der Ziele der Personalpolitik zudem eine Untergliederung in interne und externe Zielsetzungen an. Aus dieser Systematisierung ergeben sich vier Gruppen von Zielsetzungen der Personalpolitik, die in Abbildung 6-57 dargestellt sind.

1.   Taktisch-interne Zielsetzungen

Taktisch-interne Ziele müssen zunächst gegenüber jenen Mitarbeitern erreicht werden, die bereits im Unternehmen tätig sind, das heißt, den taktisch-internen Zielsetzungen sind diejenigen Ziele zu subsumieren, durch deren Realisierung kurz- bis mittelfristig **kognitive, affektive** und **konative Wirkungen** bei den einzelnen Mitarbeitern ausgelöst werden und die somit zu einer Akzeptanz von Unternehmenszweck, -ziel und -strategie führen sollen. Zu unterscheiden sind dabei zwei Schwerpunkte: Zum einen die Information der Mitarbeiter über Implementierungsinhalte und deren Bedeutung für den Unternehmenserfolg („Kennen" und „Verstehen" der Implementierungsinhalte), zum anderen die Know-how-Vermittlung gegenüber den Mitarbeitern, das heißt, der benötigten Fähigkeiten und Fertigkeiten der Mitarbeiter sowie der Motivation, das erlernte Wissen anzuwenden („Können", „Wollen" und „Dürfen" der Implementierungsinhalte). Auf der Basis unternehmensspezifischer Oberziele sind in weiteren Schritten Subziele zu definieren, die in Form differenzierter Zielkataloge für die einzelnen Mitarbeitersegmente Gültigkeit besitzen (Compton 1987, S. 18; Stauss 1994d, S. 477f.).

Abbildung 6-57   Ziele der Personalpolitik unter Implementierungsgesichtspunkten

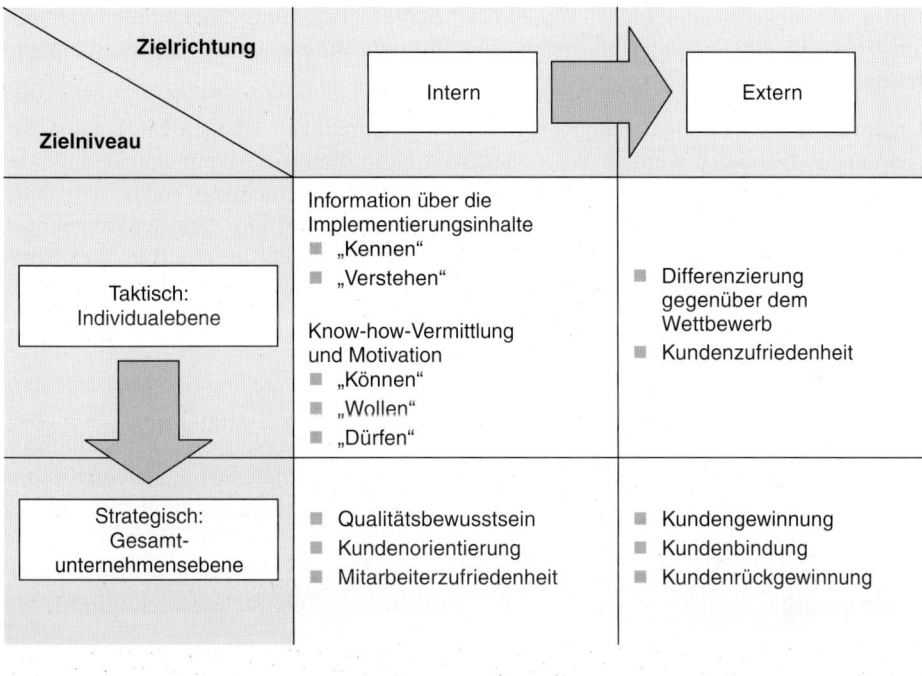

GABLER
GRAFIK

2. Taktisch-externe Zielsetzungen

Entsprechend eines kundenorientierten Qualitätsverständnisses muss auf der taktisch-externen Ebene eine positive Wahrnehmung der Dienstleistungsqualität durch die aktuellen und potenziellen externen Kunden erreicht werden. Naturgemäß hat dabei die Qualität der Kundenkontaktsituation beziehungsweise der Interaktion zwischen Mitarbeitern und Kunden bei Dienstleistungsunternehmen einen besonderen Stellenwert. Durch eine entsprechende Differenzierung gegenüber dem Wettbewerb soll die Kundenzufriedenheit und positive Mund-zu-Mund-Kommunikation gesteigert werden – mit entsprechend positiven Wirkungen auf nachgelagerte interne und externe Zielgrößen.

3. Strategisch-interne Zielsetzungen

Der strategisch-internen Ebene sind insbesondere jene Zielsetzungen zu subsumieren, die auf mentale Prozesse bei Management und Mitarbeitern zielen und mittel- bis langfristig zu realisieren sind. Im Mittelpunkt stehen die Entwicklung einer kundenorientierten und qualitätsbewussten Unternehmenskultur sowie die Steigerung der Mitarbeiterzufriedenheit.

Unternehmensinterne Beziehungen sollen uneingeschränkt als Kunden-Lieferanten-Beziehungen verstanden werden. Wünschenswert ist in diesem Zusammenhang auch die Entwicklung von Commitment gegenüber Kunden und Unternehmen, sodass eine langfristige Internalisierung der Unternehmensziele erfolgen kann. Die Ziele der Personalpolitik sollten nicht aufgrund externen Drucks, sondern vielmehr aufgrund innerer Überzeugung von den Mitarbeitern verfolgt werden.

4. Strategisch-externe Zielsetzungen

Strategisch-externe Zielsetzungen bilden den eigentlichen Fokus der Personalpolitik. Hierzu gehören zum Beispiel die Gewinnung, Bindung und Rückgewinnung von Kunden sowie die Auslösung positiver Mund-zu-Mund-Kommunikation, die ihrerseits von der Erreichung der Ziele in den übrigen Kategorien abhängt. Strategisch-externe Ziele sind dabei Teil einer Wirkungskette, die auch als „Cycle of Success" Eingang in die Diskussion gefunden hat (Schlesinger/Heskett 1991; Heskett et al. 1994; siehe auch Kapitel 4, Abschnitt 3).

5.2   Instrumente eines Personalmanagementsystems

Zu den Instrumenten der Personalpolitik gehören sämtliche Maßnahmen, durch deren Einsatz affektive, kognitive und konative Wirkungen bei den Mitarbeitern erzielt werden sollen. Der Einsatz der Instrumente kann anhand eines Personalmanagementsystems systematisch vorgenommen werden. Dieses System umfasst verschiedene Phasen, die in Abbildung 6-58 veranschaulicht sind. Sie umfassen die Planungsphase (Personalplanung), die Durchführungsphase (Personaleinsatz, Personalveränderung, Mitarbeiterkommunikation) sowie die Kontrollphase (Personalprüfung).

Abbildung 6-58   Phasen eines Personalmanagementsystems

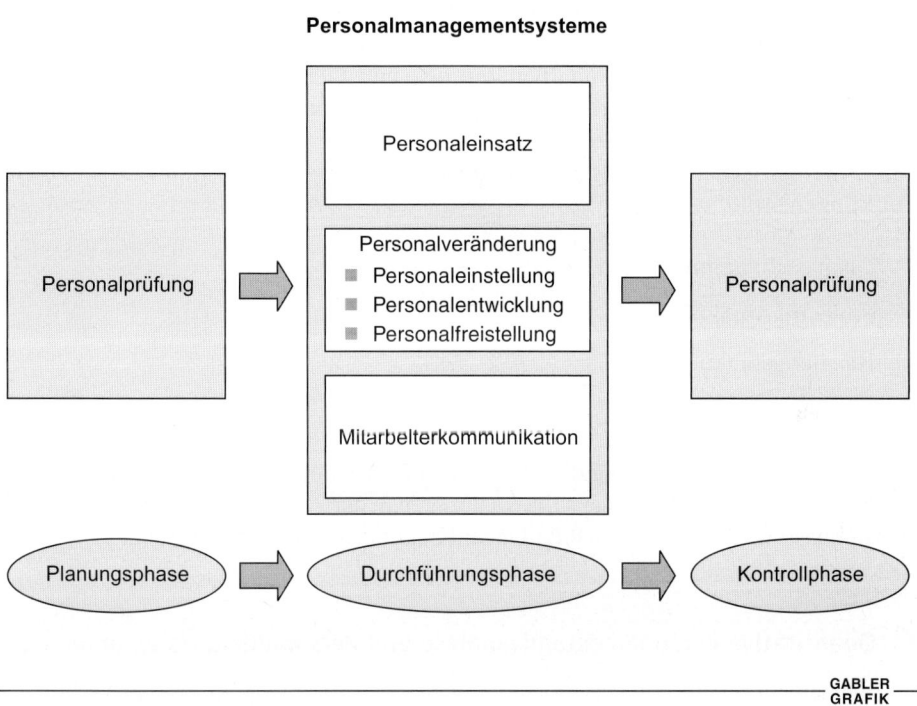

Personalmanagementsysteme

5.21 Personalplanung

Die Personalplanung ist die notwendige Voraussetzung einer systematischen Personalpolitik.

> Unter **Personalplanung** wird die gedankliche Vorwegnahme sämtlicher Maßnahmen verstanden, die der Überwindung von Differenzen zwischen mitarbeiterbezogenen Ist- und Soll-Zuständen im Hinblick auf die Ziele der Personalpolitik dienen.

Im Rahmen der Planungsphase können zwei Gruppen von Instrumenten unterschieden werden:

- Instrumente zur Bestimmung des Personalbestands und -bedarfs,
- Festlegung der Anforderungen an die interne Dienstleistungsqualität.

5.211   Bestimmung des Personalbestands und -bedarfs

Ausgangspunkt für die Festlegung von Personalmaßnahmen jeglicher Art sind die Personalbestandsanalyse und die Personalbedarfsbestimmung. Mit Hilfe der Personalbestandsanalyse erhält man den mitarbeiterbezogenen Ist-Zustand, während der Personalbedarf festlegt, wie viele Mitarbeiter welcher Qualifikation aufgrund des geplanten Leistungsprogramms zu welchen Zeitpunkten zur Verfügung stehen müssen, das heißt, den mitarbeiterbezogenen Soll-Zustand determiniert. Mittels beider Instrumente sollen vier **Funktionen** erfüllt werden:

- Diagnosefunktion,

- Projektionsfunktion,

- Handlungsfunktion,

- Prognosefunktion.

Beide Instrumente betrachten auf der zeitlichen Dimension nicht nur die gegenwärtigen Zustände, sondern darüber hinaus Entwicklungen in der Zukunft. In der inhaltlichen Dimension lassen sich jeweils quantitative und qualitative Aspekte unterscheiden.

1. Quantitative Personalbestandsanalyse und Personalbedarfsbestimmung

Im Rahmen der quantitativen Betrachtung geht es um die zahlenmäßige Erfassung der Mitarbeiter (Personalbestand) sowie die Bestimmung der erforderlichen Anzahl von Mitarbeitern zur Erfüllung der Unternehmensziele (Personalbedarf). Dabei wird insbesondere die so genannte **Skontrationsrechnung** angewandt, die ausgehend vom gegenwärtigen Bestand über den projektierten Soll-Bestand zum prognostizierten Bestand führt (Scholz 1991, S. 56; Thommen 1991, S. 589ff.).

Insbesondere bei Dienstleistungen mit vom Unternehmen wenig beeinflussbaren **Nachfrageschwankungen** ist diese quantitative Sichtweise wichtig. Hierbei lassen sich nach der Schwankungsursache zeitabhängige und naturabhängige Schwankungen unterscheiden. Hinsichtlich der **zeitabhängigen Schwankungen,** die vom Unternehmen aufgrund von Erfahrungswerten und Marktforschungsergebnissen vorhersehbar sind, können die folgenden Arten von Nachfrageschwankungen nach ihrer Frequenz unterschieden werden:

- Tageszeitabhängige Schwankungen, zum Beispiel Restaurants, Tennishalle, Wach- und Schließgesellschaften,

- Wochentagsabhängige Schwankungen, zum Beispiel Diskotheken, Freizeitparks, Speditionen,

- Jahreszeitabhängige (saisonale) Schwankungen, zum Beispiel Reiseunternehmen.

Die **naturabhängigen Schwankungen** sind vom Unternehmen nicht vorhersehbar und lassen sich unterteilen in:

■ Wetterabhängige Schwankungen, zum Beispiel Surfschule,

■ Naturkatastrophenabhängige Schwankungen, zum Beispiel Ärzte, Rechtsanwälte, Krankenhäuser, Rettungsorganisationen.

Insbesondere bei Unternehmen, deren Nachfrage zeitabhängigen Schwankungen unterliegt, ist es aufgrund der **Nichtlagerfähigkeit von Dienstleistungen** notwendig, den jeweiligen quantitativen Personalbestand an den zeitabhängigen Personalbedarf anzupassen. In der Phase der Personalplanung sind daher mögliche Differenzen festzustellen und zu antizipieren, um Maßnahmen des Personaleinsatzes, der Personalentwicklung sowie der Mitarbeiterkommunikation festlegen zu können.

2. Qualitative Personalbestandsanalyse und Personalbedarfsplanung

Die qualitativen Aspekte von Personalbestand und Personalbedarf beziehen sich auf die Eignung der Mitarbeiter, mit Hilfe ihrer Fähigkeiten einen Beitrag zur Erreichung der Unternehmens- und Personalziele zu leisten. Bei der Betrachtung der hierbei verwendeten Instrumente bietet sich eine Unterscheidung in mitarbeiterbezogene und unternehmens- beziehungsweise abteilungsbezogene Instrumente an:

a. Mitarbeiterbezogene Instrumente

Diese Gruppe von Instrumenten dient der Betrachtung der Fähigkeiten des einzelnen Mitarbeiters. Im Rahmen der Personalbestandsanalyse werden hierzu **Eigenschaftsprofile** des jeweiligen Mitarbeiters erstellt (Bisani 1989, S. 230ff.). In Eigenschaftsprofilen werden die Ausprägungen von mitarbeiterbezogenen Merkmalen dargestellt.

Dabei lassen sich positions- und unternehmensrelevante Merkmale unterscheiden. Zu den **positionsrelevanten Merkmalen** gehören:

■ Fähigkeitsmerkmale: Wissensbezogene und könnenbezogene Merkmale.

■ Persönlichkeitsmerkmale: Zum Beispiel Verantwortungsbewusstsein, Kommunikationsfähigkeit.

Zu den **unternehmensrelevanten Merkmalen** zählen:

■ Mitarbeiterorientierte Merkmale: Zum Beispiel Teamfähigkeit, Bereitschaft zu sozialer Verantwortung.

■ Unternehmensorientierte Merkmale: Zum Beispiel unternehmenskulturbedingte Merkmale.

Betrachtet man die **mitarbeiterbezogenen Instrumente des Personalbedarfs,** dann steht die Festlegung der vom Leistungsprogramm sowie unternehmensinternen und -externen Kontextfaktoren abhängigen Anforderungen an die Mitarbeiter im Vordergrund (Bisani 1989, S. 230ff.). Eine Übersicht über Anforderungen an das Kundenkontaktpersonal von Dienstleistungsunternehmen zeigt Abbildung 6-59.

Abbildung 6-59   **Anforderungen an das Kundenkontaktpersonal von Dienstleistungsunternehmen**

Potenzialorientierte Anforderungen	Prozessorientierte Anforderungen	Ergebnisorientierte Anforderungen
▪ Belastbarkeit	▪ Klare Ausdrucksweise	▪ Zuverlässigkeit
▪ Stresstoleranz	▪ Einfühlungsvermögen	▪ Genauigkeit
▪ Beharrungsvermögen	▪ Kommunikationsfähigkeit	▪ Pünktlichkeit
▪ Geistige Flexibilität	▪ Kontaktfähigkeit	▪ Erreichbarkeit
▪ Qualifikation	▪ Selbstbeherrschung	▪ Entscheidungsfähigkeit
▪ Energie	▪ Fähigkeit, zuzuhören	▪ Flexibilität
▪ Äußerer Eindruck	▪ Eigeninitiative	▪ Kritikfähigkeit

GABLER GRAFIK

Die Mitarbeiteranforderungen können in einem **Anforderungsprofil** dargestellt werden, das aus den vom Unternehmen geforderten Ausprägungen der oben genannten Merkmale besteht. Bei der Erstellung eines Anforderungsprofils sollte nach den folgenden Schritten vorgegangen werden (Bisani 1989, S. 236ff.):

1.   Auswahl der Merkmale

Es sind in einem ersten Schritt die relevanten Merkmale zu bestimmen.

2.   Zusammenstellung der von einem Positionsinhaber zu erfüllenden Funktionen

Hinsichtlich der für einen Mitarbeiter des mittleren Managements relevanten Funktionen können zum Beispiel die Folgenden genannt werden:

▪ Initiativfunktion,

▪ Planungsfunktion,

▪ Entscheidungsfunktion,

■ Delegations- und Koordinationsfunktion,

■ Informationsfunktion,

■ Kontrollfunktion,

■ Personalführungsfunktion,

■ Repräsentationsfunktion.

3. Ableitung eines detaillierten Anforderungsprofils

Aus den in Schritt 2 ermittelten Funktionen lassen sich die in Schritt 1 ausgewählten Merkmale detaillierter erfassen.

4. Gewichtung der einzelnen Anforderungen

So wie die einzelnen Funktionen eine unterschiedliche Wertigkeit für den jeweiligen Aufgabenbereich haben, haben auch die einzelnen Detailanforderungen je nach Position ein unterschiedliches Gewicht. Daher gilt es, in diesem letzten Schritt eine Gewichtung der einzelnen Anforderungen (zum Beispiel mittels einer Skala „für die Position bedeutungslos" bis „für die Aufgabenerfüllung auf der Position unerlässlich") für die jeweilige Position vorzunehmen.

b. Abteilungs-/Unternehmensbezogene Instrumente

Bei diesen Instrumenten wird nicht der einzelne Mitarbeiter betrachtet, sondern eine Abteilung beziehungsweise das ganze Unternehmen. Hierbei können die folgenden Instrumente herangezogen werden:

Fähigkeitsbezogene Aggregation

Im Rahmen der Bestandsanalyse kann, ausgehend von den Fähigkeitsprofilen, eine fähigkeitsbezogene **Aggregation** vorgenommen werden.

Mitarbeiterbezogene SWOT-Analyse

Basierend auf der SWOT-Analyse aus dem Bereich der strategischen Planung können auch für den Personalbereich Stärken, Schwächen, Chancen und Risiken analysiert werden. Bei den **Stärken und Schwächen** handelt es sich um unternehmensinterne, mitarbeiterbezogene Kriterien, wie zum Beispiel die Qualifikation der Mitarbeiter, Kundenorientierung der Mitarbeiter, Einstellung der Mitarbeiter gegenüber dem internen Kunden. Unter **Chancen und Risiken** werden hingegen solche mitarbeiterbezogenen Kriterien zusammengefasst, die unternehmensextern und daher vom Unternehmen nicht zu beeinflussen sind, das heißt Anzahl und Qualifikation ausgebildeter Mitglieder eines Berufsstandes, Qualifikation von Mitarbeitern der Konkurrenz, tarifliche Bestimmungen u. a.

Mitarbeiterportfolio

In der Personalliteratur finden sich bereits Ansätze einer mitarbeiterbezogenen Modifikation der marktbezogenen Portfoliomatrix der Boston Consulting Group. Bei diesem so genannten Human-Ressourcen- oder Personalportfolio (Hentze 1989, S. 510f.; Schreyögg 1991, S. 110ff.) wird anhand der beiden Dimensionen „strategische Bedeutung der Geschäftsbereiche" und „Personalqualität der Geschäftsbereiche" eine Vier-Felder-Matrix aufgespannt. Unter Berücksichtigung des Konzeptes des Internen Marketing sowie der Besonderheiten von Dienstleistungen soll diese Matrix hier mit den folgenden Dimensionen gebildet werden:

■   Kundenorientierung der Mitarbeiter,

■   Unternehmensorientierung der Mitarbeiter.

Unter Verwendung einer hohen und einer niedrigen Ausprägung für die jeweilige Dimension ergeben sich die vier in Abbildung 6-60 dargestellten Typen von Mitarbeitern beziehungsweise Abteilungen:

■   „Misserfolgsmitarbeiter",

■   Kundenorientierte Mitarbeiter,

■   Unternehmensorientierte Mitarbeiter,

■   „Erfolgsmitarbeiter".

Für den Unternehmenserfolg ist sowohl eine Kunden- als auch eine Unternehmensorientierung der Mitarbeiter unerlässlich. Daher sollte es Ziel eines Dienstleistungsunternehmens sein, möglichst viele so genannte „Erfolgsmitarbeiter" zu beschäftigen. Lediglich **unternehmensorientierte Mitarbeiter** neigen dazu, wenig Rücksicht auf Kundenwünsche zu nehmen. Dies kann vor allem bei Dienstleistungen mit einem hohen Integrationsgrad des externen Faktors, eine Kundenabwanderung zur Folge haben. Dahingegen besteht bei einseitig **kundenorientierten Mitarbeitern** die Gefahr, dass sie die Unternehmens- und Marketingziele des Dienstleisters aus den Augen verlieren. Dies wiederum kann eine negative Entwicklung finanzieller Größen (zum Beispiel Umsatz, Gewinn) zur Folge haben. Aus diesen Gründen sollten Dienstleistungsunternehmen sämtliche Maßnahmen der Personalpolitik auf das Ziel ausrichten, Mitarbeiter zu engagieren, die sowohl eine Kunden- als auch eine Unternehmensorientierung zu realisieren gewillt und fähig sind.

In der Matrix können nun einzelne Abteilungen oder Mitarbeiter in Form von Kreisen eingezeichnet werden, wodurch man den qualitativen Personalbestand (Ist-Position) erhält. Unter Hinzunahme der vom Unternehmen verlangten Anforderungen können in einem weiteren Schritt Soll-Positionen für die einzelnen Mitarbeiter oder Abteilungen eingezeichnet werden. Je nach Abstand zwischen der jeweiligen Ist- und Soll-Position kann anschließend die Notwendigkeit für Personalmaßnahmen abgeleitet werden. Wenn es sich zum Beispiel ergeben hat, dass ein Großteil des Kundenkontaktpersonals einer Bank aus Sicht der Unternehmensleitung, der Kunden oder der Mitarbeiter/Kollegen als wenig qualifiziert und motiviert eingeschätzt wird, ist der Einsatz von Maßnahmen der Personalpolitik zur Qualifizierung und Motivation der Mitarbeiter, zum Beispiel durch Trainingsmaßnahmen, notwendig.

Das Instrument der Portfoliomatrix kann dahingehend kritisiert werden, dass die Beurteilung der beiden Dimensionen trotz der Möglichkeit der Heranziehung unterschiedlicher Kriterien sehr unspezifisch ist. Die Ursache ist in der Bestimmung eines einzelnen Wertes je Dimension und Mitarbeiter/Abteilung zu sehen. Mit Hilfe dieser Methode können jedoch Tendenzaussagen hinsichtlich der Notwendigkeit von Maßnahmen der Personalpolitik getroffen werden.

Abbildung 6-60   **Mitarbeiterportfolio eines Dienstleistungsunternehmens**

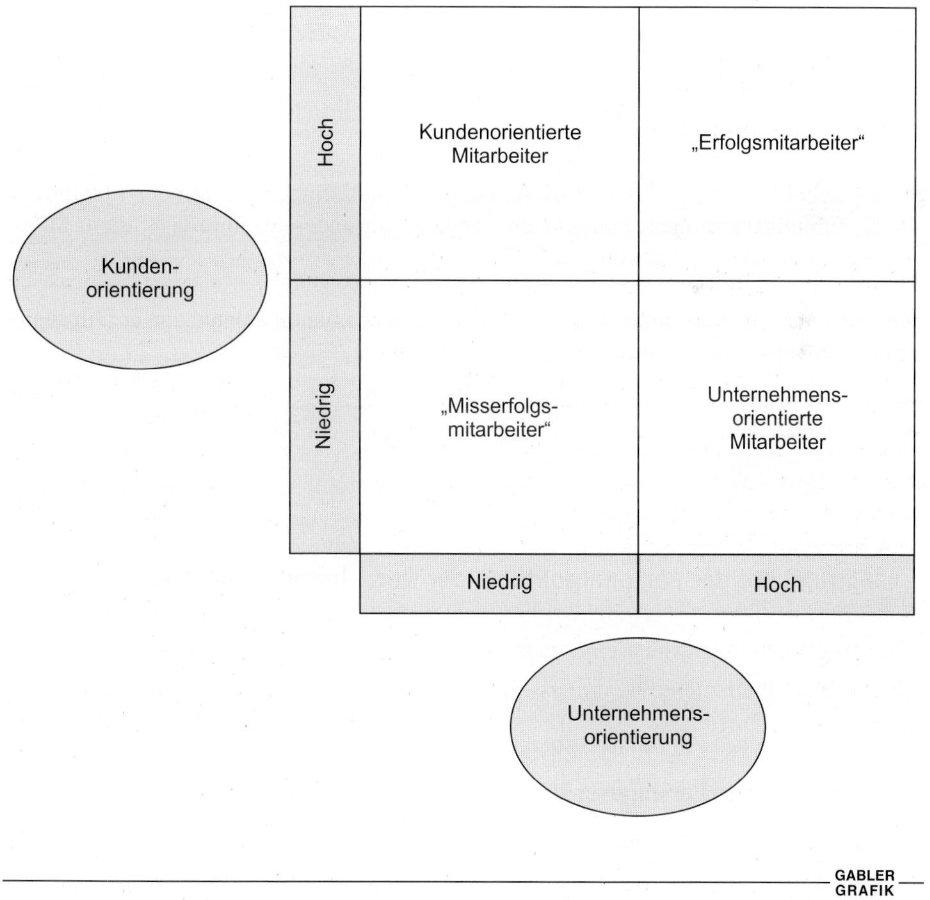

GABLER GRAFIK

5.212 Festlegung der Anforderungen an die interne Dienstleistungsqualität

Neben der Bestimmung der Anforderungen der Unternehmensleitung an einzelne Mitarbeiter und Abteilungen ist ferner die Messung der Anforderungen an die interne Dienstleistungsqualität von Bedeutung.

> **Interne Dienstleistungsqualität** ist die Fähigkeit eines Lieferanten, die Beschaffenheit einer primär intangiblen und der Kundenbeteiligung bedürfenden Leistung aufgrund von internen Kundenerwartungen auf einem bestimmten Anforderungsniveau zu erfüllen (Bruhn 1999c, S. 541).

Als relevante **interne Qualitätsdimensionen** kommen dabei die Folgenden in Betracht (Bruhn 1999c, S. 544):

■ Sachliche Dimension: zum Beispiel Pünktlichkeit, Zuverlässigkeit, Genauigkeit der erwarteten Dienstleistung,

■ Persönliche Dimension: zum Beispiel Offenheit, Ehrlichkeit, Freundlichkeit der beteiligten Manager und Mitarbeiter,

■ Zwischenmenschliche Dimension: zum Beispiel Entgegenkommen, Flexibilität, Einfühlungsvermögen, Fairness im Umgang mit anderen Führungskräften, Mitarbeitern, Kollegen, Abteilungen.

Die Anforderungen der internen Leistungsempfänger können anhand dieser Dimensionen zum Beispiel mittels Befragungen erfasst werden.

Im Anschluss an die Personalplanung gilt es, unter Berücksichtigung der Personalziele Maßnahmen der Organisations- und Realisierungsphase der Personalpolitik festzulegen.

5.22 Instrumente der Personalpolitik in der Durchführungsphase

In der **Durchführungsphase** eines Personalmanagementsystems kommen die folgenden Instrumente zur Anwendung:

■ Instrumente des **Personaleinsatzes**,

■ Instrumente der **Personalveränderung**,

■ Instrumente der **Mitarbeiterkommunikation**.

5.221 Personaleinsatz

> Dem **Personaleinsatz** im weiteren Sinne werden sämtliche Maßnahmen subsumiert, die mit der Festlegung und Gestaltung der Arbeitsorganisation, des Arbeitsplatzes sowie der Arbeitszeit in Verbindung stehen.

Ausgehend von der Definition des Personaleinsatzes lassen sich die folgenden **Kategorien von Instrumenten** unterscheiden:

a. Arbeitsplatzbezogene Instrumente,

b. Arbeitszeitbezogene Instrumente,

c. Arbeitsorganisationsbezogene Instrumente,

d. Tätigkeitsunabhängige Maßnahmen.

a. Arbeitsplatzbezogene Instrumente

Die arbeitsplatzbezogenen Instrumente des Personaleinsatzes betreffen Maßnahmen, die mit dem **Arbeitsplatz des einzelnen Mitarbeiters** direkt in Verbindung stehen.

Zu Beginn eines Arbeitsverhältnisses sowie bei Veränderungen in der Unternehmenspolitik, die Auswirkungen auf den einzelnen Arbeitsplatz haben, sollte der Mitarbeiter eine entsprechende **Einweisung** in seine Aufgaben, Befugnisse und Verantwortlichkeiten erhalten (Dill/Hügler 1987, S. 199). Nur so kann gewährleistet werden, dass er sich an seinem Arbeitsplatz wohlfühlt und zur Erstellung einer den Anforderungen entsprechenden internen und externen Dienstleistungsqualität befähigt wird. Aufgrund der Immaterialität versuchen viele Dienstleistungsunternehmen, durch eine weitgehende Standardisierung des Mitarbeiterverhaltens Teile der Leistung zu homogenisieren. Daher ist es notwendig, dem Mitarbeiter entsprechende Verhaltensweisen zu vermitteln.

Für die Leistungsqualität der Mitarbeiter bedeutsam ist die Weite des ihnen zugestandenen **Handlungsspielraums**. Dabei können unterschieden werden (Bokranz 1989, S. 429):

> Eine **Aufgabenerweiterung** (Job Enlargement) bedeutet die Ausdehnung des Tätigkeitsspielraums zum Beispiel, wenn die Bedienung nicht nur Bestellungen aufnehmen, sondern auch servieren und kassieren darf. Eine Aufgabenerweiterung kann zu einer höheren Motivation der Mitarbeiter führen und damit zu einer stärker ausgeprägten Kundenorientierung. Meist sind in diesem Zusammenhang jedoch Maßnahmen der Personalentwicklung und der Mitarbeiterkommunikation Voraussetzung für eine Erfüllung der neuen Anforderungen.

■ Eine **Aufgabenbereicherung** (Job Enrichment) bedeutet die Vergrößerung des Dispositionsspielraums, wenn zum Beispiel ein Bankangestellter über Kreditvergabe bei höheren Beträgen entscheiden darf. Auch hier ist eine Motivationssteigerung der Mitarbeiter beabsichtigt. Ferner wird dem Mitarbeiter auf diese Weise ermöglicht, auf spezifische Kundenwünsche eigenständig einzugehen.

■ Eine **Aufgabenbegrenzung** bedeutet die Verringerung des Tätigkeits- und/oder Dispositionsspielraums; zum Beispiel, wenn eine Friseurin nur noch für Herren-, jedoch nicht mehr für Damenhaarschnitte zuständig ist. Auf den ersten Blick erscheinen Maßnahmen der Aufgabenbegrenzung eine Form der „Bestrafung" für die Erstellung schwacher Leistungsqualität zu sein. Es ist jedoch auch denkbar, eine solche Maßnahme durchzuführen, um Kundenorientierung des Mitarbeiters durch Spezialisierung zu bewirken. Beispielsweise ist es vorstellbar, dass sich ein Bankangestellter nur noch um Anleger mit Aktienportfolios kümmert und nicht mehr um Kunden mit festverzinslichen Anleihen. Dadurch wird dem Mitarbeiter ermöglicht, sich im Bereich des Aktienmarktes zu spezialisieren und somit den Kunden qualifizierter zu beraten.

Da die Höhe des Gehalts ein wesentlicher Motivationsfaktor für die Mitarbeiter ist (vgl. Kohli/Jaworski 1990; Ruekert 1992), wird es unerlässlich sein, ein wesentliches Augenmerk auf das **Vergütungssystem** des Unternehmens zu legen. Durch ein angemessenes Gehalt kann dem Mitarbeiter signalisiert werden, dass das Unternehmen qualitativ hochwertige Leistungen von ihm erwartet.

Eng verbunden mit der Mitarbeitervergütung steht das Angebot von **Incentives**. Unter Incentives wird die Gesamtheit der materiellen und immateriellen Anreize verstanden, die der Dienstleister dem Mitarbeiter neben der Zahlung des Festgehalts für seinen Beitrag zur Realisierung der Unternehmensziele anbietet. Mit Hilfe solcher Incentives soll eine Steigerung der Motivation des Mitarbeiters erreicht werden, sich gemäß den Vorstellungen des Unternehmens zu verhalten, zum Beispiel stärker kundenorientiert.

Als Ausgestaltungsformen für **materielle Incentives** im Dienstleistungsbereich können angeführt werden:

■ Prämie für besonders kundenorientiertes Verhalten, zum Beispiel für Bedienungen eines Restaurants, wenn sie die Namen von 100 Stammkunden kennen (Bieberstein 2001, S. 375).

■ Prämie für Kundenlob, zum Beispiel für eine Stewardess mit den meisten positiven Kommentaren von Fluggästen.

■ Prämie für interne Kundenorientierung, zum Beispiel Spende für die Kasse der Abteilung, die von anderen Abteilungen als sehr kundenorientiert eingestuft wird.

Immaterielle Incentives im Dienstleistungsbereich können sein:

■ Verleihung von Urkunden, zum Beispiel Ernennung eines „Mitarbeiters des Monats" bei McDonald's,

■ Verleihung von Sachpreisen, zum Beispiel das Schenken einer Urlaubsreise,

■ Mitgliedschaft in Mitarbeiterclubs, für die sporadisch besondere Veranstaltungen organisiert werden.

b. Arbeitszeitbezogene Instrumente

Zur Betrachtung der arbeitszeitbezogenen Instrumente muss zunächst eine Kategorisierung von Dienstleistungen hinsichtlich der **Leistungserstellungszeiten** vorgenommen werden. Dabei sind folgende Dimensionen bedeutsam (vgl. Abbildung 6-61):

Abbildung 6-61   **Erstellungszeitbezogene Klassifizierung von Dienstleistungen**

Zeitdauer des Kunden-Mitarbeiter-Kontaktes / Notwendigkeit der Zeitflexibilität	**Relativ kurz**	**Relativ lang**
Eher gering	Beispiele: ■ Autowaschanlage ■ Bank (Standardleistungen)	Beispiele: ■ Friseur ■ Bank (Beratungsleistung)
Eher hoch	Beispiele: ■ Paketdienst ■ Personentransport	Beispiele: ■ Restaurant ■ Weiterbildungs-unternehmen

GABLER
GRAFIK

■ **Zeitdauer des Kunden-Mitarbeiter-Kontaktes:** Bei Dienstleistungen, die einen hohen Integrationsgrad des externen Faktors aufweisen, ist die Zeitdauer relativ lang. Dieser Tatbestand muss dem jeweiligen Mitarbeiter bewusst gemacht werden, damit er die Kundenkontaktzeit nicht als verschwendete Zeit ansieht.

■ **Zeitflexibilität:** Einige Dienstleistungen müssen aus Kundensicht zu einem bestimmten Zeitpunkt erstellt werden. Dieser Notwendigkeit können Kundengewohnheiten (zum Beispiel bei Restaurants: Abendessen zwischen 18 und 23 Uhr) oder Zeitzwänge seitens der Kunden (zum Beispiel beim Personentransport: Fahrgast möchte nicht zwei Stunden auf einen Bus warten; bei Weiterbildungskursen: Teilnehmer können häufig nur abends oder am Wochenende an solchen Kursen teilnehmen) zugrunde liegen. Je eher eine Leistung aus diesem Grunde zeitflexibel erstellt werden muss, desto eher ergeben sich Besonderheiten für die Gestaltung der Arbeitszeit. In diesem Zusammenhang kann beispielsweise das Instrument der Schichtarbeit (zum Beispiel Bedienungen in einem Restaurant, das ganztägig geöffnet hat) oder der Einsatz von Aushilfskräften (zum Beispiel Studenten als Nachtportier in einem Hotel) Anwendung finden.

c. Arbeitsorganisationsbezogene Instrumente

Zur Verringerung der psychologischen (zum Beispiel unverschämte Gäste in einem Restaurant) und physischen Belastungen (zum Beispiel Bedienung einer hohen Anzahl an Fluggästen durch Stewardess) im Rahmen einer Tätigkeit in einem Dienstleistungsunternehmen ist das Instrument der Teamarbeit eine sinnvolle und notwendige Maßnahme. Unter der Voraussetzung, dass die Teammitglieder gewillt sind, gut miteinander auszukommen, kann es durch den Einsatz von Teams gelingen, den Mitarbeitern ein positiveres Arbeitsumfeld zu bieten sowie die Leistungserstellungsabläufe effizienter zu gestalten und somit die Leistungsbereitschaft und die Motivation der Mitarbeiter zu erhöhen (Berry/Zeithaml/Parasuraman 1990, S. 33).

Studien von Berry und Parasuraman zeigen, dass Kundenkontaktmitarbeiter, die nach Aussagen von Kollegen und Vorgesetzten die Leistungsstandards nicht erfüllen, die folgenden Statements verneinten (Berry/Parasuraman 1995, S. 99):

- Ich fühle mich als Mitglied eines Teams in meiner Abteilung.
- Jeder in meiner Abteilung trägt zu den gemeinsamen Anstrengungen für die Kunden bei.
- Ich fühle mich dafür verantwortlich, meinen Kollegen dabei zu helfen, ihre Arbeit gut auszuführen.
- Meine Kollegen und ich kooperieren eher miteinander, als dass wir konkurrieren. Ich fühle mich als wichtiges Mitglied meines Unternehmens.

Zur Realisierung erfolgreicher Teamarbeit können die folgenden Anforderungen angeführt werden:

- Dauerhafte Mitgliedschaft im Team,
- Regelmäßige Kontakte im Team,
- Teamorientierte Personalführung,
- Gemeinsame Ziele,
- Teambezogene Leistungsmessungen und -belohnungen.

Ein weiteres Instrument der Arbeitsorganisation ist die Einführung eines Systems der **Job Rotation**. Dies bedeutet, dass ein systematisches Wechseln des Arbeitsplatzes in festgelegten Zeitabständen stattfindet (Thommen 1991, S. 615). Dadurch kann erreicht werden, dass der Mitarbeiter seine Tätigkeit weniger monoton empfindet, wodurch motivations- und identifikationsfördernde Wirkungen erzielt werden können. Schließlich gehört die **Art der Mitarbeiterführung** zu den Instrumenten der Arbeitsorganisation. Je partizipativer der Führungsstil ist, desto eher fühlt sich der Mitarbeiter in Entscheidungsprozesse des Unternehmens eingebunden und desto eher wird er gegenüber dem Kunden als verantwortungsbewusster Dienstleister auftreten können.

d. Tätigkeitsunabhängige Maßnahmen

Immer mehr Unternehmen bieten ihren Mitarbeitern besondere Leistungen an, die nicht in Zusammenhang mit der Tätigkeit im Unternehmen stehen. Dadurch wollen sich Unternehmen als mitarbeiterfreundlich präsentieren und die Einstellung der Mitarbeiter gegenüber dem Dienstleister verbessern. So bietet zum Beispiel die Unternehmensberatung Accenture ihren Mitarbeitern einen Reinigungsservice für private Zwecke an. Die Angestellten können ihre zu reinigenden Kleidungsstücke an einem Schalter im Hause des Unternehmens abgeben und nach der Reinigung wieder abholen (Caudron 1995, S. 88ff.)

5.222 Personalveränderung

> Zur **Personalveränderung** gehören sämtliche Maßnahmen, die mittels Einstellung, Entwicklung oder Freistellung von Mitarbeitern auf eine Modifikation des quantitativen oder qualitativen Mitarbeiterpotenzials abzielen.

5.2221 Personalbeschaffung

Der Prozess der Personalbeschaffung kann in die Phasen der Personalakquisition und -auswahl unterteilt werden, denen sich jeweils bestimmte Instrumente zuordnen lassen.

a. Instrumente der Personalakquisition

Um neue, motivierte und qualifizierte Mitarbeiter für ein Dienstleistungsunternehmen zu gewinnen, ist es unerlässlich, mit potenziellen Angestellten Kontakt aufzunehmen, um ihnen einen Arbeitsplatz anzubieten, an dem sie die Voraussetzung dafür finden, Mitarbeiter- und Kundenzufriedenheit gleichzeitig zu realisieren, um einen Beitrag zum Unternehmenserfolg zu leisten.

> **Personalakquisition** bezeichnet die Summe der Maßnahmen, durch die im Rahmen der Personalbeschaffung mit potenziellen Mitarbeitern Kontakt aufgenommen wird (Weber/Mayrhofer/Nienhüser 1993, S. 197).

Die Vielfalt der **Instrumente der Personalakquisition** kann in direkte und indirekte Instrumente eingeteilt werden. Anders als bei **indirekten Instrumenten** wirbt das Unternehmen durch den Einsatz **direkter Instrumente** potenzielle Mitarbeiter ohne Zwischenschaltung anderer Institutionen an.

Je nachdem, ob bei der Akquisition bestimmte Gruppen potenzieller Mitarbeiter angesprochen werden sollen, werden die **direkten Instrumente** wiederum in spezifische direkte und unspezifische direkte Instrumente der Personalakquisition unterteilt. Bei den **spezifischen direkten Instrumenten** stehen beispielsweise Hochschulkontakte im Vordergrund. Insbesondere die Anwerbung von (Nachwuchs-)Führungskräften kann mittels der Teilnahme an Bewerbungskongressen, der Zusammenarbeit mit Career Services von Hochschulen, der Durchführung von Unternehmenspräsentationen usw. erfolgen (Fröhlich/Langecker 1989, S. 154ff.).

Bei den **unspezifischen direkten Instrumenten** sind zu nennen:

▌ **Personalimagewerbung**

Die Personalimagewerbung dient der Schaffung eines Images als attraktiver und mitarbeiterorientierter Arbeitgeber. Diese Wirkung soll durch die Ansprache potenzieller Mitarbeiter mittels Instrumenten der externen Kommunikation (zum Beispiel Werbung, Öffentlichkeitsarbeit, Sponsoring) erreicht werden (Fröhlich/Sitzenstock 1989, S. 134ff.).

Beispiel: Das Century Plaza Hotel in Los Angeles veranstaltete gemeinsam mit zwei Schulen Informationstage für eine Gruppe von 14- bis 18-jährigen Schülern aus ärmlichen Verhältnissen. Dabei wurden den Teilnehmern Ausbildungs- und Karrieremöglichkeiten in der Hotelbranche aufgezeigt (Laabs 1995, S. 50).

▌ **Stellenanzeigen**

Mit Hilfe von viel gelesenen Stellenanzeigen in großen überregionalen Zeitungen kann ein relativ großer Teil potenzieller Mitarbeiter auf eine bestimmte Stelle aufmerksam gemacht werden. Der Erfolg einer Stellenanzeige hängt dabei davon ab, inwiefern mit ihr
- kognitive Wirkungen (zum Beispiel Wecken von Aufmerksamkeit aufgrund der Anzeige),
- affektive Wirkungen (zum Beispiel positive Hinstimmung zu der angebotenen Stelle) und
- konative Wirkungen (zum Beispiel Anfertigen einer Bewerbung)

erzielt werden.

■ **Direktansprache**

Schließlich besteht die Alternative, potenzielle Mitarbeiter direkt und persönlich anzusprechen. Dies ist in den folgenden Fällen gegeben:

– Abwerben von Mitarbeitern der Konkurrenz (zum Beispiel auf Messen),
– Abwerben von Mitarbeitern von Kunden,
– Abwerben von Mitarbeitern von Zulieferern (zum Beispiel Abwerben eines Unternehmensberaters durch eine Bank),
– Anwerben von Kunden (zum Beispiel Anwerben einer Diskothekbesucherin als Bedienung).

Beim Einsatz von **indirekten Instrumenten** der Personalakquisition verläuft die Kundenansprache über eine vermittelnde Institution. Hierbei sind die folgenden Alternativen möglich:

■ **Personalberatung**

Der Einsatz von Personalberatungen bietet mehrere Vorteile gegenüber der eigenen Personalwerbung, wie zum Beispiel ein guter Überblick über den Arbeitsmarkt, weniger Zeitaufwand für die eigenen Mitarbeiter.

■ **Führungskräftevermittlung/Arbeitsämter**

Diese Alternativen haben mit den Personalberatungen einen großen Überblick über den Arbeitsmarkt gemein, meist bieten sie jedoch, im Gegensatz zu den Personalberatungen, keine qualifizierte Selektion von Bewerbern an.

■ **Zeitarbeit**

Im Rahmen der Zeitarbeit wird temporär die Arbeitskraft von Mitarbeitern in Anspruch genommen, die von Personalleasinggesellschaften vermittelt werden. Neben der Nutzung der Zeitarbeit im Rahmen des Interimsmanagements (zum Beispiel bei Schwangerschaften, Ausscheiden von Führungskräften) bietet sie sich insbesondere bei Dienstleistungen mit zeitabhängigen, vorhersehbaren Nachfrageschwankungen an, weil die betroffenen Mitarbeiter lediglich für einen vorab festgelegten Zeitraum angestellt werden. Die kurze Anstellungszeit hat den Nachteil, dass sich der Einsatz von Personalentwicklungsmaßnahmen für diese Mitarbeiter häufig nicht lohnt. Dieses Instrument ist daher vor allem dann attraktiv, wenn

– es sich um Stellen handelt, für die kein hohes Qualifikationsniveau erforderlich ist,
– die Personalleasinggesellschaft zusichern kann, dass die Mitarbeiter über die benötigte Qualifikation verfügen.

In jedem Fall muss jedoch auch den Teilzeitkräften, insbesondere mit direktem Kundenkontakt, deutlich gemacht werden, welch großen Einfluss ihr Verhalten gegenüber dem Kunden auf dessen Qualitätswahrnehmung der Leistungen und sein Image vom Unternehmen hat.

INSERT 6-26   **Horizont, 28.03.2002, S. 54**

RECRUITING   Personalentscheidungen sind Investitionsentscheidungen / Auswahlmethoden und -inhalte im Blickfeld

Noch keine gläsernen Kandidaten

Für die richtige Personal-entscheidung kommt es darauf an, das Potenzial der Kandidaten zu erkennen.

FRANKFURT Es gibt Naturtalente: Führungspersönlichkeiten, die nach einem einstündigen Interview aus dem Bauch heraus erkennen, ob der Mann oder die Frau gegenüber der oder die Richtige ist – geeignet für eine offene Position oder zur weiteren Karriereförderung. Derartige Naturtalente mit herausragender Menschenkenntnis sind allerdings selten. „Wir wissen nicht, wer bei uns diese Gabe hat, und wenn es wir es wüssten, könnten diese wenigen nicht alle unsere Personalentscheidungen treffen", sieht es Robert Holzapfel, bei der Hypovereinsbank in München Leiter Zentrale Personalentwicklung, nüchtern.

Da „Personalentscheidungen wichtige Investitionsentscheidungen" sind und auf die Naturtalente kein Verlass ist, schwört Holzapfel auf ein Instrument, das Bewerberkandidaten zum Handeln zwingt und sie nicht nur (gut) über sich erzählen lässt. Im Assessment Center (AC) agieren gleich mehrere Kandidaten, spielen Gruppendiskussion und Teamarbeit, schlüpfen schon mal in die Rolle des Chefs und leisten Überzeugungsarbeit im Vier-Augen-Gespräch. Alles unter aufmerksamer Beobachtung geschulter Trainer oder erfahrener Praktiker. In vielen Unternehmen – vor allem den großen – ist das die Methode der Wahl, so auch für die Hypovereinsbank, die seit 15 Jahren mit diesem Instrument arbeitet. Alle internen Potenzialträger müssen da durch, wenn sie die Karriereleiter erklimmen wollen. Als Auswahlmethode ist das AC verbreitet und bewährt: So gibt Lutz von Rosenstiel, an der Münchner Universität Leiter des Lehrstuhls Wirtschafts- und Organisationspsychologie, in einer vergleichenden Untersuchung dem AC gute Noten: Seine Gültigkeit (Validität) wurde mit dem Korrelations-Koeffizienten von 0,4 bis 0,75 am höchsten aller untersuchten

Verfahren bewertet. Zum Vergleich: Interviews erreichen höchstens einen Wert von 0,25 und Zeugnis-Noten als Auswahlkriterium treffen lediglich mit einem Faktor von 0,1 bis 0,2 ins Schwarze (siehe Kasten).

Es gibt dennoch Argumente gegen das Assessment Center. So können erfahrene „AC-Hopper", mit wachsender Erfahrung ohne Mühe das gewünschte Verhalten an den Tag legen und damit die Gastgeber an der Nase herumführen. Diese Erkenntnis ist besonders bitter angesichts der hohen Kosten, die mit dieser aufwendigen Potenzialanalyse zu Buche schlagen. „Zwischen 2500 und 5000 Euro pro Kandidat" veranschlagt Robert Holzapfel. Der AC-Verfechter räumt immerhin ein: „sehr teuer bei unbestritten begrenzter Validität".

Als preiswerte Alternative bringen sich hier psychologische Persönlichkeitstests ins Spiel. Aus den Antworten mehr oder weniger tiefgründiger Multiple-Choice-Fragen treffen sie Aussagen über die Persönlichkeitsstruktur eines Kandidaten. Hier tut sich ein weites Feld auf zwischen Scharlatanerie und wissenschaftlich fundierter Analysemethodik. „Die Bezeichnung psychologischer Test ist nicht geschützt" moniert Harald Hauschildt, Geschäftsführer von Alpha Plus Profile in Wachtberg bei Bonn. Hauschildt hält die internationale Generallizenz für die Persönlichkeitsanalysen, die von dem Psychologen und Psychotherapeuten Joern J. Bambeck entwickelt wurden. Skeptikern gegenüber verweist er auf die „teststatistischen Gütekriterien", auf die sich Wissenschaftler für die Bewertung derartiger Test geeinigt haben. „Die werden von den Alpha-Plus-Profilen hochgradig erfüllt oder sogar übererfüllt", unterstreicht Hauschildt. In die Diskussion pro- oder kontra Assessment-Center oder psychologischer Test will sich dagegen Bernd Wildenmann, Inhaber des gleichnamigen Karlsbader Consulting-Unternehmens, nicht einmischen: „Es kommt darauf an, dass bei der Beurteilung der Kandidaten auf die erfolgsentscheidenden Potenziale geschaut wird." Um hier die richtigen Kriterien herauszufinden, untersuchte Wildenmann die Persönlichkeitsmerkmale von Managern, die bereits nachweislich ökonomischen Erfolg vorzuweisen haben.

Auf der Grundlage eines so genannten 360-Grad-Feedbacks ließ er Mitarbeiter, Kollegen und Vorgesetzte über Eigenschaften und Verhalten dieser Manager befragen. „Es ging uns darum, Faktoren zu finden, die in hoher Beziehung stehen zu erfolgreichem Management in komplexen Strukturen", erläutert Wildenmann seine Methode. Zehn Kompetenzen haben der Consultant und seine Mitarbeiter herausgefiltert, die vor allem anderen ökonomisch erfolgreiche Manager einen: Dazu gehören beispielsweise Inspirations- und Begeisterungsfähigkeit, analytisches Vorgehen, Humor oder ein hohes Maß an natürlicher Autorität. Eigenschaften, die ein deutlich überdurchschnittliches Erfolgspotenzial versprechen und deshalb bei der Beurteilung von Bewerbern und Nachwuchsführungskräften stärker in den Fokus gerückt werden sollten, ist Wildenmann überzeugt. Dabei genügten schon die gezielten Blicke auf vier grundlegende Eigenschaften, die erfolgreiche Manager in der Regel in sich vereinen (siehe Interview). Keine Korrelation konnte Wildenmann in seinen Untersuchungen hingegen zwischen Erfolg und den so genannten „weichen" Management-Skills, wie Einfühlungsvermögen oder sozialer Intelligenz, herausfinden. „Diese Lieblingsthemen der Personalentwicklung haben offensichtlich keine ökonomische Relevanz", so Wildenmann.

Die Konsequenzen aus seinen Untersuchungen sieht er für die alltäglichen Personalentscheidungen pragmatisch. Entscheidend sei, dass in Interview, AC oder im psychologischen Test der Fokus auf die wichtigen Faktoren gelenkt werde. „Dazu müssen wir nicht die ganze Psyche erforschen". *I. Sichau*

Test im Vergleich

- Interview 0,0 - 0,25
- Intelligenztest 0,2 - 0,3
- Leistungstest 0,1 - 0,2
- Persönlichkeitstest 0,2 - 0,4
- Kollegen-Urteil 0,3 - 0,5
- Zeugnis-Noten 0,1 - 0,2
- Biographische Fragen 0,3 - 0,7
- Arbeitsproben 0,28 - 0,40
- Referenzen 0,18

Werte bezeichnen die beobachteten Korrelations-Koeffizienten
Quelle: Lutz von Rosenstiel: Lehrstuhl für Wirtschafts- und Organisationspsychologie, Uni München

b. Instrumente der Personalauswahl

Der Einsatz von Maßnahmen der Personalauswahl ist notwendig, wenn für eine Stelle mehrere Bewerbungen vorliegen (Scholz 1991, S. 165). Da in Dienstleistungsunternehmen die Erfüllung der an die Mitarbeiter gestellten Anforderungen zur Erreichung der Unternehmensziele besondere Relevanz hat, sollten Instrumente der Personalauswahl in jedem Falle zur Bewerbungsanalyse herangezogen werden (vgl. hierzu auch Insert 6-26).

Bei der Auswahl von Bewerbern sind zwei Gruppen von Kriterien heranzuziehen:

■ Formale Kriterien (zum Beispiel Alter, Ausbildung, Staatsbürgerschaft),

■ Anforderungskriterien des Unternehmens, bezogen auf die Stelle (zum Beispiel Kompetenz, Flexibilität).

Die Erfüllung der gewünschten Ausprägungen dieser Kriterien kann mit Hilfe der folgenden **Instrumente** überprüft werden:

■ Schriftliche Bewerbung,

■ Referenzen,

■ Persönliches Gespräch,

■ Assessment Center,

■ Fragebogen,

■ Psychologische Testverfahren,

■ Musterleistungserstellung.

*5.*2222 Personalentwicklung

Der **Personalentwicklung** sind sämtliche Maßnahmen zu subsumieren, die der Veränderung von
– kognitiven Persönlichkeitsmerkmalen der Mitarbeiter
  (zum Beispiel Kenntnisse, Fähigkeiten),
– affektive Persönlichkeitsmerkmalen der Mitarbeiter
  (zum Beispiel Einstellungen, Motivation),
– konativen Persönlichkeitsmerkmalen der Mitarbeiter
  (zum Beispiel kundenorientiertes Verhalten)
dienen, um eine effizientere Erreichung der Unternehmensziele zu gewährleisten (Kitzmann/Zimmer 1982, S. 11).

Die **Ziele der Personalentwicklung** lassen sich in unternehmens- und mitarbeiterbezogene Ziele einteilen (Berry/Parasuraman 1995, S. 95; Becker 1999, S. 275). Zu den **unternehmensbezogenen Zielen** zählen:

■ Erhaltung und Verbesserung der Wettbewerbsfähigkeit,

■ Erhöhung der Flexibilität der Mitarbeiter,

■ Änderung der Einstellungen und Werte der Mitarbeiter,

■ Mitarbeitermotivation,

■ Sicherung und Verbesserung eines qualitativen und quantitativen Personalbestands.

Im Dienstleistungsbereich kommt der Personalentwicklung die Besonderheit zu, den
Mitarbeitern ihre Rolle als Marktforscher deutlich zu machen (Thomson 1993, S. 75;
Bieberstein 2001, S. 368f.). Aufgrund der Integration des externen Faktors in den Leistungserstellungsprozess sind die Kundenkontaktmitarbeiter in ständigem Kontakt mit
dem Kunden. Dies versetzt sie in die Lage, Informationen hinsichtlich der Bedürfnisse
und des Kaufverhaltens des Kunden aus erster Hand zu erhalten.

Den **mitarbeiterbezogenen Zielen** lassen sich zuordnen:

■ Aktivierung des Qualifikationspotenzials,

■ Minderung der Risiken des Arbeitsplatzverlustes,

■ Erhöhung individueller Mobilität,

■ Erhaltung und Verbesserung der persönlichen Qualifikation,

■ Befriedigung materieller und immaterieller Motive.

Unter Verwendung des Kompetenzbegriffes ist die **Aufgabe der Personalentwicklung**
in Veränderungen der Handlungskompetenz von Mitarbeitern zu sehen (Becker 1999,
S. 275). Dabei lassen sich vier **Typen der Handlungskompetenz** unterscheiden:

■ **Fach-** beziehungsweise **Sachkompetenz:** Fachspezifische Kenntnisse für die jeweilige Stelle, zum Beispiel Kenntnisse des Versicherungsmarktes für einen Versicherungsmakler.

■ **Methoden-** beziehungsweise **Konzeptkompetenz:** Fähigkeit, unterschiedliche Lö-
sungsmethoden auf ein Problem anwenden zu können, Selektions- sowie Lernfähigkeit, zum Beispiel Behandlung spezifischer Kundenprobleme.

■ **Sozialkompetenz:** Teamfähigkeit, Verantwortungsbewusstsein, Kommunikationsfähigkeit, Kundenorientierung.

■ **Psychologische Kompetenz:** Motivation, Einstellungen, Einsatzwillen, zum Beispiel Fähigkeit, eine kundenorientierte Unternehmenskultur zu verwirklichen.

Abbildung 6-62   Exemplarische Gestaltung der Qualifizierung von Filialmitarbeitern eines Bankdienstleisters

Finanzberater (Front Office)	Back-Office-Mitarbeiter
Informationsveranstaltung (Vortrag) über anstehende Änderungen (zentral)	
Gemeinsamer **Workshop** (1-tägig; über Zusammenarbeit, Schnittstellenproblematik und Aufgabenteilung überregional; aus verschiedenen Filialen)	
Seminare zur Vermittlung der notwendigen Fachkompetenz für „normale" Privatkundenbetreuer wie für Vermögensberater (1- bis 2-tägig; überregional)	**Seminare** zur Vermittlung der notwendigen Fach- und Methodenkompetenz (1- bis 2-tägig; überregional)
Aufgabenerfüllung in der Filiale unter den neuen Bedingungen ■ Schaffung von Situationen zur Anwendung des Erlernten ■ Supervising- und Coaching-Möglichkeiten	
Workshops zur Vermittlung bzw. Vertiefung der Methoden- und Sozialkompetenz „kundenorientiertes und segmentspezifisches Verhalten" (2-tägig; überregional)	**Workshops** zu „kundenorientiertem Verhalten im Back-Office-Bereich" (1- bis 2-tägig; überregional)
Aufgabenerfüllung in der Filiale unter den neuen Bedingungen ■ Schaffung von Situationen zur Anwendung des Erlernten ■ Supervising- und Coaching-Möglichkeiten	
Gemeinsamer **Workshop** zur Erarbeitung üblicher Problemsituationen und zu Ansätzen der Problemhandhabung (1-tägig; überregional oder regional)	
Aufgabenerfüllung in der Filiale unter den neuen Bedingungen ■ Schaffung von Situationen zur Anwendung des Erlernten ■ Supervising- und Coaching-Möglichkeiten	

GABLER
GRAFIK

Quelle: Becker/Günther 2001, S. 766

Durch die Veränderung dieser Kompetenzen sollen die Mitarbeiter auf zukünftige Aufgaben vorbereitet, das heißt qualifiziert werden. Je nach **Qualifizierungsrichtung** lassen sich differenzieren (Becker 1999, S. 276):

- **Erweiterungsqualifizierung:** Vergrößerung des Ausmaßes der Handlungskompetenz, ohne dass ein Stellenwechsel angestrebt wird, zum Beispiel Einarbeitung eines Kreditsachbearbeiters in eine neue Methode zur Beurteilung der Kreditwürdigkeit.

- **Anpassungsqualifizierung:** Anpassung der Qualifikation des Mitarbeiters an unternehmensexterne oder -interne Entwicklungen, zum Beispiel Computerkurs für Bankmitarbeiter.

- **Aufstiegsqualifizierung:** Vorbereitung eines Mitarbeiters auf eine neue Stelle, zum Beispiel „Kreativitätstechniken"-Kurs für einen Mitarbeiter, der als Projektleiter eingesetzt werden soll.

Die Vermittlung von kundenorientierten Einstellungen und Verhaltensweisen sowie deren Einsatz im täglichen Arbeitsumfeld soll am **Beispiel eines Bankdienstleisters** für die direkten Kundenkontaktpersonen (zum Beispiel Finanzberatern) sowie den ebenso wichtigen, wenn auch nur indirekt in Kundenkontakten tätigen Mitarbeitern (aus dem Back Office) skizziert werden. Je nach Ausgangspunkt der individuellen Qualifikationen kann eine Anpassungs- beziehungsweise Aufstiegsqualifizierung intendiert sein, die sich jeweils verschiedener Methoden bedienen: zum Beispiel interne und externe Fortbildung (durch Informationsveranstaltungen, Workshops usw.) oder auch stellengestaltende Tätigkeiten. Abbildung 6-62 illustriert die Anwendung unterschiedlicher Entwicklungsmaßnahmen und die Umsetzung des erlernten Wissens im konkreten Tätigkeitsfeld.

Die Vielzahl der Instrumente der Personalentwicklung kann nach dem Tätigkeitsbezug der Maßnahme und der Kontinuität ihres Einsatzes klassifiziert werden in (vgl. zum Beispiel Becker 1999, S. 288):

- **Stellengebundene Personalentwicklung (On-the-Job)**
  Hierbei findet eine kontinuierliche Qualifizierung am Arbeitsplatz statt, zum Beispiel Einsatz als Assistent, Modelllernen, Leittextmethode.

- **Stellenübergreifende Personalentwicklung (Near-the-Job)**
  Hierbei handelt es sich um Maßnahmen, die in enger räumlicher, zeitlicher und inhaltlicher Nähe zum Arbeitsplatz stattfinden, zum Beispiel Qualitätszirkel, Projektgruppenarbeit.

- **Stellenungebundene Personalentwicklung (Off-the-Job)**
  Solche Maßnahmen werden losgelöst vom Tätigkeitsfeld des Mitarbeiters außerhalb des Arbeitsplatzes durchgeführt, zum Beispiel Vortrag, Tagung, Kurse.

Zur detaillierteren Beschreibung der Instrumente können weitere Kriterien herangezogen werden:

- Qualitätsorientierung der Maßnahmen,
- Standardisierbarkeit der Maßnahmen,
- Individualisierbarkeit der Maßnahmen,
- Steuerbarkeit durch die Unternehmensleitung.

Dabei kommt den stellenübergreifenden Instrumenten eine besondere Bedeutung im Dienstleistungsbereich zu. Da der Dienstleistungserstellungsprozess häufig einen Charakter der Interaktivität zwischen Mitarbeiter und Kunde aufweist, können mit Hilfe von Maßnahmen des Training Near-the-Job (zum Beispiel Rollenspiele) **Dienstleistungserstellungsprozesse simuliert** werden (Bieberstein 2001, S. 371). Dabei soll der Kunde einen „Musterkunden" (zum Beispiel Psychologe, Trainer) bedienen, sodass eine sofortige Beurteilung der exemplarischen Mitarbeiterleistung möglich ist und er sofort auf mögliche Schwächen aufmerksam gemacht werden kann.

Schließlich ist anzumerken, dass jedes der Instrumente im Hinblick auf die Ziele der Personalentwicklung in Abhängigkeit der Persönlichkeit des Mitarbeiters unterschiedliche Wirkungen hervorrufen kann. Daher ist es empfehlenswert, die Instrumente nicht isoliert einzusetzen, sondern aufeinander abzustimmen. Ferner wird insbesondere von der amerikanischen Dienstleistungsliteratur (Berry/Parasuraman 1995, S. 97) **Kreativität** bei der Auswahl und Durchführung von Personalentwicklungsmaßnahmen gefordert.

Beispiel: Eine amerikanische Bank verlangte von Mitarbeitern, denen mit Vaseline verschmierte Brillen aufgesetzt wurden, Überweisungsscheine auszufüllen und mit drei zusammengebundenen Fingern Geld zu zählen. Durch diese Maßnahme sollte den Mitarbeitern verdeutlicht werden, welche Probleme ältere und behinderte Kunden im Leistungserstellungsprozess haben können.

5.2223 Personalfreistellung

Wenn Mitarbeiter den Anforderungen ihrer und anderer freier Stellen im Unternehmen nicht entsprechen, ist es erforderlich, diese Stelle durch eine andere Person zu besetzen. Dabei bestehen für die Behandlung des alten Stelleninhabers zwei Handlungsalternativen:

- Kündigung,
- Outplacement.

In zahlreichen Fällen ist die Kündigung des Mitarbeiters nicht möglich beziehungsweise nicht erwünscht. Dies kann zum Beispiel eine vertragliche Bindung oder soziale Gründe als Ursache haben. Daher ist in den letzten Jahren das Instrument des Outplacement entwickelt worden.

> Unter **Outplacement** versteht man sämtliche Maßnahmen, die dazu dienen, dem Unternehmen und dem freizustellenden Mitarbeiter unter Federführung eines erfahrenen Personalberaters eine einvernehmliche Trennung zu ermöglichen (Heymann/Motz 1990, S. 649).

Gegenüber traditionellen Kündigungen hat das Outplacement für das Unternehmen unter anderem folgende **Vorteile** (Heymann/Motz 1990, S. 651):

- Vermeidung von Störungen des Betriebsklimas,

- Stärkung des öffentlichen Ansehens durch Verantwortungsübernahme für Mitarbeiter,

- Verkürzung des Trennungsprozesses bei Führungskräften,

- Verhinderung von arbeitsrechtlichen Schritten.

Bei der Durchführung des Outplacement kann der folgende **Prozess** zugrunde gelegt werden (Heymann/Motz 1990, S. 655):

- Schilderung des Problems gegenüber dem Mitarbeiter durch das Unternehmen, Aufzeigen von Alternativen, zum Beispiel Outplacement,

- Bereitschaftserklärung des Mitarbeiters zum Outplacement,

- Gemeinsame Suche nach erfahrenem Personalberater,

- Beratung durch den Personalberater in der Emotions-/Aufrüstphase, der Sammlungs-/Sichtungsphase sowie der Bewerbungsphase,

- Finden einer den Fähigkeiten und Kenntnissen des Mitarbeiters entsprechenden neuen Stelle,

- Aufgabenadäquate Besetzung der frei gewordenen Stelle.

5.223   Mitarbeiterkommunikation

> Der **Mitarbeiterkommunikation** werden sämtliche Informations- und Kommunikationsabläufe in einem Unternehmen subsumiert, die der Steuerung von Meinungen, Einstellungen und Verhalten der Mitarbeiter und Führungskräfte dienen (Schick 1995, S. 456).

Die **Aufgaben der Mitarbeiterkommunikation** umfassen:

█ Kommunikation aller Maßnahmen, Programme und Instrumente der Personalpolitik (zum Beispiel Aufzeigen der Karrieremöglichkeiten, Vorstellung von Weiterbildungsangeboten),

█ Unterstützung der Führungskräfte aller Ebenen bei ihren Kommunikationsaufgaben,

█ Information von Mitarbeitern und Führungskräften bei Veränderungsprojekten.

Ausgehend von diesen Aufgaben lassen sich drei grundsätzliche **Arten der Mitarbeiterkommunikation** unterscheiden:

█ Kommunikation der Unternehmens-/Personalleitung mit Führungskräften,

█ Kommunikation der Unternehmens-/Personalleitung mit Mitarbeitern,

█ Kommunikation der Führungskräfte mit Mitarbeitern.

Die Gesamtheit der **Maßnahmen der Mitarbeiterkommunikation** lässt sich gliedern nach zwei Dimensionen:

█ Medium der Ansprache in persönliche und mediale Mitarbeiterkommunikation,

█ Kontinuität des Einsatzes in kontinuierliche und sporadische Mitarbeiterkommunikation.

Bei der Bildung einer Vier-Felder-Matrix aus diesen beiden Dimensionen lassen sich vier **Instrumentegruppen der Mitarbeiterkommunikation** bilden, die in Abbildung 6-63 dargestellt sind:

█ Kontinuierliche persönliche Mitarbeiterkommunikation (zum Beispiel Mitarbeiterbesprechungen, Qualitätsgruppen, Projektsitzungen),

█ Kontinuierliche mediale Mitarbeiterkommunikation (zum Beispiel Führungskräfteinformation, Mitarbeiterzeitschrift, Betriebliches Vorschlagswesen, internes Stellenmagazin),

█ Sporadische persönliche Mitarbeiterkommunikation (zum Beispiel Managementtagung, Workshops, Seminare, Unternehmensversammlung),

█ Sporadische mediale Mitarbeiterkommunikation (zum Beispiel Mitarbeiterbrief, Mitarbeiterbroschüren, Aushänge, Datenbanken).

Abbildung 6-63   **Instrumente der Mitarbeiterkommunikation**

Kontinuität des Einsatzes \ Ansprache	Persönlich	Medial
Kontinuierlich	Kontinuierliche persönliche Mitarbeiterkommunikation Beispiele: ■ Mitarbeiterbesprechung ■ Qualitätsgruppen ■ Projektsitzungen	Kontinuierliche mediale Mitarbeiterkommunikation Beispiele: ■ Führungskräfteinformation ■ Mitarbeiterzeitschrift ■ Internes Stellenmagazin
Sporadisch	Sporadische persönliche Mitarbeiterkommunikation Beispiele: ■ Managementtagung ■ Workshops ■ Unternehmensversammlung	Sporadische mediale Mitarbeiterkommunikation Beispiele: ■ Mitarbeiterkommunikation ■ Aushänge ■ Datenbanken

GABLER
GRAFIK

Die **Deutsche Bank** hat eine unternehmensweite interne Kommunikationsplattform eingeführt. Das Intranetportal „dbnetwork" bedient die individuellen Informationsbedürfnisse der Mitarbeiter zu den Themen: Nachrichten, Research, Richtlinien, Karriere, Geschäftsreisen, Links, Konferenzräume und Services. Weltweit werden die neuesten Nachrichten verfasst, die in kürzester Zeit ins Intranet gestellt werden. Die Webseiten werden mehr als 220.000 Mal täglich besucht. dbnetwork bietet den Mitarbeitern nicht nur einen schnellen und transparenten Informationsfluss, sondern fördert auch die Zusammengehörigkeit zwischen den Bereichen und sorgt dafür, dass sich jeder Mitarbeiter in jeder Abteilung und an jedem Ort der Welt über alle Neuigkeiten und Vorgänge in der Bank informieren kann (Dahlhoff 2002).

Vielfach geschieht die Information von Führungskräften und Mitarbeitern erst, nachdem Entscheidungen bereits getroffen sind. Um den Mitarbeitern das Gefühl zu geben, mitverantwortlich für den Unternehmenserfolg und nicht nur Empfänger von Weisungen zu sein, ist es ratsam, bereits im Prozess der Entscheidungsfindung permanent die neuesten Informationen zur Verfügung zu stellen. Diese offene Informationspolitik der Unternehmensleitung kann Steigerungen von Motivation und Einsatzwillen seitens der Mitarbeiter zur Folge haben, zum Beispiel permanente Information über die Entwicklung eines Qualitätsprogramms. Gerade im Dienstleistungsbereich ist es aufgrund des ständigen Kundenkontaktes wichtig, Mitarbeiter insbesondere über den Kunden betreffende Entwicklungen in den Bereichen Markt, Unternehmen, Konkurrenz, Umfeld zu informieren. So wird es ihnen ermöglicht, dem Kunden gegenüber als kompetenter und gut informierter Dienstleister aufzutreten, zum Beispiel Information des Bankpersonals über Vorhaben des Finanzministers, die Zinsabschlagssteuer zu erhöhen. Diese Art der kontinuierlichen Information wird in der Literatur **Prozesskommunikation** genannt (Dotzler 1999, S. 673).

Die Prozesskommunikation hat gegenüber der traditionellen Mitarbeiterkommunikation eine Reihe von **Vorteilen** (Schick 1995, S. 464):

- Höhere Akzeptanz von Entscheidungen,

- Höhere Loyalität gegenüber Entscheidern,

- Engagierte und selbstverantwortliche Umsetzung,

- Geringere Widerstände bei der Umsetzung,

- Geringere Kosten der Umsetzung,

- Höhere Entscheidungssicherheit.

Allerdings stellt die Prozesskommunikation auch höhere Anforderungen an Führungskräfte und Mitarbeiter als die traditionelle Mitarbeiterkommunikation (Dotzler 1999, S. 674):

- Vertrauen von Führungskräften und Mitarbeitern,

- Selbstbewusstsein und Sicherheit der Führungskräfte und Mitarbeiter,

- Bereitschaft, Entscheidungen aktiv mitzutragen und zu verantworten,

- Bereitschaft, sich mit Fragestellungen, die über den eigenen Aufgabenbereich hinausgehen, auseinanderzusetzen.

5.23 Personalprüfung

In der Kontrollphase eines Personalmanagementsystems steht die Personalprüfung im Vordergrund.

> Unter der **Personalprüfung** sind sämtliche Maßnahmen zu verstehen, mit deren Hilfe festgestellt werden soll, inwieweit die Mitarbeiter die an sie gestellten Anforderungen seitens des Unternehmens sowie das Unternehmen und die Mitarbeiter die an sie gestellten Anforderungen seitens der Mitarbeiter im Hinblick auf die Ziele der Personal- und Marketingpolitik erfüllen.

INSERT 6-27   Personalwirtschaft, 06/1997, S. 41

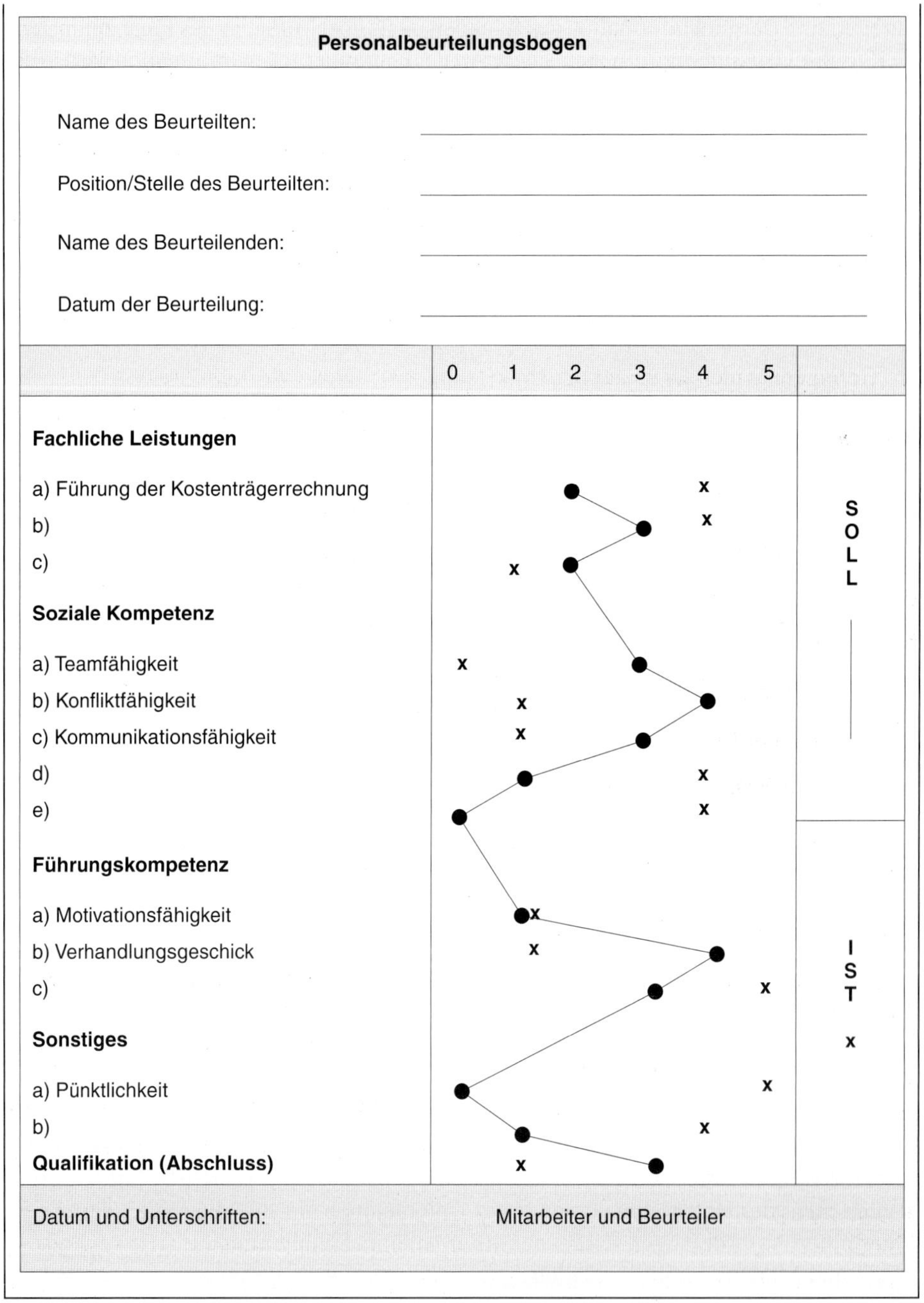

Personalbeurteilungsbogen

Name des Beurteilten: _____

Position/Stelle des Beurteilten: _____

Name des Beurteilenden: _____

Datum der Beurteilung: _____

	0	1	2	3	4	5	

Fachliche Leistungen

a) Führung der Kostenträgerrechnung

b)

c)

Soziale Kompetenz

a) Teamfähigkeit

b) Konfliktfähigkeit

c) Kommunikationsfähigkeit

d)

e)

Führungskompetenz

a) Motivationsfähigkeit

b) Verhandlungsgeschick

c)

Sonstiges

a) Pünktlichkeit

b)

Qualifikation (Abschluss)

S O L L

I S T

Datum und Unterschriften: Mitarbeiter und Beurteiler

Die Personalprüfung besteht in der **Messung der internen Dienstleistungsqualität**. Diese geht unter Zugrundelegung des Konzeptes des Internen Marketing über die traditionelle Personalbeurteilung hinaus. Während unter letzterer die Einschätzung des Beitrages einzelner Mitarbeiter zu den Unternehmenszielen verstanden wird (Weber/Mayrhofer/Nienhüser 1993, S. 204), zielt die Messung der internen Dienstleistungsqualität auf die Beurteilung der potenzial-, prozess- und ergebnisorientierten Qualität interner Leistungen bezüglich folgender Ebenen ab (Bruhn 1999c, S. 542f.):

- Personale Ebene (Führungskraft, Mitarbeiter),

- Gruppenbezogene Ebene (Leitung, Abteilungen),

- Organisationale Ebene (Zentrale, Filiale).

Bei der Messung der internen Dienstleistungsqualität geht es darum, den Erfüllungsgrad interner Dienstleistungen zu beurteilen. Ähnlich wie bei der Messung der externen Dienstleistungsqualität müssen Messmethoden die folgenden **Anforderungskriterien** erfüllen, um sinnvolle Implikationen für die Personalpolitik zu ermöglichen (Bruhn 1999c, S. 553):

- Interne Qualitätsrelevanz der gemessenen Merkmale,

- Vollständigkeit der gemessenen Kriterien,

- Aktualität der Messergebnisse,

- Eindeutigkeit der Messergebnisse,

- Umsetzbarkeit der Ergebnisse,

- Validität der Ergebnisse,

- Kosten der Durchführung der Messmethoden.

Anhand dieser Anforderungskriterien sind die jeweiligen Methoden auf ihre Eignung zur Messung der internen Dienstleistungsqualität hin zu überprüfen. Aufgrund der Ähnlichkeit der Definitionen der internen und externen Dienstleistungsqualität erscheint es sinnvoll, externe Messmethoden auf den internen Bereich anzuwenden. Diese können eingeteilt werden in **Methoden aus Sicht des internen Lieferanten** sowie Verfahren aus Sicht des internen Kunden. Zur ersten Gruppe gehören:

- **Globale Eigenbewertung:** Diese Form der Messung ist relativ undifferenziert, weil keine Rücksicht auf die Anforderungen des internen Kunden genommen wird. Dies kann eine zu positive Wahrnehmung seitens des Messobjektes „Lieferant" zur Folge haben.

- **Benchmarking** der eigenen Leistung mit anderen externen und internen Lieferanten: Hierbei ist auf die Vollständigkeit der Qualitätsmerkmale zu achten, wobei auch in diesem Fall Wahrnehmungsverzerrungen möglich sind.

■ **Expertenanalysen:** Ähnlich dem Benchmarking vergleichen Experten (zum Beispiel Unternehmensberater) die Leistungen verschiedener interner und externer Lieferanten.

■ **Qualitätsstatistiken:** Erstellung von Statistiken über ausgewählte Merkmale durch die Messung von Potenzialen und Ergebnissen der Mitarbeiterleistungen.

■ **Qualitätskostenanalysen:** Zuordnung der relevanten internen Qualitätskosten.

■ **Fishbone-Analyse:** Ursachenanalyse für Probleme im Personalbereich.

■ **Fehlermöglichkeits- und -einflussanalyse:** Analyse der Fehlerwahrscheinlichkeit und des -einflusses auf die Leistungsqualität.

Aufgrund der auf der Vernachlässigung von internen Kundenerwartungen beruhenden mangelnden Vollständigkeit und Qualitätsrelevanz der zur Messung herangezogenen Merkmale lassen diese Verfahren keine eindeutigen Schlüsse für die Personalpolitik zu. Diese Mängel können mit Hilfe von **Methoden aus Sicht des internen Kunden** teilweise vermieden werden. Bei diesen Verfahren sind zu nennen:

■ **Erfassung eines globalen Qualitätsurteils:** Bestimmung der Zufriedenheit mit den Leistungen einer bestimmten Abteilung. Aufgrund der undifferenzierten Messung, zum Beispiel durch Mitarbeiterbefragungen, wird keine Erfassung der Ursachen von Qualitätsdefiziten ermöglicht.

■ **„Meckerkasten":** Diese Option liefert aktuelle, qualitätsrelevante Ergebnisse, sie kann allerdings niemals vollständig sein, weil sie unter Umständen nicht von allen Mitarbeitern genutzt wird und nicht unbedingt alle Probleme genannt werden.

■ **Betriebliches Vorschlagswesen:** Diese Methode verfügt über eine hohe Qualitätsrelevanz.

■ **Problem-Detecting-Methode:** Erfassung von Problemen und der Dringlichkeit ihrer Lösung, hohe Qualitätsrelevanz.

■ **Frequenz-Relevanz-Analyse für Probleme:** Sammlung von Kundenproblemen und Bestimmung ihrer Relevanz für die Beurteilung interner Dienstleistungen.

■ **Sequenzielle Ereignismethode:** Anhand von Blueprints, insbesondere bei stark interaktiven internen Kunden-Lieferanten-Beziehungen einsetzbar.

■ **Critical-Incident-Technik:** Erfassung kritischer positiver und negativer Ereignisse bei internen Kunden-Lieferanten-Beziehungen.

▌*5.3*   Implementierung eines Personalmanagementsystems

▌*5.31*   Barrieren der Implementierung

Der Implementierung eines Personalmanagementsystems, dem der Gedanke des Internen Marketing als Basis dient, stehen einige **Widerstände** entgegen. Diese umfassen (Bruhn 1999b, S. 32f.):

▌ Inhaltlich-konzeptionelle Barrieren,

▌ Organisatorisch-strukturelle Barrieren,

▌ Personell-kulturelle Barrieren.

Die **inhaltlich-konzeptionellen Barrieren** beziehen sich auf das Verständnis der Notwendigkeit der Implementierung des internen Marketinggedankens seitens Führungskräften und Mitarbeitern. Zunächst kann es zu Fehlinterpretationen des Begriffes „Internes Marketing" kommen. Ferner sind sich viele Unternehmen nicht bewusst, dass auf dem Arbeitsmarkt kein Überangebot an hochqualifizierten potenziellen Mitarbeitern besteht. Dadurch werden aktuelle Mitarbeiter häufig so behandelt, als seien sie jederzeit ersetzbar, wodurch negative Auswirkungen auf deren Motivation entstehen können. Viele Unternehmen erkennen nicht, dass es notwendig ist, ein umfassendes Verständnis der Personalpolitik zu haben. Dies führt zur Implementierung von Teilkonzepten, die zum Teil Alibifunktion für das Management übernehmen sollen. Schließlich ist die Erfolgskontrolle von internen Marketingaktivitäten schwierig.

Die **organisatorisch-strukturellen Barrieren** entwachsen der Tatsache, dass der interne Marketinggedanke auf eine Integration von Marketing- und Personalmanagement abzielt. Vielfach fehlen den für den jeweiligen Bereich zuständigen Mitarbeitern Kompetenzen für den anderen Bereich. Ferner ist ein Macht- und Abteilungsdenken anzutreffen. Dies liegt darin begründet, dass die zuständigen Abteilungen die Abgabe von Verantwortungsbereichen fürchten. Schließlich fällt es in vielen Unternehmen schwer, die Bewusstseinsprozesse von Führungskräften und Mitarbeitern in Richtung des internen Marketinggedankens zu modifizieren.

Hinsichtlich der **personell-kulturellen Barrieren** ist zunächst der Mangel an fachlichen und sozialen Fähigkeiten von Führungskräften und Mitarbeitern zu nennen. Insbesondere die Verbesserung der sozialen Kompetenz ist ein sehr komplexer Prozess. Ähnlich wie auf Abteilungsebene entstehen auch auf der Ebene des einzelnen Mitarbeiters Angstgefühle, aufgrund der Integration von Personal- und Marketingmanagement Kompetenzen oder sogar die Stelle zu verlieren. Schließlich sind an dieser Stelle Demotivations- und Frustrationseffekte bisheriger Maßnahmen zu erwähnen.

| 5.32   Ansatzpunkte der Implementierung

Die Implementierung eines auf dem internen Marketinggedanken beruhenden **Personal-managementsystems** kann anhand der folgenden vier **Phasen** erfolgen (Bruhn 1999b, S. 34ff.):

■ Verpflichtung des Managements

Um den Gedanken des Internen Marketing effizient und effektiv umzusetzen ist es erforderlich, dass sich die Führungskräfte des Unternehmens dazu verpflichten, aktiv an der Implementierung des Personalmanagementsystems mitzuwirken. Diese Beteiligung bezieht sich zunächst auf die Auseinandersetzung mit dem Gedanken dieser neuen Art von Personalpolitik. Außerdem kann die unternehmensweite Implementierung aufgrund der Vorbildfunktion der Führungskräfte für die Mitarbeiter nur vollzogen werden, wenn das Management bereit ist, die Prinzipien des Internen Marketing vorzuleben.

■ Kommunikation mit den Mitarbeitern

Nachdem die Führungskräfte sich mit dem Internen Marketing auseinandergesetzt und die Prinzipien akzeptiert und verinnerlicht haben, müssen die Mitarbeiter von der Idee überzeugt und mit ihr vertraut gemacht werden. Hierbei geht es weniger um das Erlernen von Methoden der Personalpolitik, als vielmehr um die Erlangung eines Grundverständnisses des Internen Marketing. Dies kann am wirkungsvollsten durch offene persönliche Gespräche der Führungskräfte mit ihren Mitarbeitern bewerkstelligt werden.

■ Vermittlung des erforderlichen Know-hows

Nachdem auch die Mitarbeiter den internen Marketinggedanken der Personalpolitik verinnerlicht haben, muss ihnen das erforderliche Know-how, das heißt, Methoden und Techniken der auf dem Internen Marketing beruhenden Personalpolitik, nähergebracht werden. Dabei geht es um die Vermittlung des Unternehmensleitbildes sowie der Marketingstrategien, neuer Führungsmethoden (zum Beispiel Workshops), Qualitätstechniken (zum Beispiel Qualitätszirkel) und Techniken zur Lösung interner und externer Leistungsprobleme (zum Beispiel Behandlung von Beschwerden).

■ Verpflichtung der Mitarbeiter

Nach den ersten drei Phasen sollten die Mitarbeiter in der Lage sein, die Notwendigkeit einer Implementierung des Internen Marketing im Rahmen der Personalpolitik zu erkennen. Ferner sollten sie bereit sein, aktiv an der Implementierung mitzuwirken. Die Verpflichtung der Mitarbeiter wird erleichtert, wenn das Unternehmen die kontinuierliche prinzipiengetreue Implementierung glaubwürdig gewährleisten kann.

Schließlich ist darauf hinzuweisen, dass bei der Implementierung des Internen Marketing im Rahmen der Personalpolitik wie bei anderen Marketinginstrumenten Aspekte der **Wirtschaftlichkeit** zu berücksichtigen sind. Daher sollte eine Gegenüberstellung der Kosten und des Nutzens einer solchen Personalpolitik erfolgen (George/Grönroos 1999, S. 53). Mögliche **Kostenfaktoren** sind:

■ Großes Engagement aller Mitarbeiter auf allen Unternehmensebenen,

■ Zeiteinsparungen aller Mitarbeiter,

■ Veränderungen in Denkstrukturen und Verhaltensweisen,

■ Kosten für ein Implementierungsteam,

■ Implementierungsbudget.

Demgegenüber sind folgende **Nutzenaspekte** zu erwähnen:

■ Synergetische Wirkung auf Zielbeiträge einzelner Abteilungen und Mitarbeiter,

■ Kundenbindung,

■ Mitarbeiterbindung,

■ Erreichung von Wettbewerbsvorteilen.

Die Ausführungen dieses Abschnitts haben die Bedeutung einer systematischen Personalpolitik für Dienstleistungsunternehmen aufgezeigt. Es kann hervorgehoben werden, dass insbesondere bei Dienstleistungen mit intensivem Mitarbeiter-Kunden-Kontakt die Mitarbeiter durch ihr Verhalten das gesamte Dienstleistungsunternehmen repräsentieren und dieses Verhalten demnach gemäß den Marketingzielen (zum Beispiel Kundenorientierung) gesteuert werden muss. Aufgrund des Zusammenwirkens der verschiedenen Marketinginstrumente (zum Beispiel müssen die Leistungen in der durch die Werbung versprochenen Weise erbracht werden) ist eine unternehmensweite Planung der Personalpolitik und ihre Integration in die klassischen 4 Ps notwendig.

7 Implementierung des Dienstleistungsmarketing

1. Grundlagen der Strategieimplementierung **621**

1.1 Begriff und Inhalt der Strategieimplementierung 621
1.2 Besonderheiten bei der Implementierung des Dienstleistungsmarketing 624
1.3 Implementierungsbarrieren des Dienstleistungsmarketing 626

2. Betrachtungsebenen bei der Implementierung des Dienstleistungsmarketing **629**

2.1 Gestaltung der Struktur des Dienstleistungsunternehmens 629
2.2 Anpassung der Informations- und Kontrollsysteme von Dienstleistungsunternehmen 632
2.3 Anpassung der Unternehmenskultur 634

1. Grundlagen der Strategieimplementierung

1.1 Begriff und Inhalt der Strategieimplementierung

Seit Beginn der 60er-Jahre werden Probleme, die mit der **Umsetzung der Marketing-konzeption** verbunden sind, in der betriebswirtschaftlichen Forschung und Praxis disku-tiert. Obgleich noch kein allgemein akzeptiertes Modell der Implementierung existiert, besteht doch Einigkeit darüber, dass die konkrete Umsetzung des Marketingkonzeptes weit häufiger der für den Unternehmenserfolg entscheidende Faktor ist als dessen Pla-nung. Diese Aussage gewinnt insbesondere durch empirische Studien an Bedeutung, die den **positiven Zusammenhang der Marktorientierung** einer Unternehmung, verstan-den als Umsetzung des Marketingkonzeptes, **auf den Unternehmenserfolg** empirisch nachweisen (Narver/Slater 1990; Webster 1993; Fritz 1995, 1997).

Neben der Marktorientierung rückt seit einigen Jahren die **Kundenorientierung** immer mehr in den Fokus der Unternehmensführung (vgl. Bruhn 2002g). Wachsende Konkur-renz und ein verändertes Konsumentenverhalten führen dazu, dass das umfassende Ma-nagement von Kundenbeziehungen an Bedeutung gewinnt. In diesem Zusammenhang bezweckt die kundenorientierte Unternehmensführung, dass sich die Ausrichtung aller Unternehmensaktivitäten an den Kundenbedürfnissen orientiert. Die Zusammenhänge zwischen der kundenorientierten Unternehmensführung und dem unternehmerischen Er-folg sind dabei in zahlreichen Studien behandelt worden (vgl. Abbildung 7-1). In den meisten Fällen konnte ein signifikant positiver Einfluss auf das untersuchte Erfolgsmaß ermittelt werden (Homburg/Becker 2000, S. 20).

Die erfolgreiche Umsetzung einer neuen Unternehmensstrategie ist allerdings mit Schwierigkeiten behaftet. Insbesondere drei Problembereiche können ein Scheitern der Strategie zur Folge haben. Im Einzelnen sind dies die folgenden Defizite:

■ Analyselücke,

■ Planungslücke,

■ Implementierungslücke.

Die so genannte **Analyselücke** bezieht sich auf eine Diskrepanz zwischen der Unterneh-mens- und Kundeneinschätzung in Bezug auf die Kompetenz und Leistungsfähigkeit des Dienstleisters. Dieses Defizit lässt darauf schließen, dass die eigenen Stärken und Schwächen nicht gründlich genug analysiert worden sind. Die formulierte Strategie deckt sich nicht mit den eigenen Kompetenzen und Ressourcen.

▌Abbildung 7-1   Empirische Studien zum Zusammenhang der markt- und
                        kundenorientierten Unternehmensführung und dem Unternehmenserfolg

Auswirkungen der Kundenorientierung	Autoren
... auf den wirtschaftlichen Erfolg	■ Narver/Slater 1990 ■ Ruekert 1992 ■ Diamantoloulos/Hart 1993 ■ Greenley 1995
... auf den marktbezogenen Erfolg	■ Fritz 1992 ■ Jaworski/Kohli 1993
... auf den produktbezogenen Erfolg	■ Atuahene-Gima 1996 ■ Schlüter 1997
... auf den wirtschaftlichen und marktbezogenen Erfolg	■ Homburg/Becker 2000

GABLER
GRAFIK

Die **Planungslücke** bezieht sich darauf, dass keine längerfristige Strategieplanung vorgenommen wurde. Das Unternehmen konzentriert sich dementsprechend stark auf das operative Tagesgeschäft. Die Ressourcenplanung und -entwicklung wird nicht unter längerfristigen Gesichtspunkten vorgenommen, sodass keine zielkonformen Maßnahmen eingeleitet werden (zum Beispiel Personalentwicklung).

Die **Implementierungslücke** beschreibt den Zustand, dass zwar strategische Ziele formuliert und eine Strategie zur Zielerreichung vorliegt, diese jedoch nur mangelhaft umgesetzt wird. Dieses Umsetzungsdefizit kann auf mehrere Ursachen zurückgeführt werden. So kann zum Beispiel eine fehlende Unterstützung der Strategie durch das Top-Management sowie eine mangelhafte interne Kommunikation Ursache für ein Umsetzungsdefizit sein.

Der Begriff der Strategieimplementierung soll wie folgt definiert werden:

▌Unter **Implementierung** wird der Prozess verstanden, der die Umsetzung einer Strategie beschreibt. Dieser Prozess umfasst jene Maßnahmen, die die Erreichung der Ziele der Strategie begünstigen.

Bezugsobjekt der Implementierung ist die konkrete Marketingstrategie als langfristiger, bedingter Verhaltensplan. Auf einer höheren Aggregationsebene kann darüber hinaus die Umsetzung des Marketingkonzeptes in Form einer unternehmensweiten, markt- und kundenorientierten Geisteshaltung das Bezugsobjekt der Implementierung sein (Kühn 1991; Meffert 2000, S. 1103).

Die Aufgabe dieses **„Make the Strategy Work"** beziehungsweise **„Make the Concept Work"** kann in drei wesentliche Teilaufgaben untergliedert werden (Meffert/Burmann 2002):

■ Spezifizierung der globalen Strategievorhaben,

■ Schaffung von Akzeptanz für die Strategie bei den betroffenen Unternehmensmitgliedern,

■ Anpassung von Unternehmensstrukturen, -systemen und -kultur.

■ **Abbildung 7-2**   **Ebenen der Implementierung**

Konzeptionelle Implementierungs-ebene	**Spezifizierung der Implementierungsinhalte**	
	■ Marketingstrategien	■ Implementierungsmaßnahmen

Personenbezogene Implementierungs-ebene	**Gesamtunternehmens-bezogen**	**Mitarbeiterbezogen**
	■ Anpassung bzw. Schaffung einer marktorientierten Unternehmenskultur	■ „Kennen" ■ „Verstehen" ■ „Können" ■ „Wollen" der Implementierungs-inhalte

Institutionelle Implementierungs-ebene	**Anpassung der organisationalen Unternehmenspotenziale**	
	■ Struktur	■ Systeme

GABLER
GRAFIK

Hinsichtlich des instrumentellen Vorgehens bei ihrer Realisation können diese drei Teilaufgaben leicht modifiziert als **Implementierungsebenen** dargestellt werden (vgl. Abbildung 7-2).

▌ Auf der **konzeptionellen Implementierungsebene** ist die Spezifizierung der Implementierungsinhalte und -maßnahmen Aufgabe der strategischen und operativen Marketingplanung. Sie bildet den Ausgangspunkt der Implementierung und bedient sich der in Kapitel 4 vorgestellten Planungsinstrumente.

▌ Auf der **personellen Implementierungsebene** muss zunächst kurz- bis mittelfristig die Akzeptanz der einzelnen Mitarbeiter für die zu implementierenden Marketingstrategien geschaffen werden. Dies umfasst neben der **Änderungsbereitschaft** in Form des „Wollens" eine **Änderungsfähigkeit,** das heißt das „Kennen", „Verstehen" und „Können" der Implementierungsinhalte (Kolks 1990, S. 110ff.). Mittel- bis langfristig ist darüber hinaus eine **marktorientierte Unternehmenskultur** durch alle Mitarbeiter des Unternehmens zu entwickeln. Beiden Teilaufgaben dienen Informations-, Qualifikations- und Motivationsinstrumente, auf die im Rahmen des Internen Marketing eingegangen wird (Grimmeisen 1998, S. 16ff.).

▌ Im Rahmen der Marketingimplementierung werden darüber hinaus auch Anpassungen hinsichtlich der Strukturen und Systeme einer Unternehmung notwendig. Dies geschieht insbesondere mit Techniken aus dem Führungs- und Organisationsbereich innerhalb der **institutionellen Implementierungsebene**.

Innerhalb und zwischen diesen Betrachtungsebenen bestehen vielfältige **Interdependenzen**. So ist in der Praxis insbesondere eine Trennung zwischen der individuellen Durchsetzung der Strategie und der auf dem kollektiven Bewusstsein aller Unternehmensmitglieder basierenden Unternehmenskultur kaum möglich, da sich faktisch jede Maßnahme, die auf den einzelnen Mitarbeiter abzielt, mittel- bis langfristig auch auf die Unternehmenskultur auswirkt. Gleiches gilt für Anpassungen der Struktur und Systeme, die sich ebenfalls auf die personelle Ebene oder die gegenseitigen Einflüsse von konzeptioneller und personeller Ebene auswirken.

▌ *1.2*   Besonderheiten bei der Implementierung des Dienstleistungsmarketing

Obgleich noch keine Forschungsergebnisse zur gütertypabhängigen Bedeutung beziehungsweise Ausgestaltung der Implementierungsebenen existieren (Hilker 2001), lassen sich anhand der bereits diskutierten Unterschiede von Dienst- und Sachleistungen bestimmte Besonderheiten bei der Implementierung des Marketing im Dienstleistungsbereich ausmachen.

Eine herausragende Bedeutung für die Marketingimplementierung bei Dienstleistungen im Vergleich zu Sachleistungen kommt der **personellen Ebene der Implementierung** zu:

■ Die Notwendigkeit einer permanenten Bereitstellung des **Leistungspotenzials** impliziert die Erfordernis der Schaffung, Aufrechterhaltung und kontinuierlichen Verbesserung des **Fähigkeitenpotenzials der Mitarbeiter** in Dienstleistungsunternehmen (Engelhardt/Kleinaltenkamp/Reckenfelderbäumer 1992, S. 51f.).

■ Aufgrund der **Integration des externen Faktors** stehen Kunden und Mitarbeiter des Dienstleisters vielfach in direktem Kontakt. Dadurch haben personalorientierte Implementierungsinstrumente einen direkteren Einfluss auf das Verhalten des (externen) Kunden – und damit auf den Unternehmenserfolg – als im Sachgüterbereich.

■ Aufgrund der **Immaterialität** von Dienstleistungen werden die Mitarbeiter des Dienstleisters häufig als **Surrogat der eigentlichen Leistung** angesehen (Engelhardt/Kleinaltenkamp/Reckenfelderbäumer 1992, S. 48).

Die **Materialisierung des Fähigkeitenpotenzials** wird neben dem eingesetzten Personal des Weiteren durch die Gestaltung der **physischen Ausstattung** realisiert, zum Beispiel in Form von Gebäuden, Räumen oder Bekleidung. Diese Aspekte sind als Teil der nach außen wirkenden **Unternehmenskultur** bei deren Gestaltung ebenfalls stärker zu beachten als bei Sachgüterunternehmungen.

Die Ausgestaltung der **Unternehmenskultur und -struktur** hat besondere Anforderungen hinsichtlich der Flexibilität der Abstimmungsprozesse zu gewährleisten: Die **Nichtlagerfähigkeit** von Dienstleistungen bei gleichzeitiger **Nichttransportfähigkeit** bedingt eine intensive Koordination zwischen Dienstleistungsproduktion und -nachfrage, insbesondere bei einer hohen Distributionsdichte.

Die hohe Bedeutung des Faktors Mensch für die Implementierung des Dienstleistungsmarketing muss auch bei der **Ausgestaltung der Managementsysteme** berücksichtigt werden: Im Vergleich zum Sachgüterbereich gewinnen personenbezogene, das heißt **mitarbeiter- und kundenorientierte Informationsgewinnungs-, Steuerungs- und Kontrollsysteme** gegenüber den klassischen Controllinginstrumenten auf Basis des kostenorientierten Rechnungswesens an Bedeutung.

Bei der **Spezifizierung der globalen Strategievorhaben** lassen sich hinsichtlich des generellen Marketingverständnisses keine inhaltlichen Besonderheiten im Dienstleistungsbereich identifizieren. Marketing ist demnach nicht nur eine klassische Unternehmensfunktion, sondern eine Unternehmensphilosophie, die von allen Mitarbeitern und Führungskräften getragen und gelebt werden sollte (Bruhn 2001g, S. 710; Meffert/Burmann 2002; vgl. Kapitel 1). Der Aspekt der Strategiespezifizierung wird von Kolks (1990, S. 78f.) als **„Umsetzung"** verstanden, während die Akzeptanzschaffung von ihm mit dem Begriff **„Durchsetzung"** belegt wird. Die Anpassung der Unternehmenspotenziale (Strukturen, Systeme und Kultur) kann schließlich weitgehend der Umsetzung von Strategien zugerechnet werden (Meffert/Burmann 2002). Lediglich die Anpassung der Unternehmenskultur umfasst sowohl Aspekte der Umsetzung als auch der Durchsetzung.

Die Besonderheiten der Strategiewahl und -ausgestaltung wurden bereits in Kapitel 4 ausführlich diskutiert. Auf die Akzeptanzschaffung wurde in den Ausführungen zum

Konzept des Internen Marketing in Kapitel 6.5 (Personalpolitik) eingegangen. Auf die Darstellung dieser beiden Teilaufgaben der Implementierung soll daher nachfolgend verzichtet werden. Für die weitere Argumentation soll die **Unterteilung in Strukturen, Systeme und Kultur** weiter verfolgt werden.

Um Strategien im Unternehmen erfolgreich um- und durchzusetzen, müssen verschiedene Anpassungen innerhalb des Unternehmens vorgenommen werden, die sich aus der Notwendigkeit eines **Fits zwischen der Strategie und den Unternehmenspotenzialen** ergeben.

Zunächst ist es für eine erfolgreiche Implementierung erforderlich, dass ein Fit zwischen der Strategie und den Unternehmensstrukturen besteht. Beispielsweise ist es ein Indikator für einen mangelnden **Strategie-Struktur-Fit**, wenn nur wenige Mitarbeiter eines Unternehmens im Kundenkontakt stehen, das heißt die Kundensituation kennen. Dies würde den Aufbau und die Intensivierung profitabler Geschäftsbeziehungen erheblich erschweren.

Weiterhin kann eine Implementierung durch einen mangelnden Fit zwischen Strategie und Managementsystemen des Unternehmens (zum Beispiel Informationssysteme) behindert werden. Ein nicht vorhandener **Strategie-System-Fit** liegt beispielsweise vor, wenn die Informationssysteme des Unternehmens nicht in der Lage sind, kundenindividuelle Informationen zu generieren, zu speichern, zu verarbeiten und weiterzugeben. Ist dies der Fall, ist eine Steuerung und damit ein Aufbau sowie eine Intensivierung der einzelnen Kundenbeziehung mit Problemen verbunden.

Schließlich können Implementierungsprobleme auftreten, wenn es nicht gelingt, einen Fit zwischen Strategie und Unternehmenskultur herzustellen. Ein **Strategie-Kultur-Fit** ist beispielsweise nicht gegeben, wenn die Mitarbeiter ein stark technik- und produktorientiertes Denken an den Tag legen, das im Widerspruch zur Kundenorientierung des Marketingkonzeptes steht. Wenn die Kultur eines Unternehmens eine Kundenorientierung nicht mitträgt, wird die Ausrichtung der Unternehmensaktivitäten an einzelnen Kundenbeziehungen und somit der Aufbau und die Intensivierung profitabler Kundenbeziehungen mit Schwierigkeiten behaftet sein.

Vor diesem Hintergrund ist im Einzelfall zu prüfen, wie intensiv eine Anpassung der bestehenden Unternehmenspotenziale, insbesondere der Strukturen, Systeme und der Unternehmenskultur, vorgenommen wird.

1.3   Implementierungsbarrieren des Dienstleistungsmarketing

In der Unternehmenspraxis werden zahlreiche Barrieren der Implementierung von Marketingkonzepten gesehen. In einer Befragung von 340 Führungskräften der deutschen Industrie wurden die in Abbildung 7-3 dargestellten Barrieren der Kundenorientierung – als wesentlicher Baustein des Dienstleistungsmarketing – und deren Bedeutung identifiziert (Plinke 1996).

Abbildung 7-3	Implementierungsbarrieren der Kundenorientierung

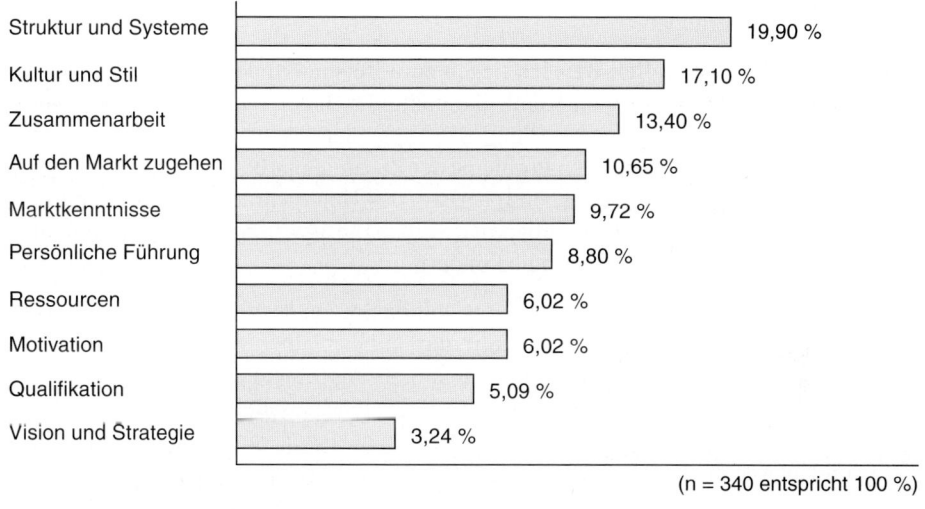

Struktur und Systeme — 19,90 %
Kultur und Stil — 17,10 %
Zusammenarbeit — 13,40 %
Auf den Markt zugehen — 10,65 %
Marktkenntnisse — 9,72 %
Persönliche Führung — 8,80 %
Ressourcen — 6,02 %
Motivation — 6,02 %
Qualifikation — 5,09 %
Vision und Strategie — 3,24 %

(n = 340 entspricht 100 %)

GABLER
GRAFIK

Quelle: Plinke 1996, S. 42

Aus der branchenübergreifenden Studie wird deutlich, dass es sich primär um Fragen der Struktur, Systeme und Kultur handelt, die die Implementierung des Dienstleistungsmarketing behindern oder zumindest verlangsamen. Die Bedeutung dieser Faktoren wird durch zahlreiche Erfahrungsberichte aus der Praxis bestätigt (Reinecke/Sipötz/Wiemann 1998, S. 278f.). Die Herausforderung besteht nun darin, die mit diesen Hauptbarrieren verbundenen Einzelaspekte zu steuern und zu kontrollieren.

Die **strukturbezogenen Barrieren** betreffen die organisatorische Verankerung des Marketing im Unternehmen sowie die Existenz bestehender Unternehmensstrukturen beziehungsweise -hierarchien. Mögliche Barrieren bei der Umsetzung des Dienstleistungsmarketing können beispielsweise darin liegen, dass das Marketing nicht auf der Führungsebene des Dienstleistungsunternehmens verankert ist oder darin, dass Abteilungen für Kundenprobleme, wie zum Beispiel ein Beschwerdemanagement, fehlen. Eine mangelnde Flexibilität bezüglich der Kundenbedürfnisse durch zu viele Hierarchieebenen im Unternehmen ist eine weitere häufig genannte Barriere.

Zu den **systembezogenen Barrieren** gehören Defizite im Einsatz von Informations- und Kontrollsystemen. Hierzu zählen beispielsweise fehlende Datenbanken oder fehlende kundenbezogene Controllingsysteme zur Messung der Erfolgsgrößen des Dienstleistungsmarketing. Damit einher gehen häufig auch Probleme der monetären Bewertung von Prozessoptimierungen.

Die Probleme im **kulturellen Bereich** liegen zum Beispiel in der Gleichgültigkeit und Unsensibilität der Mitarbeiter im Kundenkontakt oder in der Wahrnehmung der Mitarbeiter, dass Kundenorientierung kein durch das Topmanagement getragener Wert des Unternehmens ist. Hierzu zählen auch Probleme der Zusammenarbeit der einzelnen Partner in der Wertschöpfungskette oder auch innerhalb des Unternehmens. Abstimmungsprobleme, Angst vor Machtverlusten, subjektive Vorbehalte usw. können hier die Implementierung des Dienstleistungsmarketing behindern.

Beachtlich erscheint das Ergebnis der dargestellten Studie, dass die **inhaltlich-konzeptionelle Ausgestaltung** der Kundenorientierung in Form einer Vision und Strategie (in Abbildung 7-3 mit 3,24 Prozent der Nennungen) als unproblematisch eingestuft wurde. Aussagen, die sich beispielsweise auf eine unzureichende Geschäftsfeldabgrenzung oder auf fehlende Zielvorgaben der Kundenorientierung beziehen, sind daher als Einzelproblem von Unternehmen zu werten.

Angesichts der zahlreichen Probleme einer erfolgreichen Implementierung des Dienstleistungsmarketing, insbesondere im IT-Bereich (vgl. Abbildung 7-4), muss die Unternehmensführung die Aufgabe übernehmen, die notwendigen Voraussetzungen im Unternehmen zu schaffen, damit die bestehenden Barrieren abgebaut und die Maßnahmen des Dienstleistungsmarketing ihre volle Wirkung entfalten können. Demnach sollte das Augenmerk im Rahmen der Implementierung des Dienstleistungsmarketing vermehrt auf den Aufbau kundenorientierter Organisationsstrukturen, Managementsysteme sowie einer dazu passenden Unternehmenskultur gerichtet werden.

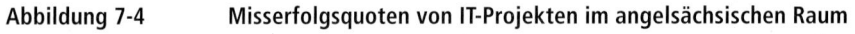

| **Abbildung 7-4** | **Misserfolgsquoten von IT-Projekten im angelsächsischen Raum** |

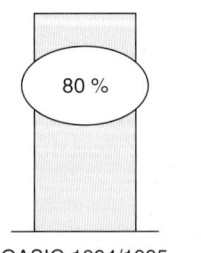 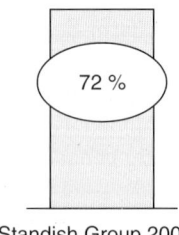 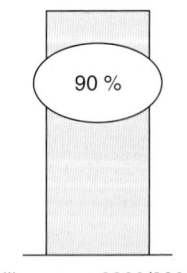

80 %   72 %   90 %

Quelle: OASIG 1994/1995   Standish Group 2000   Silicon.com 2000/2001

2. Betrachtungsebenen bei der Implementierung des Dienstleistungsmarketing

2.1 Gestaltung der Struktur des Dienstleistungsunternehmens

Im Rahmen der Implementierung von Dienstleistungsstrategien gilt es, bestehende Strukturen im Unternehmen den geänderten Anforderungen am Markt anzupassen. In diesem Zusammenhang sind insbesondere Aspekte der **Organisation und Führung von Dienstleistungsunternehmen** zu nennen. Im Hinblick auf die Strategieimplementierung existiert eine Diskussion diverser Vor- und Nachteile unterschiedlicher Organisationsformen, wie zum Beispiel Produkt-/Leistungs-, Sparten- oder Matrixorganisation. Einigkeit besteht darin, dass den Vorteilen der traditionellen Organisationsformen, wie etwa klare Kompetenzverteilung und geringer Koordinationsbedarf, erhebliche Nachteile in Bezug auf Flexibilität und Reaktionsvermögen gegenüberstehen.

Grundsätzlich ist zu beachten, dass in Dienstleistungsunternehmen im Gegensatz zum Konsumgüter- und Industriegüterbereich der Kundenkontakt vor allem durch **Mitarbeiter aus dem „unteren" Bereich der Unternehmenshierarchie** erfolgt. Durch das Uno-Actu-Prinzip, das heißt die Simultaneität von Produktion und Absatz einer Leistung, haben diese „dienstleistungsproduzierenden" Mitarbeiter zwingend direkten Kontakt mit den Kunden des Unternehmens. Sie bedürfen daher neben des im Rahmen des Internen Marketing vermittelten marketingrelevanten Wissens und Know-hows einer **spezifischen organisatorischen Einbindung**, die es ihnen erst ermöglicht, auf die verschiedenen Bedürfnisse der Kunden umfassend und flexibel zu reagieren.

Insbesondere für individuelle und interaktiv erbrachte Dienstleistungen wird daher zunehmend die Forderung nach einem neuen **Leitbild der Organisation und Führung** erhoben (Reichheld/Sasser 1991, S. 108ff.; Schlesinger/Heskett 1991, S. 72; Drucker 1992, S. 64ff.). Wie in Abbildung 7-5 deutlich wird, sollten **Kunden und Mitarbeiter** stets in den **Mittelpunkt der Überlegungen zur Führung** des Unternehmens gestellt und das Geschäftssystem dann um diese Personengruppen herum angeordnet werden (Bleicher 1990, S. 152). Gleichzeitig wird ein Höchstmaß an Flexibilität nach innen und außen angestrebt (Grönroos 1989, S. 512). Geleitet von der Erkenntnis, dass die starke Vertikalisierung traditioneller Strukturen diesen Anforderungen nicht gerecht wird, gewinnen Maßnahmen an Bedeutung, die eine Entbürokratisierung der Organisation und eine stärker **horizontale Ausrichtung** ermöglichen (Peters 1995).

Zur Umsetzung dieser Zielvorgaben können folgende, auch in Abbildung 7-5 ersichtliche, **organisatorische Maßnahmen** dienen (Bruhn 2002d, S. 41ff.):

■ Abbau der Hierarchiestufen im Unternehmen,

■ Größtmögliche Delegation und Selbstkontrolle seitens der Mitarbeiter,

■ Einführung temporärer Parallelstrukturen,

■ Personenbezogene Strukturierung des gesamten Unternehmens.

| Abbildung 7-5 | Leitbild bei der Anpassung von Strukturen im Dienstleistungsbereich |

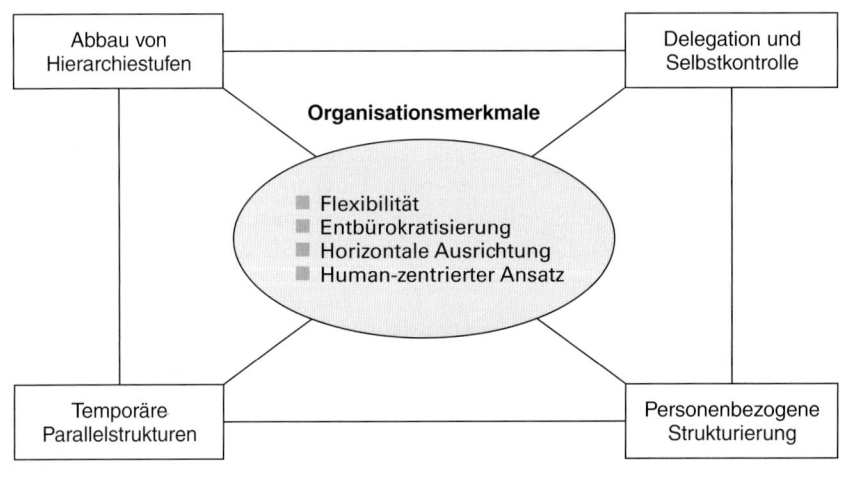

GABLER
GRAFIK

Durch den **Abbau von Hierarchiestufen** wird insbesondere ein besserer Informationsfluss, wie er für eine effektive Koordination unabdingbar ist, sichergestellt. Ein klassisches Beispiel für eine derartige Politik ist die Luftverkehrsgesellschaft People Express, deren Organisationsstruktur nur drei Hierarchieebenen aufweist (Heskett 1988, S. 130f.).

Zudem kann eine nachhaltige, strukturorientierte Motivationssteigerung beim Kontaktpersonal und damit die Unterstützung des personalorientierten Internen Marketing erreicht werden, wenn der Hierarchieabbau durch einen Wandel von einer pyramidenförmigen hin zu einer tannenförmigen Organisationsstruktur begleitet wird. Der **Abbau von Stellen im mittleren Management** führt in diesem Zusammenhang zu Mittelfreisetzungen, die beispielsweise für Gehaltserhöhungen beim Kontaktpersonal sowie intensivere Schulungs- und Trainingsmaßnahmen genutzt werden können (Schlesinger/Heskett 1991, S. 77ff.).

Diese strukturellen Maßnahmen sollten notwendigerweise von einer **Anpassung des Führungssystems** flankiert werden. Nicht Leitungs- und Kontrollfunktionen sind schwerpunktmäßig von den Vorgesetzten wahrzunehmen, sondern vielmehr Coaching- und Unterstützungsfunktionen (Wohlgemuth 1989, S. 341; Schlesinger/Heskett 1991, S. 77).

Die Funktionsverschiebung ist verbunden mit einer größtmöglichen **Delegation von Aufgaben** an die unteren Hierarchiestufen. Diese reicht bis zu umfangreichen Verantwortlichkeiten im Rahmen des Innovationsmanagements für neue Dienstleistungskonzepte (Grönroos 1989, S. 517). Hohe Delegationsgrade verfügen aus Sicht von Dienstleistungsunternehmen über zwei wesentliche Vorteile. Sie ermöglichen eine effiziente, weil auf der Ebene der Bedarfsentstehung stattfindende Koordination der Aufgaben sowie eine größtmögliche Markt- und Kundennähe. Eine effiziente Gestaltung der Aktivitäten ist insbesondere dann zu erreichen, wenn die planenden und ausführenden Einheiten im Rahmen der **Selbstkontrolle** Zielabweichungen identifizieren und revolvierend in ihren Planungsprozess einfließen lassen.

Seit Ende der 80er-Jahre wird in Wissenschaft und Praxis zunehmend gefordert, dem Kundenkontaktpersonal mehr Selbständigkeit und Entscheidungsfreiheit im Umgang mit den Kunden zuzugestehen, damit die Mitarbeiter nach eigenem Ermessen so handeln können, wie sie es zur Zufriedenstellung der Kunden für richtig halten. Das unter der Bezeichnung **Empowerment** diskutierte Konzept (Zeithaml/Parasuraman/Berry 1990; Swartz/Bowen/Brown 1992; Mudie/Cottam 1993, S. 124ff.; Bowen/Lawler 1998) beinhaltet demnach die Gesamtheit aller Maßnahmen, die zum einen den Kundenkontaktmitarbeitern eine weitgehende Entscheidungsfreiheit sowohl im Kundenkontaktmoment als auch in Bezug auf ihre Arbeitsplatzgestaltung verleihen, und die zum anderen dazu bestimmt sind, dem Mitarbeiter zu einem Gefühl der Selbstbestimmtheit und der Kontrolle über seine Arbeit zu verhelfen sowie ihn zu selbständigem Handeln zu bewegen.

In diesem Zusammenhang ist festzustellen, dass die **organisatorische Verankerung des Marketing** in Dienstleistungsunternehmen aufgrund der konstitutiven Merkmale von Dienstleistungen oftmals deutlich von entsprechenden Ansätzen im Konsumgüterbereich abweicht. Während dort vielfach eine **Zentralisierung der Marketingaufgaben** durch die organisatorische Implementierung der Marketingabteilung erfolgt, ist dies in Dienstleistungsunternehmen aufgrund der im Folgenden angeführten Überlegungen zum Teil weniger ratsam (Grönroos 1990; Bednarczuk/Friedrich 1992).

Zum einen müssen in Dienstleistungsunternehmen wichtige Marketingentscheidungen oft direkt im Rahmen des Interaktionsprozesses mit den Kunden getroffen werden, zum anderen ist an diesen operativen Prozessen die grundsätzlich mit Marketingaufgaben betraute organisatorische Einheit in der Regel nicht beteiligt. Insbesondere spezielle Innovationsprozesse im Unternehmen und die damit verbundene Planung der Mitarbeiter-Kunde-Interaktion könnten nur über zeitintensive Rückkoppelungsprozesse mit dem ausführenden Personal durchgeführt werden, wenn eine zentrale Marketingabteilung stets in die Entscheidungen einbezogen werden müsste.

Die in Dienstleistungsunternehmen so bedeutende **horizontale Koordination bei dezentraler Übernahme von Marketingaufgaben** sollte durch eine flexible Aufgabenverteilung an **Projektteams** unterstützt werden (Wohlgemuth 1989, S. 341f.; Servatius 1991, S. 178). Diese übernehmen die Lösung komplexer Problemstellungen, wie etwa die Entwicklung neuer Verbundkonzepte, die häufig eine intensive funktions- und geschäftsbereichsübergreifende Zusammenarbeit erfordern. Derartige **temporäre Parallelstruk-**

turen können insbesondere bei Innovationsprozessen Zeitvorteile sowie ein größtmögliches „Pooling" von Mitarbeiterkompetenzen herbeiführen.

Angesichts der vielen Freiheitsgrade und der hohen individuellen Verantwortung, die eine derartige Organisationsstruktur mit sich bringt, kommt den **Fähigkeiten** und der **Motivation der Humanressourcen** eine überaus hohe Bedeutung zu. Um eine optimale Ausschöpfung individueller Fähigkeitspotenziale im Unternehmen zu gewährleisten, kann möglicherweise eine relativ stark **personenbezogene Strukturierung** mit entsprechender Berücksichtigung der jeweiligen Stärken-Schwächen-Profile der Mitarbeiter gewählt werden (Wohlgemuth 1989, S. 341f.).

2.2   Anpassung der Informations- und Kontrollsysteme von Dienstleistungsunternehmen

Für die erfolgreiche Implementierung von Dienstleistungsstrategien bedarf es neben der Überzeugung der Mitarbeiter auch einer **Anpassung der Systeme von Dienstleistungsanbietern** (Bruhn 2002g, S. 89ff.; Meffert/Burmann 2002). Im Mittelpunkt steht dabei die Forderung nach mitarbeiter- und kundenbezogenen Informations- und Kontrollsystemen.

Im Folgenden werden diejenigen Unternehmenssysteme genauer untersucht, die bei der Implementierung von Marketingkonzepten in Dienstleistungsunternehmen von besonderer Bedeutung sind und hierbei folgende grundsätzliche **Funktionen** erfüllen (Meffert/Burmann 2002):

- **Informationsversorgungsfunktionen,** das heißt die Erfassung und Lieferung sämtlicher planungs-, entscheidungs- und kontrollrelevanter Informationen,

- **Planungsfunktionen,** das heißt die Managementunterstützung auf sämtlichen Ebenen des Planungsprozesses,

- **Kontrollfunktionen,** das heißt die Prüfung und Beurteilung der Ziele, Strategien, Organisation, Marketingaktivitäten sowie deren Ergebnisse u. Ä.

Grundsätzlich kann zwischen **innen- und außengerichteten Systemen** unterschieden werden. Die innengerichteten Systeme beschäftigen sich mit der Erfassung und Kontrolle innerbetrieblicher Größen, während außengerichtete Systeme vornehmlich auf kundenbezogene Informationen abzielen.

Zu den **innengerichteten Systemen** zählt das **Human Resources Controlling**. Zwei Aufgabenkomplexe lassen sich für ein derartiges personalorientiertes Controlling identifizieren (Welge 1988, S. 139ff.):

- **Erfolgskontrollen im Personalwesen,** die sowohl die Personalbeschaffungs- und -freisetzungskontrolle als auch die Kontrolle von Personalerhaltungs- und -entwicklungsmaßnahmen umfassen.

Bei Dienstleistungsunternehmen wird die Leistung der Mitarbeiter im Kundenkontakt zum Teil an den konkreten Leistungsergebnissen (zum Beispiel Verkäufe pro Woche) gemessen. Diese so genannten **Ergebniskontrollsysteme** basieren dann oftmals auf schriftlichen Geschäftsvorgängen, können allerdings bestimmte, nicht unmittelbar quantifizierbare Leistungen der Mitarbeiter bei der Erstellung der Dienstleistungsqualität, wie beispielsweise Höflichkeit und Freundlichkeit bei der Bedienung am Schalter, nicht erfassen (Ouchi 1981; Zeithaml/Berry/Parasuraman 1988). Dementsprechend beabsichtigen so genannte **Verhaltenskontrollsysteme,** mit Hilfe von Beobachtungen, Testkäufen oder anderen Berichten die Arbeitsweise und das Verhalten der Mitarbeiter im Kundenkontakt zu überwachen (Ouchi 1981; Zeithaml/Berry/Parasuraman 1988).

■ **Personalinformationswirtschaft,** deren wichtigste Funktion in der Implementierung umfangreicher Personalinformationssysteme besteht.

Während Erfolgskontrollen schwerpunktmäßig zur Erhöhung der Effizienz des Personalmanagements beitragen, kommt **Personalinformationssystemen** eine wesentliche Bedeutung bei der Verfolgung von Motivations- und Personalbindungszielen zu. Sie erleichtern damit die notwendige Anpassung der Führungssysteme und unterstützen kulturorientierte Koordinationskonzepte. So richtete etwa Mövenpick zur Senkung der bei jährlich über 100 Prozent liegenden Fluktuationsrate im Gastronomie- und Hotelleriebereich ein innovatives Zeiterfassungssystem ein. Es bietet die Möglichkeit einer individuellen und flexiblen Arbeitszeitplanung und führt zu einem Höchstmaß an Zeitsouveränität der Mitarbeiter (Lange 1991, S. 159ff.; Schulz/Hentschel 1992, S. 53).

Die **außengerichteten Systeme** in Form **kundenbezogener Informations- und Kontrollsysteme** verfügen schließlich über eine wesentliche Unterstützungsfunktion bei der Planung und Durchführung effizienter Kundengewinnungs- und -betreuungsaktivitäten. Dazu müssen disaggregierte Ein- und Auszahlungsgrößen bereitgestellt werden. Aus den prognostizierten Einzahlungsgrößen lässt sich der **Lebenszeitwert eines Kunden** ermitteln (Dwyer 1989; Hart/Heskett/Sasser 1990, S. 148ff.; Cornelsen 1996). Dieser erfasst den Barwert aller kundenbezogenen Umsätze und stellt eine zentrale Steuerungsgröße im Rahmen individualisierter Marktbearbeitungsstrategien, im Extremfall so genannter „Segment-of-One"-Strategien, dar.

Zu den kundenbezogenen Informations- und Kontrollsystemen zählen:

■ Regelmäßige Erfassungen der Kundenzufriedenheit und Kundenloyalität zur Überprüfung des Implementierungserfolges,

■ Laufende Erfassungen der Kundenaktivitäten und Beeinflussung des Kunden im Rahmen eines Database Marketing,

■ Gestaltung von Beschwerdemanagementsystemen (Bruhn 1982, 1986; Stauss 1989; Hansen/Jeschke 1991, 1995).

> **Beispiel:** Beim Schweizer Telekommunikationsunternehmen Swisscom wurde erkannt, dass die unternehmensweite Steuerung der Kundenbeziehungen von erfolgskritischer Bedeutung ist. Die stark produktorientierte Sicht (Kunde = Telefonanschluss) sollte durch eine kundenorientierte Sicht (Kunde = Person XYZ) ersetzt werden. Hierzu wurde ein Projekt zur Verbesserung der kundenbezogenen Informationsprozesse initiiert. Mit Hilfe eines so genannten Workflow-Managementsystems, das in der Lage ist, sämtliche Informationen (Beschwerdebrief, Telefonnotiz, E- Mail) zu speichern, zu sortieren und dem entsprechenden Mitarbeiter direkt zukommen zu lassen, sollte dieses Ziel erreicht werden. Durch die stärkere Konzentration auf die kundenbezogenen Geschäftsprozesse konnten die Bearbeitungszeiten verkürzt und auch die Transparenz der Prozesse wesentlich erhöht werden.

Der Einsatz dieser Systeme hängt erkennbar von dem jeweiligen Dienstleistungstyp beziehungsweise der Dienstleistungsbranche sowie der Größe des Unternehmens ab. Sämtliche Kundeninformationssysteme versuchen allerdings, den relevanten Anspruchsgruppen Informationen über Reaktionen der Kunden auf die erbrachten Dienstleistungen in verdichteter Form zur Verfügung zu stellen, um so den Implementierungserfolg laufend ermitteln zu können. Zielabweichungen sind dann daraufhin zu überprüfen, ob sie auf unzureichende Marketingstrategien oder auf Mängel bei der Implementierung selbst zurückzuführen sind.

2.3   Anpassung der Unternehmenskultur

Trotz der Bedeutung der Unternehmenskultur sowie einer intensiven Auseinandersetzung mit diesem Thema in Wissenschaft und Praxis existiert kein einheitliches **Begriffsverständnis** (Meffert/Burmann 2002). Folgt man der Definition von Heinen und Dill, so lässt sich Unternehmenskultur als **Grundgesamtheit gemeinsamer Werte- und Normenvorstellungen sowie geteilter Denk- und Verhaltensmuster** beschreiben, die Entscheidungen, Handlungen und Aktivitäten der Organisationsmitglieder prägen (Heinen/Dill 1990, S. 17).

Diese größtenteils unsichtbaren Elemente der Unternehmenskultur spiegeln sich in den nach außen wirkenden **aktiven Ausdrucksformen** im Verhalten der Unternehmensmitglieder und in der externen Kommunikation sowie als **passive Ausdrucksformen** in der Gestaltung der materiellen Attribute eines Unternehmens wider (Meffert/Burmann 2002). Diese drei Teilbereiche der Unternehmenskultur haben einen entscheidenden Einfluss auf das Image des Unternehmens im Wahrnehmungsraum externer Anspruchsgruppen und damit für die erfolgreiche Positionierung des Dienstleisters (vgl. Abbildung 7-6).

Werte drücken verhaltensbestimmende Präferenzen und Orientierungsmaßstäbe für Ziele und Zustände aus; sie gelten somit als eher globale Handlungsorientierungen für Individuen und können zum Beispiel eine konsequente Ausrichtung sämtlicher Unternehmensaktivitäten an den Kundenwünschen beinhalten.

Demgegenüber sind **Normen** konkreter gefasst und bedeuten spezifische Regeln und Verhaltensvorschriften, beispielsweise im Umgang mit Mitarbeitern und Kunden (Heinen/Dill 1990).

Abbildung 7-6	Ebenen der Unternehmenskultur

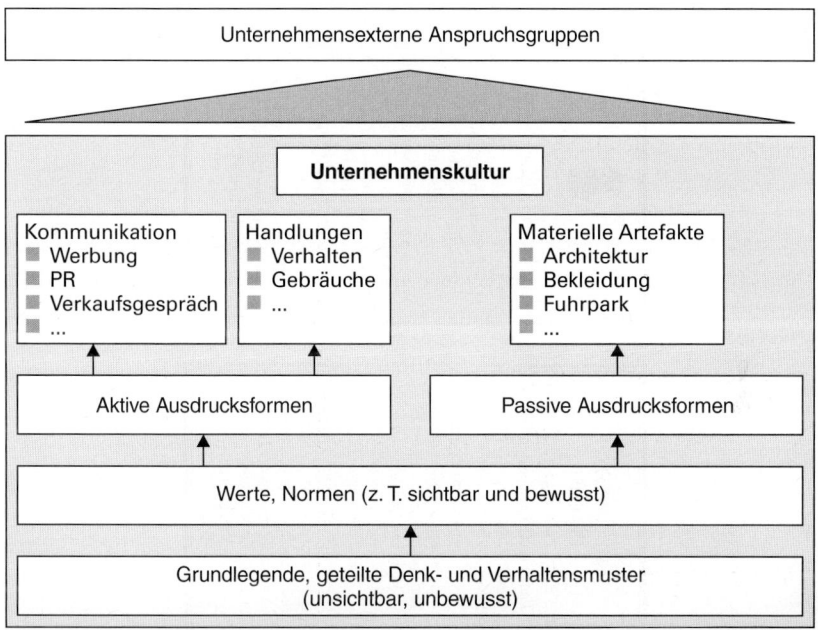

Quelle: nach Schein 1995, S. 30

GABLER
GRAFIK

Beispiel: Die Ritz-Carlton Hotel Company fixiert die Verhaltensgrundsätze auf einem kleinen Faltblatt, das jeder Mitarbeiter zusammengeklappt mit sich führen kann. Ritz-Carlton legt dabei hohen Wert darauf, dass die Mitarbeiter über ihre Dienstleistungsfunktion hinaus eine eigene Persönlichkeit entwickeln und nach dem Grundsatz „We are Ladies and Gentlemen serving Ladies and Gentlemen" handeln (vgl. Insert 7-1).

Grundlegende Denk- und Verhaltensmuster können als unbewusste kognitive Schemata verstanden werden, die sich bei der Lösung von internen und externen Aufgaben bewährt haben und von den Unternehmensmitgliedern als richtig angesehen werden. Sie werden nicht mehr hinterfragt oder diskutiert, sondern sind selbstverständlich geworden. Diese Ebene der Unternehmenskultur ist aufgrund ihrer unbewussten Natur weder direkt zu erheben noch zu verändern (Gabele 1993, S. 121f.; Schein 1995, S. 24ff.).

INSERT 7-1   Verhaltensgrundsätze der Ritz-Carlton Hotelgruppe (Vorderseite)

THE RITZ-CARLTON®

CREDO

The Ritz-Carlton Hotel is a place where the genuine care and comfort of our guests is our highest mission.

We pledge to provide the finest personal service and facilities for our guests who will always enjoy a warm, relaxed yet refined ambience.

The Ritz-Carlton experience enlivens the senses, instills well-being, and fulfills even the unexpressed wishes and needs of our guests.

THE EMPLOYEE PROMISE

At The Ritz-Carlton, our Ladies and Gentlemen are the most important resource in our service commitment to our guests.

By applying the principles of trust, honesty, respect, integrity and commitment, we nurture and maximize talent to the benefit of each individual and the company.

The Ritz-Carlton fosters a work environment where diversity is valued, quality of life is enhanced, individual aspirations are fulfilled, and The Ritz-Carlton mystique is strengthened.

"We Are Ladies and Gentlemen Serving Ladies and Gentlemen"

THREE STEPS OF SERVICE

1

A warm and sincere greeting. Use the guest name, if and when possible.

2

Anticipation and compliance with guest needs.

3

Fond farewell. Give them a warm good-bye and use their names, if and when possible.

INSERT 7-1   Verhaltensgrundsätze der Ritz-Carlton Hotelgruppe (Rückseite)

THE RITZ-CARLTON® BASICS

1. The Credo is the principal belief of our Company. It must be known, owned and energized by all.

2. Our Motto is: "We Are Ladies and Gentlemen serving Ladies and Gentlemen." As service professionals, we treat our guests and each other with respect and dignity.

3. The Three Steps of Service are the foundation of Ritz-Carlton hospitality. These steps must be used in every interaction to ensure satisfaction, retention and loyalty.

4. The Employee Promise is the basis for our Ritz-Carlton work environment. It will be honored by all employees.

5. All employees will successfully complete annual Training Certification for their position.

6. Company objectives are communicated to all employees. It is everyone's responsibility to support them.

7. To create pride and joy in the workplace, all employees have the right to be involved in the planning of the work that affects them.

8. Each employee will continuously identify defects (M.R. B.I.V.) throughout the Hotel.

9. It is the responsibility of each employee to create a work environment of teamwork and lateral service so that the needs of our guests and each other are met.

10. Each employee is empowered. For example, when a guest has a problem or needs something special, you should break away from your regular duties to address and resolve the issue.

11. Uncompromising levels of cleanliness are the responsibility of every employee.

12. To provide the finest personal service for our guests, each employee is responsible for identifying and recording individual guest preferences.

13. Never lose a guest. Instant guest pacification is the responsibility of each employee. Whoever receives a complaint will own it, resolve it to the guest's satisfaction and record it.

14. "Smile – We are on stage." Always maintain positive eye contact. Use the proper vocabulary with our guests and each other. (Use words like – "Good Morning," "Certainly," "I'll be happy to" and "My pleasure.")

15. Be an ambassador of your Hotel in and outside of the workplace. Always speak positively. Communicate any concerns to the appropriate person.

16. Escort guests rather than pointing out directions to another area of the Hotel.

17. Use Ritz-Carlton telephone etiquette. Answer within three rings with a "smile." Use the guest's name when possible. When necessary, ask the caller "May I place you on hold?"

18. Do not screen calls. Eliminate call transfers whenever possible. Adhere to voice mail standards.

19. Take pride in and care of your personal appearance. Everyone is responsible for conveying a professional image by adhering to Ritz-Carlton clothing and grooming standards.

20. Think safety first. Each employee is responsible for creating a safe, secure and accident free environment for all guests and each other. Be aware of all fire and safety emergency procedures and report any security risks immediately.

21. Protecting the assets of a Ritz-Carlton hotel is the responsibility of every employee. Conserve energy, properly maintain our Hotels and protect the environment.

Allgemein wird die Unternehmenskultur als ein Schlüsselfaktor zur Unternehmenssteuerung für das strategische Management angesehen, da durch das Grundraster von Werten sowie Verhaltensmustern Normen mit impliziter Kontroll- und Koordinationsfunktion geschaffen werden (Wilkins/Ouchi 1983; Webster 1993). Die Bedeutung der Unternehmenskultur im Rahmen der Marketingimplementierung ergibt sich aus der Definition des Marketingkonzeptes als funktionsübergreifendes, integratives Führungskonzept, das ein marktorientiertes Verhalten sämtlicher Unternehmensmitglieder impliziert. Die Umsetzung des so verstandenen Marketingkonzeptes bedingt demnach die langfristige Entwicklung einer marktorientierten Unternehmenskultur.

Besondere Bedeutung kommt bei Dienstleistungsunternehmen der **Gestaltung der materiellen Elemente der Unternehmenskultur** beziehungsweise den **„Physical Facilities"** (Magrath 1986) zu. So zeigen insbesondere die aktuellen Beispiele der Deutschen Telekom und der Deutschen Post Möglichkeiten auf, durch die Gestaltung des physischen Auftritts (zum Beispiel Ausstattung der Verkaufsräume, Verhalten der Mitarbeiter, Bekleidung) eine marktorientierte Unternehmenskultur externen Anspruchsgruppen zu vermitteln und so eine Neupositionierung des gesamten Unternehmens – zumindest ansatzweise – zu realisieren.

Hierfür ist zunächst eine genaue **Bestimmung der unternehmenseigenen Kulturposition** notwendig. Diese Analyse der Ist-Unternehmenskultur kann anhand von grundsätzlichen Eckpfeilern der Dienstleistungsunternehmung, wie Kunden- und Mitarbeiterorientierung, Qualitäts- oder Technologieorientierung, erfolgen. Hierbei sind insbesondere divergierende Subkulturen im Unternehmen zu identifizieren.

Anschließend müssen die **Beziehungen zwischen Unternehmenskultur und Marketingstrategie** ermittelt werden. Es ist zu prüfen, ob die kulturellen Werte und Normen im Unternehmen den Anforderungen zur Umsetzung geplanter Dienstleistungsmarketingkonzepte genügen oder eine Anpassung erfahren sollten. Bei erkennbar fehlender Übereinstimmung zwischen historisch gewachsenem Kulturkern im Unternehmen und den gestellten Ansprüchen an das Dienstleistungsmarketing ist jedoch zu beachten, dass sich die bestehende Unternehmenskultur möglicherweise nur zum Teil an veränderte Bedingungen und Aufgaben anpassen wird und somit die postulierte Marketingstrategie wieder grundsätzlich in Frage stellen kann (Meffert/Burmann 2002).

Je nach Dienstleistungsunternehmen sind die unterschiedlichsten Anforderungskriterien in Bezug auf die Unternehmenskultur von Bedeutung, wenn strategische Konzepte implementiert werden sollen. Webster (1993) hat in einer empirischen Untersuchung sechs **dienstleistungsspezifische Kulturdimensionen** ermittelt, hinter denen sich 34 einzelne Items verbergen. Diese Einzelkriterien können auf einer 6er-Skala, deren Ausprägung von „notwendig" bis „unwichtig" reicht, konkret abgefragt werden. Die in Abbildung 7-7 vorgestellten Dimensionen und Einzelitems verdeutlichen die Vielschichtigkeit und Komplexität einer marktorientierten Unternehmenskultur. Mit Hilfe dieser Checkliste von Einzelaussagen können bei einer Mitarbeiterbefragung zum einen die gegenwärtigen Ausprägungen der Unternehmenskultur des Dienstleisters erfasst werden, zum anderen stellen die aufgeführten Größen differenzierte Ansatzpunkte zur möglichen Beeinflussung und Veränderung der bestehenden Unternehmenskultur hin zu einer zieloptimalen Soll-Unternehmenskultur dar.

Abbildung 7-7   **Dimensionen der Unternehmenskultur**

Dimensionen der Dienstleistungskultur	Subsumierte Items
Dienstleistungsqualität	■ Explizite Definitionen der Dienstleistungsstandards ■ Commitment des Topmanagements zur Bereitstellung von qualitativ hochwertigen Dienstleistungen ■ Systematische Erfassung von Mitarbeiterleistungen ■ Grad, zu dem Mitarbeiter den Konsumbedürfnissen Rechnung tragen ■ Überzeugung der Mitarbeiter, dass ihr Verhalten das Unternehmensimage beeinflusst	■ Übereinstimmung der Mitarbeiter-Performance mit den Firmenerwartungen ■ Bedeutung der kommunikativen Fähigkeiten der Mitarbeiter in der Zielhierarchie der Unternehmung ■ Aufmerksamkeit der Mitarbeiter hinsichtlich einzelner Details ihres Aufgabenkreises
Interpersonale Beziehungen	■ Bedeutungszumessung hinsichtlich der Empfindungen der Mitarbeiter durch das Unternehmen (soziale Kompetenz) ■ Grad, zu dem jeder einzelne Mitarbeiter als wichtiger Teil der Gesamtunternehmung anerkannt wird	■ Möglichkeit von Mitarbeitern, ihre Meinung höhergestellten Hierarchiestufen vorzutragen ■ „Open Door Policy" des Managements ■ Interaktion von Managern und Mitarbeitern mit Kundenkontakt
Verkaufsaufgaben	■ Gewichtung der Personalbeschaffung ■ Ausbildung der Mitarbeiter im Kundenkontakt ■ Anerkennung außergewöhnlicher Leistungen im Verkauf ■ Begeisterung der Mitarbeiter bei der Suche nach neuen Kundenpotenzialen	■ Unterstützung kreativer Ansätze im Verkauf ■ Vergabe von Incentives zur Forcierung des Verkaufs (im Vergleich zur Konkurrenz) ■ Starke Zielorientierung der Mitarbeiter bei der Anbahnung neuer Geschäfte
Organisation	■ Jeder Mitarbeiter hat seine Arbeit deutlich strukturiert ■ Sorgfältige Planungen sind charakteristisch für tägliche Arbeitsabläufe der Mitarbeiter ■ Mitarbeiter räumen ihrer Arbeit Priorität ein	■ Die Arbeitsbereiche der Mitarbeiter sind gut „organisiert" ■ Jeder Mitarbeiter verfügt über ein gutes Zeitmanagement ■ Das Management lässt die Mitarbeiter auch an finanziellen Informationen partizipieren
Interne Kommunikationsprozesse	■ Das Unternehmen verfügt über ein bewährtes Set von Verfahren und Abläufen, das jedem Mitarbeiter zugänglich ist ■ Vorgesetzte stellen ihre Anforderungen an die Mitarbeiter klar heraus ■ Jeder Mitarbeiter versteht die „Business Mission" und die zentralen Leitlinien der Unternehmung	■ Aufforderung an Mitarbeiter im Kundenkontakt, an der Formulierung von Standards mitzuwirken ■ Bemühung um Weiterbildung und Motivation der Mitarbeiter
Innovationen	■ Empfänglichkeit der Mitarbeiter für innovative Ideen ■ Bereitschaft zum Wandel	■ Unternehmen hält mit den technischen Verbesserungen Schritt

GABLER
GRAFIK

Quelle: Webster 1993, S. 121

Generell hängt es von situativen Faktoren ab, welche Form der Unternehmenskultur idealtypischerweise anzustreben ist (Schulze 1992, S. 79ff.; Meffert 1998, S. 126ff.). Eine Typologie von Kulturen in Dienstleistungsunternehmen, die explizit auf die von Webster ermittelten Kulturinhalte Bezug nimmt, wurde von Meffert entwickelt (Meffert 1998, S. 126ff.). Anhand der **Dimensionen Individualisierungsgrad** und **Interaktionsgrad** werden vier idealtypische Dienstleistungskulturtypen abgeleitet, die im Folgenden näher erläutert werden (vgl. Abbildung 7-8).

Abbildung 7-8   **Typologie von Dienstleistungskulturen**

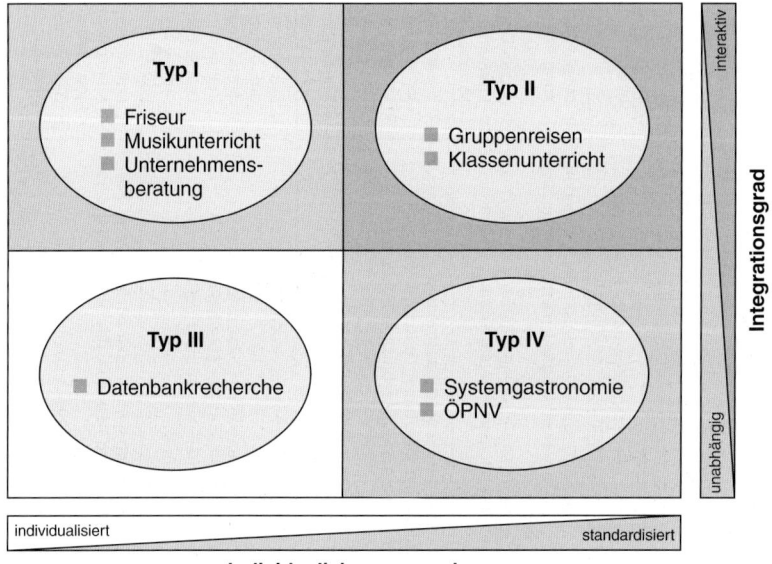

Quelle: Meffert 1998, S. 130

GABLER
GRAFIK

Interaktiv-individualisierter Dienstleistungskulturtyp (Typ I)

Die Mehrzahl aller Dienstleistungen ist durch eine hohe Kundeninteraktion sowie einen stark individualisierten Dienstleistungsprozess mit ebenfalls individualisiertem Dienstleistungsergebnis gekennzeichnet, zum Beispiel die klassische Unternehmensberatung, Friseurleistungen oder Einzelunterricht. Der hohe Interaktionsgrad erfordert eine hohe soziale Kompetenz des Kundenkontaktpersonals und die Fähigkeit, auf die individuellen Bedürfnisse der Kunden zum Teil mit innovativen Lösungen einzugehen. Zudem können diese Mitarbeiter als Informationsdrehscheibe agieren, wenn die Interaktion mit höheren Hierarchiestufen dies ermöglicht, zum Beispiel im Rahmen einer „Open Door Policy" des Managements. Unerlässlich ist darüber hinaus die Identifikation der Mitarbeiter mit dem Unternehmen, da bei hohem Interaktions- und Individualisierungsgrad vielfach ein enges Vertrauensverhältnis zwischen Kunde und Kundenkontaktpersonal besteht. Diese Anforderungen erfordern eine stärkere Ausprägung der Kulturdimensionen „interpersonale Beziehungen", „Verkaufsaufgaben" und „Innovation" im Vergleich zu den übrigen Kulturdimensionen, um eine vom Kunden positiv wahrgenommene Dienstleistungsqualität sicherzustellen.

▪ Interaktiv-standardisierter Dienstleistungskulturtyp (Typ II)

Wie bei den interaktiv-individualisierten Dienstleistungen führt die Kundeninteraktion zur besonderen Bedeutung der Kulturdimensionen „interpersonale Beziehungen" und „Verkaufsaufgaben" beim Typ der interaktiv-standardisierten Dienstleistungen (zum Beispiel Gruppenreisen, Klassenunterricht). Aufgrund der Standardisierung kommt der Dimension „Innovation" hier eine vergleichsweise geringe Bedeutung zu. Stärkeres Gewicht sollte dagegen die Kulturdimension „Interne Kommunikationsprozesse" erfahren, da die Standardisierung ein Set von bewährten Verfahren und Abläufen impliziert, an dessen Entwicklung die Mitarbeiter möglichst partizipieren sollten.

▪ Unabhängig-individualisierter Dienstleistungskulturtyp (Typ III)

Diesem Typ können Dienstleistungen zugerechnet werden, die mit einem begrenzten Anbieter-Kunden-Kontakt auskommen und dennoch individuelle Kundenwünsche berücksichtigen, wie zum Beispiel Anbieter von Datenbankdiensten. Aufgrund der geringen Kundeninteraktion können die Mitarbeiter ihren Arbeitseinsatz besser strukturieren und planen, was eine starke Ausprägung der Kulturdimension „Organisation" impliziert. Da zudem das individualisierte Dienstleistungsergebnis vielfach mit Hilfe moderner Technologien erstellt wird und oftmals kreative Ideen erfordert, sollte auch hier die Kulturdimension „Innovation" stark ausgeprägt sein. Durch den begrenzten Kundenkontakt kommt den Dimensionen „Verkaufsaufgaben" und „interpersonale Beziehungen" im Vergleich mit interaktiven Dienstleistungstypen eine eher untergeordnete Bedeutung zu.

▪ Unabhängig-standardisierter Dienstleistungskulturtyp (Typ IV)

Einen vergleichsweise geringen Interaktionsgrad bei gleichzeitig starker Standardisierung weisen zum Beispiel die Systemgastronomie oder der Öffentliche Personennahverkehr auf. Die Standardisierung des Dienstleistungsergebnisses impliziert wiederum eine höhere Bedeutung der Kulturdimension „Interne Kommunikationsprozesse", während die Unabhängigkeit vom externen Faktor bei der Leistungserstellung eine stärkere Ausprägung der „Organisation" erfordert. Dagegen treten die bei interaktiv-individualisierten Dienstleistungen bedeutenden Dimensionen „interpersonale Beziehungen", „Verkaufsaufgaben" und „Innovation" in den Hintergrund.

Die Ausführungen zeigen, dass der Typ der erstellten Dienstleistung maßgeblich unternehmenskulturelle Notwendigkeiten impliziert. Unabhängig vom Dienstleistungstyp liegt es angesichts der besonderen Bedeutung des Qualitätsmanagements bei Dienstleistungen jedoch nahe, die Dimension der Dienstleistungsqualität als eine übergeordnete Kulturdimension zu interpretieren, der jedes Dienstleistungsunternehmen eine hohe Bedeutung beimessen sollte (Meffert 1998, S. 124).

Sollte ein **Wandel der Unternehmenskultur** notwendig werden, gestaltet sich dieser als langfristiger und schwieriger Prozess. Zum einen verhalten sich die Mitarbeiter häufig ablehnend gegenüber solchen Veränderungen, die im Widerspruch zu dem über Jahre gewachsenen und fest verankerten Werte- und Normengefüge stehen. Zum anderen ist es im Gegensatz zur Neustrukturierung von Organisationen oder der Einführung von Systemen nicht beziehungsweise nur sehr eingeschränkt möglich, grundlegende Kulturveränderungen ausschließlich durch formale Anordnungen durchzusetzen. Es bedarf zunächst der Überzeugung und der Motivation jedes einzelnen Mitarbeiters für einen Kulturwandel. Ein integrativer Ansatz, der explizit der Veränderung einer Unternehmenskultur dient (Stauss/Schulze 1990, S. 154) und sich insbesondere im Bereich des Dienstleistungsmarketing entwickelt hat, ist das in Kapitel 6.5 (Personalpolitik) diskutierte Konzept des Internen Marketing.

Zusammenfassend kann als Ergebnis eines integrierten Zusammenspiels struktur-, system- und kulturorientierter Maßnahmen das Dienstleistungsmarketing erfolgreich implementiert und damit die in Abbildung 7-9 dargestellte Wirkungskette realisiert werden. Die Umsetzung des Marketingkonzeptes darf dabei nicht als einmaliges, diskontinuierliches Projekt betrachtet werden. Es bedarf vielmehr einer kontinuierlichen, den situativen Bedingungen angepassten Weiterentwicklung des Dienstleistungsmarketing im Sinne einer lernenden Organisation (Hilker 2001).

Abbildung 7-9 **Wirkungskette einer erfolgreichen Marketingimplementierung im Dienstleistungsbereich**

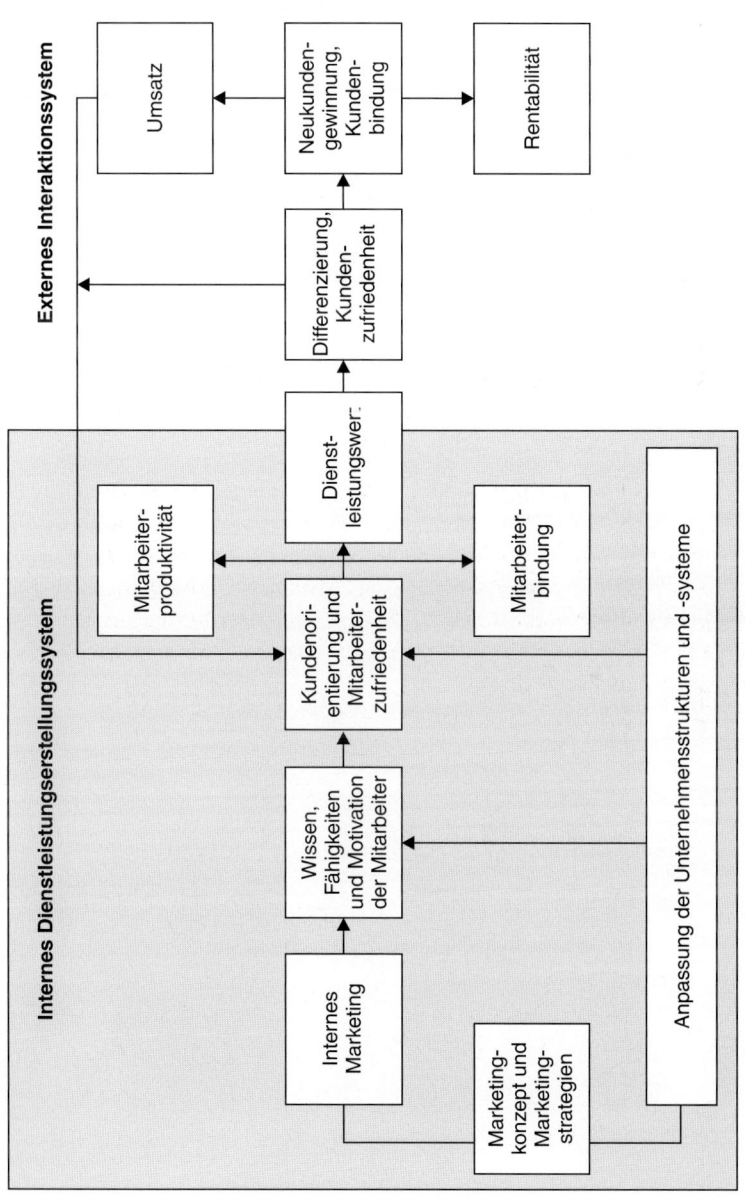

8 Controlling im Dienstleistungsmarketing

1.	**Grundlagen des Dienstleistungscontrolling**	**647**
1.1	Begriff des Dienstleistungscontrolling	647
1.2	Aufgaben des Dienstleistungscontrolling	648
1.3	Organisatorische Stellung des Dienstleistungscontrolling	650
2.	**Controllingsystem im Dienstleistungsmarketing**	**651**
2.1	Controlling als Subsystem des Dienstleistungsmanagements	651
2.2	Relevante Subsysteme	651
3.	**Instrumente des Controlling in Dienstleistungsunternehmen**	**657**
3.1	Erfolgskette als Ausgangspunkt des Controlling	657
3.2	Controlling von vorökonomischen Indikatoren	658
3.3	Controlling von ökonomischen Indikatoren	659
3.31	Einperiodige Kontrolle von Kundenbeziehungen	659
3.32	Mehrperiodige Kontrolle von Kundenbeziehungen	662
3.4	Controlling mit integrierten Kontrollsystemen	669
3.41	Ansätze integrierter Kontrollsysteme	669
3.42	Kundenbarometer	670
3.43	Balanced Scorecard	672
3.44	EFQM-Modell	676
3.45	Kosten-Nutzen-Analyse	677

1. Grundlagen des Dienstleistungscontrolling

1.1 Begriff des Dienstleistungscontrolling

Der Begriff „Controlling" wird häufig fälschlicherweise mit der ausschließlichen Kontrolle von Unternehmensaktivitäten gleichgesetzt (Horváth 1998, S. 25f.). Dagegen wird mit dem Begriff Controlling vielmehr ein bestimmter Teil der Unternehmensführung charakterisiert, dessen Aufgabe lediglich teilweise in der Kontrolle von Unternehmensaktivitäten besteht.

Die einschlägige Literatur des Controlling ist heterogen und durch eine Vielzahl sehr unterschiedlicher Definitionsansätze gekennzeichnet. Im Folgenden seien vier **Definitionstypen** unterschieden und kurz vorgestellt (Weber/Schäffer 2001):

■ Einige, zumeist ältere und in der Literatur zunehmend weniger vertretene Definitionsversuche verstehen Controlling im Kern als **Informationsversorgungsfunktion**. Den Bezugspunkt bildet dabei in der Regel das Rechnungswesen (Heigl 1978; Köhler 1998).

■ Andere Autoren definieren Controlling als einen **Teilbereich der Unternehmensführung,** der die konsequente Steuerung und Zielausrichtung des Unternehmens zum Ziel hat (Siegwart 1986; Dellmann 1992). Die Kritik an diesem Ansatz zielt insbesondere auf die mangelnde Abgrenzbarkeit zur Unternehmensführung (Weber 1999, S. 23ff.).

■ Eine weitere Gruppe von Definitionen sieht die zentrale Aufgabe des Controlling in der **Koordination der unterschiedlichen Teilsysteme der Unternehmensführung** (Küpper 1997; Horváth 1998). Die koordinationsbezogene Sichtweise des Controlling ist in der Literatur weit verbreitet, erscheint jedoch – unabhängig von der konkreten Definitionsvariante – in der wissenschaftlichen Diskussion nicht unumstritten (Schneider 1991, S. 765ff.; Weber/Schäffer 2000, S. 109ff.). Auch in der Praxis stößt sie nicht immer auf Akzeptanz und verursacht vielfach terminologische Schwierigkeiten.

■ Ein letzter, noch junger Ansatz versteht Controlling als **spezifische Funktion zur Sicherstellung einer rationalen Unternehmensführung** (Weber/Schäffer 1999, S. 731ff.). Rationalität wird dabei als Zweckrationalität verstanden, die sich aus einer Gemeinschaft handelnder Akteure heraus konstituiert und an ein internes Modell dieser Akteursgemeinschaft gebunden ist. Rationalitätssicherung heißt somit konkret, für bestimmte Führungsprobleme effektive und effiziente Lösungsansätze zu ermöglichen und für ihre Realisierung zu sorgen.

Folgt man der Rationalitätssicherungssicht des Controlling, lässt sich das Dienstleistungscontrolling als spezifische Funktion der Sicherstellung eines rationalen Dienstleistungsmanagements beschreiben. Die übergeordnete Aufgabe des Controlling ist die Koordination des Führungssystems eines Unternehmens (Weber 1990, S. 22f.). Somit wird der **Begriff des Dienstleistungscontrolling** folgendermaßen definiert (Bruhn 1998b, S. 63):

> Unter **Dienstleistungscontrolling** ist die Analyse, Planung, Durchführung und Kontrolle der Unterstützung und Koordination kundenbezogener Aktivitäten im Hinblick auf eine wirtschaftliche Ausrichtung des Dienstleistungsmanagements zu verstehen.

1.2   Aufgaben des Dienstleistungscontrolling

Ausgehend von der Definition des Dienstleistungscontrolling stellt die Steigerung der Effektivität und Effizienz des Dienstleistungsmanagements das Oberziel des Dienstleistungscontrolling dar (Horváth/Urban 1990, S. 15; Horváth/Gentner/Lingscheid 1994, S. 3). Während unter der **Effektivität** die Leistungserstellung gemäß der Kundenanforderungen zu verstehen ist, betrifft die **Effizienz** die wirtschaftliche Umsetzung entsprechender Unternehmensaktivitäten (Bruhn 1998b, S. 64). So sind beispielsweise die Steigerung der Kundenzufriedenheit oder der Kundenorientierung der Mitarbeiter zu den Zielen des Dienstleistungsmanagements zu rechnen. Dahingegen dient das Dienstleistungscontrolling der effektiven und effizienten Realisierung dieser Ziele.

Um die Sicherstellung der Effektivität und Effizienz des Dienstleistungsmanagements zu gewährleisten, hat das Dienstleistungscontrolling vier **Funktionen** zu erfüllen (Bruhn 1998b, S. 71ff.):

1. Koordinationsfunktion,

2. Informationsversorgungsfunktion,

3. Planungsfunktion,

4. Kontrollfunktion.

1. Koordinationsfunktion

Die Koordinationsfunktion betrifft die zentrale Aufgabe des Dienstleistungscontrolling, die verschiedenen kundenbezogenen Aktivitäten des Unternehmens aufeinander abzustimmen (Horváth/Urban 1990, S. 12; Tomys 1995, S. 90). Das Erfordernis der **Koordination kundenbezogener Aktivitäten** ergibt sich beispielsweise, weil Mitarbeiter der unterschiedlichen Hierarchiestufen Qualitätsverantwortung tragen. Ferner haben die Aktivitäten sämtlicher Unternehmensbereiche eine Auswirkung auf die Qualität der Unternehmensleistungen (Bruhn 1998b, S. 72). Ausgehend von diesen Überlegungen können zwei **Richtungen der kundenbezogenen Koordination** unterschieden werden (Bruhn 1998b, S. 73f.):

■ Die **horizontale Koordination** dient der Abstimmung der Maßnahmen zwischen den verschiedenen Unternehmensbereichen.

■ Durch die **vertikale Koordination** werden die kundenbezogenen Aktivitäten unterschiedlicher Hierarchiestufen aufeinander abgestimmt.

2. Informationsversorgungsfunktion

Im Rahmen des Dienstleistungsmanagements eines Unternehmens werden zahlreiche kundenrelevante Informationen generiert, sodass dem Dienstleistungscontrolling im Rahmen der Informationsversorgungsfunktion folgende **Aufgaben** zukommen (Bruhn 1998b, S. 74ff.):

■ Verknüpfung der im Rahmen des Dienstleistungsmanagements generierten Informationen mit weiteren relevanten Informationen (zum Beispiel aus dem Rechnungswesen) (Horváth/Urban 1990, S. 54f.),

■ Verdichtung und Kombination sämtlicher im Unternehmen vorhandener kundenbezogener Informationen,

■ Beschaffung nicht vorhandener kundenbezogener Informationen (zum Beispiel Resultate Nationaler Kundenbarometer zum Wettbewerbsvergleich).

Um die Erfüllung der Informationsversorgungsfunktion sicherzustellen, ist eine Orientierung an den **Phasen des Informationsprozesses** sinnvoll, das heißt der Informationsbedarfsanalyse, Informationsbeschaffung, Informationsaufbereitung und -speicherung sowie Informationsübermittlung (Berthel 1975).

3. Planungsfunktion

Die Unterstützung der Planung des Dienstleistungsmanagements durch das Dienstleistungscontrolling ist die zentrale Aufgabe im Hinblick auf die Planungsfunktion. In diesem Zusammenhang sind Methoden bereitzustellen, mit denen die Planungsaktivitäten des Dienstleistungsmanagements gemäß einer unternehmensweiten Systematik erfolgen können.

4. Kontrollfunktion

Schließlich betrifft das Dienstleistungscontrolling auch die Kontrolle kundenbezogener Aktivitäten. Zu diesem Zweck sind ebenfalls entsprechende Methoden bereitzustellen. Insbesondere sollten dabei die Wechselwirkungen zwischen Planung und Kontrolle berücksichtigt werden, die nicht als voneinander isolierte Aufgaben interpretiert werden dürfen (Bruhn 1998b, S. 77).

1.3   Organisatorische Stellung des Dienstleistungscontrolling

Organisatorisch ist das Controlling meist auf der ersten oder zweiten Leitungsebene angesiedelt (vgl. Link/Gerth/Voßbeck 2000, S. 17). Teilweise sind diesem auch das interne
Rechnungswesen und EDV untergeordnet. Neben dieser zentralen Stellung auf der ober-
sten Unternehmensebene muss in Großunternehmen ein breites Spektrum von Control-
lingaufgaben auf den unteren Ebenen wahrgenommen werden. Hierzu werden so genannte Sub-Controller eingesetzt.

In mittleren Betrieben leitet der Controller oft gleichzeitig das Finanz- und Rechnungswesen oder ist u.U. sogar kaufmännischer Leiter. Sehr häufig ist bei Mittelbetrieben auch
eine organisatorische Integration des Controlling als Stabsstelle neben der Geschäftsführung zu beobachten.

Die Stellung eines Controllers – insbesondere eines Sub-Controllers – kann als ambiva-
lent bezeichnet werden. Zum einen ist er Ratgeber und interner Serviceleister, zum Beispiel für die Marketingleitung. Zum anderen ist er für die Kontrolle und Berichterstattung
zuständig und hat damit unter anderem auch die Aufgabe, „unangenehme" Wahrheiten zu
erkennen und zum Beispiel an das Zentralcontrolling weiterzuleiten.

Für die objektive Wahrnehmung dieser Aufgaben stellt die organisatorische Verankerung
des Controlling eine wesentliche Voraussetzung dar. Alternativ kann der Dienstleistungs-Controllers disziplinarisch und/oder fachlich der Marketingleitung oder dem Zentral-Controller unterstellt werden.

Beim **subordinierten Controlling** ist der Dienstleistungs-Controller fachlich und disziplinarisch der Marketingleitung unterstellt. Problematisch an dieser Alternative ist, dass
die für das Controlling notwendige Integration verschiedener Funktionsbereiche über
den Marketingbereich hinaus durch die Dezentralisierung und einen möglichen Ressort-
egoismus behindert wird.

Das **ressortgebundene** und das **zentralgebundene Controlling** beinhalten eine „Dop-
pelunterstellung" des Dienstleistungs-Controllers. Er ist fachlich dem Zentral-Controller und disziplinarisch der Marketingleitung unterstellt beziehungsweise vice versa. Diese Lösungen führen zu einem Spannungsverhältnis zwischen Dienstleistungs-Controller,
Marketingleitung und Zentral-Controller. Die Alternativen sind stark davon abhängig,
wie kooperativ die einzelnen Parteien sich verhalten.

Schließlich ergibt sich die Lösung einer **zweigleisigen Unternehmensführung,** die zu
einem autonomen Controller-Strang neben der Managementhierarchie führt. Vorteilhaft
ist hierbei die hohe Unabhängigkeit des Dienstleistungs-Controllers. Jedoch kann er dadurch auch leicht als „Fremdkörper" im Marketingbereich gelten und auf mangelnde Akzeptanz stoßen.

2. Controllingsystem im Dienstleistungsmarketing

2.1 Controlling als Subsystem des Dienstleistungsmanagements

Die Hauptaufgabe des Dienstleistungscontrolling stellt die Koordination sämtlicher Aktivitäten eines Dienstleisters dar, die zur effizienten Erstellung von Dienstleistungen entsprechend der Kundenanforderung notwendig sind. Seinen organisatorischen Niederschlag findet das Dienstleistungscontrolling im Dienstleistungscontrollingsystem:

> Unter einem **Dienstleistungscontrollingsystem** ist die Zusammenfügung verschiedener gebündelter Maßnahmenkataloge zu verstehen, die der systematischen Unterstützung und Koordination der kundenbezogenen Aktivitäten eines Dienstleisters dienen.

Es kann deshalb auch als Subsystem des Dienstleistungsunternehmens bezeichnet werden, das die Controllingfunktionen wahrnimmt.

2.2 Relevante Subsysteme

Bei einer systemischen Betrachtung bilden das Dienstleistungsmanagementsystem und das Leistungserstellungssystem das **Dienstleistungsausführungssystem** (vgl. Abbildung 8-1).

Im Rahmen des **Dienstleistungserstellungssystems** lassen sich drei Phasen der Dienstleistungserstellung differenzieren:

1. Potenzialphase,

2. Prozessphase,

3. Ergebnisphase.

Abbildung 8-1   **Subsysteme des Dienstleistungscontrolling im Überblick**

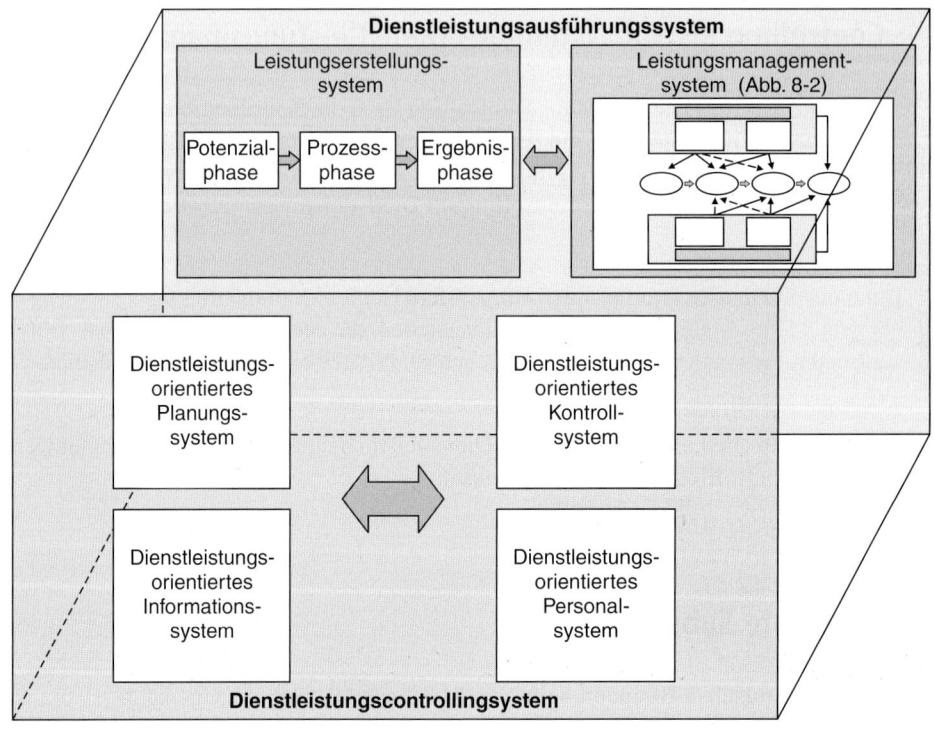

GABLER
GRAFIK

Die **Potenzialphase** betrifft die Strukturen und Fähigkeiten eines Anbieters, die zur Erstellung einer Dienstleistung erforderlich sind. In der **Prozessphase** treten Dienstleistungsanbieter und -nachfrager in Kontakt zueinander. Eine Dienstleistung kann nur durch die Integration des Kunden (zum Beispiel Beratungsgespräch) oder seiner Verfügungsobjekte (zum Beispiel Auto zur Reparatur) erstellt werden. Dies hat zum einen zur Folge, dass der Kunde selbst die Qualität der Dienstleistung beeinflussen kann. Zum anderen bedeutet dies, dass der Anbieter seine Leistungen nicht erst erstellen und anschließend an den Kunden verkaufen kann. Vielmehr müssen die Mitarbeiter des Dienstleisters im Kontakt mit dem Kunden die Leistung erstellen. Schließlich mündet der Dienstleistungserstellungsprozess in ein zu einem gewissen Grade immaterielles **Leistungsergebnis** (zum Beispiel Sicherheit durch eine Versicherung).

Der Erfolg eines Dienstleistungsunternehmens hängt auch vom **Management der moderierenden Variablen** der Erfolgskette ab. Exzellente Dienstleistungsunternehmen zeichnen sich durch das Denken in der Erfolgskette aus, in dessen Zentrum ein professionelles Qualitätsmanagement steht. Darüber hinaus gelingt es ihnen aber auch, die externen und internen „Störfaktoren" der Erfolgskette durch Einsatz eines Beschwerde- und Kundenbindungsmanagements sowie eines Value Managements zu kontrollieren. Während Qualitäts- und Beschwerdemanagement auf eine **leistungsbezogene** Unterstützung der Kundenorientierung zielen (Sicherstellung einer hohen Leistungsqualität beziehungsweise Reaktion auf Leistungsfehler), dienen Kundenbindungs- und Kundenwertmanagement der **personenbezogenen** Unterstützung des Dienstleistungsmarketing. Durch den Einsatz dieser Instrumente im Rahmen des Dienstleistungsmanagementsystems kann die Realisierung der Erfolgskette positiv beeinflusst werden (vgl. Abbildung 8-2). Im Rahmen des Dienstleistungsausführungssystems kommt dem **Dienstleistungsmanagementsystem** somit die Aufgabe der Koordination des Leistungserstellungssystems im Hinblick auf die Realisierung eines professionellen Dienstleistungsmarketing zu.

Abbildung 8-2   **Dienstleistungsmanagementsystem**

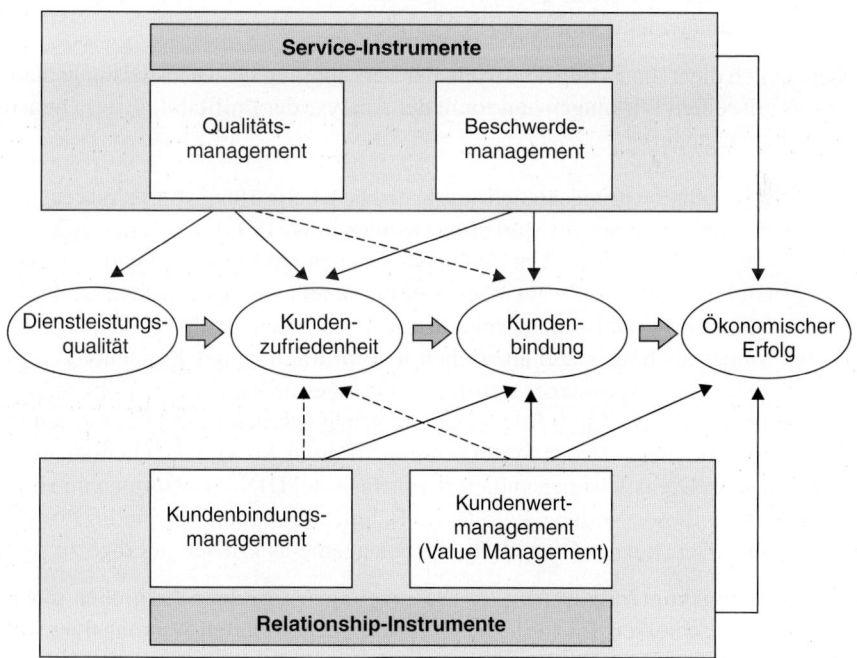

GABLER
GRAFIK

Wie Abbildung 8-1 zeigt, sind als relevante Subsysteme des **Dienstleistungscontrolling** das Planungs-, Kontroll-, Informations- sowie Personalsystem zu differenzieren. Je nach unternehmensindividueller Situation ist jedoch eine Erweiterung der Subsysteme (zum Beispiel hinsichtlich eines Organisations- oder Wertesystems) oder auch eine Konzentration auf wenige zentrale Subsysteme (zum Beispiel Informations- und Kontrollsystem) denkbar. Die Behebung der planungs-, kontroll-, informations- sowie personalbezogenen Defizite innerhalb des Ausführungssystems lässt sich durch Prozesse umsetzen, die die Erfolgskette kontrollieren.

Das zentrale Ziel des Controlling ist die Sicherung der Funktionsfähigkeit des Dienstleistungsmarketing. Dieses Ziel lässt sich innerhalb des **Ausführungssystems** und somit mit direktem Bezug zur Erfolgskette anhand von vier Phasen eines Controllingkreises umsetzen (vgl. Abbildung 8-3):

1. Im Rahmen des **Systemauditing** gilt es, Strukturen und Prozesse des Dienstleistungsmanagementsystems auf ihre Zweckmäßigkeit hin zu überprüfen.

2. Die **Wirkungskontrolle** dient der Analyse der Wirkungen des Dienstleistungsmanagements auf seine psychologischen, verhaltensbezogenen und ökonomischen Zielgrößen.

3. Zweck des **System-Wirkungs-Auditing** ist die gemeinsame Überprüfung des Dienstleistungsmanagements und seiner Wirkungen.

4. Schließlich dient die **Erfolgskontrolle** der Verknüpfung des Dienstleistungsmanagements mit seinen Wirkungen und somit der Analyse der Profitabilität des Dienstleistungsmanagements.

Das **Auditing** beinhaltet grundsätzlich eine kritische Überprüfung von Verfahrensweisen und Entscheidungsprozessen im Marketing (Köhler 1989, 1993). Insofern werden innerhalb des Systemauditing die im Unternehmen bestehenden Strukturen und Prozesse zur Leistungserstellung auf ihre Zweckmäßigkeit hin untersucht. Gegenstand ist die Überprüfung von Planungsprämissen, beispielsweise hinsichtlich der Frage, ob eine Kundenbeziehung immer noch als stabil anzusehen und im Rahmen des Kundenbindungsmanagements zu bearbeiten ist oder es sich bereits um einen abwandernden Kunden handelt, der dann möglicherweise durch Rückgewinnungsmaßnahmen bearbeitet werden muss. Das Auditing ist für die einzelnen Systeme durchzuführen. So wird das Qualitätsmanagementsystem eines Dienstleistungsanbieters auf Basis der DIN ISO-Normen im Hinblick auf die Erfüllung dieser Normen geprüft. Im Rahmen des Auditing sind im Prinzip die einzelnen Ablaufschritte des Dienstleistungsmanagements kritisch in Frage zu stellen.

Bei der **Wirkungskontrolle** werden die Ausprägungen einzelner Zielgrößen innerhalb der Erfolgskette gemessen. Insofern sind drei Arten der isolierten Wirkungskontrolle zu unterscheiden. Erstens die Messung der psychologische Wirkungen, zweitens die Messung der verhaltensbezogenen Wirkungen sowie drittens die Messung des kundenbezogenen ökonomischen Erfolgs. Durch welche konkreten Indikatoren die Messung erfolgen kann, ist Gegenstand von Abschnitt 3.

Abbildung 8-3   **Controllingkreis für Dienstleistungen**

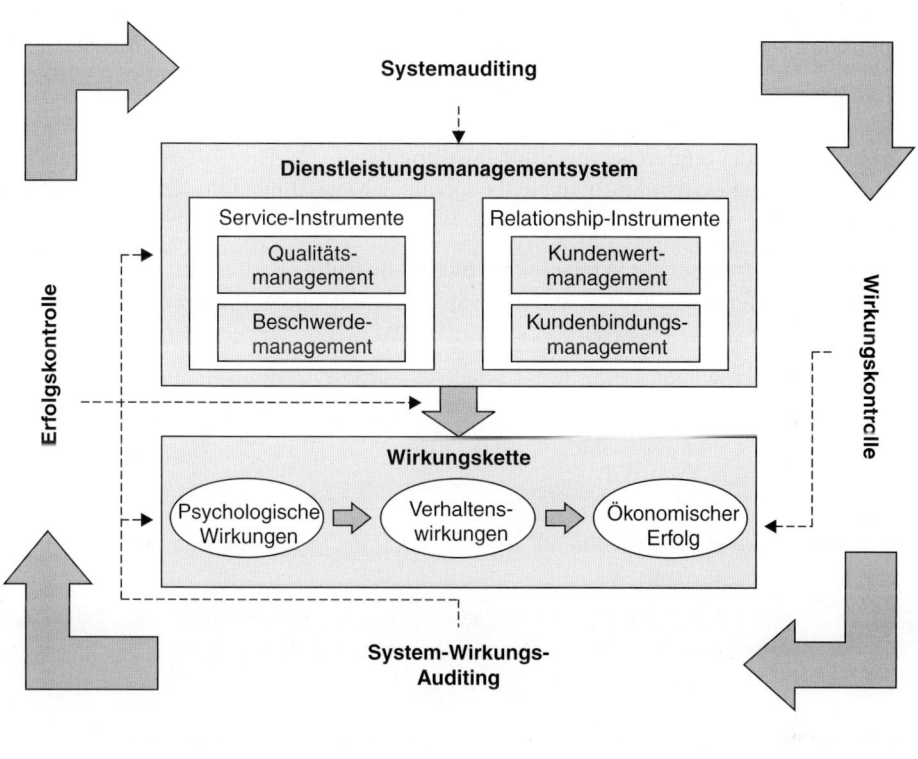

Während sich die Wirkungskontrolle auf die isolierte Messung einzelner Zielgrößen innerhalb der Wirkungskette bezieht, ist es Aufgabe des **Wirkungsauditing,** die Gesamtzusammenhänge innerhalb der Erfolgskette zu bewerten. Dies kann beispielsweise durch eine unternehmensindividuelle Messung der Erfolgsgrößen im Rahmen von Kausalmodellen realisiert werden, in denen die Beziehungen zwischen den einzelnen Variablen gesamthaft abgebildet werden. Unternehmensübergreifend bietet sich für ein Wirkungsauditing der Einsatz Nationaler Kundenbarometer an (Fornell 1992; Bruhn/Murmann 1998), bei denen eher global und branchenbezogen die Wirkungen innerhalb der Erfolgskette überprüft werden. Auch im Rahmen des EFQM-Modells kann das Qualitätsmanagementsystem – in Form der Befähiger – und die Wirkungen des Qualitätsmanagements – in Form der Ergebnisse – evaluiert werden.

Während durch das System-Wirkungs-Auditing die Maßnahmen des Dienstleistungsmanagements und seine Wirkungen gemeinsam, aber getrennt voneinander beurteilt werden, dient die Erfolgskontrolle der Zurechnung von Erfolgswirkungen zum Dienstleistungsmanagementsystem. Durch die Verknüpfung von Maßnahmen und Wirkungen gilt es, Aussagen über die **Wirtschaftlichkeit** der Maßnahmenumsetzung zu treffen.

Schließlich dient die **Erfolgskontrolle** des Dienstleistungsmanagements der Zurechnung von Erfolgswirkungen zu den einzelnen Managementbausteinen Qualitäts-, Beschwerde-, Kundenbindungs- und Kundenwertmanagement. Hier gilt es, Aussagen über die Effizienz sowie Wirtschaftlichkeit der einzelnen Maßnahmenumsetzungen zu treffen (Bruhn 1998b).

Das zentrale Instrument zur **Wirtschaftlichkeitskontrolle** repräsentiert die Kosten-Nutzen-Analyse, bei der die Kosten und der Nutzen der einzelnen Managementsysteme gegenüber gestellt werden (vgl. Bruhn/Georgi 1999).

3. Instrumente des Controlling in Dienstleistungsunternehmen

3.1 Erfolgskette als Ausgangspunkt des Controlling

Die **Kontrolle des Dienstleistungsmarketing** betrifft vor allem seine Wirkungen, sodass entsprechend der Einteilung der Wirkungen des Dienstleistungsmarketing eine vorökonomische und ökonomische Wirkungskontrolle unterschieden werden kann (vgl. Abbildung 8-4). Insbesondere der vorökonomischen Kontrolle kommt aufgrund der Determinierung des ökonomischen Erfolgs eine große Bedeutung zu. Darüber hinaus bestehen Ansätze einer integrierten Kontrolle, bei denen vorökonomische und ökonomische Wirkungen gemeinsam und interdependent untersucht werden. Ferner werden bei der integrierten Kontrolle teilweise Zusammenhänge zwischen Maßnahmen und Auswirkungen berücksichtigt.

Abbildung 8-4   **Ansätze zur Kontrolle des Dienstleistungsmarketing**

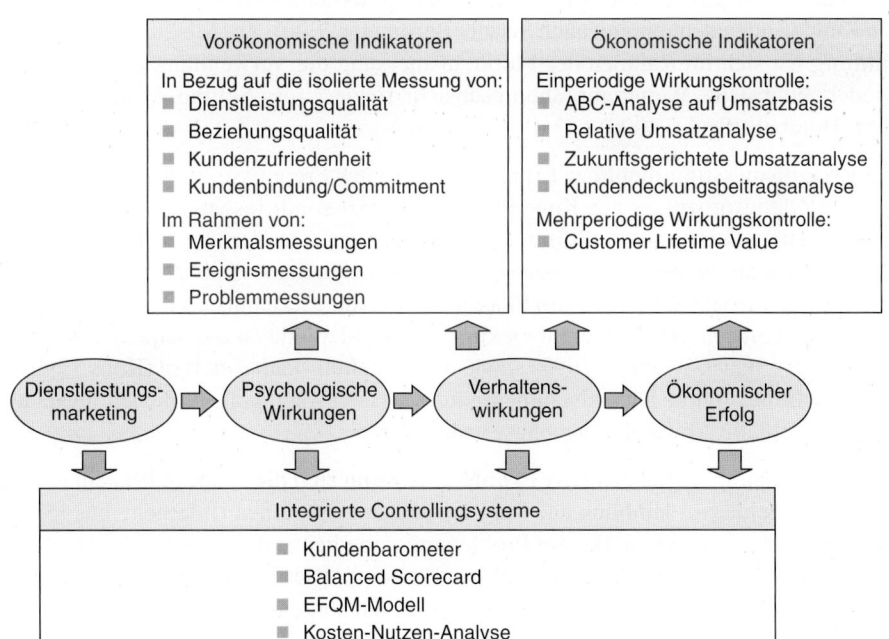

GABLER
GRAFIK

Quelle: Bruhn 2001e, S. 200

3.2   Controlling von vorökonomischen Indikatoren

Beim Einsatz vorökonomischer Indikatoren des Dienstleistungscontrolling werden die Ausprägungen einzelner Zielgrößen der Wirkungskette durch ausgewählte Indikatoren gemessen. Es handelt sich dabei um eine isolierte Messung von relevanten Konstrukten, wie zum Beispiel die wahrgenommene Dienstleistungsqualität, die Kundenzufriedenheit, die Beziehungsqualität, das Commitment, die Kundenbindung usw.

Methodisch sind grundsätzlich merkmals-, ereignis- und problemorientierte **Messansätze** zu unterscheiden, die zur Messung vorökonomischer Größen zum Einsatz gelangen (vgl. Kapitel 5).

Im Rahmen der **merkmalsorientierten Messung** wird die Beurteilung einzelner Leistungsmerkmale durch den Kunden in standardisierter Form (zum Beispiel auf Basis eines Fragebogens) erhoben. Zur Messung der einzelnen Kettenglieder haben sich mittlerweile verschiedene merkmalsorientierte Messverfahren herausgebildet. Zur Messung der **Dienstleistungsqualität** wird häufig der SERVQUAL-Ansatz herangezogen (Zeithaml et al. 1992; kritisch hierzu Sureshchandar et al. 2001). Die **Kundenzufriedenheit** wird in zahlreichen unternehmensinternen sowie -übergreifenden Studien durch die Frage nach der Globalzufriedenheit mit dem Unternehmen sowie nach verschiedenen Teilzufriedenheiten erhoben (Oliver 1996; Bruhn 2001b; zur unternehmensübergreifenden Messung von Kundenzufriedenheit vgl. auch ServiceBarometer 2000). Zur Messung der **Kundenbindung** hat sich im Rahmen der Merkmalsmessung die Verwendung der Indikatoren Wiederkaufabsicht, Weiterempfehlungsabsicht sowie Cross-Selling-Absicht durchgesetzt (Homburg/Bruhn 2000).

Die **Ereignismessung** dient der Erfassung relevanter Ereignisse im Rahmen des Leistungserstellungsprozesses aus Kundensicht. Sie setzt somit insbesondere bei der Messung der **Dienstleistungsqualität** an. Zu den bekanntesten Verfahren dieser Kategorie zählt die Critical Incident Technique (Bitner et al. 1990; Stauss 2000a), bei der die Kunden in persönlichen Interviews die Phasen des Leistungserlebnisses nochmals gedanklich nachvollziehen. Als Weiterentwicklung dieser Methode ist die Sequenzielle Ereignismethode (Stauss/Weinlich 1997) sowie die Switching-Path-Analyse (Roos 1999) anzusehen, die bestimmte Dienstleistungssequenzen oder sogar längere Beziehungsphasen (insbesondere die Abwanderungsphase) analysieren.

Der Untersuchungsgegenstand der **Problemmessung** sind die aus Kundensicht relevanten Problemfelder im Hinblick auf das Leistungsangebot eines Unternehmens (Stauss/Hentschel 1990). Bei einer aktiven Problemmessung beurteilen Kunden die Häufigkeit und die Relevanz von problematischen Aspekten einer Dienstleistung. Eine passive Problemmessung kann anhand von Kundenbeschwerden vorgenommen werden, die als Indikator für eine schwache wahrgenommene **Dienstleistungsqualität** beziehungsweise **Kundenunzufriedenheit** interpretiert werden können.

3.3 Controlling von ökonomischen Indikatoren

Eine Steuerung der vorökonomischen Größen innerhalb der Erfolgskette des Dienstleistungsmarketing dient einer Optimierung der ökonomischen Zielgrößen. Im Rahmen der ökonomischen Kontrolle des Dienstleistungsmarketing gilt es, die Realisierung dieser ökonomischen Zielgrößen zu überprüfen. Wie der Kundenbeziehungslebenszyklus unterstellt, weisen Kundenbeziehungen einen dynamischen Charakter auf, sodass sich zwei Formen der ökonomischen Kontrolle unterscheiden lassen:

1. Einperiodige Kontrolle von Kundenbeziehungen,

2. Mehrperiodige Kontrolle von Kundenbeziehungen.

3.31 Einperiodige Kontrolle von Kundenbeziehungen

Eine einperiodige ökonomische Kontrolle von Kundenbeziehungen kann vor allem durch **Kundenumsatz- und -deckungsbeitragsanalysen** vorgenommen werden. Diese lassen sich jeweils differenzieren in (Homburg/Schnurr 1998):

■ Analysen auf Basis tatsächlicher versus potenzieller Werte,

■ Absolute versus relative Analysen.

Bei der **Kundenumsatzanalyse** werden die Umsätze mit einem einzelnen Kunden betrachtet. Als Untersuchungsgrößen können hierbei neben dem aktuellen Umsatz (tatsächlicher Wert) der für die Zukunft erwartete Umsatz sowie der Maximalumsatz, das heißt das Umsatzpotenzial mit einem Kunden (potenzielle Werte) herangezogen werden (Rieker 1995).

Die absoluten Umsatzzahlen sagen jedoch häufig wenig über eine Kundenbeziehung aus. Daher sollte eine **relative Kundenumsatzanalyse** Anwendung finden, in deren Rahmen folgende Kennzahlen eingesetzt werden können (Cornelsen 1996, 2000; Homburg/ Schnurr 1998):

■ Zunächst gibt der **Umsatzanteil** eines Kunden am Gesamtumsatz des Unternehmens die Bedeutung des jeweiligen Kunden für das Unternehmen an.

■ Die **Kundendurchdringungsrate** basiert auf der Definition des absoluten Marktanteils und setzt den Umsatz mit einem Kunden ins Verhältnis zum Gesamtbedarf des Kunden an der betrachteten Leistung („Share of Customer").

■ Die **relative Lieferantenposition** ist an den relativen Marktanteil angelehnt und bezeichnet das Verhältnis aus dem Umsatz des betrachteten Anbieters mit einem Kunden und dem Umsatz des größten Konkurrenten mit diesem Kunden.

Ein **Vergleich von Umsatzkennzahlen zwischen verschiedenen Kunden** ist mit der so genannten **ABC-Analyse** möglich (Homburg/Schnurr 1998; Köhler 2000). Bei der ABC-Analyse werden die Kunden gemäß des Umsatzes, den der Anbieter durch sie erzielt, in eine Reihenfolge gebracht. In einem zweidimensionalen Diagramm mit den Achsen „kumulierter Anteil am Kundenbestand" und „kumulierter Umsatzanteil" werden auf der ersten Achse die jeweiligen Kunden abgetragen. Dabei wird auf der linken Seite der Achse mit den umsatzstärksten Kunden begonnen. Auf der zweiten Achse wird jeweils der zusätzliche Umsatzbeitrag des betrachteten Kunden abgetragen. Häufig wird hierbei ersichtlich, dass ein relativ kleiner Kundenanteil einen relativ großen Umsatzanteil ausmacht. Vereinfacht wird in diesem Zusammenhang von der 20:80-Regel gesprochen, die besagt, dass häufig 20 Prozent der Kunden 80 Prozent des Umsatzes generieren. Anhand der resultierenden Kurve lassen sich die Kunden in A-, B- und C-Kunden einteilen, von denen die A-Kunden die umsatzstärksten Kunden darstellen, in die folglich am ehesten investiert werden sollte.

Bei einer zukunftsgerichteten Kundenumsatzanalyse sollte auch das **Cross-Selling-Potenzial** eines Kunden in die Untersuchung einbezogen werden (Homburg/Schnurr 1998). Dieses gibt an, ob ein Kunde Bedarf an bisher nicht genutzten Leistungen hat, die das Unternehmen auch anbietet. Das Cross-Selling-Potenzial kann in Abhängigkeit der betrachteten Branchen stark variieren. Darüber hinaus variiert die Bedeutung des Cross-Selling-Potenzials in Abhängigkeit von der Bedeutung der potenziell zu nutzenden Leistungen im Angebotsprogramm des Unternehmens. In diesem Zusammenhang ist beispielsweise eine Unterscheidung in Haupt- versus Nebenleistungen beziehungsweise profitablen versus unprofitablen Leistungen von Relevanz.

Bei einer Betrachtung unterschiedlicher **Leistungstypen** ist eine Bestimmung des Einzelkundenumsatzes nicht bei sämtlichen Leistungstypen einfach durchzuführen. So ist bei Standardleistungen (zum Beispiel Fast-Food-Anbieter) häufig ein wenig enger Kontakt zwischen Anbieter und Nachfrager gegeben. Als Folge kennt das Unternehmen nicht das Verhalten des einzelnen Kunden und kann demnach keine Umsatzzahlen für die einzelne Kundenbeziehung bestimmen.

Der Umsatz auf Einzelkundenebene sagt allerdings noch nichts über die Profitabilität einer Kundenbeziehung aus. Daher ist der Kundenumsatz nur eine erste Richtgröße einer ökonomischen Beziehungskontrolle. Eine Erweiterung der Kundenumsatzanalyse stellt die **Kundendeckungsbeitragsanalyse** dar, bei der neben dem Umsatz auch die Kosten berücksichtigt werden, die in einer Kundenbeziehung entstehen (Köhler 1992). Die Kostenermittlung auf Kundenebene ist dabei teilweise mit Problemen verbunden. Zur Ermittlung des Kundendeckungsbeitrages muss eruiert werden, welche Kosten aufgrund der Beziehung zu einem bestimmten Kunden anfallen und folglich entfallen, wenn die Beziehung zu dem jeweiligen Kunden nicht mehr besteht (Haag 1992). Der Kundendeckungsbeitrag berechnet sich wie folgt:

	Kunden-Bruttoerlöse pro Periode
–	Erlösschmälerungen
=	Kunden-Nettoerlöse pro Periode
–	Kosten der vom Kunden bezogenen Leistungen (variable Kosten pro Leistungseinheit, multipliziert mit den Kaufeinheiten)
=	Kundendeckungsbeitrag I
–	Eindeutig kundenbedingte Auftragskosten (zum Beispiel variable Reservationskosten)
=	Kundendeckungsbeitrag II
–	Eindeutig kundenbedingte Besuchskosten (zum Beispiel Kosten der Anreise zum Kunden)
–	Sonstige relative Einzelkosten des Kunden pro Periode (zum Beispiel Gehalt eines speziell zuständigen Kundenbetreuers; Mailing-Kosten; Zinsen auf Forderungs-Außenstände)
=	Kundendeckungsbeitrag III

Bei einer **kritischen Würdigung** der einperiodigen ökonomischen Kontrolle anhand von **ergebnisbezogenen Kriterien** weisen die entsprechenden Verfahren eine geringe Entscheidungsorientierung auf. Die Ursachen und möglichen Ansatzpunkte der Steuerung von Umsätzen und Deckungsbeiträgen können mit diesen Verfahren nicht identifiziert werden. Eine hohe Reliabilität und Validität der Ergebnisse ist gegeben. Die Aktualität hängt von der zugrunde gelegten Rechnungsperiodizität ab. Eine vollständige Messung der Zielgrößen ist möglich. Hinsichtlich des Disaggregationsniveaus ist die Umsatz- und Deckungsbeitragsrechnung – wie die Verhaltensmessung auch – in bestimmten Branchen (zum Beispiel Finanzdienstleistungsbereich, Telekommunikationsbereich) einfacher auf der Einzelkundenebene durchzuführen.

Auch im Hinblick auf **durchführungsbezogene Kriterien** ergeben sich branchenspezifische Unterschiede. Je enger der Kontakt zwischen Anbieter und Nachfrager ist und über je mehr Informationen der Anbieter über den Kunden verfügt, desto weniger aufwändig und kostenintensiv ist die Durchführung der Umsatz- und Deckungsbeitragsrechnung auf Einzelkundenebene.

Aufgrund ihrer Einfachheit erfreuen sich diese Ansätze einer großen Beliebtheit in der Praxis. Allerdings darf bei Anwendung dieser Verfahren nicht übersehen werden, dass sich damit nur Tendenzaussagen hinsichtlich der Profitabilität einer Kundenbeziehung ableiten lassen. Eine fundiertere Analyse der Beziehungsprofitabilität kann mit der mehrperiodigen Kontrolle erfolgen.

3.32   Mehrperiodige Kontrolle von Kundenbeziehungen

Im Rahmen einer mehrperiodigen Kontrolle von Kundenbeziehungen werden Analysen des **Kundenwertes im Sinne eines Customer Lifetime Value** (CLV) durchgeführt. Bei der Konzeptionalisierung des Customer Lifetime Value können drei **Stufen der Kundenbewertung** differenziert werden (Bruhn et al. 2000):

1. Kundenbewertung auf Basis von Ein- und Auszahlungen,

2. Einbeziehung einer Kundenbindungswahrscheinlichkeit,

3. Einbeziehung eines Referenzwertes.

Die Kundenbewertung auf Basis von Ein- und Auszahlungen stellt die klassische investitionstheoretische Customer Valuation dar, die durch die Einbeziehung einer Kundenbindungswahrscheinlichkeit und eines Referenzwertes weiter spezifiziert werden kann. Damit wird durch die erste Variante eine Basis für eine systematische Analyse der Beziehungsprofitabilität geschaffen. Allerdings ist zur umfassenden Betrachtung der Beziehungsprofitabilität aufgrund der hohen Bedeutung der Kundenbindung im Dienstleistungsmarketing eine Erweiterung in Form der zweiten und/oder dritten Variante sinnvoll.

1. Kundenbewertung auf Basis von Ein- und Auszahlungen

Der Customer-Lifetime-Value-Ansatz im allgemeinen Sinne ist ein Berechnungsverfahren, das Prinzipien der dynamischen Investitionsrechnung auf Kundenbeziehungen überträgt. Der CLV wird zumeist als **Present CLV** definiert, das heißt durch die Abzinsung der Zahlungsströme auf den aktuellen Zeitpunkt ermittelt. Diese Vorgehensweise beruht auf dem Sachverhalt, dass zukünftige Einzahlungen weniger wert sind als gegenwärtige (Homburg/Daum 1997, S. 402). Der Gegenwartswert eines Kunden ist insofern von Interesse, als die gesamten strategischen Entscheidungen nur auf Grundlage des aktuellen Wertes getroffen werden können.

Ein **Berechnungsbeispiel** für den CLV ist in den Abbildungen 8-5 und 8-6 dargestellt. In der Bewertung der Kundenbeziehung wird eine durchschnittliche Kundendauer von acht Jahren angenommen und ein interner Zinssatz von 10 Prozent verwendet. Die kundenspezifischen Akquisitionskosten (Investitionskosten) in Höhe von 50 werden in der ersten Periode in Abzug gebracht.

▌**Abbildung 8-5**   **Formeln zur Berechnung eines investitionstheoretischen Customer Lifetime Value**

Customer Lifetime Value (Present Value)	$CLV = -I_0 + \sum_{t=0}^{T} \dfrac{x_t \cdot (p-k) - M_t}{(1+r)^t} = 320{,}55$ GE
Customer Lifetime Value (Present Value mit Kundenbindungswahrscheinlichkeit)	$CLV = -I_0 + \sum_{t=0}^{T} (x_t \cdot (p-k) - M_t) \cdot \dfrac{R^t}{(1+r)^t} = 63{,}21$ GE

t   = Jahr

T   = voraussichtliche Zahl der Jahre, in denen der Umworbene Kunde bleibt

x_t = Abnahmeprognose für Jahr t

p   = (kundenindividueller) Produktpreis

k   = Stückkosten

M_t = kundenspezifische Marketingaufwendungen im Jahr t

r   = Kalkulationszinsfuß

R   = Retention Rate

I_0 = Akquisitionskosten im Zeitpunkt t = 0

GABLER GRAFIK

Quelle: in Anlehnung an Link/Hildebrand 1997, S. 165

2. Einbeziehung einer Kundenbindungswahrscheinlichkeit

Die Berücksichtigung einer **Kundenbindungswahrscheinlichkeit** basiert auf der Überlegung, dass bei der Ermittlung des Kundenwertes das Risiko einer Beziehung mit einbezogen werden sollte, um die Unsicherheit der Beziehungserhaltung in die Berechnung des CLV zu integrieren. Ausgehend von der Unterscheidung von Märkten anhand des so genannten Always-a-Share-Modells auf der einen Seite und des so genannten Lost-for-Good-Modells auf der anderen Seite (Jackson 1985) kann diese Unsicherheit in einem Migration-Modell und einem Retention-Modell konzeptionalisiert werden (Dwyer 1997).

Abbildung 8-6   **Beispielrechnung für einen investitionstheoretischen Customer Lifetime Value**

---

	t = 0	t = 1	t = 2	t = 3	t = 4	t = 5	t = 6	t = 7	
Abnahme-prognose	4	6	10	16	20	20	20	20	
Produktpreis	10	10	10	10	10	10	10	10	
Stückkosten	3	3	3	3	3	3	3	3	
Marketingauf-wendungen	20	30	40	40	30	30	20	20	
Akquisitions-kosten	50	–	–	–	–	–	–	–	
Erlös	– 42,00	12,00	30,00	72,00	110,00	110,00	120,00	120,00	
Abzinsungs-faktor (r = 0,1)	1,00	1,10	1,21	1,33	1,46	1,61	1,77	1,95	**Present CLV**
Erlös (diskontiert)	– 42,00	10,91	24,79	54,09	75,13	68,30	67,74	61,58	Σ = **320,55 GE**
Kundenbin-dungswahr-scheinlichkeit (R = 0,75) und Abzin-sung (r = 0,1)	1,00	0,68	0,46	0,32	0,22	0,15	0,10	0,07	**Present CLV mit Kundenbin-dungswahr-scheinlichkeit**
Erlös (diskontiert und mit Re-tention Rate)	– 42,00	8,18	13,95	22,82	23,77	16,21	12,06	8,22	Σ = **63,21 GE**

GABLER
GRAFIK

Quelle: Bruhn et al. 2000, S. 172

Das **Migration-Modell** basiert auf dem Always-a-Share-Modell und geht von der Annahme aus, dass die Wahrscheinlichkeit der erneuten Berücksichtigung eines Unternehmens durch den Kunden umso geringer ist, je länger der vorherige Kauf zurückliegt. Darauf aufbauend wird ein Wahrscheinlichkeitsbaum aufgestellt, mit dessen Hilfe der Kundenwert in Form eines Erwartungswertes ermittelt wird. Aufgrund der sehr hohen Beziehungsunsicherheit – spezifisch im Transaktionsmarketing – ist dieser Wert jedoch mit Vorbehalten zu verwenden.

Der Berechnung des CLV im Lost-for-Good-Modell dient das **Retention-Modell**. Ausgehend von der Annahme, dass die Beziehung zum Kunden langfristig sein wird, werden die Ein- und Auszahlungsströme um die Wahrscheinlichkeit, dass die Kundenbeziehung für die nächste Periode bestehen bleibt, mittels einer Kundenbindungswahrscheinlichkeit korrigiert. Diese kann einen Wert zwischen Null (Beziehungsbeendigung) und Eins (sichere Beziehungsweiterführung) annehmen.

Im Idealfall wird für jeden Kunden eine Kundenbindungswahrscheinlichkeit ermittelt, die seine Wiederkaufabsicht der nächsten Jahre angibt. Im **Beispiel** (vgl. Abbildung 8-6) wird eine Kundenbindungswahrscheinlichkeit in Höhe von 0,75 angenommen, die besagt, dass der Kunde mit einer Wahrscheinlichkeit von 75 Prozent beim nächsten Kauf (in der nächsten Periode) wieder Kunde des Unternehmens sein wird. Dies vermindert den CLV wiederum zugunsten einer zusätzlichen Berücksichtigung des kundenspezifischen Risikos.

Die Kundenbindungswahrscheinlichkeit ist ein grundlegender Faktor der CLV-Berechnung, denn nur diese kann die Beziehung zwischen Kunde und Unternehmen sowie die darin beinhalteten Risiken im erweiterten investitionstheoretischen Ansatz bewerten. Es bestehen darum Bestrebungen, diese Wahrscheinlichkeit genauer und spezifischer für den einzelnen Kunden zu analysieren. **Grundbedingung** dieser Analyse ist das Verständnis, warum ein Kunde sich veranlasst sieht, erneut das Angebot eines Unternehmens zu nutzen. Geht man von der Annahme aus, dass die Kundenbindung primär durch die Beziehung des Kunden zum Unternehmen beeinflusst wird, ist die Wahrscheinlichkeit des Wiederkaufs beziehungsweise der Beziehungsweiterführung abhängig vom Grad der Bindung.

Die **Einflussfaktoren** der Bindung umfassen eine große Anzahl möglicher Indikatoren (vgl. Abbildung 8-7). Aufgabe des Unternehmens ist die Identifikation der relevanten Faktoren, die ausschlaggebend für die Berechnung eines Kundenwertes sind (Bruhn et al. 2000). Als Beispiel einer Analyse solcher Faktoren zeigt eine Studie über Automobilhändler den Einfluss verschiedener Kundeneigenschaften auf den Kundenwert (Gierl/Kurbel 1997). Hierzu gehören Kundenclub-Zugehörigkeit, Bekanntheitsgrad, Anzahl der Weiterempfehlungen, Erscheinungsbild, Anzahl der PKW und Alter des gekauften PKW.

Die **Berechnung einer kundenbindungsspezifischen Wahrscheinlichkeit** lässt sich anhand eines Scoringmodells, in dem die verschiedenen Faktoren gewichtet werden, ermitteln. Weiterführend ist die Identifikation der Kundenwertfaktoren dank dem Einsatz von Faktor- oder Kausalanalysen möglich (Backhaus et al. 2000). Eine weitere Möglichkeit, die Beziehung zum Kunden in die Berechnung des CLV miteinzubeziehen, ist die Bildung von nachfrager- und anbieterspezifischen Qualitäts- und Potenzialwerten mittels verschiedener beziehungsspezifischer Determinanten (Hoekstra/Huizingh 1999; vgl. Abbildung 8-8). Der erste Summand ermittelt auf Basis der Nachfragerqualität den schon in der Vergangenheit erbrachten Wert eines Kunden. Dieser wird durch das zukünftige Wertpotenzial (Anbieterqualität, Anbieter- und Kundenpotenzial) des Kunden ergänzt.

Abbildung 8-7   Einflussfaktoren der Kundenbindung

Ökonomische Determinanten	Kaufbezogen	▓ Auftragsfrequenz ▓ Umsatzvolumen ▓ Cross-Selling-Rate ▓ Kundendauer
	Vertraglich	▓ Verträge ▓ Club ▓ Kundenkarte
	Situativ	▓ Konkurrenz ▓ Wechselbarrieren
	Technisch-funktional	▓ Technische Abhängigkeit
Vorökonomische Determinanten	Affektiv	▓ Zufriedenheit ▓ Akzeptanz ▓ Vertrauen ▓ Loyalität ▓ Anbieterimage
	Kognitiv	▓ Risikobereitschaft ▓ Bekanntheitsgrad ▓ Qualitätsbewusstsein ▓ Preissensibilität
	Konativ	▓ Cross-Buying-Absicht ▓ Wiederkaufabsicht ▓ Akquisitions-/Kommunikationsverhalten – Meinungsführerschaft – Weiterempfehlungsverhalten ▓ Informationsverhalten ▓ Beschwerdeverhalten

GABLER
GRAFIK

Quelle: Bruhn et al. 2000, S. 178

| Abbildung 8-8 | CLV-Verfahren von Hoekstra/Huizingh |

$$LTV_j = \sum_{t=0}^{p} CQ_{ji} \cdot (1+r)^{p-t} + \sum_{t=p+1}^{n} (CS_{jt} \cdot CP_{jt}) \cdot (1+r)^{p-t}$$

LTV_j = Lebenswert des Kunden j, berechnet zum Zeitpunkt t = p
CQ_{jt} = Kundenqualität = f(Verkäufe pro Periode, Gewinnbeitrag, Anzahl verschiedener Produkte, ...)
CS_{jt} = Kundenanteil = f(SQ_{jt}, SP_{jt})
SQ_{jt} = Anbieterqualität = f(Kundenzufriedenheit, Commitment, Vertrauen, ...)
SP_{jt} = Anbieterpotenzial = f(Kaufintension, vorgesehener Kundenanteil, Budget Produktlinie, ...)
CP_{jt} = Kundenpotenzial = f(Prognose des Verkaufsvolumens, Prognose des Gewinns, ...)
r = Abzinsungsfaktor
p = Anzahl der Perioden seit erster Transaktion (Gegenwart)

	Kundenqualität	Anbieterqualität
Vergan-genheit	■ Kundendauer ■ Anzahl verkaufter Produkte pro Periode ■ Anzahl verschiedener verkaufter Produkte ■ Verkäufe pro Periode ■ Gesamtzahl verkaufter Produkte seit erster Transaktion ■ Gesamtverkäufe seit erster Transaktion ■ Gewinnbeitrag pro Periode ■ Gewinnbeitrag seit erster Transaktion	■ Kundenzufriedenheit mit produktspez. Services ■ Kundenzufriedenheit mit gekauften Produkten des letzten Jahres ■ Höhe des Kundenbudget ■ Weiterempfehlung durch Kunden ■ Anteil des verwendeten Kundenbudgets im Unternehmen ■ Wechselkosten (durch Kunden wahrgenommen)
	Kundenpotenzial	**Anbieterpotenzial**
Zukunft	■ Verkaufsprognose ■ Prognostizierte Kundendauer ■ Trend in den Verkäufen ■ Prognose der Gewinne	■ Wiederkaufsabsicht ■ Weiterempfehlungsabsicht ■ Änderungen im verwendeten Kundenbudget ■ Änderungen im gesamten Kundenbudget

GABLER GRAFIK

Quelle: Hoekstra/Huizingh 1999, S. 268, 270

3. Einbeziehung eines Referenzwertes

Eine Berücksichtigung der Weiterempfehlungen eines Kunden als Bestandteil des Kundenwertes wird im so genannten **Referenzwert-Modell** vorgenommen (Cornelsen 1998, 2000). Berechnet wird der Wert eines Kunden, der durch interpersonelle Kommunikation zwischen einem Kunden und Dritten über den Anbieter und seine Dienstleistungen entsteht (zum Beispiel positive Mund-zu-Mund-Kommunikation). Grundannahme dieses Verfahrens ist es, dass in der Vorkaufphase, wie auch in der Nachkaufphase, eine Kommunikation (Rat, Erfahrungsaustausch usw.) zwischen Kunden entsteht, in der positive oder negative Informationen (Referenzen) aufgenommen oder weitergegeben werden. Der Referenzwert setzt sich aus der branchenspezifischen Referenzrate, der Rolle als

Kommunikator (zum Beispiel Meinungsführer), der Größe des sozialen Netzes und der Zufriedenheit zusammen. Die einzelnen Faktoren werden durch empirische Analysen ermittelt und durch einen Verrechnungsalgorithmus zu einem monetären Kunden-Referenzwert verrechnet (Cornelsen 1998, S. 29):

$$RW_k = \left[\sum_{i=1}^{I}(P_i \cdot G_i)\right] \cdot MF_k \cdot KZ_k \cdot RR_b$$

RW_k = Periodenbezogener Referenzwert des Kunden k
P_i = Anzahl der Personen im Personenkreis i
G_i = Gewichtungsindex der Gesprächsintensität bzgl. des Personenkreises i
MF_k = Meinungsführerindex des Kunden k
KZ_k = Kundenzufriedenheitsindex des Kunden k
RR_b = Durchschnittliche branchenspezifische Referenzrate in Branche b

Eine kritische Würdigung des CLV-Ansatzes anhand von **ergebnisbezogenen Kriterien** führt zu dem Resultat, dass der Ansatz insbesondere bei Berechnung einer bindungsspezifischen Kundenbindungswahrscheinlichkeit, das heißt bei der Berücksichtigung von Einflussfaktoren der Kundenbindung eine hohe Entscheidungsorientierung aufweist. Mit zunehmender Berücksichtigung vorökonomischer Faktoren nimmt die Reliabilität und Validität der Ergebnisse allerdings ab. Die Aktualität der Ergebnisse hängt, wie bei den Umsatz- und Deckungsbeitragsanalysen, von der zugrunde gelegten Rechnungsperiodizität ab. Die Komplexität der Definition des Kundenwertes impliziert Schwierigkeiten bei der Sicherstellung einer vollständigen Analyse. Hinsichtlich des Datenaggregationsniveaus ist eine Einzelkundenanalyse wiederum umso eher gegeben, je enger der Kontakt zwischen Kunde und Unternehmen ist.

Bezüglich der **durchführungsbezogenen Anforderungen** ist insbesondere bei der Umsetzung aller drei Stufen des CLV-Ansatzes ein hoher organisatorischer Aufwand und eine hohe Komplexität gegeben, die zu hohen Kosten bei der Anwendung des Ansatzes führen.

In diesem Zusammenhang ist insbesondere das **Datenproblem** zu erwähnen (Bruhn et al. 2000). Gerade die Qualität der Daten ist von besonderer Bedeutung für eine solvente CLV-Berechnung und führt bei vorliegenden schlechten Daten zu unbeabsichtigten Konsequenzen für das Kundenmanagement. Ein weiteres Problem birgt die Aggregation der Daten in Rechnungswesensystemen und Kundendatenbanken, da die Daten nur in disaggregierter Form sinnvoll zur CLV-Berechnung verwendet werden können. Die Ermittlung der im Verlauf einer Geschäftsbeziehung tatsächlich anfallenden monetären Größen birgt sachliche und zeitliche Zuordnungsprobleme (Weiber/Weber 2000, S. 485). Diese Probleme können lediglich durch Disaggregation vermieden werden. In vielen Unternehmen verlangt diese Anforderung eine veränderte Speicherung sämtlicher Informationen im Unternehmen. Naturgemäß bestehen allgemeine Prognoseprobleme (zum Beispiel zu erwartende Kundenumsätze), wenn mehrperiodige prospektive Kundenwertermittlungen vorgenommen wird.

Eine weitere – das Qualitätsproblem der Daten tangierende – Gefahr ist im Datenschutz und der Datenverweigerung von Kunden zu sehen. Die verstärkte Angst vor Datenmissbrauch und gesetzliche Vorschriften behindern Unternehmen oft bei der Sammlung von kundenspezifischen Daten.

Im Hinblick auf seine **Bedeutung im Dienstleistungsmarketing** ist hinsichtlich des Customer Lifetime Value hervorzuheben, dass durch seine Verwendung der Dynamik und Langfristigkeit von Kundenbeziehungen Rechnung getragen wird. Es werden nicht nur aktuelle Erfolgskomponenten hinsichtlich eines Kunden berücksichtigt, sondern vielmehr auch Erfolgspotenziale, die das Unternehmen im Rahmen der betrachteten Kundenbeziehung realisieren kann. Aus diesem Grunde wird der Customer Lifetime Value häufig zur Konkretisierung des Kundenbeziehungslebenszyklus herangezogen (Stauss 2000a). Daher ist der Customer Lifetime Value als die zentrale ökonomische Kontrollgröße des Dienstleistungsmarketing und damit als Zielgröße mit herausragender Bedeutung für die Erfolgskette des Dienstleistungsmarketing anzusehen.

3.4   Controlling mit integrierten Kontrollsystemen

3.41   Ansätze integrierter Kontrollsysteme

Eine vorökonomische Kontrolle von Kundenbeziehungen misst die Ausprägungen vorökonomischer Zielgrößen des Dienstleistungsmarketing, während die ökonomische Kontrolle die finanziellen Wirkungen innerhalb einer Kundenbeziehung untersucht. Zur systematischen Ableitung von Steuerungsmaßnahmen im Rahmen des Dienstleistungsmarketing ist es erforderlich, eine **Verknüpfung von vorökonomischer und ökonomischer Ebene** vorzunehmen. Nur auf diese Weise können die vorökonomischen Stellhebel für ökonomischen Erfolg innerhalb einer Beziehung identifiziert werden. Die vorökonomischen Stellhebel wiederum bieten Ansatzpunkte für die Ableitung von Steuerungsmaßnahmen.

Diese Verknüpfung ist Gegenstand von **integrierten Kontrollsystemen** des Dienstleistungsmarketing, auf deren Basis eine möglichst umfassende Kontrolle der vorökonomischen und ökonomischen Zielgrößen des Dienstleistungsmarketing und ihrer Interdependenzen realisiert werden soll. Die **Notwendigkeit von Interdependenzanalysen** liegt in der Tatsache begründet, dass einzelne Größen, wie zum Beispiel die Kundenzufriedenheit, für sich genommen keine isolierte Bedeutung für ein Unternehmen aufweisen. Vielmehr sind die **Interdependenzen innerhalb der Erfolgskette** für das Dienstleistungsmarketing relevant. Ein Beispiel für die Interdependenzen ist der indirekte Einfluss der Kundenzufriedenheit auf den ökonomischen Erfolg, der zum einen über eine Beeinflussung der Kundenbindung und zum anderen über eine Beeinflussung der Weiterempfehlungen zustande kommen kann.

In Abhängigkeit von der Dimensionalität lassen sich drei Arten von **Ansätzen integrierter Kontrollsysteme** differenzieren: Ein-, zwei- und mehrdimensionale Ansätze. Scoringtabellen als eindimensionale und Kundenportfolios als zweidimensionale Ansätze stellen einfache Formen einer Verknüpfung von vorökonomischen und ökonomischen Daten dar. Mit Hilfe von **Scoringtabellen** (Bruhn 2001e) kann eine integrierte Bewertung von Kundenbeziehungen durch die entsprechende Gewichtung und Bewertung vorökonomischer und ökonomischer Kriterien vorgenommen werden. Im Rahmen von **Kundenportfolios** können vorökonomische und ökonomische Dimensionen einander gegenübergestellt werden. Beispielsweise kann auf diese Weise eruiert werden, bei welchen Kunden Zufriedenheit und Kundenbindung (vorökonomische Größen) zu Gewinn (ökonomische Größe) führen. Der Nachteil beider Ansätze ist darin zu sehen, dass eine Berücksichtigung der Wirkungszusammenhänge zwischen den verschiedenen Zielgrößen des Dienstleistungsmarketing nicht möglich ist. Bei den folgenden **mehrdimensionalen Verfahren** fließen die Interdependenzen der Zielgrößen umfassend in die Betrachtung ein:

1. Kundenbarometer,

2. Balanced Scorecard,

3. EFQM-Modell,

4. Kosten-Nutzen-Analyse.

3.42   Kundenbarometer

Im Rahmen von **Kundenbarometern** werden verschiedene Wirkungen des Dienstleistungsmarketing gemäß der Erfolgskette gemeinsam gemessen. Hierbei werden sowohl die Zusammenhänge zwischen den entsprechenden Größen sowie die Konstruktausprägungen kontrolliert (vgl. Kapitel 5).

Eine **Nutzung der Ergebnisse** der Kausalanalyse für die integrierte Wirkungskontrolle kann folgendermaßen erfolgen (Bruhn 2001b):

■   Zusammenhangsanalyse,

■   Simulation,

■   Indexbildung,

■   Indexvergleich.

Zunächst kann eine **Zusammenhangsanalyse** zwischen den Größen der Erfolgskette durchgeführt werden. Auf diese Weise wird ersichtlich, in welchem Ausmaß die vorökonomischen Zielgrößen zur Realisierung der ökonomischen Zielgrößen beitragen. Aber auch die Zusammenhänge zwischen den vorökonomischen Größen lassen sich schätzen. Dabei können sowohl direkte als auch indirekte Effekte untersucht werden.

Auf Basis dieser Ergebnisse lässt sich eine **Simulation** von Auswirkungen der Veränderungen bei einzelnen Variablen vornehmen. Abbildung 8-9 zeigt eine entsprechende Simulation. Gelingt es dem entsprechenden Unternehmen, seine Reaktionsfähigkeit auf einer 7er-Skala von 6 auf 6,5 zu erhöhen, können entsprechende Verbesserungen beim Qualitäts-, Zufriedenheits- und Kundenbindungsindex erreicht werden.

Abbildung 8-9	Exemplarische Simulation im Rahmen eines Kundenbarometers

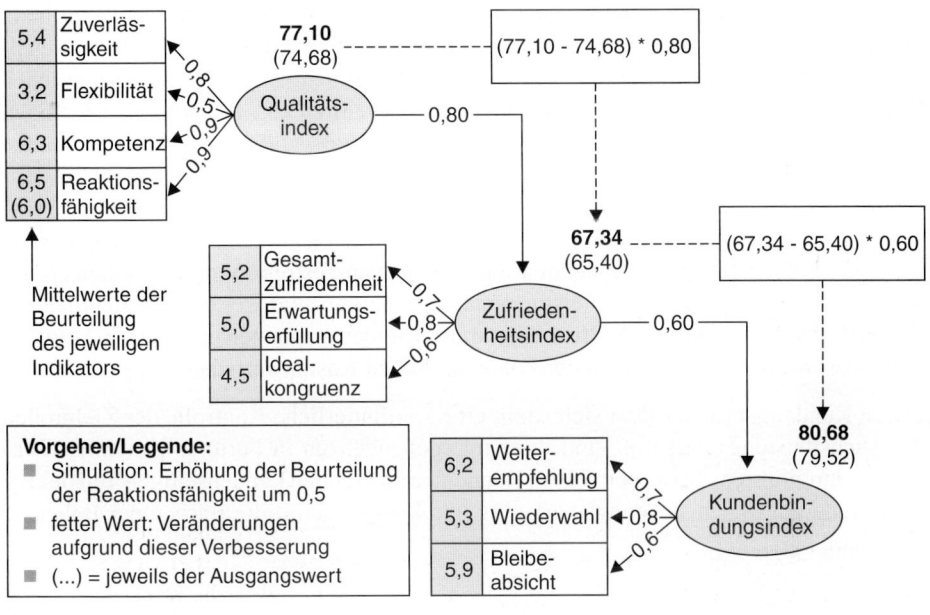

GABLER
GRAFIK

Weiterhin kann eine **Bildung von Indizes** (zum Beispiel Zufriedenheitsindex, Kundenbindungsindex) vorgenommen werden, indem die Mittelwerte einer Strukturvariablen über eine Gewichtung mit Hilfe der Messparameter aggregiert werden. Die Gewichtungsfaktoren werden dabei durch die Schätzung des Gesamtmodells ermittelt. Dabei werden nicht nur die Zusammenhänge zwischen zwei Konstrukten (zum Beispiel Kundenzufriedenheit und Kundenbindung), sondern auch zwischen einem Konstrukt und seinen Einzelmerkmalen (zum Beispiel Zuverlässigkeit als Einzelmerkmal der Leistungsqualität) ermittelt. Diese Werte können als Bedeutungsgewichte bei der Indexermittlung genutzt werden.

Durch die Indexbildung wird eine Vergleichbarkeit der entsprechenden Konstrukte im Hinblick auf verschiedene Vergleichsobjekte möglich. Beispielsweise kann die Kundenzufriedenheit im Zeitablauf analysiert oder im Sinne eines Benchmarking zwischen verschiedenen Anbietern verglichen werden. Ein solcher **Indexvergleich** ist auf folgende Arten durchführbar:

- Zeitvergleich,

- Filialvergleich,

- Regionenvergleich,

- Unternehmensvergleich (bei Nutzung der Ergebnisse Nationaler Kundenbarometer).

Bei einer **kritischen Würdigung** von Kundenbarometern sind zunächst die **ergebnisbezogenen Anforderungen** zu betrachten. Dabei weist der Ansatz eine hohe Entscheidungsorientierung auf, da er der Erfassung der Zusammenhänge zwischen sämtlichen Wirkungen des Dienstleistungsmarketing dient. Da zahlreiche Größen in die jeweiligen Analysen einbezogen werden, hängt die Reliabilität und Validität der Ansätze von den zur Messung der Einzelgrößen genutzten Verfahren ab. Dies gilt ebenso für die Aktualität der Ansätze. Aufgrund der breiten Konzeptionalisierung können sie als vollständig angesehen werden. Hinsichtlich des Disaggregationsniveaus ist eine Einzelkundenbetrachtung bei der Umsetzung von Kundenbarometern nicht angestrebt. Vielmehr sollen grundsätzliche Wirkungen des Dienstleistungsmarketing aufgezeigt werden. Hinsichtlich der **durchführungsbezogenen Kriterien** sind die Kundenbarometer mit hohem Aufwand und hoher Komplexität sowie in der Folge mit hohen Kosten verbunden.

Durch Kundenbarometer lässt sich somit eine kontinuierliche Kontrolle der Zielgrößen des Dienstleistungsmarketing und ihrer Interdependenzen in Form so genannter **Trackings** durchführen. Dabei betrachten Kundenbarometer den kundenseitigen Teil der Erfolgsgrößen des Dienstleistungsmarketing und können damit die Basis einer Balanced Scorecard darstellen.

3.43   Balanced Scorecard

Eine Abstimmung von vorökonomischen und ökonomischen Zielgrößen des Dienstleistungsmarketing kann weiterhin durch die so genannte **Balanced Scorecard** (Kaplan/ Norton 1992, 1993, 1996, 1997) realisiert werden. Grundidee der Balanced Scorecard ist die Einteilung des Unternehmens in eine finanz-, kunden-, prozess- und potenzialorientierte Perspektive. Abbildung 8-10 zeigt die vier Perspektiven der Balanced Scorecard im Überblick. Durch die Verknüpfung dieser vier Perspektiven im Rahmen eines umfassenden Kennzahlensystems soll eine Balance hergestellt werden zwischen:

- externen und internen Kennzahlen,

- vergangenheits- und zukunftsbezogenen Kennzahlen,

- leicht und schwer quantifizierbaren Kennzahlen.

Abbildung 8-10   **Grundelemente der Balanced Scorecard**

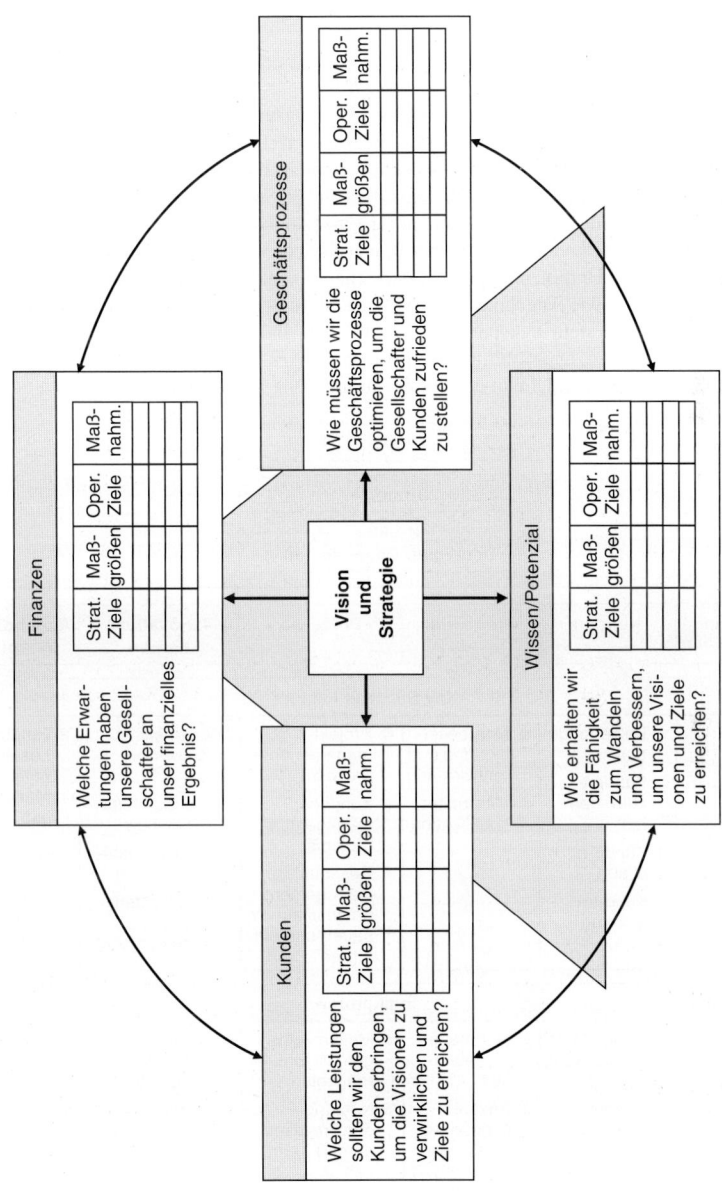

Quelle: Kaplan/Norton 1992, S. 72

INSERT 8-1   Die Balanced Scorecard der Systor AG

Kurzfallstudie: Systor AG

Die Systor Gruppe ist ein herstellerneutrales Dienstleistungsunternehmen im europäischen IT-Markt. Das Leistungsangebot umfasst branchen- und länderübergreifende Lösungen und Services für global agierende Banken und Versicherungen sowie Unternehmen aus Industrie und Handel, Telekommunikation und Medien, Dienstleistungen und dem Öffentlichen Sektor. Tätigkeitsschwerpunkte der Systor Gruppe sind E-Business und IT-Lösungen für Finanzdienstleister.

Aufbauend auf den Grundelementen einer Balanced Scorecard hat die Systor AG die spezifischen Erfolgsfaktoren für ihr Unternehmen in den Bereichen Finanzen, Kunden, Mitarbeiter, Prozesse, Innovation und Lernen sowie Angebote und Marktorientierung abgeleitet. Somit konnte das unternehmerische Kennzahlensystem transparenter gestaltet und Indikatoren für den Unternehmenserfolg messbar gemacht werden. Die Abbildung zeigt ein konkretes Beispiel für die Elemente der Balanced Scorecard der Systor AG und die in diesem Zusammenhang abgeleiteten „Value Drivers".

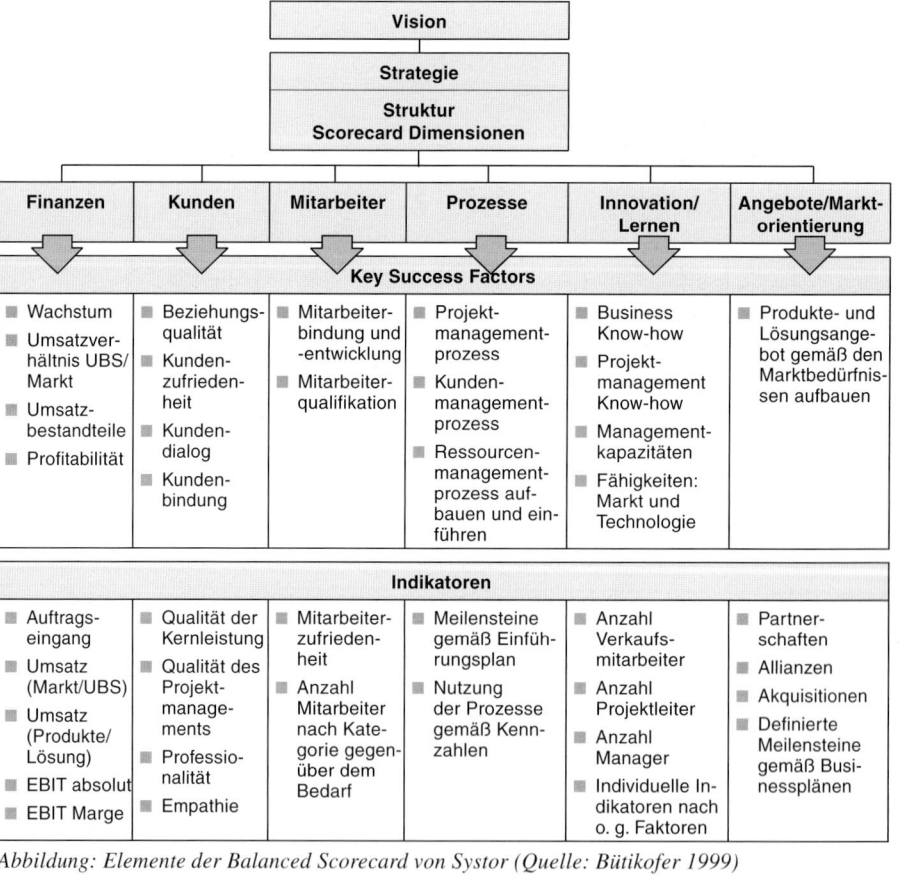

Abbildung: Elemente der Balanced Scorecard von Systor (Quelle: Bütikofer 1999)

Die Balanced Scorecard ist vor allem ein Instrument zur Verbesserung der **Transparenz von unternehmerischen Kennzahlensystemen**. Insbesondere Unternehmen, deren Geschäftsbereiche eine hohe Autonomie aufweisen, nutzen die Balanced Scorecard als Managementsystem mit vorrangig strategischen Steuerungs- und vor allem Implementierungsaufgaben (ein Beispiel ist ABB Schweden, die die Balanced Scorecard seit 1996 mit Erfolg einsetzen; Ewing/Lundahl 1996 sowie auch der Einsatz bei der Swisscom; Kemper/Bommer/Leu 1998).

Die Erfüllung von Steuerungs- und Implementierungsaufgaben entspricht der Grundidee der Balanced Scorecard, der im Einzelnen folgende vier **Aufgaben** zugeschrieben werden können (Kaplan/Norton 1997, S. 11):

- Klärung und „Herunterbrechen" von Vision und Strategie (Verknüpfung von strategischem und operativem Management),

- Kommunikation und Verknüpfung von strategischen Zielen und Maßnahmen,

- Planung beziehungsweise Festlegung von Zielen und Abstimmung strategischer Initiativen,

- Verbesserung von strategischem Feedback und Lernen.

Obwohl im Detail eine klare Abgrenzung dieser Aufgaben erforderlich wäre, kann die grundsätzliche Erfolgskette des Balanced-Scorecard-Konzeptes wie folgt beschrieben werden: Mission/Vision → Festlegung der Strategie → Identifikation und Verknüpfung der „Value Drivers" (Finanzen, Kunden, Prozesse, Potenzial) →Übersetzung der „Value Drivers" in operative Kennzahlen, wobei jede dieser Kennzahlen einen bestimmten Ursache-Wirkungs-Zusammenhang (zum Beispiel Kundenzufriedenheit begünstigt Kundenbindung) widerspiegeln soll (Bruhn 1998f).

Zusammenfassend kann hinsichtlich einer **kritischen Würdigung** festgehalten werden, dass das Konzept der Balanced Scorecard insbesondere durch den Versuch einer ganzheitlichen Sicht der verschiedenen Wertperspektiven ein möglicher Ansatz ist, Unternehmensstrategien zu entwickeln und diese auch in aktionsfähige Aufgaben umzusetzen. Damit trägt die Balanced Scorecard dem Denken in Beziehungen im Rahmen des **Dienstleistungsmarketing** Rechnung. Insbesondere der Erfolgsbeitrag von Kundenbeziehungen lässt sich durch die Berücksichtigung verschiedener Zielgrößen realisieren. Im Hinblick auf die Anforderungen an die Kontrolle ist die kritische Würdigung der Balanced Scorecard mit derer der Kundenbarometer vergleichbar, da auch hier eine konsequente Umsetzung von Interdependenzanalysen ermöglicht wird.

3.44   EFQM-Modell

Eine Analyse, ob Aktivitäten des Dienstleistungsmarketing im Unternehmen konsequent umgesetzt werden, ist mit Hilfe des **EFQM-Modells** (European Foundation for Quality Management) möglich, in dessen Rahmen Aktivitäten und Zielgrößen des Dienstleistungsmarketing einen wesentlichen Stellenwert einnehmen. Das EFQM-Modell der Business Excellence strukturiert die Bewertungskriterien, nach denen der European Quality Award vergeben wird. Die Kriterien sind hierbei in zwei Hauptgruppen eingeteilt (vgl. Abbildung 8-11; Malorny 1999, S. 264ff. ; EFQM 2002):

1. Die **Befähiger** beschreiben Sachverhalte, die die Bemühungen eines Anbieters für gute Beziehungen zu seinen Anspruchsgruppen zum Ausdruck bringen.

2. Die **Ergebnisse** betreffen die Wirkungen der eingesetzten Maßnahmen.

Abbildung 8-11   Grundelemente des EFQM-Modells

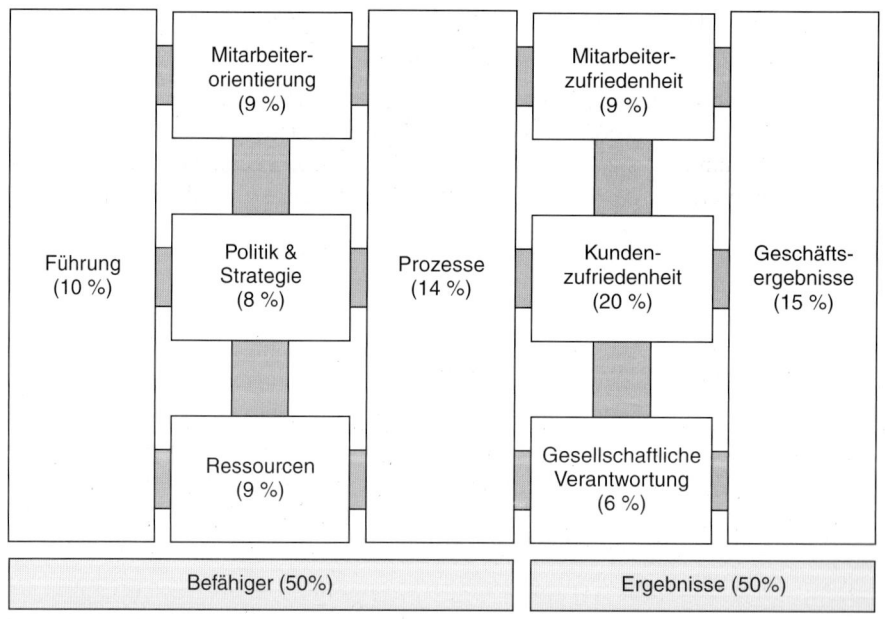

Quelle: EFQM 2002

GABLER
GRAFIK

Im Rahmen des EFQM-Modells werden die Maßnahmen des Unternehmens – in Form der Befähiger – und die Wirkungen dieser Maßnahmen – in Form der Ergebnisse – evaluiert. Hierbei wird ein Unternehmen im Hinblick auf jedes Kriterium anhand einer 5er-Kategorisierung beurteilt. Auch wenn es der ursprüngliche Zweck des EFQM-Modells ist, auf seiner Basis den European Quality Award zu vergeben, gehen immer mehr Unternehmen dazu über, ein **Self-Assessment** auf Basis des Modells vorzunehmen. Auf diese Weise kann auch ein Auditing der Maßnahmen des Dienstleistungsmarketing vorgenommen werden.

Eine **kritische Würdigung** des EFQM-Modells führt hinsichtlich der **ergebnisbezogenen Kriterien** zunächst zum Schluss, dass eine gewisse Entscheidungsorientierung gegeben ist. Die Überprüfung des Modells zeigt auf, welche Maßnahmen des Dienstleistungsmarketing durch ein Unternehmen eingesetzt werden. Die Forderung bestimmter Maßnahmen ist allerdings als idealtypisch anzusehen. Da die geforderten Maßnahmen in unterschiedlicher Art und Weise umgesetzt werden können, ist das EFQM-Modell mit Reliabilitäts- und Validitätsproblemen verbunden. Darüber hinaus weist es nicht zwingenderweise eine hohe Aktualität auf. Durch den breiten Rahmen, der dem Modell zugrunde liegt, kann von einer hohen Vollständigkeit ausgegangen werden. Hinsichtlich des Disaggregationsniveaus ist eine Einzelkundenanalyse weder möglich, noch angestrebt.

Hinsichtlich der **durchführungsbezogenen Anforderungen** steht der Einsatz des EFQM-Modells mit einem hohen Aufwand in Zusammenhang. Weiterhin ist der Einsatz durch eine hohe Komplexität gekennzeichnet, sodass mit hohen Kosten zu rechnen ist.

Für das **Dienstleistungsmarketing** weist das EFQM-Modell den Vorteil auf, dass es mögliche Aktivitäten zur Steuerung der Beziehungen eines Unternehmens zu seinen Anspruchsgruppen umfassend berücksichtigt. Eine Gegenüberstellung der Aktivitäten und ihrer Wirkungen erfolgt im Rahmen der Kosten-Nutzen-Analyse des Dienstleistungsmarketing.

3.45   Kosten-Nutzen-Analyse

Die **Kosten-Nutzen-Analyse des Dienstleistungsmarketing** dient der Zurechnung von Erfolgswirkungen zum Maßnahmensystem des Dienstleistungsmarketing. Durch die Verknüpfung von Maßnahmen und Wirkungen gilt es, Aussagen über die **Wirtschaftlichkeit** der Maßnahmenumsetzung zu treffen.

Das zentrale Instrument zur Erfolgskontrolle repräsentiert die **Kosten-Nutzen-Analyse des Dienstleistungsmarketing,** bei der Kosten und Nutzen des Dienstleistungsmarketing einander gegenübergestellt werden. Dabei geht es nicht nur um eine Gesamtbetrachtung des Dienstleistungsmarketing, sondern die Kosten-Nutzen-Analyse kann gleichermaßen für Teilbereiche durchgeführt werden, so etwa für ein Qualitäts-, Kundenbindungs- oder Beschwerdemanagement (Bruhn 1998b; Bruhn/Georgi 1999). Hierdurch resultieren **Kosten-Nutzen-Kennziffern,** bei denen statische und dynamische Kennziffern unterschieden werden können. Die statische Hauptkennziffer ist der Gewinn des Dienstleistungsmarketing, der sich aus der Differenz zwischen dem Nutzen und den Kosten des Dienstleistungsmarketing ergibt. Die Rendite des Dienstleistungsmarketing ergibt sich als Quotient aus Gewinn zum Aufwand des Dienstleistungsmarketing. Die dynamische Hauptkennziffer ist der Wert des Dienstleistungsmarketing, der sich als die Summe aus den – auf den aktuellen Zeitpunkt abgezinsten – Gewinnen/Verlusten des Dienstleistungsmarketing pro Jahr ermitteln lässt. Die dynamische Rendite des Dienstleistungsmarketing folgt aus der Division des Wertes des Dienstleistungsmarketing durch die kumulierten und abgezinsten Kosten des Dienstleistungsmarketing. Im Rahmen der Kosten-Nutzen-Analyse gilt es somit, die Kosten und den Nutzen des Dienstleistungsmarketing zu ermitteln und einander zuzurechnen.

Im Hinblick auf die **Ermittlung der Kosten** sind diejenigen Kosten zu bestimmen, die durch Maßnahmen des Dienstleistungsmarketing hervorgerufen werden. Hierbei besteht das Problem, dass zahlreiche Aktivitäten des Dienstleistungsmarketing nicht isoliert von den Leistungserstellungsaktivitäten erfasst werden können, sodass die Kostenstellenrechnung nur in wenigen Fällen zur Ermittlung der Kosten des Dienstleistungsmarketing eingesetzt werden kann. Vielmehr ist es erforderlich, auf Basis einer Prozessanalyse diejenigen Aktivitäten zu identifizieren, die direkt dem Dienstleistungsmarketing zugerechnet werden können, da die hierfür entstehenden Kosten Teil der Kosten des Dienstleistungsmarketing sind (Bruhn 1998b).

Der Nutzen des Dienstleistungsmarketing ergibt sich aus den Erfolgswirkungen des Dienstleistungsmarketing gemäß der Erfolgskette. Zur **Ermittlung des Nutzens** können somit die Ergebnisse aus der Wirkungsanalyse herangezogen werden. Der monetarisierte Nutzen besteht aus dem ökonomischen Erfolg, der auf das Dienstleistungsmarketing zurückgeführt werden kann. Hierzu ist eine Verknüpfung der Glieder der Erfolgskette vorzunehmen. Beispielsweise entspricht der Nutzen des Dienstleistungsmarketing in der Kundenbindungsphase vereinfacht dem ökonomischem Erfolg, der auf diejenigen gebundenen Kunden zurückzuführen ist, deren Kundenbindung durch ihre Kundenzufriedenheit verursacht ist. Hierbei kann nicht die Kundenbindung sämtlicher gebundener Kunden auf ihre Kundenzufriedenheit zurückgeführt werden. Ebenso kann nicht der gesamte ökonomische Erfolg mit gebundenen Kunden auf die Kundenbindung zurückgeführt werden. Daher ist eine **Zurechnung der Erfolgswirkungen zum Dienstleistungsmarketing** vorzunehmen. Hierbei können die Ergebnisse von Kundenbarometern genutzt werden. Durch eine einfache Multiplikation lässt sich der Nutzen des Dienstleistungsmarketing als Anteil des ökonomischen Erfolgs bestimmen, der auf das Dienstleistungsmarketing zurückgeführt werden kann.

Bezüglich **Problemen bei der Nutzenermittlung** ist nicht auszuschließen, dass die erhobenen Verhaltensabsichten nicht immer das tatsächliche Kaufverhalten repräsentieren. Ferner ist bei der Auswahl eines Messansatzes für den Gewinn pro Kunde die Heterogenität des Kundenstamms des jeweiligen Unternehmens zu berücksichtigen. Schließlich können bei der Nutzenmessung Wirkungen anderer Aspekte (zum Beispiel andere Maßnahmen, Konkurrenzaktivitäten) auftreten, die durch eine entsprechende Operationalisierung isoliert werden sollten.

Eine **kritische Würdigung** der Kosten-Nutzen-Analyse orientiert sich zunächst an den **ergebnisbezogenen Anforderungen**. Hier ist durch die Berücksichtigung der gesamten Erfolgskette des Dienstleistungsmarketing eine hohe Entscheidungsorientierung zu konstatieren. Aufgrund der Vielzahl an einfließenden Größen ist mit Reliabilitäts- und Validitätsproblemen zu rechnen. Dies gilt insbesondere für die Nutzenermittlung, die in starkem Maße auf vorökonomischen Daten beruht. Aufgrund der Breite des Ansatzes ist es darüber hinaus schwierig, eine hohe Aktualität sicherzustellen. Dahingegen ist der Anspruch der Vollständigkeit in dem Ansatz implizit enthalten. Bezüglich des Disaggregationsniveaus ist die Durchführung von Einzelkundenanalysen nicht möglich.

Wie die übrigen Verfahren einer integrierten Kontrolle sind auch Kosten-Nutzen-Analysen des Dienstleistungsmarketing im Hinblick auf **durchführungsbezogene Anforderungen** mit hohem Aufwand, hoher Komplexität und in der Folge hohen Kosten verbunden.

Im Hinblick auf ihre **Bedeutung für das Dienstleistungsmarketing** kann mit der Kosten-Nutzen-Analyse eine vollständige Verknüpfung der verschiedenen Zielgrößen des Dienstleistungsmarketing anhand der Erfolgskette vorgenommen werden. Allerdings ist vor allem die Nutzenermittlung und ihre Zuordnung zu konkreten Maßnahmen des Dienstleistungsmarketing mit Schwierigkeiten behaftet. Daher bestehen hier offene Forschungsfragen bei einer weiteren Auseinandersetzung mit dem Konzept des Dienstleistungsmarketing.

Die Ergebnisse der Kontrollphase liefern die Basis für zukünftige Entscheidungen in den übrigen Phasen des Planungsprozesses des Dienstleistungsmarketing. Damit ist die Kontrolle nicht – vergleichbar mit einer deterministischen Planung – als isoliertes „Ende" des Planungsprozesses anzusehen. Vielmehr ist der Planungsprozess als kontinuierlicher Prozess anzusehen, in dessen Rahmen die Kontrolle im Mittelpunkt steht. Durch die Überprüfung der Ausprägungen der Zielgrößen des Dienstleistungsmarketing durch die Kontrollinstrumente werden Ansatzpunkte für eine revidierte Zielplanung geliefert und somit ein erneutes Durchlaufen des Planungsprozesses in Gang gesetzt.

1.   Grundlagen des internationalen Dienstleistungsmarketing   683
1.1   Bedeutung internationaler Dienstleistungen   683
1.2   Ursachen und Motive für eine Internationalisierung
      von Dienstleistungsanbietern   686
1.3   Begriff des internationalen Dienstleistungsmarketing   688
1.4   Typologisierung internationaler Dienstleistungen   689

2.   Informationsgrundlagen
      des internationalen Dienstleistungsmarketing   697
2.1   Internationales Käuferverhalten im Dienstleistungsbereich   697
2.2   Internationale Marktforschung im Dienstleistungsbereich   699

3.   Strategisches internationales Dienstleistungsmarketing   704
3.1   Strategischer Planungsprozess
      des internationalen Dienstleistungsmarketing   704
3.2   Internationale Situationsanalyse   704
3.3   Internationale Marktwahlstrategie   707
3.4   Internationale Markteintrittsstrategie   711
3.5   Internationale Marktbearbeitungsstrategie   717

4.   Operatives internationales Dienstleistungsmarketing   722
4.1   Implikationen aus der Notwendigkeit der Leistungsfähigkeit   722
4.2   Implikationen aus der Integration des externen Faktors   725
4.3   Implikationen aus der Immaterialität   727

1.   Grundlagen des internationalen Dienstleistungsmarketing

1.1   Bedeutung internationaler Dienstleistungen

Seit den 80er-Jahren ist eine zunehmende Dynamik im internationalen Wettbewerb zu beobachten. Diese Globalisierung des Wettbewerbs zeichnet sich durch die integrierte Planung und Abstimmung von Unternehmensaktivitäten auf weltweiter Ebene aus, um sich gegenüber anderen globalen Wettbewerbern zu profilieren (Toyne/Walters 1989, S. 307).

Im Mittelpunkt der wissenschaftlichen Diskussion dieses Internationalisierungsprozesses steht primär die internationale Vermarktung von Konsum- und Gebrauchsgütern, während das internationale Marketing von Dienstleistungen zunächst nur rudimentär behandelt wurde (Kothari 1988, S. 209; Cowell 1993, S. 257; Mösslang 1995, S. 1; o.V. 1997, S. 26). Erst in letzter Zeit ist eine Intensivierung der wissenschaftlichen Diskussion über ausgewählte Aspekte des **internationalen Dienstleistungsmarketing** festzustellen (Nicoulaud 1989; Dahringer 1991; Lehtinen 1991; Erramilli/Rao 1993; Stauss 1995). Die relative Nichtbeachtung dieses Themengebietes steht in auffallendem Missverhältnis zu der in sämtlichen hoch entwickelten Volkswirtschaften festzustellenden Bedeutungszunahme des Dienstleistungssektors im Welthandel. Insbesondere produktionsorientierte Dienstleistungen als Inputfaktoren gewinnen zunehmend an Bedeutung hinsichtlich einer grenzüberschreitenden Vermarktung, wenngleich der gesamte Handel mit Dienstleistungen im Vergleich zum Sachgüterhandel noch eine geringere Rolle spielt (Behofsics 1998, S. 36).

Gründe für eine zunehmende internationale Ausrichtung von Dienstleistungsanbietern sind unter anderem:

■ Die Globalisierung der Märkte erhöht die Nachfrage nach international verfügbaren Dienstleistungen,

■ Die Liberalisierung des Dienstleistungshandels im Rahmen der GATT-Verhandlungen (Uruguay Runde), das heißt Abbau von Handelshemmnissen und Deregulierung,

■ Eine komplementäre Beziehung zwischen Sachgütern und Dienstleistungen bedingt, dass ein verstärkter internationaler Warenhandel in der Folge auch eine Zunahme des internationalen Dienstleistungshandels verursacht (Behofsics 1998, S. 37),

■ Eine zunehmende internationale Ausrichtung der Kunden, zum Beispiel durch die Bildung multinationaler Netzwerke,

■ Die Streuung des Unternehmensrisikos durch Diversifikation.

So wuchs der **internationale Dienstleistungshandel** von 1990 bis 2000 um jährlich 6 Prozentpunkte und stellt damit einen wachstumsstarken Bereich des Welthandels dar.

Die grenzüberschreitend erbrachten Dienstleistungen erreichten 2000 weltweit ein Ge-
samtvolumen von 1.435 Mrd. USD und damit einen Anteil von 18,6 Prozent am Welthandel (WTO International Trade Statistics 2001). Mit über 70 Prozent der grenzüberschreitenden Umsätze sind die Industrienationen deutlich vor den Zweit- und Drittländern positioniert (Dahringer/Mühlbacher 1999, S. 402; Czinkota/Ronkainen 2000, S. 736).

Die **Ausfuhr an Dienstleistungen durch deutsche Unternehmen** betrug im Jahre 2000
circa 80 Mrd. USD (WTO 2001). Im Hinblick auf die relative Bedeutung von Dienstleistungen im internationalen Kontext macht die Dienstleistungsausfuhr 12,7 Prozent an der
gesamten Ausfuhr von Waren und Dienstleistungen aus (WTO 2001).

Die Bedeutung des internationalen Dienstleistungshandels dokumentiert sich auch in der
Dienstleistungsbilanz. In dieser „Bilanz des unsichtbaren Handels" erfolgt die wertmä-
ßige Gegenüberstellung der Aus- und Einfuhren von Dienst- und Faktorleistungen einer
Volkswirtschaft in einer Periode. Im internationalen Vergleich ergibt sich dabei ein diffe-
renziertes Bild (vgl. Abbildung 9-1). Während die USA und Frankreich einen deutlichen
Überschuss aufweisen, haben Japan und Deutschland ein Dienstleistungshandelsdefizit.

Abbildung 9-1   **Import- beziehungsweise Exportüberschüsse führender
                          Dienstleistungsländer 2000 (in Mrd. USD)**

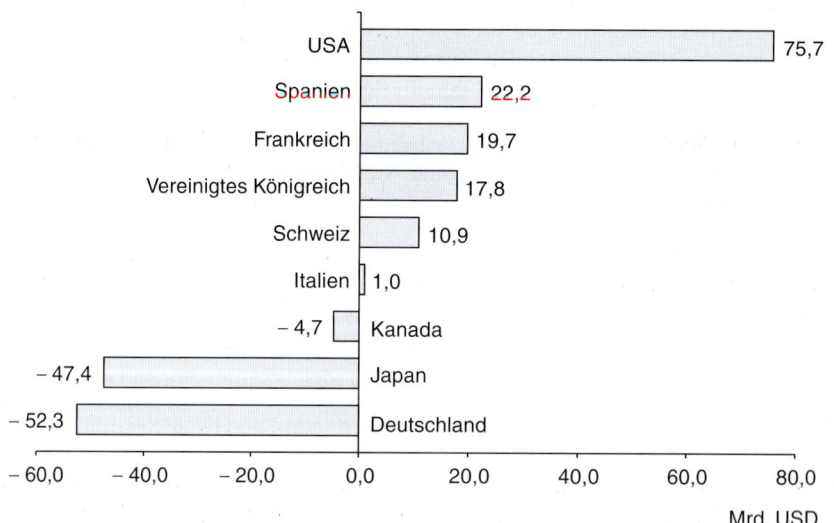

Quelle: WTO 2001

GABLER
GRAFIK

Allerdings ist die Aussagekraft von Zahlenmaterial im Zusammenhang mit internationalen Dienstleistungen nicht nur aufgrund begrifflicher Abgrenzungsprobleme, sondern auch durch die Unzuverlässigkeit offiziellen Zahlenmaterials erschwert (Köhler 1991, S. 2; Hübner 1996, S. 62). Insbesondere die Analyse einzelner Dienstleistungsbranchen im internationalen Vergleich wird durch die ungelöste Branchenzuordnungsproblematik (Corsten 2001, S. 2ff.) und den hohen Aggregationsgrad der Daten erschwert (Hermanns/Wißmeier 1995, S. 243).

Das **länderspezifische Angebot internationaler Dienstleistungen** unterscheidet sich in der skizzierten quantitativen Hinsicht gleichermaßen wie in qualitativer Hinsicht. Beispielsweise weisen Schweizer Unternehmen Stärken in den Bereichen Bankwesen, Handel, bei logistischen Dienstleistungen, Zeitarbeit, Sicherheitsdiensten, Beratung und Ausbildung auf. Britische Firmen hingegen haben eine starke Position bei Versicherungen, Kapitalanlagen und Beratungsdiensten. Schwedische Firmen haben Vorteile in den Bereichen wie Spezialfracht und Umwelttechnik. Beratung, Werbung und Hotelwesen zählen zu den Stärken US-amerikanischer Unternehmen (Porter 1999, S. 263f.).

In **Deutschland** sind die grenzüberschreitend erbrachten Dienstleistungen ebenfalls stark gestiegen (von 1986 bis 1996 um jährlich durchschnittlich 4,1 Prozent), allerdings ist im internationalen Vergleich eine **„Dienstleistungslücke"** zu konstatieren (WTO 2000):

- Der Anteil der Beschäftigten im Dienstleistungssektor liegt in Deutschland weit unter den entsprechenden Anteilen in den USA und anderer europäischer Länder (vgl. Kapitel 1).

- Die Bilanz des deutschen Dienstleistungshandels zeigt traditionell ein hohes Defizit (2000: 52 Mrd. USD); nur Japan hat ein ähnlich hohes Defizit zu verzeichnen (vgl. Abbildung 9-1).

- Der Dienstleistungsanteil an den deutschen Gesamtexporten lag 2000 mit 12,7 Prozent unter dem durchschnittlichen Anteil aller Nationen (18,6 Prozent), der EU (24,7 Prozent) oder anderen führenden Industrienationen (vgl. Abbildung 9-2).

Für deutsche Unternehmen als Anbieter internationaler Dienstleistungen lässt sich die Situation wie folgt kennzeichnen (vgl. Stauss 1995, S. 446f.):

- Aufgrund hoher Dienstleistungsexporte und -importe im weltweiten Vergleich gehört Deutschland zu den großen internationalen Dienstleistungshandelspartnern.

- International tätige deutsche Dienstleistungsbetriebe nehmen – mit Ausnahme einiger weniger „Global Player" (zum Beispiel Deutsche Bank, Allianz, Lufthansa) – im internationalen Vergleich eine untergeordnete Position ein.

Abbildung 9-2   **Dienstleistungsanteil am Gesamtexport führender Exportländer 2000 (in Prozent auf USD-Basis)**

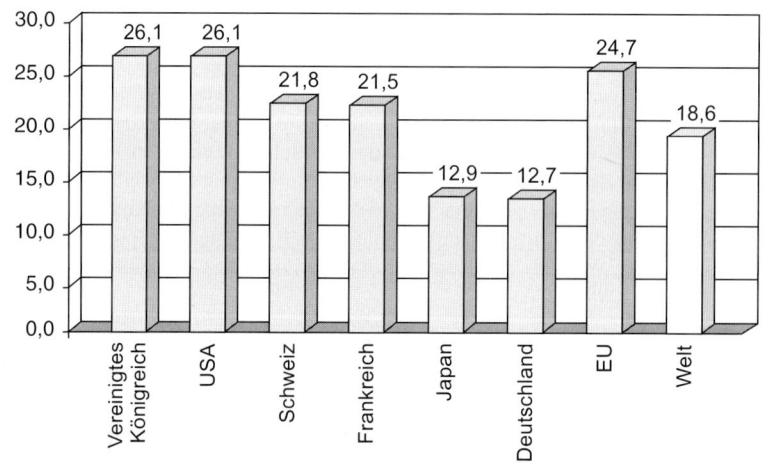

Quelle: WTO 2001

1.2   Ursachen und Motive für eine Internationalisierung von Dienstleistungsanbietern

Für die Bedeutungszunahme des internationalen Dienstleistungshandels können vielfältige **Ursachen** identifiziert werden (Porter 1999, S. 274ff.; Czinkota/Ronkainen 2000, S. 736f.):

- Ähnlichkeit der Dienstleistungsbedürfnisse,
- Mobilere und informiertere Dienstleistungskunden,
- Economies of Scale beziehungsweise Scope,
- Größere Mobilität der Dienstleistungskräfte,
- Gestiegene Fähigkeit des Austausches mit entfernten Kunden,
- Abbau staatlicher Regulierungen,
- Kosten- und Qualitätsunterschiede der in den einzelnen Ländern erbrachten Dienstleistungen.

INSERT 9-1   Frankfurter Allgemeine Zeitung, 22.01.2002, S. 17

Deutsche Post will Präsenz in Amerika deutlich ausbauen

Inlandsgeschäft noch schwach / Zukäufe für Expreßdienst DHL geplant
Repräsentanz in Washington eröffnet

mrs. NEW YORK/WASHINGTON, 21. April. Die Deutsche Post wird ihr Geschäft in den Vereinigten Staaten in den kommenden Jahren deutlich ausbauen. Das machte der Vorstandsvorsitzende Klaus Zumwinkel vor deutschen Journalisten in New York deutlich. Im vergangenen Jahr hat der Konzern knapp 1,7 Milliarden Euro Umsatz in Nord- und Südamerika erzielt, was 5,1 Prozent des Gesamtumsatzes entsprach. In diesem Jahr sollen es rund 3,6 Milliarden Euro oder rund 9 Prozent werden. Hiervon entfalle der weitaus größte Anteil auf die Vereinigten Staaten. Bei den Zahlen für 2002 ist aber zu berücksichtigen, daß der Expreßdienstleister DHL erstmals voll konsolidiert wird. Derzeit hat der Postkonzern in den Vereinigten Staaten rund 16 000 Mitarbeiter, davon rund zwei Drittel bei DHL.

Zumwinkel sagte, mit DHL, dem Briefunternehmen Global Mail und der Spedition Danzas-AEI sei die Post zwar unter den Marktführern im grenzüberschreitenden Geschäft, im Inlandsgeschäft sei sie jedoch nur wenig präsent. Bei DHL in Amerika müsse jedoch zunächst die Sanierung abgeschlossen werden. „Eineinhalb Jahre wird es schon noch dauern." Das Unternehmen hatte der Post im vergangenen Jahr einen Verlust von rund 140 Millionen Euro eingebracht. Vor allem müsse das Sendungsvolumen deutlich gesteigert werden, um die Anlagen und Transportmittel besser auszulasten und so preislich besser gegen die amerikanischen Konkurrenten Fedex und United Parcel Service (UPS) bestehen zu können. Zu diesem Zwecke werde das Unternehmen auch kleinere lokale Expreßanbieter übernehmen. Das Volumen der Zukäufe schätzte Zumwinkel für die Jahre 2002 und 2003 auf rund 150 Millionen Euro.

Wie es weiter hieß, wird DHL in den amerikanischen Ballungsräumen schrittweise auch ein Landtransportnetz aufbauen, um den Kunden eine kostengünstigere Alternative zum Lufttransport anbieten zu können. Diese Strategie verfolgten auch Fedex und UPS; ihnen sei es damit gelungen, im vergangenen Jahr die Umsatzeinbrüche beim stark konjunkturabhängigen Lufttransport zumindest zum Teil auszugleichen. „Wir haben aber derzeit nicht vor, in Nordamerika auf dem Feld des landbeförderten Inlandspakets flächendeckend gegen UPS anzutreten", betonte Zumwinkel. UPS gilt beim Standardpaket mit rund 80 bis 85 Prozent Marktanteil als führend, während Fedex beim Expreßpaket mit rund 60 bis 65 Prozent führt.

Um die Interessen der Post besser als bisher in der amerikanischen Öffentlichkeit und gegenüber der Politik vertreten zu können, hat die Post jetzt auch ein Lobbybüro in Washington eröffnet. Monika Wulf-Mathies, Direktorin für Politik und Umwelt, sagte in Washington, die Notwendigkeit dafür habe sich vor allem bei der Auseinandersetzungen um die Übernahme von DHL Anfang 2001 gezeigt. Damals hatten Fedex und UPS argumentiert, ein zum Teil staatseigener und zudem aus Briefmonopolgewinnen gefütterter ausländischer Konzern dürfe nicht eine amerikanische Fluggesellschaft übernehmen. Wie es weiter hieß, werde die Repräsentanz aber auch die Post-Tochtergesellschaften in rechtlichen und regulatorischen Fragen beraten und ihnen so das Amerika-Geschäft erleichtern. Übrigens gebe es angesichts der hochdefizitären amerikanischen Staatspost inzwischen ein reges Interesse von Politikberatern an den deutschen Privatisierungserfahrungen, hob Wulf-Mathies hervor.

Um sich im Bewußtsein der amerikanischen Öffentlichkeit als „gutes Unternehmen" („good corporate citizen") zu etablieren, wird Danzas-AEI in den kommenden Wochen in Zusammenarbeit mit der Hilfsorganisation Care 1000 Tonnen Weizen nach Afghanistan transportieren, den Farmer aus Norddakota gespendet haben. Natürlich erhoffe sich der Konzern von dieser Aktion auch, bei lukrativen Regierungsaufträgen künftig eher zum Zuge zu kommen, war zu hören; immerhin betrage das Logistikvolumen allein der Bundesregierung rund 34 Milliarden Dollar jährlich. Bisher seien nur DHL und Global Mail nennenswert mit der Regierung im Geschäft.

Weiterhin will die Post im internationalen Briefgeschäft für Firmenkunden expandieren: Die Geschäftspost-Produkte „Global Mail" der Briefsparte und „Worldmail" von DHL seien bereits zusammengelegt worden, erläuterte Zumwinkel. Dank DHL verfüge der Konzern über eine weltumspannende Infrastruktur. Die Tochtergesellschaft Global Mail sei die Nummer zwei auf diesem Feld. Das Unternehmen beschäftigt in den Vereinigten Staaten rund 2000 Mitarbeiter. Als Beispiel für ein Geschäft von Global Mail nennt Geschäftsführer Don Brooks den Versand von jährlich mehr als drei Millionen Werbebriefen an bestehende und potentielle Kunden einer Kreuzfahrtlinie in Kanada. Die Sendungen würden in den Vereinigten Staaten gedruckt, adressiert, vorsortiert und dann der kanadischen Post übergeben. Die Antwortbriefe würden dann wieder von Global Mail aus Kanada abgeholt und ausgewertet. Auf diese Weise hätten die Portokosten verringert und die Antwortquoten deutlich erhöht werden können. Brooks hob hervor, daß das Unternehmen schon jetzt profitabel wachse.

Weiteres Bein des Geschäfts in Amerika soll die Postbank werden – sowohl mit ihrer Tochtergesellschaft PB Capital, die sich auf die Finanzierung von Logistikimmobilien wie Lagerhallen und Umschlagzentren spezialisiert, als auch mit der Zwischenfinanzierung von Lagerbeständen. Zumwinkels erklärtes Ziel ist es, ähnlich wie UPS Waren-, Informations- und Finanzströme aus einer Hand abdecken zu können.

Neben diesen marktbezogenen Gründen sind vor allem betriebswirtschaftlich relevante Motive und Zielsetzungen bei der Markterweiterung von Dienstleistungsangeboten ausschlaggebend. Eine empirische Untersuchung zur relativen Wichtigkeit von Internationalisierungszielen deutscher Dienstleistungsanbieter (Mann 1998, S. 228) zeigt, dass sowohl interne (Sicherung des Unternehmenswachstums) als auch externe Ziele (zusätzliche Marktchancen) von hoher Bedeutung sind (vgl. Abbildung 9-3). Ähnliche Studien finden sich auch für andere Länder (vgl. zum Beispiel Sharma 1991).

| Abbildung 9-3 | Internationalisierungsziele |

Rang	Internationalisierungsziel	Angaben (in %)
1.	Zusätzliche Marktchancen	83,5
2.	Sicherung des Unternehmenswachstums	60,6
3.	Auslastung bestehender Kapazitäten	42,6
4.	Schaffung eines internationalen Images	30,5
5.	Internationalisierung von Kunden	30,1
6.	Streuung des Unternehmensrisikos	18,5
7.	Sonstige Ziele	4,8

n = 249 Unternehmen; Mehrfachantworten möglich

GABLER
GRAFIK

Quelle: Mann 1998, S. 228

1.3   Begriff des internationalen Dienstleistungsmarketing

In der Literatur existiert keine einheitliche Definition des internationalen Dienstleistungsmarketing. Jedoch kann in Anlehnung an verschiedene Autoren internationales Dienstleistungsmarketing wie folgt definiert werden (Terpstra/Sarathy 1994, S. 597ff.; Hermanns 1995, S. 25f.; Stauss 1995, S. 457; Wißmeier 1995, S. 49; Dahringer/Mühlbacher 1999, S. 401ff.; Backhaus/Büschken/Voeth 2001, S. 34ff.):

> **Internationales Dienstleistungsmarketing** umfasst die Analyse, Planung, Koordination und Kontrolle aller auf die aktuellen und potenziellen internationalen Absatzmärkte ausgerichteten Unternehmensaktivitäten eines Dienstleistungsunternehmens.

Konkrete Handlungsempfehlungen für das internationale Dienstleistungsmarketing können aus dem klassischen (nationalen) und dem klassischen internationalen Marketing entnommen werden. Die **Prinzipien des Marketingmanagements** gelten international wie national. Dem internationalen Dienstleistungsmarketing liegt somit gleichsam der strategische Unternehmens- und Marketingplanungsprozess zugrunde, der auf Basis einer strategischen Unternehmens- und Umweltanalyse Unternehmenszweck und -ziele für nationale oder national übergreifende Segmente ableitet. Daraus werden Strategien der Marktwahl, Grad der Standardisierung und Markteintritt abgeleitet. Schließlich bestimmen sich hierdurch operative Marketingmixkombinationen.

Der wissenschaftliche Teilbereich des **internationalen Marketing** liefert Kenntnisse, inwiefern und in welchem Maße den unterschiedlichen sozialen, politischen, rechtlichen, ökonomischen und kulturellen Rahmenbedingungen im Hinblick auf internationale Marketingaktivitäten Rechnung zu tragen ist. Insbesondere bei Strategieentwicklung und Marketingmixeinsatz sind diese internationalen Besonderheiten zu berücksichtigen (Dülfer 2001).

Hinsichtlich des **internationalen Dienstleistungsmarketing** stellen sich zwei grundsätzliche Fragen (Hermanns/Wißmeier 1998, S. 547):

■ Unterscheidet sich internationales Dienstleistungsmarketing gravierend von nationalem Dienstleistungsmarketing?

■ Unterscheidet sich internationales Dienstleistungsmarketing gravierend von internationalem Produktmarketing?

Unterschiede zwischen internationalem Dienstleistungsmarketing und internationalem Produktmarketing ergeben sich aus den konstitutiven Merkmalen von Dienstleistungen. Auch wenn sich aufgrund technologischer Entwicklungen – wie zum Beispiel dem Internet – die Unterschiede zwischen internationalem Dienstleistungsmarketing und Produktmarketing verringern, kann derzeit nicht von „marginalen Unterschieden" (Hübner 1996, S. 54; Hermanns/Wißmeier 1998, S. 548) gesprochen werden. Trotz zu konstatierender umfänglicher Affinitäten zwischen internationalem Produkt- und Dienstleistungsmarketing beziehungsweise zwischen nationalem und internationalem Dienstleistungsmarketing sind Besonderheiten des strategischen und operativen internationalen Dienstleistungsmarketing zu beachten. Ähnlich wie beim klassischen Dienstleistungsmarketing bilden aufgrund der Heterogenität von Dienstleistungen **Typologien internationaler Dienstleistungen** den Ausgangspunkt für ein systematisches internationales Dienstleistungsmarketing.

1.4 Typologisierung internationaler Dienstleistungen

Zur Typologisierung internationaler Dienstleistungen können folgende **Strukturierungsansätze** herangezogen werden:

1. Typologisierung auf Basis konstitutiver Dienstleistungsmerkmale,

2. Typologisierung auf Basis von Markt-Ressourcen-Kombinationen,

3. Typologisierung auf Basis kultureller Besonderheiten,

4. Typologisierung auf Basis von Mobilitätsüberlegungen,

5. Typologisierung nachfragerstandortbasierter Dienstleistungen auf Basis konstitutiver Dienstleistungsmerkmale.

Durch die Verknüpfung der konstitutiven Merkmale von Dienstleistungen mit internationalen Aspekten kann eine **Typologisierung auf Basis konstitutiver Dienstleistungsmerkmale** erfolgen. Hierbei lässt sich zum Beispiel eine Matrix mit den Dimensionen Intangibilität und Interaktionsintensität bilden (Vandermerwe/Chadwick 1991; vgl. Abbildung 9-4).

Abbildung 9-4   **Typologisierung internationaler Dienstleistungen auf Basis konstitutiver Dienstleistungsmerkmale**

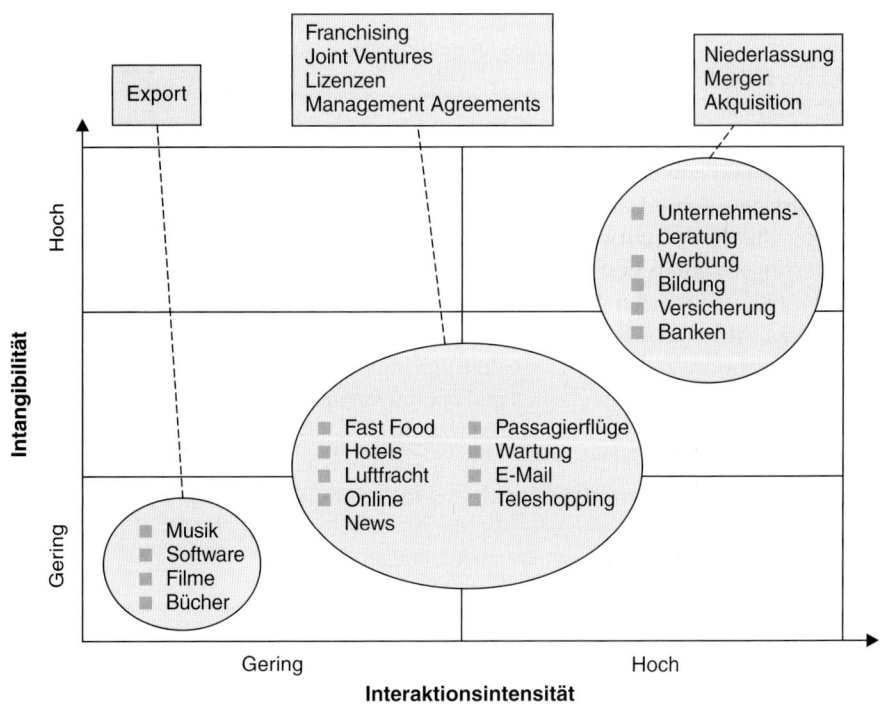

GABLER
GRAFIK

Quelle: Vandermerwe/Chadwick 1991, S. 54

Grundlage für die Einbeziehung des Intangibilitätsgrades ist die Annahme, dass das Internationalisierungspotenzial von Dienstleistungen mit zunehmendem Anteil von tangiblen Elementen an der Leistungserstellung steigt. Dazu werden unterschiedliche Dienstleistungen innerhalb dieser Matrix positioniert und drei Cluster von Dienstleistungen gebildet. Diesen Clustern werden unterschiedliche **Formen des internationalen Markteintritts und der Marktbearbeitung** zugewiesen (Vandermerwe/Chadwick 1991, S. 50):

▌ **Cluster 1: Direktexport**
Die den Sachgütern ähnlichen Leistungen können direkt exportiert werden (zum Beispiel CDs).

▌ **Cluster 2: Franchising, Joint Ventures, Lizenzen, Management Agreements**
Dienstleistungen mit mittlerer Interaktionsintensität und mittlerem Intangibilitätsgrad werden insbesondere durch kooperative Markteintrittsformen, wie Franchising oder Joint Ventures, internationalisiert (zum Beispiel Hotels).

▌ **Cluster 3: Niederlassung, Merger, Akquisition**
Bei Dienstleistungen mit hoher Interaktionsintensität und hohem Intangibilitätsgrad bieten sich Unternehmenskäufe oder eigene Niederlassungen an (zum Beispiel Versicherungen).

Vor dem Hintergrund einer Vielzahl von Möglichkeiten der internationalen Marktbearbeitung ist eine strikte und ausschließliche Zuordnung nicht eindeutig vorzunehmen. Außerdem erscheint die implizierte Kausalität zwischen den Ausprägungen der angeführten Dienstleistungscharakteristika und der Wahl der Internationalisierungsform problematisch (Mösslang 1995, S. 150). Insbesondere durch die fortschreitende Technologisierung von Dienstleistungen und deren Erstellung lässt sich keine konzise Differenzierung ableiten (Vandermerwe/Chadwick 1991, S. 52ff.). Trennschärfe verliert dieser Eingrenzungsversuch zudem, wenn Dienstleistungsanbieter bei der Internationalisierung kombinierte Vorgehensweisen wählen und sich die Vorgehensweisen immer mehr angleichen.

Demgegenüber versuchen Typologien, die den Besonderheiten internationaler Dienstleistungen stärker Rechnung tragen, den genannten Kritikpunkten zu begegnen und differenziertere Aussage für das internationale Dienstleistungsmarketing zu generieren.

Eine einfache Struktur zur Feststellung des **Globalisierungspotenzials** von Dienstleistungsbranchen stellt die in Abbildung 9-5 dargestellte **Typologisierung auf Basis von Markt-Ressourcen-Kombinationen** dar.

Hinzuweisen ist insbesondere auf die technologisch unterstützte Option, sich von einer ortsgebundenen zu einer exportfähigen Branche zu entwickeln (wie zum Beispiel bei einer Unternehmensberatung).

Zur Analyse des Globalisierungspotenzials unter Berücksichtigung der kulturellen Spezifität einer Dienstleistung kann eine **Typologisierung auf Basis kultureller Besonderheiten** herangezogen werden (Bradley 1995, S. 436). Durch die Gegenüberstellung von Skaleneffekten und kulturellen Effekten kann die Eignung von Dienstleistungen für einen internationalen Marktauftritt abgeleitet werden (vgl. Abbildung 9-6).

Abbildung 9-5   **Typologisierung auf Basis von Markt-Ressourcen-Kombinationen**

Quelle: Berger 1999, S. 208

Abbildung 9-6   **Typologisierung internationaler Dienstleistungen auf Basis
kultureller Besonderheiten**

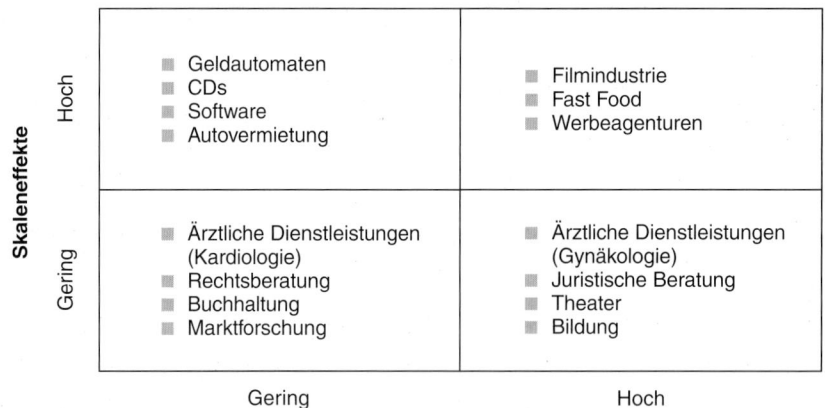

Quelle: Bradley 1995, S. 436

So sind zum Beispiel bei CDs oder auch Bankautomaten hohe Skaleneffekte erzielbar und die kulturelle Anpassungsbedürftigkeit ist gering. Damit ist diese Art von Dienstleistungen relativ problemlos internationalisierbar, wohingegen zum Beispiel eine Theateraufführung fast keine Skaleneffekte und hohe kulturelle Effekte mit sich bringt.

Wenngleich diese Einteilung interessante Einsichten in die Besonderheiten internationaler Dienstleistungen gibt, können die Schlussfolgerungen für strategische Markteintritts- und -bearbeitungsentscheidungen nicht verallgemeinert werden. Zahlreiche Beispiele zeigen, dass auch Dienstleistungen mit hohen kulturellen Einflüssen erfolgreich internationalisiert werden können (zum Beispiel amerikanische MBA-Programme, Musicals von Andrew Lloyd Webber).

Eine **Typologisierung auf Basis von Mobilitätsüberlegungen** differenziert internationale Dienstleistungen nach der Mobilität beziehungsweise Ortsgebundenheit der Nachfrager auf der einen Seite und den Produktionsfaktoren des Anbieters auf der anderen Seite (Sampson/Snape 1985; DIW 1999). Auf dieser Basis lassen sich vier Typen des internationalen Dienstleistungshandels ableiten (vgl. Abbildung 9-7):

▪ Typ A: Standortunabhängiger Dienstleistungshandel,

▪ Typ B: Nachfragerstandortbasierter Dienstleistungshandel,

▪ Typ C: Anbieterstandortbasierter Dienstleistungshandel,

▪ Typ D: Quasi-industrieller Dienstleistungshandel.

Abbildung 9-7	Typologisierung internationaler Dienstleistungen auf Basis von Mobilitätsüberlegungen

Produktions-faktoren \ Nachfrage	mobil	ortsfest
mobil	Typ A Standortunabhängiger Dienstleistungshandel	Typ B Nachfragerstandortbasierter Dienstleistungshandel
ortsfest	Typ C Anbieterstandortbasierter Dienstleistungshandel	Typ D Quasi-industrieller Dienstleistungshandel

GABLER GRAFIK

Quelle: in Anlehnung an Sampson/Snape 1985; DIW 1999

■ **Typ A: Standortunabhängiger Dienstleistungshandel**
Dieser Typ von Dienstleistungen verlangt Mobilität des Nachfragers und der Produktionsfaktoren. Beispiele hierfür sind der Geschäftsreiseverkehr und private internationale Ferngespräche. Dienstleistungen vom Typ A verlangen hinsichtlich der Unternehmensaktivitäten einen Fokus auf die Auswahl internationaler Standorte.

■ **Typ B: Nachfragerstandortbasierter Dienstleistungshandel**
Bei diesem Dienstleistungstyp sind die Produktionsfaktoren des Anbieters im Gegensatz zum Dienstleistungsnachfrager mobil. Die Dienstleistungserstellung muss demnach beim Kunden erfolgen. Beispiel hierfür ist die Beratungsleistung eines Anbieters beim Kunden im Ausland, Radio- und Fernsehberichterstattung vor Ort oder Gebäudeunterhaltung. Hinsichtlich der Marketingaktivitäten sind hier die größten Unterschiede sowohl zum Marketing von Sachgütern als auch zum nationalen Marketing zu verzeichnen.

■ **Typ C: Anbieterstandortbasierter Dienstleistungshandel**
Hierbei erfolgt der Dienstleistungshandel, indem mobile Kunden Dienstleistungen bei Anbietern mit ortsgebundenen Produktionsfaktoren nachfragen. Es werden somit Dienstleistungen im Inland für ausländische mobile Kunden erstellt. Dies ist beispielsweise für ausländische Touristen, Gesundheitsdienstleistungen und Leistungen der Unterhaltungsbranche zutreffend. Für Typ C ergibt sich eine weitgehende Anpassung an das nationale Marketing. Fragen der Standortwahl oder bezüglich internationaler Marktstrategien entfallen weitgehend. Eine Ausnahme bilden hierbei Dienstleistungsanbieter, die bewusst eine internationale Kundschaft akquirieren (zum Beispiel Eurodisney).

■ **Typ D: Quasi-industrieller Dienstleistungshandel**
Internationale Dienstleistungstransaktionen ohne grenzüberschreitende Mobilität von Anbieter und Nachfrager sind nur möglich, wenn kein direkter Kontakt beim Leistungserstellungsprozess notwendig ist. Beispiele sind die telefonische Auslandsauskunft oder grenzüberschreitender Datenverkehr. Aufgrund von technologischen Innovationen im Bereich Telekommunikation ist von einer zukünftigen Bedeutungszunahme dieser Art des Dienstleistungshandels auszugehen (Stauss 1995, S. 454). Auf diese Weise kann eine Bewegung in Richtung der Typen A, B und C erfolgen (DIW 1999). Beispiele für derartige Entwicklungen finden sich in den Bereichen Beratung oder medizinische Diagnose.

Diese Typologie basiert vor allem auf der Notwendigkeit physischer Nähe zwischen Anbieter und Nachfrager bei der Erstellung von Dienstleistungen. Sie berücksichtigt, dass internationale Dienstleistungstransaktionen an die Mobilität von Personen oder im Falle einer räumlichen Entkoppelung von Produktion und Konsum an Trägermedien gebunden sind (Feketekuty 1988, S. 28). Es darf jedoch nicht übersehen werden, dass sie im Wesentlichen zur Analyse makroökonomischer Fragestellungen entwickelt wurde (Mösslang 1995, S. 129). Die **Aussagekraft** zur Erklärung des Verhaltens eines individuellen

Dienstleistungsunternehmens bei der Internationalisierung ist daher eingeschränkt (Erramilli/Rao 1993, S. 140). Weiterhin ist die Frage zu stellen, ob sich durch neue (Kommunikations-)Technologien Veränderungen hinsichtlich der Einteilung und Einschätzung der verschiedenen Typen ergeben (Hermanns/Wißmeier 1998, S. 545).

Bei nachfragerstandortbasierten Dienstleistungen (Typ B) unterscheidet sich die Marketingaufgabe in Abhängigkeit der Ausprägungen der zeitlichen, funktionalen und sozialen Dimension der Kundenbeteiligung. Daher erleichtert eine Differenzierung dieses Typs die Ableitung von Implikationen für das internationale Dienstleistungsmarketing, indem eine **Typologisierung nachfragerstandortbasierter Dienstleistungen auf Basis konstitutiver Dienstleistungsmerkmale** vorgenommen wird. Als entsprechende Unterscheidungskriterien können die Interaktionsintensität, der Intangibilitätsgrad und die kulturelle Spezifität des Faktoreinsatzes gewählt werden (Stauss 1994b, 1995).

Die dem Begriff **Interaktionsintensität** subsumierten Dimensionen determinieren die internationalen Dienstleistungsaktivitäten des Anbieters. Eine hohe Interaktionsintensität ist bei folgenden Merkmalen gegeben (Stauss 1994b, S. 11, 1995, S. 456):

- Hoher Anteil des zeitlichen Kontaktes an der Gesamtzeit der Leistungserstellung,

- Häufiger Kundenkontakt,

- Hohes Maß an intellektueller oder körperlicher Mitwirkung des Nachfragers,

- Starke, kundenindividuelle Anpassung des Leistungsangebotes,

- Großer Umfang an persönlicher Kommunikation von Dienstleistungsanbieter und -nachfrager.

Neben der Interaktionsintensität bestimmt der **Intangibilitätsgrad** maßgeblich die Marketingkonzeption eines internationalen Dienstleistungsanbieters, da das Internationalisierungspotenzial von Dienstleistungen mit steigendem Anteil tangibler Elemente wächst. Des Weiteren bestimmt die **kulturelle Spezifität des Faktoreinsatzes** die Anforderungen an das internationale Dienstleistungsmarketing. Darunter ist das Ausmaß, in dem kulturspezifisches beziehungsweise länderbezogenes Know-how und Expertenwissen für die Dienstleistungserstellung von Relevanz ist, zu verstehen. Mit Zunahme der kulturellen Spezifität wird es notwendiger, am Erstellungsort permanent präsent zu sein, einheimische Mitarbeiter einzusetzen und länderspezifische Anpassungen vorzunehmen.

Mit Hilfe dieser drei Kriterien lassen sich die folgenden beiden **Typen internationaler Dienstleistungen** unterscheiden (Stauss 1995, S. 457; vgl. Abbildung 9-8):

- **Typ B-1: „Consulting"**
  Dieser Dienstleistungstyp ist durch eine hohe Ausprägung der Interaktionsintensität, des Intangibilitätsgrades und der kulturellen Spezifität des Faktoreinsatzes gekennzeichnet. Als Beispiele sind Dienstleistungen von Unternehmensberatungen, Rechtsberatungen oder Weiterbildungsunternehmen zu nennen.

■ **Typ B-2: „Fast Food"**

Im Gegensatz zum Typ B-1 zeichnet sich Typ B-2 durch einen tendenziell mittleren bis niedrigen Grad an Interaktionsintensität, Intangibilität und Spezifität des Faktoreinsatzes aus. Beispiele hierfür sind Fast-Food-Restaurants, Hotels, Fluggesellschaften oder Autovermietungen.

■ Abbildung 9-8   Typologisierung nachfragerstandortbasierter Dienstleistungen
                         auf Basis konstitutiver Dienstleistungsmerkmale

Typ Merkmal	Typ B-1 „Consulting"	Typ B-2 „Fast Food"
Interaktionsintensität	hoch	mittel/gering
Intangibilitätsgrad	hoch	mittel/gering
Spezifität des Faktoreinsatzes	hoch	mittel/gering

GABLER
GRAFIK

Quelle: in Anlehnung an Stauss 1995, S. 458

Die aufgeführten Typologisierungsansätze mit ihren spezifischen Merkmalen stellen sinnvolle Hilfsmittel zur Strukturierung der Vielzahl an unterschiedlichen international erbrachten Dienstleistungen dar. Vergleichbar mit klassischen Dienstleistungstypologien ist auch bei diesen Ansätzen zu berücksichtigen, dass aufgrund der Heterogenität von Dienstleistungen eine vollständige und eindeutige Typologisierung nicht möglich ist. Vielmehr müssen Dienstleistungsanbieter diejenigen Typologien zum Ausgangspunkt nehmen, die für ihre Situation zweckmäßig sind.

Vor der strategischen und operativen Gestaltung des Dienstleistungsmarketing sind die Informationsgrundlagen eines internationalen Dienstleistungsmarketing zu betrachten.

2. Informationsgrundlagen des internationalen Dienstleistungsmarketing

Im Hinblick auf die Informationsgrundlagen des internationalen Dienstleistungsmarketing ist sowohl auf die Besonderheiten des **Käuferverhaltens** als auch auf die Besonderheiten der **Marktforschung** einzugehen.

2.1 Internationales Käuferverhalten im Dienstleistungsbereich

Die Analyse des Käuferverhaltens stellt eine wichtige Grundlage für die Marketingaktivitäten eines Dienstleistungsunternehmens dar. Hinsichtlich der Internationalisierung kommt der Eruierung des **länderspezifischen Käuferverhaltens** eine besondere Bedeutung zu.

Dies gilt für investive und konsumtive Dienstleistungen gleichermaßen. Im Hinblick auf **Kaufentscheidungsprozesse bei investiven Dienstleistungen** sind im internationalen Dienstleistungsmarketing folgende Einflussfaktoren zu berücksichtigen (Samli et al. 1988, S. 19ff.):

- Individuelle Unterschiede in der Risikowahrnehmung,
- Umwelteinflüsse,
- Regierungs- und Gesetzeseinflüsse,
- Soziale und kulturelle Einflüsse,
- Unsicherheitsfaktoren.

Neuerdings zeichnen sich industrielle Abnehmer durch ein stark koordiniertes und international zentralisiertes Beschaffungsverhalten aus. Dieser Trend zum **„Global Sourcing"** manifestiert sich in Bestrebungen, auf globaler Basis länderübergreifend gleichmäßige Qualität einzukaufen und Kosteneinsparungen zu realisieren (Meffert/Bolz 2001, S. 57).

Beispielsweise lässt sich im Sachgüterbereich die Tendenz beobachten, dass international tätige Hersteller bei der Entwicklung von Werbekampagnen für verschiedene nationale Märkte zunehmend eine zentrale Werbeagentur einsetzen.

Analog zu den Unterschieden bei industriellen Beschaffungsprozessen variieren auch die **Kaufentscheidungsprozesse bei konsumtiven Dienstleistungen** in den einzelnen Ländern. Insbesondere die Wahrnehmung von Dienstleistungsattributen, wie Zuverlässigkeit, Schnelligkeit der Lieferung und Flexibilität hinsichtlich der Finanzierung, aber auch die generelle Bereitschaft, Dienstleistungen überhaupt in Anspruch zu nehmen, divergiert von Land zu Land. Ein länderweit zu beobachtender Trend zur Individualisierung ist zu konstatieren, der sich in einer verstärkten Hinwendung der Verbraucher zu landesspezifischen traditionellen Werten und Normen manifestiert (Meffert/Bolz 2001, S. 55).

Als Folge der Zersplitterung der Nachfragestrukturen und einer länderübergreifenden Homogenisierung der einzelnen Segmente gehen viele Unternehmen dazu über, ihre Marktsegmentierung nicht mehr länderspezifisch, sondern eher anhand von **internationalen Konsumententypologien** vorzunehmen, um die Zusammenhänge zwischen soziokulturellen Werten und Trends einerseits sowie Konsumgewohnheiten und einstellungen andererseits innerhalb eines Markt oder Bevölkerungssegments aufzuzeigen (Woesler-de Panafieu 1988, S. 55). Abbildung 9-9 zeigt beispielhaft eine Typologie europäischer Lebensstile, die von der GfK Lebensstilforschung entwickelt wurde. Diese Typologie basiert zum einen auf objektiven demographischen und ökonomischen Daten, zum anderen auf Einstellungen, Motivationen, Verhalten und Gewohnheiten. Jeder Sozio-Typ ist in jedem europäischen Land vertreten und mentalitätsbedingte Unterschiede zwischen den Ländern spiegeln sich in dem anteiligen Verhältnis der Typen zueinander wider.

Abbildung 9-9   **Die Position der Euro-Socio-Styles**

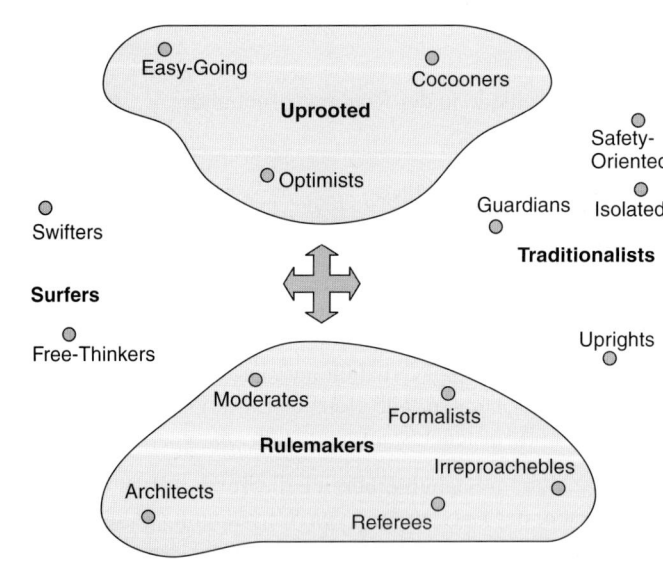

Quelle: GfK AG, Lebensstilforschung 2002

▌*2.2*   Internationale Marktforschung im Dienstleistungsbereich

Neben den Besonderheiten des Käuferverhaltens gilt es für einen internationalen Dienstleistungsanbieter, die **Spezifika der internationalen Marktforschung** zu beachten. Die Erforschung des Marktes stellt auch für internationale Dienstleister eine wichtige Voraussetzung für erfolgreiches Agieren dar. Die zunehmende Bedeutung einer international ausgerichteten Marktforschung hat für Marktforschungsinstitute die Notwendigkeit zur Folge, sich ebenfalls international auszurichten. In diesem Zusammenhang sind in der Praxis entsprechende Zusammenschlüsse und **Netzwerke von Marktforschungsinstituten** zu beobachten (zum Beispiel GfK, Gallup).

▌Abbildung 9-10   Intensität von Datenerhebungsformen in ausgewählten Ländern

Land / Form	Frankreich	Niederlande	Schweden	Schweiz	Groß-britannien
Schriftliche Befragung	4 %	33 %	23 %	18 %	9 %
Telefon-Interview	15 %	18 %	44 %	64 %	16 %
Persönliches Interview auf der Straße	52 %	37 %	keine Angabe	keine Angabe	keine Angabe
Persönliches Interview zu Hause	keine Angabe	keine Angabe	8 %	16 %	54 %
Gruppen-interview	13 %	keine Angabe	5 %	keine Angabe	11 %
Tiefeninterview	12 %	12 %	2 %	keine Angabe	keine Angabe
Analyse von Sekundärdaten	4 %	keine Angabe	4 %	2 %	keine Angabe

GABLER GRAFIK

Quelle: Demby 1990, S. 24; Buhmann 2002, S. 9

Insbesondere der Abstimmung des verwandten **Erhebungsinstrumentariums** und der Interpretation der gewonnenen Ergebnisse kommt herausragende Bedeutung zu. Grundsätzlich ist zu beachten, dass in unterschiedlichen sozialen und kulturellen Systemen die Bedeutung von und die Reaktion auf Datenerhebungsmethoden unterschiedlich sein kann.

Beispielsweise variiert die Intensität der eingesetzten Datenerhebungsmethoden schon im europäischen Vergleich stark (vgl. Abbildung 9-10), obgleich die kulturellen und sozialen Unterschiede nicht in dem Maße evident sind, wie zum Beispiel bei einem Vergleich zwischen Asien und Europa oder Asien und Amerika.

Der Vergleich des Kaufverhaltens in verschiedenen Ländern erfordert die Abstimmung der abgefragten Marktforschungsobjekte. Um die Vergleichbarkeit der Erhebungssachverhalte zu gewährleisten, ist die **Äquivalenz der Gegenstände der Marktforschung** in den einzelnen Ländern von Bedeutung. Dabei kann zwischen einer funktionalen beziehungsweise konzeptionellen und einer kategoriellen Äquivalenz unterschieden werden (Holzmüller 1986, S. 54ff.).

■ **Funktionale/konzeptionelle Äquivalenz**

Objekte oder Verhaltensmuster haben in einzelnen Ländern oft unterschiedliche Bedeutung und Aufgaben. Dies kann sich sowohl auf die Dienstleistung als solche als auch auf zu erhebende Konstrukte im Rahmen der Marktforschung beziehen.

Im Hinblick auf die betrachtete Dienstleistung kann diese in verschiedenen Ländern eine unterschiedliche **funktionale Bedeutung** haben. So kann die Erwachsenenweiterbildung in bestimmten Kulturkreisen als Freizeitbeschäftigung, in anderen wiederum als Kriterium für den beruflichen Aufstieg angesehen werden (Holzmüller 1986, S. 55). Darüber hinaus bestehen Unterschiede im Hinblick auf die Abwägung zwischen Eigenerstellung und Fremdbezug von Leistungen durch den Kunden (zum Beispiel Schuheputzen in USA versus Europa; Bedienung in Restaurants in Japan versus Europa).

Hinsichtlich der in der Marktforschung erhobenen Konstrukte können Unterschiede in der Interpretation beziehungsweise **Wertigkeit der Konstrukte** bestehen. Beispielsweise werden bestimmte Persönlichkeitsmerkmale, wie Introvertiertheit, Aggressivität oder Konformität, in verschiedenen Kulturen unterschiedlich interpretiert (Holzmüller 1986, S. 55). Ein weiteres Beispiel stellt das Konstrukt der Umweltfreundlichkeit dar, das in Abhängigkeit des industriellen Entwicklungsgrades einer Gesellschaft unterschiedlich ausgeprägt sein kann. Ferner können die Ausprägungen der entsprechenden Konstrukte in Abhängigkeit der kulturellen Besonderheiten eine unterschiedliche Bedeutung für das Kaufverhalten aufweisen (Holzmüller 1986, S. 55).

Zur Erreichung einer funktionalen beziehungsweise konzeptionellen Äquivalenz muss eine **internationale Ausrichtung der Marktforschung** erfolgen. Bei einer länderübergreifenden Marktforschung sollten daher entweder nur Inhalte abgefragt werden, die international sinnvoll vergleichbar sind, oder Länderspezifika sowohl bei der Erhebung als auch bei der Interpretation berücksichtigt werden.

■ Kategorielle Äquivalenz

Weiterhin ist die länderübergreifende definitorische Übereinstimmung im Rahmen der jeweils gewählten Kategorien zu beachten. So können Leistungsklassen in verschiedenen Ländern unterschiedlich abgegrenzt sein und somit zu unterschiedlichen Konkurrenzsituationen führen. Die kategoriellen Unterschiede können auch soziodemographische Klassifizierungen betreffen. Beispielsweise können bestimmte Berufsgruppen einen unterschiedlichen sozialen Status aufweisen (Holzmüller 1986, S. 55f.), sodass internationale Marktforschungsergebnisse verschiedenartige Interpretationen zulassen.

Zur Sicherstellung einer größtmöglichen Äquivalenz von Konstrukten können **Expertenurteile**, **Revalidierung** und **semantische Differenziale** dienen (Holzmüller 1986, S. 56; Douglas/Craig 1999, S. 134ff.).

Die internationalen Besonderheiten der Marktforschung sind vor allem für die **internationale Zufriedenheitsforschung** von hoher Relevanz, da die Kundenzufriedenheit das zentrale kaufverhaltensrelevante Konstrukt im Dienstleistungsbereich darstellt. Neben der Äquivalenz im Hinblick auf Konstruktinterpretationen sind in diesem Zusammenhang auch Interpretationsunterschiede bezüglich der verwendeten Skalen zu berücksichtigen. Wenn beispielsweise ein japanischer Konsument als Leistungsurteil „sehr gut" äußert, so kann er u. U. dasselbe meinen wie ein Holländer, der die Leistung mit „ziemlich gut" beurteilt. So wäre der Schluss, dass in Japan größere Marktchancen für das Produkt bestehen als in Holland, als falsch zu bewerten.

Ein aktuelles Vorhaben, Zufriedenheitsurteile von Konsumenten auf einer internationalen Basis vergleichbar zu machen, ist in der Einführung von Nationalen Kundenbarometern auf europäischer Ebene durch den **European Customer Satisfaction Index (ECSI)** zu sehen. Hier beteiligen sich 15 europäische Länder an der Ausarbeitung einer Konzeption zur Durchführung von länderübergreifenden Zufriedenheitsstudien (Bruhn/Murmann 1998, S. 157ff.).

Im Frühjahr 1999 wurden erstmals Untersuchungen im Rahmen einer Pilotstudie durchgeführt.

Gefördert wird dieser Zufriedenheitsindex durch die Europäische Gesellschaft für Qualität (European Organization for Quality), die European Foundation for Quality Management (EFQM) und die European Foundation for Opinion and Marketing Research (ESOMAR). ECSI wird durch ECSI Europe betrieben, deren Gesellschaft durch die nationalen ECSI Gesellschaften repräsentiert wird.

Der ECSI basiert auf Kundenurteilen der Qualität von Gütern und Leistungen, die von europäischen Firmen produziert worden sind. Leistungen von nicht-europäischen Firmen werden berücksichtigt, falls sie einen bestimmten Marktanteil in Europa erreichen. Primäres Ziel dieses Index ist die Entwicklung eines Indikatorsystems, das die Wettbewerbsfähigkeit europäischer Unternehmen verbessern helfen soll. Wichtig ist in diesem Zusammenhang, dass über die Messung der Kundenzufriedenheit, Rückschlüsse auf die Qualität der angebotenen Leistungen gezogen werden. So sollen über die Messung der

Zufriedenheit indirekt Aussagen über Preis- und Produktivitätsveränderungen gemacht werden können. Ein Anliegen des ECSI ist es, Hilfe zur Interpretation makroökonomischer Kennzahlen anzubieten. So wird zum Beispiel untersucht, ob Preissteigerungen vollumfänglich einer Steigerung der wahrgenommen Qualität entsprechen. Auf Basis einer zeitlich parallelen, länderübergreifenden Erhebung werden mittels einheitlicher Fragebögen, Daten zur Kundenzufriedenheit und -bindung sowie zu deren Einflussfaktoren erhoben. Die kausalen Zusammenhänge der Variablen des ECSI-Modells sind in Abbildung 9-11 wiedergegeben.

Abbildung 9-11   **Strukturmodell des European Customer Satisfaction Index**

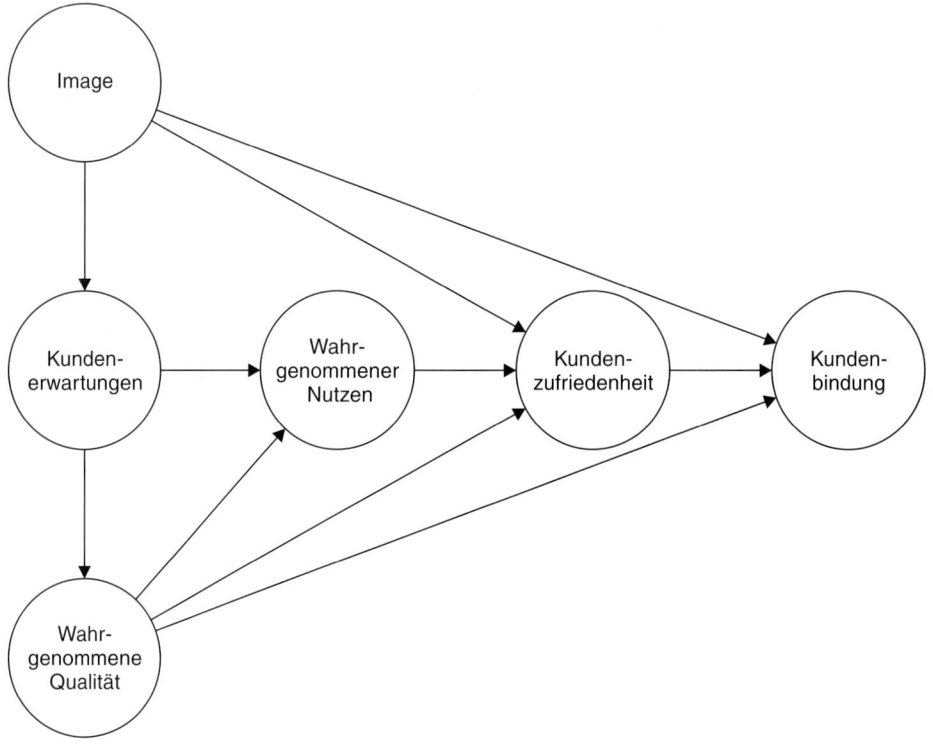

GABLER
GRAFIK

Quelle: ECSI 2002

Nutznießer der ECSI-Daten sind zum einen europäische Konsumenten, denen eine Möglichkeit geboten wird, Lob und Kritik zu artikulieren, aber auch Firmen und Branchenverbände. Insbesondere können sich Firmen, die operative Maßnahmen zur Kundenbindung umsetzen, die Daten zunutze machen. ECSI quantifiziert, in welchem Ausmaß Kunden Bemühungen zur Qualitätsverbesserung wahrnehmen und schätzen. Mittels der ECSI-Daten können Defizite des Qualitätsmanagements erkannt und ausgebessert werden. Somit liefern die Erkenntnisse aus den ECSI Daten Hinweise zur systematischen Qualitätssteigerung. Der Anbieter erhält Informationen über seine eigene Position im internationalen Zufriedenheitsvergleich und auch Hinweise darauf, wie er sein Leistungsangebot verbessern kann.

Vor dem Hintergrund der Realisierung des ECSI werden sich Branchenvergleiche und Benchmarkingstudien zukünftig nicht mehr auf die nationale Ebene beschränken. Vielmehr wird der internationale Vergleich der Ergebnisse zur Kundenzufriedenheit, Kundenbindung und dazu führenden Erfolgsfaktoren in den kommenden Jahren einen starken Bedeutungszuwachs erfahren.

Auf Basis der Informationsgrundlagen lassen sich das international ausgerichtete strategische und operative Dienstleistungsmarketing gestalten.

3.   Strategisches internationales Dienstleistungsmarketing

3.1   Strategischer Planungsprozess des internationalen Dienstleistungsmarketing

Vor dem Hintergrund der Ähnlichkeiten im Planungsverhalten von Sachgüter- und Dienstleistungsunternehmen stellen sich im Rahmen einer Internationalisierung von Dienstleistungsunternehmen die gleichen grundsätzlichen Fragen wie bei sachgüterproduzierenden Unternehmen. Zur Strukturierung grundlegender strategischer Entscheidungen kann deshalb auf den in Abbildung 9-12 wiedergegebenen **Managementprozess der internationalen strategischen Planung** zurückgegriffen werden.

Für internationale Dienstleistungen sind die folgenden **Entscheidungsfelder** mit den jeweiligen Fragestellungen von zentraler Bedeutung (Stauss 1995, S. 459; Hermanns/Wißmeier 1998, S. 551ff.) und sollen im Folgenden im Mittelpunkt der Betrachtung stehen:

■   Internationale Situationsanalyse,

■   Internationale Marktwahlstrategie,

■   Internationale Markteintrittsstrategie,

■   Internationale Marktbearbeitungsstrategie.

3.2   Internationale Situationsanalyse

Maßgebliche Grundlage für den strategischen Planungsprozess ist die **Analyse der externen und internen Umwelt**. Gerade für Dienstleistungsunternehmen im internationalen Umfeld gilt es, diese Faktoren einer detaillierten Analyse zu unterziehen, denn die internationale Geschäftstätigkeit erfordert besondere Aufmerksamkeit bei der Beschaffung und Verarbeitung relevanter Informationen (Meissner 1995, S. 27ff.; Berndt et al. 1997, S. 7). Insbesondere ist zu beachten, dass eine Vielzahl von entscheidungsrelevanten Daten nicht verfügbar ist und somit erst erhoben werden muss.

> Aufgrund der hohen Bedeutung des Kundenkontaktpersonals für den Erfolg eines international agierenden Dienstleisters erlangt zum Beispiel die Beschaffung relevanter und valider Informationen hinsichtlich der Qualität und Quantität des im angestrebten Ausland verfügbaren Personals hohe Wichtigkeit.

Abbildung 9-12 **Managementprozess der internationalen strategischen Planung**

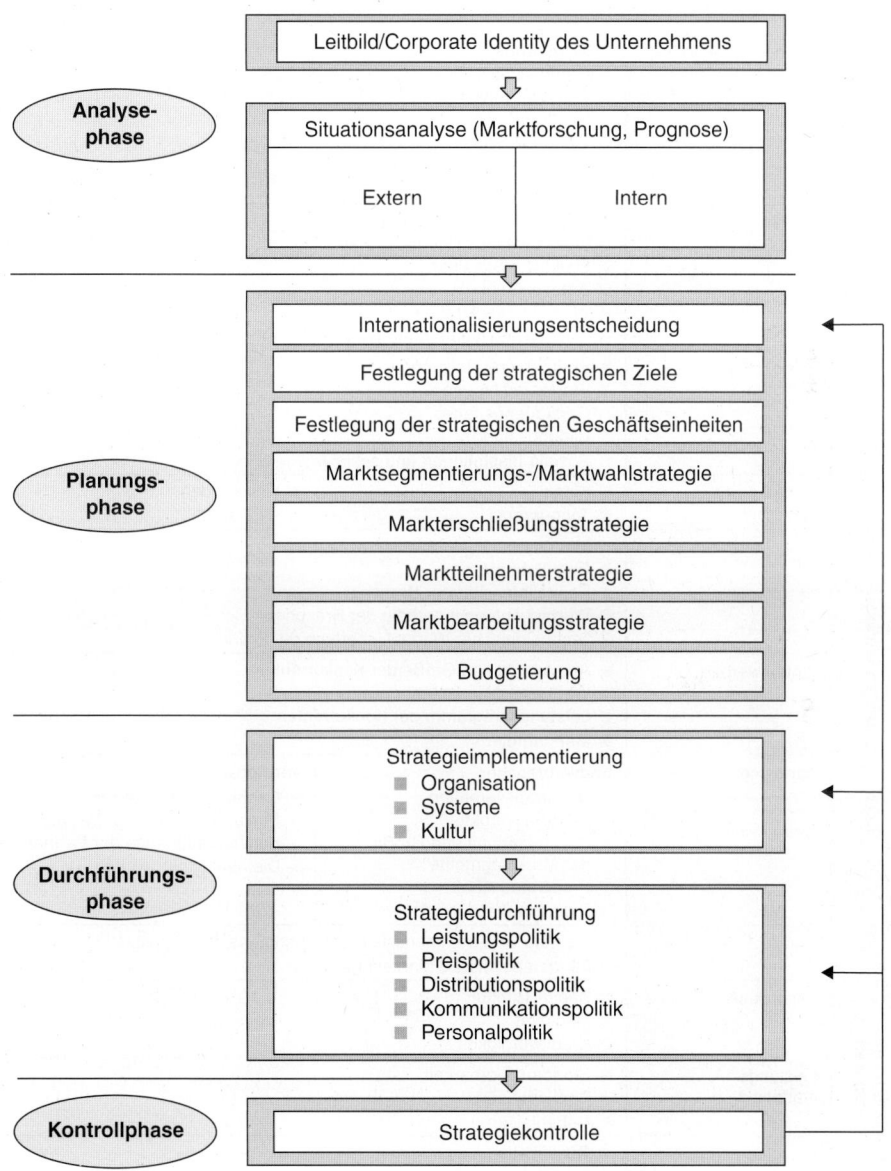

Quelle: Meffert/Bolz 2001, S. 36

Abbildung 9-13   Faktoren der Situationsanalyse für das internationale Dienstleistungsmarketing

	Faktoren	Beispiele	
Globale Rahmenbedingungen	Ökonomische Faktoren	▪ Marktgröße ▪ Bruttosozialprodukt ▪ Pro-Kopf-Einkommen ▪ Kaufkraft ▪ Zinsentwicklung ▪ Wechselkursentwicklung ▪ Lohnkosten	
	Politisch-rechtliche Faktoren	▪ Heimat- und Gastlandrecht ▪ Internationales Recht ▪ Politische Stabilität ▪ Arbeitskämpfe ▪ Wirtschaftsabkommen ▪ Tarifäre und nichttarifäre Handelshemmnisse	
	Soziokulturelle Faktoren	▪ Sprache und Religion ▪ Werte und Normen ▪ Gepflogenheiten ▪ Bildungsstand ▪ Soziale Institutionen und soziales Verhalten	
	Geographische Faktoren	▪ Klima ▪ Ressourcen ▪ Topographie ▪ Infrastruktur	
Branche und Wettbewerb	Branchenkultur	▪ Marktform ▪ Eintrittsbarrieren ▪ Kapitalintensität der Branche ▪ Wertschöpfung innerhalb der Branche ▪ Technologischer Wandel innerhalb der Branche	
	Wettbewerber	▪ Art, Anzahl und Größe der Konkurrenten ▪ Wettbewerbsintensität ▪ Leistungsprogramm der Konkurrenten ▪ Marktanteile	
	Abnehmer	Endverbraucher ▪ Nachfrageverhalten ▪ Bedürfnisstruktur ▪ Beschaffenheit und Größe der Marktsegmente ▪ Preisbereitschaft ▪ Phase im Lebenszyklus	Vertriebspartner ▪ Nachfragemacht der Partner ▪ Einkaufsvolumen der Partner ▪ Konzentrationsrate der Partner ▪ Distributionsstrukturen
Unternehmensspezifische Faktoren	Unternehmensziele	▪ Oberste Unternehmensziele/Unternehmensphilosophie ▪ Länderspezifische Marketingziele	
	Finanzkraft	▪ Kapitalstruktur ▪ Liquidität ▪ Kreditwürdigkeit	
	Leistungs-merkmale	▪ Standardisierbarkeit ▪ Servicequalität ▪ Nebenleistung	
	Personal	▪ Qualifikation ▪ Auslandserfahrungen	
	Dienstleistungs-kapazität	▪ Vorhandene Kapazität ▪ Kapazitätsauslastung	

GABLER
GRAFIK

Quelle: in Anlehnung an Berndt et al. 1997, S. 24

Um die Informationsgrundlagen der internationalen Unternehmensplanung systematisch zu erfassen, können die Faktoren der Situationsanalyse in die Bereiche globale Rahmenbedingungen, Branche und Wettbewerb sowie unternehmensspezifische Einflussfaktoren eingeteilt werden (Berndt et al. 1997, S. 24; vgl. Abbildung 9-13).

Die Situationsanalyse eines Dienstleistungsunternehmens im internationalen Kontext ist jedoch kein a priori vorgegebenes fixes Raster, sondern sollte an die individuellen Unternehmensziele angepasst werden. Als Ergebnis einer solchen Situationsanalyse können die Chancen und Risiken des Auslandsengagements sowie auslandsspezifische Stärken und Schwächen des Unternehmens gewonnen und damit die Informationsgrundlage für die Entscheidungsfindung geschaffen werden.

3.3 Internationale Marktwahlstrategie

Für Dienstleistungsunternehmen ist im Rahmen einer Internationalisierung zu entscheiden, welche Länder vornehmlich bearbeitet werden sollen. Bei der **internationalen Marktabdeckung** sind Entscheidungskriterien wie das Marktpotenzial des betreffenden Landes, Umfeldfaktoren und allgemeine Rahmenbedingungen, rechtliche Faktoren sowie kulturelle Besonderheiten heranzuziehen (Hermanns/Wißmeier 1998, S. 551f.; Backhaus/Büschken/Voeth 2001, S. 102ff.).

Im Rahmen der **Marktwahl** ist festzustellen, dass Dienstleistungsunternehmen zur Zeit eher in geographisch nahe Länder expandieren (vgl. hierzu Insert 9-2). Allerdings relativiert sich diese Tendenz angesichts sich schnell entwickelnder Telekommunikationsmöglichkeiten. Hierbei ergeben sich Chancen und Möglichkeiten für Dienstleistungsgeschäfte, die auf elektronischem Wege umgesetzt werden können. Insbesondere die Nutzung der neuen Medien erschließt neue Möglichkeiten für die Internationalisierung von Dienstleistungsanbietern (zum Beispiel der Online-Buchhandel, virtuelle Reisebüros, Online Broker).

Die Auswahl von Ländermärkten ist wesentlich durch die von Unternehmen angestrebte **Internationalisierungsstrategie** beeinflusst (Backhaus/Büschken/Voeth 2001, S. 56). In diesem Zusammenhang versteht man unter einer Internationalisierungsstrategie die Grundorientierung des Managements bei der Gestaltung der grenzüberschreitenden Unternehmenstätigkeit.

INSERT 9-2   Handelsblatt, 23/24.02.2001, S. 22

A.T. Kearney hält die bisherigen Expansionsschritte für „viel zu halbherzig"

Eon und RWE fehlt Überseestrategie

Energieberater Klaus-Dieter Maier vom Beratungsunternehmen A.T. Kearney empfiehlt den beiden Stromriesen Eon und RWE, ihre prall gefüllten Kriegskassen so schnell wie möglich auch für direkte Investitionen in den USA, in Südamerika und Japan zu nutzen. Der Umweg über Europa sei teuer und zeitaufwändig.

E. SCHNEIDER, H.J. SCHÜRMANN
HANDELSBLATT, 23.2.2001

DÜSSELDORF. „Europa wird unsere Heimat" – diese Devise hatten Ulrich Hartmann und Dietmar Kuhnt, die Chefs der Energierivalen **Eon** und **RWE**, einst vollmundig als ihre Marschrichtung ausgegeben. Am 500 Mrd. Euro Umsatz schweren Markt wollten sie als Anbieter von Strom, Gas, Wasser und Energiedienstleistungen ganz vorne mitmischen.

Mittlerweile gehen die Ambitionen aber weiter, nicht zuletzt der amerikanische Kontinent gilt als interessanter Wachstumsmarkt. Aber den direkten Einstieg wagen beide nicht. Die Essener RWE AG hat indirekt über den Kauf von **Thames Water** in Nord- und Südamerika Fuß gefasst. Nun will auch Eon – ebenfalls über eine Beteiligung in Großbritannien – den Schritt über den Atlantik machen. **PowerGen** steht auf der Kaufliste ganz oben.

Klaus-Dieter Maier, Vice President bei der deutschen Tochter des

US-Beratungshauses **A.T. Kearney** in Stuttgart und Chairman der „Globalen Energiewirtschaft" bei der Mutter in Houston, kritisiert die bisherige Strategie der beiden deutschen Energieriesen als „viel zu halbherzig".

In einem Gespräch mit dem Handelsblatt warnt der internationale Energieberater davor, mit den Akquisitionen in Richtung USA und

Die deutschen Versorger können in den USA auch Handels-Know-How erwerben

Lateinamerika weiterhin zögerlich zu verfahren. Eon und RWE sollten sich statt der finanziell und zeitlich aufwändigen Umwege über Unternehmenskäufe in Großbritannien und Spanien vielmehr direkt in den USA oder in Südamerika engagie-

ren. Eon ist an **Iberdrola**, der Nummer zwei auf der iberischen Halbinsel, interessiert, RWE hat das bisher höchste Gebot für die spanische Nummer vier Hidrocantabrico abgegeben.

„Ich habe den Eindruck, dass sich relativ teure Käufe in Großbritannien und Spanien nur dazu dienen, die Einstiegschancen in Richtung Amerika zu verbessern," gibt Maier zu Bedenken. Nun aber müssten die Gelegenheiten vor Ort beim Schopf gepackt werden. Die gut gefüllten Kriegskassen sollten für Zukunftsinvestitionen in Amerika eingesetzt werden, empfiehlt er. Auch Projekte in Asien – vor allem im Zuge der Liberalisierung der japanischen Energiemärkte – müssten schon heute geprüft werden, um rechtzeitig handeln zu können.

Bei beiden deutschen Marktführern vermisst Maier strategische Konzepte, die auch intern klar die Richtung signalisieren, in die die Expansion geht. Nach den nationalen Fusionen – Veba und Viag zur Eon und der Verschmelzung von VEW auf RWE – hätten die Spitzenmanager zu lange auf europäische Engagements gesetzt. Europas Wachstumspotenziale blieben jedoch eher bescheiden (etwa in Großbritannien) oder durch hohe Markteintrittsbar-

rieren (wie in Spanien) gekennzeichnet. Für viel Geld könnten in West-Europa nur geringe Expansionsmöglichkeiten erworben werden. In Mittel- und Osteuropa seien die Rahmendaten für größere Übernahmen noch nicht kalkulierbar.

Rasch Geld verdienen, Ideen einkaufen oder via Beteiligungen expandieren?

Dringend nötig sei für eine „Übersee-Strategie", dass die Energieversorger ihre Präsenz vor Ort wesentlich verbessern. „Wie investiere ich dort? Darf ich Mehrheiten im Utility-Bereich übernehmen? Welche Restriktionen für ausländische Unternehmen bleiben längerfristig wirksam?" Alle diese Fragen müssten gründlich analysiert und schlüssig beantwortet werden, meint Maier. Zudem glaubt er – freilich nicht ganz uneigennützig –, dass die Zeit, endlich aktiv zu werden, drängt. Der Mann von A. T. Kearney weiß, dass die deutschen Unternehmen auf die Recherchen von Energieberatern angewiesen sind.

Darüber hinaus empfiehlt Maier den deutschen Energieversorgern, sich zunächst Klarheit über ihre Investitionsziele zu verschaffen: Wollen sie rasch Geld verdienen, wollen sie durch Akquisitionen innovative Ideen einkaufen oder wollen sie über Beteiligungen leichter expandieren können? Wenn man sich etwa in Südamerika engagiere, besitze angesichts der Risiken das rasche Geldverdienen wohl Priorität. Bei Stromzuwächsen von 5 bis 10 % pro Jahr bis zum Jahr 2010 könnten Expansionsziele und attraktive Renditen mittelfristig realisiert werden.

Beim Einstieg in den USA gehe es auch darum, Vertriebs-Know-How einzukaufen. Darüber hinaus stellten viele Bundesstaaten der USA aber auch interessante Wachstumsmärkte dar, in denen sich Investitionen in zusätzliche Kraftwerke a la longue lohnen. Nach den negativen Erfahrungen mit der Liberalisierung in Kalifornien habe sich das Tempo der Deregulierung zwar verzögert, es herrsche aber keineswegs Stillstand. Deutsche Versorger könnten sich noch rechtzeitig positionieren, um in den Flächenstaaten der USA bei den Stufenmodellen der Liberalisierung ab 2005 ausreichend Geld für Investitionen zu verdienen, resümiert Maier.

Eine **Strukturierung von Internationalisierungsstrategien** kann anhand der Dimensionen „Integrationsvorteile" und „Differenzierungsvorteile" erfolgen. Durch ein hohes Maß an **Integrationsvorteilen** lassen sich Globalisierungsvorteile wahrnehmen. Beispiel hierfür ist ein hoher Weltmarktanteil, der deutliche Kosteneffekte ermöglicht. **Differenzierungsvorteile** lassen sich durch eine länderspezifische Anpassung (zum Beispiel heterogene Bedürfnisse, Normen, gesetzliche Regelungen) erzielen. Dieses Vorgehen ist durch eine geringe Integration internationaler Aktivitäten gekennzeichnet, wobei Lokalisierungsvorteile angestrebt werden. Indikatoren für Lokalisierungsvorteile sind länderspezifische Marktanteile, Marktausschöpfungsgrade oder Umsatzvolumina (Meffert/Bolz 2001, S. 26).

Anhand der Realisierung von Integrations- und Differenzierungsvorteilen lassen sich vier **Typen von Internationalisierungsstrategien** unterscheiden (Perlmutter 1969; Kreutzer 1989, S.12ff.; Cateora 2001, S. 20ff.; Meffert/Bolz 2001, S. 25ff.; vgl. Abbildung 9-14):

1. Übernationale Strategie (ethnozentrische Orientierung),

2. Multinationale Strategie (polyzentrische Orientierung),

3. Globale Strategie (geozentrische Orientierung),

4. Transnationale Strategie.

Abbildung 9-14   Typen von Internationalisierungsstrategien

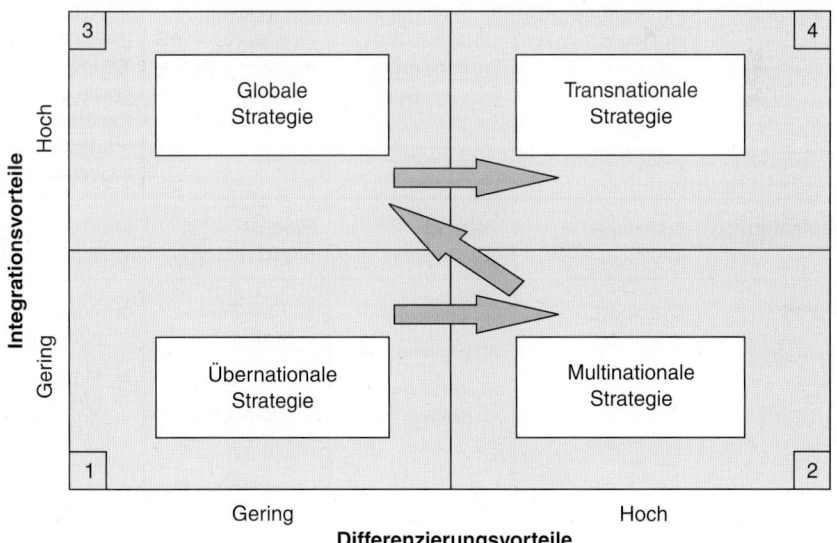

Quelle: Meffert/Bolz 2001, S. 27

Diese vier Strategietypen zeichnen sich durch die in Abbildung 9-15 aufgezeigten **Merkmale** aus.

▌ Abbildung 9-15   Merkmale von Internationalisierungsstrategien

Strategie Merkmal	Übernationale Strategie	Multinationale Strategie	Globale Strategie	Transnationale Strategie
Philosophie	Ausrichtung am Heimmarkt und Export	Ausrichtung an den jeweiligen nationalen Märkten	Ausrichtung am Weltmarkt	Ausrichtung am Weltmarkt und an den nationalen Märkten
Bearbeitung	Wenige Länder und Segmente	Viele Länder und Segmente; differenziert	Viele Länder; standardisiert	Viele Länder; differenziert
Internationali-sierungsform	Direkter Export, Vertriebs-gesellschaften	Internationale Filialen, Tochter-gesellschaften	Internationale Filialen, Tochter-gesellschaften, Franchising	Internationale Filialen, Tochter-gesellschaften, Netzwerke/Part-nerschaften
Wettbewerbs-orientierung	Orientierung am Wettbewerb im Heimatmarkt	Orientierung am national stärksten Wettbewerber	Orientierung am weltweit stärksten Wettbewerber	Orientierung am weltweit stärksten Wettbewerber sowie an den national stärksten Wettbewerbern
Organisation	Auslands-abteilung	Gebiets-organisation	Produkt-organisation	Matrix-/Netz-werkorganisation
Beispiele	▪ Export von Musik ▪ Software ▪ Online-Dienste	▪ Beratungen ▪ Banken ▪ Versiche-rungen	▪ Fast-Food-Ketten ▪ Baumärkte ▪ Hotels	▪ Werbe-agenturen ▪ Markt-forschungs-institute ▪ Projekt-entwicklung

GABLER
GRAFIK

Quelle: in Anlehnung an Meffert/Bolz 2001, S. 25ff.

Vereinfacht lassen sich diese Strategien auch als **Entwicklungsprozess der internationalen Geschäftstätigkeit** von (Dienstleistungs-)Unternehmen interpretieren. Dabei sind das multinationale und das globale Marketing als gegensätzliche Pole im Spannungsfeld zwischen globalem Wettbewerbsdruck und nationalen Bedürfnissen anzusehen (Meffert/Bolz 2001, S. 26).

Die **zunehmende Bedeutung eines transnationalen Marketing** in einigen Branchen ist auf die Herausforderung des Managements zurückzuführen, die konfligierenden Interessen zwischen der Wahrnehmung globaler Kostenvorteile, nationaler beziehungsweise regionaler Anpassung und weltweitem Lernen auszubalancieren beziehungsweise miteinander zu verbinden. In der Praxis muss dementsprechend auf Grundlage weltweit konzipierter Rahmenstrategien eine nationale beziehungsweise lokale Anpassung der gewählten Strategien erfolgen (Meffert/Bolz 2001, S. 28f.). Die strategischen Kompetenzen eines transnationalen Unternehmens sind insbesondere in der globalen Wettbewerbsfähigkeit, multinationalen Flexibilität und weltweiten Lernfähigkeit zu sehen (Bartlett/Goshal 1990).

Im Dienstleistungsbereich sind transnationale Strategien insbesondere in Branchen anzutreffen, bei denen ein hohes spezifisches Know-how erforderlich ist (zum Beispiel Werbeagenturen, Marktforschungsunternehmen, Unternehmensberatungen). Durch ein transnationales Marketing wird in diesen Bereichen die **Bündelung bestimmter strategischer Kompetenzen** umgesetzt.

3.4   Internationale Markteintrittsstrategie

Nach der Marktwahl muss über die Form des Markteintritts entschieden werden. In der Literatur existieren hierzu unterschiedliche **Kriterien zur Systematisierung** der verschiedenen Formen des Markteintritts (Kutschker 1992, S. 500ff.; Meissner 1995, S. 52f.):

- Managementleistungen und Kapitaleinsatz im In- und Ausland,

- Kontrollmöglichkeiten der Auslandsaktivitäten,

- Kooperationsabhängigkeit,

- Institutionelle Ansiedelung der Aktivitäten.

Die Unterscheidung in Managementleistungen sowie Kapitaleinsatz im Stamm- und Gastland bietet sich aufgrund ihrer Einfachheit und Stringenz an (vgl. Abbildung 9-16). Dabei weist der Export auf der einen Seite den größten Anteil an Kapital- und Managementleistungen im Stammland auf, die Tochtergesellschaft als das andere Extrem den größten Anteil an Kapital- und Managementleistungen im Gastland. Die Chancen, Risiken und Kosten einer Markteintrittsstrategie nehmen mit zunehmenden Leistungen im Gastland zu.

Welche **Form des Markteintritts** das Dienstleistungsunternehmen schließlich wählt, hängt insbesondere von der Ausprägung der dienstleistungstypischen Charakteristika ab. Grundsätzlich kann hinsichtlich der einzelnen Markteintrittstrategien zwischen dem Export und einer ständigen Präsenz im Ausland unterschieden werden (Köhler 1991, S. 174ff.; Stauss 1995, S. 461).

Abbildung 9-16   **Formen internationaler Markteintrittsstrategien**

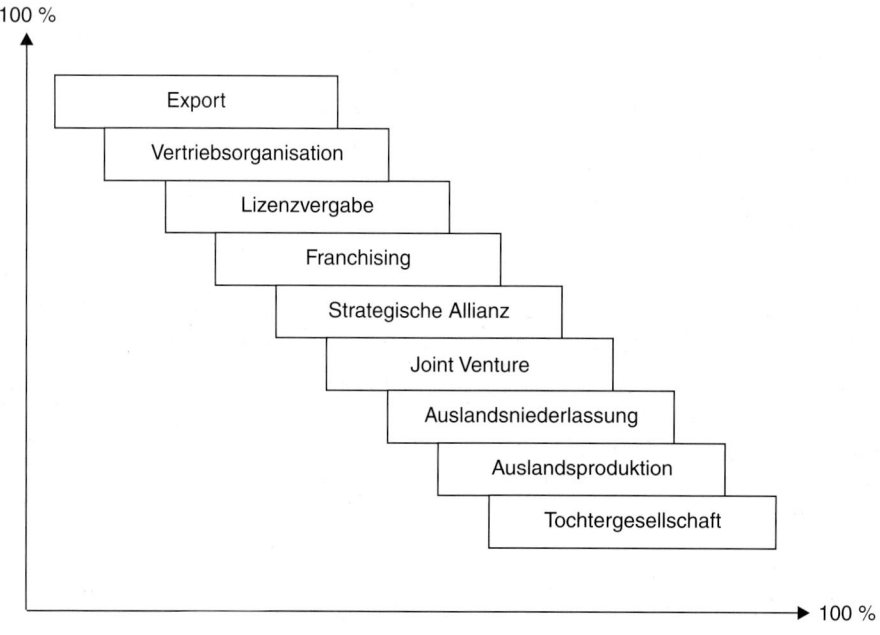

Quelle: Meissner/Gerber 1980

Obwohl Exporte für Dienstleistungen keine überragende Rolle spielen, bietet sich ein **Direktexport** für Dienstleistungen an, die keine persönliche Mobilität des Anbieters verlangen. Diese Möglichkeit ist auf digitalisierbare Dienstleistungen beschränkt, die sich zum Beispiel mittels Telefon- oder Datennetzen übertragen lassen oder auf Datenträgern gespeichert gehandelt werden können (veredelte Dienstleistungen). Beispiele hierfür sind elektronisch transferierte Darlehen, Shopping im Internet, Fernwartung und Instandhaltung sowie internationaler Datenaustausch und Datenanalyse.

Ebenso kann dies eine Form des Markteintritts für den **Dienstleistungstyp „Consulting"** (vgl. Abschnitt 1.4) mit hohem Intangibilitätsgrad, hoher Interaktionsintensität und hoher Spezifität des Faktoreinsatzes sein, falls der Kundenkontakt nur einmalig oder sehr selten auftritt und die Einreise- sowie Aufenthaltsbestimmungen weniger restriktiv sind. Als Beispiel ist eine stark spezialisierte medizinische Leistung zu erwähnen.

Bei folgenden Merkmalen einer Dienstleistung ist die **ständige Präsenz im Ausland** anzuraten (Köhler 1991, S. 175f.):

- Intensive und dauerhafte Kundenbeziehungen,

- Hohe Anzahl an Kunden,

- Intensiver Kontakt zu lokalen (Beschaffungs-)Märkten,

- Hohe Priorität des Kontaktes zu staatlichen Stellen,

- Starke Präsenz der Wettbewerber im Auslandsmarkt,

- Notwendigkeit zu unmittelbaren Kundenkontakten.

Präsenz im Ausland lässt sich für Dienstleistungsunternehmen insbesondere durch **Lizenzvergabe, Franchisesysteme, Joint Ventures** und **eigene Niederlassungen** erreichen.

Durch den Abschluss einer Lizenzvereinbarung verzichtet der Lizenzgeber auf die exklusive Nutzung des entsprechenden Vorteils, den er gegenüber seinen Mitbewerbern erworben hat. Der Lizenznehmer erhält das Recht, die gewerblichen Schutzrechte zu nutzen, um dadurch Leistungen zu erstellen oder zu vertreiben. Der wesentliche Vorteil einer Internationalisierung durch Lizenznahme liegt im schnellen und problemlosen Einstieg in den ausländischen Markt, der keine sozialen, rechtlichen und politischen Risiken beinhaltet. Dementsprechend leicht ist ein Rückzug möglich, falls die Nachfrage im Auslandsmarkt zurückgeht. Insbesondere für kapitalschwache Unternehmen ist ein Markteintritt durch Lizenznahme ein gangbarer Weg (Behofsics 1998, S. 54).

Im Gegensatz zur Lizenzvergabe hat das Franchising die Überlassung eines gesamten Geschäftskonzeptes zum Gegenstand. Der Franchisegeber stellt dem Franchisenehmer im Rahmen einer langfristigen, individualvertraglich vereinbarten Zusammenarbeit seinen Firmen- oder Produktnamen sowie sein Know-how zur Verfügung. Der Franchisegeber kann auf diese Weise mit begrenztem Kapitaleinsatz auf ausländische Märkte expandieren. Der Franchisenehmer stellt dafür seinen Betrieb und sein Marketing in den Dienst des Franchisegebers und verpflichtet sich in der Regel zur Einhaltung der vorgegebenen Qualitätsanforderungen und partizipiert von der Reputation des Franchisegebers (Behofsics 1998, S. 56f.).

INSERT 9-3   Handelsblatt, 28.02.2001, S. 15

Als einziger Anbieter entwickelt sich Vodafone zum globalen Konzern

Vereinte Nationen der Mobilfunker

KATHARINA SLODCZYK

Im Englischen gibt es dafür eine Redewendung: „Shop till you drop" (Einkaufen bis zum Umfallen) nennen es die Angelsachsen, wenn jemand ständig nach Schnäppchen jagt. Wird der Drang krankhaft, bezeichnet man die Person schon mal als „shopaholic". So könnte man auch Vodafone-Chef Chris Gent nennen. Er fällt nach seinen ausgedehnten Einkaufstouren allerdings nicht um, sondern wird ständig stärker.

Jüngste Beispiele: Vodafone besiegelte seine Allianz mit China Mobile und stockte seinen Anteil an Japan Telecom auf. Damit baut der Konzern seine Präsenz in Asien aus. Zudem beendet Gent das Poker um die Kontrolle von Japans zweitgrößter Telekom-Gruppe und ihrer profitablen Mobilfunktochter J-Phone – mit einem Sieg.

Seinem Hauptrivalen British Telecom (BT) versetzt Gent damit einen neuen, schweren Schlag: Die BT wird langsam aus Japan verdrängt, ihre bescheidene Strategie, sich auf Westeuropa und Japan zu konzentrieren, wird langsam Makulatur. Für Vodafone bedeuten die neuesten Geschäfte, dass die Position des ersten Global Player in der Telekommunikation wieder eindrucksvoll unterstrichen wird.

Vodafone hat Beteiligungen gesammelt wie andere Leute Briefmarken. Inzwischen sind die Briten auf allen Kontinenten vertreten. Sie sind auf dem jeweiligen Mobilfunkmarkt entweder an dem Marktführer oder der Nummer zwei beteiligt, haben weltweit mehr als 70 Millionen Kunden, sieben UMTS-Lizenzen und immer noch eine Kriegskasse, die weitere Übernahmen zulässt – Mannesmann sei Dank. Vor etwa einem Jahr hat Vodafone den Traditionskonzern im Wege eines Aktientauschs übernommen und die meisten Einzelteile, die mit Mobilfunk nichts zu tun hatten, gegen Bares verkauft.

Vodafone – Erfolg auf der ganzen Linie? Nicht ganz. Auch im Hause von Chris Gent gibt es einige unschöne De-

Foto: dpa

Der Vodafone-
Schriftzug
hat den Namen
Mannesmann
ersetzt. Auch die
Bezeichnung
„D 2" wird bald
verschwinden.

tails und Baustellen, an denen noch gearbeitet werden muss. So stehen in Italien derzeit für Vodafone beispielsweise 11 Mrd. Euro auf dem Spiel. Diese Summe hat der Konzern beim Verkauf des italienischen Festnetzbetreibers Infostrada an Enel kassiert – unter dem Vorbehalt, dass die Wettbewerbshüter dem Geschäft zustimmen. Wenn die Auflagen der Kartellbehörde zu hoch ausfallen, könnte der Deal aber im schlimmsten Fall scheitern, im besten Fall wären Nachverhandlungen fällig – Vodafone müsste sich mit weniger Geld zufrieden geben.

Mannesmann Arcor ist ein weiteres ungelöstes Problem: Vodafone hat sich von dem Festnetzbetreiber noch nicht getrennt, obwohl das Unternehmen nicht in das Portfolio eines bekennenden Mobilfunkbetreibers passt. Ein Börsengang, für Anfang dieses Jahres geplant, sollte die Expansion des Unternehmens ermöglichen. Doch inzwischen ist das Going Public bis auf weiteres verschoben. Die verlängerte Unsicherheit für Arcor hat aber nicht Vodafone zu verantworten, sondern die Deutsche Bahn als Minderheitsaktionär, die kurz vor der Entscheidung mit den Plänen nicht mehr einverstanden war.

Die größte Baustelle bleibt aber Vodafone selbst. Der Konzern will jetzt aus einem Sammelsurium von Einzelgesellschaften eine globale Marke schmieden, so bekannt wie Coca-Cola oder Nike. Die ersten zaghaften Schritte sind getan: ein europäischer Einheitstarif für grenzüberschreitende Anrufe innerhalb Europas. Auf dem Weg zur Weltmarke verschwinden auch die alten vertrauten Namen: Aus D2 wird fürs Erste D2 Vodafone. In etwa zwei Jahren verschwindet D2 komplett aus dem Namen.

Analysten sind zuversichtlich, dass Gent auch diese Mammutaufgabe erledigt. Sie nennen Vodafone heute schon „United Nations of Mobile".

Ein Joint Venture ist eine dauerhafte Kooperation zwei oder mehrerer Partnerunternehmen, die durch die kapitalmäßige Beteiligung aller Partnerunternehmen gekennzeichnet ist.

Bei internationalen Joint Ventures ist mindestens einer der Partner im Ausland niedergelassen. Die Partner eines Joint Ventures geben in einem spezifischen Bereich, wie zum Beispiel Forschung, Produktion oder Vertrieb ihre Unabhängigkeit zugunsten eines koordinierten Verhaltens auf (vgl. Kutschker/Schmid 2002, S. 240).

Vorteile eines Joint Ventures gegenüber einer gänzlich im Eigentum befindlichen Tochter ist die geringere Kapitalbeteiligung, die ein geringeres Risiko bedeutet. Das Partnerunternehmen erhofft sich in erster Linie die Nutzung der besseren Marktkenntnisse des lokalen Partnerunternehmens sowie dessen Verhandlungskompetenz im Umgang mit öffentlichen Stellen des Gastlandes (Behofsics 1998, S. 67).

Für Unternehmen, die Dienstleistungen mit eher geringer Ausprägung der Interaktionsintensität, des Intangibilitätsgrades und Spezifität des Faktoreinsatzes anbieten, das heißt Unternehmen des **Typs „Fast Food"** (vgl. Abschnitt 1.4), ist insbesondere die Überwachung und Kontrolle des Managementkonzeptes, die Qualitätssicherung und Realisierung von Größeneffekten wichtig. Insofern bieten sich **vertragliche Regelungen** und **Joint Ventures** als Markteintrittsstrategien an. Als Beispiele hierfür sind Hotels und Autovermietungen zu nennen. Die Autovermieter Avis und Hertz treiben ihre Auslandsexpansion beispielsweise über ein Franchisekonzept voran (vgl. Kutschker/Schmid 2002, S. 234).

Unternehmen des **Typs „Consulting"** (vgl. Abschnitt 1.4) müssen sich stärker in das politisch-gesellschaftliche Umfeld des Auslands integrieren. Weiterhin kommt dem Verhalten des Personals eine entscheidende Bedeutung zu. Dies impliziert die Notwendigkeit einer ständigen Präsenz im Ausland und einen hohen Bedarf an auslandserfahrenen Mitarbeitern. Daher sind hier Direktinvestitionen, die eine maximale Präsenz und ein hohes Maß an Kontrolle ermöglichen, insbesondere durch **Akquisitionen mit Mehrheitsbeteiligungen,** aber auch **Joint Ventures** und **Neugründungen** anzuraten (Erramilli/Rao 1993). Diese – zumeist kooperativen – Markteintrittsformen werden vornehmlich dann gewählt, wenn kein geeignetes Personal vorhanden ist, eine große soziokulturelle Distanz existiert, das Marktwissen gering oder das Länderrisiko hoch ist (Hübner 1996, S. 227ff.).

Abbildung 9-17 zeigt die Ergebnisse einer **empirischen Untersuchung** zur Bedeutung verschiedener Formen des Markteintritts in ausländische Märkte von Dienstleistungsunternehmen (Köhler 1991, S. 173). Der Eintritt von Dienstleistern in ausländische Märkte kann demnach auf vielfältige Weise vollzogen werden. Die Bewertung der einzelnen Optionen legt den Schluss nahe, dass Dienstleistungsunternehmen im Zuge der Internationalisierung vor allem eine personelle und gesellschaftsrechtliche Kontrolle anstreben, um den Dienstleistungsbesonderheiten Rechnung zu tragen. Ein Beispiel hierfür ist das britische Mobilfunkunternehmen Vodafone, das durch Mehrheitsbeteiligungen an Anbietern auf allen fünf Kontinenten zum größten Mobilfunkkonzern weltweit aufgestiegen ist (vgl. Insert 9-3).

Abbildung 9-17	Bedeutung verschiedener Formen des Markteintritts in ausländische Märkte für produzentenorientierte Dienstleistungsunternehmen

Rang	Form des Markteintritts	Arithmethische Mittel*
1.	Entsendung von Mitarbeitern	2,67
2.	Aufkauf bestehender Unternehmen	2,75
3.	Neugründung von Unternehmen	2,79
4.	Mehrheits-Joint-Ventures	2,90
5.	Paritäts-Joint-Ventures	3,46
6.	Annahmebüros	3,47
7.	Managementverträge	3,50
8.	Marketingabkommen	3,55
9.	Minderheits-Joint-Ventures	3,80
10.	Lizenz- und Franchiseverträge	4,08

* Skala von 1 = sehr wichtig bis 5 = völlig unwichtig; n = 75 Unternehmen aus Europa und USA

GABLER
GRAFIK

Quelle: Köhler 1991, S. 173

Es stehen allerdings nicht allen Unternehmen sämtliche Formen der Internationalisierung offen. Bedingt durch Markt- und Unternehmensgrößenrestriktionen wird sich eine Vielzahl von Unternehmen nicht über eine eigene Vertriebsniederlassung hinaus bewegen (Behofsics 1998, S. 47). Wenn sich Dienstleistungsunternehmen für eine Form des Markteintritts entschieden haben, folgt die Festlegung der Art der Marktbearbeitung.

3.5 Internationale Marktbearbeitungsstrategie

Im Rahmen der wissenschaftlichen und praktischen Diskussion der Chancen und Risiken eines weltweiten Engagements steht die Frage im Mittelpunkt, ob und unter welchen Voraussetzungen international übergreifend eine Vereinheitlichung des gesamten Marketinginstrumenteneinsatzes erfolgen soll, da es sich im internationalen Marketing nicht um eine ländermäßig isolierte, sondern um eine Gesamtbetrachtung handeln muss (Meffert/Bolz 2001, S. 155f.). Hierbei ist das zentrale Problem der internationalen Marktbearbeitung zu betrachten: die **Standardisierung versus Differenzierung** von Leistungsprogrammen (vgl. Insert 9-4).

INSERT 9-4   **Marktbearbeitungsstrategien im internationalen Markt
                        für Logistikdienstleistungen**

Kurzfallstudie: Euro Express

Nach der Entscheidung zur Internationalisierung des Paket- und Distributionsbereich der Deutschen Post (vgl. Kurzfallstudie Insert 4-5) galt es Entscheidungen hinsichtlich einer geeigneten Marktbearbeitungsstrategie zu treffen. Im Spannungsfeld zwischen Standardisierung und Differenzierung stand dabei insbesondere die **markenpolitische Integration** der akquirierten Tochterunternehmen im Mittelpunkt der Diskussion. Da die Realisierung von Größen- und Synergievorteilen sowie die Förderung des Images eines europaweit führenden Paketdienstleisters zentrale Ziele der Deutschen Post darstellten, entschied man sich für die langfristig vollständige Integration der Tochterunternehmen unter der einheitlichen Marke „Deutsche Post Euro Express".

Um trotz des geplanten international einheitlichen Auftritts das Vertrauen in die etablierten nationalen Einzelmarken nicht zu verlieren, wählte die Deutsche Post einen schrittweisen und informationsgestützten Übergang zu dieser Dachmarke. Die erste Phase des zweistufigen Vorgehens markierte das so genannte **„Co-Branding"**, in der der Euro Express-Schriftzug parallel zu dem lokalen Markennamen in einem Logo erschien. Durch dieses Bindeglied zwischen nationaler Marke und globaler Dachmarke wurde dem Kunden bereits signalisiert, dass der ihm vertraute Anbieter zukünftig in einem europaweiten Netz agieren wird. Die Botschaft eines einheitlichen Netzwerks sollte schließlich in der noch laufenden Phase des **„Rebranding"** verdeutlicht werden. Bis zum Jahre 2003 werden die vorhandenen Markenzeichen gegen das Logo der Deutschen Post ausgetauscht, wobei der konkrete Umsetzungszeitpunkt auf Grund der besseren Marktkenntnis den jeweiligen Tochterunternehmen vorbehalten ist.

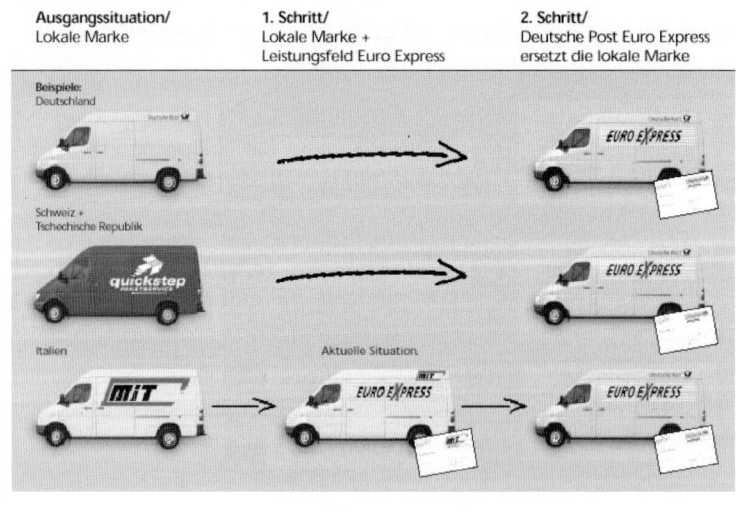

Als **Vorteile einer Standardisierung** gegenüber einer Differenzierung sowohl der Marketinginhalte als auch der Marketingprozesse können folgende Aspekte erwähnt werden (Meffert 1989c, S. 447; Hünerberg 1994, S. 415; Cateora 2001, S. 264):

▪ Realisierung eines international harmonischen Marktauftritts im Sinne einer Corporate Identity (zum Beispiel in sämtlichen Ländern gleiches tangibles Umfeld von McDonald's),

▪ Steigerung der globalen Wettbewerbsfähigkeit durch Ausschöpfung von Kostensenkungs- und Synergiepotenzialen, insbesondere durch das Ausnutzen von Volumen-, Spezialisierungs- und Lerneffekten (zum Beispiel Erhöhung der Kapazitätsauslastung durch internationale Kooperationen von Fluggesellschaften),

▪ Effizienzsteigerung der Planung und Kontrolle (zum Beispiel Nutzung von internationalen Umfeldanalysen in mehreren Ländern),

▪ Erleichterung des Transfers von Personal und Know-how aus der Muttergesellschaft (zum Beispiel internationale Einsatzfähigkeit der Mitarbeiter von Unternehmensberatungen aufgrund standardisierter Beratungstools),

▪ Nutzbarmachung der Ausstrahlungseffekte des Firmenimages (zum Beispiel American Express).

Durch die Übertragung vereinheitlichter Leistungen und Prozesse auf mehrere Ländermärkte können für bestimmte Dienstleistungsunternehmen Wettbewerbsvorteile errungen werden. Jedoch stehen den deutlichen Vorteilen auch **Nachteile der Standardisierung** im Vergleich zur Differenzierung gegenüber:

▪ Mangelnde Berücksichtigung länderspezifischer Konsumentenbedürfnisse (zum Beispiel würden amerikanische Motelketten, wie „Motel 6", nicht mit dem gleichen Konzept in Europa Erfolg haben können),

▪ Unzureichende Zielgruppenansprache (zum Beispiel steht in Deutschland und den USA eher ein „Full-Service"-Angebot bei Leistungen von Unternehmensberatungen im Vordergrund, während Unternehmen in Osteuropa eher eine auf das nötigste beschränkte Beratung erwarten; Lunsford/Fussell 1993, S. 16f.).

▪ Mangelnde Flexibilität aufgrund der mit einer Standardisierung verbundenen Entscheidungszentralisation,

▪ Hemmung innovativer Prozesse.

Unter Einbeziehung der konstitutiven Merkmale von Dienstleistungen, wie zum Beispiel der Integration des externen Faktors, ergeben sich bei internationalen Dienstleistungen vor allem Besonderheiten hinsichtlich der Standardisierbarkeit der Kernleistung, der Bestimmung des optimalen Ausmaßes der Standardisierung und der Standardisierbarkeit des sonstigen Marketingmix (Stauss 1995, S. 458).

Die grundsätzliche **Standardisierbarkeit der Kernleistung** hängt insbesondere von der Ausprägung der Interaktionsintensität, der Intangibilität der Leistung sowie der kulturellen Spezifität der Leistung ab. Die kulturelle Spezifität des Faktoreinsatzes bezieht sich darauf, in welchem Ausmaß die Dienstleistungserstellung und -vermarktung kultur- bzw. länderbezogenes Know-how erfordert (Stauss 1995, S. 457ff.; vgl. Abschnitt 1.4, Abbildung 9-18). Je höher die Interaktionsintensität, der Intangibilitätsgrad und die kulturelle Spezifität der Leistung sind, desto geringer ist das Standardisierungspotenzial.

Dienstleistungen vom Typ „Fast Food" weisen – im Gegensatz zum Typ „Consulting" generell ein sehr hohes Maß an Standardisierung auf (Stauss 1995, S. 458; vgl. Abbildung 9-18). Für diesen Typ ist insbesondere die Standardisierung des Leistungserstellungsprozesses und des Angebots ein entscheidender Erfolgsfaktor (Palmer 1985).

So gibt es bei dem Fast-Food-Konzern McDonald's international gültige Normvorschriften, die zum Beispiel die Verweildauer einer Hackfleischscheibe auf dem Grill weltweit auf die Sekunde genau festlegen.

Abbildung 9-18   **Dienstleistungsmerkmale und strategisches internationales Dienstleistungsmarketing**

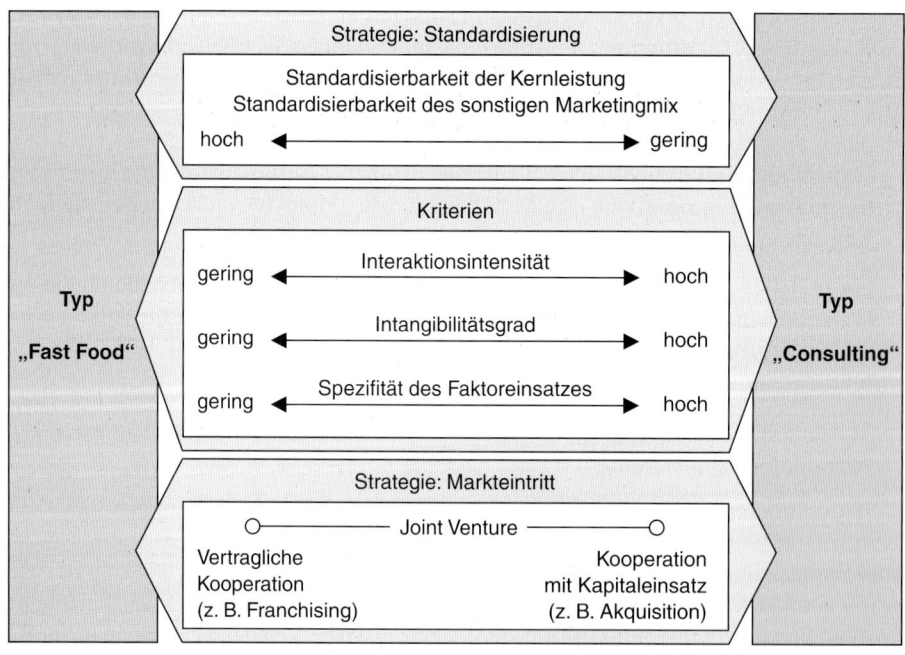

GABLER
GRAFIK

Quelle: Stauss 1995, S. 458

Unabhängig von der Position der untersuchten Leistung innerhalb des Kontinuums zwischen den extremen Ausprägungen „Consulting" und „Fast Food" ist die zentrale Aufgabe des Managements die **Bestimmung des optimalen Standardisierungsgrades**. Grundsätzlich streben beide Typen mit fortschreitender Internationalisierung ein höheres Maß an Standardisierung an, um von den zuvor schon erwähnten Vorteilen einer Standardisierung zu profitieren (Stauss 1995, S. 459). Allerdings sind hierbei die international unterschiedlichen Bedürfnisstrukturen und kulturellen Besonderheiten zu beachten.

Eine **empirische Untersuchung** zu den Problemen bei der Internationalisierung von Dienstleistungen in osteuropäische Länder führte auf Basis einer Delphi-Befragung zu folgenden Ergebnissen (Lunsford/Fussell 1993, S. 16f.):
- Westliche Firmen berücksichtigen die gesellschaftlichen, kulturellen und insbesondere einstellungsmäßigen Wandlungsprozesse nicht in ausreichendem Maße.
- Die Beschaffungsstrukturen in den dortigen Unternehmen werden falsch eingeschätzt.
- Sie berücksichtigen nicht oder vernachlässigen die wirklichen Bedürfnisse ihrer Kunden.
- Es wird ein „Over Service", das heißt zu anspruchsvolle und komplexe Dienstleistungen, angeboten.
- Westliche Dienstleistungen werden als zu teuer und mit unnötigen Zusätzen versehen betrachtet.

Anhand dieser Ergebnisse ist der Stellenwert des **Eingehens auf international unterschiedliche Gegebenheiten** erkennbar. Die Notwendigkeit zur lokalen Anpassung hängt sehr stark von der Art der angebotenen Dienstleistungen, den Internationalisierungsmotiven, den betrachteten Tätigkeiten und der kulturellen Distanz zum Gastland ab (Perlitz 2000, S. 383). So können zum Beispiel Finanzdienstleistungen relativ einfach und ohne Anpassungsprozeduren in verschiedenen Ländern angeboten werden (Heskett 1988, S. 155ff.), wohingegen bei einer großen kulturellen Distanz zum Ursprungsland eine vollständige Standardisierung nicht sinnvoll erscheint. Da zwischen den extremen Formen der beiden Optionen ein **Kontinuum** besteht, kann eine für den entsprechenden Dienstleistungsanbieter passende Strategie ausgewählt werden, die sowohl Aspekte einer Differenzierungs- als auch einer Standardisierungsstrategie enthält. Die Basisleistung kann dabei weitgehend standardisiert sein und von einer Adaption des übrigen Marketinginstrumentariums beziehungsweise von Zusatzleistungen begleitet sein. Diese modulare Vorgehensweise wird im Allgemeinen auch als Baukastensystem bezeichnet und versucht die Vorzüge der Standardisierung und Differenzierung zu verknüpfen (Reis 1999, S. 77). Welche Leistungselemente zu standardisieren sind, hängt stark von der angebotenen Leistung ab.

Als **Beispiele** für eine Standardisierungsstrategie mit Differenzierungselementen seien Fast-Food-Anbieter genannt, die weltweit einheitliche Hauptleistungen anbieten, Nebenleistungen jedoch nach Ländern differenziert anbieten.

4.   Operatives internationales Dienstleistungsmarketing

Im Hinblick auf das operative internationale Dienstleistungsmarketing ergeben sich Aufgaben und entsprechende **Handlungsempfehlungen auf Basis der konstitutiven Merkmale von Dienstleistungen** „Notwendigkeit der Leistungsfähigkeit", „Integration des externen Faktors" und „Immaterialität". Die jeweiligen Implikationen betreffen die fünf Marketingmixbereiche Leistungs-, Kommunikations-, Preis-, Distributions- und Personalpolitik in unterschiedlichem Ausmaß.

4.1   Implikationen aus der Notwendigkeit der Leistungsfähigkeit

Aus der Notwendigkeit der Leistungsfähigkeit des Dienstleistungsanbieters resultieren die Aufgaben der **Sicherstellung und Dokumentation der internationalen Leistungsfähigkeit** (vgl. Abbildung 9-19). Beide Aufgaben können hierbei sowohl eine länderspezifische Leistungsfähigkeit als auch eine länderübergreifende Leistungsfähigkeit betreffen. Während bei der **länderspezifischen Leistungsfähigkeit** die Anpassung einzelner Leistungselemente an die Besonderheiten der jeweiligen Länder im Vordergrund steht, bezieht sich die **länderübergreifende Leistungsfähigkeit** auf das Leistungs- und Qualitätsniveau, das der Dienstleistungsanbieter unabhängig von Länderbesonderheiten anstrebt (Potenzialdimension).

1.   Sicherstellung der internationalen Leistungsfähigkeit

Eine **Sicherstellung der länderspezifischen Leistungsfähigkeit** ist erforderlich, um eine Ausrichtung der Leistungserstellung an den Besonderheiten der Länder zu ermöglichen, in denen der Dienstleistungsanbieter auftritt. In den Gastländern können andere Dienstleistungskompetenzen relevant sein als im Herkunftsland, oder die relative Bedeutung der verschiedenen Dienstleistungskompetenzen unterscheidet sich in den verschiedenen Ländern (zum Beispiel hat die Schnelligkeit einer Leistungsausführung in südeuropäischen Ländern unter Umständen eine relativ geringere Bedeutung als in mittel- und nordeuropäischen Ländern). Zur Gewährleistung der länderspezifischen Leistungsfähigkeit können Maßnahmen der Leistungs-, Distributions- und Personalpolitik eingesetzt werden.

Abbildung 9-19   **Implikationen für das operative internationale Dienstleistungsmarketing aus der Notwendigkeit der Leistungsfähigkeit**

Hauptaufgabe	Einzelaufgaben
Sicherstellung der internationalen Leistungsfähigkeit	Sicherstellung der länderspezifischen Leistungsfähigkeit durch ■ Leistungs-/Distributionspolitik: Kooperationen ■ Personalpolitik: Länderspezifische Personalauswahl und -entwicklung
	Sicherstellung der länderübergreifenden Leistungsfähigkeit durch ■ Leistungspolitik: Nutzung internationaler Synergien ■ Personalpolitik: Nutzung internationaler Synergien
Dokumentation der internationalen Leistungsfähigkeit	Dokumentation der länderspezifischen Leistungsfähigkeit durch ■ Kommunikationspolitik: Schaffung von Vertrauen in das Bekenntnis zum einheimischen Markt
	Dokumentation der länderübergreifenden Leistungsfähigkeit durch ■ Kommunikationspolitik: Schaffung von Vertrauen in die Realisierung internationaler Synergien durch den Anbieter

GABLER
GRAFIK

Durch **Kooperationen in der internationalen Leistungs- und Distributionspolitik** (vgl. Abbildung 9-20) mit einheimischen Anbietern der entsprechenden Leistungen beziehungsweise bestimmter Leistungselemente kann sich ein Dienstleistungsunternehmen länderspezifische Dienstleistungskompetenzen indirekt aneignen (zum Beispiel Beteiligung von mindestens einem einheimischen Unternehmen an den – mit der Planung eines Bauprojektes betrauten – Konsortien im Rahmen der Projektentwicklung in osteuropäischen Ländern; Gemeinschaftsprojekte deutscher Telekommunikationsanbieter mit Anbietern aus Ländern, deren Telekommunikationsmärkte bereits länger dereguliert sind). Bei der Distributionspolitik kommt weiterhin **Franchisingsystemen** eine besondere Bedeutung im internationalen Dienstleistungsmarketing zu (zum Beispiel McDonald's, Benetton, OBI). Durch Franchising können ein weltweit einheitlicher länderübergreifender Marktauftritt auf der einen Seite und ein länderspezifischer Marktauftritt auf der anderen Seite sinnvoll kombiniert werden. Im Rahmen der **internationalen Personalpolitik** werden durch Maßnahmen der Personalauswahl (zum Beispiel Einstellung von einheimischem Personal) und der Personalentwicklung (zum Beispiel Schulungen von Mitarbeitern aus dem Herkunftsland) länderspezifische Kompetenzen der Kundenkontaktmitarbeiter aufgebaut.

▍Abbildung 9-20   **Beispiele internationaler Kooperationen im Dienstleistungsbereich**

- Lufthansa – SAS – United Airlines – Thai – Air Canada
- Aer Lingus – American Airlines – British Airways – Cathay Pacific
- Lufthansa Cargo – Deutsche Post
- Lufthansa Cargo – Singapore Airlines – SAS Cargo
- Messe Düsseldorf – Messe Shanghai
- Europcar – Lufthansa
- Dentsu Young & Rubicam Partnerships

GABLER
GRAFIK

Durch die **Sicherstellung der länderübergreifenden Leistungsfähigkeit** ermöglicht ein Dienstleistungsanbieter eine Erstellung seiner Kernleistungen auf einem in sämtlichen Ländern gleichbleibenden Niveau. In diesem Zusammenhang kommt der leistungs- und personalpolitischen **Nutzung internationaler Synergien** eine besondere Bedeutung zu.

Im Rahmen der **Leistungspolitik** gilt es, spezifische Erfahrungen bei der Leistungser-stellung in sämtlichen Ländern zu nutzen (zum Beispiel Planung von Leistungsvariatio-nen unter Berücksichtigung entsprechender Erfahrungen in anderen Ländern; weltweite Verteilung von Beschwerdeinformationen, Anlageprogrammen, Beratungsprodukten).

Im Hinblick auf die **Personalpolitik** gilt es zum einen, durch Maßnahmen des Personal-einsatzes eine höchstmögliche Leistungsqualität zu unterstützen (zum Beispiel Einbezie-hung ihrer Branchenexperten durch eine Unternehmensberatung unabhängig vom jewei-ligen Stammsitz der Berater). Zum anderen ist eine weltweite interne Kommunikation – auch und vor allem durch die Nutzung neuer Technologien, wie zum Beispiel durch Intra-net – hinsichtlich leistungsrelevanter Aspekte zu gewährleisten.

2. Dokumentation der internationalen Leistungsfähigkeit

Neben der Sicherstellung der internationalen Leistungsfähigkeit stellt die **Dokumentati-on** sowohl der **länderspezifischen** als auch der **länderübergreifenden Leistungsfähig-keit** eine Aufgabe des internationalen Dienstleistungsmarketing dar.

Durch die Dokumentation der länderspezifischen Leistungsfähigkeit soll bei den Kunden im Gastland Vertrauen in die Anpassungsfähigkeit des Dienstleistungsanbieters an die Situation im Gastland und in das Bekenntnis zum einheimischen Markt geschaffen wer-den. Dies lässt sich vor allem durch Maßnahmen der **Kommunikationspolitik** (zum Bei-spiel persönliche Kommunikation in der Sprache des Gastlandes) erreichen.

Die Dokumentation der länderübergreifenden Leistungsfähigkeit dient der Vermittlung von Wettbewerbsvorteilen sowohl gegenüber der einheimischen als auch gegenüber der internationalen Konkurrenz. Hierdurch wird angestrebt, Vertrauen in die Fähigkeit eines Anbieters zu schaffen, sein weltweit vorhandenes Know-how in dem entsprechenden Land zum Nutzen des Kunden zu bündeln. Auch hierbei sind vor allem Maßnahmen der **Kommunikationspolitik** (zum Beispiel Werbung einer Bank bezüglich eines Finanzprodukts, das in einem bestimmten Land neuartig ist, die Bank jedoch in anderen Ländern bereits lange anbietet) von Bedeutung.

> Beispielsweise hat die Deutsche Lufthansa AG zur einheitlichen Betreuung der Firmenkunden als Reaktion auf die zunehmende Globalisierung ihrer Kunden ein „Global Key Account Management" installiert.

4.2　Implikationen aus der Integration des externen Faktors

Die Integration des externen Faktors hat für das internationale Dienstleistungsmarketing die Steuerung mitarbeiterbezogener Qualitätsdimensionen und die Vermeidung von Qualitätsschwankungen als **Aufgaben** zur Folge (vgl. Abbildung 9-21).

1.　Steuerung mitarbeiterbezogener Qualitätsdimensionen

Aufgrund der Integration des externen Faktors treten im Rahmen der Leistungserstellung Mitarbeiter des Dienstleistungsanbieters und seine Kunden in Kontakt zueinander. Dies führt zur Relevanz personalorientierter Qualitätsdimensionen, indem das **Mitarbeiterverhalten** einen Großteil der Qualitätswahrnehmung durch die Kunden bestimmt. Zur Steuerung der mitarbeiterbezogenen Qualitätsdimensionen im Rahmen des internationalen Dienstleistungsmarketing hat die Anpassung der mitarbeiterbezogenen Qualitätsdimensionen an die Besonderheiten des Gastlandes und die Berücksichtigung von Bedeutungsunterschieden mitarbeiterbezogener Qualitätsdimensionen zu erfolgen.

Eine Vielzahl der mitarbeiterbezogenen Qualitätsdimensionen führt direkt zur Notwendigkeit einer **Anpassung an die Besonderheiten des Gastlandes**. Beispielhaft kann sich diese Forderung – ausgehend von den Qualitätsdimensionen nach SERVQUAL – auf eine Adaption bezüglich des tangiblen Umfeldes (zum Beispiel Unterschiede in den gesellschaftlichen Normen bezüglich Mitarbeiterkleidung), der Leistungskompetenz (zum Beispiel Kenntnis des ausländischen Marktes) oder des Einfühlungsvermögens (zum Beispiel Sicherheit der Mitarbeiter in der Sprache und den Lebensgewohnheiten des Gastlandes) beziehen. Zur Sicherstellung dieser Anpassungsprozesse sind vor allem Maßnahmen der **Personalpolitik** einzusetzen. Im Rahmen der Personalakquisition sind entweder einheimische Mitarbeiter einzustellen und/oder die sprachlichen sowie sozia-

len Fähigkeiten von Mitarbeitern des Herkunftslandes zu überprüfen. Beim Personaleinsatz sollten lediglich solche Mitarbeiter aus dem Herkunftsland in ausländische Filialen
gesandt werden, bei denen diese Fähigkeiten gewährleistet sind. Schließlich können diese Fähigkeiten durch Maßnahmen der Personalentwicklung verbessert werden. Darüber
hinaus dient die interne Kommunikation der Information von Mitarbeitern, die im Ausland eingesetzt werden sollen (zum Beispiel durch Manuals für den Auslandseinsatz; Erfahrungsberichte von Mitarbeitern, die bereits im entsprechenden Land tätig waren).

Abbildung 9-21   **Implikationen für das operative internationale Dienstleistungsmarketing
aus der Integration des externen Faktors**

Hauptaufgabe	Einzelaufgaben
Steuerung mitarbeiterbezogener Qualitätsdimensionen	Anpassung der mitarbeiterbezogenen Qualitätsdimensionen durch ▪ Personalakquisition ▪ Personaleinsatz ▪ Personalentwicklung ▪ Interne Kommunikation
	Berücksichtigung von Bedeutungsunterschieden durch ▪ Anpassung des Mitarbeiterverhaltens ▪ Interne Kommunikation
Vermeidung von Qualitätsschwankungen	▪ Personalpolitik: Anpassung des Mitarbeiterverhaltens an kulturelle Besonderheiten ▪ Leistungspolitik: Standardisierung von Leistungselementen

GABLER
GRAFIK

Weiterhin können die mitarbeiterbezogenen Qualitätsdimensionen in den jeweiligen
Ländern unterschiedlich interpretiert oder gewichtet werden, sodass bezüglich dieser Dimensionen eine **Berücksichtigung von Bedeutungsunterschieden** vorgenommen werden muss (Malhotra et al. 1994). Insbesondere die Erwartungen der Kunden an das Inter-
aktionsverhalten der Kundenkontaktmitarbeiter kann international stark differieren
(Stauss 1995, S. 465).

> In einer **empirischen Studie** wurden Bedeutungsunterschiede von Qualitätsdimensionen für die Gesamtbeurteilung von Fast-Food-Anbietern in den USA und in Südkorea untersucht. Hierbei zeigte sich, dass amerikanischen Kunden die Leistungskompetenz und geringe Preise, südkoreanischen Kunden jedoch Zuverlässigkeit und Einfühlungsvermögen am Wichtigsten waren (Lee/Ulgado 1997, S. 45).

Demnach ist es in diesem Zusammenhang erforderlich, das Mitarbeiterverhalten an die Kundenerwartungen anzupassen. Weiterhin ist die Initiierung einer weltweiten **internen Kommunikation** erforderlich, damit Kenntnisse über solche Bedeutungsunterschiede nicht nur vor Ort bekannt sind, sondern auch in der Zentrale bei der Leistungsplanung berücksichtigt werden können.

2. Vermeidung von Qualitätsschwankungen

Schwankungen der Dienstleistungsqualität lassen sich sowohl auf **Kunden** als auch auf **Mitarbeiter** zurückführen. Diese Problematik hat aufgrund der kulturellen und geografischen Distanz im internationalen Kontext ein noch schwereres Gewicht (Stauss 1995, S. 465; Hünerberg/Mann 1996). Zunächst sind hierbei die – bei der Steuerung mitarbeiterbezogener Qualitätsdimensionen erwähnten – Maßnahmen der **Personalpolitik** von Relevanz.

Bezüglich des **Mitarbeiterverhaltens im Kundenkontakt** ist beispielsweise darauf zu achten, dass Humor der jeweiligen Nationalitäten in anderen Ländern unterschiedlich interpretiert wird. In manchen Kulturkreisen werden beispielsweise der britische Humor als sarkastisch, der amerikanische Humor als banal oder der ostasiatische Humor als kindisch angesehen (Bruhn 1992, S. 720f.).

Weiterhin bemühen sich viele Dienstleistungsanbieter zur Vermeidung internationaler Qualitätsschwankungen um eine Leistungsstandardisierung (vgl. Abschnitt 3.5) im Rahmen der **Leistungspolitik**. Hierbei ist zu beachten, dass lediglich solche Leistungselemente standardisiert werden können, bei denen kulturelle Unterschiede eine geringe Relevanz haben und Kunden in sämtlichen Ländern keine individuelle Gestaltung erwarten.

4.3   Implikationen aus der Immaterialität

Aus der Immaterialität resultieren mit der Berücksichtigung von Interpretationsunterschieden bezüglich der Qualitätsindikatoren, der Berücksichtigung des Länderimages und der Überwindung der (internationalen) Nichttransportfähigkeit drei zentrale **Aufgaben** des operativen internationalen Dienstleistungsmarketing (vgl. Abbildung 9-22).

Abbildung 9-22	Implikationen für das operative internationale Dienstleistungsmarketing aus der Immaterialität

Hauptaufgabe	Einzelaufgaben
Berücksichtigung von Interpretationsunter- schieden bezüglich Qualitätsindikatoren	■ Leistungspolitik: Berücksichtigung kultureller Unterschiede bezüglich des tangiblen Umfeldes und Markenimages ■ Kommunikationspolitik: Kulturunabhängige versus kulturangepasste Massenkommunikation ■ Preispolitik: Berücksichtigung der Preis-Leistungs-Einschätzung ■ Distributionspolitik: Kulturelle Anpassung der Vertriebskanäle ■ Personalpolitik: Kulturelle Anpassung des Erscheinungsbildes der Mitarbeiter
Berücksichtigung des Länderimages	■ Kommunikationspolitik: Integration des Länderimages in kommunikative Botschaften ■ Preispolitik: Anpassung des Preises an das Länderimage
Überwindung der (internationalen) Nichttransportfähigkeit	■ Distributionspolitik: Einsatz neuer Technologien

GABLER
GRAFIK

1. Berücksichtigung von Interpretationsunterschieden bezüglich der Qualitätsindikatoren

Aufgrund der Immaterialität von Dienstleistungen sind diese mit einem höheren **Kaufrisiko** verbunden als Sachleistungen. Dieses Merkmal verstärkt sich im internationalen Kontext, da für internationale Dienstleistungskunden die Aufnahme von Informationen über einen Anbieter erschwert wird. Dies gilt sowohl für Informationen vom Anbieter als auch für Erfahrungen von anderen Dienstleistungskunden (Kothari 1988, S. 218). Aus diesem Grunde beurteilen Dienstleistungskunden die Qualität von Dienstleistungsanbietern anhand so genannter **Qualitätsindikatoren**. Im Rahmen des internationalen Dienstleistungsmarketing ist eine Berücksichtigung von Interpretationsunterschieden bezüglich der Qualitätsindikatoren zu gewährleisten. In diesem Zusammenhang ist in sämtlichen Marketingmixbereichen auf eine internationale Ausrichtung zu achten.

Im Hinblick auf die **internationale Leistungspolitik** sind Interpretationsunterschiede bezüglich des tangiblen Umfeldes, des Markenimages sowie von Servicegarantien zu berücksichtigen. Beim tangiblen Umfeld und Markenimage können kulturelle Unterschiede hinsichtlich der Bedeutung von Formen, Farben und Materialien eine Rolle spielen

(Stauss 1995, S. 464). Beispielsweise könnte eine – in den Metropolen der Industrienationen gewöhnliche – luxuriöse Gestaltung von Bankfilialen in Ländern der Dritten Welt negativ empfunden werden. Beim Einsatz von Servicegarantien, der vor allem bei permanenter Präsenz im ausländischen Markt möglich ist, sind internationale Unterschiede bei der Gewichtung von empfundenen Teilrisiken und bei den Kompensationserwartungen zu beachten (Stauss 1995, S. 464). So ist es Kunden in den USA eher als in Europa möglich, gegen Unternehmen bei der Nichteinhaltung von Leistungsversprechen mit Erfolg gerichtlich vorzugehen.

Eine Studie in der internationalen Hotellerie zeigt, dass materielle Elemente des Leistungskonzeptes, wie die funktionale und technische Ausstattung ein hohes Ausmaß an länderübergreifender Standardisierung erreichen (Reis 1999, S. 158).

Im Rahmen der internationalen Leistungspolitik ist also die Entscheidung über das Ausmaß der Standardisierung zu treffen, die als eine Voraussetzung für eine erfolgreiche Internationalisierung gilt (Palmer 1985, S. 74).

Auch im Rahmen der **internationalen Kommunikationspolitik** sind vor allem bei der Gestaltung der Massenkommunikation kulturelle Aspekte von Bedeutung. Insbesondere bei der Gestaltung von Werbemitteln sind kulturelle Unterschiede bezüglich der Interpretation von Musik, Personen oder Farben (vgl. Abbildung 9-23) zu berücksichtigen (Bruhn 1992). Hierbei bestehen die Gestaltungsoptionen einer kulturunabhängigen Massenkommunikation einerseits und einer kulturangepassten Massenkommunikation andererseits. Bei der kulturunabhängigen Massenkommunikation werden jene Gestaltungselemente vermieden, bei denen kulturelle Unterschiede relevant sind (zum Beispiel Vermeidung von gesprochenem Text in Werbespots). Ein standardisiertes Vorgehen im Rahmen werbepolitischer Maßnahmen ist einerseits mit geringeren Kosten verbunden, andererseits führt es dazu, dass international mobile Nachfrager (zum Beispiel Hotelgäste) nicht mit divergierenden Leistungsversprechen derselben Marke in Kontakt kommen (Reis 1999, S. 79).

Eine **kulturangepasste Massenkommunikation** ist durch die Anpassung an die Besonderheiten der fremden Kultur gekennzeichnet (zum Beispiel Einsatz von unterschiedlichen Testimonials in Werbespots in den jeweiligen Ländern). Die beiden Gestaltungsoptionen werden zumeist kombiniert umgesetzt, indem die jeweilige Vorgehensweise auf bestimmte Gestaltungselemente angewandt wird. Eine ausschließlich kulturunabhängige Massenkommunikation würde die Kommunikationspolitik um eine Vielzahl von Gestaltungselementen beschneiden, während eine ausschließlich kulturangepasste Massenkommunikation aus Kostengründen nicht durchführbar ist.

Im Hinblick auf den Preis einer Dienstleistung als Qualitätsindikator muss sich die **internationale Preispolitik** daran orientieren, ob bezüglich der jeweiligen Leistung länderübergreifend einheitliche Preis-Leistungs-Einschätzungen anzutreffen sind (Stauss 1995, S. 464). Eine grenzüberschreitende standardisierte Preisgestaltung ist allerdings nicht realistisch, denn eine wesentliche Determinante der Preis-Leistungs-Einschätzung ist die Kaufkraft in den jeweiligen Ländern. Bei einer standardisierten Preisgestaltung

finden keine unternehmens-, konkurrenz- und länderbezogenen Besonderheiten Berücksichtigung. Das Marktpotenzial würde nur unzureichend ausgeschöpft. Auf der anderen
Seite kann eine Preisdifferenzierung, die für jedes Land einen anderen Preis vorsieht, bei
global angebotenen Dienstleistungen negative Imageeffekte verursachen. Falls global
mobile Nachfrager die Preispositionierung zweifelhaft wahrnehmen, kann dies zu einer
Erhöhung der Qualitätsunsicherheit führen. Eine pragmatische Lösung dieses Problems
ist die Definition von Preislagen für bestimmte Regionen oder Ländergruppen (Reis
1999, S. 80f.).

Abbildung 9-23   Farbanmutungen nach Nationen

Farbe \ Land	Öster-reich	Brasi-lien	Däne-mark	Finn-land	Frank-reich	Italien	Pakistan	Schweiz
Schwarz	Trauer	Trauer Tod Geheimnis	Trauer Sorge	Sorge Eifersucht	Sorge Trunken-heit Eifersucht	Depression	Trauer Hilflosig-keit	Pessi-mismus Illegalität
Weiß	Unschuld	Friede Sauberkeit Reinheit	Unschuld Reinheit	Unschuld Sauberkeit	Reinheit Jugend	Unschuld Furcht Liebes-affäre	Trauer Nüchtern-heit Eleganz	Reinheit Unschuld
Rot	Ärger Liebe Leiden-schaft	Wärme Leiden-schaft Hass	Liebe Gefahr Feuer	Ärger Liebe Leiden-schaft	Ärger Hitze Vergnügen	Ärger Gefahr Feuer	Ärger Heirats-zusage	Ärger Feuer
Grün	Hoffnung	Hoffnung Freiheit Krankheit	Hoffnung Lange-weile Gesund-heit	Hoffnung Neid	jugendlich Furcht	Neid Jugend Geld-knappheit	Glück Frömmig-keit ewiges Leben	unwohl unreif
Blau	Treue	Ruhe Kälte	Qualität	Kälte ohne Geld unschuldig	Ärger Furcht	Furcht	(kein be-sonderer Ausdruck)	Wut Ärger Romanze
Gelb	Eifersucht	Freude Sonne Glück	Gefahr Falschheit Neid	(kein be-sonderer Ausdruck) Krankheit	Krankheit	Ärger	Jung-fräulichkeit Schwäche Ärger	Neid

GABLER
GRAFIK

Quelle: Wilkes 1989, S. 112

Ebenso weisen die Vertriebskanäle eines Anbieters den Charakter eines Qualitätsindika-
tors auf. Daher muss die **internationale Distributionspolitik** entsprechend an die länderspezifischen Besonderheiten angepasst werden. Im Rahmen der physischen Distribution von Dienstleistungen geht es um die Sicherstellung von Präsenz und Erreichbarkeit.

Aus diesem Grund hängt im Dienstleistungsbereich die Standortwahl eng mit der Vertriebswegestruktur zusammen. Die Attraktivität eines Standortes wird stark durch Faktoren wie die wirtschaftliche Entwicklung, die infrastrukturelle Situation sowie die Verfügbarkeit der Potenzialfaktoren bestimmt (Reis 1999, S. 84).

Zunächst bestehen kulturelle Unterschiede bezüglich der Vertriebswege (zum Beispiel kleinere Handelsgeschäfte, Anwaltspraxen u.ä. in südeuropäischen Ländern). Weiterhin hängen die Einsatzmöglichkeiten einer Online-Distribution (zum Beispiel von Finanzdienstleistungen) von der Akzeptanz neuer Technologien im jeweiligen Land ab (Quelch/ Klein 1996). Schließlich kann sich das Image bestimmter Vertriebsstellen (zum Beispiel Bankfilialen, Warenhäuser, Boutiquen, Reisebüros, Wettbüros) international unterscheiden.

Die Mitarbeiter eines Dienstleistungsunternehmens stellen ebenfalls wichtige Qualitätsindikatoren für Dienstleistungskunden dar. Demnach muss die **internationale Personalpolitik** eine Integration der kulturellen Besonderheiten in das äußere Erscheinungsbild des Kundenkontaktpersonals anstreben. Beispielsweise können Gestik und Mimik der Mitarbeiter einer Fluggesellschaft in verschiedenen Ländern unterschiedliche Emotionen bei den Fluggästen wecken.

2. Berücksichtigung des Länderimages

Neben unternehmensinternen Qualitätsindikatoren stellt das **Qualitätsimage des Herkunftslandes** (vgl. Abbildung 9-24) des Dienstleistungsanbieters einen unternehmensexternen Qualitätsindikator für ausländische Abnehmer dar (Han/Terpstra 1988). Einerseits ist das Qualitätsimage des Herkunftslandes durch das Dienstleistungsunternehmen alleine nicht steuerbar. Andererseits stellt das Länderimage – im Zuge des so genannten **„Country-of-Origin"-Effektes** – jedoch einen im Zeitablauf stabilen Umfeldparameter mit einer hohen Relevanz für Kaufentscheidungen von Kunden dar (Bilkey/Nes 1982; Kühn/Weiss 1998, S. 56). Auch wenn dieses durch das Dienstleistungsunternehmen nicht steuerbar ist, muss eine Berücksichtigung des Länderimages im Rahmen des internationalen Dienstleistungsmarketing erfolgen. Diese Forderung betrifft vor allem die Kommunikationspolitik und die Preispolitik von Dienstleistungsanbietern.

Im Rahmen der **internationalen Kommunikationspolitik** kann das Länderimage in die kommunikativen Botschaften des Anbieters integriert werden (zum Beispiel Anzeigen von asiatischen Fluggesellschaften mit Strand- und Sonnenuntergangsfotos). Im Hinblick auf die **internationale Preispolitik** kann das Länderimage dazu führen, dass ein Unternehmen geringere oder höhere Preise als inländische Anbieter oder Anbieter aus anderen Ländern verlangen kann. Beispielsweise können französische Coiffeure in vielen Ländern höhere Preise verlangen als entsprechende inländische Friseure (Stauss 1995, S. 464; Dahringer/Mühlbacher 1999, S. 421).

| Abbildung 9-24 | Ranking ausgewählter Länder im Hinblick auf ihr Qualitätsimage |

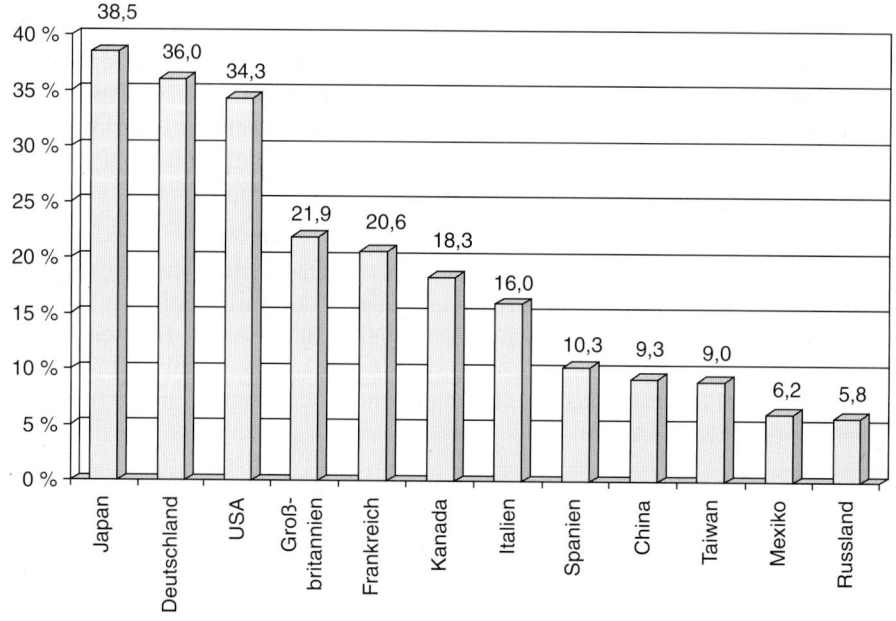

■ n > 20.000, über 20 Länder
■ Frage: „Wie würden Sie die Qualität von Leistungen aus [Land] beurteilen?"
■ Skala: exzellent – sehr gut – gut – mittelmäßig – schlecht
■ Werte entsprechen dem Anteil der Probanden, die für das jeweilige Land
  mit „exzellent" oder „sehr gut" geantwortet haben.

GABLER
GRAFIK

Quelle: Bozell-Gallup 1998

3. Überwindung der (internationalen) Nichttransportfähigkeit

Weiterhin führt die Immaterialität von Dienstleistungen zu ihrer Nichttransportfähigkeit. Diese Problematik des Dienstleistungsmarketing wird im internationalen Kontext vor allem aufgrund der größeren geographischen Entfernung noch verstärkt. Demnach muss das internationale Dienstleistungsmarketing eine Überwindung der (internationalen) Nichttransportfähigkeit gewährleisten. Neben Entscheidungen bezüglich der internationalen Markteintrittsstrategie (vgl. Abschnitt 3.4) spielt hierbei der **Einsatz neuer Technologien im Rahmen der internationalen Distributionspolitik** eine bedeutende Rolle. In diesem Zusammenhang können entweder einzelne Distributionsprozesse (zum Beispiel Recherche und Bestellen von Büchern im Internet mit anschließender physischer

Lieferung der Bücher) oder die gesamte Distribution (zum Beispiel reine Internet-Distribution von Börseninformationen, Software, Zeitungsartikeln) über neue Technologien erfolgen.

Ähnlich wie beim klassischen (nationalen) Dienstleistungsmarketing bestehen im Hinblick auf das internationale Dienstleistungsmarketing noch zahlreiche offene Fragestellungen. Aufgrund der zunehmenden Tertiärisierung der hochentwickelten Gesellschaften auf der einen Seite und der zunehmenden Globalisierung der Märkte auf der anderen Seite ist eine intensive Auseinandersetzung mit diesem Thema weiterhin zu erwarten.

Um die vorgestellten Konzepte und Instrumente des strategischen Dienstleistungsmarketing, des Qualitätsmanagements, des operativen Dienstleistungsmarketing und des internationalen Dienstleistungsmarketing im Unternehmen konsequent um- und durchzusetzen, müssen Dienstleistungsanbieter sich ebenso systematisch mit Fragen der Implementierung des Dienstleistungsmarketing auseinandersetzen.

10 Entwicklungstendenzen des Dienstleistungsmarketing

1. Der Weg in die Dienstleistungsgesellschaft wird sich mit unvermittelter Geschwindigkeit fortsetzen.

2. In der Zukunft wird jedes Unternehmen ein Dienstleistungsunternehmen sein. Die richtige Vernetzung der angebotenen Leistungen stellt einen Schlüsselfaktor für den Unternehmenserfolg dar.

3. Das Angebot von Value Added Services stellt das wirkungsvollste Mittel dar, der fortschreitenden Homogenisierung von Leistungsprogrammen und dem damit zunehmenden Preiswettbewerb entgegenzutreten.

4. Auch innerhalb des Dienstleistungssektors, beispielsweise bei der Telekommunikation oder bei Finanz- und Versicherungsdienstleistungen, verwässern traditionelle Branchengrenzen und die verschiedenen Branchen wachsen zusammen. Die neue Herausforderung liegt im Schnittstellenmanagement dieses neuen Leistungsnetzes.

5. Das Wachstum von Dienstleistungsunternehmen vollzieht sich zukünftig verstärkt über die Internationalisierung.

6. Das Dienstleistungsmarketing bewegt sich im Spannungsfeld von Standardisierung und Automatisierung einerseits sowie Individualisierung andererseits.

7. Marketing von Dienstleistungen steht in Zukunft unter der Leitidee des „Total Quality Management". Das Qualitätsmanagement muss sich daher auf alle Stufen des Wertschöpfungsprozesses beziehen.

8. Die Herausforderung, Dienstleistungen als Vertrauensgut darzustellen, muss zukünftig verstärkt durch gezielte Markenführung bewältigt werden.

9. Die Integration des Nachfragers und die Interaktionsprozesse erfolgen in Zukunft verstärkt über interaktive Medien (Multimedia).

10. Kundenbindung wird zur zentralen Zielgröße von Dienstleistungsunternehmen.

11. Der Einsatz des „Internen Marketing" ist elementarer Bestandteil eines erfolgreichen Dienstleistungsmarketing, wobei die Unternehmenskultur ein zentrales Koordinationsinstrument darstellt.

12. Leistungsfähigeren Ansätzen des Dienstleistungscontrolling kommt in der Zukunft entscheidende Bedeutung zu.

Dienstleistungsunternehmen werden sich in der Zukunft einer Vielzahl neuartiger Herausforderungen stellen müssen, für die die betriebswirtschaftliche Forschung derzeit nur zum Teil Lösungen bereithält.

Im Folgenden werden daher einige zusammenfassende **Thesen** formuliert, die Perspektiven für die erfolgreiche Führung von Dienstleistungsunternehmen in der Zukunft aufzeigen (Meffert 2001). Im Anschluss an jede These werden konkrete Implikationen für die wissenschaftliche Forschung abgeleitet.

1. Der Weg in die Dienstleistungsgesellschaft wird sich mit unvermittelter Geschwindigkeit fortsetzen.

Die Gründe hierfür sind vielfältig. Gesellschaftliche Veränderungen wie der gestiegene Anteil erwerbstätiger Frauen, die Verkürzung der Arbeitszeit sowie die Entlokalisierung von geschäftlichen und privaten Kontakten tragen hierzu ebenso bei wie demoskopische Veränderungen durch eine steigende Lebenserwartung, die eine erhöhte Nachfrage nach Pflege- und Freizeitdienstleistungen zur Folge haben werden. Auch durch von Konsum- und Industriegüterunternehmen induzierte Veränderungen wie die wachsende Bedeutung von Value Added Services, die Differenzierungsvorteile durch Zusatzleistungen bieten, wird dieser Trend verstärkt. Schließlich ist auch auf das veränderte Konsumentenverhalten hinzuweisen. Der Trend zur Bequemlichkeit und die damit einhergehenden steigenden Ansprüche an die Dienstleistungsangebote stellen eine weitere Ursache für die wachsende Nachfrage nach Dienstleistungen dar. Die Ursachen der wachsenden Nachfrage nach Dienstleistungen bedürfen einer noch detaillierteren Untersuchung durch die betriebswirtschaftliche Forschung. Die Wissenschaft ist daher aufgefordert, Ursachen- und Wirkungszusammenhänge von veränderten gesellschaftlichen Rahmenbedingungen einerseits und der Nachfrage nach Dienstleistungen andererseits genauer zu untersuchen.

2. In der Zukunft wird jedes Unternehmen ein Dienstleistungsunternehmen sein. Die richtige Vernetzung der angebotenen Leistungen stellt einen Schlüsselfaktor für den Unternehmenserfolg dar.

Der steigende Serviceanteil im Angebot klassischer Konsum- und Industriegüterhersteller erschwert zunehmend die Grenzziehung zwischen Sachgüter- und Dienstleistungssektor. Ein in diesem Zusammenhang wichtiges Problem für die Hersteller von Sachgütern wie auch für Dienstleistungsunternehmen bleibt die Beurteilung der Affinität zwischen Verbundleistungen und dem eigentlichen Produkt- beziehungsweise Leistungskern. Ferner bedarf es der richtigen Vernetzung der angebotenen Leistungen, um erfolgreich am Markt operieren zu können.

Klassische Abgrenzungsmerkmale von Dienstleistungen (und Sachgütern) verlieren somit immer mehr an Erklärungsbeitrag und Trennschärfe für die Beschreibung realer Absatzleistungen von Unternehmen. Die Wissenschaft ist daher aufgefordert, Dienstleistungen als Element einer ganzheitlichen Typologie von Absatzleistungen zu verstehen. Eine derartige, allgemein akzeptierte Typologie existiert bislang jedoch nicht. Ansatzpunkte können vor allem aus dem Gutscharakter (Erfahrungs-, Inspektions- und Vertrauensgut) abgeleitet werden. Ferner ist die Marketingwissenschaft aufgefordert, zu untersuchen, welche Rahmenbedingungen für eine erfolgreiche Vernetzung der angebotenen Leistungen vorliegen müssen. Im Zusammenhang mit der Affinitätsproblematik ist es sinnvoll, die bislang dominierende anbieterbezogene Perspektive durch eine eher nachfragerbezogene Perspektive zu ergänzen.

An dieser Stelle ist festzuhalten, dass die Forschung im Dienstleistungsmarketing an einem Scheideweg steht. Es lassen sich zwei grundlegende Optionen aufzeigen, welche grundsätzliche Ausrichtung die zukünftige Forschung annehmen könnte (vgl. Abbildung 10-1).

Abbildung 10-1   **Optionen einer zukünftigen Ausrichtung des Dienstleistungsmarketing**

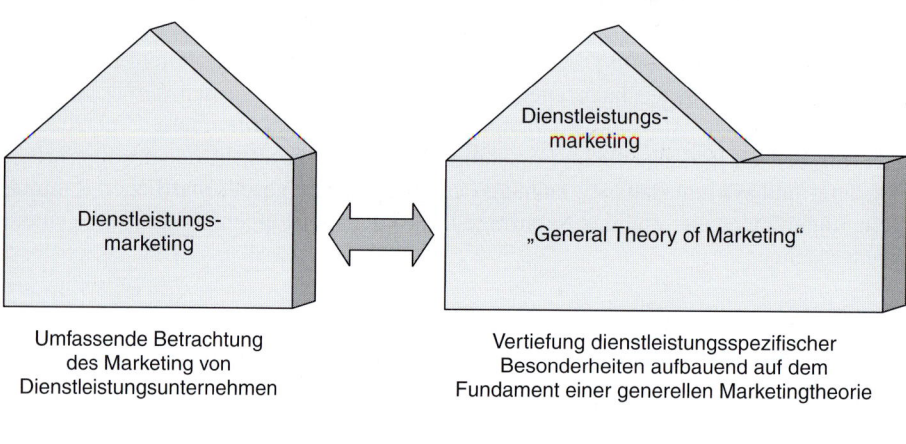

Quelle: Meffert 2001, S. 336

Im Rahmen der ersten Option (linker Abschnitt in Abbildung 10-1) erscheint es denkbar, das Dienstleistungsmarketing weiterhin als eigenständigen Forschungsbereich im Marketing anzusehen, der sich mit allen Marketingfragestellungen eines Dienstleistungsunternehmens auseinander setzt. Konsequenterweise führt dies dazu, dass im Rahmen einer weiteren Ausdifferenzierung eigene Marketingansätze für Bereiche mit noch höherem Spezialisierungsgrad, wie beispielsweise das Finanzdienstleistungsmarketing oder das

Tourismusmarketing, entstehen. Darüber hinaus wäre es ebenfalls konsequent, auch die weiteren betriebswirtschaftlichen Funktionen von Dienstleistungsunternehmen zu integrieren und so zu einem Forschungsfeld Dienstleistungsmanagement innerhalb der Betriebswirtschaftslehre zu kommen.

Demgegenüber besteht die Möglichkeit einer Konzentration des Dienstleistungsmarketing auf die einzigartigen Besonderheiten von Dienstleistungen und deren Folgen. Alle weiteren Themen der Führung von Dienstleistungsunternehmen sind aus der Basis einer „General Theory" des Marketing zu entnehmen (rechter Abschnitt in Abbildung 10-1).

Diese zweite Option der Anerkennung einer allgemeinen Marketingtheorie, macht es notwendig, die Besonderheiten von Dienstleistungen, aber auch anderer Branchen, zusätzlich zu dieser allgemeinen Theorie zu betrachten (vgl. Abbildung 10-2).

Eine zu diskutierende Fragestellung in diesem Zusammenhang ist diejenige nach dem notwendigen Spezifitätsgrad bestimmter Sachverhalte, um diese dem Dienstleistungsmarketing zu subsumieren. Damit ist gemeint, welcher Umfang den Besonderheiten des Dienstleistungsmarketing im Vergleich mit der „General Theory" noch zugebilligt werden kann (Abbildung 10-2, Teil b).

Abbildung 10-2   **Konsequenzen einer Spezialisierung auf Dienstleistungsbesonderheiten**

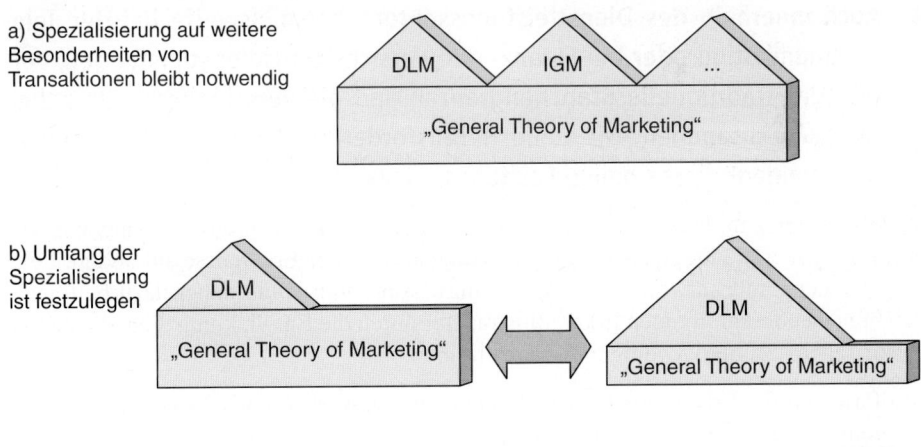

GABLER
GRAFIK

Quelle: Meffert 2001, S. 337

3. **Das Angebot von Value Added Services stellt das wirkungsvollste Mittel dar, der fortschreitenden Homogenisierung von Leistungsprogrammen und dem damit zunehmenden Preiswettbewerb entgegenzutreten.**

Um die notwendige Profilierung und Differenzierung im Wettbewerbsumfeld erreichen zu können, bieten sich vor allem leistungsbegleitende Dienstleistungen in Form von Value Added Services an. Damit kann nicht nur eine Heterogenisierung des angebotenen Leistungsbündels erreicht, sondern auch die von vielen Konsumenten als Kaufhemmnis wahrgenommene technische Komplexität der Produkte reduziert werden. Zugleich stellen Value Added Services auch ein Instrument dar, den Wettbewerb und hier insbesondere den Preiswettbewerb abzuschwächen, da durch die Differenzierung über die angebotenen Leistungen die Bedeutung des Preises als zentrales Kaufentscheidungskriterium eingeschränkt wird. Value Added Services sind bisher in nicht ausreichendem Umfang zum Gegenstand der betriebswirtschaftlichen Forschung gemacht worden. So stellt sich die Frage nach der Tragfähigkeit einer Primärleistung hinsichtlich der Erweiterung des Angebotes um Value Added Services. Existiert in diesem Zusammenhang eine Obergrenze, schließt sich die Frage nach ihrer Messung sowie den relevanten Einflussgrößen an. Auch im Bereich der Implementierung dürften zukünftige Forschungsaktivitäten von Interesse sein. So sollte die Frage geklärt werden, unter welchen Voraussetzungen welche Implementierungsoption zum Erfolg führt.

4. **Auch innerhalb des Dienstleistungssektors, beispielsweise bei der Telekommunikation oder bei Finanz- und Versicherungsdienstleistungen, verwässern traditionelle Branchengrenzen und die verschiedenen Branchen wachsen zusammen. Die neue Herausforderung liegt im Schnittstellenmanagement dieses neuen Leistungsnetzes.**

Viele Arbeiten zum Dienstleistungsmarketing weisen einen sehr engen Branchenfokus auf, lassen aber die Frage nach einer Übertragbarkeit ihrer Ergebnisse auf andere Leistungsbereiche unbeantwortet. Die Marketingwissenschaft sollte daher dazu beitragen, den branchenübergreifenden Erkenntnistransfer durch die Entwicklung dienstleistungsspezifischer Leistungstypologien voranzutreiben.

Insofern sind die Erkenntnisse zu Unternehmensnetzwerken und Kooperationsformen vor dem Hintergrund der Dienstleistungsspezifika in der Forschung nutzbar zu machen. Dies gilt innerhalb von Branchen zur Bildung von Netzwerken zwischen eigenständigen Dienstleistungseinheiten ebenso wie für die über Branchengrenzen hinweg gehende Vernetzung von Kernkompetenzen. Die Notwendigkeit einer Integration des Kunden bringt es im Dienstleistungsbereich mit sich, dass eine Ausdehnung des Netzwerkes über die Unternehmensgrenzen hinaus unter Einbezug des Kunden denkbar erscheint. Mit der Virtualisierung von Dienstleistungsunternehmen eröffnet sich ein zukunftsbezogenes Forschungsfeld, in dem bereits erste Ansätze vorgelegt wurden.

5. Das Wachstum von Dienstleistungsunternehmen vollzieht sich zukünftig verstärkt über die Internationalisierung.

Angesichts der zunehmenden Deregulierung und Liberalisierung nationaler Dienstleistungsmärkte sowie der damit verbundenen strategischen Bedeutung des Faktors „Zeit" werden Wachstumsstrategien von Dienstleistungsunternehmen in Zukunft immer stärker durch die Multiplikation erfolgreicher Dienstleistungskonzepte in Auslandsmärkte gekennzeichnet sein. Insbesondere auf dem Gebiet der Internationalisierung wird der Einfluss neuer Online-Dienstleistungen (E-Services) auf Basis des Internet vielfältige Auswirkungen auf die bestehenden Anbieter haben (Wymbs 2000).

Die Marketingwissenschaft beziehungsweise die betriebswirtschaftliche Forschung hat sich, anders als die Volkswirtschaftslehre, mit der Internationalisierung von Dienstleistungen bislang nur wenig auseinandergesetzt. Forschungsbedarf besteht hier vor allem im Hinblick auf die Fragestellung, welche Dienstleistungskonzepte besonders für eine Multiplikation geeignet sind und in welchen Branchen aufgrund gesellschaftlich-kultureller, rechtlicher oder wirtschaftlicher Rahmenbedingungen eine entsprechende Anpassung an die Erfordernisse des jeweiligen Ländermarktes notwendig ist.

6. Das Dienstleistungsmarketing bewegt sich im Spannungsfeld von Standardisierung und Automatisierung einerseits sowie Individualisierung andererseits.

Aufgrund des verstärkten Wettbewerbs zwischen Dienstleistungsunternehmen und dem damit einhergehenden stärkeren Preiswettbewerb müssen die Unternehmen ihre Dienstleistungen zunehmend kostengünstiger produzieren, um eine angemessene Rentabilität sicherzustellen. Hieraus resultiert der Trend zu einer zunehmenden Standardisierung und Automatisierung innerhalb der Dienstleistungsunternehmen. Die Erreichung der erwünschten Kosten- und Zeitvorteile impliziert aber auch einen zunehmenden Verlust persönlicher Kundenkontakte. Um dennoch beim Konsumenten eine hohe Akzeptanz sicherzustellen und im Wettbewerb Profilierungsvorteile zu erlangen, bieten Dienstleistungsunternehmen vermehrt modulartig aufgebaute, kundenindividuell zusammengestellte Leistungspakete an. So kann dem Konsumenten trotz in sich standardisierter Module eine auf die speziellen Kundenbedürfnisse maßgeschneiderte Dienstleistung angeboten werden.

Vor diesem Hintergrund ist die Wissenschaft aufgefordert zu untersuchen, welche Dienstleistungen sich besonders für die Standardisierung eignen und wie die verschiedenen Module sich erfolgreich miteinander kombinieren lassen. Auch die Auswirkungen der Automatisierung von Dienstleistungen auf die Zufriedenheit der Kunden und den Grad der Kundenbindung bedürfen weitergehender Untersuchungen.

7. Marketing von Dienstleistungen steht in Zukunft unter der Leitidee des „Total Quality Management". Das Qualitätsmanagement muss sich daher auf alle Stufen des Wertschöpfungsprozesses beziehen.

Bei Dienstleistungen, die durch eine intensive Integration des externen Faktors in den Leistungserstellungsprozess gekennzeichnet sind, weist das Qualitätsmanagement einen hohen Komplexitätsgrad auf. Nahezu jede Wertaktivität bietet Ansatzpunkte zur Beeinflussung relevanter Dimensionen der Qualitätswahrnehmung. Qualitätsmanagement von Dienstleistungsunternehmen ist daher in besonderem Maße ein Schnittstellenmanagement.

Die Marketingwissenschaft sollte diese Problematik des Schnittstellenmanagements erfassen und detailliert untersuchen. Eine funktionsübergreifende Integration von Wertaktivitäten ist im Dienstleistungsbereich nicht nur zwischen Unternehmensbereichen oder Abteilungen, sondern – auf disaggregierter Ebene – auch zwischen einzelnen Stelleninhabern oder sogar bei Rollenerwartungen an ein und denselben Mitarbeiter notwendig, um Kunden langfristig an das Unternehmen zu binden.

8. Die Herausforderung, Dienstleistungen als Vertrauensgut darzustellen, muss zukünftig verstärkt durch gezielte Markenführung bewältigt werden.

Die Markenführung von Dienstleistungsunternehmen weist besondere Probleme auf. Zum einen ist aufgrund des bei Dienstleistungen meist hohen wahrgenommenen Risikos für Kunden die Markierung als Kompetenznachweis von zentraler Bedeutung, zum anderen erweist sich aber die Identifikation von Markenträgern, wie beispielsweise das Gesamtunternehmen, bestimmte Leistungsbündel oder Einzelleistungen, und die damit verbundene Festlegung einer geeigneten Markenstrategie bei Dienstleistungen oftmals als schwierig.

Aus diesen Problemen leitet sich die Aufgabe der Marketingwissenschaft ab, insbesondere bei komplexen, zahlreiche Einzelleistungen umfassenden Dienstleistungen jeweils das Problem der Bestimmung geeigneter Markenträger zu lösen. Ziel dieser Bemühungen sollte ein System situativ gültiger Erfolgsfaktoren von Markenstrategien im Dienstleistungsbereich sein.

9. Die Integration des Nachfragers und die Interaktionsprozesse erfolgen in Zukunft verstärkt über interaktive Medien (Multimedia).

Multimediale Kommunikationsmöglichkeiten erschließen neue Vertriebswege (zum Beispiel Home Banking) und werfen zugleich die Frage nach einer Internationalisierung der angebotenen Dienstleistung auf, die beispielsweise durch Online-Dienste ermöglicht wird. Die Interaktion mit dem Nachfrager derartiger Multimedia-gestützter Dienstleistungen vollzieht sich entweder unter der völligen Substitution des Kontaktpersonals durch IT-Systeme oder unter einer technologiegestützten persönlichen Interaktion, die beispielsweise bei Bildtelefonen oder PC-gestützten bild- und klang-animierten Diensten vorliegt. Es ist in Zukunft verstärkt zu untersuchen, welchen Einfluss das Fehlen einer „echten" persönlichen Interaktion auf den Verlauf und das Ergebnis von Dienstleistungsprozessen hat.

10. Kundenbindung wird zur zentralen Zielgröße von Dienstleistungsunternehmen.

Vor dem Hintergrund einer steigenden Wettbewerbsintensität in vielen Dienstleistungsbranchen wird die Fokussierung auf den bestehenden Kundenstamm weiter an Bedeutung gewinnen. Die Akquisition von Neukunden ist in der Regel mit hohen Kosten verbunden, sodass die Deckungsbeiträge bei Geschäften mit Neukunden weitaus geringer ausfallen als bei Dienstleistungen, die für bereits bestehende Kunden erstellt werden. Neben höheren Erfolgsbeiträgen aufgrund geringerer Betriebskosten führt ein proaktives Kundenbindungsmanagement zudem zu einer erhöhten Kauffrequenz und gestiegenen Rechnungsbeiträgen sowie zu Erfolgsbeiträgen durch Weiterempfehlungen zufriedener Kunden. Ferner dürften einzelne Dienstleistungsnachfrager aufgrund des reduzierten wahrgenommenen Kaufrisikos eine geringere Preiselastizität aufweisen.

Die Marketingwissenschaft sollte sich in diesem Zusammenhang verstärkt der Frage nach der Erfolgswirkung verschiedener Kundenbindungsinstrumente in unterschiedlichen Branchenkontexten widmen. Forschungsbedarf besteht zudem hinsichtlich der Fragestellung, auf welche Kundengruppen sich ein Dienstleistungsunternehmen im Rahmen des Kundenbindungsmanagements konzentrieren sollte.

11. Der Einsatz des „Internen Marketing" ist elementarer Bestandteil eines erfolgreichen Dienstleistungsmarketing, wobei die Unternehmenskultur ein zentrales Koordinationsinstrument darstellt.

Bei Dienstleistungen, die durch einen hohen Interaktionsgrad zwischen Anbieter und Nachfrager bei der Leistungserstellung gekennzeichnet sind, kommt dem Kundenkontaktpersonal des Dienstleistungsanbieters zentrale Bedeutung für die Qualitätswahrnehmung des Nachfragers zu. Gleichzeitig erweist sich aber die Suche nach qualifizierten, das heißt fachlich und sozial kompetenten, aber auch motivierten Mitarbeitern in vielen Dienstleistungsbranchen als ein zentraler Engpassfaktor. Die Schaffung einer „Dienstleistungskultur" ist daher ein Schlüsselproblem der Unternehmensführung von Dienstleistern.

Mehr noch als bisher muss die Forschung angesichts dieser Entwicklung nach geeigneten Modellen der Führung und Organisation von Dienstleistungsunternehmen suchen. Ziel muss beispielsweise die Erarbeitung von konkreten Handlungsempfehlungen für die Herausbildung einer Dienstleistungskultur sein, die ein hohes Maß an Identifikation und Motivation insbesondere der kundennah tätigen Mitarbeiter sichern hilft.

12. Leistungsfähigeren Ansätzen des Dienstleistungscontrolling kommt in der Zukunft entscheidende Bedeutung zu.

Die ökonomischen Erfolgsbeiträge von Kundenzufriedenheit und Kundenbindung wurden als Begründungszusammenhang zwar vielfach thematisiert, und erste Ansätze einer Wirtschaftlichkeitsrechnung für das Qualitätsmanagement liegen mittlerweile vor (Anderson et al. 1993; Bruhn 1998b; Fischer 2000). Eine überzeugende Gesamtkonzeption, die sich auch für die Unternehmenssteuerung aus entscheidungsorientierter Sicht anbietet, konnte bislang jedoch noch nicht entwickelt werden. Daher besteht ein entscheidendes Forschungsfeld der Zukunft in einer Ökonomisierung der Kundenzufriedenheit, die auch Managementanforderungen gerecht zu werden vermag. Dabei ist die Verknüpfung psychologischer und ökonomischer Konstrukte, wie sie beispielsweise bei den Ansätzen der Balanced Scorecard vorgenommen wird, mit dem Ziel der Entwicklung leistungsfähiger Dienstleistungscontrollingsysteme voranzutreiben.

Hier wird einmal mehr die Frage nach leistungsfähigen Kostenrechnungsansätzen im Dienstleistungsbereich deutlich (Reckenfelderbäumer 1995, 1998), die in Kombination mit produktionstheoretischen Ansätzen gemeinsam einen Erkenntnisfortschritt zur betriebswirtschaftlichen Bewertung von Kundenbindung auf individueller Ebene leisten können. Aus der Sicht von Dienstleistungsanbietern ergibt sich aus der Immaterialität sowie der Integration des externen Faktors in den Dienstleistungserstellungsprozess die Problematik der Bewertung von Dienstleistungen im Sinne von Herstellkosten, die in Verbindung mit Erlösdaten zu einem optimalen Einsatz des Leistungspotenzials beitragen sollen. Zugleich impliziert der oftmals hohe Anteil der Fixkosten an den Gesamtkosten von Dienstleistungsanbietern eine Zurechnungsproblematik, zu deren Lösung die Wissenschaft durch die Entwicklung leistungsfähiger Schlüsselungssysteme aufgefordert ist.

Fallstudien zum Dienstleistungsmarketing

1.   **Vorbemerkungen**   **747**

2.   **Fallstudie BUCHCLUB LESERATTE AG**   **748**
2.1   Markt- und Wettbewerbssituation   748
2.2   Abnehmersituation   751
2.3   Marketingmaßnahmen zur Verbesserung der Ertragssituation   754
2.4   Strategische Neupositionierung   755
2.5   Aufgaben zur Fallstudie Buchclub Leseratte AG   756

3.   **Fallstudie CITYDRIVE**   **757**
3.1   Wettbewerbssituation   757
3.2   Das Angebot   758
3.3   Die Fahrer   759
3.4   Die Mitfahrer   760
3.5   Unternehmenssituation CITYDRIVE   760
3.6   Entscheidungssituation zum Matching-Verfahren   761
3.7   Aufgaben zur Fallstudie CITYDRIVE   763

4.   **Fallstudie CRANE AIR**   **764**
4.1   Hintergrund   764
4.2   Allianz-Netzwerke   764
4.3   Marktsituation   765
4.4   Angebotssituation   765
4.5   Entscheidungssituation   766
4.6   Aufgaben zur Fallstudie Crane Air   769

5. **Fallstudie TALKNET AG**   **770**

5.1   Markt- und Wettbewerbssituation   770
5.2   Unternehmenssituation der TalkNet AG
        als zukünftiger Festnetzbetreiber   772
5.3   Kommunikationspolitische Entscheidungen der TalkNet AG   774
5.4   Aufgaben zur Fallstudie TalkNet AG   777

6. **Fallstudie TRAFFIC AG**   **778**

6.1   Markt- und Wettbewerbssituation   778
6.2   Abnehmersituation   778
6.3   Unternehmenssituation   779
6.4   Aufgaben zur Fallstudie Traffic AG   785

1. Vorbemerkungen

Die bisherigen Kapitel, die sich mit den theoretischen Grundlagen für Dienstleistungsunternehmen befassen, haben verdeutlicht, dass Dienstleistungsunternehmen vor einer Vielzahl komplexer Entscheidungsprobleme stehen. Hierzu zählen unter anderem die Gewinnung relevanter Marktinformationen, der Einsatz von Marketinginstrumenten, die Überwindung von Implementierungsbarrieren u.a.m. Die charakteristischen Besonderheiten des jeweiligen Dienstleistungsangebotes erfordern zudem ein hohes Maß an konzeptioneller und kreativer Arbeit.

Die wachsende Bedeutung von Dienstleistungen stellt im Umfeld steigender Kundenanforderungen und verstärktem Wettbewerbsdruck hohe Anforderungen an das Management von Dienstleistungen. Das Ziel sollte dabei sein, unter Berücksichtigung einer Marktorientierung die Phasen Analyse, Planung, Durchführung und Kontrolle sämtlicher Marktaktivitäten vorzunehmen. Aufgrund der Integration des externen Faktors ist bei der Dienstleistungserstellung ein hohes Maß an Kundenorientierung erforderlich.

In dem vorliegenden Abschlusskapitel soll der Leser durch die Bearbeitung von Fallstudien in besonderem Maße in die Lage versetzt werden, sich problemorientiert mit dem gesamten Stoffgebiet auseinander zu setzen und die Umsetzung seines theoretischen Wissens in verschiedenen praxisrelevanten Entscheidungssituationen zu überprüfen. Anhand der Fallstudien aus unterschiedlichen Branchen sollen exemplarisch die Erfolgsfaktoren von Dienstleistungsunternehmen identifiziert und systematisch dargestellt werden.

Bei der Darstellung der einzelnen Fallstudien wurde eine relativ ähnliche Struktur gewählt. So setzt die Bestimmung der Erfolgsfaktoren zunächst eine genaue Kenntnis der jeweiligen Markt- und Unternehmenssituation voraus. Auf dieser Grundlage wird die Richtung der Marktbearbeitung basierend auf der Unternehmensphilosophie und -strategie festgelegt. Dabei ist entscheidend, die Kundenanforderungen zu berücksichtigen und bei der Erstellung der Dienstleistung umzusetzen.

Die Fallstudien basieren überwiegend auf realen Daten der vergangenen Jahre. Eine Aktualisierung wurde nicht vorgenommen, da die Fallstudien typische Marketingproblemstellungen behandeln sollen, mit denen sich die verschiedenen Unternehmen zu bestimmten Zeitpunkten auseinander zu setzen hatten. Entsprechend sind die Angaben in DM. Hinsichtlich der Studienzwecke erfolgte eine Aufarbeitung und Anonymisierung. Jeder Abschnitt beinhaltet die Darstellung des Falles und anschließend Aufgaben zur Fallstudie. Anhand der Bearbeitung der Fallstudien sollen dem Leser Hilfestellungen bei der Umsetzung der bisherigen Ausführungen über das Dienstleistungsmarketing auf spezifische Markt- und Unternehmenssituationen gegeben werden.

2.   Fallstudie BUCHCLUB LESERATTE AG

Die „Buchclub Leseratte AG" ist ein im Jahre 1955 gegründetes Unternehmen, das seinen heute 1.635 Mio. Clubmitgliedern Bücher zu Vorzugskonditionen anbietet. Im Gegensatz zu anderen Buchclubs müssen die Mitglieder des Buchclubs Leseratte keinen Mitgliedsbeitrag entrichten. Vielmehr sind die Mitglieder des Buchclubs Leseratte verpflichtet, jedes Quartal mindestens eines der vom Club angebotenen Bücher zu kaufen. Kommt ein Clubmitglied dieser Verpflichtung nicht nach, wird ihm der „Bestseller des Monats" zugesandt. Rund 25 Prozent der insgesamt circa 800 im Quartal angebotenen Buchtitel sind Neuerscheinungen im Clubsortiment. Die Mindestdauer einer Mitgliedschaft beträgt im Buchclub Leseratte zwei Jahre. Vertrieben werden die Bücher sowohl auf dem Versandweg als auch über 208 Clubfilialen, in denen die Mitglieder das Clubsortiment begutachten und erwerben können. Um den Mitgliedern stets einen Überblick über die vom Club angebotenen Bücher zu ermöglichen, wird ihnen jedes Quartal ein Katalog mit den zur Verfügung stehenden Titeln zugeschickt. Der Umsatz des Buchclubs Leseratte wird derzeit zu 75 Prozent über die Filialen des Clubs und zu 25 Prozent über das Versandgeschäft erwirtschaftet.

2.1   Markt- und Wettbewerbssituation

Ein Buch ist ein komplexes Gefüge aus verschiedenen Rechten und Lizenzen. Es besteht aus mehreren Teilen und besitzt vielfältige Vermarktungsmöglichkeiten. So setzen sich die Rechte an einem Buch aus den Rechten zur Vermarktung des Buches als Hardcover-Ausgabe, Clubausgabe und Taschenbuch sowie an Titelbild, Klappentext, Vertriebsregionen, Zeitraum der Vermarktung und zur Übersetzung zusammen. Üblicherweise wird ein Buch zunächst als Hardcover-Version eines Verlages veröffentlicht und unterliegt dabei in der Regel der Preisbindung, das heißt, alle Buchhändler müssen das Buch zu einem einheitlichen Preis an den Konsumenten verkaufen. Frühestens sechs Monate nach der Veröffentlichung des Buches als Hardcover-Version durch den Verlag erscheint das Buch als Hardcover-Clubausgabe, falls es in das Clubsortiment aufgenommen wird. Der Preisunterschied zwischen der preiswerteren Clubausgabe und der regulären Hardcover-Version beträgt dabei durchschnittlich 20 Prozent. Die dritte Version des Buches ist das Taschenbuch, das circa zwei Jahre nach der Ersterscheinung, parallel mit Nachauflagen der regulären Hardcoverversion, auf den Markt kommt.

Der Buchmarkt in Deutschland erlebt seit 1994 wertmäßig ein leichtes Wachstum (vgl. Abbildung 2-1).

| Abbildung 2-1 | Marktanteile unterschiedlicher Vertriebswege am deutschen Buchmarkt 1994–1997 |

	1994		1995		1996		1997	
	Mio. DM	%	Mio. DM	%	Mio. DM	%	Mio. DM	%
Sortimentbuchhandel	9.697	60,7	9.959	60,2	10.278	59,7	10.376	59,3
Sonstige Verkaufsstellen	1.511	9,5	1.564	9,5	1.647	9,6	1.647	9,4
Warenhäuser	808	5,1	828	5,0	840	4,9	814	4,7
Reise- und Versand-buchhandel	1.027	6,4	1.056	6,4	1.159	6,7	1.214	6,9
Verlage direkt	2.242	14,0	2.439	14,7	2.626	15,2	2.780	15,9
Buchgemeinschaften/ Buchclubs	690	4,3	690	4,2	680	3,9	666	3,8
Insgesamt	15.975	100,0	16.536	100,0	17.230	100,0	17.497	100,0

GABLER
GRAFIK

Im Jahre 1997 entfiel mit über 59 Prozent der größte Teil des Buchumsatzes in Deutschland auf den Sortimentbuchhandel. Darüber hinaus werden Bücher in Deutschland insbesondere direkt über die Verlage sowie über Warenhäuser, Buchgemeinschaften/Buchclubs, den Reise- und Versandbuchhandel (ohne Clubgeschäft) sowie sonstige Verkaufsstellen, wie zum Beispiel den Bahnhofsbuchhandel, verkauft. Insbesondere die Warenhäuser und die Buchgemeinschaften müssen dabei in den letzten Jahren sinkende Marktanteile hinnehmen. Zunehmende Bedeutung erlangt demgegenüber in jüngster Zeit der Versandbuchhandel über das Internet, der aufgrund der steigenden Akzeptanz dieses Mediums bereits zu einem sehr ernsthaften Konkurrenten des stationären Buchhandels geworden ist. Bei den stationären Buchhändlern ist gegenwärtig bei rückläufigen Umsätzen eine zunehmende Konzentration auf einige wenige Buchhandelsketten zu beobachten, die mit großflächigen Store-Konzepten entgegen dem Branchentrend in Umsatz und Gewinn deutlich wachsen.

Eine Besonderheit des deutschen Buchmarktes ist die Buchpreisbindung auf Basis der §§ 15 und 16 GWB, nach der die Verlage dem Handel die Endverbraucherpreise für Bücher vorschreiben können. Eine Ausnahme bilden in diesem Zusammenhang die Ausgaben der Buchgemeinschaften und Buchclubs, deren Preisgestaltung den Clubs überlassen ist. Deren Abgabe an den Endverbraucher ist dabei allerdings an verschiedene Kriterien gebunden, die auszugsweise in Abbildung 2-2 wiedergegeben sind.

▌**Abbildung 2-2**   **Kriterien für den Verkauf von Buchgemeinschaftsausgaben**

Mitgliedschaftsbindung	Die Mitgliedschaftsbindung ist unabdingbare Vorausset-zung. Sie beinhaltet, dass ein Kunde sich verpflichtet, mindestens ein Jahr Mitglied zu bleiben und jährlich mehrere Artikel von der Buchgemeinschaft zu kaufen.
Zeitabstand	Der Zeitabstand, mit dem die Buchgemeinschafts-ausgabe nach der Originalausgabe erscheinen darf, wird zwischen dem lizenzgebenden Verlag und der Buchge-meinschaft vereinbart. Wünschenswert und üblich ist ein Zeitabstand von neun bis zwölf Monaten. Mindestens be-trägt er jedoch 6 Monate.
Ausstattungsunterschied	Beim Ausstattungsunterschied kommt es gemäß der Formulierung des Bundeskartellamtes auf die „äußere Anmutung" an: Papier und Satz dürfen identisch sein, nicht jedoch der Einband und der Schutzumschlag. Der „normale" Buchkäufer muss beim Vergleich den Eindruck gewinnen, dass es sich um zwei unterschiedliche Bücher handelt.
Preisabstand	Bei der Preisdifferenz gilt folgender Grundsatz: je kleiner der zeitliche Abstand zwischen dem Erscheinen der Original- und der Buchgemeinschaftsausgabe ist, desto kleiner muss auch der Preisunterschied gehalten werden.

GABLER
GRAFIK

Zunehmend wird im Zuge einer zunehmenden Marktliberalisierung die Aufhebung der Buchpreisbindung in den deutschsprachigen Ländern diskutiert. Wenngleich sich die Verlage und Buchhändler bisher erfolgreich gegen die Aufhebung der Buchpreisbindung zur Wehr setzen konnten, rechnet die Branche in absehbarer Zeit mit einer Beendigung dieser Regelung. Bei einem Wegfall der Buchpreisbindung geht die Branche nicht nur von einem stark zunehmenden Preiswettbewerb aus, sondern rechnet in dessen Folge auch mit einer wachsenden Konzentration seitens der Buchhändler. Des Weiteren wird angenommen, dass insbesondere der Internetbuchhandel aufgrund erheblicher Kosten-vorteile, die dann an die Endverbraucher weitergegeben werden könnten, von einer Auf-hebung der Buchpreisbindung profitieren dürfte. Den Buchclubs würde demgegenüber weitgehend die Geschäftsgrundlage entzogen, da der von den Mitgliedern als wesentlich empfundene Nutzenvorteil eines Buchclubs in der Preisgünstigkeit im Vergleich zum sta-tionären Buchhandel liegt und bei Aufhebung der Buchpreisbindung entfallen würde.

2.2   Abnehmersituation

Im internationalen Vergleich können die Deutschen als Vielleser bezeichnet werden. Im für den Buchclub relevanten Markt der über 14-Jährigen kauften 1998 zwar rund 28,5 Mio. Bürger im Laufe eines Jahres kein Buch, doch mit rund 27 Mio. Deutschen kaufte ein fast ebenso großer Anteil dieser Altersgruppe der Bevölkerung mehr als drei Bücher pro Jahr. 13,4 Mio. Bundesbürger erwerben jährlich zwischen ein und drei Bücher.

Grundsätzlich sehen Mitglieder und Nichtmitglieder die Vor- und Nachteile einer Clubmitgliedschaft ähnlich. Positiv werden insbesondere die Preisvorteile und die Möglichkeit der Vorauswahl im Katalog zu Hause gesehen. Zudem sprechen die im Rahmen der Freundschaftswerbung vergebenen Prämien die Menschen an. Auch das mitgliederfreundliche Inkassoverfahren des Buchclubs wird besonders positiv bewertet. Als erster Buchclub hat der Buchclub Leseratte vor fünf Jahren Mitgliederkonten eingerichtet. Die Clubmitglieder können das ganze Jahr über Bücher kaufen, die ihnen erst zum 31.12. des Kalenderjahres per Lastschriftverfahren in Rechnung gestellt werden. Die Verpflichtung, jedes Quartal mindestens ein Buch abzunehmen, wird von den Konsumenten demgegenüber zunehmend negativ wahrgenommen.

▌Abbildung 2-3   Imageanalyse des Buchclubs Leseratte 1992 und 1999

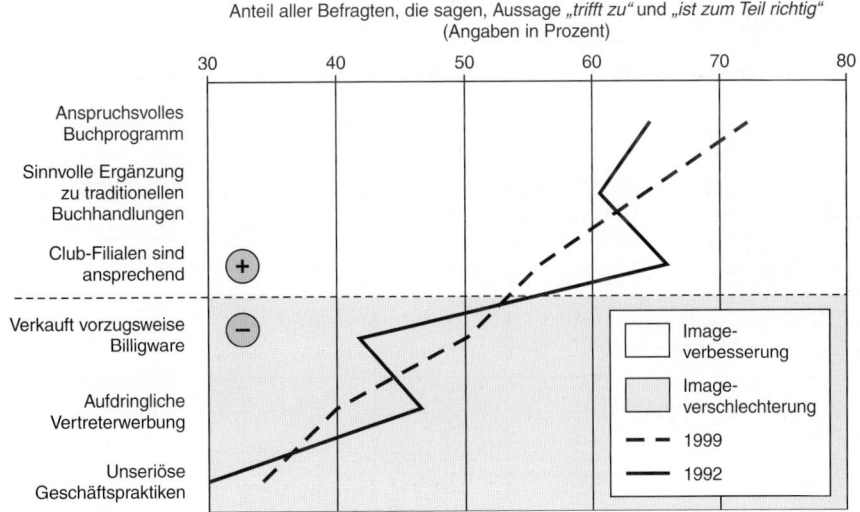

Eine aktuelle Umfrage aus dem Jahr 1999 hat ergeben, dass knapp 70 Prozent der Club-mitglieder und 90 Prozent der Gesamtbevölkerung die Verpflichtung zur Buchabnahme als unangenehm und belastend empfinden. Im Jahre 1990 lagen diese Werte noch bei 59 Prozent (Clubmitglieder) beziehungsweise 85 Prozent (Gesamtbevölkerung). Darü-ber hinaus liegt der Geschäftsleitung des Buchclubs eine Imageanalyse im Zeitvergleich vor, aus der die Beurteilung zentraler Einstellungen der Clubmitglieder gegenüber dem Buchclub Leseratte hervorgeht. Die Ergebnisse dieser Imageanalyse sind in Abbildung 2-3 wiedergegeben.

Der bereits erwähnte Rückgang der Marktanteile der Buchclubs spiegelt sich auch deut-lich in der Entwicklung der Mitglieder-, Umsatz- und Ertragszahlen des Buchclubs Lese-ratte wider (vgl. Abbildung 2-4).

Abbildung 2-4   **Geschäftsentwicklung des Buchclubs Leseratte 1996–1999**

	1996	1997	1998	1999
Mitgliederanzahl zum 31.12. des Vorjahres (in Tsd.)	1.800	1.770	1.710	1.610
Neue Mitglieder zum 1.1. des Jahres (in Tsd.)	50	40	30	25
Mitgliederkündigungen zum 31.12 des Jahres (in Tsd.)	80	100	130	135
Ø-Anzahl gekaufter Bücher p. a./ Mitglieder	6,8	6,7	6,3	6,0
Ø-Buchpreis in DM	32,50	32,00	31,50	29,50
Ø-Deckungsbeitrag/Buch in DM	6,50	6,30	6,20	6,00
Umsatz p. a. (in Mio. DM)	408,85	388,06	345,30	289,40
Ergebnis der gewöhnlichen Geschäftstätigkeit (in Mio. DM)	40,63	25,42	3,40	– 25,70
Ø-Dauer der Clubmitgliedschaft (in Jahren)	7,4	7,1	6,8	6,4
Ø-Alter der Clubmitglieder (in Jahren)	45,7	46,1	46,8	48,0

GABLER
GRAFIK

| | Abbildung 2-5 | Prognose der Geschäftsentwicklung des Buchclubs für 2000–2003 (ohne Sonderaktionen) |

	2000	2001	2002	2003
Mitgliederanzahl zum 31.12. des Vorjahres (in Tsd.)	1.500	1.450	1.410	1.410
Neue Mitglieder zum 1.1. des Jahres (in Tsd.)	50	60	80	100
Mitgliederkündigungen zum 31.12. des Jahres (in Tsd.)	100	100	80	80
∅-Anzahl gekaufter Bücher p. a./ Mitglieder	5,9	5,9	6,0	6,1
∅-Buchpreis in DM	29,50	29,50	30,00	30,00
∅-Deckungsbeitrag/Buch in DM	6,00	6,00	6,20	6,30
Umsatz p. a. (in Mio. DM)	269,78	262,82	253,80	276,33
Ergebnis der gewöhnlichen Geschäftstätigkeit (in Mio. DM)	−10,50	0	10,60	20,30
∅-Dauer der Clubmitgliedschaft (in Jahren)	6,3	6,3	6,2	6,2
∅-Alter der Clubmitglieder (in Jahren)	48,3	48,5	48,6	48,6

GABLER
GRAFIK

Seit 1996 ist die Mitgliederzahl kontinuierlich gesunken. Ein gleichzeitiger Anstieg des Durchschnittsalters der Clubmitglieder verdeutlicht, dass sich insbesondere junge Menschen nicht mehr von dem Konzept und Angebot des Buchclubs angesprochen fühlen. Neben dem Rückgang der Mitgliederzahlen und dem Anstieg des Durchschnittsalters der Clubmitglieder ist die Geschäftsleitung über die Entwicklung zweier weiterer, für das Clubgeschäft relevanter Kennzahlen besorgt. Zum einen ist ein deutlicher Rückgang der durchschnittlichen Dauer der Clubmitgliedschaft festzustellen. Zum anderen nimmt auch bei den bestehenden Clubmitgliedern die Anzahl der jährlich erworbenen Bücher kontinuierlich ab. Dabei hat der Buchclub festgestellt, dass dieser Rückgang der erworbenen Bücher nicht auf ein verändertes Leseverhalten der Mitglieder zurückzuführen ist.

Vielmehr beziehen die Clubmitglieder einen wachsenden Anteil der von ihnen gekauften Bücher im Sortimentbuchhandel sowie bei den übrigen Wettbewerbern. Bei Fortführung der Geschäftsaktivitäten wie bisher prognostiziert die Geschäftsleitung des Buchclubs Leseratte die Geschäftsentwicklung für die kommenden Jahre wie in Abbildung 2-5 dargestellt.

2.3   Marketingmaßnahmen zur Verbesserung der Ertragssituation

Vor diesem Hintergrund hat die Geschäftsleitung bereits drastische Einsparungen in der Verwaltung sowie im Vertrieb angekündigt, um hierdurch die Kostensituation zu verbessern. Darüber hinaus sieht sie jedoch auch die Notwendigkeit, absatzpolitische Maßnahmen zu ergreifen, mit denen die negative Geschäftsentwicklung gestoppt und der Buchclub auch auf der Ertragsseite wieder in erfolgreichere Bahnen gelenkt werden kann. Im Rahmen eines Sofortprogramms ist die Geschäftsleitung bereit, für derartige Maßnahmen ein Budget von fünf Mio. DM zur Verfügung zu stellen. Die Marketingabteilung des Buchclubs erarbeitet daraufhin verschiedene Konzepte, mit denen die Situation des Clubs verbessert werden soll. Von der Vielzahl unterschiedlicher Maßnahmen zieht die Geschäftsleitung schließlich drei Maßnahmen, die jeweils fünf Mio. DM kosten und daher nur alternativ eingesetzt werden können, in die engere Auswahl.

1. Maßnahme: Neukundengewinnung durch Freundschaftswerbung

Im Rahmen einer Aktion zur Neukundengewinnung erhalten Clubmitglieder besonders attraktive Präsente, wenn sie eine Person aus ihrem Freundes- oder Bekanntenkreis als neues Clubmitglied werben. Die Marketingleitung geht davon aus, dass fünf Prozent der zum 31.12.1999 existierenden Clubmitglieder im Rahmen dieser Sonderaktion zur Freundschaftswerbung neue Mitglieder werben würden. Erfahrungen des Clubs im Bereich der Freundschaftswerbung lassen darauf schließen, dass die Anzahl der von den geworbenen Neumitgliedern gekauften Bücher ebenso wie der Durchschnittspreis und der Deckungsbeitrag der gekauften Bücher dem der übrigen Clubmitglieder entspricht. Allerdings zeigen Erfahrungen des Clubs, dass 50 Prozent der im Rahmen von Freundschaftswerbungen gewonnenen Mitglieder nach der Mindestdauer der Mitgliedschaft von zwei Jahren wieder aus dem Club austreten. Am Ende des dritten Jahres kündigen in der Regel weitere 15 Prozent der so geworbenen Mitglieder. Die restlichen 35 Prozent der neuen Mitglieder bleiben mindestens vier Jahre dem Club treu.

**2. Maßnahme: Intensivierung der Geschäftsbeziehung
zu bestehenden Clubmitgliedern**

Der zum 31.12.1999 bestehende Mitgliederbestand des Buchclubs wird im Rahmen einer Direct-Mail-Aktion gezielt auf die Vorteile des Buchclubs hingewiesen. Dabei wird im Vorfeld der Aktion für jedes Clubmitglied ein spezifisches Leseprofil ermittelt. Auf Basis dieses Leseprofils werden dem Mitglied in einem individuell verfassten Brief Anregungen zum Kauf mehrerer Bücher aus dem Clubsortiment gegeben, die ihn voraussichtlich besonders interessieren. Die Geschäftsleitung geht davon aus, dass diese Maßnahme bei 30 Prozent der angeschriebenen Clubmitglieder zu zusätzlichen Buchkäufen führt. Durchschnittlich wird bei diesen Clubmitgliedern ein einmaliger zusätzlicher Absatz von zwei Büchern im Jahr 2000 erwartet. Der Buchpreis dieser zusätzlich verkauften Bücher liegt fünf DM über dem sonst üblichen Durchschnittspreis. Allerdings kosten diese Bücher den Verlag in der Produktion auch zwei DM mehr als der Durchschnitt der sonst im Jahr 2000 verkauften Bücher.

3. Maßnahme: Rückgewinnungsmanagement ausgetretener Clubmitglieder

Der Buchclub Leseratte hat festgestellt, dass viele Mitglieder den Club verlassen, weil sie nur unzureichend über die Möglichkeit einer telefonischen Bestellung und den damit einhergehenden geringeren Bestellaufwand informiert sind. Auch fühlen sich viele Clubmitglieder nicht hinreichend betreut und kündigen daher ihre Mitgliedschaft auf. Im Rahmen eines Rückgewinnungsmanagements könnte der Club durch die Implementierung neuronaler Netze kündigungsgefährdete Clubmitglieder erkennen, gezielt ansprechen und zum Verbleib im Buchclub bewegen. Erfahrungen aus Buchclubs in Amerika lassen darauf schließen, dass hierdurch ab dem Jahr 2000 (einschließlich) jährlich 15 Prozent der prognostizierten Mitgliederkündigungen abgewendet werden könnten.

2.4 Strategische Neupositionierung

Langfristig überlegt die Geschäftsführung des Buchclubs, angesichts der von der Branche erwarteten Aufhebung der Buchpreisbindung seine Geschäftsaktivitäten über den Buchclub hinaus zu erweitern. Alternativ werden hierfür zwei Möglichkeiten diskutiert. Zum einen erscheint die Errichtung eines (nicht clubgebundenen) Internetbuchhandels sinnvoll, da sich in Deutschland erst zwei größere Anbieter hierfür etabliert haben und die Geschäftsleitung Potenzial für mindestens einen weiteren Internetanbieter sieht. Zum anderen erscheint ein Einstieg in den stationären Fachbuchhandel Erfolg versprechend. Vorhandene Clubfilialen könnten ausgebaut und hierdurch um einen öffentlichen Nichtclub-Bereich erweitert werden. Eine Neueröffnung zusätzlicher Filialen in zentraler Lage von Großstädten wäre jedoch zusätzlich erforderlich.

2.5 Aufgaben zur Fallstudie Buchclub Leseratte AG

a. Kennzeichnen Sie im Rahmen einer SWOT-Analyse die Schlüsselprobleme (Key Issues), vor die das Management des Buchclubs Leseratte gestellt ist.

b. Erstellen Sie einen Kriterienkatalog, mit dessen Hilfe der Geschäftsleitung die Entscheidung für eine der beiden Alternativen zur strategischen Neupositionierung (Internetbuchhandel vs. Einstieg in den stationären Sortimentshandel) erleichtert wird. Zu welcher Alternative würden Sie der Geschäftsführung raten? Begründen Sie Ihre Entscheidung.

c. Entwickeln Sie Entscheidungskriterien für die Beurteilung der alternativen Maßnahmen (unternehmens-, markt-, konkurrenzbezogen). Nehmen Sie eine Beurteilung der Maßnahmen vor und schlagen Sie eine der Alternativen der Geschäftsführung vor. Begründen Sie Ihre Entscheidung.

d. Skizzieren Sie ein Konzept für die drei alternativen Maßnahmen der Neukundenakquisition (Maßnahme 1), Kundenbindung (Maßnahme 2) und Kundenrückgewinnung (Maßnahme 3) und entwickeln Sie Einzelmaßnahmen für den Einsatz eines Marketingmix.

e. Skizzieren Sie einen Messansatz zur Kosten-Analyse für die drei alternativen Maßnahmen.

f. Welche Methoden könnten zur Identifizierung abwanderungsgefährdeter Kunden und Ermittlung der Abwanderungsursachen eingesetzt werden?

3. Fallstudie CITYDRIVE

3.1 Wettbewerbssituation

In Deutschland haben sich seit 1956 mehrere Dienstleister etabliert, die Mitfahrgelegenheiten in privaten Pkw gegen ein Vermittlungsentgelt am Markt anbieten. Dabei übernehmen diese Anbieter – so genannte Mitfahrzentralen – die Funktion eines „Brokers", indem sie Angebot und Nachfrage von Fahrern und Mitfahrern sammeln und ausgleichen (**„Matching"**). Eine besonders dynamische Entwicklung konnte die Branche mit Beginn der zweiten Ölkrise in den Jahren 1980 und 1981 verzeichnen, in denen das Mitfahrgeschäft auch ohne jegliche Marketingmaßnahmen hohe Gewinn- und Wachstumsraten aufwies.

Investitionen in EDV-Lösungen, die zu einer optimierten Abwicklung des Kerngeschäfts beitragen sollten, führten in den Folgejahren zu einer steigenden finanziellen Belastung der oft inhabergeführten Mitfahrzentralen. Häufig fehlte den Inhabern zudem kaufmännisches Know-how zur effizienten Steuerung ihrer Unternehmen. Darüber hinaus gerieten Mitfahrangebote unter zunehmenden Druck preisgünstiger Bahnreisen, zu denen u. a. das „Guten-Abend-Ticket" (59,– DM in der Zeit von 19.00 bis 02.00 Uhr auf jeder Strecke innerhalb Deutschlands (Hin- und Rückfahrt), Wochenendzuschlag 15,– DM, ICE-Zuschlag 10,– DM), das „Wochenendticket" (gültig nur am Wochenende für 35,– DM auf allen Strecken (Hin- und Rückfahrt) für maximal fünf Personen, nur Nahverkehrszüge) sowie die Bahncard (50 Prozent Ermäßigung auf alle Fahrten zum einmaligen Anschaffungspreis von 120,– DM für Schüler/Studierende und 240,– DM regulär, gültig jeweils für ein Jahr) zählen. Vor diesem Hintergrund sank die Zahl von 100 Mitfahrzentralen-Büros im Jahre 1993 auf 50 Büros im Jahre 1998, wenngleich sich durch gehäuft auftretende Problemfälle bei der Deutschen Bahn AG in letzter Zeit eine leichte Erholung für das Mitfahrgeschäft abzeichnet.

Die **Hauptwettbewerber** im Mitfahrgeschäft sind in zwei unterschiedlichen Verbänden organisiert. Zum Car-Broker e.V. zählen derzeit 17 Büros, die als rechtlich und wirtschaftlich selbständige Unternehmen in Form von Gesellschaften bürgerlichen Rechts (GbR) geführt werden. Bei Wahrung ihrer Unabhängigkeit operieren sie unter der gemeinsamen Marke „CITYDRIVE", die deutlich sichtbar an den Bürogebäuden erscheint und auch im Schriftverkehr sowie auf Informationsblättern verwendet wird. CITYDRIVE ist in 17 großen deutschen Städten vertreten. Direkte Konkurrenz zu dem Hauptwettbewerber, der sich unter dem Dachverband Autoexpress e.V. organisiert hat und mit der Marke „MITFAHRCENTRUM" am Markt in folgenden Städten auftritt: Berlin, Düsseldorf, Frankfurt, Göttingen, Hamburg, Heidelberg, Köln, München, Nürnberg und Stuttgart. CITYDRIVE ist bis auf Frankfurt Marktführer in allen diesen Städten.

Sorge bereitet allen Mitfahrzentralen die Tatsache, dass trotz einer insgesamt steigenden Nachfrage nach Mobilität innerhalb Deutschlands ein Rückgang des Vermittlungsaufkommens zwischen 1993 und 1998 in Höhe von 60 Prozent zu verzeichnen ist (von 1,2 Mio. vermittelten Mitfahrern im Jahre 1993 auf 720.000 im Jahre 1998). 1993 vereinten die Mitfahrzentralen circa 0,5 Prozent aller Fernreisen (ab 100 km Entfernung) auf sich. Untersuchungen eines Marktforschungsinstituts zufolge beläuft sich das bundesweite Marktpotenzial für die Vermittlung von Mitfahrgelegenheiten auf aktuell circa 30 Mio. DM Vermittlungsgebühr. Im Jahre 1997 belief sich der Vermittlungsumsatz bundesweit auf circa zehn Mio. DM, während die Mitfahrer circa 13 Mio. DM als Betriebskostenbeteiligung an die Fahrer zahlten.

3.2   Das Angebot

Der typische Ablauf eines Mitfahrgeschäfts stellt sich wie folgt dar: Mitfahrer können ihren Reisewunsch telefonisch der Mitfahrzentrale mitteilen und erhalten sofort das in der EDV vorhandene Angebot. Falls kein entsprechendes Angebot vorliegt, wird der Anrufer in eine Gesucheliste aufgenommen. Fahrer melden ihre freien Sitzplatzkontingente ein bis sieben Tage vor der Abfahrt bei der Mitfahrzentrale und erhalten von den Mitfahrern eine Betriebskostenbeteiligung. Während Mitfahrer eine Vermittlungsprovision an die Mitfahrzentrale entrichten, ist die Vermittlung für die Fahrer kostenlos.

Neben der Kernleistung „Vermittlung von Mitfahrgelegenheiten" bieten fast alle am Markt etablierten Mitfahrzentralen – auch CITYDRIVE und MITFAHRCENTRUM – weitere Dienstleistungen an, wie beispielsweise Busreisen, klassische Reisebüroleistungen, Touristen-Informationen sowie Mitwohnangebote (Vermittlung von Mietwohnungen zur zeitlich begrenzten Nutzung). Bei CITYDRIVE betragen die aus dem klassischen Mitfahrgeschäft realisierten Umsätze derzeit mit leichten regionalen Schwankungen im Durchschnitt etwa 60 Prozent des Gesamtumsatzes.

Bezüglich der Preisgestaltung ergeben sich beispielsweise ab Hamburg die in Abbildung 3-1 dargestellten Preise für unterschiedliche Ziele.

Als ärgerlich hat sich in der Vergangenheit erwiesen, dass einige CITYDRIVE-Büros den Mitfahrern mitgeteilt haben, dass die zu entrichtende Betriebskostenbeteiligung um so geringer ausfällt, je mehr Mitfahrer im Auto sitzen. Hierdurch kam es zwischen Fahrer und Mitfahrern öfter zum Streit über die Höhe der zu entrichtenden Summe. Falls die Mitfahrer einen Haus-zu-Haus-Service wünschen, empfiehlt CITYDRIVE den Fahrern, einen angemessen höheren Preis von den Mitfahrern zu verlangen (je nach Zeitaufwand).

Abbildung 3-1	Betriebskosten und Vermittlungsgebühren für verschiedene Destinationen ab Hamburg (Angaben in DM)

Ziel	Betriebskosten-beteiligung	Vermittlungs-gebühr	Summe (für Mitfahrer)
Amsterdam	27,–	20,–	47,–
Berlin	17,–	9,–	26,–
Frankfurt	30,–	12,–	42,–
Köln	26,–	10,–	36,–
Paris	55,–	30,–	85,–

GABLER
GRAFIK

3.3   Die Fahrer

CITYDRIVE verfügt über eine Adressdatenbank, in der alle bereits einmal aktiv gewordenen Fahrer enthalten sind. In der Regel kann bei den Fahrern von einer relativ hohen bürobezogenen Loyalität und persönlicher Verlässlichkeit ausgegangen werden. Erfahrungswerten zufolge kommt es in zehn Prozent aller Fahrten zu Unpünktlichkeiten seitens des Fahrers, wobei Verspätungen von mehr als 20 Minuten die absolute Ausnahme bilden. Zu berufs- oder krankheitsbedingten Fahrtausfällen beziehungsweise -verschiebungen kommt es in zwei bis fünf Prozent der Fälle, die in der Regel durch das Angebot von Ersatzfahrten abgefedert werden können, ohne dass sich nachteilige Auswirkungen für die Mitfahrer ergeben.

Der Grund für die Fahrer, eine Mitfahrgelegenheit in ihrem Pkw anzubieten, liegt erfahrungsgemäß in der finanziellen Beteiligung des Mitfahrers an der Fahrt. Zudem sind einige Personen, insbesondere über weitere Strecken, nicht gern allein unterwegs. Als Gründe, die aus Sicht potenzieller Fahrer gegen ein Mitfahrangebot sprechen, sind vornehmlich Vorurteile (Misstrauen/Angst, Fremde mitzunehmen) und schlechte Erfahrungen aus erster oder zweiter Hand („Mund-zu-Mund-Propaganda") anzuführen.

3.4   Die Mitfahrer

Seine Erfahrungen im Umgang mit Kunden, die sich als potenzielle Mitfahrer in seinem CITYDRIVE-Büro telefonisch oder persönlich melden, schildert ein Inhaber wie folgt: „Die Risikowahrnehmung der Neukunden ist sehr hoch. Die Fragen richten sich vor allem auf die Person des Fahrers/der Fahrerin, die Route, das Alter des Autos, den Treffpunkt/Absetzpunkt, die Rückfahrtmöglichkeit sowie die Versicherungslage. Bedenken können diesen Kunden aber leicht genommen werden, indem sie zum Beispiel darauf hingewiesen werden, dass der Fahrer uns seit drei Jahren bekannt ist, einen zwei Jahre alten VW Golf fährt und in Stuttgart bis zum Hauptbahnhof fährt. Schon an der Veränderung der Stimme merke ich dann die Erleichterung, mit der die Kundin oder der Kunde reagiert."

Für die Mitfahrer bildet der günstige Preis das Hauptmotiv, sich bei den Mitfahrzentralen nach einer Mitfahrgelegenheit zu erkundigen. Darüber hinaus führen Mitfahrer den Unterhaltungswert einer gemeinsamen Autofahrt sowie den umweltentlastenden Aspekt dieser Form des Reisens als Motiv an, eine Mitfahrgelegenheit zu nutzen.

Die wochentägliche Verteilung der Fahrten ergibt sich wie folgt (vgl. Abbildung 3-2):

Abbildung 3-2   **Wochentägliche Verteilung der Fahrten**

Montag	Dienstag	Mittwoch	Donnerstag	Freitag	Samstag	Sonntag
9,5 %	9,1 %	10,5 %	13,4 %	27,8 %	10,8 %	18,9 %

GABLER
GRAFIK

3.5   Unternehmenssituation CITYDRIVE

Der gestützte Bekanntheitsgrad der CITYDRIVE Mitfahrzentrale liegt bundesweit bei derzeit etwa 15 Prozent. Insgesamt 25 Prozent der bundesdeutschen Bevölkerung kennen andere Mitfahrzentralen, während 60 Prozent keine Mitfahrzentrale bekannt ist. Seit 1993 hat kein CITYDRIVE-Büro eine Werbemaßnahme mehr durchgeführt, da die finanzielle Situation dies nicht zulässt. Erfahrungen deuten aber darauf hin, dass sowohl Fahrer als auch Mitfahrer eine verhältnismäßig hohe Werbeelastizität aufweisen. Einige marktorientiert denkende Gesellschafter sind sich der Tatsache bewusst, dass die Marke CITYDRIVE – nicht zuletzt aufgrund partikulärer Interessen der eigenständigen Büros – bisher nur unzureichend genutzt wurde, um die gravierenden wirtschaftlichen Probleme zu lösen.

Um **finanzielle Ressourcen** für eine Belebung des Marktauftritts zu gewinnen, denkt man in den großen Büros über Kooperationen mit anderen Institutionen wie beispielsweise dem Allgemeinen Deutschen Automobil Club (ADAC) nach. Einige Inhaber regen beispielsweise die kostenfreie Schaltung von Werbeanzeigen im ADAC-JugendClubMagazin bei gleichzeitiger Gewährung von günstigeren Vermittlungsgebühren für Jugendliche innerhalb einer solchen Kooperation an. Andere Vorschläge beinhalten das Angebot günstiger Zusatzversicherungen durch den ADAC für Mitfahrer (Unfall-, Weiterreise- und Pannenversicherung) oder die Einbindung von Mitfahrangeboten in die Urlaubsreiseplanung insbesondere der jugendlichen Zielgruppe.

Darüber hinaus schlagen einige CITYDRIVE-Inhaber die Einführung von innovativen Dienstleistungen vor, um zusätzliche Umsatzerlöse zu generieren. Diskutiert werden unter anderem der Eintritt in den Kurierdienstmarkt durch die Nutzung von Fahrern, die in der CITYDRIVE-Datenbank enthalten sind, sowie die Vermittlung von nicht ausgeschöpften Möbeltransportkapazitäten. Gegner dieser Überlegungen haben auf der letzten Verbandssitzung bemängelt, dass man zunächst die Probleme im Kerngeschäft „in den Griff bekommen müsse, bevor man diversifiziere". Eigene Untersuchungen in den CITYDRIVE-Büros haben hier ergeben, dass es im direkten Kundenkontakt an einer professionellen Gesprächsführung mangelt und unter Zeitdruck potenzielle Fahrer und Mitfahrer mitunter „verprellt" werden. Es liegen aber bereits erste Ansätze zur operativen Optimierung der Vermittlungsaktivitäten per Internet vor.

3.6   Entscheidungssituation zum Matching-Verfahren

Mitfahrer und Fahrer wurden bisher hauptsächlich durch Kleinanzeigen in der lokalen Presse sowie durch Werbeblätter, Aushänge und vor allem durch Mund-zu-Mund-Propaganda akquiriert. Um die Anfragen der Mitfahrer und die Angebote der Fahrer abzustimmen, erfolgt das Matching bei CITYDRIVE zur Zeit über die persönliche Kommunikation in den eigenen Büroräumen, in deren Zuge ein Standardformular auszufüllen und zu unterschreiben ist. Die persönlichen Angaben von Fahrern und Mitfahrern werden in einer Datenbank gespeichert und können zur Kontrolle oder für zukünftige Fahrten verwendet werden. In diesem etwas umständlichen, traditionellen Verfahren liegt die Vermittlungsquote relativ konstant bei 95 Prozent aller Anfragen seitens der Mitfahrer, das heißt, von 100 Mitfahrwünschen können 95 durch die Vermittlung über CITYDRIVE erfüllt werden.

Das jüngst von einem aufgeschlossenen CITYDRIVE-Inhaber vorgeschlagene Matching per Internet sieht sowohl eine internetbasierte Akquise von Kunden als auch die papierlose Vermittlung von Fahrer und Mitfahrer vor. Gegen Nennung der Kreditkartennummer erhalten die Mitfahrer die notwendigen Daten; die Vermittlungsgebühr wird nach angetretener Fahrt automatisch abgebucht. Erste Voruntersuchungen haben ergeben, dass lediglich mit einer Vermittlungsquote von 70 Prozent zu rechnen ist. Zudem treten bei bereits vermittelten und absolvierten Fahrten Inkassoschwierigkeiten auf, die bei zehn Prozent der Mitfahrer zu einem vollständigen Umsatzausfall für CITYDRIVE führen. Als vielversprechend hat sich das Marktpotenzial erwiesen: In den ersten drei Monaten (90 Tage) nach der Einführung des Internet Matching ist mit 70 Prozent mehr Anfragen als bisher zu rechnen und ab dem vierten Monat verdoppeln sich die Anfragen gegenüber dem traditionellen Verfahren. Die Vermittlungsquote steigt darüber hinaus ab dem fünften Monat aufgrund von Erfahrungseffekten von 70 auf 75 Prozent.

Abbildung 3-3   **Prognostizierte Anfragen von Mitfahrern bei CITYDRIVE (traditionelles Matching)**

Monat	1	2	3	4	5	6
Anfragen pro Tag	85	80	90	105	100	95

GABLER
GRAFIK

Abbildung 3-4   **Umsatz- und Kostendaten von CITYDRIVE (Angaben in DM)**

	Traditionelles Matching	Internet-Matching
Vermittlungsprovision pro Buchung	12,–	10,–
Transaktionskosten pro Buchung	7,–	5,–
Monatliche Fixkosten		
▪ Ladenmiete	4.000,–	4.000,–
▪ Telefonanlage	500,–	500,–
▪ Versicherungen	300,–	300,–
▪ Personal	800,–	800,–
Personalbetreuung der Internet-Hard- und Software		627,20 pro Monat
Leasingrate für das Internet-Matching-System (Laufzeit: 6 Monate)		2.900,– pro Monat

GABLER
GRAFIK

Für die Anschaffung der für das Internet Matching notwendigen Ausstattung mit Computer-Hard- und Software fallen für ein halbes Jahr lang Leasingraten in Höhe von 2.900,– DM an. Die Betreuung des Matching erfordert zusätzliche fixe Personalkapazitäten. Die auf einen Planungshorizont von n = 6 Monate bezogenen Daten sind in den Abbildung 3-3 (Anzahl Anfragen) und Abbildung 3-4 (Umsatz-/Kostendaten) enthalten. Für den Zeitraum nach n = 6 ist zunächst von einer Konstanz des internetspezifischen Marktvolumenvorteils sowie der Vermittlungsquote aus dem sechsten Monat auszugehen.

3.7 Aufgaben zur Fallstudie CITYDRIVE

a. Zeigen Sie unter Berücksichtigung der Dienstleistungsbesonderheiten auf, welche Ansatzpunkte sich für das strategische und operative Marketing der CITYDRIVE-Büros ergeben, um den weiteren Umsatzrückgang im Kerngeschäft aufzuhalten und mittelfristig in die Wachstumszone zurückzukehren. Gehen Sie dabei sowohl auf den Beschaffungsmarkt (Fahrer) als auch auf den Absatzmarkt (Mitfahrer) ein.

b. Diskutieren Sie vor dem Hintergrund der Markt- und Unternehmenssituation die unterschiedlichen Optionen „Kooperation mit ADAC" vs. „Markteintritt in Kurierdienst/Möbeltransport", um eine Verbesserung der Wettbewerbsposition für die CITYDRIVE herbeizuführen. Gehen Sie auch auf die Risiken ein, die für CITYDRIVE mit den unterschiedlichen Optionen verbunden sind.

c. Führen Sie eine Break-Even-Analyse für das traditionelle und das Internet Matching durch.

d. Welche weiteren, nicht-ökonomischen Faktoren sollten bei der Entscheidungsfindung berücksichtigt werden?

4. Fallstudie CRANE AIR

4.1 Hintergrund

Im weltweiten Luftverkehr lassen sich in letzter Zeit vermehrt Kooperationen zwischen verschiedenen Fluggesellschaften beobachten. Die Zusammenarbeit gipfelt in so genannten **strategischen Allianzen**, in denen sich Wettbewerber zusammenschließen, um gemeinsam Wettbewerbsvorteile gegenüber einzeln operierenden Fluggesellschaften oder konkurrierenden strategischen Allianzen aufzubauen. Hintergrund dieser Entwicklung sind zum einen die nach wie vor unter staatlicher Hoheit stehenden Luftverkehrsrechte, die Voraussetzung für den Flugbetrieb sind. So ist es europäischen Fluggesellschaften beispielsweise nicht erlaubt, einen eigenständigen Flugbetrieb innerhalb der USA aufzubauen. Vielmehr dürfen sie lediglich Zwischenlandungen vornehmen. Durch strategische Allianzen mit nationalen Fluggesellschaften können sich ausländische Anbieter dagegen Zugang zum Markt verschaffen. Zum anderen begünstigen die knappen Start- und Landerechte („Slots") an Flughäfen die Entstehung von strategischen Allianzen. Die Slots liegen in Europa in der Regel größtenteils bei den ehemals staatlichen Fluggesellschaften und benachteiligen oft die ausländischen Airlines, indem diese mit ungünstigen Abflug- und Landezeiten oder mit einer geringeren Flughäufigkeit Vorlieb nehmen müssen.

4.2 Allianz-Netzwerke

Weltweit haben sich im Luftverkehr bisher fünf Allianz-Netzwerke etabliert, die eine möglichst globale Marktabdeckung anstreben, um ihren Kunden ein großes Streckennetz anbieten zu können. Zu diesem Zweck werden Strecken ausgewählt, deren Vernetzung allen Partnern größtmöglichen Nutzen stiftet. Der in den USA operierenden Easy Bird ist es beispielsweise gelungen, durch die Allianz mit der deutschen Crane Air eine vorteilhafte Marktposition in Europa aufzubauen. Crane Air wiederum verbindet eine strategische Allianz mit der ostasiatischen Geisha Airlines, die über günstige Start- und Landerechte in mehreren Großflughäfen in Fernost verfügt und auch weitreichende Luftverkehrsrechte in diesem Markt besitzt. Ergänzt wird dieses globale Streckennetz durch kleinere regionale Fluggesellschaften, die oft als Zubringer von kleineren Flughäfen zu Großflughäfen („Drehkreuze") fungieren. Der Air Espresso, einer norditalienischen Regionalfluggesellschaft mit Sitz in Triest, ist es durch die Allianz mit Crane Air gelungen, Zugang zu einem großen Streckennetz und einer breiten Vertriebsbasis zu finden. Dieser Zugang wird bei jedem Allianz-Netzwerk durch die Vergabe einer gemeinsamen Flugnummer für einen bestimmten Flug erreicht, die dann sowohl in den Flugplänen als auch in den Buchungssystemen der Reisebüros erscheint.

4.3   Marktsituation

Die Fluggesellschaften unterscheiden beim Absatz ihrer Flugscheine zwischen zwei Absatzstufen. Auf der ersten befinden sich **Reisebüros** und **große Firmen**, die über eigene Reisestellen verfügen und die Reiseabwicklung für ihre Angestellten organisieren. Derzeit setzt die Crane Air etwa 85 Prozent ihrer Flugtickets über Reisebüros ab, die vor allem an angemessenen Provisionen, einfacher Buchungsabwicklung und übersichtlicher Angebotsgestaltung interessiert sind. Für Personalschulungen fehlen den meisten Reisebüros Zeit und finanzielle Mittel. Firmenreisestellen, die die restlichen 15 Prozent aller Buchungen verzeichnen, haben in letzter Zeit versucht, günstigere Flugtarife ausfindig zu machen beziehungsweise mit den Fluggesellschaften auszuhandeln, müssen aber gleichzeitig auf die Bedürfnisse vor allem der leitenden Angestellten eingehen, welche die Reise als Endnutzer tatsächlich unternehmen. Die **Endnutzer** von Flugreisen befinden sich auf der zweiten Absatzstufe und lassen sich nach ihren Nutzenvorstellungen segmentieren. Während die Preissensiblen vor allem an günstigen Tarifen interessiert sind, legen die Flexibilitätsorientierten viel Wert auf eine hohe Anzahl von Verbindungen, gute Anschlussverbindungen und problemloses Umbuchen. Die Service- und Komfortorientierten wollen demgegenüber bequeme Sitze, ein reichhaltiges Getränke- und Mahlzeitenangebot sowie freundliche, individuelle Betreuung an Bord vorfinden.

Unter den Fluggästen ist die Gruppe der so genannten **Vielflieger** besonders hervorzuheben, die aus geschäftlichem Anlass häufig mit dem Flugzeug unterwegs sind und für die Fliegen bereits zur Routine geworden ist. Die Passagiere dieser Gruppe sind in der Regel Mitglieder in Vielfliegerprogrammen, in denen die mit einer bestimmten Fluggesellschaft zurückgelegten Meilen gesammelt werden können. Bei Erreichen einer kritischen Meilengrenze werden dann Gratisflüge fällig, deren Zielorte sich die Vielflieger selbst aussuchen können. Bei der Allianzbildung schließen die Fluggesellschaften ihre Vielfliegerprogramme oft zusammen, sodass die Fluggäste alle innerhalb der Allianz gesammelten Meilen bei dem von ihnen gewählten Programm anerkennen lassen können. Somit gelingt es ihnen, die notwendige Meilenzahl schneller zu erreichen und dann von einem größeren Streckennetz zu profitieren, auf dem die Bonusflüge genutzt werden können.

4.4   Angebotssituation

Die am Markt etablierten Fluggesellschaften lassen sich vereinfacht in Preis- und Qualitätsbewusste unterteilen. Während ein optimal abgestimmtes Streckennetz von beiden Gruppen angestrebt wird, versuchen sich Airlines wie ValuStream oder Rush Express über besonders günstige Tarife bei geringem Service und Komfort zu positionieren. Es handelt sich häufig um kleinere Anbieter, die nicht zu den fünf Allianz-Netzwerken zählen. Die Qualitätsbewussten wie beispielsweise Crane Air oder Easy Bird suchen dagegen gezielt Partner, die über ein ähnliches Qualitätsniveau verfügen. Sie sind bemüht, positive Imagewirkungen der strategischen Allianz auf ihre eigene Marke zu realisieren. Dies geschieht vor allem über klassische Werbung, in der die Partner mit ihren Unternehmensmarken gemeinsam abgebildet sind. Immer wieder kommt es jedoch vor, dass sich Fluggäste bei der eigentlichen Leistungsinanspruchnahme über Unstimmigkeiten an den Schnittstellen zwischen den unterschiedlichen Allianzpartnern beschweren.

4.5   Entscheidungssituation

Crane Air überlegt, die Strecke Triest-Denver, die bisher allein beflogen wurde, mit den Partnern Air Espresso und Easy Bird gemeinsam zu bedienen. Von der Aufteilung der vier Streckenabschnitte (Triest – München – Frankfurt – Chicago – Denver) auf die drei Fluggesellschaften verspricht sich Crane Air eine höhere Profitabilität dieser Strecke, die derzeit von einem einzelnen Konkurrenzanbieter preislich attackiert wird. Durch die Nutzung der lokalen Marktkompetenz der Air Espresso könnten ab Triest mehr Flugreisende gewonnen werden; gleiches gilt für Easy Bird, die durch Aufnahme dieser Strecke in den eigenen Flugplan ebenfalls Mengensteigerungen realisieren könnte. Die **Streckenergebnisrechnung** für die derzeitige Strategie des **Alleingangs** durch Crane Air ist in Abbildung 4-1 wiedergegeben. Bei einem gegenwärtig durchschnittlichen Flugpreis von 1.800,– DM für den einfachen Flug (nur Hinflug) befördert die Crane Air bei zwei täglichen Flügen insgesamt 400 Passagiere, die die gesamte Strecke Triest-Denver fliegen. An Reisebüros und Firmen ist derzeit eine Provision in Höhe von zehn Prozent zu zahlen. Für jeden Fluggast ist darüber hinaus eine Fluggastgebühr in Höhe von 25,– DM zu entrichten.

Eine **gemeinsame Bedienung** dieser Strecke durch die drei Fluggesellschaften wäre nach ersten Berechnungen der Controlling-Abteilung der Crane Air mit verschiedenen Vorteilen verbunden. Durch eine günstigere Kalkulation könnte der Gesamtpreis für ein einfaches Ticket auf durchschnittlich 1.200,– DM gesenkt werden, wodurch sich die Absatzmenge auf 850 Passagiere auf der Strecke erhöhen würde. Diese Steigerung müsste durch die Bereitstellung eines zusätzlichen Fluges aufgefangen werden. Ein solcher zusätzlicher Flug würde die derzeitigen Kosten der Bordverpflegung lediglich um 20 Prozent erhöhen, da Größenvorteile im Allianzverbund genutzt werden könnten. Gleiches gilt für die flugabhängigen Kosten, zumal Einkaufsvorteile beim Flugbenzin genutzt werden können. Weiterhin kann die Provision auf acht Prozent gesenkt werden, da die Strecke Triest-Denver nun in das gemeinsame reisebüro- und firmengerichtete „Allianz-Plus-System" (Betreuungs- und Provisionsregelungen) der drei Fluggesellschaften eingebunden wird. Schließlich einigen sich alle Partner darauf, dass Air Espresso den ersten Streckenabschnitt von Triest nach München übernimmt, Crane Air die Strecken München-Frankfurt sowie Frankfurt-Chicago und Easy Bird den letzten Abschnitt von Chicago nach Denver operiert. Die Aufteilung der Bruttoerlöse sieht acht Prozent für Air Espresso, 80 Prozent für Crane Air und zwölf Prozent für Easy Bird vor. Dieselbe Schlüsselung legt die Controlling-Abteilung der Crane Air für die Kosten zugrunde. Als Berechnungsgrundlage dient dabei Abbildung 4-1.

Abbildung 4-1   Streckenergebnisrechnung Triest-Denver (Angaben in DM)

Streckenergebnisrechnung für einen einfachen Flug Triest – München – Frankfurt – Chicago – Denver		
1.	Bruttoerlöse	
2.	./. externe Provision	
3.	= Strecken-Nettoerlöse	
4.	./. Bordverpflegung	14.400
5.	./. Fluggastgebühr	
6.	= beförderungsabhängige Kosten (4.+5.)	
7.	./. Betriebsstoffe	176.000
8.	./. Flughafengebühren	6.300
9.	./. Tagegelder fliegendes Personal	710
10.	./. Reisekosten fliegendes Personal	1.400
11.	= flugabhängige Kosten (7.+8.+9.+10.)	184.410
12.	= Deckungsbeitrag I (3.–6.–11.)	
13.	./. Instandhaltungskosten	800
14.	./. Schulungskosten fliegendes Personal	650
15.	./. kalkulatorische Abschreibungen	1.700
16.	= direkte Fixkosten (13.+14.+15.)	3.150
17.	= Deckungsbeitrag II (12.–16.)	
18.	./. Stationsfixkosten Inland	350
19.	./. Stationsfixkosten Ausland	550
20.	= Stationskosten (18.+19.)	900
21.	= Deckungsbeitrag III (17.–20.)	

GABLER
GRAFIK

█ Abbildung 4-2   Grunddaten der Szenario-Analyse

Szenario Periode	Szenario A p = 0,3; i = 0,1	Szenario B p = 0,4; i = 0,09	Szenario C p = 0,3; i = 0,11
	▣ Mäßiges Wirtschafts- wachstum ▣ Tendenz zur Regulie- rung mit höheren kartellrechtlichen Auflagen ▣ Instabilität in Allianz relativ hoch	▣ Abflachendes Wirt- schaftswachstum mit Stagnation ▣ Staatliche Deregulie- rung eher zögerlich ▣ Austrittswahrschein- lichkeit von Partnern relativ gering	▣ Überdurchschnittliches Wachstum ▣ Nachhaltige Liberali- sierung ▣ Hohe Stabilität der Partner
t_0	a_{A0} = 1.810.000	A_{B0} = 1.810.000	a_{C0} = 1.810.000
t_1	E_{A1} = 18.835.000 A_{A1} = 18.213.000	E_{B1} = 18.952.000 A_{B1} = 18.193.000	E_{C1} = 19.150.000 A_{C1} = 18.422.000
t_2	E_{A2} = 17.885.000 A_{A2} = 19.143.000	E_{B2} = 18.875.000 A_{B2} = 18.120.000	E_{C2} = 20.232.000 A_{C2} = 19.442.000
t_3	E_{A3} = 18.376.000 A_{A3} = 18.880.000	E_{B3} = 19.907.000 A_{B3} = 19.269.000	E_{C3} = 21.130.000 A_{C3} = 20.390.000

p = Eintrittswahrscheinlichkeit; i = Kalkulationszinsfuß; a_0 = Anfangsauszahlung (in DM); t = Periode;
E_{At} E_{Bt} C_{Ct} = szenariospezifische Einzahlungen im Zeitpunkt t (in DM); A_{At}, A_{Bt}, A_{Ct} = szenariospezifische Auszahlungen im Zeitpunkt t (in DM). Formel für den Abzinsungsfaktor: $1/(1 + i)^t$

Unabhängig von dieser streckenbezogenen Entscheidung sieht sich das Management der Crane Air mit verschiedenen **Risiken** der Allianzstrategie konfrontiert. Zum einen haben Erfahrungen der Vergangenheit gezeigt, dass Partner-Fluggesellschaften aus opportunistischen Gründen die Allianz gewechselt haben und Bündnisse mit konkurrierenden Airlines eingegangen sind. Zum anderen ist die politisch-rechtliche Einflussnahme zu bedenken, die den Handlungsspielraum von Allianzen deutlich einschränken kann. Überdies waren die finanziellen Ergebnisse im Luftverkehr bisher stark von der gesamtwirtschaftlichen Lage abhängig. Die Unternehmensleitung einigt sich daher auf die Durchführung einer **Szenario-Analyse,** die unter Einbeziehung dieser Aspekte eine differenzierte Mehrperiodenbetrachtung erlauben soll. Prognostizierte Zahlungsdaten sollen mittels Kalkulationszinsfuß zu einem Erwartungswert verdichtet werden, der die subjektiv geschätzten Eintrittswahrscheinlichkeiten für alternative Umweltzustände widerspiegelt (vgl. Abbildung 4-2). Aus den Ergebnissen der Berechnung sollen Aussagen für die Bewertung der Allianzstrategie der Crane Air abgeleitet werden.

4.6   Aufgaben zur Fallstudie Crane Air

a. Systematisieren und erörtern Sie die Ziele, die Fluggesellschaften mit der Bildung von strategischen Allianzen verfolgen. Diskutieren Sie unter besonderer Berücksichtigung der Kundenbedürfnisse die Ihrer Meinung nach zentralen Problemstellungen bei der Ausgestaltung der Marketinginstrumente.

b. Ermitteln Sie den Strecken-Deckungsbeitrag I pro Tag der Verbindung Triest-Denver aus Sicht der Crane Air vor und nach der gemeinsamen Bedienung durch die Allianz. Ist die Allianz aus Sicht der Crane Air ökonomisch sinnvoll? Diskutieren Sie, welchen Einfluss die Allianz auf diejenigen Kosten der Crane Air haben könnte, die in die Deckungsbeiträge II und III eingehen. Berücksichtigen Sie dabei auch den Koordinationsaspekt.

c. Berechnen Sie aus den Daten der Szenario-Analyse den Erwartungswert der Allianzstrategie und interpretieren Sie das Ergebnis im Hinblick auf die strategische Entwicklung der Crane Air. Setzen Sie sich dabei kritisch mit der Erfassung des Risikos in dieser Rechnung auseinander. Welche risikopolitische Vorsorge könnte die Crane Air für den Fall ergreifen, dass ein Allianzpartner aus der Allianz austritt?

5.   Fallstudie TALKNET AG

Die „TalkNet AG" ist im Jahre 1996 vom Energieversorgungsunternehmen Bayerischer
Versorgungs-Betrieb (BVB) mit dem Ziel gegründet worden, ab dem 1.1.1998 als flächendeckender Universalanbieter von Telekommunikationsleistungen am seit dann dere-
gulierten deutschen Markt aufzutreten. Der BVB sieht in der Gründung der TalkNet AG
eine langfristig angelegte Maßnahme, um an der Entwicklung im Zukunftsmarkt Telekommunikation erfolgreich partizipieren zu können.

5.1   Markt- und Wettbewerbssituation

Experten prognostizieren für den deutschen Telekommunikationsmarkt für den Zeitraum
bis 2005 ein Wachstum von 80 Prozent auf rund 180 Mrd. DM. Insbesondere in den Bereichen Multimedia werden mit 30 bis 35 Prozent p. a. sowie Mobilfunk mit zwölf bis
15 Prozent p. a. sehr hohe Wachstumsraten vorausgesagt, während bei Basistelefondiensten im Festnetz ein vergleichsweise geringes Wachstum von zwei Prozent p. a. erwartet
wird.

Nach bereits erfolgter Freigabe des Wettbewerbs im Mobilfunkbereich wurde ab dem
1.1.1998 auch das Sprachtelefondienstmonopol der Deutschen Telekom im Festnetz aufgehoben. Dies erfolgte unter anderem durch die Freigabe der alternativen Netze der Deut
schen Bahn AG und der Stromversorger zur kommerziellen Datenübertragung und durch
die Vergabe von Netz- und Telefondienstlizenzen an neue Wettbewerber. Der BVB, wie
auch andere Stromversorgungsunternehmen, beabsichtigt seitdem, sein vorhandenes
Netz bundesweit auszubauen und für gewerbliche und private Nutzer zugänglich zu machen. Nach Freigabe des Wettbewerbs wurde allerdings mit einem nicht unerheblichen
Preisverfall für Telefongespräche gerechnet. Experten waren sich daher einig, dass bereits in den ersten Jahren nach der Deregulierung eine Marktbereinigung auf der Angebots-
seite stattfinden würde. Es wurde davon ausgegangen, dass aufgrund der hohen Kapitalin-
tensität nur solche Unternehmen im Markt verbleiben würden, denen es gelänge, innerhalb
von fünf Jahren einen Marktanteil von mindestens zehn Prozent zu erlangen. Den am Markt
verbleibenden Wettbewerbern würden sich vor allem über den erreichten Marktanteil Ge-
winnpotenziale eröffnen. Es galt als sicher, dass sich die Telekom als bisheriger Monopolist
trotz vorhandener Schwächen im Service und hieraus resultierender Imageprobleme nicht
zuletzt aufgrund der heute noch als gering zu bezeichnenden Wechselbereitschaft der Fest-
netzkunden zukünftig als größter Anbieter etablieren würde.

Vor diesem Hintergrund bereiteten sich die zukünftigen Wettbewerber bereits im Vorfeld
der Marktöffnung intensiv auf den bevorstehenden Markteintritt vor. Gemäß internationaler Studien war davon auszugehen, dass die folgenden zentralen acht Kernkompetenzen für den Erfolg von Festnetzanbietern eine herausragende Bedeutung erlangen:

■ **Aufbau und Penetration einer Marke**

Markenmanagement ist in der Telekommunikation ein noch wenig eingesetztes Marketinginstrument. Die Etablierung einer Marke wird jedoch zunehmend wichtiger. Die Entwicklung einer Markenidentität muss dabei zur Vision und Strategie des Unternehmens passen und erfordert insbesondere eine zieladäquate Kommunikationsstrategie zur Erhöhung des Bekanntheitsgrades sowie zur Imageprofilierung.

■ **Kundensegmentierung**

Kundensegmentierung ist zu einem zentralen Instrument der Markterfassung in der Telekommunikation geworden. Es muss gelingen, profitabel zu bedienende Kundensegmente zu erfassen und differenziert zu bearbeiten. Dies gelingt nur durch segmentspezifische Angebote.

■ **Strategisches Preismanagement**

Mit der Liberalisierung monopolistischer Märkte sind regelmäßig hohe Erwartungen an massiv sinkende Endverbraucherpreise verbunden. Neuen Anbietern gelingt es vielfach nur durch aggressive Preispolitik, Marktanteile zu erringen. Allerdings zeigen Erfahrungen in anderen Märkten, dass damit keine langfristigen Wettbewerbsvorteile erzielt werden können. Daher entwickeln sich die Märkte nach einer gewissen Zeit in der Regel von der Phase des Preiskampfes in eine Phase der Preisdifferenzierung.

■ **Kundenservice**

Im Bereich der Serviceorientierung bestehen für die Anbieter im Telekommunikationsmarkt große Differenzierungs- und Profilierungschancen, da Serviceaspekte bislang vor allem im Privatkundenmarkt eine insgesamt untergeordnete Rolle gespielt haben. Servicekompetenz in der Marktbearbeitung, im Verkauf sowie im After Sales Service erhalten daher einen steigenden Stellenwert.

■ **Produktentwicklung**

In kaum einem anderen Markt kann es Anbietern in ähnlicher Weise gelingen, Marktpotenziale über die Generierung neuer Angebotsformen und Produkte zu entwickeln. Am Kundennutzen orientierte Innovationen im Produkt- und Anwendungsbereich vermögen latente Nachfrage zu wecken und diese auf das neue Angebot zu ziehen.

■ **Vertrieb**

Ein umfassendes Vertriebsnetz ist eine wesentliche Bedingung für die Schaffung von Kundenakzeptanz. In den Vertriebsstellen findet der erste Kontakt zwischen den potenziellen Kunden und dem Dienstleistungsanbieter statt. Unter den im Telekommunikationsmarkt vorherrschenden Wettbewerbsbedingungen sind diese ersten Kontakte entscheidend bei der Kundengewinnung und -bindung.

■ **Technologiekompetenz**

Neben der klassischen Übertragungstechnologie spielt in der Telekommunikation in zunehmenden Maße auch die Integration von Telefon- und Computertechnologie eine große Rolle. Auch wenn es allerdings zunehmend schwieriger wird, sich ausschließlich über die Technologie zu differenzieren, ist die vom Kunden wahrgenommene Kompetenz auf diesem Gebiet doch ein Muss.

■ **Strategische Allianzen**

Es ist nicht nur der enorme Kapitalbedarf, der potenziellen Anbietern von Festnetzen ein kooperatives Vorgehen nahelegt. Auch Defizite in spezifischen Bereichen der skizzierten Kernkompetenzen können durch adäquate Partner kompensiert werden. Die Auswahl dieser Partner stellt dabei eine wichtige Kernkompetenz des Unternehmens dar.

5.2 Unternehmenssituation der TalkNet AG als zukünftiger Festnetzbetreiber

Mit einem Grundkapital von 100 Mio. DM von der Muttergesellschaft BVB ausgestattet, zählt die TalkNet AG auch unter den zukünftigen Festnetzbetreibern zu einem der finanzstärksten Basistelefondienstanbieter. Dennoch ist die TalkNet AG für den BVB nur eines von mehreren Projekten, mit denen das Unternehmen versucht, seinen wirtschaftlichen Erfolg stärker vom Kerngeschäft der Energieversorgung loszulösen. So wurden in den vergangenen Jahren vom BVB unter anderem eine Mehrheitsbeteiligung an einem flächendeckenden Tankstellennetz sowie ein Joint Venture mit einem Automobilhersteller eingegangen, in dessen Rahmen gemeinsam Elektroautos entwickelt und vermarktet werden sollen. Der BVB beabsichtigt zudem, langfristig auch in anderen europäischen Ländern im Telekommunikationsmarkt Fuß zu fassen und möchte mit dem Engagement in Deutschland somit auch Erfahrungen für zukünftig geplante Expansionen sammeln.

Trotz der neuen Geschäftsfelder haftet dem BVB als regionalem Energieversorger ebenso wie der Telekom in vielen Bereichen noch das Image eines Unternehmens mit eher gering ausgeprägter Kundenorientierung an. Dennoch hofft die TalkNet AG, der Telekom trotz einer ausgeprägten Kundenbindung ausreichend Kunden abwerben zu können. Während die TalkNet AG bei Großkunden vor allem auf die traditionell sehr guten Beziehungen des BVB zu Großunternehmen primär in Süddeutschland abzielt, sollen Privatkunden insbesondere durch eine gute Kommunikationsstrategie und die bereits vorhandene, sehr hohe Vertriebsdichte gewonnen werden. So stehen der TalkNet AG neben dem Tankstellennetz des BVB, über das zukünftig in speziell eingerichteten Shops Kunden akquiriert werden sollen, aufgrund bereits abgeschlossener, weitreichender Kooperationsverträge 110 Warenhausfilialen und 250 Computerfachgeschäfte als weitere Vertriebsstellen zur Verfügung.

Sorge bereitet dem Vorstand der TalkNet AG jedoch insbesondere, dass das eigene Unternehmen im Gegensatz zu einigen der zukünftigen Wettbewerber, die bereits erfolgreich im Mobilfunkbereich Fuß gefasst haben, weder auf eigene technologische Erfahrungen im Telekommunikationsbereich noch auf Know-how bei der Entwicklung einer Marke zurückgreifen kann. Hinsichtlich des Aufbaus des erforderlichen Technologie-Know-how geht der Vorstand davon aus, dass es in Kürze zu einem Kooperationsvertrag mit einem der führenden Technologieanbieter aus den USA kommen wird.

Die TalkNet AG möchte sich sowohl im Geschäftskunden- als auch im Privatkundensegment von den Wettbewerbern differenzieren und sich als serviceorientierter Anbieter mit individuellen Telekommunikationslösungen profilieren. Die angestrebte Positionierung der TalkNet AG im Vergleich zu den bestehenden Wettbewerbern, der Telekom AG als bisherigem Alleinanbieter sowie den Unternehmensneugründungen Blizzard und Indi-Com, ist Abbildung 5-1 zu entnehmen.

Abbildung 5-1   Positionierung der TALKNET AG im Wettbewerbsumfeld

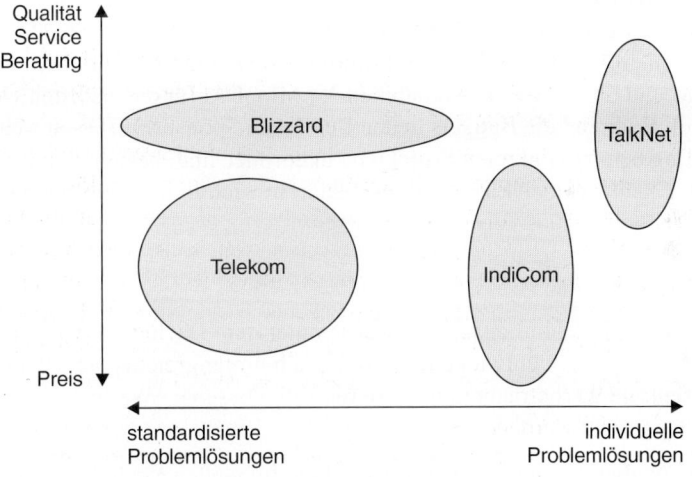

Während der Geschäftskundenmarkt gesamthaft bearbeitet werden soll, hat die TalkNet AG beschlossen, im Privatkundensegment insbesondere Haushalte mit gehobenem Einkommen und vergleichsweise niedrigem Durchschnittsalter der Haushaltsmitglieder anzusprechen. Von dieser Zielgruppe verspricht sich die TalkNet AG aufgrund ihrer höheren Affinität zu neuen Medien und innovativen Telekommunikationsdiensten eine höhere Wechselbereitschaft bei gleichzeitig höherem Pro-Kopf-Umsatz.

5.3   Kommunikationspolitische Entscheidungen der TalkNet AG

Um eine zielgruppenorientierte Marke aufzubauen, ist nach Überzeugung des Managements eine entsprechende Kommunikationskampagne zur Penetration des Markenkerns
erforderlich. Vor diesem Hintergrund wurde eine Werbeagentur beauftragt, ein Konzept
zum Markenauftritt der TalkNet AG zu entwickeln. Unter dem Slogan „TalkNet – Telekommunikation der neuen Dimension" wurde ein Kommunikationskonzept erarbeitet,
das vom Vorstand inhaltlich als voll tragfähig angesehen wird. Dieses Konzept beinhaltet
mehrere Kommunikationsziele, wie die Erhöhung des Bekanntheitsgrades, die Schaffung von Akzeptanz sowie die Information über das zukünftige Leistungsspektrum der
TalkNet AG. Jedes dieser Ziele wird durch eigens hierfür konzipierte Werbeaktivitäten
sowie einige spezifische Maßnahmen in den Bereichen Sportsponsoring, Event-Marketing und Direct-Mailing verfolgt.

Kommunikationsmanagement

Für die Verfolgung des Ziels „Schaffung und Erhöhung der Bekanntheit der TalkNet AG"
hat der Vorstand für die nächsten zwölf Monate ein Budget von insgesamt 10,5 Mio. DM
veranschlagt. Zur Erreichung dieser Zielsetzung werden für Sponsoringaktivitäten Mittel in Höhe von drei Mio. DM, die Durchführung von Events 2,5 Mio. DM, Direct Mails
1,6 Mio. DM und für die Werbemaßnahmen 3,4 Mio. DM für die nächsten vier Quartale
bereitgestellt. Während die Budgets in den Bereichen Sponsoring, Event Marketing und
Direct Mailing bereits konkreten Projekten zugeordnet sind, besteht bei der Festlegung
der Werbemaßnahmen noch Entscheidungsbedarf hinsichtlich der Werbeträgerauswahl.

Mediastrategie

Zur Erhöhung des Bekanntheitsgrades wurde unter dem Dach des oben genannten Slogans eine Mediastrategie entwickelt, die sich nach umfangreicher Vorselektion auf folgende vier zentrale Werbeträger konzentrieren soll. Diese vier Werbeträger können auch
kombiniert eingesetzt werden.

Bei den vier Werbeträgern handelt es sich um die folgenden Medien:

1. **Super TV**
   Der Sender Super TV ist einer der etablierten privaten Fernsehsender in Deutschland,
   der mittlerweile eine konstant hohe Zuschauerquote erreicht. Für die TalkNet AG offeriert der Sender ein Paketangebot, das monatlich zehn Werbespots in attraktiven
   Programmumfeldern umfasst. Aufgrund des sehr günstigen Preises des Paketange-
   bots im Vergleich zum Einzelpreis für einen Werbespot sind sich die Werbeagentur
   und die TalkNet AG einig, dass ein Werbeengagement bei Super TV lediglich im Rahmen dieses Paketangebotes erfolgen kann.

2. **Blickpunkt**
   Mit wöchentlich 1,1 Mio. Lesern ist der Blickpunkt Deutschlands führendes Nach-
   richtenmagazin. Er zeichnet sich insbesondere durch eine hohe Aktualität und redak-
   tionell und grafisch aufwendig gestaltete Beiträge aus. Nicht zuletzt deshalb besteht
   eine hohe Leser-Blatt-Bindung, die über die Jahre zu einer relativ konstanten Leser-
   schaft geführt hat.

3. **Der Prozessor**
   Der Prozessor ist eine erst kurze Zeit im Markt befindliche Special-Interest-Zeit-
   schrift für Computer-Freaks. Das 14-täglich erscheinende Blatt informiert die Leser
   über neue Trends im Computer- und Telekommunikationsbereich.

4. **Juhu!.de**
   Juhu!.de ist ein für seine Nutzer kostenloser, deutschsprachiger Suchdienst im Internet, der sich ausschließlich durch Werbeeinblendungen finanziert, die auf den Such-
   seiten gut sichtbar platziert werden. Durch das „Anklicken" des Werbeschriftzugs gelangt der Internetnutzer zu der Homepage des Werbenden (im vorliegenden Fall also
   die TalkNet AG), auf der weitere Informationen zum Unternehmen und seinem Produktangebot zu finden sind. Eine Werbeeinblendung ist bei Juhu!.de jeweils nur monatlich zu buchen, das heißt, eine Werbeeinblendung bleibt mindestens einen Monat
   auf der Website von Juhu!.de.

| Abbildung 5-2 | Schaltpreise und Rabattstaffeln ausgewählter Werbeträger

Werbeträger	Super TV	Blickpunkt	Der Prozessor	Juhu!.de
Kosten pro Schaltung (in DM)	43.750	33.000	4.500	6.000
Rabatt bei 1-monatiger Voll-belegung für den gesamten Zeitraum	0 %	0 %	0 %	0 %
Rabatt bei 2-monatiger Voll-belegung für den gesamten Zeitraum	30 %	20 %	10 %	10 %
Rabatt bei 3-monatiger Voll-belegung für den gesamten Zeitraum	35 %	35 %	15 %	20 %

GABLER
GRAFIK

Kostendegressionen bei mehrmonatiger Buchung der Werbeträger

Aufgrund des zunehmenden Wettbewerbsdrucks in der Medienbranche offerieren alle Werbeträger heute Rabattstaffeln, die sich allerdings nur bei Vollbelegung ergeben, das heißt, ein Werbeträger muss durchgängig beziehungsweise für jede Ausgabe mit einer Werbeschaltung belegt werden. Die Rabatte beziehen sich dabei immer auf alle im Gesamtzeitraum gebuchten Werbemaßnahmen. Die entsprechenden Rabattstaffeln für die vier relevanten Werbeträger sind Abbildung 5-2 zu entnehmen.

Abbildung 5-3   **Medialeistungsdaten ausgewählter Werbeträger**

Werbeträger	Super TV	Blickpunkt	Der Prozessor	Juhu!.de
Anzahl Nutzer	2.500.000 pro Sendung	1.100.000 pro Ausgabe	70.000 pro Ausgabe	1.200.000 im Monat
Anzahl Sendungen/ Ausgaben im Monat	10 (d. h. 1 Paket)	4	2	1 (d. h. Dauer- belegung)
Netto-Werbemittel- reichweite bei 1-mo- natiger Belegung	40 %	60 %	50 %	20 %
Netto-Werbemittel- reichweite bei 2-mo- natiger Belegung	55 %	70 %	60 %	30 %
Netto-Werbemittel- reichweite bei 3-mo- natiger Belegung	60 %	75 %	70 %	40 %
Zielgruppe des Werbeträgers	– breite Teile der Bevölkerung – mittleres bis höheres Alters- segment – mittleres bis niedriges Haus- haltseinkommen	– jüngere Ziel- gruppe – meist Männer – höheres Haus- haltseinkommen – gehobener Aus- bildungsstand	– jüngere Ziel- gruppe – gehobener Aus- bildungsstand – mittleres bis niedriges Haus- haltseinkommen – hohe Technik- affinität	– junge Ziel- gruppe – vielfach Akade- miker – hohe Technik- affinität – mittleres bis ge- hobenes Haus- haltseinkommen

GABLER
GRAFIK

Werbemittelreichweite

Erfahrungsgemäß ist die Werbeträgerreichweite nicht mit der Werbemittelreichweite gleichzusetzen. Während die Werbeträgerreichweite ein Maß für die Feststellung der Anzahl von Mediennutzern ist, wird unter der Werbemittelreichweite die Anzahl derjenigen Mediennutzer erfasst, die nicht nur mit dem Medium selbst Kontakt hatten, sondern auch das Werbemittel (den TV-Spot, die Anzeige beziehungsweise den Werbeschriftzug der TalkNet AG) bewusst wahrgenommen haben. Erfahrungswerte der Werbeagentur zeigen hier deutliche Unterschiede hinsichtlich der vier ausgewählten Werbeträger. Die TalkNet AG interessiert sich dabei vor dem Hintergrund des deklarierten Ziels, Werbekontakte mit möglichst vielen Mitgliedern der Zielgruppe zu erlangen, insbesondere für die zeitliche Entwicklung der Nettoreichweite. Bei dieser werden Mehrfachkontakte mit derselben Person, zum Beispiel aufgrund von Abonnements oder Mehrfachnutzung eines Mediums, jeweils nur einmal berücksichtigt. Die Netto-Werbemittelreichweiten der jeweiligen Medien im Zeitablauf sind Abbildung 5-3 zu entnehmen.

5.4   Aufgaben zur Fallstudie TalkNet AG

a.   Erörtern Sie die zentralen Stärken und Schwächen der TalkNet AG als flächendeckender Anbieter von Basistelefondiensten. Gehen Sie dabei auch auf die für diesen Markt aufgezeigten Kompetenzfelder ein. Stellen Sie vor diesem Hintergrund die Chancen und Risiken eines Markteintritts der TalkNet AG heraus. Welche weiteren Daten sollten für eine detaillierte Analyse berücksichtigt werden?

b.   In jüngster Zeit wird vermehrt auf die Notwendigkeit einer Integration der Unternehmenskommunikation hingewiesen. Erläutern Sie die Integrationsformen, die grundsätzlich im Rahmen der Integrierten Kommunikation unterschieden werden und skizzieren Sie am Beispiel der TalkNet AG wie eine solche Integration der eingesetzten Kommunikationsinstrumente erfolgen könnte.

c.   Entwerfen Sie ein Markenleitbild für die TalkNet AG.

d.   Ermitteln Sie die Brutto- und Nettoreichweiten sowie die zugehörigen Tausenderpreise für alle möglichen Werbeträgerkombinationen, bestehend aus jeweils drei Medien. Beurteilen Sie die Vorteilhaftigkeit dieser Auswahlkriterien zur Mediaselektion.

6.   Fallstudie TRAFFIC AG

6.1   Markt- und Wettbewerbssituation

Die Globalisierung der Märkte sowie die Integrationsentwicklung in Europa einhergehend mit einem wachsenden Freizeit- und Mobilitätsbewusstsein der Bevölkerung führt zu einer „Entlokalisierung" von geschäftlichen und privaten Kontakten. Diese Entwicklungen spiegeln sich auch in der steigenden Nachfrage nach Verkehrsdienstleistungen in den westlichen Industriestaaten wider.

Dabei ist sowohl auf der inter- als auch der intramodalen Betrachtungsebene der Anbieter von Verkehrsdienstleistungen ein intensiver Wettbewerb festzustellen beziehungsweise zu erwarten. Ursache hierfür stellen Deregulierungs- und Privatisierungsmaßnahmen bei den ehemals staatlichen Flug- und Bahngesellschaften dar. Die steigende Wettbewerbsintensität äußert sich in jüngster Zeit insbesondere auf dem Luftverkehrsmarkt, in dem sowohl auf dem innerdeutschen als auch auf dem internationalen Markt zunehmend aggressive Preisstrategien von Fluggesellschaften festzustellen sind. Da im Rahmen der Bahnreform auch der Zugang Dritter als Anbieter von Schienenverkehrsleistungen vorgesehen ist, müssen sich auch die Anbieter dieser Dienstleistungen zusätzlich auf einen erhöhten intramodalen Wettbewerb einstellen. Neben dem Luft- und motorisierten Individualverkehr werden Eisenbahnunternehmen in Zukunft mit weiterer Konkurrenz und damit mit einem zu erwartenden Verdrängungswettbewerb konfrontiert.

Kennzeichnend für Verkehrsträger ist der strukturell bedingte hohe Anteil an fixen Kosten. Schwach ausgelastete Kapazitäten führen zu einem unproduktivem Einsatz beschränkter Ressourcen, während im Falle des Personenverkehrs überausgelastete Kapazitäten einen nicht unerheblichen negativen Einfluss auf die wahrgenommene Dienstleistungsqualität der Kunden ausüben können.

6.2   Abnehmersituation

Im Hinblick auf das Verkehrsmittelwahlverhalten weist der Markt für den Personenfernverkehr einige Besonderheiten auf. Bedingt durch die Komplexität von Verkehrsdienstleistungen ist das Verkehrsmittelwahlverhalten nur durch das Zusammenwirken verschiedener Einflussfaktoren und deren unterschiedliche Gewichtung durch die Konsumenten zu erklären. Insbesondere personen-, fahrt- und verkehrsmittelbezogene Aspekte spielen bei der Entscheidung für ein Verkehrsmittel eine zentrale Rolle. Während unter personenbezogenen Einflussfaktoren psychische (zum Beispiel Einstellungen zu einem bestimmten Verkehrsmittel) und sozioökonomische Determinanten (zum Beispiel Alter und Einkommen der Konsumenten) zu verstehen sind, beziehen sich fahrtbezogene Einflussfaktoren auf Aspekte wie den Reiseanlass oder die Länge der Fahrtstrecke. Verkehrsmittelbezogene Einflussfaktoren stellen zum Beispiel der Preis, die Verfügbarkeit oder die mit der Wahl eines bestimmten Verkehrsmittels verbundene Reisezeit dar.

6.3   Unternehmenssituation

Auch die Traffic AG, ein großes Eisenbahnunternehmen, ist – bedingt durch Privatisierungsmaßnahmen – vor neue Herausforderungen gestellt. Da bei dem nunmehr privatwirtschaftlich organisierten Unternehmen ertragsorientierte Zielsetzungen eine deutliche Bedeutungszunahme erfahren, befindet sich die Traffic AG im steigenden Maße unter Kosten- beziehungsweise Konkurrenzdruck.

Der Traffic AG lastet auch einige Jahre nach ihrer Privatisierung das Image eines „defizitären Staatsbetriebs" an. Sowohl eigene Erhebungen als auch die Berichterstattung in den Medien sind Beweis dafür, dass sowohl innerhalb des Verkehrssektors als auch branchenübergreifend die Traffic AG einen starken Aufholbedarf in der Imagewahrnehmung bei aktuellen sowie potenziellen Kunden hat. Die Ergebnisse einer neueren Imageuntersuchung der Traffic AG sind in Abbildung 6-1 dargestellt.

Nicht zuletzt aus Gründen der Imagewahrnehmung ist es der Traffic AG bisher nicht ausreichend gelungen, am Wachstum des inländischen Personenfernverkehrs zu partizipieren. Während die Hauptwettbewerber PKW und Flugzeug ihre Marktanteile steigern konnten, hat die Traffic AG in den letzten Jahrzehnten zum Teil deutliche Marktanteilsverluste hinnehmen müssen.

Vor dem Hintergrund dieser Tatbestände wurde die Marketingabteilung der Traffic AG von der Unternehmensleitung beauftragt, die Marktchancen innovativer Angebotskonzepte zur Erschließung zusätzlicher Marktpotenziale für den Schienenpersonenverkehr zu untersuchen. Insbesondere sollte ein bereits früher einmal begonnenes Projekt zur Einführung eines so genannten „Turbozuges" kritisch überdacht werden, das jedoch seinerzeit aufgrund fehlender Marktforschungsdaten eingestellt worden war. Die Grundidee dieses Projektes bestand in der Einführung eines innovativen Zugangebotes, das eine hochprofitable Bedienung von Großstadtverbindungen gewährleisten sollte. Hierzu war geplant worden, dass zusätzlich zum bisherigen Angebot der Traffic AG neuartige Züge nonstop zwischen ausgewählten Ballungszentren verkehren sollten. Ein zentraler Vorteil dieses Konzeptes läge damit in einer deutlichen Verkürzung der Fahrzeit gegenüber dem aktuellen Angebot der Traffic AG.

Abbildung 6-1   **Imagebeurteilung der Traffic AG**

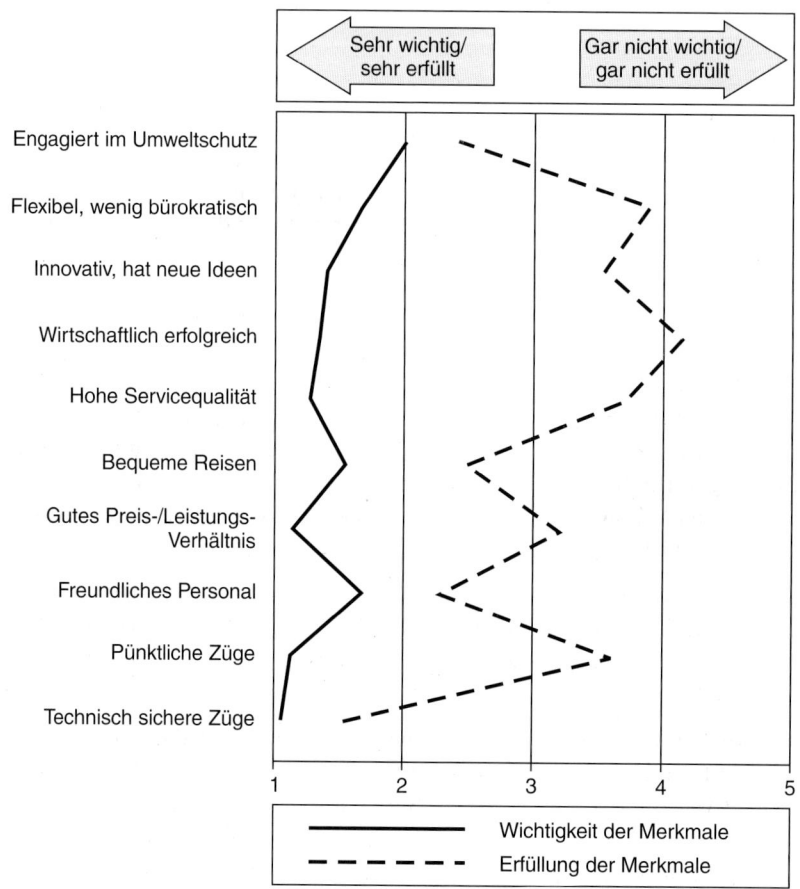

Da in der Zwischenzeit einige Abschnitte des Streckennetzes der Traffic AG für den Hochgeschwindigkeitsverkehr ausgebaut worden waren, gewann das Projekt wieder an Bedeutung.

Einigkeit bestand innerhalb der Unternehmensleitung darüber, dass es sich bei dem neuen Konzept um ein qualitativ hochwertiges Dienstleistungsangebot handeln soll. Dem Prozesscharakter der Dienstleistung Bahnreise Rechnung tragend, sollten dabei die individuellen Kundenwünsche in allen Phasen der Dienstleistung berücksichtigt werden.

Im Hinblick auf die konkrete Ausgestaltung des Projektes bestand jedoch Uneinigkeit innerhalb der Unternehmensleitung der Traffic AG. Während einerseits die sehr kostenintensive „Luxury"-Variante Befürworter fand, bevorzugten andere Mitglieder der Unternehmensleitung die so genannte „Regular"-Variante. Bei der Ausgestaltung der „Luxury"-Variante war ein sehr umfangreiches Service- und Komfortangebot vorgesehen, das mindestens demjenigen von Fluglinien entsprechen sollte. Die gesamte Reise sollte sich dabei durch eine exklusive und stilvolle Gestaltung auf höchstem Niveau auszeichnen. Mit 240,– DM wurde hier ein vergleichsweise hoher Einführungspreis vorgeschlagen. Demgegenüber sollte die „Regular"-Variante zu einem Preis von 100,– DM eingeführt werden, dennoch aber einen ansprechenden Komfort bieten und damit der von der Unternehmensleitung formulierten Qualitätsphilosophie entsprechen. Ein zentraler Unterschied zur „Luxury" Variante bestand allerdings in der dichteren Bestuhlung der Züge sowie der geringeren Betreuungsintensität durch das Servicepersonal.

Die gleichzeitige Einführung beider Varianten wurde von allen Mitarbeitern aus unterschiedlichen Gründen und insbesondere unter dem Verweis auf mögliche Kannibalisierungseffekte als nicht sinnvoll beurteilt und daher bei der weiteren Planung nicht mehr berücksichtigt.

Um detaillierte Hinweise für eine erfolgreiche Einführung zu erhalten, wurde ein Marktforschungsinstitut mit der Durchführung einer Marktanalyse betraut. Zielsetzung der Untersuchung war die Ermittlung verkehrsmittelübergreifender Nutzenstrukturen von Fernreisenden, um daraus die Marktchancen der alternativen Angebotsvarianten abzuleiten. Um einen Vergleich der Reisezeiten verschiedener Verkehrsmittel vornehmen zu können, wurde die Untersuchung auf die Gesamtreisezeit „von Tür zu Tür" ausgelegt. Die Studie wurde auf einer stark frequentierten Großstadtverbindung mit einer Länge von circa 400 km durchgeführt. Im Rahmen der Analyse sind PKW- und Flugreisende sowie Gäste der Traffic AG auf dieser Route befragt worden. Im Rahmen diverser Vorstudien waren bereits zentrale Determinanten der Verkehrsmittelwahl ermittelt worden, die in die Hauptuntersuchung einbezogen und wie folgt im Rahmen einer Conjoint-Analyse operationalisiert wurden:

Gesamtreisezeit

180 Minuten	Unabhängig davon, welche Verkehrsmittel Sie benutzen, beträgt Ihre Gesamtreisezeit von Tür zu Tür 3 Stunden.
270 Minuten	Unabhängig davon, welche Verkehrsmittel Sie benutzen, beträgt Ihre Gesamtreisezeit von Tür zu Tür 4,5 Stunden.

Komfort

Basis	Zum Beispiel bequemer Sitzplatz; Möglichkeit zu telefonieren; Imbiss/ Snacks gegen Bezahlung.
Luxus	Zum Beispiel hoher Sitzkomfort; anspruchsvolles Unterhaltungsangebot; umfangreiche Informationsmöglichkeiten; Speisen und Getränke auf hohem Niveau; angenehme, exklusive Atmosphäre durch großzügige und stilvolle Gestaltung sowie uneingeschränkte Arbeitsmöglichkeiten während der Reise (Telefon, Fax usw.).

Preis

	100 DM, 150 DM, 200 DM, 250 DM

Umfang der Beförderung

Station zu Station	Die Dienstleistung/Beförderung beginnt und endet an zwei Stationen, zum Beispiel Bahnhöfen oder Flughäfen.
Tür zu Tür	Die Dienstleistung/Beförderung beginnt an Ihrem gewünschten Startort und endet an Ihrem gewünschten Zielort. Dabei werden eventuell verschiedene Verkehrsmittel genutzt, die im Preis enthalten sind, zum Beispiel in Form eines Taxiservice (falls Sie nicht ohnehin mit dem PKW unterwegs sind).

Verfügbarkeit

Jederzeit	Es besteht jederzeit die Möglichkeit, die Reise anzutreten.
4 x täglich	Es besteht insgesamt 4 x täglich die Möglichkeit, die Reise anzutreten, zum Beispiel um 6 Uhr, um 10 Uhr, um 14 Uhr und um 18 Uhr.

Zur Schätzung der Teilnutzenwerte wurde für die Merkmale „Komfort", „Umfang der Beförderung" und „Verfügbarkeit" das Teilnutzenwert-Modell sowie für die metrischen Merkmale „Gesamtreisezeit" und „Preis" das Idealvektor-Modell verwendet. Damit konnten hier auch über die zunächst festgelegten Merkmalsgrenzen hinausgehende Ausprägungen untersucht werden. Die Ergebnisse der verkehrsmittelübergreifenden Analyse ergab die in Abbildung 6-2 dargestellten Nutzenstrukturen der Befragten.

Die Ergebnisse einer im Anschluss durchgeführten Marktsegmentierung mit Hilfe der Clusteranalyse führte zu den in Abbildungen 6-3 und 6-4 angeführten Resultaten.

Ebenso beauftragte die Traffic AG das Marktforschungsinstitut mit der Durchführung von Marktanteilsschätzungen für die „Luxury"- und die „Regular"-Variante. Hierzu wurden dem Institut die Ausgestaltung der aktuellen Angebotsstruktur auf der untersuchten Strecke (vgl. Abbildung 6-5) sowie die Ausgestaltungsalternativen des neuen Angebots (vgl. Abbildung 6-6) zur Verfügung gestellt.

Abbildung 6-2   Schätzergebnisse der Conjoint-Analyse

Merkmal	Ausprägung	Teilnutzen	Merkmalswichtigkeit
Gesamtreisezeit (linearer Nutzen- verlauf)	270 Minuten 180 Minuten	0 0,265	26,5 %
Komfort	Basis Luxus	0 0,106	10,6 %
Preis (linearer Nutzen- verlauf)	100 DM 150 DM 200 DM 250 DM	0,345 0,230 0,115 0	34,5 %
Umfang der Beförderung	Station zu Station Tür zu Tür	0 0,178	17,8 %
Verfügbarkeit	Jederzeit 4 x täglich	0,106 0	10,6 %

GABLER
GRAFIK

Abbildung 6-3   Merkmalswichtigkeiten der Conjoint-Analyse im Segmentüberblick

	Gesamt n = 5.000	Convenience- Orientierte n = 2.190	Preis- minimierer n = 560	Komfort- Orientierte n = 560	Zeit- minimierer n = 1.625
Gesamtreisezeit	26,5 %	6,4 %	15,5 %	13,5 %	54,1 %
Komfort	10,6 %	6,1 %	5,4 %	45,5 %	7,4 %
Preis	34,5 %	18,6 %	57,2 %	12,3 %	19,4 %
Umfang der Beförderung	17,8 %	58,9 %	11,4 %	14,7 %	12,2 %
Verfügbarkeit	10,6 %	10,0 %	10,5 %	14,0 %	6,9 %

GABLER
GRAFIK

Abbildung 6-4   Prozentuale Verteilung der Verkehrsmittelnutzer auf die Segmente

Verkehrs-mittel	Traffic	100 %	6,0 %	41,5 %	10,1 %	42,4 %
	PKW	100 %	16,9 %	49,3 %	11,0 %	22,8 %
	Flug	100 %	5,8 %	17,2 %	15,8 %	61,2 %

GABLER
GRAFIK

Abbildung 6-5   Aktuelle Angebotsstruktur auf der untersuchten Strecke

	PKW	Traffic		Flug	
		Klasse A	Klasse B	Business	Economy
Reisezeit	260 Minuten	270 Minuten	270 Minuten	230 Minuten	230 Minuten
Komfort	Basis	Luxus	Basis	Luxus	Basis
Preis	100 DM	180 DM	90 DM	250 DM	200 DM
Beförderung	Tür zu Tür	Stat. zu Stat.	Stat. zu Stat.	Stat. zu Stat.	Stat. zu Stat.
Verfügbarkeit	Jederzeit	4 x täglich	4 x täglich	4 x täglich	4 x täglich
Gesamtnutzenwert	0,658	?	0,368	?	?

GABLER
GRAFIK

Abbildung 6-6   Ausgestaltungsalternativen des neuen Angebots

	Regular	Luxury
Reisezeit	240 Minuten	240 Minuten
Komfort	Basis	Luxus
Preis	100 DM	240 DM
Umfang der Beförderung	Station zu Station	Station zu Station
Verfügbarkeit	4 x täglich	4 x täglich

GABLER
GRAFIK

Aus Zeitgründen konnten diese Berechnungen jedoch nicht termingerecht beendet werden.

Unabhängig von der letztendlichen Entscheidung für eine der Varianten bestand in der Unternehmensleitung der Traffic AG Einigkeit darüber, dass die erfolgreiche Vermarktung des neuen Zugkonzepts nur bei der Etablierung eines Total Quality Management (TQM) erfolgen kann. Dabei wurde die Notwendigkeit der Berücksichtigung des dienstleistungsspezifischen Charakters des Angebots betont. Ein Mitarbeiter der Marketingabteilung, der vor kurzem ein Seminar zu diesem Thema besucht hatte, erinnerte sich daran, dass die Umsetzung von Total-Quality-Konzepten die Entwicklung von konkreten Instrumenten des Qualitätsmanagement erfordert und sich dabei an den klassischen Managementfunktionen der Planung, Durchführung und Kontrolle orientiert. Leider war sein Wissen bezüglich der konkreten Ausgestaltung eines solchen Konzeptes in den verschiedenen Phasen nur noch sehr lückenhaft.

Noch bevor die Ergebnisse der Marktforschungsstudie vorlagen, erfolgten bei der Traffic AG bereits intensive Diskussionen über die markenpolitischen Optionen des neuen Bahnreiseangebotes. Insbesondere entstand eine kontroverse Diskussion über die Chancen und Risiken von Einzel- und Dachmarkenstrategien. Während einige Mitarbeiter die Eingliederung des zusätzlichen Angebots in die bisher verfolgte Dachmarkenstrategie für unabdingbar hielten, vertrat eine andere Gruppe die Meinung, dass nur der Aufbau einer eigenständigen Markenpersönlichkeit im Rahmen einer Einzelmarkenstrategie zum Erfolg führt. Die Debatte wurde vorläufig mit der Feststellung beendet, dass bei der Abwägung von Chancen und Risiken beider Optionen auch Differenzierungs- und Synergiepotenziale zu berücksichtigen sind.

6.4   Aufgaben zur Fallstudie Traffic AG

a. Interpretieren Sie kurz die Ergebnisse der Conjoint-Analyse und der Marktsegmentierung. Diskutieren und vergleichen Sie auf Grundlage dieser Ergebnisse die Chancen und Risiken einer alternativen Markteinführung der Konzeptvarianten „Regular" und „Luxury". Welche Auswirkungen auf das Verkehrsmittelwahlverhalten sind dabei jeweils zu erwarten?

b. Nehmen Sie eine Marktanteilsschätzung für die alternativen Konzeptvarianten „Luxury" und „Regular" vor. Verwenden Sie dazu das Attraktionsmodell, das wie folgt definiert ist:

$$\text{Marktanteil Produkt i} = \frac{\text{Gesamtnutzen Produkt i}}{\sum \text{Gesamtnutzen aller Produkte}}$$

Interpretieren Sie die Ergebnisse der Marktanteilsschätzung kritisch und sprechen Sie eine begründete Empfehlung im Hinblick auf die Markteinführung des neuen Zugkonzeptes aus. Welche zusätzlichen Informationen müssten bei einer endgültigen Markteinführungsentscheidung berücksichtigt werden?

c. Stellen Sie zeichnerisch eine Preisresponsefunktion für die Alternative „Regular" dar, die sich als Funktion der Marktanteile in Abhängigkeit von den Preisen der Produktalternative ergibt. Verwenden Sie dabei das Attraktionsmodell und betrachten Sie lediglich die Preisspanne zwischen 100,– DM und 160,– DM bei Preisabständen von 20,– DM. Vergleichen Sie Ihr Ergebnis mit einer von der Marktforschung alternativ ermittelten Funktion nach dem First-Choice-Modell, die sich aus folgenden Werten zusammensetzt:

Preis „Regular"	100,– DM	120,– DM	140,– DM	160,– DM
Marktanteil „Regular"	21 %	19 %	14 %	10 %

Welche Empfehlungen für die Preisgestaltung der Konzeptvariante „Regular" ergeben sich aus den alternativen Funktionsverläufen?

d. Worin bestehen die Ziele und Aufgaben eines Qualitätsmanagements im Sinne des Total-Quality-Ansatzes? Erläutern Sie vor dem spezifischen Hintergrund der Traffic AG die einzelnen Phasen eines Qualitätsmanagements und geben Sie Beispiele für Instrumente, die in diesen Phasen zum Einsatz kommen können.

e. Diskutieren und vergleichen Sie die Optionen der Einführung des neuen Zugkonzeptes im Rahmen einer Einzel- oder Dachmarkenstrategie kritisch. Gehen Sie dabei insbesondere auf die mit beiden Strategien verbundenen Chancen und Risiken ein.

Literaturverzeichnis

Abell, D.F. (1980), Defining the Business. The Starting Point of Strategic Planning, Englewood Cliffs.

A.C. Nielsen Werbeforschung S + P GmbH, Marktsystematik (1996–1999).

Adams, W.J./Yellen, J.L. (1976), Commodity Bundling and the Burden of Monopoly, in: Quarterly Journal of Economics, Vol. 40, No. 3, S. 475–488.

Adler, J. (1994), Informationsökonomische Fundierung von Austauschprozessen im Marketing, Arbeitspapier zur Marketingtheorie Nr. 3, Hrsg.: Weiber, R.

Ahlert, D. (2001), Distributionspolitik, 4. Aufl., Stuttgart/New York.

Ahlert, D./Backhaus, K./Meffert, H. (2001), Neue Geschäftsmodelle im E-Business. Unveröffentlichte Studie anlässlich des Deutschen Marketing Tags 2001.

Akerloff, G. (1970), The Market for „Lemons": Qualitative Uncertainty and the Market Mechanism, in: Quarterly Journal of Economics, Vol. 84, S. 488–500.

Albach, H. (1989), Dienstleistungsunternehmen in Deutschland, in: Zeitschrift für Betriebswirtschaft, 59. Jg., Nr. 4, S. 397–421.

Albers, S. (2000), Was verkauft sich im Internet? – Produkte und Leistungen, in: Albers, S./Clement, M./Peters, K./Skiera, B. (Hrsg.), eCommerce – Einstieg, Strategie und Umsetzung im Unternehmen, 2. Aufl., Frankfurt am Main, S. 22–36.

Albers, S./Becker, J.U. (2001), Funktionen des E-Commerce für Dienstleistungsunternehmen, in: Bruhn, M./Meffert, H. (Hrsg.), Handbuch Dienstleistungsmanagement. Von der strategischen Konzeption zur strategischen Umsetzung, 2. Aufl., Wiesbaden, S. 399–416.

Albrecht, K./Zemke, R. (1987), Service-Strategien, Hamburg/New York.

Alchian, A.A./Woodward, S. (1988), The Firm is Dead; Long Live the Firm. A Review of Oliver E. Williamson's The Economic Institutions of Capitalism, in: Journal of Economic Literature, Vol. 26, No. 1, S. 65–79.

Algedri, J. (1998), Integriertes Qualitätsmanagement-Konzept für die kontinuierliche Qualitätsverbesserung, Kassel.

Altenburger, O.A. (1981), Ansätze zu einer Produktions- und Kostentheorie der Dienstleistungen, Berlin/München.

Ammermann, M. (1998), The Root Cause Analysis Handbook. A Simplified Approach to Identifying, Correcting, and Reporting Workingplace Errors, New York.

Andersen Consulting (1998), Investitionsmodell im Internet, in: Frankfurter Allgemeine Zeitung vom 14. Dezember 1998, S. 23.

Anderson, E.W./Fornell, C./Lehmann, D.R. (1993), Economic Consequences of Providing Quality and Customer Satisfaction, in: Working Paper 93–112 of the Marketing Science Institute, Cambridge.

Anderson, E.W./Fornell, C./Lehmann, D. R. (1994), Customer Satisfaction, Market Share, and Profitability: Findings from Sweden, in: Journal of Marketing, Vol. 58, No. 2, S. 53–66.

Anderson, E.W./Mittal, V. (2000), Strengthening the Satisfaction-Profit-Chain, in: Journal of Service Research, Vol. 3, No. 2, S. 107–120.

Andon, P./Baxter, J./Bradly, G. (1998), The Calculation of Customer Lifetime Value (CLV): Theory and Practice, Workingpaper, University of New South Wales, School of Accounting, Australia.

Andreassen, T.W./Lindestad, B. (1998), Complex Services and Customer Loyalty. The Significance of Corporate Image on Quality, Customer Satisfaction and Loyalty for Customer with Varying Degrees of Service Expertise, in: The International Journal of Service Industry Management, Vol. 9, No. 1, S. 7–23.

Ang, S.H./Leong, S.M./Lim, J. (1997), The Mediating Influence of Pleasure and Arousal on Layout and Signage Effects, in: Journal of Retailing and Consumer Services, Vol. 4, No. 1, S. 13–24.

Ansoff, H.I. (1966), Management Strategies, München.

Ansoff, H.I. (1976), Managing Surprise and Discontinuity. Strategic Response to Weak Signals, in: Zeitschrift für betriebswirtschaftliche Forschung, 28. Jg., Nr. 2, S. 129–152.

AQS Ausschuß Qualitätssicherung und angewandte Statistik im Deutschen Institut für Normung e.V. (Hrsg.) (1992), Qualitätsmanagement und Qualitätssicherung. Begriffe, DIN ISO 8402, Berlin.

Arrow, K.J. (1985), The Economics of Agency, in: Pratt, J.W./Zeckhauser, R.J. (Hrsg.), Principals and Agents: The Structure of Business, Boston, S. 37–51.

Arzet, H./Bachmann, H.F./Jung, N. (1997), Qualitätsmanagement für Dienstleistungs- und Handelsunternehmen. Arbeitshandbuch zur Zertifizierungsvorbereitung nach DIN EN ISO 9000 ff, Bonn.

Atkinson, H./Hamburg, J./Ittner, C. (1994), Linking Quality to Profits. Quality-Based Cost Management, Milwaukee.

Atuahene-Gima, K. (1996), Market Orientation and Innovation, in: Journal of Business Research, Vol. 35, No. 2, S. 93–103.

Audehm, D. (1995), Systematische Ideenfindung, Renningen.

Backhaus, K. (1999), Industriegütermarketing, 6. Aufl., München.

Backhaus, K./Büschken, J./Voeth, M. (2001), Internationales Marketing, 4. Aufl., Stuttgart.

Backhaus, K./Erichson, B./Plinke, W. (2000), Multivariate Analysemethoden. Eine anwendungsorientierte Einführung, 9. Aufl., Berlin/Heidelberg.

Bacon, F.R/Butler, Th.W. (1998), Achieving Planned Innovation: A Proven System for Creating Succesful New Products and Services, 3. Aufl., Free Press.

Bagozzi, R.P. (1975), Marketing as Exchange, in: Journal of Marketing, Vol. 39, No. 3, S. 32–39.

Bagozzi, R.P. (1979), Towards a Theory of the Middle Range, in: der markt, 18. Jg., Nr. 14, S. 177–182.

Baker, M.J./Buttery, E.A./Richter-Buttery, E.M. (1998), Relationship Marketing in three Dimensions, in: Journal of Interactive Marketing, Vol. 12, No. 4, S. 47–62.

Baron, S./Harris, K. (1995), Services Marketing. Text and Cases, Houndsmill u. a.

Barth, D. (1998), Dienstleistungen im internationalen Vergleich, Vortragsunterlagen zum 4. Dienstleistungskongreß am 16.6.1998 in Bad Homburg.

Bartlett, C.A./Ghoshal, S. (1990), Internationale Unternehmensführung, Frankfurt, New York.

Bateson, J.E.G. (1992a), Understanding the Service Experience, in: Bateson, J.E.G. (Hrsg.), Managing Services Marketing, 2. Aufl., Orlando, S. 83–105.

Bateson, J.E.G. (1992b), Perceived Control and the Service Encounter, in: Bateson, J.E.G. (Hrsg.), Managing Services Marketing, 2. Aufl., Orlando, S. 123–132.

Bauer, H.H./Bayón, T. (1995), Zur Relevanz prinzipal-agenten-theoretischer Aussagen für das Kontraktgütermarketing. Design, Ergebnisse und Implikationen einer empirischen Studie zur Beschaffung von Fertigungs-Sondermaschinen, in: Kaas, K.P. (Hrsg.), Kontrakte, Geschäftsbeziehungen, Netzwerke: Marketing und Neue Institutionenökonomik, Zeitschrift für betriebswirtschaftliche Forschung, Sonderheft 35, S. 79–99.

Bauer, R. (1960), Consumer Behavior as Risk-Taking, in: Hancock, R. (Hrsg.), Proceedings of the 43th Conference of the American Marketing Association, Chicago, S. 389–398.

BDW e.V. (1993), Ergebnisbericht der Erhebung des Deutschen Kommunikationsverbandes BDW zur Bedeutung, Planung, Durchführung von Events, Bonn.

Beaven, M.H./Scotti, D.J. (1990), Service-Oriented Thinking and Its Implications for the Marketing Mix, in: Journal of Services Marketing, Vol. 4, No. 4, S. 5–19.

Becker, B. (2002), Prozessorientiertes Qualitätsmanagement, 2. Aufl., Renningen-Malmsheim.

Becker, F.G. (1999), Marketingorientierte Ausrichtung der Personalentwicklung in Dienstleistungsunternehmen – am Beispiel von Finanzdienstleistern, in: Bruhn, M. (Hrsg.), Internes Marketing. Integration der Kunden- und Mitarbeiterorientierung. Grundlagen, Implementierung, Praxisbeispiele, 2. Aufl., Wiesbaden, S. 271–292.

Becker, F.G./Günther, S. (2001), Personalentwicklung als Führungsaufgabe in Dienstleistungsunternehmen, in: Bruhn, M./Meffert, H. (Hrsg.), Handbuch Dienstleistungsmanagement. Von der strategischen Konzeption zur praktischen Umsetzung, 2. Aufl., Wiesbaden, S. 751–780.

Becker, J. (2001), Marketing-Konzeption, 7. Aufl., München.

Bednarczuk, P./Friedrich, J. (1992), Kundenorientierung ohne Marketing. Eine Lösung für Dienstleistungsunternehmen, in: Absatzwirtschaft, 35. Jg., Nr. 9, S. 90–97.

Beger, R./Gärtner, H.-D./Mathes, R. (1989), Unternehmenskommunikation. Grundlagen, Strategien, Instrumente, Wiesbaden.

Behofsics, J. (1998), Globalisierungstendenzen intermediärer Dienstleistungen, Wiesbaden.

Behrens, K.C. (Hrsg.) (1970), Handbuch der Werbung, Wiesbaden.

Benkenstein, M. (1993), Dienstleistungsqualität. Ansätze zur Messung und Implikationen für die Steuerung, in: Zeitschrift für Betriebswirtschaft, 63. Jg., Nr. 11, S. 1095–1116.

Benkenstein, M. (1998a), Besonderheiten des Innovationsmanagements in Dienstleistungsunternehmen, in: Bruhn, M./Meffert, H. (Hrsg.), Handbuch Dienstleistungsmanagement. Von der strategischen Konzeption zur praktischen Umsetzung, Wiesbaden.

Benkenstein, M. (1998b), Ansätze zur Steuerung der Dienstleistungsqualität, in: Meyer, A. (Hrsg.), Handbuch Dienstleistungs-Marketing, Band 1, Stuttgart, S. 444–454.

Benkenstein, M. (2001), Strategisches Marketing. Ein wettbewerbsorientierter Ansatz, 2. Aufl., Stuttgart.

Benkenstein, M./Güthoff, J. (1996), Typologisierung von Dienstleistungen. Ein Ansatz auf der Grundlage system- und käuferverhaltenstheoretischer Überlegungen, in: Zeitschrift für Betriebswirtschaft, 66. Jg., Nr. 12, S. 1493–1510.

Benkenstein, M./Güthoff, J. (1998), Methoden zur Messung der Dienstleistungsqualität, in: Bruhn, M./Meffert, H. (Hrsg.), Handbuch Dienstleistungsmanagement. Von der strategischen Konzeption zur praktischen Umsetzung, Wiesbaden, S. 429–447.

Benkenstein, M./Stuhldreier, U. (2001), Kundenwertsteigerung durch Beziehungsmarketing im Privatkundengeschäft von Universalbanken, in: Günter, B./Helm, S. (Hrsg.), Kundenwert. Grundlagen, Innovative Konzepte, Praktische Umsetzung, Wiesbaden, S. 641–658.

Benölken, H./Greipel, P. (1994), Dienstleistungsmanagement. Service als strategische Erfolgsposition, 2. Aufl., Wiesbaden.

Benson, J.K. (1975), The Interorganizational Network as Political Economy, in: Administrative Science Quarterly, Vol. 20, June, S. 229–249.

Berekoven, L. (1966), Der Begriff „Dienstleistung" und seine Bedeutung für eine Analyse der Dienstleistungsbetriebe, in: Jahrbuch der Absatz- und Verbrauchsforschung, 12. Jg., Nr. 4, S. 314–326.

Berekoven, L. (1974), Der Dienstleistungsbetrieb. Wesen, Struktur, Bedeutung, Wiesbaden.

Berekoven, L. (1983), Der Dienstleistungsmarkt in der BRD, Göttingen.

Berekoven, L. (1997), Der Dienstleistungsmarkt in der Bundesrepublik Deutschland, Göttingen.

Berekoven, L./Bruchmann, K. (1992), Verlagstypologien, in: Diller, H. (Hrsg.), Vahlens Großes Marketinglexikon, München, S. 1233.

Bergen, M./Dutta, S./Walker, O.C. Jr. (1992), Agency Relationships in Marketing: A Review of the Implications and Applications of Agency and Related Theories, in: Journal of Marketing, Vol. 56, No. 3, S. 1–24.

Berger, P.D./Nasr, N.I. (1998), Customer Lifetime Value. Marketing Models and Applications, in: Journal of Interactive Marketing, Vol. 12, No. 1, S. 17–30.

Berger, R. (1999), Die Dienstleistungsgesellschaft als Herausforderung und Chance, in: Beisheim, O. (Hrsg.), Distribution im Aufbruch. Bestandsaufnahme und Perspektiven, München, S. 199–215.

Berndt, R./Fantapié Altobelli, C./Sander, M. (1997), Internationale Marketing-Politik, Berlin.

Berry, L.L. (1983), Relationship Marketing, in: Berry, L.L./Shostack, G.L./Upah, G.D. (Hrsg.), Emerging Perspectives on Services Marketing, Chicago, S. 25–28.

Berry, L.L. (1984), The Employee as Customer, in: Lovelock, C. (Hrsg.), Services Marketing. Text, Cases and Readings, Englewood Cliffs, S. 271–278.

Berry, L.L. (1986), Big Ideas in Services Marketing, in: Venkatesan, M./Schmalensee, D.M./Marshall, C. (Hrsg.), Creativity in Services Marketing. What's new, What Works, What's Developing, Chicago, S. 6–8.

Berry, L.L./Burke, M.C./Hensel, J.S. (1976), Improving Retailer Capability for Effective Consumerism Response, in: Journal of Marketing, No. 3, S. 3–14.

Berry, L.L./Yadav, M.S. (1997), Oft falsch berechnet und verwirrend – die Preise für Dienstleistungen, in: Harvard Business Manager, 19. Jg., Nr. 1, S. 57–67.

Berry, L.L./Zeithaml, V./Parasuraman, A. (1990), Five Imperatives for Improving Service Quality, in: Sloan Management Review, Vol. 31, No. 4, S. 29–38.

Berryman, K./Harrington, L./Layton-Rodin, D./Rerolle, V. (1998), Electronic Commerce: Three Emerging Strategies, in: McKinsey Quarterly, Heft 1, S. 152–159.

Berthel, J. (1975), Betriebswirtschaftliche Informationssysteme, Stuttgart.

Bertsch, L.H. (1990), Kostenbasierte Bestimmung situativer Preisuntergrenzen für Luftfrachttransportleistungen, in: Zeitschrift für Verkehrswissenschaft, 61. Jg., Nr. 4, S. 237–253.

Bicher-Mehler, A. (1996), Ein objekt- und geschäftsprozessorientiertes Architekturmodell für Management Support Systeme, Wiesbaden.

Bieberbach, F./Herrmann, M. (1999), Die Substitution von Dienstleistungen durch Informationsprodukte auf elektronischen Märkten, in: Scheer, A.-W./Nüttgens, M. (Hrsg.), Electronic Business Engineering. 4. Internationale Tagung Wirtschaftsinformatik 1999, Heidelberg, S. 67–82.

Bieberstein, I. (2001), Dienstleistungs-Marketing, 3. Aufl., Ludwigshafen.

Bilkey, W.J./Nes, E. (1982), Country-of-Origin Effects on Product Evaluations, in: Journal of International Business Studies, Vol. 13, No. 1, S. 89–99.

Birkelbach, R. (1988), Strategische Geschäftsfeldplanung im Versicherungssektor, in: Marketing ZFP, 10. Jg., Nr. 8, S. 231–239.

Birkelbach, R. (1993), Qualitätsmanagement in Dienstleistungs-Centern. Konzeption und typenspezifische Ausgestaltung unter besonderer Berücksichtigung von Verkehrsflughäfen, Frankfurt am Main.

Bisani, F. (1989), Anforderungs- und Qualitätsprofil, in: Strutz, H. (Hrsg.), Handbuch Personalmarketing, Wiesbaden, S. 230–243.

Bisani, F. (1993), Anforderungs- und Qualifikationsprofil, in: Strutz, H. (Hrsg.), Handbuch Personalmarketing, Frankfurt am Main, S. 344–357.

Bitner, M.J. (1991), The Evolution of the Services Marketing Mix and Its relationship to Service Quality, in: Brown, S./Gumesson, E./Edvardson, B./Gustavsson, B. (Hrsg.), Service Quality Multidisciplinary and Multinational Perspectives, New York, S. 23–37.

Bitner, M.J. (1995), Building Service Relationships. It's All About Promises, in: Journal of the Academy of Marketing Science, Vol. 23, No. 4, S. 246–253.

Bitner, M.J./Booms, B.H./Tetreault, M.S. (1990), The Service Encounter. Diagnosing Favorable and Unfavorable Incidents, in: Journal of Marketing, Vol. 54, No. 1, S. 71–84.

Blattberg, R./Deighton, J. (1996), Manage Marketing by the Customer Equity Test, in: Harvard Business Review, Vol. 74, No. 4, S. 136–144.

Blau, P.M. (1964), Exchange and Power in Social Life, New York.

Bleicher, K. (1990), Zukunftsperspektiven organisatorischer Entwicklung. Von strukturellen zu human-zentrierten Ansätzen, in: Zeitschrift Führung und Organisation, 59. Jg., Nr. 3, S. 152–161.

Bleicher, K. (1999), Das Konzept Integriertes Management, 5. Aufl., Frankfurt am Main/New York.

Bless, H./Matzen, T. (1995), Optimierung von Verkaufsgesprächen und individuelle Produktpräsentation mittels PC, in: Hünerberg, R./Heise, G. (Hrsg.), Multi-Media und Marketing: Grundlagen und Anwendungen, Wiesbaden, S. 297–310.

Bliemel, F.W./Eggert, A. (1998), Kundenbindung. Die neue Sollstrategie?, in: Marketing ZFP, 20. Jg., Nr. 1, S. 37–46.

Bliemel, F.W./Fassot, G./Theobald, A. (Hrsg.) (1999), Electronic Commerce: Herausforderungen, Anwendungen, Perspektiven, 2. Aufl., Wiesbaden.

Bloemer, J./Kasper, J.D. (1995), The Complex Relationship between Consumer Satisfaction and Brand Loyalty, in: Journal of Economic Psychology, Vol. 16, No. 2, S. 311–329.

Bloemer, J./Ruyter, K. de (1998), On the Relationship between Store Image, Store Satisfaction and Store Loyalty, in: European Journal of Marketing, Vol. 32, No. 5/6, S. 499–514.

Bogart, L. (1995), Strategy in Advertising. Matching Media and Messages to Markets and Motivations, 3. Aufl., Lincolnwood.

Bogaschwesky, R. (1995), Vertikale Kooperationen. Erklärungsansätze der Transaktionskostentheorie und des Beziehungsmarketing, in: Zeitschrift für betriebswirtschaftliche Forschung, 47. Jg., Sonderheft Nr. 35, S. 1–19.

Böhler, H./Hempe, S. (2001), Marktforschung für das Dienstleistungsmanagement, in: Bruhn, M./Meffert, H. (Hrsg.), Handbuch Dienstleistungsmanagement. Von der strategischen Konzeption zur praktischen Umsetzung, 2. Aufl., Wiesbaden, S. 263–276.

Böhler, H./Riedl, J. (1997), Informationsgewinnung für die Database im Investitionsgüter-Marketing, in: Link, J./Brändli, D./Schleuning, C./Kehl, R.E. (Hrsg.), Handbuch Database Marketing, Ettlingen, S. 58–74.

Böhme-Köst, P. (1992), Ein Event ist ein Event ist ein Event …, in: Marketing Journal, 25. Jg., S. 340–342.

Bokranz, R. (1989), Arbeitsgestaltung, in: Strutz, H. (Hrsg.), Handbuch Personalmarketing, Wiesbaden, S. 503–518.

Bolton, R.N./Drew, J.H. (1991), A Longitudinal Analysis of the Impact of Service Changes on Customer Attitudes, in: Journal of Marketing, Vol. 55, No. 1 , S. 1–9.

Bolton, R.N./Lemon, K.N. (1999), A Dynamic Model of Customers´ Usage of Services: Usage as an Antecedent and Consequence of Satisfaction, in: Journal of Marketing Research, Vol. 36, No. 2, S. 171–186.

Boulding, W./Kalra, A./Staelin, R./Zeithaml, V.A. (1993), A Dynamic Process Model of Service Quality. From Expectations to Behavioral Intentions, in: Journal of Marketing Research, Vol. 30, No. 1, S. 7–27.

Boulding, W./Staelin R. (1993), A Dynamic Process Model of Service Quality Assessment, in: Scheuing, E.E./Christopher, W.F. (Hrsg.), The Service Quality Handbook, New York, S. 177–194.

Boutellier, R./Masing, W. (1998), Qualitätsmanagement an der Schwelle zum 21. Jahrhundert. Festschrift für Hans Dieter Seghezzi zum 65. Geburtstag, München.

Bovermann, A. (1997), Dienstleistungsqualität durch Total Quality Management, Wiesbaden.

Bowen, D.E./Lawler III, E.E. (1998), Empowerment im Dienstleistungsbereich, in: Meyer, A. (Hrsg.), Handbuch Dienstleistungs-Marketing, Band 1, Stuttgart, S. 1031–1044.

Bower, G./Hilgard, E. (1984), Theories of Learning, 3. Aufl., Englewood Cliffs.

Boyd, D.E./Bhat, S. (1998), The Role of Dual Entitlement and Equity Theories in Consumer's Formation of Fair Price Judgements, in: Journal of Professional Service Marketing, Vol. 17, No. 1, S. 1–14.

Bozell-Gallup (Hrsg.) (1998), Bozell-Gallup Worldwide Quality Poll.

Buhmann, B. (2002), Abgeschwächte Umsatzzunahme, Umsatzrückgang bei der Hälfte der Institute, in: Verband Schweizer Marketing- und Sozialforscher, http://www.swissresearch.org/deutsch/pdf/Statistik_Buhmann.pdf (Zugriff: 20.12.2002).

Bradley, F. (1995), The Service Firm in International Marketing, in: Glynn, W./Barnes, I. (Hrsg.), Understanding Services Management, Dublin, S. 420–448.

Brand, R.R./Cronin, J.J. (1997), Consumer-Specific Determinants of the Size of Retail Choice Sets. An Empirical Comparison of Physical Good and Service Providers, in: Journal of Services Marketing, Vol. 11, No. 1, S. 19–38.

Brandt, D.R. (1987), A Procedure for Identifying Value-Enhancing Service Components Using Customer Satisfaction Survey Data, in: Surprenant, C.F. (Hrsg.), Add Value to Your Service, Chicago, S. 61–65.

Brandt, D.R. (1988), How Service Marketers Can Identify Value-Enhancing Service Elements, in: Journal of Services Marketing, Vol. 2, No. 3, S. 35–41.

Braunschweig, E. (1981), Werbewirkungsmodelle. Planungsgerecht?, in: Vierteljahreshefte für Mediaplanung, 7. Jg., Nr. 1, S. 2–5.

Breithaupt, H.-F. (2002), Dienstleistungsqualität im Internet am Beispiel von Intermediären, in: Bruhn, M./Stauss, B. (Hrsg.), Electronic Services, Dienstleistungsmanagement Jahrbuch 2002, Wiesbaden, S. 177–207.

Broadbent, S. (1989), The Advertising Budget, London u. a.

Brockhoff, K. (1999), Produktpolitik, 4. Aufl., Stuttgart/New York.

Brodie, R.J./Coviello, N.E./Brookes, R.W./Little, V. (1997), Towards a Paradigm Shift in Marketing? An Examination of Current Marketing Practices, in: Journal of Marketing Management, Vol. 13, No. 5, S. 383–406.

Brown, S. W./Haynes, R.M./Saunders, D.L. (1993), Revitalizing Service Innovations, in: International Journal of Service Industry Management, Vol. 4, No. 1, S. 65–77.

Bruhn, M. (1982), Konsumentenzufriedenheit und Beschwerdeverhalten, Frankfurt am Main/Bern.

Bruhn, M. (1986), Beschwerdemanagement, in: Harvard Manager, 8. Jg., Nr. 3, S. 104–106.

Bruhn, M. (1987), Der Informationswert von Beschwerden für Marketingentscheidungen, in: Hansen, U./Schoenheit, I. (Hrsg.), Verbraucherzufriedenheit und Beschwerdeverhalten, Frankfurt am Main/New York, S. 123–140.

Bruhn, M. (1989), Planung des Kommunikationsmix von Unternehmen, in: Bruhn, M. (Hrsg.), Handbuch des Marketing. Anforderungen an die Marketingkonzeption aus Wissenschaft und Praxis, München, S. 397–432.

Bruhn, M. (1992), Werbung und Kommunikation für internationale Märkte, in: Kumar, N./Haussmann, H. (Hrsg.), Handbuch der Internationalen Geschäftstätigkeit, München, S. 704–734.

Bruhn, M. (1994), Handbuch Markenartikel. Anforderungen an die Markenpolitik aus Sicht von Wissenschaft und Praxis, Stuttgart.

Bruhn, M. (1997), Multimediakommunikation. Systematische Planung und Umsetzung eines interaktiven Marketinginstruments, München.

Bruhn, M. (1998a), Schweizer Kundenbarometer. SWICS – Swiss Index of Customer Satisfaction, Basel.

Bruhn, M. (1998b), Wirtschaftlichkeit des Qualitätsmanagements, Heidelberg.

Bruhn, M. (1998c), Erfassung der Dienstleistungsqualität bei Unternehmen mit gleichzeitig direktem und indirektem Kundenkontakt – Ansätze einer spieltheoretischen Multiattributsmessung, in: Bruhn, M./Steffenhagen, H. (Hrsg.), Marktorientierte Unternehmensführung. Reflexionen – Denkanstöße – Perspektiven. Festschrift für Heribert Meffert zum 60. Geburtstag, 2. Aufl., Wiesbaden, S. 295–322.

Bruhn, M. (1998d), Schweizer Kundenbarometer 1998. Ergebnisse einer Pilotstudie zu Kundenzufriedenheit, Kundendialog und Kundenbindung in Schweizer Unternehmen.

Bruhn, M. (1998e), Interne Kommunikation, in: Meyer, A. (Hrsg.), Handbuch Dienstleistungs-Marketing, Band 1, Stuttgart, S. 1045–1064.

Bruhn, M. (1998f), Balanced Scorecard: Ein ganzheitliches Konzept der Wertorientierten Unternehmensführung? in: Bruhn, M./Lusti, M./Müller, W.R./Schierenbeck, H./Studer, M. (Hrsg.), Wertorientierte Unternehmensführung, Perspektiven und Handlungsfelder für die Wertsteigerung, Wiesbaden, S. 145–167.

Bruhn, M. (1999a), Relationship Marketing. Neustrukturierung der klassischen Marketinginstrumente durch eine Orientierung an Kundenbeziehungen, in: Grünig, R./Pasquier, M. (Hrsg.), Strategisches Management und Marketing, Bern, S. 189–217.

Bruhn, M. (1999b), Internes Marketing als Forschungsgebiet der Marketingwissenschaft. Eine Einführung in die theoretischen und praktischen Probleme, in: Bruhn, M. (Hrsg.), Internes Marketing. Integration der Kunden- und Mitarbeiterorientierung. Grundlagen, Implementierung, Praxisbeispiele, 2. Aufl., Wiesbaden, S. 15–44.

Bruhn, M. (1999c), Verfahren zur Messung der Qualität interner Dienstleistungen. Ansätze für einen Methodentransfer aus dem (externen) Dienstleistungsmarketing, in: Bruhn, M. (Hrsg.), Internes Marketing. Integration der Kunden- und Mitarbeiterorientierung. Grundlagen, Implementierung, Praxisbeispiele, 2. Aufl., Wiesbaden, S. 537–576.

Bruhn, M. (2000a), Qualitätssicherung im Dienstleistungsmarketing. Eine Einführung in die theoretischen und praktischen Probleme, in: Bruhn, M./Stauss, B. (Hrsg.), Dienstleistungsqualität. Konzepte, Methoden, Erfahrungen, 3. Aufl., Wiesbaden, S. 21–48.

Bruhn, M. (2000b), Sicherstellung der Dienstleistungsqualität durch integrierte Kommunikation, in: Bruhn, M./Stauss, B. (Hrsg.), Dienstleistungsqualität. Konzepte, Methoden, Erfahrungen, 3., vollst. überarb. und erw. Aufl., Wiesbaden, S. 405–431.

Bruhn, M. (2000c), Servicecontrolling, in: Kostenrechnungspraxis, 44. Jg., Sonderdruck Nr. 1 „Qualitätscontrolling", S. 19–28.

Bruhn, M. (2001a), Marketing. Grundlagen für Studium und Praxis, 5. Aufl., Wiesbaden.

Bruhn, M. (2001b), Qualitätsmanagement für Dienstleistungen. Grundlagen, Konzepte, Methoden, 3. Aufl., Berlin u. a.

Bruhn, M. (2001c), Die zunehmende Bedeutung von Dienstleistungsmarken, in: Köhler, R./Majer, W./Wiezorek, H. (Hrsg.), Erfolgsfaktor Marke. Neue Strategien des Markenmanagements, München, S. 213–225.

Bruhn, M. (2001d), Kommunikationspolitik von Dienstleistungsunternehmen, in: Bruhn, M./Meffert, H. (Hrsg.), Handbuch Dienstleistungsmanagement. Von der strategischen Konzeption zur praktischen Umsetzung, 2. Auflage, Wiesbaden, S. 573–605.

Bruhn, M. (2001e), Relationship Marketing. Das Management von Kundenbeziehungen, München.

Bruhn, M. (2001f), Notwendigkeit eines Internen Marketing für Dienstleistungsunternehmen, in: Meffert, H./Bruhn, M. (Hrsg.), Handbuch Dienstleistungsmanagement. Von der strategischen Konzeption zur praktischen Umsetzung, 2. Aufl., Wiesbaden, S. 705–731.

Bruhn, M. (2001g), Notwendigkeit eines Internen Marketing für Dienstleistungsunternehmen, in: Bruhn, M./Meffert, H. (Hrsg.), Handbuch Dienstleistungsmanagement. Von der strategischen Konzeption zur praktischen Umsetzung, 2. Aufl., Wiesbaden, S. 705–731.

Bruhn, M. (2002a), Electronic Services – eine Einführung in den Sammelband, in: Bruhn, M./Stauss, B. (Hrsg.), Electronic Services, Dienstleistungsmanagement Jahrbuch 2002, Wiesbaden, S. 3–41.

Bruhn, M. (2002b), Techniken und Methoden zur Sicherung und Förderung der Dienstleistungsqualität, in: Hansen, W./Kamiske, G.F. (Hrsg.), Qualitätsmanagement im Dienstleistungsbereich, Düsseldorf, S. 45–88.

Bruhn, M. (2002c), Messung der Anforderungen an die Dienstleistungsqualität, in: Hansen, W./Kamiske, G.F. (Hrsg.), Qualitätsmanagement im Dienstleistungsbereich, Düsseldorf, S. 7–43.

Bruhn, M. (2002d), Integrierte Kundenorientierung. Implementierung einer kundenorientierten Unternehmensführung, Wiesbaden.

Bruhn, M. (2003a), Kommunikationspolitik. Systematischer Einsatz der Kommunikation für Unternehmen, 2. Aufl., München.

Bruhn, M. (2003b), Sponsoring. Systematische Planung und integrativer Einsatz, 4. Aufl., Frankfurt am Main.

Bruhn, M. (2003c), Integrierte Unternehmenskommunikation. Ansatzpunkte für eine strategische und operative Umsetzung integrierter Kommunikationsarbeit, 3. Aufl., Stuttgart.

Bruhn, M./Brunow, B./Specht, D. (2002), Kundenorientierung durch Mitarbeiterorientierung im Schindlerhof, in: Bruhn, M./Meffert, H. (Hrsg.), Exzellenz im Dienstleistungsmarketing. Fallstudien zur Kundenorientierung, Wiesbaden, S. 125–176.

Bruhn, M./Bunge, B. (1996), Beziehungsmarketing als integrativer Ansatz der Marketingwissenschaft. Ein „Beziehungsgeflecht" zwischen Neologismus und Eklektizismus?, in: Die Unternehmung, 50. Jg., Nr. 3, S. 171–194.

Bruhn, M./Georgi, D. (1998), Kundenbezogene Wirtschaftlichkeitsanalyse des Qualitätsmanagements für Dienstleistungen, in: Marketing ZFP, 20. Jg., Nr. 2, S. 98–108.

Bruhn, M./Georgi, D. (1999), Kosten und Nutzen des Qualitätsmanagements, München.

Bruhn, M./Georgi, D./Treyer, M./Leumann, S. (2000), Wertorientiertes Relationship Marketing. Vom Kundenwert zum Customer Lifetime Value, in: Die Unternehmung, 54. Jg., Nr. 3, S. 167–188.

Bruhn, M./Grund, M.A. (1999), Interaktionen als Determinante der Zufriedenheit und Bindung von Kunden und Mitarbeitern – Theoretische Erklärungsansätze und empirische Befunde, in: Bruhn, M. (Hrsg.), Internes Marketing. Integration der Kunden- und Mitarbeiterorientierung. Grundlagen, Implementierung, Praxisbeispiele, 2. Aufl., Wiesbaden, S. 495–524.

Bruhn, M./Grund, M.A. (2000), Theory, Development and Implementation of National Customer Satisfaction Indices: The Swiss Index of Customer Satisfaction, in: Total Quality Management, Vol. 11, No. 7, S. 1017–1028.

Bruhn, M./Hennig, K. (1993), Selektion und Strukturierung von Qualitätsmerkmalen. Auf dem Weg zu einem umfassenden Qualitätsmanagement für Kreditinstitute, Teile 1 und 2, in: Jahrbuch der Absatz- und Verbrauchsforschung, 39. Jg., Nr. 3, S. 214–238; Nr. 4, S. 314–337.

Bruhn, M./Hess, P./List, J. (2002), Qualität durch Kontinuität beim Migros-Genossenschafts-Bund, in: Bruhn, M./Meffert, H. (Hrsg.), Exzellenz im Dienstleistungsmarketing, Fallstudien zur Kundenorientierung, Wiesbaden, S. 177–229.

Bruhn, M./Homburg, Ch. (Hrsg.) (2001), Gabler Marketing Lexikon, Wiesbaden.

Bruhn, M./Homburg, Ch. (2000), Handbuch Kundenbindungsmanagement. Grundlagen, Konzepte, Erfahrungen, 3. Aufl., Wiesbaden.

Bruhn, M./Meffert, H. (Hrsg.) (2001), Handbuch Dienstleistungsmanagement. Von der strategischen Konzeption zur praktischen Umsetzung, 2. Aufl., Wiesbaden.

Bruhn, M./Meffert, H. (Hrsg.) (2002), Fallstudien zum Dienstleistungsmarketing, Wiesbaden.

Bruhn, M./Murmann, B. (1998), Nationale Kundenbarometer. Messung von Qualität und Zufriedenheit. Methodenvergleich und Entwurf eines Schweizer Kundenbarometers, Basler Schriften zum Marketing, Band 1, Wiesbaden.

Bruhn, M./Stauss, B. (Hrsg.) (2000), Dienstleistungsqualität. Konzepte – Methoden – Erfahrungen, 3. Aufl., Wiesbaden.

Büker, B. (1991), Qualitätsbeurteilung investiver Dienstleistungen, Frankfurt am Main.

Burmann, C. (1991), Konsumentenzufriedenheit als Determinante der Marken- und Händlerloyalität, in: Marketing ZFP, 13. Jg., Nr. 4, S. 249–258.

Büschken, J. (1997), Sequentielle nicht-lineare Tarife. Nicht-lineare Preispolitik bei Nachfrageunsicherheit, Wiesbaden.

Bütikofer, P. (1999), Balanced Scorecard als Instrument zur Steuerung eines IT-Unternehmens im Wandel. Ein Praxisbericht über die Einführung der Balanced Scorecard bei der Systor AG, in: Die Unternehmung, 53. Jg., Nr. 5, S. 321–332.

Buzzell, R.D./Gale, B.T. (1989), Das PIMS-Programm. Strategien und Unternehmenserfolg, Wiesbaden.

Campanella, J. (2000), Principles of Quality Costs. Principles, Implementation and Use, 3. Aufl., Milwaukee.

Campbell, I./Scheibeler, A. (2000), Qualitätsmanagement nach der neuen ISO 9000ff. Loseblattausgabe.

Cannon, H.M./Morgan, F.W. (1990), A Strategic Pricing Framework, in: Journal of Services Marketing, Vol. 4, No. 2, S. 19–31.

Carlzon, J. (1990), Alles für den Kunden. Jan Carlzon revolutioniert ein Unternehmen, 4. Aufl., Frankfurt am Main, New York.

Carman, J.M. (1990), Consumer Perception of Service Quality. An Assessment of the SERVQUAL Dimensions, in: Journal of Retailing, Vol. 66, S. 33–57.

Carr, L.P. (1992), Applying Costs of Quality to a Service Business, in: Sloan Management Review, Vol. 33, No. 4, S. 72–77.

Cateora, P.R. (2001), International Marketing, 11. Aufl., Boston.

Caudron, S. (1995), Andersen is at Employees' Service, in: Personnel Journal, Vol. 74, No. 9, S. 88–96.

Chase, R.B. (1984), Where Does the Customer Fit in a Service Operation?, in: Lovelock, C. (Hrsg.), Services Marketing. Text, Cases and Readings, Englewood Cliffs, S. 400–407.

Choi, S.-Y./Stahl, D.O./Whinston, A.B. (1997), The Economics of Electronic Commerce, Indianapolis.

Christopher, M./Lancioni, R./Gattorna, J. (1985), Managing International Customer Service, in: International Marketing Review, Vol. 2, No. 1, S. 65–70.

Clement, M./Litfin, T./Peters, K. (1998), Netzeffekte und Kritische Masse, in: Albers, S./Clement, M./Peters, K. (Hrsg.), Marketing mit interaktiven Medien: Strategien zum Markterfolg, Frankfurt am Main, S. 81–94.

Clement, M./Peters, K./Preiß, J. (1998), Electronic Commerce, in: Albers, S./Clement, M./Peters, K. (Hrsg.), Marketing mit interaktiven Medien: Strategien zum Markterfolg, Frankfurt am Main, S. 49–64.

Coase, R.H. (1937), The Nature of the Firm, in: Economica, Vol. 4, No. 4, S. 386–405.

Collier, D.A. (1996), Tight and Loose Comprehensive Customer Contact (3c) Plans and Stratgegies of Services, in: Swartz, T.A./Bowen, D.E./Brown, S.W. (Hrsg.), Advances in Services Marketing and Management. Research and Practice, Vol. 5, Greenwich/London, S. 153–168.

Compton, F.F. (1987), Internal Marketing of Marketing, in: Czepiel, J.A./Congram, C.A./Shanahan, J.B. (Hrsg.), The Services Challenge. Integrating for Competitive Advantage, Chicago, S. 17–20.

Congram, C.A./Czepiel, J.A./Shanahan, J.B. (1987), Achieving Internal Integration in Service Organizations. Five Propositions, in: Czepiel, J.A./Congram, C.A./Shanahan, J.B. (Hrsg.), The Services Challenge. Integrating for Competitive Advantage, Chicago, S. 5–6.

Cornelsen, J. (1996), Kundenwert – Begriff und Bestimmungsfaktoren, Arbeitspapier Nr. 43 des Lehrstuhls für Marketing, Universität Erlangen-Nürnberg, Nürnberg.

Cornelsen, J. (1998), Kundenbewertung mit Referenzwerten. Theorie und Ergebnisse des Kooperationsprojektes „Kundenwert" in Zusammenarbeit mit der GfK AG, Arbeitspapier Nr. 64, Betriebswirtschaftliches Institut der Universität Erlangen-Nürnberg, Nürnberg.

Cornelsen, J. (2000), Kundenwertanalysen im Beziehungsmarketing, Nürnberg.

Corsten, H. (1985a), Zur ökonomischen Bedeutung von Dienstleistungen. Möglichkeiten und Grenzen der Erfassung, in: Jahrbuch der Absatz- und Verbrauchsforschung, 31. Jg., Nr. 3, S. 230–251.

Corsten, H. (1985b), Die Produktion von Dienstleistungen, Betriebswirtschaftliche Studien, Nr. 51, Berlin.

Corsten, H. (1987), Vergleichende Gegenüberstellung des Quality-Circle-Ansatzes mit anderen mitarbeiterorientierten Qualitätsförderungskonzepten (I), in: Das Wirtschaftsstudium (WISU), 16. Jg., Nr. 4, S. 196–200.

Corsten, H. (1988), Betriebswirtschaftslehre der Dienstleistungsunternehmungen, München u. a.

Corsten, H. (1989), Dienstleistungsmarketing. Elemente und Strategien, in: Jahrbuch der Absatz- und Verbrauchsforschung, 35. Jg., Nr. 1, S. 23–40.

Corsten, H. (1990), Betriebswirtschaftslehre der Dienstleistungsunternehmungen, 2. Aufl., München/Wien.

Corsten, H. (1998), Ansatzpunkte für ein Rationalisierungsmanagement von Dienstleistungs-Anbietern, in: Meyer, A. (Hrsg.), Handbuch Dienstleistungs-Marketing, Band 1, München, S. 607–624.

Corsten, H. (2000), Der Integrationsgrad des externen Faktors als Gestaltungsparameter in Dienstleistungsunternehmen. Voraussetzungen und Möglichkeiten der Externalisierung und Internalisierung, in: Bruhn, M./Stauss, B. (Hrsg.), Dienstleistungsqualität. Konzepte, Methoden, Erfahrungen, 3. Aufl., Wiesbaden, S. 145–168.

Corsten, H. (2001), Dienstleistungsmanagement, 4. Aufl., München/Wien.

Corsten, R. (1998), Markenführung in Europa – Perspektive eines Konsumgüterherstellers, in: Meffert, H./Backhaus, K./Becker, J. (Hrsg.), Wo steht Europa? – Bestandsaufnahme und Perspektiven, Dokumentation des 35. Münsteraner Führungsgesprächs vom 24./25. September 1998, Arbeitspapier Nr. 127 der Wissenschaftlichen Gesellschaft für Marketing und Unternehmensführung e.V., Münster.

Cowell, D.W. (1993), The Marketing of Services, 2. Aufl., Oxford u. a.

Crawford, C.M. (1999), New Products Management, 6. Aufl., Homewood.

Cronin, J./Taylor, S. (1992), Measuring Service Quality. A Reexamination and Extention, in: Journal of Marketing, Vol. 56, No. 3, S. 55–68.

Crosby, L.A./Evans, K.R./Cowles, D. (1990), Relationship Quality in Services Selling. An Interpersonal Influence Perspective, in: Journal of Marketing, Vol. 54, No. 3, S. 68–81.

Crosby, P.B. (1986a), Qualität bringt Gewinn, Hamburg.

Crosby, P.B. (1986b), Qualität ist machbar, Hamburg/New York/London.

Cross, J.C./Walker, B.J. (1987), Service Marketing and Franchising. A Practical Business Marriage, in: Business Horizons, Vol. 30, No. 6, S. 50–58.

Czepiel, J.A./Gilmore, R. (1987), Exploring the Concept of Loyalty in Services, in: Congram, C.A./Czepiel, J.A./Shanahan, J. (Hrsg.), The Services Challenge, AMA, Chicago, S. 91–94.

Czinkota, M.R./Ronkainen, I.A. (2000), International Marketing, 6. Aufl., Fort Worth u. a.

Dabholkar, P.A. (1995), A Contingency Framework for Predicting Causality Between Customer Satisfaction and Service Quality, in: Kardes, F.R./Sajan, M. (Hrsg.), Advances in Consumer Research, Vol. 22, Provo/USA, S. 101–108.

Dahlhoff, D. (2002), dbnetwork global intranet portal, Frankfurt am Main.

Dahringer, L.D. (1991), Marketing Services Internationally. Barriers and Management Strategies, in: Journal of Services Marketing, Vol. 5, No. 3, S. 5–17.

Dahringer, L.D./Mühlbacher, H. (1999), International Marketing. A Global Perspective, 2. Aufl., Reading u. a.

Dale, B.G./Lascelles, D.M./Plunkett, J.J. (1990), The Process of Total Quality Management, in: Dale, B.G./Plunkett, J.J. (Hrsg.), Managing Quality, New York u. a., S. 3–18.

Dale, B.G./Plunkett, J.J. (1993), Quality Costing, 3. Aufl., London.

Dallmer, H. (Hrsg.) (2002), Handbuch Direct Marketing, 8. Aufl., Wiesbaden.

Dalrymple, D.J./Parsons, L.J. (1999), Marketing Management: Text and Cases (Marketing Management), 7. Aufl., New York u. a.

Darby, M.R./Karni, E. (1973), Free Competition and the Optimal Amount of Fraud, in: Journal of Law and Economics, Vol. 16, No. 1, S. 67–86.

Dastani, P. (1998), Online Mining, in: Link, J. (Hrsg.), Wettbewerbsvorteile durch Online Marketing: Die strategischen Perspektiven elektronischer Märkte, Stuttgart, S. 219–242.

Daudel, S./Vialle, G (1989), Le Yield Management, Paris.

Daudel, S./Vialle, G. (1994), Yield Management. Applications to Air Transport and Other Service Industries, Frankfurt am Main.

Dellmann, K. (1992), Eine Systematisierung der Grundlagen des Controlling, in: Spremann, K./Zur, E. (Hrsg.), Controlling. Grundlagen – Informationssysteme – Anwendungen, Wiesbaden, S. 113–140.

Demby, E.H. (1990), ESOMAR Urges Changes in Reporting Demographics, Issues Worldwide Report, in: Marketing News, 8.1.1990, S. 24.

Desiraju, R./Shugan, S.M. (1999), Strategic Service Pricing and Yield Management, in: Journal of Marketing, Vol. 63, No. 1, S. 44–56.

Deutsch, M. (1958), Trust and Suspicion, in: The Journal of Conflict Resolution, Vol. 2, No. 4, S. 265–279.

Deutsche Gesellschaft für Qualität e.V. (1993), Begriffe zum Qualitätsmanagement, Berlin.

Deutsche Gesellschaft für Qualität e.V. (1995a), Qualitätsmanagement bei Dienstleistungen, Berlin.

Deutsche Gesellschaft für Qualität e.V. (1995b), Wirtschaftlichkeit durch Qualitätsmanagement, Berlin.

Deutsche Gesellschaft für Qualität e.V. (1995c), Begriffe zum Qualitätsmanagement, DGQ-Schrift, Nr. 11–04, 6. Aufl., Frankfurt am Main.

Deutsche Gesellschaft für Qualität e.V. (1996), Qualitätszirkel, 3. Aufl., Berlin.

Deutsches Institut für Wirtschaftsforschung (DIW) (Hrsg.) (1999), Der deutsche Dienstleistungshandel im internationalen Vergleich, Berlin.

DGQ-Lenkungsausschuß Gemeinschaftsarbeit (LAG) der Deutschen Gesellschaft für Qualität e.V. (1993), Begriffe zum Qualitätsmanagement, Berlin.

Diamantoloulos, A./Hart, S. (1993), Linking Market Orientation and Company Performance: Preliminary Evidence on Kohli and Jaworski's Framework, in: Journal of Strategic Marketing, Vol. 1, No. 2, S. 93–121.

Dick, A.S./Basu, K. (1994), Customer Loyalty. Towards an Integated Conceptual Framework, in: Journal of the Academy of Marketing Science, Vol. 22, No. 2, S. 99–113.

Diller, H. (1992a), Beziehungsmanagement, in: Diller, H. (Hrsg.), Vahlens Großes Marketinglexikon, München, S. 115–117.

Diller, H. (1992b), Event-Marketing, in: Diller, H. (Hrsg.), Vahlens Großes Marketinglexikon, München, S. 289.

Diller, H. (1993), Preisbaukästen als preispolitische Option, in: Wirtschaftswissenschaftliches Studium (WiSt), 22. Jg., Nr. 6, S. 270–275.

Diller, H. (1997), Preis-Management im Zeichen des Beziehungsmarketing, in: Die Betriebswirtschaft, 57. Jg., Nr. 6, S. 749–763.

Diller, H. (1999), Entwicklungslinien in Preistheorie und -Management, Arbeitspapier Nr. 76 des Lehrstuhls für Marketing an der Universität Erlangen-Nürnberg.

Diller, H. (2000a), Preispolitik, 3. Aufl., Stuttgart u. a.

Diller, H. (2000b), Preiszufriedenheit bei Dienstleistungen. Konzeptionalisierung und explorative empirische Befunde, in: Die Betriebswirtschaft, 60. Jg., Nr. 5, S. 570–587.

Diller, H. (Hrsg.) (2001), Vahlens Großes Marketinglexikon, 2. Aufl., München.

DIN (1987), Begriffe der Qualitätssicherung und Statistik, Grundbegriffe der Qualitätssicherung, DIN 55350, Teil 11, Berlin.

DIN ISO 8402/E.03.92 (1992), Qualitätsmanagement und Qualitätssicherung, Begriffe.

DIN ISO 9004 (1993), (Teil 2) Leitfaden für Dienstleistungen.

Domizlaff, H. (1992), Die Gewinnung des öffentlichen Vertrauens: Ein Lehrbuch der Markentechnik, Hamburg.

Donabedian, A. (1980), The Definition of Quality and Approaches to its Assessment. Explorations in Quality, Assessment and Monitoring, Vol. I, Ann Arbor.

Donelly, J.H./Berry, L.L./Thompson, T.W. (1985), Marketing Financial Services. A Strategic Vision, Homewood.

Doney, P.M./Cannon, J.P. (1997), An Examination of the Nature of Trust in Buyer-Seller Relationships, in: Journal of Marketing, Vol. 62, No. 2, S. 1–13.

Dotzler, H.-J. (1999), Gestaltung der internen Kommunikationspolitik als Grundlage marktorientierter Veränderungsprozesse – am Beispiel der HYPO-BANK, in: Bruhn, M. (Hrsg.), Internes Marketing. Integration der Kunden- und Mitarbeiterorientierung, Wiesbaden, S. 665–681.

Dotzler, H.-J./Schick, S. (1995), Systematische Mitarbeiterkommunikation als Instrument der Qualitätssicherung, in: Bruhn, M./Stauss, B. (Hrsg.), Dienstleistungsqualität. Konzepte, Methoden, Erfahrungen, 2. Aufl., Wiesbaden, S. 277–294.

Douglas, S.P./Craig, S.C. (1999), International Marketing Research, 2. Aufl., Englewood Cliffs.

Dratva, R. (1995), Elektronische Informationsdienste – Zukunftsweisende Konzepte und prototypische Umsetzung im Bankenbereich, in: Schmid, B. et al. (Hrsg.), Electronic Mall – Banking und Shopping in globalen Netzen, Stuttgart, S. 442–447.

Drees, N. (1989), Sportsponsoring, Wiesbaden.

Drucker, P.F. (1992), Dienstleister müssen produktiver werden, in: Harvard Manager, 14. Jg., Nr. 2, S. 64–72.

Dülfer, E. (2001), Internationales Management in unterschiedlichen Kulturbereichen, 6. Aufl., München/Wien.

Dunst, K. (1983), Portfolio Management. Konzeption für die strategische Unternehmensplanung, 2. Aufl., Berlin.

Dwyer, F.R. (1997), Customer Lifetime Valuation to Support Marketing Decision Making, in: Journal of Direct Marketing, Vol. 11, No. 4, S. 6–13.

Dyckhoff, B. (1993), Diversifikation von Handelsunternehmen in den Finanzdienstleistungsbereich. Dargestellt am Beispiel des Automobilhandels, Frankfurt am Main u. a.

Easton, G. (1987), Competition and Marketing Strategy, in: European Journal of Marketing, Vol. 21, No. 2, S. 31–49.

ECSI (2002), http://www.eoq.org/ECSI.html (Zugriff: 20.11.2002).

Edvardsson, B./Gustavsson, B. (1991), Quality in Services and Quality in Services Organisations, in: Brown, S.W. et al. (Hrsg.), Service Quality. Multidisciplinary and Multinational Perspectives, Lexington, S. 319–340.

EFQM (2002), http://www.efqm.org/model_awards/model/excellence_model.htm, Zugriff am 20.11.2002.

Eggert, A. (2001), Konzeptionelle Grundlagen des elektronischen Kundenbeziehungsmanagement, in: Eggert, A./Fassott, G. (Hrsg.), eCRM – Electronic Customer Relationship Management, Stuttgart, S. 1–10.

Ekeh, P.P. (1974), Social Exchange Theory. The Two Traditions, Cambridge.

Engel, J./Blackwell, R./Miniard, P. (1993), Consumer Behavior, 7. Aufl., Fort Worth.

Engelhardt, W.H. (1990), Dienstleistungsorientiertes Marketing. Antwort auf die Herausforderung durch neue Technologien, in: Adam, D. (Hrsg.), Integration und Flexibilität. Eine Herausforderung für die Allgemeine Betriebswirtschaftslehre, 51. Wissenschaftliche Jahrestagung des Verbandes der Hochschullehrer für Betriebswirtschaftlehre e.V. 1989 in Münster, Wiesbaden, S. 269–288.

Engelhardt, W.H. (1991), Total Quality Management, in: Das Wirtschaftsstudium (WISU), 20. Jg., Nr. 8, S. 394–399.

Engelhardt, W.H./Kleinaltenkamp, M./Reckenfelderbäumer, M. (1992), Dienstleistungen als Absatzobjekt, Arbeitsbericht Nr. 52 des Instituts für Unternehmensführung und Unternehmensforschung an der Ruhr-Universität Bochum, Bochum.

Engelhardt, W.H./Kleinaltenkamp, M./Reckenfelderbäumer, M. (1993), Leistungsbündel als Absatzobjekte, in: Zeitschrift für betriebswirtschaftliche Forschung, 45. Jg., Nr. 5, S. 395–426.

Engelhardt, W.H./Kleinaltenkamp, M./Reckenfelderbäumer, M. (1995), Leistungstypologien als Basis des Marketing. Ein erneutes Plädoyer für die Aufhebung der Dichotomie von Sachleistungen und Dienstleistungen, in: Die Betriebswirtschaft, 55. Jg., Nr. 5, S. 673–678.

Enis, B.M./Roering, K.J. (1981), Services Marketing. Different Products, Similar Strategy, in: Donelly, J.H./George, W.R. (Hrsg.), Marketing of Services, Chicago, S. 1–4.

Entgelter, K.A. (1979), Das Rationalisierungspotential im Dienstleistungsbereich. Zu den Möglichkeiten der Substitution persönlicher Leistungträger durch realtechnische Systeme im Bereich der Produktion immaterieller Güter, Frankfurt am Main.

Enzweiler, T. (1990), Wo die Preise Laufen lernen, in: manager magazin, 21. Jg., Nr. 3, S. 246–253.

Erramilli, M.K./Rao C.P. (1993), Service Firms International Entry-Mode Choice, A Modified Transaction-Cost Analysis Approach, in: Journal of Marketing, Vol. 57, No. 3, S. 19–38.

Esser, W. (1989), Die Wertkette als Instrument der strategischen Analyse, in: Riekhof, H.-C. (Hrsg.), Strategieentwicklung: Konzepte und Erfahrungen, Stuttgart, S. 191–211.

Ewing, P./Luhndahl, L. (1996), The Balanced Scorecard at ABB Sweden – the EVITA Project, EFI Research Paper Nr. 6567, Economic Research Institute, Stockholm School of Economics, Stockholm.

Falk, B. (1980a), Zur Bedeutung des Dienstleistungsmarketing, in: Falk, B. (Hrsg.), Dienstleistungsmarketing, Landsberg am Lech, S. 9–28.

Falk, B. (Hrsg.) (1980b), Dienstleistungsmarketing, Landsberg am Lech.

Fantapié Altobelli, C./Bouncken, R. (1998), Wertkettenanalyse von Dienstleistungs-Anbietern, in: Meyer, A. (Hrsg.) (1998), Handbuch Dienstleistungs-Marketing, Band 1, Stuttgart, S. 282–296.

Farny, D. (1969), Grundlagen einer theoretischen Versicherungsbetriebslehre, in: Farny, D. (Hrsg.), Wirtschaft und Recht der Versicherung, Festschrift für P. Braess, Karlsruhe, S. 27–72.

Farny, D./Kirsch, W. (1987), Strategische Unternehmenspolitik von Versicherungen, in: Zeitschrift für die gesamte Versicherungswissenschaft, 76. Jg., S. 369–401.

Faßnacht, M. (1996), Preisdifferenzierung bei Dienstleistungen. Implementationsformen und Determinanten, Wiesbaden.

Faßnacht, M. (1998), Preisdifferenzierungsintensität bei Dienstleistern, Ein ökonomischer Erklärungsansatz, in: Zeitschrift für Betriebswirtschaftslehre, 68. Jg., Nr. 7, S. 719–743.

Faßnacht, M./Homburg, Ch. (1997), Preisdifferenzierung als Instrument des Kapazitätsmanagement, in: Corsten, H./Stuhlmann, St. (Hrsg.), Kapazitätsmanagement in Dienstleistungsunternehmen. Grundlagen und Gestaltungsmöglichkeiten, Wiesbaden, S. 137–152.

Faßnacht, M./Homburg, Ch. (2001), Deutschsprachige Dienstleistungsforschung im internationalen Vergleich, in: Die Unternehmung, 55. Jg., Nr. 4/5, S. 279–293.

Feketekuty, G. (1988), International Trade in Services. An Overview and Blueprint for Negotiations, Cambridge.

Feldmeier, S. (2000), Verbraucher virtuell im Visier, in: Werben und Verkaufen vom 28.07.2000, S. 71.

Festinger, L. (1957), A Theory of Cognitive Dissonance, Stanford.

Fink, D. (1997), Einführung in das Electronic Marketing – von der Technik zum Nutzen, in: Wamser, C./Fink, D. (Hrsg.), Marketing-Management mit Multimedia: neue Medien, neue Märkte, neue Chancen, Wiesbaden, S. 13–28.

Fink, D. (1998), Mass Customization, in: Albers, S./Clement, M./Peters, K. (Hrsg.), Marketing mit interaktiven Medien: Strategien zum Markterfolg, Frankfurt am Main, S. 137–150.

Firestone, S.H. (1983), Why Advertising a Service is Different, in: Berry, L.L./Shostack, G.L./ Upah, G.D. (Hrsg.), Emerging Perspectives on Services Marketing, Chicago, S. 86–89.

Firner, H./Tacke, G. (1993), BahnCard – Kreative Preisstruktur, in: Absatzwirtschaft, 36. Jg., Nr. 5, S. 66–70.

Firnstahl, T.W. (1990), Mitarbeiter garantieren die Produktqualität, in: Harvard Manager, 12. Jg., Nr. 1, S. 7–12.

Fischer, G./Schwarzer, U. (1992), Alma Marter, in: manager magazin, Nr. 1, S. 148–158.

Fischer, M./Hüser, A./Mühlenkamp, C./Schott, E. (1993), Marketing und neuere ökonomische Theorie: Ansätze zu einer Systematisierung, in: Betriebswirtschaftliche Forschung und Praxis, 45. Jg., Nr. 4, S. 444–470.

Fischer, R. (2000), Dienstleistungs-Controlling. Grundlagen und Anwendungen, Wiesbaden.

Fischer, T. (1993), Sicherung unternehmerischer Wettbewerbsvorteile durch Prozeß- und Schnittstellen-Management, in: Zeitschrift Führung und Organisation, 62. Jg., Nr. 5, S. 312–318.

Fishbein, M.A. (1967), A Behavior Theory Approach to the Relations between Beliefs about an Object and the Attitude towards the Object, in: Fishbein, M. A. (Hrsg.), Readings in Attitude Theory and Measurement, New York u. a., S. 389–400.

Fisk, R.P. (1981), Toward a Consumption/Evaluation Process Model for Services, in: Donelly, J.H./ George, W.R. (Hrsg.), The Marketing of Services, American Marketing Association, Chicago, S. 191–195.

Fisk, R.P./Brown, S.W./Bitner, M.J. (1995), Services Management Literature Overview: A Rationale for Interdisciplinary Study, in: Glynn, W.J./Barnes, J.G. (Hrsg.), Understanding Services Management, Chichester et al., S. 1–32.

Fließ, S./Völker-Albert, J.-H. (2002), Going Virtual – Blueprinting als Basis des Prozessmanagements von E-Service-Anbietern, in: Bruhn, M./Stauss, B. (Hrsg.), Electronic Services, Dienstleistungsmanagement Jahrbuch 2002, Wiesbaden, S. 263–291.

Forberger, D. (2000), Emotionale Determinanten der Dienstleistungsqualität. Entwicklung und Überprüfung eines Messkonzeptes, Wiesbaden.

Fornell, C. (1992), A National Customer Satisfaction Barometer. The Swedish Experience, in: Journal of Marketing, Vol. 56, No. 1, S. 6–21.

Fornell, C./Everitt Bryant, B. (1998), Der Amerikanische Kundenzufriedenheitsindex ACSI (American Customer Satisfaction Index), in: Simon, H./Homburg, Ch. (Hrsg.), Kundenzufriedenheit, 3. Aufl., Wiesbaden, S. 165–178.

Fornell, C./Johnson, M.D./Anderson, E.W./Cha, J./Bryant, B.E. (1996), The American Customer Satisfaction Index: Nature, Purpose and Findings, in: Journal of Marketing, Vol. 60, No. 4, S. 7–18.

Fornell, C./Wernerfelt, B. (1987), Defensive Marketing Strategy by Customer Complaint Management: A Theoretical Analysis, in: Journal of Marketing Research, Vol. 24, No. 4, S. 337–346.

Fourastié, J. (1954), Die große Hoffnung des Zwanzigsten Jahrhunderts, Köln.

Franzen, O./Waldherr, R. (1997), Controlling der Kundenzufriedenheit, in: Planung & Analyse, 24. Jg., Nr. 4, S. 54–58.

Frehr, H.-U. (1994), Total Quality Management. Unternehmensweite Qualitätsverbesserung, 2. Aufl., München/Wien.

Freter, H. (1974), Mediaselektion, Wiesbaden.

Freter, H. (1983), Marktsegmentierung, Stuttgart.

Freyer, W. (1998), Tourismus. Einführung in die Fremdenverkehrsökonomie, 6. Aufl., München/Wien.

Fricke, T. (1999), Vielfalt bindet, in: manager magazin, 29. Jg., Nr. 2, S. 8–11.

Friedman, M.L./Smith, L.J. (1993), Consumer Evaluation Processes in a Service Setting, in: Journal of Services Marketing, Vol. 7, No. 2, S. 47–61.

Friege, C. (1995), Preispolitik für Leistungsverbünde im Business-to-Business-Marketing, Wiesbaden.

Friege, C. (1996), Yield Management, in: Wirtschaftswissenschaftliches Studium, 25. Jg., Nr. 12, S. 616–622.

Friege, C. (1997), Preispolitik für Dienstleistungen, in: Thexis FfM, 14. Jg., Nr. 2, S. 9–14.

Friese, M. (1998), Kooperation als Wettbewerbsstrategie für Dienstleistungsunternehmen, Wiesbaden.

Frietzsche, U. (2001), Externe Faktoren in der Dienstleistungsproduktion. Ansätze zur Lösung von Erfassungs- und Bewertungsproblemen, Wiesbaden.

Fritz, W. (1992), Marktorientierte Unternehmensführung und Unternehmenserfolg, Stuttgart.

Fritz, W. (1995), Marketing-Management und Unternehmenserfolg: Grundlagen und Ergebnisse einer empirischen Untersuchung, 2. Aufl., Stuttgart.

Fritz, W. (1997), Erfolgsursache Marketing: Warum marktorientiert geführte Unternehmen erfolgreich sind, Stuttgart.

Fröhlich, W./Langecker, F. (1989), Hochschulkontakte, in: Strutz, H. (Hrsg.), Handbuch Personalmarketing, Wiesbaden, S. 152–157.

Fröhlich, W./Sitzenstock, K. (1989), Personalimage-Werbung, in: Strutz, H. (Hrsg.), Handbuch Personalmarketing, Wiesbaden, S. 134–142.

Fryar, C.R. (1991), What's Different About Services Marketing, in: Journal of Services Marketing, Vol. 5, No. 4, S. 53–58.

Funke, K. (1987), Messeentscheidungen. Handlungsalternativen und Informationsbedarf, Frankfurt am Main u. a.

Gabele, E. (1993), Unternehmenskultur, in: Hauschildt, J./Grün, O. (Hrsg.), Ergebnisse empirischer betriebswirtschaftlicher Forschung: Zu einer Realtheorie der Unternehmung, Stuttgart, S. 115–134.

Garvin, D.A. (1984), What Does „Product Quality" Really Mean?, in: Sloan Management Review, Vol. 25, No. 3, S. 25–43.

Gassert, H./Prechtl, M./Zahn, E. (1998), Innovative Dienstleistungspartnerschaften, Stuttgart.

Gaster, D. (1994), Qualitätsaudit, in: Masing, W. (Hrsg.), Handbuch des Qualitätsmanagement, 3. Aufl., München/Wien, S. 927–948.

Genestre, A./Herbig, P. (1997), Service Quality. An Examination of Demographic Differences, in: Journal of Customer Service in Marketing & Management, Vol. 3, No. 3, S. 65–84.

George, S. (1992), The Baldrige Quality System. The Do-it-Yourself Way to Transform Your Business, New York u. a.

George, W.R. (1977), The Retailing of Services. A Challenging Future, in: Journal of Retailing, Vol. 53, No. 3, S. 91ff.

George, W.R./Berry, L.L. (1981), Guidelines for the Advertising of Services, in: Business Horizons, Vol. 24, No. 4, S. 52–56.

George, W.R./Grönroos, C. (1995), Internes Marketing: Kundenorientierte Mitarbeiter auf allen Unternehmensebenen, in: Bruhn, M. (Hrsg.), Internes Marketing. Integration der Kunden- und Mitarbeiterorientierung, Wiesbaden, S. 45–68.

George, W.R./Marshall, C.E. (1984), Developing New Services, Chicago.

Georgi, D. (2000), Entwicklung von Kundenbeziehungen, Wiesbaden.

Gerhardt, J. (1987), Dienstleistungsproduktion. Eine produktionstheoretische Analyse der Dienstleistungsprozesse, Bergisch Gladbach/Köln.

Gerpott, T. (1996), Multimedia: Geschäftssegmente und betriebswirtschaftliche Implikationen, in: Wirtschaftswissenschaftliches Studium, 25. Jg., Nr. 1, S. 15–20.

Gerpott, T. (2000), Kundenbindung: Konzepteinordnung und Bestandaufnahme der neueren empirischen Forschung, in: Die Unternehmung, 54. Jg., Nr. 1, S. 23–42.

Gerth, N. (1999), Online Absatz: Eine Analyse des Einsatzes von Online-Medien als Absatzkanal, Ettlingen.

GfK AG, Lebensstilforschung (2002), http://www.gfk-regionalforschung.de/regional/ Endverbraucher/gfk-euro-socio-styles.html (Zugriff: 20.11.2002).

GfK-WirtschaftsWoche-Werbeklima I (2000), zitiert bei: Focus medialine, Der Markt der Online-Kommunikation: Fakten 2000, http://www.focus.de/medialine (Zugriff: 15.05.2002).

Gierhake, O. (2000), Integriertes Geschäftsprozeßmanagement, 3., verb. und erw. Aufl., Wiesbaden.

Gierl, H. (1987), Ist der Erfolg industrieller Innovationen planbar?, in: Zeitschrift für betriebswirtschaftliche Forschung, 39. Jg., Nr. 1, S. 53–73.

Gierl, H. (1999), Vertrauen im Beratungsgeschäft, in: Jahrbuch der Absatz- und Verbrauchsforschung, 45. Jg., Nr. 2, S. 195–213.

Gierl, H./Kurbel, T.M. (1997), Möglichkeiten zur Ermittlung des Kundenwertes, in: Link, J./ Brändli, D./Schleuning, Ch./Kehl, R.E. (Hrsg.), Handbuch Database Marketing, Ettlingen, S. 174–188.

Goodall, B. (1988), How Tourists Choose Their Holidays. An Analytical Framework, in: Goodall, B./Ashworth, G. (Hrsg.), Marketing in the Tourism Industry, New York, S. 1–17.

Gräf, H./Tomczak, T. (1997), Online Marketing – Chancen und Risiken der Nutzung elektronischer Märkte für Kunden und Unternehmungen am Beispiel der Electronic Mall Bodensee, in: Belz, C./Tomczak, T. (Hrsg.), Thexis, Heft 2 der Fachberichte für Marketing des Forschungsinstituts für Absatz und Handel an der Universität St. Gallen.

Graham, R.J. (1981), The Role of Perception of Time in Consumer Research, in: Journal of Consumer Research, Vol. 7, No. 4, S. 335–342.

Graumann, J. (1983), Die Dienstleistungsmarke, München/Florenz.

Graumann, J. (1984), Die Dienstleistungsmarke. Ein neuer Markentypus aus absatzwirtschaftlicher Sicht, in: Markenartikel, 4. Jg., Nr. 12, S. 607–610.

Greenley, G. (1995), Market Orientation and Company Performance: Empirical Evidence From UK Companies, in: British Journal of Management, Vol. 6, No. 1, S. 1–13.

Gremler, D.D. (1994), Word-of-Mouth About Service Providers. An Illustration of Theory Development in Marketing, in: American Marketing Association, Winter, S. 62–70.

Grimmeisen, M. (1998), Implementierungscontrolling: wirtschaftliche Umsetzung von Change-Programmen, Wiesbaden.

Grönroos, C. (1980), An Applied Service Marketing Theory, Arbeitspapier Nr. 57, Swedish School of Economics and Business Administration, Helsinki.

Grönroos, C. (1981), Internal Marketing. An Integral Part of Marketing Theory, in: Donnelly, J.H./ George, W.R. (Hrsg.), Marketing of Services, Chicago, S. 236–238.

Grönroos, C. (1984), A Service Quality Model and its Marketing Implications, in: European Journal of Marketing, Vol. 18, No. 4, S. 36–44.

Grönroos, C. (1989), Innovative Marketing Strategies and Organization Structures for Service Firms, in: Bateson, J.E.G. (Hrsg.), Managing Services Marketing. Text and Readings, Chicago u. a., S. 506–521.

Grönroos, C. (1990), Relationship Approach to Marketing in Service Contexts. The Marketing and Organizational Behavior Interface, in: Journal of Business Research, Vol. 23, No. 2, S. 3–11.

Grönroos, C. (2000), Service Management and Marketing, 2. Aufl., New York u. a.

Gröppel-Klein, A. (1998), Wettbewerbsstrategien im Einzelhandel. Chancen und Risiken von Preisführerschaft und Differenzierung, Wiesbaden.

Grund, M.A. (1998), Interaktionsbeziehungen im Dienstleistungsmarketing. Zusammenhänge zwischen Zufriedenheit und Bindung von Kunden und Mitarbeitern, Wiesbaden.

Gruner + Jahr (1998), Werbetrend Januar – Dezember, Hamburg.

Guiltinan, J.P. (1987), The Price Bundling of Services. A Normative Framework, in: Journal of Marketing, Vol. 51, No. 2, S. 74–85.

Gummesson, E. (1994), Making Relationship Marketing Operational, in: International Journal of Service Industry Management, Vol. 5, No. 5, S. 5–20.

Gutenberg, E. (1929), Die Unternehmung als Gegenstand betrieblicher Theorie, Berlin u. a.

Gutenberg, E. (1979), Grundlagen der Betriebswirtschaftslehre, Bd. 1: Die Produktion, 23. Aufl., Berlin u. a.

Gutenberg, E. (1994), Grundlagen der Betriebswirtschaftslehre, Bd. 1: Die Produktion, 24. Aufl., Berlin u. a.

Haag, J. (1992), Kundendeckungsbeitragsrechnungen. Ein Prüfstein des Key-Account-Managements, in: Die Betriebswirtschaft, 52. Jg., Nr. 1, S. 25–39.

Haak, W. (1982), Produktion in Banken, Frankfurt am Main/Bern.

Haas, H. (1998), Dienstleistungsqualität aus Kundensicht. Eine empirische und theoretische Untersuchung über den Nutzen von Zertifikaten nach DIN EN ISO 9000 ff. für Verbraucher, Berlin.

Haedrich, G. (Hrsg.) (1998), Tourismus-Management. Tourismus-Marketing und Fremdenverkehrsplanung, 3. Aufl., Berlin/New York.

Haedrich, G./Tomczak, T. (1996), Strategische Markenführung, 2. Aufl., Bern.

Hagel III, J./Armstrong, G. (1997), Net Gain – Profit im Netz, Wiesbaden.

Haist, F./Fromm, H. (1991), Qualität im Unternehmen. Prinzipien, Methoden, Techniken, 2. Aufl., München/Wien.

Håkansson, H./Snehota, I. (1993), the Contentand Functions of Business Relationships, Paper der 9. IMP Conference, Bath.

Haley, R.I. (1968), Benefit Segmentation. A Decision-Oriented Research Tool, in: Journal of Marketing, Vol. 32, Nr. 3, S. 30–35.

Haller, S. (1993), Methoden zur Beurteilung der Dienstleistungsqualität. Überblick zum State of the Art, in: Zeitschrift für betriebswirtschaftliche Forschung, 45. Jg., Nr. 1, S. 19–38.

Haller, S. (1998), Beurteilung von Dienstleistungsqualität. Dynamische Betrachtung des Qualitätsurteils im Weiterbildungsbereich, 2. Aufl., Wiesbaden.

Haller, S. (2001), Dienstleistungsmanagement. Grundlagen – Konzepte – Instrumente, Wiesbaden.

Han, C.M./Terpstra, V. (1988), County-of-Origin Effects for Uni-National and Bi-National Products, in: Journal of International Business Studies, Vol. 19, No. 2, S. 235–256.

Hansen, U./Jeschke, K. (1991), Die Beschwerdepolitik des KFZ-Handels, in: Thexis, 8. Jg., Nr. 2, S. 41–46.

Hansen, U./Jeschke, K. (1995), Beschwerdemanagement für Dienstleistungsunternehmen. Beispiel des Kfz-Handels, in: Bruhn, M./Stauss, B. (Hrsg.), Dienstleistungsqualität. Konzepte, Methoden, Erfahrungen, 2. Aufl., Wiesbaden, S. 525–550.

Hansen, U./Korpiun, M./Henning-Thurau, Th. (1998), Nationale Zufriedenheitsindizes als Informationsgrundlage des Dienstleistungsmanagements – Eine kritische Bestandsaufnahme, in: Bruhn, M./Meffert, H. (Hrsg.), Handbuch Dienstleistungsmanagement. Von der strategischen Konzeption zur praktischen Umsetzung, Wiesbaden, S. 307–342.

Hansen W./Kamiske, G.F. (2001), Qualitätsmanagement in der Praxis; Erfahrungsberichte aus den Unternehmen, Symposion Publishing.

Hanson, M.A./Martin, R.K. (1990), Optimal Bundle Pricing, in: Management Science, Vol. 36, No. 2, S. 155–174.

Harris, N.D. (1989), Service Operations Management, Oxford.

Hart, C.W.L. (1989), Auch Dienstleister nutzen Garantien, in: Harvard Manager, 11. Jg., Nr. 1, S. 114–121.

Hart, C.W.L./Heskett, J.L./Sasser, W.E. Jr. (1990), The Profitable Art of Service Recovery, in: Harvard Business Review, Vol. 68, No. 4, S. 148–156.

Hartmann, D.E./Lindgren, J.H. Jr. (1993), Consumer Evaluation of Goods and Services, in: Journal of Services Marketing, Vol. 7, No. 2, S. 4–15.

Hauschildt, J./Schlaak, T.M. (2001), Zur Messung des Innovationsgrades neuartiger Produkte, in: Zeitschrift für Betriebswirtschaft, 71. Jg., Nr. 2, S. 161–182.

Hauser, J./Katz, G. (1998), Metrics: You Are What You Measure!, in: European Management Journal, Vol. 16, No. 5, S. 517–528.

Hax, H. (1991), Theorie der Unternehmung – Information, Anreize und Vertragsgestaltung, in: Ordelheide, D./Rudolph, B./Büsselmann, E. (Hrsg.), Betriebswirtschaftslehre und ökonomische Theorie, S. 51–72.

Haynes, P.J. (1990), Hating to Wait: Managing the Final Service Encounter, in: The Journal of Services Marketing, Vol. 4, No. 4, S. 20–26.

Haywood, K.M. (1989), Managing Word of Mouth Communications, in: Journal of Services Marketing, Vol. 3, No. 2, S. 55–67.

Heigl, A. (1978), Controlling – Interne Revision, Stuttgart/New York.

Heimbach, P. (1997), Marktkommunikation mit digitalen Offline-Medien, in: Silberer, G. (Hrsg.), Interaktive Werbung, Stuttgart, S. 23–70.

Heinen, E. (1991), Industriebetriebslehre, 9. Aufl., Wiesbaden.

Heinen, E./Dill, P. (1990), Unternehmenskultur aus betriebswirtschaftlicher Sicht, in: Simon, H. (Hrsg.), Herausforderung Unternehmenskultur, Stuttgart, S. 12–24.

Helson, H. (1964), Adaption Level Theory, New York.

Henderson, B.D. (1974), Die Erfahrungskurve in der Unternehmensstrategie, Frankfurt am Main.

Henkens, U. (1992), Marketing für Dienstleistungen – Ein ökonomischer Ansatz, Frankfurt am Main

Hennig-Thurau, T. (2000), Die Qualität von Geschäftsbeziehungen auf Dienstleistungsmärkten. Konzeptionalisierung, empirische Messung, Gestaltungshinweise, in: Bruhn, M./Stauss, B. (Hrsg.), Dienstleistungsmanagement Jahrbuch 2000. Kundenbeziehungen im Dienstleistungsbereich, Wiesbaden, S. 133–157.

Hennig-Thurau, T./Klee, A./Langer, M.F. (1999), Das Relationship Quality-Modell zur Erklärung von Kundenbindung. Einordnung und empirische Überprüfung, in: Zeitschrift für Betriebswirtschaft, 69. Jg., Ergänzungsheft Nr. 2, S. 111–132.

Hentschel, B. (1990a), Die Messung wahrgenommener Dienstleistungsqualität mit SERVQUAL. Eine kritische Auseinandersetzung, in: Marketing ZFP, 12. Jg., Nr. 4, S. 230–240.

Hentschel, B. (1990b), Die Messung wahrgenommener Dienstleistungsqualität mit SERVQUAL. Eine kritische Auseinandersetzung, Diskussionsbeiträge der Wirtschaftswissenschaftlichen Fakultät Ingolstadt, Nr. 3, Ingolstadt.

Hentschel, B. (1991), Beziehungsmarketing, in: Das Wirtschaftsstudium, 20. Jg., Nr. 1, S. 25–28.

Hentschel, B. (1992), Dienstleistungsqualität aus Kundensicht. Vom merkmals- zum ereignisorientierten Ansatz, Wiesbaden.

Hentschel, B. (2000), Multiattributive Messung von Dienstleistungsqualität, in: Bruhn, M./Stauss, B. (Hrsg.), Dienstleistungsqualität. Konzepte, Methoden, Erfahrungen, 3. Aufl., Wiesbaden, S. 289–320.

Hentze, J. (1989), Personalplanung, in: Strutz, H. (Hrsg.), Handbuch Personalmarketing, Wiesbaden, S. 503–518.

Hentze, J./Lindert, K. (1998), Motivations- und Anreizsysteme in Dienstleistungsunternehmen, in: Meyer, A. (Hrsg.), Handbuch Dienstleistungs-Marketing, Band 1, Stuttgart, S. 1010–1030.

Hermanns, A. (1995), Aufgaben des internationalen Marketing-Managements, in: Hermanns, A./Wißmeier, U.K. (Hrsg.), Internationales Marketing-Management. Grundlagen, Strategien, Instrumente, Kontrolle und Organisation, München, S. 24–68.

Hermanns, A. (Hrsg.) (1997), Sponsoring; Grundlagen, Wirkungen, Management, Perspektiven, München.

Hermanns, A./Sauter, M. (2000), Electronic Commerce, in: Gabler Wirtschaftslexikon, 15. Aufl., Wiesbaden, S. 894–896.

Hermanns, A./Wißmeier, U.K. (1998), Internationalisierung von Dienstleistungen, in: Bruhn, M./Meffert, H. (Hrsg.), Handbuch Dienstleistungsmanagement. Von der strategischen Konzeption zur praktischen Umsetzung, Wiesbaden, S. 535–556.

Hermanns, A./Wißmeier, U.K. (Hrsg.) (1995), Internationales Marketing-Management. Grundlagen, Strategien, Instrumente, Kontrolle und Organisation, München.

Herrmann, A. (1998), Preisbeurteilung bei mehrdimensionaler Preisstellung, in: Jahrbuch der Absatz- und Verbrauchsforschung, 44. Jg., Nr. 1, S. 47–64.

Herrmann, A./Huber, F. (1999), Nutzenorientierte Gestaltung der Distributionslogistik, in: Beisheim, O. (Hrsg.), Distribution im Aufbruch. Bestandsaufnahme und Perspektiven, München, S. 861–871.

Herrmann, A./Johnson, M.D. (1999), Die Kundenzufriedenheit als Bestimmungsfaktor der Kundenbindung, in: Zeitschrift für betriebswirtschaftliche Forschung, 51. Jg., Nr. 6, S. 579–598.

Herrmann, A./Wricke, M./Huber, F. (2000), Kundenzufriedenheit durch Preisfairness, in: Marketing ZFP, 22. Jg., Nr. 2, S. 131–143.

Herzig, N./Watrin, C. (1995), Obligatorische Rotation des Wirtschaftsprüfers – ein Weg zur Verbesserung der externen Unternehmenskontrolle, in: Schmalenbachs Zeitschrift für betriebswirtschaftliche Forschung, 47. Jg., Nr. 9, S. 775–804.

Heskett, J.L. (1986), Managing in the Service Economy, Boston.

Heskett, J.L. (1988), Management von Dienstleistungsunternehmen, Wiesbaden.

Heskett, J.L./Jones, T.O./Levemann, G.W./Sasser, W.E. Jr. (1994), Putting the Service-Profit Chain to Work, in: Harvard Business Review, Vol. 72, No. 2, S. 164–174.

Heskett, J.L./Sasser, W. E./Schlesinger, L. A. (1997), The Service Profit Chain: How Leading Companies Link Profit and Growth to Loyalty, Satisfaction, and Value, New York.

Heskett, J.L./Sasser, W.E./Hart, C.W.L. (1990), Service Breakthroughs. Changing the Rules of the Game, New York.

Heymann, H.-H./Motz, J. (1990), Outplacement (Newplacement), in: Strutz, H. (Hrsg.), Handbuch Personalmarketing, Wiesbaden, S. 648–657.

Hilke, W. (1984), Dienstleistungsmarketing aus Sicht der Wissenschaft, Diskussionsbeiträge des Betriebswirtschaftlichen Seminars der Universität Freiburg, Freiburg.

Hilke, W. (Hrsg.) (1989a), Dienstleistungs-Marketing, Wiesbaden.

Hilke, W. (1989b), Grundprobleme und Entwicklungstendenzen des Dienstleistungs-Marketing, in: Hilke, W. (Hrsg.), Dienstleistungs-Marketing, Wiesbaden, S. 5–44.

Hilke, W. (1993), Kennzeichnung und Instrumente des Direkt-Marketing, in: Hilke, W. (Hrsg.), Direkt-Marketing, Wiesbaden.

Hilker, J. (2001), Marketingimplementierung – Grundlagen und Umsetzung für das Dienstleistungsmanagement, in: Bruhn, M./Meffert, H. (Hrsg.), Handbuch Dienstleistungsmanagement. Von der strategischen Konzeption zur praktischen Umsetzung, 2. Aufl., Wiesbaden, S. 827–849.

Hill, D. (1986), Satisfaction and Consumer Research, in: Lutz, R.J. (Hrsg.), Advances in Consumer Research, Vol. 13, Provo, S. 310–315.

Hill, D./Gandhi, N. (1992), Services Advertising. A Framework to its Effectiveness, in: Journal of Services Marketing, Vol. 6, No. 4, S. 63–76.

Hill, W./Attiger, P./Bumbacher, U./Ziegler, F. (1995), Dienstleistungsunternehmen im internationalen Wettbewerb, Bern u. a.

Hinterhuber, H.H. (1996), Strategische Unternehmensführung, 2 Bände, 6. Aufl., Berlin/New York.

Hirschmann, A.O. (1974), Abwanderung und Widerspruch, Tübingen.

Hoekstra, J.C./Huizingh, E.K. (1999), The Lifetime Value Concept in Customer-Based Marketing, in: Journal of Market Focused Management, Vol. 3, No. 3/4, S. 257–274.

Hoffman, D. L./Novak, T. P. (1996), Marketing in Hypermedia Copmuter-Mediated Enviroments: Conceptual Foundations, in: Journal of Marketing, Vol. 60, No. 3, S. 50–68.

Hofmann, H.R./Meiren, T. (1998), Service Engineering in der Investitionsgüterindustrie, in: Information Management & Consulting, 13. Jg., Sonderausgabe, S.79–84.

Holland, H. (1992), Direktmarketing, München.

Holzmüller, H.H. (1986), Zur Strukturierung der grenzübergreifenden Konsumentenforschung und spezifischen Methodenprobleme in der Datengewinnung, in: Jahrbuch der Absatz- und Verbrauchsforschung, 32. Jg., Nr. 1, S. 47–70.

Homans, G. (1961), Social Behavior. Its Elementary Forms, New York.

Homans, G. (1968), Elementarformen sozialen Verhaltens, Opladen.

Homburg, Ch. (1998), Optimierung der Kundenzufriedenheit durch Total Quality Management, in: Simon, H./Homburg, Ch. (Hrsg.), Kundenzufriedenheit, 3. Aufl., Wiesbaden, S. 249–260.

Homburg, Ch. (2000), Kundennähe von Industriegüterunternehmen – Konzeption – Erfolgsauswirkungen – Determinanten, 3. Aufl., Wiesbaden.

Homburg, Ch./Becker, J. (2000), Marktorientierte Unternehmensführung und ihre Erfolgsauswirkungen – Eine empirische Untersuchung, Arbeitspapier Nr. W 38, Institut für Marktorientierte Unternehmensführung, Universität Mannheim, Mannheim.

Homburg, Ch./Bruhn, M. (2000), Kundenbindungsmanagement. Eine Einführung in die theoretischen und praktischen Problemstellungen, in: Bruhn, M./Homburg, Ch. (Hrsg.), Handbuch Kundenbindungsmanagement. Grundlagen, Konzepte, Erfahrungen, 3. Aufl., Wiesbaden, S. 5–35.

Homburg, Ch./Daum, D. (1997), Marktorientiertes Kostenmanagement, Frankfurt am Main.

Homburg, Ch./Faßnacht, M. (1998), Kundennähe, Kundenzufriedenheit und Kundenbindung bei Dienstleistungsunternehmen, in: Bruhn, M./Meffert, H. (Hrsg.), Handbuch Dienstleistungsmanagement. Von der strategischen Konzeption zur praktischen Umsetzung, Wiesbaden, S. 405–428.

Homburg, Ch./Garbe, B. (1996), Industrielle Dienstleistungen. Bestandsaufnahme und Entwicklungsrichtungen, in: Zeitschrift für Betriebswirtschaft, 66. Jg., Nr. 3, S. 253–282.

Homburg, Ch./Giering, A./Hentschel, F. (1999), Der Zusammenhang zwischen Kundenzufriedenheit und Kundenbindung, in: Die Betriebswirtschaft, 59. Jg, Nr. 2, S. 174–195.

Homburg, Ch./Rudolph, B. (1998), Theoretische Perspektiven zur Kundenzufriedenheit, in: Simon, H./Homburg, Ch. (Hrsg.), Kundenzufriedenheit, 3 Aufl., Wiesbaden, S. 33–55.

Homburg, Ch./Schnurr, P. (1998), Kundenwert als Instrument der Wertorientierten Unternehmensführung, in: Bruhn, M./Lusti, M./Müller, W.R./Schierenbeck, H./Studer, M. (Hrsg.), Wertorientierte Unternehmensführung, Perspektiven und Handlungsfelder für die Wertsteigerung, Wiesbaden, S. 169–189.

Homburg, Ch./Stock, R. (2001), Der Zusammenhang zwischen Mitarbeiter- und Kundenzufriedenheit, in: Die Unternehmung, 55. Jg., Nr. 6, S. 377–400.

Hopper, M.O. (1990), Rattling SABRE. New Ways to Compete on Information, Harvard Business Review, Vol. 68, No. 3, S. 118–125.

Horváth, P. (1998), Controlling, 7. Aufl., München.

Horváth, P./Gentner, A./Lingscheid, A. (1994), Qualitätscontrolling, in: Hansen, W./Jansen, H.H./Kamiske, G.F. (Hrsg.), Qualitätsmanagement im Unternehmen. Grundlagen, Methoden und Werkzeuge, Praxisbeispiele, Loseblatt-Sammlung, Kapitel 08.07, Berlin, S. 1–18.

Horváth, P./Urban, G. (1990), Qualitätscontrolling, Stuttgart.

Houston, F.S./Gassenheimer, J.B. (1987), Marketing and Exchange, in: Journal of Marketing, Vol. 51, No. 4, S. 3–18.

Hruschka, H. (1996), Marketing-Entscheidungen, München.

Hübner, C.C. (1993), Multiplikation, in: Meyer, P.W./Mattmüller, R. (Hrsg.), Strategische Marketingoptionen, Stuttgart u. a., S. 186–222.

Hübner, C.C. (1996), Internationalisierung von Dienstleisungsangeboten. Probleme und Lösungsansätze, München.

Huff, D.L. (1964), Defining and Estimating a Trading Area, in: Journal of Marketing, Vol. 28, No. 7, S. 34–38.

Hünerberg, R. (1994), Internationales Marketing, Landsberg.

Hünerberg, R./Heise, G./Mann, A. (1997), Was Online-Kommunikation für das Marketing bedeutet, in: Thexis, Heft 1, S. 16–21.

Hünerberg, R./Mann, A. (1996), Internationales Servicemarketing. Die neue Dimension im industriellen Wettbewerb, in: der markt, 35. Jg., Nr. 137, S. 95–106.

Hünerberg, R./Mann, A. (1999), Online-Service, in: Bliemel, F./Fassot, G./Theobald, A. (Hrsg.), Electronic Commerce: Herausforderungen, Anwendungen, Perspektiven, Wiesbaden, S. 279–297.

Hünerberg, R./Mann, A. (2002), Das Dienstleistungspotenzial des Internet, in: Bruhn, M./Stauss, B. (Hrsg.), Electronic Services, Dienstleistungsmanagement Jahrbuch 2002, Wiesbaden, S. 43–66.

Hunt, H.K. (1977), CS/D-Overview and Future Research Directions, in: Huni, H.K. (Hrsg.), Conzeptualisation and Measurement of Consumer Satisfaction and Dissatisfaction, Cambridge, S. 455–488.

Iacobucci, D. (1998), Services: What Do We Know and Where Shall We Go?, in: Swartz, T.A./Bowcn, D.E./Brown, S.W. (Hrsg.), Advances in Services Marketing and Management: Research and Practice, Vol. 7, Greenwich, S. 1–96.

IDC/BA+H Analyse (2000), zitiert bei: Focus medialine, Der Markt der Online-Kommunikation: Fakten 2000, http//www.focus.de/medialine (Zugriff: 15.05.2000).

Ihde, G.B. (1978), Distributionslogistik, Stuttgart/New York.

Infratest Burke (2001), Monitoring Informationswirtschaft, http://prod.wwl.de/produktion/wwl2/WebSite/ag/Presse/download/FaktenberichtBMWI.pdf (Zugriff: 30.04.2002).

Institut der deutschen Wirtschaft (Hrsg.) (1998), Deutschland im globalen Wettbewerb 1998. Internationale Wirtschaftszahlen, Köln.

Institut der deutschen Wirtschaft Köln (Hrsg.) (2001), Deutschland im globalen Wettbewerb, Internationale Wirtschaftszahlen, Köln.

Interbrand (2001), The World`s most valuable Brands, http://www.interbrand.com/ (Zugriff: 02.05.2002).

IWD (1997), Dienstleistungen. Zweites Standbein des Welthandel, in: Informationsdienst des Instituts der deutschen Wirtschaft, Nr. 7, Köln, S. 4–5.

Jackson, B.B. (1985), Build Customer Relationships that Last, in: Harvard Business Review, Vol. 63, No. 6, S. 120–128.

Jacob, F. (1995), Produktindividualisierung als spezielle Form des Dienstleistungsmarketing im Business-to-Business-Bereich, in: Kleinaltenkamp, M. (Hrsg.), Dienstleistungsmarketing, Wiesbaden, S. 193–223.

Jahn, H. (1988), Zertifizierung von Qualitätssicherungs-Systemen, in: Masing, W. (Hrsg.), Handbuch der Qualitätssicherung, 2. Aufl., München/Wien, S. 923–934.

Jaworski, B.J./Kohli, A.K. (1993), Market Orientation: Antecedents and Consequences, in: Journal of Marketing, Vol. 57, No. 3, S. 53–70.

Johanson, J./Mattson, L.-G. (1987), Interorganizational Relations. A Network Approach Compared to Transaction-Cost Approach, in: International Studies of Management and Organization, Vol. 17, No. 1, S. 34–48.

Johnson, E.M./Scheuing, E.E./Gaida, K.A. (1986), Profitable Service Marketing, Homewood.

Johnston, W.J./Lewin, J.E. (1996), Organizational Buying Behavior. Toward an Integrative Framework, in: Journal of Business Research, Vol. 35, No. 1, S. 1–15.

Jugel, S./Zerr, K. (1989), Dienstleistungen als strategisches Element eines Technologie-Marketing, in: Marketing ZFP, 11. Jg., Nr. 3, S. 162–172.

Kaas, K.P. (1973), Diffusion und Marketing, Stuttgart.

Kaas, K.P. (1990), Marketing als Bewältigung von Informations- und Unsicherheitsproblemen im Markt, in: Die Betriebswirtschaft, 50. Jg., Nr. 4, S. 539–548.

Kaas, K.P. (1991a), Marktinformationen: Screening und Signaling unter Partnern und Rivalen, in: Die Betriebswirtschaft, 61. Jg., S. 357–370.

Kaas, K.P. (1991b), Kontraktmarketing als Kooperation von Prinzipalen und Agenten, Arbeitspapier der Forschungsgruppe Konsum und Verhalten Nr. 12, Hrsg.: Kaas, K.P. et. al., Frankfurt am Main.

Kaas, K.P. (1995a), Marketing und Neue Institutionenökonomik, in: Kaas, K.P. (Hrsg.), Kontrakte, Geschäftsbeziehungen, Netzwerke: Marketing und neue Institutionenökonomik, Zeitschrift für betriebswirtschaftliche Forschung, Sonderheft 35, S. 1–18.

Kaas, K.P. (1995b), Marketing zwischen Markt und Hierarchie, in: Kaas, K.P. (Hrsg.), Kontrakte, Geschäftsbeziehungen, Netzwerke: Marketing und neue Institutionenökonomik, Zeitschrift für betriebswirtschaftliche Forschung, Sonderheft 35, S. 19–42.

Kaas, K.P. (2000), Alternative Konzepte der Theorieverankerung, in: Backhaus, K. (Hrsg.), Deutschsprachige Marketingforschung. Bestandsaufnahme und Perspektiven, Stuttgart, S. 55–78.

Kaas, K.P. (2001), Zur "Theorie des Dienstleistungsmanagements", in: Bruhn, M./Meffert, H. (Hrsg.), Handbuch Dienstleistungsmanagement. Von der strategischen Konzeption zur praktischen Umsetzung, 2. Aufl., Wiesbaden, S. 103–121.

Kalyanaram, G./Winer, R. (1995), Empirical Generalizations from Reference Price Research, in: Marketing Science, Vol. 14, No. 3, S. 161–169.

Kamiske, G.F./Brauer, J.-P. (1993), Modernes Qualitätsmanagement, in: Hansen, W./Jansen, H.H./ Kamiske, G.F. (Hrsg.), Qualitätsmanagement im Unternehmen. Grundlagen, Methoden und Werkzeuge, Praxisbeispiele, Loseblattsammlung, Kapitel 01.01, Berlin u. a., S. 1–38.

Kamiske, G.F./Brauer, J.-P. (1999), Qualitätsmanagement von A bis Z, Erläuterungen moderner Begriffe des Qualitätsmanagements, 3. Aufl., München/Wien.

Kandaouroff, A. (1994), Qualitätskosten. Eine theoretisch-empirische Analyse, in: Zeitschrift für Betriebswirtschaft, 64. Jg., Nr. 6, S. 765–786.

Kapferer, J.N. (1992), Die Marke – Kapital des Unternehmens, Landsberg/Lech.

Kaplan, R.S./Norton, D.P. (1992), The Balanced Scorecard – Measures That Drive Performance, in: Harvard Business Review, Vol. 70, Januar/Februar, S. 71–79.

Kaplan, R.S./Norton, D.P. (1993), Putting the Balanced Scorecard to Work, in: Harvard Business Review, Vol. 71, September/Oktober, S. 134–147

Kaplan, R.S./Norton, D.P. (1996), Using the Balanced Scorecard as a Strategic Management System, in: Harvard Business Review, Vol. 74, No. 1, S. 75–85.

Kaplan, R.S./Norton, D.P. (1997), Balanced Scorecard. Strategien erfolgreich umsetzen, Stuttgart.

Kaub, E. (1990), Erfolg in der Gastronomie, 2. Aufl., Saarbrücken.

Kawasaki, G./Moreno, M. (2000), Rules for Revolutionaries: The Capitalist Manifesto for Creating New Products and Services, New York.

Keaveney, S. (1995), Customer Switching Behavior in Service Industries. An Exploratory Study, in: Journal of Marketing, Vol. 59, No. 2, S. 71–82.

Kelley, S.W./Davis, M.A. (1994), Antecedents to Customer Expectations for Service Recovery, in: Journal of Marketing Science, Vol. 22, No. 1, S. 52–61.

Kellog, D.L./Chase, R.B. (1995), Constructing an Empirically Derived Measure for Customer Contact, in: Management Science, Vol. 41, No. 11, S. 1734–1749.

Kemper, O./Bommer, R./Leu, R. (1998), Balanced Scorecard. Das ganzheitliche Wertmanagement bei Swisscom, in: index, 10. Jg., Nr. 2, S. 10–14.

Kinberg, Y./Sudit, E.F. (1979), Country/Service Bundling in International Tourism. Criteria for the Selection of an Efficient Bundle Mix and Allocation of Joint Revenues, in: Journal of International Business Studies, Vol. 10, No. 2, S. 51–63.

Kirchner, G. (1992), Direktmarketing-Kommunikation, Wiesbaden.

Kirstein, H. (1991), Audit als Managementinstrument zur Prozeßverbesserung, in: Qualität und Zuverlässigkeit (QZ), 36. Jg., Nr. 4, S. 207–212.

Kirstges, T. (1996), Expansionsstrategien im Tourismus, 2. Aufl., Wiesbaden.

Kitzmann, A./Zimmer, D. (1982), Grundlagen der Personalentwicklung, 2. Auf., Weil der Stadt.

Klee, A. (2000), Strategisches Beziehungsmanagement, Aachen.

Klein, B./Leffler, K. (1981), Non Government Enforcement of Contracts: The Role of Market Forces in Assuring Quality, in: Journal of Political Economy, S. 615–641.

Klein, S./Zickhardt, J. (1997), Auktionen auf dem World Wide Web: Bezugsrahmen, Fallbeispiele und annotierte Linksammlung, Arbeitsbericht Nr. 7 des Instituts für Wirtschaftsinformatik, Universität Koblenz, Koblenz.

Kleinaltenkamp, M. (Hrsg.) (1995), Dienstleistungsmarketing. Konzeptionen und Anwendungen, Wiesbaden.

Kleinaltenkamp, M. (2001), Begriffsabgrenzungen und Erscheinungsformen von Dienstleistungen, in: Bruhn, M./Meffert, H. (Hrsg.), Handbuch Dienstleistungsmanagement. Von der strategischen Konzeption zur praktischen Umsetzung, 2. Aufl., Wiesbaden, S. 27–50.

Kleinert, H. (1983), Das Instrumentarium des Tourismusmarketing und der Fremdenverkehrsplanung. Kommunikationspolitik, in: Haedrich, G. et al. (Hrsg.), Tourismus-Management, Berlin/New York, S. 287–300.

Knoblich, H./Oppermann, R. (1996), Dienstleistung – ein Produkttyp, in: der markt, 35. Jg., Nr. 136, S. 13–22.

Köhler, L. (1991), Die Internationalisierung produzentenorientierter Dienstleistungsunternehmen, Hamburg.

Köhler, R. (1989), Marketing-Effizienz durch Controlling, in: Controlling, 1. Jg., Nr. 2, S. 84–95.

Köhler, R. (1992), Stichwort: Marketing-Controlling, in: Diller, H. (Hrsg.), Vahlens Großes Marketinglexikon, München, S. 657–659.

Köhler, R. (1993), Beiträge zum Marketing Management, Planung, Organisation, Controlling, Teil 3: Marketing-Controlling, 3. Aufl., Stuttgart, S. 253–392.

Köhler, R. (1996), Dienstleistungswüste Deutschland?, in: Die Betriebswirtschaft, 56. Jg., Nr. 5, S. 583–586.

Köhler, R. (1997), Einfluß des Kommunikators auf die Wirkung direkter Marktkommunikation, in: Dallmer, H. (Hrsg.), Handbuch Direct Marketing, 7. Aufl., Wiesbaden, S. 151–173.

Köhler, R. (1998), Marketing-Controlling. Konzepte und Methoden, in: Reinecke, S./Tomczak, T./Dittrich, S. (Hrsg.), Marketingcontrolling, St. Gallen, S. 10–21.

Köhler, R. (1999), Kundenorientiertes Rechnungswesen als Voraussetzung des Kundenbindungsmanagements, in: Bruhn, M./Homburg, Ch. (Hrsg.), Handbuch Kundenbindungsmanagement, 2. Aufl., Wiesbaden, S. 329–357.

Köhler, R. (2000), Kundenorientiertes Rechnungswesen als Voraussetzung des Kundenbindungsmanagements, in: Bruhn, M./Homburg, Ch. (Hrsg.), Handbuch Kundenbindungsmanagement, 3. Aufl., S. 415–444.

Kohli, A.K./Jaworski, B.J. (1990), Market Orientation: The Construct, Research Propositions, and Managerial Implications, in: Journal of Marketing, Vol. 54, No. 2, S. 1–18.

Kolks, U. (1990), Strategieimplementierung. Ein anwendungsorientiertes Konzept, Wiesbaden.

Kothari, V. (1988), Strategic Dimensions of Global Marketing of Services, in: Journal of Professional Service Marketing, Vol. 3, No. 3, S. 209–229.

Kotler, P. (1994), Marketing Management. Analysis, Planning, Implementation and Control, 8. Aufl., Englewood Cliffs.

Kotler, P. (1997), Marketing Management, 9. Aufl., New Jersey.

Kotler, P./Bliemel, F. (2001), Marketing-Management, 10. Aufl., Stuttgart.

Kotler, P./Bloom, P.N. (1984), Marketing Professional Services, Englewood Cliffs.

Kotler, P./Roberto, E. (1991), Social Marketing, Düsseldorf u. a.

Kreilkamp, E. (1987), Strategisches Management und Marketing, Berlin/New York.

Kreutzer, R. (1989), Global Marketing. Konzeption eines länderübergreifenden Marketing, Wiesbaden.

Kroeber-Riel, W. (1995), Werbung, in: Tietz, B./Köhler, R./Zentes, J. (Hrsg.), Handwörterbuch des Marketing, 2. Aufl., Stuttgart, S. 2692–2703.

Kroeber-Riel, W. (1996), Bildkommunikation. Imagerystrategien für die Werbung, 2. Aufl., München.

Kroeber-Riel, W./Esch, F.R. (2000), Strategie und Technik der Werbung. Verhaltenswissenschaftliche Ansätze, 5. Aufl., Stuttgart u. a.

Kroeber-Riel, W./Weinberg, P. (1999), Konsumentenverhalten, 7. Aufl., München.

Krotz, J./Gratzer, W. (1989), Qualitätsmanagement. Ein marktstrategischer Erfolgsfaktor, in: Thexis, 6. Jg., Nr. 6, S. 18–20.

Krüger, L. (1990), Yield Management. Dynamische Gewinnsteuerung im Rahmen integrierter Informationstechnologie, in: Controlling, 2. Jg., Nr. 5, S. 240–251.

Krüger, S.M. (1997), Profitabilitätsorientierte Kundenbindung durch Zufriedenheitsmanagement, München.

Kuhlmann, E. (2001), Besonderheiten des Nachfragerverhaltens bei Dienstleistungen, in: Bruhn, M./Meffert, H. (Hrsg.), Handbuch Dienstleistungsmanagement. Von der strategischen Konzeption zur praktischen Umsetzung, 2. Aufl., Wiesbaden, S. 213–242.

Kühn, R. (1991), Methodische Überlegungen zum Umgang mit der Kundenorientierung im Marketing, in: Marketing ZFP, 13. Jg., Nr. 2, S. 97–107.

Kühn, R./Weiss, M. (1998), Das „Made-in"-Image der Schweiz im internationalen Vergleich, in: Die Unternehmung, 52. Jg., Nr. 1, S. 49–60.

Kulhavy, E. (1974), Dienstleistung, in: Tietz, B. (Hrsg.), Handwörterbuch der Absatzwirtschaft, Stuttgart, S. 455–459.

Kumar, N./Haussmann, H. (Hrsg.) (1992), Handbuch der Internationalen Unternehmenstätigkeit, München.

Kumar, N./Scheer, L.K./Steinaltenkamp, J.-B. E.M. (1995), The Effects of Supplier Fairness on Vulnerable Resellers, in: Journal of Marketing Research, Vol. 32, No. 1, S. 54–65.

Kundenmonitor Deutschland (1999), Das Ranking der Globalzufriedenheit 1999, http://www.servicebarometer.de.

Kundenmonitor Deutschland (2001), www.servicebarometer.de/kundenmonitor/index.html.

Küpper, H.-U. (1997), Controlling, 2. Aufl., Stuttgart.

Kurtz, D.L./Clow, K.E. (1998) Services Marketing, New York u. a.

Kusterer, A./Diller, H. (1992), Kaufrisiko, in: Diller, H. (Hrsg.), Vahlens Großes Marketinglexikon, München, S. 523–524.

Kutschker, M. (1992), Die Wahl der Eigentumsstrategie der Auslandsniederlassung in kleineren und mittleren Unternehmen, in: Kumar, B.N./Hausmann, H. (Hrsg.), Handbuch der internationalen Tätigkeit, München, S. 497–530.

Kutschker, M./Schmid, S. (2002), Internationales Management, München/Wien.

Laabs, J.L. (1995), L.A. Hotel Gives Teens a Career Orientation, in: Personnel Journal, Vol. 74, No. 11, S. 50–61.

Laakmann, K. (1994), Innovations-Marketing, in: Meffert, H. (Hrsg.), Lexikon der aktuellen Marketingbegriffe, Wien, S. 93–98.

Laakmann, K. (1995), Value-Added Services als Profilierungsinstrument im Wettbewerb. Analyse, Generierung und Bewertung, Frankfurt am Main u. a.

Lambin, J.J. (1987), Grundlagen und Methoden strategischen Marketings, Hamburg/New York.

Lange, B. (1982), Die Erfahrungskurve als Instrument der strategischen Bankplanung, in: Krümmel, H./Rudolph, B. (Hrsg.), Strategische Bankplanung, Frankfurt am Main.

Lange, P. (1991), Die individuelle Arbeitszeit. Konzept der serviceorientierten Führung und Unternehmenskultur, in: Stauss, B. (Hrsg.), Erfolg durch Servicequalität, München, S. 159–170.

Langeard, E. (1981), Grundfragen des Dienstleistungsmarketing, in: Marketing ZFP, 3. Jg., Nr. 4, S. 233–240.

Lauszus, D./Kalka, R. (1998), Preiscontrolling, in: Reinecke, S./Tomczak, T./Dittrich, S. (Hrsg.), Marketingcontrolling, St. Gallen, S. 178–189.

Lee, M./Ulgado, F.M. (1997), Consumer Evaluations of Fast-Food Services. A Cross-National Comparison, in: Journal of Services Marketing, Vol. 11, No. 1, S. 39–52

Lehmann, A. (1993), Dienstleistungsmanagement. Strategien und Ansatzpunkte zur Schaffung von Servicequalität, Stuttgart/Zürich.

Lehmann, A. (1995), Dienstleistungsmanagement. Strategien und Ansatzpunkte zur Schaffung von Servicequalität, 2. Aufl., Stuttgart/Zürich.

Lehmann, A. (1998), Qualität und Produktivität im Dienstleistungsmanagement. Strategien konkretisiert im Versicherungs- und Finanzdienstleistungswettbewerb, Wiesbaden.

Lethinen, J.R. (1991), Service Quality. Multidisciplinary and Multinational Perspectives. An Experimental Study of Service Production Processes in Different Cultures, in: Brown, S.W./Gummesson, E./Edvardsson, B./Gustavsson, B. (Hrsg.), Service Quality, Multidisciplinary and Multinational Perspectives, Lexington, S. 135–142.

Levi-Strauss, C. (1969), The Elementary Structures of Kinship, Boston.

Levitt, T. (1972), Production-Line Approach to Service, in: Harvard Business Review, Vol. 50, No. 5, S. 41–52.

Levitt, T. (1981), Marketing Intangible Products and Product Intangibles, in: Harvard Business Review, Vol. 59, No. 3, S. 94–102.

Licht, G./Hipp, C./Kukuk, M./Münt, G. (1997), Innovationen im Dienstleistungssektor: Empirischer Befund und wirtschaftspolitische Konsequenzen, Baden-Baden.

Lienemann, C./Reis, T. (1996), Der ressourcenorientierte Ansatz. Struktur und Implikationen für das Dienstleistungsmarketing, in: Wirtschaftswissenschaftliches Studium, 25. Jg., Nr. 5, S. 257–260.

Liljander, V./Strandvik, T. (1992), Estimating Zones of Tolerance in Perceived Service Quality and Perceived Service Value, Meddelanden Working Papers No. 247, Swedish School of Economics and Business Administration Helsingfors, Helsingfors.

Liljander, V./Strandvik, T. (1993), Different Comparison Standards as Determinants of Service Quality, in: Journal of Consumer Satisfaction, Dissatisfaction and Complaining Behavior, Vol. 6, S. 118–132.

Liljander, V./Strandvik, T. (1995), The Nature of Customer Relationships in Services, in: Swartz, T.A./Bowen, D.E./Brown, S. W. (Hrsg.), Advances in Services Marketing and Management. Research and Practice, Vol. 4, Greenwich/London, S. 141–167.

Lindskold, S. (1978), Trust Development, the GRIT Proposal and the Effects of Conciliatory Acts on Conflict and Cooperation, in: Psychological Bulletin, Vol. 85, No. 4, S. 772–793.

Link, J./Brändli, D./Schleuning, C./Kehl, R.E. (Hrsg.) (1997), Handbuch Database Marketing, 2. Aufl., Ettlingen.

Link, J./Gerth, N./Voßbeck, E. (2000), Marketing-Controlling. Systeme und Methoden für mehr Markt- und Unternehmenserfolg, München.

Link, J./Hildebrand, V.G. (1997), Ausgewählte Konzepte der Kundenbewertung im Rahmen des Database Marketing, in: Link, J./Brändli, D./Schleuning, C./Kehl, R.E. (Hrsg.), Handbuch Database Marketing, Ettlingen, S. 158–172.

Lischka, A. (2000), Dialogkommunikation im Relationship Marketing. Kosten-Nutzen-Analyse zur Steuerung von Interaktionsbeziehungen, Wiesbaden.

Loock, F. (1988), Kunstsponsoring, Wiesbaden.

Loos, C. (1998), Online-Vertrieb von Konsumgütern, Wiesbaden.

Loose, A./Sydow, J. (1994), Vertrauen und Ökonomie in Netzwerkbeziehungen. Strukturationstheoretische Betrachtungen, in: Sydow, J./Windeler, A. (Hrsg.), Management interorganisationaler Beziehungen. Vertrauen, Kontrolle und Informationstechnik, Opladen, S. 160–193.

Lovelock, C.H. (Hrsg.) (1992), Managing Services. Marketing, Operations and Human Resources, 2. Aufl., Englewood Cliffs.

Lovelock, C.H. (Hrsg.) (1996), Services Marketing. Text, Cases and Readings, 3. Aufl., Englewood Cliffs.

Lovelock, C.H. (Hrsg.) (2000), Services Marketing, 4. Aufl., Englewood Cliffs.

Luhmann, N. (1989), Vertrauen. Ein Mechanismus der Reduktion sozialer Komplexität, 3. Aufl., Stuttgart.

Lunsford, D./Fussell, B.C. (1993), Marketing Business Services in Central Europe, in: Journal of Service Marketing, Vol. 7, No. 1, S. 13–21.

Lutz, R./Reilly, P.J. (1973), An Exploration of the Effects of Perceived Social and Performance Risk on Consumer Information Acquisition, in: Ward, S./Wright, P. (Hrsg.), Advances in Consumer Research, Urbana, S. 393–405.

Madu, Ch.N./Kuei, Ch.-H. (1995), Strategic Total Quality Management. Corporate Performance and Product Quality, Westport.

Magrath, A.J. (1986), When Marketing Services, 4Ps Are Not Enough, in: Business Horizons, Vol. 29, No. 3, S. 44–50.

Magyar, K.M./Magyar, P.K. (1987), Marketingpioniere und Pioniermanagement, Landsberg am Lech.

Maister, D.H./Lovelock, C.H. (1988), Managing Faciliator Services, in: Lovelock, C.H. (Hrsg.), Managing Services. Marketing Operations and Human Resources, Englewood Cliffs, S. 58–70.

Maleri, R. (1997), Grundlagen der Dienstleistungsproduktion, 4. Aufl., Berlin u. a.

Malorny, C. (1999), TQM umsetzen, 2. Aufl., Stuttgart.

Malthus, T. (1836), Principles of Political Economy, London.

Mann, A. (1996), Online-Service, in: Hünerberg, R./Heise, G./Mann, A. (Hrsg.), Handbuch Online-Marketing, Landsberg/Lech, S. 157–179.

Mann, T. (1998), Erfolgsfaktor Service. Strategisches Servicemanagement im nationalen und internationalen Marketing, Wiesbaden.

Männel, W. (Hrsg.) (1992), Handbuch der Kostenrechnung, Wiesbaden.

Martin, C.R. Jr./Horne, D.A. (1993), Services Innovation. Successful versus Unsuccessful Firms, in: International Journal of Service Industry Management, Vol. 4, No. 1, S. 49–65.

Martins, M./Monroe, K.B. (1994), Perceived Price Fairness: A New Look at an Old Construct, in: Advances in Consumer Research, Vol. 21, No. 1, S. 75–78.

Masing, W. (1995), Planung und Durchsetzung der Qualitätspolitik im Unternehmen. Zentrale Prinzipien und Problembereiche, in: Bruhn, M./Stauss, B. (Hrsg.), Dienstleistungsqualität. Konzepte, Methoden, Erfahrungen, 2. Aufl., Wiesbaden, S. 239–253.

Maslow, A.M. (1975), Motivation and Personality, in: Levine, F.M. (Hrsg.), Theoretical Readings in Motivation. Perspections on Human Behavior, Chicago, S. 358–379.

Mattson, B.E. (1985), Spotting a Market Gap for a New Product, in: Long Range Planning, Vol. 18, No. 1, S. 173–181.

Meffert, H. (1979), Der Markenartikel und seine Bedeutung für den Verbraucher, Gruner + Jahr AG & Co., Hamburg.

Meffert, H. (Hrsg.) (1984), Dienstleistungsmarketing, Dokumentation des Workshops vom 28. November 1983, Arbeitspapier Nr. 19 der Wissenschaftlichen Gesellschaft für Marketing und Unternehmensführung e.V., hrsg. von Meffert, H./Wagner, H., Münster.

Meffert, H. (1986), Marketing, 7. Aufl., Wiesbaden.

Meffert, H. (1987), Kundendienstpolitik. Eine Bestandsaufnahme zu einem komplexen Kundendienstinstrument, in: Marketing ZFP, 9. Jg., Nr. 2, S. 93–102.

Meffert, H. (1989a), Die Wertkette als Instrument der Unternehmensplanung, in: Delfmann, W. (Hrsg.), Der Integrationsgedanke in der Betriebswirtschaftslehre, Wiesbaden, S. 257–278.

Meffert, H. (Hrsg.) (1989b), Flughafenmarketing. Dargestellt am Beispiel des Flughafens Münster/Osnabrück, Münster.

Meffert, H. (1989c), Globalisierungsstrategien und ihre Umsetzung im internationalen Wettbewerb, in: Die Betriebswirtschaft, 49. Jg., Nr. 4, S. 445–463.

Meffert, H. (1992a), Marketingforschung und Käuferverhalten, 2. Aufl., Wiesbaden.

Meffert, H. (1992b), Strategien zur Profilierung von Marken, in: Dichtl, E./Eggers, W. (Hrsg.), Marke und Markenartikel, München, S. 129–156.

Meffert, H. (1993a), Marktorientierte Führung von Dienstleistungsunternehmen. Neuere Entwicklungen in Theorie und Praxis, Arbeitspapier Nr. 78 der Wissenschaftlichen Gesellschaft für Marketing und Unternehmensführung e.V., hrsg. von Meffert, H./Wagner, H., Münster.

Meffert, H. (1993b), Messen und Ausstellungen als Marketinginstrument, in: Goehrmann, K. (Hrsg.), Polit-Marketing auf Messen und Ausstellungen, Düsseldorf, S. 74–96.

Meffert, H. (1994), Marktorientierte Führung von Dienstleistungsunternehmen. Neuere Entwicklungen in Theorie und Praxis, in: Die Betriebswirtschaft, 54. Jg., Nr. 4, S. 519–541.

Meffert, H. (1995), Dienstleistungsmarketing, in: Tietz, B./Köhler, R./Zentes, J. (Hrsg.), Handwörterbuch des Marketing, 2. Aufl., Stuttgart, S. 454–469.

Meffert, H. (1998), Dienstleistungsphilosophie und -kultur, in: Meyer, A. (Hrsg.), Handbuch Dienstleistungs-Marketing, Band 1, Stuttgart, S. 121–138.

Meffert, H. (2000), Marketing: Grundlagen marktorientierter Unternehmensführung: Konzepte – Instrumente – Praxisbeispiele, 9. Aufl., Wiesbaden.

Meffert, H. (2001), Zukünftige Forschungsfelder im Dienstleistungsmarketing, in: Die Unternehmung, 55. Jg., Nr. 4/5, S. 327–339.

Meffert, H./Birkelbach, R. (1992), Customized Marketing, in: Thexis, 9. Jg., Nr. 1, S. 18–19.

Meffert, H./Bolz, J. (2001), Internationales Marketing-Management, 4. Aufl., Stuttgart.

Meffert, H./Bongartz, M. (2001), e-Branding: Integration des Internet in die Markenführung – ausgewählte Ergebnisse einer empirischen Untersuchung, Arbeitspapier Nr. 147 der Wissenschaftlichen Gesellschaft für Marketing und Unternehmensführung, Münster.

Meffert, H./Bruhn, M. (1978), Marketingtheorie – Quo Vadis?, in: Bratschitsch, R./Heinen, E. (Hrsg.), Absatzwirtschaft – Marketing. Betriebswirtschaftliche Probleme und gesellschaftlicher Bezug, Wien, S. 1–24.

Meffert, H./Bruhn, M. (1981), Beschwerdeverhalten und Zufriedenheit von Konsumenten, in: Die Betriebswirtschaft, 41. Jg., Nr. 4, S. 597–613.

Meffert, H./Burmann C. (1996), Identitätsorientierte Markenführung – Grundlagen für das Management von Markenportfolios, Arbeitspapier Nr. 100 der Wissenschaftlichen Gesellschaft für Marketing und Unternehmensführung e.V., hrsg. von Meffert, H./Backhaus, K./Becker, J., Münster.

Meffert, H./Burmann, C. (2002), Strategisches Marketing Management, 2. Aufl., Wiesbaden.

Meffert, H./Heinemann, G. (1990), Operationalisierung des Imagetransfers. Begrenzung des Transferrisikos durch Ähnlichkeitsmessungen, in: Marketing ZFP, 12. Jg., Nr. 1, S. 5–10.

Meffert, H./Perrey, J. (1998), Mehrmarkenstrategien – Ein Beitrag zum Management von Marken-portfolios, Arbeitspapier Nr. 121 der Wissenschaftlichen Gesellschaft für Marketing und Unter-nehmensführung e.V., hrsg. von Meffert, H./Backhaus, K./Becker, J., Münster.

Meffert, H./Perrey, J./Schneider, H. (1998), Marketing von Verkehrsdienstleistungsunternehmen – dargestellt am Beispiel der Deutschen Bahn AG, Arbeitspapier Nr. 123 der Wissenschaftlichen Gesellschaft für Marketing und Unternehmensführung, Hrsg.: Meffert, H./Backhaus, K./Be-cker, J., Münster.

Mei-Pochtler, A. (1998), Markenmanagement für Dienstleistungs-Anbieter, in: Meyer, A. (Hrsg.), Handbuch Dienstleistungs-Marketing, Band 1, Stuttgart, S. 665–678.

Meissner, H.G. (1995), Strategisches internationales Marketing, 2. Aufl., München/Wien.

Meissner, H.G./Gerber, S. (1980), Die Auslandsinvestitionen als Entscheidungsproblem, in: Be-triebswirtschaftliche Forschung und Praxis, 32. Jg., S. 223–245.

Mellerowicz, K. (1964), Markenartikel. Die ökonomischen Gesetze ihrer Preisbildung und Preis-bindung, 2. Aufl., München/Berlin.

Mertess, J.E. (1974), Corporate Response to the Artist, in: MSU Business Topics, 22. Jg., Autumn, S. 45–51.

Meurer, C. (1993), Strategisches internationales Marketing für Dienstleistungen – dargestellt am Beispiel des Management Consulting, in: Freter H. (Hrsg.), Schriftenreihe Marktorientierte Un-ternehmensführung, Bd. 16, Frankfurt am Main u. a.

Meyer, A. (1987), Die Automatisierung und Veredelung von Dienstleistungen. Auswege aus der dienstleistungsinhärenten Produktivitätsschwäche, in: Jahrbuch der Absatz- und Verbrauchs-forschung, 33. Jg., Nr. 1, S. 25–46.

Meyer, A. (1994), Dienstleistungs-Marketing, 6. Aufl., Augsburg.

Meyer, A. (Hrsg.)(1998), Handbuch Dienstleistungs-Marketing, Bände 1 und 2, Stuttgart.

Meyer, A./Blümelhuber, C. (1998a), Leistungsziele, Orientierungsgröße, Effektivitäts- und Effi-zienzmaßstab für Management und Mitarbeiter, in: Meyer, A. (Hrsg.) (1998), Handbuch Dienst-leistungs-Marketing, Band 1, Stuttgart, S. 174–199.

Meyer, A./Blümelhuber, C. (1998b), Strategische Ausrichtung des Dienstleistungsmanagements, in: Meffert, H./Bruhn, M. (Hrsg.), Handbuch Dienstleistungsmanagement: Von der strategi-schen Konzeption zur praktischen Umsetzung, Wiesbaden.

Meyer, A./Blümelhuber, C. (1999), Kundenbindung durch Services, in: Bruhn, M./Homburg, Ch. (Hrsg.), Handbuch Kundenbindungsmanagement. Grundlagen, Konzepte, Erfahrungen, 2. Aufl. Wiesbaden, S. 189–212.

Meyer, A./Dornach, F. (1995), Nationale Barometer zur Messung der Qualität und Kundenzufrie-denheit bei Dienstleistungen, in: Bruhn, M./Stauss, B. (Hrsg.), Dienstleistungsqualität. Grund-lagen, Konzepte, Methoden, 2. Aufl., Wiesbaden, S. 429–453.

Meyer, A./Dornach, F. (1998a), Nutzungspotentiale des Deutschen Kundenbarometers für das Dienstleistungsmanagement, in: Bruhn, M./Meffert, H. (Hrsg.), Handbuch Dienstleistungsma-nagement, Wiesbaden, S. 287–306.

Meyer, A./Dornach, F. (1998b), Jahrbuch der Kundenzufriedenheit in Deutschland 1998. Das Deutsche Kundenbarometer 1998 – Qualität und Zufriedenheit, München.

Meyer, A./Dornach, F. (1998c), Das Deutsche Kundenbarometer 1998 – Qualität und Zufrieden-heit – Jahrbuch der Kundenzufriedenheit in Deutschland 1998, München.

Meyer, A./Dullinger, F. (1998), Leistungsprogramm von Dienstleistungs-Anbietern, in: Meyer, A. (Hrsg.) (1998), Handbuch Dienstleistungs-Marketing, Band 1, Stuttgart, S. 711–735.

Meyer, A./Ertl, R. (1998), Marktforschung von Dienstleistungs-Anbietern, in: Meyer, A. (Hrsg.), Handbuch Dienstleistungs-Marketing, Band 1, Stuttgart, S. 203–246.

Meyer, A./Mattmüller, R. (1987), Qualität von Dienstleistungen. Entwurf eines praxisorientierten Qualitätsmodells, in: Marketing ZFP, 9. Jg., Nr. 3, S. 187–195.

Meyer, A./Oevermann, D. (1995), Kundenbindung, in: Tietz, B./Köhler, R./Zentes, J. (Hrsg.), Handwörterbuch des Marketing, 2. Aufl., Stuttgart, Sp. 1340–1351.

Meyer, A./Oppermann, K. (1998), Bedeutung und Gestaltung des Internen Marketing, in: Meyer, A. (Hrsg.), Handbuch Dienstleistungs-Marketing, Band 1, Stuttgart, S. 991–1009.

Meyer, A./Rühle, M. (1991), Innovationspotentiale der Kundenselbstbedienung, in: Thexis, 8. Jg., Nr. 6, S. 50–56.

Meyer, A./Westerbarkey, P. (1995), Bedeutung der Kundenbeteiligung für die Qualitätspolitik von Dienstleistungsunternehmen, in: Bruhn, M./Stauss, B. (Hrsg.), Dienstleistungsqualität. Konzepte, Methoden, Erfahrungen, 2. Aufl., Wiesbaden, S. 81–104.

MGM Mediagruppe München (1996), Werbung im Internet, München.

Michalski, S. (2002), Kundenabwanderungs- und Kundenrückgewinnungsprozesse. Eine theoretische und empirische Untersuchung am Beispiel von Banken, Wiesbaden.

Michel, St. (1996), Prosuming-Marketing. Konzeption und Anwendung, Bern u. a.

Miller, D./Friesen, D.H. (1982), Innovation in Conservative and Entrepreneurial Firms. Two Models of Strategic Momentum, in: Strategic Management Journal, Vol. 3, No. 1, S. 1–25.

Mischler, P. (1898), Dienstleistungen (persönliche), in: Elster, L. (Hrsg.), Wörterbuch der Volkswirtschaft in zwei Bänden, Bd. 1, Jena, S. 548.

Mittal, B./Lassar, W.M. (1998), Why do Customers Switch? The Dynamics of Satisfaction versus Loyalty, in: Journal of Services Marketing, Vol. 12, No. 2/3, S. 177–194.

Moller, C. (1987), Persönliche Qualität als Voraussetzung für jede andere Qualität, o.O.

Moorman, C./Zaltman, G./Deshpandé, R. (1992), Relationships between Providers and Users of Market Research. The Dynamics of Trust within and between Organizations, in: Journal of Marketing Research, Vol. 29, No. 3, S. 314–329.

Moormann, J. (1988), Strategische Planung in Geschäftsbanken: Ergebnis einer Umfrage, in: Die Bank, Nr. 6, S. 309–316.

Morgan, R.M./Hunt, S.D. (1994), The Commitment-Trust Theory of Relationship Marketing, in: Journal of Marketing, Vol. 58, No. 3, S. 20–38.

Mösslang, A.M. (1995), Internationalisierung von Dienstleistungsunternehmen. Empirische Relevanz, Systematisierung, Gestaltung, Wiesbaden.

Mudie, P./Cottam, A. (1993), The Management and Marketing of Services, Oxford.

Mudie, P./Cottam, A. (1997), The Management and Marketing Services, 2. Aufl., Oxford u. a.

Mühlbacher, H./Botschen, G. (1990), Benefit-Segmentierung von Dienstleistungsmärkten, in: Marketing ZFP, 12. Jg., Nr. 3, S. 159–168.

Müller, W. (1993), Konzeptionelle Grundlagen des Integrativen Dienstleistungsmarketing, WHU-Forschungspapier Nr. 23, Wissenschaftliche Hochschule für Unternehmensführung, Koblenz.

Müller, W. (1996), Grundzüge des Preisbeurteilungsverhaltens von Dienstleistungsnachfragern, in: der markt, 35 Jg., Nr. 1, S. 23–48.

Müller, W./Klein, S. (1993), Grundzüge einer verhaltensorientierten Preistheorie im Dienstleistungsmarketing, WHU-Forschungspapier Nr. 16, Wissenschaftliche Hochschule für Unternehmensführung, Koblenz.

Müller-Hagedorn, L. (1993), Handelsmarketing, 2. Aufl., Stuttgart.

Müller-Merbach, H. (1985), Ansätze zu einer informationsorientierten Betriebswirtschaftslehre, in: Ballwieser, W./Berger, K.H. (Hrsg.), Information und Wirtschaftlichkeit, Wiesbaden, S. 117–144.

Murmann, B. (1999), Qualität mehrstufiger Dienstleistungsinteraktionen. Besonderheiten bei Dienstleistungsunternehmen mit direktem und indirektem Kundenkontakt, Wiesbaden.

Murphy, J.H./Cunningham, I.C.M. (1993), Advertising and Marketing Communication Management, Fort Worth u. a.

Murray, J.A. (1984), A Concept of Entrepreneurial Strategy, in: Strategic Management Journal, Vol. 5, S. 1–13.

Murray, K.B. (1991), A Test of Services Marketing Theory. Consumer Information Acquisition Activities, in: Journal of Marketing, Vol. 55, No. 1, S. 10–25.

Narver, J.C./Slater, S.F. (1990), The Effect of a Market Orientation on Business Profitability, in: Journal of Marketing, Vol. 54, No. 4, S. 20–35.

Naundorf, S. (1993), Charakterisierung und Arten der Public Relations, in: Berndt, R./Hermanns, A. (Hrsg.), Handbuch Marketing-Kommunikation, Wiesbaden, S. 595–616.

Nelson, P. (1970), Advertising as Information, in: Journal of Political Economy, Vol. 78, No. 4, S. 729–754.

Nerdinger, F./Rosenstiel, L. von (1999), Die Umgestaltung der Führungsstrukturen im Rahmen der Implementierung des Internen Marketing, in: Bruhn, M. (Hrsg.), Internes Marketing. Integration der Kunden- und Mitarbeiterorientierung. Grundlagen, Implementierung, Praxisbeispiele, 2. Aufl., Wiesbaden, S. 175–190.

Neumann, E./Hennig, A. (1998), Outsourcing im Dienstleistungsbereich, Stuttgart.

NIC (1999), Network Information Center, www.nic.de (Zugriff: 23. März 1999).

Nicklisch, H. (1922), Wirtschaftliche Betriebslehre, 6. Aufl. der „Allgemeinen Kaufmännischen Betriebslehre", Stuttgart.

Nicoulaud, B. (1989), Problems and Strategies in the International Marketing of Services, in: European Journal of Marketing, Vol. 23, No. 6, S. 55–66.

Nieschlag, R./Dichtl, E./Hörschgen, H. (1997), Marketing, 18. Aufl., Berlin.

NIST (2002), Criteria for Performance Excellence, in: http//www.quality.nist.gov/PDF_files/2003_Business_Criteria.pdf (Zugriff: 20.12.2002).

Normann, R. (1987), Dienstleistungsunternehmen, Hamburg.

Nüßler, J./Gröne, A. (2000), Kundenzufriedenheit als strategische Führungsgröße der BHW Bausparkasse, in: Der langfristige Kredit, Nr. 17, S. 571–573.

OECD (1998), Electronic Commerce in Europa, in: Frankfurter Allgemeine Zeitung vom 16. November 1998, S. 32.

Oess, A. (1993), Total Quality Management. Die ganzheitliche Qualitätsstrategie, 3. Aufl., Wiesbaden.

Oggenfuss, C. (1992), Retention Marketing, in: Thexis, 9. Jg., Nr. 6, S. 24–28.

Oliver, R.L. (1996), Satisfaction. The Behavioral Persapective on the Consumer, New York.

Oliver, R.L. (1999), Whence Consumer Loyalty? in: Journal of Marketing, Vol. 63, Special Edition, S. 33–44.

O'Malley, L./Tynan, C. (1997), A Reappraisal of the Relationship Marketing Constructs of Commitment and Trust, in: American Marketing Association (Hrsg.), New and Evolving Paradigms. The Emerging Future of Marketing, Dublin, S. 486–503.

O'Neill, R./Lambert, D. (2001), The Emotional Side of Price, in: Psychology & Marketing, Vol. 18, No. 3, S. 217–237.

Ostrom, A./Iacobucci, D. (1995), Consumer Trade-Offs and the Evaluation of Services, in: Journal of Marketing, Vol. 59, No. 1, S. 17–28.

Otto, A./Reckenfelderbäumer, M. (1993), Zeit als strategischer Erfolgsfaktor im „Dienstleistungsmarketing", Arbeitspapier zum Marketing, Nr. 27, hrsg. von Engelhardt, W./Hamman, P., Bochum.

Ouchi, W.G. (1981), Theory Z. How American Business can Meet the Japanese Challenge, Reading, Mass.

o.V. (1993), Jeder Mitarbeiter sollte Qualitätsmanager sein. TQM – ein nötiger Weg, in: Hessische Wirtschaft, Nr. 12, S. 8–9.

o.V. (1997), Das große Weltdorf. Der Zwang zur Internationalisierung, in: Frankfurter Allgemeine Zeitung vom 6. Oktober 1997, S. 26.

o.V. (1998a), An der Dienstleistungslücke entzweit sich die Wirtschaftsforschung, in: Frankfurter Allgemeine Zeitung vom 15. Januar 1998, S. 13.

o.V. (1998b), Die Lufthansa baut ihren Direktvertrieb beträchtlich aus, in: Frankfurter Allgemeine Zeitung vom 9.3.1998, S. 25.

o.V. (2000a), Briefe bleiben die Stütze der Post, in: Handelsblatt vom 13/14.10.2000, S. 17.

o.V. (2000b), Lufthansa und Post stehen vor Kooperation, in: Frankfurter Allgemeine Zeitung vom 18.04.2000, S. 21.

o.V. (2000c), Alles inklusive, in: Volkswagen Magazin, Juli, S. 76–77.

o.V. (2000d), McDonald´s will über das Handy werben, in: Handelsblatt vom 27.12.2000, S. 19.

o.V. (2001a), Vom Produzenten zum produzierenden Dienstleister, in: Frankfurter Allgemeine Zeitung vom 30.04.2001, S. 29.

o.V. (2001b), Immer mehr Unternehmen geben ganze Geschäftsprozesse an Dienstleister ab, in: Frankfurter Allgemeine Zeitung vom 25.10.2001, S. 29.

o.V. (2001c), Daten direkt aus der Szene, in: Werben und Verkaufen vom 15.06.2001, S. 49.

o.V. (2001d), Premiere World bietet Kabelbetreibern Umsatzbeteiligungen an, in: Frankfurter Allgemeine Zeitung vom 25.10.2001, S. 22.

o.V. (2001e), Zweikampf zwischen AOL und Microsoft, in: Handelsblatt vom 01.08.2001, S. 17.

o.V. (2001f), Mit neuem Namen in die Unternehmenszukunft, in: Frankfurter Allgemeine Zeitung vom 05.02.2001, S. 32.

o.V. (2001g), Preussag fliegt in die schöne neue TUI-Welt, in: Horizont vom 06.09.2001, S. 24.

o.V. (2001h), Spaziergang im Hotel, in: Werben und Verkaufen vom 30.03.2001, S. 104.

o.V. (2001i), Preiskampf im europäischen Fluggeschäft, in: Frankfurter Allgemeine Zeitung vom 28.11.2001, S. 23.

o.V. (2001j), Gebucht wird doch lieber im Reisebüro, in: Frankfurter Allgemeine Zeitung vom 05.11.2001, S. 15.

o.V. (2001k), Das Internet ist als Vertriebskanal nicht mehr wegzudenken, in: Frankfurter Allgemeine Zeitung vom 06.09.2001, S. 22.

o.V. (2001l), Die Lufthansa will ihre Vertriebskraft stationär und auch im Direktvertrieb stärken, in: Frankfurter Allgemeine Zeitung vom 05.03.2001, S. 23.

o.V. (2002a), Lufthansa startet Billigflieger mit Eurowings, in: Frankfurter Allgemeine Zeitung vom 15.08.2002, S. 14.

o.V. (2002b), Werben auf einer Wellenlänge, in: Horizont vom 21.03.2002, S. 20.

o.V. (2002c), Geniestreich Genion?, in: Werben und Verkaufen vom 21.06.2002, S. 28.

o.V. (2002d), Die Bayern erwarten rosige Zeiten, in: Horizont vom 07.03.2002, S. 4.

o.V. (2002e), Reise-Sites sehen sonnige Zeiten, in: Horizont vom 14.03.2002, S. 49.

Palmer, A. (2001), The Principles of Services Marketing, 3. Aufl., London u. a.

Palmer, A./Cole, C. (1995), Services Marketing. Principles and Practice, Englewood Cliffs.

Palmer, J.D. (1985), Consumer Service Industry Exports, in: Columbia Journal of World Business, Vol. 20, No. 1, S. 69–74.

Paperlein, J. (2001), Billigflieger treten den Großen auf die Füße, in: Horizont vom 06.12.2001, S. 20.

Parasuraman, A./Zeithaml, V.A./Berry, L.L. (1985), A Conceptual Model of Service Quality and its Implications for Future Research, in: Journal of Marketing, Vol. 49, No. 1, S. 4–50.

Parasuraman, A./Zeithaml, V.A./Berry, L.L. (1988), SERVQUAL. A Multiple-Item Scale for Measuring Consumer Perceptions of Service Quality, in: Journal of Retailing, Vol. 64, No. 1, S. 12–40.

Payne, A. (1986), New Trends in the Strategy Consulting Industry, in: Journal of Business Strategy, Vol. 5, No. 1, S. 43–55.

Payne, A. (1993), The Essence of Services Marketing, New York u. a.

Perlitz, M. (2000), Internationales Management, 4. Auflage, Stuttgart.

Perlmutter, H.V. (1969), The Tortous Evolution of the Multinational Corporation, in: Columbia Journal of World Business, Vol. 4, No. 1, S. 9–18.

Perrey, J. (1998), Nutzenorientierte Marktsegmentierung. Ein integrativer Ansatz zum Zielgruppenmaketing im Verkehrsdienstleistungsbereich, Wiesbaden.

Pessemier, E.A. (1977), Product Management, New York.

Peters, M. (1995), Besonderheiten des Dienstleistungsmarketing. Planung und Durchsetzung der Qualitätspolitik im Markt, in: Bruhn, M./Stauss, B. (Hrsg.), Dienstleistungsqualität. Konzepte, Methoden, Erfahrungen, 2. Aufl., Wiesbaden, S. 47–64.

Peters, S. (1997), Kundenbindung als Marketingziel. Identifikation und Analyse zentraler Determinanten, Wiesbaden.

Pfeifer, T. (2001), Qualitätsmanagement. Strategien, Methoden, Techniken, 3. Aufl., München/ Wien.

Pfohl, H.C. (2000), Logistiksysteme. Betriebswirtschaftliche Grundlagen (Logistik in Industrie, Handel und Dienstleistungen), 6. Aufl., Berlin u. a.

Pfund, K. (1992), Der Not gehorchend, nicht dem eigenen Triebe, in: Handelsblatt vom 10.06.1992, S. 17.

Piercy, N.F./Morgan, N.A. (1990), Strategic Internal Marketing. Managerial Frameworks and Empirical Evidence, in: Enhancing Knowledge Development in Marketing, AMA Educators's Proceedings, Vol. 1, Chicago, S. 308–313.

Platzek, Th. (1998), Selektion von Informationen über Kundenzufriedenheit, Wiesbaden.

Plinke, W. (1989), Die Geschäftsbeziehung als Investition, in: Specht, G./Silberer, G./Engelhardt, W.H. (Hrsg.), Marketing-Schnittstellen. Herausforderungen an das Management, Stuttgart, S. 305–325.

Plinke, W. (1996), Kundenorientierung als Voraussetzung der Customer Integration, in: Kleinaltenkamp, M./Fließ, S./Jacob, F. (Hrsg.), Customer Integration. Von der Kundenorientierung zur Kundenintegration, Wiesbaden, S. 41–56.

Porter, M.E. (1999), Wettbewerbsvorteile, Frankfurt am Main.

Porter, M.E./Fuller, M.B. (1989), Koalitionen und globale Strategien, in: Porter, M.E. (Hrsg.), Globaler Wettbewerb, Wiesbaden, S. 363–399.

Preßmar, D.B./Bielert, P. (1995), Wirtschaftlichkeitskennzahlen des Qualitätsmanagements, in: Preßmar, D.B. (Hrsg.), Total Quality Management II, Wiesbaden, S. 87–110.

Quelch, J.A./Klein, L.R. (1996), The Internet and International Marketing, in: Sloan Management Review, Vol. 37, No. 1, S. 60–75.

Quinn, J.B./Gagnon, C.E. (1987), Die Dienstleistungen werden automatisiert, in: Harvard Manager, 9. Jg., Nr. 2, S. 74–81.

Raffée, H./Sauter, B./Silberer, G. (1973), Theorie der kognitiven Dissonanz und Konsumgüter-Marketing, Wiesbaden.

Rao, A./Bergen, M. (1992), Price Premium as a Consequence of Buyers' Lack of Information, in: Journal of Consumer Research, Vol. 19, No. 3, S. 412–423.

Rapp, R. (1993), Umsetzungsorientiertes Marketing für industrielle Dienstleistungen, in: Simon, H. (Hrsg.), Industrielle Dienstleistungen, Stuttgart, S. 135–159.

Rappold, I. (1988), Qualitätsunsicherheit als Ursache von Marktversagen: Anpassungsmechanismen und Regulierungsbedarf, München.

Reckenfelderbäumer, M. (1995), Marketing-Accounting im Dienstleistungsbereich: Konzeption eines prozesskostengestützten Instrumentariums, Wiesbaden.

Reckenfelderbäumer, M. (1998), Marktorientiertes Kosten-Management von Dienstleistungs-Unternehmen, in: Meyer, A. (Hrsg.), Handbuch Dienstleistungs-Marketing, Stuttgart, S. 394–418.

Reddy, A.C./Buskirk, B.D./Kaicker, A. (1993), Tangibilizing the Intangibles. Some Strategies for Services Marketing, in: Journal of Services Marketing, Vol. 7, No. 3, S. 13–17.

Reichheld, F.F. (2001), The Loyalty Effect: The Hidden Force Behind Growth, Profits, and Lasting Value, Boston.

Reichheld, F.F./Sasser, W.E. (1990), Zero Defections. Quality Comes to Services, in: Harvard Business Review, Vol. 68, No. 5, S. 105–111.

Reichheld, F.F./Sasser, W.E. (1991), Zero Migration. Dienstleister im Sog der Qualitätsrevolution, in: Harvard Manager, 13. Jg., Nr. 4, S. 108–116.

Reichheld, F.F./Teal, T. (1998), The Loyalty Effect. The Hidden Force Behind Growth, Profits, and Lasting Value, 15. Aufl., Boston.

Reilly, W.J. (1931), The Law of Retail Gravitation, New York.

Reimann, C.W./Hertz, H.S. (1994), Der Malcolm Baldrige National Quality Award und die Zertifizierung gemäß den Normen ISO 9000 bis 9004. Die wichtigsten Unterschiede, in: Stauss, B. (Hrsg.), Qualitätsmanagement und Zertifizierung. Von DIN ISO 9000 zum Total Quality Management, Wiesbaden, S. 333–364.

Reinecke, S./Sipötz, E./Wiemann, E.-M. (Hrsg.)(1998), Total Customer Care. Kundenorientierung auf dem Prüfstand, St. Gallen/Wien.

Reiss, M. (1992), Mit Blut, Schweiß und Tränen zur schlanken Organisation, in: Harvard Manager, 13. Jg., Nr. 2, S. 57–62.

Reimerbach, K.-U. (1988), Markteintrittsentscheidungen, Wiesbaden.

Rengelshausen, O. (1995), Multimedia-Management. Zur Planung, Realisierung und Kontrolle von Multimedia-Applikationen, in: Silberer, G. (Hrsg.), Marketing mit Multimedia. Grundlagen, Anwendungen und Management einer neuen Technologie im Marketing, Stuttgart, S. 221–254.

Rennert, C. (1993), Dienstleistungen als Elemente innovativer Betreibungskonzepte im Automobilhandel, Ottobrunn.

Rheinbay, P./Günther, A. (2000), Rechtsfragen des Dienstleistungsangebotes. Wettbewerbsrecht und Haftung, in: Bruhn, M./Stauss, B. (Hrsg.), Dienstleistungsqualität. Konzepte, Methoden, Erfahrungen, 2. Aufl., Wiesbaden, S. 87–112.

Richardson, B.A./Robinson, C.G. (1986), The Impact of Internal Marketing on Consumer Service in a Retail Bank, in: International Journal of Bank Marketing, Vol. 4, No. 5, S. 3–30.

Richins, M.L. (1983), Negative Word-of-Mouth by Dissatisfied Customers. A Pilot Study, in: Journal of Marketing, Vol. 47, No. 4, S. 63–78.

Richter, R. (1994), Institutionen ökonomisch analysiert – zur jüngeren Entwicklung auf einem Gebiet der Wirtschaftstheorie, Tübingen.

Richter, R./Furubotn, E. (1996), Neue Institutionenökonomik - eine Einführung und kritische Würdigung, Tübingen.

Rieker, S. (1995), Bedeutende Kunden. Analyse und Gestaltung von langfristigen Anbieter-Nachfrager-Beziehungen auf industriellen Märkten, Wiesbaden.

Rindfleisch, A./Heide, J.B. (1997), Transaction Cost Analysis. Past, Present, and Future Applications, in: Journal of Marketing, Vol. 61, No. 4, S. 30–54.

Ring, P.S./Van de Ven, A.H. (1992), Structuring Cooperative Relationships between Organisations, in: Strategic Management Journal, Vol. 13, No. 7, S. 483–498.

Roach, S.S. (1991), Services under Siege. The Restructuring Imperative, in: Harvard Business Review, Vol. 69, No. 5, S. 82–91.

Roos, I. (1996), Customer Switching Behavior in Retaling, Working Paper Nr. 237, Swedish School of Economics and Business Administrations, Helsinki.

Roos, I. (1999), Switching Processes in Customer Relationships, in: Journal of Service Research, Vol. 2, No. 1, S. 68–85.

Roos, I./Strandvik, T. (1997), Diagnosing the Termination of Customer Relationships, in: Proceeding der „New and Evolving Paradigms: The Emerging Future of Marketing" Konferenz, vom 12.-15. Juni 1997, Dublin, S. 617–631.

Rosada, M. (1990), Kundendienststrategien im Automobilsektor, Berlin.

Rosander, A.C. (1989), The Quest for Quality in Services, New York.

Rosenstiel, L. von/Ewald, G. (1979), Marktpsychologie, Konsumverhalten und Kaufentscheidung, Band 1, Stuttgart.

Rößl, D. (1991), Demarketing bei verrichtungssimultanen Diensten, in: Zeitschrift für betriebswirtschaftliche Forschung, 43. Jg., Nr. 5, S. 435–449.

Roth, S. (2001), Interaktionen im Dienstleistungsmanagement – Eine informationsökonomische Analyse, in: Bruhn, M./Stauss, B. (Hrsg.), Jahrbuch Dienstleistungsmanagement 2001, Wiesbaden, S. 35–66.

Rotter, J.B. (1966), Generalized Expectancies for Internal versus External Control of Reinforcement, in: Psychological Monographs, Vol. 80, No. 1, S.1–28.

Rotter, J.B. (1967), A New Scale for the Measurement of Interpersonal Trust, in: Journal of Personality, Vol. 35, No. 4, S. 651–665.

Rucci, A./Kirn, S.P./Quinn, R.T. (1998), The Employee-Customer-Profit Chain at Sears, in: Harvard Business Review, Vol. 76, No. 1, S. 83–97.

Ruekert, R.W. (1992), Developing a Market Orientation: An Organizational Strategy Perspective, in: International Journal of Research in Marketing, Vol. 9, No. 3, S. 225–245.

Rühle von Lilienstern, H. (1972), Kooperation, zwischenbetriebliche, in: Kern, H. (Hrsg.), Handwörterbuch der Produktion, Stuttgart, S. 928–938.

Rust, R.T./Oliver, R.L. (Hrsg.) (1994), Service Quality. New Directions in Theory and Practice, Thousand Oaks.

Rust, R.T./Zahorik, A.J./Keiningham, T.L. (1994), Return on Quality. Measuring the Financial Impact of your Company's Quest for Quality, Chicago/Cambridge.

Rust, R.T./Zahorik, A.J./Keiningham, T.L. (1998), Determining the Return on Quality (ROQ), in: Bruhn, M./Meffert, H. (Hrsg.), Handbuch Dienstleistungsmanagement. Von der strategischen Konzeption zur praktischen Umsetzung, Wiesbaden, S. 865–890.

Sahlins, M. (1972), Stone Age Economics, Chicago.

Samli, A.C./Grewal, D./Mathur, S.K. (1988), International Buyer Behaviour. An Exploration and a Proposed Model, in: Academy of Marketing Science, Vol. 16, No. 2, S. 19–29.

Sampson, G.P./Snape, R.H. (1985), Identifying the Issues in Trade and Services, in: The World Economy, Vol. 8, No. 8, S. 24–31.

Sänger, E. (1997), Banking on demand – Bankdienste im Internet, Vortrag auf dem Deutschen Internet Kongreß 05.-07. Mai 1997.

Say, J.B. (1830), Ausführliche Darstellung der Nationalökonomie oder der Staatswissenschaft, 1. Buch, 3. Aufl., Heidelberg.

Schein, E.H. (1995), Unternehmenskultur: Ein Handbuch für Führungskräfte, Frankfurt am Main.

Scheiter, S./Binder, C. (1992), kennen Sie Ihre rentablen Kunden?, in: Harvard Manager, 14. Jg., Nr. 2, S. 17–22.

Scheuch, F. (1992), Internationales Marketing für Dienstleistungen. Theoretische Grundlagen für distributionspolitische Entscheidungen, in: Lück, W./Trommsdorff, V. (Hrsg.), Internationalisierung als Problem der Betriebswirtschaftslehre, Berlin, S. 351–402.

Scheuch, F. (2002), Dienstleistungsmarketing, 2. Aufl., München.

Scheuing, E.E. (1974), New Product Management, Hinsdale.

Scheuing, E.E./Johnson, E.M. (1989), A Proposed Model for New Service Development, in: Journal of Services Marketing, Vol. 3, No. 2, S. 25–34.

Schick, S. (1995), Strukturierung und Gestaltung der Mitarbeiterkommunikation als Personalaufgabe, in: Bruhn, M. (Hrsg.), Internes Marketing. Integration der Kunden- und Mitarbeiterorientierung. Grundlagen, Implementierung, Praxisbeispiele, Wiesbaden, S. 453–470.

Schlesinger, L.A./Heskett, J.L. (1991), The Service-Driven Service Company, in: Harvard Business Review, Vol. 69, No. 5, S. 71–81.

Schlüter, S. (1997), Handlungsparameter des marktorientierten Managements – Eine konzeptionelle und empirische Analyse am Beispiel der Investitionsgüterindustrie, Minden.

Schmalen, H. (1992), Kommunikationspolitik. Werbeplanung, 2. Aufl., Stuttgart u. a.

Schmalensee, R. (1984), Gaussian Demand and Commodity Bundling, in: Journal of Business, Vol. 57, Nr. 1, S. 211–230.

Schmidt, G./Tautenhahn, F. (1996), Qualitätsmanagement – eine projektorientierte Einführung, 2. Aufl., Braunschweig.

Schmitz, G. (1996), Qualitätsmanagement im Privatkundengeschäft von Banken. Konzeptionen und aufbauorganisatorische Verankerung, Wiesbaden.

Schmitz, G. (1997), Marketing für professionelle Dienstleistungen: Bedeutung und Dynamik der Geschäftsbeziehungen, dargestellt am Beispiel Wirtschaftsprüfung, Wiesbaden.

Schnaars, S. P. (1986), When Entering Growth Markets, Are Pioneers Better than Poachers?, in: Business Horizons, Vol. 29, No. 2, S. 27–36.

Schneider, D. (1973), Unternehmungsziele und Unternehmungskooperation, Wiesbaden.

Schneider, D. (1991), Versagen des Controlling durch eine überholte Kostenrechnung, in: Der Betrieb, 44. Jg., Nr. 15, S. 765–772.

Schneider, D. (1998), Oberziele von Dienstleistungs-Anbietern, in: Meyer, A. (Hrsg.), Handbuch Dienstleistungs-Marketing, Band 1, Stuttgart, S. 163–173.

Schneider, E. (2001), Eon und RWE fehlt Überseestrategie, in: Handelsblatt vom 23.02.2001, S. 22.

Schneider, H. (1999), Preisbeurteilung als Determinante der Verkehrsmittelwahl. Ein Beitrag zum Preismanagement im Verkehrsdienstleistungsbereich, Wiesbaden.

Schöler, K. (1981), Das Marktgebiet im Einzelhandel. Determinanten, Erklärungsmodelle und Gestaltungsmöglichkeiten des räumlichen Absatzes, Berlin.

Scholz, Ch. (1991), Personalmarketing als Herausforderung, Arbeitspapier Nr. 16 des Lehrstuhls für Betriebswirtschaftslehre, insbesondere Organisation, Personal- und Informationsmanagement an der Universität des Saarlandes, Saarbrücken.

Schreiner, R. (1983), Die Dienstleistungsmarke. Typus, Rechtschutz und Funktion, Köln u. a.

Schreyögg, G. (1991), Managementrolle. Stratege, in: Staehle, W.H. (Hrsg.), Handbuch Management, Wiesbaden, S. 99–119.

Schrick, K./Walterspiel, M./Weinlich, B. (2002), Management der Servicequalität im Communication Center der Advance Bank, in: Bruhn, M./Meffert, H. (Hrsg.), Exzellenz im Dienstleistungsmarketing. Fallstudien zur Kundenorientierung, Wiesbaden, S. 27–76.

Schröder, K. (1999), Storno. Mit Service den Kunden binden, in: Aspekte, Nachrichten-Magazin der DBV-Winterthur Gruppe, o. Jg., Nr. 3, S. 22–23.

Schubert, P. (2000), Virtuelle Transaktionsgemeinschaften im Electronic Commerce, Lohmar, Köln.

Schüller, A. (1967), Dienstleistungsmärkte in der Bundesrepublik Deutschland, Köln/Opladen.

Schüller, A.M. (2002), Accor Hotellerie Deutschland: Zielgruppenmarketing in einem komplexen Umfeld, in: Thexis, 19. Jg., Nr. 1, St. Gallen, S. 64–67.

Schulz, A. (2001), Die deutsche Franchisewirtschaft im internationalen Vergleich, in: Ahlert, D. (Hrsg.), Handbuch Franchising & Cooperation: Das Management kooperativer Unternehmensnetzwerke, Neuwied, S. 95–105.

Schulz, B./Hentschel, B. (1992), Erfolg durch Service-Qualität, in: Thexis, 9. Jg., Nr. 1, S. 51–53.

Schulze, G./Vieler, G. (1997), Struktur und Einsatz einer Kundendatenbank bei Best Western Hotels Deutschland, in: Link, J./Brändli, D./Schleuning, C./Kehl, R.E. (Hrsg.), Handbuch Database Marketing, Ettlingen, S. 797–806.

Schulze, H.S. (1992), Internes Marketing von Dienstleistungsunternehmungen. Fundierungsmöglichkeiten mittels ausgewählter Konzepte der Transaktionsanalyse, Frankfurt am Main.

Schulze, H.S. (1993), Dienstleistungswerbung. Ursachen, Anforderungen und Lösungsansätze der externen Massenkommunikation von Dienstleistungsunternehmen am Beispiel ausgewählter Print-Kampagnen, in: Jahrbuch der Absatz- und Verbrauchsforschung, 39. Jg., Nr. 2, S. 139–164.

Schumann, J./Meyer, U./Ströbele, W. (1999), Grundzüge der mikroökonomischen Theorie, Berlin u. a.

Schürmann, U. (1993), Erfolgsfaktoren der Werbung im Produktlebenszyklus, Frankfurt am Main u. a.

Schütze, R. (1992), Kundenzufriedenheit. After-Sales Marketing auf industriellen Märkten, Wiesbaden.

Schweiger, G. (2001), Werbeziele, in: Diller, H. (Hrsg.), Vahlens Großes Marketinglexikon, 2. Aufl., München, S. 1890–1891.

Schweiger, G./Schrattenecker, G. (1995), Werbung, 4. Aufl., Stuttgart.

Sebastian, K.-H./Kolvenbach, C. (2000), Wie Sie mit intelligenten Konzepten der Preishölle entkommen, in: Absatzwirtschaft, 43. Jg., Nr. 5, S. 64.

Sedgwick, A. (1978), Is there a Reasonable Case to Sponsor the Arts?, in: Advertising and Marketing, Vol. 15, Autumn, S. 20–23.

Servatius, H.G. (1991), Vom strategischen Management zur evolutionären Führung. Auf dem Weg zu einem ganzheitlichen Denken und Handeln, Stuttgart.

ServiceBarometer AG (Hrsg.) (2000), Kundenmonitor Deutschland 2000. Qualität und Kundenorientierung, www.servicebarometer.de/kundenmonitor/index.html.

Shapiro, C. (1983), Premiums for High Quality Products as Returns to Reputations, in: Quarterly Journal of Economics, Vol. 98, No. 4, S. 659–679.

Sharma, D.D. (1991), International Operations of Professional Firms, Lund.

Shostack, G.L. (1984), Planung effizienter Dienstleistungen, in: Harvard Manager, 6. Jg., Nr. 3, S. 93–99.

Shostack, G.L. (1987), Service Positioning through Structural Change, in: Journal of Marketing, Vol. 51, No. 1, S. 34–43.

Siefke, A. (1997), Zufriedenheit mit Dienstleistungen: ein phasenorientierter Ansatz zur Operationalisierung und Erklärung der Kundenzufriedenheit im Verkehrsbereich auf empirischer Basis, Frankfurt am Main u. a.

Siegwart, H. (1986), Controlling-Konzepte und Controller-Funktionen in der Schweiz, in: Mayer, E./Landsberg, G. von/Thiede, W. (Hrsg.), Controlling-Konzepte im internationalen Vergleich, Freiburg im Breisgau, S. 105–131.

Siems, F. (2003), Preiswahrnehmung von Dienstleistungen. Konzeptualisierung und Integration in das Relationship Marketing, Wiesbaden.

Simon, H. (1988), Management strategischer Wettbewerbsvorteile, in: Simon, H. (Hrsg.), Wettbewerbsvorteile und Wettbewerbsfähigkeit, Stuttgart, S. 1–17.

Simon, H. (1992a), Preismanagement. Analyse, Strategie, Umsetzung, 2. Aufl., Wiesbaden.

Simon, H. (1992b), Preisbündelung, in: Zeitschrift für Betriebswirtschaft, 62. Jg., Nr. 11,
   S. 1213–1235.

Simon, H. (Hrsg.) (1993), Industrielle Dienstleistungen, Stuttgart.

Simon, H. (1997), Zu niedrige Preise gehen zu Lasten der Wertschätzung durch Kunden, in: Frankfurter Allgemeine Zeitung vom 30.10.97, S. 3.

Simon, H./Tacke, G./Woscidlo, B./Laker, M. (2000), Kundenbindung durch Preispolitik, in:
   Bruhn, M./Homburg, Ch. (Hrsg.), Handbuch Kundenbindungsmanagement. Grundlagen, Konzepte, Erfahrungen, 3. Aufl., Wiesbaden, S. 319–335.

Slodczyk, K. (2001), Vereinte Nationen der Mobilfunker, in: Handelsblatt vom 28.02.2001, S. 15.

Smith, A. (1789), Wealth of Nations, London.

Smith, B.C./Leimkuhler, J.F./Darrow R.M. (1992), Yield Management at American Airlines, in:
   Interfaces, Vol. 23, No. 1, S. 8–31.

Smith, J.B. (1998), Buyer-Seller Relationships. Similarity, Relationship Management and Quality,
   in: Psychology & Marketing, Vol. 15, No. 1, S. 3–21.

Smith, P.R. (1993), Marketing Communications. An Integrated Approach, London.

Sommerlatte, T./Layng, B.J./Oene, F. van (1986), Innovationsmanagement. Schaffen einer innovativen Unternehmenskultur, in: Little, A.D. (Hrsg.), Management der Geschäfte von morgen,
   Wiesbaden, S. 35–75.

Specht, G. (1998), Distributionsmanagement, 3. Aufl., Stuttgart u. a.

Spence, M. (1976), Information Aspects of Market Structure, in: Quarterly Journal of Economics,
   Vol. 90, S. 591–597.

Spremann, K. (1990), Asymmetrische Information, in: Zeitschrift für Betriebswirtschaft, 60. Jg.,
   Nr. 5/6, S. 561–586.

Statistisches Bundesamt (Hrsg.) (1995), Statistisches Jahrbuch 1995, Wiesbaden.

Statistisches Bundesamt (Hrsg.) (1998a), Fachserie 18, Reihe 1.1, Wiesbaden.

Statistisches Bundesamt (Hrsg.) (1998b), Bruttowertschöpfung nach Wirtschaftsbereichen, http://
   www.statistik-bund.de/basis/d/vgrtab03.htm (Zugriff: 30.11.98).

Statistisches Bundesamt (Hrsg.) (2000), Statistisches Jahrbuch 1998, Wiesbaden.

Statistisches Bundesamt (2001), http://www.destatis.de (Zugriff: 06.12.2001).

Stauss, B. (1989), Beschwerdepolitik als Instrument des Dienstleistungsmarketing, in: Jahrbuch
   der Absatz- und Verbrauchsforschung, 35. Jg., Nr. 1, S. 41–62.

Stauss, B. (1991), Dienstleister und die vierte Dimension, in: Harvard Manager, 13. Jg., Nr. 2,
   S. 81–89.

Stauss, B. (1993), TQM im industriellen Service, in: Absatzwirtschaft, 36. Jg., Nr. 9, S. 112–119.

Stauss, B. (1994a), Dienstleistungsmarken, in: Bruhn, M. (Hrsg.), Handbuch Markenartikel, Bd. 1,
   Stuttgart, S. 79–103.

Stauss, B. (1994b), Markteintrittsstrategien im internationalen Dienstleistungsmarketing, in: Thexis, 11. Jg., Nr. 3, S. 10–16.

Stauss, B. (1994c), Qualitätsmanagement und Zertifizierung als unternehmerische Herausforderung. Eine Einführung in den Sammelband, in: Stauss, B. (Hrsg.), Qualitätsmanagement und
   Zertifizierung. Von DIN ISO 9000 zum Total Quality Management, Wiesbaden, S. 11–23.

Stauss, B. (1994d), Internes Marketing, in: Diller, H. (Hrsg.), Vahlens Großes Marketinglexikon,
   München, S. 477–479.

Stauss, B. (1995), Internationales Dienstleistungsmarketing, in: Hermanns, A./Wißmeier, U.K.
   (Hrsg.), Internationales Marketingmanagement. Grundlagen, Strategien, Instrumente, Kontrolle und Organisation, München, S. 437–474.

Stauss, B. (1999), Kundenzufriedenheit, in: Marketing ZFP, 21. Jg., Nr. 1, S. 5–24.

Stauss, B. (2000a), „Augenblicke der Wahrheit" in der Dienstleistungserstellung. Ihre Relevanz und ihre Messung mit Hilfe der Kontaktpunkt-Analyse, in: Bruhn, M./Stauss, B. (Hrsg.), Dienstleistungsqualität. Konzepte, Methoden, Erfahrungen, 3. Aufl., Wiesbaden, S. 321–340.

Stauss, B. (2000b), Internes Marketing als personalorientierte Qualitätspolitik, in: Bruhn, M./ Stauss, B. (Hrsg.), Dienstleistungsqualität. Konzepte, Methoden, Erfahrungen, 3. Aufl., Wiesbaden, S. 203–222.

Stauss, B. (2000c), Perspektivenwandel. Vom Produkt-Lebenszyklus zum Kundenbeziehungs-Lebenszyklus, in: Thexis, 17. Jg., Nr. 2, S. 15–18.

Stauss, B. (2001a), Markierungspolitik bei Dienstleistungen – „Die Dienstleistungsmarke", in: Bruhn, M./Meffert, H. (Hsrg.), Handbuch Dienstleistungsmanagement. Von der strategischen Konzeption zur praktischen Umsetzung, 2. Aufl., Wiesbaden, S. 549–570.

Stauss, B. (2001b), Die Bedeutung von Qualitätspreisen für Dienstleistungsunternehmen, in: Bruhn, M/Meffert, H. (Hrsg.), Handbuch Dienstleistungsmanagement. Von der strategischen Konzeption zur praktischen Umsetzung, 2. Aufl., Wiesbaden, S. 499–522.

Stauss, B./Hentschel, B. (1990), Verfahren der Problementdeckung und -analyse im Qualitätsmanagement von Dienstleistungsunternehmen, in: Jahrbuch der Absatz- und Verbrauchsforschung, 36. Jg., Nr. 3, S. 232–244.

Stauss, B./Hentschel, B. (1991), Dienstleistungsqualität, in: Wirtschaftswissenschaftliches Studium, 20. Jg., Nr. 5, S. 238–244.

Stauss, B./Neuhaus, P. (1995), Das Qualitative Zufriedenheitsmodell, Diskussionsbeiträge der Wirtschaftswissenschaftlichen Fakultät Ingolstadt Nr. 66, Ingolstadt.

Stauss, B./Neuhaus, P. (1997), The Dissatisfaction Potential of Satisfied Customers – The Qualitative Satisfaction Model, in: Mühlbacher, H./Flipo, J.-P. (Hrsg.), Advances in Services Marketing, Wiesbaden, S. 111–131.

Stauss, B./Scheuing, E.E. (1994), Der Malcolm Baldrige National Quality Award und seine Bedeutung als Managementkonzept, in: Stauss, B. (Hrsg.), Qualitätsmanagement und Zertifizierung. Von DIN ISO 9000 zum Total Quality Management, Wiesbaden, S. 303–332.

Stauss, B./Schulze, H.S. (1990), Internes Marketing, in: Marketing ZFP, 12. Jg., Nr. 3, S. 149–158.

Stauss, B./Seidel, W. (1998), Prozessuale Zufriedenheitsermittlung und Zufriedenheitsdynamik bei Dienstleistungen, in: Simon, H./Homburg, Ch. (Hrsg.), Kundenzufriedenheit, 3. Aufl., Wiesbaden, S. 201–226.

Stauss, B./Seidel, W. (2002), Beschwerdemanagement. Fehler vermeiden, Leistung verbessern, Kunden binden, 3. Aufl., München.

Stauss, B./Weinlich, B. (1997), Process-Oriented Measurement of Service Quality Applying the Sequential Incident Technique, in: European Journal of Marketing, Vol. 31, No. 1, S. 33–55.

Stebbing, L. (1990), Quality Management in the Service Industry, Chichester.

Stebbing, L. (1994), Quality Management for the Small Business, Ellis Horwood

Steenkamp, J.-B.E.M./Hoffmann, D.L. (1994), Price and Advertising as Market Signals for Service Quality, in: Rust, R.T./Oliver, R.L. (Hrsg.), Service Quality. New Directions in Theory and Practice, Thousand Oaks, S. 95–107.

Steffenhagen, H. (2001), Werbestrategie, in: Diller, H. (Hrsg.), Vahlens Großes Marketinglexikon, 2. Aufl., München, S. 1873–1874.

Stegmüller, B. (1995), Internationale Marktsegmentierung als Grundlage für internationale Marketing-Konzeptionen, Bergisch Gladbach/Köln.

Steinbach, W. (1999), Qualitätskosten, in: Masing, W. (Hrsg.), Handbuch Qualitätsmanagement, 4. Aufl., München/Wien, S. 65–88.

Stevens, A. (1981), Brandstanding. Long Lived Product Promotion, in: Harvard Business Review, Vol. 59, No. 3, S. 54–58.

Stieger, H. (1980), Zur Ökonomie der Hochschule, Gießen.

Stojan, M. (1999), Positionierung einer Direktbank am Beispiel der Advance Bank, Unterlagen zum Seminar.

Storbacka, K./Strandvik, T./Grönroos, C. (1994), Managing Customer Relationships for Profit. The Dynamics of Relationship Quality, in: International Journal of Service Industry Management, Vol. 5, No. 5, S. 21–38.

Strothmann, K.-H. (1992), Im Verhalten unterscheiden sich Messe-Besucher beachtlich, in: Marketing Journal, 25. Jg., S. 164–169.

Sureshchandar, G.S./Chandrasekharan, R./Kamalanabhan, T.J. (2001), Customer perceptions of service quality: A critique, in: Total Quality Management, Vol. 12, No. 1, S. 111–125.

Swartz, T.A./Bowen, D.E./Brown, S.W. (Hrsg.) (1992), Advances in Services Marketing and Management, Vol. 1, Greenwich/London.

Swartz, T.A./Bowen, D.E./Brown, S W (Hrsg.) (1993), Advances in Services Marketing and Management, Vol. 2, Greenwich/London.

Swartz, T.A./Bowen, D.E./Brown, S.W. (Hrsg.) (1994), Advances in Services Marketing and Management, Vol. 3, Greenwich/London.

Swartz, T.A./Bowen, D.E./Brown, S.W. (Hrsg.) (1995), Advances in Services Marketing and Management, Vol. 4, Greenwich/London.

Swartz, T.A./Iacobucci D. (2000), Handbook of Services Marketing and Management

Sydow, J. (1992), On the Management of Strategic Networks, in: Ernste, H./Meier, V. (Hrsg.), Regional Development and Contemporary Industrial Response, London, S. 115–131.

Tacke, G. (1989), Nichtlineare Preisbildung. Höhere Gewinne durch Differenzierung, Wiesbaden.

Taylor, St. A./Baker, Th. (1994), An Assessment of the Relationship Between Service Quality and Customer Satisfaction in the Formation of Consumers' Purchase Intention, in: Journal of Retailing, Vol. 70, No. 2, S. 163–178.

Teas, R.K. (1993), Consumer Expectations and the Measurement of Perceived Service Quality, in: Journal of Professional Services Marketing, Vol. 8, No. 2, S. 33–53.

Telser, L.G. (1979), A Theory of Monopoly of Complementary Goods, in: Journal of Business, Vol. 52, No. 4, S. 211–230.

Terpstra, V./Sarathy, R. (1994), Die Wettbewerbsfähigkeit der deutschen Telekommunikationsindustrie, Wissenschaftliches Institut für Kommunikationsdienste, Diskussionsbeitrag Nr. 136, Bad Honnef.

Thibaut, J.W./Kelley, H.H. (1959), The Social Psychology of Groups, New York.

Thiesing, E.-O. (1986), Strategische Marketingplanung in filialisierten Universalbanken, Frankfurt am Main/Bern.

Thomas, D.R.E. (1983), Strategie in Dienstleistungsunternehmen, in: Harvard Manager, 5. Jg., Nr. 2, S. 42–48.

Thommen, J.-P. (1991), Allgemeine Betriebswirtschaftslehre, Wiesbaden.

Thomson, K. (1993), Managing your Internal Customer, London.

Tietz, B. (1991), Handbuch Franchising. Zukunftsstrategien für die Marktbearbeitung, 2. Aufl., Landsberg am Lech.

Tietz, B./Zentes, J. (1980), Die Werbung der Unternehmung, Reinbek bei Hamburg.

Tlach, H. (1993), FMEA. Ein strategisches Element des Qualitätsmanagementsystems, in: Qualität und Zuverlässigkeit (QZ), 38. Jg., Nr. 5, S. 278–280.

Tomczak, T./Dittrich, S. (1998), Kundenbindung – bestehende Kundenpotentiale langfristig nutzen, in: Hinterhuber, H./Matzler, K. (Hrsg.), Kundenorientierung – Kundenzufriedenheit – Kundenbindung, München, S. 61–84.

Tomczak, T./Schögel, M./Birkhofer, B. (1999), Online-Distribution als innovativer Absatzkanal, in: Bliemel, F./Fassot, G./Theobald, A. (Hrsg.), Electronic Commerce: Herausforderungen, Anwendungen, Perspektiven, Wiesbaden, S. 105–122.

Tomys, A.-K. (1995), Kostenorientiertes Qualitätsmanagement. Qualitätscontrolling zur ständigen Verbesserung der Unternehmensprozesse, München.

Töpfer, A. (1998), Qualitätscontrolling und -management von Dienstleistungsanbietern, in: Meyer, A. (Hrsg.), Handbuch Dienstleistungs-Marketing, Band 1, Stuttgart, S. 419–443.

Töpfer, A. (1999), Anforderungen des Total Quality Management an Konzeption und Umsetzung des Internen Marketing, in: Bruhn, M. (Hrsg.), Internes Marketing. Integration der Kunden- und Mitarbeiterorientierung. Grundlagen, Implementierung, Praxisbeispiele, 2. Aufl., Wiesbaden, S. 409–438.

Toyne, B./Walters, P.G.P. (1989), Global Marketing Management. A Strategic Perspective, Boston.

Trommsdorff, V. (1995), Positionierung, in: Tietz, B./Köhler, R./Zentes, J. (Hrsg.), Handwörterbuch des Marketing, 2. Aufl., Stuttgart, Sp. 2055–2068.

Trommsdorff, V. (2002), Konsumentenverhalten, 4. Aufl., Stuttgart u. a.

Turner, S. (1987), Practical Sponsorship, London.

Uhl, K.P./Upah, G.D. (1979), The Marketing of Services. Why and How is it Different?, Faculty Working Papers, College of Commerce and Business Administration, University of Illinois at Urbana-Champaign, Nr. 584, Urbana-Champaign.

Urban, G.L./Hauser, J.R. (1993), Design and Marketing of New Products, 2. Aufl., Englewood Cliffs.

Vandermerwe, S./Chadwick, M. (1991), The Internationalization of Services, in: Lovelock, C.H. (Hrsg.), Services Marketing, 2. Aufl., London u. a., S. 48–58.

Varki, S./Colgate, M. (2001), The Role of Price Perceptions in an Integrated Model of Behavioral Intentions, in: Journal of Service Research, Vol. 3, No. 3, S. 232–240.

Venohr, B./Zinke, C. (1999), Kundenbindung als strategisches Unternehmensziel. Vom Konzept zur Umsetzung, in: Bruhn, M./Homburg, Ch. (Hrsg.), Handbuch Kundenbindungsmanagement. Grundlagen, Konzepte, Erfahrungen, 2. Aufl., Wiesbaden, S. 151–168.

Vogel, H. (1989), Yield Management, Optimale Kapazität für jedes Marktsegment zum richtigen Preis. Ist der Stein der Weisen für die Reisebranche gefunden?, in: Fremdenverkehrswirtschaft International, Nr. 22 vom 10.10.1989.

von Werne, U. (1994), Gestaltungsempfehlungen für ein dienstleistungsspezifisches Total Quality Management-Konzept. Dargestellt am Beispiel des Bankensektors, Hallstadt.

Warren, W.E./Abercrombie, C.L./Berl, R.L. (1989), Adoption of a Service Innovation. A Case Study With Managerial Implications, in: Journal of Services Marketing, Vol. 3, No. 1, S. 21–33.

Watzlik, S. (1995), Die Bedeutung von Involvement und kognitiven Strukturen für das Marketing von Dienstleistungen am Beispiel von Finanzdienstleistungen, in: Kleinaltenkamp, M. (Hrsg.), Dienstleistungsmarketing. Konzeptionen und Anwendungen, S. 89–110.

Weatherly, K.A./Tansik, D.A. (1993), Managing Multiple Demands. A Role-Theory Examination of the Behaviors of Customer Contact Service Workers, in: Swartz, T.A./Bowen, D.E./Brown, S.W. (Hrsg.), Advances in Services Marketing and Management. Research and Practice, Vol. 2, Greenwich/London, S. 279–300.

Weber, J. (1990), Ursprünge, Begriff und Ausprägungen des Controlling, in: Mayer, E./Weber, J. (Hrsg.), Handbuch Controlling, Stuttgart, S. 3–32.

Weber, J. (1998), Controlling von Kundenzufriedenheit, in: Simon, H./Homburg, Ch. (Hrsg.), Kundenzufriedenheit, 3 Aufl., Wiesbaden, S. 241–258.

Weber, J. (1999), Einführung in das Controlling, 8. Aufl., Stuttgart.

Weber, W./Mayrhofer, W./Nienhüser, W. (1993), Grundbegriffe der Personalwirtschaft, Stuttgart.

Weber, J./Schäffer, U. (1999), Sicherung der Rationalität von Führung als Aufgabe des Controlling?, in: Die Betriebswirtschaft, 59. Jg., Nr. 6, S. 731–747.

Weber, J./Schäffer, U. (2000), Controlling als Koordinationsfunktion?, in: krp Kostenrechnungspraxis – Zeitschrift für Controlling, Accounting & Systemanwendungen, 44. Jg., Nr. 2, S.109–118.

Weber, J./Schäffer, U. (2001), Controlling in Dienstleistungsunternehmen, in: Bruhn, M./Meffert, H. (Hrsg.), Handbuch Dienstleistungsmanagement. Von der strategischen Konzeption zur praktischen Umsetzung, 2. Aufl., Wiesbaden, S. 899–913.

Weber, M.R. (1989), Erfolgreiches Service Management. Gewinnbringende Vermarktung von Dienstleistungen, Landsberg am Lech.

Weber, S.-M. (1999), Netzwerkartige Wertschöpfungssysteme. Informations- und Kommunikationssysteme im Beziehungsgeflecht Hersteller – Handel – Serviceanbieter. Mit Fallbeispielen, Wiesbaden.

Webster, C. (1993), Refinement of the Marketing Culture Scale and the Relationship Between Marketing Culture and Profitability of a Service Firm, in: Journal of Business Research, Vol. 26, S. 111–131.

Wegmann, Ch. (2002), Der E-Services Marketingmix, in: Bruhn, M./Stauss, B. (Hrsg.), Electronic Services, Dienstleistungsmanagement Jahrbuch 2002, Wiesbaden, S. 243–262.

Weiber, R./Adler, J. (1995), Informationsökonomisch begründete Typologisierung von Kaufprozessen, in: Zeitschrift für betriebswirtschaftliche Forschung, 47. Jg., Nr. 1, S. 43–65.

Weiber, R./Kollmann, T. (1999), Wertschöpfungsprozesse und Wettbewerbsvorteile im Marketspace, in: Bliemel, F./Fassot, G./Theobald, A. (Hrsg.), Electronic Commerce: Herausforderungen, Anwendungen, Perspektiven, Wiesbaden, S. 47–62.

Weiber, R./Weber, M.R. (2000), Customer Lifetime Value als Entscheidungsgröße im CRM, in: Weiber, R. (Hrsg.), Handbuch Electronic Business, Wiesbaden, S. 473–503.

Weidner, W. (1992), Kosten der Qualitätssicherung, in: Männel, W. (Hrsg.), Handbuch der Kostenrechnung, Wiesbaden, S. 898–906.

Weilbacher, W.M. (1979), Advertising, New York/London.

Weinberg, P. (1992), Erlebnismarketing, München.

Welge, M.K. (1988), Unternehmensführung, Bd. 3: Controlling, Stuttgart.

Werner, H. (1998), Merkmalsorientierte Verfahren zur Messung der Kundenzufriedenheit, in: Simon, H./Homburg, Ch. (Hrsg.), Kundenzufriedenheit, 3. Aufl., Wiesbaden, S. 145–164.

Wilcox, D.L./Ault, P.H./Agee, W.K. (1989), Public Relations. Strategics and Tactics, 2. Aufl., New York.

Wilcox, P.R. (2000), Public Relations, 6. Aufl.

Wilde, K.D. (1986), Differenziertes Marketing auf der Basis von Regionaltypologien, in: Marketing ZFP, 8. Jg., Nr. 3, S. 153–162.

Wilde, K.D. (1989), Database Marketing, in: Werbeforschung und Praxis, 34. Jg., Nr. 1, S. 1–10.

Wildemann, H. (1992), Kosten- und Leistungsbeurteilung von Qualitätssicherungssystemen, in: Zeitschrift für Betriebswirtschaft, 62. Jg., Nr. 7, S. 761–782.

Wilkes, M.W. (1989), Werbemanagement. Kompendium des modernen Werbewissens

Wilkie, W. (1994), Consumer Behavior, 3. Aufl., New York.

Wilkins, A.L./Ouchi, W.G. (1983), Efficient Cultures. Exploring the Relationship Between Culture and Organizational Performance, in: Administrative Science Quarterly, Vol. 28, No. 3, S. 468–481.

Williamson, O.E. (1975), Markets and Hierarchies. Analysis and Antitrust Implications, New York/London.

Williamson, O.E. (1985), The Economic Institutions of Capitalism, New York

Wilson, A.M. (1998), The Use of Mystery Shopping in the Measurement of Service Delivery, in: The Service Industries Journal, Vol. 18, No. 3, S. 148–153.

Wilson, L.O./Weiss, A.M./John, G. (1990), Unbundling of Industrial Systems, in: Journal of Marketing Research, Vol. 27, No. 2, S. 123–128.

Wilson, P.F./Dell, L.D./Anderson, G.F. (1993), Root Cause Analysis. A Tool for Total Quality Management, Milwaukee.

Wimmer, F. (1985), Beschwerdepolitik als Marketinginstrument, in: Hansen, U./Schoenheit, I. (Hrsg.), Verbraucherabteilungen in privaten und öffentlichen Unternehmen, Frankfurt am Main/New York, S. 225–254.

Winer, R.S. (1988), Behavioral Perspective on Pricing: Buyers´ Subjective Perceptions of Price Revisited, in: Devinney, T.M. (Hrsg.), Issues in Pricing: Theory and Research, Toronto, S. 35–57.

Wißmeier, U.K. (1995), Internationales Marketing, Wiesbaden

Woesler-de Panafieu, C. (1988), Vision 92. Der Euro-Verbraucher. Sozio-kulturelle Zielgruppen als Basis globalen Marketings, in: Nürnberger Akademie für Absatzwirtschaft (Hrsg.), Europa 1992. Grenzenloser Wettbewerb in einem grenzenlosen Markt?, Nürnberg, S. 53–69.

Wohlgemuth, A.C. (1989), Führung im Dienstleistungsbereich. Interaktionsintensität und Produktionsstandardisierung als Basis einer neuen Typologie, in: Zeitschrift Führung und Organisation, 58. Jg., Nr. 5, S. 339–345.

Woodruffe, H. (1995), Services Marketing, London.

Woratschek, H. (1996a), Die Typologie von Dienstleistungen aus informationsökonomischer Sicht, in: der markt, 35. Jg., Nr. 136, S. 59–71.

Woratschek, H. (1996b), Möglichkeiten und Grenzen preispolitischer Faustregeln für den Dienstleistungsbereich, in: Meyer, A. (Hrsg.), Grundsatzfragen und Herausforderungen des Dienstleistungsmarketing, Wiesbaden, S. 98–124.

Woratschek, H. (1998), Positionierung. Analysemethoden, Entscheidungen, Umsetzung, in: Meyer, A. (Hrsg.) (1998), Handbuch Dienstleistungs-Marketing, Band 1, Stuttgart, S. 693–710.

Woratschek, H. (2001a), Zum Stand einer „Theorie des Dienstleistungsmarketing", in: Die Unternehmung, 55. Jg., Nr. 4/5, S. 261–278.

Woratschek, H. (2001b), Standortentscheidungen von Dienstleistungsunternehmen, in: Bruhn, M./Meffert, H. (Hrsg.), Handbuch Dienstleistungsmanagement. Von der strategischen Konzeption zur praktischen Umsetzung, 2. Aufl., Wiesbaden, S. 417–438.

Woratschek, H. (2001c), Preisbildung im Dienstleistungsbereich auf der Basis von Marktinformationen, in: Bruhn, M./Meffert, H. (Hrsg.), Handbuch Dienstleistungsmanagement. Von der strategischen Konzeption zur praktischen Umsetzung, 2. Aufl., Wiesbaden, S. 607–625.

World Trade Organisation (WTO), International Trade Statistics 2001, Genf.

WTO (2000), World Trade Growth Slower in 1998 after Unusually Strong Growth in 1997, in: http://www.wto.org/intltrad/internat.htm (Zugriff am 23.1.2000).

WTO (2001), WTO International Trade Statistics 2001.

Wübker, G. (1998), Preisbündelung. Formen, Theorie, Messung und Umsetzung, Wiesbaden.

Wübker, G. (2001), Yield Management, in: Diller, H. (Hrsg.), Vahlens Großes Marketinglexikon, München, S. 1921–1923.

Wykhoff, D. (1988), New Tools for Achieving Service Quality, in: Lovelock, C.H. (Hrsg.), Managing Services, London u. a., S. 226–239.

Wymbs, C. (2000), How E-Commerce is Transforming and Internationalizing Service Industries, in: Journal of Services Marketing, Vol. 14, No. 6, S. 463–478.

Yip, G.S. (1982), Barriers to Entry, Toronto.

Zehle, K.O. (1990), Yield Management. Eine Methode zur Umsatzsteigerung für Unternehmen der Tourismusbranche, Hamburg.

Zeithaml, V.A./Bitner, M.J. (2000), Services Marketing: Integrating Customer Focus Across the Firm, 2. Aufl., London.

Zeithaml, V.A. (1981), How Consumer Evaluation Processes Differ between Goods and Services, in: Donelly, J.H./George, W.R. (Hrsg.), Marketing of Services, Chicago, S. 186–190.

Zeithaml, V.A. (1991), How Consumer Evaluation Processes Differ between Goods and Services, in: Lovelock, C.H. (Hrsg.), Services Marketing, 2. Aufl., Englewood Cliffs, S. 39–47.

Zeithaml, V.A./Berry, L.L./Parasuraman, A. (1988), Communication and Control Processes in the Delivery of Service Quality, in: Journal of Marketing, Vol. 52, No. 4, S. 35–48.

Zeithaml, V.A./Berry, L.L./Parasuraman, A. (1996), The Behavioral Consequences of Service Quality, in: Journal of Marketing, Vol. 60, No. 2, S. 31–46.

Zeithaml, V.A./Parasuraman, A./Berry, L.L. (1985), Problems and Strategies in Services Marketing, in: Journal of Marketing, Vol. 49, No. 2, S. 33–46.

Zeithaml, V.A./Parasuraman, A./Berry, L.L. (1990), Delivering Quality Service, New York.

Zeithaml, V.A./Parasuraman, A./Berry, L.L. (1992), Qualitätsservice, Frankfurt am Main/New York.

ZEW/FhG-ISI (1995), Dienstleistungen in der Zukunft, Bericht über die Ergebnisse eines infas/ZEW-Befragung 8.

Ziff, R. (1971), Psychographics for Market Segmentation, in: Journal of Advertising Research, Vol. 11, April, S. 3–9.

Zimmer, K. (1997), Kundenbindungsmanagement im Filialbetrieb, Vortragsunterlagen, Sommeruniversität, 30. August 1999, Berlin.

Zorn, D. (1997), Integrierte Kommunikation-Grundlagen und zukünftige Entwicklung, in: Dallmer, H. (Hrsg.), Handbuch des Direct Marketing, 7. Aufl., Wiesbaden, S. 53–66.

Zou, B. (1999), Mulitmedia in der Marktforschung, Wiesbaden.

Zuba, R. (1998), Messung und Modellierung von Kundenzufriedenheit. Replikation und Erweiterung des Modells des American Customer Satisfaction Index im österreichischen Lebensmitteleinzelhandel, Wien.

Stichwortverzeichnis

A

ABC-Analyse 660
Absatzkanalsystem 555ff.
– Absatzmittler 564f.
– Direkte Distribution 556ff.
– Franchising 558ff.
– Indirekte Distribution 562ff.
– Kombinierte Distribution 567ff.
– Logistische Systeme 571ff.
– Multiplikation 557f.
Adverse Selection 90
Aktivitätenportfolio 302f.
Angebotsverbund 373
Ansoff-Matrix 219
Anspruchsinflation 7, 298
Auditing 654
Ausstellungen 479ff.
Austauschtheorie 98ff., 101
Automatisierung 376f.

B

Balanced Scorecard 672ff.
Bedürfnishierarchie 117f.
Befragungen 134f.
Benchmarking 319ff.
Beobachtung 136
Beschäftigtenstruktur 11ff.
Beschwerde 318
Beschwerdemanagement 414ff.
– Definition des 414
– Beschwerdeannahme 415
– Beschwerdeauswertung 416
– Beschwerdebearbeitung 416
– Beschwerdestimulierung 415
Beschwerdemessung 318f.
Betriebliches Vorschlagswesen 325
Beziehung 284
Beziehungsqualität 198ff.
– Definition der 198ff.
– Dimensionen der 199ff.
– Gegenstandsbereiche der 199ff.
– Konzeptionalisierung der 199ff.
Blueprint 308
Bonds 285
Bruttowertschöpfung 11f.

C

Chancen-Risiken-Analyse 160ff.
Confirmation/Disconfirmation(C/D)-
   Paradigma 296
Controlling (siehe Dienstleistungscontrolling)
   665ff.
Critical-Incident-Technik 308ff.
Critical Quality Characteristics 303f.
Cross Selling 374
Customer Lifetime Value (CLV) 145, 662ff.
– Investitionstheoretischer 662f.
– Migration-Modell 663f.
– Referenzwert-Modell 667f.
– Retention-Modell 663ff.

D

Dachmarkenstrategie 405
Database Marketing 474
Demarketing 64
Dienstleistung(en)
– Absatz von 60ff.
– Automatisierte 40
– Begriff der 30
– Besonderheiten beim Absatz 60ff.
– Besonderheiten der Marktforschung
   126ff.
– Besonderheiten der Marktsegmentierung
   140ff.
– Bündel von 373
– Charakteristika von 4

– Definition von   30
– Definitionsansätze von   27ff.
– Demographische Veränderungen von   7
– Differenzierung von   365f.
– Eigenschaftsprofile von   46ff.
– Entwicklungen der Märkte von   9
– Ergebnisorientierte   28, 40
– Gesellschaftliche Veränderungen von   6
– Immaterialität von   60, 64ff.
– Individualisierungsgrad von   36
– Informationsprobleme bei   77ff.
– Innovation von   365
– Integration des externen Faktors bei   60, 62ff.
– Integrationsdimension von   36
– Interaktionsgrad von   36
– Investive   25f.
– Kern-   25f.
– Komplexitätsdimensionen von   48f.
– Konstitutive Merkmale von   27ff.
– Konsumentenverhalten bei   7
– Konsumtive   25f.
– Leistungsbereitschaft bei   56
– Leistungserstellung von   45f.
– Leistungstypen von   32
– Modifikation von   365
– Nachfrage von   1f.
– Nichtlagerfähigkeit von   60, 64ff.
– Nichttransportfähigkeit von   60, 64ff.
– Notwendigkeit der Leistungsfähigkeit bei   60ff.
– Persönliche   40
– Potenzialorientierte   28
– Produktion von   50ff.
– Programm von   360ff.
– Prozess bei   44f.
– Prozesscharakter von   27f.
– Prozessorientierte   40
– Sekundär-   25f.
– Systematisierung von   39ff.
– Technologische Entwicklungen bei   7
– Typologien von   32ff., 39ff.
– Variation von   365f., 366ff.
– Veredelte   40
Dienstleistungscontrolling   665ff.
– ABC-Analyse   660
– Auditing   654

– Aufgaben des   648ff.
– Ausführungssystem des   651ff.
– Balanced Scorecard   672ff.
– Begriff des   647f.
– Customer Lifetime Value   662ff.
– EFQM-Modell   676f.
– Einperiodige Kontrolle   659ff.
– Erfolgskontrolle   656
– Erstellungssystem des   651f.
– Instrumente des   657ff.
– Integrierte Kontrolle   669ff.
– Kosten-Nutzen-Analyse   677ff.
– Kreis des   654ff.
– Kundenbarometer   670ff.
– Kundendeckungsbeitragsanalyse   660f.
– Kundenumsatzanalyse   659f.
– Managementsystem des   651ff.
– Mehrperiodige Kontrolle   662ff.
– Ökonomische Indikatoren   659ff.
– Organisation des   650
– System des   651ff.
– Vorökonomische Indikatoren   658
– Wirkungsauditing   655
– Wirkungskontrolle   654
Dienstleistungsentwicklung   224
Dienstleistungserstellungsprozess   56ff.
Dienstleistungsforschung   23f.
Dienstleistungsinnovation   382ff.
Dienstleistungslücke   15, 685f.
Dienstleistungsmarke(n)
– Begriff der   394ff.
– Besonderheiten der   399ff.
– Dachmarkenstrategie   405
– Definition der   394f.
– Einzelmarkenstrategie   406
– Formen der   396
– Funktionen der   398
– Gesetz über die Eintragung der   20
– Markenfamilienstrategie   405f.
– Markentransferstrategie   409
– Mehrmarkenstrategie   407f.
– Strategien der   403ff.
– Tandemmarkenstrategie   409
– Treue   112
– Ziele der   398f.
Dienstleistungsmarketing
– Bedeutung des   3

– Controlling im   665ff.
– Entwicklungsphasen des   21ff.
– Entwicklungsrichtungen des   21
– Entwicklungstendenzen des   22f., 737ff.
– Forschungsfelder des   23
– Funktionelles   15, 18
– Implementierung des   621ff.
– Informationsgrundlagen des   105ff.
– Institutionelles   15, 18, 23
– Integriertes   23
– Internationales   683ff.
– Kontrolle des   657ff.
– Marktforschung im   126ff.
– Marktgerichtete Dimension des   25
– Marktsegmentierung im   140 ff.
– Mix des   255ff.
– Operatives   255ff.
– Strategisches   157ff.
– Theorie des   25, 69ff.
– Unternehmensgerichtete Dimension des
  25
– Ziele des   186ff.
Dienstleistungsproduktion   50ff.
– Aktivitätsgrad des Anbieters bei der   51ff.
– Aktivitätsgrad des Nachfragers bei der
  51ff.
– Besonderheiten der   50ff.
– Endkombination der   56
– Externalisierung bei der   51ff.
– Faktoren der   50ff.
– Grundmodell der   56f.
– Isoleistungslinie der   52
– Leistungsbereitschaft bei der   56
– Produktionsfaktoren der   55
– Prozess der   56ff.
– Standortgebundenheit   59
– Vorkombination der   56
Dienstleistungsprogramm   360ff.
Dienstleistungsprozess   44f.
Dienstleistungsqualität
– Analyse der   278ff.
– Anforderungen an die   271f.
– Begriff der   270f.
– Definition der   272
– Dimensionen der   273f.
– Erfahrungskomponente der   273
– Ergebnisdimension der   273

– Funktionale Dimension der   273
– Glaubenskomponente der   273
– Interne   594, 613f.
– Messung der   288ff.
– Modelle der   278ff.
– Potenzialdimension der   273
– Prozessdimension der   273
– Qualitätsmanagement   267ff.
– Suchkomponente der   273
– Technische Dimension der   273
– Wahrnehmung der   194
Dienstleistungssektor
– Beschäftigtenstruktur im   11ff.
– Bruttowertschöpfung im   11f.
– Internationaler Vergleich des   12ff.
– Strukturverschiebung im   18
Dienstvertrag   19
Differenzierungsvorteile   228ff.
Diffusionsforschung   170
DIN ISO   9000ff.   340
Direct Marketing   472ff.
Direktkommunikation   472ff.
– Begriff der   472
– Erscheinungsformen der   472f.
– Planungsprozess der   474ff.
Dissonanztheorie   95, 101
Distributionspolitik   550ff.
– Absatzkanalsystem   555ff.
– Begriff der   550
– Besonderheiten der   550ff.
– Instrumente der   555ff.
– Logistische Systeme   571ff.
– Planungsprozess der   553
– Ziele der   553ff.
Diversifikationsstrategie   224f.
Drei-Sektoren-Theorie   9
Dynamisches Prozessmodell   382ff.

E
EFQM-Modell   676f.
Einstellungen   119f.
Einzelmarkenstrategie   406
Emotionen   117
Endkombination   56
Episode   284
Ereignismessung   308ff.
Erfahrungseigenschaften   80f., 111

Erfahrungskomponente 273
Erfahrungskurveneffekte 175
Erfolgskette des Relationship Marketing
    75f.
Erfolgskontrolle 656
Ergebnisdimension 273
Erwartungen 282f.
E-Services 416ff.
European Customer Satisfaction Index
    (ECSI) 342, 701ff.
Event Marketing 488ff.
– Begriff des 488
– Erscheinungsformen des 488
– Planungsprozess des 488f.
Evoked Set 112
Experiment 136f.
Expertenbeobachtung 291f.
Externalisierung 51ff., 375f.

F
Fehlermöglichkeits- und -einflussanalyse
    (FMEA) 322f.
Fishbone-Analyse 323f.
Franchising 558ff.
Frequenz-Relevanz-Analyse für Probleme
    (FRAP) 317

G
GAP-Modell 278ff.
– Einflussfaktoren des 280f.
– Kritik am 280
– Struktur des 278ff.
Gesamtmarktstrategie 237
Geschäftsbesorgungsvertrag 19
Geschäftsfeldstrategien 157, 211ff.
Geschäftsfeldwahl 211ff.
Geschäftsprozessanalyse 183
Glaubenskomponente 273
Globalisierungspotenzial 691
Gruppeneinflüsse 123f.

H
Hidden Actions 89f.
Hidden Characteristics 89f.
Hidden Intentions 89f.

I
Image 193f.
Immaterialität 60, 64ff.
Implementierung
– Barrieren der 626ff.
– Besonderheiten der 624ff.
– des Dienstleistungsmarketing 621ff.
– Informations- und Kontrollsysteme 632ff.
– Unternehmenskultur 634ff.
– Unternehmensstrukturen 629ff.
– Wirkungskette der 642f.
Incentives 596f.
Individualisierungsgrad 36
Informationsasymmetrien 88f.
Informationsökonomik 78f., 80ff., 101
Informations- und Kontrollsysteme 632ff.
Innovationsprozess 387ff.
Integrierte Kommunikation 431ff.
– Begriff der 431
– Formen der 431
– Funktionen 431f.
Interaktionsansätze 96ff., 101
Interaktionsgrad 36
Internalisierung 375f.
Internationales Dienstleistungsmarketing
– Bedeutung des 683ff.
– Begriff des 688f.
– Dienstleistungslücke 685f.
– European Customer Satisfaction Index
    (ECSI) 701ff.
– Globalisierungspotenzial 691
– Informationsgrundlagen des 697f.
– Internationalisierungsstrategien des 707ff.
– Käuferverhalten 697
– Konsumententypologien des 698
– Marktbearbeitungsstrategien des 717ff.
– Markteintrittstrategien des 711ff.
– Marktforschung des 699ff.
– Marktwahlstrategie des 707ff.
– Operatives 722ff.
– Planungsprozess des 704
– Situationsanalyse des 704ff.
– Strategisches 704ff.
– Typologien des 689ff.
Internes Marketing 577ff.

Internet
– Bedeutung des 499ff.
– Besonderheiten des 499ff.
– Kontrolle des 516
– Markenführung im 409ff.
– Preispolitik des 515
– Strategien des 502ff.
– Vertrieb im 508ff.
– Werbung im 505ff.
– Ziele des 502ff.
Involvement 122
Isoleistungslinie 52

J
Job Rotation 598f.

K
Kaufentscheidung(en)
– Bewertungsprozess 106ff.
– Individuelle 106
– Kollektive 106
– Konsumphase 113f.
– Kriterien der 106ff.
– Nach-Konsumphase 114ff.
– Prozess der 107ff.
– Typen von 107f.
– Vor-Konsumphase 111ff.
Käuferverhalten
– Aktivierende Determinanten des 117ff.
– Bedürfnishierarchie des 117f.
– Bedürfnisse 117ff.
– Besonderheiten des 105ff.
– Determinanten des 116ff.
– Einstellungen 119f.
– Emotionen 117
– Gruppeneinflüsse 123f.
– Interpersonale Variablen 123ff.
– Intrapersonale Variablen 117ff.
– Involvement 122
– Kognitive Determinanten des 120ff.
– Lernen 121
– Motive 117ff.
– Mund-zu-Mund-Kommunikation 124f.
– Persönlichkeitsdeterminanten 122ff.
– Wahrgenommenes Risiko 122f.
– Wahrnehmung 120
Kausalanalyse 94, 300

Kernleistung 361
Kommunikation
– Kunden- 445ff.
– Massen- 443ff.
– Mund-zu-Mund- 124f.
– Offline- 497f.
– Online- 499ff.
Kommunikationspolitik 423ff.
– Aufgaben der 442ff.
– Ausprägungen der 428f.
– Ausstellungen 479ff.
– Begriff der 427
– Besonderheiten der 423ff.
– Database Marketing 474
– Direct Marketing 472ff.
– Direktkommunikation 472ff.
– Event Marketing 488ff.
– Instrumente der 449ff.
– Integrierte Kommunikation 431ff.
– Konzeptpapier der 447ff.
– Kundenkommunikation 445ff.
– Massenkommunikation 443ff.
– Mediawerbung 451ff.
– Messen 479ff.
– Mitarbeiterkommunikation 608ff.
– Multimediakommunikation 492ff.
– Öffentlichkeitsarbeit 476ff.
– Persönliche Kommunikation 468ff.
– Planungsprozess der 433f
– Promotions 463ff.
– Public Relations 476ff.
– Sponsoring 483ff.
– Strategien der 439ff.
– Verkaufsförderung 463ff.
– Ziele der 439
Konditionenpolitik 548f.
Konsumententypologien 698
Konsumentenverhalten 7
Kontaktpunktanalysen 308ff.
Kontrolle
– Balanced Scorecard 672ff.
– EFQM-Modell 676f.
– Integrierte Kontrollsysteme 669ff.
– Kosten-Nutzen-Analyse 677ff.
– Kundenbarometer 670ff.
Kosten-Nutzen-Analyse 677ff.
Kostenvorteile 231ff.

Kundenakquisition
– Strategie 244f.
Kundenbarometer 670ff.
Kundenbedarfslebenszyklusanalyse 172f.
Kundenbeziehungslebenszyklus 73f., 174
Kundenbindung
– Definition der 202
– Einflussfaktoren der 665f.
– Strategie der 245ff.
Kundendeckungsbeitragsanalyse 660f.
Kundenkommunikation 445ff.
Kundenmonitor Deutschland 341ff.
Kundenportfolio 176
Kundenrückgewinnung
– Strategie 247ff.
Kundenstrategien
– Kundenakquisitionsstrategie 244f.
– Kundenbindungsstrategie 245ff.
– Kundenrückgewinnungsstrategie 247ff.
Kundenumsatzanalyse 659f.
Kundenwert
– als Segmentierungskriterium 145
– Begriff des 203
– Berechnung des 203ff.
Kundenzufriedenheit
– Bedeutung der 196f.
– Definition der 195
– Einfluss auf die 195f.
– Entstehung der 121

L
Lebenszyklusanalyse 170
Leistungsbereitschaft 58f.
Leistungsbündel 372ff.
Leistungsinnovation 382ff.
Leistungspolitik 358ff.
– Beschwerdepolitik 414ff.
– Besonderheiten der 358ff.
– E-Services 416ff.
– Festlegung des Leistungsprogramms 360ff.
– Instrumente der 364ff.
– Kernleistung 361
– Leistungsprogrammpolitik 364ff.
– Planungsprozess der 362
– Ziele der 363ff.
– Zusatzleistung 361f., 368ff.

Leistungsprogrammpolitik 365ff.
– Automatisierung 376f.
– Eliminierung 392f.
– Externalisierung 375f.
– Innovationsprozess 387ff.
– Internalisierung 375f.
– Leistungsinnovation 382ff.
– Leistungsvariation 366ff.
– Markenpolitik 394ff.
– Veredelung 376ff.
– Zeitstrategien 378ff.
Leistungstypologien 32ff.
Leistungsvariation 366ff.
Lernen 121
Lerntheorien 94f., 101
Logistische Systeme 571ff.

M
Malcom Baldrige National Quality Award
    (MBNQA) 338f.
Markenfamilienstrategie 405f.
Markenpolitik 394ff.
Markentransferstrategie 409
Marketinginstrumentestrategien 261ff.
Marktabdeckungsstrategien 236ff.
Marktanteils-Marktwachstums-Portfolio 174
Marktbearbeitungsstrategien 241ff.
Marktdurchdringungsstrategien 219ff.
Marktentwicklungsstrategien 221ff.
Marktfeldstrategien 219ff.
Marktforschung
– Aufgaben der 126ff.
– Befragungen 134f.
– Beobachtung 136
– Beschwerdestatistiken 132
– Besonderheiten im Dienstleistungsbereich 126ff.
– Besuchsberichte 132
– Experiment 136f.
– Methoden der 131ff.
– Primärforschung 132f.
– Sekundärforschung 132
– Standortforschung 128, 139
Marktsegmentierung
– Anforderungen der 140ff.
– Besonderheiten im Dienstleistungsbereich 140ff.

- Demographische Segmentierungskriterien 143f.
- Kriterien der 142ff.
- Psychologische Segmentierungskriterien 146f.
- Sozioökonomische Segmentierungskriterien 144f.
- Verhaltenskriterien 147f.

Marktteilnehmerstrategien 241ff.
Massenkommunikation 443ff.
Mediawerbung 451ff.
- Begriff der 451
- Budget 457
- Erfolgskontrolle der 463
- Gestaltungsoptionen der 457ff.
- Planungsprozess der 451ff.
- Strategien der 454
- Werbebotschaft 457ff.
- Ziele der 451f.
- Zielgruppen der 452ff.

Mehrmarkenstrategie 407f.
Messen 479ff.
- Begriff der 479
- Erscheinungsformen von 480
- Merkmale von 480
- Planungsprozess der 480ff.

Mietvertrag 20
Migration-Modell 663f.
Mitarbeiterbefragung 325
Mitarbeiterkommunikation 608ff.
- Aufgaben der 609
- Begriff der 608
- Instrumente der 609f.
- Maßnahmen der 609

Mitarbeiterportfolio 592f.
Moral Hazard 90
Motive 117ff.
Multimediakommunikation 492ff.
- Begriff der 492
- Planungsprozess der 496f.
- Offline-Kommunikation 497f.
- Online-Kommunikation 499ff.

Mund-zu-Mund-Kommunikation 124f.

N

Nationale Kundenbarometer 341ff.
- Definition der 341
- European Customer Satisfaction Index (ECSI) 342
- Kundenmonitor Deutschland 341ff.

Netzwerkansätze 97f., 101
Neue Institutionenökonomik 77ff.
Nichtlagerfähigkeit 60, 64ff.
Nichttransportfähigkeit 60, 64ff.
Nischenstrategie 237
No-Frills-Konzept 232

O

Öffentlichkeitsarbeit 476ff.
- Begriff der 476
- Erscheinungsformen der 476f.
- Planungsprozess der 478

Offline-Kommunikation 497f.
Online-Kommunikation 499ff.
Operatives Dienstleistungsmarketing
- Distributionspolitik 550ff.
- Kommunikationspolitik 423ff.
- Leistungspolitik 358ff.
- Personalpolitik 577ff.
- Preispolitik 517ff.

P

Pachtvertrag 20
Penalty-Reward-Faktoren-Ansatz 306f.
Personalakquisition 599ff.
Personalauswahl 603
Personalbedarf 588ff.
Personalbeschaffung 599ff.
- Personalakquisition 599ff.
- Personalauswahl 603

Personalbestand 588ff.
Personaleinsatz 595ff.
- Arbeitsorganisation 598f.
- Arbeitsplatz 595ff.
- Arbeitszeit 597f.
- Begriff des 595
- Incentives 596f.
- Instrumente des 595ff.
- Job Rotation 598f.
- Tätigkeit 599
- Vergütungssystem 596

Personalentwicklung 603ff.
– Begriff der 603
– Handlungskompetenz 604
– Instrumente der 606f.
– Ziele der 604
Personalplanung 587ff.
– Anforderungsprofil 590f.
– Begriff der 587
– Instrumente der 594ff.
– Interne Dienstleistungsqualität 594
– Mitarbeiterportfolio 592f.
– Personalbedarf 588ff.
– Personalbestand 588ff.
Personalpolitik
– Begriff der 577
– Besonderheiten der 580
– Implementierung der 615ff.
– Instrumente der 586ff.
– Internes Marketing 577ff.
– Mitarbeiterkommunikation 608ff.
– Personalbeschaffung 599ff.
– Personaleinsatz 595ff.
– Personalentwicklung 603ff.
– Personalfreistellung 607f.
– Personalmanagementsystem 586ff.
– Personalplanung 587ff.
– Personalprüfung 611ff.
– Personalveränderung 599ff.
– Ziele der 584ff.
Personalprüfung 611ff.
– Begriff der 611
– Interne Dienstleistungsqualität 613f.
Persönliche Kommunikation 468ff.
– Begriff der 468
– Erscheinungsformen der 468f.
– Planungsprozess der 470f.
Portfolioanalyse 174ff.
– Marktanteils-Marktwachstums-Portfolio 174
– Wettbewerbsvorteils-Marktattraktivitäts-Portfolio 174
Positionierung
– Analyse der 168ff.
– Besonderheiten im Dienstleistungsbereich 151ff.
– Modell der 169f.

Potenzialdimension 273
Preis
– Anker- 547
– Fairness des 547
– Günstigkeitsurteil 546
– Würdigkeitsurteil 547
– Zufriedenheit mit dem 546
Preisbündel 372ff., 539ff.
– Erscheinungsformen von 541ff.
– Mixed Bundling 541ff.
– Pure Bundling 541ff.
Preisdifferenzierung 529ff.
– Abnehmerorientierte 535
– Mengenorientierte 535ff.
– Räumliche 530f.
– Yield-Management 532ff.
– Zeitliche 531ff.
Preisfestlegung 523f.
– Kostenorientierte 525f.
– Marktorientierte 526ff.
– Methoden der 524ff.
Preispolitik 517ff.
– Besonderheiten der 517ff.
– Konditionenpolitik 548f.
– Planungsprozess der 519ff.
– Preisbaukästen 539ff.
– Preisbündelung 539ff.
– Preisdifferenzierung 529ff.
– Preisfestlegung 523f.
– Strategien der 529ff.
– Yield-Management 532ff.
– Ziele der 522f.
Primärforschung 132f.
Principal-Agent-Theorie 78f., 88ff., 101
Problem-Detecting-Methode 316
Problem-Impact-Tree-Analyse 349f.
Promotions 463ff.
Prozessdimension 273
Public Relations 476ff.

Q
Qualitatives Zufriedenheitsmodell 287
Qualitätsbilanz 351
Qualitätsgrundsätze 328
Qualitätskosten
– Arten von 344f.

– Definition der   344
– Erfassung der   347f.
– Konzept der   344ff.
Qualitätslenkung   333ff.
– Anreizsysteme   334
– Definition der   333
– Informations- und
  Kommunikationssysteme   335
– Instrumente der   334f.
– Qualitätszirkel   334f.
– Schulungen   334
Qualitätsmanagement
– Bedeutung des   267f.
– Kosten des   344
– Kosten-Nutzen-Vergleich   350f.
– Nationale Kundenbarometer   341ff.
– Nutzenwirkungen des   348ff.
– Philosophie des   275
– Planung des   327ff.
– Qualitätslenkung   333ff.
– Qualitätsmanagementdarlegung   336
– Qualitätsplanung   332ff.
– Qualitätsprüfung   335
– Regelkreis des   332ff.
– Steuerung des   338ff.
– System des   276f.
– Total Quality Control   274f.
– Total Quality Management   274f.
– Umsetzung des   332ff.
– Wirtschaftlichkeit des   344f.
– Zertifizierung   340
Qualitätsmanagementdarlegung
– Qualitätsmanagementhandbuch   336
– Zertifikate   336
Qualitätsmanagementhandbuch   336
Qualitätsmessung
– Anbieterbezogene   319ff.
– Benchmarking   319ff.
– Beschwerdemessung   318f.
– Betriebliches Vorschlagswesen   325
– Beurteilung der   320, 326
– Beurteilungskriterien der   290
– Critical-Incident-Technik   308ff.
– Einstellungsorientierte   294
– Ereignismessung   308ff.

– Ereignisorientierte   308ff.
– Expertenbeobachtung   291f.
– Fehlermöglichkeits- und -einflussanalyse
  (FMEA)   322f.
– Fishbone-Analyse   323f.
– Frequenz-Relevanz-Analyse für Probleme
  (FRAP)   317
– Integrierte   299ff.
– Kontaktpunktanalysen   308ff.
– Kundenorientierte   288
– Managementorientierte   319ff.
– Merkmalsorientierte   294ff.
– Mitarbeiterbefragung   325
– Mitarbeiterorientierte   324ff.
– Multiattributive   294ff.
– Nachfragerbezogene   291ff.
– Objektive   291f.
– Penalty-Reward-Faktoren-Ansatz   306f.
– Problem-Detecting-Methode   316
– Problemorientierte   316ff.
– Root-Cause-Analyse   313ff.
– Sequenzielle Ereignismethode   308
– SERVQUAL   297ff.
– Silent-Shopper-Verfahren   291
– Subjektive   292ff.
– Switching-Path-Analyse   310ff.
– Unternehmensorientierte   288
– Willingness-to-Pay-Ansatz   304f.
– Zufriedenheitsorientierte   294ff.
Qualitätsmodelle
– Dynamisches Prozessmodell   382ff.
– GAP-Modell   278ff.
– Qualitatives Zufriedenheitsmodell   287
Qualitätsnutzen
– Erlössteigernder   349f.
– Kostensenkender   349
Qualitätsplanung   332ff.
– Definition der   332
– Instrumente der   332ff.
Qualitätsportfolio   327
Qualitätspreise   338ff.
Qualitätsprüfung   335
Qualitätsstrategie   327
Qualitätsziele   329ff.
Qualitätszirkel   334f.

R

Referenzwert-Modell   667f.
Relationship Marketing
– Definition des   71
– Erfolgskette des   75f.
– Gegenstand des   71
– Kundenbeziehungslebenszyklus   73f.
– Merkmale des   71ff.
– Unterscheidungsmerkmale gegenüber
  Transaktionsmarketing   73
Ressourcenanalyse   166ff.
Retention-Modell   663ff.
Risikotheorie   95, 101
Root-Cause-Analyse   313ff.

S

Schlüsselereignisse   308
Screening   82ff.
Segment-of-One-Approach   244
Sekundärforschung   132
Sekundärleistungen   25f.
Sequenzielle Ereignismethode   308
Services   30
SERVQUAL   297ff.
Signaling   82ff.
Silent-Shopper-Verfahren   291
S-O-R-Schema   92f.
Sponsoring   483ff.
– Begriff des   483
– Formen des   483ff.
– Planungsprozess des   485f.
Standardisierung
– Ansatzpunkte der   232f.
– Arten der   243f.
Standortforschung   128, 139
Standortgebundenheit   59
Stärken-Schwächen-Analyse   166ff.
Strategieimplementierung   621ff.
– Begriff der   622
– Ebenen der   623f.
Strategien
– Abnehmergerichtete   251f.
– Absatzmittlergerichtete   260f.
– Geschäftsfeld-   157, 211ff.
– Kunden-   244ff.

– Marketinginstrumente-   261ff.
– Marktabdeckungs-   236ff.
– Marktbearbeitungs-   241ff.
– Marktdurchdringungs-   219ff.
– Marktentwicklungs-   221ff.
– Marktfeld-   219ff.
– Marktteilnehmer-   241ff.
– Timing-   238ff.
– Unternehmens-   157
– Wettbewerbsgerichtete   252ff.
– Wettbewerbsvorteils-   227ff.
Strategisches Dienstleistungsmarketing
– Analysekonzepte des   160ff.
– Konzeptionsebenen des   157
– Planungskonzepte des   160ff.
– Planungsprozess des   157ff.
– Strategien im   209ff.
– Ziele des   186ff.
Sucheigenschaften   80f., 111
Suchkomponente   273
Switching-Path-Analyse   310ff.
SWOT-Analyse   167
Synergie-Affinitäts-Matrix   225

T

Tandemmarkenstrategie   409
Theoretische Konstrukte   93
Timingstrategie   238ff.
Total Quality Control   274f.
Total Quality Management   274f.
Transaktionskostentheorie   78f., 86ff., 101
Transaktionsmarketing   72

U

Uno-Actu-Prinzip   65
Unternehmenskultur   634ff.
– Begriff der   634
– Dimensionen der   638f.
– Ebenen der   635
– Typologie der   640ff.
– Wandel der   642
Unternehmensstrukturen   629ff.
Unzufriedenheit   114f.

V

Value Added Services   7, 22, 373
Vergütungssystem   596
Verkaufsförderung   463ff.
– Begriff der   463
– Erscheinungsformen der   465
Vertrauenseigenschaften   80f., 111
Verwahrungsvertrag   20
Vignette-Methode   303f.
Vorkombination   56

W

Wahrgenommenes Risiko   122f.
Wahrnehmung   120
Werklieferungsvertrag   19
Werkvertrag   19
Wertkettenanalyse   178ff.
Wettbewerbsvorteils-Marktattraktivitäts-
    Portfolio   174
Wettbewerbsvorteilsstrategien   227ff.
Willingness-to-Pay-Ansatz   304f.
Wirkungsauditing   655
Wirkungskontrolle   654

Y

Yield-Management   532ff.

Z

Zeitfalle   238
Zeitvorteile   235f.
Zertifikate   336
Zertifizierung   340
Ziele
– Arten von   186ff.
– Formulierung von   188ff.
– Kundengerichtete   192ff.
– Mitarbeitergerichtete   207
– nach Kundensegmenten   206
– Psychologische   192ff.
– Unternehmensgerichtete
    190f.
Zufriedenheit
– Entstehung der   121
– Reaktionen bei   114f.
– Typen der   287
Zusatzleistungen   361f., 368ff.
– Funktionen von   372

Konzepte für das neue Jahrtausend

Dienstleistungen erfolgreich managen

Auch in den nächsten Jahren wird die Bedeutung klassischer und produktbegleitender Dienstleistungen weiter zunehmen. Zugleich besteht nach wie vor ein erheblicher Nachholbedarf an Managementwissen in vielen Dienstleistungs- und traditionellen Industrieunternehmen.

Manfred Bruhn und Heribert Meffert liefern mit diesem umfassenden und kompakten Grundlagenwerk den State of the Art zum Dienstleistungsmanagement.

In 39 Beiträgen beziehen renommierte Experten aus dem In- und Ausland Stellung zu:
– Märkte, Leistungen und Erstellungsprozesse,
– Informationsgrundlagen,
– Strategische Ausrichtung und operative Umsetzung,
– Führungs- und Organisationsaspekte,
– Implementierung und Erfolgskontrolle,
– Entwicklungstendenzen und Forschungsfelder.

Die 2. Auflage wurde um Beiträge zu Kapazitätsplanung, Standortentscheidungen, Einsatz nationaler Kundenbarometer, Strategische Bedeutung des E-Commerce, Controlling u.v.a.m. im Dienstleistungsbereich erweitert.

Das Handbuch Dienstleistungsmanagement wendet sich mit innovativen Konzepten, wertvollen Denkanstößen, aktuellen Beispielen und konkreten Handlungsempfehlungen an Führungskräfte aus den klassischen Dienstleistungsbranchen und aus Sachgüterunternehmen, die eine Serviceprofilierung anstreben, sowie an Wissenschaftler und Studierende.

Manfred Bruhn/
Heribert Meffert (Hrsg.)
**Handbuch
Dienstleistungsmanagement**
2., überarb. u. erw. Aufl. 2001
XVIII, 1007 S.
Geb. mit SU € 99,00
ISBN 3-409-23593-0

Änderungen vorbehalten. Stand: Januar 2003.

Gabler Verlag · Abraham-Lincoln-Str. 46 · 65189 Wiesbaden · www.gabler.de

GABLER

Konzepte für das neue Jahrtausend

Best Practice im Dienstleistungsmarketing

Manfred Bruhn und Heribert Meffert zeigen anhand von acht ausgewählten Best Practice-Fallstudien aus unterschiedlichen Branchen exemplarisch auf, wie sich Unternehmen in Dienstleistungsmärkten durch eine konsequente Kundenorientierung im Markt durchgesetzt haben:
– Advance Bank
– Crossair
– Schindlerhof
– Migros-Genossenschaftsbund
– OBI Bau- und Heimwerkermärkte
– Deutsche Post / Euro Express
– Systor Gruppe
– United Parcel Service

Zum besseren Nutzen für den Leser erfolgt die Darstellung der Fallstudien in einer ähnlichen Struktur.

„Exzellenz im Dienstleistungsmarketing" demonstriert Studierenden, Dozenten und Praktikern in Dienstleistungsunternehmen wie die Theorie des Dienstleistungsmarketing in spezifischen Markt- und Unternehmenssituationen erfolgreich umgesetzt wurde.

Manfred Bruhn/
Heribert Meffert
**Exzellenz im
Dienstleistungsmarketing**
2002, X, 394 S.
Geb. € 39,90
ISBN 3-409-11923-X

Änderungen vorbehalten. Stand: Januar 2003.

Gabler Verlag · Abraham-Lincoln-Str. 46 · 65189 Wiesbaden · www.gabler.de

GABLER

MEFFERT Marketing Edition

Heribert Meffert
Marketing
Grundlagen marktorientierter Unternehmensführung.
Konzepte – Instrumente – Praxisbeispiele.
Mit neuer Fallstudie VW Golf
9., überarb. u. erw. Aufl. 2000.
XXIV, 1472 S. Geb. € 39,90
ISBN 3-409-69017-4

Heribert Meffert/Christoph Burmann
Strategisches Marketing-Management
Analyse – Konzeption – Implementierung
2., vollst. überarb. u. erw. Auflage 2003.
ca. 600 S. Br. ca. € 37,00
ISBN 3-409-33613-3

Heribert Meffert/Manfred Bruhn
Dienstleistungsmarketing
Grundlagen – Konzepte – Methoden. Mit Fallstudien
4., vollst. überarb. u. erw. Aufl. 2003.
XVIII, 841 S. Geb. € 44,90
ISBN 3-409-43688-X

Manfred Bruhn/Heribert Meffert
Exzellenz im Dienstleistungsmarketing
Fallstudien zur Kundenorientierung
2002. X, 391 S. Geb. € 39,90
ISBN 3-409-11923-X

Heribert Meffert/Christoph Burmann/Martin Koers (Hrsg.)
Markenmanagement
Grundfragen der identitätsorientierten Markenführung.
Mit Best Practice – Fallstudien
2002. XX, 680 S. mit 218 Abb. Geb. € 39,00
ISBN 3-409-11821-7

Heribert Meffert
Marketing Arbeitsbuch
Aufgaben – Fallstudien – Lösungen
8., akt. u. erw. Aufl. 2001.
VIII, 527 S. Br. € 29,00
ISBN 3-409-89086-6

Änderungen vorbehalten. Stand: Januar 2003.

Gabler Verlag · Abraham-Lincoln-Str. 46 · 65189 Wiesbaden · www.gabler.de **GABLER**